Alfons Kemper, André Eickler

Datenbanksysteme

De Gruyter Studium

D1920339

Weitere empfehlenswerte Titel

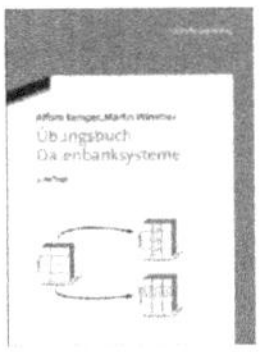

Übungsbuch Datenbanksysteme, 3. Auflage
A. Kemper, M. Wimmer, 2011
ISBN 978-3-486-70823-3

IT-Sicherheit, 9. Auflage
Claudia Eckert, 2014
ISBN 978-3-486-77848-9, e-ISBN 978-3-486-85916-4,
e-ISBN (EPUB) 978-3-11-039910-3

Einführung in die Informatik, 10. Auflage
H.P. Gumm, M.Sommer, 2012
ISBN 978-3-486-70641-3; e-ISBN 978-3-486-71995-6

Algorithmen - Eine Einführung, 4. Auflage
T. Cormen et al., 2013
ISBN 978-3-486-74861-1

Alfons Kemper, André Eickler

Datenbanksysteme

Eine Einführung

10., aktualisierte und erweiterte Auflage

DE GRUYTER
OLDENBOURG

Autoren
Prof. Dr. Alfons Kemper
Technische Universität München
Institut für Informatik
Boltzmannstr. 3
D-85748 Garching bei München
E-Mail: alfons.kemper@tum.de

Dr. André Eickler
40468 Düsseldorf

ISBN 978-3-11-044375-2

Library of Congress Cataloging-in-Publication Data
A CIP catalog record for this book has been applied for at the Library of Congress.

Bibliografische Information der Deutschen Nationalbibliothek
Die Deutsche Nationalbibliothek verzeichnet diese Publikation in der Deutschen Nationalbibliografie; detaillierte bibliografische Daten sind im Internet über http://dnb.dnb.de abrufbar.

© 2015 Walter de Gruyter GmbH, Berlin/Boston
Einbandabbildung: whilerests/iStock/thinkstock
Druck und Bindung: Hubert und Co. GmbH & Co. KG, Göttingen
♾ Gedruckt auf säurefreiem Papier
Printed in Germany

MIX
Papier aus verantwortungsvollen Quellen
FSC www.fsc.org
FSC® C083411

www.degruyter.com

Inhaltsverzeichnis

Vorwort

Wir drohen derzeit von einer wahren Informationsflut (Stichwort *Big Data*) „überrollt“ zu werden und sind auf dem besten Weg in die Informationsgesellschaft. Datenbanksysteme spielen eine immer größere Rolle in Unternehmen, Behörden und anderen Organisationen. Ihre Bedeutung wird durch die zunehmende weltweite Vernetzung – Internet und World Wide Web – noch stärker wachsen. Gleichzeitig wird der systematische Einsatz von Datenbanksystemen wegen der zunehmenden Informationsmenge, der Verteilung der Information auf ein Netz von Datenbankservern, der steigenden Komplexität der Anwendungen und der erhöhten Leistungsanforderungen immer schwieriger – auch wenn sich die Datenbanksystemprodukte weiterentwickeln.

In diesem Buch zur Einführung in Datenbanksysteme haben wir die Lehrinhalte zusammengestellt, die nach unserer Meinung für alle Informatik-nahen Studiengänge an Universitäten oder Fachhochschulen – wie z.B. Informatik, Software-Engineering, Wirtschafts-Informatik, Bio-Informatik etc. – essenziell sind.

Im Vergleich zu anderen Datenbank-Lehrbüchern setzten wir folgende Akzente:

- Es wurde ein durchgängiges Beispiel aus dem Hochschulbereich gewählt, das den Datenbankeinsatz gut illustriert. Dieses Beispiel haben wir bewusst einfach gehalten, damit man es sich gut einprägen kann. Für SQL-Übungen stellen wir auch eine Webschnittstelle unseres an der TUM entwickelten Datenbanksystems HyPer zur Verfügung: `www.hyper-db.de`.

- Das Buch eignet sich auch zum Selbststudium, da wir uns bemüht haben, alle Konzepte an gut verständlichen Beispielen zu veranschaulichen. Eine ideale Ergänzung bietet darüber hinaus das neue *Übungsbuch Datenbanksysteme* von Kemper und Wimmer (2012), das Lösungsvorschläge für die Übungsaufgaben und weitergehende (teilweise multimediale) Lernhilfen enthält.

- Das Buch behandelt nur „moderne“ Datenbanksysteme. Sehr ausführlich gehen wir auf das relationale Modell ein, da es derzeit die marktbeherrschende Rolle spielt. Es werden aber auch neuere Entwicklungen, wie Hauptspeicher-Datenbanken, Big Data-Technologien und -Anwendungen, XML und Multi-Tenancy für Cloud-Datenbanken behandelt. Ältere Datenmodelle (die sogenannten satzorientierten Modelle, zu denen das Netzwerkmodell und das hierarchische Modell zählen) haben wir ausgeklammert, da diese Datenbanksysteme in absehbarer Zeit wohl nur noch „historische“ Bedeutung haben werden.

- Das Buch behandelt auch Implementierungsaspekte – wie z.B. physische Strukturen für die Datenverwaltung, Realisierungskonzepte für die Mehrbenutzersynchronisation und die Recovery, Optimierungsmethoden zur Anfrageauswertung etc. Auch wenn die wenigsten Informatiker später ein Datenbanksystem „bauen“ werden, so meinen wir doch, dass ein tiefgehendes Wissen unabdingbar ist, um ein Datenbanksystem in der „harten" industriellen Praxis systematisch einsetzen und optimieren zu können.

- Das Buch betont die praktischen Aspekte des Datenbankbereichs – ohne jedoch die theoretischen Grundlagen zu vernachlässigen. Die zugrundeliegende Theorie wird eingeführt, auf Beweise haben wir aber bewusst verzichtet.
- UML wird als objekt-orientierte Datenmodellierungs-Alternative zum ER-Modell eingeführt und die objekt-orientierten und objekt-relationalen Datenbankkonzepte werden detailliert diskutiert.
- Der Einsatz von Datenbanken als Data Warehouse für Decision Support-Anfragen sowie für das Data Mining wird beschrieben.
- Die XML-Datenbanktechnologien werden ausführlich behandelt: XML-Datenmodell, XPath und XQuery als Anfragesprachen sowie XML-basierte Web Services. Weiterhin wird die XML-Unterstützung der kommerziellen relationalen Datenbanksysteme ausführlich diskutiert.
- In dieser zehnten Auflage wurden die Ausführungen aktualisiert und neuere Entwicklungen aufgegriffen. In einigen Kapiteln (insbesondere in den Kapiteln über die relationale Anfragesprache SQL und deren logische Optimierung) wurde die Darstellung vertieft, um neuesten Entwicklungen gerecht zu werden. Insbesondere wurden in Kapitel 17 die SQL Window-Funktionen (oft auch SQL OLAP Funktionen genannt) sowie das Data Mining vertiefend dargestellt.
- Die neue, insbesondere auch von der SAP propagierte Entwicklung der **Hauptspeicher-Datenbanken** wurde in dem dedizierten Kapitel 18 vertiefend behandelt. Diese Systeme machen sich die neuesten Hardwareentwicklungen in Bezug auf Multi-Core-Parallelisierung und auf TeraByte-Level skalierte Hauptspeichergrößen zunutze, um mit einer neuen Datenbank-Architektur dramatische Leistungssteigerungen im Vergleich zu traditionellen Sekundärspeicher-Datenbanken zu erzielen.
- In dem Kapitel **Big Data** wurden die Techniken für die Beherrschbarkeit der Informationsflut des Webs, wie NoSQL Key-Value-Speicher, RDF/SPARQL als Grundlage des *Semantic Web*, allgemeine Graph-Datenrepräsentationen sowie Graphexploration, Information Retrieval und Suchmaschinen-Grundlagen (u.a. PageRank), hochgradig verteilte Datenverarbeitung (MapReduce), Datenströme, und Cloud/Multi-Tenancy Datenbanken aktualisiert und vertieft.
- Zusätzliche Unterlagen zu diesem Buch findet man über unseren Webserver (`http://www-db.in.tum.de`).

Wir haben uns bemüht, die inhaltlichen Abhängigkeiten zwischen den Kapiteln gering zu halten. Deshalb ist es problemlos möglich (und wird von uns an der TU München auch praktiziert), eine schon im Grundstudium enthaltene Einführung in Datenbanksysteme – in der beispielsweise die Grundlagen der konzeptuellen Datenmodellierung, der physischen Datenorganisation, des relationalen Datenmodells und der Anfragesprache SQL, der Datenbanktheorie und der Transaktionsverwaltung vermittelt werden – aus diesem Buch zu „extrahieren", um das Themengebiet dann im Hauptstudium mit den übrigen Kapiteln zu vervollständigen. Es ist auch möglich, einige der weiterführenden Kapitel in einer Vorlesung zur Datenbankimplementierung oder in einer projektorientierten Datenbankeinsatz-Vorlesung zu „verwerten".

Danksagung Dr. Reinhard Braumandl, Dr. Christian Wiesner, Dr. Jens Claußen, Dr. Carsten Gerlhof, Prof. Donald Kossmann, Dr. Natalija Krivokapić, Dr. Klaus Peithner und Dr. Michael Steinbrunn danken wir für ihre Hilfe bei früheren Auflagen. Dr. Stefan Seltzsam, Dr. Richard Kuntschke und Dr. Martin Wimmer haben wesentlich bei der Ausarbeitung zu den Web-Datenbankschnittstellen geholfen. Dr. Martina-Cezara Albutiu und Herr Stefan Kinauer haben bei der Korrektur geholfen. Meinem Kollegen, Prof. Thomas Neumann, sowie den Doktoranden am Lehrstuhl, die im HyPer-Projekt forschen bzw. geforscht haben (Dr. Martina-Cezara Albutiu, Dr. Stefan Aulbach, Robert Brunel, Jan Finis, Dr. Florian Funke, Harald Lang, Viktor Leis, Dr. Henrik Mühe, Tobias Mühlbauer, Dr. Angelika Reiser, Wolf Rödiger, Dr. Michael Seibold, Manuel Then) danke ich für die Zusammenarbeit – sie finden einige ihrer Forschungsergebnisse in den neueren Kapiteln dieser zehnten Auflage wieder.

Wir haben von etlichen „externen" Lesern Anregungen bekommen. Besonders hilfreich waren die Hinweise von Prof. Stefan Brass, Prof. Sven Helmer, Prof. Volker Linnemann, Prof. Guido Moerkotte, Prof. Reinhard Pichler, Prof. Erhard Rahm, Prof. Stefanie Scherzinger, Frau Katrin Seyr, Prof. Bernhard Thalheim und Prof. Rainer Weber. Dr. Michael Ley danken wir weiterhin für seinen phantastischen Bibliographie-Server `http://dblp.uni-trier.de/`.

München, im August 2015 *Alfons Kemper*

1. Einleitung und Übersicht

Der Zugriff auf und die Verwaltung von *Information* spielt eine immer wichtiger werdende Rolle in der heutigen Gesellschaft – sei es für Unternehmen, Politiker, Wissenschaftler, Verwaltungen, etc. Es wird geschätzt, dass sich die „Informationsmenge" derzeit alle 5 Jahre verdoppelt – zumindest trifft dies für die in Büchern abgelegte Information nach Statistiken der amerikanischen Library of Congress zu. Während in früheren Zeiten der Großteil der Information auf Papier abgelegt war, werden wir heute von einer elektronischen Informationsflut „überrollt". Deshalb gewinnen *Datenbankverwaltungssysteme* (engl. *database management systems*, abgek. *DBMS*) eine immer größere Bedeutung. Heute findet sich kaum noch eine größere Organisation oder ein größeres Unternehmen, das nicht ein DBMS für die Informationsverwaltung einsetzt. Man denke etwa an Banken, Versicherungen, Flugunternehmen und Universitätsverwaltungen (um unsere Beispielanwendung dieses Buchs schon mal zu erwähnen).

Ein Datenbankverwaltungssystem besteht aus einer Menge von *Daten* und den zur Datenverarbeitung notwendigen Programmen:

- Die gespeicherten Daten werden oft als *Datenbasis* bezeichnet. Die Datenbasis enthält die miteinander in Beziehung stehenden Informationseinheiten, die zur Kontrolle und Steuerung eines Aufgabenbereichs (evtl. eines ganzen Unternehmens) notwendig sind.

- Die Gesamtheit der Programme zum Zugriff auf die Datenbasis, zur Kontrolle der Konsistenz und zur Modifikation der Daten wird als *Datenbankverwaltungssystem* bezeichnet.

Oft werden diese Komponenten aber auch weniger scharf getrennt, so dass man mit Datenbankverwaltungssystemen (oder kürzer Datenbanksystemen) sowohl die Datenbasis als auch die Verwaltungsprozesse der Datenbasis meint.

1.1 Motivation für den Einsatz eines DBMS

Es gibt heutzutage in den meisten Unternehmen und Organisationen keine Alternative mehr zum Einsatz eines DBMS für die Informationsverarbeitung. Wir wollen uns dies anhand der Probleme verdeutlichen, die ohne Nutzung eines einheitlichen, die gesamte Informationsverarbeitung abdeckenden DBMS, auftreten würden. Die im allgemeinen auf vielfältige Art miteinander in Beziehung stehenden Daten müssten dann entweder auf Papier (Karteikästen, Aktenordner, etc.) oder in isolierten Computer-Dateien abgelegt werden. Dies führt zu folgenden schwerwiegenden Problemen:

Redundanz und Inkonsistenz Wenn Daten in isolierten Dateien (oder andersartigen isolierten Archiven) gehalten werden, müssen dieselben Informationen bezüglich eines Anwendungsobjekts oft mehrfach, d.h. redundant, gespeichert werden.

Man denke etwa an die Adressinformation der Studenten einer Universität. Diese Information wird sicherlich in der Studentenverwaltung, aber auch in den jeweiligen Fakultäten benötigt. Bei Änderungen kann es dann zu Inkonsistenzen führen, wenn nur eine Kopie der Daten geändert wird, die andere aber noch im veralteten Zustand beibehalten wird. In einem globalen, integrierten DBMS wird diese Art von unkontrollierter Redundanz vermieden.

Beschränkte Zugriffsmöglichkeiten Es ist schwer, wenn nicht sogar unmöglich, die in isolierten Dateien abgelegten Daten miteinander zu „verknüpfen", d.h. Information aus einer Datei mit anderen logisch verwandten Daten aus einer anderen Datei zu verknüpfen. Bei einem homogenen integrierten DBMS wird die gesamte Information einer Organisation einheitlich modelliert (wir sagen in demselben *Datenmodell*), so dass sich diese Daten sehr flexibel miteinander verknüpfen lassen.

Probleme des Mehrbenutzerbetriebs Die heutigen Dateisysteme bieten entweder gar keine oder nur sehr rudimentäre Kontrollmechanismen für den Mehrbenutzerbetrieb. Daten werden aber i.A. von sehr vielen Anwendern innerhalb und außerhalb der jeweiligen Organisation genutzt – als Beispiel sei ein Flugreservierungssystem genannt. Bei unkontrolliertem Zugriff kann es sehr leicht zu (äußerst) unerwünschten Anomalien kommen. Man denke etwa an das gleichzeitige unkontrollierte Editieren derselben Datei durch zwei Benutzer. Dabei kann es leicht vorkommen, dass die Änderungen des einen Benutzers von dem Benutzer, der die Datei zuletzt zurückschreibt, überschrieben werden. Dieses Phänomen nennt man im Englischen „lost update".

Datenbankverwaltungssysteme bieten eine Mehrbenutzerkontrolle, die solche und noch andere unerwünschte Anomalien des Mehrbenutzerbetriebs ausschließen.

Verlust von Daten Wenn Daten in isolierten Dateien gehalten werden, wird die Wiederherstellung eines konsistenten – d.h. eines gemäß der realen Welt gültigen – Zustands der Gesamtinformationsmenge im Fehlerfall sehr schwierig. Im Allgemeinen bieten Dateisysteme bestenfalls die Möglichkeit einer periodisch durchgeführten Sicherung der Dateien. Datenverluste, die während der Bearbeitung von Dateien oder nach der letzten Sicherungskopie auftreten, sind i.A. nicht auszuschließen.

Datenbankverwaltungssysteme besitzen eine ausgefeilte Recoverykomponente, die den Benutzer für alle vorhersehbaren Fehlerfälle vor Datenverlust schützen soll.

Integritätsverletzung Je nach Anwendungsgebiet gibt es vielfältigste, sich global über mehrere Informationseinheiten erstreckende Integritätsbedingungen. Man denke im Universitätsbereich etwa an die Bedingung, dass Studenten erst die Pflichtseminare abgeschlossen haben müssen, bevor sie zur Prüfung zugelassen werden dürfen. Oder dass dieselbe Prüfung maximal zweimal wiederholt werden darf. Die Einhaltung derartiger Integritätsbedingungen ist bei der isolierten Speicherung der Informationseinheiten in verschiedenen Dateien sehr schwierig, da man zur Kontrolle Daten aus unterschiedlichen Dateien verknüpfen muß. Außerdem will man im Allgemeinen nicht nur die Konsistenzbedingungen überprüfen, sondern die Einhaltung erzwingen, d.h. bestimmte Datenverarbeitungsvorgänge sollen vom System „abgelehnt" werden, falls sie zu einer Verletzung der Integrität führen werden. In

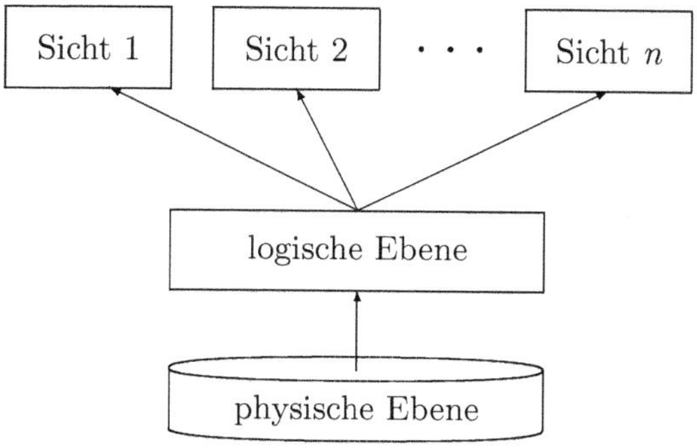

Abbildung 1.1: Drei Abstraktionsebenen eines Datenbanksystems

Datenbankverwaltungssystemen werden Transaktionen (das sind die aus Benutzersicht atomaren Verarbeitungsvorgänge) nur dann vollzogen, wenn sie die Datenbasis in einen konsistenten Zustand überführen.

Sicherheitsprobleme Nicht alle Benutzer sollten Zugriff auf die gesamten gespeicherten Daten haben. Und erst recht sollten nur bestimmte ausgewählte Benutzer das *Privileg* haben, Daten zu ändern. Man denke etwa an die Information, die zu den Professoren einer Universität abgespeichert ist. Dann ist denkbar, dass man relativ vielen Benutzern Zugriff auf die Information bezüglich Rang, Raum, Telefon, gelesene Vorlesungen, etc. gewährt. Die Information bezüglich Gehalt und abgenommener Prüfungen ist andererseits vor dem Zugriff durch die meisten Benutzer zu schützen.

Datenbankverwaltungssysteme bieten die Möglichkeit, die Zugriffsrechte sehr flexibel an einzelne Benutzer bzw. Benutzergruppen zu übertragen. Dabei ist es auch möglich, Informationsteile (z.B. Gehalt) bezüglich bestimmter Objekte (z.B. Professoren) auszublenden, während andere Teile (z.B. Telefonnummer) sichtbar bleiben.

Hohe Entwicklungskosten In vielen Fällen muss für die Entwicklung eines neuen Anwendungsprogrammes praktisch „das Rad neu erfunden" werden. Jedesmal muss sich der Anwendungsprogrammierer zusätzlich zu Fragen der Dateiverwaltung mit zumindest einer Teilmenge der obigen Probleme auseinandersetzen. DBMS stellen eine deutlich komfortablere Schnittstelle dar, die die Entwicklungszeiten (und damit die Kosten) für neue Anwendungen verkürzt und die Fehleranfälligkeit reduziert.

1.2 Datenabstraktion

Man unterscheidet drei Abstraktionsebenen im Datenbanksystem (Abbildung 1.1):

1. *Die physische Ebene*: Auf dieser Ebene wird festgelegt, wie die Daten gespeichert sind. Im Allgemeinen sind die Daten auf dem Hintergrundspeicher (meistens als Plattenspeicher realisiert) abgelegt.

2. *Die logische Ebene*: Auf der logischen Ebene wird in einem sogenannten *Datenbankschema* festgelegt, welche Daten abgespeichert sind.

3. *Die Sichten*: Während das Datenbankschema der logischen Ebene ein integriertes Modell der gesamten Informationsmenge des jeweiligen Anwendungsbereichs (z.B. des gesamten Unternehmens) darstellt, werden in den Sichten Teilmengen der Information bereitgestellt. Die Sichten sind auf die Bedürfnisse der jeweiligen Benutzer bzw. Benutzergruppen zugeschnitten. Mögliche Benutzergruppen in den Universitäten wären etwa die Studenten, die Professoren, die Hausmeister, etc.

Die physische Ebene ist für den „normalen“ Benutzer eines Datenbanksystems nicht relevant. Auf dieser Ebene werden die Speicherstrukturen und eventuell Indexstrukturen für das schnelle Auffinden von Daten festgelegt. Die Pflege der physischen Ebene eines Datenbanksystems obliegt einem Systemprogrammierer bzw. einer Systemprogrammiererin – im Datenbankjargon als *Datenbankadministrator/in* (DBA) bezeichnet. Änderungen der physischen Speicherstruktur werden nur zum Zweck der Leistungssteigerung des DBMS vollzogen. Will man das Informationsmodell ändern – wie z.B. zusätzliche Daten einbeziehen oder zusätzliche Beziehungen zwischen Daten modellieren – muss die logische Ebene, also das Datenbankschema geändert werden. Das Datenbankschema kann man sich als eine Menge von Typdefinitionen – wie z.B. Record-Typen in Pascal – vorstellen. Diese Typdefinitionen legen die logische Struktur der Dateneinheiten fest. Auf der Ebene der Sichten können die im Datenbankschema (auf der logischen Ebene des DBMS) festgelegten Strukturen auf die besonderen Bedürfnisse bestimmter Anwender(gruppen) zugeschnitten werden. Zum einen wollen Anwender i.A. nur einen Ausschnitt des gesamten Informationsmodells zu sehen bekommen. Zum anderen können bestimmte kritische Informationsteile in den Sichten ausgeblendet werden, um dadurch den Datenschutz zu gewährleisten.

1.3 Datenunabhängigkeit

Die drei Ebenen eines DBMS gewährleisten einen bestimmten Grad der *Datenunabhängigkeit*. Dies ist analog zum Konzept der abstrakten Datentypen (ADTs) in Programmiersprachen. Durch eine wohldefinierte Schnittstelle wird die „darunterliegende“ Implementierung verdeckt, so dass man – bei Beibehaltung der Schnittstelle – die Realisierung variieren kann, ohne dass die Benutzer der Schnittstelle davon in Mitleidenschaft gezogen werden. Aufgrund der drei Schichten ergeben sich zwei Stufen der Datenunabhängigkeit im DBMS.

- *Physische Datenunabhängigkeit*: Die Modifikation der physischen Speicherstruktur belässt die logische Ebene (also das Datenbankschema) invariant. Z.B. erlauben fast alle Datenbanksysteme das nachträgliche Anlegen eines Indexes, um die Datenobjekte schneller finden zu können. Dies darf keinen Einfluss auf bereits existierende Anwendungen auf der logischen Ebene haben – außer natürlich hinsichtlich der Effizienz.

- *Logische Datenunabhängigkeit*: In den Anwendungen wird (natürlich) Bezug auf die logische Struktur der Datenbasis genommen: Es werden Mengen von Datenobjekten nach einem Namen angesprochen, die Datenobjekte haben „benannte“ Eigenschaften, etc. Man denke etwa an eine Anfrage, in der die Professoren ermittelt werden, die den Rang „C2“ haben. In einer solchen Anfrage wird vorausgesetzt, dass es eine Menge von Professoren gibt und dass die Datenobjekte, die Professoren repräsentieren, eine Eigenschaft (Attribut, Feld) namens *Rang* haben. Bei Änderungen der logischen Ebene (also des Datenbankschemas) könnte z.B. diese Eigenschaften umbenannt werden in, sagen wir, *Gehaltsstufe*. In einer Sichtendefinition kann man solche kleineren Änderungen vor den Anwendern verbergen. Dadurch wird zu einem gewissen Grad eine logische Datenunabhängigkeit erzielt.

Die heutigen Datenbanksysteme erfüllen zumeist die physische Datenunabhängigkeit. Die logische Datenunabhängigkeit kann schon rein konzeptuell nur für einfachste Modifikationen des Datenbankschemas gewährleistet werden.

1.4 Datenmodelle

Datenbankverwaltungssysteme basieren auf einem *Datenmodell*, das sozusagen die Infrastruktur für die Modellierung der realen Welt zur Verfügung stellt. Das Datenmodell legt die Modellierungskonstrukte fest, mittels derer man ein computerisiertes Informationsabbild der realen Welt (bzw. des relevanten Ausschnitts) generieren kann. Es beinhaltet die Möglichkeit zur

- Beschreibung der Datenobjekte und zur
- Festlegung der anwendbaren Operatoren und deren Wirkung.

Das Datenmodell ist somit analog zu einer Programmiersprache: Es legt die generischen Strukturen und Operatoren fest, die man zur Modellierung einer bestimmten Anwendung ausnutzen kann. Eine Programmiersprache legt die Typkonstruktoren und Sprachkonstrukte fest, mit deren Hilfe man spezifische Anwendungsprogramme realisiert.

Das Datenmodell besteht demnach aus zwei Teilsprachen:

1. der *Datendefinitionssprache* (engl. *Data Definition Language*, DDL) und
2. der *Datenmanipulationssprache* (engl. *Data Manipulation Language*, DML).

Die DDL wird benutzt, um die Struktur der abzuspeichernden Datenobjekte zu beschreiben. Dabei werden gleichartige Datenobjekte durch ein gemeinsames Schema (analog zu einem Datentyp in Programmiersprachen) beschrieben. Die Strukturbeschreibung aller Datenobjekte des betrachteten Anwendungsbereichs nennt man das *Datenbankschema*.

Die Datenmanipulationssprache (DML) besteht aus

- der *Anfragesprache* (engl. *Query Language*) und
- der „eigentlichen" Datenmanipulationssprache zur Änderung von abgespeicherten Datenobjekten, zum Einfügen von Daten und zum Löschen von gespeicherten Daten.

Die DML (einschließlich der Anfragesprache) kann in zwei unterschiedlichen Arten genutzt werden:

- *interaktiv*, indem DML-Kommandos direkt am Arbeitsplatzrechner (oder Terminal) eingegeben werden, oder
- in einem Programm einer höheren Programmiersprache, das „eingebettete“ DML-Kommandos enthält.

1.5 Datenbankschema und Ausprägung

Man muss sehr klar zwischen *Datenbankschema* und *Datenbankausprägung* unterscheiden: Das Datenbankschema legt die Struktur[1] der abspeicherbaren Datenobjekte fest. Das Schema sagt also noch nichts über die individuellen Datenobjekte aus. Deshalb kann man das Datenbankschema auch als *Metadaten* – also Daten über Daten – verstehen.

Unter der Datenbankausprägung versteht man demgegenüber den momentan gültigen (also abgespeicherten) Zustand der Datenbasis. Die Datenbankausprägung muss also den im Schema festgelegten Strukturbeschreibungen „gehorchen“. Manchmal spricht man in diesem Zusammenhang auch von der *intensionalen* (Schema) und der *extensionalen* (Ausprägung) Ebene einer Datenbank.

Im Allgemeinen geht man davon aus, dass sich das einmal festgelegte Datenbankschema sehr selten ändert, wohingegen die Datenbankausprägung einer laufenden Modifikation unterliegt. Man denke etwa an ein Flugbuchungssystem: Jede Reservierung entspricht einer Änderung der Datenbankausprägung. Änderungen am Schema werden oft auch als „Schemaevolution“ bezeichnet. Man beachte, dass Schemaänderungen schwerwiegende Folgen haben können: Die bereits abgespeicherten Datenobjekte können nach einer Schemaänderung eine – gemäß dem neuen Datenbankschema – inkonsistente Struktur aufweisen.

1.6 Einordnung der Datenmodelle

In Abbildung 1.2 sind die grundlegendsten Phasen der Datenmodellierung gezeigt – in Kapitel 2 werden wir detaillierter darauf eingehen.

1.6.1 Modelle des konzeptuellen Entwurfs

Man beginnt beim Datenbankentwurf mit der Abgrenzung eines Teils der „realen Welt“, um den Ausschnitt (die sogenannte *Miniwelt*) zu bestimmen, der in der Datenbank modelliert werden soll. Diese Miniwelt wird dann konzeptuell modelliert. Für die konzeptuelle Modellierung gibt es mehrere mögliche Datenmodelle:

- Entity-Relationship-Modell, auch Gegenstand-Beziehungs-Modell genannt,
- semantisches Datenmodell und
- objektorientierte Entwurfsmodelle, wie UML (siehe Kapitel 2 und 13).

[1]Im objektorientierten Datenmodell legt das Schema zusätzlich auch das Verhalten (also die Operationen) der Datenobjekte fest.

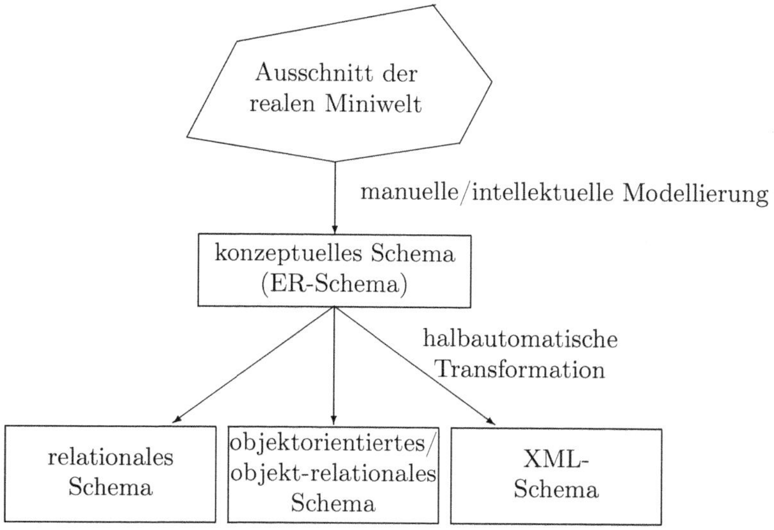

Abbildung 1.2: Übersicht der Datenmodellierung

Das mit Abstand am häufigsten benutzte Modell für den konzeptuellen Entwurf ist das Entity-Relationship-Modell. Folglich werden wir uns im nächsten Kapitel detaillierter damit beschäftigen. In der konzeptuellen Entwurfsphase werden die in der realen Welt vorkommenden Konzepte in Gegenstandsmengen und Beziehungen zwischen diesen Gegenstandsmengen strukturiert.

Abbildung 1.3 zeigt diese „intellektuelle“ Aufgabe für einen ganz kleinen Ausschnitt der Universitätswelt. Es werden die Gegenstandsmengen *Studenten*, *Professoren* und *Vorlesungen* ermittelt. Weiterhin werden die Beziehungen *hören* (zwischen *Vorlesungen* und *Studenten*) und *lesen* (zwischen *Vorlesungen* und *Professoren*) bestimmt. Der untere Teil der Abbildung stellt jetzt schon ein (stark vereinfachtes) konzeptuelles Schema in der graphischen Beschreibungssprache des Entity-Relationship-Modells dar.

Die konzeptuellen Datenmodelle verfügen im Allgemeinen nur über eine DDL und haben keine Datenmanipulationssprache, da sie nur die Struktur der Daten beschreiben. Sie verzichten auf die Abbildung von individuellen Datenobjekten, d.h. es werden keine Datenbankausprägungen erzeugt. Deshalb benötigen sie natürlich auch keine Datenmodifikationssprache (DML).

1.6.2 Logische (Implementations-)Datenmodelle

Das konzeptuelle Schema ist aber in dieser Form meist nicht als Implementationsschema geeignet. Die Datenmodelle für den konzeptuellen Entwurf sind i.A. reine Beschreibungsmodelle mit graphischer Notation und sehr reichhaltigen Modellierungskonstrukten, um die Gesetzmäßigkeiten der realen Welt möglichst anschaulich abbilden zu können.

Die logische Ebene eines Datenbankverwaltungssystems wird von einem der folgenden Datenmodelle gebildet:

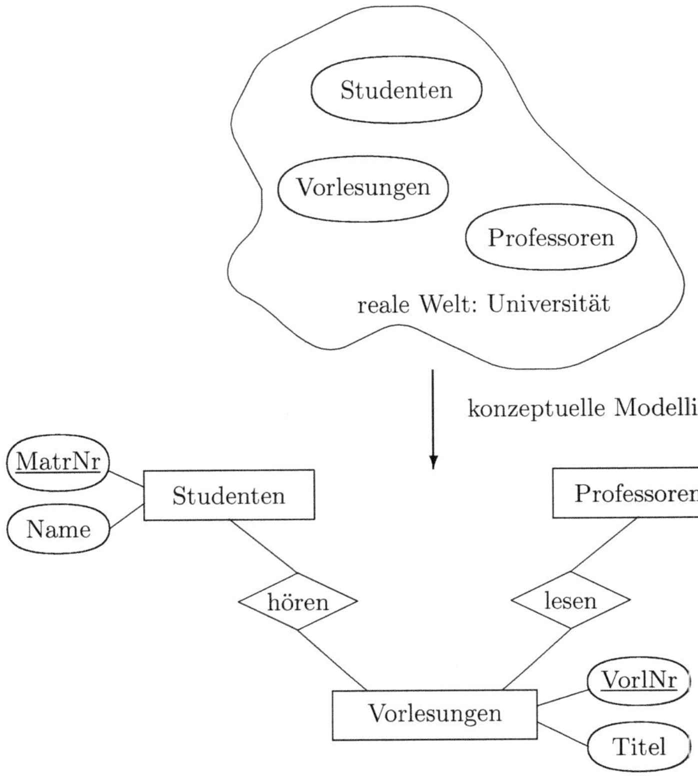

Abbildung 1.3: Konzeptuelle Modellierung einer (sehr kleinen) Beispielanwendung

- Netzwerkmodell, oder hierarchisches Datenmodell,
- relationales Datenmodell (Kapitel 3),
- objektorientiertes und objekt-relationales Datenmodell (Kapitel 13 und 14),
- deduktives Datenmodell (Kapitel 15),
- XML (Kapitel 20).

Die beiden erstgenannten Datenmodelle – das Netzwerk- und das hierarchische Datenmodell – werden oft als *satzorientierte* Datenmodelle zusammengefasst. Sie haben heute fast nur noch historische Bedeutung: Es gibt aber etliche Altinstallationen von Datenbanksystemen, die noch auf diesen Datenmodellen basieren. Eine Transition zu einem „modernen" Datenmodell ist natürlich mit hohen Kosten verbunden, da die installierten Datenbanken i.A. enorme Volumina angenommen haben. Brodie und Stonebraker (1995) behandeln dieses Problem der „legacy systems" – frei übersetzt: Altlasten. Datenbankverwaltungssysteme, die noch auf diesen satzorientierten Datenmodellen beruhen, sind beispielsweise *IMS* von IBM basierend auf dem hierarchischen Modell und *UDS* von Siemens basierend auf dem Netzwerkmodell.

Die relationalen Datenbanksysteme sind heute marktbeherrschend und bilden folglich den Schwerpunkt in diesem Buch. Wir haben aber auch den deduktiven und den objektorientierten Datenbanken je ein Kapitel gewidmet. Das deduktive Datenmodell stellt eine Erweiterung des relationalen Modells um eine Regel- oder Deduktionskomponente dar. Formal gesehen basiert das Modell auf der Logik erster Stufe und wird deshalb manchmal auch Logik-Datenmodell genannt. Die objektorientierten Datenbanksysteme werden heute vielfach als die nächste Generation der Datenbanktechnologie angesehen. Um dieser Herausforderung zu begegnen, haben die Hersteller relationaler Systeme versucht, einige Konzepte des objektorientierten Datenmodells ins relationale Modell zu übertragen. Aus diesem Grund kann man davon ausgehen, dass die Datenbanksysteme der nächsten Generation objektorientierte Modellierungskonstrukte beinhalten.

Zunehmend werden Daten heutzutage im XML-Format modelliert, wobei XML sich besonders als Datenaustauschformat zwischen heterogenen, verteilten Anwendungen durchsetzt. Auch für XML-basierte Daten bieten kommerzielle relationale Datenbanksysteme schon weitreichende Unterstützung.

Wir wollen hier noch kurz die relationale Darstellung eines Teils unseres konzeptuellen Universitäts-Schemas (Abbildung 1.3) zeigen. Nachfolgend sind die drei Relationen *Studenten*, *hören* und *Vorlesungen* gezeigt:

Studenten	
MatrNr	Name
26120	Fichte
25403	Jonas
...	...

hören	
MatrNr	VorlNr
25403	5022
26120	5001
...	...

Vorlesungen	
VorlNr	Titel
5001	Grundzüge
5022	Glaube und Wissen
...	...

Relationen kann man sich als „flache" *Tabellen* (engl. *table*) vorstellen. Die Zeilen entsprechen den Datenobjekten der realen Welt – hier also *Studenten* und *Vorlesungen*. Die Spalten geben die Eigenschaften der Datenobjekte an – z.B. die *MatrNr* (Matrikelnummer) und den *Namen* der Studenten. Die Relation *hören* nimmt eine gewisse Sonderstellung ein: Sie modelliert die Beziehung zwischen *Studenten* und *Vorlesungen*. Die Zeile [25403, 5022] gibt dabei zum Beispiel an, dass der Student namens „Jonas" mit der *MatrNr* 25403 als Hörer an der Vorlesung mit dem Titel „Glaube und Wissen" und der *VorlNr* (Vorlesungsnummer) 5022 teilnimmt.

Diese Tabellen stellen die logische Sicht der Datenbankbenutzer dar. Es gibt eine standardisierte DML namens SQL für die Manipulation und Abfrage dieser Tabellen. Wir wollen dem Leser hier anhand zweier Beispiele nur einen kleinen Vorgeschmack auf diese Sprache geben. Als erstes wollen wir die Namen der Studenten ermitteln, die an der Vorlesung „Grundzüge" teilnehmen:

```
select Name
from Studenten, hören, Vorlesungen
where Studenten.MatrNr = hören.MatrNr and
      hören.VorlNr = Vorlesungen.VorlNr and
      Vorlesungen.Titel = 'Grundzüge';
```

Bei dieser Anfrage werden die Inhalte der Relationen *Studenten*, *hören* und *Vorlesungen* kombiniert (verknüpft), um die gewünschte Information aus der Datenbank zu extrahieren. Für eine genauere Erläuterung verweisen wir auf Kapitel 4.

Im nächsten Beispiel wollen wir den Titel der Vorlesung mit der *VorlNr* 5001 in „Grundzüge der Logik“ ändern:

update Vorlesungen
  set Titel = 'Grundzüge der Logik'
  where VorlNr = 5001;

In der **where**-Klausel wird also die zu ändernde Zeile bestimmt und in der **set**-Klausel wird der neue Wert der *Titel*-Spalte angegeben. Man kann in SQL auch mehrere Zeilen und/oder Spalten gleichzeitig ändern.

Wir sollten hier nochmals den Zusammenhang zwischen Datenbank-Schema und -Ausprägung betonen. Die Zeilen der Relationen stellen die Datenbankausprägung dar, die dem momentanen Zustand der Datenbasis entspricht. Die Struktur der Tabellen – also die Anzahl der Spalten, die Benennung der Spalten, die zulässigen Wertemengen für die Spalten, etc. – stellt das Datenbankschema dar, das nur sehr selten (wenn überhaupt) geändert wird.

1.7 Architekturübersicht eines DBMS

Abbildung 1.4 zeigt eine stark vereinfachte Darstellung der Architektur eines Datenbankverwaltungssystems. Im oberen Bereich befindet sich die Benutzerschnittstelle. Je nach Erfahrung und Verantwortlichkeit greifen unterschiedliche Benutzergruppen auf unterschiedliche Schnittstellen zu:

- Für häufig erledigte und immer ähnliche Aufgaben werden speziell abgestimmte Anwendungsprogramme zur Verfügung gestellt. Diese Anwendungsprogramme sind leichter zu erlernen und effizienter zu bedienen als eine komplette Anfragesprache. Oft sind diese Anwendungssysteme über eine Menü-gesteuerte Benutzerschnittstelle ausführbar – man denke etwa an ein Flugreservierungssystem, das von den Angestellten eines Reisebüros bedient wird.

- Fortgeschrittene Benutzer mit ständig wechselnden Aufgaben können interaktiv Anfragen in einer flexiblen Anfragesprache (wie SQL) eingeben.

- Anwendungsprogrammierer können durch „Einbettung“ von Elementen der Anfragesprache in eine Programmiersprache besonders komplexe Datenverarbeitungsanforderungen erfüllen oder weniger geschulten Benutzern einfach zu bedienende Anwendungsprogramme zur Verfügung stellen. Dieser Mechanismus wird in Kapitel 4 besprochen.

- Die Schnittstelle für die Datenbankadministration ermöglicht unter anderem die Manipulation des Schemas und das Anlegen von Benutzerkennungen.

Anforderungen von Daten durch die Benutzer werden zunächst vom DML-Compiler untersucht und in eine für die Anfragebearbeitung verständliche Form gebracht. Die Anfragebearbeitung (siehe Kapitel 8) untersucht, wie die Anforderung effizient erfüllt werden kann und wandelt sie in Unterprogrammaufrufe des Datenbankmanagers um. Der Datenbankmanager ist das Kernstück des DBMS: Hier werden die Anfragen ausgeführt. Er bildet die Schnittstelle zur Dateiverwaltung.

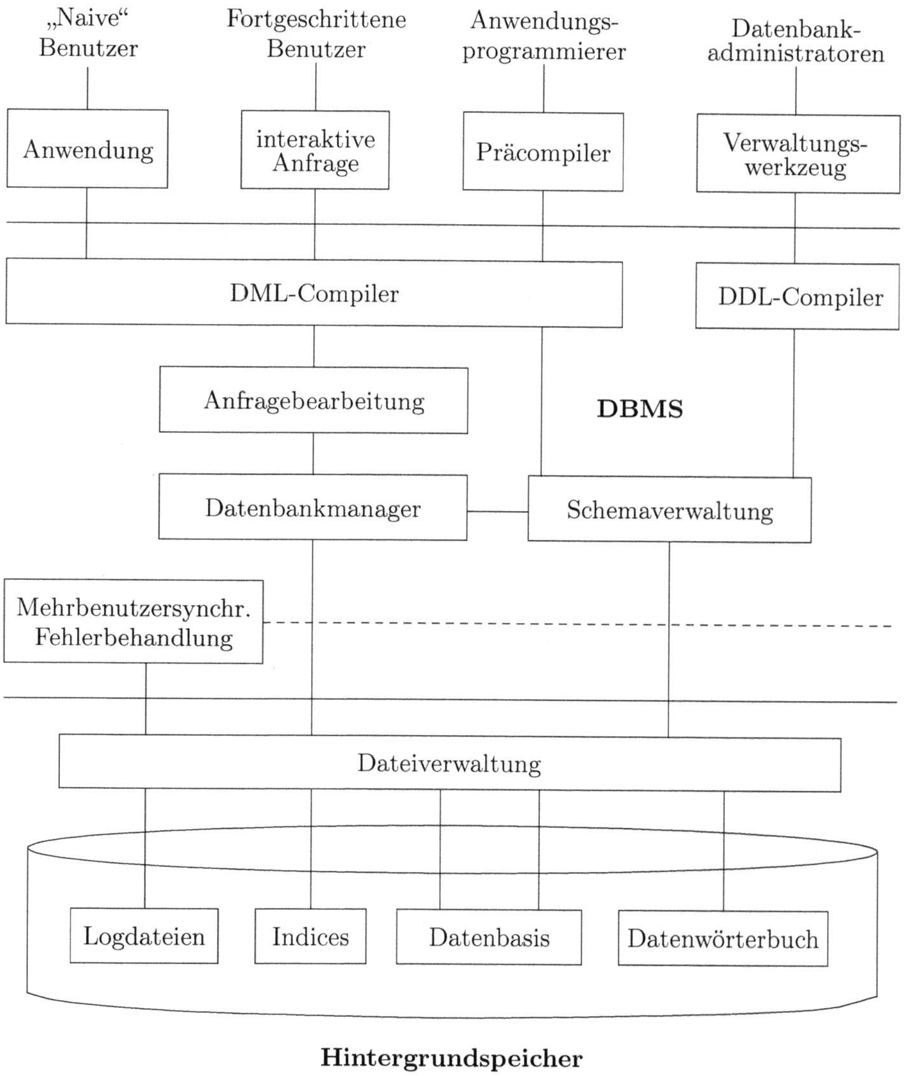

Abbildung 1.4: Architekturübersicht eines DBMS

Schemamanipulationen durch den DBA werden vom DDL-Compiler analysiert und in Metadaten übersetzt. Diese Metadaten werden von der Schemaverwaltung verarbeitet und im sogenannten Datenwörterbuch gespeichert.

Das für die Mehrbenutzersynchronisation und für die Fehlerbehandlung zuständige Modul (siehe Kapitel 9 bis Kapitel 11) verhindert die Zerstörung von Daten und ist für das Anlegen von Archivkopien und Protokollinformationen zuständig.

1.8 Übungen

1.1 In Abschnitt 1.1 haben wir davon gesprochen, dass unkontrollierte Redundanz unerwünscht ist. Können Sie sich eine sinnvolle Einsatzmöglichkeit für eine durch das DBMS kontrollierte Redundanz vorstellen?

1.2 In einer Universität soll ein DBMS eingesetzt werden. Überlegen Sie sich, welche Daten in einer Universität anfallen, welche Benutzergruppen es gibt und welche Anwendungsprogramme sinnvoll wären. Wie würde die notwendige Funktionalität ohne DBMS realisiert werden? Untersuchen Sie an konkreten Beispielen die in diesem Kapitel beschriebenen Probleme.

1.3 Konzipieren Sie ein Wahlinformationssystem für Bundestagswahlen.

1.9 Literatur

Die meisten einführenden Bücher über Datenbanksysteme sind englischsprachig – eine Ausnahme bildet das sehr umfangreiche Buch von Vossen (2008). Ein weiteres deutschsprachiges Buch ist von Schlageter und Stucky (1983), das aber mittlerweile etwas „in die Jahre gekommen ist“. Neumann (1996) und Kleinschmidt und Rank (2002) haben sehr praxisnahe Bücher über die relationale Datenbankanwendung verfasst. Lockemann, Krüger und Krumm (1993) versuchen, in einer Einführungsveranstaltung die grundlegenden Konzepte aus dem Datenbank- und dem Telekommunikationsbereich zu vereinen. Das Buch von Biskup (1995) hat einen etwas stärkeren theoretischen „Touch“. Saake, Sattler und Heuer (2013) betonen den Datenmodellierungsaspekt stärker. Lausen (2005) vermittelt die Grundlagen relationaler Datenbanken sowie der XML-Datenbanktechnologie. Das Buch von Silberschatz, Korth und Sudarshan (2010) kommt vom Lehrinhalt diesem Buch am nächsten. Die beiden Bücher von Ullman [Ullman (1988); Ullman (1989)] haben einen stärkeren theoretischen „Einschlag“ – insbesondere wird das deduktive Datenmodell sehr ausführlich behandelt. Das sehr pragmatische Buch von Date (2003) ist schon fast ein Klassiker; es ist mittlerweile schon in der sechsten Auflage erschienen. Das Buch von Elmasri und Navathe (2010) ist sehr umfangreich und detailliert. Allen Lesern, die sich intensiver mit der Datenbankforschung auseinandersetzen möchten, sei der hervorragende Bibliographieserver von M. Ley (`http://dblp.uni-trier.de/`) in Trier empfohlen. Weiterhin sei die Mitgliedschaft bei ACM SIGMOD (Association for Computing Machinery, Special Interest Group on Management of Data, `http://www.acm.org`) empfohlen.

2. Datenbankentwurf

Der konzeptuell „saubere“ Entwurf sollte die Voraussetzung aller Datenbankanwendungen sein. An dieser Stelle sei eindringlich davor gewarnt, den Datenbankentwurf unvollständig oder nicht mit der notwendigen Systematik durchzuführen. Derartige Versäumnisse rächen sich in späteren Phasen des Datenbankeinsatzes und sind dann oftmals nicht mehr zu korrigieren, weil viele andere Entwurfsentscheidungen (z.B. der Entwurf von Anwendungsprogrammen) davon abhängig sind. Es gibt die Faustregel, dass ein Fehler, der in der Anforderungsanalyse noch mit Kosten von 1 Euro zu korrigieren ist, in der Entwurfsphase schon 10 Euro und in der Realisierungsphase schon 100 Euro Kosten verursacht. Wird der Fehler erst im Einsatz aufgedeckt, sind die Kosten für dessen Behebung nochmals Größenordnungen höher.

2.1 Abstraktionsebenen des Datenbankentwurfs

Beim Entwurf einer Datenbankanwendung kann man drei Abstraktionsebenen unterscheiden:

1. konzeptuelle Ebene,
2. Implementationsebene,
3. physische Ebene.

Die konzeptuelle Ebene dient dazu, den projektierten Anwendungsbereich zu strukturieren. Diese Ebene wird unabhängig von dem zum Einsatz kommenden Datenbanksystem modelliert, und es sollte auch nur die Anwendersicht (im Gegensatz zur Realisierungssicht) modelliert werden. Wir werden später in diesem Kapitel das *Entity-Relationship-Modell* (Gegenstand-Beziehungs-Modell) kennenlernen, das für den konzeptuellen Entwurf eingesetzt wird. In diesem Modell werden Gegenstände zu Gegenstandsmengen und Beziehungen zwischen den Gegenständen zu Beziehungstypen abstrahiert. Weiterhin werden den Gegenstandstypen und den Beziehungstypen Attribute zugeordnet.

Auf der Implementationsebene wird die Datenbankanwendung in den Konzepten (d.h. in dem Datenmodell) des zum Einsatz kommenden Datenbanksystems modelliert. Beim relationalen Datenmodell hat man es hierbei mit Relationen, Tupeln und Attributen zu tun.

Die „niedrigste“ Abstraktionsebene behandelt den physischen Entwurf. Hierbei geht es primär darum, die Leistungsfähigkeit (engl. performance) der Datenbankanwendungen zu erhöhen. Die im physischen Entwurf zu betrachtenden Strukturen sind z.B. Datenblöcke (Seiten), Zeiger und Indexstrukturen. Es ist eine tiefgehende Kenntnis des eingesetzten Datenbanksystems, des zugrundeliegenden Betriebssystems und sogar der Hardware erforderlich.

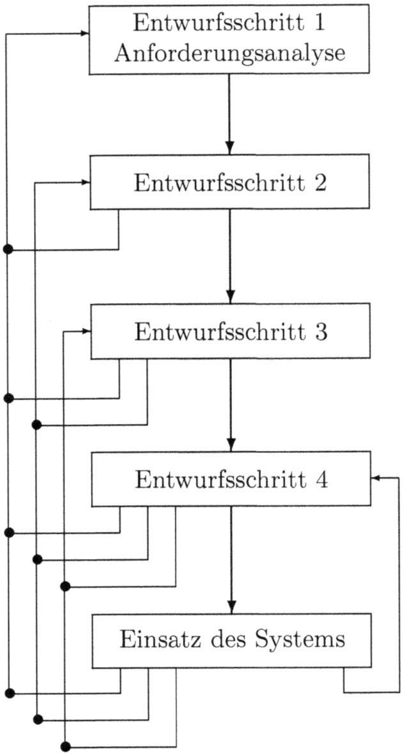

Abbildung 2.1: Allgemeine „top-down"-Entwurfsmethodik

2.2 Allgemeine Entwurfsmethodik

In diesem Abschnitt soll eine *Entwurfsmethodik* (oft auch *Entwurfsmethodologie* genannt) vorgestellt werden, die allgemeingültigen Charakter hat. Diese Methodik ist also geeignet, den Datenbankentwurf unterschiedlichster Anwendungsbereiche systematisch durchzuführen. Um die Komplexität beherrschbar zu machen, wird der Entwurf in mehreren aufeinander aufbauenden Schritten durchgeführt. Es handelt sich hierbei also um eine „top-down"-Vorgehensweise.

Die Systematik ist in Abbildung 2.1 skizziert. Im ersten Schritt, der Anforderungsanalyse, wird das Pflichtenheft (bzw. die Anforderungsspezifikation) erstellt. Hierauf bauen die nachfolgenden Schritte auf. Wichtig ist, dass der gesamte Entwurfsprozess konsistent gehalten wird. Das bedeutet, dass in nachfolgenden Entwurfsschritten vollzogene Änderungen – aufgrund geänderter Randbedingungen oder neu gewonnener Erkenntnisse – in den vorangehenden Schritten (d.h. den dort erzeugten Dokumenten) nachvollzogen werden. Dies ist in der Abbildung durch die nach oben (rück-) gerichteten Pfeile dargestellt.

Der letzte Schritt in diesem Diagramm – Einsatz des Systems – besteht aus der Überwachung (engl. Monitoring) des laufenden Systems, um daraus Rückschlüsse auf eventuell notwendige Änderungen (Adaptionen) ziehen zu können.

2.3 Die Datenbankentwurfsschritte

Die oben vorgestellte abstrakte „top-down"-Entwurfsmethodik wird nun auf den Lebenszyklus eines Datenbankentwurfs zugeschnitten. Der Datenbankentwurf orientiert sich an den in Abschnitt 2.1 beschriebenen Abstraktionsebenen einer Datenbankanwendung. Wie in jeder systematischen Entwurfsmethodik beginnt man auch im Datenbankentwurf mit der *Anforderungsanalyse*. Das dabei erstellte Entwurfsdokument nennt man *Anforderungsspezifikation* oder auch *Pflichtenheft*. In der Anforderungsanalyse müssen zum einen die Informationsanforderungen der zu modellierenden Welt (bzw. des relevanten Ausschnitts der realen Welt – auch Miniwelt genannt) und zum anderen die Datenverarbeitungsvorgänge berücksichtigt werden. Eine sorgfältig ausgeführte Anforderungsanalyse, die in enger Zusammenarbeit mit den projektierten Anwendern des Systems ausgeführt wird, ist die Grundvoraussetzung für die spätere Akzeptanz der Datenbankanwendung.

Anschließend – nach Fertigstellung der Anforderungsspezifikation – erfolgt der *konzeptuelle Entwurf*. In diesem Entwurfsschritt wird die Informationsstruktur auf einer konzeptuellen, d.h. anwenderorientierten Ebene festgelegt. Das am häufigsten für den konzeptuellen Entwurf verwendete Datenmodell ist das Entity-Relationship-Modell.

Als Ausgabe des konzeptuellen Entwurfs erhält man dann die Informationsstrukturbeschreibung in der Form eines Entity-Relationship-Schemas (kurz ER-Schema). Es ist wichtig zu betonen, dass dieser Entwurfsschritt noch gänzlich unabhängig vom eingesetzten Datenbanksystem durchgeführt wird. Das Datenmodell des eingesetzten DBMS kommt erst im *Implementationsentwurf* zum Tragen. Dabei wird das ER-Schema in ein entsprechendes Implementationsschema – oft auch logische Datenbankstruktur genannt – überführt. Beim Implementationsentwurf müssen aber auch die Datenverarbeitungsanforderungen berücksichtigt werden, um ein geeignetes Datenbankschema erstellen zu können.

Der letzte Schritt des Datenbankentwurfs, der *physische Entwurf*, verfolgt das Ziel der Effizienzsteigerung – ohne dabei die logische Struktur der Daten zu verändern. Für den physischen Entwurf ist eine detaillierte Kenntnis des zugrundeliegenden Datenbanksystems, aber auch der Hard- und Software (z.B. des Betriebssystems), auf der das DBMS installiert ist, notwendig.

Die Abfolge und der Zusammenhang dieser Entwurfsschritte ist grafisch in Abbildung 2.2 gezeigt.

2.4 Die Anforderungsanalyse

Das Ziel dieses Abschnitts besteht darin, ein „rezeptartiges" Vorgehen für die Erstellung der *Anforderungsspezifikation* vorzustellen. Die Anforderungsanalyse muss in intensiver Diskussion mit den vorgesehenen Anwendern des Datenbanksystems durchgeführt werden – nur so kann man sich (halbwegs) vor bösen Überraschungen bei der späteren Installation der Datenbankanwendung schützen.

Die Aufgabe der Anforderungsanalyse besteht darin, die durch Gespräche mit den zukünftigen Anwendern gewonnene Information in einem strukturierten Dokument festzuhalten. Ein mögliches Vorgehen kann wie folgt skizziert werden:

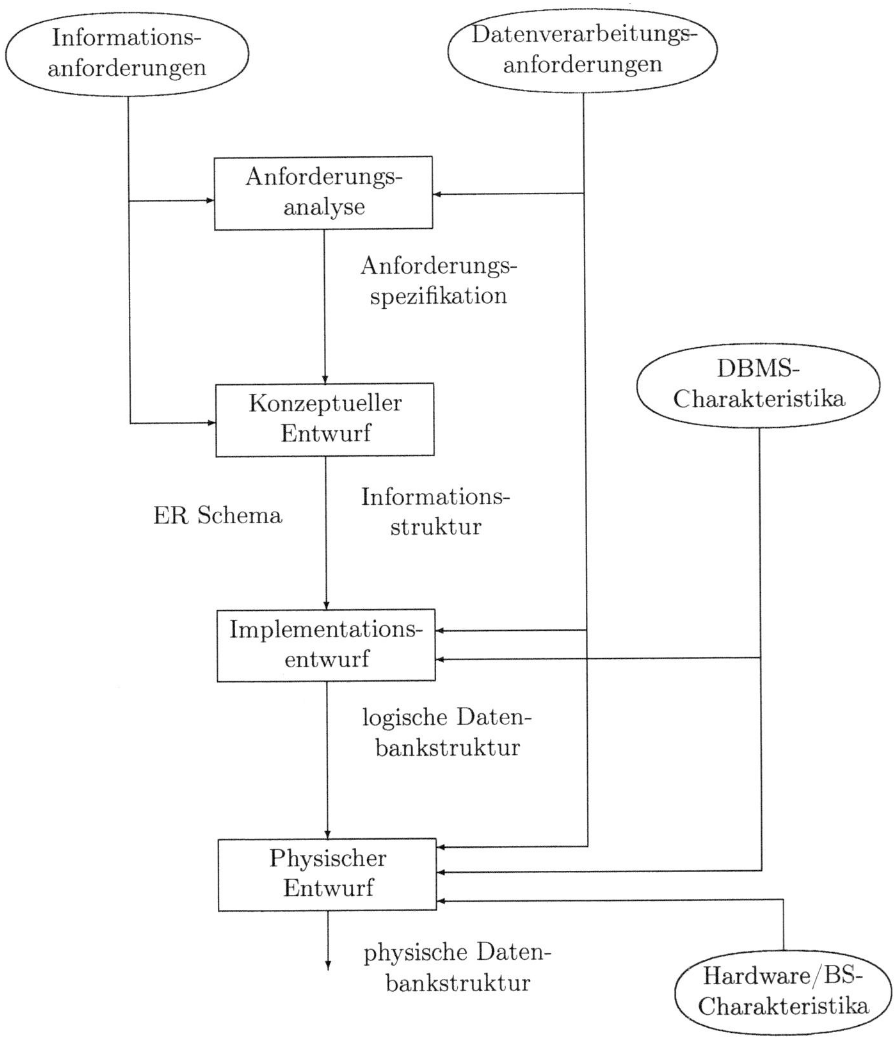

Abbildung 2.2: Die Phasen des Datenbankentwurfs

1. Identifikation von Organisationseinheiten,
2. Identifikation der zu unterstützenden Aufgaben,
3. Anforderungs-Sammelplan: Ermittlung der zu befragenden Personen,
4. Anforderungs-Sammlung,
5. Filterung: Gesammelte Information auf Verständlichkeit und Eindeutigkeit überprüfen,
6. Satzklassifikationen: Information wird Objekten, Beziehungen zwischen Objekten, Operationen und Ereignissen zugeordnet,
7. Formalisierung bzw. Systematisierung: Übertragung auf Verzeichnisse, die in ihrer Gesamtheit das Pflichtenheft repräsentieren.

Die Schritte 1. und 2. dienen dazu, den Anwendungsbereich abzugrenzen. In den Schritten 3. bis 6. werden vom Datenbankdesigner systematisch Informationen über das abgegrenzte Anwendungsgebiet gesammelt. Der Schritt 7. resultiert letztendlich in einem Pflichtenheft, das nach der Beschreibung der Informationsstrukturanforderungen und der Datenverarbeitungsanforderungen gegliedert sein sollte.

2.4.1 Informationsstrukturanforderungen

Für diese Beschreibung hat sich in der Praxis eine formularähnliche Gliederung bewährt, die natürlich – allein schon der Modifizierbarkeit wegen – in maschinenlesbarer Form auf dem Rechner vorliegen sollte. Bestandteile dieser Beschreibung sind

- *Objekte*, die schon zu Objekttypen abstrahiert werden sollten,
- *Attribute*, die diese Objekte beschreiben bzw. identifizieren,
- *Beziehungen* zwischen den Objekten, die auch schon zu Beziehungstypen abstrahiert werden sollten.

Die Objekt- und Attributbeschreibungen können in einem „Formular“ zusammengefasst werden, das für das Beispiel *Uni-Angestellte* nachfolgend skizziert ist:

- **Objektbeschreibung:** *Uni-Angestellte*
  - Anzahl: 1000
  - Attribute
    - PersonalNummer
      - Typ: char
      - Länge: 9
      - Wertebereich: 0 . . . 999.999.99
      - Anzahl Wiederholungen: 0

  - Definiertheit: 100%
  - Identifizierend: ja
- Gehalt
  - Typ: dezimal
  - Länge: (8,2) [1]
  - Anzahl Wiederholungen: 0
  - Definiertheit: 90%
  - Identifizierend: nein
- Rang
  - ...
  - ...
  - ...

Die in der Anforderungsanalyse ermittelten Abschätzungen hinsichtlich Anzahl und Größe der Objekte bzw. der darin enthaltenen Attribute dienen dazu, schon frühzeitig das später anfallende Datenvolumen abzuschätzen. Bei den Attributbeschreibungen sollte schon der Wertebereich festgelegt werden, der Speicherbedarf *(Länge)*, die Anzahl der Wiederholungen (z.B. haben Personen oft 2 Adressen), die Wahrscheinlichkeit, dass das Attribut überhaupt mit einem Wert belegt sein wird *(Definiertheit)* und ob das Attribut das Objekt eindeutig identifiziert.

Die zwischen den Objekten existierenden Beziehungen sollten in einem ähnlich gestalteten Formular dokumentiert werden. Wiederum möge uns die Universitätswelt als Beispiel dienen. Hier gibt es eine (leidige) Beziehung zwischen *Professoren*, *Studenten* und *Vorlesungen* namens *prüfen*:

- **Beziehungsbeschreibung:** *prüfen*
  - Beteiligte Objekte:
    - Professor als Prüfer
    - Student als Prüfling
    - Vorlesung als Prüfungsstoff
  - Attribute der Beziehung
    - Datum
    - Uhrzeit
    - Note
  - Anzahl: 100 000 (pro Jahr)

Es sollte betont werden, dass die „Formulare“ für die Objekt- und Beziehungsbeschreibungen nur Muster darstellen, die den jeweiligen Gegebenheiten angepasst werden sollten. Wichtig ist jedoch, dass überhaupt ein gut strukturiertes und konsistentes Dokument erstellt wird.

[1] achtstellige Dezimalzahl mit zwei Nachkommastellen

2.4.2 Datenverarbeitungsanforderungen

Neben der Informationsstruktur muss in der Anforderungsanalyse natürlich auch der operationale Aspekt – also die Datenverarbeitung – behandelt werden. Es empfiehlt sich, diesen Bereich in Einzelprozesse zu zergliedern, für die dann jeweils separate Anforderungsbeschreibungen erstellt werden. Genau wie für die Informationsstrukturbeschreibung, hat sich auch hierfür eine strukturierte Dokumentation in der Praxis bewährt. Wir demonstrieren dies am Beispiel der Zeugnisausstellung:

- **Prozessbeschreibung:** *Zeugnisausstellung*
  - Häufigkeit: halbjährlich
  - benötigte Daten
    * Prüfungen
    * Studienordnungen
    * Studenteninformation
    * ...
  - Priorität: hoch
  - zu verarbeitende Datenmenge
    * 500 Studenten
    * 3000 Prüfungen
    * 10 Studienordnungen

Wenn dies geeignet erscheint, kann man natürlich andere, anwendungsspezifischere „Formulare“ entwerfen. Die Formulare müssen auf jeden Fall so gestaltet sein, dass man sie als Diskussionsgrundlage mit den zukünftigen Anwendern verwenden kann.

2.5 Grundlagen des Entity-Relationship-Modells

Wie der Name schon sagt, sind die grundlegendsten Modellierungsstrukturen dieses Modells die *Entities* (Gegenstände) und die *Relationships* (Beziehungen) zwischen den Entities. Zusätzlich „kennt“ das Entity-Relationship-Modell (kurz ER-Modell genannt) noch *Attribute* und *Rollen*.

Gegenstände (bzw. Entities) sind wohlunterscheidbare physisch oder gedanklich existierende Konzepte der zu modellierenden Welt. Man abstrahiert ähnliche Gegenstände zu Gegenstandstypen (Entitytypen oder Entitymengen), die man grafisch als Rechtecke darstellt, wobei der Name des Entitytyps innerhalb des Rechtecks angegeben wird.

Beziehungen werden auf analoge Weise zu Beziehungstypen zwischen den Gegenstandstypen abstrahiert. Die Beziehungstypen werden als Rauten mit entsprechender Beschriftung repräsentiert. Die Rauten werden mit den beteiligten Gegenstandstypen über ungerichtete Kanten verbunden.

Im Folgenden werden wir oft die Unterscheidung zwischen Gegenständen und den Gegenstandstypen, bzw. zwischen Beziehungen und Beziehungstypen, vernachlässigen. Aus dem Kontext dürfte immer leicht ersichtlich sein, was gemeint ist.

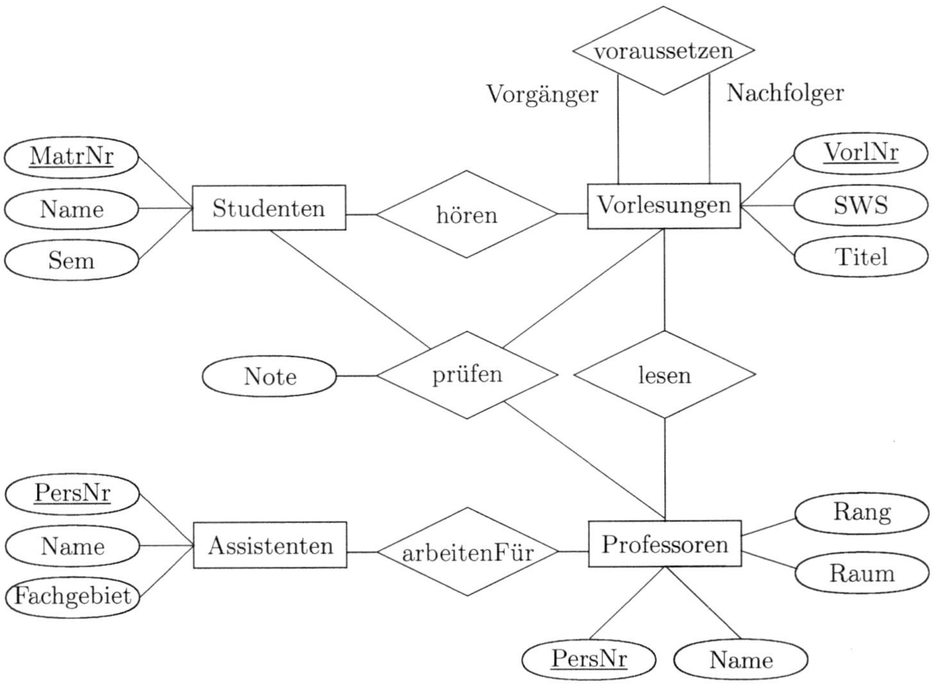

Abbildung 2.3: Ein konzeptuelles Universitätsschema

Beispiele für Gegenstandstypen in der Universitätswelt sind *Studenten*, *Vorlesungen*, *Professoren* und *Assistenten*. Beziehungen zwischen diesen Entitytypen sind z.B. *hören* (zwischen *Studenten* und *Vorlesungen*) und *prüfen* (zwischen *Professoren*, *Vorlesungen* und *Studenten*).

Attribute dienen dazu, Gegenstände bzw. Beziehungen zu charakterisieren. Folglich werden Attribute, die durch Kreise oder Ovale grafisch beschrieben werden, den Rechtecken (für Gegenstandstypen) bzw. den Rauten (für Beziehungstypen) durch verbindende Kanten zugeordnet.

In dem in Abbildung 2.3 gezeigten ER-Schema gibt es vier Gegenstandstypen (*Studenten*, *Vorlesungen*, *Professoren*, *Assistenten*) und fünf Beziehungstypen (*hören*, *prüfen*, *voraussetzen*, *arbeitenFür*, *lesen*). Den Gegenstandstypen sind jeweils ein identifizierendes Attribut als Schlüssel und noch weitere beschreibende Attribute zugeordnet. Zum Beispiel werden *Studenten* durch die *MatrNr* (Matrikelnummer) eindeutig identifiziert; wohingegen der *Name* bzw. das *Semester* als weitere Attribute angegeben sind, die aber i.A. einen Studenten nicht eindeutig identifizieren, sondern nur zur (detaillierteren) Beschreibung dienen.

Die Beziehungen *hören*, *lesen* und *arbeitenFür* sind *binäre* Beziehungen zwischen zwei unterschiedlichen Entitytypen. Auch die Beziehung *voraussetzen* ist binär, aber es ist nur ein Entitytyp beteiligt. In diesem Fall spricht man von einer *rekursiven* Beziehung. Weiterhin wurden in der Beschreibung der Beziehung *voraussetzen* Rollen zugeordnet, nämlich *Vorgänger* und *Nachfolger*. Dadurch wird die Rolle eines

Gegenstandes in dieser Beziehung dokumentiert, d.h. in diesem Fall legen die Rollen fest, ob die betreffende Vorlesung als Nachfolger auf der anderen Vorlesung aufbaut oder umgekehrt. Rollen werden als Text an die jeweiligen „Ausgänge" (Kanten) der Beziehungsraute geschrieben.

2.6 Schlüssel

Eine minimale Menge von Attributen, deren Werte das zugeordnete Entity eindeutig innerhalb aller Entities seines Typs identifiziert, nennt man *Schlüssel*. Sehr oft gibt es einzelne Attribute, die als Schlüssel „künstlich" eingebaut werden, wie z.B. Personalnummer (*PersNr*), Vorlesungsnummer (*VorlNr*), etc. Schlüsselattribute werden durch Unterstreichung (manchmal auch durch doppelt gezeichnete Kreise bzw. Ovale) gekennzeichnet.

Manchmal gibt es auch zwei unterschiedliche Schlüsselkandidaten: Dann wählt man einen dieser Kandidaten-Schlüssel als Primärschlüssel aus.

2.7 Charakterisierung von Beziehungstypen

Ein Beziehungstyp R zwischen den Entitytypen $E_1, E_2, \ldots, E_n$ kann als Relation im mathematischen Sinn angesehen werden. Demnach stellt die Ausprägung der Beziehung R eine Teilmenge des kartesischen Produkts der an der Beziehung beteiligten Entitytypen dar. Also gilt:

$$R \subseteq E_1 \times E_2 \times \cdots \times E_n$$

In diesem Fall bezeichnet man n als den Grad der Beziehung R – die in der Praxis mit Abstand am häufigsten vorkommenden Beziehungstypen sind *binär*.

Ein Element $(e_1, e_2, \ldots, e_n) \in R$ nennt man eine Instanz des Beziehungstyps, wobei $e_i \in E_i$ für alle $1 \leq i \leq n$ gelten muss. Eine solche Instanz ist also ein Tupel aus dem kartesischen Produkt $E_1 \times E_2 \times \cdots \times E_n$.

Man kann jetzt auch den Begriff der Rolle etwas formaler fassen. Dazu veranschaulichen wir uns nochmals die Beziehung *voraussetzen* aus unserem Beispielschema (siehe Abbildung 2.3). Gemäß dem oben skizzierten Formalismus gilt:

$$\text{voraussetzen} \subseteq \text{Vorlesungen} \times \text{Vorlesungen}$$

Um einzelne Instanzen $(v_1, v_2) \in \textit{voraussetzen}$ genauer zu charakterisieren, wird die jeweilige Rolle, nämlich $(\textit{Vorgänger} : v_1, \textit{Nachfolger} : v_2)$, benötigt. Dadurch wird also unmissverständlich festgelegt, dass die Vorlesung v_1 die Voraussetzung für die Vorlesung v_2 darstellt.

2.7.1 Funktionalitäten der Beziehungen

Man kann Beziehungstypen hinsichtlich ihrer *Funktionalität* charakterisieren. Ein binärer Beziehungstyp R zwischen den Entitytypen E_1 und E_2 heißt

- 1:1-*Beziehung*, falls jedem Entity e_1 aus E_1 höchstens ein Entity e_2 aus E_2 zugeordnet ist und umgekehrt jedem Entity e_2 aus E_2 maximal ein Entity e_1 aus E_1 zugeordnet ist. Man beachte, dass es auch Entities aus E_1 (bzw. E_2) geben kann, denen kein „Partner“ aus E_2 (bzw. E_1) zugeordnet ist.

  Ein Beispiel einer „realen“ 1:1-Beziehung ist *verheiratet* zwischen den Entitytypen *Männer* und *Frauen* – zumindest nach europäischem Recht.

- 1:N-*Beziehung*, falls jedem Entity e_1 aus E_1 beliebig viele (also mehrere oder auch gar keine) Entities aus E_2 zugeordnet sein können, aber jedes Entity e_2 aus der Menge E_2 mit maximal einem Entity aus E_1 in Beziehung stehen kann.

  Ein anschauliches Beispiel für eine 1:N-Beziehung ist *beschäftigen* zwischen *Firmen* und *Personen*, wenn wir davon ausgehen, dass eine Firma i.A. mehrere Personen beschäftigt, aber eine Person nur bei einer (oder gar keiner) Firma angestellt ist.

- N:1-*Beziehung*, falls analoges zu obigem gilt.

- N:M-*Beziehung*, wenn keinerlei Restriktionen gelten müssen, d.h. jedes Entity aus E_1 mit beliebig vielen Entities aus E_2 in Beziehung stehen kann und umgekehrt jedes Entity aus E_2 mit beliebig vielen Entities aus E_1 assoziiert werden darf.

Man beachte, dass die Funktionalitäten Integritätsbedingungen darstellen, die in der zu modellierenden Welt immer gelten müssen. D.h. diese Bedingungen sollen nicht nur im derzeit existierenden Zustand der Miniwelt (rein zufällig) gelten, sondern sie sollen Gesetzmäßigkeiten darstellen, deren Einhaltung erzwungen wird.

Die binären 1:1-, 1:N- und N:1-Beziehungen kann man auch als *partielle Funktionen* ansehen. Bei einer 1:1-Beziehung R zwischen E_1 und E_2 kann die Funktion sowohl als $R : E_1 \rightarrow E_2$ wie auch als $R^{-1} : E_2 \rightarrow E_1$ gesehen werden.

Bezogen auf unser Beispiel einer 1 : 1-Beziehung haben wir also:

$$\begin{aligned} \text{Ehemann} &: \text{Frauen} \rightarrow \text{Männer} \\ \text{Ehefrau} &: \text{Männer} \rightarrow \text{Frauen} \end{aligned}$$

Bei einer 1:N-Beziehung ist die „Richtung“ der Funktion zwingend. Die Beziehung *beschäftigen* ist z.B. eine partielle Funktion von *Personen* nach *Firmen*, also:

$$\text{beschäftigen} : \text{Personen} \rightarrow \text{Firmen}$$

Die Funktion geht also von dem „N“-Entitytyp zum „1“-Entitytyp. Wir werden später – im Zusammenhang mit der Umsetzung von ER-Schemata in relationale Schemata – nochmals auf diesen wichtigen Punkt zurückkommen. Analoges gilt natürlich wieder für N:1-Beziehungen, wobei wiederum die „Richtung“ der Funktion zu beachten ist.

Die den 1:1- bzw. 1:N-Beziehungen zugeordneten Funktionen sind partiell, weil es Entities aus dem Definitionsbereich geben kann, die gar keine Beziehung eingehen. Für diese Entities ist die Funktion somit nicht definiert.

In Abbildung 2.4 sind die oben verbal beschriebenen Funktionalitäten grafisch veranschaulicht. Die Ovale repräsentieren die Entitytypen: das linke den Entitytyp

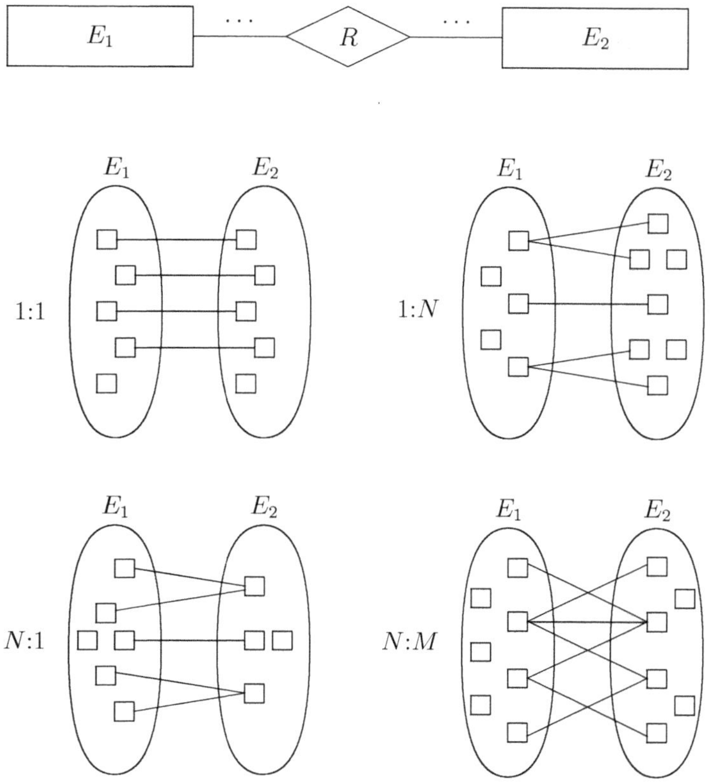

Abbildung 2.4: Grafische Veranschaulichung der Funktionalitäten einer binären Beziehung R zwischen E_1 und E_2.

E_1 und das rechte den Entitytyp E_2. Die kleinen Quadrate innerhalb der Ovale stellen die Entities des jeweiligen Typs dar und die die Entities verbindenden Linien repräsentieren jeweils eine Instanz der Beziehung R.

In Abbildung 2.7 (auf Seite 46) sind die Funktionalitäten des konzeptuellen Universitätsschemas eingezeichnet.

2.7.2 Funktionalitätsangaben bei n-stelligen Beziehungen

Die Angabe von Funktionalitäten wurde bisher nur für binäre Beziehungstypen definiert, sie kann aber auf n-stellige Beziehungen erweitert werden. Sei also R eine Beziehung zwischen den Entitymengen $E_1, \ldots, E_n$, wobei die Funktionalität bei der Entitymenge E_k ($1 \leq k \leq n$) mit einer „1“ spezifiziert sein soll, bei den anderen Mengen ebenfalls mit „1“ oder mit einem in dem Beziehungstyp eindeutigen Buchstaben, der wie vorher „viele“ repräsentiert. Dann muss gelten, dass durch R die folgende partielle Funktion vorgegeben wird:

$$R : E_1 \times \ldots \times E_{k-1} \times E_{k+1} \times \ldots \times E_n \rightarrow E_k$$

Solche funktionalen Beziehungen müssen dann natürlich für alle Entitymengen von R gelten, die bei der Funktionalitätsangabe ebenfalls mit einer „1“ gekennzeichnet sind. Die Leser mögen sich hier vergegenwärtigen, dass die in Abschnitt 2.7.1 vorgestellten Funktionalitäten für binäre Beziehungen Spezialfälle der obigen Definition sind.

Als anschauliches Beispiel ist in Abbildung 2.5 die dreistellige Beziehung *betreuen* zwischen den Entitytypen *Studenten*, *Professoren* und *Seminarthemen* mit Kardinalitätsangabe N:1:1 grafisch dargestellt. Gemäß obiger Definition kann man die Beziehung *betreuen* demnach als partielle Funktionen wie folgt auffassen:

$$\begin{aligned} \text{betreuen} : \text{Professoren} \times \text{Studenten} &\rightarrow \text{Seminarthemen} \\ \text{betreuen} : \text{Seminarthemen} \times \text{Studenten} &\rightarrow \text{Professoren} \end{aligned}$$

Die Kardinalitätsangaben dieses Beispielschemas legen folgende Konsistenzbedingungen fest, die im Wesentlichen die Studienordnung unserer Universität darstellen:

1. Studenten dürfen bei demselben Professor bzw. derselben Professorin nur ein Seminarthema „ableisten“ (damit ein breites Spektrum abgedeckt wird).
2. Studenten dürfen dasselbe Seminarthema nur einmal bearbeiten – sie dürfen also nicht bei anderen Professoren ein schon einmal erteiltes Seminarthema nochmals bearbeiten.

Es sind aber folgende Datenbankzustände nach wie vor möglich:

- Professoren können dasselbe Seminarthema „wiederverwenden“ – also dasselbe Thema auch mehreren Studenten erteilen.
- Ein Thema kann von mehreren Professoren vergeben werden – aber an unterschiedliche Studenten.

In Abbildung 2.6 sind vier legale Ausprägungen der Beziehung *betreuen* – mit b_1, b_2, b_3, b_4 markiert – und zwei illegale Ausprägungen b_5 und b_6 dargestellt. Die Ausprägung b_5 ist illegal, weil Student/in s_1 bei Professor/in p_1 zwei Seminare belegen will. Die Beziehungsausprägung b_6 ist illegal, weil Student/in s_3 – gemäß dem Prinzip des geringsten Aufwands – versucht, dasselbe Thema t_1 zweimal bei unterschiedlichen Professoren p_3 und p_4 zu bearbeiten.

Wir wollen die Angabe von Funktionalitäten jetzt noch für die ternäre Beziehung *prüfen* unseres konzeptuellen Universitätsschemas aus Abbildung 2.7 diskutieren. Studenten sollten daran gehindert werden, dieselben Vorlesungen von unterschiedlichen Professoren prüfen zu lassen. Mit anderen Worten, zu einem Paar aus *Studenten* und *Vorlesungen* soll es maximal einen Professor bzw. eine Professorin als Prüfer geben. Die Beziehung *prüfen* sollte also den Eigenschaften einer partiellen Funktion der folgenden Form genügen:

$$\text{prüfen} : \text{Studenten} \times \text{Vorlesungen} \rightarrow \text{Professoren}$$

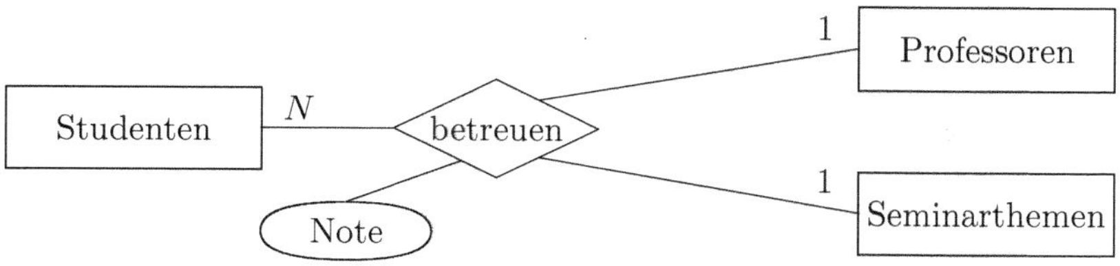

Abbildung 2.5: Die Betreuung von Seminarthemen als Entity-Relationship-Diagramm

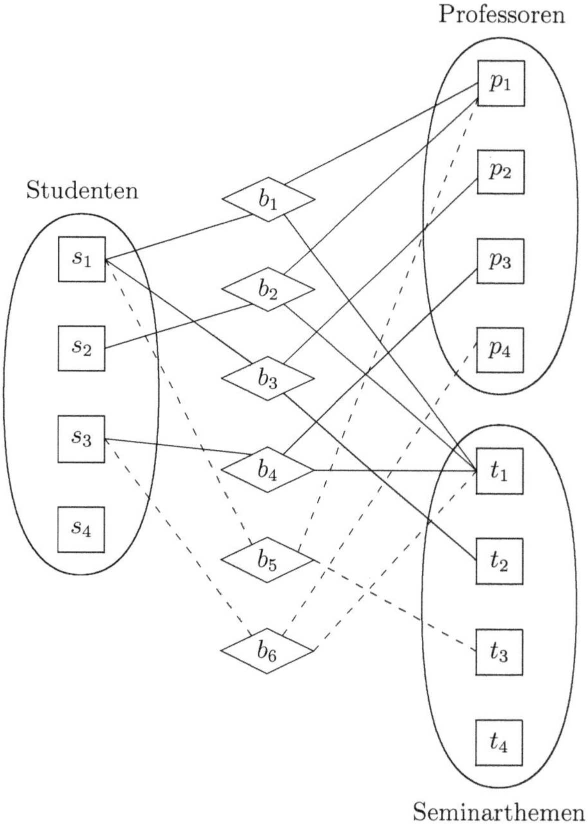

Abbildung 2.6: Ausprägungen der Beziehung *betreuen*: gestrichelte Linien markieren illegale Ausprägungen

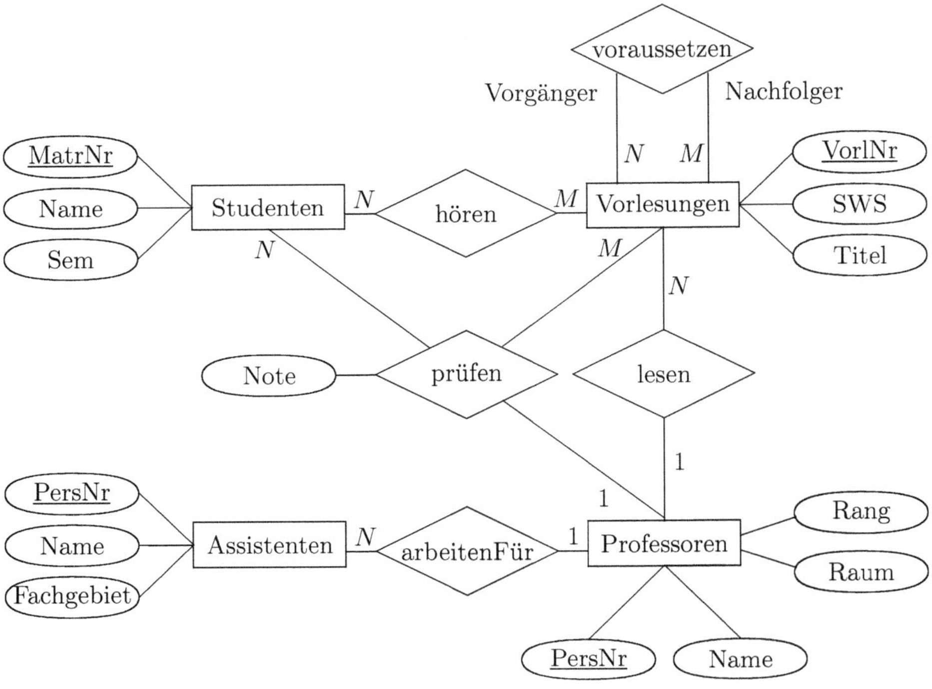

Abbildung 2.7: Markierung der Funktionalitäten im Universitätsschema

Dies wird durch die N:M:1-Funktionalitätsangabe im ER-Schema erzwungen. Weitere Einschränkungen dieser Art gibt es nicht, da wir annehmen, dass Studenten mehrere Vorlesungen von demselben Professor bzw. derselben Professorin abprüfen lassen können und Professoren selbstverständlich mehrere Studenten über dieselbe Vorlesung prüfen.

2.7.3 Die (min, max)-Notation

Im vorangegangenen Abschnitt haben wir die Funktionalitäten von Beziehungstypen beschrieben. Hier wollen wir einen Formalismus einführen, mit dem Beziehungen oft präziser charakterisiert werden können. Bei der Angabe der Funktionalität ist für ein Entity nur die maximale Anzahl von Beziehungsinstanzen relevant. Wann immer diese Zahl größer als eins ist, wird sie, ohne genauere Aussagen zu machen, als N oder M (also „viele") angegeben. Bei der (min, max)-Notation werden nicht nur die Extremwerte – nämlich *eins* oder *viele* – angegeben sondern, wann immer möglich, präzise Unter- und Obergrenzen festgelegt. Es wird also auch die minimale Anzahl angegeben, weil dies für viele Beziehungstypen eine sinnvolle und manchmal auch essentielle Integritätsbedingung darstellt.

Bei der (min, max)-Notation wird für jeden an einem Beziehungstyp beteiligten Entitytyp ein Paar von Zahlen, nämlich *min* und *max*, angegeben. Dieses Zahlenpaar sagt aus, dass jedes Entity dieses Typs mindestens *min*-mal in der Beziehung steht

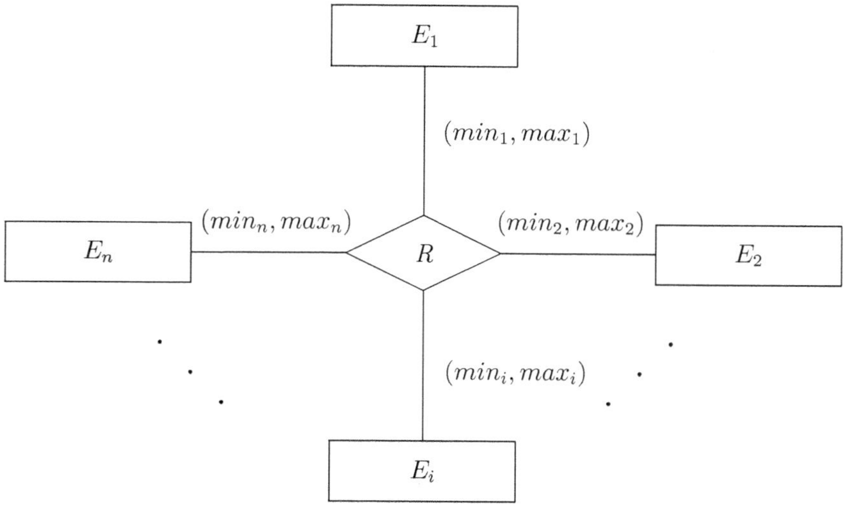

Abbildung 2.8: Abstrakte n-stellige Beziehung R mit (min, max)-Angabe

und höchstens *max*-mal.

Um das etwas formaler auszudrücken, schauen wir uns die Grafik in Abbildung 2.8 an. In dieser Abbildung ist eine abstrakte n-stellige Beziehung R gezeigt. Somit stellt R eine Relation zwischen den Entitymengen $E_1, E_2, \ldots, E_n$ dar, wobei also gilt:

$$R \subseteq E_1 \times \cdots \times E_i \times \cdots \times E_n$$

Die Markierung (min_i, max_i) gibt an, dass es für alle $e_i \in E_i$ mindestens min_i Tupel der Art $(\ldots, e_i, \ldots)$ und höchstens max_i viele solcher Tupel in R gibt. Wiederum ist gefordert, dass diese Angaben Gesetzmäßigkeiten der modellierten realen Welt darstellen und nicht einfach nur den derzeitigen zufälligen Zustand der Datenbasis beschreiben.

Sonderfälle werden wie folgt gehandhabt:

- Wenn es Entities geben darf, die gar nicht an der Beziehung „teilnehmen", so wird *min* mit 0 angegeben.
- Wenn ein Entity beliebig oft an der Beziehung „teilnehmen darf", so wird die *max*-Angabe durch $*$ ersetzt.

Die Angabe $(0, *)$ ist somit die allgemeinste, da sie aussagt, dass betreffende Entities gar nicht oder beliebig oft in der Beziehung vorkommen können.

Wir wollen uns nun noch ein illustratives Beispiel für die (*min*, *max*)-Notation anschauen. Dazu verlassen wir (kurzzeitig) unsere Universitätswelt und schauen uns die Begrenzungsflächenmodellierung von Polyedern an. Ein Polyeder wird dabei durch die Hülle seiner begrenzenden Flächen beschrieben, diese wiederum werden durch ihre Begrenzung, bestehend aus Kanten, modelliert. Eine Kante hat einen Start und ein Ende in der Form eines Punktes im dreidimensionalen Raum. Diese Modellierung

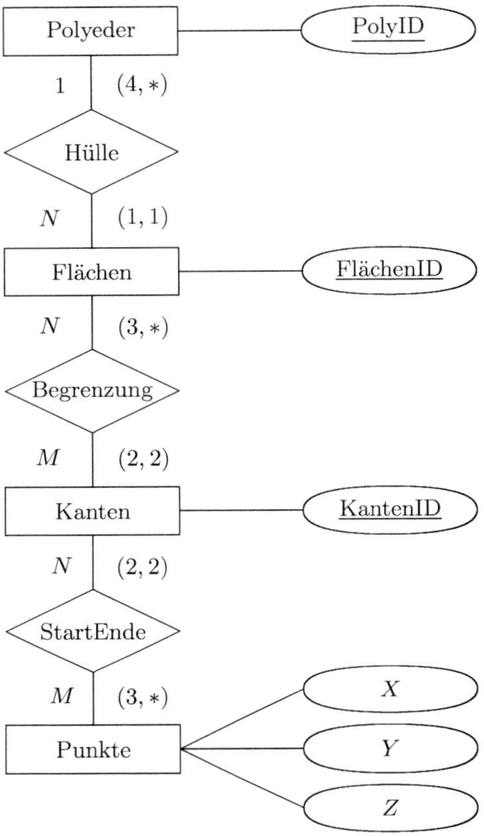

Abbildung 2.9: Konzeptuelles Schema der Begrenzungsflächendarstellung von Polyedern

von Polyedern ist in Abbildung 2.9 als ER-Schema mit der vergleichenden Angabe von Funktionalitäten und der (*min*, *max*)-Notation gezeigt.

Schauen wir uns zuerst die Funktionalitäten an: Ein Polyeder wird von mehreren Flächen umhüllt, wobei jede Fläche nur zu einem Polyeder gehören soll. Also ist *Hülle* eine 1:N-Beziehung. Eine Fläche wird von mehreren Kanten begrenzt und jede Kante gehört zu mehreren Flächen. Folglich ist *Begrenzung* eine allgemeine N:M-Beziehung. Auch *StartEnde* ist eine N:M-Beziehung, da jeder Kante zwei (d.h. mehrere) Punkte zugeordnet sind und ein Punkt mehreren (sogar beliebig vielen) Kanten eines Polyeders zugeordnet sein kann.

Diese sehr grobe Charakterisierung der Beziehungen kann durch Verwendung der (*min*, *max*)-Notation viel präziser erfolgen. Für die Angabe der in Abbildung 2.9 gezeigten *min*-Werte sollten wir uns den Polyeder mit der minimalen Flächen-, Kanten- und Punkteanzahl vergegenwärtigen: Eine grafische Skizze des Tetraeders ist in Abbildung 2.10 gezeigt.

In dieser Abbildung ist erkennbar, dass ein Polyeder minimal vier umhüllende

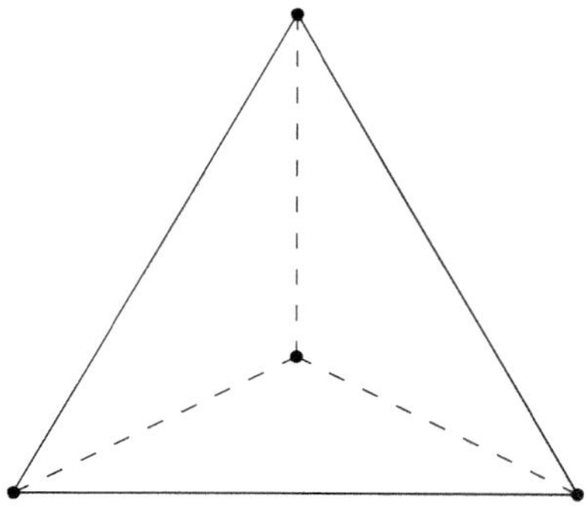

Abbildung 2.10: Grafische Darstellung eines Tetraeders

Flächen besitzt – die maximale Anzahl ist beliebig und wird somit durch $*$ angegeben. Eine Fläche wird – im Falle eines Dreiecks – durch ein Minimum von drei Kanten begrenzt; wiederum ist die maximale Anzahl von begrenzenden Kanten beliebig. Jede Kante begrenzt bei einem Polyeder genau zwei Flächen. Eine Kante wird durch genau zwei Punkte beschrieben, die über die Beziehung *StartEnde* der Kante zugeordnet werden. Bei einem Polyeder gehört jeder Begrenzungspunkt – und nur solche sind in der Entitymenge *Punkte* enthalten – zu mindestens drei Kanten (siehe Tetraeder) und maximal zu beliebig vielen.

Wir sollten noch darauf hinweisen, dass der Vergleich der 1:N-Angabe mit der (min, max)-Notation in gewisser Weise „kontra-intuitiv" ist. Dazu betrachte man die 1:N-Beziehung *Hülle* aus Abbildung 2.9. Hierbei ist der Entitytyp *Flächen* mit N markiert; andererseits „wandert" bei der (min, max)-Notation die Angabe „viele", also das Sternchen $*$, zu dem Entitytyp *Polyeder*. Dies liegt in der Definition der (min, max)-Notation begründet – siehe dazu auch die Übungsaufgabe 2.1.

In Abbildung 2.14 (auf Seite 53) sind die (min, max)-Angaben für unser Universitätsschema angegeben. Alle Vorlesungen werden von mindestens drei Studenten gehört – andernfalls finden sie nicht statt. Assistenten sind genau einem Professor bzw. einer Professorin als Mitarbeiter/in zugeordnet. Weiterhin werden Vorlesungen von genau einem Professor bzw. einer Professorin gelesen. Professoren können zeitweilig – aufgrund von Forschungssemestern oder anderer Verpflichtungen in der Universitätsleitung – vom Vorlesungsbetrieb freigestellt werden; daraus resultiert die Markierung $(0, *)$.

Man beachte, dass die Ausdruckskraft der Funktionalitätsangaben und der (min, max)-Angaben bei n-stelligen Beziehungen mit $n > 2$ unvergleichbar ist: Es gibt Konsistenzbedingungen, die mit Funktionalitätsangaben, aber nicht mit (min,max)-Angaben ausdrückbar sind und wiederum andere Konsistenzbedingungen, die mit der (min,max)-Angabe formulierbar sind, aber nicht durch Funktionalitätseinschränkungen. Siehe dazu auch Übungsaufgabe 2.2.

Grundsätzlich gilt natürlich, dass es viele anwendungsspezifische Konsistenzbedingungen gibt, die mit den Mitteln des Entity-Relationship-Modells nicht formulierbar sind. Diese müssen im Zuge der Anforderungsanalyse und des konzeptuellen Entwurfs anderweitig (z.B. in natürlicher Sprache) festgehalten werden, damit sie

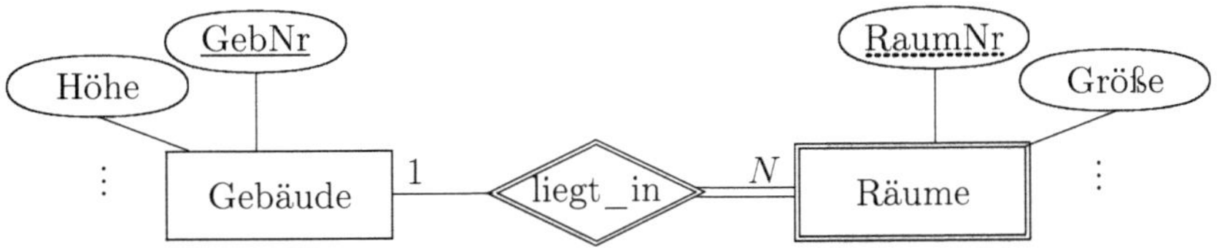

Abbildung 2.11: Ein existenzabhängiger (schwacher) Entitytyp

beim Implementationsentwurf und bei der Realisierung der Anwendungsprogramme berücksichtigt werden.

2.8 Existenzabhängige Entitytypen

Bislang waren wir immer davon ausgegangen, dass Entities autonom existieren und innerhalb ihrer Entitymenge über die Schlüsselattribute eindeutig identifizierbar sind. In der Realität gibt es aber oft auch sogenannte *schwache* Entities, bei denen dies nicht gilt. Diese Entities sind also

- in ihrer Existenz von einem anderen, übergeordneten Entity abhängig und
- oft nur in Kombination mit dem Schlüssel des übergeordneten Entities eindeutig identifizierbar.

Als Beispiel betrachten wir den Entitytyp *Räume* aus Abbildung 2.11. Die Entities dieses Typs sind existenzabhängig von dem *Gebäude*, in dem der betreffende Raum liegt. Dies ist natürlich intuitiv auch einsichtig: Wenn man das Gebäude abreißt, verschwinden damit automatisch auch alle in dem betreffenden Gebäude liegenden Räume.

Schwache Entities werden durch doppelt umrandete Rechtecke repräsentiert. Die Beziehung zu dem übergeordneten Entitytyp wird ebenfalls durch eine Verdopplung der Raute und der von dieser Raute zum schwachen Entitytyp ausgehenden Kante markiert. Die Beziehung zum übergeordneten Entitytyp hat i.A. eine 1:N-Funktionalität oder, in selteneren Fällen, eine 1:1-Funktionalität. Die Leser mögen sich überlegen, warum diese Beziehung keine N:M-Funktionalität haben kann (siehe Übungsaufgabe 2.9).

Existenzabhängige Entitytypen haben, wie oben schon angemerkt, i.A. keinen eigenständigen Schlüssel, der alle Entities der Entitymenge eindeutig identifiziert. Stattdessen gibt es ein Attribut (oder manchmal auch eine Menge von Attributen), dessen Wert alle schwachen Entities, die *einem* übergeordneten Entity zugeordnet sind, voneinander unterscheidet. Diese Attribute werden in der grafischen Notation (siehe Abbildung 2.11) gestrichelt unterstrichen. In unserem Beispiel handelt es sich hierbei um das Attribut *RaumNr*: Alle *Räume* in demselben *Gebäude* haben eine eindeutige *RaumNr*; aber verschiedene *Gebäude* können durchaus *Räume* mit derselben *RaumNr* haben. Demnach werden *Räume* global eindeutig durch die *GebNr* – also dem Schlüsselwert des übergeordneten Entities – *und* der *RaumNr* identifiziert.

Wir wollen noch ein weiteres Beispiel eines schwachen Entitytyps diskutieren. Anstatt einer Beziehung *prüfen* – wie in unserem Universitätsschema aus Abbil-

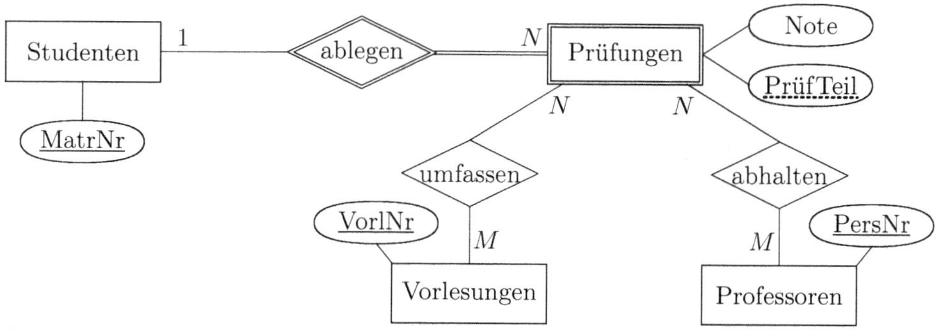

Abbildung 2.12: Modellierung von Prüfungen als existenzabhängigem Entitytyp

dung 2.7 – könnte man auch einen Entitytyp *Prüfungen* einführen. Diesen Entitytyp könnte man, wie in Abbildung 2.12 gezeigt, dem Entitytyp *Studenten* als schwachen Entitytyp unterordnen, so dass *Prüfungen* durch die *MatrNr* des Prüflings und dem *PrüfTeil*, also einer Kennung des abgelegten Prüfungsteils (wie z.B. Informatik I, Informatik II, etc.) global eindeutig identifiziert werden. Wir haben in diesem Beispiel bewusst eine N:M-Funktionalitätsangabe sowohl zwischen *Prüfungen* und *Vorlesungen* als auch zwischen *Prüfungen* und *Professoren* festgelegt. Daher kann eine Prüfung mehrere Vorlesungen umfassen und an einer Prüfung können auch mehrere Professoren als Prüfer beteiligt sein. Man beachte, dass diese Modellierung von der in Abbildung 2.7 durchgeführten Modellierung als dreistellige 1:N:M-Beziehung *prüfen* zwischen *Studenten*, *Professoren* und *Vorlesungen* abweicht. Es sei den Lesern überlassen, zu diskutieren, welche Modellierung ihre jeweilige Prüfungsordnung am besten widerspiegelt.

2.9 Generalisierung

Die *Generalisierung* wird im konzeptuellen Entwurf eingesetzt, um eine bessere (d.h. natürlichere und übersichtlichere) Strukturierung der Entitytypen zu erzielen. Insofern handelt es sich bei der Generalisierung um eine *Abstraktion* auf Typebene. Die analoge Abstraktion auf Instanzebene bestand ja gerade darin, ähnliche Entities in der Form eines gemeinsamen Entitytyps zu modellieren.

Bei der Generalisierung werden die Eigenschaften ähnlicher Entitytypen – im ER-Entwurf sind dies im Wesentlichen die Attribute und Beziehungen, da man Operationen vernachlässigt – „herausfaktorisiert“ und einem gemeinsamen *Obertyp* zugeordnet. Die ähnlichen Entitytypen, aus denen diese Eigenschaften faktorisiert werden, heißen *Untertypen* (oder Kategorien) des generalisierten Obertyps.

Diejenigen Eigenschaften, die nicht „faktorisierbar“ sind, weil sie nicht allen Untertypen gemein sind, verbleiben beim jeweiligen Untertyp. In dieser Hinsicht stellt der Untertyp eine *Spezialisierung* des Obertyps dar. Ein Schlüsselkonzept der Generalisierung ist die *Vererbung*: Ein Untertyp erbt sämtliche Eigenschaften des Obertyps.

Ein Obertyp ist also eine Generalisierung der Untertypen, wobei es sich dabei um eine Betrachtung auf der Typebene handelt. Wie sieht die Generalisierung auf

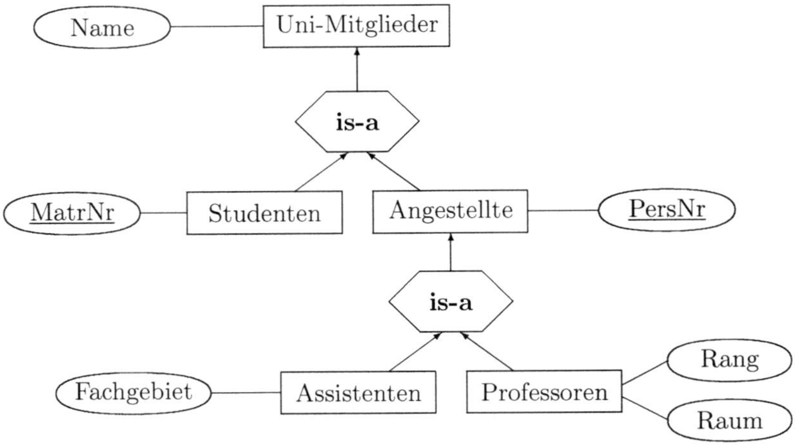

Abbildung 2.13: Generalisierung der Universitätsmitglieder

Instanzebene aus? Die Entities eines Untertyps werden implizit auch als Entities (Elemente) des Obertyps betrachtet. Dies motiviert die Bezeichnung **is-a** in der grafischen Darstellung von Generalisierungen (vgl. Abbildung 2.13). Es handelt sich also um eine besondere Art der Beziehung. Deshalb verwendet man oft auch ein anderes grafisches Symbol, nämlich ein Sechseck anstatt einer Raute.

Somit ist die Entitymenge des Untertyps eine Teilmenge der Entitymenge des Obertyps. Hinsichtlich der Teilmengensicht sind bei der Generalisierung bzw. Spezialisierung zwei Fälle von besonderem Interesse:

- *disjunkte* Spezialisierung: Dies ist der Fall, wenn die Entitymengen aller Untertypen eines Obertyps paarweise disjunkt sind.
- *vollständige* Spezialisierung: Die Spezialisierung ist vollständig, wenn die Entitymenge des Obertyps keine *direkten* Elemente enthält – sich also nur aus der Vereinigung der Entitymengen der Untertypen ergibt.

In unserem Beispiel aus Abbildung 2.13 ist die Spezialisierung von *Uni-Mitglieder* in *Studenten* und *Angestellte* vollständig und disjunkt – sieht man von der Möglichkeit ab, dass Angestellte gleichzeitig studieren könnten. Die Spezialisierung von *Angestellte* in *Assistenten* und *Professoren* ist sicherlich disjunkt, aber nicht vollständig, da es noch andere, nichtwissenschaftliche Angestellte (z.B. Sekretärinnen) gibt, die direkt in der Entitymenge *Angestellte* enthalten wären. In Abbildung 2.14 ist unser Universitätsbeispiel vervollständigt: Es enthält jetzt die Generalisierung von *Assistenten* und *Professoren* zu *Angestellte.* Außerdem sind in diesem ER-Diagramm die Beziehungen durch die (*min, max*)-Angabe charakterisiert.

2.10 Aggregation

Während man bei der Generalisierung gleichartige Entitytypen strukturiert, werden bei der Aggregation unterschiedliche Entitytypen, die in ihrer Gesamtheit einen

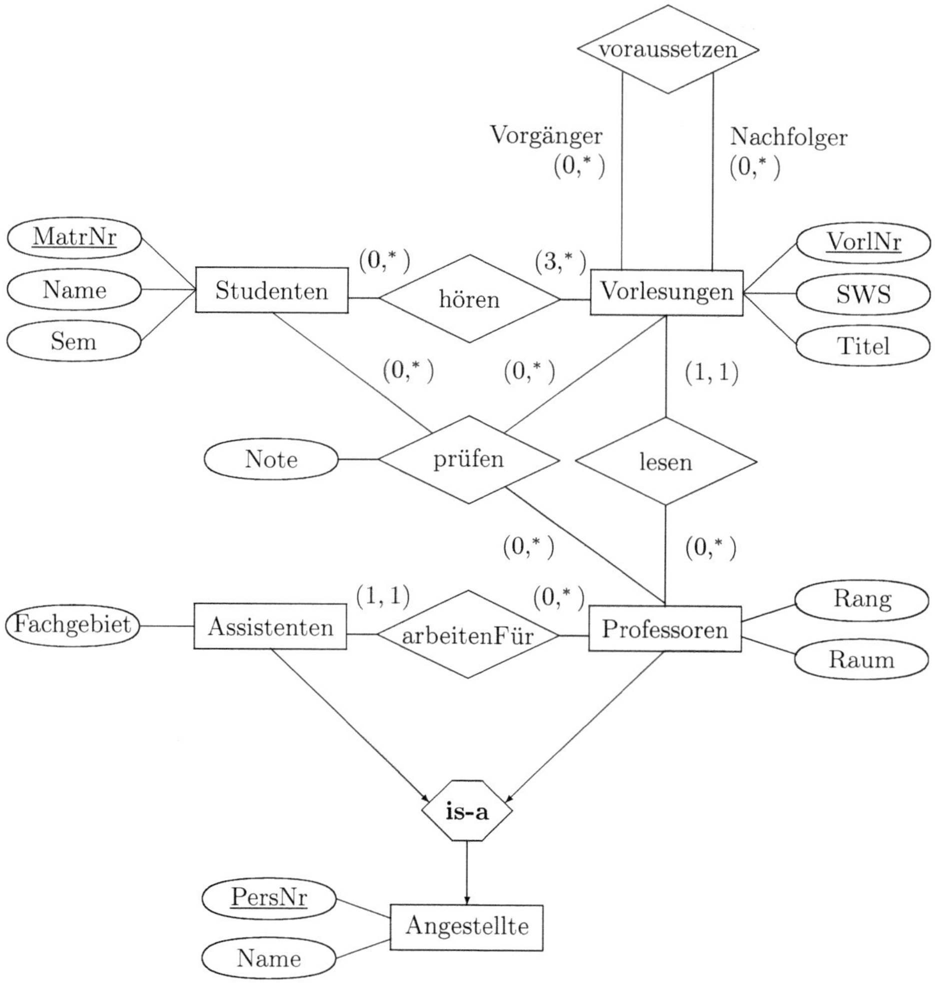

Abbildung 2.14: Das Beispielschema der Universität mit (*min*, *max*)-Angabe und einer Generalisierung

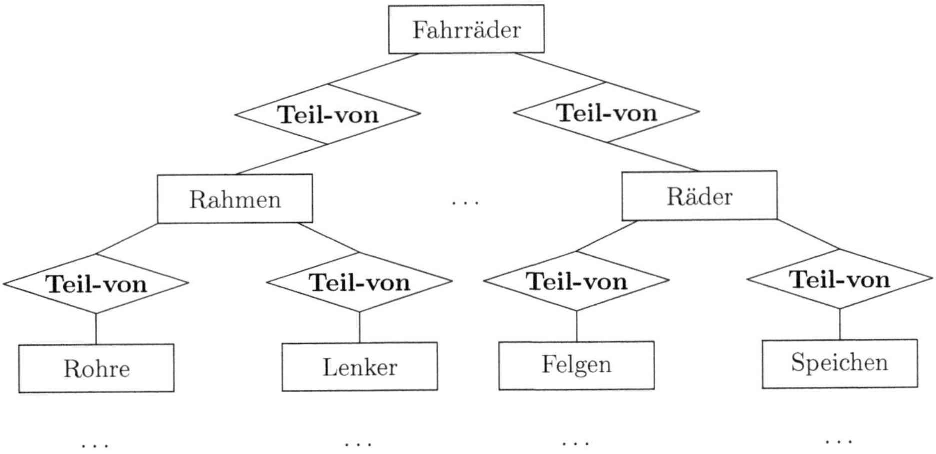

Abbildung 2.15: Aufbau eines Fahrrads

strukturierten Objekttypen bilden, einander zugeordnet. In dieser Hinsicht kann man die Aggregation als einen besonderen Beziehungstyp deuten, der einem übergeordneten Entitytyp[2] mehrere untergeordnete Entitytypen zuordnet. Diese Beziehung wird als **Teil-von** (engl. **part-of**) bezeichnet, um zu betonen, dass die untergeordneten Entities Teile (also Komponenten) der übergeordneten (zusammengesetzten) Entities sind.

Um ein anschauliches Beispiel für eine Aggregationshierarchie zu geben, verlassen wir kurz den Universitätsbereich und schauen uns den Aufbau eines Fahrrads an. Fahrräder bestehen u.a. aus einem Rahmen und zwei Rädern. Räder bestehen selbst wieder aus einer Felge und mehreren Speichen. Der Rahmen ist aufgebaut aus den Rohren und dem Lenker. Dieser stark vereinfachte Aufbau eines Fahrrads ist als Entity-Relationship-Diagramm in Abbildung 2.15 gezeigt. Wenn dies aus dem Kontext nicht eindeutig ersichtlich ist, kann man durch Rollen markieren, welches Entity Teilobjekt und welches das übergeordnete Aggregatobjekt ist.

2.11 Kombination von Generalisierung und Aggregation

Die beiden Abstraktionskonzepte Generalisierung und Aggregation können natürlich in einem ER-Schema auch kombiniert zur Strukturierung der Entitytypen eingesetzt werden. Dies wird an dem in Abbildung 2.16 gezeigten Schema verdeutlicht. Hier wird zum einen eine Generalisierungshierarchie mit *Fahrzeuge* als Obertyp aufgebaut. Zum anderen wird für einen der Untertypen von *Fahrzeuge*, nämlich für *Fahrräder*, die Aggregationshierarchie gezeigt. Analog hätte man die Aggregation auch

[2]Dieser Entitytyp wird in der Literatur manchmal auch als Obertyp bezeichnet. Wir vermeiden dies, um den grundlegenden Unterschied zwischen Generalisierung und Aggregation zu betonen.

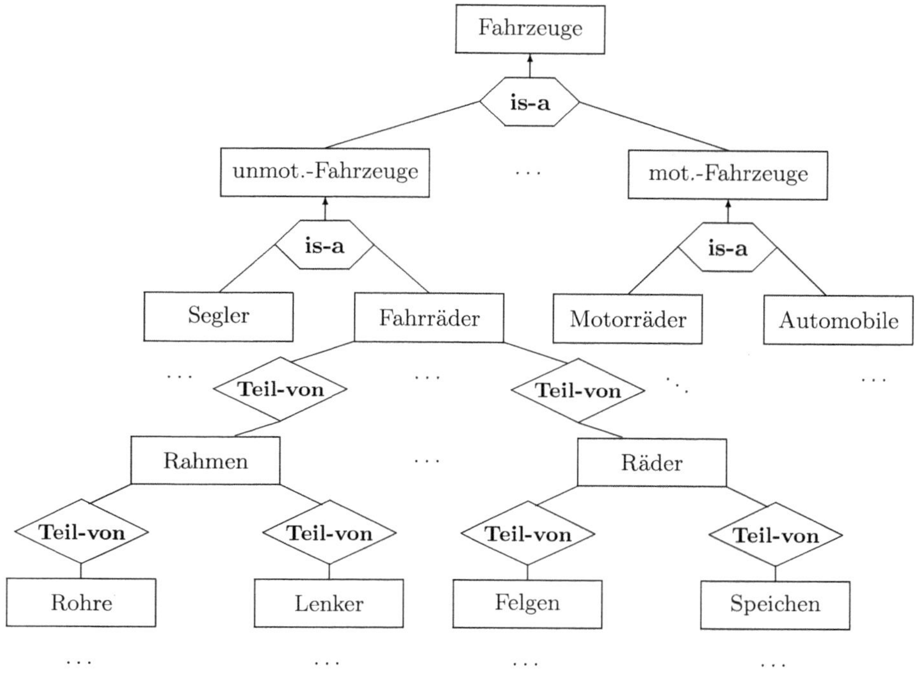

Abbildung 2.16: Zusammenspiel von Generalisierung und Aggregation

für die anderen Fahrzeugarten in das Schema aufnehmen können – aus Platzgründen wurde das hier ausgelassen.

2.12 Konsolidierung, Sichtenintegration

Bei größeren Anwendungen ist es nicht praktikabel, den konzeptuellen Entwurf „in einem Guss“ durchzuführen. Es bietet sich an, den konzeptuellen Entwurf (und die vorgelagerte Anforderungsanalyse) gemäß den in der zu modellierenden Organisation vorgegebenen verschiedenen Anwendersichten aufzuteilen. Für unseren Universitätsbereich wären z.B. folgende Sichten denkbar:

1. Professorensicht,
2. Studentensicht,
3. Sicht der Universitätsleitung,
4. Hausmeistersicht,
5. Sicht des Studentenwerks.

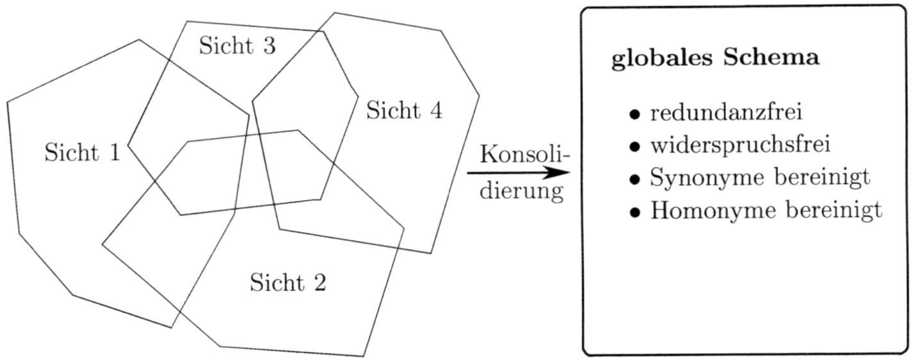

Abbildung 2.17: Veranschaulichung der Konsolidierung überlappender Sichten

Die Datenbankentwerfer müssen in Zusammenarbeit mit den Anwendern der jeweiligen Sicht einen konzeptuellen Entwurf durchführen, der auf deren spezielle Bedürfnisse zugeschnitten ist. Nachdem die einzelnen Sichten modelliert sind, müssen sie aber zu einem globalen Schema zusammengefasst werden, damit man letztendlich zu einem redundanzfreien Datenbankschema gelangt.

Es ist nämlich keinesfalls so, dass die verschiedenen Sichten disjunkte Ausschnitte der realen Welt modellieren. Vielmehr überschneiden sich die Datenbestände der verschiedenen Sichten in mehr oder weniger hohem Ausmaß. Deshalb reicht es nicht aus, die isoliert voneinander entwickelten konzeptuellen Schemata zu vereinen, um daraus ein umfassendes (globales) Schema zu erhalten. Vielmehr muss man bei der Herleitung des globalen Schemas die jeweiligen Teilschemata konsolidieren. Diesen Vorgang bezeichnet man als *Sichtenintegration* oder *Konsolidierung.*

In Abbildung 2.17 wird die Konsolidierung unabhängig voneinander entwickelter Teilschemata zu einem globalen Schema illustriert. Das im Zuge der Konsolidierung entwickelte globale Schema muss redundanzfrei und widerspruchsfrei sein. Widersprüche können sich in den Sichten z.B. durch *Synonyme* – gleiche Sachverhalte wurden unterschiedlich benannt – und *Homonyme* – unterschiedliche Sachverhalte wurden gleich benannt – ergeben. Außerdem können in den Sichten strukturelle Widersprüche oder widersprüchliche Konsistenzbedingungen vorkommen. Ein *struktureller Widerspruch* existiert beispielsweise, wenn derselbe Sachverhalt in einem Schema als Beziehung und im anderen als eigenständiger Entitytyp modelliert ist – vergleiche dazu etwa unsere vorangegangene Diskussion bezüglich der Beziehung *prüfen* und des Entitytyps *Prüfungen.* Eine häufig vorkommende Art eines strukturellen Widerspruchs ergibt sich, wenn ein Sachverhalt in einer Sicht als Attribut und in einer anderen Sicht als Beziehung zu einem Entitytyp modelliert wird. Ein Beispiel dafür ist das Attribut *Raum* des Entitytyps *Professoren* in unserem Universitätsschema, das man auch als Beziehung zu einem Entitytyp *Räume* modellieren könnte. Widersprüche können auch in Bezug auf Konsistenzbedingungen festgestellt werden. Beispielsweise könnte dieselbe Beziehung in unterschiedlichen Sichten widersprüchliche Funktionalitätsangaben haben. Außerdem könnten verschiedene Sichten widersprüchliche Datentypen für dieselben Attribute festlegen oder auch widersprüchliche

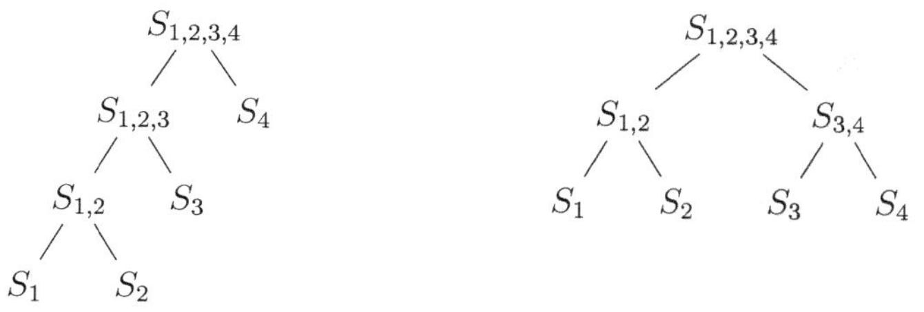

Abbildung 2.18: Mögliche Konsolidierungsbäume zur Herleitung des globalen Schemas $S_{1,2,3,4}$ aus 4 Teilschemata S_1, S_2, S_3 und S_4: links ein maximal hoher und rechts ein minimal hoher Konsolidierungsbaum

Schlüsselattribute spezifizieren. Widersprüche aller Art müssen natürlich in Absprache mit den Datenbankanwendern ausgeräumt werden, damit man letztendlich ein konsistentes Globalschema festlegen kann.

Bei der Konsolidierung einer größeren Anwendung sollte man schrittweise vorgehen, so dass man jeweils nur zwei Teilschemata gleichzeitig betrachtet. Auf diese Weise erhält man einen (binären) Konsolidierungsbaum, dessen Wurzel letztlich das globale konsolidierte Schema repräsentiert. Zwei mögliche Konsolidierungsbäume für vier Teilschemata sind in Abbildung 2.18 gezeigt. Bei dem linken Konsolidierungsbaum wird jeweils ein neues Teilschema in die Konsolidierung mit aufgenommen, so dass der Konsolidierungsbaum die maximale Höhe hat. Eine andere Vorgehensweise besteht darin, zuerst je zwei Teilschemata zu konsolidieren, dann von diesen je zwei zu konsolidieren, usw. Dies führt zu einem minimal hohen Konsolidierungsbaum. Dieser Konsolidierungsbaum ist für die vier Teilschemata in der Abbildung 2.18 rechts gezeigt. Welche dieser beiden Vorgehensweisen (oder einer daraus abgeleiteten „hybriden" Technik) in der Praxis am sinnvollsten ist, hängt sehr stark von der Anwendung, der Anzahl der unabhängig entwickelten Teilschemata und dem Grad der Überlappung der Teilschemata ab.

Wie bereits angemerkt, müssen im Zuge der Konsolidierung Redundanzen und Widersprüche, die sich durch die Vereinigung zweier (oder mehrerer) Teilschemata ergeben würden, bereinigt werden. Weiterhin sollte man bei der Konsolidierung darauf achten, dass eine „saubere" und übersichtliche Strukturierung der Entitytypen erzielt wird. Hierzu können insbesondere die oben beschriebenen Abstraktionskonzepte der Generalisierung und der Aggregation sehr effektiv eingesetzt werden.

Durch die Generalisierung kann man ähnliche Entitytypen, die in unterschiedlichen Teilschemata definiert wurden, zu einem generischen Obertyp zusammenfassen, ohne die Besonderheiten der in den Teilschemata vorhandenen Entitytypen, die dann zu Untertypen werden, zu verwischen. Entweder existiert der generische Obertyp schon in einem der Teilschemata oder er wird im Zuge der Sichtenintegration neu eingeführt. Bei der Generalisierungskonsolidierung muss man insbesondere die Vererbung beachten, so dass man den Untertypen keine Attribute oder Beziehungen zuordnet, die sie schon von Obertypen erben.

Durch Anwendung der Aggregation kann man auf ähnliche Weise übergeordnete, zusammengesetzte Objektstrukturen entwickeln, deren Teilobjekte in den einzelnen Subschemata definiert wurden. In einer betrieblichen Datenbankanwendung wären beispielsweise die Konstruktions- und Fertigungsabteilungen an den Einzelkomponenten eines Produkts interessiert, wohingegen die Marketingabteilung nur die aggregierte Produktbeschreibung interessieren dürfte.

Wir wollen die Sichtenintegration jetzt noch an einem kleinen Beispiel illustrieren. Dazu betrachten wir die drei in Abbildung 2.19 dargestellten Sichten, die sich alle mit Dokumenten innerhalb einer Universität befassen. In der Sicht 1 wird die Erstellung und Betreuung von Diplomarbeiten und Dissertationen modelliert. In Sicht 2 werden die Fakultätsbibliotheken einer Universität konzeptuell modelliert. Sicht 3 legt das Schema für Buchempfehlungen seitens der Dozenten für die jeweiligen Vorlesungen fest.

Folgende Beobachtungen sind für die Konsolidierung der drei Teilschemata wichtig:

- Die Begriffe *Dozenten* und *Professoren* sind synonym verwendet worden.
- Der Entitytyp *UniMitglieder* ist eine Generalisierung von *Studenten*, *Professoren* und *Assistenten*.
- Fakultätsbibliotheken werden sicherlich von *Angestellten* (und nicht von *Studenten*) geleitet. Insofern ist die in Sicht 2 festgelegte Beziehung *leiten* revisionsbedürftig, sobald wir im globalen Schema ohnehin eine Spezialisierung von *UniMitglieder* in *Studenten* und *Angestellte* vornehmen.
- *Dissertationen*, *Diplomarbeiten* und *Bücher* sind Spezialisierungen von *Dokumenten*, die in den *Bibliotheken* verwaltet werden.
- Wir können davon ausgehen, dass alle an der Universität erstellten *Diplomarbeiten* und *Dissertationen* in *Bibliotheken* verwaltet werden.
- Die in Sicht 1 festgelegten Beziehungen *erstellen* und *verfassen* modellieren denselben Sachverhalt wie das Attribut *Autoren* von *Büchern* in Sicht 3.
- Alle in einer Bibliothek verwalteten Dokumente werden durch die *Signatur* identifiziert.

In Abbildung 2.20 ist ein konsolidiertes Schema dieser drei Sichten dargestellt. Generalisierungen sind zur Vereinfachung der Notation durch fettgedruckte Pfeile, die vom spezialisierten zum generalisierten Entitytyp zeigen, dargestellt. Wir haben also zwei Generalisierungshierarchien eingeführt: eine mit dem „obersten“ Obertyp *Personen* als Wurzel und eine mit dem Obertyp *Dokumente* als Wurzel.

Wir sollten jetzt noch kurz unseren Lösungsvorschlag bezüglich der Redundanz zwischen dem Attribut *Autoren* und den Beziehungen *erstellen* und *verfassen* diskutieren. Wir haben uns dafür entschieden, *Autoren* als Beziehung zwischen *Dokumenten* und *Personen* zu modellieren. Zu diesem Zweck benötigten wir den Entitytyp *Personen*, der *UniMitglieder* generalisiert. Damit sind die beiden Beziehungen *erstellen* zwischen *Studenten* und *Diplomarbeiten* und *verfassen* zwischen *Assistenten* und *Dissertationen* redundant, da dieser Sachverhalt durch die geerbte Beziehung *Autoren* bereits abgedeckt wird. Man muss sich aber auch klar machen, dass bei

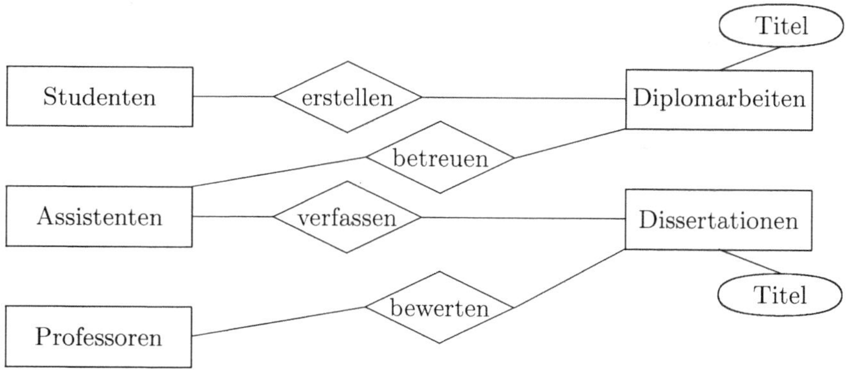

Sicht 1: Erstellung von Dokumenten als Prüfungsleistung

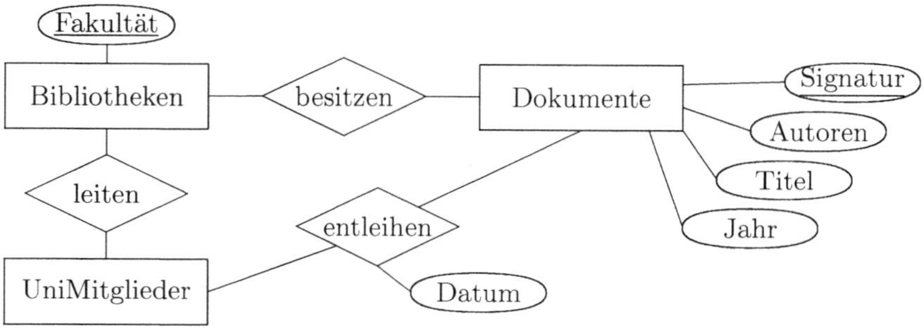

Sicht 2: Bibliotheksverwaltung

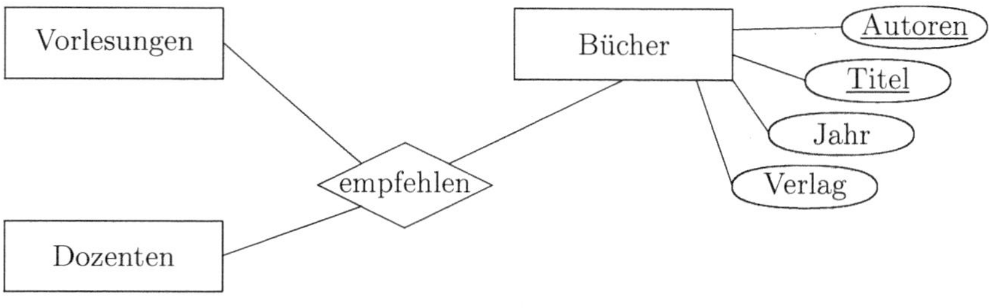

Sicht 3: Buchempfehlungen für Vorlesungen

Abbildung 2.19: Drei Sichten einer Universitäts-Datenbank

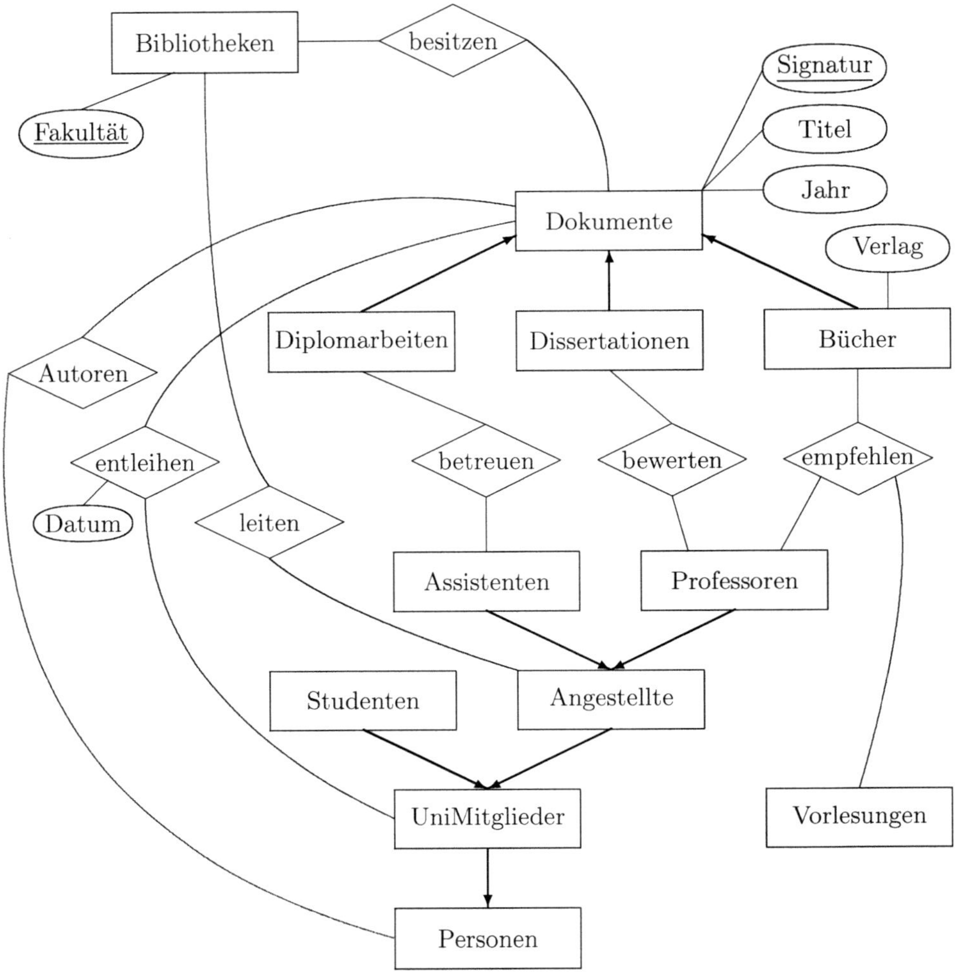

Abbildung 2.20: Konsolidiertes Schema der Universitäts-Datenbank

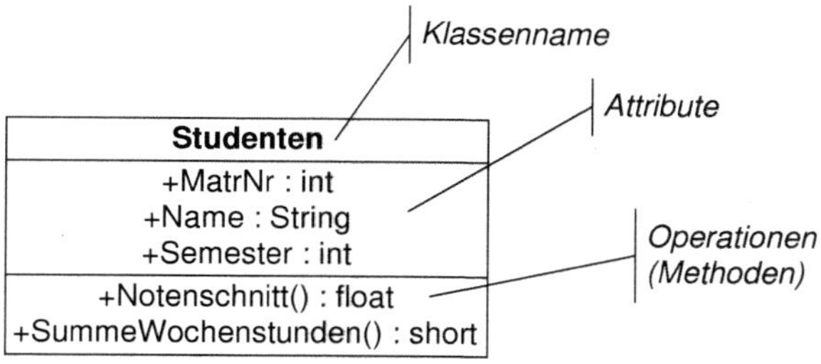

Abbildung 2.21: Eine Beispielklasse *Studenten*

dieser Modellierung etwas an Semantik eingebüßt wurde: Im konsolidierten Schema ist nicht mehr festgelegt, dass *Diplomarbeiten* von *Studenten* geschrieben werden. Wenn man aber beachtet, dass Diplomarbeiten in den Bibliotheken auch noch nach der Exmatrikulation der Diplomanden erhalten bleiben, ist die konsolidierte Modellierung u.U. sogar besser. Analoges gilt für die Verfasser von Dissertationen.

2.13 Konzeptuelle Modellierung mit UML

Im Software-Engineering hat sich die objekt-orientierte Modellierung durchgesetzt, die mittlerweile auch durch viele verfügbare Modellierungswerkzeuge unterstützt wird. Über lange Zeit gab es konkurrierende Modelle für den objektorientierten Softwareentwurf. Glücklicherweise haben sich einige Forscher und Entwickler zusammengetan und einen de-facto Standard in der Form der Unified Modeling Language (UML) entworfen. In diesem Modell gibt es sehr viele Untermodelle für den Entwurf von Softwaresystemen auf den verschiedensten Abstraktionsebenen. Unter anderen gibt es Teilmodelle für die statische Struktur, worunter die Klassenstruktur des Softwaresystems verstanden wird. Das Zusammenspiel von Objekten bzw. deren Operationen in komplexeren Anwendungen lässt sich mit Hilfe von Sequenzdiagrammen beschreiben. Auf einer noch höheren Ebene kann man Anwendungsfälle (use cases) des zu realisierenden Systems grafisch beschreiben. Aktivitäts- und Zustandsdiagramme werden für die Spezifikation von Zustandsübergängen als Folge von ausgeführten Aktivitäten (Operationen, Benutzerinteraktionen) verwendet. Weiterhin gibt es grafische Notationen für die Zerlegung des Systems in Teilsysteme (Komponenten, Packages).

Für den Datenbankentwurf ist die strukturelle Modellierung des Systems bestehend aus Objektklassen und Assoziationen zwischen den Klassen am wichtigsten. Objekte entsprechen den Entities und Objektklassen beschreiben eine Menge von gleichartigen Objekten/Entities. Zusammenhänge (Beziehungen) zwischen Objekten werden als Assoziationen zwischen den Klassen beschrieben.

2.13.1 UML-Klassen

Anders als im Entity/Relationship-Modell beschreibt eine Klasse nicht nur die strukturelle Repräsentation (Attribute) der Objekte, sondern auch deren Verhalten in der

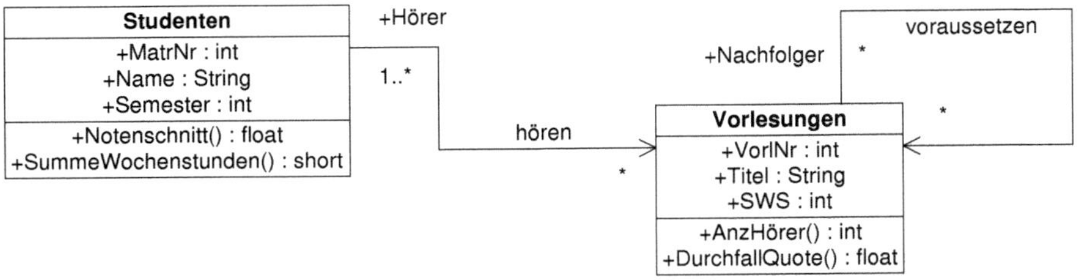

Abbildung 2.22: Assoziationen zwischen den Klassen *Studenten* und *Vorlesungen*

Form von zugeordneten Operationen. Wir wollen uns gleich die in Abbildung 2.21 gezeigte Beispielklasse *Studenten* anschauen: Demnach wird der Zustand von Objekten der Klasse *Studenten* durch die Attribute *MatrNr*, *Name* und *Semester* repräsentiert. Weiterhin sind der Klasse *Studenten* exemplarisch die beiden Operationen *Notenschnitt()* und *SummeWochenstunden()* zugeordnet. Erstere ermittelt aus den abgelegten Prüfungen (siehe unten) die Durchschnittsnote und letztere errechnet aus den belegten Vorlesungen die Anzahl der Semesterwochenstunden.

In UML unterscheidet man zwischen öffentlich sichtbaren (mit + gekennzeichneten), privaten (mit − gekennzeichneten) und in Unterklassen sichtbaren (mit # gekennzeichneten) Attributen bzw. Operationen. Beim Datenbankentwurf sind in der Regel alle Attribute sichtbar, da man den Zugriff auf Attribute auf einer detaillierteren Ebene über die Autorisierung des Datenbanksystems steuert.

In UML fehlt das Konzept eines Schlüssels, da Objekte immer einen systemweit eindeutigen Objektidentifikator zugeordnet bekommen. Dieser Objektidentifikator bleibt während der gesamten Lebenszeit des Objekts invariant und kann dadurch zum einen zur eindeutigen Identifikation und zum anderen auch zur Realisierung von Verweisen auf das Objekt benutzt werden.

2.13.2 Assoziationen zwischen Klassen

Den Beziehungstypen im Entity/Relationship-Modell entsprechen die Assoziationen zwischen Klassen in UML. Als Beispiel zeigen wir in Abbildung 2.22 die binären Assoziationen *hören* und *voraussetzen*. Zusätzlich zum Assoziationsnamen haben wir auch die Rollen angegeben: *Studenten* haben in der Assoziation *hören* die Rolle der *Hörer*. Wichtiger ist die Rollenspezifikation bei der rekursiven Assoziation *voraussetzen*. Hierbei fungiert eine Vorlesung als *Nachfolger*, die andere ist dann implizit (ohne dass wir dies nochmals explizit angegeben haben) die Vorgänger-Lehrveranstaltung.

Anders als im Entity/Relationship-Modell kann man Assoziationen in UML eine Richtung zuordnen. Dadurch wird angegeben, in welcher Richtung man auf die assoziierten Objekte zugreifen kann. In unserem Beispiel wurde angegeben, dass man von einer/m Student/in aus die gehörten Vorlesungen ermitteln kann; umgekehrt kann man von einer Vorlesung aus die hörenden Studenten nicht (so leicht) ermitteln. Bei der Assoziation *voraussetzen* ist es analog: Von einer Vorlesung kann man zu den Voraussetzungen (also Vorgänger-Vorlesungen) traversieren. Wir möchten aber

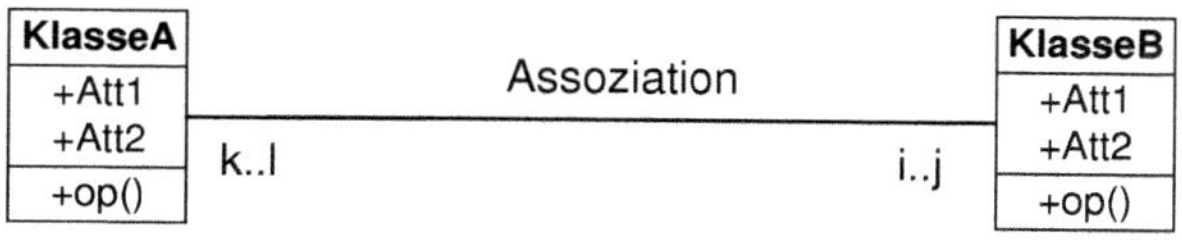

Abbildung 2.23: Die Multiplizität einer abstrakten Assoziation

schon jetzt darauf hinweisen, dass diese Traversierungsrichtung in den Datenbanken eine untergeordnete Rolle spielt, da man in Datenbankanfragen eine Assoziation immer in beiden Richtungen traversieren kann. Bei der objekt-orientierten Programmierung ist das anders, da man dort die Assoziationen als Referenzen auf das/die assoziierten Objekte modelliert. Diese Referenzen würden dann gemäß der Traversierungsrichtung in dem Objekt abgespeichert, von dem die gerichtete Assoziation ausgeht.

Ähnlich wie im Entity/Relationship-Modell kann man in UML die Beziehungen (Assoziationen) genauer beschreiben. In UML-Terminologie bezeichnet man dies als *Multiplizität* der Assoziation. In unserem Beispiel *hören* wurde diese als 1..* auf der Seite der *Studenten* und als * auf der Seite der *Vorlesungen* angegeben. Die Intervallangabe 1..* bedeutet, dass eine Vorlesung mindestens 1 Hörer/in und maximal beliebig viele Hörer hat. Studenten hören beliebig viele Vorlesungen, was mit dem * auf der Seite der Vorlesungen angegeben ist.

Betrachten wir das abstrakte Beispiel in Abbildung 2.23: Wenn man in UML an einer Seite der binären Assoziation die Multiplizitätsangabe $i..j$ macht, so bedeutet dies, dass jedes Objekt der Klasse auf der anderen Seite mit mindestens i und höchstens j Objekten der Klasse auf dieser Seite in Beziehung stehen muss. Bezogen auf unser Beispiel bedeutet dies, dass jedes Objekt der *KlasseA* mit mindestens i und mit maximal j Objekten der *KlasseB* in Beziehung stehen muss/darf. Analog muss jedes Objekt der *KlasseB* mit mindestens k Objekten der *KlasseA* in Beziehung stehen und es darf maximal mit l Objekten der *KlasseA* in dieser Beziehung stehen. Wenn die minimale und die maximale Anzahl übereinstimmt, also $m..m$ gilt, so vereinfacht man dies in UML zu einem einzigen Wert m. Dies gilt auch für $0..*$ was meist als $*$ angegeben wird.

Man beachte, dass die Multiplizitätsangabe in UML sich an die Funktionalitätsnotation des ER-Modells anlehnt; nicht an die (*min,max*)-Notation. Anders als die UML-Multiplizitätsangabe bezog sich die (*min,max*)-Angabe darauf, wie oft jedes Entity „auf *dieser* Seite" an der Beziehung teilnehmen muss/darf. In Übungsaufgabe 2.12 soll der Zusammenhang detailliert herausgearbeitet werden.

2.13.3 Aggregation in UML

Als besondere Form von Beziehungen/Assoziationen hatten wir im ER-Modell schon die Aggregation eingeführt. In UML werden zwei Arten der Aggregation unterschieden: Die „normale" Teil/Ganzes-Beziehung sowie die Komposition. Die exklusive Zuordnung von existenzabhängigen Teil-Objekten zu *einem* übergeordneten Objekt wird als *Komposition* bezeichnet. In Abbildung 2.24 wird die Zuordnung der *Prüfungen* zu der einen Studentin bzw. dem einen *Studenten* – dem Prüfling – ge-

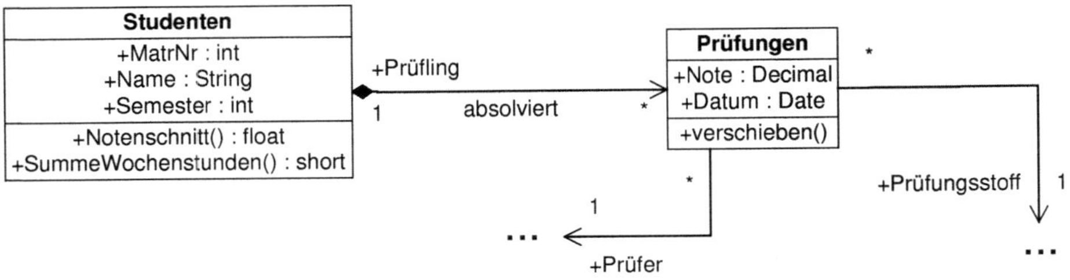

Abbildung 2.24: Die Aggregation zwischen *Studenten* und *Prüfungen*

zeigt. Diese exklusive Zuordnung existenzabhängiger Unterobjekte wird in UML mit der ausgefüllten Raute auf der Seite der übergeordneten Klasse angegeben. Wegen der Existenzabhängigkeit und der Exklusivität muss auf der Seite der übergeordneten Objektklasse immer die Multiplizität 1 (was ja dem Intervall 1..1 entspricht) angegeben sein, da jedes untergeordnete Objekt wegen der Existenzabhängigkeit mindestens einem übergeordneten Objekt zugeordnet sein muss und wegen der Exklusivität maximal einem übergeordneten Objekt zugeordnet sein darf.

Die exklusive, existenzabhängige Aggregation entspricht im Entity/Relationship-Modell der Beziehung zwischen einem schwachen Entitytyp und dem übergeordneten Entitytyp, wie wir dies für genau dasselbe Beispiel der *Prüfungen* in Abschnitt 2.8 diskutiert haben.

2.13.4 Anwendungsbeispiel: Begrenzungsflächendarstellung von Polyedern in UML

Neben der exklusiven, existenzabhängigen Aggregation gibt es in UML noch eine schwächere Form der Aggregation, die zwar eine *besteht aus*-Beziehung darstellt, wobei aber die Unterobjekte nicht exklusiv zugeordnet sein müssen. Am besten macht man sich diesen Unterschied an einem Beispiel klar: In Abbildung 2.25 ist die Begrenzungsflächendarstellung für Polyeder als UML-Klassendiagramm gezeigt. Die Aggregation *Hülle* ist eine exklusive Zuordnung von Flächen zu Polyedern. Andererseits kann die Assoziation von *Kanten* zu *Flächen* nicht exklusiv sein, da sich immer 2 Flächen dieselbe Kante teilen. In der anderen Richtung der Assoziation gilt, dass eine Fläche mindestens 3 Kanten hat. Analog zur Aggregation *Begrenzung* gilt für die Aggregationsassoziation *StartEnde*, dass die Zuordnung von *Punkten* zu *Kanten* nicht exklusiv ist, da sich mindestens 3 Kanten eines Polyeders einen Punkt teilen. Jede Kante wird von genau 2 Punkten begrenzt.

In diesem Beispiel haben wir den Objektklassen auch jeweils einige Operationen zugeordnet. Es ist zu erkennen, dass der Objektklasse *Polyeder* die Operationen *skalieren()*, *rotieren()* und *verschieben()* zugeordnet sind, die es auch bei der Objektklasse *Punkte* gibt. Hierbei handelt es sich natürlich nicht um Vererbung, sondern um einfaches Überladen (Gleichbenennung) der Operationen, die semantisch ähnlich sind. In der Tat würde man diese Operationen des übergeordneten Objekttyps

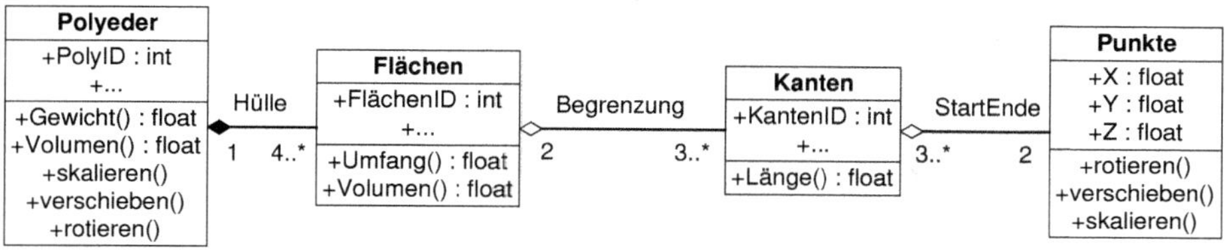

Abbildung 2.25: Die Begrenzungsflächendarstellung von Polyedern

Polyeder auf der Basis der gleichbenannten Operationen des untergeordneten Objekttyps *Punkte* realisieren. Beispielsweise verschiebt man einen Polyeder, indem man jeden Begrenzungspunkt verschiebt. Man bezeichnet dies – bezogen auf die Implementierung der *verschieben()*-Operation des *Polyeders* – auch als *Delegation*.

2.13.5 Generalisierung in UML-Notation

Wir haben Generalisierung bzw. Spezialisierung schon als Abstraktionsmittel für die Strukturierung von Entitytypen kennengelernt. Zusammen mit der Vererbung von Attributen und Operationen spielen Generalisierungs-/Spezialisierungshierarchien eine wichtige Rolle, um wiederverwendbare Objektklassen zu entwerfen. Wir wollen uns wiederum auf ein Beispiel konzentrieren: In Abbildung 2.26 ist die Generalisierung von *Assistenten* und *Professoren* zu *Angestellten* gezeigt. Dieser Generalisierungs-Klasse *Angestellte* sind 2 Attribute, *Name* und *PersNr*, und 2 Operationen, *Gehalt()* und *Steuern()*, zugeordnet. Sowohl die beiden Attribute als auch die beiden Operationen werden von den spezialisierten Klassen, den sogenannten Unterklassen, *Professoren* und *Assistenten* geerbt. Als Besonderheit zeigen wir hier noch, dass die Operation *Gehalt* in den Unterklassen neu definiert wird – wir sagen, sie wird in den Unterklassen *verfeinert*, um je nach Objektklasse das Gehalt auf spezialisierte Weise zu berechnen. Bei den *Steuern* ist das nicht nötig, da für alle *Angestellten* dieselbe Steuerberechnungsformel angewendet wird.

2.13.6 Die Modellierung der Universität in UML

In Abbildung 2.27 ist das konzeptuelle Schema der Universitätsanwendung als UML-Klassendiagramm gezeigt. Mit der Ausnahme der Operationen (die im ER-Modell fehlen) und der Schlüsselspezifikationen (die im UML-Modell fehlen) ist das resultierende Schema dem Entity/Relationship-Schema, das wir in Abbildung 2.14 entwickelt hatten, recht ähnlich. Es ist im Wesentlichen eine „Geschmacksfrage“ ob man den Datenbankentwurf lieber in der Form eines „puristischen“ ER-Modells oder eines ausdrucksmächtigeren UML-Modells durchführen möchte. Wenn man allerdings für die weitergehende Anwendungsprogramm-Entwicklung ohnehin ein UML-basiertes Entwurfswerkzeug einsetzt, so empfiehlt es sich sicherlich, alle Entwurfsaufgaben (Datenbank- und Software-Entwurf) mit Hilfe der UML-Methode zu vereinheitlichen.

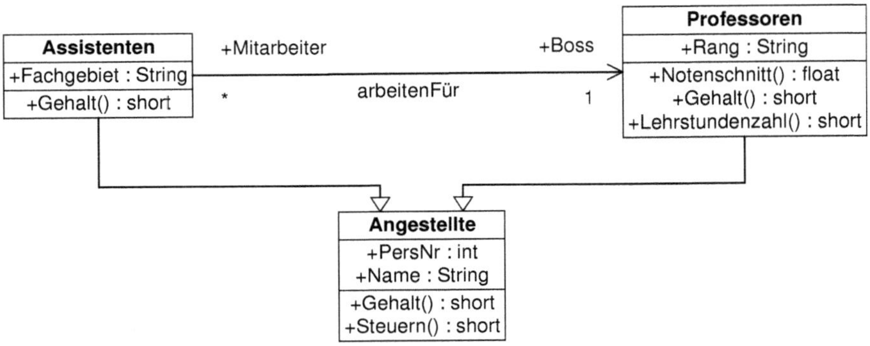

Abbildung 2.26: Die Generalisierung/Spezialisierung in UML-Notation

2.13.7 Verhaltensmodellierung in UML

Zum Abschluss der UML-Diskussion wollen wir noch kurz auf die weitergehenden Möglichkeiten von UML zur Modellierung komplexer Anwendungsszenarien und Objektinteraktionen eingehen. Die bisher durchgeführte strukturelle Modellierung von Objektklassen dient als Grundlage für die Implementierung von komplexeren Funktionsabläufen, bei der u.U. viele Objekte unterschiedlichen Typs miteinander kooperieren.

2.13.8 Anwendungsfall-Modellierung (use cases)

UML bietet auch für die dem Software-Entwurf vorgelagerte Phase der Anforderungsanalyse eine grafische Modellierungsmethode zur Definition von *Anwendungsfällen* (engl. *use cases*). Darin werden die wesentlichen Komponenten des zu erstellenden Informationssystems sehr abstrakt identifiziert. „Use Cases" sollen typische Anwendungssituationen dokumentieren, die nach der Anforderungsanalyse die weitere Softwareentwicklung begleiten. Die grafische Darstellung der „Use Cases" erleichtert die Kommunikation mit den späteren Anwendern (Kunden) des Systems und fördert das Verständnis der Entwickler für die spezielle Anwendung. Erste Schritte lassen sich besser mit konkreten Beispielen beschreiben als mit abstrakteren allgemeinen Fällen. Während der Modellierung und Softwareentwicklung dienen sie als Testfälle, um die Tauglichkeit des Systems zu überprüfen.

Das Augenmerk bei der Modellierung von Anwendungsfällen liegt auf der Identifikation der Akteure, die in diesen Anwendungsfällen miteinander bzw. mit dem System interagieren. Wir haben dies exemplarisch und auf einer sehr hohen Abstraktionsstufe für unser Universitäts-Informationssystem in Abbildung 2.28 dargestellt. Hier sind die bei der Abhaltung von Vorlesungen und Prüfungen interagierenden Akteure, nämlich die *Studenten*, *Professoren* und *Assistenten*, hervorgehoben.

Natürlich muss die gezeigte grafische Darstellung der Anwendungsfälle durch entsprechenden erläuternden Text begleitet werden, damit die intendierte Funktionalität des Softwaresystems hinreichend genau beschrieben ist.

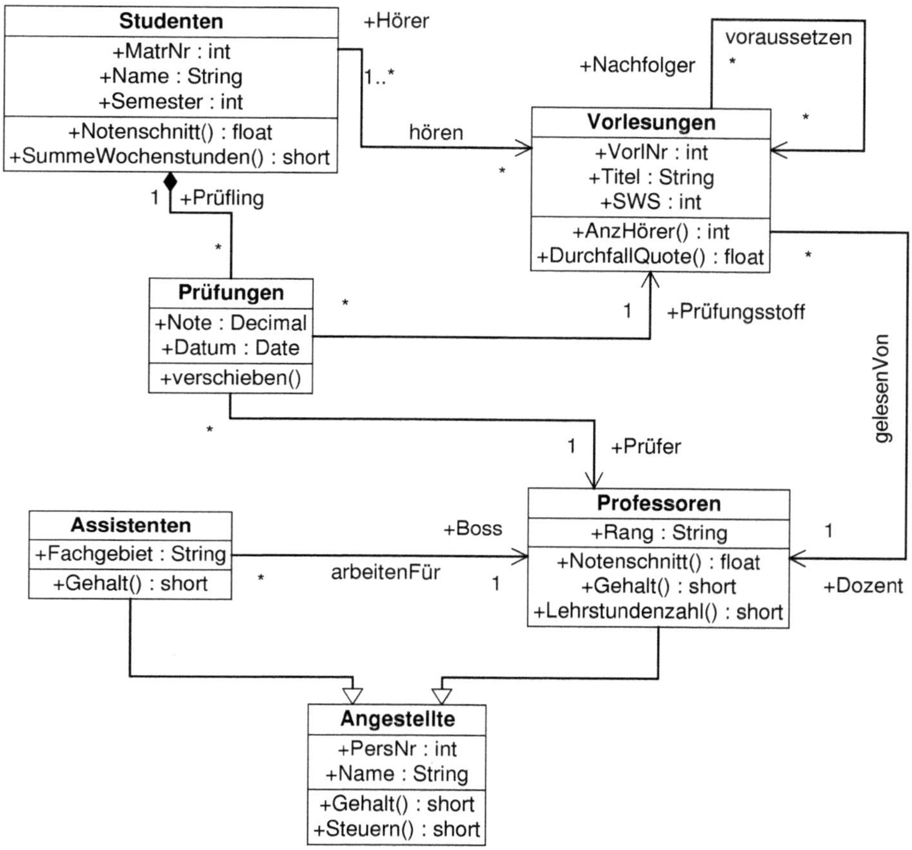

Abbildung 2.27: Die konzeptuelle Modellierung der Universität in UML

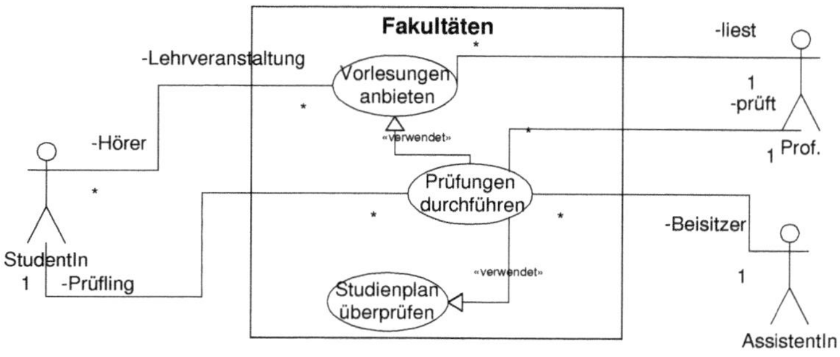

Abbildung 2.28: Identifizierung von Anwendungsfällen und Akteuren

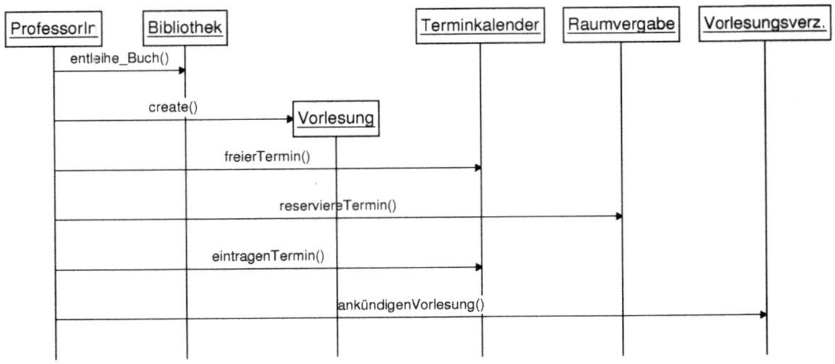

Abbildung 2.29: Das UML-Interaktionsdiagramm zur Planung einer neuen Vorlesung

2.13.9 Interaktionsdiagramme

Die Anwendungsfall-Modellierung (use cases) war auf einer sehr abstrakten Ebene, die die Nutzung des Informationssystems betont. Nachdem in der darauffolgenden Entwurfsphase die Objekttypen und deren Beziehungen festgelegt wurden, können die informell spezifizierten Use Cases detaillierter modelliert werden. Dazu gibt es in UML die sogenannten *Objekt-Interaktionsdiagramme*. Dabei wird das Zusammenwirken von Objekten verdeutlicht. Einen Teilausschnitt des Use Cases aus dem letzten Abschnitt, nämlich die Planung einer neuen Vorlesung, ist in Abbildung 2.29 dargestellt. Eine Verbindung zwischen zwei Objekten bezeichnet einen Kommunikationsvorgang. Die Richtung der Kommunikation wird durch einen Pfeil angedeutet. Bei dieser Darstellung wird die Ablaufreihenfolge stark betont. Die am Ablauf beteiligten Objekte werden horizontal nebeneinander dargestellt, die Operationen nach ihrer Reihenfolge vertikal von oben nach unten. Die gedachte Zeitachse verläuft also vertikal von oben nach unten.

2.13.10 Interaktionsdiagramm zur Prüfungsdurchführung

Wir wollen die Modellierung komplexer Anwendungsabläufe mit Hilfe von Interaktionsdiagrammen auch auf den zweiten Teilbereich des in Abbildung 2.28 dargestellten Anwendungsfalls, der Durchführung von Prüfungen, demonstrieren. Diese Interaktion wird durch die Anmeldung eines/r Student/in initiiert. Vom Prüfungsamt wird die zu prüfende Vorlesung „befragt“, um die/den lesenden Professor/in für die Prüfung zu benachrichtigen. Professoren melden freie Termine, die dann bestätigt und dem Prüfling mitgeteilt werden. Das neue Objekt vom Typ *Prüfung* wird vom Prüfungsamt kreiert. Assistenten werden von den Professoren für den Beisitz ausgewählt. Nach der Bewertung der Prüfung sind sie für die Protokollierung zuständig.

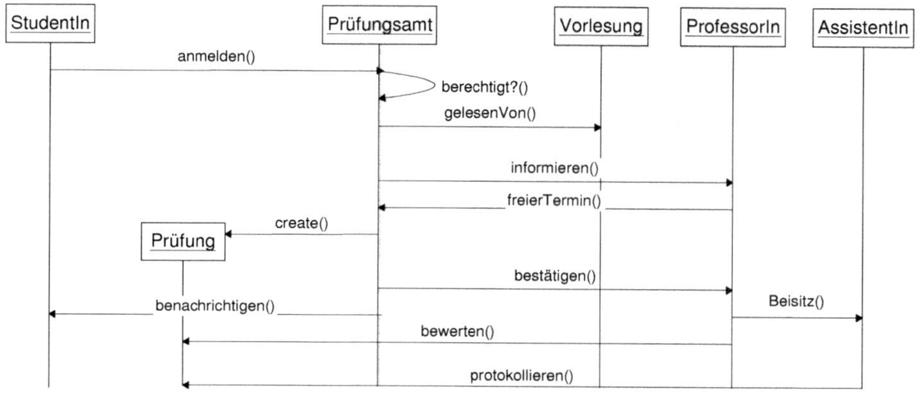

Abbildung 2.30: Das UML-Interaktionsdiagramm zur Anmeldung und Durchführung einer Prüfung

2.14 Übungen

2.1 Charakterisieren Sie die 1:1-, 1:N-, N:1- und N:M-Beziehungstypen mittels der (min, max)-Notation. Für eine abstrakte binäre Beziehung R zwischen den beiden Entitytypen E_1 und E_2 sollen jeweils die (min_1, max_1)- und (min_2, max_2)-Wertepaare angegeben werden, die sich aus den (gröberen) Funktionalitätsangaben herleiten lassen.

2.2 Zeigen Sie, dass die Ausdruckskraft der Funktionalitätsangaben und der $(min,\ max)$-Angaben bei n-stelligen Beziehungen mit $n > 2$ unvergleichbar ist: Finden Sie realistische Beispiele von Konsistenzbedingungen, die mit Funktionalitätsangaben, aber nicht mit (min,max)-Angaben ausdrückbar sind, und wiederum andere Konsistenzbedingungen, die mit der (min,max)-Angabe formulierbar sind aber nicht durch Funktionalitätseinschränkungen.

2.3 Beim konzeptuellen Entwurf hat man gewisse Freiheitsgrade hinsichtlich der Modellierung der realen Welt. Unter anderem hat man folgende Alternativen, die Sie an unserem Universitätsschema beispielhaft illustrieren sollten:

- Man kann ternäre Beziehungen in binäre Beziehungen transformieren.

  Betrachten Sie dazu die Beziehung *prüfen* und erläutern Sie die Vor- und Nachteile einer solchen Transformation.

- Man hat manchmal die Wahl, ein Konzept der realen Welt als Beziehung oder als Entitytyp zu modellieren. Erörtern Sie dies wiederum am Beispiel der Beziehung *prüfen* im Gegensatz zu einem eigenständigen Entitytyp *Prüfungen.*

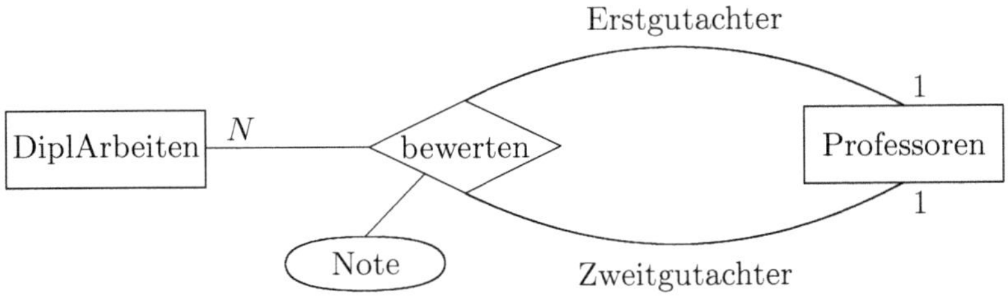

Abbildung 2.31: ER-Diagramm der dreistelligen Beziehung *bewerten*

- Ein Konzept der realen Welt kann manchmal als Entitytyp mit zugehörigem Beziehungstyp und manchmal als Attribut dargestellt werden. Ein Beispiel hierfür ist das Attribut *Raum* des Entitytyps *Professoren* in unserem Schema aus Abbildung 2.14. Diskutieren Sie die Alternativen.

2.4 In Abbildung 2.31 ist die dreistellige Beziehung *bewerten* zwischen den Entitytypen *DiplArbeiten*, *Professoren* in der Rolle als *Erstgutachter* und *Professoren* in der Rolle als *Zweitgutachter* grafisch dargestellt. Gemäß obiger Erläuterung kann man die Beziehung *bewerten* demnach als partielle Funktionen wie folgt auffassen:

$$\begin{aligned} \mathit{bewerten} : \mathit{DiplArbeiten} \times \mathit{Erstgutachter} &\rightarrow \mathit{Zweitgutachter} \\ \mathit{bewerten} : \mathit{DiplArbeiten} \times \mathit{Zweitgutachter} &\rightarrow \mathit{Erstgutachter} \end{aligned}$$

Diskutieren Sie, ob man diese Beziehung auch durch (mehrere) zweistellige Beziehungen modellieren kann, ohne dass ein Semantikverlust auftritt.

2.5 Finden Sie eine dreistellige $1 : 1 : 1$-Beziehung aus dem Kontext einer Universitätsverwaltung. Es sollte eine dreistellige Beziehung sein, die nicht durch (mehrere) zweistellige Beziehungen dargestellt werden kann. Unter welchen Bedingungen ist dies der Fall?

2.6 Modellieren Sie ein Zugauskunftsystem, in dem die wichtigsten Züge (z.B. die Intercity- und Eurocity-Züge) repräsentiert werden. Aus dem System sollen die Start- und Zielbahnhöfe und die durch den Zug verbundenen Bahnhöfe einschließlich Ankunfts- und Abfahrtszeiten ersichtlich sein. Geben Sie die Funktionalitäten der Beziehungstypen an.

2.7 Erweitern Sie das in Aufgabe 2.6 erstellte Modell um die Personaleinsatzplanung. Insbesondere sollten Sie die Zugführer, deren Stellvertreter, die IC-Chefs, die Schaffner, die Köche und die Kellner in Ihr Schema aufnehmen. Weiterhin muss man die Zusammenstellung der „Mannschaft" – IC/EC-Team genannt – für die einzelnen Züge vornehmen können. Verwenden Sie bei der Modellierung das Abstraktionskonzept der Generalisierung bzw. Spezialisierung.

2.8 Modellieren Sie die Grundlagen eines Krankenhausverwaltungssystems. Insbesondere sollten die Patienten, deren Stationen, deren Zimmer, die behandelnden Ärzte und die betreuenden Pfleger modelliert werden. Verwenden Sie wiederum die Generalisierung zur Strukturierung Ihrer Entitytypen.

2.9 Im Text hatten wir hervorgehoben, dass die Beziehung zwischen einem schwachen Entitytyp und dem starken Entitytyp, von dessen Existenz die schwachen Entities abhängig sind, keine $N{:}M$-Beziehung sein kann. Erläutern Sie, warum das so ist. Denken Sie an die Existenzabhängigkeit und die Identifikation der schwachen Entities. Geben Sie etliche Beispiele schwacher Entitytypen und charakterisieren Sie die Beziehung zu den starken Entitytypen.

2.10 Schwache Entitytypen kann man immer auch als „starke" (normale) Entitytypen modellieren. Was muss dabei beachtet werden? Erläutern Sie dies am Beispiel aus Abbildung 2.11.

2.11 Modellieren Sie ein Auto, wobei Sie besonders auf die Aggregation, d.h. die **part-of** Beziehungen eingehen. Welcher Zusammenhang besteht zwischen dem Konzept der schwachen Entities und einer Aggregationshierarchie?

2.12 Man beachte, dass die Multiplizitätsangaben in UML sich an die Funktionalitätsangaben des ER-Modells anlehnen; nicht an die (min, max)-Notation. Arbeiten Sie den Zusammenhang detailliert heraus, d.h. illustrieren Sie die UML-Multiplizitäten, die sich für $1:1$, $1:N$ bzw. $N:M$-Beziehungen ergeben.

2.13 Modellieren Sie das Verwaltungssystem für eine Leichtathletik-WM.

2.14 Modellieren Sie das in Aufgabe 1.3 eingeführte Wahlinformationssystem.

2.15 Literatur

Das Entity-Relationship-Modell mit der grafischen Notation wurde in einem wegweisenden Aufsatz von Chen (1976) eingeführt. Die ersten und wichtigsten Arbeiten zur Generalisierung und Aggregation wurden für den Datenbankbereich von Smith und Smith (1977) durchgeführt. Aufbauend auf dieser Arbeit klassifizierten Batory und Buchmann (1984) komplexere Entitytypen als molekulare Objekte.

Es gibt mehrere Erweiterungsvorschläge für das ER-Modell; z.B. schlugen Teorey, Yang und Fry (1986) die Erweiterung um Generalisierung und Aggregation vor. Für den konzeptuellen Datenbankentwurf wurden mehrere andere Datenmodelle konzipiert, die aber nicht die gleiche praktische Bedeutung erlangt haben. Diese Modelle werden oftmals als *semantische Datenmodelle* bezeichnet, weil sie die Bedeutung (Semantik) der Anwendungsobjekte in natürlicher Weise zu modellieren gestatten. Das von Hammer und McLeod (1981) vorgeschlagene SDM (semantic data model) ist ein solches Modell. Weitere semantische Datenmodelle werden in einem Übersichtsaufsatz von Hull und King (1987) abgehandelt. Abiteboul und Hull (1987) konzipierten das formale semantische Datenmodell IFO. Karl und Lockemann (1988) beschreiben ein semantisches Datenmodell, das sich anwendungsspezifisch erweitern lässt. Hohenstein und Engels (1992) haben eine auf dem Entity-Relationship-Modell basierende Anfragesprache vorgeschlagen.

In einem Artikel von Liddle, Embley und Woodfield (1993) werden eine Vielzahl von semantischen Datenmodellen im Hinblick auf ihre Fähigkeiten, Kardinalitätsvorgaben für Beziehungstypen auszudrücken, untersucht. Es wird dort auch die Erweiterung der Funktionalitätsangaben im ER-Modell auf mehrstellige Beziehungen erläutert. Lockemann et al. (1992) schlugen ein Entwurfsmodell mit frei definierbaren Modellierungskonzepten vor.

Von Tjoa und Berger (1993) wird die Umsetzung einer natürlichsprachigen Anforderungsspezifikation in ein erweitertes ER-Modell diskutiert.

Es gibt einige dedizierte Lehrbücher, die sich mit dem konzeptuellen Datenbankentwurf befassen, z.B. von Teorey (1994) oder von Batini, Ceri und Navathe (1992). Auch ist im Datenbank-Handbuch von Lockemann und Schmidt (1987) ein Kapitel zur konzeptuellen Datenmodellierung von Mayr, Dittrich und Lockemann (1987) enthalten. Weiterhin enthalten die Bücher von Dürr und Radermacher (1990) und Lang und Lockemann (1995) sehr praxisorientierte Kapitel zum Datenbankentwurf.

Das Thema der Sichtenkonsolidierung (oder Sichtenintegration) konnten wir hier nur anreißen. Mehr darüber findet sich in den oben angeführten Lehrbüchern zum Datenbankentwurf; eine formalere Behandlung der Sichtenintegration wurde von Biskup und Convent (1986) vorgestellt.

Im Bereich der objektorientierten Datenmodellierung wurden Erweiterungen des Entity-Relationship Modells postuliert. Die bekannteren Methoden sind die von Rumbaugh et al. (1991) vorgeschlagene OMT-Technik sowie das von Booch (1991) propagierte Modell. Daraus hat sich die Modellierungssprache UML als Standard entwickelt, die von Booch, Rumbaugh und Jacobson (1998) beschrieben wurde. Oestereich und Bremer (2009) haben ein deutschsprachiges Lehrbuch über die objektorientierte Modellierung mit UML verfasst. Das Buch von Muller (1999) beleuchtet die UML-Modellierung im Kontext des Datenbankentwurfs. Kappel und Schrefl (1988) und Eder et al. (1987) haben die Erweiterung der ER-Modellierung um objektorientierte Konzepte vorgeschlagen. Hartel et al. (1997) berichten über Erfahrungen mit dem Einsatz formaler Spezifikationsmethoden beim Datenbankentwurf. Richters und Gogolla (2000) und Stumptner und Schrefl (2000) beschäftigen sich mit der formalen Validierung von UML-Entwürfen. Preuner, Conrad und Schrefl (2001) behandeln die Sichtenintegration in objektorientierten Datenbanken. Artale und Franconi (1999) benutzen logikbasierte Formalismen für die konzeptuelle Modellierung temporaler Zusammenhänge. Thalheim (2000) hat ein sehr umfangreiches Buch über das Entity/Relationship-Modell geschrieben. Kemper und Wallrath (1987) haben den konzeptuellen Datenbankentwurf für Computergeometrie-Anwendungen untersucht. Oberweis und Sander (1996) modellieren das Verhalten von Informationssystemen auf der Basis von Petrinetzen.

Es gibt etliche kommerziell verfügbare Produkte für den rechnergestützten Datenbankentwurf. Zu den bekannteren zählen *ERwin* der Firma Logic-Works (1997) und *PowerDesigner* (früher *S-Designor*) von der Firma Powersoft (1997). Auch Visio von Microsoft unterstützt die ER-Modellierung. Weiterhin verfügen viele Datenbankprodukte über entsprechende Module, die den Datenbankentwurf unterstützen. Für den objektorientierten UML-Entwurf hat sich das Produkt Rose von der Firma Rational Software Corporation (1997) (jetzt IBM) etabliert. Die objekt-orientierte Entwurfsmethodik ist sehr detailliert in Brügge und Dutoit (2004) abgehandelt.

3. Das relationale Modell

Anfang der siebziger Jahre wurde das relationale Datenmodell konzipiert. Die Besonderheit dieses Datenmodells besteht in der *mengenorientierten* Verarbeitung der Daten im Gegensatz zu den bis dahin vorherrschenden *satzorientierten* Datenmodellen, nämlich dem Netzwerkmodell und dem hierarchischen Modell. In diesen beiden letztgenannten Modellen – die heute fast nur noch historische Bedeutung haben – werden die Informationen auf Datensätze, die miteinander über Referenzen verknüpft sind, abgebildet. Die Verarbeitung der Daten erfolgt dann, indem man von einem Datensatz zum nächsten über diese Referenzen „navigiert".

Das relationale Datenmodell ist im Vergleich zu den satzorientierten Modellen sehr einfach strukturiert. Es gibt im wesentlichen nur flache Tabellen (Relationen), in denen die Zeilen den Datenobjekten entsprechen. In dieser sehr einfachen – fast schon spartanischen – Struktur liegt aber wahrscheinlich der Erfolg der relationalen Datenbanktechnologie begründet, die heute eine marktdominierende Stellung besitzt.

Die in den Tabellen (Relationen) gespeicherten Daten werden durch entsprechende Operatoren ausschließlich mengenorientiert verknüpft und verarbeitet.

3.1 Definition des relationalen Modells

3.1.1 Mathematischer Formalismus

Gegeben seien n nicht notwendigerweise unterschiedliche *Wertebereiche* (auch *Domänen* genannt) $D_1, D_2, \ldots, D_n$, d.h. $D_i = D_j$ ist durchaus zulässig für $i \neq j$. Diese Domänen dürfen nur *atomare* Werte enthalten, die nicht strukturiert sein dürfen. Gültige Domänen sind z.B. Zahlen, Zeichenketten, etc., wohingegen Records oder Mengen wegen ihrer (internen) Strukturierung nicht zulässige Wertebereiche darstellen.

Eine Relation R ist definiert als eine Teilmenge des kartesischen Produkts (Kreuzprodukts) der n Domänen:

$$R \subseteq D_1 \times \cdots \times D_n$$

Korrekterweise müsste man noch zwischen dem *Schema* einer Relation, das durch die n Domänen gegeben ist, und der aktuellen *Ausprägung* (Instanz) dieses Relationenschemas, die durch die Teilmenge des Kreuzproduktes gegeben ist, unterscheiden. Wir werden aber oft keine klare Unterscheidung zwischen der Metaebene (Schema) und der Instanzebene (Ausprägung) machen; es sollte aus dem Kontext jeweils leicht ersichtlich sein, welche Ebene der Datenbank gemeint ist.

Ein Element der Menge R wird als *Tupel* bezeichnet, dessen *Stelligkeit* (engl. *arity*) sich aus dem Relationenschema ergibt. Im abstrakten Beispiel ist die Stelligkeit n.

3.1.2 Schema-Definition

Der oben angegebene Formalismus stammt aus der Mathematik. Im Datenbankbereich gibt man den einzelnen Komponenten der Tupel noch Namen. Wir wollen dies anschaulich erläutern: Ein einfaches Beispiel für eine Relation ist das *Telefonbuch*, das unter vereinfachenden Annahmen eine Teilmenge des folgenden Kreuzproduktes darstellt:

$$\text{Telefonbuch} \subseteq \text{string} \times \text{string} \times \text{integer}$$

Hierbei repräsentiere der erste *string*-Wert den Namen des Teilnehmers, der zweite die Adresse und der *integer*-Wert die Telefonnummer. In vielen kommerziellen Systemen werden Relationen auch als *Tabellen* (engl. *table*) bezeichnet, weil man sich die Ausprägung einer Relation wie folgt als flache Tabelle veranschaulichen kann:

Telefonbuch		
Name	Straße	Telefon#
Mickey Mouse	Main Street	4711
Minnie Mouse	Broadway	94725
Donald Duck	Highway	95672
...	...	...

Hierbei werden die Spalten als *Attribute* (oder manchmal auch Felder) bezeichnet. Die Attribute müssen innerhalb einer Relation eindeutig benannt sein. Zwei unterschiedliche Relationen dürfen aber durchaus gleiche Attributnamen enthalten. Die Zeilen der Tabelle entsprechen den Tupeln der Relation. In diesem Beispiel enthält die Relation (Tabelle) drei dreistellige Tupel, deren Attributwerte aus den Wertebereichen *string*, *string* und *integer* stammen.

Relationenschemata werden wir nach folgendem Muster spezifizieren:

$$\text{Telefonbuch} : \{[\text{Name} : \text{string}, \text{Adresse} : \text{string}, \underline{\text{Telefon\#} : \text{integer}}]\}$$

Hierbei wird in den inneren eckigen Klammern [...] angegeben, wie die einzelnen Tupeln aufgebaut sind, d.h. welche Attribute vorhanden sind und welchen Typ (Wertebereich) die Attribute haben. Die geschweiften Klammern {...} sollen ausdrücken, dass es sich bei einer Relationsausprägung um eine Menge von Tupeln handelt. Hierdurch wird also die Datentyp-Sichtweise betont: die eckigen Klammern [...] repräsentieren den Tupelkonstruktor (analog zur Definition eines Recordtyps) und die geschweiften Klammern {...} stellen den Mengenkonstruktor dar. Eine Relationsausprägung ist also als eine Menge von Tupeln {[...]} aufzufassen.

Wie wir oben schon angemerkt haben, werden wir in diesem Buch keine „dogmatische" Trennung zwischen Schema- und Ausprägungsebene machen. Die Ausprägung und das Schema werden meistens mit demselben Namen (hier *Telefonbuch*) angesprochen. An einigen Stellen des Buchs ist aber eine präzisere Sicht notwendig. Dann bezeichnen wir mit $\mathbf{sch}(R)$ oder mit $\mathcal{R}$ die Menge der Attribute einer Relation und mit R die aktuelle Ausprägung. Mit $\mathbf{dom}(A)$ bezeichnen wir die Domäne eines Attributs A. Also gilt für das Schema (d.h., die Attributmenge) $\mathcal{R} = \{A_1, \ldots, A_n\}$, dass die Relation R eine Teilmenge des kartesischen Produkts der n Domänen $\mathbf{dom}(A_1)$, $\mathbf{dom}(A_2)$, ..., $\mathbf{dom}(A_n)$ ist, also:

$$R \subseteq \mathbf{dom}(A_1) \times \mathbf{dom}(A_2) \times \cdots \times \mathbf{dom}(A_n)$$

Der Primärschlüssel der Relation wird durch Unterstreichung gekennzeichnet. In dem *Telefonbuch*-Beispiel gehen wir davon aus, dass es pro *Telefon#* nur einen Eintrag geben kann[1].

3.2 Umsetzung eines konzeptuellen Schemas in ein relationales Schema

Das Entity-Relationship Modell besitzt zwei grundlegende Strukturierungskonzepte:

1. Entitytypen und
2. Beziehungstypen.

Dem steht im relationalen Modell nur ein einziges Strukturierungskonzept – nämlich die Relation – gegenüber. Es werden also sowohl Entitytypen als auch Beziehungstypen jeweils auf eine Relation abgebildet.

3.2.1 Relationale Darstellung von Entitytypen

Wir wollen uns zunächst die vier Entitytypen unseres Universitätsschemas anschauen (Das ER-Schema ist in Abbildung 3.1 nochmals dargestellt):

$$\begin{aligned}
\text{Studenten} &: \{[\underline{\text{MatrNr : integer}}, \text{Name : string}, \text{Semester : integer}]\}\\
\text{Vorlesungen} &: \{[\underline{\text{VorlNr : integer}}, \text{Titel : string}, \text{SWS : integer}]\}\\
\text{Professoren} &: \{[\underline{\text{PersNr : integer}}, \text{Name : string}, \text{Rang : string}, \text{Raum : integer}]\}\\
\text{Assistenten} &: \{[\underline{\text{PersNr : integer}}, \text{Name : string}, \text{Fachgebiet : string}]\}
\end{aligned}$$

Wir haben an dieser Stelle vorerst bewusst auf die Modellierung der Generalisierung von *Assistenten* und *Professoren* zu *Angestellten* im relationalen Schema verzichtet. Die Generalisierung wird nämlich im relationalen Modell nicht explizit unterstützt; sie kann aber durch Ausnutzung der verfügbaren Strukturen „imitiert" werden – mehr dazu in Abschnitt 3.3.4.

3.2.2 Relationale Darstellung von Beziehungen

Wir müssen uns nun Gedanken zur Umsetzung der Beziehungstypen in ein relationales Schema machen. Im *Initial*-Entwurf wird für jeden Beziehungstyp eine eigene Relation definiert – einige dieser Relationen können später in der Schemaverfeinerung (siehe Abschnitt 3.3) mit anderen Relationen zusammengefasst und somit wieder eliminiert werden.

[1] Man beachte, dass dies in der Realität nicht der Fall ist, da man (in Deutschland) zu einem Telefonanschluss zusätzliche Einträge ins Telefonbuch einfügen lassen kann.

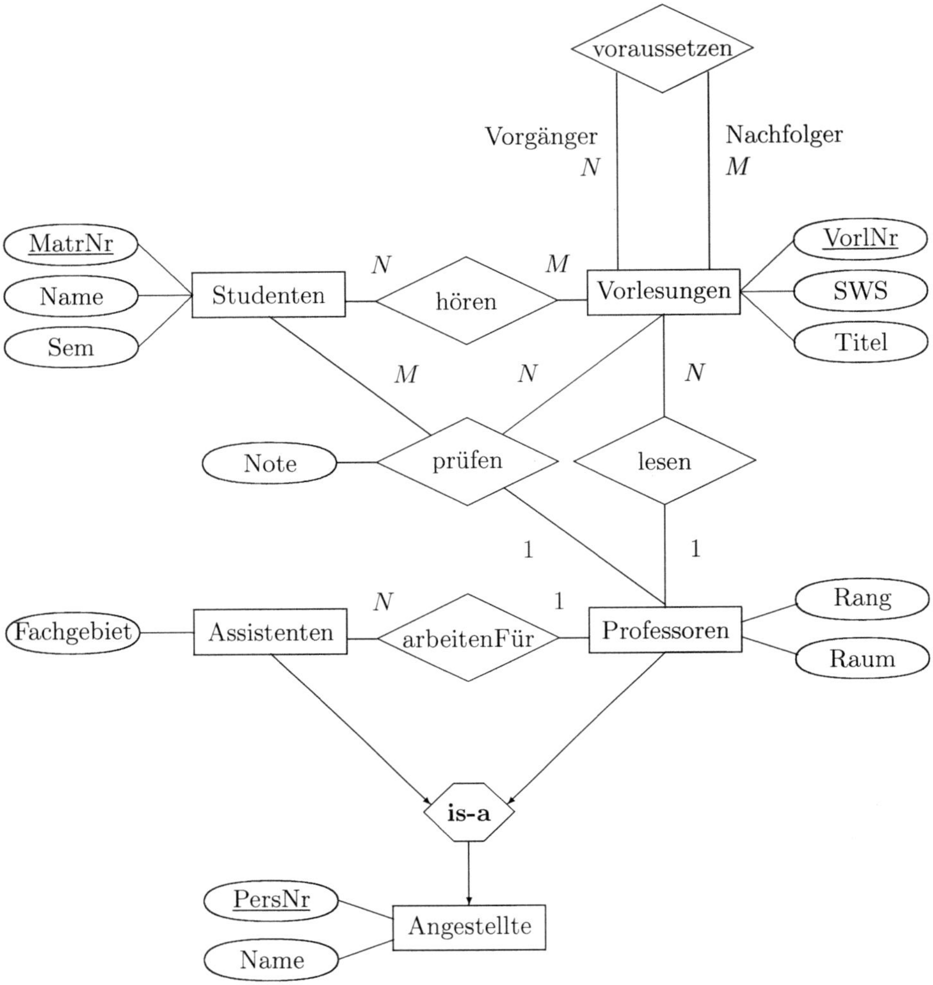

Abbildung 3.1: Konzeptuelles Schema der Universität (wiederholt)

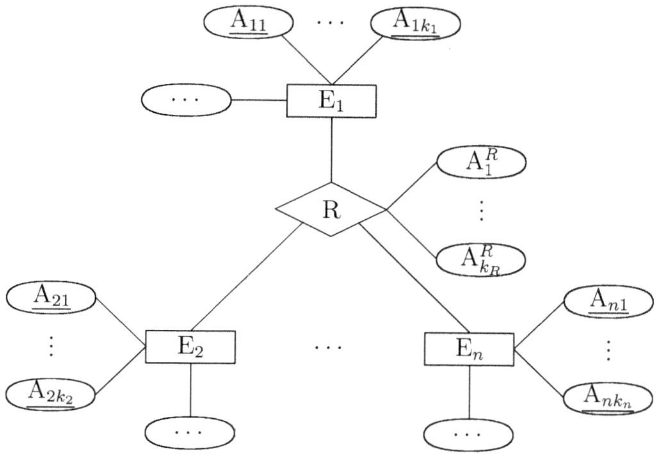

Abbildung 3.2: Beispiel einer allgemeinen n-stelligen Beziehung

Wir wollen zunächst das Grundprinzip der Umsetzung von Beziehungstypen vorstellen. Dazu betrachten wir die abstrakte n-stellige Beziehung R in Abbildung 3.2. Dieser Beziehungstyp stellt eine Zuordnung zwischen n Entitytypen her. Das relationale Pendant hat folgende Form:

$$R : \{[\underbrace{A_{11}, \ldots, A_{1k_1}}_{\textit{Schlüssel von } E_1}, \underbrace{A_{21}, \ldots, A_{2k_2}}_{\textit{Schlüssel von } E_2}, \ldots, \underbrace{A_{n1}, \ldots, A_{nk_n}}_{\textit{Schlüssel von } E_n}, \underbrace{A_1^R, \ldots, A_{k_R}^R}_{\textit{Attribute von } R}]\}$$

Die zugehörige Relation R enthält also alle Schlüsselattribute der Entitytypen $E_1, \ldots, E_n$ und zusätzlich die der Beziehung zugeordneten Attribute A_1^R, …, $A_{k_R}^R$. Diese Schlüsselattribute der Entitytypen nennt man *Fremdschlüssel*, da sie dazu dienen, Tupel (bzw. Entities) aus anderen Relationen (bzw. Entitytypen) zu identifizieren, um dadurch die Zuordnung innerhalb der Beziehung R zu modellieren.

Es kann notwendig sein, dass man in der relationalen Modellierung einige der aus den Entitytypen übernommenen Attributnamen umbenennen muss. Dies kann zum einen zwingend notwendig sein, wenn Attribute in unterschiedlichen Entitytypen gleichbenannt sind. Zum anderen kann eine Umbenennung sinnvoll sein, um die Bedeutung der Attribute als Fremdschlüssel zu betonen.

Für unser Universitätsschema ergibt sich – gemäß der oben am abstrakten Beispiel dargestellten Vorgehensweise – folgende Modellierung der Beziehungstypen:

$$\begin{aligned}
\text{hören} &: \{[\underline{\text{MatrNr : integer, VorlNr : integer}}]\} \\
\text{lesen} &: \{[\text{PersNr : integer, }\underline{\text{VorlNr : integer}}]\} \\
\text{arbeitenFür} &: \{[\underline{\text{AssiPersNr : integer}}\text{, ProfPersNr : integer}]\} \\
\text{voraussetzen} &: \{[\underline{\text{Vorgänger : integer, Nachfolger : integer}}]\} \\
\text{prüfen} &: \{[\underline{\text{MatrNr : integer, VorlNr : integer}}\text{, PersNr : integer,} \\
&\quad \text{Note : decimal}]\}
\end{aligned}$$

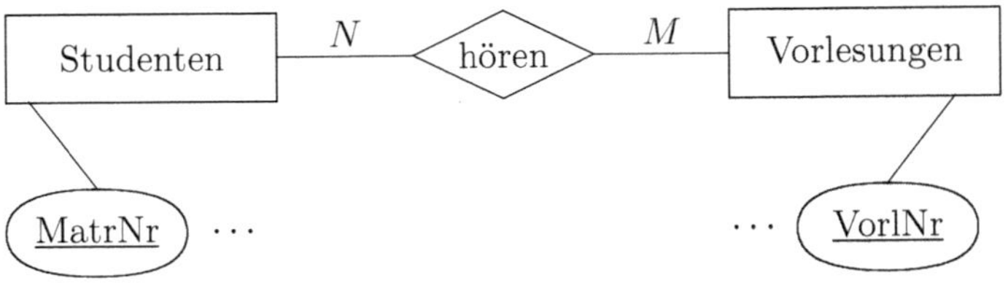

Abbildung 3.3: Beispiel einer $N{:}M$-Beziehung: *hören*

In obigem Relationenschema sind die *Schlüssel* wiederum durch Unterstreichung gekennzeichnet. Wir wollen an dieser Stelle nur intuitiv den Schlüsselbegriff, der schon für das ER-Modell eingeführt worden war, erläutern: Ein Schlüssel einer Relation stellt eine *minimale* Menge von Attributen dar, deren Werte die Tupel innerhalb der Relation eindeutig identifizieren. Mit anderen Worten, es können nicht mehrere Tupel mit gleichen Werten für alle zu einem Schlüssel gehörenden Attribute existieren. Wenn es mehrere Schlüssel (-Kandidaten) gibt, wird meist ein sogenannter *Primärschlüssel* ausgewählt. Eine detailliertere und formalere Behandlung des Schlüsselbegriffs wird in Kapitel 6 gegeben.

Wenden wir uns nun nochmals der Beziehung *hören* zu, die in Abbildung 3.3 isoliert dargestellt ist. Die zugehörige Relation *hören* hat den Schlüssel {*MatrNr*, *VorlNr*}, da Studenten i.A. mehrere Vorlesungen belegen und umgekehrt Vorlesungen i.A. von mehreren Studenten besucht werden. Generell gilt bei der Umsetzung von $N{:}M$-Beziehungen, dass die Menge *aller* Fremdschlüsselattribute den Schlüssel der Relation bildet. Wir wollen dies an einer Beispielausprägung der Relation *hören* intuitiv demonstrieren:

Studenten	
MatrNr	...
26120	...
27550	...
...	...

hören	
MatrNr	VorlNr
26120	5001
27550	5001
27550	4052
28106	5041
28106	5052
28106	5216
28106	5259
29120	5001
29120	5041
29120	5049
29555	5022
25403	5022
29555	5001

Vorlesungen	
VorlNr	...
5001	...
4052	...
...	...

Es ist ersichtlich, dass die Werte des Attributs *MatrNr* aus *hören* als Fremdschlüssel auf Tupel der Relation *Studenten* verweisen. Analog verweisen die Werte des Attributs *VorlNr* aus *hören* auf Tupel der Relation *Vorlesungen*. Zu einer gegebenen *MatrNr* – z.B. 27550 – gibt es mehrere Einträge in der Relation *hören*.

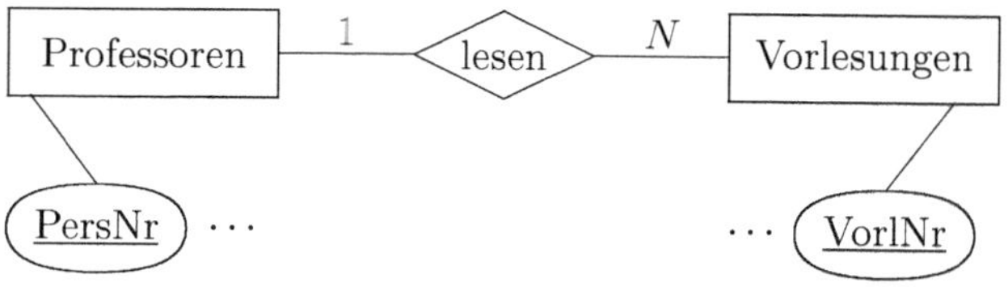

Abbildung 3.4: Beispiel einer 1:N-Beziehung: *lesen*

Gleichfalls gibt es zu einer gegebenen *VorlNr* mehrere Einträge.

Anders verhält es sich bei der Umsetzung von 1:N-Beziehungen. Ein Beispiel dafür ist die Relation (bzw. der Beziehungstyp) *lesen*, wodurch Professoren mit den von ihnen gehaltenen Vorlesungen assoziiert werden (siehe Abbildung 3.4).

Da eine Vorlesung von nur einem Professor bzw. einer Professorin gehalten wird, hat die zugehörige Relation *lesen* den Schlüssel {*VorlNr*}. Dies ergibt sich auch aus der funktionalen Sichtweise der Beziehung *lesen*, die man – wie in Kapitel 2 beschrieben – als eine (partielle) Funktion der folgenden Form auffassen kann:

$$\text{lesen} : \text{Vorlesungen} \rightarrow \text{Professoren}$$

Es sollte ausdrücklich betont werden, dass die Funktion bei einer 1:N-Beziehung nicht in der anderen „Richtung" gegeben ist. Also ist *lesen* keine Funktion von *Professoren* nach *Vorlesungen*, da *Professoren* i.A. mehrere *Vorlesungen* halten.

Die beiden restlichen binären Beziehungstypen unseres ER-Schemas werden wie folgt modelliert:

- *arbeitenFür* ist eine 1:N-Beziehung zwischen *Professoren* und *Assistenten* und kann als Funktion von *Assistenten* nach *Professoren* gesehen werden. Demzufolge hat die Relation *arbeitenFür* den Schlüssel {*AssiPersNr*}.

- *voraussetzen* ist eine rekursive N:M-Beziehung. Bei der relationalen Modellierung wurden die Rollen des ER-Schemas – nämlich *Vorgänger* und *Nachfolger* – als Attributnamen gewählt. Da es sich hierbei um eine N:M-Beziehung handelt, wird der Schlüssel der Relation *voraussetzen* von beiden Attributen $\{Vorgänger, Nachfolger\}$ gebildet.

Bei der Beziehung *prüfen* handelt es sich um eine ternäre Beziehung. Gemäß unserer allgemeinen Vorgehensweise bei der Umsetzung von Beziehungstypen in Relationen übernehmen wir den Schlüssel *MatrNr* aus *Studenten*, den Schlüssel *VorlNr* aus *Vorlesungen* und den Schlüssel *PersNr* aus *Professoren*. Zusätzlich hat die Beziehung *prüfen* noch das Attribut *Note*. Der Schlüssel der Relation *prüfen* ergibt sich aus der Funktionalitätsangabe N:M:1 im ER-Schema, die aussagt, dass *prüfen* den Eigenschaften einer partiellen Funktion

$$\text{prüfen} : \text{Studenten} \times \text{Vorlesungen} \rightarrow \text{Professoren}$$

genügen muss. Mit anderen Worten, darf es zu einem Studenten/Vorlesungs-Paar höchstens einen Professor bzw. eine Professorin geben. Daraus folgt, dass *MatrNr* **und** *VorlNr* den Schlüssel der Relation *prüfen* darstellen.

Wir überlassen es den Lesern in Übungsaufgabe 3.2, die in Abschnitt 2.7.2 eingeführte dreistellige Beziehung *betreuen* relational umzusetzen.

3.3 Verfeinerung des relationalen Schemas

Das im Initialentwurf erzeugte relationale Schema lässt sich oftmals noch verfeinern. Dabei werden einige der Relationen eliminiert, die für die Modellierung von Beziehungstypen eingeführt worden waren. Dies ist aber *nur* für solche Relationen möglich, die 1:1-, 1:N- oder N:1-Beziehungen repräsentieren. Die Elimination der Relationen, die die allgemeinen N:M-Beziehungstypen repräsentieren, ist nicht sinnvoll und würde i.A. zu schwerwiegenden „Anomalien" führen.

Bei der Eliminierung von Relationen gilt es folgende Regel zu beachten:

Nur Relationen mit gleichem Schlüssel zusammenfassen!

3.3.1 1:N-Beziehungen

Wir betrachten dazu nochmals den Beziehungstyp *lesen*, der in Abbildung 3.4 dargestellt ist. Im Initialentwurf gab es drei Relationen:

Vorlesungen : {[VorlNr, Titel, SWS]}
Professoren : {[PersNr, Name, Rang, Raum]}
lesen : {[VorlNr, PersNr]}

Gemäß der oben gegebenen Regel kann man die Relationen *Vorlesungen* und *lesen* zusammenfassen, so dass für diesen Ausschnitt zwei relevante Relationen im Schema verbleiben:

Vorlesungen : {[VorlNr, Titel, SWS, gelesenVon]}
Professoren : {[PersNr, Name, Rang, Raum]}

Hierbei stellt das Attribut *gelesenVon* einen Fremdschlüssel auf die Relation *Professoren* dar, d.h. Werte von *gelesenVon* entsprechen den *PersNr*-Werten von *Professoren*. Da jede Vorlesung nur von einer Person gelesen wird, gibt es für jedes Tupel in *Vorlesungen* nur ein einziges zugeordnetes Tupel aus *Professoren*, das über das Attribut *gelesenVon* referenziert wird. Die Relationen *Vorlesungen* und *Professoren* haben dann z.B. folgende Ausprägung:

Vorlesungen			
VorlNr	Titel	SWS	gelesenVon
5001	Grundzüge	4	2137
5041	Ethik	4	2125
5043	Erkenntnistheorie	3	2126
5049	Mäeutik	2	2125
4052	Logik	4	2125
5052	Wissenschaftstheorie	3	2126
5216	Bioethik	2	2126
5259	Der Wiener Kreis	2	2133
5022	Glaube und Wissen	2	2134
4630	Die 3 Kritiken	4	2137

Professoren			
PersNr	Name	Rang	Raum
2125	Sokrates	C4	226
2126	Russel	C4	232
2127	Kopernikus	C3	310
2133	Popper	C3	52
2134	Augustinus	C3	309
2136	Curie	C4	36
2137	Kant	C4	7

Hierbei verweist z.B. der Wert 2137 des Attributs *gelesenVon* im ersten Tupel von *Vorlesungen* auf das letztgezeigte Tupel namens „Kant" in *Professoren*.

Es kann gar nicht eindringlich genug davor gewarnt werden, Relationen mit unterschiedlichen Schlüsseln zusammenzufassen. Ein häufig vorkommender Fehler besteht z.B. für die hier betrachtete Beziehung *lesen* darin, die Information in die Relation *Professoren* zu integrieren. Dies könnte man **fälschlicherweise** wie folgt versuchen:

$$\text{Professoren}' \ : \ \{[\text{PersNr}, \underline{\text{liestVorl}}, \text{Name}, \text{Rang}, \text{Raum}]\}$$

Hierdurch ändert sich natürlich der Schlüssel von *Professoren*, der jetzt aus dem Attribut {*liestVorl*} besteht – anstatt {*PersNr*}. Dies führt zu einer Redundanz von Teilen der gespeicherten Information, wie die folgende Beispielausprägung zeigt:

Professoren′				
PersNr	liestVorl	Name	Rang	Raum
2125	5041	Sokrates	C4	226
2125	5049	Sokrates	C4	226
2125	4052	Sokrates	C4	226
2126	5043	Russel	C4	232
2126	5052	Russel	C4	232
2126	5216	Russel	C4	232
...	...	...	...	...

Bei dieser Modellierung werden z.B. der *Name*, der *Rang* und der *Raum* von Sokrates und Russel dreimal abgespeichert. Das hat zum einen einen höheren Speicherbedarf zur Folge, zum anderen führt die Redundanz zum schwerwiegenderen Problem der sogenannten Update-Anomalien.[2] Wenn z.B. Russel vom Raum 232 in den Raum 278 umzieht, muss man dies in allen drei gespeicherten Tupeln ändern um eine konsistente Datenbasis zu gewährleisten.

Auf analoge Weise wird die Beziehung *arbeitenFür* behandelt. Wegen der 1:N-Funktionalität kann man die Beziehung in der Relation *Assistenten* modellieren, so dass diese Relation folgendes Schema hat:

$$\text{Assistenten} : \{[\underline{\text{PersNr}}, \text{Name}, \text{Fachgebiet}, \text{Boss}]\}$$

[2]Dies wird systematisch in Kapitel 6 behandelt.

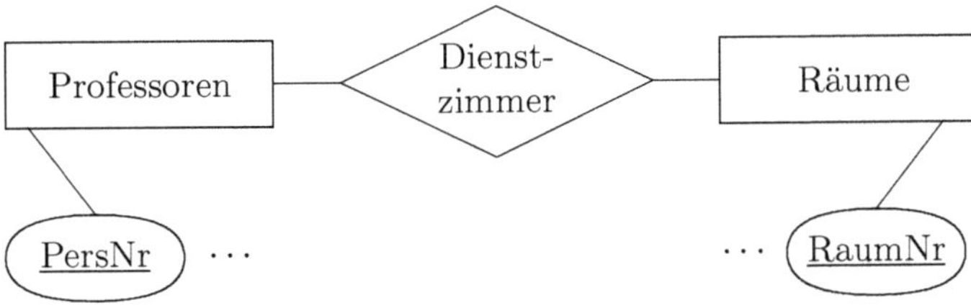

Abbildung 3.5: Beispiel einer 1:1-Beziehung

3.3.2 1:1-Beziehungen

Bei der relationalen Modellierung von 1:1-Beziehungen hat man mehr Freiraum als bei 1:N-Beziehungen. Betrachten wir dazu die Beziehung *Dienstzimmer* aus Abbildung 3.5. Hier wird die Zuordnung zwischen *Professoren* und den *Räumen*, die sie als *Dienstzimmer* verwenden, explizit als Beziehungstyp dargestellt. In unserem konzeptuellen Schema aus Abbildung 3.1 hatten wir dies vereinfacht als ein Attribut *Raum* modelliert.

Im Initialentwurf könnte man diesen Ausschnitt wie folgt repräsentieren:

Professoren : {[PersNr, Name, Rang]}
Räume : {[RaumNr, Größe, Lage]}
Dienstzimmer : {[PersNr, RaumNr]}

In der obigen Schemadefinition ist *PersNr* als Primärschlüssel von *Dienstzimmer* markiert. Wir hätten aber genauso gut die *RaumNr* als Primärschlüssel auswählen können, da auch *RaumNr* wegen der 1:1-Funktionalität der Beziehung einen Kandidatenschlüssel bildet.

Da also *Professoren* und *Dienstzimmer* denselben Schlüssel haben, kann man sie nach der oben angegebenen Regel zusammenfassen. Nach Zusammenfassung der Relationen *Professoren* und *Dienstzimmer* erhält man folgendes Schema:

Professoren : {[PersNr, Name, Rang, Raum]}
Räume : {[RaumNr, Größe, Lage]}

Die Relation *Professoren* entspricht jetzt wieder unserem Originalentwurf, wobei das Attribut *Raum* eigentlich die Nummer des betreffenden Raums repräsentiert.

Wir hätten aber ebensogut auch die Relationen *Dienstzimmer* und *Räume* zusammenfassen können, da, wie gesagt, auch *RaumNr* einen Schlüssel von *Dienstzimmer* bildet:

Professoren : {[PersNr, Name, Rang]}
Räume : {[RaumNr, Größe, Lage, ProfPersNr]}

Hierbei verweist das Attribut *ProfPersNr* auf Tupel der Relation *Professoren.* Diese Modellierung hat allerdings den Nachteil, dass viele Tupel einen sogenannten Null-Wert für das Attribut *ProfPersNr* haben, da viele Räume nicht als Dienstzimmer von Professoren genutzt werden. Ein *NULL*-Eintrag repräsentiert den Wert „unbekannt“ oder „nicht anwendbar“. Wegen der Problematik im Umgang mit Null-Werten ist die erste Modellierung der Beziehung *Dienstzimmer* vorzuziehen.

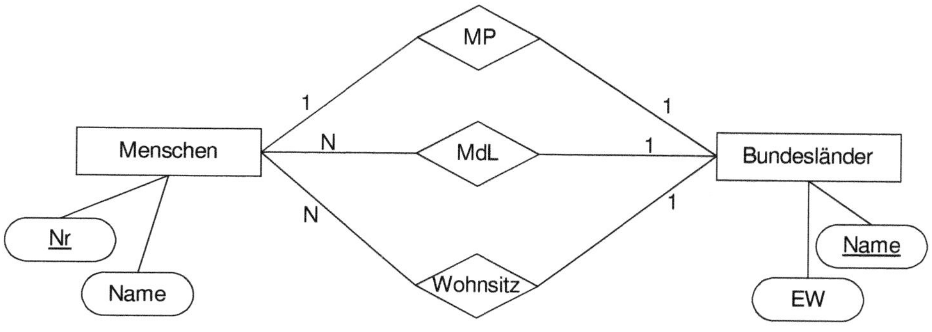

Abbildung 3.6: Beziehungen zwischen *Menschen* und *Bundesländern*

3.3.3 Vermeidung von Null-Werten

Bei der Repräsentation von 1 : 1- oder 1 : N-Beziehungen muss man auch beachten, dass einige oder sogar viele der betreffenden Entities die Beziehung gar nicht eingehen. Wenn man die Beziehung als Fremdschlüssel in eine der Relationen, die die an der Beziehung beteiligten Entitytypen modellieren, hineinzieht, wäre der Fremdschlüssel in diesen Tupeln undefiniert. Der Fremdschlüssel enthält dann *Null*-Werte, was man möglichst vermeiden sollte. Wir wollen dies an einem Beispiel illustrieren, das in Abbildung 3.6 als Entity/Relationship-Schema gegeben ist. *Menschen* können Ministerpräsident/in (*MP*) *eines* Bundeslandes sein, sie können Mitglied des Landtags (*MdL*) *eines* Bundeslandes sein und sie haben ihren (Erst-) *Wohnsitz* in *einem* Bundesland. *Bundesländer* haben *einen* Menschen als Ministerpräsident/in.

Nach den oben schon vorgestellten Regeln darf man eine binäre Beziehung auch in der Relation repräsentieren, die den Entitytyp modelliert, der "gegenüber" von einer **1** liegt. Wir überlassen es den Lesern nachzuweisen, dass man dadurch von unserer Regel der Zusammenlegung von Relationen mit gleichem Schlüssel nicht abweicht. In unserem Beispiel dürfte man also alle drei Beziehungen *MP*, *MdL* und *Wohnsitz* in der Relation *Menschen* repräsentieren, so dass wir folgendes Schema erhalten würden:

Menschen				
Nr	Name	Wohnsitz	MPvon	MdLvon
4711	Kemper	Bayern	–	–
4813	Seehofer	Bayern	Bayern	Bayern
5833	Maget	Bayern	–	Bayern
6745	Woidke	Brandenburg	Brandenburg	Brandenburg
8978	Schröder	Niedersachsen	–	–
...	...	...	...	...

Diese Modellierung hat den klaren Nachteil, dass viele Tupel Null-Werte enthalten. Von den ca. 80 Mio Einwohnern Deutschlands sind nur sehr wenige (im Bereich von ein paar Tausend) Mitglied eines Landtags und noch viel weniger sind Ministerpräsident/in eines Bundeslandes. Somit enthalten die Fremdschlüssel-Attribute

MdLvon und *MPvon* bei fast allen Tupeln Null-Werte. Anders verhält es sich bei dem Fremdschlüssel *Wohnsitz*: Wenn wir nur in Deutschland lebende Menschen speichern, ist dieser Fremdschlüssel bei allen Menschen (mit festem Wohnsitz) definiert.

Aus diesen Überlegungen folgt:

- Der *Wohnsitz* kann als Fremdschlüssel in der Entity-Relation *Menschen* bleiben.
- Die Beziehung *MP* modelliert man am besten als Fremdschlüssel in *Bundesländer*, da alle Bundesländer *einen* MP haben.
- Die Beziehung *MdL* repräsentiert man als eigenständige Relation mit den Fremdschlüsseln *Nr* auf Menschen und *Bundesland* auf *Bundesländer*.

Nachfolgend sind die revidierten Relationenschemata mit den resultierenden Beispiel-Tupeln gezeigt:

Menschen		
Nr	Name	Wohnsitz
4711	Kemper	Bayern
4813	Seehofer	Bayern
5833	Maget	Bayern
6745	Woidke	Brandenburg
8978	Schröder	Niedersachsen
...	...	...

MdL	
Nr	Bundesland
4813	Bayern
5833	Bayern
6745	Brandenburg
...	...

Bundesländer		
Name	EW	MP
Bayern	12443893	4813
Brandenburg	2562946	6745
...	...	...

3.3.4 Relationale Modellierung der Generalisierung

Schauen wir uns nochmals die in Abbildung 3.7 isoliert dargestellte Generalisierung von *Assistenten* und *Professoren* zu *Angestellte* an. Eine sehr einfache relationale Repräsentation wäre die folgende:

$$\begin{array}{lcl} \text{Angestellte} & : & \{[\underline{\text{PersNr}}, \text{Name}]\} \\ \text{Professoren} & : & \{[\underline{\text{PersNr}}, \text{Rang, Raum}]\} \\ \text{Assistenten} & : & \{[\underline{\text{PersNr}}, \text{Fachgebiet}]\} \end{array}$$

Hierbei würde die Information zu einem Professor bzw. einer Professorin, wie z.B.

[2136, Curie, C4, 36]

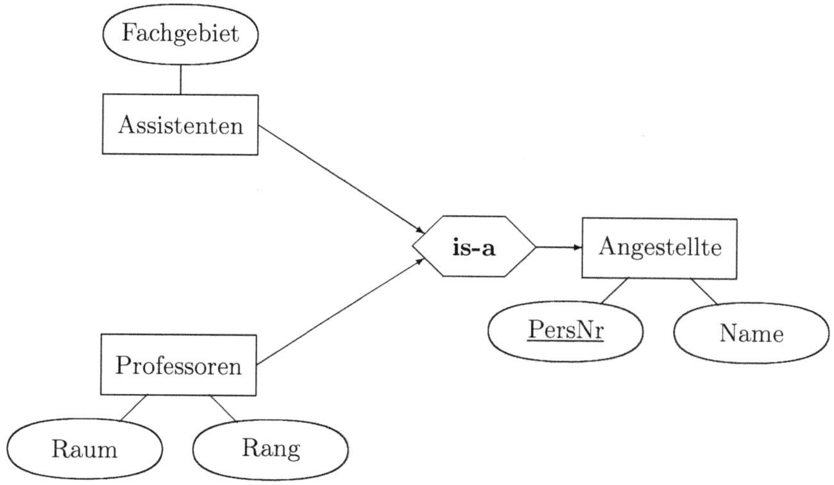

Abbildung 3.7: Isolierte Darstellung der Generalisierung von *Professoren* und *Assistenten* zu *Angestellte*

auf zwei Tupel aufgeteilt, nämlich

$$[2136, \text{Curie}] \quad \text{und} \quad [2136, \text{C4}, 36]$$

Das erste Tupel ist in der Relation *Angestellte*, das zweite in der Relation *Professoren* zu finden. Um die vollständige Information zu Curie zu erhalten, muss man die beiden Tupel verbinden (joinen).

Diese Darstellung hat also den Nachteil, dass in den Relationen, die Spezialisierungen repräsentieren, nicht die volle Information verfügbar ist. Mit anderen Worten, die *Vererbung* ist nicht realisiert.

Leider verfügt das relationale Modell über keine Vererbungskonstrukte. Wir werden lediglich in Abschnitt 4.19 diskutieren, inwieweit das Sichtenkonzept relationaler DBMS die Modellierung von Generalisierung/Spezialisierung und der damit verbundenen Vererbung unterstützen kann.

3.3.5 Beispielausprägung der Universitäts-Datenbank

In Abbildung 3.8 ist eine Beispielausprägung der Universitäts-Datenbasis gezeigt. Das zugrundeliegende Schema enthält folgende Relationen:

$$
\begin{array}{rcl}
\text{Studenten} & : & \{[\underline{\text{MatrNr : integer}}, \text{Name : string}, \text{Semester : integer}]\} \\
\text{Vorlesungen} & : & \{[\underline{\text{VorlNr : integer}}, \text{Titel : string}, \text{SWS : integer}, \text{gelesenVon : integer}]\} \\
\text{Professoren} & : & \{[\underline{\text{PersNr : integer}}, \text{Name : string}, \text{Rang : string}, \text{Raum : integer}]\} \\
\text{Assistenten} & : & \{[\underline{\text{PersNr : integer}}, \text{Name : string}, \text{Fachgebiet : string}, \text{Boss : integer}]\} \\
\text{hören} & : & \{[\underline{\text{MatrNr : integer}, \text{VorlNr : integer}}]\} \\
\text{voraussetzen} & : & \{[\underline{\text{Vorgänger : integer}, \text{Nachfolger : integer}}]\} \\
\text{prüfen} & : & \{[\underline{\text{MatrNr : integer}, \text{VorlNr : integer}}, \text{PersNr : integer}, \text{Note : decimal}]\}
\end{array}
$$

Professoren			
PersNr	Name	Rang	Raum
2125	Sokrates	C4	226
2126	Russel	C4	232
2127	Kopernikus	C3	310
2133	Popper	C3	52
2134	Augustinus	C3	309
2136	Curie	C4	36
2137	Kant	C4	7

Studenten		
MatrNr	Name	Semester
24002	Xenokrates	18
25403	Jonas	12
26120	Fichte	10
26830	Aristoxenos	8
27550	Schopenhauer	6
28106	Carnap	3
29120	Theophrastos	2
29555	Feuerbach	2

Vorlesungen			
VorlNr	Titel	SWS	gelesenVon
5001	Grundzüge	4	2137
5041	Ethik	4	2125
5043	Erkenntnistheorie	3	2126
5049	Mäeutik	2	2125
4052	Logik	4	2125
5052	Wissenschaftstheorie	3	2126
5216	Bioethik	2	2126
5259	Der Wiener Kreis	2	2133
5022	Glaube und Wissen	2	2134
4630	Die 3 Kritiken	4	2137

voraussetzen	
Vorgänger	Nachfolger
5001	5041
5001	5043
5001	5049
5041	5216
5043	5052
5041	5052
5052	5259

hören	
MatrNr	VorlNr
26120	5001
27550	5001
27550	4052
28106	5041
28106	5052
28106	5216
28106	5259
29120	5001
29120	5041
29120	5049
29555	5022
25403	5022
29555	5001

Assistenten			
PersNr	Name	Fachgebiet	Boss
3002	Platon	Ideenlehre	2125
3003	Aristoteles	Syllogistik	2125
3004	Wittgenstein	Sprachtheorie	2126
3005	Rhetikus	Planetenbewegung	2127
3006	Newton	Keplersche Gesetze	2127
3007	Spinoza	Gott und Natur	2134

prüfen			
MatrNr	VorlNr	PersNr	Note
28106	5001	2126	1
25403	5041	2125	2
27550	4630	2137	2

Abbildung 3.8: Beispielausprägung unserer Universitäts-Datenbank

3.3.6 Relationale Modellierung schwacher Entitytypen

Obwohl unser Universitätsschema keine schwachen Entitytypen enthält, wollen wir doch nicht versäumen, deren relationale Repräsentation zu diskutieren. Dazu betrachten wir das Beispielschema aus Abbildung 2.12 (auf Seite 51), in dem *Prüfungen* als existenzabhängiger, schwacher Entitytyp dem „starken“ Entitytyp *Studenten* untergeordnet wurde. Dieser schwache Entitytyp lässt sich relational wie folgt repräsentieren:

$$\text{Prüfungen} : \{[\underline{\text{MatrNr} : \text{integer}, \text{PrüfTeil} : \text{string}}, \text{Note} : \text{decimal}]\}$$

Die Relation *Prüfungen* hat also einen zusammengesetzten Schlüssel bestehend aus der *MatrNr* aus *Studenten* und der *PrüfTeil*-Kennung, die alle Prüfungen eines Studenten bzw. einer Studentin eindeutig identifiziert.

Die dem Entitytyp *Prüfungen* zugeordneten binären Beziehungen *umfassen* und *abhalten* lassen sich jetzt wie gehabt repräsentieren:

$$\begin{aligned} \text{umfassen} &: \{[\underline{\text{MatrNr} : \text{integer}, \text{PrüfTeil} : \text{string}, \text{VorlNr} : \text{integer}}]\} \\ \text{abhalten} &: \{[\underline{\text{MatrNr} : \text{integer}, \text{PrüfTeil} : \text{string}, \text{PersNr} : \text{integer}}]\} \end{aligned}$$

Man beachte, dass in diesem Fall der (global eindeutige) Schlüssel der Relation *Prüfungen*, nämlich *MatrNr* **und** *PrüfTeil* als Fremdschlüssel in die Relationen *umfassen* und *abhalten* übernommen werden muss. Da es sich bei diesen beiden Beziehungen um allgemeine $N{:}M$-Beziehungen handelt, bilden alle Fremdschlüssel zusammen den Schlüssel – und es ist deshalb auch keine Zusammenfassung einer dieser Relationen mit der Relation *Prüfungen* möglich. Die Leser mögen bitte diskutieren, inwieweit sich eine Einschränkung auf einen Prüfer pro Prüfung auf dieses Schema auswirken würde.

3.4 Die relationale Algebra

Natürlich benötigt man neben der Strukturbeschreibung (d.h. dem Datenbankschema) auch eine Sprache, mit der man Informationen aus der Datenbank extrahieren kann.[3] Es gibt zwei formale Sprachen, die für die Anfrageformulierung in relationalen Datenbanken konzipiert wurden. Es handelt sich hierbei um

1. die relationale Algebra (oder Relationenalgebra) und
2. den Relationenkalkül.

Der Relationenkalkül ist eine rein deklarative Sprache, in der spezifiziert wird, *welche* Daten man erhalten will bzw. welche Kriterien diese Daten erfüllen müssen, aber nicht *wie* die Anfrage ausgewertet werden kann. Die erstgenannte Sprache, die

[3]Zusätzlich benötigt man selbstverständlich auch noch eine Datenmanipulationssprache (DML) zum Einfügen, Verändern und Löschen von Informationen. Die DML wird erst in Kapitel 4 eingeführt.

relationale Algebra, ist stärker *prozedural* orientiert, d.h. ein relationenalgebraischer Ausdruck beinhaltet implizit einen Abarbeitungsplan, wie die Anfrage auszuwerten ist. Deshalb spielt die Relationenalgebra eine größere Rolle bei der Realisierung von Datenbanksystemen – und insbesondere bei der Anfrageoptimierung (siehe Kapitel 8). Beide Sprachen sind *abgeschlossen*, d.h. die Ergebnisse der Anfragen sind wiederum Relationen.

Wir werden zunächst die Operatoren der Relationenalgebra behandeln und anschließend in Abschnitt 3.5 die zwei Ausprägungsformen des Relationenkalküls beschreiben.

3.4.1 Selektion

Bei der *Selektion* werden diejenigen Tupel einer Relation ausgewählt, die das sogenannte *Selektionsprädikat* erfüllen. Die Selektion wird mit σ bezeichnet und hat das Selektionsprädikat als Subskript. Ein Beispiel für die Selektion wäre folgende Anfrage:

$$\sigma_{\text{Semester}>10}(\text{Studenten})$$

In dieser Anfrage werden die „Dauerstudenten“ aus der Datenbank extrahiert. Das Ergebnis wäre dann für unsere Beispielausprägung wie folgt:

$\sigma_{\text{Semester}>10}(\text{Studenten})$		
MatrNr	Name	Semester
24002	Xenokrates	18
25403	Jonas	12

Man kann sich die Auswertung der Selektion so vorstellen, dass jedes Tupel der Argumentrelation (hier *Studenten*) einzeln inspiziert wird um das Prädikat (hier „$Semester > 10$“) auszuwerten. Falls das Prädikat erfüllt ist, wird das Tupel in die Ergebnisrelation kopiert.

Allgemein ist das Selektionsprädikat eine Formel F, die aufgebaut ist aus:

1. Attributnamen der Argumentrelation R oder Konstanten als Operanden,
2. den arithmetischen Vergleichsoperatoren $=, <, \leq, >, \geq, \neq$ und
3. den logischen Operatoren $\wedge$ (und), $\vee$ (oder) und $\neg$ (nicht).

Dann besteht das Ergebnis der Selektion

$$\sigma_F(R)$$

aus allen Tupeln $t \in R$, für die die Formel F erfüllt ist, wenn jedes Vorkommen eines Attributnamens A in F durch den Wert $t.A$ ersetzt wird.

3.4.2 Projektion

Während bei der Selektion einzelne Zeilen (Tupel) einer Tabelle (Relation) ausgewählt werden, werden bei der Projektion Spalten (Attribute) der Argumentrelation extrahiert. Die Projektion wird mit dem Operatorsymbol Π bezeichnet und enthält die Menge der Attributnamen im Subskript. Als Beispiel betrachten wir folgenden relationenalgebraischen Ausdruck:

$$\Pi_{\text{Rang}}(\text{Professoren})$$

An diesem Beispiel ist schon ersichtlich, dass sich eine „saloppe" Terminologie eingebürgert hat: Die Attributmenge, auf die projiziert werden soll, wird oft nicht als Menge, sondern einfach als durch Kommata getrennte Sequenz angegeben – man lässt also die Mengenklammern weg. In der obigen Anfrage werden die in der aktuellen Ausprägung vorkommenden Werte des *Rang*-Attributs aus der Argumentrelation *Professoren* gesucht. Das Ergebnis der Anfrage sieht dann wie folgt aus:

$\Pi_{\text{Rang}}(\text{Professoren})$
Rang
C4
C3

Es ist zu beachten, dass Duplikattupel, die durch die Beschränkung auf eine Teilmenge der Attribute der Argumentrelation auftreten können, vor der Ergebnisausgabe eliminiert werden müssen.

Die Duplikateliminierung kann entfallen, wenn in der Projektion ein (vollständiger) Schlüssel der Relation enthalten ist. In diesem Fall können wegen der Schlüsseleigenschaft keine zwei Tupel vollständig gleiche Attributwerte besitzen, und somit wäre die Duplikateliminierung wirkungslos (aber nicht kostenlos – in Bezug auf die Laufzeit eines realen Systems).

3.4.3 Vereinigung

Zwei Relationen mit gleichem Schema – d.h. mit gleichen Attributnamen und Attributtypen (Domänen) – kann man durch die Vereinigung zu einer Relation zusammenfassen. Als Beispiel betrachten wir folgenden Ausdruck:

$$\Pi_{\text{PersNr, Name}}(\text{Assistenten}) \cup \Pi_{\text{PersNr, Name}}(\text{Professoren})$$

In dieser Anfrage werden zunächst die beiden Relationen *Assistenten* und *Professoren* durch die jeweiligen Projektionen in das gleiche Schema „gezwängt". Danach kann die Vereinigung auf der Basis dieser beiden schemagleichen, temporären Argumentrelationen, nämlich $\Pi_{PersNr,\ Name}(\text{Assistenten})$ und $\Pi_{PersNr,\ Name}(\text{Professoren})$, durchgeführt werden. Als Ergebnis erhalten wir in diesem Beispiel eine Relation mit insgesamt 13 Tupeln. Auch bei der Vereinigungsoperation muss eine Duplikatelimination durchgeführt werden, da durch das Zusammenbringen der Tupel aus zwei Argumentrelationen u.U. Duplikate auftreten können.[4]

[4]Bei der Vereinigung muss in jedem Fall die Duplikateliminierung durchgeführt werden – auch wenn von beiden Relationen der Schlüssel übernommen wird. Warum?

3.4.4 Mengendifferenz

Für zwei Relationen R und S mit gleichem Schema ist die Mengendifferenz

$$R - S$$

definiert als die Menge der Tupel, die in R aber nicht in S vorkommen.

Als Beispiel können wir die Menge der Studenten – genauer gesagt, deren *MatrNr* – ermitteln, die noch keine Prüfung abgelegt haben:

$$\Pi_{\text{MatrNr}}(\text{Studenten}) - \Pi_{\text{MatrNr}}(\text{prüfen})$$

3.4.5 Kartesisches Produkt (Kreuzprodukt)

Das Kreuzprodukt zweier Relationen R und S wird als

$$R \times S$$

gebildet und enthält alle $|R| * |S|$ möglichen Paare von Tupeln aus R und S. Das Schema der Ergebnisrelation, also $\mathbf{sch}(R \times S)$, ist die Vereinigung der Attribute aus $\mathbf{sch}(R)$ und $\mathbf{sch}(S)$:

$$\mathbf{sch}(R \times S) = \mathbf{sch}(R) \cup \mathbf{sch}(S) = \mathcal{R} \cup \mathcal{S}$$

Beim kartesischen Produkt kann es natürlich vorkommen, dass die beiden Argumentrelationen zwei (oder mehr) gleich benannte Attribute enthalten. In diesem Fall wird eine eindeutige Benennung dadurch erzwungen, dass dem Attributnamen der Relationenname, gefolgt von einem Punkt, vorangestellt wird. Das Attribut A aus R wird beispielsweise mit $R.A$ und das gleichnamige Attribut A aus S mit $S.A$ bezeichnet. Diese um den Relationennamen erweiterten Attributbezeichner nennt man auch *qualifizierte* Attributnamen.

Als Beispiel einer Kreuzprodukt-Operation betrachten wir *Professoren* × *hören*. Die Ergebnisrelation hat folgende Gestalt:

Professoren×hören					
Professoren				hören	
PersNr	Name	Rang	Raum	MatrNr	VorlNr
2125	Sokrates	C4	226	26120	5001
...	...	...	...	...	...
2125	Sokrates	C4	226	29555	5001
...	...	...	...	...	...
2137	Kant	C4	7	29555	5001

Diese Relation ist also sechsstellig und enthält insgesamt 91 ($= 7 * 13$) Tupel – bezogen auf unsere Beispielausprägungen von *Professoren* (mit 7 Tupeln) und *hören* (mit 13 Tupeln). In diesem Beispiel ist die Qualifizierung der Attribute nicht notwendig, da die Attributnamen paarweise unterschiedlich sind.

3.4.6 Umbenennung von Relationen und Attributen

Manchmal ist es notwendig, dieselbe Relation mehrfach in einer Anfrage zu verwenden. Dazu wird dann – zumindest logisch – eine vollständige zusätzliche Kopie der Relation generiert. In diesem Fall muss zumindest eine der Relationen umbenannt werden. Dafür wird der Operator ρ verwendet, wobei im Subskript der neue Name der Relation angegeben wird. Z.B. kann man die Relation *voraussetzen* wie folgt in *V1* umbenennen:

$$\rho_{\text{V1}}(\text{voraussetzen})$$

Betrachten wir nun ein Beispiel, in dem die Umbenennung notwendig ist: Wir wollen die indirekten Vorgänger 2. Stufe (also die Vorgänger der Vorgänger) der Vorlesung mit Nummer 5216 herausfinden. Dies lässt sich mit folgendem relationenalgebraischen Ausdruck erreichen:

$$\Pi_{\text{V1.Vorgänger}}(\sigma_{\text{V2.Nachfolger}=5216 \wedge \text{V1.Nachfolger}=\text{V2.Vorgänger}}$$
$$(\rho_{\text{V1}}(\text{voraussetzen}) \times \rho_{\text{V2}}(\text{voraussetzen})))$$

Diese Anfrage wird abgearbeitet, indem zunächst das kartesische Produkt der beiden Relationen *V1* und *V2* gebildet wird, die jeweils Kopien der (gespeicherten) Relation *voraussetzen* darstellen:

V1		V2	
Vorgänger	Nachfolger	Vorgänger	Nachfolger
5001	5041	5001	5041
...	...	...	...
5001	5041	5041	5216
...	...	...	...
5052	5259	5052	5259

Unter den Tupeln des Kreuzprodukts werden diejenigen ausgewählt (selektiert), für die die beiden nachfolgenden Bedingungen gelten:

1. V2.Nachfolger = 5216
2. V1.Nachfolger = V2.Vorgänger

Aus diesen selektierten Tupeln wird dann das Attribut *V1.Vorgänger* projiziert. Für unsere Beispiel-Datenbank aus Abbildung 3.8 besteht das Ergebnis dieser Anfrage aus dem einen einstelligen Tupel [5001]. Die Herleitung des Ergebnisses ist oben gezeigt: Die Vorlesung 5001 ist der Vorgänger von Vorlesung 5041, die wiederum Vorgänger der Vorlesung 5216 ist.

Der ρ-Operator wird auch zur Umbenennung von Attributen einer Relation verwendet. Als Beispiel betrachten wir die Umbenennung des Attributs *Vorgänger* der Relation *voraussetzen*:

$$\rho_{\text{Voraussetzung} \leftarrow \text{Vorgänger}}(\text{voraussetzen})$$

Hierdurch wird das Attribut in *Voraussetzung* umbenannt. Da eine Relation i.A. mehrere Attribute besitzt, müssen bei der Attributumbenennung der Originalname (auf der rechten Seite vom Pfeil) und der neue Name (links vom Pfeil) angegeben werden. Wir werden später in Abschnitt 3.4.8 die Notwendigkeit der Attributumbenennung im Zusammenhang mit dem Joinoperator sehen.

3.4.7 Definition der relationalen Algebra

Die bislang eingeführten Operatoren sind ausreichend, um die relationale Algebra formal definieren zu können. Die Basisausdrücke der relationalen Algebra sind entweder

- Relationen der Datenbank oder
- konstante Relationen.

Ein allgemeiner Relationenalgebra-Ausdruck wird aus „kleineren" Algebraausdrücken konstruiert. Seien E_1 und E_2 relationale Algebraausdrücke – also z.B. Basisausdrücke oder auch selbst schon komplexere zusammengesetzte Ausdrücke. Dann sind die folgenden Ausdrücke auch gültige Algebraausdrücke:

- $E_1 \cup E_2$, wobei E_1 und E_2 das gleiche Schema haben müssen – also $\mathbf{sch}(E_1) = \mathbf{sch}(E_2)$.
- $E_1 - E_2$, wiederum Schemagleichheit vorausgesetzt.
- $E_1 \times E_2$.
- $\sigma_P(E_1)$, mit einem Prädikat P über den Attributen in E_1.
- $\Pi_S(E_1)$, mit einer Attributliste S, deren Attribute in dem Schema von E_1 vorkommen.
- $\rho_V(E_1)$ und $\rho_{A \leftarrow B}(E_1)$, wobei B ein Attributname der Relation E_1 ist, und A nicht als Attributname in E_1 vorkommt.

Im Folgenden werden einige weitere Operatoren der Relationenalgebra eingeführt. Streng genommen handelt es sich bei diesen zusätzlichen Operatoren um sogenannten „syntaktischen Zucker", da sie die Ausdrucksfähigkeit nicht erhöhen. Sie können alle durch Kombinationen der bereits eingeführten Operatoren ausgedrückt werden.

3.4.8 Der relationale Verbund (Join)

Wir haben bereits das Kreuzprodukt (kartesisches Produkt) als einen relationalen Operator zur Verknüpfung von zwei (oder mehreren) Relationen eingeführt. Der Nachteil des Kreuzproduktes besteht in der immensen „Aufblähung" der zu verarbeitenden Tupelmenge, da das Ergebnis des Kreuzprodukts $n * m$ Tupel enthält, wenn die beiden Argumentrelationen n bzw. m Tupel enthalten. Im Allgemeinen sind die meisten der durch das Kreuzprodukt entstehenden Tupel auch irrelevant – vgl. dazu die Beispielanfrage in Abschnitt 3.4.5. Deshalb wird beim Verbundoperator (Join) gleich eine Filterung (bzw. Vorauswahl) der verknüpften Tupel vorgenommen.

Der natürliche Verbund

Der sogenannte *natürliche* Verbund zweier Argumentrelationen R und S wird mit $R \bowtie S$ gebildet. Wenn R insgesamt $m + k$ Attribute $A_1, \ldots, A_m, B_1, \ldots, B_k$ und S $n+k$ Attribute $B_1, \ldots, B_k, C_1, \ldots, C_n$ hat, dann hat $R \bowtie S$ die Stelligkeit $m+n+k$. Hierbei wird angenommen, dass die Attribute A_i und C_j für $(1 \le i \le m, 1 \le j \le n)$ jeweils paarweise unterschiedlich sind – d.h. R und S haben nur $B_1, \ldots, B_k$ als gleichbenannte Attribute. In diesem Fall ist das Ergebnis von $R \bowtie S$ wie folgt definiert:

$$R \bowtie S = \Pi_{A_1,\ldots,A_m,R.B_1,\ldots,R.B_k,C_1,\ldots,C_n}(\sigma_{R.B_1=S.B_1 \wedge \ldots \wedge R.B_k=S.B_k}(R \times S))$$

Logisch wird also das Kreuzprodukt gebildet, aus dem dann nur diejenigen Tupel selektiert werden, deren Attributwerte für gleichbenannte Attribute der beiden Argumentrelationen gleich sind. Weiterhin werden diese gleichbenannten Attribute in das Ergebnis nur einmal übernommen – das wird durch die abschließende Projektion erzielt. Tabellarisch kann man sich das Schema der Ergebnisrelation wie folgt veranschaulichen:

$R \bowtie S$											
$\mathcal{R} - \mathcal{S}$				$\mathcal{R} \cap \mathcal{S}$				$\mathcal{S} - \mathcal{R}$			
A_1	A_2	$\ldots$	A_m	B_1	B_2	$\ldots$	B_k	C_1	C_2	$\ldots$	C_n
$\vdots$	$\vdots$	$\vdots$	$\vdots$	$\vdots$	$\vdots$	$\vdots$	$\vdots$	$\vdots$	$\vdots$	$\vdots$	$\vdots$

Als Beispiel für den natürlichen Verbund betrachten wir folgende Datenbankanfrage, in der wir *Studenten* mit den von ihnen gehörten *Vorlesungen* assoziieren:

$$(\text{Studenten} \bowtie \text{hören}) \bowtie \text{Vorlesungen}$$

In dieser Anfrage wird der Join zunächst für die Argumentrelationen *Studenten* und *hören* durchgeführt. Die so erzeugte Ergebnisrelation wird dann noch mit *Vorlesungen* verbunden. Das Ergebnis dieses sogenannten 3-Wege-Joins sieht dann wie folgt aus:

(Studenten ⋈ hören) ⋈ Vorlesungen						
MatrNr	Name	Semester	VorlNr	Titel	SWS	gelesenVon
26120	Fichte	10	5001	Grundzüge	4	2137
25403	Jonas	12	5022	Glaube und Wissen	2	2134
28106	Carnap	3	4052	Wissenschaftstheorie	3	2126
...	...	...	...	...	...	...

Man beachte, dass beim natürlichen Join die Qualifizierung der Attribute – also das Voranstellen des Relationennamens zur eindeutigen Benennung – nicht notwendig ist, da gleichbenannte Attribute nur einmal übernommen werden. Bei der Auswertung des ersten Joins *Studenten* ⋈ *hören* erhält man eine vierstellige Ergebnisrelation, da *Studenten* (mit drei Attributen) und *hören* (mit zwei Attributen) nur ein gleichbenanntes Attribut – nämlich *MatrNr* – haben. Dieses Attribut nennt man das *Joinattribut*. Der zweite Join wird über dem Joinattribut *VorlNr* ausgewertet, dem einzigen gleichbenannten Attribut von (*Studenten* ⋈ *hören*) und *Vorlesungen*.

Man hätte übrigens bei der Formulierung des obigen „3-Wege-Joins" die Klammerung auch weglassen können, also:

$$\text{Studenten} \bowtie \text{hören} \bowtie \text{Vorlesung}$$

Diese Formulierung hätte dann in zwei unterschiedlichen Reihenfolgen abgearbeitet werden können:

1. (Studenten ⋈ hören) ⋈ Vorlesungen
2. Studenten ⋈ (hören ⋈ Vorlesungen)

Der Joinoperator ist aber *assoziativ*, so dass die beiden Alternativen äquivalent sind. Logischerweise ist der Joinoperator auch *kommutativ* – siehe dazu Übungsaufgabe 3.13.

Es kommt manchmal vor, dass man Relationen über zwei Attribute „joinen" will, die zwar die gleiche Bedeutung aber unterschiedliche Benennungen haben. Ein Beispiel ist die Verbindung von *Vorlesungen* mit *Professoren*, wobei der Join über den Attributen *Vorlesungen.gelesenVon* und *Professoren.PersNr* auszuwerten ist. In diesem Fall ist eine Umbenennung zumindest eines der Attribute notwendig. Dies kann man mit dem überladenen ρ-Operator, der sowohl zur Relationen- als auch zur Attributumbenennung verwendet wird, durchführen. Für unser Beispiel erhalten wir also folgende Anfrage:

$$\text{Vorlesungen} \bowtie \rho_{\text{gelesenVon} \leftarrow \text{PersNr}}(\text{Professoren})$$

Die resultierende Relation hat dann folgendes Schema:

$$\{[\text{VorlNr, Titel, SWS, gelesenVon, Name, Rang, Raum}]\}$$

Allgemeiner Join

Beim natürlichen Verbund werden alle gleichbenannten Attribute der beiden Argumentrelationen betrachtet. Qualifizierende Tupel müssen für alle diese Attribute gleiche Werte aufweisen, um in das Ergebnis einzugehen. Der allgemeine Joinoperator, auch *Theta-Join* genannt, erlaubt die Spezifikation eines beliebigen Joinprädikats θ. Als abstraktes Beispiel betrachten wir die Relationen R und S mit Attributen $A_1, \ldots, A_n$ und $B_1, \ldots, B_m$. Ein Theta-Join dieser beiden Relationen sieht wie folgt aus:

$$R \bowtie_{\theta} S$$

Hierbei ist θ ein beliebiges Prädikat über den Attributen $A_1, \ldots, A_n, B_1, \ldots, B_m$. Ein Beispiel wäre:

$$R \bowtie_{A_1 > B_1 \land A_2 = B_2 \land A_3 < B_5} S$$

Das Ergebnis dieses Joins hat $n + m$ Attribute – unabhängig davon, ob einige Attribute gleich benannt sind. Insbesondere wenn Attribute in R und S gleich benannt sind, werden sie durch Qualifizierung mit dem Namen ihrer Ursprungsrelation eindeutig benannt, also z.B. $R.A_1$ oder $S.B_1$.

$R \bowtie_\theta S$							
$\mathcal{R}$				$\mathcal{S}$			
A_1	A_2	$\ldots$	A_n	B_1	B_2	$\ldots$	B_m
$\vdots$	$\vdots$	$\vdots$	$\vdots$	$\vdots$	$\vdots$	$\vdots$	$\vdots$

Der Theta-Join ist also nur eine vereinfachte Formulierung des kartesischen Produkts gefolgt von der Selektion:

$$R \bowtie_\theta S = \sigma_\theta(R \times S)$$

Der wesentliche Unterschied besteht darin, dass der Join i.A. effizienter ausgewertet werden kann, da schon frühzeitig nicht qualifizierende Tupel aus dem Kreuzprodukt der beiden Argumentrelationen eliminiert werden können.

Einen Theta-Join der Form $R \bowtie_{R.A_i = S.B_j} S$ nennt man Equi-Join. Es können beim Equi-Join auch mehrere „="-Vergleiche konjunktiv verknüpft werden. Der Unterschied zum natürlichen Verbund besteht darin, dass die Attribute nicht notwendigerweise gleich benannt sein müssen und dass beide Attribute – sowohl $R.A_i$ als auch $S.B_j$ – ins Ergebnis übernommen werden; auch wenn sie gleich benannt sein sollten.

Um ein sinnvolles Beispiel für einen allgemeinen Join formulieren zu können, wollen wir das Schema der Relationen *Professoren* und *Assistenten* jeweils um das Attribut *Gehalt* erweitern. Dann könnte man an den folgenden Paaren von *Professoren* und *Assistenten* interessiert sein:

$$\text{Professoren} \bowtie_{\text{Professoren.Gehalt} < \text{Assistenten.Gehalt} \wedge \text{Boss} = \text{Professoren.PersNr}} \text{Assistenten}$$

Hierbei werden den *Professoren* die ihnen „untergebenen", aber besser bezahlten *Assistenten* zugeordnet. Das Schema der Ergebnisrelation hat demnach folgende Attribute: *Professoren.PersNr*, *Professoren.Name*, *Professoren.Rang*, *Professoren.Raum*, *Professoren.Gehalt*, *Assistenten.PersNr*, *Assistenten.Name*, *Assistenten.Boss*, *Assistenten.Fachgebiet*, *Assistenten.Gehalt*.

Weitere Join-Operatoren

Die bislang eingeführten Join-Operatoren nennt man manchmal auch „innere" Joins. Bei diesen Operatoren gehen im Ergebnis diejenigen Tupel der Argumentrelationen verloren, die keinen „Joinpartner" gefunden haben. Bei den *äußeren* Join-Operatoren (engl. *outer joins*) werden – je nach Typ des Joins – auch partnerlose Tupel der linken, der rechten bzw. beider Argumentrelation(en) „gerettet":

- linker äußerer Join, left outer join (⟕): Die Tupel der linken Argumentrelation bleiben in jedem Fall erhalten.

- rechter äußerer Join, right outer join (⟖): Die Tupel der rechten Argumentrelation bleiben in jedem Fall erhalten.

- (vollständiger) äußerer Join, (full) outer join (⟗): Die Tupel beider Argumentrelationen bleiben in jedem Fall erhalten.

- **natürlicher Join**

L		
A	B	C
a_1	b_1	c_1
a_2	b_2	c_2

$\bowtie$

R		
C	D	E
c_1	d_1	e_1
c_3	d_2	e_2

$=$

Resultat				
A	B	C	D	E
a_1	b_1	c_1	d_1	e_1

- **linker äußerer Join**

L		
A	B	C
a_1	b_1	c_1
a_2	b_2	c_2

⟕

R		
C	D	E
c_1	d_1	e_1
c_3	d_2	e_2

$=$

Resultat				
A	B	C	D	E
a_1	b_1	c_1	d_1	e_1
a_2	b_2	c_2	–	–

- **rechter äußerer Join**

L		
A	B	C
a_1	b_1	c_1
a_2	b_2	c_2

⟖

R		
C	D	E
c_1	d_1	e_1
c_3	d_2	e_2

$=$

Resultat				
A	B	C	D	E
a_1	b_1	c_1	d_1	e_1
–	–	c_3	d_2	e_2

- **äußerer Join**

L		
A	B	C
a_1	b_1	c_1
a_2	b_2	c_2

⟗

R		
C	D	E
c_1	d_1	e_1
c_3	d_2	e_2

$=$

Resultat				
A	B	C	D	E
a_1	b_1	c_1	d_1	e_1
a_2	b_2	c_2	–	–
–	–	c_3	d_2	e_2

- **Semi-Join von L mit R**

L		
A	B	C
a_1	b_1	c_1
a_2	b_2	c_2

$\ltimes$

R		
C	D	E
c_1	d_1	e_1
c_3	d_2	e_2

$=$

Resultat		
A	B	C
a_1	b_1	c_1

- **Semi-Join von R mit L**

L		
A	B	C
a_1	b_1	c_1
a_2	b_2	c_2

$\rtimes$

R		
C	D	E
c_1	d_1	e_1
c_3	d_2	e_2

$=$

Resultat		
C	D	E
c_1	d_1	e_1

- **Anti Semi-Join von L mit R**

L		
A	B	C
a_1	b_1	c_1
a_2	b_2	c_2

$\triangleright$

R		
C	D	E
c_1	d_1	e_1
c_3	d_2	e_2

$=$

Resultat		
A	B	C
a_2	b_2	c_2

Abbildung 3.9: Beispielanwendungen der verschiedenen Join-Operatoren

In Abbildung 3.9 sind die drei unterschiedlichen äußeren Join-Operatoren auf die beiden abstrakten Argumentrelationen L und R angewendet. Das Ergebnis in der Relation *Resultat* hat dann für den linken äußeren Join folgende Form: Die beiden zueinander passenden Tupel $[a_1, b_1, c_1]$ der Relation L und $[c_1, d_1, e_1]$ der Relation R werden zum Ergebnistupel $[a_1, b_1, c_1, d_1, e_1]$ kombiniert. Das „linke“ Tupel $[a_2, b_2, c_2]$ ohne Joinpartner in der rechten Relation R wird mit Null-Werten – hier als ‘–’ dargestellt – aufgefüllt und in das Ergebnis übernommen.

Beim rechten äußeren Join wird entsprechend das Tupel $[c_3, d_2, e_2]$ aus R, dem der Joinpartner in L fehlt, nach links mit Null-Werten aufgefüllt.

Beim vollständigen äußeren Join werden Tupel ohne Joinpartner sowohl aus der linken als auch aus der rechten Argumentrelation gerettet und nach links bzw. nach rechts mit Null-Werten aufgefüllt.

Die äußeren Join-Operatoren sind natürlich durch Kombinationen anderer Relationenalgebra-Ausdrücke ersetzbar (siehe Übungsaufgabe 3.7).

Weiterhin sind in Abbildung 3.9 die sogenannten Semi-Join-Operatoren $\rtimes$ und $\ltimes$ am Beispiel gezeigt. Der Semi-Join von L mit R – in Zeichen $L \ltimes R$ – ist definiert als ($\mathcal{L}$ bezeichne die Menge der Attribute von L):

$$L \ltimes R = \Pi_{\mathcal{L}}(L \bowtie R)$$

Das Ergebnis enthält also all die Tupel aus L in unveränderter Form, die einen potentiellen Joinpartner in R haben.

Der Semi-Join von R mit L – in Zeichen $L \rtimes R$ – ist analog definiert. Es gilt natürlich folgende triviale Äquivalenz:

$$L \rtimes R = R \ltimes L$$

Andererseits sind die linken und rechten äußeren Joins sowie die beiden Semi-Joins nicht kommutativ.

Das Komplement des Semijoins bezeichnet man als Anti-Semi-Join – in Zeichen $L \lhd R$ bzw. $L \rhd R$. Aufbauend auf dem korrespondierenden Semi-Join ist der Anti-Semi-Join als Mengendifferenz wie folgt definiert:

$$L \rhd R = L - (L \ltimes R)$$

Der Anti-Semi-Join kommt, wie wir später sehen werden, bei Anfragen der Art „Finde die Elemente aus L, für die gilt: es existiert kein Pendant (also kein Join-Partner) in R“ zum Einsatz.

3.4.9 Mengendurchschnitt

Als Beispielanwendung für den Mengendurchschnitt (Operatorsymbol $\cap$) betrachten wir folgende Anfrage: Finde die *PersNr* aller C4-Professoren, die mindestens eine Vorlesung halten.

$$\Pi_{\text{PersNr}}(\rho_{\text{PersNr} \leftarrow \text{gelesenVon}}(\text{Vorlesungen})) \cap \Pi_{\text{PersNr}}(\sigma_{\text{Rang=C4}}(\text{Professoren}))$$

Man beachte, dass der Mengendurchschnitt nur auf zwei Argumentrelationen mit gleichem Schema anwendbar ist. Deshalb ist die Umbenennung des Attributs *gelesenVon* in *PersNr* in der Relation *Vorlesungen* notwendig.

Der Mengendurchschnitt zweier Relationen $R \cap S$ kann durch die Mengendifferenz wie folgt ausgedrückt werden:

$$R \cap S = R - (R - S)$$

3.4.10 Die relationale Division

Der Divisionsoperator $\div$ wird für Anfragen eingesetzt, in denen eine Allquantifizierung vorkommt. Als Beispiel betrachten wir die Anfrage, in der die *MatrNr* derjenigen *Studenten* gesucht wird, die *alle* vierstündigen *Vorlesungen* belegt haben. Zunächst könnten wir die *VorlNr* der vierstündigen *Vorlesungen* bestimmen:

$$L := \Pi_{\text{VorlNr}}(\sigma_{\text{SWS}=4}(\text{Vorlesungen}))$$

Danach können wir aus der Relation *hören* die *MatrNr* der Studenten ermitteln, die alle in L enthaltenen *Vorlesungen* gehört haben. Dazu bedienen wir uns des Divisionsoperators:

$$\text{hören} \div \overbrace{\Pi_{\text{VorlNr}}(\sigma_{\text{SWS}=4}(\text{Vorlesungen}))}^{L}$$

Das Schema der Ergebnisrelation besteht aus nur einem Attribut, nämlich *MatrNr*.

Formal ist der Divisionsoperator für zwei Argumentrelationen R und S mit den Schemata $\mathcal{R}$ und $\mathcal{S}$ wie folgt definiert. Für die Durchführung der Division $R \div S$ muss gelten, dass $\mathcal{S}$ eine Teilmenge von $\mathcal{R}$ ist, also: $\mathcal{S} \subseteq \mathcal{R}$. Dann ist das Schema der Ergebnisrelation als die Mengendifferenz $\mathcal{R} - \mathcal{S}$ definiert. Das Ergebnis enthält also nur die Attribute der Argumentrelation R, die nicht auch in S enthalten sind.

Ein Tupel t ist in $R \div S$ enthalten, falls es für jedes Tupel t_s aus S ein Tupel t_r aus R gibt, so dass die beiden folgenden Bedingungen erfüllt sind:

$$\begin{aligned} t_r.\mathcal{S} &= t_s.\mathcal{S} \\ t_r.(\mathcal{R} - \mathcal{S}) &= t \end{aligned}$$

Hierbei ist $t_r.\mathcal{S} = t_s.\mathcal{S}$ eine Kurzform für:

$$\forall A \in \mathcal{S} : t_r.A = t_s.A$$

Wir wollen den Divisions-Operator an einer abstrakten Ausprägung der Relationen H und L demonstrieren:

H	
M	V
m_1	v_1
m_1	v_2
m_1	v_3
m_2	v_2
m_2	v_3

$\div$

L
V
v_1
v_2

$=$

$H \div L$
M
m_1

Die Division ergibt für dieses Beispiel also eine einstellige Relation mit nur einem Tupel, nämlich $[m_1]$. Für jedes Tupel $[v_i]$ der Relation L existiert nämlich ein Tupel der Form $[m_1, v_i]$ in der Relation H – wobei hier ($i \in \{1, 2\}$) gilt.

Es ist möglich, den Divisionsoperator durch andere (in Abschnitt 3.4.7 eingeführte) Operatoren auszudrücken. Es gilt nämlich:

$$R \div S = \Pi_{(\mathcal{R}-\mathcal{S})}(R) - \Pi_{(\mathcal{R}-\mathcal{S})}((\Pi_{(\mathcal{R}-\mathcal{S})}(R) \times S) - R)$$

Der Beweis dieser Äquivalenz wird den Lesern als Übungsaufgabe (siehe Aufgabe 3.6) überlassen.

3.4.11 Gruppierung und Aggregation

Bei der Gruppierung werden Tupel mit gleichen Attributwerten (für eine Liste von Attributnamen) gruppiert. Auf jede Gruppe wird dann eine Aggregatfunktion angewendet, die für die gesamte Gruppe einen einzelnen Wert berechnet. Typische Aggregatfunktionen sind **count**, um die Anzahl der Elemente der Gruppe zu zählen; **sum**, um die Werte eines spezifizierten Attributs zu summieren; **max**, **min** und **avg**, um das Maximum bzw. das Minimum oder den Durchschnitt eines Attributs pro Gruppe zu bestimmen. Die Gruppierung und Aggregation geht über die Standard-Operatoren der relationen Algebra hinaus und wird mit dem Operatorsymbol Γ bezeichnet. Wenn wir beispielsweise pro Semester-Wert die Anzahl der Studenten zählen wollen, geht das mit diesem Ausdruck:

$$\Gamma_{\text{Semester};\mathbf{count}(*)}(\text{Studenten})$$

Als Ergebnis erhält man eine Relation dieser Form (für unsere sehr kleine Universitäts-Datenbank):

$\Gamma_{\text{Semester};\mathbf{count}(*)}(\text{Studenten})$	
Semester	**count(*)**
18	1
12	1
10	1
8	1
6	1
3	1
2	2

Die Reihenfolge der Ergebnistupel ist nicht vorgegeben. Allgemein kann man eine Liste von Gruppierungsattributen angeben und eine Liste von Funktionen, die jeweils auf jede resultierende Gruppe angewendet werden. Wichtig ist, dass das Ergebnis pro Gruppe nur ein Ergebnistupel enthält. Die Stelligkeit der Ergebnisrelation ergibt sich aus der Anzahl der Gruppierungsattribute plus der Anzahl der Aggregatfunktionen. Die Anfrage

$$\Gamma_{\text{gelesenVon};\mathbf{count}(*),\mathbf{sum}(\text{SWS})}(\text{Vorlesungen})$$

liefert also die dreistellige Ergebnisrelation:

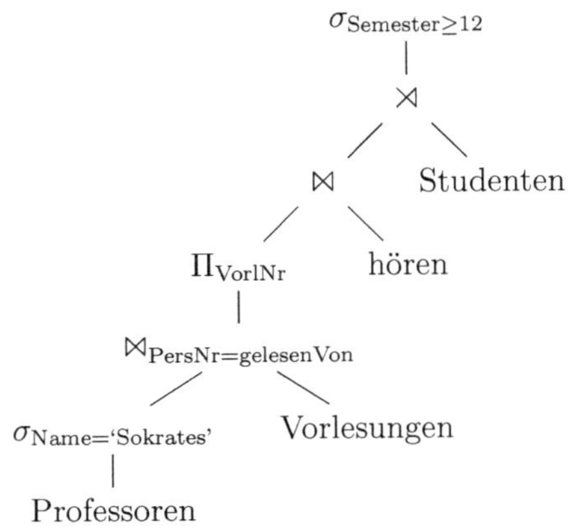

Abbildung 3.10: Baumdarstellung des Algebra-Ausdrucks

$\Gamma_{\text{gelesenVon};\textbf{count}(*),\textbf{sum}(\text{SWS})}$(Vorlesungen)		
gelesenVon	**count**(*)	**sum**(SWS)
2125	3	10
2126	3	8
2133	1	2
2134	1	2
2137	2	8

3.4.12 Operatorbaum-Darstellung

Bislang haben wir Relationenalgebra-Ausdrücke immer „in-line“ dargestellt. Bei komplizierteren Anfragen ist aber eine sogenannte Operatorbaum-Darstellung übersichtlicher.

Wir wollen dies an folgender Anfrage illustrieren: Finde Sokrates' Dauerstudenten, also die Studenten, die mindestens eine Vorlesung von Sokrates gehört haben und schon im 12. oder noch höherem Semester sind.

Als Operatorbaum ist die Anfrage in Abbildung 3.10 gezeigt. Die Leser mögen zum Vergleich die „in-line“-Darstellung dieser Anfrage aus dem Operatorbaum ableiten.

3.5 Der Relationenkalkül

Ausdrücke in der Relationenalgebra spezifizieren, wie das Ergebnis der Anfrage zu berechnen ist. Diese prozedurale Berechnungsvorschrift ergibt sich aus den Algebraoperatoren. Besonders deutlich wird das an der Operatorbaum-Darstellung, wo man sich veranschaulichen kann, dass die Zwischenergebnis-Tupel von unteren zu weiter oben angeordneten Operatoren weitergeleitet werden.

Demgegenüber ist der *Relationenkalkül* stärker *deklarativ* orientiert, d.h. es werden die qualifizierenden Ergebnistupel beschrieben, ohne dass eine Herleitungsvorschrift angegeben wird. In anderer Hinsicht sind der Relationenkalkül und die relationale Algebra aber nahe verwandt: Sie sind gleich mächtig. D.h. eine Anfrage, die in der Relationenalgebra formuliert ist, kann auch im Relationenkalkül ausgedrückt werden und umgekehrt.

Der Relationenkalkül basiert auf dem mathematischen Prädikatenkalkül erster Stufe, der quantifizierte Variablen und Werte zulässt. Es gibt zwei unterschiedliche, aber gleich mächtige Ausprägungen des Relationenkalküls:

1. Der relationale Tupelkalkül und
2. der relationale Domänenkalkül.

Der Unterschied besteht darin, dass Variablen des Kalküls im ersten Fall an Tupel einer Relation gebunden werden und im zweiten Fall an Domänen, die als Wertemengen von Attributen vorkommen. Hinsichtlich ihrer Ausdruckskraft sind die beiden Kalküle, wie oben gesagt, gleich mächtig, so dass sich jede Anfrage des Tupelkalküls in eine äquivalente Anfrage des Domänenkalküls umformulieren lässt – und umgekehrt.

3.5.1 Beispielanfrage im relationalen Tupelkalkül

Anfragen im relationalen Tupelkalkül haben folgende generische Form:

$$\{t \mid P(t)\}$$

Hierbei ist t eine sogenannte Tupelvariable und P ist ein *Prädikat*, das erfüllt sein muss, damit t in das Ergebnis aufgenommen wird. Die Variable t ist eine sogenannte *freie* Variable des Prädikats P, d.h. t darf nicht durch einen Existenz- oder Allquantor quantifiziert sein.

Als konkretes Beispiel formulieren wir die Anfrage nach allen C4-Professoren im Tupelkalkül:

$$\{\text{p} \mid \text{p} \in \text{Professoren} \wedge \text{p.Rang} = \text{'C4'}\}$$

In dieser Anfrage werden zwei Bedingungen an die aktuelle Belegung von p gestellt:

1. Das Tupel p muss in der Relation *Professoren* enthalten sein.
2. Das Tupel p muss für das Attribut *Rang* den Wert 'C4' besitzen.

Man kann sich die Auswertung dieser Anfrage so vorstellen, dass p gemäß Bedingung 1. sukzessive an alle Tupel der Relation *Professoren* gebunden wird und dann Bedingung 2. ausgewertet wird.

Es ist auch möglich, neue noch nicht in der Datenbank existierende Tupel aufzubauen. Dazu wird in der Kalkülanfrage links vom „|"-Zeichen der Tupelkonstruktor [...] verwendet. Eine solche Anfrage hat dann folgende Struktur:

$$\{[t_1.A_1, \ldots, t_n.A_n] \mid P(t_1, \ldots, t_n)\}$$

Hierbei sind t_1, ..., t_n Tupelvariablen und A_1, ..., A_n Attributnamen. Das so erzeugte Ergebnis ist also eine n-stellige Relation. Die Attribute A_1, ..., A_n müssen natürlich im Schema der Relationen enthalten sein, an die $t_1, \ldots, t_n$ gebunden werden. Die Tupelvariablen können durchaus mehrfach vorkommen (also $t_i = t_j$ für $i \neq j$), damit man aus einer Relation mehrere Attribute ausgeben kann.

Als konkretes Beispiel formulieren wir die Anfrage, in der die Paare von *Professoren* (*Name*) und den ihnen zugeordneten *Assistenten* (*PersNr*) gebildet werden. Hierzu ist also der Join dieser beiden Relationen notwendig.

$$\{[\text{p.Name}, \text{a.PersNr}] \mid \text{p} \in \text{Professoren} \land \text{a} \in \text{Assistenten} \land \text{p.PersNr}{=}\text{a.Boss}\}$$

Bei dieser Anfrage wird also p an die Tupel der Relation *Professoren* und a an die Tupel der Relation *Assistenten* gebunden. Konzeptuell werden dann alle möglichen Kombinationen (Bindungen) für a und p gebildet um dafür die weitere Bedingung $p.PersNr = a.Boss$ zu überprüfen. Diese Bedingung ist demnach ein Joinprädikat, da es sich auf zwei Tupelvariablen bezieht. Aus den qualifizierenden Bindungen für a und p werden dann jeweils die beiden interessierenden Attribute projiziert und als neues 2-stelliges Tupel in das Ergebnis aufgenommen.

3.5.2 Quantifizierung von Tupelvariablen

Der Tupelkalkül erlaubt die *Existenz-* und *Allquantifizierung* von Tupelvariablen. Mit der Existenzquantifizierung wird das umgangssprachliche „es existiert ein ..." und mit der Allquantifizierung (oft auch Universalquantifizierung genannt) das umgangssprachliche „für alle ..." ausgedrückt. Die Quantifizierungen werden für ein Prädikat $Q(t)$ wie folgt notiert:

$$\exists t \in R(Q(t)) \quad \text{bzw.} \quad \forall t \in R(Q(t))$$

Die erste Form ist die Existenzquantifizierung; die zweite die Universalquantifizierung. Hierbei wird vereinfachend angenommen, dass die Tupelvariable t in $Q(t)$ nicht schon anderweitig quantifiziert war – d.h. t ist *frei* in $Q(t)$.

Die hier betrachtete Quantifizierung bindet die Tupelvariable t gleichzeitig an eine Relation R. Demnach bedeutet die erste Form, dass es ein Tupel t in der Relation R gibt, für das $Q(t)$ erfüllt (wahr) ist. Die zweite Variante verlangt, dass $Q(t)$ für alle Tupel der Relation R erfüllt ist.

Als konkretes Beispiel betrachten wir folgende Anfrage, in der die *Studenten* ermittelt werden, die mindestens eine Vorlesung bei der Professorin namens Curie gehört haben.

$$\begin{aligned}\{\text{s} \mid \text{s} \in \text{Studenten} & \\ & \land \exists \text{h} \in \text{hören}(\text{s.MatrNr}{=}\text{h.MatrNr} \\ & \land \exists \text{v} \in \text{Vorlesungen}(\text{h.VorlNr}{=}\text{v.VorlNr} \\ & \land \exists \text{p} \in \text{Professoren}(\text{p.PersNr}{=}\text{v.gelesenVon} \\ & \land \text{p.Name} = \text{'Curie'})))\}\end{aligned}$$

In dieser Anfrage sind die Tupelvariablen h, v und p existenzquantifiziert und jeweils an die Relationen *hören*, *Vorlesungen* und *Professoren* gebunden. Die an *Studenten* gebundene Tupelvariable s kommt – als Ergebnisvariable – in dem Prädikat frei vor.

Als Beispiel für die Allquantifizierung (oder Universalquantifizierung) wollen wir die Anfrage aus Abschnitt 3.4.10 hier im relationalen Tupelkalkül formulieren. Es geht also darum, diejenigen *Studenten* zu finden, die *alle* vierstündigen *Vorlesungen* gehört haben.

$$\{\text{s} \mid \text{s} \in \text{Studenten} \wedge \forall \text{v} \in \text{Vorlesungen}(\text{v.SWS}=4 \Rightarrow \\ \exists \text{h} \in \text{hören}(\text{h.VorlNr}=\text{v.VorlNr} \wedge \text{h.MatrNr}=\text{s.MatrNr}))\}$$

Hierbei wird also verlangt, dass für *alle* Elemente (Tupel) v der Relation *Vorlesungen*, deren $v.SWS$-Attribut den Wert 4 hat, ein Tupel h in *hören* existiert, aus dem hervorgeht, dass die aktuell betrachtete Belegung für s diese vierstündige Vorlesung hört.

3.5.3 Formale Definition des Tupelkalküls

Ein Ausdruck des Tupelkalküls der Form[5]

$$\{v \mid F(v)\}$$

besteht aus einer Ergebnisspezifikation links vom „|"-Zeichen und einer *Formel* $F(v)$ (Prädikat) mit freier Tupelvariablen v. In der Formel F können weitere Tupelvariablen vorkommen, die aber dann nicht *frei* sein können. Wie bereits angedeutet, bezeichnet man eine Variable als *frei*, falls sie nicht durch $\exists$ oder $\forall$ quantifiziert ist.

Eine Formel wird aus *Atomen*, den Grundbausteinen, zusammengebaut, wobei ein Atom folgende Form hat:

- $s \in R$, wobei s eine Tupelvariable und R ein Relationenname ist.
- $s.A \, \phi \, t.B$, wobei s und t Tupelvariablen, A und B Attributnamen und ϕ ein Vergleichsoperator sind. Als Vergleichsoperatoren sind $=$, $\neq$, $<$, $\leq$, $>$ und $\geq$ erlaubt, wobei die Wertebereiche von $s.A$ und $t.B$ entsprechend definiert sein müssen, damit der Vergleichsoperator anwendbar ist (z.B. ist auf den Wertebereich Boolean nur $=$ und $\neq$ anwendbar).
- $s.A \, \phi \, c$, wobei $s.A$ die gleiche Bedeutung wie oben hat und c eine Konstante darstellt. Hierbei muss c ein Element des Wertebereichs von $s.A$ sein.

Formeln werden nun nach folgenden Regeln aufgebaut:

- Alle Atome sind Formeln.
- Falls P eine Formel ist, dann sind auch $\neg P$ und (P) Formeln.
- Falls P_1 und P_2 Formeln sind, dann sind auch $P_1 \wedge P_2$, $P_1 \vee P_2$ und $P_1 \Rightarrow P_2$ Formeln.
- Falls $P(t)$ eine Formel mit freier Variablen t ist, dann sind auch

  $$\forall t \in R(P(t)) \quad \text{und} \quad \exists t \in R(P(t))$$

  Formeln.

[5]Hier nehmen wir vereinfachend an, dass in der Ergebnisspezifikation nur eine Tupelvariable vorkommt. Die Definition lässt sich aber leicht verallgemeinern.

Eigentlich wäre es ausreichend gewesen, nur den Existenz- oder den Allquantor einzuführen, da folgende Äquivalenzen gelten:

$$\begin{aligned} \forall t \in R(P(t)) &= \neg(\exists t \in R(\neg P(t))) \\ \exists t \in R(P(t)) &= \neg(\forall t \in R(\neg P(t))) \end{aligned}$$

3.5.4 Sichere Ausdrücke des Tupelkalküls

Ausdrücke des Tupelkalküls können in einigen Fällen unendliche Ergebnisse spezifizieren. Als Beispiel betrachten wir folgende Anfrage:

$$\{\mathrm{n} \mid \neg(\mathrm{n} \in \mathrm{Professoren})\}$$

Natürlich kann man sich unendlich viele Tupel vorstellen, die nicht in der Relation *Professoren* enthalten sind – von denen die meisten auch gar nicht in der (endlichen) Datenbank enthalten sind.

Um diesem unerwünschten Effekt entgegenzuwirken, wird eine Einschränkung bei der Formulierung von Anfragen im Tupelkalkül auf sogenannte *sichere* Anfragen vollzogen. Für die Definition dieser Einschränkung benötigen wir als neues Konzept die *Domäne* einer Formel. Sie enthält alle Werte, die als Konstante in der Formel vorkommen und alle Werte (d.h. Attributwerte in Tupeln) der Relationen, die in der Formel referenziert (d.h. namentlich erwähnt) werden. Zum Beispiel enthält die Domäne der in der folgenden Anfrage

$$\{\mathrm{n} \mid \mathrm{n} \in \mathrm{Professoren} \wedge \mathrm{n.Rang}=\text{'C4'}\}$$

spezifizierten Formel den Wert 'C4' und alle Attributwerte der Relation *Professoren* – also z.B. 2125, 'Curie', 'C4', etc.

Ein Ausdruck des Tupelkalküls heißt *sicher*, wenn das Ergebnis des Ausdrucks eine Teilmenge der Domäne ist. Für sichere Ausdrücke ist natürlich garantiert, dass das Ergebnis endlich ist. Warum?

Mit Ausnahme der Anfrage

$$\{\mathrm{n} \mid \neg(\mathrm{n} \in \mathrm{Professoren})\}$$

sind alle in diesem Abschnitt formulierten Anfragen sicher. Die obige Anfrage ist deshalb nicht *sicher*, weil die Domäne nur Tupel aus der Relation *Professoren* enthält; das Ergebnis aber gerade andere Werte (Tupel) spezifiziert.

3.5.5 Der relationale Domänenkalkül

Im Unterschied zum Tupelkalkül werden Variablen im Domänenkalkül an Domänen, d.h. Wertemengen von Attributen, gebunden. Eine Anfrage im Domänenkalkül hat folgende generische Struktur:

$$\{[v_1, v_2, \ldots, v_n] \mid P(v_1, \ldots, v_n)\}$$

Hierbei sind die v_i $(1 \leq i \leq n)$ Variablen, genauer gesagt Domänenvariablen, die einen Attributwert repräsentieren. P ist ein Prädikat (bzw. eine Formel) mit den freien Variablen $v_1, \ldots, v_n$.

Formeln im Domänenkalkül werden genauso aus Atomen zusammengesetzt wie im Tupelkalkül. Bei den Atomen gibt es einen Unterschied, der darin besteht, dass man jetzt keine Bindung einer einzelnen Variable an eine Relation mehr hat, sondern eine Sequenz von Domänenvariablen an eine Relation bindet.

- $[w_1, w_2, \ldots, w_m] \in R$ ist ein Atom, wobei R eine m-stellige Relation ist. Die Zuordnung der m Domänenvariablen $w_1, \ldots, w_m$ zu den Attributen der Relation R erfolgt nach der Reihenfolge der Attribute im Schema.
- $x \phi y$ ist ein Atom, wobei x und y Domänenvariablen sind und ϕ ein Vergleichsoperator ($=$, $\neq$, $<$, $\leq$, $>$ oder $\geq$) ist, der auf die Domäne anwendbar ist.
- $x \phi c$ ist ein Atom mit der Domänenvariable x, der Konstanten c und dem Vergleichsoperator ϕ. Hierbei muss der Vergleichsoperator ϕ auf diese Domäne – in der c enthalten sein muss – anwendbar sein.

Formeln werden aus den oben beschriebenen Atomen – als „Grundbausteine“ – wie folgt zusammengesetzt:

- Ein Atom ist eine Formel.
- Falls P eine Formel ist, dann sind $\neg P$ und (P) auch Formeln.
- Falls P_1 und P_2 Formeln sind, dann sind auch $P_1 \vee P_2$, $P_1 \wedge P_2$ und $P_1 \Rightarrow P_2$ Formeln.
- Falls $P(v)$ eine Formel mit freier Variablen v ist, dann sind auch $\exists v(P(v))$ und $\forall v(P(v))$ Formeln.

Als Abkürzung schreiben wir z.B. $\exists v_1, v_2, v_3(P(v_1, v_2, v_3))$ anstatt der formal korrekten, aber umständlicheren Form $\exists v_1(\exists v_2(\exists v_3(P(v_1, v_2, v_3))))$.

3.5.6 Beispielanfragen im Domänenkalkül

Als Beispielanfrage wollen wir die *MatrNr* und *Namen* der Studenten finden, die schon mindestens eine Prüfung bei Curie abgelegt haben:

$$\{[\text{m, n}] \mid \exists \text{s}([\text{m, n, s}] \in \text{Studenten} \wedge \exists \text{v, p, g}([\text{m, v, p, g}] \in \text{prüfen} \wedge \exists \text{a, r, b}([\text{p, a, r, b}] \in \text{Professoren} \wedge \text{a} = \text{'Curie'})))\}$$

Im Domänenkalkül werden Joinbedingungen i.A. implizit durch die Verwendung derselben Domänenvariablen spezifiziert. In der obigen Anfrage wird z.B. die Variable m dafür verwendet, den Join zwischen *Studenten* und *prüfen* zu vollziehen: Es wird nämlich implizit gefordert, dass die *MatrNr* – die durch m repräsentiert wird – in beiden Tupeln $[m, n, s] \in$ *Studenten* und $[m, v, p, g] \in$ *prüfen* dieselbe ist.

Man könnte diese Joinbedingungen natürlich auch explizit formulieren. Dies führt zu der folgenden äquivalenten Anfrage:

$$\{[\text{m, n}] \mid \exists \text{s}([\text{m, n, s}] \in \text{Studenten} \wedge \exists \text{m}', \text{v, p, g}([\text{m}', \text{v, p, g}] \in \text{prüfen} \wedge \text{m}=\text{m}' \wedge \exists \text{p}', \text{a, r, b}([\text{p}', \text{a, r, b}] \in \text{Professoren} \wedge \text{p}=\text{p}' \wedge \text{a} = \text{'Curie'})))\}$$

3.5.7 Sichere Ausdrücke des Domänenkalküls

Analog zum Tupelkalkül ist man auch bei der Formulierung von Anfragen im Domänenkalkül prinzipiell in der Lage, unendliche Ergebnisse zu spezifizieren. Als Beispiel diene uns wieder folgende Anfrage:

$$\{[\text{p, n, r, o}] \mid \neg([\text{p, n, r, o}] \in \text{Professoren})\}$$

Hier werden wiederum alle Tupel gesucht, die *nicht* in der Relation *Professoren* enthalten sind – davon gibt es natürlich immer noch unendlich viele.

Wiederum benötigt man den Begriff der Domäne einer Formel, der analog zum Tupelkalkül definiert ist. Die Domäne einer Formel besteht also aus der Menge aller Konstanten, die in der Formel vorkommen, und aller Attributwerte von Relationen, die in der Formel referenziert werden. Die Klasse der *sicheren* Domänenkalkül-Ausdrücke wird dann wie folgt definiert. Ein Ausdruck

$$\{[x_1, x_2, \ldots, x_n] \mid P(x_1, x_2, \ldots, x_n)\}$$

ist sicher, falls folgende drei Bedingungen gelten:

1. Falls das Tupel $[c_1, c_2, \ldots, c_n]$ mit Konstante c_i im Ergebnis enthalten ist, so muss c_i $(1 \leq i \leq n)$ in der Domäne von P enthalten sein.

2. Für jede existenz-quantifizierte Teilformel $\exists x(P_1(x))$ muss gelten, dass P_1 nur für Elemente aus der Domäne von P_1 erfüllbar sein kann – oder evtl. für gar keine. Mit anderen Worten, wenn für eine Konstante c das Prädikat $P_1(c)$ erfüllt ist, so muss c in der Domäne von P_1 enthalten sein.

3. Für jede universal-quantifizierte Teilformel $\forall x(P_1(x))$ muss gelten, dass sie dann und nur dann erfüllt ist, wenn $P_1(x)$ für alle Werte der Domäne von P_1 erfüllt ist. Mit anderen Worten, $P_1(d)$ muss für alle d, die *nicht* in der Domäne von P_1 enthalten sind, auf jeden Fall erfüllt sein.

Diese Bedingungen 2. und 3. konnten in Abschnitt 3.5.4 bei der Definition des sicheren Tupelkalküls weggelassen werden, da wir alle existenz- und universal-quantifizierten Tupelvariablen immer an eine existierende (d.h. abgespeicherte) Relation gebunden hatten. Daher waren diese Tupelvariablen automatisch immer an endliche Mengen gebunden. Dies ist beim Domänenkalkül nicht der Fall, da die Variablen an Domänen (also Wertebereiche von Attributen) gebunden werden. Diese können aber i.A. unendlich viele Elemente enthalten – man denke etwa an die Domäne *integer*. Bedingungen 2. und 3. sind eingeführt worden, um zu verhindern, dass man (konzeptuell) unendlich viele Werte „ausprobieren" muss, um die Erfüllbarkeit von $\exists x(P_1(x))$ bzw. $\forall x(P_1(x))$ zu bestimmen. In beiden Fällen kann man sich jetzt – wegen Bedingung 2. bzw. 3. – auf die endliche Anzahl von Werten aus der Domäne von $P_1(x)$ beschränken, da die anderen nicht in der Domäne enthaltenen Werte keinen Einfluss auf das Ergebnis eines *sicheren* Domänenkalkül-Ausdrucks haben können. Warum? – siehe Aufgabe 3.14.

3.6 Ausdruckskraft der Anfragesprachen

Codd (1972b) hat die Ausdruckskraft von relationalen Anfragesprachen definiert. In seiner Terminologie heißt eine Anfragesprache *relational vollständig*, wenn sie mindestens so mächtig ist wie die relationale Algebra bzw. der Relationenkalkül. Man braucht nämlich hinsichtlich der Ausdruckskraft zwischen der relationalen Algebra und dem Relationenkalkül nicht zu unterscheiden, da die folgenden drei Sprachen gleiche Ausdruckskraft besitzen:

1. die relationale Algebra,
2. der relationale Tupelkalkül, eingeschränkt auf *sichere* Ausdrücke und
3. der relationale Domänenkalkül, eingeschränkt auf *sichere* Ausdrücke.

Der Beweis lässt sich so vollziehen, dass man zunächst induktiv zeigt, dass jeder Ausdruck der Relationenalgebra in einen äquivalenten Ausdruck des Tupelkalküls transformiert werden kann. Dazu reicht es, zu den sechs Basisoperatoren $\sigma, \Pi, \times, \cup, -, \rho$ äquivalente Ausdrücke des relationalen Tupelkalküls zu spezifizieren.

Dann zeigt man, dass jeder Tupelkalkülausdruck in einen äquivalenten Domänenkalkülausdruck überführt werden kann. Schließlich muss noch – wiederum induktiv – bewiesen werden, dass es zu einem gegebenen Ausdruck des Domänenkalküls einen äquivalenten Algebraausdruck gibt. Wir verweisen auf die Übungsaufgabe 3.8 für den vollständigen Beweis.

3.7 Übungen

3.1 Gegeben sei die ER-Modellierung von Zugverbindungen in Abbildung 3.11.

a) Fügen Sie bei den Beziehungen Kardinalitäten in der (min, max)-Notation hinzu.

b) Übertragen Sie das ER-Modell in ein relationales Schema.

c) Verfeinern Sie das relationale Schema soweit möglich durch Eliminierung von Relationen.

3.2 Man überführe den konzeptuellen Entwurf der Beziehung *betreuen* zwischen *Professoren*, *Studenten* und *Seminarthemen* aus Abbildung 2.5 in ein relationales Schema. Zu diesem Zweck sei angenommen, dass der *Titel* ein Seminarthema eindeutig identifiziere.

Diskutieren Sie, welche Schlüssel Ihre Relationen haben. Inwieweit werden die in Abschnitt 2.7.2 diskutierten Konsistenzbedingungen, die durch die Funktionalitätsangaben spezifiziert wurden, durch das relationale Schema abgedeckt.

3.3 Übertragen Sie das in Aufgabe 2.14 entwickelte ER-Modell für ein Informationssystem zur Bundestagswahl in das zugehörige relationale Schema und verfeinern Sie dieses.

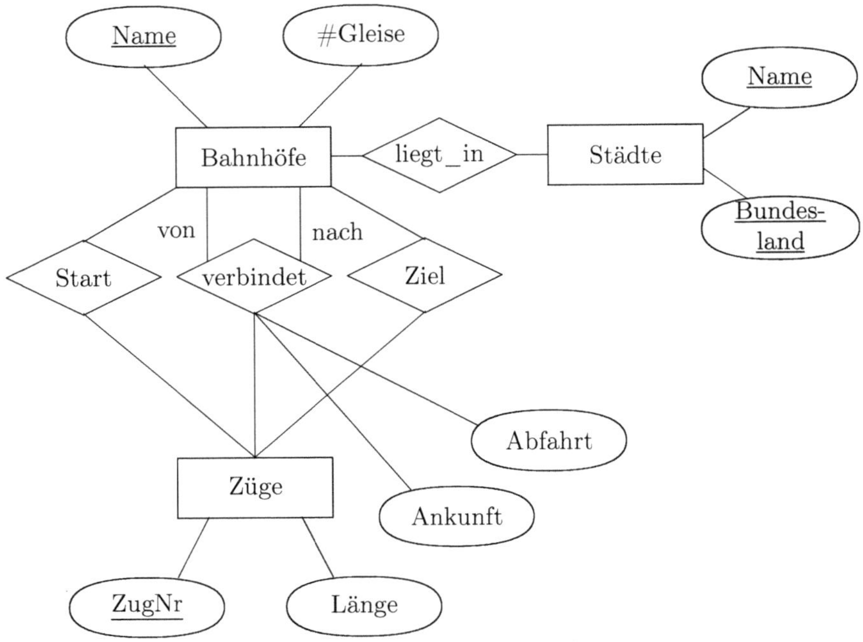

Abbildung 3.11: ER-Modellierung von Zugverbindungen

3.4 Formulieren Sie für das in Aufgabe 3.1 entwickelte relationale Schema folgende Anfragen:

- Finde die direkten Verbindungen von Passau nach Karlsruhe.
- Finde die Verbindungen mit genau einmaligem Umsteigen von Passau nach Aachen – der Umsteigebahnhof ist frei wählbar; aber der Anschlusszug sollte noch am selben Tag fahren.
- Gibt es eine Verbindung mit höchstens dreimaligem Umsteigen von Passau nach Westerland?

Formulieren Sie die Anfragen jeweils

- in der Relationenalgebra,
- im relationalen Tupelkalkül und
- im relationalen Domänenkalkül.

3.5 Eine 1:1-Beziehung der Art

kann man sowohl durch Übernahme des Primärschlüssels von E_2 (als Fremdschlüssel) in E_1 als auch umgekehrt modellieren. Wenn die Beziehung aber nur für wenige Elemente von E_1 definiert ist, enthält die Relation viele Tupel mit Null-Werten für diesen Fremdschlüssel.

Geben Sie Beispiele aus der realen Welt, wo dies der Fall ist und man die Beziehungen deshalb besser in E_2 repräsentiert.

Geben Sie Beispiele, wo es sowohl für E_1 als auch für E_2 viele Elemente gibt, die die Beziehung R nicht „eingehen". Diskutieren Sie für diesen Fall die Vor- und Nachteile einer separaten Repräsentation der Beziehung als eigenständige Relation.

3.6 Es gelte $\mathcal{S} \subseteq \mathcal{R}$. Beweisen Sie die folgende Äquivalenz:

$$R \div S = \Pi_{(\mathcal{R}-\mathcal{S})}(R) - \Pi_{(\mathcal{R}-\mathcal{S})}((\Pi_{(\mathcal{R}-\mathcal{S})}(R) \times S) - R)$$

Es wird hierdurch also bewiesen, dass der Divisionsoperator die Ausdruckskraft der Relationenalgebra nicht erhöht, sondern nur zur Vereinfachung der Anfrageformulierung eingeführt wurde.

3.7 In Abbildung 3.9 sind die Join-Operatoren ⟖, ⟕ und ⟗ an abstrakten Beispielen eingeführt worden. Geben Sie andere Relationenalgebra-Ausdrücke (ohne Verwendung dieser drei Operatoren) an, die dieselbe Wirkung haben.

Hinweis: {[—,—,—]} bezeichnet eine konstante Relation mit einem Tupel, das nur drei NULL-Attributwerte besitzt.

3.8 Beweisen Sie, dass die folgenden drei Sprachen die gleiche Ausdruckskraft besitzen:

a) die relationale Algebra,

b) der relationale Tupelkalkül, eingeschränkt auf *sichere* Ausdrücke und

c) der relationale Domänenkalkül, eingeschränkt auf *sichere* Ausdrücke.

3.9 Finden Sie die *Studenten*, die *Vorlesungen* hören (bzw. gehört haben), für die ihnen die direkten Voraussetzungen fehlen. Formulieren Sie die Anfrage

- in der Relationenalgebra,
- im relationalen Tupelkalkül und
- im relationalen Domänenkalkül.

Erweitern Sie die oben gefundene Menge von Studenten um diejenigen, denen für eine gehörte Vorlesung die indirekten Grundlagen 2. Stufe (also die Vorgänger der Vorgänger der Vorlesung) fehlen. Kommt da was anderes heraus?

Illustrieren Sie die Auswertung am Beispiel der Universitätsdatenbank (Abbildung 3.8).

Für die Relationenalgebra sollten Sie die Anfrage auch als Operatorbaum aufzeichnen.

3.10 Finden Sie die *Professoren*, deren sämtliche *Vorlesungen* nur auf selbst gelesenen (direkten) Vorgängern aufbauen. Formulieren Sie die Anfrage in der

- Relationenalgebra, im
- relationalen Tupelkalkül und im
- relationalen Domänenkalkül.

3.11 Der Allquantor ist durch den Existenzquantor ausdrückbar – und umgekehrt. Formulieren Sie die Anfrage aus Abschnitt 3.5.2 so um, dass nur Existenzquantoren in dem Anfrageprädikat vorkommen. Bei der Anfrage geht es darum, die Studenten zu finden, die *alle* vierstündigen Vorlesungen gehört haben. Begründen Sie die Äquivalenz der beiden alternativen Anfrageformulierungen.

3.12 Finden Sie die *Assistenten* von *Professoren*, die den Studenten Fichte unterrichtet haben – z.B. als potentielle Betreuer ihrer Diplomarbeit.

3.13 Beweisen Sie, dass der natürliche Verbundoperator $\bowtie$ assoziativ ist.

Gilt das auch für den linken (bzw. rechten) äußeren Join und die Semi-Joins?

3.14 Weisen Sie nach, dass bei Einhaltung der drei Bedingungen für sichere Domänenkalkül-Anfragen immer ein endliches Ergebnis spezifiziert wird.

Weisen Sie nach, dass dieses (endliche) Ergebnis, durch Überprüfung endlich vieler Werte gewonnen werden kann.

3.15 Basierend auf der ER-Modellierung eines Verwaltungssystems für eine Leichtathletik-Weltmeisterschaft:

1. Übertragen Sie das ER-Modell in ein relationales Schema. Sie können dabei auf die Berücksichtigung der Generalisierung verzichten, d.h. es reicht, wenn Sie nur das Entity *Helfer* übertragen und die Beziehungen entsprechend anpassen.
2. Verfeinern Sie das relationale Schema soweit möglich durch Eliminierung von Relationen.

3.16 Unser Schema für ein Informationssystem einer Universitätsverwaltung modelliert unter anderem, dass Professoren Vorlesungen anbieten, die von Studenten gehört werden. Nicht berücksichtigt ist jedoch, dass dieselbe Vorlesung in unterschiedlichen Semestern von unterschiedlichen Dozenten gehalten werden kann.

Erweitern Sie den bestehenden Entwurf um diesen Sachverhalt. Ihr neuer Entwurf sollte redundante Datenspeicherung möglichst vermeiden. Überführen Sie anschließend Ihre Modellierung in das zugehörige relationale Schema. Gehen Sie dabei insbesondere auf Fremdschlüsselbeziehungen ein.

3.8 Literatur

Das Relationenmodell wurde in einem bahnbrechenden Aufsatz von Codd (1970) eingeführt – er hat dafür auch den Turing-Preis (die höchste Auszeichnung für

Informatiker) zuerkannt bekommen. Die Grundlagen der Relationenalgebra waren schon in diesem frühen Aufsatz enthalten; der relationale Tupelkalkül wurde von Codd (1972b)] nachgereicht. Die Klassifikation des Relationenkalküls in die tupelbasierte und die domänen-basierte Form stammt von Pirotte (1978).

Die ersten Forschungsprojekte, in denen das relationale Datenmodell realisiert wurde, waren:

- System R, das am IBM Forschungslabor San Jose (jetzt Almaden) entwickelt wurde. Eine Übersicht zu diesem Projekt wurde von Astrahan et al. (1976) verfasst.

- Ingres, das an der University of California, Berkeley unter der Leitung von M. Stonebraker und E. Wong entwickelt wurde. Eine Übersicht wurde von Stonebraker et al. (1976) geschrieben. Eine Sammlung der wichtigsten Forschungspapiere zu Ingres wurde von Stonebraker (1985) zusammengestellt.

Beide Projekte waren Vorläufer von kommerziellen Produkten: SQL/DS ist ein IBM-Produkt aus dem Jahre 1982, das auf System R aufbaut. DB2 ist ein etwas später auf den Markt gekommenes Produkt von IBM, das zwar von den Erfahrungen mit System R profitiert hat, aber vollständig neu realisiert wurde. Die historische Entwicklung relationaler Datenbanksysteme der Firma IBM kann man in dem Bericht von McJones (1995) nachlesen.

Ingres wurde kommerziell von einer Firma namens RTI (Relational Technology, Inc.), die von den universitären Projektleitern gegründet wurde, auf den Markt gebracht.

Interessanterweise war Oracle das erste kommerziell vertriebene relationale Datenbanksystem, obwohl dessen Entwicklung losgelöst von den beiden Forschungsprojekten Ingres und System R erfolgte. Die Hintergründe der Oracle-Entwicklung und des Erfolgs dieses heute führenden Datnbanksystem-Herstellers kann man in dem Buch von Wilson (2003) kurzweilig erfahren.

Weitere relationale Datenbankprodukte sind: Adabas von der Software AG (mittlerweile von SAP unter dem Namen MaxDB vertrieben), Informix (mittlerweile von IBM übernommen), Microsoft SQL Server, NonStopSQL, Sesam von Siemens, Sybase, um nur einige zu nennen.

Das Buch von Maier (1983) widmet sich ausschließlich der relationalen Datenbanktheorie. Es ist eine sehr gute Lektüre zur Vertiefung der formalen Grundlagen. Das Buch ist aber leider nicht mehr über den Verlag lieferbar – es findet sich aber möglicherweise in der jeweiligen Hochschulbibliothek. Ein noch umfangreicheres Buch zur Theorie der relationalen Datenbanken wurde von Abiteboul, Hull und Vianu (1995) verfasst.

Kandzia und Klein (1993) haben ein deutschsprachiges Lehrbuch über die formalen Aspekte des Relationenmodells geschrieben.

4. Relationale Anfragesprachen

Im vorhergehenden Kapitel wurden Anfragen mit Hilfe formaler Anfragesprachen spezifiziert. Die relationale Algebra und der Relationenkalkül bilden die theoretische Grundlage für die Anfragesprache SQL, die von praktisch allen relationalen Datenbanksystemen zur Verfügung gestellt wird.

Im Unterschied zum theoretischen Modell werden in der Praxis einige Vereinfachungen gemacht, die die Benutzer entlasten und eine effizientere Abarbeitung ermöglichen.

Anfragesprachen,[1] wie SQL, sind im Allgemeinen *deklarativ*. Die Benutzer geben nur an, *welche* Daten sie interessieren, und nicht, *wie* die Auswertung der Daten vorgenommen wird. Die oft sehr komplexen, zur Festlegung der Auswertung nötigen Entscheidungen werden vom Anfrageoptimierer des Datenbanksystems übernommen. Dies hat den zusätzlichen Vorteil, dass die eingangs erwähnte physische Datenunabhängigkeit größtenteils gewährleistet werden kann.

Weiterhin realisieren Datenbanksysteme nicht Relationen im eigentlichen mathematischen Sinne, sondern Tabellen, die auch doppelte Einträge enthalten können. Dementsprechend werden in diesem Kapitel auch häufig die Begriffe Zeile und Spalte anstelle von Tupel und Attribut verwendet.

Zusätzlich zur Manipulation von Tabellen beinhalten Anfragesprachen auch Möglichkeiten zur Definition von Integritätsbedingungen für die Daten, zur Vergabe von Zugriffsrechten und zur Transaktionskontrolle. Diese Möglichkeiten sind Thema der nachfolgenden Kapitel.

4.1 Geschichte

Nach der Einführung des relationalen Modells Anfang der 70er Jahre wurde von IBM ein DBMS-Prototyp namens „System R“ entwickelt. Die Anfragesprache, die System R bereitstellte, wurde „SEQUEL“ genannt (Structured English Query Language) und später in SQL umbenannt. Anfang der 80er Jahre erschien das aus diesem Prototypen entwickelte kommerzielle System SQL/DS. Seither sind eine Vielzahl von anderen relationalen DBMS auf den Markt gebracht worden, unter anderem DB2 von IBM, Oracle von Oracle Corporation und der SQL Server von der Firma Microsoft – um die drei derzeitigen Marktführer zu nennen.

Durch die wachsende Popularität relationaler Systeme wurde bald die Notwendigkeit einer Standardisierung deutlich. Die erste SQL-Norm wurde 1986 von der ANSI-Kommission (American National Standards Institute) verabschiedet. 1989 wurde der Standard das erste Mal revidiert, 1992 entstand das stark erweiterte SQL-92, auch SQL 2 genannt. Seit Ende der neunziger Jahre ist eine Erweiterung unter der Bezeichnung SQL 3 oder SQL-99 als Standard verabschiedet, der aber

[1] Der Begriff Anfragesprache ist historisch geprägt, aber leider etwas verwirrend: Anfragesprachen beinhalten normalerweise auch Befehle zur Datendefinition und Datenmanipulation.

noch nicht von allen Datenbank-Herstellern vollständig umgesetzt wurde. Mittlerweile gibt es nochmals eine Spracherweiterung unter dem Namen SQL-2003, in der insbesondere die XML-Integration festgelegt wird.

Alle in diesem Buch verwendeten Beispiele orientieren sich an den aktuellen Versionen der drei marktführenden Produkte Oracle, IBM DB2 sowie dem Microsoft SQL Server, die den SQL-92 Standard weitgehend unterstützen.

4.2 Datentypen

Relationale Datenbanken stellen in der Hauptsache drei fundamentale Datentypen als Attribut-Domänen zur Verfügung: Zahlen, Zeichenketten und einen Datumstyp **date**. Für jeden dieser Datentypen existieren viele unterschiedliche, historisch geprägte Varianten. Wir werden hier aber nur die wichtigsten durch die ANSI-Kommission festgelegten vorstellen.

Zeichenketten können entweder den Typ **character**(n) oder **char varying**(n) haben. Zeichenketten vom Typ **character** werden im Gegensatz zu **character varying** immer fest mit der angegebenen Größe n abgespeichert und mit Leerzeichen aufgefüllt. **character** kann in beiden Fällen zu **char** abgekürzt werden, äquivalent zu **char varying** kann **varchar** verwendet werden.

Der allgemeinste Zahlentyp ist **numeric**(p, s). Die Angabe von (p, s) ist optional: p gibt die Gesamtzahl der gespeicherten Stellen an, davon werden s als Nachkommastellen reserviert. Zahlen ohne Nachkommastellen können auch als **integer** oder **int** bezeichnet werden. Innerhalb der gegebenen Präzision ist **numeric** exakt. Zusätzlich gibt es noch Datentypen, die einen weiteren Bereich von Zahlen angenähert darstellen können, unter anderem **float**.

In vielen kommerziellen DBMS-Produkten gibt es heute auch schon einen Datentyp namens **blob** oder **raw** für (sehr) große binäre Daten (engl. *binary large object*). Solche Datentypen kann man verwenden, um vom Datenbanksystem nicht zu interpretierende Daten eines externen Anwendungssystems (z.B. eines CAD-Systems) abzuspeichern.

Seit kurzem bieten die relationalen Datenbanksysteme auch Unterstützung für XML-formatierte Daten. Dazu wurde der Datentyp **xml** eingeführt, so dass ein Attribut des Typs **xml** ein XML-Dokument als Wert hat (siehe Abschnitt 20.3.2).

4.3 Schemadefinition

Mit dem Wissen über die Datentypen können jetzt die ersten Tabellen definiert werden. Die zu einer Datenbank gehörenden Tabellendefinitionen werden, wie in Kapitel 3 bereits beschrieben, als das *Schema* der Datenbank bezeichnet. Sie werden automatisch im *Datenwörterbuch* gespeichert. Das Datenwörterbuch beschreibt den Zustand der Datenbank, enthält also *Metadaten*. Es ist eine Sammlung normaler Tabellen, die auch mit den normalen SQL-Anfragebefehlen abgefragt werden können. Es können jedoch im Allgemeinen vom Benutzer keine Änderungen vorgenommen werden.

Eine neue Tabelle wird mit dem **create table** Befehl erzeugt:

create table Professoren
(PersNr **integer not null**,
Name **varchar**(10) **not null**,
Rang **character**(2));

Nach dem Namen der Tabelle folgt in Klammern eine Liste der Attribute und ihrer Typen, jeweils durch Komma getrennt. Nach einer Typangabe kann zusätzlich noch die Einschränkung **not null** folgen. Dadurch wird erzwungen, dass alle in die Tabelle eingetragenen Tupel an dieser Stelle einen definierten Wert haben. Im Beispiel ist es also nicht möglich, Professoren ohne Namen oder ohne Personalnummer einzutragen. Die Spezifikation **not null** ist eine sogenannte *Integritätsbedingung* und sollte zumindest für alle Primärschlüsselattribute angegeben werden. Integritätsbedingungen werden in Kapitel 5 noch näher erläutert. Dort befindet sich auch in Abbildung 5.4 die vollständige Schemadefinition unserer Universitäts-Datenbank.

Wir haben hier vereinfachend den Typ **integer** als Wertebereich für das Attribut **PersNr** gewählt. Es obliegt somit den Benutzern, eindeutige Personalnummern zu vergeben. Die kommerziellen Datenbanksysteme bieten hierfür aber auch Unterstützung. In Oracle gibt es beispielsweise den Zahlengenerator **sequence**, wodurch fortlaufende eindeutige Identifikatoren generiert werden können.

4.4 Schemaveränderung

Sollte uns im nachhinein einfallen, dass zu den Professoren auch die Raumnummern ihrer Büros gespeichert werden müssen, kann das Attribut noch mit

alter table Professoren
add (Raum **integer**);

hinzugefügt werden. Eine Beschränkung auf zehn Zeichen für einen Namen ist sicherlich auch nicht sinnvoll. Besser wäre eine Länge von dreißig Zeichen:

alter table Professoren
modify (Name **varchar**(30));

Diese Spaltenmodifikation berührt nicht die **not null**-Angabe aus der ursprünglichen Definition. Es ist also auch weiterhin nicht möglich, Professoren ohne Namen abzuspeichern.

Im Standard SQL-92 wird der **alter**-Befehl anders verwendet. Hier müssten die beiden Beispiele

alter table Professoren
add column Raum **integer**;

alter table Professoren
alter column Name **varchar**(30);

lauten. Zusätzlich besteht noch die Möglichkeit, Spalten mit **drop column** wieder zu entfernen. Diese Möglichkeit bietet Oracle V7 noch nicht. Eine nicht mehr benötigte Tabelle kann mit dem Befehl **drop table**, gefolgt vom Tabellennamen, wieder entfernt werden.

4.5 Elementare Datenmanipulation: Einfügen von Tupeln

Um die gerade angelegten Tabellen mit Daten zu füllen, fehlt noch ein Befehl zum Einfügen von Tupeln:

insert into Professoren
    values (2136, 'Curie', 'C4', 36);

In den Klammern werden die Werte der Attribute in der Reihenfolge der Definition eingegeben, entsprechend der normalen Tupelschreibweise. Der **insert**-Befehl hat noch vielfältigere Möglichkeiten, doch dazu muss zunächst das Aussehen von SQL-Anfragen untersucht werden.

4.6 Einfache SQL-Anfragen

Zur Demonstration sollen zuerst die Personalnummern und Namen aller C4-Professoren aus unserer Beispieldatenbasis herausgesucht werden. In SQL ist diese Anfrage aus drei Teilen aufgebaut:

select PersNr, Name
from Professoren
where Rang = 'C4';

Zunächst wird im **select**-Teil bestimmt, welche Spalten (Attribute) im Ergebnis ausgegeben werden sollen. In diesem Fall suchen wir die Namen und die Personalnummern der entsprechenden Professoren. Der **from**-Teil gibt die für die Berechnung des Ergebnisses benötigten Tabellen an. In diesem Fall ist es nur die eine Tabelle *Professoren*. Schließlich kann noch ein Kriterium (Selektionsprädikat) angegeben werden, das jede ausgegebene Zeile erfüllen muss. Für unsere Beispielausprägung aus Abbildung 3.8 lautet das Ergebnis der Anfrage wie folgt:

PersNr	Name
2125	Sokrates
2126	Russel
2136	Curie
2137	Kant

Die Stärke von SQL liegt in der Tatsache, dass es sehr nahe an einer natürlichsprachlichen Formulierung eines Befehls liegt. Um eine SQL-Anfrage zu verstehen, reicht es fast aus, sie aus dem Englischen zu übersetzen: „Wähle Personalnummer und Name der Professoren, deren Rang gleich „C4“ ist.“

In der obigen Beispielanfrage wurden die Namen und Personalnummern der Professoren in einer willkürlichen Reihenfolge ausgegeben. Es ist aber auch möglich, explizit Attribute anzugeben, nach denen sortiert werden soll, und eine Sortierreihenfolge festzulegen. Die möglichen Sortierreihenfolgen sind **asc** (engl. ascending, aufsteigend) und **desc** (engl. descending, absteigend). Fehlt die Angabe, wird implizit **asc** angenommen. Zur Demonstration stellen wir die Anfrage: „Wähle Personalnummer, Name und Rang aller Professoren; sortiere absteigend nach Rang und aufsteigend nach Namen.“

select PersNr, Name, Rang
from Professoren
order by Rang **desc**, Name **asc**;

PersNr	Name	Rang
2136	Curie	C4
2137	Kant	C4
2126	Russel	C4
2125	Sokrates	C4
2134	Augustinus	C3
2127	Kopernikus	C3
2133	Popper	C3

Im obigen Beispiel ist *Rang* das Hauptkriterium, nach dem absteigend sortiert wird. *Name* ist das Nebenkriterium, nach dem aufsteigend sortiert wird.

Da die Eliminierung von Duplikaten in einer Tabelle aus Effizienzgründen nicht automatisch vorgenommen wird, gibt es für diesen Zweck das Schlüsselwort **distinct**. Um also beispielsweise herauszufinden, welche unterschiedlichen Ränge es bei den Professoren gibt, kann man folgende Anfrage stellen:

select distinct Rang
from Professoren;

Rang
C3
C4

4.7 Anfragen über mehrere Relationen

Bisher haben wir bei unseren Anfragen immer nur eine Relation betrachtet. Um aber festzustellen, wer die Vorlesung mit dem Titel „Mäeutik“ liest, müssen die Tabellen *Professoren* und *Vorlesungen* miteinander verbunden werden:

select Name, Titel
from Professoren, Vorlesungen
where PersNr = gelesenVon **and** Titel = 'Mäeutik';

Diese Anfrage könnte man so übersetzen: „Wähle Name und Titel aus den Kombinationen von Professoren und Vorlesungen, bei denen der Wert von *gelesenVon* mit *PersNr* übereinstimmt und der Titel der Vorlesung „Mäeutik“ ist.“
Die Abarbeitung der Anfrage kann man sich in drei Schritten vorstellen:

1. Zunächst wird das Kreuzprodukt der beteiligten Tabellen gebildet.

2. Jede Zeile dieses Kreuzprodukts wird auf die Erfüllung der Bedingung aus dem **where**-Teil überprüft, die passenden Zeilen werden ausgewählt.

3. Zuletzt wird die Projektion auf die im **select**-Teil angegebenen Attribute durchgeführt.

Das ist in Abbildung 4.1 am Beispiel vorgeführt. Es sollte betont werden, dass mit dieser Auswertungsstrategie nur die Semantik einer SQL-Anfrage demonstriert wird. Die tatsächlich vom DBMS durchgeführte Auswertung ist im Allgemeinen wesentlich effizienter und wird vom Anfrageoptimierer – siehe Kapitel 8 – festgelegt.

Ein äquivalenter Relationenalgebra-Ausdruck sieht folgendermaßen aus:

$$\Pi_{\text{Name, Titel}}(\sigma_{\text{PersNr=gelesenVon} \wedge \text{Titel='Mäeutik'}}(\text{Professoren} \times \text{Vorlesungen}))$$

Allgemein hat eine SQL-Anfrage die Form:

select $A_1, \ldots, A_n$
from $R_1, \ldots, R_k$
where P;

Das Ergebnis des **from**-Teils entspricht logisch dem kartesischen Produkt $R_1 \times \ldots \times R_k$ der beteiligten Relationen. Der **where**-Teil entspricht der Selektion der relationalen Algebra. Er kann auch fehlen, dann wird als Bedingung implizit „true" eingesetzt und jedes Tupel des Kreuzproduktes in das Ergebnis aufgenommen. Der **select**-Teil projiziert schließlich auf die angegebenen Attribute $A_1, \ldots, A_n$. Die in SQL verwendete **select**-Klausel ist also nicht mit der Selektion der relationalen Algebra zu verwechseln; vielmehr entspricht sie der Projektion. Werden alle Attribute benötigt, kann zur Abkürzung einfach „*" anstelle der Attributnamen angegeben werden. Für den allgemeinen Fall ergibt sich also

$$\Pi_{A_1,\ldots,A_n}(\sigma_P(R_1 \times \ldots \times R_k))$$

Mittlerweile ist auch eine direkte Darstellung verschiedener Joinarten der relationalen Algebra in SQL möglich.[2] Bei einem natürlichen Join werden Tabellen anhand gleicher Werte in Spalten mit gleichem Attributnamen miteinander verbunden. Daher muss eine Möglichkeit bestehen, Attributnamen einer Relation zuzuordnen, um Mehrdeutigkeiten zu vermeiden. Möchte man feststellen, welche Studenten welche Vorlesungen hören, benutzt man daher folgende Joinbedingung:

select Name, Titel
from Studenten, hören, Vorlesungen
where Studenten.MatrNr = hören.MatrNr **and**
hören.VorlNr = Vorlesungen.VorlNr;

Eine zweite Möglichkeit bilden *Tupelvariablen*, die einer Relation zugeordnet werden. Sie sind in diesem Beispiel noch nicht unbedingt notwendig, werden aber später eine Rolle spielen, wenn wir dieselbe Relation mehrfach in einer Anfrage verwenden müssen.

select s.Name, v.Titel
from Studenten s, hören h, Vorlesungen v
where s.MatrNr = h.MatrNr **and**
h.VorlNr = v.VorlNr;

[2] Ab SQL-92 können im **from**-Teil auch Jointypen, wie **join** oder **outer join**, angegeben werden. Wir werden später (Abschnitt 4.15) darauf eingehen, obwohl diese Möglichkeit von vielen SQL-Programmierern „verweigert" wird.

Professoren			
PersNr	Name	Rang	Raum
2125	Sokrates	C4	226
2126	Russel	C4	232
⋮	⋮	⋮	⋮
2137	Kant	C4	7

Vorlesungen			
VorlNr	Titel	SWS	gelesenVon
5001	Grundzüge	4	2137
5041	Ethik	4	2125
⋮	⋮	⋮	⋮
5049	Mäeutik	2	2125
⋮	⋮	⋮	⋮
4630	Die 3 Kritiken	4	2137

↘ Verknüpfung (×) ↙

PersNr	Name	Rang	Raum	VorlNr	Titel	SWS	gelesenVon
2125	Sokrates	C4	226	5001	Grundzüge	4	2137
2125	Sokrates	C4	226	5041	Ethik	4	2125
⋮	⋮	⋮	⋮	⋮	⋮	⋮	⋮
2125	Sokrates	C4	226	5049	Mäeutik	2	2125
⋮	⋮	⋮	⋮	⋮	⋮	⋮	⋮
2126	Russel	C4	232	5001	Grundzüge	4	2137
2126	Russel	C4	232	5041	Ethik	4	2125
⋮	⋮	⋮	⋮	⋮	⋮	⋮	⋮
2137	Kant	C4	7	4630	Die 3 Kritiken	4	2137

↓ Auswahl (σ)

PersNr	Name	Rang	Raum	VorlNr	Titel	SWS	gelesenVon
2125	Sokrates	C4	226	5049	Mäeutik	2	2125

↓ Projektion (Π)

Name	Titel
Sokrates	Mäeutik

Abbildung 4.1: Ausführung einer Anfrage über mehrere Relationen

An dieser Anfrage erkennt man sehr gut die Verwandtschaft von SQL zum relationalen Tupelkalkül (siehe Abschnitt 3.5). In beiden Fällen werden Variablen an Tupel einer Relation gebunden.

4.8 Aggregatfunktionen und Gruppierung

Aggregatfunktionen führen Operationen auf Tupelmengen durch und komprimieren eine Menge von Werten zu einem einzelnen Wert. Zu ihnen gehören **avg** zur Bestimmung des Durchschnitts einer Menge von Zahlen, **max** und **min** zur Bestimmung des größten bzw. kleinsten Elementes und **sum** zur Bildung der Summe. **count** zählt die Anzahl der Zeilen in einer Tabelle.

Die durchschnittliche Semesterzahl aller Studierenden lässt sich mit

```
select avg(Semester)
from Studenten;
```

bestimmen. Besonders nützlich sind Aggregatfunktionen im Zusammenhang mit der Gruppierung durch **group by**. Nehmen wir an, es soll die Anzahl der Semesterwochenstunden herausgefunden werden, die von den einzelnen Professoren erbracht wird:

```
select gelesenVon, sum(SWS)
from Vorlesungen
group by gelesenVon;
```

Hier werden alle Zeilen der Tabelle, die den gleichen Wert im angegebenen Attribut *gelesenVon* haben, zusammengefasst und für jede der so entstandenen Gruppen die Summe der SWS berechnet. Man beachte, dass die Gesamtstunden nur für die Professoren berechnet werden, die mindestens eine Vorlesung halten. Die Erweiterung auf alle Professoren wird in Übungsaufgabe 4.8 behandelt.

Sollen bei der Zählung nur die Professoren berücksichtigt werden, die überwiegend lange Vorlesungen halten, kann an die durch **group by** gebildeten Gruppen noch mit **having** eine zusätzliche Bedingung gestellt werden. In der folgenden Anfrage werden also zunächst alle Vorlesungen nach Professoren gruppiert und in jeder Gruppe der Durchschnitt der Semesterwochenstunden gebildet:

```
select gelesenVon, sum(SWS)
from Vorlesungen
group by gelesenVon
      having avg(SWS) >= 3;
```

Um den Unterschied zwischen **where** und **having** zu verdeutlichen, erweitern wir die Anfrage um eine **where**-Bedingung. Es sollen nur C4-Professoren berücksichtigt werden. Zusätzlich sollen ihre Namen ausgegeben werden. Die entsprechende Anfrage lautet:

```
select gelesenVon, Name, sum(SWS)
from Vorlesungen, Professoren
where gelesenVon = PersNr and Rang = 'C4'
group by gelesenVon, Name
      having avg(SWS) >= 3;
```

Eine mögliche Abarbeitung der Anfrage ist in Abbildung 4.2 dargestellt. Zuerst werden diejenigen Tupel aus der temporären Relation *Vorlesungen*×*Professoren* ausgewählt, die die **where**-Bedingung erfüllen. Anschließend findet die Gruppierung statt: Tupel mit gleichem Wert in den Gruppierungsattributen werden zusammen angeordnet. Jetzt wird die **having**-Bedingung für jede Gruppe überprüft. Dafür ist in diesem Fall die Berechnung des Durchschnitts der Semesterwochenstunden pro Gruppe notwendig. Im letzten Schritt werden aus den Gruppen die Ergebnistupel gebildet, hier unter Bildung der Summe der Semesterwochenstunden. Da in der Ausgaberelation jede Gruppe nur durch ein einziges Tupel repräsentiert wird, können in der **select**-Klausel nur Aggregatfunktionen vorkommen oder Attribute, nach denen gruppiert wurde, d.h. die auch in der **group by**-Klausel verwendet wurden. Aus diesem Grund musste in der Beispielanfrage das Attribut *Name* mit in die **group by**-Klausel übernommen werden.

4.9 Geschachtelte Anfragen

In SQL können **select**-Anweisungen auf vielfältige Weisen verknüpft und geschachtelt werden. Dabei werden Anfragen, die höchstens ein Tupel zurückliefern, von denen unterschieden, die beliebig viele Tupel ergeben. Wenn eine Unteranfrage nur ein Tupel mit nur einem Attribut zurückliefert, so kann diese Unteranfrage dort eingesetzt werden, wo ein skalarer Wert gefordert wird. Insbesondere geht dies in der **select**-Klausel und bei Vergleichen in der **where**-Klausel.[3] So könnte man beispielsweise alle Prüfungen suchen, die genau durchschnittlich verlaufen sind:

```
select *
from prüfen
where Note = ( select avg(Note)
               from prüfen );
```

Das Symbol ∗ in der **select**-Klausel gibt, wie bereits gesagt, an, dass alle Attribute der in der **from**-Klausel aufgeführten Relation(en) ausgegeben werden sollen. Die SQL-Syntax schreibt vor, dass Unteranfragen immer geklammert werden – egal wo sie stehen.

Um das Beispiel aus Abschnitt 4.8 nochmals aufzugreifen, wollen wir die Lehrbelastung der Professoren ermitteln:

```
select PersNr, Name, (select sum(SWS) as Lehrbelastung
                      from Vorlesungen
                      where gelesenVon = PersNr)
from Professoren;
```

Die beiden obigen Anfragen unterscheiden sich in einem interessanten Gesichtspunkt. Im ersten Beispiel verwendet die Unteranfrage lediglich ihre „eigenen" Attribute. Im zweiten Beispiel hingegen bezieht sich die Unteranfrage auf das Attribut

[3]Das Operieren mit mehrstelligen Tupeln ist eine SQL-92 Erweiterung und noch nicht in allen Produkten implementiert. Das gleiche gilt für Unteranfragen in der **select**-Klausel.

Vorlesungen × Professoren							
VorlNr	Titel	SWS	gelesenVon	PersNr	Name	Rang	Raum
5001	Grundzüge	4	2137	2125	Sokrates	C4	226
5041	Ethik	4	2125	2125	Sokrates	C4	226
⋮	⋮	⋮	⋮	⋮	⋮	⋮	⋮
4630	Die 3 Kritiken	4	2137	2137	Kant	C4	7

⇓ **where**-Bedingung

VorlNr	Titel	SWS	gelesenVon	PersNr	Name	Rang	Raum
5001	Grundzüge	4	2137	2137	Kant	C4	7
5041	Ethik	4	2125	2125	Sokrates	C4	226
5043	Erkenntnistheorie	3	2126	2126	Russel	C4	232
5049	Mäeutik	2	2125	2125	Sokrates	C4	226
4052	Logik	4	2125	2125	Sokrates	C4	226
5052	Wissenschaftstheorie	3	2126	2126	Russel	C4	232
5216	Bioethik	2	2126	2126	Russel	C4	232
4630	Die 3 Kritiken	4	2137	2137	Kant	C4	7

⇓ Gruppierung

VorlNr	Titel	SWS	gelesenVon	PersNr	Name	Rang	Raum
5041	Ethik	4	2125	2125	Sokrates	C4	226
5049	Mäeutik	2	2125	2125	Sokrates	C4	226
4052	Logik	4	2125	2125	Sokrates	C4	226
5043	Erkenntnistheorie	3	2126	2126	Russel	C4	232
5052	Wissenschaftstheorie	3	2126	2126	Russel	C4	232
5216	Bioethik	2	2126	2126	Russel	C4	232
5001	Grundzüge	4	2137	2137	Kant	C4	7
4630	Die 3 Kritiken	4	2137	2137	Kant	C4	7

⇓ **having**-Bedingung

VorlNr	Titel	SWS	gelesenVon	PersNr	Name	Rang	Raum
5041	Ethik	4	2125	2125	Sokrates	C4	226
5049	Mäeutik	2	2125	2125	Sokrates	C4	226
4052	Logik	4	2125	2125	Sokrates	C4	226
5001	Grundzüge	4	2137	2137	Kant	C4	7
4630	Die 3 Kritiken	4	2137	2137	Kant	C4	7

⇓ Aggregation (**sum**) und Projektion

gelesenVon	Name	**sum**(SWS)
2125	Sokrates	10
2137	Kant	8

Abbildung 4.2: Ausführung einer Anfrage mit **group by**

PersNr der Tupel der äußeren Anfrage. Die Unteranfrage ist mit der äußeren Anfrage *korreliert.*

Eine nicht-korrelierte Unteranfrage braucht nur einmal ausgewertet zu werden; das Ergebnis ist während der Auswertung der äußeren Anfrage konstant. Korrelierte Anfragen werden jedoch im Allgemeinen für jedes Tupel der umgebenden Anfrage neu berechnet (d.h. für jedes zu überprüfende Tupel, falls die Unteranfrage in der **where**-Bedingung steht bzw. für jedes auszugebende Tupel, falls sie sich in der **select**-Klausel befindet). In dieser Hinsicht legt SQL eine „nested-loops"-Semantik fest, da für jedes Tupel der übergeordneten Anfrage die Unteranfrage auszuwerten ist – wobei Unteranfragen selbst wieder Unteranfragen enthalten können (also beliebige Schachtelungstiefe).

Zur Verdeutlichung des Unterschieds zwischen korrelierten und unkorrelierten Unteranfragen wollen wir noch ein paar Beispielanfragen formulieren. Zu diesem Zweck nehmen wir an, dass die Relationen *Studenten*, *Assistenten* und *Professoren* ein weiteres Attribut *GebDatum* vom Typ **date** enthalten. Folgende Anfrage liefert alle Studenten, die älter als der jüngste Professor bzw. die jüngste Professorin sind:

```
select s.*
from Studenten s
where exists
        ( select p.*
          from Professoren p
          where p.GebDatum > s.GebDatum );
```

Der **exists**-Operator liefert *true* falls die Unteranfrage mindestens ein Ergebnistupel zurückliefert; sonst *false* – siehe Abschnitt 4.12. Diese Anfrage mit korrelierter Unteranfrage lässt sich leicht in eine äquivalente Anfrage mit unkorrelierter Unteranfrage umformulieren, indem wir mit der Aggregatfunktion **max** das Geburtsdatum des jüngsten Professors bzw. der jüngsten Professorin ermitteln:

```
select s.*
from Studenten s
where s.GebDatum <
        ( select max(p.GebDatum)
          from Professoren p );
```

Die Anfrageauswertungskomponente des DBMS wird diese unkorrelierte Unteranfrage (hoffentlich!) nur einmal auswerten und dann den einen Wert für die Auswertung der übergeordneten Anfrage verwenden. Deshalb ist diese zweite Formulierung natürlich viel effizienter zu bearbeiten. Es ist wünschenswert, dass der Anfrageoptimierer eines DBMS automatisch die günstigste Auswertung für eine gegebene Anfrage ermittelt. Leider sind heutige Anfrageoptimierer davon noch weit entfernt, so dass Datenbankanwender durchaus auf manuelle Umformulierungen von Anfragen angewiesen sind, um die Leistungsfähigkeit ihrer Anwendungen zu steigern.

Nicht immer ist es so einfach, eine korrelierte Unteranfrage in eine unkorrelierte Unteranfrage umzuwandeln. Manchmal kann man durch die Einführung eines Joins eine sogenannte Entschachtelung einer korrelierten Unteranfrage erzielen – wie folgendes Beispiel demonstriert:

select a.∗
from Assistenten a
where exists
(**select** p.∗
from Professoren p
where a.Boss = p.PersNr **and** p.GebDatum > a.GebDatum);

Hier werden also die Assistenten ermittelt, die für einen jüngeren Professor bzw. eine jüngere Professorin arbeiten. Die oben verwendete Methode zur „Dekorrelierung" der Unteranfrage ist hier wegen des zusätzlichen Prädikats *a.Boss* = *p.PersNr* nicht anwendbar. Man kann diese geschachtelte Anfrage aber in eine äquivalente ungeschachtelte Joinanfrage überführen:

select a.∗
from Assistenten a, Professoren p
where a.Boss = p.PersNr **and** p.GebDatum > a.GebDatum;

Wir überlassen es den Lesern, einige allgemeine Umformungsregeln herzuleiten, um korrelierte Unteranfragen in einer **where**-Klausel zu entschachteln.

Mit dem **exists**-Operator wird eine Unteranfrage, die möglicherweise mehrere Tupel zurückliefert, auf einen atomaren Wert (*true* oder *false*) abgebildet. Es ist aber auch möglich, die von einer Unteranfrage zurückgelieferten Tupel als Kollektion zu „verwerten". Solche Unteranfragen können als Argument einer Mengenoperation oder in der Liste der Relationen im **from**-Teil einer Anfrage auftreten. Im nächsten Beispiel verwenden wir eine in die **from**-Klausel geschachtelte Unteranfrage, um eine komplexere Anfrage modular aufbauen zu können. In der Unteranfrage wird der Join der beiden Relationen *Studenten* und *hören* sowie deren Gruppierung nach *MatrNr* und *Name* durchgeführt. Das Ergebnis der Unteranfrage ist eine dreistellige temporäre Relation, die wir mit *tmp* benennen, mit den Attributen *MatrNr*, *Name* und *VorlAnzahl*. Das letztere Attribut wurde durch eine **count**-Aggregation in der Unteranfrage gebildet. Man beachte, dass man nun in der Lage ist, in der übergeordneten Anfrage das Attribut *VorlAnzahl* in der **where**-Klausel zu verwenden. Ohne die Schachtelung hätte man die Einschränkung auf fleißige Studenten nur über eine **having**-Klausel formulieren können.

select tmp.MatrNr, tmp.Name, tmp.VorlAnzahl
from (**select** s.MatrNr, s.Name, **count**(∗) **as** VorlAnzahl
from Studenten s, hören h
where s.MatrNr = h.MatrNr
group by s.MatrNr, s.Name) tmp
where tmp.VorlAnzahl > 2;

Als Anfrageergebnis erhält man für unsere Universitätsdatenbank folgende Tabelle:

MatrNr	Name	VorlAnzahl
28106	Carnap	4
29120	Theophrastos	3

Wir wollen noch eine Anfrage formulieren, die in ähnlicher Form in sogenannten Decision Support-Anwendungen häufig vorkommt: Ermittle den Marktanteil der einzelnen Vorlesungen als den Prozentsatz der Studenten, die die Vorlesung hören.

```
select h.VorlNr, h.AnzProVorl, g.GesamtAnz,
       h.AnzProVorl/g.GesamtAnz as Marktanteil
from (select VorlNr, count(*) as AnzProVorl
       from hören
       group by VorlNr) h,
      (select count(*) as GesamtAnz
       from Studenten) g;
```

In einer „natürlicheren" Formulierung hätte man vielleicht den Einzelwert *GesamtAnz* durch eine geschachtelte Anfrage in der **select**-Klausel bestimmt. Wir haben bei der obigen Formulierung aber bewusst auf die Schachtelung von Anfragen in der **select**-Klausel verzichtet, da einige Systeme dies noch nicht unterstützen.

Als Ergebnis erhält man für unsere Universitätsdatenbank folgende Tabelle:

VorlNr	AnzProVorl	GesamtAnz	Marktanteil
4052	1	8	.125
5001	4	8	.5
5022	2	8	.25
...	...	...	...

Manche „pedantische" Datenbanksysteme würden allerdings anstatt einer Dezimalzahl für den Marktanteil eine „abgeschnittene" oder gerundete Integer-Zahl zurückgeben, da beide Argumente der Division (*GesamtAnz* und *AnzProVorl*) vom Typ Integer sind. Um dennoch die gewünschte Genauigkeit zu erzielen, muss man dazu mindestens einen der beiden Operanden in eine Dezimalzahl umwandeln, was man in SQL mit der **cast**-Klausel wie folgt erzielt:

```
cast(h.AnzProVorl as decimal(8,2))/g.GesamtAnz
```

Etwas trickreicher, dafür aber kürzer, wäre eine Formulierung, bei der man zuerst *AnzProVorl* durch eine „Dummy"-Multiplikation mit 1.00 in eine Dezimalzahl umwandelt:

```
cast(h.AnzProVorl * 1.00)/g.GesamtAnz
```

4.10 Modularisierung von SQL-Anfragen

Zugegebenermaßen ist die obige Anfrage zur Ermittlung des Marktanteils der einzelnen Vorlesungen relativ schwer zu lesen, da zwei **select** ... **from** ... **where** ...-Anfragen in der äußeren **from**-Klausel geschachtelt wurden. De facto wurden hierdurch zwei temporäre Zwischenergebnis-Relationen definiert: die Relation *h* mit den Attributen *VorlNr* und *AnzProVorl* sowie die Relation *g* mit dem Attribut *GesamtAnz*. Zum Glück kann man in SQL die Spezifikation derartiger Zwischenergebnisse aus der eigentlichen SQL-Anfrage „herausziehen" um die Anfrage zu modularisieren. Dies geht mit dem **with**-Konstrukt, das in der nachfolgenden Formulierung der Anfrage verwendet wird:

```
with h as (
        select VorlNr, count(*) as AnzProVorl
        from hören
        group by VorlNr ),
    g as ( select count(*) as GesamtAnz from Studenten )

select h.VorlNr, h.AnzProVorl, g.GesamtAnz,
      cast(h.AnzProVorl as decimal(8,2))/g.GesamtAnz as Marktanteil
from h , g
```

In der **with**-Klausel werden hier zwei temporäre Sichten namens *h* und *g* – für die Dauer der Anfragebearbeitung – definiert. Man kann *h* und *g* wie „normale" Relationen auffassen, die genau die Daten enthalten, die sich aus der zugeordneten Anfrage als Ergebnis ergeben.

4.11 Mengen-Operatoren

Die klassischen Operationen der Mengenlehre, Vereinigung, Durchschnitt und Differenz, heißen in SQL **union**, **intersect** und **except**.[4] Damit ist es z.B. möglich, die Namen aller Angestellten zu bestimmen, also die aller Professoren und aller Assistenten:

```
( select Name
  from Assistenten )
union
( select Name
  from Professoren );
```

Da das Ergebnis einer Anfrage wieder eine sinnvolle Tabelle darstellen soll, müssen die Ergebnistypen der Teilanfragen übereinstimmen. In unserem Fall liefern beide Teilanfragen jeweils eine Tabelle zurück, deren einzige Spalte Zeichenketten enthält. Es ist nicht möglich, eine Tabelle aus Zeichenketten beispielsweise mit einer Tabelle aus Zahlen zu vereinigen.

Die **union**-Operation führt automatisch eine Duplikateliminierung durch, die durch Einsatz von **union all** allerdings „abgestellt" werden kann.

Der Operator **in** testet auf Mengenmitgliedschaft. Sollen die Professoren gefunden werden, die sich nicht an der Lehre beteiligen, kann mit **not in** getestet werden, welche Personalnummern im *gelesenVon*-Attribut der Relation *Vorlesungen* enthalten sind:

```
select Name
from Professoren
where PersNr not in ( select gelesenVon
                      from Vorlesungen );
```

[4] **except** heißt in Oracle **minus**.

In vielen Fällen lässt sich eine geschachtelte Anfrage mit **in** durch eine gleichwertige, nichtgeschachtelte Anfrage mit einem Join ersetzen (siehe Übungsaufgabe 4.2).

in ist äquivalent zur *quantifizierenden Bedingung* = **any**. Eine quantifizierende Bedingung besteht aus einem der Vergleichsoperatoren (=, <, >, ...) und **all** oder **any**.[5]

any testet, ob es mindestens ein Element im Ergebnis der Unteranfrage gibt, für das der Vergleich mit dem linken Argument des Operators erfüllt wird. **all** überprüft, ob alle Ergebnisse der Unteranfrage den Vergleich erfüllen. Die Studenten mit der größten Semesterzahl können mit

```
select Name
from Studenten
where Semester >= all ( select Semester
                        from Studenten );
```

herausgefunden werden. Effizienter wäre hier natürlich eine Formulierung mit der **max**-Aggregation in der Unteranfrage. Wie und warum?

all sollte nicht mit dem Allquantor (∀) verwechselt werden, der in SQL nicht vorhanden ist. **all** führt lediglich einen Vergleich eines Werts mit einer Menge durch. Auf diese Weise ist es nicht möglich, eine Anfrage wie „Finde die Studenten, die alle vierstündigen Vorlesungen hören“ zu formulieren.

4.12 Quantifizierte Anfragen in SQL

Der Existenzquantor (∃) wird in SQL durch **exists** realisiert. **exists** überprüft, wie oben bereits ausgeführt, ob die von einer Unteranfrage bestimmte Menge von Tupeln leer ist. Bei einer leeren Menge liefert **exists** den Wahrheitswert **false** und sonst **true**. Bei dem Operator **not exists** ist es natürlich umgekehrt.

Die Frage nach den Professoren, die keine Vorlesungen halten, kann man mit **not exists** wie folgt formulieren:

```
select Name
from Professoren
where not exists ( select *
                   from Vorlesungen
                   where gelesenVon = PersNr );
```

In SQL gibt es, wie oben schon erwähnt, keinen expliziten Allquantor, so dass Anfragen mit einer logischen Allquantifizierung auch durch den Existenzquantor ausgedrückt werden müssen. Wir wollen dies an der Beispielanfrage aus Kapitel 3.5.2 demonstrieren:

$$\{\text{s} \mid \text{s} \in \text{Studenten} \land \forall \text{v} \in \text{Vorlesungen}(\text{v.SWS}{=}4 \Rightarrow \exists \text{h} \in \text{hören}(\text{h.VorlNr}{=}\text{v.VorlNr} \land \text{h.MatrNr}{=}\text{s.MatrNr}))\}$$

[5] Oder, alternativ zu **any**, **some**

In dieser Tupelkalkül-Formel werden also die Studenten ermittelt, die *alle* vierstündigen Vorlesungen hören. Obwohl SQL den relationalen Tupelkalkül als Grundlage hat, lässt sich diese Formel erst in SQL umsetzen, nachdem man den Allquantor ($\forall$) und den Implikationsoperator ($\Rightarrow$) gemäß folgender Äquivalenzen eliminiert hat:

$$\begin{aligned} \forall t \in R(P(t)) &= \neg(\exists t \in R(\neg P(t))) \\ R \Rightarrow T &= \neg R \vee T \end{aligned}$$

Schrittweise ermittelt man also folgende äquivalente Formeln:

$$\{\text{s} \mid \text{s} \in \text{Studenten} \wedge \neg(\exists \text{v} \in \text{Vorlesungen}\neg(\neg(\text{v.SWS}{=}4) \vee \\ \exists \text{h} \in \text{hören}(\text{h.VorlNr}{=}\text{v.VorlNr} \wedge \text{h.MatrNr}{=}\text{s.MatrNr})))\}$$

Durch Anwendung der DeMorgan-Gesetze kann man die Negationen „nach innen ziehen“:

$$\{\text{s} \mid \text{s} \in \text{Studenten} \wedge \neg(\exists \text{v} \in \text{Vorlesungen}(\text{v.SWS}{=}4 \wedge \\ \neg(\exists \text{h} \in \text{hören}(\text{h.VorlNr}{=}\text{v.VorlNr} \wedge \text{h.MatrNr}{=}\text{s.MatrNr}))))\}$$

Diese letzte Formel kann man jetzt sehr einfach in SQL-Syntax überführen und erhält folgende geschachtelte Anfrage:

```
select s.*
from Studenten s
where not exists
        (select v.*
         from Vorlesungen v
         where v.SWS = 4 and not exists
                (select h.*
                 from hören h
                 where h.VorlNr = v.VorlNr and h.MatrNr = s.MatrNr));
```

Viele kommerzielle Datenbanksysteme haben Schwierigkeiten, derartig tief geschachtelte Anfragen effizient auszuwerten. Deshalb ist es oft viel effizienter, die Allquantifizierung durch Zählen von Tupeln in SQL auszudrücken. Wir betrachten dazu eine etwas einfachere Anfrage, in der wir die (*MatrNr* der) Studenten ermitteln wollen, die *alle* Vorlesungen hören:

```
select h.MatrNr
from hören h
group by h.MatrNr
   having count(*) = (select count(*) from Vorlesungen);
```

Es wird also gezählt, wieviele Vorlesungen die einzelnen Studenten hören und überprüft, ob diese Anzahl mit der Anzahl der in der Relation *Vorlesungen* gespeicherten Tupel übereinstimmt. Für die Korrektheit dieser Formulierung muss verlangt werden, dass alle *VorlNr*-Werte in der Relation *hören* gültig sind; d.h. für jeden

VorlNr-Wert aus *hören* muss es eine Vorlesung mit diesem *VorlNr*-Schlüsselwert in der Relation *Vorlesungen* geben. Mit anderen Worten muss die referentielle Integrität gewährleistet sein – siehe dazu Kapitel 5. Weiterhin darf die Relation *hören* keine Duplikate enthalten. Wir überlassen es den Lesern in Übungsaufgabe 4.5 eine Formulierung zu finden, die auch bei einer möglichen Verletzung der referentiellen Integrität das korrekte Ergebnis liefert. In Aufgabe 4.6 werden die Leser herausgefordert, die schwierigere Anfrage, in der die Studenten ermittelt werden, die alle vierstündigen Vorlesungen hören, mittels einer **count**-Aggregierung zu formulieren.

4.13 Nullwerte

In SQL gibt es einen speziellen Wert mit dem Namen **null**, der in jedem Datentyp vorhanden ist. Ein **null**-Wert wird z.B. dann als Attributwert gespeichert, wenn der korrekte Wert nicht bekannt ist. Beispielsweise würde man **null** als Wert für das Attribut *gelesenVon* eines Tupels der Relation *Vorlesungen* eintragen, wenn für die zugehörige Vorlesung noch kein Referent bzw. keine Referentin gefunden wurde.

Bei der Anfragebearbeitung können Nullwerte als Ergebnis von Operationen entstehen – selbst wenn die zugrunde liegenden Relationen keine **null**-Werte enthalten. Ein Beispiel sind die äußeren Joins, die in den Abschnitten 3.4.8 und 4.15 behandelt sind. Ein anderes Beispiel ist die Anwendung einer Aggregatfunktion (wie **max**) auf eine leere Tabelle.

Das Ergebnis von Anfragen bei vorliegenden **null**-Werten ist oftmals überraschend. Nehmen wir folgendes Beispiel:

select count(*)
from Studenten
where Semester < 13 **or** Semester >= 13

Wenn es Studenten gibt, deren *Semester*-Attribut den Wert **null** hat, werden diese nicht mitgezählt. Der Grund liegt in folgenden Regeln für den Umgang mit **null**-Werten begründet:

1. In arithmetischen Ausdrücken werden Nullwerte propagiert, d.h. sobald ein Operand **null** ist, wird auch das Ergebnis **null**. Dementsprechend wird z.B. **null** + 1 zu **null** ausgewertet – aber auch **null** * 0 wird zu **null** ausgewertet.

2. SQL hat eine dreiwertige Logik, die nicht nur **true** und **false** kennt, sondern auch einen dritten Wert **unknown**. Diesen Wert liefern Vergleichsoperationen zurück, wenn mindestens eines ihrer Argumente **null** ist. Beispielsweise wertet SQL das Prädikat (*PersNr* = ...) immer zu **unknown** aus, wenn die *PersNr* des betreffenden Tupels den Wert **null** hat.

3. Logische Ausdrücke werden nach den folgenden Tabellen berechnet:

not	
true	false
unknown	unknown
false	true

and	true	unknown	false
true	true	unknown	false
unknown	unknown	unknown	false
false	false	false	false

or	true	unknown	false
true	true	true	true
unknown	true	unknown	unknown
false	true	unknown	false

Diese Berechnungsvorschriften sind recht intuitiv. **unknown or true** wird z.B. zu **true** – die Disjunktion ist mit dem **true**-Wert des rechten Arguments immer erfüllt, unabhängig von der Belegung des linken Arguments. Analog ist **unknown and false** automatisch **false** – keine Belegung des linken Arguments könnte die Konjunktion mehr erfüllen.

4. In einer **where**-Bedingung werden nur Tupel weitergereicht, für die die Bedingung **true** ist. Insbesondere werden Tupel, für die die Bedingung zu **unknown** auswertet, nicht ins Ergebnis aufgenommen.

5. Bei einer Gruppierung wird **null** als ein eigenständiger Wert aufgefasst und in eine eigene Gruppe eingeordnet.

Betrachten wir jetzt nochmals die Beispielanfrage. Für Studenten mit einem **null**-Wert für das Attribut *Semester* evaluieren beide Terme der Disjunktion, „*Semester* < 13“ und „*Semester* >= 13“, zu **unknown**. Gemäß obiger Wertetabelle evaluiert **unknown or unknown** zu **unknown**. Somit kann sich das entsprechende Tupel nicht für das Anfrageergebnis qualifizieren, da nur Tupel in die Ergebnismenge aufgenommen werden, deren Anfrageprädikat zu **true** evaluiert.

Das Beispiel demonstriert, dass man soweit möglich auf **null**-Werte verzichten sollte (z.B. durch entsprechende Integritätsbedingungen oder einer Normalisierung, wie in den nächsten beiden Kapiteln behandelt) oder aber deren Existenz bei der Anfrageformulierung berücksichtigen muss. Kann ein Ausdruck zu **null** auswerten, lässt sich das mit der Bedingung **is null** bzw. **is not null** überprüfen. Logische Ausdrücke lassen sich mit **is unknown** bzw. **is not unknown** testen.[6]

4.14 Spezielle Sprachkonstrukte

Es gibt noch einige weitere Bedingungen, die im **where**-Teil benutzt werden können. Zwei davon wollen wir hier untersuchen.

Die erste, **between**, ist nichts anderes als eine Abkürzung. Häufig möchte man nur einen bestimmten Wertebereich testen, z.B. Semesterzahlen zwischen eins und vier. In diesem Fall sind die folgenden beiden Bedingungen gleichwertig:

```
select *
from Studenten
where Semester >= 1 and Semester <= 4;

select *
from Studenten
where Semester between 1 and 4;
```

[6]Dies ist jedoch SQL-92 und noch nicht überall verfügbar.

Für kleine diskrete Bereiche ist auch die explizite Angabe einer Menge möglich:

select *
from Studenten
where Semester **in** (1,2,3,4);

Sehr nützlich ist der Vergleich von Zeichenketten auf Ähnlichkeit mit **like**. Wenn eine Zeichenkette nicht genau bekannt ist, können „%“ und „_“ als Platzhalter für unbekannte Teile verwendet werden. „%“ steht dabei für beliebig viele und „_“ für genau ein unbekanntes Zeichen. Sucht man beispielsweise die Matrikelnummer von Theophrastos, weiß aber nicht mehr genau, ob er mit „h“ geschrieben wurde, kann man die „verdächtigen“ Stellen durch ein „%“ ersetzen:

select *
from Studenten
where Name **like** 'T%eophrastos';

Als weiteres Beispiel sollen die Studenten gesucht werden, die mindestens eine Vorlesung über Ethik gehört haben:

select distinct s.Name
from Vorlesungen v, hören h, Studenten s
where s.MatrNr = h.MatrNr **and** h.VorlNr = v.VorlNr **and**
v.Titel **like** '%thik%';

Hier wurde bewusst das „E“ in Ethik nicht angegeben, da es in zusammengesetzten Wörtern klein geschrieben wird (wie z.B. in „Bioethik“).

In SQL-92 ist für die „Dekodierung“ von Attributwerten das **case**-Konstrukt vorgesehen. Wir wollen dies an einem einfachen Beispiel vorführen: Wir wollen die Prüfungsnoten, die in der Relation *prüfen* in numerischer Form abgespeichert sind, in entsprechende Prädikatsnoten umwandeln:

select MatrNr, (**case when** Note < 1.5 **then** 'sehr gut'
when Note < 2.5 **then** 'gut'
when Note < 3.5 **then** 'befriedigend'
when Note <= 4.0 **then** 'ausreichend'
else 'nicht bestanden' **end**)
from prüfen;

Man beachte, dass die Alternativen (**when**-Klauseln) in der Reihenfolge ihres Auftretens evaluiert werden. Die erste Bedingung, die zu *true* auswertet, bestimmt den einzusetzenden Wert.

4.15 Joins in SQL-92

In SQL-92 wurde eine Möglichkeit zur direkten Angabe eines Join-Operators geschaffen. Dort können im **from**-Teil die folgenden Schlüsselwörter verwendet werden:

- **cross join**: Kreuzprodukt,

- **natural join**: natürlicher Join,
- **join** oder **inner join**: Theta-Join und
- **left**, **right** oder **full outer join**: äußerer Join.

Auf diese Weise kann z.B. eine Anfrage der Art

select $*$
from R_1, R_2
where $R_1.A = R_2.B$;

explizit als Join formuliert werden:

select $*$
from R_1 **join** R_2 **on** $R_1.A = R_2.B$;

Hinter dem Join wird mit **on** die Joinbedingung explizit angegeben.

Zu den beiden letzteren Jointypen wollen wir noch je ein Beispiel betrachten. Der äußere Join wurde schon in Abschnitt 3.4.8 als Operator der relationalen Algebra besprochen. Er erhält, je nachdem ob es sich um einen **left**, **right** oder **full outer join** handelt, auch die Zeilen respektive der linken, rechten oder beider Relationen, die nicht die Joinbedingung erfüllen. In Abbildung 4.3 wird das anhand von *Professoren*, *prüfen* und *Studenten* verdeutlicht.

4.16 Rekursion

In der Beispiel-Datenbank aus Abbildung 3.8 wurde mit Hilfe der rekursiven Beziehung *voraussetzen* einigen Vorlesungen Vorgänger zugeordnet. Grafisch kann man diese Beziehung wie in Abbildung 4.4 darstellen.

Nun möchten wir herausfinden, was man alles hören muss, um die Vorlesung „Der Wiener Kreis" verstehen zu können. Dazu stellen wir zunächst die Anfrage:

select Vorgänger
from voraussetzen, Vorlesungen
where Nachfolger = VorlNr **and**
        Titel = 'Der Wiener Kreis';

Als Ergebnis erhält man die direkten Vorgänger der Vorlesung „Der Wiener Kreis" – in unserer Beispielausprägung ist das lediglich die eine Vorlesung „Wissenschaftstheorie". Um festzustellen, welche Vorlesungen für die direkten Vorgänger gebraucht werden, stellt man die Anfrage:

select Vorgänger
from voraussetzen
where Nachfolger **in** (**select** Vorgänger
                from voraussetzen, Vorlesungen
                where Nachfolger = VorlNr **and**
                        Titel = 'Der Wiener Kreis');

select p.PersNr, p.Name, f.PersNr, f.Note, f.MatrNr, s.MatrNr, s.Name
from Professoren p **left outer join**
(prüfen f **left outer join** Studenten s **on** f.MatrNr = s.MatrNr)
on p.PersNr = f.PersNr;

p.PersNr	p.Name	f.PersNr	f.Note	f.MatrNr	s.MatrNr	s.Name
2126	Russel	2126	1	28106	28106	Carnap
2125	Sokrates	2125	2	25403	25403	Jonas
2137	Kant	2137	2	27550	27550	Schopenhauer
2136	Curie	–	–	–	–	–
⋮	⋮	⋮	⋮	⋮	⋮	⋮

select p.PersNr, p.Name, f.PersNr, f.Note, f.MatrNr, s.MatrNr, s.Name
from Professoren p **right outer join**
(prüfen f **right outer join** Studenten s **on** f.MatrNr = s.MatrNr)
on p.PersNr = f.PersNr;

p.PersNr	p.Name	f.PersNr	f.Note	f.MatrNr	s.MatrNr	s.Name
2126	Russel	2126	1	28106	28106	Carnap
2125	Sokrates	2125	2	25403	25403	Jonas
2137	Kant	2137	2	27550	27550	Schopenhauer
–	–	–	–	–	26120	Fichte
⋮	⋮	⋮	⋮	⋮	⋮	⋮

select p.PersNr, p.Name, f.PersNr, f.Note, f.MatrNr, s.MatrNr, s.Name
from Professoren p **full outer join**
(prüfen f **full outer join** Studenten s **on** f.MatrNr = s.MatrNr)
on p.PersNr = f.PersNr;

p.PersNr	p.Name	f.PersNr	f.Note	f.MatrNr	s.MatrNr	s.Name
2126	Russel	2126	1	28106	28106	Carnap
2125	Sokrates	2125	2	25403	25403	Jonas
2137	Kant	2137	2	27550	27550	Schopenhauer
–	–	–	–	–	26120	Fichte
⋮	⋮	⋮	⋮	⋮	⋮	⋮
2136	Curie	–	–	–	–	–
⋮	⋮	⋮	⋮	⋮	⋮	⋮

Abbildung 4.3: Äußere Joins in SQL-92

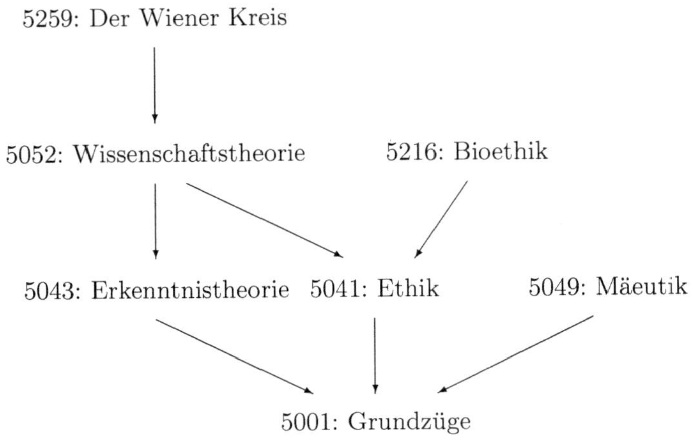

Abbildung 4.4: Grafische Darstellung von *voraussetzen*

Alternativ kann man diese Anfrage mit Hilfe von Tupelvariablen ohne Schachtelung formulieren:

```
select v1.Vorgänger
from voraussetzen v1, voraussetzen v2, Vorlesungen v
where v1.Nachfolger = v2.Vorgänger and
      v2.Nachfolger = v.VorlNr and
      v.Titel = 'Der Wiener Kreis';
```

Aber mit den indirekten Vorgängern erster Stufe ist man noch nicht fertig. Es müssen immer weitere indirekte Vorgänger gesucht werden, bis sich keine weiteren Vorlesungen mehr hinzugesellen. Erst dann ist die Menge aller Voraussetzungen gefunden. Die indirekten Vorgänger n-ter Stufe werden also wie folgt gebildet:

```
select v1.Vorgänger
from voraussetzen v1,
     ⋮
     voraussetzen vn_minus_1
     voraussetzen vn,
     Vorlesungen v
where v1.Nachfolger = v2.Vorgänger and
      ⋮
      vn_minus_1.Nachfolger = vn.Vorgänger and
      vn.Nachfolger = v.VorlNr and
      v.Titel = 'Der Wiener Kreis' ;
```

Das ist sehr umständlich, leider aber im SQL-Standard nicht anders möglich. Es fehlt eine Möglichkeit zur Berechnung von *transitiven Hüllen*. Die transitive Hülle

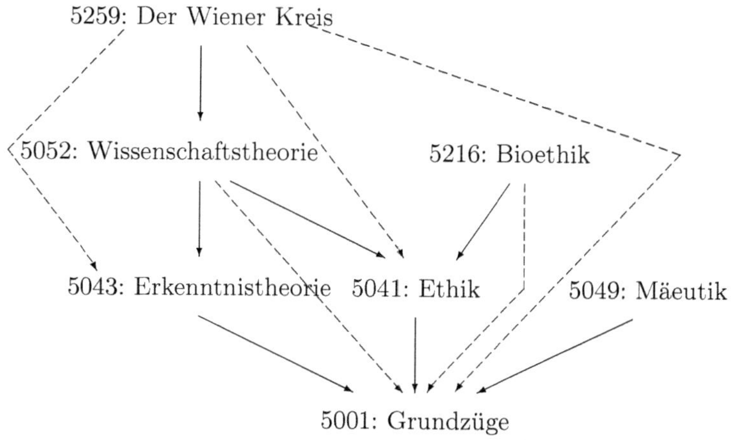

Abbildung 4.5: Die transitive Hülle der Beziehung *voraussetzen*

einer Relation R mit zwei Attributen A und B gleichen Typs ist definiert als:

$$\begin{aligned} trans_{A,B}(R) = \{(a,b) \mid\ & \exists k \in I\!N\ (\exists \tau_1, \ldots, \tau_k \in R(\\ & \tau_1.A = \tau_2.B\ \wedge \\ & \tau_2.A = \tau_3.B\ \wedge \\ & \vdots \\ & \tau_{k-1}.A = \tau_k.B\ \wedge \\ & \tau_1.A = a\ \wedge \\ & \tau_k.B = b))\} \end{aligned}$$

Sie enthält damit alle Tupel (a, b), für die ein Pfad beliebiger Länge k in R existiert. Die transitive Hülle unseres Beispiels ist in Abbildung 4.5 dargestellt.

Damit ist SQL nicht Turing-vollständig. Da sich aber alle Ausdrücke der relationalen Algebra in SQL übertragen lassen und die Ausdruckskraft von relationaler Algebra und Relationenkalkül äquivalent ist, sind auch diese beiden formalen Anfragesprachen nicht Turing-vollständig.

Oracle ermöglicht das Traversieren hierarchischer Beziehungen. Es bietet einen **connect by**-Befehl an, der die Verbindung von Eltern-Objekten zu ihren Kindern angibt.[7] Die folgende Anfrage findet alle Vorgänger der Vorlesung „Der Wiener Kreis".

```
select Titel
from Vorlesungen
where VorlNr in (select Vorgänger
                 from voraussetzen
                 connect by Nachfolger = prior Vorgänger
```

[7] Dieser Befehl ist jedoch, wie gesagt, nicht im SQL-92 Standard enthalten. Rekursive Anfragen wurden erst im SQL-99 Standard in anderer Weise, die wir im Anschluss diskutieren, eingeführt.

```
start with Nachfolger = (select VorlNr
                         from Vorlesungen
                         where Titel = 'Der Wiener Kreis'));
```

Mit **start with** wird der Ausgangspunkt für die Tiefensuche festgelegt, in unserem Fall die Vorlesungsnummer der Vorlesung „Der Wiener Kreis“. Die Verbindungsbedingung für **connect by** besagt, dass der *Vorgänger* des Elternknotens mit dem *Nachfolger* des Kindknotens übereinstimmen soll. Attribute des Elternknotens werden durch **prior** markiert. Das Ergebnis lautet:

Titel
Grundzüge
Ethik
Erkenntnistheorie
Wissenschaftstheorie

Die obige Formulierung ist Oracle-spezifisch. Gemäß des SQL-99 Standards könnte man die Anfrage wie folgt formulieren:

```
with recursive TransVorl (Vorg , Nachf)
as ( select Vorgänger, Nachfolger from voraussetzen
     union all
     select t.Vorg, v.Nachfolger
     from TransVorl t, voraussetzen v
     where t.Nachf = v.Vorgänger )

select Titel from Vorlesungen where VorlNr in
    ( select Vorg from TransVorl where Nachf in
        ( select VorlNr from Vorlesungen where Titel = 'Der Wiener Kreis' ) )
```

In der **with**-Klausel wird eine temporäre (rekursive) Sicht namens *TransVorl* – für die Dauer der Anfragebearbeitung – definiert. Man kann *TransVorl* wie eine „normale“ Relation auffassen, die genau die Daten enthält, die sich aus der zugeordneten Anfrage als Ergebnis ergeben. Diese Sicht ist hier rekursiv definiert, da *TransVorl* in der SQL-Definition der Sicht vorkommt. Durch diese Sichtendefinition wird also die transitive Hülle der Relation *voraussetzen* definiert, die dann in der darunter stehenden Anfrage ausgenutzt wird.

Zum Verständnis der Definition der Sicht *TransVorl* trägt – zumindest für Leser mit etwas Erfahrung in logischer Programmierung – die Definition dieser Sicht in der Form von Prolog- oder Datalog-Regeln (siehe auch Kapitel 15) bei:

```
TransVorl(V,N) :- voraussetzen(V,N).
TransVorl(V,N) :- TransVorl(V,Z), voraussetzen(Z,N).
```

Hierbei gehen wir davon aus, dass die Fakten der Relation *voraussetzen* in der Form *voraussetzen*(5001,5041) und *voraussetzen*(5041,5052) vorgegeben sind. Dann definiert die erste Regel, dass alle direkten *Vorgänger*, *Nachfolger*-Paare der Relation *voraussetzen* in der Sicht *TransVorl* enthalten sind. Die zweite Regel erweitert diese

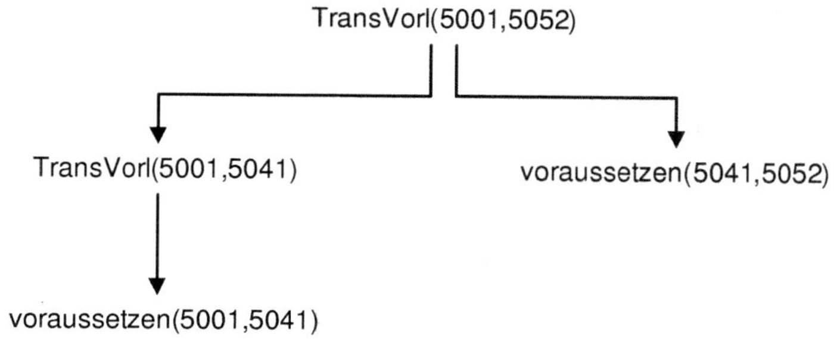

Abbildung 4.6: Herleitung eines Tupels der Sicht TransVorl

Sicht, so dass V ein Vorgänger von N ist, falls V gemäß *TransVorl* ein Vorgänger von Z ist und Z gemäß *voraussetzen* ein direkter Vorgänger von N ist. Gemäß der ersten Regel gilt dann also beispielsweise *TransVorl*(5001,5041). Dann läßt sich mittels der zweiten Regel auch *TransVorl*(5001,5052) herleiten, da *TransVorl*(5001,5041) und *voraussetzen*(5041,5052) gelten. Diese Herleitung geschieht durch folgende Substitution der Variablen: $V \leftarrow 5001, Z \leftarrow 5041, N \leftarrow 5052$. Die obige Herleitung ist in Abbildung 4.6 als Baumstruktur visualisiert. Eine detailliertere Erklärung hierzu findet sich in Kapitel 15.

Diese beiden Regeln zur Definition von *TransVorl* findet man in der SQL-Sichtendefinition – in etwas verboserer Syntax – als die zwei Argumente der Vereinigung **union all** wieder.

Der SQL3- bzw. SQL:1999-Standard enthält die Rekursion in DB2-ähnlicher Form. Trotz dieser Möglichkeiten, rekursive Anfragen stellen zu können, ist SQL dennoch nicht Turing-vollständig – wenn man nur die Kernsprache ohne benutzerdefinierte Funktionen betrachtet. Es wird lediglich ein Spezialfall abgedeckt, der jedoch relativ häufig vorkommt. Man beachte, dass die Ausdruckskraft von SQL mit diesen Möglichkeiten über die Ausdruckskraft der relationalen Algebra – und damit auch des Relationenkalküls – hinausgeht.

4.17 Veränderungen am Datenbestand

In Abschnitt 4.3 wurde ja schon ein Befehl vorgestellt, mit dem Veränderungen am Datenbestand durchgeführt werden konnten: der **insert**-Befehl. Zusätzlich zur direkten Angabe konstanter Werte können Tupel auch durch eine Anfrage generiert werden. Sollte Sokrates beispielsweise der Meinung sein, dass alle Studenten seine Logik-Vorlesung besuchen sollen, kann er das mit folgendem SQL-Befehl – zumindest in der Datenbasis – bewirken:

```
insert into hören
    select MatrNr, VorlNr
    from Studenten, Vorlesungen
    where Titel = 'Logik';
```

Es ist möglich, beim Einfügen nur einen Teil der Attribute anzugeben, falls beispielsweise einige Werte unbekannt sind. Dazu werden die gewünschten Attribute in Klammern hinter dem Tabellennamen angegeben. Die nicht definierten Felder werden vom System mit einem Nullwert aufgefüllt. Im Beispiel wird der Nullwert durch einen Bindestrich angedeutet.

insert into Studenten (MatrNr, Name)
  values (28121, 'Archimedes');

Studenten		
MatrNr	Name	Semester
⋮	⋮	⋮
29120	Theophrastos	2
29555	Feuerbach	2
28121	Archimedes	–

Zum Löschen wird der **delete**-Befehl verwendet, bei dem durch die Angabe einer Bedingung eine Auswahl unter den Tupeln getroffen werden kann. Diejenigen Studenten, die bereits länger als 13 Semester studieren, werden mit

delete from Studenten
  where Semester > 13;

entfernt. Bestehende Zeilen können mit dem **update**-Befehl verändert werden. Bei Beginn eines neuen Semesters müssen in unserem Beispiel die Semesterzahlen der Studenten erhöht werden:

update Studenten
  set Semester = Semester + 1;

Selbstverständlich wäre auch hier eine nähere Qualifizierung der zu ändernden Tupel mit einer **where**-Bedingung möglich.

Es ist noch wichtig zu wissen, dass alle Änderungsoperationen in SQL in zwei Schritten ausgeführt werden. Im ersten Schritt werden die Kandidaten für die Änderungsoperation gebildet, im zweiten Schritt wird dann die Operation auf den Kandidaten ausgeführt. Beim **insert**-Befehl wird zunächst eine temporäre Tabelle mit dem Ergebnis der **select**-Anfrage gebildet, die dann erst *komplett* in die Zieltabelle eingefügt wird. Bei **delete** werden alle zu löschenden Tupel markiert und dann *auf einmal* entfernt. Ein **update** führt die **set**-Operation basierend auf den Werten der Originaltabelle in einer temporären Tabelle durch. Erst dann überschreiben die modifizierten Tupel die Originaltabelle.

Ohne diese aufwendige Verarbeitung könnte das Ergebnis einer Änderungsoperation von der Reihenfolge, in der die Tupel verarbeitet werden, abhängen. Dies würde sicherlich der mengenorientierten Semantik einer deklarativen Sprache widersprechen. Wenn beispielsweise in der Relation *voraussetzen* nur noch direkte Abhängigkeiten von Grundlagenvorlesungen[8] gespeichert werden sollen, kann man alle anderen Tupel mit

[8]Grundlagenvorlesungen seien solche, zu denen es in *voraussetzen* keine *Vorgänger* gibt.

```
delete from voraussetzen
    where Vorgänger in ( select Nachfolger
                         from voraussetzen );
```

entfernen. Ohne einen Markierungsschritt hängt das Ergebnis dieser Anfrage von der Reihenfolge der Tupel in der Relation ab. Eine Abarbeitung in der Reihenfolge der Beispielausprägung in Abbildung 3.8 würde das letzte Tupel (5052, 5259) fälschlicherweise erhalten, da vorher bereits alle Tupel mit 5052 als *Nachfolger* entfernt wurden.

4.18 Sichten

Ein wichtiges Konzept, um ein Datenbanksystem an die Bedürfnisse unterschiedlicher Benutzergruppen anpassen zu können, sind Sichten (engl. *views*). Auf konzeptueller Ebene wurden sie bereits in Kapitel 2 eingeführt. Dort war eine Sicht eine Beschreibung der für eine bestimmte Benutzergruppe interessanten Datenmenge. Es ist aber nicht nur wichtig festzulegen, welche Daten Benutzer sehen wollen, sondern auch, welche sie nicht sehen dürfen. In Kapitel 12 werden Datenschutz-Mechanismen vorgestellt, um bestimmte Daten Benutzern zugänglich bzw. unzugänglich zu machen. Dieses wird im Allgemeinen mit Hilfe von Sichten verfeinert: Sie bieten virtuelle Relationen an, die nur einen Ausschnitt des gesamten Modells zeigen. „Virtuell" heißt in diesem Zusammenhang, dass keine neuen Tabellen angelegt werden, vielmehr werden sie bei jeder Verwendung neu berechnet. Ein Beispiel einer Sicht auf *prüfen* sei die Einschränkung, dass nicht alle Benutzer das Ergebnis einer Prüfung einsehen dürfen. Diese Einschränkung kann realisiert werden durch:

```
create view prüfenSicht as
    select MatrNr, VorlNr, PersNr
    from prüfen;
```

Wird die Sicht *prüfenSicht* nun in einer Anfrage verwendet, berechnet das Datenbanksystem automatisch an deren Stelle den obigen **select**-Ausdruck.

Man kann Daten auch dadurch anonymisieren, dass man sie verdichtet, also aggregiert. Ein Beispiel dafür ist die nachfolgende Sicht *PrüferHärte*:

```
create view PrüferHärte(Name, HärteGrad) as (
    select prof.Name, avg(pruef.Note)
    from Professoren prof join prüfen pruef on
            prof.PersNr = pruef.PersNr
    group by prof.Name, prof.PersNr
            having count(*) >= 50 )
```

Hier wird also eine Sicht definiert, die den Professoren ihre in allen bisher abgenommenen Prüfungen vergebene Durchschnittsnote zuordnet. Durch die **having**-Klausel werden die Professoren ausgenommen, die bislang weniger als 50 Prüfungen abgenommen haben. Dadurch wird die Anonymität einzelner Prüfungen auch dann gewährleistet, wenn sie von Professoren abgenommen wurden, die bislang noch keine oder sehr wenige Prüfungen abgenommen haben. Warum?

Eine andere Einsatzmöglichkeit ist die Vereinfachung von Anfragen. Man kann eine Sicht dabei als eine Art Makro benutzen. Die folgende Sicht assoziiert Studenten mit den Professoren, bei denen sie Vorlesungen gehört haben.

create view StudProf(SName, Semester, Titel, PName) **as**
  select s.Name, s.Semester, v.Titel, p.Name
  from Studenten s, hören h, Vorlesungen v, Professoren p
  where s.MatrNr = h.MatrNr **and** h.VorlNr = v.VorlNr **and**
    v.gelesenVon = p.PersNr;

Da die Namen der Spalten nicht eindeutig sind, muss eine Neubenennung erfolgen – hier *SName* für die Namen der Studenten und *PName* für die Namen der Professoren. Die neuen Namen werden in Klammern hinter dem Namen der Sicht angegeben. Dieses Konstrukt muss auch benutzt werden, wenn die Werte einer Ergebnisspalte in der Anfrage erst berechnet werden. Man kann die so definierte Sicht dann ganz „normal" in Anfragen verwenden.

Um herauszufinden, in welchen Semestern die Studenten von Sokrates sind, genügt jetzt die sehr einfache Anfrage

select distinct Semester
from StudProf
where PName = 'Sokrates';

An dieser Anfrage ist gut erkennbar, dass man durch das Sichtenkonzept die Benutzung der Datenbank für bestimmte Benutzergruppen vereinfachen kann.

4.19 Sichten zur Modellierung von Generalisierungen

Bei der Modellierung von Generalisierungen dienen Sichten zur Realisierung von *Inklusion* und *Vererbung*: Objekte (hier Tupel) eines Untertyps einer Generalisierungshierarchie sollen auch automatisch zu ihrem Obertyp gehören und die Attribute des Obertyps erben. Dabei kann entweder der Obertyp oder der Untertyp als Sicht definiert werden. Bild 4.7 demonstriert die beiden Alternativen anhand der Generalisierung von *Professoren* und *Assistenten* zu *Angestellte.*

Die linke Alternative in Abbildung 4.7 (a) zeigt die Modellierung der Untertypen *Professoren* und *Assistenten* als Sicht. Die Relation *Angestellte* mit ihren zwei Attributen *PersNr* und *Name* existiert physisch in der Datenbasis. Zusätzlich werden zwei Relationen *ProfDaten* und *AssiDaten* gebildet. *ProfDaten* ergänzt die Daten der Angestellten, die auch Professoren sind, um die Attribute *Rang* und *Raum.* Analog enthält *AssiDaten* die fehlenden Attribute *Fachgebiet* und *Boss* für Assistenten. Diese beiden Relationen sind allerdings nicht Teil der Benutzerschnittstelle. Für die Benutzer werden zusätzlich zur sichtbaren Basisrelation *Angestellte* die zwei Sichten *Professoren* und *Assistenten* als Verbund (Join) der generellen und speziellen Daten definiert. Sie können wie bisher mit *Professoren* und *Assistenten* arbeiten.

Diese Modellierung bevorzugt Zugriffe auf die Daten des Typs *Angestellte*, aber benachteiligt Zugriffe auf *Professoren* und *Assistenten. Angestellte* sind unmittelbar

```
create table Angestellte
  ( PersNr     integer not null,
    Name       varchar(30) not null );

create table ProfDaten
  ( PersNr     integer not null,
    Rang       character(2),
    Raum       integer);

create table AssiDaten
  ( PersNr     integer not null,
    Fachgebiet varchar(30),
    Boss       integer);

create view Professoren as
    select *
    from Angestellte a, ProfDaten d
    where a.PersNr = d.PersNr;

create view Assistenten as
    select *
    from Angestellte a, AssiDaten d
    where a.PersNr = d.PersNr;
```

(a) Untertypen als Sicht

```
create table Professoren
  ( PersNr     integer not null,
    Name       varchar(30) not null,
    Rang       character(2),
    Raum       integer);

create table Assistenten
  ( PersNr     integer not null,
    Name       varchar(30) not null,
    Fachgebiet varchar(30),
    Boss       integer);

create table AndereAngestellte
  ( PersNr     integer not null,
    Name       varchar(30) not null);

create view Angestellte as
  ( select PersNr, Name
    from Professoren )
  union
  ( select PersNr, Name
    from Assistenten )
  union
  ( select *
    from AndereAngestellte );
```

(b) Obertypen als Sicht

Abbildung 4.7: Modellierungsmöglichkeiten für Generalisierungen

verfügbar, für *Professoren* und *Assistenten* müssen i.A. bei einer Anfrage die Daten durch einen relativ aufwendigen Join verbunden werden. Zusätzlich entstehen die im nächsten Abschnitt beschriebenen Probleme, wenn Sichten verändert werden sollen.

Die rechte Alternative in Abbildung 4.7 (b) realisiert die Generalisierung auf die umgekehrte Weise: *Professoren* und *Assistenten* sind als Relationen physisch in der Datenbasis vorhanden. Zusätzlich existiert eine Basisrelation *AndereAngestellte*, die es ermöglicht, auch Angestellte zu speichern, die weder Professoren noch Assistenten sind. Der Obertyp *Angestellte* wird als Sicht definiert, indem er, nach geeigneter Projektion, die Relationen *Professoren*, *Assistenten* und *AndereAngestellte* vereinigt. In diesem Fall werden Zugriffe auf die Untertypen bevorzugt. Mit Hilfe von Übungsaufgabe 4.23 können die Vor- und Nachteile der beiden Modellierungen anhand eines konkreten Beispiels nachvollzogen werden. Insbesondere sollten sich die Leser über die Möglichkeiten der Änderung von Daten bewusst werden – im nächsten Abschnitt gehen wir darauf ein, dass Sichten im Allgemeinen nicht änderbar sind.

Die obigen Beispiele zeigen letzten Endes, wie Sichten zur Gewährleistung logischer Datenunabhängigkeit eingesetzt werden können. Dies ist nochmals in Abbildung 4.8 skizziert. Die logische Datenunabhängigkeit schützt die Benutzer in gewissen Grenzen vor Veränderungen am Datenbankschema. Unabhängig davon, ob

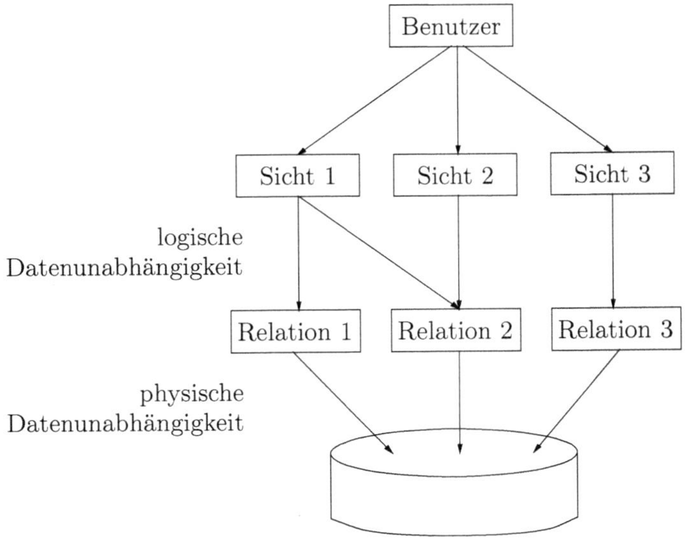

Abbildung 4.8: Sichten zur Gewährleistung von Datenunabhängigkeit

beispielsweise der Ober- oder der Untertyp als Sicht definiert wurde, den Benutzern wird eine einheitliche Schnittstelle geboten.

4.20 Charakterisierung update-fähiger Sichten

Sichten haben das inhärente Problem, dass sie nicht immer änderbar (update-fähig) sind. Ein anschauliches Beispiel ist die folgende Sicht:

create view WieHartAlsPrüfer(PersNr, Durchschnittsnote) **as**
  select PersNr, **avg**(Note)
  from prüfen
  group by PersNr;

Diese Sicht ist nicht veränderbar, da sie das berechnete Attribut *Durchschnittsnote* enthält. Eine Änderungsoperation lässt sich nicht mehr auf die ursprüngliche Basisrelation *prüfen* zurückpropagieren. Die folgende Operation würde also vom DBMS zurückgewiesen werden.

update WieHartAlsPrüfer
  set Durchschnittsnote = 1.0
  where PersNr = (**select** PersNr
    from Professoren
    where Name = 'Sokrates');

Nehmen wir an, es wäre eine Sicht zur Vermeidung des expliziten Joins von Vorlesungen und Professoren definiert. Es soll nun eine neue Vorlesung eingefügt werden:

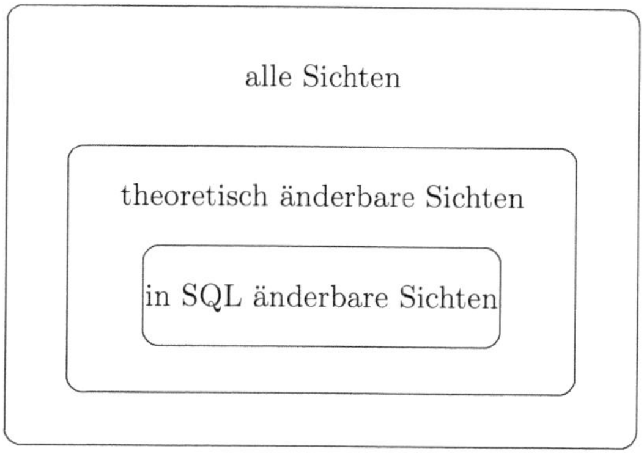

Abbildung 4.9: Änderbarkeit von Sichten

create view VorlesungenSicht **as**
  select Titel, SWS, Name
  from Vorlesungen, Professoren
  where gelesenVon = PersNr;

insert into VorlesungenSicht
  values ('Nihilismus', 2, 'Nobody');

Dieser Versuch wird jedoch scheitern, da Veränderungen hier nicht möglich sind. Um das obige Tupel einfügen zu können, müsste das DBMS die eingetragenen Werte den ursprünglichen Relationen zuordnen können. Das ist aber nicht immer möglich, da die Sicht die Schlüssel der ursprünglichen Relationen herausprojiziert hat. Im Allgemeinen sind Sichten veränderbar, wenn

- sie weder Aggregatfunktionen, noch Anweisungen wie **distinct**, **group by** und **having** enthalten,
- in der **select**-Liste nur eindeutige Spaltennamen stehen und ein Schlüssel der Basisrelation enthalten ist und
- sie nur genau eine Tabelle (also Basisrelation oder Sicht) verwenden, die ebenfalls veränderbar sein muss.

Grundsätzlich gilt, dass die gemäß SQL änderbaren Sichten eine Untermenge der theoretisch änderbaren Sichten darstellen. D.h. es gibt Sichtendefinitionen, bei denen theoretisch die eindeutige Propagierung von Änderungen auf die Basisrelationen möglich wäre, SQL diese Änderungen aber dennoch ausschließt. Diese Tatsache ist in Abbildung 4.9 skizziert.

4.21 Einbettung von SQL in Wirtssprachen

Viele Anwendungen erfordern die Einbettung von SQL in eine Wirtssprache (engl. Embedded SQL), z.B. wenn eine benutzerfreundliche Umgebung erstellt oder Turing-Vollständigkeit erreicht werden soll. Exemplarisch wollen wir hier die Einbettung in C mit Hilfe eines Präcompilers untersuchen. SQL-Anweisungen werden dabei im Quelltext mit dem Präfix **exec sql** markiert und vom Präcompiler in entsprechenden Code umgewandelt. Sogenannte Kommunikationsvariablen bewirken den Datenaustausch zwischen dem C-Programm und dem DBMS. Bild 4.10 zeigt ein Programmbeispiel, das Studenten gemäß eingegebener Matrikelnummer exmatrikuliert.

Zunächst wird die Datei „SQLCA.h" eingebunden. Sie beinhaltet die Definition für eine Statusvariable, mit der Laufzeitfehler und Statusmeldungen des DBMS abgefragt werden können (SQL Communication Area).

Die ersten vier Zeilen des Hauptprogramms definieren Kommunikationsvariablen. Diese Variablen können von dort an sowohl im C-Programm als auch in SQL-Anweisungen verwendet werden. Um sie in SQL-Anweisungen von Datenbank-Objekten zu unterscheiden, müssen sie dort mit einem „:" markiert werden.

Zur Behandlung von Fehlerzuständen bietet der Präcompiler das **whenever**-Konstrukt an, welches die automatische Überprüfung der SQLCA steuert. Sobald der angegebene Fehlerzustand auftritt, hier also **sqlerror**, wird eine bestimmte Aktion ausgeführt. In unserem Fall wird zur Marke „*error*:" gesprungen. Alternativ können auch Funktionen aufgerufen (**do** function()), das Programm abgebrochen (**stop**) oder der Fehler einfach ignoriert werden (**continue**). Um Endlosschleifen zu vermeiden, sollte als erste Handlung bei Fehlern die Fehlerbenachrichtigung abgeschaltet werden.

Die Verbindung zur Datenbank wird durch einen **connect**-Befehl unter Angabe der Datenbank-Kennung durchgeführt. Die Kennung wird im Beispiel nach dem Start vom Benutzer eingegeben.

Im Hauptteil des Programms werden immer wieder Matrikelnummern abgefragt und Studenten mit der entsprechenden Matrikelnummer gelöscht, bis der Benutzer eine Null eingibt.

Die letzten Zeilen sorgen für ein ordnungsgemäßes Beenden der Transaktion und das Abmelden beim Datenbank-System. Näheres dazu in Kapitel 9.[9]

4.22 Anfragen in Anwendungsprogrammen

Bei der Verwendung des **select**-Befehls in Anwendungsprogrammen muss man zwischen zwei Arten von Anfragen unterscheiden: solche, die höchstens ein Tupel zurückliefern und solche, die mehrere Tupel – also Relationen – zurückliefern können. Im ersten Fall genügt eine einfache Angabe, in welche Kommunikationsvariablen die Attribute des Tupels kopiert werden sollen. Die Berechnung des Durchschnitts der Semesterzahlen der Studenten ist ein Beispiel dafür; sei *avgsem* eine entsprechend deklarierte Kommunikationsvariable.

```
exec sql select avg(Semester)
         into :avgsem
         from Studenten;
```

[9]Wenn ein Programm nicht durch explizite Angaben von **commit**- oder **rollback**-Angaben anders aufgeteilt wird, wird es als eine Transaktion behandelt und bei Termination automatisch ein **rollback** ausgeführt. Die **rollback**-Operation stellt den Originalzustand der Datenbasis vor Ausführung des Programms wieder her. **release** sorgt für die Freigabe aller Sperren und das Abmelden von der Datenbank.

```
#include <stdio.h>

/* Kommunikationsvariablen deklarieren */
exec sql begin declare section;
    varchar user_passwd[30];
    int exMatrNr;
exec sql end declare section;

exec sql include SQLCA;

main()
{
    /* Benutzeridentifikation und Authentisierung */
    printf("Name/Password: ");
    scanf("%s", user_passwd.arr);
    user_passwd.len = strlen(user_passwd.arr);

    exec sql whenever sqlerror goto error;
    exec sql connect :user_passwd;

    while (1) {
        printf("Matrikelnummer (0 zum beenden): ");
        scanf("%d", &exMatrNr); /* einlesen der MatrNr */
        if (!exMatrNr) break; /* bei Eingabe von 0 verlasse Schleife */

        exec sql delete from Studenten
                where MatrNr = :exMatrNr;
    }

    exec sql commit work release;
    exit(0);

error:
    exec sql whenever sqlerror continue;
    exec sql rollback work release;
    printf("Fehler aufgetreten!\n");
    exit(-1);
}
```

Abbildung 4.10: Ein Programmbeispiel mit Embedded SQL

Der zweite Fall, wenn als Ergebnis also Mengen von Tupeln zurückgeliefert werden, gestaltet sich schwieriger: Die traditionellen Programmiersprachen besitzen keine eingebauten Möglichkeiten zur Verwaltung von Mengen. Hier wird das sogenannte *Cursor-Konzept* verwendet. Mit diesem Konzept kann man eine Menge von Tupeln iterativ, eines nach dem anderen, bearbeiten. Der Cursor zeigt dabei jeweils auf das Tupel, das aktuell in Bearbeitung ist.

In Embedded SQL wird ein Cursor in vier Schritten benutzt, die, zusätzlich zur folgenden Beschreibung, in Abbildung 4.11 grafisch dargestellt sind. Zunächst muss der Cursor deklariert und damit die zugehörige Anfrage festgelegt werden:

```
exec sql declare c4profs cursor for
        select Name, Raum
        from Professoren
        where Rang = 'C4';
```

Im zweiten Schritt wird der Cursor geöffnet, wodurch er implizit auf das erste Tupel der Ergebnismenge positioniert wird:

```
exec sql open c4profs;
```

Nun können die Daten Schritt für Schritt zum Anwendungsprogramm übertragen werden. Liegen keine Daten mehr an, wird dies durch entsprechendes Setzen der Statusvariablen angezeigt.

```
exec sql fetch c4profs into :pname, :praum;
```

Im letzten Schritt wird der Cursor geschlossen. Erst durch Schließen und erneutes Öffnen kann der Cursor wiederverwendet werden.

```
exec sql close c4profs;
```

Die Einbettung von SQL in Programmiersprachen hat diverse Nachteile. Wie bereits erwähnt, besitzen die meisten traditionellen Programmiersprachen keine eingebauten Möglichkeiten zur Mengenverarbeitung. Sie bearbeiten Datensätze iterativ (one record at a time), während SQL mengenorientiert arbeitet. Diesen Gegensatz nennt man *Impedance Mismatch*. Das Cursorkonzept ist eine künstliche Angleichung an die tupelorientierte Arbeitsweise. Bei komplexeren Anwendungen entsteht vielfach ein „Reibungsverlust", der durch das wiederholte Schließen und Öffnen eines Cursors oder das Zwischenspeichern von bereits geholten Ergebnissen entsteht. Diese Situation wurde mit SQL-92 zwar etwas gelindert, da dort die Cursor-Steuerung verbessert wurde. Im Endeffekt bleibt der Paradigmenunterschied zwischen satz- und mengenorientierter Verarbeitung allerdings bestehen.

4.23 JDBC: Java Database Connectivity

Bei der Entwicklung von Internet-Anwendungen hat sich die Programmiersprache Java durchgesetzt, deshalb wollen wir nachfolgend die beiden Datenbankanbindungen JDBC und SQLJ für Java-Programme vorstellen. Im vorigen Abschnitt haben wir die Einbettung von SQL in die Programmiersprache C bzw. C++ beschrieben.

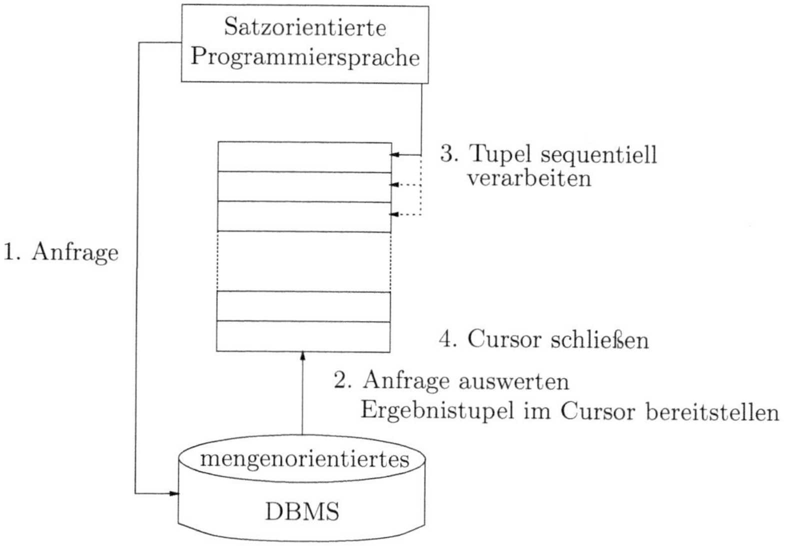

Abbildung 4.11: Grafische Veranschaulichung der Cursor-Schnittstelle

Eine ähnliche Einbettung von SQL in Java existiert mittlerweile auch unter dem Namen SQLJ. Der Vorteil der „echten" Einbettung von SQL in eine Programmiersprache besteht darin, dass man schon zur Übersetzungszeit die syntaktische Korrektheit sowie die Typkonsistenz der SQL-Ausdrücke überprüfen kann. Als Nachteil ist zu sehen, dass man sich auf statische (also fest vorgegebene) SQL-Ausdrücke beschränken muss. Damit wäre z.B. die von uns über die Webseite

`http://www-db.in.tum.de/research/publications/books/DBMSeinf`

zur Verfügung gestellte SQL-Schnittstelle, mit der Studierende beliebige SQL-Anfragen formulieren und testen können, sehr schwer zu realisieren. Ein weiterer möglicher Nachteil der Einbettung von SQL besteht darin, dass die Datenbank-Hersteller proprietäre SQL-Erweiterungen realisiert haben, die die Portierung eines Programms mit eingebetteten SQL-Ausdrücken von einem Datenbanksystem auf ein anderes erschweren. Auch ist der Zugriff auf mehrere (heterogene) Datenbanksysteme mittels eingebettetem SQL schwierig zu realisieren.

Für hochgradig dynamische Zugriffe auf Datenbanken wurde ursprünglich die standardisierte Schnittstelle namens Open Database Connectivity (ODBC) entwickelt, die für C bzw. C++ konzipiert war. Nach dem „Siegeszug" der Programmiersprache Java wurde diese Schnittstelle speziell für Java-Programme angepasst und ist unter dem Namen JDBC (Java Database Connectivity) bekannt. Diese Schnittstelle bezeichnet man manchmal auch als Call-Level Interface (CLI). Die SQL-Anweisungen werden als (dynamisch generierbare) Text-Strings an das Datenbanksystem übergeben. Wenn man sich bei der Verwendung der JDBC-Schnittstelle auf standardisierte SQL-Konstrukte beschränkt – also proprietäre SQL-Erweiterungen

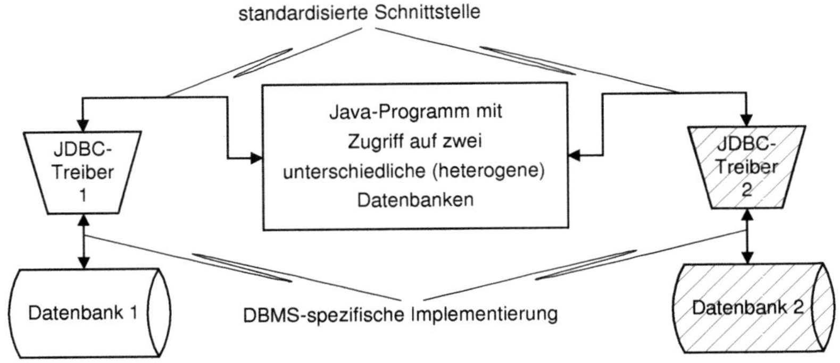

Abbildung 4.12: Zugriff auf mehrere Datenbanken via JDBC

der einzelnen Datenbank-Hersteller vermeidet – erzielt man leicht portierbare Programme. D.h. solche Anwendungen können auf unterschiedlichen Datenbanksystemen laufen und es ist auch möglich, dass man aus einem Java-Programm problemlos auf mehrere unterschiedliche (heterogene) Datenbanken zugreift. Dieser letzte Aspekt ist in Abbildung 4.12 illustriert: Die Programmierschnittstelle ist standardisiert; die Treiber sind Datenbanksystem-spezifisch realisiert.

4.23.1 Verbindungsaufbau zu einer Datenbank

Bevor man von einem Java-Programm mit der Datenbank kommunizieren kann, muss eine Verbindung aufgebaut werden. Die JDBC-Schnittstelle ist in dem Java-Package `java.sql` definiert, das importiert werden muss. Hierin ist u.a. auch ein sogenannter *DriverManager* enthalten, der die JDBC-Treiber verwaltet. Man muss den bzw. die notwendigen JDBC-Treiber laden, damit der *DriverManager* diese für den Verbindungsaufbau verwenden kann. Dies kann durch den Java-Ausdruck `Class.forName(''`*`Treiber-Name`*`'')` erfolgen. In unseren Beispielen verwenden wir zunächst einen Treiber für eine Oracle-Datenbank und später beim SQLJ-Beispiel (siehe Abbildung 4.14) einen Treiber für eine DB2-Datenbank, die wie folgt geladen werden:

```
Class.forName("oracle.jdbc.driver.OracleDriver");
// ...
Class.forName("COM.ibm.db2.jdbc.app.DB2Driver");
```

Danach kann man die Verbindung (ein Objekt vom Typ *Connection*) kreieren. Diese Aufgabe delegiert man an den *DriverManager*, indem man ihm über die Operation `getConnection()` die Adresse der Datenbank (in der Form einer URL) übergibt. Wenn eine Benutzeridentifikation (also Benutzername und Passwort) für die Datenbank notwendig ist, kann man diese dem *DriverManager* mit übergeben. Der Aufruf sieht dann wie folgt aus:

```
Connection conn = DriverManager.getConnection(DB_URL, name, passwd);
```

In unserem lokalen Netz wäre eine Verbindung mit unserem Oracle-Datenbanksystem wie folgt aufzubauen:

```
Connection conn = DriverManager.getConnection(
      "jdbc:oracle:oci8:@lsintern-db", "kemper", "meinPassw");
```

Um SQL-Ausdrücke an die Datenbank absetzen zu können, muss man zuvor noch ein `Statement`-Objekt generieren. Dies erledigt die Operation `createStatement` der Klasse `Connection` wie folgt:

```
Statement sql_stmt = conn.createStatement();
```

Anfragen können jetzt über die Operation `executeQuery()` und Änderungsoperationen über `executeUpdate()` durchgeführt werden. Als Beispiel wollen wir die C4-Professoren der Universität ermitteln:

```
ResultSet rset = sql_stmt.executeQuery(
     "select Name, Raum from Professoren where Rang = 'C4'" );
```

In diesem Programmfragment ist auch schon ein weiteres Konzept, der `ResultSet`, enthalten. Der `ResultSet` ist analog zum *Cursor*-Konzept in Embedded SQL und stellt eine Iterator-Schnittstelle für den Zugriff auf die Menge von Ergebnistupeln der SQL-Anfrage bereit. Von der Schnittstelle der Klasse `ResultSet` verwenden wir hier nur die eine Operation `next()`. Diese Operation schaltet auf das nächste (bzw. beim erstmaligen Aufruf auf das erste Ergebnistupel) und liefert den Boole'schen Wert *true* falls dieses existiert und sonst *false*.[10]

Zur Verarbeitung der Ergebnismenge iteriert man also z.B. in einer `while`-Schleife durch den `ResultSet`:

```
while(rset.next()) {
   System.out.print(rset.getString("Name"));
   // ...
   System.out.println(rset.getInt("Raum"));
}
```

Mit `rset.getString(''Name'')` greift man auf den String-Wert des Attributs `Name` des derzeit aktuellen Ergebnistupels zu. Man hätte auch über die Position des Attributs zugreifen können, also mit `reset.getString(1)`. Analog dazu extrahiert man den Attributwert von `Raum` mit `getInt(''Raum'')`. In unserem Fall werden diese Daten einfach nur ausgegeben – natürlich könnten die Daten hier beliebig verarbeitet werden, indem man sie in entsprechende Java-Objekte bzw. Variablen kopiert.

In unserem Beispiel waren die Attribut-Namen und -Typen durch die **select**-Klausel bekannt. Manchmal – insbesondere bei dynamisch generierten Anfragen, die z.B. vom Benutzer interaktiv eingegeben werden könnten – ist diese Information nicht (statisch) bekannt. Deshalb kann man vom jeweiligen `ResultSet` auch Metadaten über die Struktur der Ergebnistupel erfragen. Diese Information wird als `ResultSetMetaData`-Objekt zur Verfügung gestellt:

[10] Falls die SQL-Anfrage ein leeres Ergebnis lieferte, gibt `next()` schon beim ersten Aufruf *false* zurück und ein Zugriff auf ein Ergebnistupel ist dann natürlich nicht möglich.

```
ResultSetMetaData rsm = rset.getMetaData();
```

Über dieses Objekt ist die Anzahl der Attribute als `rsm.getColumnCount()` abzufragen. Der i-te Attributname ist als `rsm.getColumnName(i)` und der Typ des i-ten Attributs als `rsm.getColumnType(i)` ermittelbar. Bei Strings benötigt man für die Formatierung häufig auch deren Darstellungsbreite (Anzahl von Zeichen), die man mit der Operation `rsm.getColumnDisplaySize(i)` erfragen kann. Unter Nutzung dieser Metadaten kann man dann sehr flexible Web-Schnittstellen, über die Benutzer beliebige SQL-Anfragen absetzen können, realisieren (siehe Übungsaufgabe 19.1).

Zum Schluss der Verarbeitung der Ergebnismenge sollte man das `Statement` schließen und am Ende der Anwendung auch die Verbindung zur Datenbank „ordnungsgemäß" wieder schließen:

```
sql_stmt.close();
conn.close();
```

4.23.2 Resultset-Programmbeispiel

In obigen Erläuterungen von JDBC haben wir die Ausnahmenbehandlung, die in Java zwingend vorgeschrieben ist, der Übersichtlichkeit halber weggelassen. Bei allen Interaktionen mit der Datenbank müssen Ausnahmen (Exceptions) abgefangen werden. Dies geschieht in Java, indem man die entsprechenden Aktionen mittels `try{...} catch(...) {...}` wie folgt klammert:

```
try
   {
        // Datenbank-Interaktionen
   }
catch( ... )
   {
        // Ausnahmebehandlung
   }
```

In Abbildung 4.13 findet sich jetzt ein vollständiges (aber sehr kleines) Java-Programm, mit dem zunächst die durchschnittliche Semesterzahl der Studierenden und danach die C4-Professoren der Universität ausgegeben wird. Bei der Ermittlung der durchschnittlichen Semesterzahl erkennt man, dass in JDBC auch ein-elementige Ergebnisse von Anfragen über die `ResultSet`-Schnittstelle übermittelt werden.

4.23.3 Vorübersetzung von SQL-Ausdrücken

Die textuelle Weitergabe von SQL-Anweisungen an das Datenbanksystem erfordert jedesmal die vollständige Übersetzung und Optimierung der Anfrage bzw. der Änderungsoperation durch das Datenbanksystem. Dies kann sehr leicht zu einem Leistungsengpass führen. Zur Leistungssteigerung ist es in JDBC deshalb auch möglich, häufig auszuwertende SQL-Anweisungen nur einmal zu übersetzen und wiederzuverwenden. Dazu dienen die `PreparedStatements`.

```
import java.sql.*;   import java.io.*;

public class ResultSetExample {
  public static void main(String[] argv) {
    Statement sql_stmt = null;
    Connection conn = null;
    try {
      Class.forName("oracle.jdbc.driver.OracleDriver");
      conn = DriverManager.getConnection("jdbc:oracle:oci8:@lsintern-db",
                                         "nobody", "Passwort");
      sql_stmt = conn.createStatement();
    }
    catch (Exception e) {
      System.err.println("Folgender Fehler ist aufgetreten: " + e);
      System.exit(-1);
    }
    try {
      ResultSet rset = sql_stmt.executeQuery(
        "select avg(Semester) from Studenten");
      rset.next();   // eigentlich sollte man noch prüfen, ob Ergebnis leer
      System.out.println("Durchschnittsalter: " + rset.getDouble(1));
      rset.close();
    }
    catch(SQLException se) {
      System.out.println("Error: " + se);
    }
    try {
      ResultSet rset = sql_stmt.executeQuery(
        "select Name, Raum from Professoren where Rang = 'C4'");
      System.out.println("C4-Professoren:");
      while(rset.next())
      {
        System.out.println(rset.getString("Name") + " " +
                           rset.getInt("Raum"));
      }
      rset.close();
    }
    catch(SQLException se) {
      System.out.println("Error: " + se);
    }
    try {
      sql_stmt.close();
      conn.close();
    }
    catch (SQLException e) {
      System.out.println("Fehler beim Schliessen der DB-Verbindung: " + e);
    }
  }
}
```

Abbildung 4.13: Ein JDBC-Programmbeispiel mit `ResultSet`

```
PreparedStatement sql_exmatrikuliere =
    conn.prepareStatement("delete from Studenten where MatrNr = ?");
```

Hierbei ist das Fragezeichen ein Platzhalter für einen erst später (zur Laufzeit) einzufügenden Parameterwert. Es können auch mehrere Parameter vorkommen, die alle mit einem ? notiert werden. Die Substitution der Parameterwerte erfolgt über die relative Position der ?-Zeichen im SQL-Ausdruck – sie werden also einfach durchnumeriert. Für unser Beispiel erfolgt die Substitution (`setInt`) und die Ausführung (`executeUpdate`) wie folgt:

```
int VomBenutzerEingeleseneMatrNr;
   // zu löschende MatrNr einlesen
sql_exmatrikuliere.setInt(1,VomBenutzerEingeleseneMatrNr);
int rows = sql_exmatrikuliere.executeUpdate();
if (rows == 1) System.out.println("StudentIn gelöscht.");
  else System.out.println("Kein/e StudentIn mit dieser MatrNr.");
```

Die `PreparedStatements` sollte man dann verwenden, wenn immer wieder das gleiche Update oder die gleiche Anfrage – mit unterschiedlichen Parametern – auszuführen ist. In unserem Beispiel der Exmatrikulation von Studenten also dann, wenn die Löschoperation innerhalb einer Schleife ausgeführt wird und die Matrikelnummern nur sukzessive vom Benutzer zu ermitteln sind.

4.24 SQLJ: Eine Einbettung von SQL in Java

In Abschnitt 4.21 haben wir die Einbettung von SQL in die Programmiersprache C bzw. C++ vorgestellt. Eine ähnliche Einbettung von SQL in Java wurde von verschiedenen Datenbank-Herstellern unter dem Namen SQLJ standardisiert. Die Implementierung von SQLJ geschieht auf der Basis von JDBC. Das legt die Frage nahe, warum man denn dann überhaupt SQLJ anstatt JDBC verwenden sollte. Beide Methoden der Datenbank-Anbindung haben ihre Vor- und Nachteile: JDBC ist extrem flexibel und ermöglicht es, dynamisch generierte SQL-Anweisungen an das Datenbanksystem zu übermitteln. Das hat den Vorteil der Flexibilität, aber den Nachteil fehlender Typüberprüfung. D.h. selbst Syntaxfehler können erst zur Laufzeit erkannt werden und müssen entsprechend abgefangen werden. Demgegenüber erlaubt SQLJ eine „echte“ Einbettung der SQL-Anweisungen in das Java-Programm. Schon zur Übersetzungszeit werden die SQL-Anweisungen auf Typkonsistenz überprüft. Auch kann schon zur Übersetzungszeit eine Optimierung der SQL-Anfragen stattfinden. Dies war bei der JDBC-Anbindung nur bei den `PreparedStatements` möglich.

Wir wollen SQLJ in einem kurzen Beispielprogramm vorstellen. Es sollen die „Methusaleme“ (also solche mit mehr als 13 Semestern) unter den Studenten ausgegeben werden und nachfolgend aus der Datenbank gelöscht werden. Die Datenbankanfrage liefert möglicherweise eine Menge von Ergebnistupeln, die mittels eines `Iterators` verarbeitet werden können. Dazu definiert man vorab den Iterator

```
#sql iterator StudentenItr (String Name, int Semester);
```

Der Präfix # dient dazu, dem Übersetzer des SQLJ-Programms Datenbankbefehle anzuzeigen. Man kann dann beliebig viele Iteratoren dieses `StudentenItr` kreieren. Mit

```
StudentenItr Methusaleme;
```

deklarieren wir einen derartigen Iterator, der dann in folgender Anfrage die Daten aus dem DBMS „aufnimmt“:

```
#sql Methusaleme = { select s.Name, s.Semester
                     from Studenten s
                     where s.Semester > 13 };
```

Die Iteration durch die Ergebnismenge geschieht analog zur JDBC-Iteration mittels des Methodenaufrufs `next()`:

```
while (Methusaleme.next()) {
   System.out.println(Methusaleme.Name() + ":" +
                      Methusaleme.Semester()); }
```

Abschließend wird der Iterator durch einen `close()`-Aufruf geschlossen.

In Abbildung 4.14 ist das vollständige Programm mitsamt dem Verbindungsaufbau, der auf einer JDBC-Verbindung basiert, gezeigt. Dieses Programm wurde für eine DB2-Installation geschrieben und müsste für andere Datenbanksysteme entsprechend angepasst werden – andere JDBC-Treiber und Datenbankadressen.

Im Beispiel führen wir auch das Löschen der „Methusaleme“ aus der Datenbank durch. Datenmanipulationsbefehle können direkt an das Datenbanksystem abgesetzt werden. Wenn man, so wie wir in dem Beispielprogramm, das `AutoCommit` abgeschaltet hat, sollte man den expliziten `commit`-Befehl nicht vergessen.

4.25 Query by Example

Alternativ zu SQL bieten einige Datenbanksysteme auch das benutzerfreundliche Query-by-Example (QBE) als Anfragesprache an. Es ist Anfang der 70er Jahre von IBM entwickelt worden und wurde später Bestandteil von DB2. Ungewöhnlich ist bei QBE, dass man direkt mit Mustern von Tabellen arbeitet um eine Anfrage zu formulieren. Während SQL dem tupelorientierten Relationenkalkül angelehnt ist, basiert QBE auf dem relationalen Domänenkalkül (siehe Abschnitt 3.5.5). Variablen werden also an Attributdomänen (Wertebereiche) gebunden.

Sollen alle Vorlesungen mit mehr als drei Semesterwochenstunden gefunden werden, wird ein Formular der Tabelle *Vorlesungen* wie folgt ausgefüllt:

Vorlesungen	VorlNr	Titel	SWS	gelesenVon
		p. _t	>3	

Die Spalten eines Formulares können Bedingungen und Kommandos enthalten. Für die Spalte SWS sollen alle Ergebniszeilen einen Wert größer drei aufweisen. Das Titel-Attribut jeder Ergebniszeile wird der Variable _*t* zugewiesen. Um Variablen

```
import java.io.*;
import java.sql.*;
import sqlj.runtime.*;
import sqlj.runtime.ref.*;

#sql iterator StudentenItr (String Name, int Semester);

public class SQLJExmp {
  public static void main(String[] argv) {
    try {
      Class.forName("COM.ibm.db2.jdbc.app.DB2Driver");
      Connection con = DriverManager.getConnection("jdbc:db2:uni");
      con.setAutoCommit(false);
      DefaultContext ctx = new DefaultContext(con);
      DefaultContext.setDefaultContext(ctx);

      StudentenItr Methusaleme;

      #sql Methusaleme = { select s.Name, s.Semester
                           from Studenten s
                           where s.Semester > 13 };

      while (Methusaleme.next()) {
         System.out.println(Methusaleme.Name() + ":" +
                            Methusaleme.Semester());
      }

      Methusaleme.close();

      #sql { delete from Studenten
                    where Semester > 13 };

      #sql { commit };

    }
    catch (SQLException e) {
      System.out.println("Fehler mit der DB-Verbindung: " + e);
    }
    catch (Exception e) {
      System.err.println("Folgender Fehler ist aufgetreten: " + e);
      System.exit(-1);
    }
  }
}
```

Abbildung 4.14: SQLJ-Beispielprogramm

und Zeichenketten unterscheiden zu können, werden Variablen in QBE mit einem Unterstrich markiert. Der Eintrag **p.** ist ein Druck-Befehl (print), der bewirkt, dass die Variable $\_t$ jeweils ausgegeben wird.

QBE besitzt, wie bereits angedeutet, eine Analogie zum Domänenkalkül. Die obige Anfrage würde im Domänenkalkül wie folgt formuliert werden:

$$\{[t] \mid \exists v, s, r([v, t, s, r] \in \text{Vorlesungen} \ \wedge \ s > 3)\}$$

Bei Eingabe mehrerer Musterzeilen werden diese durch ein logisches „oder“ verknüpft. Alle Studenten, die Vorlesung 5041 oder Vorlesung 5049 hören, findet man mit

hören	MatrNr	VorlNr
	p._x	5041
	p._y	5049

Wollte man die Studenten finden, die beide Vorlesungen hören, müsste man eine einzige Domänenvariable verwenden.

hören	MatrNr	VorlNr
	p._x	5041
	p._x	5049

Ein Join mehrerer Tabellen lässt sich durch die Bindung einer Variablen an mehrere Spalten andeuten. Um also einen Join von *Vorlesungen* und *Professoren* zu erzeugen, trägt man z.B. die Variable $\_x$ sowohl unter *gelesenVon* als auch unter *PersNr* ein. Die folgende Anfrage findet die Namen der Professoren, die „Mäeutik“ lesen:

Vorlesungen	VorlNr	Titel	SWS	gelesenVon
		Mäeutik		_x

Professoren	PersNr	Name	Rang	Raum
	_x	**p.**_n		

In unserem Fall ist dies nur ein Name, nämlich „Sokrates“.

Direkt in eine Spalte einer Tabelle eingetragene Bedingungen können nur den Inhalt der Spalte betreffen. Es ist nicht möglich, auf diese Weise zwei Tabellenspalten zu vergleichen. Für komplexere Anfragen verwendet man daher eine sogenannte *Condition Box*, in der beliebige Bedingungen eingetragen werden können. Um beispielsweise einen anderen Studenten als Tutor betreuen zu können, sollte man eine höhere Semesterzahl als dieser haben:

Studenten	MatrNr	Name	Semester
		_s	_a
		_t	_b

conditions
_a > _b

Betreuen	potentiellerTutor	Betreuter
p.	_s	_t

Die Tabelle *Betreuen* ist eine temporäre Relation, die lediglich für den Zweck der Ausgabeprojektion erzeugt wird. Wird ein Kommando, wie hier **p.**, unterhalb des Tabellennamens angegeben, wird es für alle Spalten ausgeführt.

Wie in SQL gibt es auch in QBE ein Kommando zur Gruppierung (**g.**) und Aggregatfunktionen (**sum.**, **avg.**, **min.**, ...). Im Gegensatz zu SQL aber findet bei QBE immer eine Duplikateliminierung statt. Wo sie nicht erwünscht ist, kann sie durch den Befehl **all.** abgeschaltet werden. Im Allgemeinen ist das der Fall, wenn **sum.** und **avg.** benutzt werden. Die Anfrage nach der Summe der Semesterwochen der Professoren, die überwiegend lange Vorlesungen halten, wird auch mit Hilfe einer Condition Box beantwortet.

Vorlesungen	VorlNr	Titel	SWS	gelesenVon
			p.sum.all. _x	**p.g.**

conditions
avg.all. _x>2

Für Veränderungen an der Datenbasis existieren in QBE, ebenfalls wie in SQL, drei Befehle: **i.** entspricht dem **insert**-Befehl, **u.** entspricht **update** und **d.** bewirkt ein Löschen (**delete**). Für die Eingabe neuer Tupel wird der **i.**-Befehl unter dem Tabellennamen eingetragen und die Daten in die entsprechenden Spalten geschrieben. Im Falle eines Updates werden, wie bei einer Anfrage, Bedingungen an die zu ändernden Tupel eingetragen. Die Änderungsoperation wird durch Angabe von **u.**, gefolgt von einer Formel, in einer Spalte eingetragen. Auch beim Löschen von Tupeln können Bedingungen an Spalten gestellt werden. Anders als beim **delete**-Befehl in SQL kann nicht nur eine komplette Zeile durch Angabe von **d.** unterhalb des Tabellennamens gelöscht werden, sondern auch einzelne Attribute. Im letzteren Fall wird das **d.** unterhalb des Attributnamens eingetragen und als Ergebnis der Attributwert an dieser Stelle zu einem Nullwert geändert. Auch ein gemeinsames Löschen in mehreren Tabellen ist möglich. Das Austragen von Sokrates, aller seiner Vorlesungen und der Belegungstupel für diese Vorlesungen in *hören* wird, wie bei einem Join, durch die Bindung einer Variablen an mehreren Tabellen vorgenommen.

Professoren	PersNr	Name	Rang	Raum
d.	_x	Sokrates		

Vorlesungen	VorlNr	Titel	SWS	gelesenVon
d.	_y			_x

hören	VorlNr	MatrNr
d.	_y	

In SQL kann diese Form des Löschens von Daten als Integritätsbedingung angegeben werden, wie das nächste Kapitel erläutert.

4.26 Übungen

4.1 Übersetzen Sie die Anfragen aus Aufgabe 3.4 in SQL.

4.2 Welche Bedingung muss gelten, damit eine geschachtelte Anfrage mit **in** in eine gleichwertige, nicht geschachtelte Anfrage umgewandelt werden kann? Geben Sie ein Beispiel an, bei dem eine Übersetzung möglich ist, und eines, bei dem keine Übersetzung möglich ist.

4.3 Bei numerischen Argumenten können Anfragen mit **all** in äquivalente Anfragen ohne die Verwendung von **all** umgeformt werden. Geben Sie zu den drei Vergleichsoperationen >= **all**, = **all** und <= **all** je ein Beispiel und seine Überformung an.

4.4 Suchen Sie unter Verwendung von **any** die Professoren heraus, die Vorlesungen halten. Finden Sie mindestens zwei weitere alternative äquivalente Formulierungen dieser Anfrage.

4.5 Finden Sie die Studenten, die *alle* Vorlesungen gehört haben.

Ihre Anfrage soll aber – anders als die im Text angegebene Formulierung – auch bei einer möglichen Verletzung der referentiellen Integrität das korrekte Ergebnis liefern. Was müssten Sie zusätzlich machen, wenn die Relation *hören* sogar Duplikate enthalten könnte?

Geben Sie zwei Formulierungen an: Einmal mit geschachtelten **not exists**-Unteranfragen und zum anderen unter Verwendung der Aggregatfunktion **count**.

4.6 Geben Sie eine alternative Anfrageformulierung zur Ermittlung der Studenten, die alle vierstündigen Vorlesungen gehört haben. Können Sie immer noch die Aggregatfunktion **count** verwenden, um dadurch auf den Existenzquantor **exists** ganz verzichten zu können? Die Antwort lautet ja; aber wie?

4.7 Finden Sie die Studenten mit der größten Semesterzahl unter Verwendung von Aggregatfunktionen.

4.8 Berechnen Sie die Gesamtzahl der Semesterwochenstunden, die die einzelnen Professoren erbringen. Dabei sollen auch die Professoren berücksichtigt werden, die keine Vorlesungen halten.

4.9 Finden Sie die Namen der Studenten, die in keiner Prüfung eine bessere Note als 3.0 hatten.

4.10 Berechnen Sie mit Hilfe einer SQL-Anfrage den Umfang des Prüfungsstoffes jedes Studenten. Es soll der Name des Studenten und die Summe der Semesterwochenstunden der Prüfungsvorlesungen ausgegeben werden.

4.11 Finden Sie Studenten, deren Namen den eines Professors enthalten. Hinweis: In SQL gibt es einen Operator „||“, der zwei Zeichenketten aneinanderhängt.

4.12 Alle Studenten müssen ab sofort alle Vorlesungen von Sokrates hören. Formulieren Sie einen SQL-Befehl, der diese Operation durchführt.

4.13 Ermitteln Sie den Bekanntheitsgrad der Professoren unter den Studenten, wobei wir annehmen, dass Studenten die Professoren nur durch Vorlesungen oder Prüfungen kennen lernen.

4.14 Ermitteln Sie für die einzelnen Vorlesungen die Durchfallquote als die Anzahl der für diese Vorlesung angetretenen Prüflinge relativ zur Anzahl der durchgefallenen Prüflinge.

Als Variation der obigen Anfrage ermitteln Sie die Durchfallquote bei den einzelnen Professoren.

4.15 Ermitteln Sie den Median der Relation *prüfen*. (Die SQL-Formulierung dieser Anfrage ist nicht ganz einfach und wird in dem Buch von Celko (1995) diskutiert.)

4.16 Überlegen Sie sich einige Anfragen, bei denen die erweiterten Joinoperationen sinnvoll eingesetzt werden können.

4.17 Bestimmen Sie für alle Studenten eine gewichtete Durchschnittsnote ihrer Prüfungen. Die Gewichtung der einzelnen Prüfungen erfolgt nach zwei Kriterien: Prüfungen zu langen Vorlesungen sollen eine größere Rolle spielen als Prüfungen zu kurzen Vorlesungen. Prüfer, die im Schnitt sehr gute Noten vergeben, führen zu einer Abwertung des Prüfungsergebnisse, während Prüfer mit im Schnitt sehr schlechten Noten das Ergebnis aufwerten. Hinweis: Komplexere Anfragen lassen sich am besten durch Sichten in einfachere Teilanfragen modularisieren.

4.18 Nehmen wir an, dass in der Relation *Professoren* deren Geburtsdatum gespeichert ist. Der Rektor der Universität möchte nun von Ihnen eine Liste aller Professoren, die in den nächsten 45 Tagen Geburtstag haben. Informieren Sie sich, wie Sie eine entsprechende Anfrage in einer Ihnen zur Verfügung stehenden SQL-Schnittstelle realisieren könnten. Ist das mit Standard-Befehlen möglich? Funktioniert Ihre Anfrage auch, wenn ein Professor am 29. Februar eines Schaltjahres geboren wurde?

4.19 Formulieren Sie, ausgehend von dem in Aufgabe 3.3 eingeführten relationalen Wahlinformationssystem-Schema, folgende Anfragen in SQL:

1. Hat die CSU alle Direktmandate in Bayern im Jahr 2005 holen können?
2. Ermitteln Sie für jede Partei die Anzahl der „gewonnenen" Bundesländer, d.h. Bundesländer, in denen sie die Mehrzahl der (Zweit-)Stimmen erhalten hat.

4.20 **Projektarbeit**: In Abschnitt 22.3 ist der TPC-H/R-Benchmark beschrieben. Das Datenbankschema des Benchmarks modelliert ein (hypothetisches) Handelsunternehmen. Der Benchmark besteht im Wesentlichen aus 22 betriebswirtschaftlichen „Decision Support"-Anfragen, die dort verbal beschrieben sind. Formulieren Sie diese Anfragen in SQL.

4.21 Anfragen liefern beim Auftreten von Nullwerten oft unerwartete Ergebnisse. Folgende Anfragen sollen die Vorlesungen liefern, bei denen sich keiner der Sokrates-Assistenten auskennt:

```
select * from Vorlesungen
where Titel not in
   ( select Fachgebiet from Assistenten
     where Boss = 2125 )
```

```
select * from Vorlesungen
where Titel not exists
   ( select * from Assistenten
     where Boss = 2125 and
           Fachgebiet = Titel )
```

Wenn es nun lediglich einen Sokrates-Assistenten gibt, der sich noch nicht für ein Fachgebiet entschieden hat (dies also **null** ist), dann liefern die beiden Anfragen unterschiedliche Ergebnisse. Warum? Zeigen Sie was passiert.

4.22 Verwenden Sie das in SQL-92 enthaltene **case**-Konstrukt, um folgende Anfrage möglichst kompakt zu formulieren: Ermitteln Sie für jeden Prüfer die Anzahl der Prüfungen, die gut (besser als 2.0), die Anzahl der Prüfungen, die mittelmäßig (zwischen 2.0 und 3.0), die Anzahl der Prüfungen, die knapp bestanden wurden sowie die Anzahl der Prüfungen, die nicht bestanden wurden. Dazu kann man mehrere **case**-Konstrukte in der **select**-Klausel in Verbindung mit der **sum**-Aggregation verwenden.

4.23 Diskutieren Sie die Vor- und Nachteile der beiden relationalen Modellierungsmöglichkeiten der Generalisierung wie sie in Abbildung 4.7 (a) und (b) demonstriert wurden. Arbeiten Sie dazu konkret die Beispielausprägung in Abbildung 3.8 für die beiden Alternativen um.

4.24 Trotz **connect by**-Befehl ist Oracle nicht Turing-vollständig. Geben Sie textuell eine Anfrage an, die sich nicht im SQL-Dialekt von Oracle formulieren lässt. Geben Sie Gründe dafür an.

4.25 Schreiben Sie ein Embedded-SQL Programm, das zu einer eingegebenen Vorlesung alle Vorgänger aus der Datenbank entfernt. Verwenden Sie dabei nicht den **connect by**-Befehl. Hinweis: Benutzen Sie eine temporäre Relation.

4.26 Implementieren Sie obiges Programm in JDBC und SQLJ.

4.27 Führen Sie für eine künstlich generierte Universitäts-Datenbank eine vergleichende Leistungsanalyse von SQLJ und JDBC durch. Bei welcher Art von Anwendung schneidet SQLJ besser ab.

4.28 Falls Sie Zugriff auf zwei unterschiedliche Datenbanken haben, realisieren Sie ein JDBC-Beispielprogramm, das Informationen dieser beiden heterogenen Datenbanken verknüpft.

4.29 Formulieren Sie die Anfrage aus Aufgabe 4.10 in QBE.

4.30 Finden Sie die indirekten Vorgänger zweiter Stufe einer Vorlesung in QBE.

4.31 Bestimmen Sie alle Studenten, die zu jeder Vorlesung, die sie hören (gehört haben), bereits die Prüfung abgelegt haben. Erstellen Sie zwei alternative SQL-Anfragen, einmal mit **not exists** und einmal mittels **count**. Liefern

Ihre Anfragen identische Ergebnismengen, wenn Studenten sich beispielsweise über Vorlesungen prüfen lassen, die sie nicht hören?

4.32 Finden Sie heraus, ob es für Prüfungen von Vorteil ist, die jeweiligen Vorlesungen auch gehört zu haben. Ermitteln Sie dazu die Durchschnittsnote der Prüfungen, zu denen die Studenten die Vorlesungen nicht gehört haben und die Durchschnittsnote der Prüfungen, zu denen sie die Vorlesungen gehört haben.

4.33 Gegeben sei ein erweitertes Universitätsschema mit der folgenden *StudentenGF*-Relation:

$$\begin{aligned}\text{StudentenGF} \ : \ \{[&\underline{\text{MatrNr : integer}}, \text{Name : varchar(20)}, \text{Semester : integer},\\ &\text{Geschlecht : char}, \text{FakName : varchar(20)}]\}\end{aligned}$$

Ermitteln Sie den Frauenanteil an den verschiedenen Fakultäten in SQL!

Geben Sie auch eine Lösung mit dem **case**-Konstrukt an.

4.34 Gegeben sei ein erweitertes Universitätsschema mit den folgenden *StudentenGF*- und *ProfessorenF*-Relationen:

$$\begin{aligned}\text{ProfessorenF} : \{[&\underline{\text{PersNr : integer}}, \text{Name : varchar(20)}, \text{Rang : char(2)},\\ &\text{Raum : int}, \text{FakName : varchar(20)}]\}\end{aligned}$$

Ermitteln Sie in Relationenalgebra und SQL die Studenten, die alle Vorlesungen ihrer Fakultät hören.

4.27 Literatur

Sequel wurde von Chamberlin und Boyce (1974) entworfen und als Vorläufer von SQL von Astrahan et al. (1976) beschrieben. Die Standards für SQL sind in ANSI (1986) und ANSI (1992) festgelegt (für SQL-86 bzw. SQL-92). Es empfiehlt sich aber eher, eines der zahlreichen Textbücher zu verwenden, wie sie z.B. von Date (1997) für SQL-86 und von Melton und Simon (1993) für SQL-92 verfasst wurden. Dürr und Radermacher (1990) gehen ausführlich auf SQL ein. Celko (1995) erläutert Fallstricke im Umgang mit SQL-92 und gibt viele praktische Tipps. Der Webserver des National Institute of Standards and Technology (1997) enthält eine Test-Suite, um Datenbanksysteme hinsichtlich der Einhaltung des SQL2-Standards zu testen.

Mittlerweile gibt es auch einen SQL:1999-Standard, der manchmal auch als SQL 3 bezeichnet wird. Zusammenfassungen darüber gibt es von Kulkarni (1994) und Melton (1994). Pistor (1993) beschreibt SQL 3 in einer Ausgabe des Informatik Spektrums. Mattos und DeMichiel (1994) diskutieren Designentscheidungen für SQL 3. Die vollständige Syntax von SQL:1999 ist in dem Buch von Melton und Simon (2001) enthalten. Die objekt-relationalen Erweiterungen von SQL:1999 werden wir in Kapitel 14 behandeln.

QBE wurde von Zloof (1975) auf der National Computer Conference vorgestellt. Scharnofske, Lipeck und Gertz (1997) haben eine orthogonale Erweiterung von QBE vorgeschlagen, um Unteranfragen sauber formulieren zu können.

Eine Konkurrenzsprache zu SQL war QUEL, das innerhalb des INGRES-Projektes entworfen wurde [Stonebraker et al. (1976)]. QUEL konnte sich aber kommerziell nicht gegen SQL durchsetzen, obwohl es von vielen Datenbankforschern als die „konzeptuell sauberere“ Sprache angesehen wurde.

Ceri und Gottlob (1985) beschreiben die Übersetzung von SQL in die relationale Algebra. Anfragen mit Allquantoren wurden von Claussen et al. (1997) untersucht. Disjunktive Anfragen werden von Claussen et al. (2000) behandelt. Gottlob, Paolini und Zicari (1988) und Scholl, Laasch und Tresch (1991) untersuchen, wann sich Änderungsoperationen auf Sichten konsistent in die Datenbasis übertragen lassen. Neuhold und Schrefl (1988) beschäftigen sich mit der dynamischen Erzeugung von Sichten.

Moos und Daues (1997) behandeln die Anfrageformulierung schwerpunktmäßig für das Datenbanksystem DB2 von IBM.

Hamilton, Cattell und Fisher (1997) behandeln JDBC sehr detailliert; Saake und Sattler (2000) beschreiben den gesamten Themenkomplex Java und Datenbanken – allerdings ohne auf die Internetanbindung von Datenbanken mittels Java-Schnittstellen einzugehen, die wir in Kapitel 19 diskutieren. Eine sehr umfassende Behandlung von SQL im Zusammenspiel mit Java wird von Melton und Eisenberg (2000) geleistet.

5. Datenintegrität und temporale Daten

Die Aufgabe eines DBMS ist nicht nur die Unterstützung bei der Speicherung und Verarbeitung von großen Datenmengen, sondern auch bei der Gewährleistung der Konsistenz der Daten. Dieses Kapitel beschäftigt sich mit sogenannten *semantischen Integritätsbedingungen*, also solchen, die aus Eigenschaften der modellierten Miniwelt abgeleitet werden können. Die Erhaltung der Konsistenz der Daten bei Systemfehlern und unter Mehrbenutzerzugriff sowie der Schutz vor unerlaubter Manipulation werden in späteren Kapiteln besprochen. Aber auch die funktionalen Abhängigkeiten aus der relationalen Entwurfstheorie – eine Verallgemeinerung des Schlüsselbegriffs (siehe Kapitel 6) – können als semantische Integritätsbedingungen aufgefasst werden.

Die zentrale automatische Überprüfung von Integritätsbedingungen ist ein relativ aktuelles Thema und erst seit neuerer Zeit in kommerziellen relationalen Systemen enthalten. Erste Standardisierungsmaßnahmen dafür wurden in SQL-89, dem Vorläufer von SQL-92, vorgenommen. Der Vorteil eines solchen Mechanismus liegt auf der Hand: Wechselnde oder wachsende Konsistenzanforderungen brauchen nur einmalig dem DBMS in deklarativer Form bekannt gemacht und müssen nicht manuell in alle Anwendungsprogramme eingebaut werden. Damit werden Fehleranfälligkeit und Wartungsaufwand reduziert; außerdem können die oft komplexen Überprüfungsmaßnahmen z.B. zur Beschleunigung von Massendateneingaben kurzfristig zentral ausgeschaltet werden, was bei einer „manuellen“ Lösung nicht trivial wäre.

Man unterscheidet statische und dynamische Integritätsbedingungen. Eine statische Bedingung muss von jedem Zustand der Datenbank erfüllt werden. Professoren dürfen z.B. nur entweder den Rang C2, C3 oder C4 haben. Dynamische Bedingungen werden an Zustandsänderungen gestellt: Beispielsweise dürfen Professoren nur befördert, aber nicht degradiert werden. Ihr Rang darf daher z.B. nicht von C4 auf C3 gesetzt werden.

Bisher haben wir schon verschiedene implizite Anforderungen an die Datenintegrität kennengelernt:

- Durch die Definition von Schlüsseln wurde bestimmt, dass keine zwei Tupel mit gleichem Wert in allen Schlüsselattributen existieren dürfen.

- Bei der konzeptuellen Modellierung wurden die Kardinalitäten der Beziehungen festgelegt. Beispielsweise können Professoren mehrere Vorlesungen halten, aber eine Vorlesung wird nicht von mehreren Professoren gehalten. Diese $1{:}N$-Beziehung wurde bei der Übertragung ins relationale Modell fest eingebaut: *Vorlesungen* enthält ein Attribut *gelesenVon*, das auf den Primärschlüssel von *Professoren* verweist. Dadurch kann eine Vorlesung nie von mehreren Professoren gelesen werden.

- Bei einer Generalisierungsbeziehung muss jedes Entity eines Untertyps auch in seinen Obertypen enthalten sein.

- Es wurde explizit eine Domäne für jedes Attribut festgelegt. Damit kann z.B. ausgedrückt werden, dass eine Matrikelnummer (*MatrNr*) aus maximal fünf Ziffern besteht. Das Typkonzept in relationalen Datenbanken ist jedoch recht einfach. Es ist beispielsweise durchaus möglich, Personalnummern mit Vorlesungsnummern zu vergleichen, obwohl dieser Vergleich keinen Sinn macht.

5.1 Referentielle Integrität

Die Attributwerte eines Schlüssels identifizieren ein Tupel eindeutig innerhalb einer Relation. Verwendet man den Schlüssel einer Relation als Attribute einer anderen Relation, so spricht man von einem *Fremdschlüssel*. Ein solcher Fremdschlüssel ist beispielsweise das Attribut *gelesenVon* der Relation *Vorlesungen*. Ein Wert des Attributes *gelesenVon verweist* auf einen Datensatz in *Professoren*.

Seien R und S zwei Relationen mit den Schemata R und S. Sei κ Primärschlüssel von R. Dann ist $\alpha \subset \mathcal{S}$ ein Fremdschlüssel, wenn für alle Tupel $s \in S$ gilt:

1. $s.\alpha$ enthält entweder nur Nullwerte oder nur Werte ungleich Null.

2. Enthält $s.\alpha$ keine Nullwerte, existiert ein Tupel $r \in R$ mit $s.\alpha = r.\kappa$.

Die Erfüllung dieser Eigenschaften wird *referentielle Integrität* genannt.

Der Fremdschlüssel (hier α genannt) enthält also die gleiche Anzahl von Attributen wie der Primärschlüssel (κ genannt) der Relation, auf die der Fremdschlüssel verweist. Die Attribute haben auch jeweils dieselbe Bedeutung, obwohl sie oftmals umbenannt werden, um entweder Konflikte zu vermeiden oder den Attributen mnemonischere Namen zu geben. Ein Beispiel dafür ist das Attribut *Boss* in der Relation *Assistenten*, das *PersNr*-Werte von *Professoren* annimmt. Hier hätte man den Originalnamen gar nicht verwenden können, weil *Assistenten* auch eine *PersNr* haben. In der Relation *hören* wurden demgegenüber die Fremdschlüssel genauso benannt wie die Primärschlüssel der referenzierten Relationen – *MatrNr* verweist auf *Studenten* und *VorlNr* auf *Vorlesungen*.

Ohne eine Überprüfung der referentiellen Integrität kann man leicht einen inkonsistenten Zustand der Datenbasis erzeugen:

```
insert into Vorlesungen
    values (5100, 'Nihilismus', 40, 007);
```

Die Vorlesung „Nihilismus“ wird dann von jemandem mit der nicht existenten Personalnummer 007 gehalten. Einen solchen Verweis auf ein undefiniertes Objekt wird „Dangling Reference“ genannt. In der konzeptuellen Modellierung spielte referentielle Integrität noch keine Rolle, da davon ausgegangen wurde, dass eine Beziehung grundsätzlich ihre zugehörigen Entities verband.

5.2 Gewährleistung referentieller Integrität

Für jede Veränderung der Datenbasis soll sichergestellt sein, dass nicht versehentlich „Dangling References“ eingebaut werden. Wenn R und S Relationen, r und s Tupel, κ Primärschlüssel von R und α Fremdschlüssel auf R in S ist, muss also die folgende Bedingung gelten:

$$\Pi_\alpha(S) \subseteq \Pi_\kappa(R)$$

Erlaubte Änderungen sind also:

1. Einfügen von s in S, wenn $s.\alpha \in \Pi_\kappa(R)$, d.h. der Fremdschlüssel α verweist auf ein existierendes Tupel in R
2. Verändern eines Attributwertes $w = s.\alpha$ zu w', wenn $w' \in \Pi_\kappa(R)$ (wie bei 1)
3. Verändern von $r.\kappa$ in R, wenn $\sigma_{\alpha=r.\kappa}(S) = \emptyset$, d.h. es existieren keine Verweise auf r
4. Löschen von r in R, wenn $\sigma_{\alpha=r.\kappa}(S) = \emptyset$ (wie bei 3)

Sollten die Bedingungen nicht erfüllt sein, muss die Änderungsoperation (zumindest bei Transaktionsende, siehe Kapitel 9) rückgängig gemacht werden.

5.3 Referentielle Integrität in SQL

Zur Einhaltung der referentiellen Integrität gibt es für jeden der drei Schlüsselbegriffe eine Beschreibungsmöglichkeit:

- Ein Schlüssel(-kandidat) wird durch die Angabe von **unique** gekennzeichnet.
- Der Primärschlüssel wird mit **primary key** markiert. Die Attribute des Primärschlüssels sind automatisch als **not null** spezifiziert und müssen daher alle einen Wert haben.
- Ein Fremdschlüssel heißt **foreign key**. Fremdschlüssel können auch undefiniert, d.h. **null** sein, falls nicht explizit **not null** angegeben wurde. Ein **unique foreign key** modelliert eine 1:1-Beziehung. Wird ein Tupel verändert oder eingefügt, müssen die darin enthaltenen Fremdschlüssel gemäß Abschnitt 5.2 definiert sein.

Zusätzlich kann noch das Verhalten bei Änderungen an Verweisen oder referenzierten Daten festgelegt werden.[1] Es gibt drei Möglichkeiten. Zu deren Demonstration gehen wir wieder, wie im letzten Abschnitt, von den abstrakten Relationen R und S aus. R enthält den Primärschlüssel κ, S den Fremdschlüssel α. Zur Vereinfachung gehen wir davon aus, dass der Primärschlüssel nur aus einem Attribut vom Typ **integer** besteht. Eine entsprechende Tabellendefinition in SQL hätte folgende Form:

[1]Eine Schlüsselbedingung wird meistens durch das Anlegen einer Indexstruktur auf das Attribut erzwungen. Indexstrukturen werden in Kapitel 7 vorgestellt. Mit ihnen kann effizient festgestellt werden, ob ein Schlüsselwert vorhanden ist und nicht nochmal eingefügt werden darf (für **unique**) oder referenziert werden kann (als Fremdschlüssel).

create table R
(κ **integer primary key**,
...);

create table S
(...,
α **integer references** R);

In diesem Fall, wo außer den Schlüsselbeziehungen keine weiteren Angaben gemacht werden, ist es nicht möglich, noch von S referenzierte Tupel in R zu löschen oder zu verändern. Änderungsoperationen der Art, wie sie in Abbildung 5.1 angegeben sind, werden zurückgewiesen.

Dort wird auch die zweite Möglichkeit demonstriert. Wird ein Fremdschlüssel mit einer **cascade**-Angabe angelegt, werden Veränderungen des zugehörigen Primärschlüssels propagiert. Abbildung 5.1a) zeigt den **update**-Fall. Wird in der Tabelle R der Wert κ_1 zu κ_1' geändert, verursacht das Kaskadieren die gleiche Änderung in der Tabelle S. Auf diese Weise referenzieren die Fremdschlüssel in S auch nach der Operation noch dieselben Tupel in R. Analog demonstriert Abbildung 5.1b) das kaskadierende Löschen: κ_1 wird vom Benutzer durch die **delete**-Anweisung in R gelöscht und anschließend vom DBMS aufgrund der Integritätsbedingung auch in S.

Kaskadierendes Löschen ist mit Vorsicht zu genießen: Nehmen wir an, wir hätten unklugerweise festgelegt, dass im Universitätsbeispiel der Fremdschlüssel *gelesenVon* die Tupel in *Professoren* mit **on delete cascade** referenziert. Weiterhin soll auch *VorlNr* in *hören* kaskadierend gelöscht werden. Abbildung 5.3 zeigt, wie eine einzige Löschoperation viele weitere nach sich zieht. Die Linien stellen dabei die Beziehungen zwischen den Tupeln dar, hier repräsentiert durch die entsprechenden Namen. Die ganze Information im umrahmten Bereich wäre nach Ausführung des **delete**-Befehls, der das Tupel namens „Sokrates“ aus der Relation *Professoren* löscht, verloren.

Alternativ kann als dritte Möglichkeit der Fremdschlüssel auf einen Nullwert gesetzt werden. Das wird in Abbildung 5.2 vorgeführt. Ist der Fremdschlüssel α mit **on update set null** definiert, wird nach Ausführung des **update**-Befehls der vorher bestehende Verweis auf κ_1 auf einen Nullwert gesetzt. Analog arbeitet **on delete set null**.

5.4 Überprüfung statischer Integritätsbedingungen

Statische Integritätsbedingungen werden in SQL durch eine **check**-Anweisung gefolgt von einer Bedingung implementiert. Dabei werden Änderungsoperationen an einer Tabelle zurückgewiesen, wenn die Bedingung zu **false** auswertet. Die typischsten Anwendungen für **check** sind Bereichseinschränkungen und die Realisierung von Aufzählungstypen. Da beliebige Bedingungen erlaubt sind – auch Unteranfragen – sind aber auch komplexere Anwendungen denkbar.

Ein Beispiel für eine Bereichseinschränkung wäre z.B. die Bedingung, dass Studenten maximal 13 Semester studieren dürfen:

... **check** Semester **between** 1 **and** 13 ...

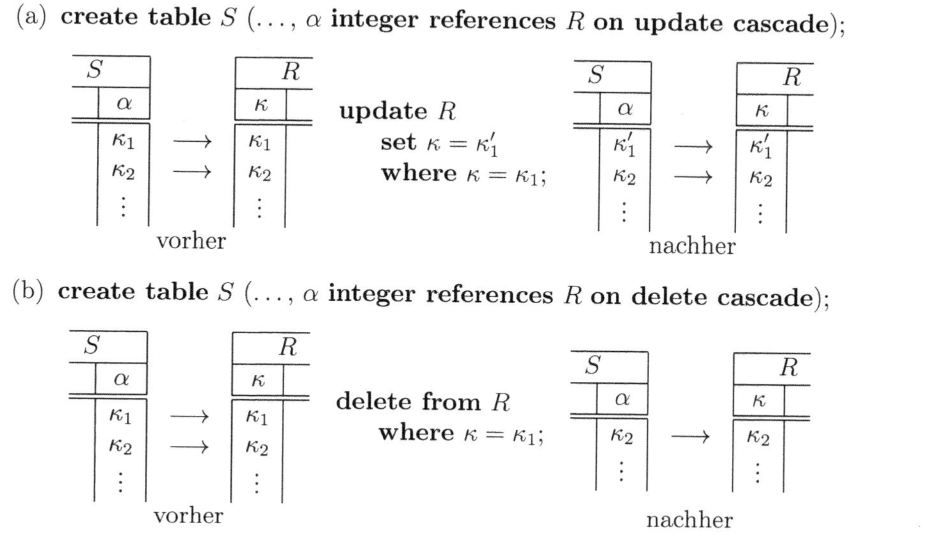

Abbildung 5.1: Referentielle Integrität durch Kaskadieren

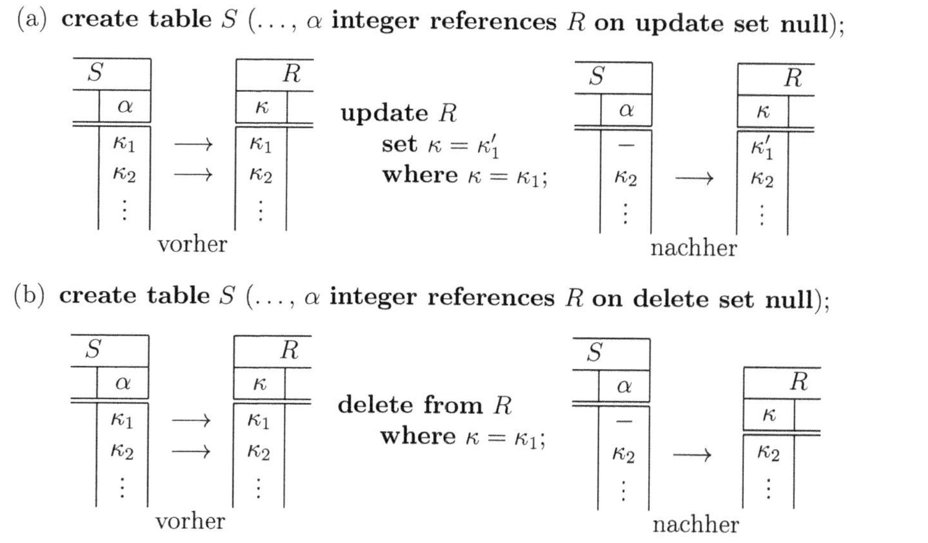

Abbildung 5.2: Referentielle Integrität durch Nullsetzen

delete from Professoren **where** Name = 'Sokrates';

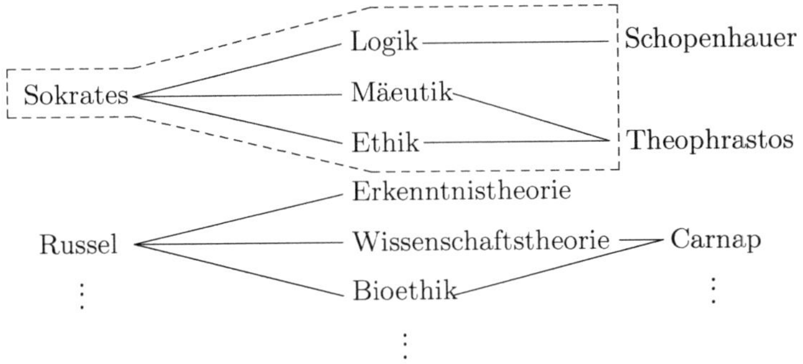

create table Vorlesungen
(...,
gelesenVon **integer**
references Professoren
on delete cascade);

create table hören
(...,
VorlNr **integer**
references Vorlesungen
on delete cascade);

Abbildung 5.3: Kaskadierende Löschoperationen

Das Universitätsschema enthält auch Kandidaten für Aufzählungstypen, nämlich die Prüfungsnoten und die Ränge der Professoren. Der Rang kann nur drei unterschiedliche Werte annehmen:

...**check** Rang **in** ('C2', 'C3', 'C4') ...

Um die eingangs angegebene Definition der referentiellen Integrität zu erfüllen, muss ein Fremdschlüssel aus mehreren Attributen $S_1, S_2, \ldots$ entweder nur komplett **null** oder vollständig definiert sein. Mit **check** lässt sich das wie folgt erreichen:

...**check** ((S_1 **is null and** S_2 **is null and** ...) **or**
(S_1 **is not null and** S_2 **is not null and** ...))

Im Gegensatz zu **where**-Bedingungen gelten **check**-Bedingungen auch als erfüllt, wenn sie nach den Regeln aus Abschnitt 4.13, z.B. durch einen Nullwert, zu **unknown** auswerten. Hier ist also Vorsicht geboten.

5.5 Das Universitätsschema mit Integritätsbedingungen

Abbildung 5.4 zeigt das Schema mit der Erweiterung um statische Integritätsbedingungen. Integritätsbedingungen werden in der Tabellendefinition angegeben. Bezieht sich die Integritätsbedingung nur auf ein Attribut, kann sie direkt hinter ihrer Definition stehen. Da *MatrNr* z.B. das einzige Attribut ist, das zum Primärschlüssel gehört, kann **primary key** direkt hinter den Attributtyp geschrieben werden. Ebenso kann die Fremdschlüsseleigenschaft von *gelesenVon* direkt durch Angabe des

```
create table Studenten
   ( MatrNr        integer primary key,
     Name          varchar(30) not null,
     Semester      integer check (Semester between 1 and 13));

create table Professoren
   ( PersNr        integer primary key,
     Name          varchar(30) not null,
     Rang          character(2) check (Rang in ('C2', 'C3', 'C4')),
     Raum          integer unique);

create table Assistenten
   ( PersNr        integer primary key,
     Name          varchar(30) not null,
     Fachgebiet    varchar(30),
     Boss          integer,
     foreign key   (Boss) references Professoren on delete set null);

create table Vorlesungen
   ( VorlNr        integer primary key,
     Titel         varchar(30),
     SWS           integer,
     gelesenVon    integer references Professoren on delete set null);

create table hören
   ( MatrNr        integer references Studenten on delete cascade,
     VorlNr        integer references Vorlesungen on delete cascade,
     primary key   (MatrNr, VorlNr));

create table voraussetzen
   ( Vorgänger     integer references Vorlesungen on delete cascade,
     Nachfolger    integer references Vorlesungen on delete cascade,
     primary key   (Vorgänger, Nachfolger));

create table prüfen
   ( MatrNr        integer references Studenten on delete cascade,
     VorlNr        integer references Vorlesungen,
     PersNr        integer references Professoren on delete set null,
     Note          numeric(2,1) check (Note between 0.7 and 5.0),
     primary key   (MatrNr, VorlNr));
```

Abbildung 5.4: Das vollständige Universitätsschema mit Integritätsbedingungen

referenzierten Attributes festgelegt werden. Alternativ können Integritätsbedingungen jedoch immer auch unterhalb der Attributdefinitionen angefügt werden. Das ist bei den zusammengesetzten Schlüsseln notwendig. Da das Universitätsschema keine zusammengesetzten Fremdschlüssel besitzt, ist zur Demonstration aber auch die Fremdschlüsseleigenschaft von *Boss* separat aufgeführt.

Wird keine zusätzliche Angabe gemacht, darf ein Tupel nicht gelöscht werden, wenn noch ein Fremdschlüssel auf dieses Tupel verweist. Ein Tupel aus *Professoren* könnte so z.B. nicht gelöscht werden, solange noch zugehörige Tupel in *Assistenten* existieren.

Wird ein(e) Professor(in) gelöscht, dann sorgt die **set null** Bedingung dafür, dass *Boss* bei den zugehörigen Assistenten auf „unbekannt" gesetzt wird. Besteht noch ein Eintrag in *prüfen* zu einer Vorlesung, kann diese nicht entfernt werden. Beim Löschen von Studenten hingegen werden alle zugehörigen Einträge in *prüfen* und *hören* entfernt.

5.6 Komplexere Integritätsbedingungen

Gemäß dem SQL-Standard sind auch komplexere Integritätsbedingungen, die sich auf mehrere Relationen beziehen, möglich. In gewisser Weise stellen natürlich die *foreign key*-Klauseln schon solche Integritätsbedingungen dar, da sie sich immer auf zwei Relationen beziehen. Ein allgemeineres Beispiel einer Integritätsbedingung über mehrere Relationen ist nachfolgend für die Relation *prüfen* formuliert:

```
create table prüfen
    ( MatrNr        integer references Studenten on delete cascade,
      VorlNr        integer references Vorlesungen,
      PersNr        integer references Professoren on delete set null,
      Note          numeric(2,1) check (Note between 0.7 and 5.0),
      primary key   (MatrNr, VorlNr)
      constraint VorherHören
            check (exists (select *
                           from hören h
                           where h.VorlNr = prüfen.VorlNr and
                                 h.MatrNr = prüfen.MatrNr))
    );
```

Die Integritätsbedingung *VorherHören*[2] garantiert, dass *Studenten* sich nur über solche *Vorlesungen* prüfen lassen können, die sie auch gehört haben. Bei jeder Änderungs- und Einfügeoperation wird der **check** der Integritätsbedingung *VorherHören* „angeworfen" und die Operation nur dann ausgeführt, wenn der **check** den Wert *true* liefert. Das ist in unserem Beispiel dann der Fall, wenn man in der *hören*-Relation ein korrespondierendes Tupel findet.

Man hätte die Integritätsbedingung *VorherHören* auch als Fremdschlüssel-Eigenschaft formulieren können:

[2]Man kann Integritätsbedingungen generell einen Namen, wie hier geschehen, geben. Dies hat den Vorteil, dass man solche Integritätsbedingungen auch nachträglich wieder löschen kann – falls sie sich als zu stringent oder zu ineffizient herausstellen.

... **foreign key** (MatrNr, VorlNr) **references** hören ...

Man könnte auch die Prüfer einschränken, so dass *Professoren* nur selbst gelesene *Vorlesungen* prüfen. Dies sei den Lesern als Übung empfohlen. Außerdem sei den Lesern empfohlen, sich klar zu machen, welche Integritätsbedingungen man auch als *foreign key*-Bedingungen formulieren kann und welche Unterschiede (hinsichtlich späterer Änderungsoperationen) existieren.

Leider werden diese ausdruckskräftigen Integritätsklauseln, die sich über mehrere Relationen erstrecken, von den kommerziellen Datenbanksystemen dezeit kaum unterstützt. Das mag auch daran liegen, dass die Überprüfung u.U. sehr aufwendig ist. Deshalb muss man sich mit Triggern, die als nächstes behandelt werden, „behelfen".

5.7 Trigger

Der allgemeinste Konsistenzsicherungsmechanismus ist der sogenannte *Trigger*. Trigger sind leider noch nicht im SQL-92 Standard, sondern erst im SQL:1999-Standard enthalten, so dass die Datenbanksysteme unterschiedliche Syntax haben. Die Notation des ersten Beispiels ist an Oracle angelehnt. Ein Trigger ist eine benutzerdefinierte Prozedur, die automatisch bei Erfüllung einer bestimmten Bedingung vom DBMS gestartet wird. Sie kann nicht nur Überprüfungs-, sondern auch Berechnungsfunktionen übernehmen. Denkbar sind z.B. Trigger, die Statistiken aktuell halten oder die Werte abgeleiteter Spalten berechnen.

Durch den folgenden Trigger soll beispielsweise verhindert werden, dass Professoren einen Rang degradiert werden können:

```
create trigger keineDegradierung
before update on Professoren
for each row
when (old.Rang is not null)
begin
    if :old.Rang = 'C3' and :new.Rang = 'C2' then
        :new.Rang := 'C3';
    end if;
    if :old.Rang = 'C4' then
        :new.Rang := 'C4';
    end if;
    if :new.Rang is null then
        :new.Rang := :old.Rang;
    end if;
end
```

Dieser Trigger besteht aus vier Teilen:

1. der **create trigger** Anweisung, gefolgt von einem Namen,

2. der Definition des Auslösers, in diesem Fall bevor eine Änderungsoperation (**before update on**) auf einer Zeile (**for each row**) der Tabelle *Professoren* ausgeführt werden kann,

3. einer einschränkenden Bedingung (**when**) und

4. einer Prozedurdefinition in der Oracle-proprietären Syntax.

In der Prozedurdefinition bezieht sich *old* auf das noch unveränderte Tupel (den Originalzustand), *new* enthält bereits die Veränderungen durch die Operation.

Die Triggersyntax des IBM-Datenbanksystem DB2 ähnelt der des SQL:1999-Standards. Der obige Trigger könnte in dieser Syntax wie folgt formuliert werden:

```
create trigger keineDegradierung
no cascade
before update of Rang on Professoren
referencing old as alterZustand
            new as neuerZustand
for each row
mode DB2SQL
when (alterZustand.Rang is not null)
set neuerZustand.Rang = case
        when neuerZustand.Rang is null then alterZustand.Rang
        when neuerZustand.Rang < 'C2' then alterZustand.Rang
        when neuerZustand.Rang > 'C4' then alterZustand.Rang
        when neuerZustand.Rang < alterZustand.Rang then alterZustand.Rang
        else neuerZustand.Rang
        end;
```

Das Schlüsselwort **no cascade** schließt das mehrfache „Feuern“ des Triggers aus. Bei den **before**-Triggern ist es zwingend vorgeschrieben, da der Trigger *vor* der Operation ausgeführt wird. Trigger können aber auch als **after**-Trigger angegeben werden, so dass sie nach der auslösenden Operation angestoßen werden. Die möglichen Ereignisse zur Aktivierung eines Triggers sind ein Update eines Attributs (wie in unserem Beispiel), das Einfügen eines neuen Tupels (**insert**) oder das Löschen (**delete**). Ein Trigger bezieht sich immer auf *eine* Relation, die in der **on**-Klausel angegeben wird. Bei **update**-Triggern kann man dem alten bzw. dem neuen Zustand des Tupels einen Variablennamen (im Beispiel *neuerZustand* bzw. *alterZustand*) zuweisen. Bei **insert**-Triggern kann man sich natürlich nur auf das neue Tupel und bei **delete**-Triggern nur auf das alte Tupel beziehen. In unserem Beispiel haben wir einen **row**-Level-Trigger definiert, der für jedes geänderte Tupel separat angestoßen wird. Man kann auch **statement**-Level-Trigger definieren, die für den gesamten ausgeführten SQL-Ausdruck nur einmal angestoßen werden. Die Bedingung zur Ausführung des Triggers wird in der **when**-Klausel angegeben. Danach folgt ein SQL-Ausdruck, der in unserem Fall aus einer **set**-Zuweisung besteht. Der zugewiesene Wert wird mittels eines **case**-Ausdrucks bestimmt.[3]

In unserem (sehr einfachen) Beispiel haben wir Trigger für die Konsistenzerhaltung einer Relation angewendet. Trigger sind aber vielseitig einsetzbar, um z.B. Benutzer oder andere Systeme über bestimmte Ereignisse zu informieren. Man denke

[3]Dieser **case**-Ausdruck ist etwas „übermotiviert“, da er auch die Zuweisung ungültiger Werte (wie 'C0' oder 'C5') abfängt. Diese werden ja eigentlich durch die **check**-Bedingung (siehe Abbildung 5.4) schon ausgeschlossen – wir haben eine derartige Konsistenzverletzung der Vollständigkeit halber auch im Trigger abgefangen.

etwa an einen Trigger, der dafür sorgt, dass Produkte, deren Lagerbestand sich dem Ende neigen, automatisch nachbestellt werden. Diese Anwendungen bezeichnet man auch als *aktive Datenbanken*, da ein Teil der Anwendungslogik im Datenbanksystem als Trigger enthalten ist. Bei der Realisierung solcher Systeme sollte man aber sehr sorgfältig abwägen, welche Funktionen man als Trigger „im Hintergrund" ablaufen lassen will. Das Zusammenspiel vieler Trigger, die sich gegenseitig aktivieren, wird sehr schnell unübersichtlich und ist daher recht fehleranfällig.

5.8 Temporale Daten

Mittlerweile enthält der SQL-Standard auch Unterstützung für temporale Daten, d.h., es gibt explizite Datenmodell-Konzepte, um das zeitliche Verhalten der Daten zu erfassen. Dabei unterscheidet man zwei Funktionalitäten: (1) die automatische Versionierung einer Datenbank-Relation, so dass alle Änderungen automatisch als Versionen protokolliert werden. (2) Zum anderen gibt es auch Unterstützung, um anwendungsspezifische Gültigkeits-Zeiträume zu erfassen.

5.8.1 System-versionierte Relationen

Hierbei wird jede Änderung eines Tupels der temporalen Relation dazu führen, dass eine neue Version dieses Tupels erzeugt wird. Man spricht in diesem Zusammenhang auch von *append only*-Datenbanken, da Updates nicht „*in-place*" im Original-Tupel, sondern in einem neu generierten Tupel durchgeführt werden. Bei einer Änderung wird also automatisch das derzeit gültige Tupel zu einer alten Version „degradiert", dessen Gültigkeit mit dem Änderungszeitpunkt, also der sogenannten Transaktionszeit (*transaction time*), endet. Daraus resultiert auch der häufig verwendete Name dieser Versionierung: *transaction time-Versionierung.*

Wollen wir beispielsweise die Kontinuität politischer Grundsatzentscheidungen bezüglich der Studiengebühren in den einzelnen Bundesländern nachvollziehbar protokollieren, so könnte man folgende Relation definieren:

```
create table Studiengebühren
  ( Bundesland varchar(30) not null,
    Beitrag integer not null,
    Beginn date not null generated always as row start,
    Ende date not null generated always as row end,
    period for system_time (Beginn, Ende),
    primary key(Bundesland)
  ) with system versioning;
```

Bei jeder Änderung eines Tupels in dieser Relation wird also eine neue Version erzeugt, wie geschehen als Ministerpräsident Stoiber am 1.4.2007 die Gebühr in Bayern einführte und als MP Seehofer sie am 1.10.2013 wieder aufhob. Die Gültigkeitsperiode eines Tupels wird durch ein halboffenes Intervall angegeben, so dass es ab und inklusive dem *Beginn*-Zeitpunkt bis exklusive dem *Ende*-Zeitpunkt gültig war. Derzeit gültige Tupel haben ein fiktives (maximal weit in der Zukunft liegendes) Gültigkeitsende, beispielsweise im Jahr 9999. Der Zustand der System-versionierten Relation sieht dann wie folgt aus:

Studiengebühren			
Bundesland	Beitrag	Beginn	Ende
Thüringen	0	1990.10.03	9999.12.31
Bayern	0	1990.10.03	2007.04.01
Bayern	500	2007.04.01	2013.10.01
Bayern	0	2013.10.01	9999.12.31
...	...	...	...

In der Schemadefinition wurde *Bundesland* als Primärschlüssel angegeben, was angesichts der drei Tupel für Bayern ungewöhnlich erscheint. Hierbei ist aber zu beachten, dass es zu jedem Zeitpunkt nur ein gültiges Tupel pro Bundesland gibt – daraus resultiert die Korrektheit der Schlüsseldefinition.

„Normale" SQL-Anfragen beziehen sich immer nur auf die derzeit *gültigen* Tupel der Relation, so dass die Anfrage

select Beitrag
from Studiengebühren
where Bundesland = 'Bayern'

den Wert 0 ergibt. Bayerische Studenten könnten ihre im Sommersemester 2011 entrichteten Beiträge aus dem Ergebnis der folgenden Anfrage ermitteln:

select Beitrag
from Studiengebühren
where Bundesland = 'Bayern' **and system_time as of date**('2011.04.01')

Es ist auch über die **system_time between ... and ...**-Klausel möglich, auf das bzw. die während einer bestimmten Zeitperiode gültig gewesene/n Tupel zuzugreifen.

5.8.2 Temporale Daten nach Anwendungszeit

In manchen Anwendungen will man die Gültigkeitsintervalle explizit verwalten – evtl. auch rückwirkend noch ändern. Deshalb spricht man von temporalen Daten gemäß der Anwendungszeit (*application time* oder auch *valid time*). Als Beispiel definieren wir für die Universitäts-Datenbank eine Relation *TutorFürVorlesung*, in der die Assistenten temporär als Tutoren für Vorlesungen eingeplant werden:

create table TutorFürVorlesung
(AssiPersNr **integer not null references Assistenten**,
BetreuteVorlNr **integer not null references Vorlesungen**,
Von **date not null**,
Bis **date not null**,
period for Zeitraum(Von,Bis),
primary key(AssiPersNr,Zeitraum **without overlaps**)
);

Eine Ausprägung dieser Relation könnte dann wie folgt aussehen:

TutorFürVorlesung			
AssiPersNr	BetreuteVorlNr	Von	Bis
3002	5049	2012.10.01	2013.04.01
3002	4052	2013.04.01	2013.10.01
3003	5049	2012.04.01	2013.10.01
...	...	...	...

Hier ist also modelliert, dass der Assistent mit der PersNr 3002 (Platon) im Wintersemester 2012/13 die Vorlesung 5049 (Mäeutik) betreute. Da Mäeutik so beliebt ist, hat auch sein Kollege Aristoteles (PersNr 3003) diese Vorlesung im Sommersemester 2012, im Wintersemester 2012/13 und im Sommersemester 2013 als Tutor betreut, wohingegen Platon im Sommersemester 2013 für die Vorlesung 4052 (Logik) als Tutor im Einsatz war.

Der angegebene Primärschlüssel besteht aus *AssiPersNr* und *Zeitraum*, so dass ein Assistent zu jedem Zeitpunkt maximal eine Vorlesung betreuen darf – was durch die nicht-überlappende (**without overlaps**) *Zeitraum*-Definition angegeben wird.

Wenn man diese Tutoren-Zuordnung für Aristoteles dergestalt ändern will, dass er während des Wintersemesters 2012/13 doch die Vorlesung 5041 (Ethik) statt der Mäeutik betreuen soll, so geschieht das mit dieser Update-Anweisung:

update TutorFürVorlesung **for portion of** Zeitraum
    from date('2012.10.01') **to date**('2013.04.01')
  set VorlNr = 5041
where AssiPersNr = 3003

Der resultierende Zustand der Relation *TutorFürVorlesung* weist jetzt zwei zusätzliche Tupel auf, da der ursprünglich über drei Semester gehende Zeitraum für Aristoteles automatisch drei-geteilt wurde:

TutorFürVorlesung			
AssiPersNr	BetreuteVorlNr	Von	Bis
3002	5049	2012.10.01	2013.04.01
3002	4052	2013.04.01	2013.10.01
3003	5049	2012.04.01	2012.10.01
3003	5049	2012.10.01	2013.04.01
3003	5049	2013.04.01	2013.10.01
...	...	...	...

In umgekehrter Richtung kann es auch vorkommen, dass nach einem Update oder einer Einfügung nahtlos aneinander anschließende Gütligkeitsintervalle wieder zusammengefasst werden können, was man im Englischen als *coalescing* bezeichnet.

Für SQL-Anfragen auf den temporalen Daten stehen u.a. folgende Prädikate zur Verfügung: **contains**, **precedes**, **succeeds**, **immediately precedes/succeeds**, **overlaps**.

Wenn man in einer Relation sowohl die Sytemzeit-Versionierung als auch die Anwendungs-spezifischen Zeitintervalle verwendet, spricht man von *bitemporalen Daten*.

5.9 Übungen

5.1 Vollziehen Sie konkret am Universitätsbeispiel nach, welche Integritätsbedingungen bereits in der ER-Modellierung (Abbildung 2.7) vorhanden sind und welche erst später, in Abbildung 5.4, festgelegt wurden.

5.2 Beschreiben Sie die Auswirkungen der folgenden Operationen auf der Beispielausprägung aus Abbildung 3.8 mit dem Schema aus Abbildung 5.4.

- **delete from** Vorlesungen **where** Titel = 'Ethik';
- **insert into** prüfen **values** (24002, 5001, 2138, 2.0);
- **insert into** prüfen **values** (28106, 5001, 2127, 4.3);
- **drop table** Studenten;

5.3 Welches Modellierungskonzept würden Sie mit Hilfe von kaskadierendem Löschen realisieren?

5.4 Geben Sie die **create table**-Befehle inklusive Integritätsbedingungen an, um das in Aufgabe 3.1 gewonnene relationale Schema zu implementieren.

5.5 Geben Sie die **create table**-Befehle an, um das in Aufgabe 3.3 gewonnene relationale Schema für ein Wahlinformationssystem zu implementieren. Setzen Sie notwendige Integritätsbedingungen mit um.

5.6 Da die Generalisierung in den meisten relationalen Systemen nicht unterstützt wird, könnte man auf die Idee kommen, die Vererbungshierarchie von *Angestellte* zu *Professoren* und *Assistenten* gemäß Smith und Smith (1977) durch Redundanz zu modellieren:

Angestellte			
PersNr	Name	Gehalt	Typ
2125	Sokrates	90000	Professoren
3002	Platon	50000	Assistenten
1001	Maier	130000	–
...	...	...	...

Professoren				
PersNr	Name	Gehalt	Rang	Raum
2125	Sokrates	90000	C4	226
...	...	...	...	...

Assistenten				
PersNr	Name	Gehalt	Fachgebiet	Boss
3002	Platon	50000	Ideenlehre	2125
...	...	...	...	...

Hierbei werden also beispielsweise Professoren sowohl in der Relation *Professoren* als auch in der Relation *Angestellte* eingetragen. Die Attribute der

Relation *Angestellte* werden redundant auch in der Relation *Professoren* gespeichert.

Es gilt nun, diese Redundanz zu kontrollieren. Können Sie Trigger schreiben, die Updates entsprechend propagieren? Wenn also beispielsweise das Gehalt von Sokrates in der Relation *Professoren* geändert wird, soll diese Änderung automatisch (über einen Trigger) auf die Relation *Angestellte* propagiert werden. Analog muss aber eine Gehaltsänderung von Sokrates, die auf der Relation *Angestellte* durchgeführt wurde, auf die Relation *Professoren* propagiert werden.

Achten Sie darauf, dass Ihre Trigger terminieren!

Nach dem Kenntnisstand der Autoren, ist es in Oracle – aufgrund einer Einschränkung der Triggerfunktionalität – nicht möglich, diese Trigger zu realisieren. Wenn Sie es doch schaffen, lassen Sie es uns bitte wissen. In DB2, beispielsweise, ist es möglich; aber wie?

5.7 Trigger werden oft auch eingesetzt, um replizierte Daten konsistent zu halten. Man denke etwa an ein Attribut *AnzahlHörer*, das der Relation *Vorlesungen* zugeordnet ist. Der Wert dieses Attributs könnte mittels eines Triggers auf der Relation *hören* aktuell gehalten werden. Realisieren Sie die notwendigen Trigger im Datenbanksystem „Ihrer Wahl".

5.10 Literatur

Die Bedeutung von referentieller Integrität speziell bei relationalen Datenbanksystemen wurde von Date (1981) beschrieben. Melton und Simon (1993) beschreiben die Integritätsbedingungen in SQL 2. Das Triggerkonzept von Oracle wird von Bobrowski (1992) erläutert.

Für dynamische Integritätsbedingungen wurden hier nur Trigger vorgestellt. Eine formale Beschreibungsmöglichkeit bietet die temporale Logik, wie es beispielsweise von Lipeck und Saake (1987) diskutiert wird. Auch May und Ludäscher (2002) verwenden einen logikbasierten Formalismus für die Beschreibung referentieller Integritätsaktionen. Türker und Gertz (2001) beschreiben die erweiterten Konzepte zur Modellierung semantischer Integritätsregeln in SQL:99.

Casanova und Tucherman (1988) beschreiben, wie man referentielle Integrität mit Hilfe eines Monitors überwacht.

Das Trigger-Konzept ist eine Vorform der sogenannten *aktiven* Datenbanken. Projekte in diesem Bereich sind beispielsweise SAMOS [Gatziu, Geppert und Dittrich (1991)] und REACH [Buchmann et al. (1995)]. Gertz und Lipeck (1996) haben die Nutzung von Triggern zur Gewährleistung dynamischer Integritätsbedingungen untersucht. Behrend, Manthey und Pieper (2001) untersuchen die erweiterten Integritätsbedingungen von SQL-3 (bzw. SQL:1999), die aber bedauerlicherweise noch nicht in den kommerziellen Produkten enthalten sind.

Temporale Datenbankunterstützung wurde im SQL Standard 2011 eingeführt. Die hier vorgestellten Konzepte wurden aber noch nicht von allen kommerziellen Systemen vollständig umgesetzt. Petkovic (2013) gibt einen schönen Überblick über die Funktionalität und ergänzt, dass die Unterstützung im IBM Datenbanksystem DB2 am weitesten fortgeschritten ist. Eine weitere englischsprachige Abhandlung der Modellierungskonzepte wurde von Kulkarni und Michels (2012) verfasst. Auch Böhlen et al. (2009) geben eine Übersicht über die SQL-Unterstützung – Koautor dieses Beitrag ist R. Snodgrass, der die Forschung im Bereich temporaler Daten geprägt hat.

Finis et al. (2013) haben ein Verfahren für die effiziente Versionierung hierarchischer Datenstrukturen in Hauptspeicher-Datenbanken entwickelt – u.a. für das SAP Hauptspeicher-Datenbanksystem HANA. Im Kontext von SAP HANA wurde auch der sogenannte Timeline-Index von Kaufmann et al. (2013) entwickelt, der die zeitliche Evolution der Daten entlang der Transaktionszeit indexiert.

6. Relationale Entwurfstheorie

In den vorangegangenen Kapiteln haben wir uns schon mit dem methodischen Entwurf einer Datenbankanwendung beschäftigt. Wir haben dabei den schrittweisen top-down-Entwurf kennengelernt, wobei zunächst ein Pflichtenheft, dann ein konzeptueller Entity-Relationship-Entwurf und schließlich ein relationales Schema erstellt wurden.

In diesem Kapitel beschäftigen wir uns sozusagen mit der konzeptuellen Feinabstimmung des erstellten relationalen Schemas auf der Grundlage formaler Methoden. Die Basis für diesen Feinentwurf bilden funktionale Abhängigkeiten, die eine Verallgemeinerung des – zumindest informell – schon eingeführten Schlüsselbegriffs darstellen. Weiterhin werden mehrwertige Abhängigkeiten untersucht, die ihrerseits eine Verallgemeinerung der funktionalen Abhängigkeiten darstellen.

Basierend auf diesen Abhängigkeiten werden Normalformen für Relationenschemata definiert. Die Normalformen dienen dazu, die „Güte" eines Relationenschemas zu bewerten. Wenn für ein Relationenschema diese Normalformen nicht erfüllt sind, kann man es durch Anwendung entsprechender Normalisierungsalgorithmen in mehrere Schemata zerlegen, die dann die entsprechende Normalform erfüllen.

6.1 Funktionale Abhängigkeiten

Die Diskussion in diesem Kapitel bezieht sich (meistens) auf ein abstraktes relationales Datenbankschema bestehend aus n Relationenschemata $\mathcal{R}_1, \ldots, \mathcal{R}_n$ mit möglichen – nicht näher bestimmten – Ausprägungen $R_1, \ldots, R_n$ oder ein Schema $\mathcal{R}$ mit Ausprägung R.

Eine *funktionale Abhängigkeit* (engl. *functional dependency*) stellt eine Bedingung an die möglichen gültigen Ausprägungen des Datenbankschemas dar. Eine funktionale Abhängigkeit – oft abgekürzt als FD – wird wie folgt dargestellt:

$$\alpha \to \beta$$

Hierbei repräsentieren die griechischen Buchstaben α und β jeweils Mengen von Attributen. Betrachten wir zunächst den Fall, dass die FD $\alpha \to \beta$ auf dem Relationenschema $\mathcal{R}$ definiert ist, d.h. α und β seien Teilmengen von $\mathcal{R}$. Dann sind nur solche Ausprägungen R zulässig, für die folgendes gilt: Für alle Paare von Tupeln $r, t \in R$ mit $r.\alpha = t.\alpha$ muss auch gelten $r.\beta = t.\beta$. Hierbei stellt $r.\alpha = t.\alpha$ eine Kurzform für $\forall A \in \alpha : r.A = t.A$ dar. Mit anderen Worten drückt die FD $\alpha \to \beta$ aus, dass wenn zwei Tupel gleiche Werte für alle Attribute in α haben, dann müssen auch ihre β-Werte (d.h. die Werte der Attribute in β) übereinstimmen. Wir sagen dann auch, dass die α-Werte die β-Werte funktional (d.h. eindeutig) bestimmen. Oder anders herum, dass die β-Werte funktional abhängig von den α-Werten sind. Man bezeichnet α auch als *Determinante* von β.

Wir wollen dieses sehr wichtige – und für die relationale Entwurfstheorie zentrale – Konzept der funktionalen Abhängigkeiten an einem abstrakten Beispiel erläutern. Dazu betrachten wir die Relation R mit dem Schema $\mathcal{R} = \{A, B, C, D\}$ und der funktionalen Abhängigkeit $\{A\} \to \{B\}$.

	R			
	A	B	C	D
t	a_4	b_2	c_4	d_3
p	a_1	b_1	c_1	d_1
q	a_1	b_1	c_1	d_2
r	a_2	b_2	c_3	d_2
s	a_3	b_2	c_4	d_3

Diese Relation erfüllt die FD $\{A\} \to \{B\}$, da es nur zwei Tupel p und q mit gleichem A-Attributwert gibt, nämlich $p.A = q.A = a_1$. Bei diesen beiden Tupeln p und q stimmt auch der Wert des Attributs B – nämlich $p.B = q.B = b_1$ – überein.

Weiterhin erfüllt die gezeigte Ausprägung R die funktionale Abhängigkeit $\{A\} \to \{C\}$, wie die Leser auf analoge Weise nachvollziehen können. Außerdem ist die funktionale Abhängigkeit $\{C, D\} \to \{B\}$ in der Relation R erfüllt. Nur die beiden Tupel s und t haben gleiche Werte für C *und* D – deshalb erfüllen alle anderen Tupel die funktionale Abhängigkeit automatisch. Da s und t auch den gleichen Wert für B haben, folgt daraus, dass $\{C, D\} \to \{B\}$ erfüllt ist.

Andererseits ist die funktionale Abhängigkeit $\{B\} \to \{C\}$ in der Relation R nicht erfüllt. Dazu betrachte man die beiden Tupel r und s mit $r.B = s.B$. Offensichtlich haben diese beiden Tupel unterschiedliche C-Werte, nämlich $r.C = c_3 \neq c_4 = s.C$.

Es soll an dieser Stelle nochmals betont werden, dass funktionale Abhängigkeiten eine semantische Konsistenzbedingung darstellen, die sich aus der jeweiligen Anwendungssemantik und *nicht* aus der derzeitigen zufälligen Relationenausprägung ergeben. Mit anderen Worten: Funktionale Abhängigkeiten stellen Konsistenzbedingungen dar, die zu allen Zeiten in jedem (gültigen) Datenbankzustand eingehalten werden müssen.

6.1.1 Konventionen zur Notation

In der Datenbank-Literatur hat sich vielfach die etwas „saloppe" Notation $CD \to A$ oder $C, D \to A$ anstatt der formal präzisen Notation $\{C, D\} \to \{A\}$ eingebürgert. Weiterhin steht $\alpha - A$ für $\alpha - \{A\}$, wenn α eine Attributmenge und A ein Attribut aus dieser Menge repräsentieren. Die Vereinigung zweier Attributmengen α und β wird einfach als $\alpha\beta$ notiert. Die abstrakten Attribute einer Attributmenge wie z.B. $\{A, B, C\}$ werden als ABC notiert.

6.1.2 Einhaltung einer funktionalen Abhängigkeit

Eine andere Charakterisierung für eine funktionale Abhängigkeit $\alpha \to \beta$ ist die folgende: Die FD $\alpha \to \beta$ ist in R erfüllt, wenn für jeden möglichen Wert c von α gilt, dass

$$\Pi_\beta(\sigma_{\alpha=c}(R))$$

höchstens ein Element enthält. Das obige ist eine etwas informelle aber anschauliche Formulierung: Unter einem Wert c von α verstehen wir natürlich ein Tupel $[c_1, \ldots, c_i] \in \mathbf{dom}(A_1) \times \cdots \times \mathbf{dom}(A_i)$, wenn $\alpha = \{A_1, \ldots, A_i\}$ gilt. Weiterhin steht dann der Ausdruck $\sigma_{\alpha=c}(R)$ für

$$\sigma_{A_1=c_1}(\cdots(\sigma_{A_i=c_i}(R))\cdots).$$

Die eben diskutierte Charakterisierung einer funktionalen Abhängigkeit liefert einen einfachen Algorithmus, mit dem festgestellt wird, ob eine gegebene Relation R die FD $\alpha \rightarrow \beta$ erfüllt:

- Eingabe: eine Relation R und eine FD $\alpha \rightarrow \beta$
- Ausgabe: *ja*, falls $\alpha \rightarrow \beta$ in R erfüllt ist; *nein* sonst
- *Einhaltung*$(R, \alpha \rightarrow \beta)$
  - sortiere R nach α-Werten
  - falls alle Gruppen bestehend aus Tupeln mit gleichen α-Werten auch gleiche β-Werte aufweisen: Ausgabe *ja*; sonst: Ausgabe *nein*

Die Laufzeit dieses Algorithmus wird natürlich durch die Sortierung dominiert. Somit hat der Algorithmus *Einhaltung* die Komplexität $O(n \log n)$.

Die Leser mögen ihn auf die oben angegebene Relation R anwenden um (nochmals) nachzuweisen, dass z.B. die FD $\{C, D\} \rightarrow \{B\}$ erfüllt ist.

Die funktionalen Abhängigkeiten, die von *jeder* Relationenausprägung automatisch immer erfüllt sind, nennt man *triviale* FDs. Man kann zeigen, dass nur FDs der Art

$$\alpha \rightarrow \beta \quad \text{mit} \quad \beta \subseteq \alpha$$

trivial sind (siehe Übungsaufgabe 6.5).

6.2 Schlüssel

Wie oben bereits erwähnt, stellen die funktionalen Abhängigkeiten eine Verallgemeinerung des Schlüsselbegriffs dar. Das wollen wir jetzt präzisieren.

In der Relation $\mathcal{R}$ ist $\alpha \subseteq \mathcal{R}$ ein *Superschlüssel*, falls gilt:

$$\alpha \rightarrow \mathcal{R}$$

D.h. α bestimmt alle anderen Attributwerte innerhalb der Relation $\mathcal{R}$. Wir nennen α in diesem Fall *Superschlüssel*, weil noch nichts darüber ausgesagt ist, ob α eine minimale Menge von Attributen enthält. Z.B. folgt aus der mengentheoretischen Definition des relationalen Modells automatisch (Mengen enthalten keine Duplikate):

$$\mathcal{R} \rightarrow \mathcal{R}$$

Also bildet die Menge aller Attribute einer Relation einen Superschlüssel.

Wir benötigen das Konzept der *vollen* funktionalen Abhängigkeiten um Schlüssel von Superschlüsseln abzugrenzen. β ist *voll funktional abhängig* von α – in Zeichen $\alpha \stackrel{\bullet}{\rightarrow} \beta$ – falls beide nachfolgenden Kriterien gelten:

1. $\alpha \to \beta$, d.h. β ist funktional abhängig von α und

2. α kann nicht mehr „verkleinert“ werden, d.h.

$$\forall A \in \alpha : \alpha - \{A\} \not\to \beta$$

Es kann also kein Attribut mehr aus α entfernt werden, ohne die FD zu „zerstören“.

Falls $\alpha \overset{\bullet}{\to} \mathcal{R}$ gilt, bezeichnet man α als Kandidatenschlüssel von $\mathcal{R}$. Im Allgemeinen wird einer der Kandidatenschlüssel als sogenannter *Primärschlüssel* ausgewählt. Diese Auswahl ist notwendig, da im relationalen Modell Verweise zwischen Tupeln unterschiedlicher Relationen über Fremdschlüssel realisiert werden. Man sollte darauf achten, dass für Fremdschlüssel immer derselbe Schlüssel verwendet wird – deshalb ist die Auszeichnung eines Kandidatenschlüssels als Primärschlüssel unbedingt notwendig.

Als Beispiel für die Bestimmung von Kandidatenschlüsseln betrachten wir folgende Relation (*EW* stehe für Einwohnerzahl und *BLand* für Bundesland):

Städte			
Name	BLand	Vorwahl	EW
Frankfurt	Hessen	069	650000
Frankfurt	Brandenburg	0335	84000
München	Bayern	089	1200000
Passau	Bayern	0851	50000
...	...	...	...

Wir gehen davon aus, dass Wohnorte innerhalb von Bundesländern eindeutig benannt sind. Die Kandidatenschlüssel für die Relation *Städte* sind:

- {Name, BLand}
- {Name, Vorwahl}

Man beachte, dass zwei (kleinere) Städte dieselbe Vorwahl haben können; deshalb bildet {*Vorwahl*} alleine keinen Schlüssel. Anders wäre das in einer Relation *Großstädte*, in der nur Großstädte mit exklusiver Vorwahl-Nummer abgespeichert wären.

6.3 Bestimmung funktionaler Abhängigkeiten

Es ist Aufgabe der Datenbankentwerfer, die funktionalen Abhängigkeiten aus der Anwendungssemantik zu bestimmen. Als Beispiel möge uns folgendes Relationenschema[1] dienen:

ProfessorenAdr : {[PersNr, Name, Rang, Raum, Ort, Straße,
PLZ, Vorwahl, BLand, EW, Landesregierung]}

[1]Dieses Schema wird hier nur für die Demonstration funktionaler Abhängigkeiten verwendet. Es stellt in keiner Weise einen guten relationalen Entwurf dar – wie wir im nachfolgenden noch sehen werden.

Hierbei verstehen wir unter *Ort* den eindeutigen Erstwohnsitz der Professoren. Die *Landesregierung* ist die eine „tonangebende" Partei, die also den Ministerpräsidenten bzw. die Ministerpräsidentin stellt, so dass *Landesregierung* funktional abhängig von *BLand* ist. Weiterhin machen wir einige vereinfachende Annahmen: Orte sind innerhalb der Bundesländer (nach wie vor) eindeutig benannt. Die Postleitzahl (*PLZ*) ändert sich nicht innerhalb einer Straße, Städte und Straßen gehen nicht über Bundeslandgrenzen hinweg.

Beim Datenbankentwurf könnten dann folgende FDs bestimmt worden sein:

1. {PersNr} → {PersNr, Name, Rang, Raum, Ort, Straße, PLZ, Vorwahl, BLand, EW, Landesregierung}
2. {Ort, BLand} → {EW, Vorwahl}
3. {PLZ} → {BLand, Ort, EW}
4. {Ort, BLand, Straße} → {PLZ}
5. {BLand} → {Landesregierung}
6. {Raum} → {PersNr}

Die erste aufgeführte FD besagt, dass *PersNr* ein Kandidatenschlüssel der Relation *ProfessorenAdr* ist. In der vierten FD gehen wir von der oben beschriebenen vereinfachenden Annahme aus, dass die PLZ sich innerhalb einer Straße eines Orts nicht ändert.

Aus dieser vorgegebenen Menge von funktionalen Abhängigkeiten ergeben sich weitere Abhängigkeiten, die von jeder gültigen Relationenausprägung auch immer erfüllt sind. Beispiele hierfür sind:

- {Raum} → {PersNr, Name, Rang, Raum, Ort, Straße, PLZ, Vorwahl, BLand, EW, Landesregierung}
- {PLZ} → {Landesregierung}

Wir sagen, dass diese weiteren Abhängigkeiten aus den vorgegebenen FDs herleitbar sind. Im Allgemeinen sind wir bei einer gegebenen Menge F von FDs daran interessiert, die Menge F^+ aller daraus herleitbaren funktionalen Abhängigkeiten zu bestimmen. Diese Menge F^+ bezeichnet man als die *Hülle* (engl. *closure*) der Menge F. Die *Hülle* einer Menge von FDs kann durch Anwendung von Herleitungsregeln – auch *Inferenzregeln* genannt – bestimmt werden. Für die Herleitung der vollständigen Hülle reichen die drei nachfolgend aufgeführten *Armstrong-Axiome* als Inferenzregeln aus.

Entsprechend unserer Konvention bezeichnen α, β, γ und δ Teilmengen der Attribute aus $\mathcal{R}$.

- *Reflexivität*: Falls β eine Teilmenge von α ist ($\beta \subseteq \alpha$) dann gilt immer $\alpha \rightarrow \beta$. Insbesondere gilt also immer $\alpha \rightarrow \alpha$.
- *Verstärkung*: Falls $\alpha \rightarrow \beta$ gilt, dann gilt auch $\alpha\gamma \rightarrow \beta\gamma$. Hierbei stehe z.B. $\alpha\gamma$ für $\alpha \cup \gamma$.

- *Transitivität*: Falls $\alpha \to \beta$ und $\beta \to \gamma$ gilt, dann gilt auch $\alpha \to \gamma$.

Die Armstrong-Axiome sind *korrekt* (engl. *sound*) und *vollständig*. Die Korrektheit der Axiome besagt, dass sich mit Hilfe der Armstrong-Axiome aus einer Menge F von FDs nur solche weiteren FDs ableiten lassen, die von *jeder* Relationenausprägung erfüllt sind, für die F erfüllt ist. Die Vollständigkeit der Axiome besagt, dass sich *alle* FDs ableiten lassen, die durch F logisch impliziert werden. Man ist also in der Lage F^+ vollständig mittels der Armstrong-Axiome zu bestimmen.

Obwohl die Armstrong-Axiome vollständig sind, ist es für Herleitungsprozesse komfortabel, noch drei weitere Axiome hinzuzunehmen.

- *Vereinigungsregel*: Wenn $\alpha \to \beta$ und $\alpha \to \gamma$ gelten, dann gilt auch $\alpha \to \beta\gamma$.
- *Dekompositionsregel*: Wenn $\alpha \to \beta\gamma$ gilt, dann gelten auch $\alpha \to \beta$ und $\alpha \to \gamma$.
- *Pseudotransitivitätsregel*: Wenn $\alpha \to \beta$ und $\gamma\beta \to \delta$, dann gilt auch $\alpha\gamma \to \delta$.

Wir wollen mit Hilfe der Axiome nachweisen, dass die funktionale Abhängigkeit $\{PLZ\} \to \{Landesregierung\}$ in unserem Beispielschema gilt. Dazu wird zunächst die Dekompositonsregel angewendet um $\{PLZ\} \to \{BLand\}$ herzuleiten. Unter Anwendung der Transitivitätsregel ergibt sich dann hieraus und aus der gegebenen FD $\{BLand\} \to \{Landesregierung\}$ die FD $\{PLZ\} \to \{Landesregierung\}$.

Die Leser mögen herleiten, dass *Raum* ein Kandidatenschlüssel ist, d.h. dass $\{Raum\} \to \mathbf{sch}(Professoren)$ gilt.

Oftmals ist man nicht an der gesamten Hülle einer Menge von FDs interessiert, sondern nur an der Menge von Attributen α^+, die von α gemäß der Menge F von FDs funktional bestimmt werden. Diese Menge α^+ kann man mit folgendem Algorithmus herleiten:

- **Eingabe**: eine Menge F von FDs und eine Menge von Attributen α
- **Ausgabe**: die vollständige Menge von Attributen α^+, für die gilt $\alpha \to \alpha^+$
- *AttrHülle*(F, α)

```
Erg := α;
while (Änderungen an Erg) do
    foreach FD β → γ in F do
        if β ⊆ Erg then Erg := Erg ∪ γ;
Ausgabe α⁺ = Erg;
```

Mit Hilfe dieses Algorithmus *AttrHülle* kann man nun sehr einfach bestimmen, ob eine Menge von Attributen κ einen Superschlüssel einer Relation $\mathcal{R}$ bezüglich der FDs F bildet. Dazu wendet man *AttrHülle* (F, κ) an um κ^+ zu ermitteln. Nur falls $\kappa^+ = \mathcal{R}$ ergibt, ist κ ein Superschlüssel von $\mathcal{R}$.

6.3.1 Kanonische Überdeckung

Im Allgemeinen gibt es viele unterschiedliche äquivalente Mengen von funktionalen Abhängigkeiten. Zwei Mengen F und G von funktionalen Abhängigkeiten heißen genau dann *äquivalent* (in Zeichen $F \equiv G$), wenn ihre Hüllen gleich sind, d.h. $F^+ = G^+$. Diese Definition von Äquivalenz ist intuitiv einleuchtend, da die gleiche Hülle der beiden Mengen F und G impliziert, dass dieselben FDs aus F und G ableitbar sind.

Zu einer gegebenen Menge F von FDs gibt es also eine eindeutige Hülle F^+. Diese Menge F^+ enthält aber i.A. sehr viele Abhängigkeiten, so dass der Umgang mit F^+ sehr unübersichtlich ist. Insbesondere nachteilig wirkt sich eine große, redundante Menge von funktionalen Abhängigkeiten im Rahmen der Konsistenzüberprüfung bei Datenbankmodifikationen aus. Man beachte, dass nach einer Änderungsoperation die Einhaltung der spezifizierten FDs überprüft werden muss. Deshalb ist man im Entwurfsprozess und bei der Überprüfung von FDs an einer kleinstmöglichen noch äquivalenten Menge von FDs interessiert. Zu einer gegebenen Menge F von FDs nennt man F_c eine *kanonische Überdeckung*, falls folgende drei Eigenschaften erfüllt sind:

1. $F_c \equiv F$, d.h. $F_c^+ = F^+$
2. In F_c existieren keine FDs $\alpha \to \beta$, bei denen α oder β überflüssige Attribute enthalten. D.h. es muss folgendes gelten:
   (a) $\forall A \in \alpha : (F_c - (\alpha \to \beta) \cup ((\alpha - A) \to \beta)) \not\equiv F_c$
   (b) $\forall B \in \beta : (F_c - (\alpha \to \beta) \cup (\alpha \to (\beta - B))) \not\equiv F_c$
3. Jede linke Seite einer funktionalen Abhängigkeit in F_c ist einzigartig. Dies kann durch sukzessive Anwendung der Vereinigungsregel auf FDs der Art $\alpha \to \beta$ und $\alpha \to \gamma$ erzielt werden, so dass die beiden FDs durch $\alpha \to \beta\gamma$ ersetzt werden.

Zu einer gegebenen Menge F von FDs kann man eine kanonische Überdeckung wie folgt bestimmen:

1. Führe für jede FD $\alpha \to \beta \in F$ die Linksreduktion durch, also:
   - Überprüfe für alle $A \in \alpha$, ob A überflüssig ist, d.h. ob
   $$\beta \subseteq \mathit{AttrHülle}(F, \alpha - A)$$
   gilt. Falls dies der Fall ist, ersetze $\alpha \to \beta$ durch $(\alpha - A) \to \beta$.
2. Führe für jede (verbliebene) FD $\alpha \to \beta$ die Rechtsreduktion durch, also:
   - Überprüfe für alle $B \in \beta$, ob
   $$B \in \mathit{AttrHülle}(F - (\alpha \to \beta) \cup (\alpha \to (\beta - B)), \alpha)$$
   gilt. In diesem Fall ist B auf der rechten Seite überflüssig und kann eliminiert werden, d.h. $\alpha \to \beta$ wird durch $\alpha \to (\beta - B)$ ersetzt.

3. Entferne die FDs der Form $\alpha \to \emptyset$, die im 2. Schritt möglicherweise entstanden sind.

4. Fasse mittels der Vereinigungsregel FDs der Form $\alpha \to \beta_1, \ldots, \alpha \to \beta_n$ zusammen, so dass $\alpha \to (\beta_1 \cup \cdots \cup \beta_n)$ verbleibt.

Betrachten wir ein ganz kleines Beispiel für die Herleitung der kanonischen Überdeckung. Die Menge F habe folgende Form:

$$F = \{A \to B, B \to C, AB \to C\}$$

In Schritt 1. wird $AB \to C$ durch $A \to C$ ersetzt, da B auf der linken Seite überflüssig ist (C ist nämlich schon über die ersten beiden FDs funktional abhängig von A). Im zweiten Schritt, der Rechtsreduktion, wird $A \to C$ durch $A \to \emptyset$ ersetzt, da C auf der rechten Seite überflüssig ist. Dies folgt daraus, dass

$$C \in \mathit{AttrH\ddot{u}lle}(\{A \to B, B \to C, A \to \emptyset\}, \{A\})$$

gilt. In Schritt 3. wird dann lediglich $A \to \emptyset$ eliminiert, so dass $F_c = \{A \to B, B \to C\}$ übrigbleibt. Hier gibt es natürlich in Schritt 4. nichts mehr zusammenzufassen.

6.4 „Schlechte" Relationenschemata

Schlecht entworfene Relationenschemata können zu sogenannten *Anomalien* führen, die wir im folgenden anhand eines anschaulichen Beispiels illustrieren wollen. Dazu betrachten wir die Relation *ProfVorl*, in der Professoren zusammen mit den von ihnen gelesenen Vorlesungen modelliert sind:

ProfVorl						
PersNr	Name	Rang	Raum	VorlNr	Titel	SWS
2125	Sokrates	C4	226	5041	Ethik	4
2125	Sokrates	C4	226	5049	Mäeutik	2
2125	Sokrates	C4	226	4052	Logik	4
...	...	...	...	...	...	...
2132	Popper	C3	52	5259	Der Wiener Kreis	2
2137	Kant	C4	7	4630	Die 3 Kritiken	4

Es handelt sich hierbei um einen schlechten Entwurf, wie wir auch schon in Kapitel 3.3 festgestellt hatten. Dieser Entwurf führt demzufolge auch zu den (für diese Diskussion gewünschten) Anomalien. Wir unterscheiden drei Arten von Anomalien, die in den nachfolgenden Unterabschnitten behandelt werden.

6.4.1 Die Updateanomalien

Wenn ein Professor, sagen wir „Sokrates", von einem Raum in einen anderen umzieht, muss dies in der Datenbank entsprechend fortgeschrieben werden. Aufgrund des schlechten Schemas existiert diese Information aber mehrfach, also redundant. Deshalb kann leicht der Fall eintreten, dass einige Einträge übersehen werden. Selbst wenn man – durch ein entsprechendes Programm – sicherstellen kann, dass immer alle redundanten Einträge gleichzeitig abgeändert werden, hat der vorliegende Entwurf von *ProfVorl* dennoch zwei schwerwiegende Nachteile:

1. Erhöhter Speicherbedarf wegen der redundant zu speichernden Informationen und

2. Leistungseinbußen bei Änderungen, da mehrere Einträge abgeändert werden müssen.

6.4.2 Einfügeanomalien

Bei diesem schlechten Entwurf wurden Informationen zweier Entitytypen (aus der realen Anwendungswelt) vermischt. Deshalb treten Probleme auf, wenn man Information eintragen will, die zu nur einem Entitytypen gehört.

Will man z.B. die Daten für neu berufene Professoren eintragen, die noch keine Vorlesung halten, so geht dies nur, indem man die Attribute *VorlNr*, *Titel* und *SWS* mit NULL-Werten besetzt.

Ein analoges Problem tritt auf, wenn man eine Vorlesung eintragen will, für die aber noch kein Referent bestimmt wurde.

6.4.3 Löschanomalien

Wenn die Information bezüglich eines der zwei miteinander vermischten Entitytypen gelöscht wird, kann es zum gleichzeitigen und unbeabsichtigten Verlust der Daten des anderen Entitytyps kommen. Betrachten wir als Beispiel das Löschen der Vorlesung „Der Wiener Kreis". Da dies die einzige von „Popper" gehaltene Vorlesung ist, geht durch die Löschung des Vorlesungstupels gleichzeitig auch die Information zum Professor „Popper" verloren. Dies wäre nur zu vermeiden, wenn man die entsprechenden Attribute aus dem Vorlesungskontext mit NULL-Werten besetzt. Andererseits ist so etwas bei Professoren, die mehrere Vorlesungen halten, nicht notwendig. Beispielsweise kann man die Vorlesung „Mäeutik" löschen, ohne dass die Infomation zu „Sokrates" verloren ginge.

6.5 Zerlegung (Dekomposition) von Relationen

Die im vorhergehenden Abschnitt dargestellten Anomalien sind darauf zurückzuführen, dass nicht „zusammenpassende" Informationen in einer Relation gebündelt wurden. Um einen solchen unzulänglichen Entwurf zu revidieren, werden bei der sogenannten *Normalisierung*, die in den nachfolgenden Abschnitten behandelt wird, Relationenschemata aufgespalten. Mit anderen Worten, ein Relationenschema $\mathcal{R}$ wird in die Relationenschemata $\mathcal{R}_1, \ldots, \mathcal{R}_n$ zerlegt. Dabei enthalten die Schemata $\mathcal{R}_1, \ldots, \mathcal{R}_n$ natürlich jeweils nur eine Teilmenge der Attribute aus $\mathcal{R}$, also $\mathcal{R}_i \subseteq \mathcal{R}$ für $1 \leq i \leq n$.

Es gibt zwei sehr grundlegende Korrektheitskriterien für eine solche Zerlegung von Relationenschemata:

1. *Verlustlosigkeit*: Die in der ursprünglichen Relationenausprägung R des Schemas $\mathcal{R}$ enthaltenen Informationen müssen aus den Ausprägungen $R_1, \ldots, R_n$ der neuen Relationenschemata $\mathcal{R}_1, \ldots, \mathcal{R}_n$ rekonstruierbar sein.

2. *Abhängigkeitserhaltung*: Die für $\mathcal{R}$ geltenden funktionalen Abhängigkeiten müssen auf die Schemata $\mathcal{R}_1, \ldots, \mathcal{R}_n$ übertragbar sein.

Wir werden diese beiden Kriterien in den nachfolgenden Unterabschnitten etwas detaillierter behandeln.

6.5.1 Verlustlosigkeit

Für die Diskussion reicht es aus, sich auf die Zerlegung von $\mathcal{R}$ in zwei Relationenschemata $\mathcal{R}_1$ und $\mathcal{R}_2$ zu beschränken.[2] Ein Relationenschema $\mathcal{R}$ werde also auf zwei Schemata $\mathcal{R}_1$ und $\mathcal{R}_2$ aufgeteilt. Es handelt sich hierbei um eine gültige Zerlegung, wenn alle Attribute aus $\mathcal{R}$ erhalten bleiben, d.h. es muss gelten:

- $\mathcal{R} = \mathcal{R}_1 \cup \mathcal{R}_2$

Für eine Ausprägung R von $\mathcal{R}$ definieren wir jetzt die Ausprägungen R_1 von $\mathcal{R}_1$ und R_2 von $\mathcal{R}_2$ wie folgt:

$$\begin{aligned} R_1 &:= \Pi_{\mathcal{R}_1}(R) \\ R_2 &:= \Pi_{\mathcal{R}_2}(R) \end{aligned}$$

Die Zerlegung von $\mathcal{R}$ in $\mathcal{R}_1$ und $\mathcal{R}_2$ ist *verlustlos*, falls für jede mögliche (gültige) Ausprägung R von $\mathcal{R}$ gilt:

$$R = R_1 \bowtie R_2$$

Die in R enthaltene Information muss also durch den natürlichen Verbund (Join) der beiden Relationen R_1 und R_2 rekonstruierbar sein.

Wir wollen zunächst ein Beispiel betrachten, in dem die Zerlegung zu einem Verlust von Information führt. Die Relation *Biertrinker* habe folgende Gestalt:

Biertrinker		
Kneipe	Gast	Bier
Kowalski	Kemper	Pils
Kowalski	Eickler	Hefeweizen
Innsteg	Kemper	Hefeweizen

In dieser Relation seien Kneipen, Gäste und Biersorten eindeutig durch die Namen identifiziert. Die Relation enthält die Information, welche Biersorte die Gäste in der jeweiligen Kneipe trinken. Die getrunkene Biersorte kann je nach Kneipe (bzw. beliefernder Brauerei) für denselben Gast variieren – z.B. trinkt Kemper im Kowalski immer Pils aber im Innsteg immer Hefeweizen.

Eine Zerlegung von *Biertrinker* könnte wie folgt durchgeführt werden:

- Besucht: {[Kneipe, Gast]}
- Trinkt: {[Gast, Bier]}

[2] Zur Begründung siehe Aufgabe 6.13.

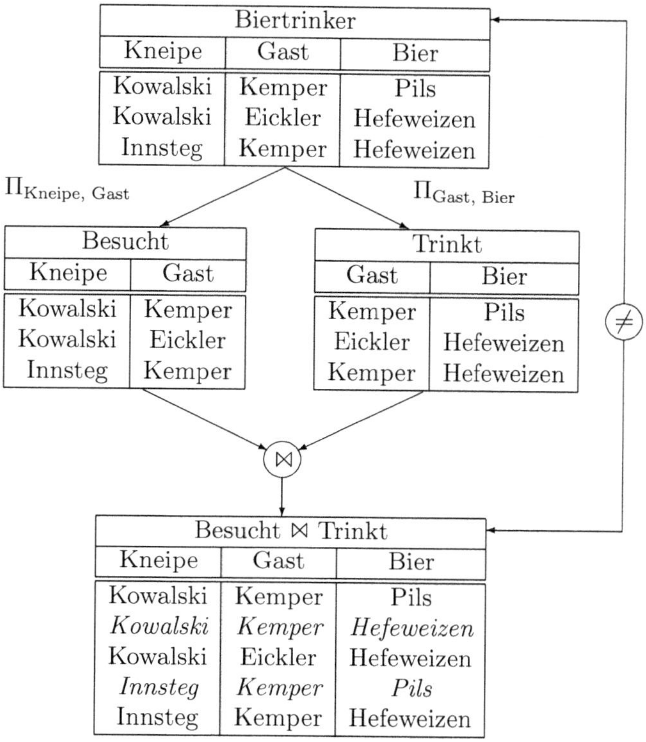

Abbildung 6.1: Illustration der nicht-verlustlosen Zerlegung von *Biertrinker*

Diese Zerlegung ist **nicht** verlustlos! Das erkennt man schon an der obigen Ausprägung, wenn man die Relationenausprägungen für *Besucht* und *Trinkt* bildet:

$$\begin{aligned} \text{Besucht} &:= \Pi_{\text{Kneipe,Gast}}(\text{Biertrinker}) \\ \text{Trinkt} &:= \Pi_{\text{Gast,Bier}}(\text{Biertrinker}) \end{aligned}$$

Die Projektionen resultieren in den beiden in der Mitte von Abbildung 6.1 gezeigten Ausprägungen der Relationen *Besucht* und *Trinkt*. Leider ergibt der natürliche Verbund der beiden Relationen *Besucht* und *Trinkt* nicht die Ausgangsrelation *Biertrinker*, d.h.:

$$\text{Biertrinker} \neq (\text{Besucht} \bowtie \text{Trinkt})$$

Die Relation (*Besucht* ⋈ *Trinkt*) enthält nämlich die Tupel [*Kowalski*, *Kemper*, *Hefeweizen*] und [*Innsteg*, *Kemper*, *Pils*], die in der Ursprungsrelation *Biertrinker* nicht enthalten waren. Durch die Zerlegung ist die Assoziation von Biersorten und Gästen *relativ* zu der besuchten *Kneipe* verloren gegangen. Auch dies ist in Abbildung 6.1 gezeigt – die kursiv geschriebenen Einträge in der Relation *Besucht* ⋈ *Trinkt* waren in der Ursprungsrelation nicht vorhanden und stellen einen Informationsverlust dar. Es mag seltsam erscheinen, dass zusätzliche Tupel einen Informationsverlust darstellen – das ist aber tatsächlich so, weil die Zuordnungen dadurch verloren gingen.

6.5.2 Kriterien für die Verlustlosigkeit einer Zerlegung

Es ist – wie das vorangegangene Beispiel zeigt – für die Datenbankentwerfer nicht immer auf den ersten Blick ersichtlich, ob eine beabsichtigte Zerlegung verlustlos ist oder nicht. Deshalb ist eine formale Charakterisierung verlustloser Zerlegungen auf der Basis von funktionalen Abhängigkeiten sinnvoll und notwendig.

Eine Zerlegung von $\mathcal{R}$ mit zugehörigen funktionalen Abhängigkeiten $F_{\mathcal{R}}$ in $\mathcal{R}_1$ und $\mathcal{R}_2$ ist verlustlos, wenn mindestens eine der folgenden funktionalen Abhängigkeiten herleitbar ist:

- $(\mathcal{R}_1 \cap \mathcal{R}_2) \to \mathcal{R}_1 \in F_{\mathcal{R}}^+$
- $(\mathcal{R}_1 \cap \mathcal{R}_2) \to \mathcal{R}_2 \in F_{\mathcal{R}}^+$

Mit anderen Worten: Es gelte $\mathcal{R} = \alpha \cup \beta \cup \gamma$, $\mathcal{R}_1 = \alpha \cup \beta$ und $\mathcal{R}_2 = \alpha \cup \gamma$ mit paarweise disjunkten Attributmengen α, β und γ. Dann muss mindestens eine von zwei Bedingungen gelten:

- $\beta \subseteq \mathit{AttrHülle}(F_{\mathcal{R}}, \alpha)$ oder
- $\gamma \subseteq \mathit{AttrHülle}(F_{\mathcal{R}}, \alpha)$

Wir werden nachher bei der Diskussion der sogenannten mehrwertigen Abhängigkeiten (siehe Abschnitt 6.10) sehen, dass dies eine hinreichende, aber keine notwendige Bedingung für Verlustlosigkeit ist. Das bedeutet, wenn diese Bedingung erfüllt ist, kann man sicher sein, dass kein Informationsverlust auftreten kann. Aber es gibt auch verlustlose Zerlegungen, bei denen diese Bedingung nicht erfüllt ist, für die also die Bedingung zu „stark" ist. Unser *Biertrinker*-Beispiel war eine „verlustige" Zerlegung und dementsprechend war die Bedingung verletzt. Es gilt nämlich nur die eine nicht-triviale funktionale Abhängigkeit

- {Kneipe, Gast} → {Bier},

wohingegen keine der zwei möglichen, die Verlustlosigkeit garantierenden FDs

- {Gast} → {Bier}
- {Gast} → {Kneipe}

erfüllt sind.

Wir wollen natürlich noch ein anschauliches Beispiel für die verlustlose Zerlegung liefern. Man betrachte die Relation *Eltern* : {[*Vater*, *Mutter*, *Kind*]} und deren Zerlegung in *Väter* : {[*Vater*, *Kind*]} und *Mütter* : {[*Mutter*, *Kind*]}, die in Abbildung 6.2 gezeigt ist. Für dieses (anekdotische) Beispiel gehen wir davon aus, dass Personen eindeutig durch ihre Vornamen identifizierbar sind.

Diese Zerlegung ist verlustlos, da sogar beide funktionalen Abhängigkeiten

- {Kind} → {Mutter}
- {Kind} → {Vater}

gelten.

Allerdings ist diese Zerlegung auch nicht besonders sinnvoll, da dadurch keine Anomalien abgebaut werden – die Relation *Eltern* entspricht schon einem „sinnvollen" Design.

Eltern		
Vater	Mutter	Kind
Johann	Martha	Else
Johann	Maria	Theo
Heinz	Martha	Cleo

$\Pi_{\text{Vater, Kind}}$ $\Pi_{\text{Mutter, Kind}}$

Väter	
Vater	Kind
Johann	Else
Johann	Theo
Heinz	Cleo

Mütter	
Mutter	Kind
Martha	Else
Maria	Theo
Martha	Cleo

Abbildung 6.2: Verlustlose Zerlegung der Relation *Eltern*

6.5.3 Abhängigkeitsbewahrung

Eine Zerlegung von $\mathcal{R}$ mit zugehörigen funktionalen Abhängigkeiten $F_{\mathcal{R}}$ in die Relationenschemata $\mathcal{R}_1, \ldots, \mathcal{R}_n$ sollte so erfolgen, dass die Überprüfung aller funktionalen Abhängigkeiten lokal auf den $\mathcal{R}_i$ erfolgen kann, ohne dass Joins notwendig sind. Wie bereits geschildert, stellen die FDs in $F_{\mathcal{R}}$ Konsistenzbedingungen dar, die von jeder aktuellen Ausprägung R von $\mathcal{R}$ erfüllt sein müssen. Dies bedeutet, dass man die Einhaltung der FDs bei Änderungen auf der Datenbank erneut überprüfen muss. Wenn jetzt aber $\mathcal{R}$ in $\mathcal{R}_1, \ldots, \mathcal{R}_n$ zerlegt wird, gibt es keine Ausprägung R mehr, sondern nur noch $R_1, \ldots, R_n$. Theoretisch könnte man R als $R_1 \bowtie \cdots \bowtie R_n$ jeweils neu berechnen und die Abhängigkeiten dann auf der Basis von R überprüfen. Das wäre aber viel zu aufwändig. Deshalb wird durch die *Abhängigkeitsbewahrung* gefordert, dass alle Abhängigkeiten in $F_{\mathcal{R}}$ lokal auf den R_i $(1 \leq i \leq n)$ überprüft werden können. Dazu bestimmt man für jedes $\mathcal{R}_i$ die Einschränkung $F_{\mathcal{R}_i}$ der Abhängigkeiten aus $F_{\mathcal{R}}^+$, d.h. $F_{\mathcal{R}_i}$ enthält die Abhängigkeiten aus der Hülle von $F_{\mathcal{R}}$, deren Attribute alle in $\mathcal{R}_i$ enthalten sind. Bei der Abhängigkeitsbewahrung wird dann folgendes gefordert:

- $F_{\mathcal{R}} \equiv (F_{\mathcal{R}_1} \cup \ldots \cup F_{\mathcal{R}_n})$ bzw. $F_{\mathcal{R}}^+ = (F_{\mathcal{R}_1} \cup \ldots \cup F_{\mathcal{R}_n})^+$

Entsprechend dieser Bedingung nennt man eine abhängigkeitsbewahrende Zerlegung oft auch eine *hüllentreue* Dekomposition.

Wir geben ein Beispiel für eine verlustlose, aber nicht abhängigkeitserhaltende Zerlegung. Die Relation *PLZverzeichnis* stelle ein Postleitzahlenverzeichnis dar (nach fünfstelligem System):

$$\text{PLZverzeichnis} : \{[\text{Straße}, \text{Ort}, \text{BLand}, \text{PLZ}]\}$$

Wir nehmen vereinfachend an:

- Orte werden durch ihren Namen (*Ort*) und das Bundesland (*BLand*) eindeutig identifiziert.

PLZverzeichnis			
Ort	**BLand**	**Straße**	PLZ
Frankfurt	Hessen	Goethestraße	60313
Frankfurt	Hessen	Galgenstraße	60437
Frankfurt	Brandenburg	Goethestraße	15234

$\Pi_{\text{PLZ, Straße}}$ $\Pi_{\text{Stadt, BLand, PLZ}}$

Straßen	
PLZ	**Straße**
15234	Goethestraße
60313	Goethestraße
60437	Galgenstraße
15235	Goethestraße

Orte		
Ort	BLand	**PLZ**
Frankfurt	Hessen	60313
Frankfurt	Hessen	60437
Frankfurt	Brandenburg	15234
Frankfurt	Brandenburg	15235

Abbildung 6.3: Zerlegung der Relation PLZverzeichnis

- Innerhalb einer Straße ändert sich die Postleitzahl nicht.
- Postleitzahlengebiete gehen nicht über Ortsgrenzen und Orte nicht über Bundeslandgrenzen hinweg.

Dann gelten folgende funktionale Abhängigkeiten:

- $\{\text{PLZ}\} \rightarrow \{\text{Ort, BLand}\}$
- $\{\text{Straße, Ort, BLand}\} \rightarrow \{\text{PLZ}\}$

Demnach ist die Zerlegung von *PLZverzeichnis* in

$$\begin{aligned} \text{Straßen} &: \{[\text{PLZ}, \text{Straße}]\} \\ \text{Orte} &: \{[\text{PLZ}, \text{Ort}, \text{BLand}]\} \end{aligned}$$

verlustlos, da *PLZ* das einzige gemeinsame Attribut ist und $\{PLZ\} \rightarrow \{Ort, BLand\}$ gilt.

Die funktionale Abhängigkeit $\{Straße, Ort, BLand\} \rightarrow \{PLZ\}$ ist aber jetzt keiner der beiden Relationen *Straßen* oder *Orte* zuzuordnen, so dass die Zerlegung von *PLZverzeichnis* in *Straßen* und *Orte* zwar verlustlos, aber **nicht** abhängigkeitserhaltend ist.

Wir wollen die nachteiligen Auswirkungen dieser nicht abhängigkeitserhaltenden Zerlegung verdeutlichen. In Abbildung 6.3 ist die Zerlegung für eine Beispielausprägung gezeigt. Die Schlüssel der jeweiligen Relationen sind durch Fettdruck markiert. In der Urspungsrelation *PLZverzeichnis* wurde sichergestellt, dass es zu einem (*Ort*, *BLand*, *Straße*)-Tripel nur einen Eintrag, d.h. eine eindeutige Postleitzahl geben kann. Das folgt aus der funktionalen Abhängigkeit

$$\{\text{Ort}, \text{BLand}, \text{Straße}\} \rightarrow \{\text{PLZ}\}$$

Diese Abhängigkeit, die für *PLZverzeichnis* den Schlüssel festlegt, ging bei der Zerlegung verloren, so dass für die Relation *Straßen* nur noch triviale Abhängigkeiten übrigbleiben.

Demgemäß besteht der Schlüssel von *Straßen* aus der Menge aller Attribute. Es ist jetzt – nach der Zerlegung – ohne weiteres möglich, die unten in der Abbildung 6.3 gezeigten Tupel [15235, *Goethestraße*] in *Straßen* und [*Frankfurt*, *Brandenburg*, 15235] in *Orte* einzufügen. Dadurch bekommt die *Goethestraße* im *Brandenburger Frankfurt* eine zusätzliche Postleitzahl. Die Relationen *Straßen* und *Orte* sind *lokal* konsistent; die Kombination dieser beiden Einfügungen verletzt aber eine *globale* funktionale Abhängigkeit der Relation *PLZverzeichnis*. Die Verletzung der Konsistenzbedingung {*Straße*, *Ort*, *BLand*} → {*PLZ*} ist nur nach einem Join der Relationen *Straßen* und *Orte* aufzudecken.

Dieses Beispiel sollte verdeutlichen, dass die Abhängigkeitserhaltung bei allen Zerlegungen anzustreben ist.

6.6 Erste Normalform

Die erste Normalform ist bei der von uns benutzten Definition des relationalen Modells automatisch eingehalten. Die erste Normalform verlangt, dass alle Attribute atomare Wertebereiche (Domänen) haben. Demnach wären zusammengesetzte, mengenwertige oder gar relationenwertige Attributdomänen nicht zulässig.

Das folgende ist ein Beispiel für eine Relation mit einem mengenwertigen Attribut:

Eltern		
Vater	Mutter	Kinder
Johann	Martha	{Else, Lucia}
Johann	Maria	{Theo, Josef}
Heinz	Martha	{Cleo}

In der Relation *Eltern* seien Personen eindeutig durch ihren Vornamen identifiziert. Das Attribut *Kinder* ist mengenwertig, wobei die Menge die Namen der Kinder enthält, die dieselben Eltern haben. Diese Relation ist nicht in erster Normalform. Ein gültiges Schema in erster Normalform wird durch „Flachklopfen“ erreicht:

Eltern		
Vater	Mutter	Kind
Johann	Martha	Else
Johann	Martha	Lucia
Johann	Maria	Theo
Johann	Maria	Josef
Heinz	Martha	Cleo

Es wird also verlangt, dass Attributwerte nicht weiter zerlegbar sind.

Es gibt neuere Entwicklungen im Datenbankbereich, in denen gerade auf die Einhaltung der ersten Normalform verzichtet wurde. Dieses Modell wird dementsprechend oft als NF^2-Modell (non-first normal form Modell) oder geschachteltes relationales Modell (engl. nested relational model) bezeichnet.

Bei diesen erweiterten relationalen Modellen sind nicht nur mengenwertige Attribute, wie oben gezeigt, sondern sogar relationenwertige Attribute – also geschachtelte Relationen – möglich. Als Beispiel schauen wir uns die folgende geschachtelte

Relation an, in der wir zusätzlich zum Namen auch noch das Alter der Kinder speichern:

Eltern			
Vater	Mutter	Kinder	
		KName	KAlter
Johann	Martha	Else	5
		Lucia	3
Johann	Maria	Theo	3
		Josef	1
Heinz	Martha	Cleo	9

Hier ist also z.B. in dem ersten Tupel der Relation *Eltern* die Relation mit den zwei Tupeln [*Else*, *5*] und [*Lucia*, *3*] geschachtelt.

In der weiteren Diskussion dieses Kapitels setzen wir stillschweigend immer die erste Normalform voraus.

6.7 Zweite Normalform

Intuitiv verletzt ein Relationenschema die zweite Normalform (2NF), wenn in der Relation Informationen über mehr als ein einziges Konzept modelliert werden. Demnach soll jedes Nichtschlüssel-Attribut der Relation, wie Kent (1983) es ausdrückt, einen Fakt zu dem dieses Konzept identifizierenden Schlüssel (und zwar den gesamten Schlüssel und nichts als den Schlüssel) ausdrücken.

Formal ausgedrückt: Eine Relation $\mathcal{R}$ mit zugehörigen FDs F ist in zweiter Normalform, falls jedes Nichtschlüssel-Attribut $A \in \mathcal{R}$ voll funktional abhängig ist von jedem Kandidatenschlüssel der Relation.

Seien also $\kappa_1, \ldots, \kappa_i$ die Kandidatenschlüssel[3] von $\mathcal{R}$ – einschließlich des ausgewählten Primärschlüssels, der ja auch Kandidatenschlüssel sein muss. Sei $A \in \mathcal{R} - (\kappa_1 \cup \cdots \cup \kappa_i)$. Ein solches Attribut A wird auch als *nicht-prim* bezeichnet – im Gegensatz zu den Schlüsselattributen, die man als *prim* bezeichnet. Dann muss also für alle κ_j $(1 \leq j \leq i)$ gelten:

$$\kappa_j \stackrel{\bullet}{\rightarrow} A \in F^+$$

D.h., es muss die FD $\kappa_j \rightarrow A$ gelten und diese FD ist linksreduziert.

Wir wollen uns ein Beispiel einer Relation anschauen, die diese Bedingung verletzt. Die Relation *StudentenBelegung* sei wie folgt gegeben:

[3]Man beachte, dass Kandidatenschlüssel – im Gegensatz zu Superschlüsseln – minimal sein müssen.

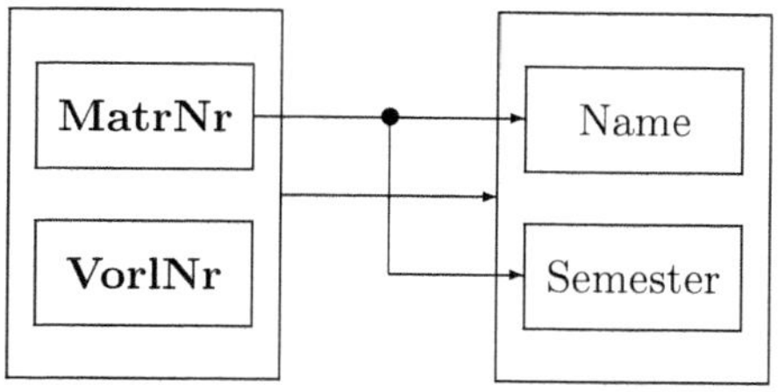

Abbildung 6.4: Schematische Darstellung der funktionalen Abhängigkeiten

StudentenBelegung			
MatrNr	**VorlNr**	Name	Semester
26120	5001	Fichte	10
27550	5001	Schopenhauer	6
27550	4052	Schopenhauer	6
28106	5041	Carnap	3
28106	5052	Carnap	3
28106	5216	Carnap	3
28106	5259	Carnap	3
...	...	...	...

Die Leser werden bemerkt haben, dass diese Relation gerade dem Join der Relation *hören* und *Studenten* aus unserem Universitätsbeispiel entspricht.

Die Relation *StudentenBelegung* hat den Schlüssel $\{MatrNr, VorlNr\}$. Zusätzlich zu den aus diesem Schlüssel folgenden funktionalen Abhängigkeiten gibt es aber noch die funktionalen Abhängigkeiten

$$\{\text{MatrNr}\} \rightarrow \{\text{Name}\} \quad \text{und} \quad \{\text{MatrNr}\} \rightarrow \{\text{Semester}\},$$

wodurch die zweite Normalform verletzt wird. Grafisch kann man sich das wie in Abbildung 6.4 verdeutlichen.

Diese oben gezeigte Beispielausprägung illustriert (nochmals) die schwerwiegenden Anomalien:

- Einfügeanomalie: Was macht man mit Studenten, die (noch) keine Vorlesungen hören?
- Updateanomalien: Wenn z.B. „Carnap" ins vierte Semester kommt, muss sichergestellt werden, dass alle vier Tupel geändert werden.
- Löschanomalien: Was passiert, wenn „Fichte" ihre einzige Vorlesung absagt?

Die Lösung dieser Probleme ist relativ offensichtlich: Man zerlegt die Relation in mehrere Teilrelationen, die dann die zweite Normalform erfüllen. In unserem Fall wird *StudentenBelegung* in die beiden folgenden Relationen zerlegt:

- hören: {[MatrNr, VorlNr]}
- Studenten: {[MatrNr, Name, Semester]}

Diese beiden Relationen erfüllen beide die zweite Normalform. Weiterhin stellen sie natürlich eine verlustlose Zerlegung dar.

Wir werden hier nicht näher auf den Zerlegungsalgorithmus, der eine gegebene Relation $\mathcal{R}$ in mehrere 2NF-Teilrelationen $\mathcal{R}_1, \ldots, \mathcal{R}_n$ aufspaltet, eingehen. In der Praxis sollte nämlich immer die „schärfere" dritte Normalform angestrebt werden.

6.8 Dritte Normalform

Nach den Ausführungen von Kent (1983) wird die dritte Normalform intuitiv verletzt, wenn ein Nichtschlüssel-Attribut einen Fakt einer Attributmenge darstellt, die keinen Schlüssel bildet. Die Verletzung der Normalform könnte also dazu führen, dass derselbe Fakt mehrfach gespeichert wird.

Ein Relationenschema $\mathcal{R}$ ist in *dritter Normalform*, wenn für jede für $\mathcal{R}$ geltende funktionale Abhängigkeit der Form $\alpha \to B$ mit $\alpha \subseteq \mathcal{R}$ und $B \in \mathcal{R}$ mindestens *eine* von drei Bedingungen gilt:

- $B \in \alpha$, d.h. die FD ist trivial.
- Das Attribut B ist in einem Kandidatenschlüssel von $\mathcal{R}$ enthalten – also B ist *prim*.
- α ist Superschlüssel von $\mathcal{R}$.

Als Beispiel für eine Relation, die nicht in dritter Normalform ist, betrachten wir nochmals die in Abschnitt 6.3 bereits eingeführte Relation *ProfessorenAdr*:

ProfessorenAdr : {[PersNr, Name, Rang, Raum, Ort, Straße,
PLZ, Vorwahl, BLand, EW, Landesregierung]}

Wir hatten schon folgende, teilweise vereinfachende Annahmen getroffen: Unter *Ort* verstehen wir den eindeutigen Erstwohnsitz der Professoren. Die *Landesregierung* ist die eine „tonangebende" Partei, die also den Ministerpräsidenten bzw. die Ministerpräsidentin stellt, so dass *Landesregierung* funktional abhängig von *BLand* ist. Weiterhin machen wir die Annahmen, dass Orte innerhalb der Bundesländer (nach wie vor) eindeutig benannt seien. Die Postleitzahl (*PLZ*) ändert sich nicht innerhalb einer Straße, Städte und Straßen gehen nicht über Bundeslandgrenzen hinweg.

Die aus diesen Annahmen folgenden funktionalen Abhängigkeiten sind in Abbildung 6.5 grafisch dargestellt. Es ist ersichtlich, dass $\{PersNr\}$ und $\{Raum\}$ jeweils Kandidatenschlüssel von *ProfessorenAdr* sind. Offensichtlich ist die Relation *ProfessorenAdr* nicht in dritter Normalform, da z.B. die FD $\{Ort, BLand\} \to \{Vorwahl\}$ die Kriterien der 3NF verletzt.

Wir geben jetzt einen sogenannten **Synthesealgorithmus** an, mit dem zu einem gegebenen Relationenschma $\mathcal{R}$ mit funktionalen Abhängigkeiten F eine Zerlegung in $\mathcal{R}_1, \ldots, \mathcal{R}_n$ ermittelt wird, die alle drei folgenden Kriterien erfüllt:

- $\mathcal{R}_1, \ldots, \mathcal{R}_n$ ist eine verlustlose Zerlegung von $\mathcal{R}$.
- Die Zerlegung ist abhängigkeitsbewahrend
- Alle $\mathcal{R}_i$ $(1 \leq i \leq n)$ sind in dritter Normalform.

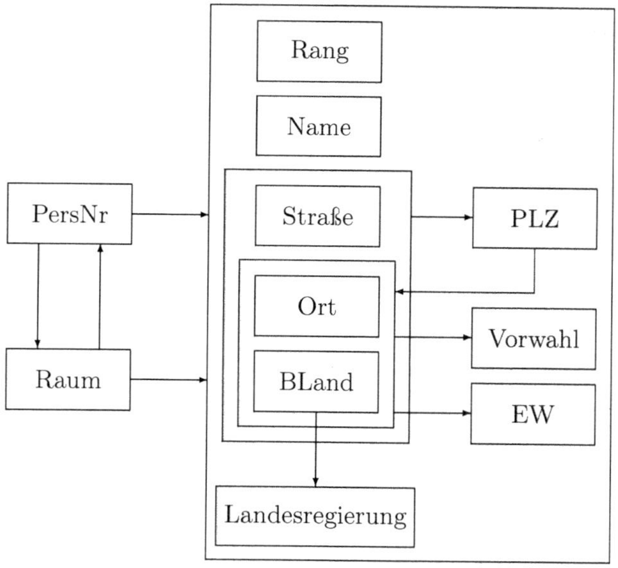

Abbildung 6.5: Grafische Darstellung der funktionalen Abhängigkeiten

Der Synthesealgorithmus berechnet die Zerlegung auf der Basis der funktionalen Abhängigkeiten wie folgt:

1. Bestimme die kanonische Überdeckung F_c zu F. Zur Wiederholung:
   (a) Linksreduktion der FDs
   (b) Rechtsreduktion der FDs
   (c) Entfernung von FDs der Form $\alpha \to \emptyset$
   (d) Zusammenfassung von FDs mit gleichen linken Seiten
2. Für jede funktionale Abhängigkeit $\alpha \to \beta \in F_c$:
   - Kreiere ein Relationenschema $\mathcal{R}_\alpha := \alpha \cup \beta$.
   - Ordne $\mathcal{R}_\alpha$ die FDs $F_\alpha := \{\alpha' \to \beta' \in F_c \mid \alpha' \cup \beta' \subseteq \mathcal{R}_\alpha\}$ zu.
3. Falls eines der in Schritt 2. erzeugten Schemata $\mathcal{R}_\alpha$ einen Kandidatenschlüssel von $\mathcal{R}$ bzgl. F_c enthält, sind wir fertig; sonst wähle einen Kandidatenschlüssel $\kappa \subseteq \mathcal{R}$ aus und definiere folgendes zusätzliche Schema:
   - $\mathcal{R}_\kappa := \kappa$
   - $F_\kappa := \emptyset$
4. Eliminiere diejenigen Schemata $\mathcal{R}_\alpha$, die in einem anderen Relationenschema $\mathcal{R}_{\alpha'}$ enthalten sind, d.h.
   - $\mathcal{R}_\alpha \subseteq \mathcal{R}_{\alpha'}$

Wir wollen den Synthesealgorithmus an unserer Beispielrelation *ProfessorenAdr* demonstrieren. In Schritt 1. wird die kanonische Überdeckung der funktionalen Abhängigkeiten ermittelt, wobei wir uns hier die Herleitung ersparen. Die Leser mögen die Berechnung der kanonischen Überdeckung anhand des in Abschnitt 6.3.1 ausgearbeiteten Algorithmus selbst durchführen.

Die kanonische Überdeckung enthält folgende FDs:

$$\begin{aligned}
fd_1 &: \{\text{PersNr}\} \rightarrow \{\text{Raum, Name, Rang, Straße, Ort, BLand}\}\\
fd_2 &: \{\text{Raum}\} \rightarrow \{\text{PersNr}\}\\
fd_3 &: \{\text{Straße, Ort, BLand}\} \rightarrow \{\text{PLZ}\}\\
fd_4 &: \{\text{Ort, BLand}\} \rightarrow \{\text{Vorwahl, EW}\}\\
fd_5 &: \{\text{BLand}\} \rightarrow \{\text{Landesregierung}\}\\
fd_6 &: \{\text{PLZ}\} \rightarrow \{\text{Ort, BLand}\}
\end{aligned}$$

In Schritt 2. des Synthesealgorithmus werden diese sechs FDs $fd_1, \ldots, fd_6$ jetzt sukzessive behandelt. Aus fd_1 leitet sich das Relationenschema

$$\text{Professoren} : \{[\text{PersNr, Name, Rang, Raum, Straße, Ort, BLand}\}$$

mit den FDs fd_1 und fd_2 ab. Die funktionale Abhängigkeit fd_2 liefert keine neue Relation, da alle Attribute dieser FD schon in *Professoren* enthalten sind. Hier nehmen wir also den Schritt 4. des Synthesealgorithmus schon vorweg. Die funktionale Abhängigkeit fd_3 resultiert in der Relation.

$$\text{PLZverzeichnis} : \{[\text{Ort, BLand, Straße, PLZ}]\}$$

mit den zugeordneten FDs fd_3 und fd_6. Die funktionale Abhängigkeit fd_4 liefert

$$\text{Städteverzeichnis} : \{[\text{Ort, BLand, Vorwahl, EW}]\}$$

mit nur einer zugeordneten FD, nämlich fd_4 selber. Die FD fd_5 liefert die Relation

$$\text{Regierungen} : \{[\text{BLand, Landesregierung}]\}$$

mit gerade dieser einen zugeordneten FD fd_5. Die letzte FD, nämlich fd_6, liefert nichts Neues, da alle in der FD vorkommenden Attribute schon in der Relation *PLZverzeichnis* vorkommen.

In Schritt 3. des Synthesealgorithmus wird für unser Beispiel nichts Neues erzeugt, da ein Kandidatenschlüssel – nämlich *Raum* oder *PersNr* – schon in einer der Relationen enthalten ist – nämlich in *Professoren*. Im Allgemeinen muss Schritt 3. aber beachtet werden, da sonst nicht immer die Verlustlosigkeit gesichert ist (siehe dazu auch die Übungsaufgabe 6.8)! Den Schritt 4. des Algorithmus hatten wir schon vorweg genommen, so dass hier nichts mehr zu tun bleibt.

6.9 Boyce-Codd Normalform

Die Boyce-Codd Normalform (BCNF) stellt nochmals eine Verschärfung dar. Das Ziel der BCNF besteht darin, dass Informationseinheiten (Fakten) nicht mehrmals, sondern nur genau einmal gespeichert werden. Ein Relationenschema $\mathcal{R}$ mit FDs F ist in BCNF, falls für jede funktionale Abhängigkeit $\alpha \rightarrow \beta$ mindestens eine der folgenden zwei Bedingungen gilt:

- $\beta \subseteq \alpha$, d.h. die Abhängigkeit ist trivial oder
- α ist Superschlüssel von $\mathcal{R}$.

Ein Beispiel einer 3NF-Relation, die nicht die strengeren Bedingungen der Boyce-Codd Normalform erfüllt, ist *Städte*:

Städte : {[Ort, BLand, Ministerpräsident/in, EW]}

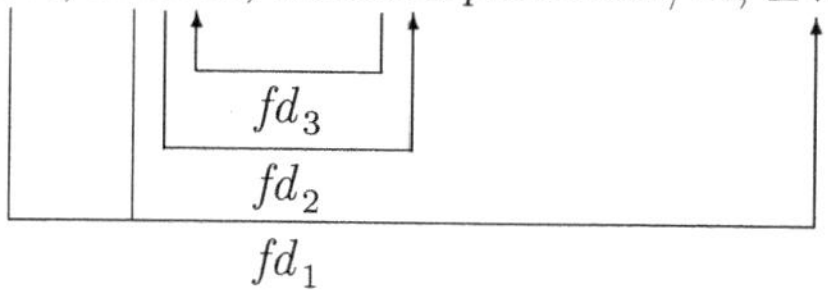

Die oben eingezeichneten drei funktionalen Abhängigkeiten fd_1, fd_2 und fd_3 implizieren, dass es zwei Kandidatenschlüssel gibt:

- $\kappa_1 = \{\text{Ort}, \text{BLand}\}$
- $\kappa_2 = \{\text{Ort}, \text{Ministerpräsident/in}\}$

Hieraus folgt, dass *Städte* in dritter Normalform ist, da die rechten Seiten von fd_2 und fd_3 jeweils Primattribute (also in Kandidatenschlüsseln enthalten) sind, und die linke Seite von fd_1 ein Kandidatenschlüssel ist. Aber *Städte* ist nicht in BCNF, da die linken Seiten von fd_2 und fd_3 keine Superschlüssel sind. Die Verletzung der BCNF hat zur Folge, dass die Information, wer welches Bundesland regiert, mehrfach abgespeichert wird.

Man kann grundsätzlich jedes Relationenschema $\mathcal{R}$ mit zugeordneten FDs F so in $\mathcal{R}_1, \ldots, \mathcal{R}_n$ zerlegen, dass gilt:

- Die Zerlegung ist verlustlos und
- die $\mathcal{R}_i$ $(1 \leq i \leq n)$ sind alle in BCNF.

Leider kann man nicht immer eine BCNF-Zerlegung finden, die auch abhängigkeitsbewahrend ist. Diese Fälle sind allerdings in der Praxis selten.

Die Zerlegung eines Relationenschemas $\mathcal{R}$ in BCNF-Teilrelationen wird nach dem **Dekompositionsalgorithmus** durchgeführt, der die Menge $Z = \{\mathcal{R}_1, \ldots, \mathcal{R}_n\}$ von Zerlegungen sukzessive generiert:

- Starte mit $Z = \{\mathcal{R}\}$
- Solange es noch ein Relationenschema $\mathcal{R}_i \in Z$ gibt, das nicht in BCNF ist, mache folgendes:
  - Finde eine für $\mathcal{R}_i$ geltende nicht-triviale FD $(\alpha \rightarrow \beta)$ mit
    * $\alpha \cap \beta = \emptyset$
    * $\alpha \not\rightarrow \mathcal{R}_i$

    Man sollte die funktionale Abhängigkeit so wählen, dass β alle von α funktional abhängigen Attribute $B \in (\mathcal{R}_i - \alpha)$ enthält, damit der Dekompositionsalgorithmus möglichst schnell terminiert.

– Zerlege $\mathcal{R}_i$ in $\mathcal{R}_{i_1} := \alpha \cup \beta$ und $\mathcal{R}_{i_2} := \mathcal{R}_i - \beta$
– Entferne $\mathcal{R}_i$ aus Z und füge $\mathcal{R}_{i_1}$ und $\mathcal{R}_{i_2}$ ein, also

$$Z := (Z - \{\mathcal{R}_i\}) \cup \{\mathcal{R}_{i_1}\} \cup \{\mathcal{R}_{i_2}\}$$

Sobald dieser Algorithmus beendet ist, enthält Z eine Menge von BCNF-Relationen, die eine verlustlose Zerlegung von $\mathcal{R}$ darstellen. Die nachfolgende Grafik illustriert abstrakt die Zerlegung eines Relationenschemas $\mathcal{R}_i$ in $\mathcal{R}_{i_1}$ und $\mathcal{R}_{i_2}$ entlang der FD $\alpha \to \beta$:

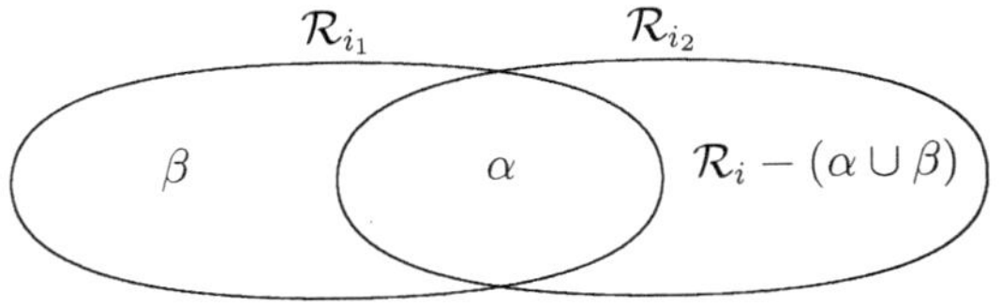

Für unser *Städte*-Beispiel ergibt sich die Zerlegung gemäß der FD $\{BLand\} \to \{Ministerpräsident/in\}$ wie folgt:

- $\underbrace{\text{Regierungen}}_{\mathcal{R}_{i_1}} : \{[\text{BLand}, \text{Ministerpräsident/in}]\}$
- $\underbrace{\text{Städte}'}_{\mathcal{R}_{i_2}} : \{[\text{Ort}, \text{BLand}, \text{EW}]\}$

Diese beiden Relationen sind jetzt in BCNF, so dass der Algorithmus terminiert. In diesem Beispiel sind auch keine Abhängigkeiten durch die Zerlegung verlorengegangen, da man fd_1 der Relation *Städte'* und fd_2 und fd_3 der Relation *Regierungen* zuordnen kann.

Ein Beispiel für eine BCNF-Zerlegung, bei der Abhängigkeiten verlorengehen, ist folgende Relation *PLZverzeichnis*:

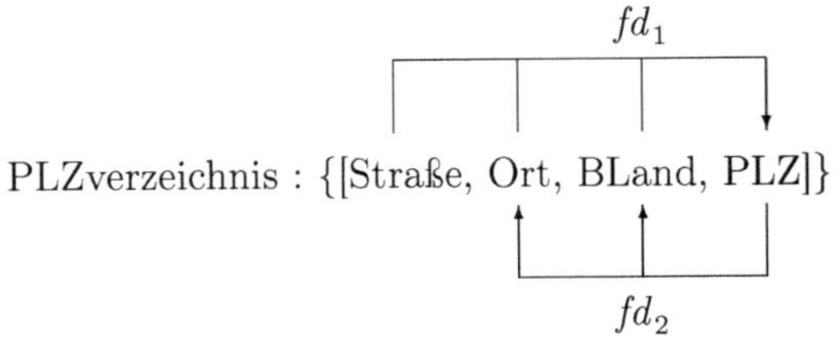

Die funktionale Abhängigkeit fd_2 verletzt die Boyce-Codd Normalform. Die Zerlegung der Relation *PLZverzeichnis* „entlang“ dieser Abhängigkeit fd_2 ergibt die folgenden 2 Relationen:

- Straßen : {[Straße, PLZ]}
- Orte : {[Ort, BLand, PLZ]}

Wie in Abschnitt 6.5.3 schon detailliert ausgeführt, geht durch diese Zerlegung die Abhängigkeit fd_1 verloren.

Das ist auf jeden Fall zu vermeiden. Deshalb gibt man sich in den Fällen, wo eine BCNF-Zerlegung zu einem Abhängigkeitsverlust führen würde, mit der weniger „scharfen“ dritten Normalform zufrieden. Also bleibt uns das *PLZverzeichnis* erhalten.

6.10 Mehrwertige Abhängigkeiten

Mehrwertige Abhängigkeiten (engl. *multivalued dependencies*, abgekürzt MVD) sind eine Verallgemeinerung funktionaler Abhängigkeiten, d.h. jede FD ist auch eine MVD, aber nicht umgekehrt.

Seien α und β disjunkte Teilmengen von $\mathcal{R}$ und $\gamma = \mathcal{R} - (\alpha \cup \beta)$. Dann ist β mehrwertig abhängig von α – in Zeichen $\alpha \rightarrow\!\!\!\rightarrow \beta$ –, wenn in jeder gültigen Ausprägung von $\mathcal{R}$ gilt: Für jedes Paar von Tupeln t_1 und t_2 mit $t_1.\alpha = t_2.\alpha$ existieren zwei weitere Tupel t_3 und t_4 mit folgenden Eigenschaften:

$$
\begin{aligned}
t_1.\alpha = t_2.\alpha &= t_3.\alpha = t_4.\alpha \\
t_3.\beta &= t_1.\beta \\
t_3.\gamma &= t_2.\gamma \\
t_4.\beta &= t_2.\beta \\
t_4.\gamma &= t_1.\gamma
\end{aligned}
$$

Mit anderen Worten: Bei 2 Tupeln mit gleichem α-Wert kann man die β-Werte vertauschen, und die resultierenden Tupel müssen auch in der Relation sein. Aus diesem Grund nennt man mehrwertige Abhängigkeiten auch *tupel-generierende* Abhängigkeiten, da eine Relationenausprägung bei Verletzung einer MVD durch das Einfügen zusätzlicher Tupel in einen gültigen Zustand überführt werden kann. Bei funktionalen Abhängigkeiten ist dies nicht der Fall. Warum?

Grafisch kann man sich die Definition der mehrwertigen Abhängigkeit $\alpha \rightarrow\!\!\!\rightarrow \beta$ wie folgt veranschaulichen:

	R		
	$\overbrace{A_1 \dots A_i}^{\alpha}$	$\overbrace{A_{i+1} \dots A_j}^{\beta}$	$\overbrace{A_{j+1} \dots A_n}^{\gamma}$
t_1	$a_1 \dots a_i$	$a_{i+1} \dots a_j$	$a_{j+1} \dots a_n$
t_2	$a_1 \dots a_i$	$b_{i+1} \dots b_j$	$b_{j+1} \dots b_n$
t_3	$a_1 \dots a_i$	$a_{i+1} \dots a_j$	$b_{j+1} \dots b_n$
t_4	$a_1 \dots a_i$	$b_{i+1} \dots b_j$	$a_{j+1} \dots a_n$

Für den Spezialfall, dass α, β und γ jeweils nur aus einem Attribut A, B und C bestehen, kann man sich die MVD $\alpha \rightarrow\!\!\!\rightarrow \beta$ auch so vorstellen: Sortiere die Relation nach den A-Werten. Wenn $\{b_1, \dots, b_i\}$ und $\{c_1, \dots, c_j\}$ die B bzw. C-Werte für einen bestimmten A-Wert a sind, dann muss die Relation die folgenden $(i * j)$ dreistelligen Tupel

$$\{a\} \times \{b_1, \dots, b_i\} \times \{c_1, \dots, c_j\}$$

alle enthalten. Ein konkretes Beispiel möge die mehrwertigen Abhängigkeiten verdeutlichen. Betrachten wir die Relation *Fähigkeiten*, in der die Kenntnisse von natürlichen Sprachen und von Programmiersprachen der Assistenten modelliert werden:

Fähigkeiten		
PersNr	Sprache	ProgSprache
3002	griechisch	C
3002	lateinisch	Pascal
3002	griechisch	Pascal
3002	lateinisch	C
3005	deutsch	Ada

In dieser Relation gelten die MVDs $\{PersNr\} \twoheadrightarrow \{Sprache\}$ und $\{PersNr\} \twoheadrightarrow \{ProgrSprache\}$ – wie die Leser verifizieren mögen.

Offensichtlich handelt es sich hierbei um ein wenig befriedigendes Schema. Man verdeutliche sich dies an folgenden Zahlen: Für Assistenten, die fünf Programmiersprachen und vier natürliche Sprachen beherrschen, müssen jeweils 20 Tupel eingefügt werden. Diese Redundanz wird dadurch verursacht, dass zwei voneinander unabhängige Aspekte – nämlich Kenntnisse von Programmiersprachen und von natürlichen Sprachen – in derselben Relation gespeichert werden.

Glücklicherweise kann man die Relation so zerlegen, dass die Redundanz vermieden wird. Die zwei Relationen

Sprachen	
PersNr	Sprache
3002	griechisch
3002	lateinisch
3005	deutsch

ProgrSprachen	
PersNr	ProgrSprache
3002	C
3002	Pascal
3005	Ada

stellen eine verlustlose Zerlegung von *Fähigkeiten* dar, d.h.:

$$\text{Fähigkeiten} = \underbrace{\Pi_{\text{PersNr,Sprache}}(\text{Fähigkeiten})}_{\text{Sprachen}} \bowtie \underbrace{\Pi_{\text{PersNr,ProgrSprache}}(\text{Fähigkeiten})}_{\text{ProgrSprachen}}$$

Zum Glück ist es kein Zufall, dass diese Zerlegung verlustlos ist. Es gilt nämlich allgemein: Ein Relationenschema $\mathcal{R}$ mit einer Menge D von zugeordneten funktionalen und mehrwertigen Abhängigkeiten kann genau dann verlustlos in die beiden Schemata $\mathcal{R}_1$ und $\mathcal{R}_2$ zerlegt werden, wenn gilt:

- $\mathcal{R} = \mathcal{R}_1 \cup \mathcal{R}_2$ und
- mindestens eine der folgenden zwei MVDs gilt:
  1. $\mathcal{R}_1 \cap \mathcal{R}_2 \twoheadrightarrow \mathcal{R}_1$ oder
  2. $\mathcal{R}_1 \cap \mathcal{R}_2 \twoheadrightarrow \mathcal{R}_2$.

In unserer Beispielzerlegung galten sogar beide MVDs. Allgemein gilt nämlich: Wenn in einem Relationenschema $\mathcal{R}$ die mehrwertige Abhängigkeit $\alpha \twoheadrightarrow \beta$ gilt, dann gilt immer auch

$$\alpha \twoheadrightarrow \gamma, \quad \text{für} \quad \gamma = \mathcal{R} - \alpha - \beta.$$

Wir wollen nun noch einen Satz von Ableitungsregeln angeben, mit denen man zu einer gegebenen Menge D von funktionalen und mehrwertigen Abhängigkeiten die Hülle D^+ bestimmen kann. Dabei seien α, β, γ und δ Teilmengen der Attribute des Relationenschemas $\mathcal{R}$. Dann gelten folgende Inferenzregeln:

- *Reflexivität*: Falls $\beta \subseteq \alpha$ erfüllt ist, dann gilt $\alpha \to \beta$.
- *Verstärkung*: Sei $\alpha \to \beta$. Dann gilt $\gamma\alpha \to \gamma\beta$.
- *Transitivität*: Sei $\alpha \to \beta$ und $\beta \to \gamma$. Dann gilt $\alpha \to \gamma$.
- *Komplement*: $\alpha \twoheadrightarrow \beta$. Dann gilt $\alpha \twoheadrightarrow \mathcal{R} - \beta - \alpha$.

- *Mehrwertige Verstärkung*: Sei $\alpha \rightarrow\!\!\!\rightarrow \beta$ und $\delta \subseteq \gamma$. Dann gilt $\gamma\alpha \rightarrow\!\!\!\rightarrow \delta\beta$.
- *Mehrwertige Transitivität*: Sei $\alpha \rightarrow\!\!\!\rightarrow \beta$ und $\beta \rightarrow\!\!\!\rightarrow \gamma$. Dann gilt $\alpha \rightarrow\!\!\!\rightarrow \gamma - \beta$.
- *Verallgemeinerung*: Sei $\alpha \rightarrow \beta$. Dann gilt $\alpha \rightarrow\!\!\!\rightarrow \beta$.
- *Koaleszenz*: Sei $\alpha \rightarrow\!\!\!\rightarrow \beta$ und $\gamma \subseteq \beta$. Existiert ein $\delta \subseteq \mathcal{R}$, so dass $\delta \cap \beta = \emptyset$ und $\delta \rightarrow \gamma$, gilt $\alpha \rightarrow \gamma$.

In dem Buch von Maier (1983), das sich der Theorie relationaler Datenbanken widmet, kann man den Beweis finden, dass diese Regeln korrekt und vollständig sind. Die ersten drei Regeln sind gerade die Armstrong-Axiome, die benötigt werden, um die Hülle der funktionalen Abhängigkeiten, die ja in D^+ enthalten ist, zu bestimmen.

Es sind drei weitere Ableitungsregeln sinnvoll:

- *Mehrwertige Vereinigung*: sei $\alpha \rightarrow\!\!\!\rightarrow \beta$ und $\alpha \rightarrow\!\!\!\rightarrow \gamma$. Dann gilt $\alpha \rightarrow\!\!\!\rightarrow \gamma\beta$.
- *Schnittmenge*: Sei $\alpha \rightarrow\!\!\!\rightarrow \beta$ und $\alpha \rightarrow\!\!\!\rightarrow \gamma$. Dann gilt $\alpha \rightarrow\!\!\!\rightarrow \beta \cap \gamma$.
- *Differenz*: Sei $\alpha \rightarrow\!\!\!\rightarrow \beta$ und $\alpha \rightarrow\!\!\!\rightarrow \gamma$. Dann gilt $\alpha \rightarrow\!\!\!\rightarrow \beta - \gamma$ und $\alpha \rightarrow\!\!\!\rightarrow \gamma - \beta$.

Diese drei Regeln lassen sich aus den anderen, oben angegebenen Regeln ableiten – siehe Übungsaufgabe 6.14. Sie sind also somit korrekt, aber für die Vollständigkeit nicht notwendig.

6.11 Vierte Normalform

Die vierte Normalform (4NF) ist eine Verschärfung der Boyce-Codd Normalform – und somit auch der zweiten und dritten Normalform. Bei Relationen in 4NF wird die durch mehrwertige Abhängigkeiten verursachte Redundanz ausgeschlossen. Relationen in 4NF enthalten keine zwei voneinander unabhängigen mehrwertigen Fakten – wie dies in der Beispielrelation *Fähigkeiten* mit 1) *Sprache* und 2) *ProgrSprache* der Fall war.

Um die 4NF definieren zu können, müssen wir vorher noch klären, was eine *triviale* MVD ist. Eine MVD $\alpha \rightarrow\!\!\!\rightarrow \beta$ bezogen auf $\mathcal{R} \supseteq \alpha \cup \beta$ ist trivial, wenn *jede* mögliche Ausprägung R von $\mathcal{R}$ diese MVD erfüllt. Man kann zeigen – siehe Übungsaufgabe 6.11 – dass $\alpha \rightarrow\!\!\!\rightarrow \beta$ genau dann trivial ist, wenn gilt:

1. $\beta \subseteq \alpha$ oder
2. $\beta = \mathcal{R} - \alpha$.

Die Leser mögen sich erinnern, dass funktionale Abhängigkeiten nur unter der ersten Bedingung trivial sind.

Eine Relation $\mathcal{R}$ mit zugeordneter Menge D von funktionalen und mehrwertigen Abhängigkeiten ist in *vierter Normalform* 4NF, wenn für jede MVD $\alpha \rightarrow\!\!\!\rightarrow \beta \in D^+$ eine der folgenden Bedingungen gilt:

1. Die MVD ist trivial oder
2. α ist ein Superschlüssel von $\mathcal{R}$.

Es ist offensichtlich, dass eine 4NF-Relation automatisch auch die Boyce-Codd Normalform erfüllt – das folgt daraus, dass jede funktionale Abhängigkeit $\alpha \rightarrow \beta$ auch eine mehrwertige Abhängigkeit $\alpha \rightarrow\!\!\!\rightarrow \beta$ ist.

Der **Dekompositionsalgorithmus** für die Zerlegung eines gegebenen Schemas $\mathcal{R}$ mit MVDs D in eine Menge von Relationenschemata $\mathcal{R}_1, \ldots, \mathcal{R}_n$, die verlustlos bzgl. $\mathcal{R}$ und alle in 4NF sind, erfolgt analog zur BCNF-Zerlegung:

- Starte mit der Menge $Z := \{\mathcal{R}\}$,
- Solange es eine Relation $\mathcal{R}_i \in Z$ gibt, die nicht in 4NF ist, mache folgendes:
  - Finde eine für $\mathcal{R}_i$ geltende nicht-triviale MVD $\alpha \rightarrow\!\!\!\rightarrow \beta$, für die gilt
    * $\alpha \cap \beta = \emptyset$
    * $\alpha \not\rightarrow \mathcal{R}_i$
  - Zerlege $\mathcal{R}_i$ in $\mathcal{R}_{i_1} := \alpha \cup \beta$ und $\mathcal{R}_{i_2} := \mathcal{R}_i - \beta$
  - Entferne $\mathcal{R}_i$ aus Z und füge $\mathcal{R}_{i_1}$ und $\mathcal{R}_{i_2}$ ein, also

$$Z := (Z - \{\mathcal{R}_i\}) \cup \{\mathcal{R}_{i_1}\} \cup \{\mathcal{R}_{i_2}\}.$$

Sobald dieser Algorithmus terminiert, enthält Z eine Menge von 4NF-Relationenschemata, die $\mathcal{R}$ verlustfrei zerlegen.

Wir wollen die Vorgehensweise an einer Erweiterung der Beispielrelation *Assistenten'* demonstrieren:

Assistenten': {[PersNr, Name, Fachgebiet, Boss, Sprache, ProgrSprache]}

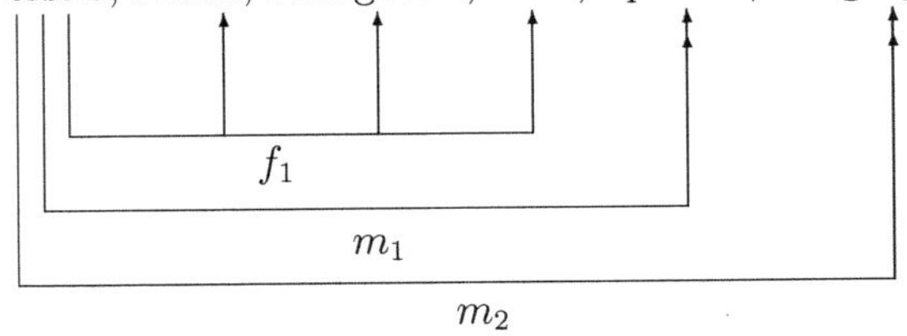

In dieser Relation gelten die Abhängigkeiten f_1, m_1, und m_2 – die erste ist funktional, die anderen beiden sind mehrwertig.

Sicherlich ist *Assistenten'* nicht in 4NF – die Relation ist nicht einmal in 2NF (warum?). Die erste „nicht-4NF-konforme" Abhängigkeit ist f_1 – man beachte, dass f_1 auch als MVD angesehen werden kann. Deshalb wird im ersten Schritt die Zerlegung in

- Assistenten: {[PersNr, Name, Fachgebiet, Boss]}
- Fähigkeiten: {[PersNr, Sprache, ProgrSprache]}

durchgeführt. Von diesen beiden Relationen erfüllt jetzt *Assistenten* die 4NF-Eigenschaft; aber *Fähigkeiten* wegen der MVDs m_1 und m_2 nicht. Also wird *Fähigkeiten* weiter zerlegt in:

- Sprachen: {[PersNr, Sprache]}

- ProgrSprachen: {[PersNr, ProgrSprache]}

Diese beiden Relationen sind in 4NF, so dass der Algorithmus jetzt terminiert.

Also haben wir mit *Assistenten*, *Sprachen* und *ProgrSprachen* eine verlustlose Zerlegung von *Assistenten'* in drei 4NF-Relationen erzielt.

Analog zur BCNF gilt allgemein, dass immer eine verlustlose Zerlegung in 4NF-Relationen möglich ist. Aber wir können nicht immer garantieren, dass diese Zerlegung auch die in der Ursprungsrelation geltenden funktionalen Abhängigkeiten erhält. Das ist eine logische Konsequenz aus der Tatsache, dass jede 4NF-Relation auch die BCNF-Kriterien erfüllt.

6.12 Zusammenfassung

Allgemein gelten die in Abbildung 6.6 dargestellten Beziehungen zwischen den Normalformen. Die grafischen Bereichsangaben im rechten Teil des Bildes sollen verdeutlichen, bis zu welchen Normalformen die entsprechenden Zerlegungsalgorithmen Verlustlosigkeit und Abhängigkeitserhaltung garantieren:

- Die Verlustlosigkeit ist für alle Zerlegungsalgorithmen in alle Normalformen garantiert.
- Die Abhängigkeitserhaltung kann nur bei den Zerlegungen bis zur dritten Normalform garantiert werden.

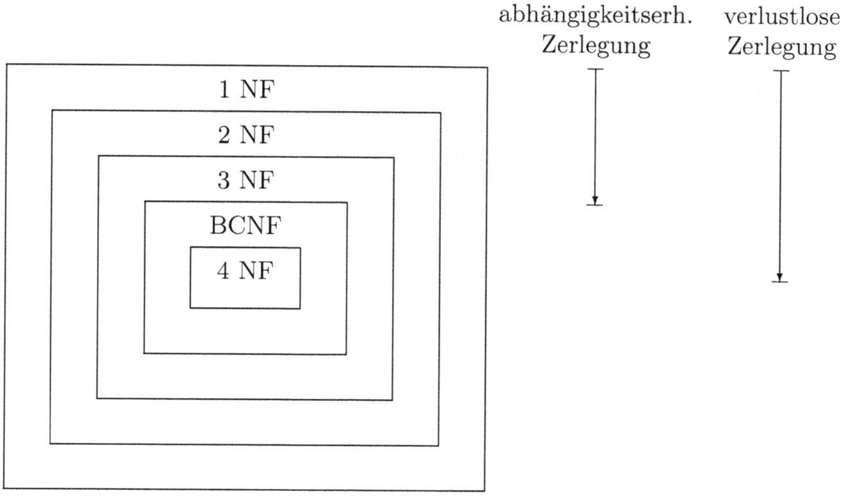

Abbildung 6.6: Beziehungen der Normalformen zueinander

Man sollte die in diesem Kapitel vorgestellte formale Entwurfstheorie aber nur als Feinabstimmung eines solide durchgeführten konzeptuellen Entwurfs ansehen. Keinesfalls sollte der konzeptuelle Entwurf mit der Begründung, das könne man später im Zuge der Normalisierung „noch richten", nur nachlässig durchgeführt werden. Ein gewissenhafter konzeptueller Entwurf mit einer nachfolgenden systematischen Transformation in das relationale Modell resultiert in der Regel schon in „guten" Relationenschemata, die zumeist die Kriterien der hier vorgestellten Normalformen schon erfüllen.

6.13 Übungen

6.1 Beweisen Sie die Korrektheit der Armstrong-Axiome.

6.2 Zeigen Sie, dass die Armstrong-Axiome minimal sind, d.h. es lässt sich keines der drei Axiome aus den zwei anderen herleiten.

6.3 Zeigen Sie die Korrektheit der drei zusätzlich zu den Armstrong-Axiomen eingeführten Inferenzregeln (Vereinigungsregel, Dekompositionsregel und Pseudotransitivitätsregel) für funktionale Abhängigkeiten, indem Sie diese aus den – in Aufgabe 6.1 als korrekt bewiesenen – Armstrong-Axiomen herleiten.

6.4 Sei F eine Menge von FDs über dem Relationenschema $\mathcal{R}$. Sei G die Menge aller möglichen FDs über $\mathcal{R}$. Dann ist F^- definiert als $G - F^+$ und wird im Englischen als *exterior* von F bezeichnet. F^- enthält also die FDs, die nicht aus F ableitbar sind.

Zeigen Sie, dass es – unter der Voraussetzung, dass die Domänen der Attribute aus $\mathcal{R}$ unendlich sind (z.B. *integer*) – für jedes $\mathcal{R}$ mit zugehöriger FD-Menge F eine Relationenausprägung R gibt, in der jede FD $f \in F$ erfüllt ist aber keine FD $f' \in F^-$ erfüllt ist. Eine derart konstruierte Relation nennt man nach deren „Erfinder" Armstrong-Relation [Armstrong (1974)].

Illustrieren Sie Ihr Vorgehen an einem (hinreichend großen) Beispiel.

6.5 Zeigen Sie, dass FDs der Art

$$\alpha \to \beta$$

mit $\beta \subseteq \alpha$ trivial sind.

Zeigen Sie, dass nur FDs dieser Art trivial sind.

6.6 Ist die kanonische Überdeckung F_c einer Menge F von funktionalen Abhängigkeiten eindeutig? Begründen Sie Ihre Antwort.

6.7 Betrachten Sie ein abstraktes Relationenschema $\mathcal{R} = \{A, B, C, D, E, F\}$ mit den FDs

- $A \to BC$
- $C \to DA$
- $E \to ABC$
- $F \to CD$
- $CD \to BEF$

Bestimmen Sie hierzu die kanonische Überdeckung.

Berechnen Sie die Attributhülle von A.

Bestimmen Sie alle Kandidatenschlüssel.

6.8 Bringen Sie folgendes Relationenschema[4]

- AssisBossDiplomanden: {[PersNr, Name, Fachgebiet, BossPersNr, BossName, MatrNr, SName, Semester, SWohnOrt]}

mittels des Synthesealgorithmus in die dritte Normalform.

Gehen Sie dabei schrittweise vor, d.h.:

1. Bestimmen Sie die geltenden FDs.
2. Bestimmen Sie die Kandidatenschlüssel.
3. Bestimmen Sie die kanonische Überdeckung der FDs.
4. Wenden Sie den Synthesealgorithmus an.

Dokumentieren Sie jeden Schritt Ihres Vorgehens, so dass man die Methodik erkennen kann.

6.9 Betrachten Sie einen gerichteten Graphen $G = (V, E)$ mit Knotenmenge V und Kantenmenge E. Die Knotenmenge V sei in n Klassen $C_1, \ldots, C_n$ aufgeteilt, so dass gilt:

1. $V = C_1 \cup \cdots \cup C_n$
2. für alle $(1 \leq i \neq j \leq n)$ gilt: $(C_i \cap C_j) = \emptyset$
D.h. die Klassen sind paarweise disjunkt.

Weiterhin seien nur Kanten der Art (v, v') mit $v \in C_i$ und $v' \in C_{i+1}$ für $(1 \leq i \leq n-1)$ erlaubt. Unter der Annahme, dass von jedem Knoten mindestens eine Kante ausgeht, und jeder Knoten von mindestens einer Kante „getroffen" wird, lässt sich der Graph G als n-stellige Relation wie folgt darstellen:

G			
C_1	C_2	...	C_n
⋮	⋮	⋮	⋮

In dieser Relation sind also alle möglichen Pfade, die in einem Knoten $v_1 \in C_1$ anfangen und in einem Knoten $v_n \in C_n$ enden, aufgeführt.

- In welcher Normalform ist die Relation?
- Welche MVDs sind in dieser Relation gegeben?
- Überführen Sie das Schema in die vierte Normalform.

[4] MatrNr, SName, Semester, SWohnOrt sind die Daten der von den Assistenten betreuten Studenten; BossPersNr und BossName sind die Daten der Professoren, bei denen die Assistenten angestellt sind.

6.10 Eine Zerlegung eines Relationenschemas $\mathcal{R}$ in zwei Teil-Schemata $\mathcal{R}_1$ und $\mathcal{R}_2$ ist verlustlos, wenn

- $\mathcal{R}_1 \cap \mathcal{R}_2 \to \mathcal{R}_1$ oder
- $\mathcal{R}_1 \cap \mathcal{R}_2 \to \mathcal{R}_2$

gilt. Beweisen Sie dies.

6.11 Eine MVD $\alpha \twoheadrightarrow \beta$ bezogen auf $\mathcal{R} \supseteq \alpha \cup \beta$ heißt trivial, wenn *jede* mögliche Ausprägung R von $\mathcal{R}$ diese MVD erfüllt. Beweisen Sie, dass $\alpha \twoheadrightarrow \beta$ trivial ist, genau dann wenn

1. $\beta \subseteq \alpha$ oder
2. $\alpha \cup \beta = \mathcal{R}$

gilt. Beachten Sie, dass funktionale Abhängigkeiten nur unter der ersten Bedingung trivial sind.

6.12 Eine Zerlegung eines Relationenschemas $\mathcal{R}$ in zwei Teil-Schemata $\mathcal{R}_1$ und $\mathcal{R}_2$ ist genau dann verlustlos, wenn

- $\mathcal{R}_1 \cap \mathcal{R}_2 \twoheadrightarrow \mathcal{R}_1$ oder
- $\mathcal{R}_1 \cap \mathcal{R}_2 \twoheadrightarrow \mathcal{R}_2$

gilt. Beweisen Sie dies.

6.13 Beweisen Sie, dass die Zerlegung eines Relationenschemas $\mathcal{R}$ in n Teilschemata $\mathcal{R}_1, \ldots, \mathcal{R}_n$ verlustlos ist, wenn $\mathcal{R}$ verlustlos in die zwei Teil-Schemata $\mathcal{R}_1$ und $\mathcal{R}_2'$; $\mathcal{R}_2'$ verlustlos in die zwei Teilschemata $\mathcal{R}_2$ und $\mathcal{R}_3'$; usw. zerlegt wurde.

6.14 Zeigen Sie die Korrektheit der drei zusätzlichen Ableitungsregeln für MVDs:

- *Mehrwertige Vereinigung*: Sei $\alpha \twoheadrightarrow \beta$ und $\alpha \twoheadrightarrow \gamma$. Dann gilt $\alpha \twoheadrightarrow \gamma\beta$.
- *Schnittmenge*: Sei $\alpha \twoheadrightarrow \beta$ und $\alpha \twoheadrightarrow \gamma$. Dann gilt $\alpha \twoheadrightarrow \beta \cap \gamma$.
- *Differenz*: Sei $\alpha \twoheadrightarrow \beta$ und $\alpha \twoheadrightarrow \gamma$. Dann gilt $\alpha \twoheadrightarrow \beta - \gamma$ und $\alpha \twoheadrightarrow \gamma - \beta$.

Diese drei Regeln lassen sich aus den anderen Regeln ableiten. Sie sind also für die Vollständigkeit nicht notwendig.

6.15 Es gibt verlustlose Zerlegungen einer nicht-leeren Relation R in R_1, R_2, R_3, ohne dass überhaupt irgendwelche nicht-trivialen MVDs in der Relationenausprägung erfüllt sind.

Begründen Sie, warum dies kein Widerspruch zu dem in Übungsaufgabe 6.12 bewiesenen Satz darstellt.

Geben Sie ein Beispiel für eine derartige Relation und deren Zerlegung in drei Teilrelationen an.

6.16 Betrachten Sie folgendes Schema:

- ProfessorenAllerlei: {[PersNr, Name, Rang, Raum, VorlNr, VorlTag, Hörsaal, AssiPersNR, AssiName, DiplomandenMatrNr]}.

Dieses Schema erfüllt sicherlich nicht unsere Qualitätsanforderungen.

In welcher Normalform ist das Schema?

- Bestimmen Sie die FDs.
- Bestimmen Sie den/die Kandidatenschlüssel.
- Bestimmen Sie die MVDs.
- Bringen Sie diese Relation in die dritte Normalform.
- Erfüllt das gerade erhaltene 3NF-Schema schon die „schärfere“ BCNF? Wenn nein, überführen Sie das 3NF-Schema in ein BCNF-Schema.
- Überführen Sie das ursprüngliche Schema in die 4NF.
- Bringen Sie das vorher hergeleitete BCNF-Schema in die vierte Normalform und vergleichen Sie das Ergebnis mit dem 4NF-Schema, das aus dem ursprünglichen Schema generiert wurde.

6.17 Gegeben sei das folgende Schema:

- Familie: {[Opa, Oma, Vater, Mutter, Kind]}

Hierbei sei vereinfachend vorausgesetzt, dass Personen eindeutig durch ihren Vornamen identifiziert seien. Für ein Tupel [Theo, Martha, Herbert, Maria, Else] soll gelten, dass Theo und Martha entweder die Eltern von Herbert oder von Maria sind – die Großeltern werden also immer als Paar gespeichert, ohne dass ersichtlich ist, ob es die Großeltern väterlicher- oder mütterlicherseits sind. Wir gehen weiterhin davon aus, dass zu einem Kind immer beide Elternteile und beide Großeltern-Paare (also sowohl mütterlicherseits als auch väterlicherseits) bekannt sind.

- Bestimmen Sie alle FDs und MVDs.
  Beachten Sie die Komplementregel.
- Bestimmen Sie den Kandidatenschlüssel der Relation *Familie*.
- Führen Sie für das Schema alle möglichen Zerlegungen in die vierte Normalform durch.

6.18 Die in Abschnitt 6.7 durchgeführte Zerlegung der Relation *StudentenBelegung* ist verlustlos, wie man leicht sieht. Sie ist aber auch abhängigkeitsbewahrend. Warum ist dies so, obwohl die ursprüngliche Schlüssel-FD ja keiner Relation mehr zugeordnet werden kann? Hinweis: Die Abhängigkeitsbewahrung ist über die Hülle definiert.

6.19 Der oben vorgestellte Synthesealgorithmus kann nach Thalheim (2013) unnötig viele Relationen erzeugen. Als Beispiel betrachte man das Schema $\{A, B, C\}$ mit den FDs $A \rightarrow B, B \rightarrow C, C \rightarrow A$. Der Basis-Synthesealgorithmus würde daraus drei Schemata, nämlich $\{A, B\}$, $\{B, C\}$ und $\{A, C\}$ generieren. Eine genaue Analyse würde aber ergeben, dass das Ausgangsschema auch schon normalisiert war. Warum?

Zur Behebung dieses Problems kann man im Synthesealgorithmus nicht nur FDs mit gleicher linker Seite zusammenfassen, sondern zusätzlich noch FDs in Äquivalenzklasse zusammenführen, für die dann nur ein Schema angelegt wird. Und zwar werden zwei FDs $X_1 \rightarrow Y_1$ und $X_2 \rightarrow Y_2$ in einer Äquivalenzklasse verwaltet, wenn ihre linken Seiten äquivalent sind, wenn also gilt: $X_1 \rightarrow X_2$ **und** $X_2 \rightarrow X_1$.

Zeigen Sie die Korrektheit dieses verfeinerten Synthesealgorithmus und konstruieren Sie sinnvolle, praxisrelevante Beispiele, für die eine reduzierte Anzahl Relationen durch die Verfeinerung resultiert.

6.14 Literatur

Die relationale Entwurfstheorie geht schon auf das frühe Papier von Codd (1970), dem Erfinder des relationalen Modells zurück – dort sind schon die erste, zweite und dritte Normalform eingeführt worden. Die BCNF-Normalform wurde ebenfalls von Codd (1972a) „nachgereicht“.

Die vierte Normalform, basierend auf den mehrwertigen Abhängigkeiten, wurde von Fagin (1977) definiert.

Der Algorithmus zur Synthese eines Relationenschemata in dritter Normalform geht auf Biskup, Dayal und Bernstein (1979) zurück.

Sehr viel ausführlichere Abhandlungen zur relationalen Entwurfstheorie kann man in den Büchern über Datenbanktheorie von Maier (1983), Abiteboul, Hull und Vianu (1995), Kandzia und Klein (1993) finden. Das Buch von Thalheim (1991) widmet sich ganz der auf Abhängigkeiten basierenden relationalen Entwurfstheorie.

Kent (1983) behandelt die relationale Entwurfstheorie auf einer sehr anschaulichen Ebene – dieser kurze Aufsatz sei allen Lesern als Überblick empfohlen.

Die geschachtelten relationalen Datenmodelle wurden in den Achtziger Jahren entwickelt [Schek und Scholl (1986)]. Es wurden auch in Deutschland zwei renommierte Prototypen basierend auf dem NF^2-Modell entwickelt: AIM [Dadam et al. (1986)] wurde am Wissenschaftlichen Zentrum der IBM in Heidelberg und DASDBS [Schek et al. (1990)] an der Universität Darmstadt realisiert.

7. Physische Datenorganisation

Während des konzeptuellen und logischen Entwurfs untersucht man, welche Daten benötigt werden, und wie sie zusammenhängen. Die effektive Organisation der Daten und des Zugriffs auf den Hintergrundspeicher wird durch den physischen Entwurf festgelegt. Um einen auf eine Anwendung und ein Datenbanksystem sinnvoll zugeschnittenen physischen Entwurf bestimmen zu können, müssen zumindest grundlegend die Methodiken der Datenspeicherung und die Auswirkungen der verschiedenen Entwurfsstrategien auf die Leistung des Systems bekannt sein.

Zunächst werden in diesem Kapitel die Charakteristika der verschiedenen Speichermedien eines Computersystems und die Abbildung von Relationen auf diese Speichermedien betrachtet. Zur Unterstützung bestimmter Verhaltensmuster einer Anwendung werden Indexstrukturen und die sogenannte *Objektballung* eingeführt.

Maßgebliche Faktoren beim physischen Entwurf sind die Zugriffszeit, der Aufwand für die Wartung und der Platzbedarf der Daten. Zum Abschluss wird kurz darauf eingegangen, wie die wichtigen Eigenschaften des Anwendungsverhaltens erkannt und in Bezug auf diese Faktoren unterstützt werden können.

7.1 Speichermedien

Man unterscheidet meist drei Stufen von Speichermedien: Primärspeicher, Sekundärspeicher und Archivspeicher. Bei vielen Datenbanksystemen werden alle drei Speichermedien gleichzeitig eingesetzt, allerdings für unterschiedliche Zwecke.

Der Primärspeicher ist der Hauptspeicher des Rechners. Charakteristisch für den Hauptspeicher ist, dass er sehr teuer, sehr schnell und im Allgemeinen, im Vergleich zur benötigten Datenmenge, eher klein ist. Die Granularität des Hauptspeichers ist sehr fein. Es ist möglich, auf beliebige Adressen direkt zuzugreifen. Alle Operationen auf Daten müssen im Hauptspeicher durchgeführt werden, der allerdings i.A. nicht gegen Systemausfälle gesichert ist. Er übernimmt in Datenbanksystemen daher Pufferfunktionen.

Ein typischer Sekundärspeicher ist die Festplatte. Der Zugriff auf Daten im Sekundärspeicher ist gegenüber dem Primärspeicher um etwa einen Faktor 10^5 langsamer. Dafür bietet der Sekundärspeicher aber wesentlich mehr Platz, ist relativ ausfallsicher und günstiger im Preis. Auch mit einer Festplatte ist ein Direktzugriff möglich, aber mit einer gröberen Granularität. Die kleinste Einheit des Zugriffs auf eine Festplatte ist ein Block. In Datenbanksystemen wird als kleinste Einheit meistens eine Seite verwendet. Eine Seite fasst mehrere, in einer Spur liegende Blöcke zusammen. Abbildung 7.1 skizziert den typischen Aufbau einer Festplatte. In größeren Laufwerken sind üblicherweise mehrere Platten übereinander auf einer Achse montiert, wie die Seitenansicht andeutet. Die Schreib-/Leseköpfe dieser Platten bewegen sich synchron, d.h. sie stehen alle auf übereinander liegenden Spuren. Die übereinander liegenden Spuren nennt man Zylinder.

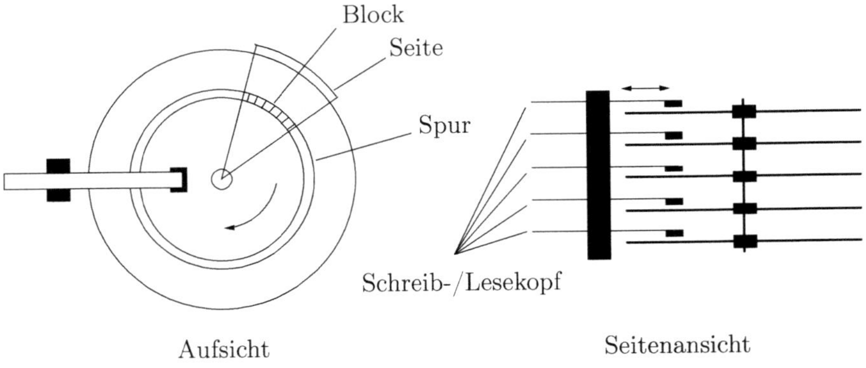

Abbildung 7.1: Schematischer Aufbau einer Festplatte

Für einen Zugriff auf einen bestimmten Block werden drei Arbeitsvorgänge benötigt. Zunächst muss der Schreib-/Lesekopf auf die entsprechende Spur plaziert werden. Die dazu benötigte Zeit wird als *Seek Time* bezeichnet. Dann wird gewartet, bis sich durch die Rotation der Platte der gesuchte Block am Kopf vorbeibewegt. Die zu erwartende Verzögerung wird *Latenzzeit* genannt. Ein Zugriff ist dementsprechend am schnellsten, wenn sich der Kopf bereits in der passenden Spur befindet, und die Blöcke innerhalb der Spur sequentiell gelesen werden. Im dritten Schritt wird der Block gelesen (*Lesezeit*). Den größten Anteil nimmt i.A. die Seek Time ein. Zusätzlich zu den rein mechanischen Arbeitsvorgängen entsteht außerdem noch ein nicht unerheblicher Programmaufwand für die Übertragung, Dekodierung und Verwaltung der von der Festplatte eingelesenen Blöcke.

Als Archivspeicher werden vielfach Magnetbänder verwendet. Heutzutage erreicht oder überschreitet die Kapazität von Festplatten häufig die der Bänder, jedoch liegt der Preis von Bandmaterial im Bereich von Cent pro Megabyte. Ein Band kann nur sequentiell gelesen und beschrieben werden, die Zugriffszeit ist daher nicht direkt vergleichbar. Im Datenbankeinsatz sind Archivspeicher gerade auch wegen ihrer Ausfallsicherheit für die Protokollierung von Operationen wichtig (siehe dazu Kapitel 10).

7.2 Speicherhierarchie

In Abbildung 7.2 ist die Speicherhierarchie veranschaulicht. Die geometrische Form des Dreiecks wurde bewusst so gewählt, um die von unten nach oben abnehmende Speicherkapazität zu dokumentieren. Während moderne Prozessoren nur ein paar Dutzend (bis Hunderte) von Registern mit einer Kapazität von 8 Byte vorweisen, ist der Speicherplatz auf Archivspeichern praktisch unbeschränkt. Die Abbildung zeigt zudem die typischen Zugriffszeiten für die einzelnen Speichermedien. Die Register können innerhalb eines Taktzyklus zugegriffen werden, so dass deren Zugriffszeit in der Größenordnung von unter 1 ns liegt. Auf der nächsten Stufe in der Speicherhierarchie befinden sich die Prozessorcaches, von denen es mehrere Level gibt: Die Kapazität des Levels L1 beträgt einige hundert KB, wohingegen im Level L2

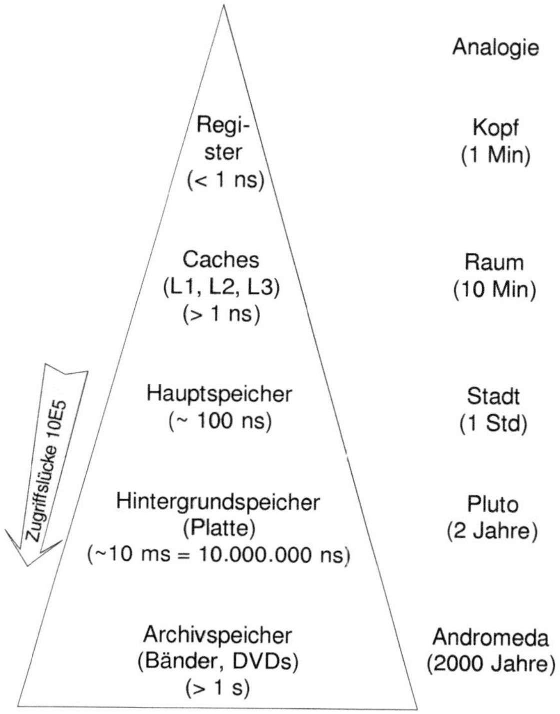

Abbildung 7.2: Visualisierung der Speicherhierarchie

schon etliche MB zur Verfügung stehen können. Der Level1- und teilweise auch schon der Level2-Cache sind in den Prozessor integriert und arbeiten mit dem vollen Prozessortakt während der Level3-Cache mit einigen hundert Megahertz getaktet ist. In neueren Datenbankarchitekturen, wie z.B. den *Column-Stores* und den Hauptspeicher-Datenbanksystemen, ist man bestrebt, die Datenverarbeitung dahingehend zu optimieren, dass die Caches besser ausgenuzt werden. Dies geschieht durch optimierte Speicherstrukturen, die darauf abzielen, die Daten physisch benachbart zu speichern, die zeitlich benachbart zugegriffen/verarbeitet werden. Dadurch wird die *Cache-Lokalität* erhöht, so dass sogenannte *Cache-Hits* häufiger und *Cache-Misses* seltener vorkommen. In einem Datenbank-Server hat man in der Regel einen Hauptspeicher mit einer Kapazität von vielen GB, um das Auslagern häufig zugegriffener Seiten auf den Hintergrundspeicher zu vermeiden. Dies ist absolut essentiell für den leistungsfähigen Betrieb eines Datenbanksystems, da die Zugriffszeit des Hauptspeichers im Bereich von einigen hundert ns liegt wohingegen die Zugriffszeit des Hintergrundseichers bis zu 10 ms betragen kann. Der relative Unterschied beläuft sich also auf einen Faktor von 10^5, den man als *Zugriffslücke* bezeichnet. Gray und Graefe (1997) haben die sogenannte 5-Minuten-Regel postuliert, wonach jede Seite, auf die im Abstand von fünf Minuten zugegriffen wird, im Hauptspeicher verbleiben sollte. Die Archivspeicher sind nochmals langsamer und größer im

Vergleich zu den Disk-basierten Hintergrundspeichern.

Von Jim Gray stammt auch die auf der rechten Seite der Abbildung gezeigte Analogie, mit der man sich die relativen Zugriffsunterschiede klar machen kann. Wenn man die Register mit den im Kopf memorisierten Daten assoziiert, dann entsprechen die Cachedaten solchen Objekten, die sich im selben Raum befinden. Die Hauptspeicher-residenten Daten befinden sich dann in derselben Stadt und sind innerhalb von einer Stunde zugreifbar. Die dramatische relative Zugriffslücke zwischen Hauptspeicher und Hintergundspeicher wird durch den Vergleich zwischen einem Datenobjekt in derselben Stadt und einem per Rakete mit einer Flugzeit von 2 Jahren vom (Zwerg-)Planeten Pluto zu holenden Datenobjekt klar gemacht. Archivierte Daten entsprechen solchen, die sich in der Andromeda-Galaxie befinden und erst nach 2000 jähriger Flugzeit verfügbar sind. Bei der Konzeption von Datenverarbeitungsalgorithmen sollte man diese Analogie beherzigen und die Algorithmen so entwickeln, dass man möglichst selten zum Pluto fliegen muss und wenn schon, dann dafür sorgt, dass die Rakete möglichst voll beladen ist (*chained I/O*) und nur für die Bearbeitung nützliche Daten enthält. Letzteres ist das Ziel der Objektballung, die in Abschnitt 7.15 behandelt wird.

7.3 Speicherarrays: RAID

Die Wartezeiten durch die mechanischen Arbeitsvorgänge in einer Festplatte sind nur schwer reduzierbar. Trotz der hohen Rotations- und Übertragungsgeschwindigkeiten moderner Laufwerke ist es nicht gelungen, die bereits erwähnte Zugriffslücke zwischen Haupt- und Hintergrundspeicher zu verkleinern – ganz im Gegenteil, die Lücke wird eher größer als kleiner.

Die RAID-Technologie (*redundant array of inexpensive disks*) nutzt aus, dass man anstelle eines einzigen (entsprechend großen) Laufwerks effizienter mehrere (entsprechend kleinere und billigere) Laufwerke parallel betreiben kann. Die preiswerten Laufwerke arbeiten durch einen entsprechenden *RAID-Controller* nach außen transparent wie ein einziges logisches (virtuelles) Laufwerk mit vielen unabhängigen Schreib-/Leseköpfen.

Man unterscheidet bis zu acht *RAID-Level*: RAID 0 bis 6 und RAID 0+1 (oder RAID 10). Ein höherer RAID-Level bedeutet nicht unbedingt eine Leistungssteigerung, vielmehr existieren die Stufen nebeneinander und optimieren unterschiedliche Zugriffsprofile.

In **RAID 0** wird die Datenmenge des logischen Laufwerks durch blockweise Rotation auf die physischen Laufwerke verteilt. Existieren also beispielsweise zwei Laufwerke, erhält Laufwerk 1 die Datenblöcke A, C, E, ... des logischen Laufwerkes, Laufwerk 2 die Blöcke B, D, F, ...– wie in Abbildung 7.3 (b) dargestellt. Dieses Vorgehen nennt man *Striping*. Die Größe der Datenblöcke nennt man die *Striping-granularität* und die Anzahl der Platten die *Stripingbreite*.

Wird nun eine Menge aufeinanderfolgender Blöcke vom Controller angefordert, kann er diese Anforderung auf die Laufwerke verteilen, die sie dann parallel bearbeiten können. Der Controller „sammelt“ anschließend die Ergebnisse ein und fügt sie wieder zu einer logischen Einheit (z.B. $A, B, C, D, \ldots$) zusammen. Damit skaliert – für größere angefordete Datenmengen – die Bearbeitungsgeschwindigkeit nahezu

(a) virtuelle/logische Platte (hier mit vier Datenblöcken)

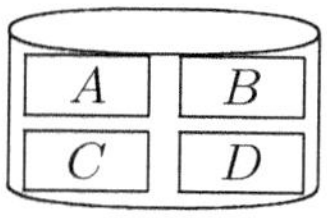

(b) RAID 0: Striping der Blöcke (hier auf nur zwei Platten)

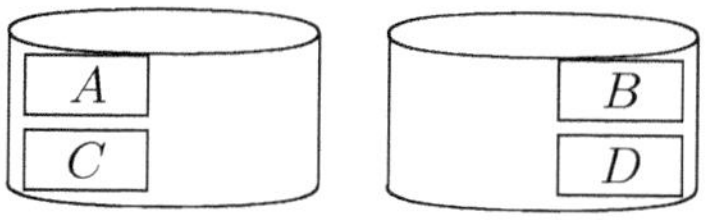

(c) RAID 1: Spiegelung (mirroring)

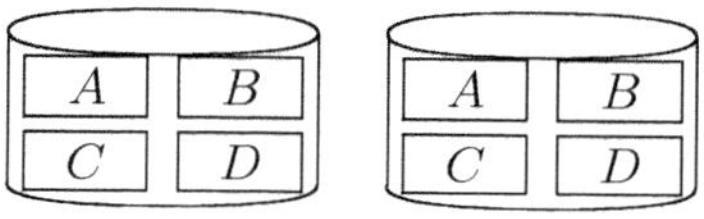

(d) RAID 0+1: Striping und Spiegelung

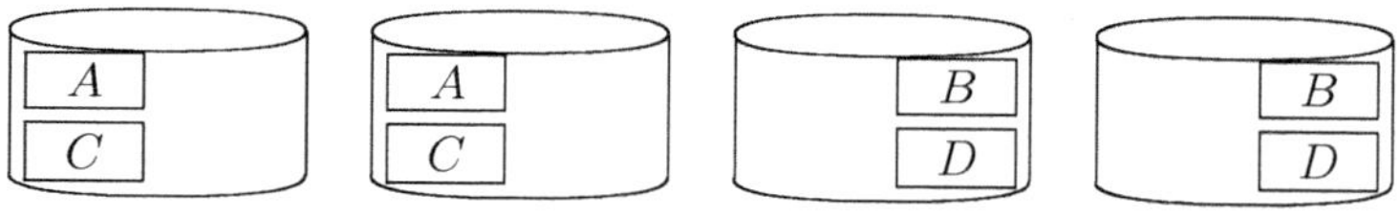

(e) RAID 3: Bit-Level-Striping + separate Parity-Platte

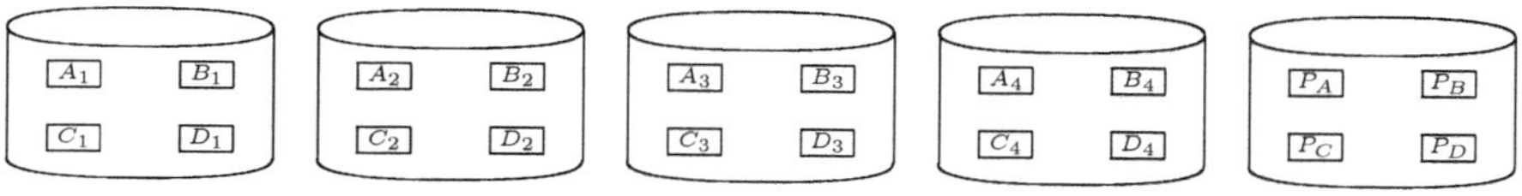

(f) RAID 5: Block-Level-Striping + verteilte Parity-Blöcke

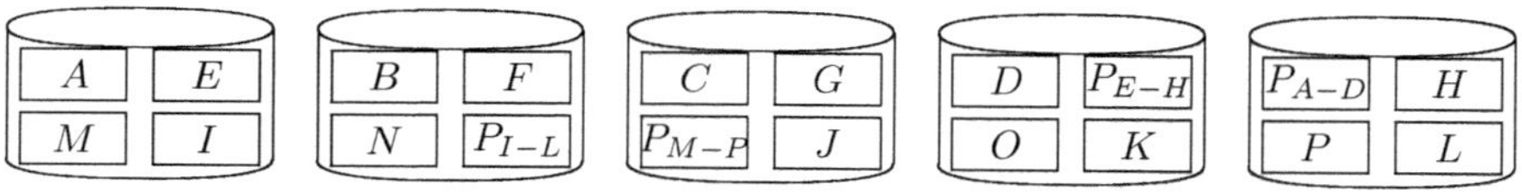

Abbildung 7.3: Illustration verschiedener RAID-Level

linear mit der Anzahl der vorhandenen Laufwerke.

Das zufällige Lesen einzelner Blöcke wird nicht so effektiv beschleunigt, da man innerhalb der einzelnen Anforderung eines Blockes natürlich keine Parallelität ausnutzen kann. Aber es tritt eine Lastbalancierung ein, wenn viele zufällig plazierte Blöcke von unterschiedlichen Prozessen parallel angefordert werden. Die Warteschlangen, die bei der Abarbeitung der Anforderungen entstehen, werden dann auf die einzelnen Festplatten verteilt und sind daher kürzer als im RAID-losen Fall.

Man beachte, dass RAID 0 bei entsprechend großer Anzahl von physischen Platten sehr fehleranfällig ist: Eine Datei wird auf alle physischen Laufwerke verteilt. Wenn auch nur eines dieser Laufwerke ausfällt, bewirkt dies wegen des Stripings den Verlust der Datei. Bei einer großen Zahl von physischen Laufwerken, sagen wir 100, beträgt bei heutiger Plattentechnologie die durchschnittliche Zeit bis zum Ausfall eines dieser Laufwerke nur etwa einen Monat (siehe Übungsaufgabe 7.1).

Während RAID 0 also auf eine möglichst große Beschleunigung von Anforderungen abzielt, berücksichtigt **RAID 1** auch die Datensicherheit. Das Prinzip ist wieder recht einfach: Jedes Laufwerk besitzt eine sogenannte Spiegelkopie (engl. *mirror*), die die gesamte Datenmenge redundant enthält – siehe Abbildung 7.3 (c). Fällt eines dieser beiden Laufwerke aus oder enthält defekte Blöcke, kann der RAID-Controller ohne Unterbrechung weiterarbeiten und das noch funktionierende Laufwerk verwenden. Leseoperationen werden auf die beiden Laufwerke verteilt, so dass jedes Laufwerk nur noch etwa die Hälfte der Leseanforderungen an die logische Platte zu bearbeiten hat. Schreiboperationen auf Blöcken müssen auf beiden Kopien durchgeführt werden, wobei auch hier der physische Schreibvorgang parallel stattfindet.

RAID 0+1 kombiniert einfach RAID 0 und RAID 1. Die Datenblöcke werden auf mehrere Laufwerke aufgeteilt und von diesen Laufwerken existieren Kopien – siehe Abbildung 7.3 (d). Es ist offensichtlich, dass man bei RAID 1 und RAID 0+1 einen doppelten Speicherplatzbedarf hat.

Ab dem RAID-Level 2 werden Paritätsinformationen verwendet, um auf eine ökonomisch günstigere Weise Datensicherheit anzubieten als RAID 1 und RAID 0+1. Dabei wird über mehrere Daten eine Art Prüfsumme – genauer, die Parität – berechnet und abgespeichert. Mit dieser Prüfsumme kann man dann feststellen, ob die Daten, die zur Berechnung verwendet wurden, noch korrekt sind und eine entsprechende Fehlerkorrektur anbringen. Wenn man mit dem Konzept der Parität nicht vertraut ist, kann man sich die Fehlerkorrektur mittels Paritätsinformation so vorstellen: Man speichert zu N Datenbereichen, die auf unterschiedlichen Platten liegen, zusätzlich deren (Prüf-)Summe auf einer anderen Platte ab. Wenn nun einer dieser N Datenbereiche (bzw. deren Platte) defekt ist, kann man den Wert dieses Datenbereichs aus der (Prüf-)Summe minus der Summe der noch intakten $N-1$ Datenbereiche wiederherstellen.

RAID 2 führt ein Striping auf Bitebene durch und verwendet zusätzliche Platten zur Speicherung von Paritätsinformationen in Form von Fehlererkennungs- und Korrekturcodes ähnlich denen von Bandlaufwerken. Es wird allerdings in der Praxis selten eingesetzt, da die Plattencontroller sowieso schon eine Fehlererkennung eingebaut haben.

RAID 3 und **RAID 4** verwenden für die Paritätsinformationen eine einzige, dedizierte Festplatte. Diese Paritätsinformation dient nur zur Fehlerkorrektur, wenn eine der Datenplatten (bzw. ein Speicherbereich darauf) defekt ist. Das Grundschema für eine Konfiguration mit vier Datenplatten für „Stripes“ und einer Paritätsplatte ist in Abbildung 7.3 (e) dargestellt.

In RAID 3 werden die Daten bit- oder byteweise auf die Datenplatten verteilt. In unserer Grafik ist dieses Verfahren für vier Datenplatten gezeigt. Dabei wird das erste Bit (oder Byte) eines Datenblocks auf die erste Platte, das zweite auf die zweite Platte, usw verteilt. Das fünfte Bit wird wiederum auf die erste Platte plaziert. Wenn wir die Bits des Datenblocks A mit $A[1], A[2], A[3], \ldots$ bezeichnen, enthält also das Stripe A_1 die Bits $A[1], A[5], A[9], A[13], \ldots$. Generell wird demnach bei vier Platten das Bit $A[i]$ auf die Platte i mod 4 plaziert. Die rechts eingezeichnete Paritätsplatte enthält die Paritätsinformation, die sich bitweise aus den zugehörigen Stripes wie folgt errechnet:

$$A[1] \oplus A[2] \oplus A[3] \oplus A[4] \ , \ A[5] \oplus A[6] \oplus A[7] \oplus A[8] \ , \ \ldots$$

wobei $\oplus$ das „exklusive oder“ bezeichnet. Es wird also in einem Bit auf der Paritätsplatte abgespeichert, ob in den korrespondierenden vier Bits der vier Datenplatten eine ungerade (Parität $=$ 1) oder eine gerade (Parität $=$ 0) Anzahl Bits gesetzt sind. Bei N Datenplatten, die mittels einer Paritätsplatte gesichert werden, hat man demnach einen erhöhten Speicherbedarf von $1/N$ gegenüber der (unsicheren) RAID-losen Speicherung.

Bei RAID 3 muss eine Leseanforderung auf alle Datenplatten zugreifen um einen logischen Datenblock zu rekonstruieren – die Paritätsplatte wird beim Lesen nur in Fehlerfällen verwendet. Eine Schreibanforderung benötigt sowohl die Datenplatten als auch die Paritätsplatte um die Paritätsinformationen neu zu berechnen.

RAID 4 verteilt die Daten wieder blockweise auf die Platten und kann daher effizienter als RAID 3 mit kleinen Leseanforderungen umgehen. Dies geht zu Lasten von Schreibanforderungen: Hier muss sowohl der alte Inhalt des Datenblocks als auch der Paritätsblock gelesen werden. Anschließend wird der neue Inhalt des Datenblocks und die korrigierte Parität geschrieben. Insbesondere nachteilig ist, dass jede Schreiboperation auf die eine Paritätsplatte zugreifen muss.

RAID 5 arbeitet ähnlich wie RAID 4, verteilt jedoch die Paritätsinformationen auf alle Laufwerke. Das ist in Abbildung 7.3 (f) dargestellt. Bei RAID 4 konnten die Leseoperationen nicht alle Laufwerke verwenden, da ja eines für die Parität verwendet wurde, und Schreiboperationen verwendeten immer die (einzige) Paritätsplatte. Dieser Flaschenhals durch die Paritätsplatte ist durch die geänderte Verteilung effektiv beseitigt. Nach wie vor ist aber der Overhead von Schreiboperationen nicht zu vernachlässigen, da das Schreiben eines Datenblocks die Neuberechnung des zugehörigen Paritätsblocks voraussetzt. Dazu müssen die alten Zustände des Datenblocks und des Paritätsblocks gelesen werden, der neue Paritätsblock aus dem alten und dem neuen Zustand des Datenblocks und dem alten Zustand des Paritätsblocks berechnet werden (wie?) und dann die neuen Zustände des Datenblocks und des Paritätsblocks geschrieben werden.

RAID 6 ist eine Verbesserung der Fehlerkorrekturmöglichkeiten von RAID 5, auf die hier nicht näher eingangen werden soll. Wichtig ist, dass RAID 3 und 5 nur höchstens einen Fehler in den für ein Paritätsdatum verwendeten Daten korrigieren können.

Welches dieser RAID-Level für eine gegebene Anwendung zu bevorzugen ist, hängt natürlich vom Anwendungsprofil (z.B. Anteil der Leseoperationen im Vergleich zu Schreiboperationen) und von der zu erzielenden Ausfallsicherheit ab.

Heutige kommerziell verfügbare RAID-Systeme erlauben oft eine flexible Konfiguration auf den für das jeweilige Anwendungsgebiet optimalen RAID-Level. Im Fehlerfall, wenn also eine Platte in dem Plattenarray ausfällt, können diese Systeme automatisch eine vorab installierte Ersatzplatte (ein sogenanntes *hot spare*) aktivieren und den Datenbestand der ausgefallenen Platte rekonstruieren und auf diese Ersatzplatte schreiben.

Viele Datenbanksysteme unterstützen das Striping von Datensätzen (Tupeln) auf unterschiedliche Platten auch dann, wenn keine RAID-Systeme eingesetzt werden. Bei einigen Systemen kann man die Plazierung der Datensätze nach semantischen Kriterien (also nach dem Wert bestimmter Attribute) steuern, um dadurch eine bessere Lastbalancierung der eingesetzten Platten zu erzielen.

Trotz der Fehlertoleranz von RAID-Systemen, seien die Leser eindringlich davor gewarnt, die systematische Archivierung und Protokollierung von Datenbankzuständen für die Fehlerrecovery – wie sie in Kapitel 10 behandelt wird – zu vernachlässigen. Man beachte, dass die meisten RAID-Level nur den gleichzeitigen Ausfall einer einzigen Platte tolerieren. Normalerweise stehen aber alle Platten des RAID-Systems in demselben Raum, so dass sie durch äußere Einflüsse (Feuer, Wasser, etc.) gefährdet sind. Der Einsatz von RAID-Systemen kann also nur dazu dienen, die mittlere Zeitdauer bis zu einer nötigen Datenbankrecovery zu erhöhen. RAID-Systeme machen die Archivierung und Protokollierung für die Datenbankrecovery aber nicht obsolet!

7.4 Der Datenbankpuffer

Im vorigen Abschnitt wurde erwähnt, dass alle Operationen auf Daten innerhalb des Hauptspeichers durchgeführt werden müssen. Es kann also nicht direkt auf den Seiten des Hintergrundspeichers gearbeitet werden, sie werden vor der Bearbeitung in den sogenannten *Datenbankpuffer* gelesen.

Es ist sehr sinnvoll, Seiten auch länger im Hauptspeicher zu halten als nur für den Zeitraum der Operation, für die diese angefordert wurden. Meistens beobachtet man nämlich im Verhalten der Anwendungen eine *Lokalität*: Es wird mehrmals hintereinander auf ein und dieselben Daten zugegriffen. Sind die Daten dann noch im Hauptspeicher vorhanden, brauchen sie nicht ein weiteres Mal vom Hintergrundspeicher geladen zu werden. Es entsteht ein erheblicher Laufzeitgewinn, wenn man die „Zugriffslücke“, also den oben erwähnten Faktor von etwa 10^5 zwischen Hauptspeicher- und Hintergrundspeicherzugriffen, in Betracht zieht.

Da aber der Hauptspeicher nicht nur wesentlich schneller, sondern auch wesentlich kleiner als der Hintergrundspeicher ist, kann eine Seite nicht ewig gepuffert bleiben. Irgendwann müssen alte Seiten aus dem Puffer entfernt werden, um Platz für neue zu machen. Üblicherweise enthält der Datenbankpuffer eine feste Anzahl von *Pufferrahmen*, also Speicherbereichen von der Größe einer Seite. Wenn diese Pufferrahmen alle gefüllt sind, wird eine Seite ersetzt und unter Umständen, falls sie modifiziert wurde, zurück auf den Hintergrundspeicher geschrieben. Die Auswahl einer zu ersetzenden Seite hängt von der *Ersetzungsstrategie* ab. Idealerweise

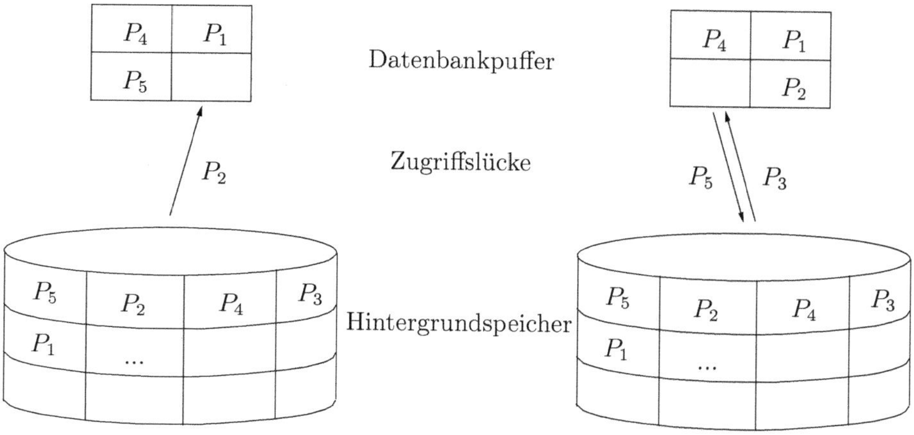

(a) Laden von P_2 (b) Ersetzen von P_5

Abbildung 7.4: Pufferverwaltung in DBMS

sollte eine Seite entfernt werden, die möglichst lange nicht mehr gebraucht wird. Im Rahmen dieses Buchs können wir aber nicht genauer auf Ersetzungstrategien eingehen.

Das Zusammenwirken zwischen Datenbankpuffer und Hintergrundspeicher ist in Abbildung 7.4 skizziert. Man beachte, dass es nicht immer möglich ist, „logisch benachbarte" Datenbankseiten direkt hintereinander auf die Blöcke des Hintergrundspeichers zu schreiben. Das ist durch die ungeordnete Seitennummerierung angedeutet.

In Abbildung 7.4 (a) wird gerade die Seite P_2 in den freien Rahmen im Datenbankpuffer eingelesen. Nach dem Einlesen von P_2 sind Zugriffe auf Daten, die sich in den Seiten P_1, P_2, P_4 und P_5 befinden ohne Umweg über den Hintergrundspeicher und daher sehr effizient durchführbar. Um Daten zu lesen, die sich auf Seite P_3 befinden, muss eine Seite des Puffers frei gemacht werden. Das ist in Abbildung 7.4 (b) gezeigt: Dort wurde P_5 entfernt um Platz für P_3 zu machen. Wenn die Seite P_5 im Puffer geändert worden war, muss sie auf den Hintergrundspeicher zurückgeschrieben werden – andernfalls kann man sie einfach überschreiben.

7.5 Abbildung von Relationen auf den Sekundärspeicher

Für eine geeignete Abbildung von Relationen auf den Sekundärspeicher und eine gute Unterstützung des Zugriffs muss man sich an den Merkmalen des Speichermediums orientieren.

Eine naheliegende Abbildung ist die folgende: Für jede Relation werden mehrere Seiten auf dem Hintergrundspeicher zu einer Datei zusammengefasst. Die Tupel einer Relation werden in den Seiten der Datei so gespeichert, dass sie nicht über

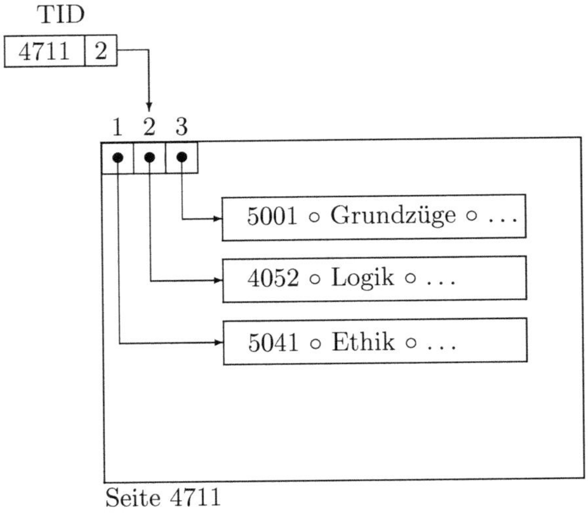

Abbildung 7.5: Speicherung von Tupeln auf Seiten

eine Seitengrenze hinausgehen.[1] Jede Seite enthält eine interne Datensatztabelle, die Verweise auf alle auf der Seite befindlichen Tupel verwaltet. In Abbildung 7.5 sind einige Tupel der Relation *Vorlesungen* in eine Seite eingetragen.

Um ein bestimmtes Tupel direkt referenzieren zu können, beispielsweise durch eine der später in diesem Kapitel vorgestellten Indexstrukturen, verwendet man einen sogenannten *Tupel-Identifikator* (TID). Ein TID besteht aus zwei Teilen: Einer Seitennummer und einer Nummer eines Eintrags in der internen Datensatztabelle, der auf das entsprechende Tupel verweist. Im Fall von Abbildung 7.5 verweist also der TID (4711, 2) auf das Tupel, das zur Vorlesung „Logik" gehört.

Diese zusätzliche Indirektion ist nützlich, wenn die Seite intern reorganisiert werden muss. Nehmen wir an, dass sich das Tupel zur Logikvorlesung vergrößert, auf der Seite aber noch genug Platz vorhanden ist. Dann kann es einfach wie in Abbildung 7.6 verschoben werden, ohne dass sich der zugehörige TID verändert. Daher bleiben auch alle Verweise auf dieses Tupel gültig.

Abbildung 7.7 demonstriert den Fall, dass sich das Tupel weiter vergrößert und nicht mehr genug Platz auf der Seite vorhanden ist. Es muss auf eine andere Seite transferiert werden. Um trotzdem die Verweise invariant zu halten, wird an der alten Position des Tupels eine Markierung hinterlassen, wo es jetzt zu finden ist. Das erfordert natürlich beim Lesen des Tupels mit TID (4711, 2) einen zusätzlichen Seitenzugriff, der vorher nicht notwendig war. Bei nochmaliger Verdrängung dieses Tupels von der Seite 4812 würde aber kein weiterer Platzhalter eingefügt, sondern die Markierung auf der Heimatseite 4711 geändert. Deshalb ist die Länge einer solchen Verweiskette auf maximal zwei beschränkt.

In unserem Beispiel enthielt eine Seite nur Tupel einer Relation. Das ist aber

[1]Außer einem Geschwindigkeitsverlust würde eine nicht an Seitengrenzen orientierte Verteilung auch Probleme bei der Adressierung, der Mehrbenutzersynchronisation und der Fehlerbehandlung hervorrufen.

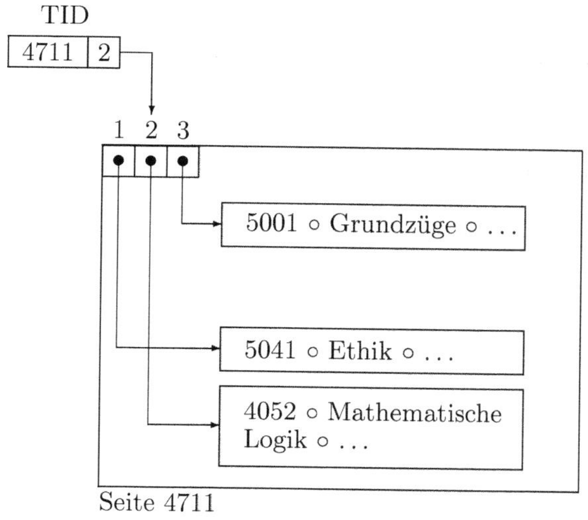

Abbildung 7.6: Verschieben von Tupeln innerhalb einer Seite

nicht zwingend notwendig. Es ist unter Umständen sehr nützlich, Tupel unterschiedlicher Relationen zusammen abzulegen, um dadurch die Lokalität einer Anwendung zu erhöhen. In Abschnitt 7.15 wird diese Variante als „verzahnte Objektballung“ besprochen.

7.6 Indexstrukturen

Vielfach werden bei Anfragen auf die Datenbasis nur einige wenige Tupel einer Relation benötigt. Wenn die Datensätze allerdings ohne weitere Zusatzinformationen in den Dateien gespeichert sind, muss die ganze Datei durchsucht werden, um die ein bestimmtes Kriterium erfüllenden Tupel zu finden. Sinnvoller wäre es, die Direktzugriffsmöglichkeiten des Sekundärspeichers auszunutzen. Dazu dienen die im folgenden besprochenen Indexstrukturen, die zu einem gegebenen Suchkriterium die passenden Datensätze in einer Datei angeben.

Aber die Verbesserung des Zugriffs bekommt man nicht geschenkt: Wie alle anderen Informationen müssen auch Indices gewartet werden und benötigen einen gewissen Platz. Gegen Ende dieses Kapitels wird untersucht, wann das Anlegen eines Indexes vorteilhaft ist.

Man unterscheidet zwischen *Primär-* und *Sekundärindices.* Primärindices legen die physische Anordnung der indizierten Daten fest. Daher kann es für jede Datei nur einen Primärindex geben, aber mehrere Sekundärindices. In den meisten Fällen wird der Primärschlüssel einer Relation auch vom Primärindex indiziert.

Üblicherweise spricht man bei dem für den Index verwendeten Suchkriterium vom *Schlüssel* des Indexes. Dieser Schlüsselbegriff hat nichts mit den bisher eingeführten Schlüsseln zu tun. Es ist durchaus möglich, z.B. die Anzahl der Semester der Studenten als Suchkriterium für einen Index zu verwenden, obwohl *Semester* kein Schlüssel der Relation *Studenten* ist. Die in diesem Kapitel erwähnten Schlüssel sind

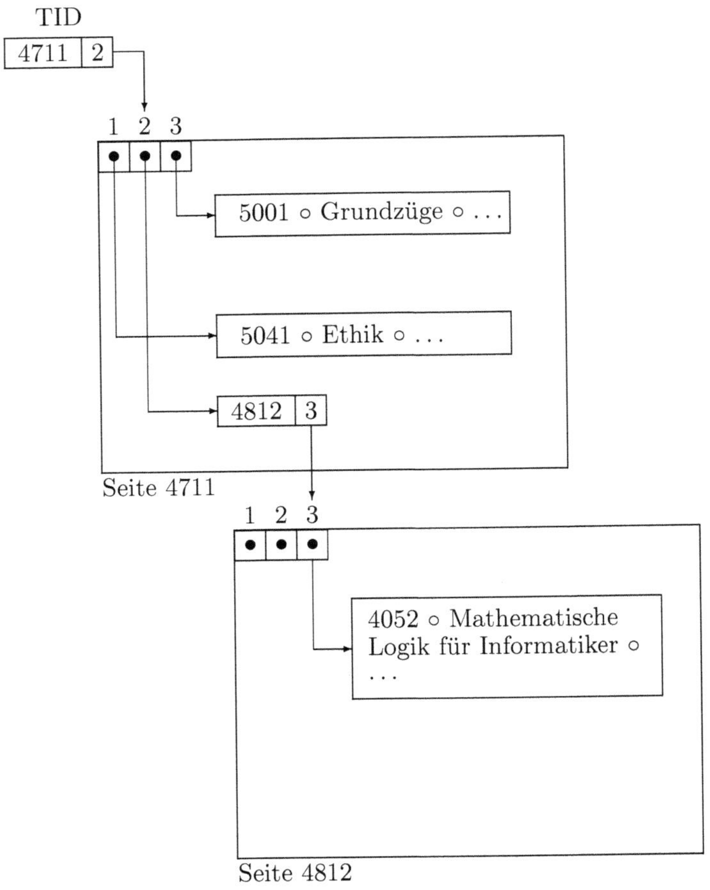

Abbildung 7.7: Verdrängung eines Tupels von einer Seite

alle als Suchschlüssel und nicht als Schlüssel von Relationen zu verstehen.

7.7 ISAM

Eine sehr einfache und unter bestimmten Voraussetzungen auch sehr effektive Indexstruktur ist die *Index-Sequential Access Method* (*ISAM*). Sie ist am ehesten mit einem Daumenindex auf dem Schnitt eines Buchs zu vergleichen, wie man ihn gelegentlich bei Wörterbüchern oder Lexika findet. Beim Nachschlagen wählt man zunächst über den Daumenindex einen Bereich aus, in dem sich das gesuchte Wort befinden müsste, falls es überhaupt vorhanden ist, und sucht es dann dort.

Abbildung 7.8 zeigt schematisch den Aufbau eines ISAM-Indexes. Sowohl der Index als auch die Datensätze D_i werden nach den Schlüsseln S_j geordnet abgespeichert. Ein Datensatz D_i besteht also aus dem Schlüssel S_i und weiteren Informationen (Attributen), die wir im folgenden aber vernachlässigen werden. Der Index

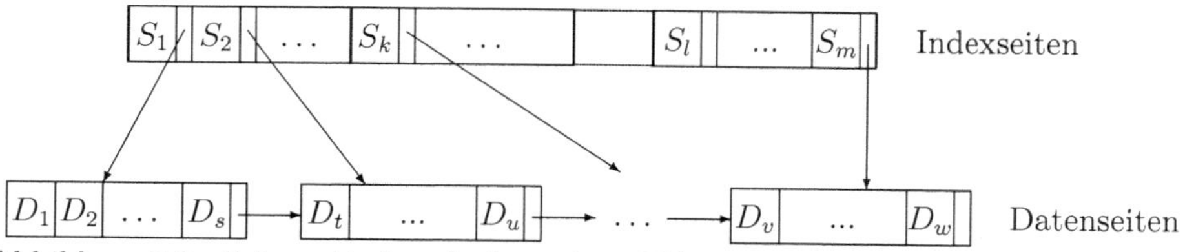

Abbildung 7.8: Schematischer Aufbau eines ISAM Indexes

befindet sich auf Seiten, die sequentiell hintereinander auf dem Sekundärspeicher abgelegt sind.

Innerhalb einer Seite des Indexes werden abwechselnd Schlüssel und Verweise abgespeichert. Ein Verweis zwischen Schlüssel S_i und S_{i+1} zeigt auf die Seite mit denjenigen Datensätzen, die einen Schlüsselwert größer als S_i und kleiner oder gleich S_{i+1} haben. Zur Vereinfachung wird angenommen, dass S_1 eine Art $-\infty$ des Wertebereiches des indizierten Schlüssels annimmt und keine Duplikate in den Suchschlüsseln vorkommen.

Suchen eines Schlüssels. Innerhalb des Indexes kann durch die sequentielle Anordnung der Seiten mit einer Binärsuche gearbeitet werden, um einen bestimmten Schlüsselwert oder ein Intervall zu finden. Ist die Position des Wertes gefunden, kann der zugehörige Verweis zur Datenseite verfolgt werden. Von dieser Datenseite an kann man wegen der Sortierung solange alle weiteren Datenseiten lesen, bis ein Datensatz gefunden wird, der nicht mehr das vorgegebene Suchkriterium erfüllt.

Einfügen eines Schlüssels. Die Einfachheit des Aufbaus und der Suche schlägt sich leider negativ in der Wartung nieder. Das Einfügen von Datensätzen zieht unter Umständen einen sehr hohen Aufwand nach sich, wenn die Datenseite gefüllt ist, in die der einzufügende Satz gemäß des Suchschlüssels gehört. Zuerst wird dann ein Ausgleich mit Nachbarseiten angestrebt, d.h. ein Datensatz wird in eine benachbarte Seite mit freiem Platz geschoben und der Indexeintrag korrigiert. Ist ein Ausgleich nicht möglich, muss im schlimmsten Fall eine neue Datenseite angelegt und der ganze Index von dieser Position ab nach rechts verschoben werden.

Abbildung 7.9 zeigt die drei möglichen Fälle (normales Einfügen, Ausgleich, Anlegen einer neuen Datenseite) beim Einfügen von Datensätzen an einem Beispiel.[2] Oben im Bild ist der initiale Zustand der Index- und Datenseiten angegeben.

Löschen eines Schlüssels. Schlüssel können solange aus einer Datenseite entfernt werden, bis sie leer ist. Eine leere Datenseite muss aus dem Index entfernt werden, wobei unter Umständen wieder der Index verschoben werden muss. Analog zum Einfügen kann auch zunächst ein Ausgleich mit einem Nachbarn versucht werden, wenn dieser gut gefüllt ist.

[2] Es ist unter Umständen sinnvoll, beim Anlegen einer neuen Datenseite die Daten zwischen übergelaufener und neuer Seite gleichmäßig zu verteilen, wie es später beim B-Baum besprochen wird.

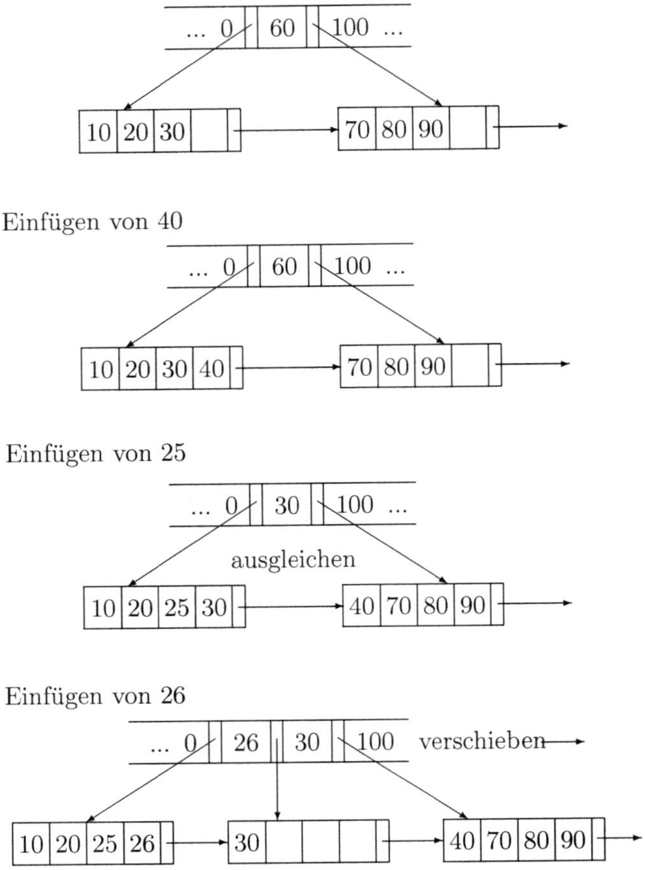

Abbildung 7.9: Einfügen in eine ISAM-Indexstruktur

Um das schlechte Verhalten der ISAM-Indexstruktur bei Update-Operationen zu verbessern, kann man eine weitere Indirektion einführen: Dann wird auch der Index, wie die Datenblöcke, als verkettete Liste verwaltet und ein Array von Zeigern auf die Index-Blöcke angelegt. Dadurch sind Verschiebungen seltener notwendig und nicht so gravierend. Mit der zweiten Indirektion bekommt die Indexstruktur Ähnlichkeit mit einem Baum. Man kann daher das ISAM-Verfahren als einen Vorgänger der im folgenden besprochenen B-Bäume ansehen.

7.8 B-Bäume

Normale Binärbäume wurden als Suchstruktur für den Hauptspeicher konzipiert. Sie eignen sich nicht als Speicherstruktur für den Hintergrundspeicher, da sie sich nicht effektiv auf Seiten abbilden lassen. Man verwendet daher für die Hintergrundspeicherung Mehrwegbäume, deren Knotengrößen auf die Seitenkapazitäten abgestimmt

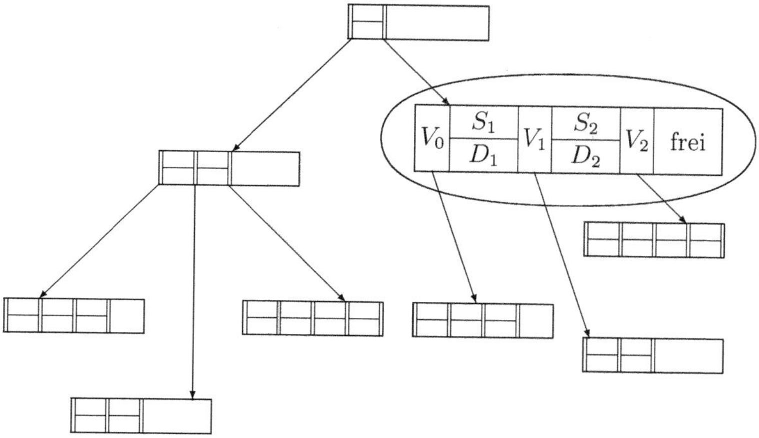

Abbildung 7.10: Aufbau eines B-Baums

werden. Ein Knoten des Baums entspricht einer Seite des Hintergrundspeichers.

B-Bäume und deren Varianten bieten sowohl für die Auslastung als auch für die Anzahl der Seitenzugriffe bei einer Suche feste Grenzen. Ein Seitenwechsel ist nur notwendig, wenn eine Kante verfolgt wird. Die maximale Anzahl der Seitenzugriffe während eines Suchvorgangs wird also durch die Höhe des Baums begrenzt. Abbildung 7.10 zeigt eine schematische Darstellung eines B-Baums. Aufgrund der Balancierung ist jeder Weg von der Wurzel zu einem Blatt im Baum gleich lang.

In dieser Darstellung nehmen wir vereinfachend an, dass eine Seite, entsprechend einem Knoten des Baums, maximal vier Einträge aufnehmen kann. In der Praxis ist das Fassungsvermögen von Seiten um Größenordnungen höher. Ein Eintrag besteht aus dem Schlüssel S_i und dem Datensatz D_i, der diesen Schlüssel enthält. Bei einem Sekundärindex werden nicht die Datensätze, sondern die TIDs der Datensätze (also Verweise) eingetragen. Zu jedem Eintrag S_i gibt es einen Verweis V_{i-1} auf Knoten, die kleinere Schlüsselwerte enthalten, und einen Verweis V_i entsprechend auf Knoten mit größeren Schlüsselwerten. Der in Abbildung 7.10 vergrößert dargestellte Knoten enthält zwei Einträge, die verbleibenden zwei Einträge sind frei.

Ein B-Baum mit Grad k ist also durch die folgenden Eigenschaften charakterisiert:

1. Jeder Weg von der Wurzel zu einem Blatt hat die gleiche Länge.

2. Jeder Knoten außer der Wurzel hat mindestens k und höchstens $2k$ Einträge. Die Wurzel hat zwischen einem und $2k$ Einträgen. Die Einträge werden in allen Knoten sortiert gehalten.

3. Alle Knoten mit n Einträgen, außer den Blättern, haben $n + 1$ Kinder.

4. Seien $S_1, \ldots, S_n$ die Schlüssel eines Knotens mit $n + 1$ Kindern. $V_0, V_1, \ldots, V_n$ seien die Verweise auf diese Kinder. Dann gilt:

   (a) V_0 weist auf den Teilbaum mit Schlüsseln kleiner als S_1.

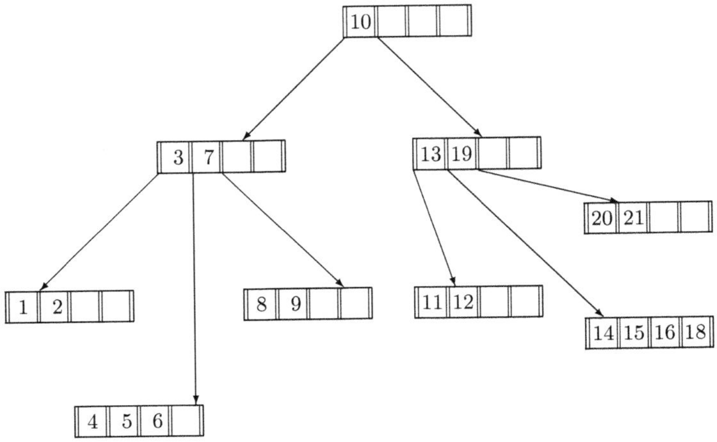

Abbildung 7.11: Ein Beispielbaum ($k = 2$)

(b) V_i ($i = 1, \ldots, n-1$) weist auf den Teilbaum, dessen Schlüssel zwischen S_i und S_{i+1} liegen.

(c) V_n weist auf den Teilbaum mit Schlüsseln größer als S_n.

(d) In den Blattknoten sind die Zeiger nicht definiert.

In der obigen Definition nehmen wir zur Vereinfachung die Eindeutigkeit des Schlüssels an (siehe dazu auch Aufgabe 7.6).

Um die geforderte Eigenschaft nach einer Mindestbelegung von k Einträgen pro Knoten einhalten zu können, müssen unter Umständen beim Löschen unterbelegte Knoten zusammengelegt werden. Ebenso muss, falls bei der maximalen Belegung von $2k$ Einträgen noch ein weiterer eingefügt werden soll, ein Knoten eventuell aufgeteilt werden. In manchen Fällen ist auch ein Ausgleich mit benachbarten Knoten möglich.

Einfügen von Schlüsseln. Das wollen wir anhand des vereinfachten Beispiels in Abbildung 7.11 demonstrieren. In dem dort abgebildeten B-Baum vom Grad 2 soll die Zahl 17 eingefügt werden - also der Datensatz mit dem Schlüssel 17, der hier allerdings nicht näher gezeigt wird. Es wird zunächst durch Absteigen im Baum die Einfügestelle gesucht, in diesem Fall zwischen der Zahl 16 und 18. In dem zugehörigen Knoten ist allerdings nicht mehr genügend Platz vorhanden; er muss aufgeteilt werden. Dazu wird der mittlere Eintrag, die Zahl 16, hochgeschoben in den Elternknoten. Die Zahlen, die vorher links und rechts von der 16 standen, bilden danach je einen separaten Knoten, wie in Abbildung 7.12 dargestellt. Diese beiden neuen Knoten erfüllen die geforderte Minimalbelegung. Unter Umständen kann sich ein Aufteilvorgang bis zur Wurzel fortsetzen. In dem Fall, dass auch die Wurzel vollständig belegt ist, muss ein neuer Wurzelknoten angelegt werden, und die ursprünglichen Einträge der Wurzel werden auf die zwei neuen Kinder aufgeteilt. Der Baum wächst so um eine Stufe in die Höhe. Abbildung 7.13 beschreibt den Einfügenvorgang noch einmal in algorithmischer Form.

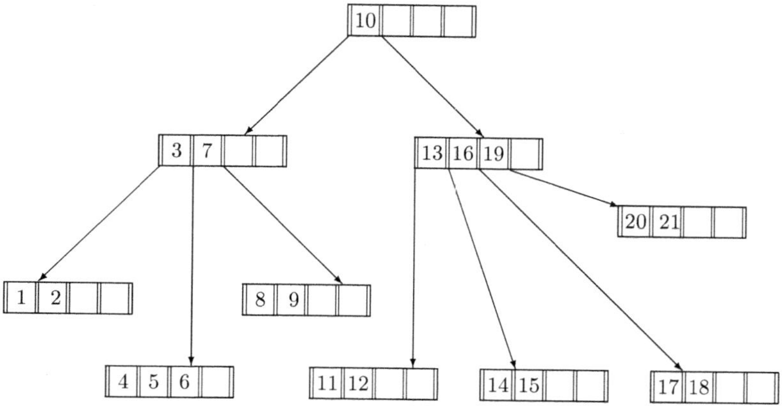

Abbildung 7.12: Einfügen einer 17

1. Führe eine Suche nach dem Schlüssel durch; diese endet (scheitert) an der Einfügestelle.
2. Füge den Schlüssel dort ein.
3. Ist der Knoten überfüllt, teile ihn:
   - Erzeuge einen neuen Knoten und belege ihn mit den Einträgen des überfüllten Knotens, deren Schlüssel größer ist als der des mittleren Eintrags.
   - Füge den mittleren Eintrag im Vaterknoten des überfüllten Knotens ein.
   - Verbinde den Verweis rechts des neuen Eintrags im Vaterknoten mit dem neuen Knoten.
4. Ist der Vaterknoten jetzt überfüllt?
   - Handelt es sich um die Wurzel, so lege eine neue Wurzel an.
   - Wiederhole Schritt 3 mit dem Vaterknoten.

Abbildung 7.13: Algorithmus zum Einfügen in einen B-Baum

Löschen eines Schlüssels. Die Vorgehensweise beim Löschen hängt davon ab, ob ein Eintrag aus einem Blattknoten oder aus einem inneren Knoten entfernt werden soll. In einem Blattknoten kann ein Eintrag einfach gelöscht werden. In einem inneren Knoten muss die Verbindung zu den Kindern des Knotens bestehen bleiben, daher wird der nächstgrößere (oder nächstkleinere) Schlüssel gesucht und an die Stelle des alten Schlüssels plaziert. In beiden Fällen kann ein Blattknoten unterbelegt zurückbleiben – im zweiten Fall ist es der ursprüngliche Aufenthaltsort des nächstgrößeren (-kleineren) Schlüssels. Damit der Baum nicht gegen die Bedingung 2 der Definition verstößt, wird der Knoten mit einem seiner Nachbarn entweder ausgeglichen oder verschmolzen. Ein Ausgleich bewirkt die gleichmäßige Verteilung der Inhalte der beiden Knoten. Ein Verschmelzen ist nur möglich, wenn beide Knoten minimal belegt sind. Dann tritt an deren Stelle ein Knoten, der zusätzlich zu deren Inhalt noch den zugehörigen Schlüssel aus dem Vaterknoten enthält. Das kann wiederum zur Unterbelegung des Vaterknotens führen und den Verschmelzungs- bzw. Ausgleichsvorgang nach oben fortsetzen.

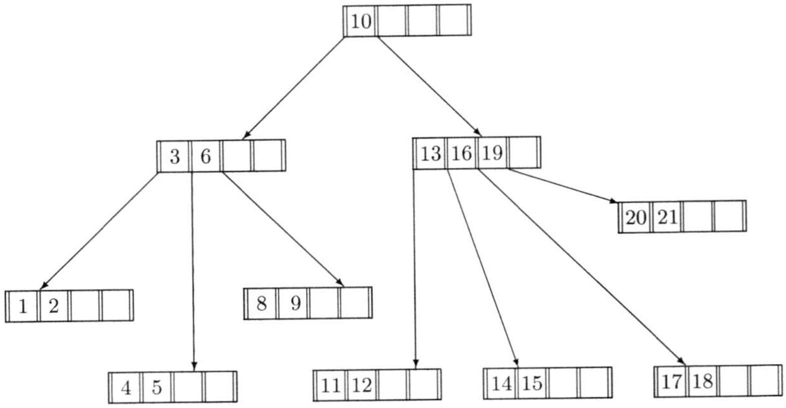

Abbildung 7.14: Löschen der 7

Abbildung 7.14 zeigt den B-Baum, nachdem die 7 gelöscht wurde. Als Ausgleich sollte die 8 an die Stelle der 7 geschoben werden, das hätte zu einer Unterbelegung geführt. Ein Ausgleich mit dem Nachbarknoten führt dazu, dass die 6 den Platz im Vaterknoten einnimmt. Ein weiterer Löschversuch in diesem Teil des Baums, z.B. der 5, zieht kompliziertere Aktionen nach sich: Jetzt ist eine Verschmelzung zweier Blattknoten notwendig. Zusätzlich ergibt sich daraus eine Unterbelegung des Vaterknotens, der durch einen Ausgleich mit der rechten Baumhälfte beseitigt werden müsste. Erfahrungen mit realen Datenbanken zeigen jedoch, dass Löschoperationen im Verhältnis zu Einfügeoperationen selten sind. Daher wird in Implementierungen von B-Bäumen häufig sogar auf Verschmelzungen ganz verzichtet – wodurch natürlich die in Bedingung 2 geforderte Minimalbelegung verletzt werden kann.

Es soll noch einmal betont werden, dass die vorgeführten Größenordnungen nicht realistisch sind. Reale B-Bäume haben Verzweigungsgrade in der Größenordnung von 100 – abhängig natürlich von der Größe der Datensätze und dem Fassungsvermögen der Seiten. Deshalb reichen z.B. etwa vier Seitenzugriffe (entsprechend der Höhe des B-Baums) um einen Datensatz unter 10^7 Einträgen zu finden.

7.9 B^+-Bäume

Dadurch, dass jeder Knoten eine Seite des Hintergrundspeichers belegt, hängt die Höhe eines B-Baums direkt mit der Anzahl der Seitenzugriffe zum Auffinden eines Datums zusammen. Bei B-Bäumen ist also ein hoher Verzweigungsgrad wünschenswert, denn je weiter ein Baum verzweigt ist, desto flacher ist er. Der Verzweigungsgrad bei B-Bäumen hängt von der Satzgröße ab, wenn die Datensätze innerhalb der Knoten gespeichert werden. Bei B^+-Bäumen[3] wird die Höhe dadurch reduziert, dass

[3] Die Terminologie ist hier nicht ganz klar, vielfach wird auch der Name B*-Baum benutzt. Der von Knuth (1973) ursprünglich definierte B*-Baum ist eine Variante des B-Baums, bei dem eine Mindestbelegung der Knoten von 2/3 durch Umverteilungen garantiert wird. Der in diesem Abschnitt vorgestellte Baum wurde von Knuth nicht mit Namen versehen. Wir folgen einem Vorschlag

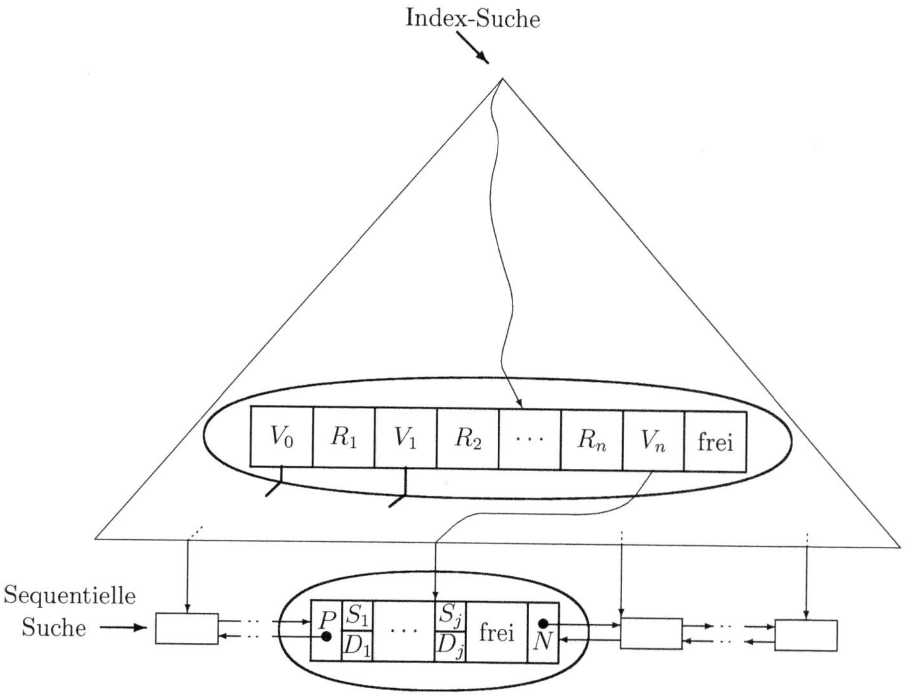

Abbildung 7.15: Schematischer Aufbau eines B+-Baums

Daten nur noch in den Blättern gespeichert werden. Daher spricht man auch von einem *hohlen* Baum. Die inneren Knoten enthalten lediglich Referenzschlüssel R_i als Wegweiser („road map"). Eine Suche nach einem Datensatz D_i muss deshalb immer komplett bis zu den Blättern durchgeführt werden. Der schematische Aufbau eines B+-Baums ist in Abbildung 7.15 dargestellt.

Um zusätzlich eine effiziente sequentielle Verarbeitung der Datensätze zu ermöglichen, sind die Blattknoten jeweils mit einem Zeiger auf den vorhergehenden (P) und nachfolgenden Blattknoten (N) in der gewünschten Suchreihenfolge verbunden.

Ein B+-Baum vom Typ (k, k^*) hat also folgende Eigenschaften:

1. Jeder Weg von der Wurzel zu einem Blatt hat die gleiche Länge.

2. Jeder Knoten – außer Wurzeln und Blättern – hat mindestens k und höchstens $2k$ Einträge. Blätter haben mindestens k^* und höchstens $2k^*$ Einträge. Die Wurzel hat entweder maximal $2k$ Einträge, oder sie ist ein Blatt mit maximal $2k^*$ Einträgen.

3. Jeder Knoten mit n Einträgen, außer den Blättern, hat $n + 1$ Kinder.

4. Seien $R_1, \ldots, R_n$ die Referenzschlüssel eines inneren Knotens (d.h. auch der Wurzel) mit $n+1$ Kindern. Seien $V_0, V_1, \ldots, V_n$ die Verweise auf diese Kinder.

von Comer (1979) und nennen ihn B+-Baum.

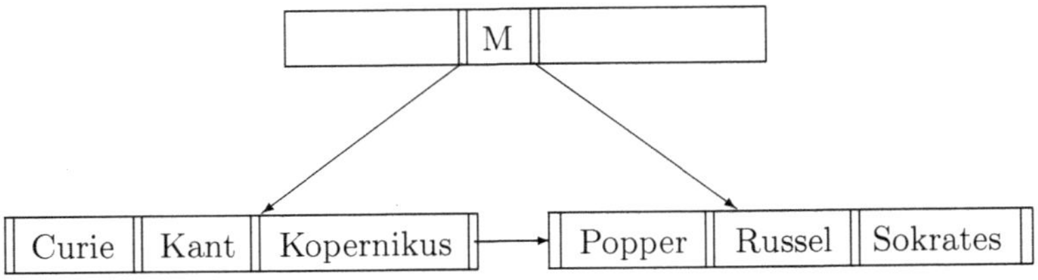

Abbildung 7.16: Schematische Darstellung zum Präfix-B^+-Baum

(a) V_0 verweist auf den Teilbaum mit Schlüsseln kleiner oder gleich R_1.

(b) V_i $(i = 1, \ldots, n-1)$ verweist auf den Teilbaum, dessen Schlüssel zwischen R_i und R_{i+1} liegen (einschließlich R_{i+1}).

(c) V_n verweist auf den Teilbaum mit Schlüsseln größer als R_n.

Ein zusätzlicher Vorteil des B^+-Baums ist die effizientere Wartung durch die Verwendung von Referenzschlüsseln. Referenzschlüssel müssen nicht unbedingt einem realen Schlüssel entsprechen. Daher brauchen Referenzschlüssel nur gelöscht zu werden, falls Blattknoten zusammengelegt werden und eventuell bei den sich daraus ergebenden weiteren Verschmelzungen. Beim Aufteilen von Blattknoten wird der mittlere Schlüssel nicht in den Vaterknoten verschoben, sondern wandert z.B. in die linke Hälfte. Im Vaterknoten wird eine Kopie (oder ein anderer Referenzschlüssel, der die Datensätze der beiden Blätter differenziert – siehe unten) eingetragen.

7.10 Präfix-B^+-Bäume

Eine zusätzliche Verbesserungsmöglichkeit bei B^+-Bäumen ist der Einsatz von Schlüsselpräfixen anstelle von kompletten Schlüsseln. Werden z.B. längere Zeichenketten als Schlüssel verwendet, wird der Verzweigungsgrad des B^+-Baums klein. Da B^+-Bäume nur Referenzschlüssel enthalten, braucht nur irgendein Schlüssel gefunden zu werden, der die Teilbäume zur Linken und zur Rechten trennt. Die Situation wird schematisch in Abbildung 7.16 verdeutlicht.

Normalerweise wäre „Kopernikus" der eingetragene Referenzschlüssel, anhand dessen die Verzweigungsentscheidung getroffen wird. Platzsparender ist es jedoch, irgendeinen anderen kürzestmöglichen Schlüssel R einzutragen, der die Eigenschaft

$$\text{Kopernikus} \leq R < \text{Popper}$$

erfüllt, z.B. ein „M". Bei dicht beieinanderliegenden Schlüsseln kann das Verfahren jedoch versagen, z.B. wenn ein R gesucht wird mit

$$\text{Systemprogramm} \leq R < \text{Systemprogrammierer}$$

7.11 Hintergrundspeicher-Struktur der B-Bäume

Wir werden hier vereinfachend die Struktur der B-Bäume diskutieren. Der Entwurf für die heterogene Knotenstruktur der B^+-Bäume sei den Lesern als Übung über-

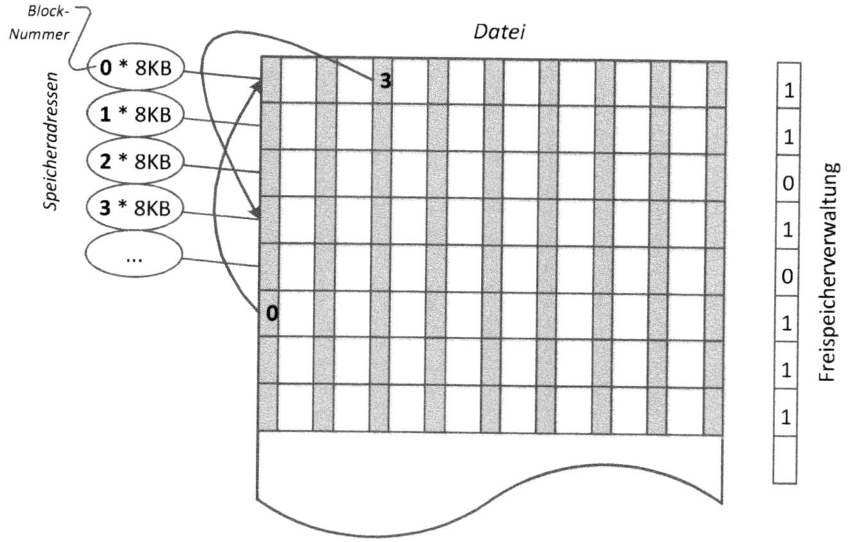

Abbildung 7.17: Hintergrundspeicher-Struktur eines B-Baums

lassen. Die B-Bäume sind als Indexstruktur für den Hintergrundspeicher konzipiert. Deshalb entsprechen die Knoten eines B-Baums den Seiten, die zwischen dem Hintergrundspeicher und dem im Hauptspeicher angesiedelten Systempuffer hin- und her-transferiert werden. Eine typische Größe dieser Seiten liegt im Bereich von 8 KB (KiloByte). Der Verzweigungsgrad (in der vorhergehenden Diskussion k bzw. $2k$ genannt) errechnet sich dann aus der Größe der Zeiger auf die nachfolgenden Knoten (typischerweise 4 Byte) sowie der Größe der indexierten Suchschlüssel und der Größe der Zeiger auf die Tupel (TIDs), die mindestens 8 Byte groß sind. Wir überlassen es den Lesern, den Verzweigungsgrad für übliche Suchschlüssel (int, long, char(20), etc.) zu berechnen. Die Speicherstruktur dieser Knoten/Seiten innerhalb einer Datei ist in Abbildung 7.17 gezeigt.

Die Datei wird also in Blöcke/Seiten der jeweiligen Größe 8 KB aufgeteilt. Diese Blöcke entsprechen den Knoten im B-Baum. Die grauen Felder stellen Verweise/-Zeiger auf Kind-Knoten dar, wohingegen die weißen Felder den Suchschlüssel sowie den TID auf den Datensatz mit diesem Suchschlüssel enthalten. Da Knoten/Seiten des B-Baums auch „leer laufen“ können ist eine Freispeicherverwaltung in der Form eines Bitvektors nötig. Ein „0“-Eintrag kennzeichnet einen freien Block, der beim nächsten Überlauf eines Knotens herangezogen werden kann. Die Verweise auf Kindknoten werden also als Blocknummern abgelegt, in unserer Abbildung sind nur die beiden Verweise auf die Blöcke 3 und 0 gezeigt. Deren Anfangsposition in der Datei berechnet sich demnach als Vielfache der Knoten/Block-Größe – wie in den Kommentarblasen an der linken Seite angedeutet. Zusätzlich zu den gezeigten Strukturen muss auch noch die Speicherposition des Wurzelknotens bekannt sein, damit man den Baum überhaupt navigieren kann. Dieser befindet sich nämlich nicht an der Position 0, da ja der B-Baum beim Höhenwachstum immer wieder eine neue Wurzel bekommt, deren Position man konsistent und dauerhaft auf dem Hintergrundspei-

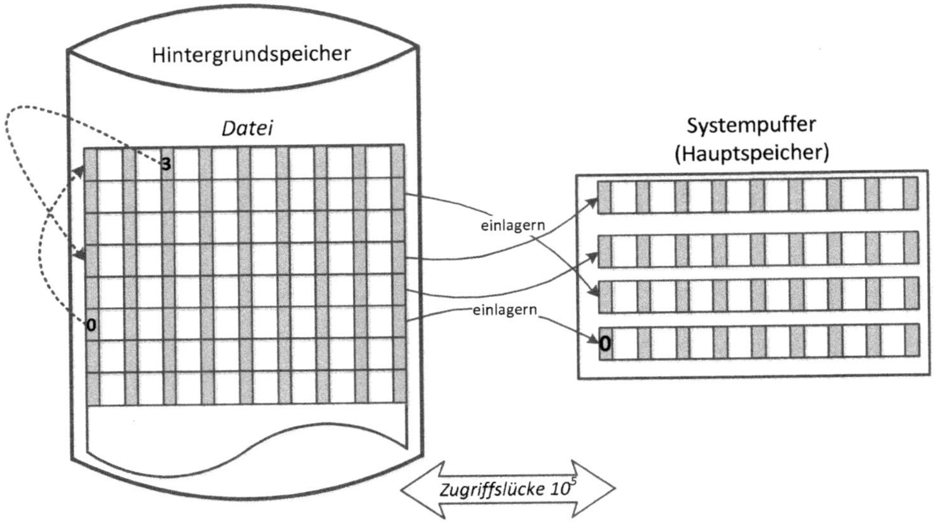

Abbildung 7.18: Zusammenspiel des Hintergrundspeichers und des Systempuffers bei B-Bäumen

cher fortschreiben muss.

In Abbildung 7.18 ist das Zusammenspiel zwischen Hintergrundspeicher und Systempuffer illustriert. Ein (mehr oder weniger) großer Anteil der Knoten des Indexes befindet sich im Systempuffer. Als Daumenregel sollte gelten, dass fast alle inneren Knoten des B-Baums im Systempuffer Platz finden und Zugriffe auf den Hintergrundspeicher allenfalls für die Einlagerung von Blattknoten zu zahlen sind. Nur so kann das Datenbanksystem leistungsfähig arbeiten, da der Zugriff auf einen Knoten des Hintergrundspeichers einen Faktor 10^5 mal länger dauert als der Zugriff auf einen im Systempuffer angesiedelten Knoten.

Wenn man also von einem Knoten zu einem anderen Knoten traversiert, wird zunächst in einer entsprechenden *Seitentabelle* ermittelt, ob sich dieser Knoten (also die Seite) im Systempuffer befindet und, wenn ja, an welcher Position. Falls der Knoten nicht im Systempuffer vorhanden ist, muss er eingelagert werden, wozu erst noch ein anderer Knoten verdrängt werden muss. Der Zugriff auf einen noch nicht im Systempuffer befindlichen Knoten verursacht einen sogenannten *Seitenfehler*, der wegen der Latenz des Zugriffs auf den Hintergrundspeicher mit erheblichen Verzögerungen verbunden ist. Deshalb ist es notwendig, hinreichend viel Platz für den Systempuffer zur Verfügung zu stellen; also die Datenbankserver mit entsprechend hohen Hauptspeicherkapazitäten zu konfigurieren.

7.12 Hashing

Das ultimative Ziel aller Bemühungen um ein gutes physisches Design ist es, wirklich nur diejenigen Seiten vom Hintergrundspeicher zu lesen, die absolut benötigt werden.

0	
1	(27550, 'Schopenhauer', 6)
2	(24002, 'Xenokrates', 18)
	(25403, 'Jonas', 12)

Abbildung 7.19: Eine aus drei Seiten bestehende Hash-Tabelle

Hash-Verfahren ermöglichen es, ein bestimmtes Datum im Durchschnitt mit einem bis zwei Seitenzugriffen zu finden. Bäume benötigen Seitenzugriffe in der Ordnung von $\log_k(n)$, wobei k der durchschnittliche Verzweigungsgrad und n die Anzahl der eingetragenen Datensätze ist.[4]

Beim Hashing wird mit Hilfe einer sogenannten *Hashfunktion* der Schlüssel auf einen Behälter (engl. *bucket*) abgebildet, der das dem Schlüssel zugehörige Datum aufnehmen soll. Im Allgemeinen ist nicht für den gesamten Wertebereich des Schlüssels Platz im Speicher vorhanden. Es kann daher vorkommen, dass mehrere Datensätze an die gleiche Stelle gespeichert werden sollen. In diesem Fall wird entweder eine hier nicht weiter ausgeführte Kollisionsbehandlung eingeschaltet oder das sogenannte *offene Hashing* verwendet, das weiter unten erläutert wird.

Formaler ausgedrückt ist also eine Hashfunktion (oder auch *Schlüsseltransformation*) h eine Abbildung

$$h : S \to B,$$

wobei S eine beliebig große Schlüsselmenge und B eine Nummerierung der n Behälter, also ein Intervall $[0..n)$ ist. Normalerweise ist die Anzahl der möglichen Elemente in der Schlüsselmenge sehr viel größer als die Anzahl der zur Verfügung stehenden Behälter ($|S| \gg |B|$), daher kann h i.A. nicht injektiv sein. Es sollte aber die Elemente von S gleichmäßig auf B verteilen, da eine Kollisionsbehandlung bzw. der Überlauf eines Behälters zusätzlichen Aufwand verursacht. Gilt für zwei Schlüssel S_1 und S_2, dass $h(S_1) = h(S_2)$ ist, nennt man S_1 und S_2 *synonym.*

Nehmen wir an, die Daten der Studenten werden häufig anhand ihrer Matrikelnummer gesucht. Deshalb sollen sie in eine Hash-Tabelle eingetragen werden, für die drei Seiten reserviert sind, die jeweils zwei Einträge aufnehmen können. Häufig wird als Hashfunktion der Schlüsselwert modulo der Tabellengröße verwendet. Für einen aus drei Seiten bestehenden Speicherbereich könnte also die folgende Hashfunktion verwendet werden:

$$h(x) = x \bmod 3$$

Dieses *Divisionsrestverfahren* ist die gebräuchlichste Art einer Hashfunktion. Es hat sich gezeigt, dass man am günstigsten eine Primzahl für die Berechnung des Divisionsrestes wählt, um eine gute Streuung zu gewährleisten.

Abbildung 7.19 zeigt die Hash-Tabelle nachdem Xenokrates ($h(24002) = 2$), Jonas ($h(25403) = 2$) und Schopenhauer ($h(27550) = 1$) eingetragen wurden. Die durchgezogenen Linien deuten Seitengrenzen an.

[4] Diese Zahlen werden meist durch Pufferungseffekte relativiert.

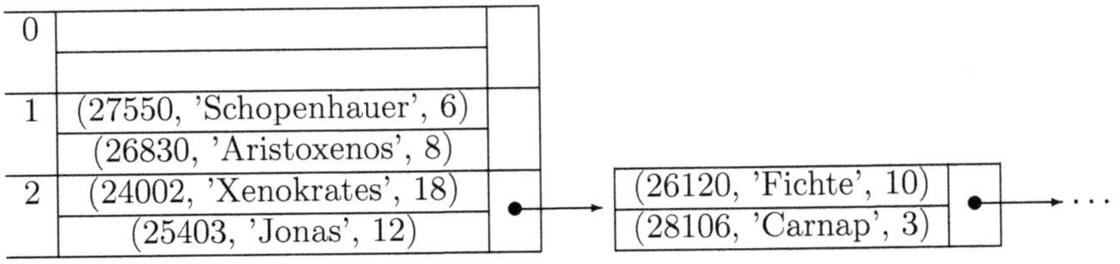

Abbildung 7.20: Kollisionsbehandlung durch Überlaufbehälter

Versucht man, in diese Tabelle noch Fichte ($h(26120) = 2$) einzutragen, tritt ein Überlauf auf, da Seite 2 bereits durch Xenokrates und Jonas belegt ist. Beim offenen Hashing wird nun in der Seite ein Zeiger auf einen weiteren Behälter gespeichert. Dieser weitere Behälter ist ein Überlaufbereich fester Größe (in unserem Fall eine Seite), der die zusätzlichen Kandidaten für den zugehörigen Speicherplatz enthält. Ein Überlaufbehälter kann wiederum überlaufen und einen Verweis auf weitere Behälter enthalten (siehe Abbildung 7.20). Man sieht schon, dass unsere Hashfunktion $h(x)$ nicht gut gewählt wurde. Es gibt zu viele Matrikelnummern, die auf den Platz 2 abgebildet werden.

Das gerade vorgestellte Hash-Verfahren ist für eine reale Datenbasis zu statisch. Da eine einmal angelegte Hash-Tabelle nicht effizient vergrößert werden kann, gibt es nur zwei wenig wünschenswerte Alternativen, wenn viele Einfügeoperationen erwartet werden: Entweder es wird von vornherein sehr viel Platz für die Tabelle reserviert, so dass der Platz zunächst verschwendet ist, oder es entstehen im Laufe der Zeit immer längere Überlaufketten. Diese Überlaufketten können nur durch Änderung der Hashfunktion und aufwendige Reorganisation der Tabelle beseitigt werden.

7.13 Erweiterbares Hashing

Eine Verbesserung bietet das *erweiterbare Hashing*. Dazu wird die Hashfunktion h so modifiziert, dass sie nicht mehr unbedingt auf einen Index eines tatsächlich vorhandenen Behälters abbildet, sondern auf einen wesentlich größeren Bereich. Das Ergebnis einer Berechnung von $h(x)$ wird binär dargestellt und nur ein Präfix dieser binären Darstellung berücksichtigt, der dann auf den tatsächlich verwendeten Behälter verweist.

Abbildung 7.21 zeigt eine schematische Darstellung des erweiterbaren Hashings. Die binäre Darstellung des Ergebnisses der Hashfunktion wird in zwei Teile aufgeteilt: $h(x) = dp$. d gibt die Position des Behälters im *Verzeichnis* an. Das Verzeichnis (engl. *directory*) fasst in der gezeigten Konstellation 2^2 Einträge, also werden zwei Bits für d gebraucht. Die Größe von d wird die *globale Tiefe* t genannt. p ist der zur Zeit nicht benutzte Teil des Schlüssels.

Man kann sich das Verzeichnis des erweiterbaren Hashings konzeptuell auch als binären Entscheidungsbaum „entlang" des Hashcodes vorstellen. Dies ist auf der linken Seite in Abbildung 7.22 gezeigt. Man traversiert für einen gegebenen Hashcode $h(x)$ Bit-für-Bit so lange nach unten, bis man den Zeiger zum Bucket findet (ge-

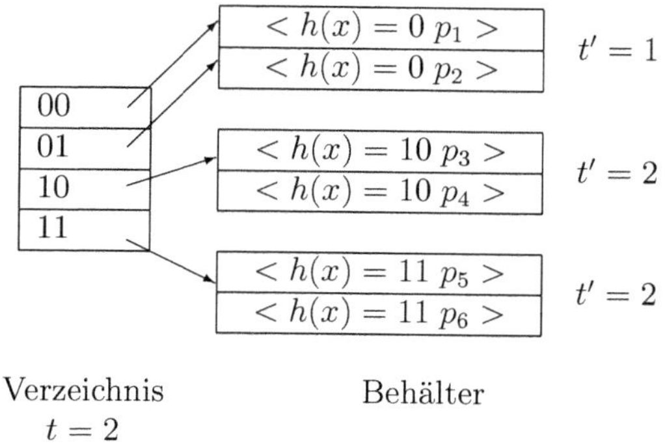

Abbildung 7.21: Schematische Darstellung des erweiterbaren Hashings

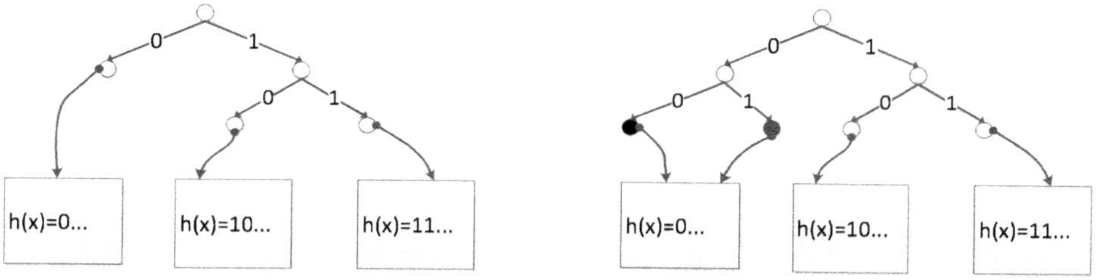

Abbildung 7.22: Das Verzeichnis als Entscheidungsbaum (links) sowie als vollständiger Entscheidungsbaum mit „Dummy Knoten“ (rechts)

nauer gesagt, die Seitennummer der Bucket-Seite). In dieser Bucket-Seite ist der Datensatz, falls er überhaupt existiert, abgelegt. Beim Überlauf des Buckets muss man (mindestens) eine weitere Entscheidungsstufe einbauen, wie es für die Präfixe 10 und 11 im Vergleich zum Präfix 0 in dem Entscheidungsbaum gezeigt ist.

Auf der rechten Seite der Abbildung ist gezeigt, wie man durch das Einfügen von „Dummy-Knoten“ den unbalancierten Entscheidungsbaum in einen vollständigen, balancierten Entscheidungsbaum umformen kann. Diese Umformung bildet die Basis für die Hintergrundspeicher-optimierte Array-Darstellung des Entscheidungsbaums, die in Abbildung 7.23 gezeigt ist. Der Entscheidungsbaum eignet sich selbst wegen seiner großen Höhe nicht als Verzeichnisstruktur, die man auf dem Hintergrundspeicher effizient verwalten könnte. Das für den Hintergrundspeicher optimierte Verzeichnis-Array erhält man, indem man jeden Pfad in dem balancierten Entscheidungsbaum als Index in ein Zeiger-Array auffasst. Man beginnt also beim „linkesten“ Pfad 000 und hört beim „rechtesten“ Pfad 111 mit der Konvertierung auf. In der Algorithmik des erweiterbaren Hashings spielt der Entscheidungsbaum jetzt auch keine Rolle mehr – er dient de facto nur als Gedankenmodell.

Wenn auf der rechten Seite, also im schlimmstmöglichen Fall (warum?), das Bucket überläuft, muss man den Entscheidungsbaum und damit das Verzeichnis um eine Stufe erweitern. Dies ist in Abbildung 7.24 illustriert. Die globale Tiefe

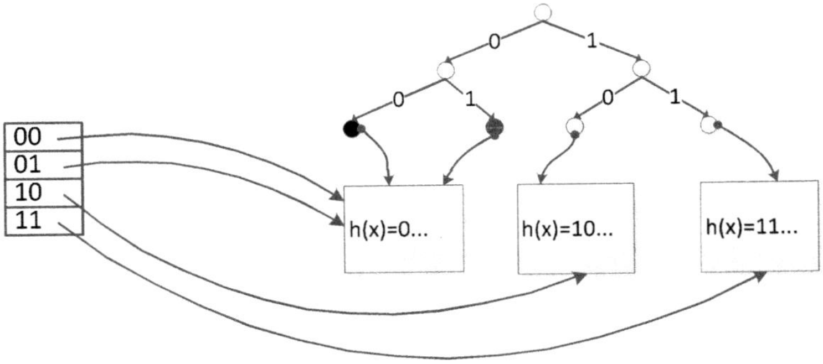

Abbildung 7.23: Der Entscheidungsbaum wird in ein Verzeichnis-Array transformiert, indem jeder Pfad materialisiert wird.

des Verzeichnisses (also des gedanklichen Entscheidungsbaums) beträgt jetzt 3. Die *lokale Tiefe* t' eines Behälters gibt an, wieviele Bits des Schlüssels für diesen Behälter tatsächlich verwendet werden. Eine Verdoppelung des Verzeichnisses erfolgt also, wenn nach einer Aufteilung eines Behälters die lokale Tiefe größer als die globale Tiefe ist. Jetzt haben die beiden rechten Buckets die lokale Tiefe $t' = 3$, die mit der globalen Tiefe $t = 3$ übereinstimmt. Das Bucket ganz links hat die lokale Tiefe $t' = 1$ und das zweitlinke Bucket die lokale Tiefe $t' = 2$.

Müsste ein neuer Datensatz in einen bereits vollen Behälter eingetragen werden, würde er aufgeteilt werden. Die Aufteilung erfolgt anhand eines weiteren Bits des bisher unbenutzten Teils p. Ist die globale Tiefe nicht ausreichend, um den Verweis auf den neuen Behälter eintragen zu können, muss das Verzeichnis verdoppelt werden. Es wäre – insbesondere bei Anwendung der Hashfunktion auf einen Nichtschlüssel – denkbar, dass mehr Datensätze auf denselben (vollständigen) Hashwert abgebildet werden, als in einem Behälter Platz haben. In diesem Fall muss man das erweiterbare Hashing mit einer Überlauftechnik wie in Abbildung 7.20 kombinieren.

Abbildung 7.25 zeigt einen Hash-Index auf dem Attribut *PersNr* der Relation *Professoren*, in dem schon Sokrates, Russel und Kopernikus eingetragen sind. Als Hashfunktion wird die umgedrehte binäre Darstellung der Personalnummer verwendet. In realistischen Anwendungen sollte jedoch zur besseren Streuung noch z.B. das Divisionsrestverfahren vorgeschaltet werden. Zur Orientierung ist oberhalb des Indexes eine Tabelle mit den Hashwerten der Personalnummern angegeben. Nun soll Descartes eingefügt werden.

Descartes hat die Personalnummer 2129 und fällt in den bereits von Sokrates und Kopernikus vollständig belegten Behälter. Die globale Tiefe stimmt mit der lokalen Tiefe dieses Behälters überein, also muss das Verzeichnis verdoppelt werden (Abbildung 7.26). Durch die Vergrößerung des maßgebenden Teils des Hash-Wertes kann Descartes jetzt eingeordnet werden.

Ist durch die Hinzunahme eines neuen Bits zum relevanten Teil des Hash-Wertes immer noch keine Aufteilung des angestrebten Behälters möglich, muss das Verzeichnis nochmals verdoppelt werden.

Werden Daten gelöscht, ist es unter Umständen möglich, Behälter wieder zu

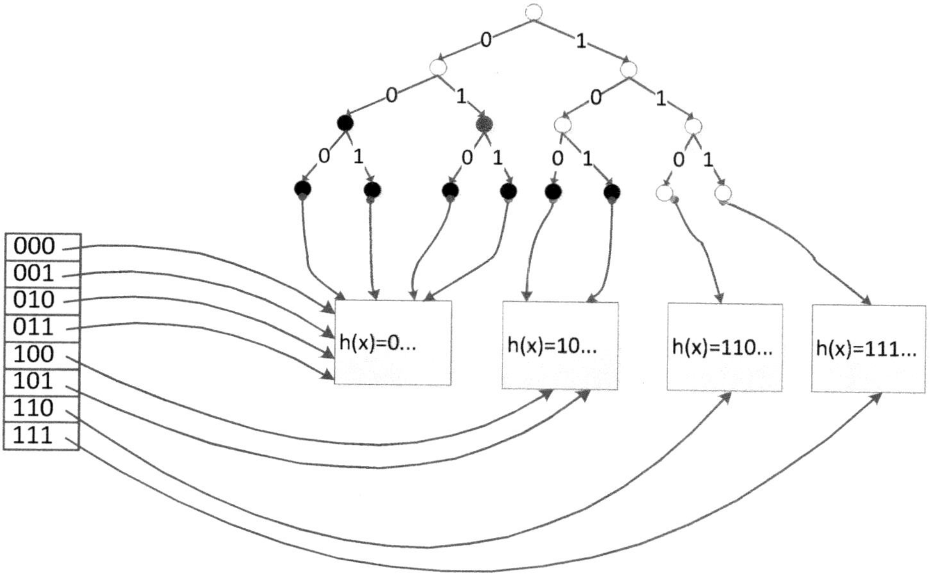

Abbildung 7.24: Ein Entscheidungsbaum der Höhe 3 führt zu einem Verzeichnis mit $2^3 = 8$ Einträgen

x	$h(x)$ d	p
2125	1	01100100001
2126	0	11100100001
2127	1	11100100001

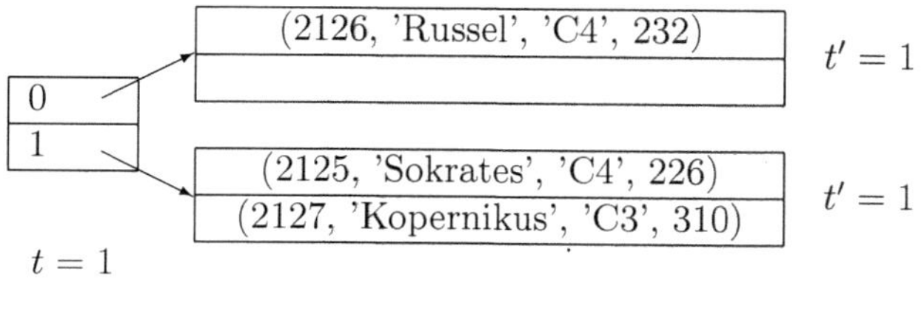

Abbildung 7.25: Ein Hash-Index

	$h(x)$	
x	d	p
2125	10	1100100001
2126	01	1100100001
2127	11	1100100001
2129	10	0010100001

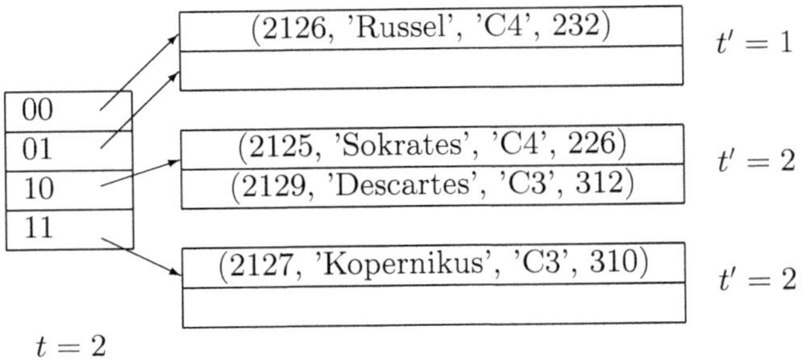

Abbildung 7.26: Einfügen von (2129, Descartes, C3, 312)

verschmelzen oder gar das Verzeichnis zu halbieren. Eine Verschmelzung ist immer dann möglich, wenn sich der Inhalt zweier benachbarter Behälter zusammen in einem unterbringen lässt. „Benachbart" sind Behälter, wenn sie die gleiche lokale Tiefe haben und der Wert der ersten $t'-1$ Bits des Hash-Wertes (von links) übereinstimmt. In Abbildung 7.26 sind die unteren beiden Behälter benachbart. Sie haben beide die lokale Tiefe $t' = 2$, der d-Anteil des Hash-Wertes ist binär 10 und 11. Hätten sie insgesamt zwei Einträge, könnten sie wieder zusammengelegt werden. Ihre lokale Tiefe würde sich um eins erniedrigen. Der obere Behälter hat keinen Nachbarn.

Das Verzeichnis kann immer dann halbiert werden, wenn alle lokalen Tiefen echt kleiner sind als die globale Tiefe t. Durch das Halbieren erniedrigt sich die globale Tiefe um eins.

7.14 Mehrdimensionale Indexstrukturen

In vielen Anfragen hat man Selektionsprädikate, die sich auf mehrere Attribute einer Relation beziehen. Als Beispiel betrachte man die Anfrage nach den gut verdienenden jungen Angestellten, also z.B. solchen, deren *Alter* zwischen 22 und 25 ist und deren *Gehalt* zwischen 80K und 120K – also gerade diplomierte Datenbankexperten. Hätte man B^+-Bäume für beide Attribute *Alter* und *Gehalt*, so gäbe es mehrere mögliche Auswertungsstrategien. Eine mögliche Strategie besteht darin, die sich gemäß Alter qualifizierenden Tupel (genauer deren TIDs) zu suchen, danach die TIDs der sich nach Gehalt qualifizierenden TIDs zu ermitteln, dann den Durchschnitt dieser beiden Mengen berechnen und schließlich die entsprechenden Daten gemäß den TIDs „von der Platte zu holen".

Die mehrdimensionalen Indexstrukturen haben das Ziel, solche Operationen wesentlich effizienter zu gestalten, indem bei der Indexerstellung gleich mehrere Dimensionen (Attribute) berücksichtigt werden. Wir wollen hier nur den *R*-Baum, sozusagen den „Urvater" der baumstrukturierten mehrdimensionalen Indices, vorstellen. In Abbildung 7.27 sind drei Phasen in der Entstehungsgeschichte eines *R*-Baums gezeigt. Schauen wir uns die erste Phase an, die oben links in der Abbildung dargestellt ist. Man unterscheidet innere Knoten (eckig dargestellt) und abgerundet dargestellte Blattknoten, die die eigentlichen Datensätze bzw. die Verweise (TIDs) darauf enthalten. Ein Eintrag im inneren Knoten besteht aus zwei Teilen: einer n-dimensionalen *Region* – salopp Box genannt – und einem Verweis auf einen Nachfolger (innerer Knoten oder Blatt). Die n-dimensionale Box ist die minimale Box, die alle Boxen oder Datenpunkte des Nachfolgerknotens begrenzt. Nachfolgend wollen wir uns auf zwei Dimensionen beschränken, sollten aber „im Hinterkopf" behalten, dass der *R*-Baum auch auf mehr Dimensionen anwendbar ist.

Der zweidimensionale Datenraum unseres Beispiels ist rechts in Abbildung 7.27 gezeigt – dieser dient natürlich nur der Intuition; gespeichert ist nur der linke Teil der Abbildung. Wir haben anfangs vier Datensätze, entsprechend vier Punkten im Datenraum. Die begrenzende zweidimensionale Box hat also die Ausdehnung [18,60] bezüglich der *Alter*-Dimension und [60,120] bezüglich der Dimension *Gehalt*.

Beim Einfügen des Datensatzes *Speedy* gibt es einen Überlauf des Blatts, da wir eine Kapazität von vier annehmen. Es muss also ein Ausgleich durchgeführt werden. Nun gibt es natürlich viele unterschiedliche Möglichkeiten, die fünf Datenelemente auf zwei Knoten aufzuteilen – es gibt ja jetzt keine totale Ordnung wie beim B^+-Baum, wo die Aufteilung deterministisch „in der Mitte" vollzogen wurde. Beim *R*-Baum gilt allgemein, dass man bei der Aufteilung so vorgehen soll, dass die resultierenden Boxen klein sind und sich sehr wenig (wenn überhaupt) überlappen. Wir können aber nicht hoffen, immer die optimale Aufteilung zu finden, da man dazu alle Möglichkeiten der Aufteilung durchprobieren müsste. Dies ist bei realistischen Knotenkapazitäten von, sagen wir, 100 nicht mehr möglich. Deshalb muss man entsprechende Heuristiken anwenden. In Abbildung 7.28 sind zwei mögliche Partitionierungen der fünf Datenelemente gezeigt. Die rechte Aufteilung ist deutlich schlechter, da sie viel größere Boxen als Ergebnis hat. Intuitiv kann man sich das so vorstellen, dass größere umrandende Boxen die Präzision des Indexes degradieren und Anfragen (siehe unten) deshalb mehr Aufwand verursachen würden.

Die bessere der beiden Aufteilungen ist in der Mitte der Abbildung 7.27 angewendet worden: *Speedy* und *Bond* teilen sich einen Knoten/eine Box und *Duck*, *Mini*, und *Mickey* kommen in die andere Box. Die Wurzel des *R*-Baums hat jetzt zwei Einträge, gemäß den beiden Boxen im rechts dargestellten Datenraum.

Beim Einfügen eines neuen Datensatzes geht man wie folgt vor. Man traversiert rekursiv von der Wurzel beginnend aus nach unten. Es kann an jedem inneren Knoten mehrere Möglichkeiten geben: (1) der Datensatz „fällt" in eine Box, (2) er fällt in mehrere Boxen (weil sich Boxen überlappen können) oder (3) er fällt in keine Box. Im ersten Fall nehmen wir den zugehörigen Weg der Box nach unten. Im zweiten Fall kann man irgendeine Box auswählen und weiter nach unten traversieren. Im dritten Fall wählt man die Box, die am wenigsten vergrößert werden muss, um den Datensatz aufzunehmen. Wenn wir beispielsweise den neuen Datensatz *Bert* mit *Alter=45* und *Gehalt=55K* einfügen wollen (siehe Abbildung 7.27 Mitte rechts), so sollte er sicherlich in die linke Box eingefügt werden, da diese viel weniger vergrößert werden muss als die rechte. Unten in der Abbildung 7.27 ist der Zustand des *R*-Baums

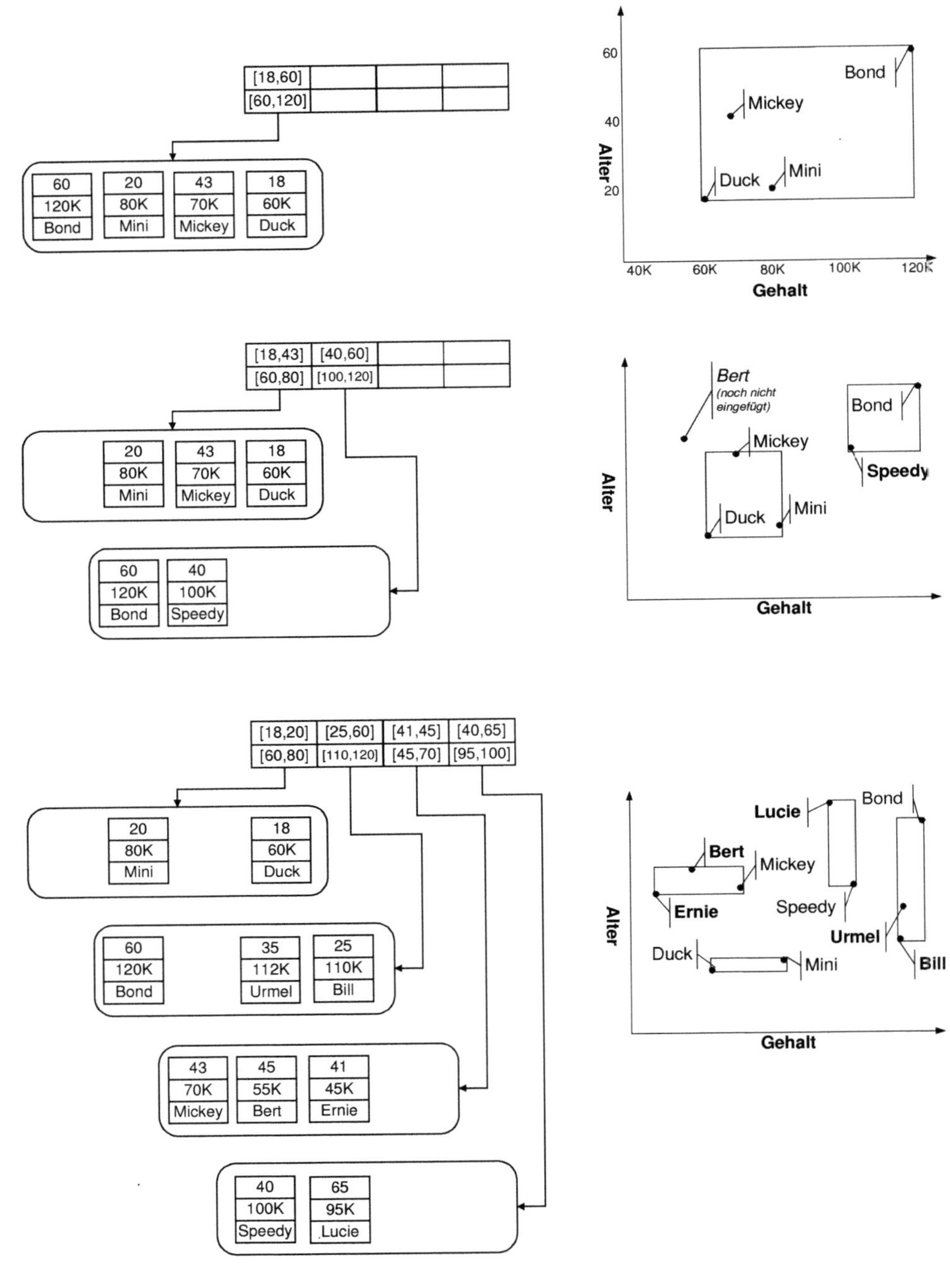

Abbildung 7.27: Ein R-Baum mit Entstehungsgeschichte

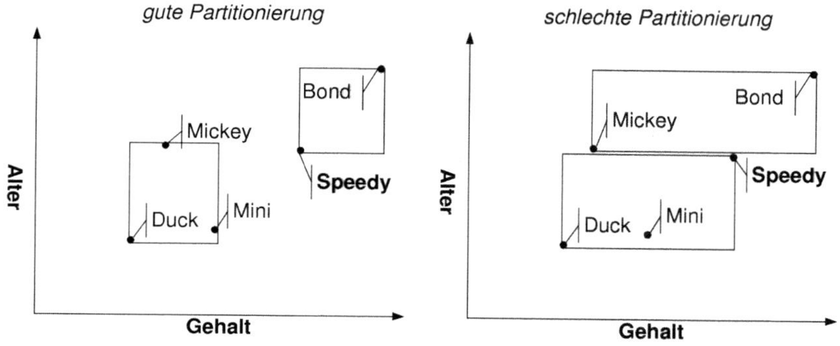

Abbildung 7.28: Gute versus schlechte Partitionierung der Datenelemente

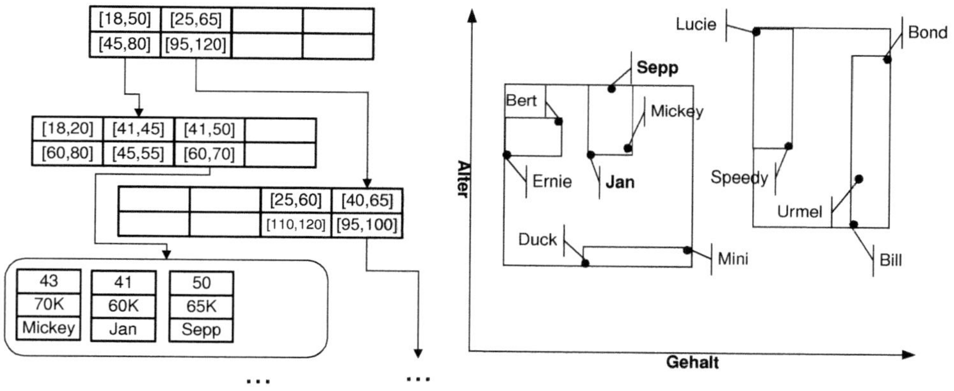

Abbildung 7.29: Die nächste Phase des R-Baums: „Nach oben“ gewachsen

nach Einfügen der fett-gedruckten Datensätze gezeigt. Zu diesem Zeitpunkt ist die Wurzel voll belegt – auch bei inneren Knoten haben wir eine Kapazität von vier angenommen. Wenn wir jetzt noch *Jan* und *Sepp* (in die Box von *Ernie, Bert* und *Mickey*) einfügen, führt das zu einem Überlauf. Das Ergebnis ist in Abbildung 7.29 gezeigt: Der Baum ist um eine Stufe „nach oben“ gewachsen.

In Abbildung 7.30 ist die Anfragebearbeitung im R-Baum gezeigt – allerdings ist dort ein „schlimmer“ Fall gezeigt, der in der Praxis (hoffentlich) selten vorkommt. Bei einer Bereichsanfrage hat man ein Anfragefenster gegeben, das selbst eine Box repräsentiert. In unserem Fall ist es die Box mit den Intervallen [47,67] für die *Alter*-Dimension und [55K,105K] für das *Gehalt*. Wir starten an der Wurzel und gehen **jeden** Weg nach unten, dessen Box das Anfragefenster überlappt. Wir haben also jetzt die schöne Eigenschaft des B$^+$-Baums aufgeben müssen, wonach man immer nur einen Weg nach unten gehen muss. Die Wege sind in der Abbildung links markiert – genau wie das Anfragefenster mit gestrichelten, fetten Linien. Unten angekommen, muss man dann noch die Datensätze durchsuchen, um zu überprüfen, ob sie auch tatsächlich im Anfragefenster liegen. In unserem Fall sind es gerade mal *Sepp*

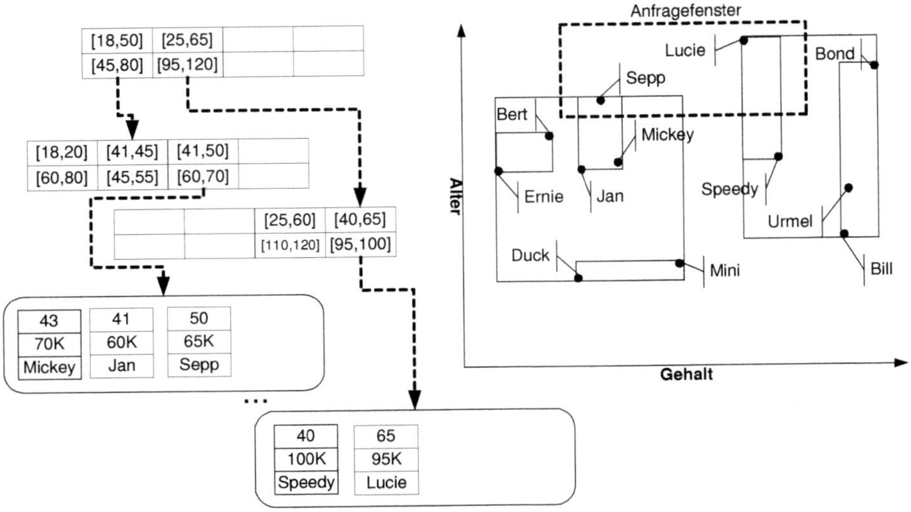

Abbildung 7.30: Anfrageauswertung im R-Baum

und *Lucie* – die anderen Datensätze liegen zwar in Boxen, die das Anfragefenster überlappen, aber selber liegen sie nicht im Anfragefenster.

Auch Punktanfragen lassen sich natürlich mit einem R-Baum auswerten – sie sind sogar einfacher auszuführen. Als Beispiel wollen wir die Person(en) ermitteln, die 65 Jahre alt sind und 100K verdienen. Das triviale Anfragefenster (der eine Datenpunkt) überlappt nur die rechte Box der Wurzel, also nehmen wir diesen Weg. Von da aus geht es weiter auf dem rechten Weg zum Blattknoten, der *Speedy* und *Lucie* enthält. Erst dort stellt man fest, dass es kein qualifizierendes Datenelement gibt. Hätte man eine 65-jährige Person mit einem Gehalt von 90K gesucht, hätte man die Suche schon an der Wurzel als erfolglos beenden können. Im Allgemeinen muss man aber selbst bei Punktanfragen mehrere Wege im R-Baum traversieren, da sich die Boxen der inneren Knoten – anders als in unserem „geschönten“ Beispiel überlappen können.

7.15 Ballung logisch verwandter Datensätze

Ein weiteres wichtiges Mittel zur Zugriffsbeschleunigung stellt die sogenannte *Ballung* (engl. *Clustering*) dar. Mit der Ballung *logisch verwandter* Datensätze wird dafür gesorgt, dass Daten, die häufig zusammen benötigt werden, dicht beieinander auf dem Hintergrundspeicher liegen – idealerweise auf einer Seite.

Abbildung 7.31 skizziert den Hintergrundspeicher und den als Puffer verwendeten Hauptspeicher bei der Bearbeitung einer Anfrage der Form

select $*$
from R
where $A = x$;

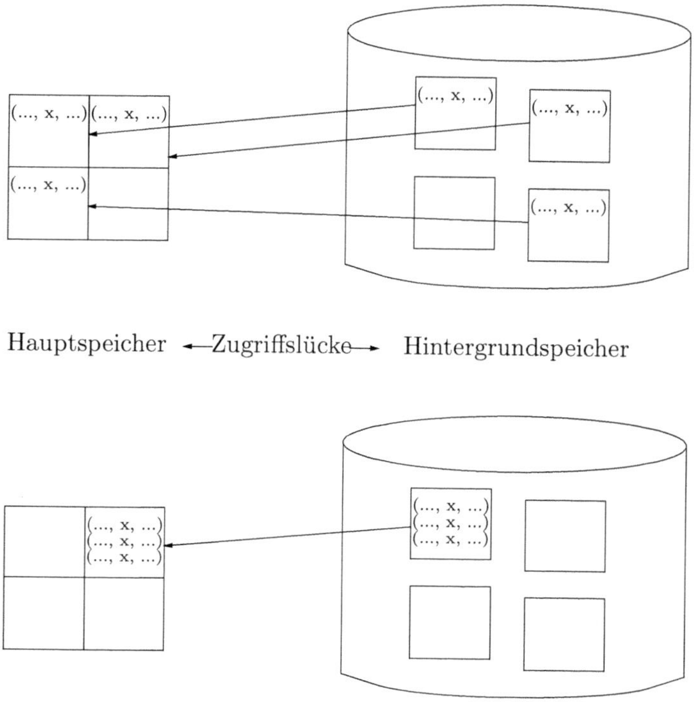

Abbildung 7.31: Lesen ungeballter und geballter Tupel

Im oberen Fall sind die drei Tupel, die den Wert x im Attribut A enthalten, auf drei unterschiedliche Seiten des Hintergrundspeichers verteilt. Es sind also – unter der Annahme, dass die Tupel mit Hilfe eines Indexes direkt gefunden werden können – drei Seitenzugriffe für den Transfer der Tupel in den Hauptspeicher notwendig. Zusätzlich werden für das Laden der drei Seiten auch drei Pufferrahmen im Hauptspeicher verschwendet. Im unteren Fall sind die Tupel geballt auf einer Seite abgespeichert, und es muss nur ein Seitenzugriff zum Laden aller benötigten Tupel investiert werden. Es ist offensichtlich, dass auf diese Weise der Aufwand erheblich reduziert werden kann.

Auf Kosten einer zusätzlichen Indirektion lassen sich Indexstrukturen mit einer Ballung verträglich machen. Es wurde bereits in Abschnitt 7.8 erwähnt, dass bei Sekundärindices nur Verweise auf Datensätze eingetragen werden. Diese Situation ist noch einmal in Abbildung 7.32 für den B^+-Baum verdeutlicht. Dort sind beim Primärindex die Datensätze direkt in den Blättern eingetragen. Während der Primärindex die Ballung festlegt, also die Anordnung der Datensätze auf den Seiten, benötigt man im Sekundärindex eine zusätzliche Indirektion, um zu den Datensätzen zu gelangen. Es lassen sich bei einem Sekundärindex also zumeist keine Ballungseffekte in den Datenseiten ausnutzen, wohl aber in den Knoten des Indexes.

Anschaulich kann man sich den Primärindex wie den Daumenindex in einem Lexikon vorstellen, wohingegen der Sekundärindex das Analogon zu einem Sachindex

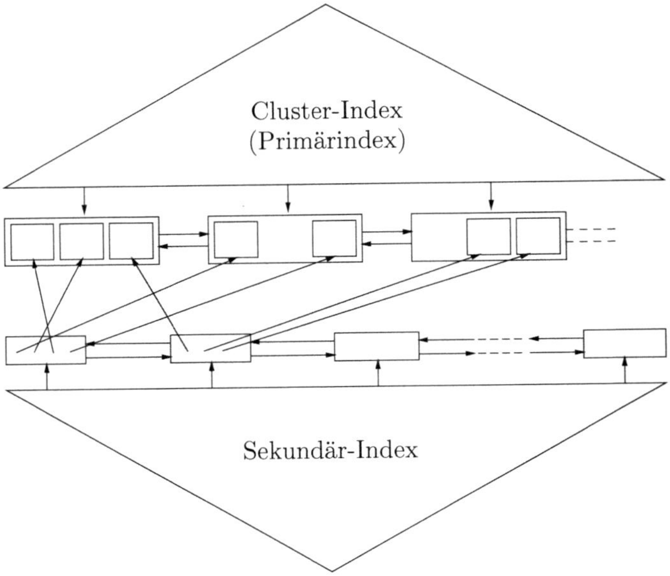

Abbildung 7.32: Indices und Ballung

in einem Lehrbuch (wie diesem) darstellt. Zu einem Schlüssel des Sekundärindexes kann es also mehrere Verweise geben, die u.U. auf unterschiedliche Seiten verweisen.

Bei Verwendung des TID-Konzepts – siehe Abschnitt 7.5 – ergibt sich aber ein Problem: Bei der Aufspaltung eines Blattknotens werden etwa die Hälfte der Datensätze in einen neuen Knoten verschoben. Nach dem TID-Konzept müsste für all diese Datensätze ein „Forward" im alten Knoten angelegt werden. Dies ist in der Regel nicht tolerierbar, da sich der Zugriff auf diese verschobenen Tupel aufgrund der Indirektion erheblich aufwendiger gestaltet. Es sind mehrere Lösungen praktikabel: Man könnte auch in den geballten Primärindices nur TIDs anstatt der Datensätze ablegen, wobei dann aber benachbarte TIDs (meist) auf dieselbe Datenseite verweisen. Wird ein neues Tupel eingefügt, wird zuerst der Index „befragt", auf welche Datenseite die benachbarten TIDs verweisen, um das neue Tupel, wenn möglich, dort zu plazieren. Eine andere Möglichkeit besteht darin, den geballten Primärindex erst anzulegen, wenn schon (fast) alle Datensätze vorhanden sind. Dazu müssen die Tupel aber neu in die Datenbank geladen werden. Die TIDs werden erst nach Aufbau des Primärindex-Baums vergeben. Erst danach werden die Sekundärindices mit den TID-Verweisen aufgebaut. Die (wenigen) in Zukunft neu hinzukommenden Tupel haben dann hoffentlich Platz in den Blattseiten, ohne zu Knotenspaltungen zu führen. Wenn doch zu viele Spaltungen vorkommen, muss man periodisch die Datenbasis neu strukturieren, indem die Datensätze neu plaziert werden und die Indices neu angelegt werden. Viele DBMS-Produkte haben spezielle „Utilities" für die effiziente Durchführung dieser Reorganisation, so dass das Datenbanksystem nur kurzzeitig außer Betrieb genommen werden muss.

Eine weitergehende Möglichkeit des Clusterings besteht in der „Materialisierung" von Beziehungen. Es ist beispielsweise denkbar, dass Vorlesungen häufig mit den

Seite P_i

2125 ∘ Sokrates	∘ C4 ∘	226 •
5041 ∘ Ethik	∘ 4 ∘	2125 •
5049 ∘ Mäeutik	∘ 2 ∘	2125 •
4052 ∘ Logik	∘ 4 ∘	2125 •
2126 ∘ Russel	∘ C4 ∘	232 •
5043 ∘ Erkenntnistheorie	∘ 3 ∘	2126 •
5052 ∘ Wissenschaftstheorie	∘ 3 ∘	2126 •
5216 ∘ Bioethik	∘ 2 ∘	2126 •
⋮		

Seite P_j

2133 ∘ Popper	∘ C3 ∘	52 •
5259 ∘ Der Wiener Kreis	∘ 2 ∘	2133 •
2134 ∘ Augustinus	∘ C3 ∘	309 •
5022 ∘ Glaube und Wissen	∘ 2 ∘	2134 •
2137 ∘ Kant	∘ C4 ∘	7 •
5001 ∘ Grundzüge	∘ 4 ∘	2137 •
4630 ∘ Die 3 Kritiken	∘ 4 ∘	2137 •
⋮		

Abbildung 7.33: Verzahnte Objektballung

zugehörigen Referenten benötigt werden. Das kann unterstützt werden, indem die Referenten quasi verzahnt mit ihren Vorlesungen abgespeichert werden, wie es Abbildung 7.33 verdeutlicht. Auf diese Weise können beispielsweise die Daten von Russel mit all seinen Vorlesungen in einem Seitenzugriff gelesen werden.

7.16 Unterstützung eines Anwendungsverhaltens

Sowohl B^+-Bäume als auch Hashing sind Standardtechniken, die heute von den meisten DBMS angeboten werden. Während B^+-Bäume dort angewendet werden, wo ein gutes Verhalten „in allen Lebenslagen“ gefragt ist, können Hash-Indices einen Geschwindigkeitsvorteil in bestimmten Anwendungsgebieten – genauer, bei sogenannten Punktanfragen – bringen.

Nehmen wir an, es würde ein ganz bestimmtes Tupel einer Tabelle gesucht, z.B. eine Personalnummer in der Tabelle *Professoren*. Eine entsprechende *Exact Match Query* hätte die Form

select Name
from Professoren
where PersNr = 2136;

Wurde ein B^+-Baum auf das Attribut *PersNr* angelegt, kann das gewünschte Tupel durch das Absteigen im Baum von der Wurzel aus gefunden werden. Bei einem Hash-Index muss zuerst das Verzeichnis gelesen werden, dann das passende Bucket. Damit ist der Hash-Index i. a. mit einem geringeren Aufwand verbunden.[5]

[5]Nehmen wir an, es wären eine Million Tupel in der Relation R gespeichert. Bei einer 3/4-Auslastung der Knoten, einer Seitengröße p von 1024 Bytes und einer Größe von vier Bytes sowohl für einen Verweis v als auch für einen Referenzschlüssel (r) kann man die Höhe des Baums mit $\lceil \log_{0.75\cdot(1+(p-v)/(v+r))}(1000000)\rceil = 4$ abschätzen. Dabei ist $\lfloor 1 + (p - v)/(v + r)\rfloor$ der maximale Verzweigungsgrad eines Knotens. Zusätzlich wird noch ein Seitenzugriff für den Blattknoten benötigt. Im Vergleich dazu braucht ein Hash-Index nur zwei Seitenzugriffe, wenn die richtige Stelle im Verzeichnis direkt gefunden werden kann. Diese Abschätzung berücksichtigt allerdings nicht, dass DBMS einen Puffer verwenden: Bei häufigem Zugriff auf den B-Baum bleiben im Allgemeinen die Wurzel und Teile des ersten Levels im Hauptspeicher gepuffert.

Wird eine andere Anfrage-Form gewählt, schneiden B^+-Bäume deutlich besser ab. Eine sogenannte *Range Query* testet, ob ein Attribut innerhalb eines bestimmten Bereichs liegt; nehmen wir für unser Beispiel an, dass die Relation *Professoren* ein Attribut *Gehalt* besitzt.

select Name
from Professoren
where Gehalt >= 90 000 **and** Gehalt <= 100 000;

Wenn es einen B^+-Baum-Index auf *Gehalt* gibt, sind seine Blätter nach dem Attribut *Gehalt* sortiert. Der Baum wird auf der Suche nach dem ersten passenden Wert (hier 90 000) abgestiegen, und von dort aus kann eine sequentielle Abarbeitung erfolgen, bis ein Tupel mit einem Attributwert größer als 100 000 gefunden wird.

Hashfunktionen hingegen können meistens nicht die Ordnung der Tupel erhalten, ohne dass darunter die gleichförmige Ausnutzung der Buckets leidet. So müssen die passenden Tupel für jeden Wert aus dem Bereich 90 000 bis 100 000 einzeln gesucht werden.

Gerade bei Bereichsanfragen ist aber auch Vorsicht bei der Verwendung nichtgeballter Sekundärindices geboten: Der Zugriff auf die Datensätze erzeugt *random I/O* – d.h. die Datensätze liegen verstreut auf der Platte – wodurch sehr hohe Plattenzugriffszeiten entstehen können. Hier ist das sequentielle Durchsuchen aller Datensätze oft effizienter, da dabei weniger *seek time* anfällt (Stichwort: *chained I/O*). Es ist Aufgabe des Anfrageoptimierers, anhand der Selektivitätsabschätzung eines derartigen Prädikats den optimalen Auswertungsplan (also Indexnutzung oder sequentielle Suche) zu generieren – siehe dazu Kapitel 8.

Generell ist ein wichtiger Faktor für den Einsatz einer Indexstruktur das Verhältnis von Leseoperationen zu Änderungsoperationen. Während durch einen Index Leseoperationen beschleunigt werden, erfordern Änderungsoperationen oftmals mehr Zugriffe auf den Hintergrundspeicher. Ein gutes Beispiel dafür ist die ISAM-Indexstruktur, bei der das Verhältnis besonders unterschiedlich ist. Daher werden ISAM-Indices überwiegend für statische Daten eingesetzt.

7.17 Physische Datenorganisation in SQL

Gerade im Bereich der physischen Datenorganisation unterscheiden sich die derzeit erhältlichen Datenbanksysteme sehr stark. Selbst in SQL-92 wurden keinerlei Maßnahmen getroffen, um zumindest einige Konzepte des physischen Entwurfs zu vereinheitlichen, wie zum Beispiel das Anlegen oder Entfernen eines Indexes auf einem Attribut. Es hat sich aber die folgende Syntax eingebürgert (am Beispiel eines Indexes auf dem Attribut *Semester* der Relation *Studenten*):

create index SemesterInd **on** Studenten(Semester);

Über den Namen *SemesterInd* könnte der Index auch wieder gelöscht werden:

drop index SemesterInd;

7.18 Übungen

7.1 Nehmen wir an, dass heutige Plattenspeicher im Durchschnitt 100.000 Stunden fehlerfrei arbeiten bis ein Fehler auftritt (MTBF: mean time before failure). Berechnen Sie die MTBF für ein RAID 0 Platten-Array bestehend aus 100 solcher Platten. Beachten Sie, dass bei RAID 0 der Defekt einer Platte immer auch zu einem Datenverlust führt, so dass die MTBF mit der mittleren Dauer bis zum Datenverlust (mean time before data loss (MTDL)) übereinstimmt. Wie sieht das bei anderen RAID-Leveln aus? Berechnen Sie die MTDL-Zeit für ein RAID 3- oder RAID 5-System bestehend aus 9 Platten (einschließlich der Parity-Platte). Wir nehmen an, dass die Reparatur (bzw. der Ersatz) einer defekten Platte 24 Stunden dauert.

7.2 Skizzieren Sie einen Algorithmus zum Einfügen eines Datensatzes in eine Datei mit ISAM-Index. Dabei soll so weit wie möglich auf das Verschieben von Seiten verzichtet werden.

7.3 Fügen Sie in einen anfänglich leeren B-Baum mit $k = 2$ die Zahlen eins bis zwanzig in aufsteigender Reihenfolge ein. Was fällt Ihnen dabei auf?

7.4 Beschreiben Sie das Löschen in einem B-Baum in algorithmischer Form, ähnlich der Beschreibung des Einfügevorgangs in Abbildung 7.13.

7.5 Modifizieren Sie den Einfüge- und Löschalgorithmus für den B-Baum so, dass eine Minimalbelegung von 2/3 des Platzes in den Knoten garantiert werden kann. Hinweis: Betrachten Sie beim Löschen den linken und rechten Nachbarn des Knotens, in dem gelöscht wird. Beim Aufsplitten werden zwei Knoten gleichzeitig betrachtet.

7.6 [Helman (1994)] Der vorgestellte B-Baum geht von der Duplikatfreiheit der Schlüssel aus. Eine einfache Erweiterung wäre es, bei Duplikaten anstelle des TID's einen Verweis auf einen externen „Mini-Index“ zu hinterlassen. Denken Sie sich sinnvolle Datenstrukturen und Algorithmen dafür aus.

7.7 Geben Sie Algorithmen für das Einfügen und Löschen von Schlüsseln in B^+-Bäumen an.

7.8 Geben Sie für den B- und den B^+-Baum je eine Formel an, mit der man die obere und untere Schranke für die Höhe des Baums bei gegebenem k, k^* und n (der Anzahl der eingetragenen TIDs) bestimmen kann.

7.9 Bestimmen Sie k und k^* für einen B^+-Baum bei gegebener Seitengröße p und Schlüsselgröße s. Verweise innerhalb des Baums (V_i, P, N) haben die Größe v, die TIDs die Größe d. Berechnen Sie k und k^* für den Fall $p = 4096$, $s = 4$, $v = 6$ und $d = 8$.

7.10 Beim Hashing wird der Modulofunktion häufig eine *Faltung* vorgeschaltet. Das kann beispielsweise für Zahlen die Quersumme sein und für Zeichenketten die Summe der Buchstabenwerte. Fügen Sie die Studenten aus Abbildung 3.8 in eine Hashtabelle der Größe vier mit Überlaufbuckets ein und schalten Sie bei der Berechnung der Hashwerte zusätzlich eine Quersummenfunktion vor. Werden die Studenten jetzt gleichmäßiger verteilt?

7.11 Gegeben sei eine erweiterbare Hashtabelle mit globaler Tiefe t. Wie viele Verweise zeigen vom Verzeichnis auf einen Behälter mit lokaler Tiefe t'?

7.12 Was wäre in dem Beispiel zum erweiterbaren Hashing passiert, wenn Kopernikus die Personalnummer 2121 gehabt hätte?

7.13 Warum wurde die binäre Darstellung *rückwärts* verwendet?

7.14 Zum intuitiven Verständnis könnten Sie das Adressverzeichnis einer erweiterbaren Hashtabelle mittels eines binären Trie veranschaulichen.

7.15 Geben Sie eine algorithmische Beschreibung für die Operationen suchen, einfügen und löschen in einer erweiterbaren Hashtabelle an.

7.16 Erfinden Sie ein Verfahren um mit dem Mechanismus des erweiterbaren Hashings auch direkt den Datensatz innerhalb eines Buckets zu finden. Hinweis: Eine weitere Möglichkeit der Kollisionsbehandlung beim Hashing ist beispielsweise, einfach den nächsten freien Platz zu benutzen.

7.17 Entwickeln Sie eine Heuristik zur Partitionierung eines Blattknotens im R-Baum. Welche Komplexität hätte ein optimales Verfahren, das die Boxengröße minimiert?

7.18 Fügen Sie eine dritte Dimension, sagen wir *Geschlecht*, mit hinzu und bauen Sie den Beispiel-R-Baum aus Abschnitt 7.14 neu auf. Illustrieren Sie die einzelnen Phasen im Aufbau des R-Baums.

7.19 Helmer, Neumann und Moerkotte (2003) haben ein adaptives Verfahren für das erweiterbare Hashing entwickelt, mit dem Schieflagen in der Verteilung der Daten ohne wiederholte Directory-Verdoppelung ausgeglichen werden. Bei dem Standard-Verfahren muss das gesamte Directory verdoppelt werden – auch wenn nur punktuell Überläufe stattfinden. In dem neuen Verfahren wird im Falle einer eklatanten Schieflage (skew) nur für den Überlaufbereich eine weitere (also partiell verdoppelte) Hashtabelle allokiert. Konzipieren Sie dieses Verfahren in Pseudo-Code und visualisieren Sie an Hand von Beispielen dieses adaptive Verfahren.

7.20 Sie wollen eine Telefonauskunft realisieren, die sowohl die Vorwärtssuche (finde zu einem gegebenen Namen die Telefonnummer) als auch die Rückwärtssuche (finde zu einer gegebenen Telefonnummer den Namen) effizient unterstützt. Wir gehen davon aus, dass es in Ihrer Telefonauskunft, die alle Telefonnummern der Welt abdecken soll, 10 Milliarden Einträge gibt. Für die Vorwärtssuche entscheiden Sie sich für einen B-Baum als Indexstruktur, damit man auch die Bereichssuche unterstützen kann. Beispielsweise könnte man dann den Bereich von „Maier“ bis „Meyer“ bei unbekannter Schreibweise suchen. Welche Höhe hat der resultierende B-Baum und wieviel Speichervolumen nimmt allein dieser B-Baum in Anspruch. Wir gehen, wie in Abschnitt 7.11 von einer Knotengröße von 8KB aus.

Für die Rückwärtssuche ist die Bereichssuche irrelevant, da man nur Punktanfragen unterstützen muss. Deshalb entscheiden wir uns für das erweiterbare Hashing als Indexstruktur. Wie groß wird das Verzeichnis, wenn die Bucketgröße bei 8KB liegt. Kann man diese Telefonauskunft mit 10 Mrd. Einträgen auf heute marktgängigen Handys vorinstallieren, so dass man sowohl die Vorwärtssuche als auch die Rückwärtssuche lokal ausführen kann? Der Vorteil wäre, dass man zu jedem eingehenden Anruf automatisch den Namen eingeblendet bekäme und nicht nur die Telefonnummer.

7.19 Literatur

Detaillierte Informationen zur RAID-Technologie findet man in dem Übersichtspapier von Chen et al. (1994), den Erfindern dieser Techniken. Weikum und Zabback (1993a) befassen sich mit dem Problem der Datenallokation in Platten-Arrays, um möglichst gleichmäßige Auslastungen – und damit eine hohe Parallelität der Plattenzugriffe – zu erzielen. In einem Folgeartikel behandeln Weikum und Zabback (1993b) die Fehlertoleranz und gehen auch auf die Ausfallwahrscheinlichkeiten ein. Aktuelle Produktinformationen zu RAID-Systemen findet man auf den Web-Seiten der Hardwareanbieter, wie z.B. Sun Microsystems (1997). Berchtold et al. (1997) behandeln das Striping von Daten zum Zweck der optimierten parallelen Auswertung von Ähnlichkeits-Suchanfragen in Multimedia-Datenbanken. Scheuermann, Weikum und Zabback (1998) behandeln die Abbildung von Daten auf Platten zur Lastbalancierung. Seeger (1996) behandelt die Optimierung von Plattenzugriffen auf Seitenmengen.

Ein Buch, das sich speziell mit Fragen der physischen Datenorganisation auseinandersetzt, wurde von Shasha und Bonnet(2002)) geschrieben. Dort werden Daumenregeln für den Einsatz der verschiedenen Techniken vorgestellt und beispielhaft in Szenarien eingesetzt. Automatisiertes physisches Design wird von Rozen und Shasha (1991) besprochen. Weikum et al. (1994) untersuchen automatisches Tuning im Rahmen von Sperren und Pufferstrategien. Scholl und Schek (1992) beschreiben das COCOON Projekt, in dem die Optimierung der physischen Datenorganisation ein zentrales Anliegen ist.

Die möglichen Strategien zur Pufferverwaltung wurden sehr systematisch von Effelsberg und Härder (1984) untersucht. Küspert, Dadam und Günauer (1987) haben eine Pufferverwaltung für das am IBM Wissenschaftlichen Zentrum Heidelberg entwickelte Datenbanksystem AIM entwickelt. O'Neil, O'Neil und Weikum (1993) entwarfen das für Datenbankpuffer besonders sinnvolle Seitenersetzungsverfahren LRU/k, das darauf beruht, die Seiten auf der Basis ihrer letzten k Referenzen zu ersetzen. Johnson und Shasha (1994) schlugen eine effiziente Realisierung für eine Approximation des LRU/2-Verfahrens vor.

Zum Gebiet Indexstrukturen gibt es sehr vielfältige Literatur. B-Bäume wurden Anfang der siebziger Jahre von Bayer und McCreight (1972) vorgestellt. Im dritten Band seines „The Art of Computer Programming“ stellt Knuth (1973) einige Varianten von B-Bäumen vor. Dort werden auch verschiedene Hashfunktionen untersucht. Comer (1979) beschreibt den „allgegenwärtigen“ B-Baum in einem Übersichtsartikel der Computing Surveys. Trotz des „hohen Alters“ des B-Baums werden immer noch neue Optimierungen bei seiner Realisierung gefunden, beispielsweise das Verteilen des Baums auf mehrere Festplatten [Seeger und Larson (1991)]. Bercken, Seeger und Widmayer (1997) und Bercken und Seeger (2001) behandeln das Bulk-Loading von Indexstrukturen. Demgegenüber haben Gärtner et al. (2001) eine Technik zur optimierten Löschung von Indexeinträgen entwickelt. Aktuelle deutschsprachige Werke über Datenstrukturen wurden z.B. von Güting und Dieker (2003) und Ottmann und Widmayer (2002) verfasst. Ein deutschsprachiges Buch über Implementierungstechniken für Datenbanksysteme ist das Datenbankhandbuch, das von Lockemann und Schmidt (1987) herausgegeben wurde. Aktueller ist das Buch von Härder und Rahm (2001) über Datenbank-Implementierungstechniken. Knuth (1973) diskutiert ausführlich Hashverfahren für den Hauptspeicher. Dynamische Hashverfahren sind noch nicht so lange verbreitet. Das hier beschriebene erweiterbare Hashing wurde von Fagin et al. (1979) vorgestellt. Larson (1988) gibt einen Überblick über zwei dynamische Hashverfahren, die kein Verzeichnis verwalten müssen. Eine neuere Variante stellt Ahn (1993) vor. Neubert, Görlitz und Benn (2001) haben die inhaltsbasierte Indexierung untersucht, bei der man ähnliche Objekte „clustert".

Besonders in geografischen Informationssystemen ist es notwendig, mehrdimensionale Daten zu indizieren. Günther und Schek (1991) gaben einen Sammelband über fortgeschrittene Datenstrukturen zur Realisierung sogenannter „Spatial Databases" heraus. Populäre mehrdimensionale Indexstrukturen sind das Grid-File von Nievergelt, Hinterberger und Sevcik (1984), der K-D-B-Baum von Robinson (1981), der von uns behandelte R-Baum von Guttman (1984), der LSD′-Baum von Henrich, Six und Widmayer (1989) und, neueren Datums, der R*-Baum von Beckmann et al. (1990), der eine deutliche Verbesserung des R-Baums darstellt, und schließlich der Buddy-Baum, beschrieben von Seeger und Kriegel (1990). Hinrichs (1985) hat Implementierungstechniken für das Grid-File konzipiert. Ein umfassender Survey stammt von Gaede und Günther (1998). Ramsak et al. (2000) beschreiben den UB-Baum, den sogenannten Universal B-Tree. Dabei handelt es sich um eine mehrdimensionale Indexstruktur auf der Basis „normaler" B^+-Bäume. Durch eine sogenannte *space filling curve* werden mehrdimensionale Datensätze auf eine Dimension „projeziert". Markl, Zirkel und Bayer (1999) erläutern einen Algorithmus für das Sortieren mit dieser mehrdimensionalen Indexstruktur.

Kailing et al. (2006) erweitern metrische Indexstrukturen für die Auswertung von Bereichsanfragen. Der TS-Baum von Assent et al. (2008) erlaubt die Indexierung von Zeitreihen. Augsten, Böhlen und Gamper (2006) haben einen Index für hierarchische Daten entwickelt.

Für die erweiterte Funktionalität, die die in Kapitel 13 und 14 besprochenen objektorientierten und objekt-relationalen Datenbanken bieten, sind maßgeschneiderte Indexstrukturen konzipiert worden. Stichworte hier sind Multiset-Indices [Kilger und Moerkotte (1994)], Pfad-Indices [Kemper und Moerkotte (1992)] und Funktionenmaterialisierung [Kemper, Kilger und Moerkotte (1994)]. Eine Übersicht geben Kemper und Moerkotte (1995) und Bertino (1993). Um die Ortsunabhängigkeit von Objekten zu gewähren, gibt es in objektorientierten Datenbanken ein dem TID ähnliches Konzept [Eickler, Gerlhof und Kossmann (1995)]. Pufferungsstrategien, die flexibel sowohl Seiten als auch Objekte verwalten können, werden von Kemper und Kossmann (1994) beschrieben. Gerlhof et al. (1993) untersuchen die Effizienz von Ballungsverfahren in Objektbanken.

8. Anfragebearbeitung

Wie wir bereits in Kapitel 4 festgestellt hatten, werden Anfragen im Allgemeinen deklarativ auf dem logischen Schema formuliert. Dies unterstützt die Idee der Datenunabhängigkeit: Die Anfrage des Benutzers ist nicht vom physischen Schema der Datenbasis – also der Speicherungsstruktur – abhängig. Bei der Anfragebearbeitung muss nun die Grenze von der logischen zur physischen Ebene überschritten und eine geeignete Implementierung der Anfrage gefunden werden. Der Weg dahin ist in Abbildung 8.1 skizziert.

Zunächst wird die Anfrage syntaktisch und semantisch analysiert und in einen äquivalenten Ausdruck der relationalen Algebra umgewandelt. Bei diesem Schritt werden auch die vorkommenden Sichten durch ihre definierende Anfrage ersetzt.

Mit der relationalen Algebra als Eingabe wird die *Anfrageoptimierung* gestartet. Die Anfrageoptimierung sucht zu einem gegebenen algebraischen Ausdruck eine effiziente Implementierung, einen sogenannten *Auswertungsplan* (engl. query evaluation plan, QEP). Dieser Auswertungsplan kann dann entweder kompiliert oder bei interaktiven Anfragen direkt interpretativ gestartet werden.

Auch ein Algorithmus zur Implementierung eines Operators kann wieder als Operator einer *physischen Algebra* angesehen werden. Genau wie relationale Operatoren „verbraucht" eine Implementierung ein oder mehrere Eingabequellen, um eine oder mehrere Ausgaben zu erzeugen.

Man spricht von einem „Anfrageoptimierer", da es zu einer gegebenen deklarativen Anfrage eine unter Umständen große Menge möglicher Auswertungsstrategien gibt, die sich in ihrer Ausführungsdauer stark unterscheiden. Leider ist es nicht auf effiziente Weise möglich, die schnellste dieser Alternativen zu finden. Man ist auf eine Art „try and error"-Verfahren angewiesen, das mehr oder weniger gezielt Alternativen erzeugt und deren Ausführungsdauer (oder *Kosten*) mit Hilfe eines *Kostenmodells* abschätzt. Das Kostenmodell arbeitet auf der Grundlage von Schemainformationen, dem Wissen über den Aufwand der eingesetzten Algorithmen und Statistiken über Relationen, Indexstrukturen und der Verteilung der Attributwerte.

Die Alternativen entstehen auf zwei verschiedene Weisen, im Folgenden *logische* und *physische Optimierung* genannt. Zum einen besteht die Möglichkeit, auf relationenalgebraische Ausdrücke Äquivalenzumformungen anzuwenden; z.B. können die Argumente der Joinoperation aufgrund ihrer Kommutativität vertauscht werden. Zum anderen gibt es für einen Operator der logischen Algebra oft mehrere unterschiedliche Implementierungen, d.h. Übersetzungsmöglichkeiten in die physische Algebra. In beiden Fällen werden *Heuristiken* zur Steuerung der Alternativengenerierung eingesetzt. Heuristiken repräsentieren Erfahrungswerte über die sinnvolle Anwendung bestimmter Umformungsregeln.

Dieses Kapitel ist zweigeteilt: Zunächst werden die Eigenschaften der relationalen Algebra vorgestellt und die Anwendung von Heuristiken demonstriert. Im zweiten Teil werden Implementierungstechniken und Kostenmaße vorgestellt.

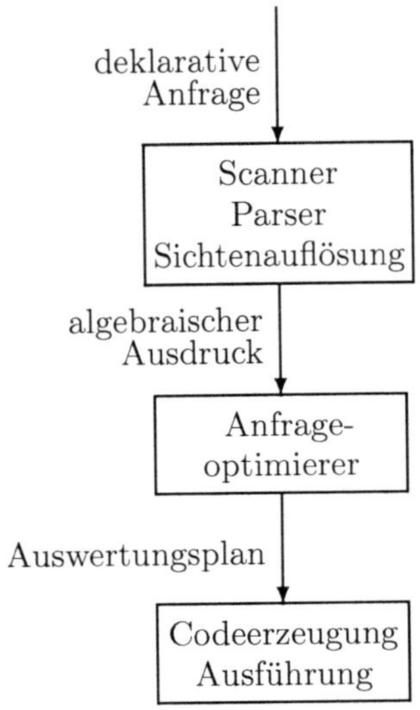

Abbildung 8.1: Ablauf der Anfragebearbeitung

8.1 Logische Optimierung

Ausgangspunkt der Optimierung ist eine sogenannte algebraische Normalform, die schon in Kapitel 4 eingeführt wurde. Diese Normalform ist noch einmal zur Wiederholung in Abbildung 8.2 dargestellt: Eine SQL-Anfrage der allgemeinen Form **select** ... **from** ... **where** ... wird in einen algebraischen Ausdruck mit Kreuzprodukten der Basisrelationen, gefolgt von einer Selektion und einer Projektion umgewandelt.

In diesem Kapitel wird oft auch die anschauliche Baumdarstellung algebraischer Ausdrücke verwendet, um deren Manipulation besser zu verdeutlichen. Die Blätter des Baums werden dabei von Basisrelationen gebildet, die inneren Knoten von Operatoren der relationalen Algebra. Auf diese Weise wird der „Fluss“ der Daten verdeutlicht.

Ein einfaches Beispiel soll den Sinn der algebraischen Optimierung veranschaulichen. In SQL bestimmt man die von Popper gehaltenen Vorlesungen mit

select Titel
from Professoren, Vorlesungen
where Name = 'Popper' **and** PersNr = gelesenVon;

Laut Kapitel 4 lässt sich diese Anfrage in den folgenden algebraischen Ausdruck übersetzen:

$$\Pi_{\text{Titel}}(\sigma_{\text{Name='Popper'} \wedge \text{PersNr=gelesenVon}}(\text{Professoren} \times \text{Vorlesungen}))$$

Überlegen wir uns, welche Schritte zur Berechnung des Ausdrucks notwendig sind. Das Kreuzprodukt verknüpft alle Professoren und Vorlesungen, insgesamt ergeben sich bei sieben Professoren und zehn Vorlesungen also $7 \cdot 10 = 70$ Tupel. Aus diesen

select $A_1, \ldots, A_n$
from $R_1, \ldots, R_k$
where P;

kanonische
$\Rightarrow$
Übersetzung

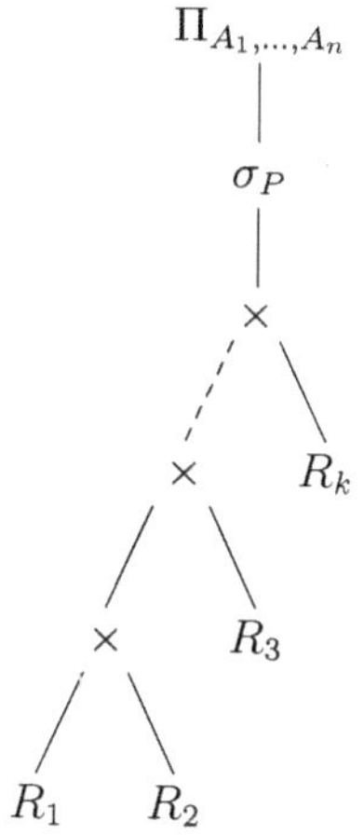

Abbildung 8.2: Kanonische Übersetzung einer SQL-Anfrage

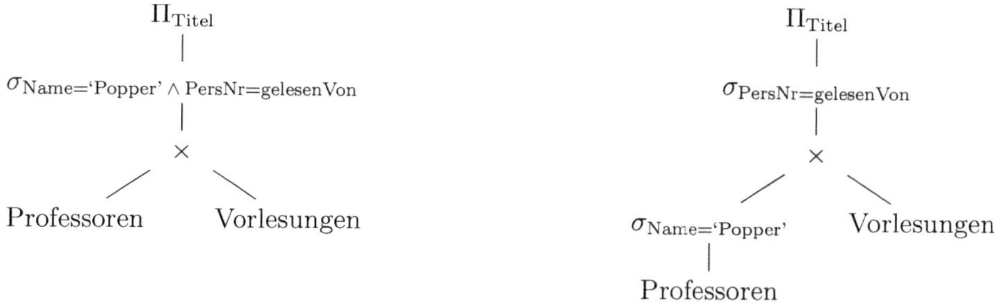

Abbildung 8.3: Baumdarstellung der algebraischen Ausdrücke

70 Tupeln werden diejenigen ausgewählt, die die Selektionsbedingung erfüllen, in diesem Fall ist es nur eines.

Offensichtlich wurde hier viel zu viel Arbeit investiert. Eine einfache Verbesserung wäre es, zuerst den „richtigen" Professor zu finden und dann das Kreuzprodukt zu bilden, also

$$\Pi_{\text{Titel}}(\sigma_{\text{PersNr=gelesenVon}}(\sigma_{\text{Name='Popper'}}(\text{Professoren}) \times \text{Vorlesungen}))$$

Auf diese Weise werden zuerst die sieben Professoren durchsucht. Anschließend wird der verbleibende Professor mit den zehn Vorlesungen verknüpft. Das Ergebnis kann also in $7 + 10 = 17$ Schritten bestimmt werden. Damit haben wir bereits die erste wichtige Heuristik der Anfrageoptimierung kennengelernt: das Aufbrechen von Selektionen und deren Verschieben in den Ausdruck hinein.

Dieser Auswertungsplan ließe sich dann noch durch die Zusammenfassung der Selektion $\sigma_{\text{PersNr=gelesenVon}}$ und des Kreuzprodukts $\times$ zu einem Join $\Join_{\text{PersNr=gelesenVon}}$ weiter optimieren. Abbildung 8.3 zeigt die obigen Ausdrücke in der Baumdarstellung.

8.1.1 Äquivalenzen in der relationalen Algebra

Vor einer systematischeren Untersuchung der Transformation von relationalen Ausdrücken sollten erst einmal die möglichen Regeln vorgestellt werden. Seien R, R_1, R_2,... Relationen (seien es Basis- oder abgeleitete Relationen, d.h. Zwischenergebnisse), p, q, p_1, p_2,... Bedingungen, l_1, l_2,... Attributmengen und *attr* die Abbildung von Bedingungen auf die Menge der in ihnen enthaltenen Attribute (z.B. $attr(\text{Name} = \text{'Popper'}) = \{\text{Name}\}$). Nach wie vor bezeichnen wir mit $\mathcal{R}$ das Schema (also die Menge der Attribute) und mit R die aktuelle Ausprägung einer Relation. Dann gilt:

1. Join, Vereinigung, Schnitt und Kreuzprodukt sind kommutativ, also:

$$\begin{aligned} R_1 \bowtie R_2 &= R_2 \bowtie R_1 \\ R_1 \cup R_2 &= R_2 \cup R_1 \\ R_1 \cap R_2 &= R_2 \cap R_1 \\ R_1 \times R_2 &= R_2 \times R_1 \end{aligned}$$

2. Selektionen sind untereinander vertauschbar:

$$\sigma_p(\sigma_q(R)) = \sigma_q(\sigma_p(R))$$

3. Join, Vereinigung, Schnitt und Kreuzprodukt sind assoziativ, also:

$$\begin{aligned} R_1 \bowtie (R_2 \bowtie R_3) &= (R_1 \bowtie R_2) \bowtie R_3 \\ R_1 \cup (R_2 \cup R_3) &= (R_1 \cup R_2) \cup R_3 \\ R_1 \cap (R_2 \cap R_3) &= (R_1 \cap R_2) \cap R_3 \\ R_1 \times (R_2 \times R_3) &= (R_1 \times R_2) \times R_3 \end{aligned}$$

4. Konjunktionen in einer Selektionsbedingung können in mehrere Selektionen aufgebrochen, bzw. nacheinander ausgeführte Selektionen können durch Konjunktionen zusammengefügt werden.

$$\sigma_{p_1 \wedge p_2 \wedge \ldots \wedge p_n}(R) = \sigma_{p_1}(\sigma_{p_2}(\ldots(\sigma_{p_n}(R))\ldots))$$

5. Geschachtelte Projektionen können eliminiert werden.

$$\Pi_{l_1}(\Pi_{l_2}(\ldots(\Pi_{l_n}(R))\ldots)) = \Pi_{l_1}(R)$$

   Damit eine solche Schachtelung überhaupt sinnvoll ist, muss gelten:

$$l_1 \subseteq l_2 \subseteq \ldots \subseteq l_n \subseteq \mathcal{R} = \mathbf{sch}(R)$$

6. Eine Selektion kann an einer Projektion „vorbeigeschoben“ werden, falls die Projektion keine Attribute aus der Selektionsbedingung entfernt. Es gilt also:

$$\Pi_l(\sigma_p(R)) = \sigma_p(\Pi_l(R)), \text{ falls } attr(p) \subseteq l$$

7. Eine Selektion kann an einer Joinoperation (oder einem Kreuzprodukt) vorbeigeschoben werden, falls sie nur Attribute *eines* der beiden Join-Argumente verwendet. Enthält die Bedingung p beispielsweise nur Attribute aus $\mathcal{R}_1$, dann gilt:
$$\begin{aligned}\sigma_p(R_1 \bowtie R_2) &= \sigma_p(R_1) \bowtie R_2\\ \sigma_p(R_1 \times R_2) &= \sigma_p(R_1) \times R_2\end{aligned}$$

8. Auf ähnliche Weise können auch Projektionen verschoben werden. Hier muss allerdings beachtet werden, dass die Joinattribute bis zum Join erhalten bleiben.
$$\begin{aligned}\Pi_l(R_1 \bowtie_p R_2) = \Pi_l(\Pi_{l_1}(R_1) \bowtie_p \Pi_{l_2}(R_2)) \text{ mit}\\ l_1 = \{A|A \in \mathcal{R}_1 \cap l\} \cup \{A|A \in \mathcal{R}_1 \cap \mathit{attr}(p)\} \text{ und}\\ l_2 = \{A|A \in \mathcal{R}_2 \cap l\} \cup \{A|A \in \mathcal{R}_2 \cap \mathit{attr}(p)\}\end{aligned}$$

9. Selektionen können mit Mengenoperationen wie Vereinigung, Schnitt und Differenz vertauscht werden, also:
$$\begin{aligned}\sigma_p(R \cup S) &= \sigma_p(R) \cup \sigma_p(S)\\ \sigma_p(R \cap S) &= \sigma_p(R) \cap \sigma_p(S)\\ \sigma_p(R - S) &= \sigma_p(R) - \sigma_p(S)\end{aligned}$$

10. Der Projektionsoperator kann mit der Vereinigung vertauscht werden. Sei $\mathbf{sch}(R_1) = \mathbf{sch}(R_2)$, dann gilt
$$\Pi_l(R_1 \cup R_2) = \Pi_l(R_1) \cup \Pi_l(R_2)$$
Eine Vertauschung der Projektion mit Durchschnitt und Differenz ist allerdings nicht zulässig (siehe Aufgabe 8.1).

11. Eine Selektion und ein Kreuzprodukt können zu einem Join zusammengefasst werden, wenn die Selektionsbedingung eine Joinbedingung ist, sie also Attribute einer Argumentrelation mit Attributen der anderen vergleicht. Für Equijoins gilt beispielsweise
$$\sigma_{R_1.A_1=R_2.A_2}(R_1 \times R_2) = R_1 \bowtie_{R_1.A_1=R_2.A_2} R_2$$

12. Auch an Bedingungen können Veränderungen vorgenommen werden. Beispielsweise kann eine Disjunktion mit Hilfe von DeMorgans Gesetz in eine Konjunktion umgewandelt werden, um vielleicht später die Anwendung von Regel 4 zu ermöglichen:
$$\begin{aligned}\neg(p_1 \vee p_2) = \neg p_1 \wedge \neg p_2\\ \neg(p_1 \wedge p_2) = \neg p_1 \vee \neg p_2\end{aligned}$$
Weiterhin ist diese Regel anwendbar um Negationen „von außen nach innen" zu schieben.

```
select distinct s.Semester
from Studenten s, hören h,
        Vorlesungen v, Professoren p
where p.Name = 'Sokrates' and
        v.gelesenVon = p.PersNr and
        v.VorlNr = h.VorlNr and
        h.MatrNr = s.MatrNr;
```

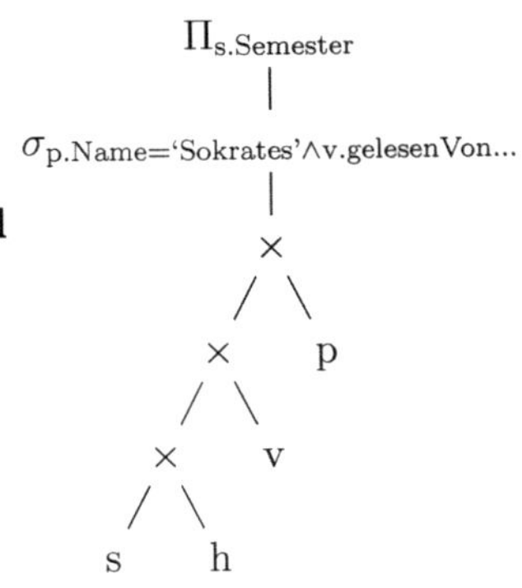

Abbildung 8.4: Die Ausgangsanfrage und ihre kanonische Übersetzung

8.1.2 Anwendung der Transformationsregeln

Anhand eines komplexeren Beispiels können wir nun eine typische Vorgehensweise bei der Anfrageoptimierung vorstellen. Die Grundidee besteht darin, die Regeln so anzuwenden, dass die Ausgaben der einzelnen Operatoren möglichst klein bleiben. Das ist umso wichtiger, wenn die Ausgaben aufgrund Hauptspeichermangels temporär auf dem Hintergrundspeicher abgelegt werden müssen.

Die zu optimierende Anfrage lautet: In welchen Semestern sind die Studenten, die Vorlesungen von Sokrates hören? Sie ist in Abbildung 8.4 sowohl in SQL als auch in der Baumdarstellung der kanonischen Übersetzung in die relationale Algebra abgebildet. In der Baumdarstellung wurden aus Platzgründen die abgekürzten Namen der Relationen verwendet.

Als erstes werden die Konjunktionsglieder der Selektion „aufgebrochen" (Regel 4). Es entstehen vier Selektionen, die einzeln innerhalb des Ausdrucks verschoben werden können (Regeln 2, 6, 7 und 9). Es ist sinnvoll, eine Selektion so früh wie möglich einzusetzen und bereits einen großen Anteil später nicht mehr benötigter Tupel auszusortieren. In Abbildung 8.5 wird die Auswahl des „richtigen" Professoren-Tupels – also das mit dem Namen „Sokrates" – direkt getroffen, so dass am Kreuzprodukt nur noch ein Professor und nicht wie vorher alle Professoren teilnehmen. Ferner wurden die Vergleiche von *MatrNr* und *VorlNr* unmittelbar über der Stelle plaziert, wo beide im Vergleich benötigten Attribute das erste Mal gleichzeitig auftreten.

Wie bereits in Kapitel 3 beschrieben, sind Joinoperationen Kreuzprodukten vorzuziehen, da Kreuzprodukte ein Zwischenergebnis stark aufblähen würden. Es ist daher sinnvoll, wann immer möglich, Kreuzprodukte in Joins umzuwandeln (Regel 11). In unserem Fall können alle Kreuzprodukte durch Joinoperationen ersetzt werden, wie Abbildung 8.6 zeigt.

Nun bestimmen wir die Reihenfolge der Joinoperationen. Mit Hilfe der Kommutativität und der Assoziativregel (Regel 3) kann die Joinreihenfolge verändert werden. Dieser Schritt allein ist schon ein komplexes Thema, und es gibt keine effi-

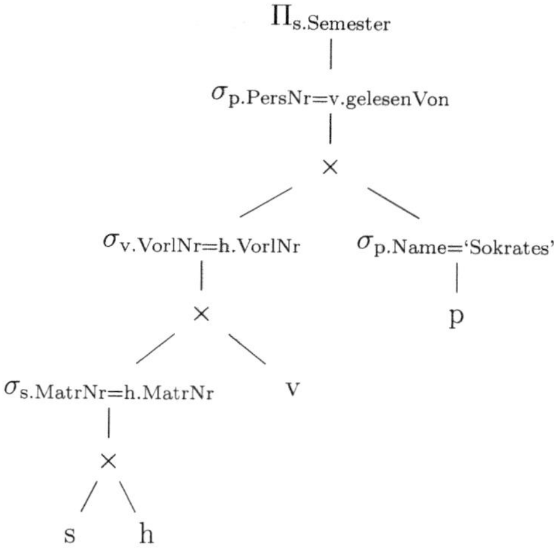

Abbildung 8.5: Aufbrechen und Verschieben von Selektionen

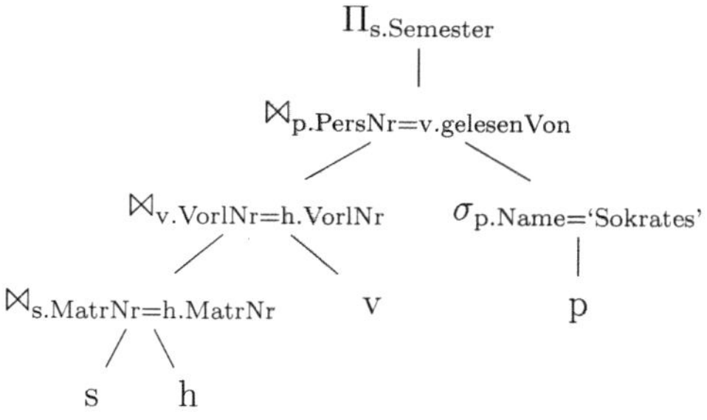

Abbildung 8.6: Zusammenfassen von Selektionen und Kreuzprodukten

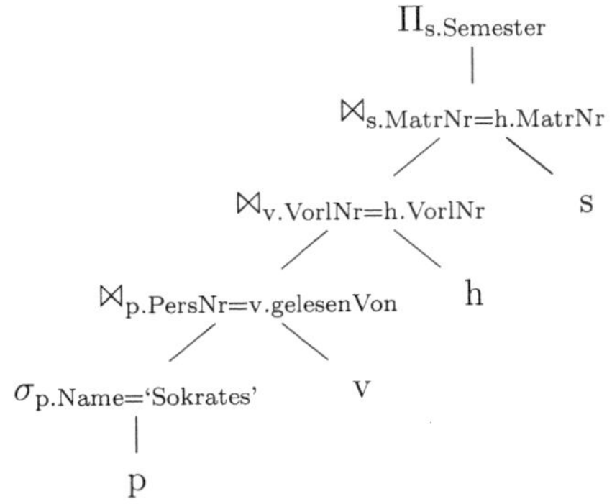

Abbildung 8.7: Bestimmung der Joinreihenfolge

ziente Methode, in jedem Fall eine Reihenfolge zu finden, die eine minimale Größe der Zwischenergebnisse garantiert. In unserem überschaubaren Beispiel kann man sich aber verdeutlichen, dass es nur einen Professor mit Namen Sokrates gibt, der nur drei Vorlesungen hält. Daher sollte der Join von *Professoren* mit *Vorlesungen* als erstes vorgenommen werden. Dies ist in Abbildung 8.7 dargestellt.

Eine mögliche Heuristik zur Bestimmung der vollständigen Joinreihenfolge könnte so verlaufen: Mit Hilfe der sogenannten *Selektivität*, mit der man die Kardinalität des Joins relativ zum Kreuzprodukt abschätzt und die noch in Abschnitt 8.3.1 vorgestellt wird, ist es möglich, die Ergebnisgröße eines Joins zu bestimmen. Man verbindet zuerst die beiden Relationen, die nach dieser Abschätzung das kleinste Zwischenergebnis liefern. Im Beispiel würden die Joins *Vorlesungen* ⋈ *hören* und *hören* ⋈ *Studenten* jeweils 13 Tupel liefern. Sokrates aber hält, wie oben bereits erwähnt, nur drei Vorlesungen. Also wird Sokrates zuerst mit seinen Vorlesungen verbunden. Im zweiten Schritt wählt man die Relation aus den verbleibenden, die das kleinste Zwischenergebnis beim Join mit der aus dem ersten Schritt hervorgegangenen Relation erzeugt. Das wäre im Beispiel die Relation *hören*, da eine Verbindung von *Professoren* ⋈ *Vorlesungen* mit *Studenten* zu einem Kreuzprodukt entarten würde. Im dritten und letzten Schritt bleibt nur die Relation *Studenten* übrig, also wird sie mit dem Ergebnis des zweiten Schrittes verbunden.

Zum Vergleich wollen wir die Größe der Zwischenergebnisse der alten und neuen Version anhand der Beispielausprägung (aus Abbildung 3.8, Seite 86) bestimmen.

In der neuen Version enthält das Zwischenergebnis nach dem Verbund von *Professoren* und *Vorlesungen*, wie gesagt, drei Tupel (die Vorlesungen Ethik, Mäeutik und Logik). Zu diesen drei Vorlesungen existieren vier Einträge in der Relation *hören*. Wird dieses Ergebnis wiederum mit *Studenten* verbunden, ergeben sich keine neuen Tupel, die vorhandenen werden lediglich um die Informationen aus *Studenten* „angereichert". Die Summe der Zwischenergebnisse der Joins ist hier also $3+4+4 = 11$.

Die alte Version aus Abbildung 8.6 verbindet zuerst die Relationen *Studenten* und *hören*. Im Ergebnis befinden sich für unsere Beispielausprägung 13 Tupel. Bei einem Join mit *Vorlesungen* ergeben sich keine weiteren Tupel. Durch den letzten

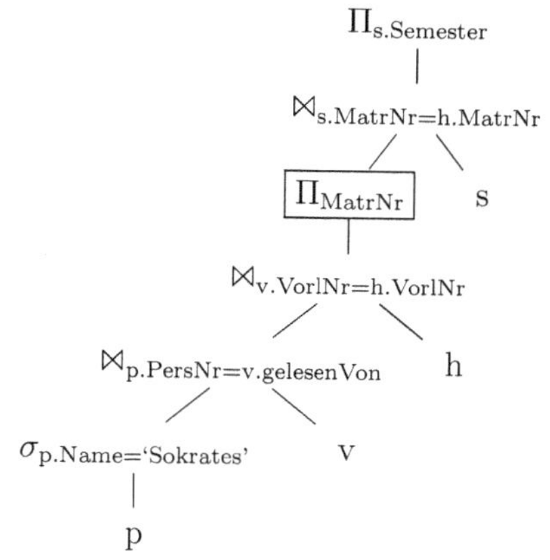

Abbildung 8.8: Einfügen und Verschieben von Projektionen

Join werden nur die Hörer von Sokrates weitergereicht, das Ergebnis enthält vier Tupel. Insgesamt ergibt sich eine Größe von $13 + 13 + 4 = 30$ Tupel in den Zwischenergebnissen.

Eine letzte Maßnahme, die aber mit Vorsicht anzuwenden ist, besteht im Verschieben bzw. Einfügen von Projektionen (Regeln 5, 6, 8 und 10). Die dadurch enstehende Reduzierung der Zwischenergebnisse hat zwei Ursachen: Einerseits können durch die Projektion Duplikate entstehen, die eliminiert werden können. Dieser Effekt tritt natürlich nicht auf, wenn in der Projektion noch ein Schlüssel enthalten ist. Andererseits wird die Größe der einzelnen Tupel reduziert, so dass bei einer Zwischenspeicherung des Ergebnisses auf dem Hintergrundspeicher weniger Seiten benötigt werden. Dieser geringere Platzbedarf äußert sich dann später in kleinerem Zugriffsaufwand bei der weiteren Bearbeitung, ein wichtiger Faktor bei sehr großen Attributen.

In unserem Beispiel kann durch Einfügen einer Projektion auf die Matrikelnummer – wie in Abbildung 8.8 gezeigt – ein Tupel eliminiert und viele für die weitere Bearbeitung unnötige Attribute entfernt werden. An dieser Stelle enthält das Zwischenergebnis alle Attribute aus *Professoren*, *Vorlesungen* und *hören*, aber lediglich das Attribut *MatrNr* wird gebraucht. Eine solche Maßnahme ist aber aufgrund der Duplikateliminierung, wie später noch besprochen wird, mit einigen Kosten verbunden. An dieser Stelle würde sie sich wahrscheinlich nicht lohnen. Folgendes soll als Entscheidungshilfe dienen: Ist der Wertebereich der zu projizierenden Attribute klein im Vergleich zu der Anzahl der Tupel (wie beispielsweise das Attribut *Semester* bei *Studenten*) oder können sehr große Attribute (z.B. Photos der Studenten in Form von Bitmaps) entfernt werden, lohnt sich eine Projektion.

Fassen wir nochmal die verwendeten Techniken zusammen und formulieren diese als Optimierungsheuristik, die auf der kanonischen Normalform aufsetzt:

1. Aufbrechen von Selektionen,
2. Verschieben der Selektionen soweit wie möglich nach unten im Operatorbaum (engl. pushing selections),
3. Zusammenfassen von Selektionen und Kreuzprodukten zu Joins,
4. Bestimmung der Reihenfolge der Joins in der Form, dass möglichst kleine Zwischenergebnisse entstehen,
5. unter Umständen Einfügen von Projektionen,
6. Verschieben der Projektionen soweit wie möglich nach unten im Operatorbaum.

8.1.3 Optimierung durch Entschachtelung von Unteranfragen

Wir haben uns in Kapitel 4.9 schon mit geschachtelten Unteranfragen auseinandergesetzt. Dort wurde auch diskutiert, wie man zwecks Optimierung diese Anfragen entschachteln kann – allerdings von Hand. Wir wollen jetzt zeigen, dass man das in modernen DBMS auch voll-automatisch durchführen kann.

Die folgende Anfrage ermittelt für alle Studenten ihre besten Prüfungen:

```
Q1:
      select s.Name, p.VorlNr
      from Studenten s, prüfen p
      where s.MatrNr = p.MatrNr and p.Note = (
            select min(p2.Note)
            from prüfen p2
            where s.MatrNr=p2.MatrNr)
```

Konzeptuell wird für jedes *Studenten/prüfen*-Paar (s, p) in der Unteranfrage ermittelt, ob diese Prüfung p die beste Note hat, die diese/r Student/in jemals erzielt hat.

Hinsichtlich der Performanz ist diese korrelierte Unteranfrage natürlich nicht gut, da die Unteranfrage in der Form einer geschachtelten Schleife (nested loop) jeweils neu ausgewertet wird. Wir sprechen in diesem Zusammenhang auch von einem *abhängigen Join (dependent join)*, für den wir jetzt extra einen relationalen Algebra-Operator $\bowtie$ einführen werden.

Zunächst wollen wir aber eine entschachtelte SQL-Formulierung für diese Anfrage zeigen, die dem automatisch zu generierenden logischen Algebraausdruck entspricht:

```
Q1':
select s.Name, p.VorlNr
from Studenten s, prüfen p,
        (select p2.MatrNr as ID, min(p2.Note) as beste
         from prüfen p2
         group by p2.MatrNr) m
where s.MatrNr=p.MatrNr and m.ID=s.MatrNr and p.Note=m.beste
```

Hier ist die Unteranfrage nicht mehr abhängig von der äußeren Tupelvariablen s und die Anfrage kann deshalb mittels „normaler" Joinoperatoren ausgewertet werden. Für die Leistungsfähigkeit eines SQL-Datenbanksystems ist die vollautomatische Entschachtelung solcher Anfragen elementar. Wir werden hier zeigen, dass man dies durch Äquivalenzregeln der Relationenalgebra im Zuge der logischen Optimierung durchführen kann.

Anfragen mit korrelierten Unteranfragen werden zunächst in Algebraausdrücke mit den nachfolgend definierten abhängigen (dependent) Joins übersetzt, so dass die Unteranfrage für jedes Tupel der äußeren Anfrage evaluiert wird:

$$T_1 \Join_p T_2 \quad := \quad \{t_1 \circ t_2 | t_1 \in T_1 \wedge t_2 \in T_2(t_1) \wedge p(t_1 \circ t_2)\}.$$

Hierbei wird die rechte Seite für jedes Tupel der linken Seite separat evaluiert. Wir notieren die von einem Ausdruck T generierten Attribute als $\mathcal{A}(T)$, und die freien Variablen eines Ausdrucks T als $\mathcal{F}(T)$. Für die Auswertung des abhängigen Joins muss dann gelten: $\mathcal{F}(T_2) \subseteq \mathcal{A}(T_1)$. Also müssen alle Attribute, die von T_2 benötigt werden, von T_1 generiert werden.

Man kann die Definition des abhängigen Joins analog auch auf die anderen Joinoperatoren ausdehnen, also für Semi-Joins ($\ltimes$), Anti-Semijoins ($\triangleright$), und äußere Joins ($⟖$, $⟕$) werden die abhängigen Join-Varianten ($\blacktriangleright\!\!<, \blacktriangleright, \blacktriangleright\!\!\triangleleft, \ldots$) entsprechend so definiert, dass der rechte Ausdruck für jedes vom linken Ausdruck generierte Tupel separat und abhängig ausgewertet wird.

Neben den Joins verwenden wir hier auch noch den schon bekannten Gruppierungsoperator:

$$\Gamma_{A;a:f}(e) \quad := \quad \{x \circ (a : f(y)) | x \in \Pi_A(e) \wedge y = \{z | z \in e \wedge \forall a \in A : x.a = z.a\}\}$$

Er gruppiert die Eingabe e gemäß des Attrbuts (bzw. der Attributmenge) A und evaluiert eine oder mehrere Aggregatfunktionen, hier f und weist das Ergebnis dem neuen Attribut a zu.

Weiterhin verwenden wir noch die *map*-Funktion, die den Tupeln der Eingabe e ein neues berechnetes Attribut a hinzufügt:

$$\chi_{a:f}(e) \quad := \quad \{x \circ (a : f(x)) | x \in e\}.$$

Im Folgenden müssen manchmal Mengen von Attributen auf Gleichheit getestet werden. Dazu verwenden wir folgende Kurznotation:

$$t_1 =_A t_2 \quad := \quad \forall_{a \in A} : t_1.a = t_2.a.$$

Wie bereits beschrieben, wird eine korrelierte Unteranfrage initial in einen abhängigen Join übersetzt:

$$T_1 \Join_p T_2.$$

Dieser abhängige Join verursacht aufgrund der „Nested Loops"-Semantik quadratische Laufzeit. Deshalb sollte er im Zuge der logischen Optimierung möglichst vollständig durch „normale“ Join-Operatoren ersetzt werden. Dazu dienen die beiden nachfolgend beschriebenen Techniken. Zunächst wird die einfache Entschachtelung versucht, die dann Erfolg hat, wenn die korrelierte Unteranfrage nur aus syntaktischen Gründen formuliert wurde. In „schwierigeren“ Fällen benötigt man aber die allgemeine Entschachtelungstechnik.

Einfache Entschachtelung

Eine einfache korrelierte Unteranfrage, die nur der syntaktischen Vereinfachung halber entstand, ist im folgenden Beispiel gezeigt:

```
Q2:
select s.*
from Studenten s
where exists (select * from prüfen p
                 where s.MatrNr = p.MatrNr)
```

Es werden hier die aktiven Studenten ermittelt, also diejenigen, die schon mindestens eine Prüfung absolviert haben.

Die Anfrage wird initial in folgenden Algebrausdruck übersetzt:

$$(Studenten\ s) \ltimes (\sigma_{s.MatrNr=p.MatrNr}(prüfen\ p))$$

Es ist einfach zu erkennen, dass man diesen Ausdruck äquivalenzerhaltend in nachfolgenden Anfrageplan mit einem regulären Semi-Join übersetzen kann:

$$(Studenten\ s) \ltimes_{s.MatrNr=p.MatrNr} (prüfen\ p)$$

Bei der einfachen Entschachtelung versucht man, alle abhängigen Prädikate so weit wie möglich nach oben zu transferieren. Dabei werden sie möglichst an Joins, Selektionen, Gruppierungen, etc. vorbei hochtransferiert, bis alle benötigten Attribute aus der Eingabe verfügbar sind. Wenn dies erreicht werden konnte, kann der abhängige Join in einen regulären Join umgewandelt werden – wie an unserem einfachen Beispiel demonstriert. Nach dieser Join-Umwandlung kann man dann wieder einige Prädikate nach unten transferieren, um durch frühzeitige Filterung eine bessere Selektivität zu erzielen.

Allgemeine Entschachtelung

Die gerade beschriebene Technik der Prädikat-Vertauschung führt bei vielen korrelierten Unteranfragen schon zum Erfolg, weshalb sie immer als erstes versucht werden sollte. Bei Erfolglosigkeit benötigt man aber ein allgemeineres Vorgehen, das die abhängigen Joins transformiert. Das wird an unserer Anfrage $Q1$ demonstriert deren initiale Übersetzung in die Algebra in Abbildung 8.9 gezeigt ist. Zum Zweck der Optimierung wird der initiale abhängige Join gemäß folgender Äquivalenzregel aufgespalten:

$$T_1 \Join_p T_2 \quad \equiv \quad T_1 \Join_{p \wedge T_1 =_{\mathcal{A}(D)} D} (D \Join T_2)$$

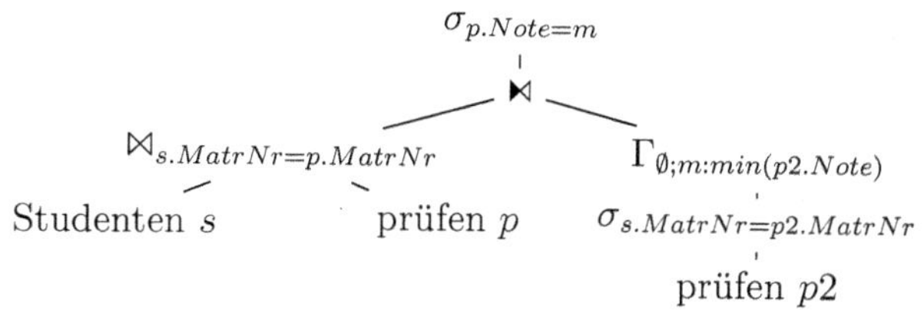

Abbildung 8.9: Original-Anfrage Q1

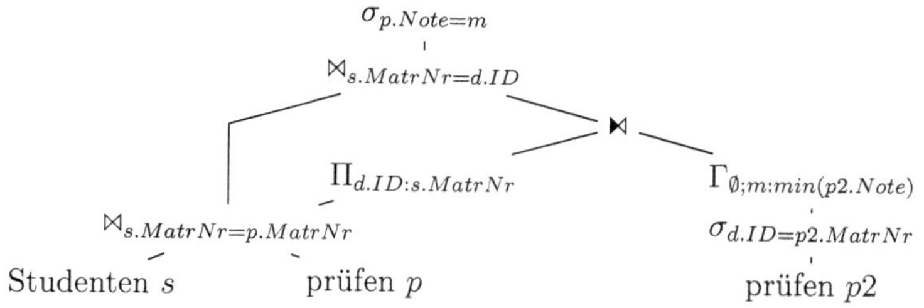

Abbildung 8.10: Seitwärts wird die duplikatfreie Domäne an den abhängigen Join transferiert.

wobei $D := \Pi_{\mathcal{F}(T_2)\cap\mathcal{A}(T_1)}(T_1)$.

Die Anwendung dieser Transformation für unsere Beispielanfrage ist in Abbildung 8.10 gezeigt. Auf den ersten Blick erscheint es wenig sinnvoll, einen abhängigen Join durch zwei Joins (einen abhängigen und einen regulären Join) zu ersetzen. Man beachte aber, dass der abhängige Join jetzt nicht mehr für Duplikate des linken Arguments ausgewertet werden muss. Dazu muss man natürlich die duplikateliminierende Projektion, und nicht die SQL-typische duplikaterhaltende Projektion realisieren. Es wird also die Domäne D aller möglichen Variablenbindungen berechnet und „seitwärts" an den abhängigen Join übermittelt, so dass jetzt für jede einzigartige Kombination der abhängige Join nur noch einmal ausgewertet wird. Bei Vorliegen vieler Duplikate resultiert das in einer großen Einsparung.

In unserem Beispiel werden jetzt die besten Noten nur noch einmal für jeden Studenten berechnet – anstatt für jedes Studenten/prüfen-Paar.

Noch wichtiger ist, dass der abhängige Join jetzt nur auf einer echten (duplikatfreien) Menge D ausgewertet wird, was weitere Transformationen des abhängigen Joins ermöglicht. In den folgenden Transformationsregeln setzen wir demnach immer voraus, dass die linke Seite D duplikatfrei ist.

Letztendlich wollen wir den abhängigen Join soweit nach unten drücken bis die rechte Seite gar nicht mehr abhängig von der linken Seite ist. Dann kann man den abhängigen Join nämlich wie folgt gänzlich entfernen:

$$D \mathbin{\blacktriangleright\!\!\lhd} T \quad \equiv \quad D \bowtie T \quad \text{falls} \quad \mathcal{F}(T) \cap \mathcal{A}(D) = \emptyset.$$

Jetzt muss man zwar immer noch einen Join berechnen, aber keinen abhängigen Join. Oft kann man sogar diesen Join noch entfernen, wie wir an unserem Beispiel noch sehen werden.

Nachdem wir den Startpunkt und das Ziel der Optimierung skizziert haben, wollen wir jetzt einige Transformationsregeln angeben, die den Weg zum Ziel schrittweise ermöglichen.

Abhängige Joins können leicht an Selektionen vorbei transferiert werden:

$$D \bowtie \sigma_p(T_2) \quad \equiv \quad \sigma_p(D \bowtie T_2).$$

Diese Transformation erscheint kontraproduktiv, da man normalerweise Selektionen nach unten drücken will. Dies kann man nach der Entschachtelungsoptimierung auch wieder machen. Wir transferieren aber die abhängigen Joins erst mal soweit nach unten bis man sie vollständig eliminieren oder durch reguläre Joins ersetzen kann. Dazu dienen die nachfolgenden Regeln für die Vertauschung von abhängigen mit regulären Joins:

$$D \bowtie (T_1 \bowtie_p T_2) \equiv \begin{cases} (D \bowtie T_1) \bowtie_p T_2 & : \mathcal{F}(T_2) \cap \mathcal{A}(D) = \emptyset \\ T_1 \bowtie_p (D \bowtie T_2) & : \mathcal{F}(T_1) \cap \mathcal{A}(D) = \emptyset \\ (D \bowtie T_1) \bowtie_{p \wedge \text{natural join } D} (D \bowtie T_2) & : \text{andernfalls.} \end{cases}$$

Wenn die vom abhängigen Join produzierten Werte nur auf einer Seite benötigt werden, wird er dorthin bewegt; anderenfalls muss man ihn duplizieren. Oftmals kann man die Ausdrücke unterhalb des Joins noch weiter optimieren – wie wir auch an unserem Beispiel noch sehen werden. Man beachte dass die Replikation des abhängigen Joins auf beiden Seiten noch verlangt, dass wir die Werte gemäß gleicher D-Attributwerte wieder zusammenführen, was mit dem „*natural join D*“ notiert wurde.

Wenn man einen abhängigen Join an einer Gruppierung vorbeidrücken will, muss man darauf achten, dass die Gruppierung alle Attribute die der abhängige Join produziert, beibehält, wie in nachfolgender Äquivalenzregel:

$$D \bowtie (\Gamma_{A;a:f}(T)) \quad \equiv \quad \Gamma_{A \cup \mathcal{A}(D);a:f}(D \bowtie T)$$

Wiederum basiert die Korrektheit der Regel darauf, dass D eine duplikatfreie Menge ist.

Projektionen kann man ähnlich zur Gruppierung behandeln:

$$D \bowtie (\Pi_A(T)) \quad \equiv \quad \Pi_{A \cup \mathcal{A}(D)}(D \bowtie T)$$

Die noch fehlenden Mengenoperatoren werden mittels der nachfolgenden Äquivalenzen behandelt:

$$\begin{aligned} D \bowtie (T_1 \cup T_2) &\equiv (D \bowtie T_1) \cup (D \bowtie T_2) \\ D \bowtie (T_1 \cap T_2) &\equiv (D \bowtie T_1) \cap (D \bowtie T_2) \\ D \bowtie (T_1 \setminus T_2) &\equiv (D \bowtie T_1) \setminus (D \bowtie T_2) \end{aligned}$$

Wir zeigen in den Abbildungen 8.11, 8.12 und 8.13 die weiteren Schritte zur Optimierung der Beispielanfrage, die letztendlich zu der vollständigen Eliminierung des abhängigen Joins führen. Die Leser mögen sich vergewissern, dass der optimierte Algebraplan der hand-optimierten Anfrage Q1’ entspricht.

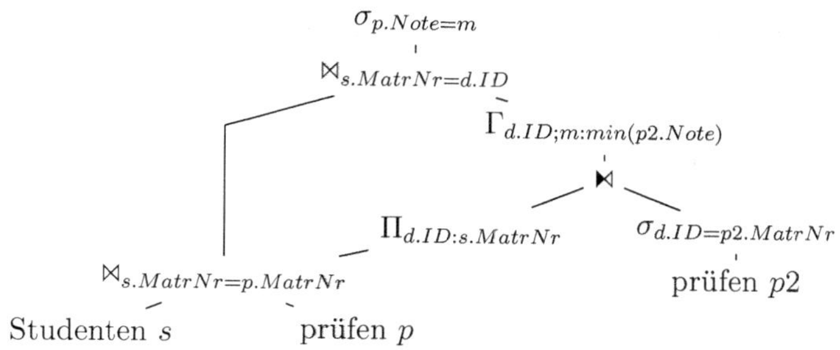

Abbildung 8.11: Vertauschen von Gruppierung/Aggregation mit dem abhängigen Join

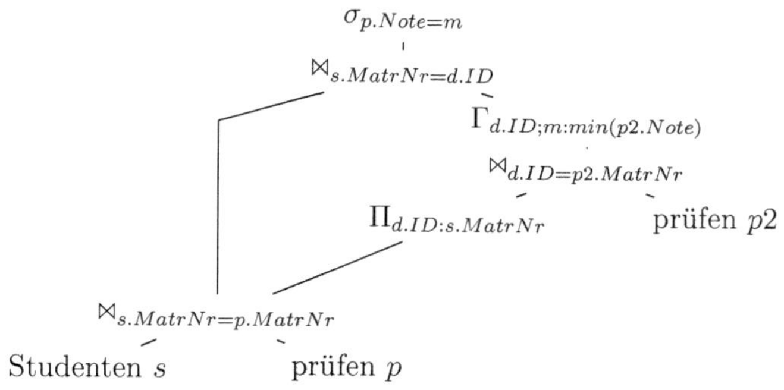

Abbildung 8.12: Elimination des abhängigen Joins

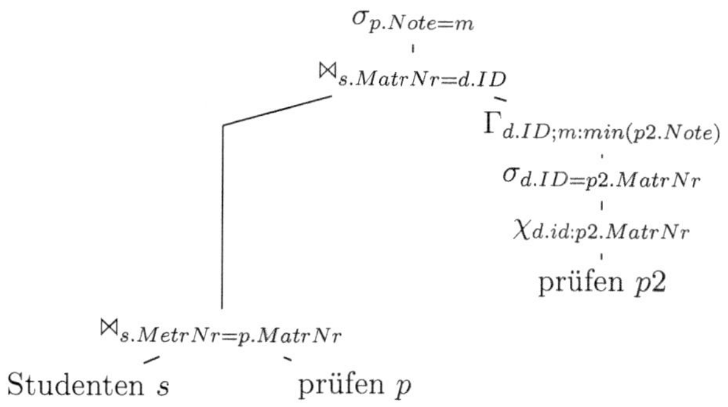

Abbildung 8.13: Optional: Entkopplung der beiden Seiten. Die „seitwärts“ transferierte Domäne $d.ID$ ist eine Teilmenge der in $p2$ enthaltenen *MatrNr*-Werte und kann deshalb eliminiert werden. Der Join wird dadurch in eine (eigentlich unnötige) Selektion transformiert.

8.2 Physische Optimierung

Man unterscheidet die logischen Algebraoperatoren von den physischen Algebraoperatoren, die die Realisierung der logischen Operatoren darstellen. Es kann für einen logischen Operator durchaus mehrere physische Operatoren geben.

Bisher haben wir uns nur auf der logischen Ebene bewegt. In diesem Abschnitt wird der physische Aufbau der Datenbank, also z.B. Indices oder Sortierung von Relationen, bei der Auswahl von Implementierungen für die logischen Operatoren ausgenutzt.

Eine elegante Lösung um Auswertungspläne baukastenartig zusammenzusetzen, stellen die sogenannten *Iteratoren* dar. Ein Iterator ist ein abstrakter Datentyp, der Operationen wie **open**, **next**, **close**, **cost** und **size** als Schnittstelle zur Verfügung stellt.

Die Operation **open** ist eine Art Konstruktor, der die Eingaben öffnet und eventuell eine Initialisierung vornimmt. Die Schnittstellenoperation **next** liefert das nächste Tupel des Ergebnisses der Berechnung. Die Operation **close** schließt die Eingaben und gibt möglicherweise noch belegte Ressourcen frei. Diese drei Funktionen sind vergleichbar mit denen eines Cursors in Embedded SQL (vergleiche Kapitel 4).

Die beiden Operationen **cost** und **size** geben Informationen über die geschätzten Kosten für die Berechnung und die Größe des Ergebnisses an. Halbwegs realistische Kostenmodelle sind leider sehr umfangreich und kompliziert. Wir werden daher auf eine vollständige Diskussion verzichten und in Abschnitt 8.3 nur einige Varianten angeben.

Genau wie die relationalen Operatoren einer Anfrage baumartig dargestellt werden können, ist dies auch mit Iteratoren möglich. Mehrere Iteratoren werden so zu einem Auswertungsplan kombiniert. Schematisch kann man sich das Zusammensetzen von Iteratoren wie in Abbildung 8.14 vorstellen.

Das Anwendungsprogramm (oder die Benutzerschnittstelle bei einer interaktiven Anfrage) öffnet den Wurzeliterator und fordert mit Hilfe des **next**-Befehls solange Ergebnisse an, bis keine mehr geliefert werden können. Der Wurzeliterator benötigt für die Berechnung der Ergebnistupel die Ausgaben der mit ihm verbundenen Tochteriteratoren. Daher ruft er bei den Tochteriteratoren wieder entsprechend **open**, **next** und **close** auf. Der Prozess setzt sich so bis zu den Blättern fort, an denen die Basisrelationen der Datenbank stehen.

Zusätzlich zu einer eleganteren Architektur bietet das Iteratorkonzept den Vorteil, dass man nicht notwendigerweise Zwischenergebnisse speichern muss. Nehmen wir beispielsweise an, dass eine Anfrage ausschließlich Selektionen und Projektionen enthält. Ständen nur Prozeduren zur Verfügung, die jeweils einen algebraischen Operator komplett berechnen, müsste im Allgemeinen für jedes Teilergebnis eine Zwischenspeicherung stattfinden. Bei der schrittweisen Realisierung werden Ergebnisse Stück für Stück durchgereicht. Man spricht hier auch von *Pipelining.* Ein Nachteil des Iteratorkonzepts ist, dass die Realisierung der unterschiedlichen Iteratoren komplizierter ist als eine entsprechende Realisierung durch Prozeduren.

Für die Diskussion der Funktionsweise der einzelnen Iteratortypen wollen wir sie in fünf Gruppen unterteilen:[1]

[1]Die Umbenennung dient in der relationalen Algebra der eindeutigen Identifizierung von At-

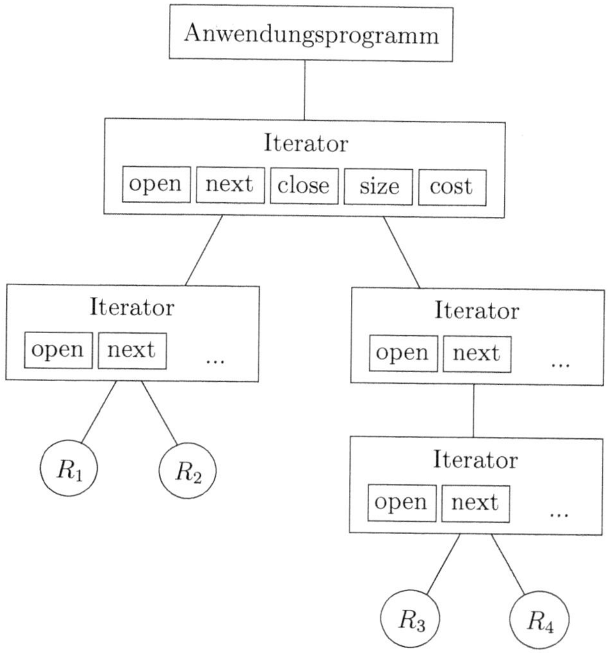

Abbildung 8.14: Schematische Darstellung eines Auswertungsplanes

1. Selektion
2. Binäre Zuordnung (Matching)
3. Gruppierung und Duplikateliminierung
4. Projektion und Vereinigung
5. Zwischenspeicherung

Im Allgemeinen gibt es drei prinzipielle Methoden, die Operatoren der ersten drei Gruppen zu implementieren. Zunächst wäre da der „Brute Force"-Ansatz, bei dem einfach sequentiell alle Möglichkeiten durchgetestet werden. Der zweite Weg besteht in der Ausnutzung der Reihenfolge bzw. Sortierung der Tupel. Als dritte Möglichkeit können Indexstrukturen ausgenutzt werden, um direkt auf bestimmte Tupel zuzugreifen.

8.2.1 Implementierung der Selektion

Abbildung 8.15 zeigt eine Implementierung der Selektion in der „Brute Force"-Variante und über den Zugriff auf eine Indexstruktur (sei es ein B-Baum oder eine

tributen. In der physischen Algebra spielt sie keine Rolle, da solche Schema-Informationen im Allgemeinen über interne und somit eindeutige Bezeichner gehandhabt werden.

a) **iterator** Select$_p$

open

- Öffne Eingabe

next

- Hole solange nächstes Tupel, bis eines die Bedingung p erfüllt, ansonsten ist man fertig
- Gib dieses Tupel zurück

close

- Schließe Eingabe

b) **iterator** IndexSelect$_p$

open

- Schlage im Index die erste Stelle nach, an der ein Tupel die Bedingung erfüllt

next

- Gib nächstes Tupel zurück, falls es die Bedingung p noch erfüllt

close

- Schließe Eingabe

Abbildung 8.15: Zwei Implementierungen der Selektion: a) ohne und b) mit Indexunterstützung

---

Hashtabelle). Bei jedem Aufruf von **next** wird ein die Bedingung erfüllendes Tupel zurückgeliefert, bis die Eingabequellen erschöpft sind. In der Index-Variante wird beim Öffnen des Iterators zusätzlich schon das erste passende Tupel nachgeschlagen. Bei einem B$^+$-Baum beispielsweise geschieht das durch Absteigen innerhalb des Baums bis zu den Blättern. Die Blätter können dann bei jedem **next**-Aufruf sequentiell durchsucht werden, bis die Bedingung nicht mehr zutrifft.

8.2.2 Implementierung von binären Zuordnungsoperatoren

Join, Mengendifferenz und Mengendurchschnitt lassen sich auf sehr ähnliche Weise implementieren. Daher fasst man sie unter der Bezeichnung *binäre Zuordnungsoperatoren* zusammen. Beim Join werden Attribute zweier Tupel verglichen, bei Differenz und Schnitt komplette Tupel. In diesem Abschnitt werden nur Implementierungen von Equijoins vorgestellt (siehe dazu auch Übungsaufgabe 8.6).

Ein einfacher Join-Algorithmus

Es liegt am nächsten, zwei ineinander geschachtelte Schleifen (engl. nested loops) zu verwenden. Dabei wird jedes Tupel der einen Menge mit jedem der anderen verglichen. In vereinfachter Form als normale Prozedur formuliert sähe der Join $R \bowtie_{R.A=S.B} S$ so aus:

for each $r \in R$
  for each $s \in S$
    if $r.A = s.B$ **then**
      $res := res \cup (r \times s)$

iterator NestedLoop$_p$

open

- Öffne die linke Eingabe

next

- Rechte Eingabe geschlossen?
  - Öffne sie
- Fordere rechts solange Tupel an, bis Bedingung p erfüllt ist
- Sollte zwischendurch rechte Eingabe erschöpft sein
  - Schließe rechte Eingabe
  - Fordere nächstes Tupel der linken Eingabe an
  - Starte **next** neu
- Gib den Verbund von aktuellem linken und aktuellem rechten Tupel zurück

close

- Schließe beide Eingabequellen

Abbildung 8.16: Nested-Loop Iterator

Hierbei wird das Ergebnis *res* sukzessive mit (r,s)-Kombinationen gefüllt, bei denen die Joinbedingung erfüllt ist.

Die Iteratorformulierung in Abbildung 8.16 ist schon etwas komplizierter, da bei jedem Aufruf der Funktion **next** ja nur ein Tupel weitergereicht wird. Dieser Pseudocode ist stark vereinfacht; reale Implementierungen berücksichtigen auch Fragen der Verteilung der Tupel auf Hintergrundspeicherseiten und der Systempufferverwaltung.

Ein verfeinerter Join-Algorithmus

Die Tupel einer Relation sind auf Seiten abgespeichert und müssen dementsprechend für eine Bearbeitung seitenweise vom Hintergrundspeicher in den Hauptspeicher geladen werden.

Stehen im Hauptspeicher m Seiten für die Berechnung des Joins zur Verfügung, reserviert der verfeinerte Join-Algorithmus k Seiten für die innere Schleife und $m-k$ für die äußere. Die äußere Relation, nennen wir sie R, wird in Portionen zu $m-k$ Seiten eingelesen. Für jede dieser Portionen muss die komplette innere Relation S in Portionen zu k Seiten eingelesen werden. Alle Tupel der Relation R, die sich auf den $m-k$ Seiten befinden, werden mit allen Tupeln aus S in den k Seiten verglichen.

Man kann pro Durchlauf das Einlesen einer Portion von k Seiten sparen, wenn die innere Relation im Zick-Zack-Verfahren durchlaufen wird, also abwechselnd vorwärts und rückwärts. Das ist in Abbildung 8.17 skizziert. Der optimale Fall tritt bei $k = 1$ und Verwendung der kleineren Relation als äußeres Argument – hier also R – ein, wie wir in Abschnitt 8.3.3 sehen werden.

Im Allgemeinen ist eine Nested-Loop Auswertung mit ihrem quadratischen Aufwand zu teuer. Sie hat jedoch den Vorteil, dass sie sehr einfach ist und ohne wesentliche Modifikation auch andere Joinformen (Theta-Joins und Semi-Joins) berechnen kann.

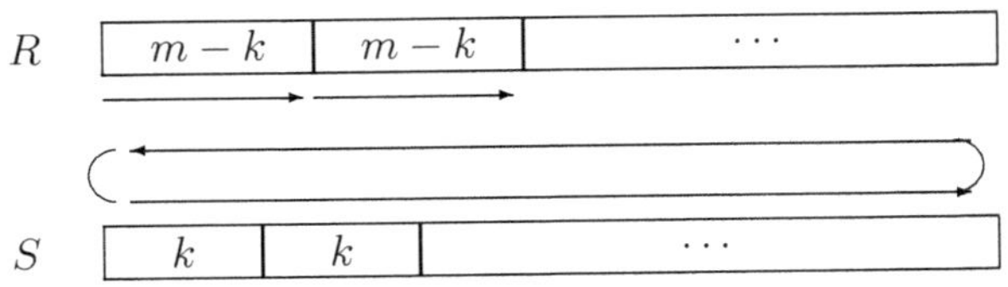

Abbildung 8.17: Schematische Darstellung des seitenorientierten Nested-Loop Joins

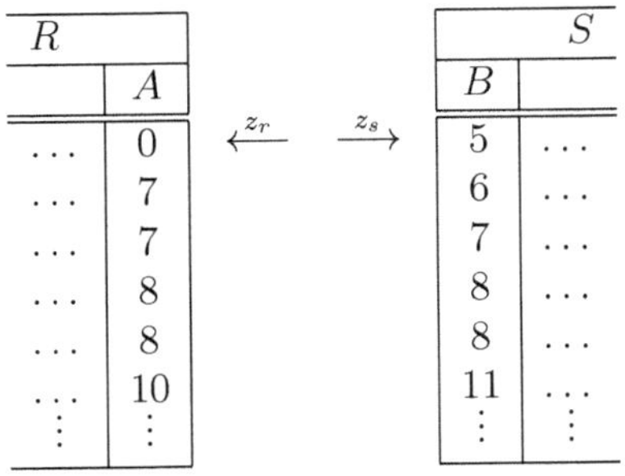

Abbildung 8.18: Beispiel einer Merge-Join Ausführung

Ausnutzung der Sortierung

Falls eine Sortierung beider Eingaben nach den zu verbindenden Attributen vorliegt, kann eine wesentlich effizientere Methode gewählt werden: der sogenannte *Merge-Join*. Dabei werden beide Relationen parallel von oben nach unten abgearbeitet. An jeder Position innerhalb der Relationen ist bekannt, dass kein Tupel mit einem kleineren Wert im Joinattribut mehr folgt. Wenn also ein potentieller (Equi-) Joinpartner des gerade aktuellen Tupels schon größer ist, braucht das aktuelle Tupel nicht mehr betrachtet zu werden.

In Abbildung 8.18 soll $R \bowtie_{R.A=S.B} S$ berechnet werden. Beim Öffnen der Eingaben (hier R und S) wird je ein Zeiger auf das erste Tupel von R und S positioniert – hier z_r und z_s genannt. Wir beginnen mit dem kleinsten Attributwert in der Eingabe, hier der 0. Die andere Eingabe besitzt den Wert 5 im Joinattribut. Wir wissen daher aufgrund der Sortierung, dass kein Joinpartner für das Tupel mit der 0 existiert und bewegen z_r vorwärts auf die 7. Nun ist die 5 der kleinste Wert in der Eingabe und wir bewegen z_s vorwärts. Nach zwei Schritten erreicht z_s die 7, und ein Joinpartner ist gefunden. Der Join wird durchgeführt und in R nach weiteren potentiellen Joinpartnern gesucht. Es existiert noch ein weiteres Tupel mit Attributwert 7, daher kann noch ein zweiter Join durchgeführt werden. Dieser Prozess kann jetzt fortgesetzt werden, bis beide Tabellen durchlaufen sind.

Eines muss allerdings noch beachtet werden: Sobald beim Durchlauf ein erster Joinpartner gefunden wird, muss er markiert werden. Existieren nämlich auf beiden Seiten mehrere Tupel mit gleichem Attributwert, muss nach einem Durchlauf auf einer Seite der Zeiger wieder auf die Markierung zurückgesetzt werden. Dies ist bei der 8 der Fall, bei der vier Ergebnistupel erzeugt werden müssen. Der Leser möge

iterator MergeJoin$_p$

open

- Öffne beide Eingaben
- Setze *akt* auf linke Eingabe
- Markiere rechte Eingabe

next

- Solange Bedingung p nicht erfüllt
  - Setze *akt* auf Eingabe mit dem kleinsten anliegenden Wert im Joinattribut
  - Rufe **next** auf *akt* auf
  - Markiere andere Eingabe
- Gib Verbund der aktuellen Tupel der linken und rechten Eingabe zurück
- Bewege andere Eingabe vor
- Ist Bedingung nicht mehr erfüllt oder andere Eingabe erschöpft?
  - Rufe **next** auf *akt* auf
  - Wert des Joinattributs in *akt* verändert?
    - Nein, dann setze andere Eingabe auf Markierung zurück
    - Ansonsten markiere andere Eingabe

close

- Schließe beide Eingabequellen

Abbildung 8.19: Merge-Join Iterator

das Beispiel mit Hilfe der Iterator-Darstellung in Abbildung 8.19 nachvollziehen.

Im Durchschnitt kann man bei diesem Algorithmus mit linearem Aufwand rechnen – falls die Sortierung gegeben ist. Im schlechtesten Fall kann er natürlich auch quadratisch werden, wenn der Join zu einem Kreuzprodukt entartet. Dies wäre bei der Situation $\Pi_A(R) = \{c\} = \Pi_B(S)$ gegeben, wenn also sowohl im Attribut A von R als auch im Attribut B von S nur gleiche Werte, nämlich c, vorkommen.

Bei nicht vorhandener Sortierung muss diese natürlich vorher durchgeführt werden, um den Merge-Join anwenden zu können. Man bezeichnet diese Variante oft als *Sort/Merge-Join*.

Ausnutzung von Indexstrukturen

Ein weiteres Verfahren besteht in der Ausnutzung eines Indexes auf einem der Joinattribute. Das ist in Abbildung 8.20 demonstriert. Auf das Attribut B der Relation S ist ein Index angelegt. Daher braucht man für jedes Tupel aus R nur die passenden Tupel aus B im Index nachzuschlagen. Die Iterator-Darstellung ist in Abbildung 8.21 angegeben. Auch hier muss berücksichtigt werden, dass unter Umständen zu einem Attributwert mehrere Tupel im Index eingetragen sind.

Für den B$^+$-Baum wäre das Nachschlagen des Joinattributwerts im Index also gleichbedeutend mit dem Absteigen des Baums zu der Stelle in den Blättern, an der der Wert das erste Mal vorkommt. Weitere Tupel mit dem Joinattributwert findet man im B$^+$-Baum, indem man den Blattknoten „nach rechts“ durchsucht und gegebenenfalls die Verkettungen zu anderen Blattknoten verfolgt.

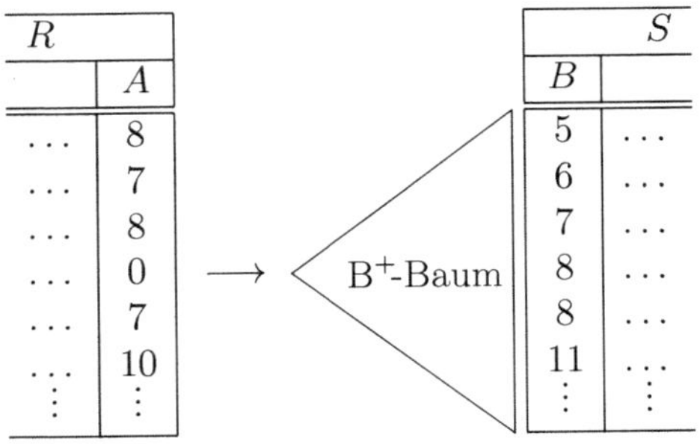

Abbildung 8.20: Schematische Darstellung eines Index-Joins

iterator IndexJoin$_p$

open

- Sei Index auf Joinattribut der rechten Eingabe vorhanden
- Öffne die linke Eingabe
- Hole erstes Tupel aus linker Eingabe
- Schlage Joinattributwert im Index nach

next

- Bilde Join, falls Index ein (weiteres) Tupel zu diesem Attributwert liefert
- Ansonsten bewege linke Eingabe vor und schlage Joinattributwert im Index nach

close

- Schließe die Eingabe

Abbildung 8.21: Index-Join Iterator

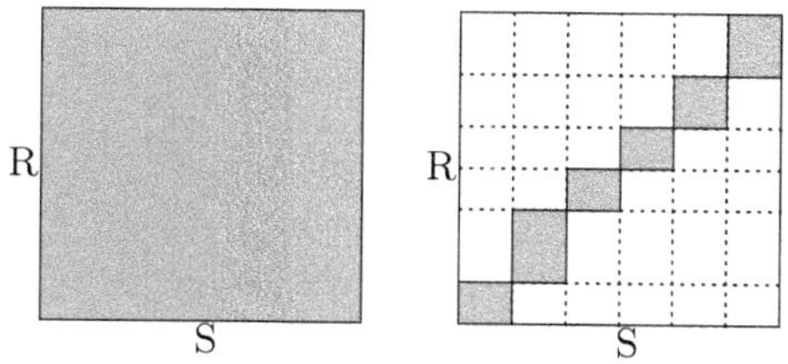

Abbildung 8.22: Effekt der Partitionierung (angelehnt an Mishra und Eich (1992))

Hash-Joins

Ein einfacher Index-Join, wie er oben vorgestellt ist, hat verschiedene Nachteile:

- Manchmal sind die Eingaben eines Joins Zwischenergebnisse anderer Berechnungen, für die keine Indexstrukturen existieren.
- Das Anlegen von temporären Hashtabellen oder B-Bäumen für die Berechnung einer Anfrage lohnt sich allgemein nur, wenn die Indexstruktur im Hauptspeicher Platz findet.
- Man geht bei einer größeren Hashtabelle als Indexstruktur davon aus, dass jedes Nachschlagen aufgrund der nicht vorhandenen Ballung (siehe Kapitel 7) mindestens einen Seitenzugriff erfordert. Daher ist die Ausnutzung einer Hashtabelle bei einem normalen Index-Join nur sinnvoll, wenn die nicht-indizierte Relation klein ist.

Die Idee des Hash-Joins besteht darin, die Eingabedaten so zu partitionieren, dass die Verwendung einer Hauptspeicher-Hashtabelle möglich ist. Die Wirkung der Partitionierung kann man sich mit Hilfe von Abbildung 8.22 verdeutlichen. Beim Nested-Loop Join muss jedes Element der Argumentrelation R mit jedem Element der Relation S verglichen werden, was einer vollständigen Schraffierung der Fläche im Bild entspricht (linke Abbildung). Mit der Partitionierung werden vorher die Tupel der Argumentrelationen so gruppiert, dass nur die schraffierten Rechtecke in der Diagonalen berücksichtigt werden müssen (rechte Abbildung). Die Vorgehensweise dazu ist in Abbildung 8.23 dargestellt.

Die kleinere der beiden Argumentrelationen wird zum sogenannten *Build Input*: Sie wird solange partitioniert, bis die Partitionen in den Hauptspeicher passen.

Stehen für einen Partitionierungsvorgang m Hauptspeicherseiten zur Verfügung, werden $m-1$ für die Ausgabe und eine für die Eingabe reserviert. Die Hashfunktionen h_i werden so gewählt, dass sie die Eingabe auf die $m-1$ Ausgabeseiten abbilden. Es wird jeweils eine Seite gelesen und mit der Hashfunktion h_i auf die restlichen $m-1$ Seiten verteilt. Läuft eine der Ausgabeseiten über, wird sie in die zugehörige Partition geschrieben. Am Ende werden alle verbleibenden Seiten in ihre Partitionen geschrieben. So entstehen in jedem Schritt aus jeder Partition rekursiv $m-1$ kleinere Partitionen. In der Abbildung ist dies für $m-1=3$ gezeigt.

Als nächstes wird die größere Argumentrelation bearbeitet, der sogenannte *Probe Input*. Sie wird mit den gleichen Hashfunktionen h_i partitioniert wie der Build Input.

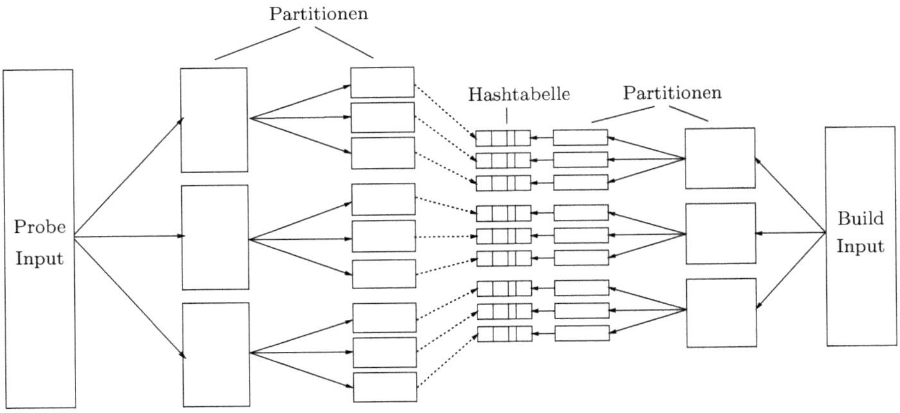

Abbildung 8.23: Partitionierung von Relationen mit einer Hash-Funktion

Die sich ergebenden Partitionen brauchen jedoch nicht unbedingt in den Hauptspeicher zu passen.

Nach der Partitionierungsphase befinden sich die potentiellen Joinpartner, anschaulich ausgedrückt, in „gegenüberliegenden“ Partitionen. Jetzt wird immer jeweils eine Partition des Build Inputs in den Hauptspeicher gelesen und dort als normale Hauptspeicher-Hashtabelle organisiert. Die entsprechende Partition des Probe Inputs kann nun Seite für Seite eingelesen werden. Mit Hilfe der Hashtabelle sind alle potentiellen Joinpartner im Hauptspeicher schnell zu finden. Dieser abschließende Bearbeitungsschritt ist in Abbildung 8.23 durch gestrichelte Pfeile dargestellt.

Verdeutlichen wir das noch einmal an dem etwas konkreteren Beispiel in Abbildung 8.24. Dort wird ein Join von gleichaltrigen Männern und Frauen durchgeführt. Die Relation *Frauen* ist etwas größer, daher wird sie als Probe Input verwendet. Der Anschaulichkeit halber sei eine Hash-Funktion gewählt, die nach dem Alter ordnet – in der Praxis wäre das sicher nicht sinnvoll (siehe Aufgabe 8.4). So sind nach der ersten Partitionierung des Build Inputs die $20 - 39$ Jahre alten Männer in der ersten Partition, die $40 - 59$ Jahre alten in der zweiten Partition usw. Im zweiten Partitionierungsschritt werden diese Partitionen weiter zerlegt. Danach seien alle Partitionen klein genug, um in den Hauptspeicher zu passen. Das Gleiche wird für die Frauen durchgeführt.

Jetzt kann die Partition mit den $20 - 26$ Jahre alten Männern in den Hauptspeicher geladen werden, um sie auf die Hashtabelle zu verteilen. Auf der anderen Seite wird die Partition mit den $20 - 26$ Jahre alten Frauen durchgegangen, und es werden die entsprechenden Joinpartner gesucht, die sich ja im Hauptspeicher befinden müssen.

Man beachte, dass ein *HashJoin*-Iterator, den wir hier nicht mehr detaillierter spezifizieren, beim **open** schon einen Großteil der „Arbeit verrichtet“. Bei der Initialisierung (Aufruf von **open**) wird schon die gesamte Partitionierung und der Aufbau der Hashtabelle für die erste Partition des Build-Inputs durchgeführt. Erst danach kann dieser Iterator sukzessive (durch Aufruf von **next**) Ergebnistupel des Joins liefern.

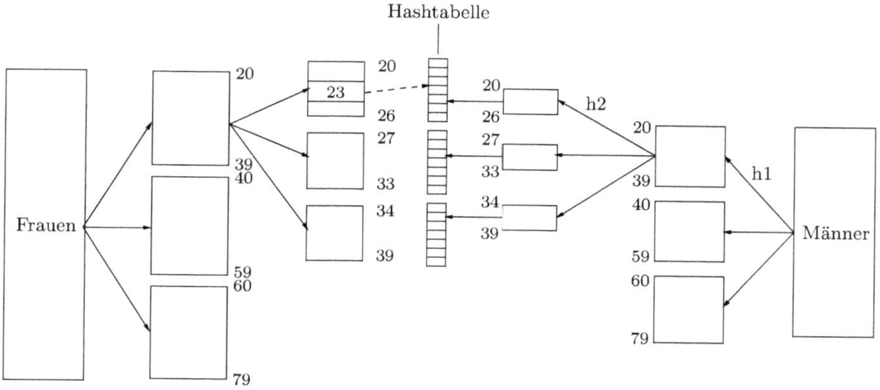

Abbildung 8.24: Berechnung von Frauen $\bowtie_{\text{Frauen.Alter=Männer.Alter}}$ Männer

8.2.3 Gruppierung und Duplikateliminierung

Auch Gruppierung und Duplikateliminierung sind miteinander verwandt. Ihre Gemeinsamkeit ist ähnlich der von Join und Differenz bzw. Schnitt. Während bei der Gruppierung Tupel zusammengefasst werden, bei denen ein bestimmtes Attribut im Wert übereinstimmt, werden bei der Duplikateliminierung diejenigen Tupel zusammengefasst, die vollständig übereinstimmen.

Es können wieder die schon im vorigen Abschnitt benutzten drei Methoden eingesetzt werden (daher geben wir hier auch nicht mehr die Iterator-Schreibweise an). Die Brute-Force Methode vergleicht einfach analog zum Nested-Loop Join in einer geschachtelten Schleife jedes Tupel mit jedem. Liegt eine Sortierung vor, braucht die Eingabe lediglich von Anfang bis Ende einmal durchsucht und alle Duplikate eliminiert bzw. Gruppen bearbeitet zu werden. Alternativ kann ein vorliegender Sekundärindex ausgenutzt werden. Wurde beispielsweise ein B^+-Baum verwendet, befinden sich in den Blättern des Baums entweder die Tupel oder Zeiger auf die Tupel der Eingaberelation in sortierter Reihenfolge. Im Normalfall ist es sinnvoll, für die Duplikateliminierung eine Partitionierung ähnlich wie beim Hash-Join oder eine Sortierung durchzuführen, wenn diese nicht vorliegt.

8.2.4 Projektion und Vereinigung

Projektion und Vereinigung sind sehr einfach zu implementieren, es wird daher nur kurz auf das Vorgehen eingegangen.

Da der Projektionsoperator der physischen Algebra keine Duplikateliminierung vornimmt (dafür ist ja ein spezieller Operator vorgesehen), braucht er lediglich jedes Tupel der Eingabe auf die entsprechenden Attribute zu reduzieren und an die Ausgabe weiterzureichen.

Bei der Vereinigung werden nur nacheinander alle Tupel der linken und rechten Eingabe ausgegeben, da auch hier in der physischen Algebra keine automatische Duplikateliminierung durchgeführt wird.

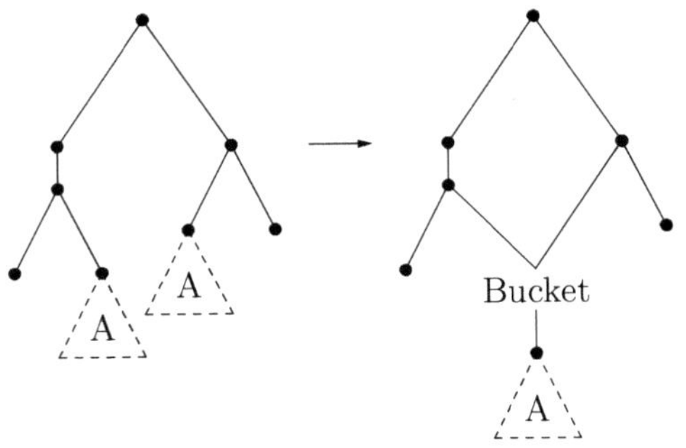

Abbildung 8.25: Eliminierung gemeinsamer Teilausdrücke

8.2.5 Zwischenspeicherung

Es ist durchaus möglich, Iteratoren so zu verwenden, dass zwischendurch kein einziges Tupel auf dem Hintergrundspeicher abgelegt werden muss. Sie brauchen lediglich einzeln nach oben weitergegeben zu werden. Das ist aber sicherlich nicht immer der effizienteste Weg. Besteht die innere Schleife eines Nested-Loop-Joins beispielsweise wieder aus einem Nested-Loop-Join, müsste für jedes Tupel des äußeren Arguments der innere Join komplett neu berechnet werden. In diesem Fall ist es vielfach effizienter einen Operator zur Zwischenspeicherung einzufügen, den wir *Bucket* nennen wollen.[2]

Der Bucket-Operator legt einfach alle Tupel der Eingabe temporär auf dem Hintergrundspeicher ab, quasi als eine Art „Auffangbecken“. Bei später folgenden Durchläufen kann er dann auf diese Daten zugreifen.

Eine weitere Anwendungsmöglichkeit gibt es bei der Eliminierung (bzw. Faktorisierung) gemeinsamer Teilausdrücke. Sollte in einer Anfrage ein Ausdruck mehrmals vorkommen, ist es oft sinnvoll, ihn nur einmal auszuwerten und zwischenzuspeichern. Der Auswertungsplan wird dann zu einem Graph, wie es Abbildung 8.25 skizziert.

Eine Verfeinerung des Bucket-Operators sind die Operatoren *Sort*, *Hash* und *BTree*. Auch sie führen eine Zwischenspeicherung durch, bearbeiten die Eingabe jedoch vorher. Im ersten Fall wird sie sortiert, im zweiten und dritten wird eine Hashtabelle bzw. ein B-Baum mit der Eingabe als Inhalt angelegt. Dadurch ist es möglich, die effizienteren Sort- und Index-Algorithmen auch auf Zwischenergebnissen zu verwenden.

8.2.6 Sortierung von Zwischenergebnissen

Hier soll eine einfache Version des üblicherweise verwendeten Mergesorts vorgestellt werden. Das Problem bei der Sortierung ist wieder, dass Relationen im Allgemeinen wesentlich größer sind als der Hauptspeicher. Sie können also immer jeweils nur teilweise bearbeitet werden; Verfahren wie Quicksort sind daher nicht anwendbar.

[2]Aufgrund des hohen Speicherverbrauchs einer Joinberechnung ist es meistens auch notwendig, die Ausgabe abzuspeichern. Ansonsten kann bei mehreren Joinberechnungen jeder einzelnen nicht genügend Hauptspeicherplatz zugeteilt werden.

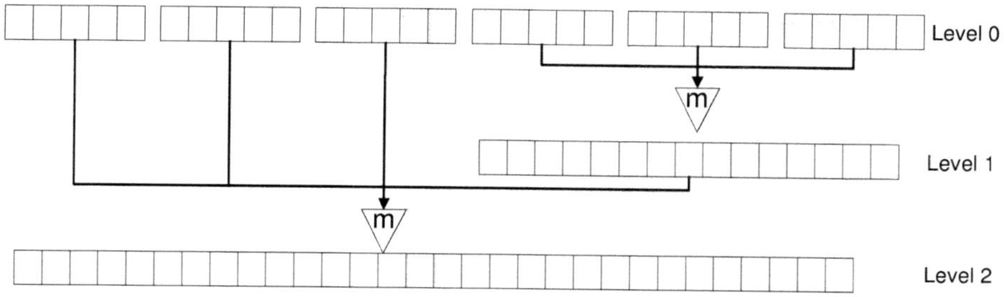

Abbildung 8.26: Demonstration eines einfachen Mergesorts

Die Idee des Mergesorts ist es, eine Relation in sortierte Stücke zu zerteilen, sogenannte *Läufe* (engl. *runs*). Zwei (oder mehrere) sortierte Läufe können dann zu einem größeren sortierten Lauf, ähnlich wie beim Merge-Join, zusammengemischt werden. Das wird solange fortgesetzt, bis nur noch ein Lauf vorhanden ist.

Die initialen, sogenannten *Level-0 Läufe* werden durch eine Hauptspeichersortierung, beispielsweise mit Hilfe von Quicksort, gebildet. Dazu wird die Relation stückweise eingelesen, sortiert und in eine temporäre Relation zurückgeschrieben.

Danach beginnt der Mischvorgang. Stehen m Seiten im Hauptspeicher zur Verfügung, werden $m-1$ Läufe (ähnlich wie beim Merge-Join) gemischt. Die freie Seite wird für die Ausgabe benötigt.

Sei b_R die Anzahl der Seiten, die die Relation R belegt. Betrachten wir als Beispiel für die Situation $m = 5$ und $b_R = 30$ die Abbildung 8.26. Nach der initialen Sortierung entstehen sechs Level-0 Läufe der Länge m. Jeder Mischvorgang kann maximal $m - 1 = 4$ Seiten lesen und sie in die verbleibende fünfte Seite mischen. Also muss man von den 6 Level-0 Läufen drei vorab mischen, damit man am Ende die verbleibenden drei Level-0 Läufe und den einen Level-1 Lauf auf einmal mischen kann. Man sollte in der Zwischenphase so wenige Läufe wie nötig mischen, da jeder Mischvorgang einen „Round-Trip" zur Platte bedeutet. Es ist relativ einfach, einen optimalen Algorithmus zu konzipieren, der eine minimale Anzahl von I/O-Vorgängen garantiert – siehe Aufgabe 8.8.

Ein einzelner Mischvorgang wird in Abbildung 8.27 gezeigt. Im Hauptspeicher M befindet sich je eine Seite jedes Laufs und die Ausgabeseite. Nun wird immer der kleinste der anliegenden Werte, hier die 1, in die Ausgabeseite geschrieben. Ist die Ausgabeseite voll, wird sie fortgeschrieben. Ist eine der Eingabeseiten leer, wird sie aus dem entsprechenden Lauf aufgefüllt.

Um die Anzahl der Durchgänge zu reduzieren, sollten die initialen Läufe so lang wie möglich sein. Eine Verbesserung lässt sich mit einer sogenannten *Replacement-Selection*-Strategie erreichen.

Bei der Bildung eines Level-0 Laufs werden die Daten dabei nicht direkt vollständig wieder zurückgeschrieben, sondern nur stückweise. Jedesmal, wenn wieder Platz frei wird, wird dieser mit neuen Elementen aus der Eingabe belegt. Sind die Elemente größer als die bereits zurückgeschriebenen, können sie in diesem Lauf mitverwendet werden. Ansonsten werden sie „gesperrt" und erst im nächsten Lauf verwendet. Ein Lauf endet, wenn nur noch gesperrte Einträge vorhanden sind. Mit einem solchen

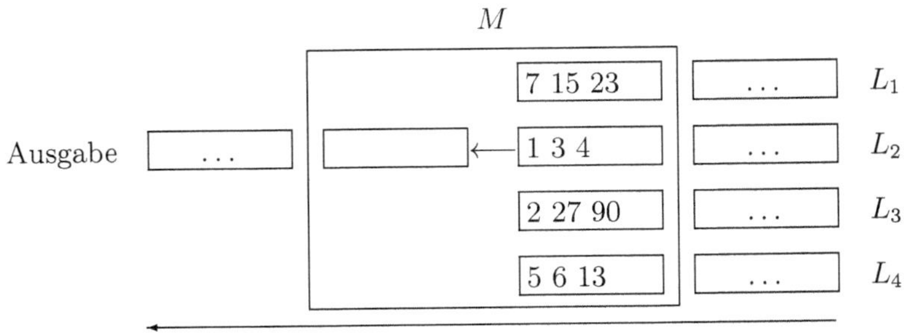

Abbildung 8.27: Demonstration des Mischvorgangs

Ausgabe						Speicher				Eingabe						
						10	20	30	40	25	73	16	26	33	50	31
					10	20	25	30	40	73	16	26	33	50	31	
				10	20	25	30	40	73	16	26	33	50	31		
			10	20	25	(16)	30	40	73	26	33	50	31			
		10	20	25	30	(16)	(26)	40	73	33	50	31				
	10	20	25	30	40	(16)	(26)	(33)	73	50	31					
10	20	25	30	40	73	(16)	(26)	(33)	(50)	31						
					16	26	31	33	50							

Abbildung 8.28: Berechnung der initialen Läufe mit Replacement-Selection

Verfahren lässt sich die Länge der initialen Läufe im Durchschnitt verdoppeln. Ein Beispiel ist in Abbildung 8.28 angegeben. Eingeklammerte Zahlen deuten gesperrte Elemente an.

Im ersten Schritt ist der Speicher mit den Zahlen 10, 20, 30 und 40 belegt. Die kleinste Zahl wird ausgegeben und durch den nächsten Wert der Eingabe ersetzt, die 25. Dieser Wert ist größer als die 10 und kann in diesem Lauf mitverwendet werden. Auf die gleiche Weise wird die 20 ausgegeben und die 73 von der Eingabe geholt. Der nächste Wert in der Eingabe, die 16, ist kleiner als das gerade kleinste Element 25. Daher kann sie nicht in diesem Lauf verwendet werden. Nach drei weiteren Schritten sind alle Werte im Speicher gesperrt und ein neuer Lauf muss begonnen werden.

Wir überlassen es den Lesern, den *Sort*-Iterator zu spezifizieren. Ähnlich wie beim *HashJoin*-Iterator muss auch der *Sort*-Iterator bei der Initialisierung (**open**) schon den Großteil der Arbeit verrichten. Nur die letzte *merge*-Phase wird während der sukzessiven Anforderung von Ergebnistupeln durch **next**-Aufrufe durchgeführt.

G-Join: Generalisierung von Sort-Merge- und Hash-Join

Es ist erstaunlich, dass man selbst fast drei Jahrzehnte nach der Erfindung des Hash-Join-Verfahrens immer noch algorithmische Verbesserungen für die Join-Berechnung erzielen kann. Beim sogenannten G-Join (Generalized Join) werden die Grundideen des Sort-Merge-Joins (sortierte Runs) mit denen des Hash-Joins (temporärer Hash-Index für die Ermittlung der Join-Partner) kombiniert. Wir wollen dies an dem Beispiel $R \bowtie S$ demonstrieren, bei dem zunächst eine Run-Sortierung – am besten mittels Replacement-Selection – erfolgt:

- Sortiere Hauptspeicher-große Runs von R – falls R nicht schon nach dem Join-Attribut sortiert ist
- Gleichfalls wird S in Haupspeicher-große Runs sortiert, falls nicht ohnehin eine Sortierung von S gemäß dem Join-Attribut vorgegeben war

Der resultierende Zustand ist in Abbildung 8.29 an den äußeren Rändern gezeigt. Jedes Tupel wird durch seinen Join-Attributwert und die restlichen Daten repräsentiert. Wir gehen davon aus, dass R die kleinere der beiden Relationen ist (anderenfalls werden R und S vertauscht). Demzufolge besteht R aus zwei Runs, nachfolgend $R1$ und $R2$ genannt, und S aus den drei Runs $S1, S2, S3$. Anders als beim Sort-Merge-Join wird aber auf eine vollständige Sortierung verzichtet. Der G-Join „wandert" synchron durch die Runs von R und S. Dies ist schematisch in Abbildung 8.30 gezeigt. Es wird jeweils die noch nicht verarbeitete Seite mit dem kleinsten Anfangselement der Relation S verarbeitet. Dazu müssen alle Seiten der Runs von R in den Hauptspeicher-Puffer geladen sein bzw. werden, die sich mit der gerade aktiven S-Run-Seite überschneiden könnten. Diejenigen Seiten von R, die sich definitiv nicht mehr mit dem derzeitig aktiven Run von S überschneiden, weil deren Elemente kleiner sind als das kleinste Element der S-Seite, können schon wieder aus dem Hauptspeicher-Puffer verdrängt werden. Dies wird durch entsprechende Kontrollstrukturen bestehend aus vier sortierten Listen (implementiert als priority queues) für den Fortgang der Join-Berechnung gesteuert: A enthält die jeweils größten Join-Schlüssel der gepufferten R-Runs; B enthält die jeweils größten Join-Schlüssel der ältesten gepufferten Seiten der R-Runs; C enthält die kleinsten Join-Schlüssel der nächsten zu bearbeitenden Seite der S-Runs; D enthält deren größte Elemente. Es sei den Lesern überlassen, basierend auf diesen Kontrollstrukturen den Fortgang der Join-Berechnung und der Pufferbereinigung der R-Seiten zu konzipieren. Man kann davon ausgehen, dass jeweils ca. 2 bis 3 Seiten von jedem R-Run im Puffer sein müssen (dies ist aber keine Obergrenze – warum nicht?). Anders als in der Abbildung 8.29 gezeigt, kann man den Algorithmus so optimieren, dass immer nur eine einzige Seite von S, also nicht eine Seite pro S-Run, im Puffer sein muss. Zu diesem Zweck sollte jede S-Seite am Ende den kleinsten Schlüssel der nachfolgenden Run-Seite noch zusätzlich enthalten oder man verwendet für die Liste C den größten Wert der zuletzt schon bearbeiteten Seite des jeweiligen Runs. Wie auch in Abbildung 8.29 gezeigt, liefert der G-Join kein vollständig sortiertes Ergebnis, wie es der Sort-Merge-Join garantieren würde. Allerdings ist das Ergebnis „quasi-sortiert", so dass man in den meisten Fällen mit einer nachgeschalteten Replacement-Selection-Sortierung eine vollständige Sortierung in einer Phase erzielen kann.

8.2.7 Übersetzung der logischen Algebra

In diesem Abschnitt werden die einzelnen Operatoren der logischen Algebra in eine äquivalente Darstellung der physischen Algebra übersetzt. Dabei werden die phy-

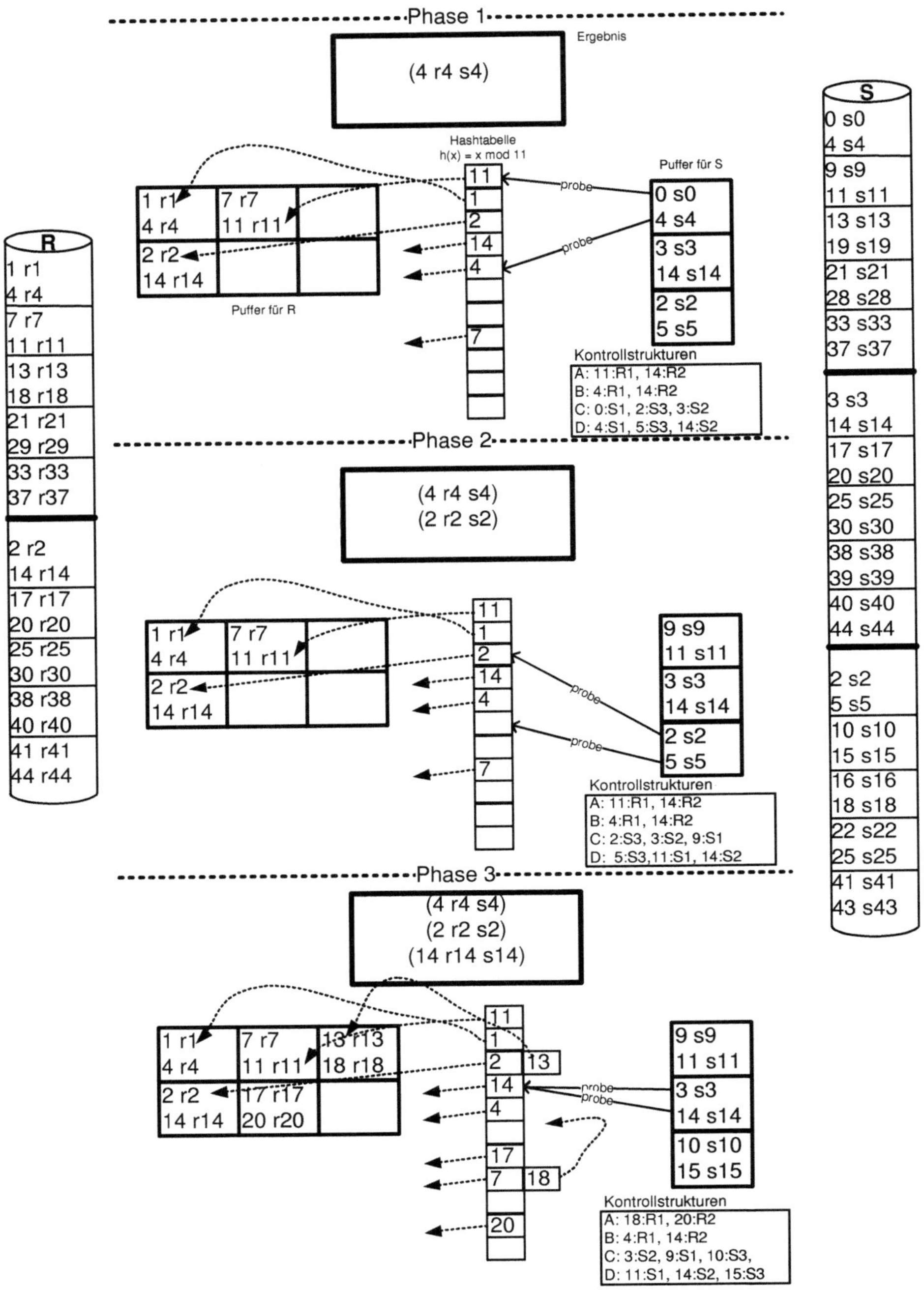

Abbildung 8.29: Die ersten drei Phasen des G-Joins

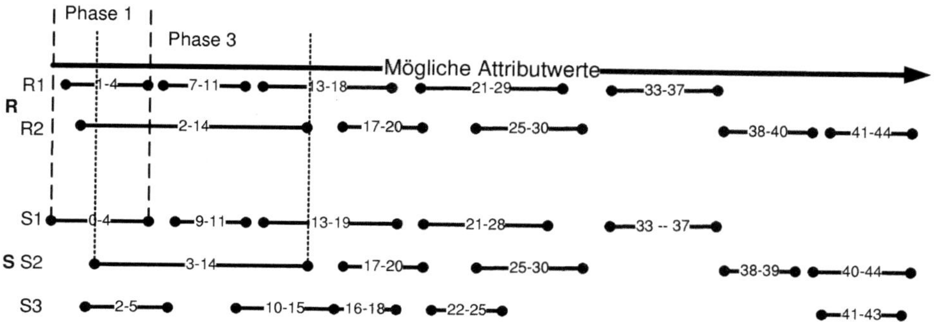

Abbildung 8.30: Die Verarbeitung der sortierten Runs im G-Join

sischen Eigenschaften der Daten ausgenutzt. Eine physische Eigenschaft kann z.B. „Eingabe befindet sich im Hauptspeicher“ oder „Attribut A ist aufsteigend sortiert“ sein. Diese Eigenschaften können von den Operatoren erhalten, neu eingeführt oder zerstört werden. Index-Join und Nested-Loop-Join erhalten beispielsweise die Sortierung in Attributen der äußeren Relation, nicht aber in Attributen der inneren. Ein Sort-Operator führt eine Sortierung neu ein.

Abbildung 8.31 zeigt einige Übersetzungsmöglichkeiten für relationale Operatoren. Die Argumente R und S deuten dabei nicht notwendigerweise abgespeicherte Relationen an, sondern beliebige weitere Teilbäume. Beispielsweise kann ein Join durch einen Merge-Join implementiert werden, wenn die Eigenschaft der Sortierung auf den Joinattributen vorhanden ist. Diese muss unter Umständen durch das Einfügen eines Sort-Operators erzeugt werden. Eine Projektion kann, wenn nötig, von einer Duplikateliminierung gefolgt werden. Setzt die Duplikateliminierungsmethode bestimmte physische Eigenschaften voraus, können diese durch Voranstellen eines entsprechenden Operators geschaffen werden. Eine „Möglichkeit“ wird im Bild durch die eckigen Klammern [...] angedeutet. Eine Operation in eckigen Klammern kann fehlen, wenn sie nicht notwendig ist.

Ein möglicher Auswertungsplan für die Beispielanfrage aus Abbildung 8.7 könnte wie in Abbildung 8.32 aussehen. Dabei wurde angenommen, dass sich auf allen Primärschlüsseln des Schemas ein Primärindex in Form einer Hashtabelle befindet und auf dem Attribut *gelesenVon* der Relation *Vorlesungen* ein Sekundärindex (B^+-Baum). Für unsere Datenbasis ist die vorgestellte Auswertung sicherlich nicht die optimale, bei so kleinen Datenmengen würde sich ohnehin der Einsatz einer Indexstruktur nicht lohnen. Es wird jedoch demonstriert, wie ein guter Auswertungsplan bei einer realistischen (großen) Datenbasis aussehen könnte.

Zunächst wurde die Selektion in Ermangelung eines Indexes auf dem Namen der Professoren durch einen einfachen „Select“ ersetzt. Der Sekundärindex auf dem Attribut *gelesenVon* ermöglicht den Einsatz eines Index-Joins, damit nicht die (normalerweise große) Relation *Vorlesungen* komplett gelesen werden muss.

Für den zweiten Join wurde ein Merge-Join ausgewählt. Dazu müssen beide Eingaben nach den Joinattributen sortiert sein. Alternativ wäre auch das Aufbauen einer temporären Indexstruktur möglich gewesen. Wie wir aber bereits gesehen ha-

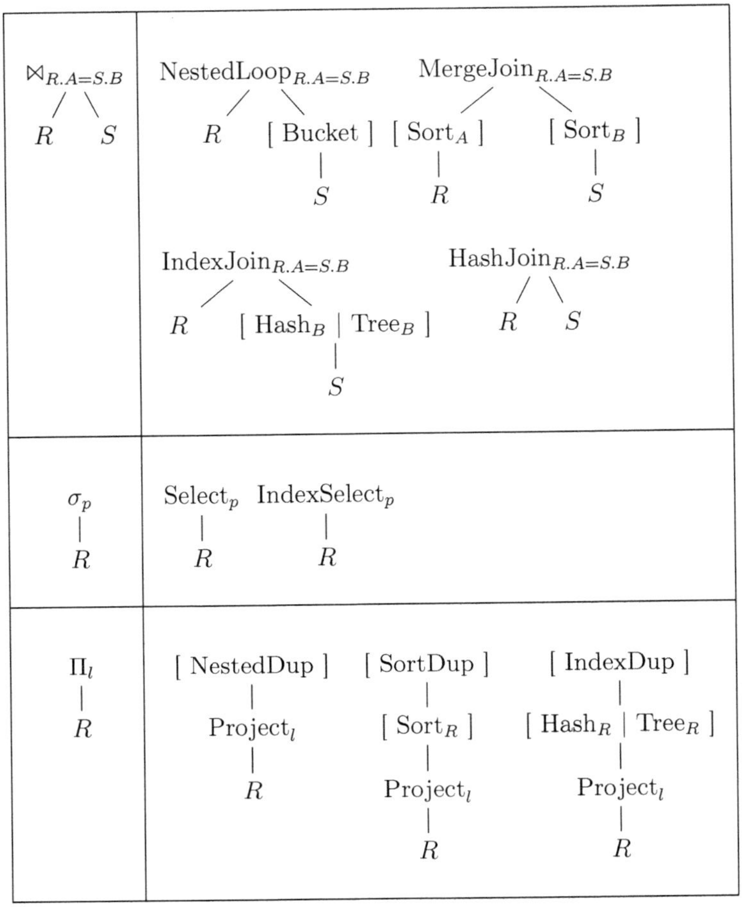

Abbildung 8.31: Mögliche Umsetzungen einiger relationaler Operatoren

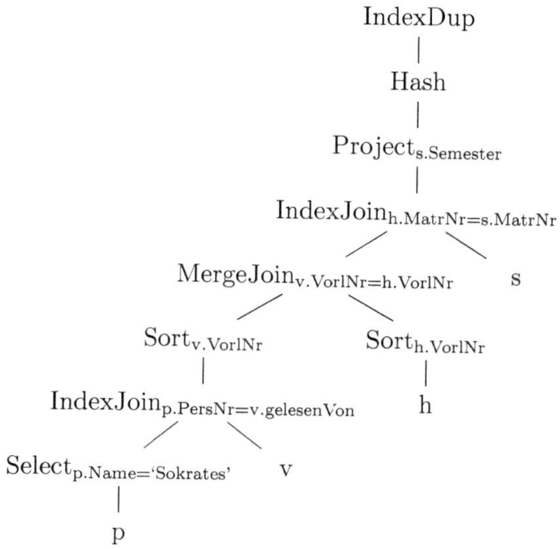

Abbildung 8.32: Ein Auswertungsplan

ben, sind temporäre Indexstrukturen i.A. nur sinnvoll, wenn sie im Hauptspeicher Platz finden (Für „Hash" und „Tree" sollten demnach Hauptspeicher-Versionen verwendet werden). Es ist zu beachten, dass *VorlNr* nur ein Teil des Primärschlüssels der Relation *hören* ist und daher der Primärindex im Allgemeinen nicht ausgenutzt werden kann.

Im nächsten Join kann der Primärindex der Relation *Studenten* ausgenutzt werden. Das einzige, was noch übrig bleibt, ist die Projektion auf das Attribut *Semester* durchzuführen. Da die Projektion alleine keine Duplikateliminierung durchführt, wird diese nachträglich angewendet. Der Operator, der die Duplikateliminierung durchführt, wurde im Bild „IndexDup" genannt. Diese Wahl ist für das Beispiel wohl tatsächlich die effizienteste, weil wir, wegen des kleinen Wertebereichs von *Semester* (siehe Abschnitt 8.1.2), nur mit wenigen Tupeln in der Ausgabe rechnen müssen. Die Hashtabelle bleibt daher klein und kann im Speicher gehalten werden. Die Eingabe braucht lediglich einmal sequentiell gelesen zu werden.

8.3 Kostenmodelle

Heuristische Optimierungstechniken sind darauf ausgerichtet, in der Mehrzahl der Fälle innerhalb kurzer Laufzeit gute Ergebnisse – d.h. nahezu optimale Anfrageauswertungspläne – zu liefern. Leider generieren derartige Heuristiken manchmal eher schlechte Auswertungspläne. Um dies auszuschließen, ist ein Kostenmodell notwendig, mit dem man verschiedene alternative Auswertungspläne miteinander vergleichen kann, um den besten auszuwählen.

Ein Kostenmodell stellt Funktionen zur Verfügung, die den Aufwand, d.h. die

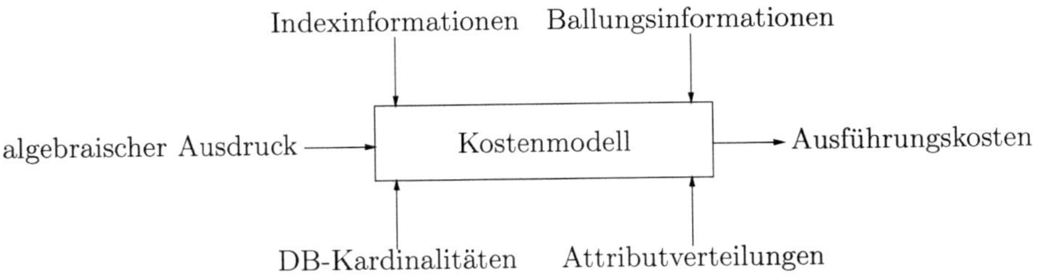

Abbildung 8.33: Funktionsweise des Kostenmodells

Laufzeit, der Operatoren der physischen Algebra abschätzen. Dazu werden diverse Parameter benötigt, die schon in der Einleitung dieses Kapitels erwähnt wurden, unter anderem Informationen über Indices, Ballungen, Kardinalitäten und Verteilungen (siehe Abbildung 8.33). Wie schon anfangs erwähnt, werden wir nur einige Varianten der Operatoren etwas detaillierter beschreiben und bewerten. Vorher muss aber noch einiges an Vorarbeit geleistet werden. Bei der Aufwandsbestimmung spielt in vielen Fällen eine Rolle, wieviele Tupel sich bei Auswertung einer Bedingung qualifizieren würden. Diesem Thema wollen wir uns zuerst widmen.

8.3.1 Selektivitäten

Der Anteil der qualifizierenden Tupel wird die *Selektivität sel*[3] genannt. Für die Selektion und den Join ist sie wie folgt definiert:

- Selektion mit Bedingung p:

$$sel_p := \frac{|\sigma_p(R)|}{|R|}$$

- Join von R mit S:

$$sel_{RS} := \frac{|R \bowtie S|}{|R \times S|} = \frac{|R \bowtie S|}{|R| \cdot |S|}$$

Die Selektivität der Selektion gibt also den relativen Anteil der Tupel an, die das Selektionskriterium p erfüllen. Beim Join wird der Anteil relativ zur Kardinalität des Kreuzprodukts angegeben.

Nun muss irgendwie die Selektivität abgeschätzt werden, damit man Rückschlüsse auf die Größe der Zwischenergebnisse ($|\sigma_p(R)|$ bzw. $|R \bowtie S|$) ziehen kann. Einfache Abschätzungen sind z.B.

- Die Selektivität der Operation $\sigma_{R.A=c}$, also des Vergleiches des Attributs A aller Tupel von R mit der Konstante c, beträgt $1/|R|$, falls A ein Schlüssel ist (es qualifiziert sich ein Tupel von $|R|$ möglichen).

[3]In der Literatur wird die Selektivität häufig als σ bezeichnet. Hier wird sie *sel* genannt, damit Verwechslungen mit dem Selektionsoperator ausgeschlossen sind.

- Bei einer Gleichverteilung der Werte von $R.A$ ist die Selektivität der Operation $\sigma_{R.A=c}$ $1/i$. Dabei ist i die Anzahl der unterschiedlichen Attributwerte (jedes i-te Tupel qualifiziert sich).

- Besitzt bei einem Equijoin ($R \bowtie_{R.A=S.B} S$) das Attribut A Schlüsseleigenschaften, kann die Größe des Ergebnisses mit $|S|$ abgeschätzt werden. Jedes Tupel aus S findet nur maximal einen Joinpartner (abhängig von der Einhaltung der referentiellen Integrität), da B wohl einen Fremdschlüssel auf R darstellt. In diesem Falle ist die Selektivität $sel_{RS} = 1/|R|$.

Das sind jedoch nur Spezialfälle. Im Allgemeinen ist man auf anspruchsvollere Methoden zur Selektivitätsabschätzung angewiesen, denn vielfach sind Annahmen über Gleichverteilung bzw. Schlüsseleigenschaften nicht gegeben. In der Literatur sind drei Arten von Verfahren bekannt, mit deren Hilfe man testen kann, wieviele Tupel sich innerhalb eines bestimmten Wertebereiches befinden:

a) parametrisierte Verteilungen,

b) Histogramme und

c) Stichproben.

Die erste Methode versucht, zu der vorhandenen Werteverteilung die Parameter einer Funktion so zu bestimmen, dass diese die Verteilung möglichst gut annähert. Sie ist in Abbildung 8.34 a) vereinfacht dargestellt. Dort sind zwei Normalverteilungen mit unterschiedlichen Parametern und die tatsächliche Verteilung aufgetragen. Man sieht, dass beide Normalverteilungen die tatsächliche Verteilung in bestimmten Bereichen nicht gut annähern können.

Eine Abschätzung der Selektivität ist recht einfach zu berechnen, die Funktion liefert die Anzahl der Tupel im qualifizierenden Bereich. Unter Umständen können die Parameter bei Veränderungen (updates) der Datenbasis nachgezogen werden, so dass sich die Verteilungskurve angleicht.

Leider sind realistische Werteverteilungen oft nicht gut mit parametrisierten Funktionen annäherbar. Vor allem bei mehrdimensionalen Anfragen (also z.B. bei Selektionen, die sich auf mehrere Attribute beziehen) gestaltet sich dieses schwierig. In der Literatur wurden dafür flexiblere, aber auch wesentlich kompliziertere Verteilungen als in unserer Skizze vorgestellt. Auch muss eine sinnvolle und effiziente Möglichkeit der Parameterbestimmung bestehen. Hier kann auf Stichprobenverfahren zurückgegriffen werden.

Bei Histogrammverfahren wird der Wertebereich der betreffenden Attribute in Intervalle unterteilt und alle Werte gezählt, die in ein bestimmtes Intervall fallen. Das ist in Abbildung 8.34 b) dargestellt. Auf diese Weise ist eine sehr flexible Annäherung der Verteilung möglich.

Normale Histogramme unterteilen den Wertebereich in äquidistante Stücke, wie es in der Abbildung zu sehen ist. Das hat den Nachteil, dass vergleichsweise viele Unterteilungen in spärlich besetzten Bereichen vorgenommen werden. Dafür werden sehr häufig vorkommende Werte nur ungenau abgeschätzt. Aus diesem Grund wurden sogenannte *Equi-Depth-Histogramme* vorgeschlagen, die den Wertebereich so in Abschnitte unterteilen, dass in jeden Abschnitt gleich viele Werte fallen. So sind

a)

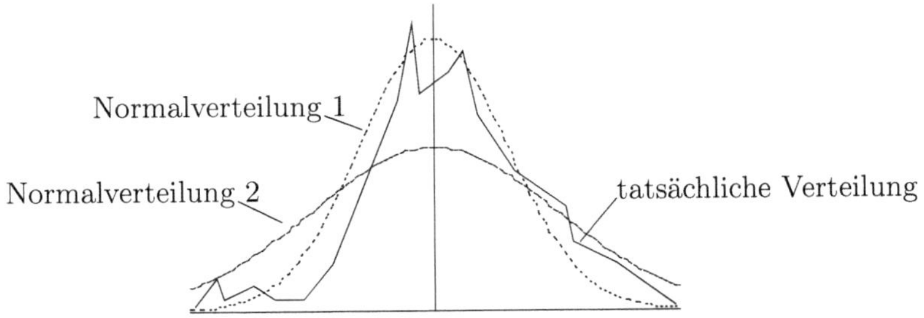

b)

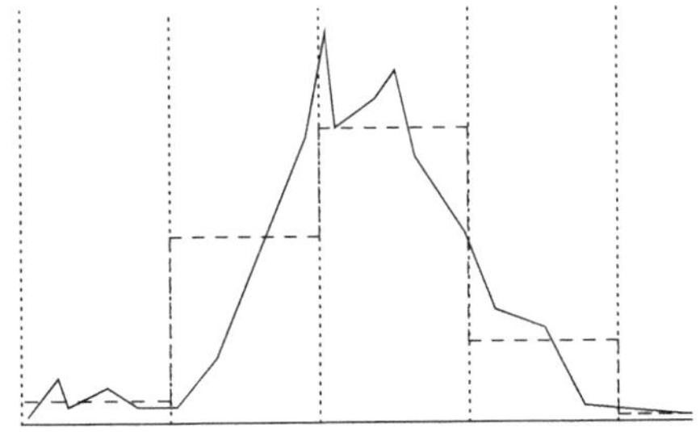

Abbildung 8.34: Schematische Darstellung der Selektivitätsabschätzung: a) parametrisierte Verteilungen und b) ein Histogramm

Abschnitte mit selten vorkommenden Werten sehr breit und solche mit häufig vorkommenden Werten sehr schmal. Mit dieser Methode ist eine genauere Annäherung an die tatsächliche Verteilung möglich. Nachteilig ist der höhere Verwaltungsaufwand, da Equi-Depth-Histogramme nur mit hohen Kosten an Veränderungen der Datenbasis anpassbar sind.

Stichprobenverfahren zeichnen sich durch ihre außerordentliche Einfachheit aus. Es wird einfach eine zufällige Menge von Tupeln einer Relation gezogen und deren Verteilung als repräsentativ für die ganze Relation angesehen. Das Lesen der Tupel erfordert jedoch „teure" Zugriffe auf den Hintergrundspeicher. Es ist daher wichtig, dass nicht mehr Zeit durch das Ziehen von Stichproben aufgewendet wird als für eine beliebige Abarbeitung der Anfrage. Insofern muss ein gutes Stichprobenverfahren adaptiv sein.

8.3.2 Kostenabschätzung für die Selektion

Wir gehen davon aus, dass Hintergrundspeicherzugriffe so dominierend sind, dass der CPU-Aufwand vernachlässigbar ist. Die Frage lautet also: Wieviele Hintergrundspeicherzugriffe verursacht eine Selektion?

Diese Frage ist im Falle des Select-Operators sehr einfach zu beantworten: Handelt es sich bei der Eingabe um eine auf dem Hintergrundspeicher abgelegte Relation, müssen alle zur Relation gehörenden Blöcke gelesen werden. Falls die Eingabe von einem anderen Iterator produziert wurde, kann sie einfach entsprechend der Selektionsbedingung „gefiltert" werden. Dabei entstehen keine weiteren Hintergrundspeicherzugriffe.

Im Falle der Selektion mit Index-Unterstützung müssen die Kosten durch den Indexzugriff berücksichtigt werden. Es ist eine gebräuchliche Vereinfachung, für ein Absteigen der Knoten eines B^+-Baums zwei Hintergrundspeicher-Zugriffe zu veranschlagen. Man geht davon aus, dass ein sinnvoll eingesetzter B^+-Baum eine Höhe von $h = 3$ oder $h = 4$ hat. Bei häufigem Zugriff befindet sich die Wurzel und zumindest ein Teil der zweiten Ebene im Datenbank-Puffer.

Betrachten wir die Operation $\sigma_{A\theta c}(R)$, wobei A ein Attribut, c eine Konstante und θ ein Vergleichsoperator ist. Die Relation R besitze einen Cluster-Index in Form eines B^+-Baums auf dem Attribut A, sie ist also nach A sortiert abgelegt. Dann wird für die Selektion der Wert c im B^+-Baum nachgeschlagen. Von dort aus kann – die Richtung wird durch den Vergleichsoperator bestimmt – die Relation sequentiell durchlaufen werden, bis die Bedingung nicht mehr zutrifft. Wenn die Relation also b_R Blöcke des Hintergrundspeichers belegt und für das Nachschlagen im Index t Zugriffe notwendig sind, ergeben sich die Gesamtkosten in etwa zu

$$t + \lceil sel_{A\theta c} \cdot b_R \rceil$$

Bei einer Hashtabelle geht man von einem Hintergrundspeicherzugriff aus, wenn ein verzeichnisloses Verfahren wie lineares Hashing verwendet wird. Beim erweiterbaren Hashing muss mit zwei Zugriffen gerechnet werden, da das Verzeichnis im Allgemeinen sehr groß ist. Es kann nicht davon ausgegangen werden, dass sich der gerade gesuchte Teil im Puffer befindet.

Da eine Hashtabelle normalerweise nicht ordnungserhaltend ist, geht man davon aus, dass jeder Wert, der das Selektionsprädikat erfüllt, auch nachgeschlagen werden muss. Wenn also ein Zugriff auf die Hashtabelle h Seitenfehler verursacht und d unterschiedliche Werte nachgeschlagen werden müssen, ergeben sich die Gesamtkosten zu $h \cdot d$. Hierbei nehmen wir vereinfachend an, dass alle Tupel mit gleichem Wert in denselben Behälter passen.

8.3.3 Kostenabschätzung für den Join

Betrachten wir den „verfeinerten" Nested-Loop-Join. Seien dabei b_R und b_S die Anzahl der Seiten, die R respektive S belegen. Für die innere Schleife wurden k Seiten reserviert, für die äußere $m-k$. Die Relation R wird einmal vollständig durchlaufen, es ergeben sich dabei b_R Seitenzugriffe. Die innere Schleife wird $\lceil b_R/(m-k) \rceil$-mal durchlaufen. Bei jedem Durchlauf ergeben sich $b_S - k$ Zugriffe, da durch das Zick-Zack-Vorgehen die letzten k Seiten des vorigen Durchlaufes wiederverwendet werden können. Lediglich der erste Durchlauf muss komplett alle b_S Seiten lesen. Insgesamt ergeben sich die Kosten zu

$$b_R + k + \lceil b_R/(m-k) \rceil \cdot (b_S - k)$$

Für realistische Größen des Puffers und der Relationen wird dieser Ausdruck minimal, wenn R die kleinere der beiden Relationen ist und für die innere Schleife nur ein Puffer von einer Seite ($k = 1$) verwendet wird (siehe Aufgabe 8.7).

8.3.4 Kostenabschätzung für die Sortierung

Zu Beginn werden die b_R Seiten der Eingaberelation in sortierte Level-0 Läufe geschrieben, die jeweils m Seiten groß sind. Von diesen gibt es $i = \lceil b_R/m \rceil$ Stück. Bei der Replacement-Selection-Strategie kann man im Durchschnitt von $2 \cdot m$ anstelle von m Seiten in jedem Level-0 Lauf ausgehen.

Während des Mischens werden auf jeder Stufe jeweils $m - 1$ Läufe gleichzeitig betrachtet. Insgesamt werden daher $l = \lceil \log_{m-1}(i) \rceil$ Stufen benötigt.

Jede Stufe liest und schreibt im schlimmsten Fall alle Tupel der Relation. Als Gesamtkosten ohne Berücksichtigung der möglichen Optimierungen ergeben sich

$$2 \cdot l \cdot b_R.$$

8.4 „Tuning“ von Datenbankanfragen

Entwickler von zeitkritischen Datenbankanwendungen werden in der Regel nicht umhin kommen, ihre Anfragen bzw. die vom Optimierer generierten Auswertungspläne zu analysieren. Aus dieser Analyse kann man dann Rückschlüsse ziehen, ob unbefriedigende Antwortzeiten auf Fehler beim physischen Datenbankentwurf – wie z.B. fehlende Indices, ungünstige Objektballung – oder auf ungeeignete Auswertungspläne zurückzuführen sind.

Zunächst sollten Datenbankbenutzer darauf achten, dass viele DBMS-Produkte unterschiedliche Optimierungslevel anbieten. Die Optimierungslevel legen u.a. fest, wieviel Zeit der Optimierer verwenden sollte, nach einem guten (möglichst dem optimalen) Plan zu suchen. Möglicherweise wird aus Effizienzgründen des Optimierungsvorgangs ganz auf eine Kostenberechnung verzichtet, indem nur heuristische Regeln (Pushing Selections, Nutzung von Indices wann immer anwendbar, etc.) angewendet werden. Fast alle DBMS-Produkte haben heute aber (auch) einen kostenbasierten Optimierer, der viele mögliche Anfragepläne generiert und von diesen den billigsten – gemäß der Kostenabschätzung – auswählt. Das Kostenmodell des Optimierers kann aber nur dann vernünftig funktionieren, wenn entsprechende Statistikdaten über die Datenbank zur Verfügung stehen. Diese werden i.A. weder automatisch generiert noch bei Datenbankänderungen fortgeschrieben – das würde die Änderungsoperationen auf der Datenbank zu sehr „bestrafen“. Die Datenbankadministratoren müssen die Generierung der Statistiken explizit anstoßen. Dazu dient z.B. in Oracle7 der Befehl

analyze table Professoren **compute statistics for table**;

Die Sprachkonzepte zum Tuning von Datenbanksystemen sind leider nicht standardisiert. So hat beispielsweise der Befehl zum Sammeln von Statistiken in DB2 folgende Form:

runstats on table ...

Auf diese Art müssen alle Datenbankstrukturen (Relationen und auch Indices) analysiert werden. Es ist darauf zu achten, dass man diese Analyse periodisch wiederholt, da der kostenbasierte Optimierer nur dann vernünftig arbeiten kann, wenn die Statistiken (einigermaßen) „up-to-date“ sind. Die ermittelten Statistiken werden in speziellen Relationen des sogenannten *Data Dictionary*, wo auch die Schemainformation verwaltet wird, gespeichert. Hierauf hat man als autorisierter Benutzer auch Zugriff um diese Daten auswerten zu können.

Falls nach Erstellung bzw. „Auffrischung“ der Statistiken einige Anfragen immer noch eine unbefriedigende Antwortzeit haben, kann man sich in den meisten Systemen die generierten Anfrageauswertungspläne anzeigen lassen. Dazu gibt es den **explain plan**-Befehl, der leider wiederum in uneinheitlicher Syntax von den Systemen benutzt wird. In Oracle7 könnte man sich mit

explain plan for
  select distinct s.Semester
  from Studenten s, hören h, Vorlesungen v, Professoren p
  where p.Name = 'Sokrates' **and** v.gelesenVon = p.PersNr **and**
      v.VorlNr = h.VorlNr **and** h.MatrNr = s.MatrNr;

den vom Optimierer generierten Plan ausgeben lassen. Präziser gesagt, der Auswertungsplan wird in einer speziellen Relation *plan_table* abgelegt, aus der man ihn sich mittels einer SQL-Anfrage ausgeben lassen kann. Beispielsweise hat unsere Datenbankinstallation folgenden Plan generiert:

```
SELECT STATEMENT   Cost = 37710
  SORT UNIQUE
    HASH JOIN
      TABLE ACCESS FULL STUDENTEN
      HASH JOIN
        HASH JOIN
          TABLE ACCESS BY ROWID PROFESSOREN
            INDEX RANGE SCAN PROFNAMEINDEX
          TABLE ACCESS FULL VORLESUNGEN
        TABLE ACCESS FULL HOEREN
```

Die Kostenbewertung beträgt 37710 Einheiten (was immer eine *Einheit* ist). Der Plan entspricht dem in Abbildung 8.35 gezeigten Auswertungsbaum. Die am weitesten nach innen eingerückten Operationen werden also zuerst ausgewertet. Viele Datenbankprodukte haben mittlerweile auch grafische Benutzerschnittstellen, in denen solche Auswertungspläne als Baumdarstellung angezeigt werden können.

Sollte man bei der Analyse eines generierten Auswertungsplans feststellen, dass der Optimierer einen sub-optimalen Plan ausgewählt hat (z.B. aufgrund fehlerhafter Selektivitätsabschätzungen), lassen sich in einigen DBMS-Produkten sogenannte „Hints“ angeben, mit denen man dem Optimierer den „richtigen Weg weisen“ kann, um zu einem besseren Auswertungsplan zu gelangen. Manchmal ist leider auch ein Umschreiben der Anfragen nötig, um gute Antwortzeiten zu erzielen. Dies ist z.B. oft bei tief geschachtelten (korrelierten) Unteranfragen der Fall – wie wir sie beispielsweise bei den Anfragen mit Allquantifizierung in Abschnitt 4.12 gesehen hatten.

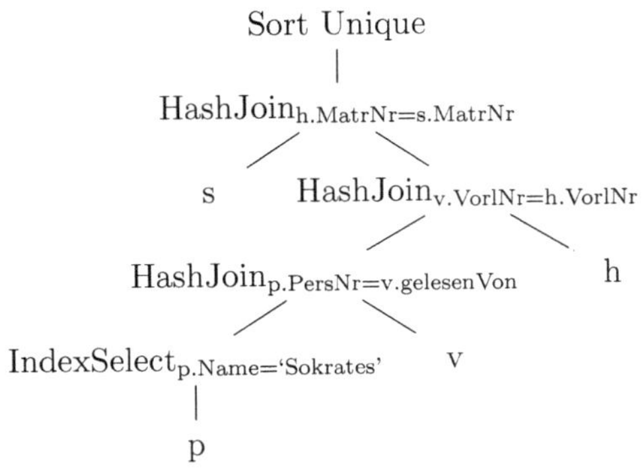

Abbildung 8.35: Baumdarstellung des Auswertungsplans

8.5 Kostenbasierte Optimierer

In den bisherigen Ausführungen hatten wir Heuristiken (wie „pushing selections") angewendet, um gute Anfrageauswertungspläne zu erhalten. Die so generierten Pläne sind allerdings in der Regel nicht optimal. Deshalb verwenden kommerzielle Datenbanksysteme heutzutage kostenbasierte Optimierer, die möglichst den gesamten Suchraum nach dem *optimalen* Anfrageauswertungsplan absuchen.

Wir werden uns nachfolgend auf die Optimierung der Joinreihenfolge konzentrieren, da dies die wichtigste Optimierungsaufgabe darstellt.

8.5.1 Suchraum für die Join-Optimierung

Der Suchraum für die Optimierung der Joinreihenfolge besteht aus der Menge aller Anfrageauswertungspläne (die als Operatorbäume dargestellt werden), welche die zu verknüpfenden Relationen als Blattknoten enthalten und deren innere Knoten den Join-Operationen entsprechen. Da die Join-Operation kommutativ und assoziativ ist, ist die resultierende Kardinalität des Suchraums sehr groß. In der Vergangenheit haben sich einige Datenbanksysteme deshalb auf einen Teilbereich des gesamten Suchraums beschränkt: die sogenannten *links-tiefen* Auswertungsbäume. Diese zeichnen sich dadurch aus, dass jeder Join als rechtes Argument eine Basis-Relation (und keine zwischenberechnete Relation) hat.

Links-tiefe Auswertungspläne

Wir wollen die unterschiedlichen Pläne anhand einer Bespielanfrage illustrieren:

select distinct s.Name
from Vorlesungen v, Professoren p, hören h, Studenten s
where p.Name = 'Sokrates' **and** v.gelesenVon = p.PersNr **and**
v.VorlNr = h.VorlNr **and** h.MatrNr = s.MatrNr **and** s.Semester > 13;

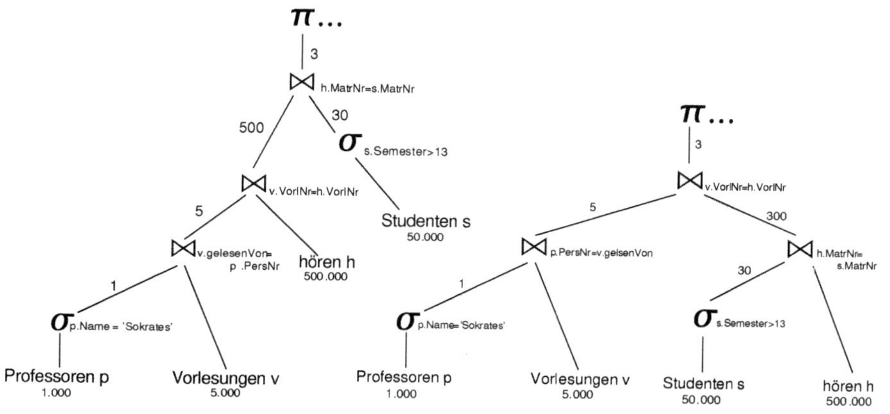

Abbildung 8.36: Links-tiefer bzw. buschiger Join-Auswertungsbaum

In dieser Anfrage sollen die Namen der „alten“ Sokrates-Studenten ermittelt werden. Auf der linken Seite von Abbildung 8.36 ist ein links-tiefer Anfrageauswertungsplan gezeigt. Wir haben auch die Kardinalitäten für eine typische (Massen-) Universität annotiert.

Allgemein zeichnen sich solche links-tiefen Pläne dadurch aus, dass sie die n zu verknüpfenden Relationen $R_1, R_2, \ldots, R_n$ wie folgt klammern:

$$((\cdots(R_{i_1} \bowtie R_{i_2}) \bowtie \cdots) \bowtie R_{i_n})$$

Offensicht gibt es $n!$ Möglichkeiten/Permutationen, die n Relationen auf diese Art und Weise zu verknüpfen. Hierbei gibt es allerdings auch Fälle, in denen die Joins zu Kreuzprodukten „degenerieren“, weil es keine Joinprädikate für die zu kombinierenden Relationen gibt. Für unsere Sokrates-Anfrage wäre dies der Fall, wenn man beispielsweise mit dem Join/Kreuzprodukt

$$\text{Vorlesungen} \times \text{Studenten}$$

beginnen würde.

Die links-tiefen Auswertungspläne haben den Vorteil, dass sie den Datenfluss von einer Joinberechnung zur nächsten besonders gut unterstützen. Wenn man beispielsweise alle Joins als nested-loop-Joins realisiert, könnte man auf die Zwischenspeicherung gänzlich verzichten, da die Tupel von links direkt in die Joinberechnung „fließen“ könnten.

Buschige Auswertungspläne

Auf der rechten Seite von Abbildung 8.36 ist ein buschiger (engl. *bushy*) Anfrageauswertungsplan gezeigt. Bei diesen Auswertungsplänen hat man maximale Flexibilität in der Auswahl der günstigsten Join-Reihenfolge. Wir haben in der Abbildung für beide Pläne auch die geschätzten Kardinalitäten der Zwischenergebnisse mit angegeben, die auf den Kardinalitäten einer typischen großen Universität mit 1000

Professoren, die jeweils 5 Vorlesungen halten, und 50.000 Studenten, die jeweils 10 Vorlesungen hören, basieren. Für unsere Sokrates-Anfrage ist der buschige Plan vermutlich nur geringfügig besser (wenn überhaupt); es gibt aber Fälle, in denen ein buschiger Auswertungsplan dem besten links-tiefen Plan bei Weitem überlegen ist (siehe dazu Übungsaufgabe 8.14). Der Suchraum der buschigen Anfrageauswertungspläne ist nochmals deutlich größer als derjenige für links-tiefe Bäume. Bei n zu verknüpfenden Relationen gibt es

$$\binom{2(n-1)}{n-1}(n-1)! = (2(n-1))!/(n-1)!$$

verschiedene buschige Auswertungsbäume (siehe dazu Übungsaufgabe 8.3).

In der nachfolgenden Tabelle sind die Suchraumgrößen für links-tiefe ($n!$) und buschige Auswertungspläne (rechte Spalte) im Vergleich zu der Exponentialfunktion dargestellt. Wir sehen, dass die Kardinalitäten jenseits von 10 Relationen geradezu „explodieren". Die Funktion e^n ist nur zum Vergleich aufgeführt.

Suchraum für links-tiefe bzw. buschige Pläne			
n: #Relationen	zum Vergleich: e^n	$n!$	$(2(n-1))!/(n-1)!$
2	7	2	2
5	146	120	1680
10	22026	3628800	$1,76 * 10^{10}$
20	$4,85 * 10^9$	$2.4 * 10^{18}$	$4,3 * 10^{27}$

8.5.2 Dynamische Programmierung

Wegen der „explodierenden" Größe des Suchraums ist es unmöglich, dass ein Datenbankoptimierer jeden Auswertungsbaum einzeln erstellt, um seine Kosten zu bewerten. Vielmehr benötigt man Algorithmen, die schon sehr frühzeitig alle Bäume mit „hoffnungslosen" Teilbäumen eliminieren (im Englischen *pruning* genannt). Genau dieses *Pruning* erreichen Optimierer, die auf dynamischer Programmierung basieren. Hierbei handelt es sich um den klassischen Optimierungsalgorithmus, der schon 1979 im relationalen Datenbanksystem *System R* von IBM eingebaut wurde. Die dynamische Programmierung, abgekürzt DP, ist anwendbar, wenn das Gesamtoptimierungsproblem nicht monolithisch als Ganzes zu lösen ist, sondern sich in kleinere Unterproblemen partitionieren lässt. Anstatt den gesamten Suchraum vollständig – also einen Auswertungsbaum nach dem anderen – zu durchsuchen, werden hierbei optimale Lösungen „kleinerer" Probleme zu optimalen Lösungen „größerer" Probleme zusammengefügt. Die kleineren Probleme wurden selbst wieder aus den optimalen Lösungen noch kleinerer Probleme zusammengefügt. Bei der dynamischen Programmierung fängt man somit an, die kleinstmöglichen Problemstellungen zu lösen, danach die nächstgrößeren Probleme, usw. – bis man bei der ursprünglichen Problemstellung angekommen ist. Diese Lösungen der Teilprobleme werden aber nicht jeweils bei Bedarf neu berechnet, sondern in einer geeigneten Datenstruktur (einer Tabelle oder einem Array) abgespeichert.

Die Voraussetzung für die Anwendung des algorithmischen Prinzips der dynamischen Programmierung basiert auf dem sogenannten Bellman'schen Optimalitätskriterium. Bellman (1957) ist der Erfinder der dynamischen Programmierung. Dieses

Bellman'sche Kriterium verlangt, dass die optimale Lösung selbst wieder aus optimalen Teillösungen besteht. Wir demonstrieren dies anhand des Optimierungsproblems, für die Menge $S = \{R_1, \ldots, R_m\}$ von Relationen die bestmögliche Joinreihenfolge zu bestimmen. Dies ist in Abbildung 8.37 visualisiert. Nehmen wir an, dass wir (woher auch immer) wissen, dass die bestmögliche Lösung auf der obersten Ebene einen Join ausführt, der als Argument von links die Kombination der Relationen $S - O$ und von rechts die Verknüpfung der Relationen O erhält. Das Bellman'che Optimalitätskriterium verlangt, dass die Teilprobleme selbst – für sich isoliert betrachtet – wieder optimale Lösungen darstellen. D.h. die linke Wolke des Joinplans entspricht dem optimalen Auswertungsbaum, um die in $S - O$ enthaltenen Relationen zu verknüpfen und Analoges gilt für die rechte Wolke.

Abbildung 8.37: Zerlegung des Optimierungsproblems in Teilprobleme

Die oben beschriebene Zerlegung des Problems in Teilprobleme erfolgt bei der klassischen dynamischen Programmierung aber nicht *top-down* sondern *bottom-up.* Dazu wird eine Tabelle (Array) – in unserem Algorithmus *BestePläneTabelle* genannt – erstellt, in der die Lösungen der schon bearbeiteten Teilprobleme abgelegt sind. Der Algorithmus fängt in der Tabelle mit den einzelnen in der Anfrage vorkommenden Basisrelationen an und bestimmt die bestmöglichen Zugriffsmethoden für die (benötigten) Tupel dieser Relationen. Dies geschieht in den Schritten 1 bis 2 des Algorithmus *DynProg* (siehe Abbildung 8.38). Wenn beispielsweise für eine Relation R ein Cluster-Index auf $R.A$ existiert kommt neben dem normalen *Scan*-Zugriff auch ein *Index-Scan* in Frage. Dieser sogenannte $iscan_A(R)$ hat den Vorteil, dass die Ergebnisse sortiert nach $R.A$ geliefert werden. Falls es eine Selektion basierend auf $R.B$ in der Anfrage q gibt, kommt eine Auswahl der Ergebnistupel über den Index $R.B$ (auch wenn es kein Cluster-Index ist) in Betracht. Dies bezeichnet man als *Index-Seek* oder abgekürzt $iseek_{B\Phi c}(R)$ bei einer Selektion $\sigma_{B\Phi c}(R)$. In Schritt (3) wird die *BestePläneTabelle* beschnitten, indem alle Zugriffspläne, für die es bessere äquivalente Pläne gibt, eliminiert werden.

In den Schritten (5) bis (9) werden die zuvor berechneten Teillösungen zu Plänen für größere Teillösungen zusammengefügt. Die möglichen Verküpfungen werden durch die Routine *joinPläne* generiert, die hier vereinfacht nur zwischen Joins und Kreuzprodukten (wenn es kein Joinprädikat gibt) unterscheidet. In der Praxis könnte man an dieser Stelle auch die physischen Ausführungsalgorithmen (Hash-Join, MergeJoin, etc.) durchprobieren. Da durch die Teilmengen-basierte Iteration alle Kombinationen aller Teillösungen versucht werden, handelt es sich hierbei um einen Optimierer für allgemeine buschige Pläne, die natürlich als Sonderfall die links-tiefen Pläne beinhalten. Zwischendurch wird mittel der *beschneidePläne*-Routine eine Be-

```
Function DynProg
input Eine Anfrage q über Relationen R_1, ..., R_n //zu joinende Relationen
output Ein Anfrageauswertungsplan für q //Auswertungsbaum
    for i = 1 to n do {
        BestePläneTabelle({R_i}) = ZugriffsPläne(R_i)
        beschneidePläne(BestePläneTabelle({R_i}))   //Pruning
    }
    for i = 2 to n do {   //bilde i-elementige Teillösungen
        for all S ⊆ {R_1, ..., R_n} so dass |S| == i do {
            BestePläneTabelle(S) = ∅
            for all O ⊂ S do {   //probiere alle mgl. Joins zwischen Teilmengen
                BestePläneTabelle(S) = BestePläneTabelle(S) ∪
                        joinPläne(BestePläneTabelle(O), BestePläneTabelle(S − O))
                beschneidePläne(BestePläneTabelle(S))
            }
        }
    }
    beschneidePläne(BestePläneTabelle({R_1, ..., R_n})
    return BestePläneTabelle({R_1, ..., R_n})
```

Abbildung 8.38: Pseudocode für die Joinoptimierung mittels der dynamischen Programmierung

BestePläneTabelle	
Index (S)	Alternative Pläne
s, h, v	scan(s) ⋈ (scan(h) ⋈ $\text{iseek}_{\text{SWS}=2}$(v))
h, v	scan(h) ⋈ $\text{iseek}_{\text{SWS}=2}$(v), ...
s, v	scan(s) × $\text{iseek}_{\text{SWS}=2}$(v), ...
s, h	scan(s) ⋈ scan(h), ~~$\text{iscan}_{\text{VorlNr}}$(h) ⋈ $\text{iscan}_{\text{MatrNr}}$(s)~~, ...
Vorlesungen v	scan(v) , $\text{iseek}_{\text{SWS}=2}$(v) , ~~$\text{iscan}_{\text{VorlNr}}$(v)~~
hören h	scan(h) , ~~$\text{iseek}_{\text{MatrNr}}$(h)~~ , $\text{iscan}_{\text{VorlNr}}$(h)
Studenten s	scan(s) , ~~$\text{iseek}_{\text{Semester}<5}$(s)~~ , $\text{iscan}_{\text{MatrNr}}$(s)

Abbildung 8.39: *BestePläneTabelle* für unsere Beispiel-Anfrage

schneidung (Pruning) durchgeführt, um frühzeitig suboptimale Teillösungen zu eliminieren. Anders als bei der „reinen" dynamischen Programmierung überleben bei der Anfrageoptimierung u.U. mehrere alternative Pläne pro Zeile der *BestePläneTabelle*. Das ist darauf zurückzuführen, dass Pläne mit höheren Kosten möglicherweise andere interessante Eigenschaften aufweisen (engl *interesting properties*), die sich später auszahlen (amortisieren) könnten. Hierzu zählen insbesondere Sortierungen des Zwischenergebnisses, die bei einem späteren Merge-Join oder einer Aggregation hilfreich sein könnten. Sobald die äußere Schleife (5) terminiert, gibt es in der obersten Zeile mindestens eine Lösung für alle Relationen $\{R_1, \ldots, R_n\}$. Aus diesen wird dann im Zuge des *Prunings* (14) der billigste Plan ausgewählt; hier gibt es keine interessanten Eigenschaften mehr zu berücksichtigen. Warum?

Die Speicherung der Teillösungen in der *BestePläneTabelle* ist für eine Beispielanfrage in Abbildung 8.39 gezeigt. Die Tabelle basiert auf einer einfachen Anfrage, die die Studenten ermittelt, die schon im Grundstudium (also in den ersten vier Semestern) eine Spezialvorlesung (die man an dem geringen Umfang von 2 SWS erkennt) hören:

select distinct s.Name
from Vorlesungen v, hören h, Studenten s
where v.VorlNr = h.VorlNr **and** h.MatrNr = s.MatrNr **and**
    s.Semester < 5 **and** v.SWS = 2;

Als Zugriffspläne für die Relation *Studenten* kommt ein vollständiger *scan* in Frage oder ein Clusterindex-basierter Zugriff nach *MatrNr*, der die Tupel in sortierter Reihenfolge liefert. Eine weitere Zugriffsmöglichkeit besteht über einen sekundären Index für das Attribut *Semester*. Dieser Zugriff ist eher ungünstig, da sehr viele Studenten in niedrigen Semester studieren – das Prädikat also eine geringe Selektivität aufweist. Deshalb fällt diese Möglichkeit „dem Pruning zum Opfer", was in der Tabelle durch das Durchstreichen notiert ist.

Analoge Zugriffsmöglichkeiten sind für die anderen beiden Basisrelationen *hören* und *Vorlesungen* gezeigt. Nur bei *Vorlesungen* ist ein *Index-Seek* eine sinnvolle Variante, falls wenige Vorlesungen das Prädikat *SWS=2* erfüllen. Die drei zweielementigen Teilmengen der drei Basisrelationen werden in der nächsten Phase des

Algorithmus bearbeitet, indem jeweils die besten Zugriffspläne mit einem Join oder einem Kreuzprodukt (falls es kein Joinprädikat gibt) verknüpft werden. Letztendlich wird die drei-elementige Gesamtlösung generiert, indem alle Basisrelationen mit den zwei-elementigen komplementären Teillösungen und dann alle zwei-elementigen Teillösungen mit der noch fehlenden Basisrelation „versucht“ werden.

8.6 Übungen

8.1 Beweisen oder widerlegen Sie folgende Äquivalenzen:

- $\sigma_{p_1 \wedge p_2 \wedge \ldots \wedge p_n}(R) = \sigma_{p_1}(\sigma_{p_2}(\ldots(\sigma_{p_n}(R))\ldots))$
- $\sigma_p(R_1 \bowtie R_2) = \sigma_p(R_1) \bowtie R_2$ (falls p nur Attribute aus $\mathcal{R}_1$ enthält)
- $\Pi_l(R_1 \cap R_2) = \Pi_l(R_1) \cap \Pi_l(R_2)$
- $\Pi_l(R_1 \cup R_2) = \Pi_l(R_1) \cup \Pi_l(R_2)$
- $\Pi_l(R_1 - R_2) = \Pi_l(R_1) - \Pi_l(R_2)$

8.2 Überlegen Sie, wie der Semi-Join bei der algebraischen Optimierung eingesetzt werden könnte. Inwieweit wirkt sich die Verwendung von Semi-Joins auf das Einführen von Projektionen aus? Konzipieren Sie einen effizienten Auswertungsalgorithmus für Semi-Joins.

8.3 In Abschnitt 8.1.2 wurde eine sehr einfache Heuristik zur Bestimmung einer Anordnung der Joins eines algebraischen Ausdruckes vorgestellt. Mit dieser Heuristik werden allerdings nur Reihenfolgen von Joins berücksichtigt und nicht allgemeine Anordnungen. Es kann nicht passieren, dass das rechte Argument eines Joins aus einem anderen Join entstanden ist. Solche Auswertungspläne nennt man *Left-Deep Tree.* Allgemeine Auswertungspläne, von denen es natürlich wesentlich mehr gibt, nennt man *Bushy Trees.* Abbildung 8.40 zeigt ein Beispiel mit den abstrakten Relationen R_1, R_2, R_3 und R_4.

- Bestimmen Sie die Anzahl der möglichen Left-Deep Trees bzw. Bushy Trees für einen gegebenen algebraischen Ausdruck mit n Relationen, der nur Joinoperationen enthält.
- Diskutieren Sie, inwieweit Bushy-Trees effizientere Auswertungspläne bezüglich der Größe der Zwischenergebnisse liefern können. Ist es sinnvoll, Bushy Trees bei der Suche nach einem effizienten Auswertungsplan zu berücksichtigen, wenn man die Anzahl der Möglichkeiten in Betracht zieht?

8.4 Warum wurde immer die größere Relation als Probe Input beim Hash-Join verwendet? Warum wäre es in einer realen Umsetzung von dem Beispiel in Abbildung 8.24 keine gute Idee, die Hashfunktion nach dem Alter sortieren zu lassen?

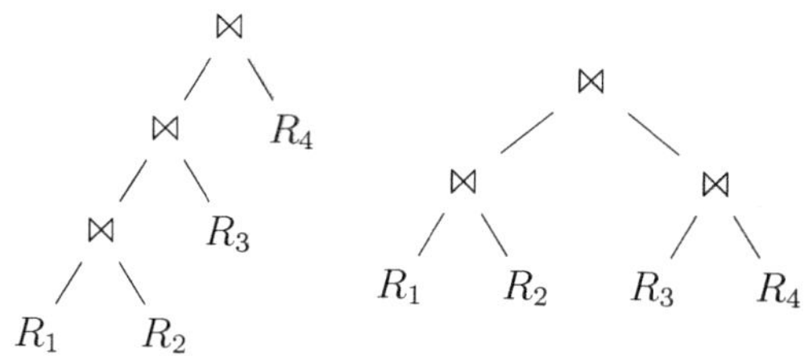

Left-Deep Tree Bushy Tree

Abbildung 8.40: Zwei Klassen von Auswertungsplänen

8.5 Wenn der Wertebereich des Joinattributs bekannt ist, kann ein Bitvektor angelegt werden, in dem für jeden vorkommenden Wert in einer Relation eine Markierung gesetzt wird. Beschreiben Sie einen Algorithmus, in dem diese Methode zur Verbesserung des Hash-Joins eingesetzt wird.

8.6 In diesem Kapitel wurden nur Methoden für Equijoins vorgestellt, d.h. solchen Joins, bei denen auf Gleichheit getestet wird. Formulieren Sie die Joinimplementierungen so um, dass Sie auch für die Vergleichsoperatoren „$<$", „$>$" und „$\neq$" funktionieren. Ist dies in allen Kombinationen möglich?

8.7 Erläutern Sie, warum die Kostenformel für den verfeinerten Nested-Loop Join minimal wird, wenn $k = 1$ und R die kleinere der beiden Relationen ist. Diese Aussage gilt übrigens nur für realistische (große) Größen des Systempuffers und der Relationen – wie Stohner und Kalinski (1998) nachgewiesen haben.

8.8 In Abbildung 8.26 wurde ein mehrstufiger Mischvorgang gezeigt. Generell sollte man in Zwischenphasen so wenige Daten wie nötig mischen. Konzipieren Sie den Auswahlalgorithmus, der darauf basiert Dummy-Läufe einzuführen und jeweils die kleinsten Läufe zuerst behandelt.

8.9 Geben Sie eine Pseudocode-Implementierung des Replacement-Selection an. Spezifizieren Sie den *Sort*-Iterator in Pseudocode.

8.10 Finden Sie eine Implementierung des Divisionsoperators. Eine einfache Möglichkeit besteht in einer geeigneten Sortierung von Dividend und Divisor und anschließendem wiederholten Durchlaufen des Divisors. Eine Alternative besteht im Anlegen einer Hashtabelle für den Divisor und den Quotienten.

8.11 Diskutieren Sie, inwieweit sich Integritätsbedingungen für die Anfrageauswertung ausnutzen lassen. Betrachten Sie u.a. auch den oben implementierten Divisionsoperator.

8.12 Geben Sie eine Kostenabschätzung für die Anzahl der Seitenzugriffe bei der Durchführung eines Hash-Joins an (abhängig von der Anzahl der Seiten der Eingaberelationen b_R und b_S sowie der reservierten Seiten im Hauptspeicher m).

8.13 Führen Sie eine Kostenabschätzung für die Ausdrücke in Abbildung 8.6 und 8.7 durch. Gehen Sie davon aus, dass die Selektion durch den Select-Operator implementiert wird und die Joins durch den verfeinerten Nested-Loop Join. Verwenden Sie folgende Parameter:

- Relationengrößen
  - $|p| = 800$
  - $|s| = 38000$
  - $|v| = 2000$
  - $|h| = 60000$
- durchschnittliche Tupelgrößen
  - p: 50 Bytes
  - s: 50 Bytes
  - v: 100 Bytes
  - h: 16 Bytes
- Selektivitäten
  - Join von s und h: $sel_{sh} = 2{,}6 \cdot 10^{-5}$
  - Join von h und v: $sel_{hv} = 5 \cdot 10^{-4}$
  - Join von v und p: $sel_{vp} = 1{,}25 \cdot 10^{-3}$
  - Selektion auf p: $sel_p = 1{,}25 \cdot 10^{-3}$
- Seitengröße 1024 Bytes
- Hauptspeicher 20 Seiten

8.14 Zeigen Sie anhand der Anfrage „*Finde alle Flüge von Berlin nach NY mit einmaligem Umsteigen*“, dass ein “bushy“ Anfrageauswertungsplan deutlich besser sein kann als ein links-tiefer Plan.

8.15 Man beweise die Korrektheit der Transformationsregeln für die Entschachtelung korrelierter Unteranfragen.

8.16 Man wende die Entschachtelungstechniken auf einigen selbst formulierten SQL-Anfragen mit korrelierten Unteranfragen an.

8.7 Literatur

Die Anfrageoptimierung ist immer noch ein sehr „heißes“ Thema in der Datenbankforschung, leider gibt es aber keine aktuellen Übersichtsartikel. Ein „Klassiker“ ist der Computing Surveys Artikel von Jarke und Koch (1984). Eine Übersicht über fortgeschrittene Techniken im Bereich Anfrageoptimierung findet sich in dem Sammelband von Freytag, Maier und Vossen (1994). Mitschang (1995) ist ein Buch zur Anfrageoptimierung – mit einem Schwerpunkt auf objekt-relationale Systeme. Lockemann und Dittrich (2002) haben ein Lehrbuch über Datenbankarchitekturen verfasst. Zur Auswertung von Anfragen gibt es einen sehr detaillierten Überblick von Graefe (1993), der auch viele praktische Probleme erläutert. Diesem Artikel ist das Iteratorkonzept entnommen. Mishra und Eich (1992) diskutieren Auswertungstechniken für Joins. Shapiro (1986) stellt verschiedene Hash-Join-Verfahren vor.

Die ersten Techniken für Anfrageoptimierung findet man im INGRES Optimierer, beschrieben von Wong und Youssefi (1976). Er beruht auf der Zerlegung von Anfragegraphen. Selinger et al. (1979) veröffentlichten ein wegweisendes Papier über den System R Optimierer, in dem physische Eigenschaften von Relationen zur Auswahl einer günstigen Joinoperation ausgenutzt werden. Die Optimierung basiert auf Dynamic Programming, wobei alle Alternativen bewertet werden. Kossmann und Stocker (2000) haben darauf aufbauend eine Heuristik namens *iterative dynamic programming (IDP)* entwickelt, die bei komplexen Anfragen zum Einsatz kommen kann. Moerkotte und Neumann (2008) haben Optimierungsstrategien für die Enumeration der Anfrageplan-Alternativen in der dynamischen Programmierung entwickelt.

Die in diesem Kapitel beschriebene logische Optimierung korrelierter Unteranfragen wurde von Neumann und Kemper (2015) entwickelt. Es ist die erste Arbeit, die den Anspruch erhebt, alle Arten von korrelierten Unteranfragen effektiv entschachteln zu können. Das Verfahren wurde in das an der TUM von Kemper und Neumann (2011) konzipierte Datenbanksystem HyPer integriert.

Häufig werden regelbasierte Systeme eingesetzt, um viele Heuristiken in einem einheitlichen Rahmen verwenden zu können, was z.B. von Freytag (1987), Lohman (1988), Becker und Güting (1992) oder Lehnert (1988) erläutert wird. Den regelbasierten Optimierer von Starburst beschreiben Haas et al. (1990). Grust et al. (1997) verfolgen in ihrem *CROQUE*-Projekt den Ansatz, Anfragen auf der Basis von Monoid-Kalkülen zu optimieren. Dieser auf funktionaler Programmierung basierende Ansatz wird von Grust und Scholl (1999) detailliert beschrieben.

Berichte über generische Optimiererarchitekturen wurden von Kemper, Moerkotte und Peithner (1993) und Graefe und DeWitt (1987) verfasst. Kemper, Moerkotte und Peithner (1993) verwenden einen Blackboardansatz, der eine flexible und effiziente Optimierung auch unter Zeitbeschränkungen ermöglicht. Der Nachfolger des von Graefe und DeWitt (1987) beschriebenen Optimierergenerator Volcano, wird von Graefe und McKenna (1993) erläutert.

In diesem Kapitel konnten einige wichtige Themen nicht behandelt werden. Einen Überblick über Methoden zur Bestimmung von Joinreihenfolgen gibt Swami (1989). Interessante Techniken sind das sogenannte Simulated Annealing [Ioannidis und Wong (1987)], der KBZ-Algorithmus [Krishnamurthy, Boral und Zaniolo (1986)], der eine Teilklasse des Problems effizient lösen kann, und dessen Verallgemeinerung in [Swami und Iyer (1993)]. Eine vergleichende Bewertung verschiedener heuristischer Verfahren zur Bestimmung von (guten) Joinreihenfolgen wurde von Steinbrunn, Moerkotte und Kemper (1997) durchgeführt. Ibaraki und Kameda (1984) zeigen, dass die Bestimmung der Joinreihenfolge NP-hart ist. Cluet und Moerkotte (1995) und Scheufele und Moerkotte (1997) haben weitergehende Komplexitätsanalysen für Anfrageauswertungspläne mit Join- und Kreuzproduktoperatoren durchgeführt. Für die Optimierung von Anfragen mit Disjunktionen bieten sich sogenannte Bypass-Techniken an, wie sie von Kemper et al. (1994) und Steinbrunn et al. (1995) beschrieben wurden. Die Ausnutzung ähnlicher Unteranfragen für die Optimierung wird von Zhou et al. (2007) untersucht.

Bercken, Schneider und Seeger (2000) haben einen generischen Algorithmus für die Join-Auswertung entwickelt. Dies wurde von Bercken et al. (2001) zu einer umfassenderen Java-Bibliothek von Algorithmen ausgebaut. Becker, Hinrichs und Finke (1993) hat eine Joinauswertung mit der mehrdimensionalen Indexstruktur Grid-File entwickelt. Güting et al. (2000) haben Verfahren für die Anfragebearbeitung auf so genannten beweglichen (hochgradig dynamischen Daten-) Objekten entworfen. Der G-Join wurde von Graefe (2011) erfunden. Man verspricht sich vom G-Join eine höhere Robustheit gegenüber Schieflagen der Datenverteilung, die beim Hash-Join zu unterschiedlich großen Partitionen führen könnten. Eine (entfernt) verwandte Join-Technik ist der progressive Merge-Join von Dittrich et al. (2002), bei der die frühzeitige Berechnung der ersten Ergebnisse im Vordergrund steht.

Helmer und Moerkotte (1997) haben spezielle Joinverfahren entwickelt, die anwendbar sind, wenn das Joinprädikat auf einem Mengenvergleich beruht. Dies kommt insbesondere in den objektorientierten und den sogenannten objektrelationalen Datenmodellen vor, da diese mengenwertige Attribute zulassen. Augsten et al. (2014) haben Techniken für die effiziente Auswertung von Ähnlichkeitsjoins („similarity joins") entwickelt. Claussen et al. (1997) behandeln die Optimierung von Anfragen mit Allquantifizierung. Carey und Kossmann (1997) zeigen Techniken für die Optimierung von Anfragen, bei denen die Datenbankbenutzer nur an den ersten N Ergebnistupeln interessiert sind. Eine interaktive Technik für die Ermittlung von ähnlichen Datenobjekten wurde von Waas, Ciaccia und Bartolini (2001) entwickelt. Kraft et al. (2003) haben Techniken für die Optimierung komplexer SQL-Ausdrücke – basierend auf „Query Rewriting" – entwickelt.

Christodoulakis (1983) gibt ein Verfahren zur Selektivitätsabschätzung mit Hilfe einer Verteilungsfunktion an. Lynch (1988) schlägt eine Möglichkeit zur Auswahl des Abschätzungsverfahrens durch den Benutzer vor und betrachtet zusätzlich nichtnumerische Schlüssel. Muralikrishna und DeWitt (1988) führen mehrdimensionale Equi-Depth-Histogramme als Verbesserung der Standardhistogramme ein. Poosala et al. (1996) beschreiben Histogramme zur Abschätzung der Ergebniskardinalität von Bereichsanfragen. Dieses Verfahren ist im Rahmen der DB2-Entwicklung bei IBM konzipiert worden. DB2 ist eines der wenigen derzeit verfügbaren DBMS-Produkte, das eine präzise Selektivitätsabschätzung mittels Histogrammen durchführt. Viele andere Produkte legen einfach eine Gleichverteilung der Attributwerte zugrunde – was natürlich zu fehlerhaften Abschätzungen und möglicherweise zu schlechten Auswertungsplänen führen kann. Lipton, Naughton und Schneider (1990) beschreiben ein adaptives Stichprobenverfahren.

9. Transaktionsverwaltung

Das Konzept der *Transaktion* wird oftmals als einer der größten Beiträge der Datenbankforschung für andere Informatikbereiche – z.B. Betriebssysteme und Programmiersprachen – angesehen. Unter einer Transaktion versteht man die „Bündelung" mehrerer Datenbankoperationen, die in einem Mehrbenutzersystem ohne unerwünschte Einflüsse durch andere Transaktionen als *Einheit* fehlerfrei ausgeführt werden sollen.

In diesem Kapitel werden wir die Eigenschaften von Transaktionen und die daraus ableitbaren Realisierungsanforderungen diskutieren. Wir werden sehen, dass es zwei grundlegende Anforderungen gibt:

1. Recovery, d.h. die Behebung von eingetretenen, oft unvermeidbaren Fehlersituationen.

2. Synchronisation von mehreren gleichzeitig auf der Datenbank ablaufenden Transaktionen.

Im nächsten Kapitel werden Realisierungsstrategien für die Fehlertoleranz und Fehlerbehebung (Recovery) diskutiert. In Kapitel 11 werden dann die Konzepte zur Mehrbenutzersynchronisation vorgestellt.

9.1 Begriffsbildung

Aus der Sicht des Datenbankbenutzer ist eine Transaktion eine *Arbeitseinheit* in einer Anwendung, die eine bestimmte Funktion erfüllt. Auf der Ebene des Datenbankverwaltungssystems sind natürlich derartige abstrakte Konzepte wie Arbeitseinheit unbekannt. Auf dieser Ebene stellt eine Transaktion eine Folge von Datenverarbeitungsbefehlen (lesen, verändern, einfügen, löschen) dar, die die Datenbasis von einem konsistenten Zustand in einen anderen – nicht notwendigerweise unterschiedlichen – konsistenten Zustand überführt. Das wesentliche dabei ist, dass diese Folge von Befehlen (logisch) ununterbrechbar, d.h. atomar ausgeführt wird.

Wir wollen diese abstrakten Begriffe an einem klassischen Transaktionsbeispiel erläutern. Dazu betrachten wir eine typische Transaktion in einer Bankanwendung: den Transfer von 50,– Euro von Konto A nach Konto B. Diese Transaktion besteht aus mehreren elementaren Operationen:

1. Lese den Kontostand von A in die Variable a: **read**(A,a);

2. Reduziere den Kontostand um 50,– Euro: $a := a - 50$;

3. Schreibe den neuen Kontostand in die Datenbasis: **write**(A,a);

4. Lese den Kontostand von B in die Variable b: **read**(B,b);

5. Erhöhe den Kontostand um 50,– Euro: $b := b + 50$;

6. Schreibe den neuen Kontostand in die Datenbasis: **write**(B,b);

Es sollte einleuchten, dass diese Folge von Befehlen, die eine Transaktion darstellen, atomar, also ununterbrechbar auszuführen ist. Anderenfalls könnte der Fall eintreten, dass nach Ausführung von Schritt 3. das System (z.B. aufgrund eines Stromausfalls) „abstürzt", und deshalb Konto A um 50,- Euro reduziert wurde, ohne dass Konto B jemals erhöht wurde. Es muss also gelten, dass entweder *alle* Befehle einer Transaktion ausgeführt werden oder gar keiner. Bei einer unkontrollierten Unterbrechbarkeit einer Transaktion kann es zu schwerwiegenden Konsistenzverletzungen aufgrund anderer parallel ablaufender Transaktionen kommen. Weiterhin wird die Konsistenzerhaltung gefordert. D.h., eine Transaktion beginnt mit einem konsistenten Zustand der Datenbasis und hinterlässt auch wieder einen konsistenten Zustand. Bezogen auf unser Beispiel wäre denkbar, dass es folgende Konsistenzbedingung gibt: Die Summe der Kontostände aller Konten eines Kunden darf den Dispositionskredit D nicht überschreiten. Bezogen auf unser Beispiel wäre es denkbar, dass beide Konten A und B einem Kunden gehören. Dann könnte nach Ausführung von Schritt 3. diese Konsistenzbedingung verletzt sein. Das ist durchaus zulässig, solange bei Abschluss der Transaktion die Konsistenz wiederhergestellt ist – was unter diesen Annahmen auf jeden Fall gewährleistet ist.

Wenn aber die beiden Konten unterschiedlichen Kunden gehören, könnte der Transfer zu einer Konsistenzverletzung führen, da durch die Reduzierung von A um 50,- Euro der entsprechende Dispositionskredit überschritten sein könnte. In dem Fall muss die gesamte Transaktion „ausgesetzt" werden – aus Sicht der Bank ist es natürlich nicht wünschenswert, den Kontostand von A beizubehalten, wenn gleichzeitig B erhöht wird.

9.2 Anforderungen an die Transaktionsverwaltung

Um den Durchsatz des Systems zu erhöhen, muss die Transaktionsverwaltung in der Lage sein, mehrere – i.A. sehr viele – gleichzeitig (nebenläufig) ablaufende Transaktionen zu verarbeiten. Dazu ist natürlich eine Synchronisation notwendig, die die anderenfalls durch unkontrollierte Nebenläufigkeit möglicherweise verursachten Konsistenzverletzungen ausschließt.

Weiterhin stellen Datenbanken i.A. einen ungeheuren Wert für die Unternehmen dar. Deshalb müssen Datenbanken gegen Soft- und Hardwarefehler geschützt werden. Diese Fehlertoleranz ist transaktionsorientiert durchzuführen: Abgeschlossene Transaktionen müssen auch nach einem Fehler hinsichtlich ihrer Wirkung erhalten bleiben, und noch nicht abgeschlossene Transaktionen müssen vollständig revidiert (zurückgesetzt) werden.

9.3 Operationen auf Transaktions-Ebene

Wie schon beschrieben, besteht eine Transaktion aus einer Folge von elementaren Operationen. Aus der „Sicht" des Datenbanksystems handelt es sich hierbei um die

Operationen **read** und **write**. Für die Steuerung der Transaktionsverarbeitung sind zusätzlich noch Operationen auf der Transaktionsebene notwendig:

- **begin of transaction** (**BOT**): Mit diesem Befehl wird der Beginn einer eine Transaktion darstellenden Befehlsfolge gekennzeichnet.
- **commit**: Hierdurch wird die Beendigung der Transaktion eingeleitet. Alle Änderungen der Datenbasis werden durch diesen Befehl *festgeschrieben*, d.h. sie werden dauerhaft in die Datenbank eingebaut.
- **abort**: Dieser Befehl führt zu einem Selbstabbruch der Transaktion. Das Datenbanksystem muss sicherstellen, dass die Datenbasis wieder in den Zustand zurückgesetzt wird, der vor Beginn der Transaktionsausführung existierte.

In den klassischen Transaktionssystemen gibt es nur diese drei Befehle, die ja auch ausreichen, wenn man eine Transaktion als atomare Einheit betrachtet. In neueren Datenbankanwendungen – wie z.B. technischen Entwurfsvorgängen – sind Transaktionen jedoch von langer Dauer. Deshalb ist es dort sinnvoll, zwischenzeitlich Sicherungspunkte setzen zu können, auf die die laufende Transaktionsverarbeitung zurückgesetzt werden kann. Hierzu sind die beiden folgenden Befehle notwendig:

- **define savepoint**: Hierdurch wird ein Sicherungspunkt definiert, auf den sich die (noch aktive) Transaktion zurücksetzen lässt. Das DBMS muss sich dazu alle bis zu diesem Zeitpunkt ausgeführten Änderungen an der Datenbasis „merken“. Diese Änderungen dürfen aber noch nicht in der Datenbasis festgeschrieben werden, da die Transaktion durch ein **abort** immer noch gänzlich aufgegeben werden kann.
- **backup transaction**: Dieser Befehl dient dazu, die noch aktive Transaktion auf den jüngsten – also den zuletzt angelegten – Sicherungspunkt zurückzusetzen. Es hängt von der Funktionalität des Systems ab, ob auch ein Rücksetzen auf weiter zurückliegende Sicherungspunkte möglich ist. Um diese Funktionalität zu realisieren, benötigt man selbstverständlich entsprechend mehr Speicherkapazität, um die Zustände mehrerer Sicherungspunkte temporär abzuspeichern – oder wie wir in Kapitel 10 sehen werden, mehr Zeit, um die ausgeführten Operationen rückgängig zu machen.

9.4 Abschluss einer Transaktion

Wie oben bereits angedeutet, gibt es zwei Möglichkeiten für den Abschluss einer Transaktion:

1. den erfolgreichen Abschluss durch ein **commit** und
2. den erfolglosen Abschluss durch ein **abort**.

Im ersten Fall wird eine Folge von elementaren Operationen durch die **BOT**- (**begin of transaction**) und **commit**-Befehle „geklammert“:

BOT

op_1
op_2
$\vdots$
op_n

commit

Für die Transaktionsverwaltung sind nur die Interaktionen mit der Datenbank relevant, d.h. alle Operationen auf z.B. lokalen Variablen sind in dieser Hinsicht nicht von Interesse. Wir werden uns deshalb in den nachfolgenden Diskussionen (Kapitel 10 und 11) nur mit den Befehlen **read** und **write** beschäftigen.

Für den erfolglosen Abschluss von Transaktionen mag es zwei Gründe geben: Zum einen könnten die Benutzer – d.h. die Transaktionen – selbst den Abbruch der noch aktiven Transaktion veranlassen. Dies geschieht explizit durch den Befehl **abort**:

BOT

op_1
op_2
$\vdots$
op_j

abort

Der Grund für diesen Abbruch ist aus Sicht der Transaktionsverwaltung irrelevant. Die Transaktionsverwaltung muss gewährleisten, dass in der Datenbank der Zustand wieder „restauriert" wird, der vor Ausführung der ersten Operation op_1 existierte. Dieses Zurücksetzen der Transaktion nennt man auch „*rollback*".

Es gibt auch den Fall des außengesteuerten – also nicht „freiwilligen" – Zurücksetzens einer Transaktion:

BOT

op_1
op_2
$\vdots$
op_k

$\sim\sim\sim\sim\sim\sim$ Fehler

Nach Ausführung des Befehls op_k tritt z.B. irgendein Fehler auf, der die weitergehende Bearbeitung der Transaktion unmöglich macht. In diesem Fall müssen die durch $op_1, \ldots, op_k$ getätigten Änderungen der Datenbasis rückgängig gemacht werden. Es gibt verschiedene Möglichkeiten für einen derartigen Fehler: Hardwarefehler, Stromausfall, Fehler im Programmcode der Transaktion oder auch eine aufgedeckte Verklemmung (Deadlock), die durch das Zurücksetzen dieser Transaktion vom Transaktionsverwalter gelöst werden soll. Es kann auch vorkommen, dass eine Transaktion nach Abarbeitung aller Operatoren wegen Verletzung von Konsistenzbedingungen zurückgesetzt werden muss. Diese dürfen – wie oben bereits ausgeführt – während der Transaktionsverarbeitung (teilweise) verletzt werden; aber bei Beendigung der

Transaktion müssen alle auf der Datenbank definierten Konsistenzbedingungen erfüllt sein. Wenn dies nicht der Fall ist, muss die gesamte Transaktion zurückgesetzt werden.

9.5 Eigenschaften von Transaktionen

Wir haben mit der vorhergehenden Diskussion (hoffentlich) schon ein intuitives Verständnis des Transaktionsbegriffs erzielt. Die Eigenschaften des Transaktionskonzepts werden oft unter der Abkürzung *ACID* zusammengefasst. Das sogenannte *ACID-Paradigma* steht dabei für vier Eigenschaften:

Atomicity (Atomarität) Diese Eigenschaft verlangt, dass eine Transaktion als kleinste, nicht mehr weiter zerlegbare Einheit behandelt wird, d.h. entweder werden alle Änderungen der Transaktion in der Datenbasis festgeschrieben oder gar keine. Man kann sich dies auch als „alles-oder-nichts"-Prinzip merken.

Consistency Eine Transaktion hinterlässt nach Beendigung einen konsistenten Datenbasiszustand. Anderenfalls wird sie komplett (siehe *Atomarität*) zurückgesetzt. Zwischenzustände, die während der TA-Bearbeitung entstehen, dürfen inkonsistent sein, aber der resultierende Endzustand muss die im Schema definierten Konsistenzbedingungen (z.B. referentielle Integrität) erfüllen.

Isolation Diese Eigenschaft verlangt, dass nebenläufig (parallel, gleichzeitig) ausgeführte Transaktionen sich nicht gegenseitig beeinflussen. Jede Transaktion muss – logisch gesehen – so ausgeführt werden, als wäre sie die einzige Transaktion, die während ihrer gesamten Ausführungszeit auf dem Datenbanksystem aktiv ist. Mit anderen Worten, alle anderen parallel ausgeführten Transaktionen bzw. deren Effekte dürfen nicht sichtbar sein.

Durability (Dauerhaftigkeit) Die Wirkung einer erfolgreich abgeschlossenen Transaktion bleibt dauerhaft in der Datenbank erhalten. Die Transaktionsverwaltung muss sicherstellen, dass dies auch nach einem Systemfehler (Hardware oder Systemsoftware) gewährleistet ist. Die einzige Möglichkeit, die Wirkungen einer einmal erfolgreich abgeschlossenen Transaktion ganz oder teilweise aufzuheben, besteht darin, eine andere sogenannte kompensierende Transaktion auszuführen.

Die Transaktionsverwaltung besteht aus zwei „großen" Komponenten: der *Mehrbenutzersynchronisation* und der *Recovery*. Die Aufgabe der Recovery besteht i.A. darin, die Atomarität und die Dauerhaftigkeit zu gewährleisten. Wir wollen dies an Abbildung 9.1 erläutern. In diesem Schaubild sind zwei Transaktionen T_1 und T_2 gezeigt, deren Ausführung zum Zeitpunkt t_1 bzw. t_2 beginnt. Aufgrund einer Fehlersituation kommt es zum Zeitpunkt t_3 zu einem Systemabsturz. Die Recovery-Komponente muss nach Wiederanlauf folgendes sicherstellen:

1. Die Wirkungen der zum Zeitpunkt t_3 abgeschlossenen Transaktion T_1 müssen in der Datenbasis vorhanden sein.

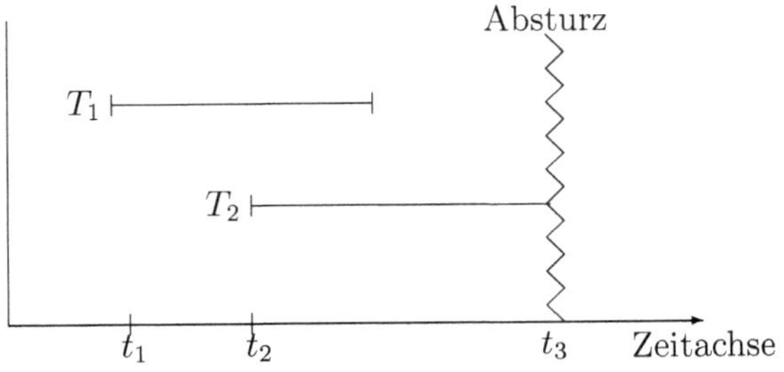

Abbildung 9.1: Transaktionsbeginn und -ende relativ zu einem Systemabsturz

2. Die Wirkungen der zum Zeitpunkt des Systemabsturzes noch nicht abgeschlossenen Transaktion T_2 müssen vollständig aus der Datenbasis entfernt sein. Diese Transaktion kann man nur durch ein erneutes Starten durchführen.

Die Aufgabe der Mehrbenutzersynchronisation besteht darin, die *Isolation* von parallel ablaufenden Transaktionen zu gewährleisten. Dazu müssen Mehrbenutzerkontrollkonzepte realisiert werden, die die Beeinflussung einer Transaktion durch andere Transaktionen ausschließt. Logisch gesehen gewährleistet die Mehrbenutzersynchronisation einen „Ein-Benutzer“- bzw. „Eine-Transaktion“-Betrieb, indem jeder Transaktion vorgetäuscht wird, die gesamte Datenbasis alleine zu besitzen. Mit anderen Worten wird den Benutzern der Eindruck einer seriellen Ausführung der Transaktionen vermittelt. Unter der seriellen Transaktionsausführung versteht man, dass eine Transaktion nach der anderen ausgeführt wird.

9.6 Transaktionsverwaltung in SQL

In SQL-92 – dem aktuellen SQL-Standard – werden Transaktionen implizit begonnen. Es gibt also keinen **begin of transaction**-Befehl, sondern mit Ausführung der ersten Anweisung wird automatisch eine Transaktion begonnen. Eine Transaktion wird durch einen der folgenden Befehle abgeschlossen:

- **commit work**: Die in der Transaktion vollzogenen Änderungen werden – falls keine Konsistenzverletzungen oder andere Probleme aufgedeckt werden – festgeschrieben. Das Schlüsselwort **work** ist optional, d.h. das Transaktionsende kann auch einfach mit **commit** „befohlen“ werden.

- **rollback work**: Alle Änderungen sollen zurückgesetzt werden. Anders als der **commit**-Befehl muss das DBMS die „erfolgreiche“ Ausführung eines **rollback**-Befehls immer garantieren können.

Als Beispiel betrachte man die folgende Sequenz von SQL-Befehlen auf Basis des in Abbildung 5.4 gezeigten Universitätsschemas:

```
insert into Vorlesungen
    values (5275, 'Kernphysik', 3, 2141);
insert into Professoren
    values (2141, 'Meitner', 'C4', 205);
commit work
```

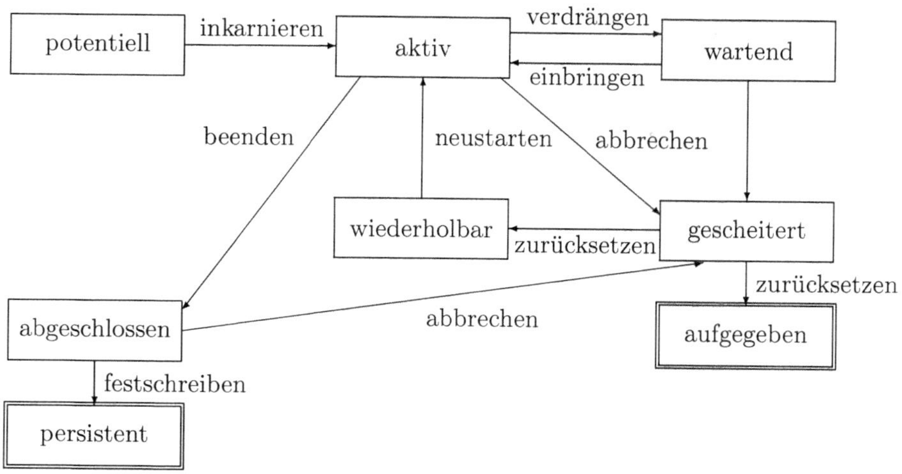

Abbildung 9.2: Zustandsübergangs-Diagramm für Transaktionen

Wegen der Integritätsbedingung für den Fremdschlüssel *gelesenVon* der Relation *Vorlesungen*, dürfte der **commit work**-Befehl nicht schon nach dem ersten **insert**-Befehl folgen. Dadurch wäre nämlich die referentielle Integrität der Datenbasis verletzt, weil es zu diesem Zeitpunkt ja noch keine Professorin namens Meitner mit *PersNr* 2141 in der *Professoren*-Relation gibt. Zwischenzustände der Datenbank während einer Transaktionsausführung dürfen aber sehr wohl inkonsistent sein – nur am Schluss der Transaktion muss die Konsistenz wiederhergestellt sein.

9.7 Zustandsübergänge einer Transaktion

In Abbildung 9.2 sind die möglichen Zustände und die Übergänge zwischen diesen Zuständen für Transaktionen dargestellt. Eine Transaktion befindet sich in einem der folgenden Zustände:

- *potentiell*: Die Transaktion ist codiert und „wartet darauf", in den Zustand *aktiv* zu wechseln. Diesen Übergang nennen wir *inkarnieren*.
- *aktiv*: Die aktiven (d.h. derzeit rechnenden) Transaktionen konkurrieren untereinander um die Betriebsmittel, wie z.B. Hauptspeicher, Rechnerkern zur Ausführung von Operationen, etc.
- *wartend*: Bei einer Überlast des Systems: (z.B. thrashing (Seitenflattern) des Puffers) kann die Transaktionsverwaltung einige aktive Transaktionen in den Zustand *wartend* verdrängen. Nach Behebung der Überlast werden diese wartenden Transaktionen sukzessive wieder eingebracht, d.h., wieder aktiviert.
- *abgeschlossen*: Durch den **commit**-Befehl wird eine aktive Transaktion beendet. Die Wirkung *abgeschlossener* TAs kann aber nicht gleich in der Datenbank

festgeschrieben werden. Vorher müssen noch möglicherweise verletzte Konsistenzbedingungen überprüft werden.

- *persistent*: Die Wirkungen abgeschlossener Transaktionen werden – wenn die Konsistenzerhaltung sichergestellt ist – durch *festschreiben* dauerhaft in die Datenbasis eingebracht. Damit ist die Transaktion *persistent*. Dies ist einer von zwei möglichen Endzuständen einer Transaktionverarbeitung.
- *gescheitert*: Transaktionen können aufgrund vielfältiger Ereignisse scheitern. Z.B. kann der Benutzer selbst durch ein **abort** eine aktive Transaktion abbrechen. Weiterhin können Systemfehler zum Scheitern aktiver oder wartender Transaktionen führen. Bei abgeschlossenen Transaktionen können auch Konsistenzverletzungen festgestellt werden, die ein Scheitern veranlassen.
- *wiederholbar*: Einmal gescheiterte Transaktionen sind u.U. *wiederholbar*. Dazu muss deren Wirkung auf die Datenbasis zunächst zurückgesetzt werden. Danach können sie durch Neustarten wiederum aktiviert werden.
- *aufgegeben*: Eine gescheiterte Transaktion kann sich aber auch als „hoffnungslos“ herausstellen. In diesem Fall wird ihre Wirkung zurückgesetzt und die Transaktionsverarbeitung geht in den Endzustand *aufgegeben* über.

9.8 Literatur

Das Transaktionskonzept hat es zwar anscheinend schon früher gegeben; erstmals formalisiert wurde es aber in dem System R-Projekt am IBM-Forschungslabor San Jose von Eswaran et al. (1976). Gray (1981) gibt eine Retrospektive zu diesen Arbeiten und setzt sich mit den Grenzen des Transaktionskonzepts auseinander. Der Begriff ACID zur Charakterisierung von Transaktionen geht auf Härder und Reuter (1983) zurück – diese Arbeit war auch wegweisend für die Recoverykonzepte.

Das Konzept der Sicherungspunkte ist eine Vorform der geschachtelten Transaktionen, die von Moss (1985) systematisch behandelt werden. Walter (1984) hat diesen Ansatz zur Strukturierung komplexer Anwendungstransaktionen ausgenutzt.

Es gibt mittlerweile eine Reihe von Lehrbüchern zur Transaktionsverwaltung: Bernstein, Hadzilacos und Goodman (1987) ist eine zwar formale, aber dennoch sehr zugängliche Referenz. Das Buch von Papadimitriou (1986) ist sehr formal ausgerichtet. Gray und Reuter (1993) haben ein sehr umfangreiches Buch zur Realisierung der Transaktionskonzepte verfasst. Das Buch von Weikum und Vossen (2001) ist Pflichtlektüre aller Software-Entwickler, die sichere Mehrbenutzer-Informationssysteme realisieren wollen. Meyer-Wegener (1988) und Bernstein und Newcomer (1997) behandeln die Realisierung von Hochleistungs-Transaktionssystemen, insbesondere auch sogenannter *Transaction Processing Monitors*. Das Buch von Weikum (1988) behandelt Forschungs- und Realisierungsansätze zur Transaktionsverwaltung. Der Artikel von Schuldt et al. (2002) behandelt allgemein die Transaktionskonzepte für neuartige Anwendungen.

Wir werden zu den beiden grundlegenden Teilproblemen – nämlich Recovery und Mehrbenutzersynchronisation – noch zahlreiche Originalarbeiten zitieren.

10. Fehlerbehandlung

Die Datenbasis stellt im Allgemeinen einen immensen Wert für ein Unternehmen dar. Deshalb ist es unabdingbar, ihre Konsistenz auch im Fehlerfall wiederherstellen zu können. Ein vordringliches Ziel bei der Entwicklung eines Datenbankverwaltungssystems sollte es natürlich sein, Fehler, gleich welcher Art, (weitgehend) auszuschließen. Wie in jedem komplexen System lassen sich aber Fehler nie vollständig vermeiden – und selbst wenn es gelänge, das DBMS fehlerfrei zu codieren, so wären andere Komponenten (wie z.B. die Hardware) oder äußere Einflüsse (wie z.B. Bedienungsfehler, Feuer im Computerraum) unvermeidbare Fehlerquellen. Nach einem Systemfehler ist es die Aufgabe der *Recoverykomponente* des DBMS, den Wiederanlauf des Systems und die Rekonstruktion des *jüngsten* konsistenten Datenbasiszustands zu gewährleisten.

10.1 Fehlerklassifikation

Abhängig von der aufgetretenen Fehlersituation müssen unterschiedliche Recoverymechanismen eingesetzt werden. Wir unterscheiden grob drei Fehlerkategorien:

1. lokaler Fehler in einer noch nicht festgeschriebenen (committed) Transaktion,
2. Fehler mit Hauptspeicherverlust,
3. Fehler mit Hintergrundspeicherverlust.

10.1.1 Lokaler Fehler einer Transaktion

In diese Kategorie fallen solche Fehler, die zwar zum Scheitern der jeweiligen Transaktion führen, aber den Rest des Systems hinsichtlich der Datenbankkonsistenz nicht beeinflussen. Typische Fehlerquellen sind:

- Fehler im Anwendungsprogramm,
- expliziter Abbruch (**abort**) der Transaktion durch den Benutzer, weil z.B. das gewünschte Ergebnis nicht zustandekommt,
- systemgesteuerter Abbruch einer Transaktion, um beispielsweise eine Verklemmung (engl. deadlock) zu beheben.

Diese lokalen Fehler werden behoben, indem alle Änderungen an der Datenbasis, die von dieser noch aktiven Transaktion verursacht wurden, rückgängig gemacht werden. Diesen Vorgang bezeichnet man auch als *lokales Undo*. Lokale Fehler treten relativ häufig auf und müssen deshalb sehr schnell und effizient behoben werden können. Mit anderen Worten, die Recoverykomponente sollte einen lokalen Fehler innerhalb weniger Millisekunden beheben können – sogar ohne dass das System für andere Transaktionen gesperrt werden muss.

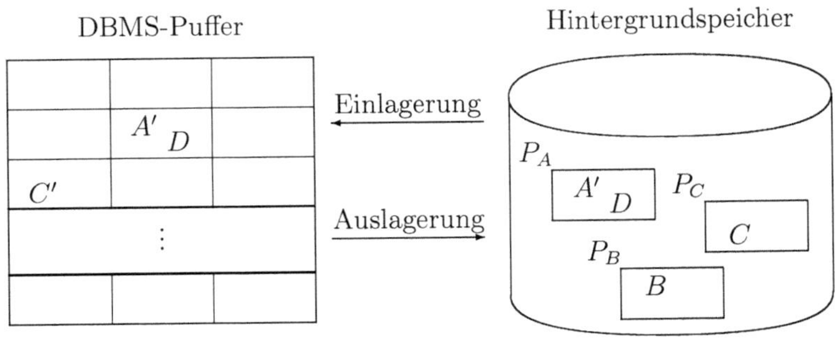

Abbildung 10.1: Schematische Darstellung der (zweistufigen) Speicherhierarchie

10.1.2 Fehler mit Hauptspeicherverlust

Ein Datenbankverwaltungssystem bearbeitet Daten innerhalb des sogenannten Datenbankpuffers. Der Puffer ist Teil des Hauptspeichers und ist in Seitenrahmen segmentiert, die jeweils genau eine Seite fassen können (vgl. Abschnitt 7.4). Diese Situation ist grafisch in Abbildung 10.1 beschrieben. Alle Datensätze (Tupel) – hier in unserem Beispiel abstrakt mit A, B, C und D bezeichnet – müssen auf Seiten abgebildet werden, die dauerhaft auf dem Hintergrundspeicher (in der materialisierten Datenbasis) gespeichert werden. Die Seiten sind hier mit P_A, P_B und P_C bezeichnet, wobei die Seite P_A neben dem Datum A auch noch das Datum D enthält – i.A. enthalten Seiten viele Datensätze. Beim Zugriff auf ein Datum, das sich (noch) nicht im Puffer befindet, muss die Seite, auf der sich das Datum befindet, *eingelagert* werden. Die Änderungen werden auf dieser Kopie der Seite im Puffer vollzogen. Sie werden dann „früher oder später“ durch ein Rückkopieren der Pufferkopie auf den Hintergrundspeicher in die materialisierte Datenbasis eingebracht. In unserem Beispiel ist die Änderung des Datums A, die durch A' gekennzeichnet ist, bereits zurückgeschrieben, wohingegen die Änderung auf C noch nicht in den Hintergrundspeicher eingebracht ist.

Ein Problem ergibt sich dadurch, dass bei sehr vielen Fehlern (wie z.B. Stromausfall) der Inhalt des Puffers verlorengeht. Dadurch werden alle Änderungen an Daten vernichtet, die sich nur im Puffer aber noch nicht auf dem Hintergrundspeicher befinden. Das Transaktionsparadigma verlangt, dass

- alle durch nicht abgeschlossene Transaktionen schon in die materialisierte Datenbasis eingebrachten Änderungen rückgängig gemacht werden und
- alle noch nicht in die materialisierte Datenbasis eingebrachten Änderungen durch abgeschlossene Transaktionen nachvollzogen werden.

Den ersten Vorgang bezeichnet man als (globales) *Undo*, den zweiten Vorgang als (globales) *Redo*.

Diese Fehlerklasse geht also davon aus, dass die materialisierte Datenbasis nicht zerstört ist, sich aber nicht in einem transaktionskonsistenten Zustand befindet. Der transaktionskonsistente Zustand wird gerade durch das *Undo* und *Redo* wiederhergestellt. Dazu sind natürlich Zusatzinformationen aus einer sogenannten *Log-Datei* (Protokolldatei) notwendig.

Die Fehler dieser Fehlerklasse treten i.A. im Intervall von Tagen auf, da sie durch z.B. Stromausfall, Fehler im Betriebssystemcode, Hardwareausfall, etc. verursacht werden. Die Recoverydauer sollte hierbei in der Größenordnung von einigen Minuten liegen.

10.1.3 Fehler mit Hintergrundspeicherverlust

Fehler mit Hintergrundspeicherverlust treten z.B. in folgenden Situationen auf:

- „head crash", der die Platte mit der materialisierten Datenbank zerstört,
- Feuer/Erdbeben, wodurch die Platte zerstört wird,
- Fehler in Systemprogrammen (z.B. im Plattentreiber), die zu einem Datenverlust führen.

Obwohl solche Situationen im Durchschnitt sehr selten (etwa im Zeitraum von Monaten oder Jahren) auftreten, muss man **unbedingt** Vorkehrungen treffen, um die Datenbasis nach einem derartigen Fehler wieder in den jüngsten konsistenten Zustand bringen zu können. Dazu sind – wie wir später noch detaillierter ausführen werden – eine Archivkopie der materialisierten Datenbasis und ein Log-Archiv mit allen seit Anlegen dieser Datenbasis-Archivkopie vollzogenen Änderungen notwendig. Die beiden Archivkopien sollten natürlich räumlich getrennt von dem Plattenspeicher aufbewahrt werden, um z.B. bei Feuer nicht sämtliche Informationen zu verlieren.

10.2 Die Speicherhierarchie

In Abbildung 10.1 haben wir die zweistufige Speicherhierarchie bestehend aus dem DBMS-Puffer und dem Hintergrundspeicher mit der materialisierten Datenbasis skizziert. Wir wollen hier die Wechselwirkungen zwischen Transaktionsbearbeitung und der Ein- und Auslagerung von Datenseiten in den Puffer bzw. zurück auf den Hintergrundspeicher behandeln.

10.2.1 Ersetzung von Puffer-Seiten

Eine Transaktion benötigt im Allgemeinen mehrere Datenseiten, die sich entweder schon (zufällig) im Puffer befinden oder aber eingelagert werden müssen. Für die Dauer eines Zugriffs bzw. einer Änderungsoperation wird die jeweilige Seite im Puffer *fixiert*. Durch das Setzen eines *FIX*-Vermerks wird verhindert, dass die betreffende Seite aus dem Puffer verdrängt wird. Werden Daten auf dieser Seite durch die Operation geändert, wird die Seite als modifiziert („dirty") gekennzeichnet. In diesem Fall stimmt der im Puffer gehaltene Zustand der Seite nicht mehr mit dem Zustand der betreffenden Seite auf dem Hintergrundspeicher überein. Nach Beendigung der Operation wird der *FIX*-Vermerk wieder gelöscht. Dadurch ist diese Seite prinzipiell wieder als mögliches „Opfer" für die Ersetzung freigegeben.

Salopp ausgedrückt herrscht im Datenbankpuffer ein „Kommen und Gehen" von Seiten. Es gibt zwei Strategien in Bezug auf aktive, also noch nicht festgeschriebene Transaktionen:

- ¬*steal*: Bei dieser Strategie wird die Ersetzung von Seiten, die von einer noch aktiven Transaktion modifiziert wurden, ausgeschlossen.
- *steal*: Jede nicht fixierte Seite ist prinzipiell ein Kandidat für die Ersetzung, falls neue Seiten eingelagert werden müssen.

Bei der ¬*steal*-Strategie kann es nie vorkommen, dass Änderungen einer noch nicht abgeschlossenen Transaktion in die materialisierte Datenbasis übertragen werden. Bei einem *rollback* einer (natürlich noch) aktiven Transaktion braucht man sich also nicht um den Zustand des Hintergrundspeichers kümmern, da die Transaktionen dort vor dem **commit** keine Spuren hinterlassen können. Anders sieht es bei *steal* aus: In diesem Fall muss man bei einem *rollback* einer Transaktion, u.U. auch schon in die materialisierte Datenbasis eingebrachte Seiten, durch ein *Undo* in den vor Transaktionsbeginn existierenden Zustand zurücksetzen.

10.2.2 Einbringen von Änderungen einer Transaktion

Die von einer abgeschlossenen Transaktion verursachten Änderungen – d.h. alle von ihr modifizierten Seiten – werden unter der *force*-Strategie beim **commit** in die materialisierte Datenbasis übertragen (durch Kopieren der Seiten). Die mit ¬*force* bezeichnete Strategie erzwingt diese Einbringung aller Änderungen nicht. Deshalb können Änderungen einer abgeschlossenen Transaktion verlorengehen, da sie nur im Systempuffer vorhanden waren und erst zu einem späteren Zeitpunkt, z.B. wenn die betreffende Seite sowieso ersetzt werden sollte, in die materialisierte Datenbasis eingebracht werden sollten. Aus diesem Grund benötigt man bei einer ¬*force*-Pufferverwaltung andere Protokolleinträge aus einer separaten Log-Datei, um diese noch nicht in die Datenbasis propagierten Änderungen nachvollziehen (*Redo*) zu können. Bei Einhaltung der *force*-Strategie ist dies nicht notwendig, da die materialisierte Datenbasis immer alle Änderungen abgeschlossener Transaktionen enthï¿½lt.

Es wäre auf den ersten Blick verlockend, die Stategien *force* und ¬*steal* zu kombinieren: Es erscheint, dass man dann *alle* Änderungen abgeschlossener Transaktionen und *keine* Änderungen noch aktiver Transaktionen in der materalisierten Datenbasis dauerhaft gespeichert hat. Es gibt aber viele Gründe, die gegen diese Systemkonfiguration sprechen: Zum einen ist die erzwungene Propagierung aller Änderungen zum Transaktionende sehr teuer. Es gibt Seiten, die von vielen Transaktionen benötigt werden und deshalb über längere Zeit im Puffer residieren. Solche sogenannten „hot spot"-Seiten würden somit nur zur Propagation der Änderungen in die Datenbasis kopiert, ohne dass sie im Puffer ersetzt werden. Dort wird lediglich gekennzeichnet, dass die Seiten danach – wahrscheinlich nur für kurze Zeit – unmodifiziert sind. Außerdem muss die Propagation, also das Kopieren der von der abgeschlossenen TA modifizierten Seiten, *atomar* (also „alles oder nichts") erfolgen. Das System darf nicht mitten im Kopiervorgang abstürzen und einen inkonsistenten Datenbasis-Zustand hinterlassen. Um das zu erzielen, ist ein zusätzlicher Aufwand nötig. Weiterhin können die Strategien *force* und ¬*steal* nicht kombiniert werden, wenn Transaktionen

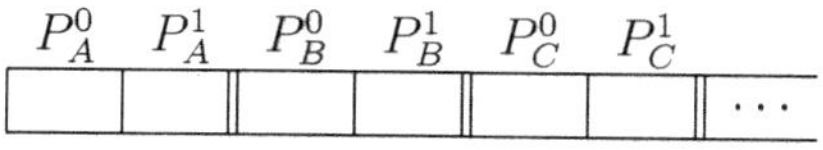

Abbildung 10.2: Twin-Block-Anordnung der Seiten P_A, P_B und P_C.

kleinere Objekte als ganze Seiten exklusiv bearbeiten (sperren) können – siehe dazu Übung 10.1 und das nachfolgende Kapitel über Mehrbenutzersynchronisation.

Wir fassen die vier Kombinationen von *force*/¬*force* und *steal*/¬*steal* hinsichtlich ihrer Anforderungen an die *Redo*- und *Undo*-Recovery wie folgt zusammen:

	force	¬force
¬steal	• kein Redo • kein Undo	• Redo • kein Undo
steal	• kein Redo • Undo	• Redo • Undo

10.2.3 Einbringstrategie

Unter der Einbringstrategie versteht man die Methodik, nach der Änderungen in die materialisierte Datenbasis propagiert werden. Die heute mit Abstand gängigste Methode heißt „*update-in-place*" und kann als *direkte* Einbringstrategie klassifiziert werden. Bei dieser Strategie wird jeder Seite genau ein Speicherplatz im Hintergrundspeicher zugeordnet. Wenn die Seite aus dem DBMS-Puffer verdrängt wird (und modifiziert war), wird sie direkt an diesen Speicherplatz kopiert, so dass der vorhergehende Zustand der Seite verlorengeht. Diese Vorgehensweise war auch in Abbildung 10.1 zugrundegelegt. Falls der vorhergehende Zustand im Rahmen eines *Undo* wiederhergestellt werden muss, benötigt man zusätzliche Protokollinformationen.

Bei den indirekten Einbringstrategien werden geänderte Seiten an einem separaten Platz gespeichert, und nur zu bestimmten, vom System initiierten Zeitpunkten, werden die alten Zustände durch die neuen ersetzt. Die einfachste Methode besteht darin, für jede Seite zwei Blöcke im Hintergrundspeicher freizuhalten. Die Situation ist für unser Beispiel in Abbildung 10.2 skizziert. Jeder Seite, wie z.B. P_A sind zwei Blöcke P_A^0 und P_A^1 zugeordnet. Es gibt ein globales Bit *aktuell*, das angibt, welche der Blöcke gerade aktuell ist. Also werden Änderungen jeweils nach $P_A^{aktuell}$, $P_B^{aktuell}$ und $P_C^{aktuell}$ geschrieben. Kommt es zu einem Fehler, kann das System sehr effizient auf die in $P_A^{\neg aktuell}$, $P_B^{\neg aktuell}$ und $P_C^{\neg aktuell}$ noch verfügbaren Zustände „zurückschalten". Durch dieses sogenannte Twin-Block-Verfahren wird die *atomare* Propagation des gesamten Pufferinhalts sehr gut unterstützt, da man zunächst alle modifizierten Seiten aus dem Puffer in ihre jeweiligen aktuellen Twin-Blöcke kopieren kann. Wenn dies erfolgt ist, wird das Bit *aktuell* auf den komplementären Wert gesetzt. Geht zwischenzeitlich, also während des Kopierens, etwas „schief", hat man immer noch die alten Zustände aller Seiten.

Das Twin-Block-Verfahren hat den großen Nachteil, dass der Speicherbedarf sich verdoppelt. Das *Schattenspeicherkonzept* leistet hier eine gewisse Abhilfe, da dabei nur die tatsächlich modifizierten Seiten verdoppelt werden. Aber es weist in der

Praxis etliche Nachteile auf, die seinen Einsatz fast immer ausschließen.

10.2.4 Hier zugrunde gelegte Systemkonfiguration

Die nachfolgende Diskussion der Recoverykomponente eines DBMS geht von der allgemeinsten und für die Recovery schwierigsten (und auch aufwendigsten) Konfiguration aus:

- *steal*: nicht-fixierte Seiten können jederzeit ersetzt bzw. auch nur propagiert (d.h. ohne Ersetzung zurückgeschrieben) werden.
- $\neg$*force*: geänderte Seiten werden auf kontinuierlicher Basis in die Datenbasis propagiert, aber nicht notwendigerweise alle geänderten Seiten zum Ende einer Transaktion.
- *update-in-place*: Jede Seite hat einen Heimatplatz (Block) auf dem Hintergrundspeicher. Wird sie – auch vor dem **commit** einer Transaktion, die sie verändert hat – aus dem Puffer verdrängt, muss sie auf diesen Block kopiert werden.
- *Kleine Sperrgranulate*: Transaktionen können auch kleinere Objekte als eine komplette Seite exklusiv sperren und verändern. D.h., bezogen auf unser in Abbildung 10.1 dargestelltes Beispiel, kann eine Transaktion T_1 das Datum A auf Seite P_A verändern und eine parallele Transaktion T_2 könnte gleichzeitig das Datum D auch auf Seite P_A modifizieren. Das Problem aus der Sicht der Recoverykomponente besteht darin, dass eine Seite im Datenbankpuffer zu einem gegebenen Zeitpunkt sowohl Änderungen einer abgeschlossenen Transaktion als auch Änderungen einer noch nicht abgeschlossenen Transaktion enthalten kann.

Wir werden uns jetzt mit den Recoverykonzepten beschäftigen, die bei der oben beschriebenen Systemkonfiguration notwendig sind, um die Konsistenz der Datenbasis nach einem Fehlerfall wiederherzustellen.

10.3 Protokollierung von Änderungsoperationen

Die materialisierte Datenbasis enthält meist nicht den jüngsten konsistenten Zustand der Datenbasis – sie enthält i.A. nicht einmal einen konsistenten Zustand. Deshalb benötigt man Zusatzinformationen, die an anderer Stelle gespeichert werden als die Datenbasis – nämlich in einer sogenannten *Log*-Datei (oder auch *Protokolldatei* genannt). Wir haben im vorangegangenen Abschnitt gesehen, dass Änderungen noch nicht abgeschlossener Transaktionen in die materialisierte Datenbasis eingebracht werden können. Gleichzeitig können in der materialisierten Datenbasis auch Änderungen von bereits erfolgreich abgeschlossenen Transaktionen fehlen, da die modifizierten Seiten noch nicht aus dem Puffer in die Datenbasis propagiert wurden.

10.3.1 Struktur der Log-Einträge

Man benötigt für jede Änderungsoperation, die von einer Transaktion durchgeführt wird, zwei Protokollinformationen:

1. Die *Redo*-Information gibt an, wie die Änderung nachvollzogen werden kann.
2. Die *Undo*-Information beschreibt, wie die Änderung rückgängig gemacht werden kann.

Bei dem von uns vorgestellten Recoveryverfahren enthält jeder normale *Log*-Eintrag zusätzlich zur *Redo* und *Undo*-Information noch die folgenden Komponenten:

- *LSN* (*Log Sequence Number*), eine eindeutige Kennung des Log-Eintrags. Es wird verlangt, dass die *LSNs* monoton aufsteigend vergeben werden, so dass man die chronologische Reihenfolge der Protokolleinträge ermitteln kann.
- *Transaktionskennung TA* der Transaktion, die die Änderung durchgeführt hat.
- *PageID*, die Kennung der Seite, auf der die Änderungsoperation vollzogen wurde. Wenn eine Änderung mehr als eine Seite betrifft, müssen entsprechend viele Log-Einträge generiert werden.
- *PrevLSN*, einen Zeiger auf den vorhergehenden Log-Eintrag der jeweiligen Transaktion. Diesen Eintrag benötigt man aus Effizienzgründen.

10.3.2 Beispiel einer Log-Datei

Wir wollen jetzt die Log-Einträge für zwei parallel ablaufende Transaktionen T_1 und T_2 in Abbildung 10.3 demonstrieren. Die *Log-Einträge* für die **BOT**- und **commit**-Operationen haben eine besondere Struktur, da sie nur die *LSN*, die *TA* und den Operationsnamen enthalten. Der *PrevLSN*-Zeiger der **BOT**-Einträge ist auf 0 gesetzt, da es natürlich keinen vorhergehenden Eintrag zu der jeweiligen Transaktion geben kann. Mithilfe der *PrevLSN*-Zeiger kann man sehr effizient die *Log-Einträge* einer Transaktion in Rückwärtsrichtung durchlaufen.

Der Log-Eintrag mit der *LSN* #3 beispielsweise bezieht sich auf Transaktion T_1 und die Seite P_A. Wenn ein *Redo* durchgeführt werden muss, ist das Datum A auf Seite P_A um 50 zu erniedrigen (durch die der Sprache C angelehnte Notation $A{-}{=}50$ ausgedrückt). Wenn ein *Undo* auszuführen ist, muss A um 50 erhöht werden. Der vorhergehende Log-Eintrag hat die *LSN* #1.

10.3.3 Logische oder physische Protokollierung

In unserem Beispiel (siehe Abbildung 10.3) wurden die *Redo*- und die *Undo*-Informationen logisch protokolliert, d.h. es wurden jeweils Operationen angegeben. Eine andere Alternative besteht in der physischen Protokollierung. Dann wird für das *Undo* das sogenannte *Before-Image* und für das *Redo* das *After-Image* des Datenobjekts abgespeichert. Bezogen auf den Log-Eintrag #3 hätte man also den ursprünglichen Wert von A, sagen wir 1000, als *Undo*-Information, und den neuen Wert, nämlich 950, als *Redo*-Information abgespeichert.

Bei der logischen Protokollierung wird

Schritt	T_1	T_2	Log [LSN,TA,PageID,Redo,Undo,PrevLSN]
1.	**BOT**		$[\#1, T_1,$ **BOT**$, 0]$
2.	$r(A, a_1)$		
3.		**BOT**	$[\#2, T_2,$ **BOT**$, 0]$
4.		$r(C, c_2)$	
5.	$a_1 := a_1 - 50$		
6.	$w(A, a_1)$		$[\#3, T_1, P_A, A\text{-=}50, A\text{+=}50, \#1]$
7.		$c_2 := c_2 + 100$	
8.		$w(C, c_2)$	$[\#4, T_2, P_C, C\text{+=}100, C\text{-=}100, \#2]$
9.	$r(B, b_1)$		
10.	$b_1 := b_1 + 50$		
11.	$w(B, b_1)$		$[\#5, T_1, P_B, B\text{+=}50, B\text{-=}50, \#3]$
12.	**commit**		$[\#6, T_1,$ **commit**$, \#5]$
13.		$r(A, a_2)$	
14.		$a_2 := a_2 - 100$	
15.		$w(A, a_2)$	$[\#7, T_2, P_A, A\text{-=}100, A\text{+=}100, \#4]$
16.		**commit**	$[\#8, T_2,$ **commit**$, \#7]$

Abbildung 10.3: Verzahnte Ausführung zweier Transaktionen und das erstellte Log

- das *Before-Image* durch Ausführung des *Undo*-Codes aus dem *After-Image* generiert und
- das *After-Image* durch Ausführung des *Redo*-Codes aus dem *Before-Image* berechnet.

Dazu ist es natürlich notwendig, dass man weiß (bzw. erkennen kann), ob das *Before-Image* oder das *After-Image* in der materialisierten Datenbasis enthalten ist. Hierzu dient die LSN: Beim Anlegen jedes neuen Log-Eintrags wird die neu generierte, eindeutige LSN in einen reservierten Bereich der betreffenden Seite geschrieben. Man beachte, dass die neu generierte LSN die derzeit größte LSN darstellt, da wir ein monotones Wachsen der LSNs verlangt haben. Wenn die Seite auf den Hintergrundspeicher propagiert wird, wird der derzeitige LSN-Eintrag dieser Seite mitkopiert. Daran kann man dann erkennen, ob für einen bestimmten Log-Eintrag das *Before-Image* oder das *After-Image* in der Seite steht:

- Wenn die LSN der Seite einen kleineren Wert als die LSN des Log-Eintrags enthält, handelt es sich um das *Before-Image.*
- Ist die LSN der Seite größer oder gleich der LSN des Log-Eintrags, dann war schon das *After-Image* bezüglich der protokollierten Änderungsoperationen auf den Hintergrundspeicher propagiert worden.

10.3.4 Schreiben der Log-Information

Bevor eine Änderungsoperation ausgeführt wird, muss der zugehörige Log-Eintrag angelegt werden. Bei physischer Protokollierung muss man das *Before-Image* vor

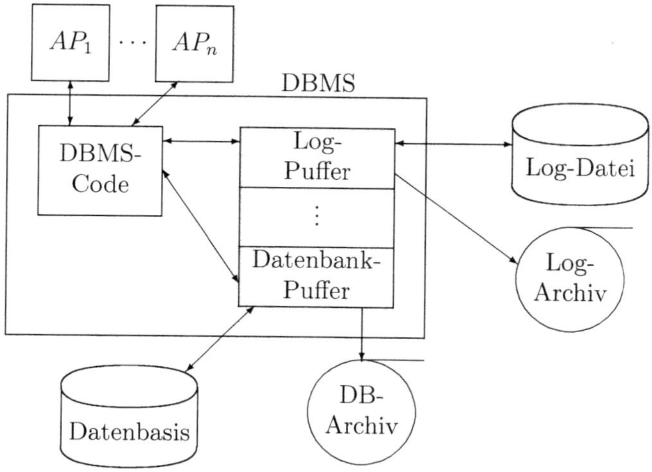

Abbildung 10.4: Speicherhierarchie eines Datenbanksystems [Härder und Reuter (1983)]

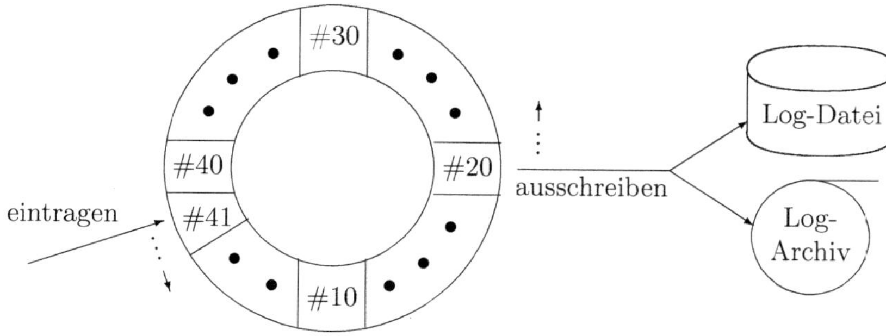

Abbildung 10.5: Anordnung des Log-Ringpuffers

Ausführung der Änderungsoperation und das *After-Image* nach Ausführung der Änderungsoperation in den Log-Record eintragen. Bei logischer Protokollierung kann man gleich beide Informationen – also *Redo-* und *Undo-*Code – in den Log-Record eintragen. Die Log-Einträge werden im sogenannten *Log-Puffer* im Hauptspeicher zwischengelagert. Diese Anordnung ist in Abbildung 10.4 schematisch gezeigt. Demnach befinden sich im Hauptspeicher getrennte Pufferbereiche für die Datenbankseiten und die Log-Einträge. Der Log-Puffer ist i.A. sehr viel kleiner als der Datenbankpuffer. *Spi¿½testens* sobald er voll ist, muss er auf den Hintergrundspeicher geschrieben werden. In modernen Datenbankarchitekturen ist der Log-Puffer als Ringpuffer organisiert: An einem Ende wird kontinuierlich ausgeschrieben und am anderen Ende kommen laufend neue Einträge hinzu. Dadurch kommt es zu einer gleichmäßigen Auslastung. Es wird also verhindert, dass man stoßweise sehr große Auslagerungsvorgänge bearbeiten muss, die die Transaktionsverarbeitung behindern würden. Die Anordnung des Log-Ringpuffers ist in Abbildung 10.5 gezeigt. Die Log-

Einträge werden gleich zweifach ausgeschrieben:

1. auf das temporäre Log und
2. auf das Log-Archiv.

Das temporäre Log befindet sich i.A. auf einem Plattenspeicher und wird online gehalten. Das Log-Archiv befindet sich normalerweise auf einem Magnetband, um es weitestgehend vor Hardwaredefekten zu schützen. Das Log-Archiv wird für die Recovery nach einem Hintergrundspeicherverlust benötigt – vergleiche dazu auch den Abschnitt 10.9.

10.3.5 Das WAL-Prinzip

Wir hatten gerade bemerkt, dass die Log-Einträge spätestens dann geschrieben werden müssen, wenn sich der zur Verfügung stehende Ringpuffer gefüllt hat. Bei der von uns zugrundegelegten Systemkonfiguration ($\neg$*force*, *steal*, und *update-in-place*) ist aber zusätzlich unabdingbar, das sogenannte WAL-Prinzip (Write Ahead Log) einzuhalten. Dafür gibt es zwei Regeln, die *beide* befolgt werden müssen:

1. Bevor eine Transaktion festgeschrieben (**committed**) wird, müssen alle „zu ihr gehörenden“ Log-Einträge ausgeschrieben werden.
2. Bevor eine modifizierte Seite ausgelagert werden darf, müssen alle Log-Einträge, die zu dieser Seite gehören, in das temporäre und das Log-Archiv ausgeschrieben werden.

Die erste Regel des WAL-Prinzips ist notwendig, um erfolgreich abgeschlossene Transaktionen nach einem Fehler nachvollziehen (*Redo*) zu können. Die zweite Regel wird benötigt, um im Fehlerfall die Änderungen nicht abgeschlossener Transaktionen aus den modifizierten Seiten der materialisierten Datenbasis entfernen zu können.

Beim WAL-Prinzip schreibt man natürlich alle Log-Einträge bis zu dem letzten notwendigen aus – d.h. man übergeht keine Log-Einträge, die von Regel 1. und 2. nicht erfasst sind. Dies ist essentiell, um die chronologische Reihenfolge der Log-Einträge im Ringpuffer zu wahren.

10.4 Wiederanlauf nach einem Fehler

Nach einem Fehler mit Verlust des Hauptspeicherinhalts hat man die in Abbildung 10.6 dargestellte Situation zu behandeln. Im Allgemeinen muss die Recovery natürlich viel mehr als zwei Transaktionen bearbeiten. T_1 und T_2 repräsentieren die zwei zu behandelnden Transaktionstypen:

- Transaktionen der Art T_1 müssen hinsichtlich ihrer Wirkung vollständig nachvollzogen werden. Transaktionen dieser Art nennt man *Winner*.
- Transaktionen, die wie T_2 zum Zeitpunkt des Absturzes noch aktiv waren, müssen rückgängig gemacht werden. Diese Transaktionen bezeichnen wir als *Loser*.

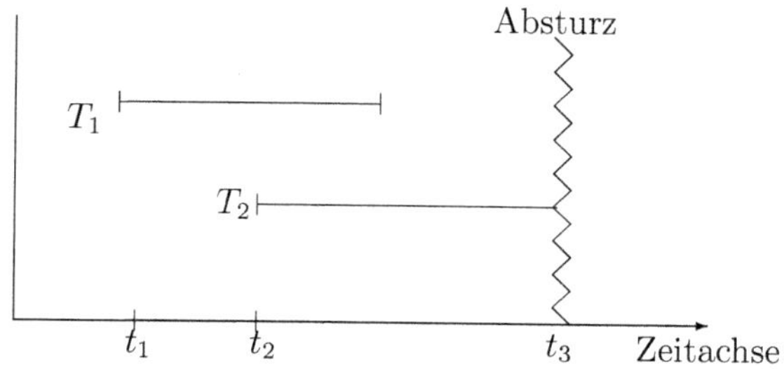

Abbildung 10.6: Transaktionsbeginn und -ende relativ zu einem Systemabsturz

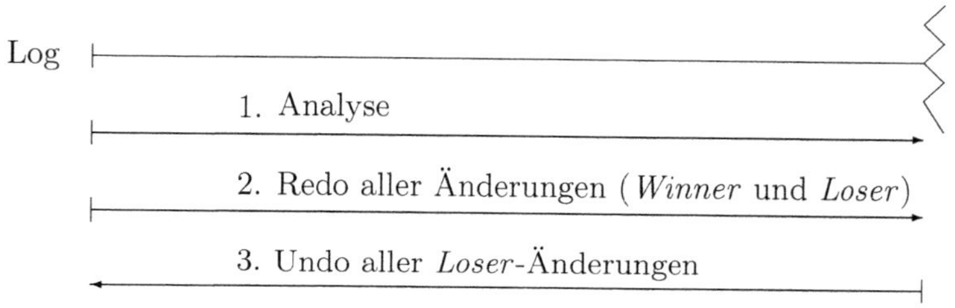

Abbildung 10.7: Wiederanlauf in drei Phasen

Nach dem von uns hier vorgestellten Recoverykonzept geschieht der Wiederanlauf in drei Phasen:

1. *Analyse*: Die temporäre Log-Datei wird von Anfang bis Ende analysiert, um die *Winner*-Menge von Transaktionen des Typs T_1 und die *Loser*-Menge von Transaktionen der Art T_2 zu ermitteln.

2. *Wiederholung der Historie*: Es werden *alle* protokollierten Änderungen in der Reihenfolge ihrer Ausführung in die Datenbasis eingebracht.

3. *Undo der Loser*: Die Änderungoperationen der *Loser*-Transaktionen werden in umgekehrter Reihenfoge ihrer ursprünglichen Ausführung rückgängig gemacht.

Diese Vorgehensweise ist in Abbildung 10.7 schematisch dargestellt. Wir wollen die drei Phasen des Wiederanlaufs nachfolgend etwas detaillierter beschreiben.

10.4.1 Analyse des Logs

Die Analyse der Log-Datei geht sehr einfach vonstatten. Die **BOT**-Einträge geben Aufschluss über alle Transaktionen, die in der betreffenden Zeitspanne gestartet wurden. Die **commit**-Einträge im Log kennzeichnen die *Winner*-Transaktionen. Alle begonnenen Transaktionen, zu denen kein **commit** in der Log-Datei gefunden werden kann, sind *Loser*. Jetzt dürfte nochmals nachhaltig die Bedeutung der Regel 1. des WAL-Prinzips (Ausschreiben aller Log-Einträge vor Abschluss einer Transaktion) klar werden.

10.4.2 Redo-Phase

In der *Redo*-Phase wird die Log-Datei sequentiell – in der Reihenfolge des Anlegens der Log-Einträge – durchlaufen. Für jeden Log-Eintrag wird die betroffene Seite aus der materialisierten Datenbasis in den Datenbankpuffer geholt (falls sie nicht schon aufgrund vorhergehender *Redo*-Vorgänge dort ist) und deren LSN ermittelt. Falls die in der Seite stehende LSN gleich oder größer ist als die LSN des Log-Eintrags, braucht nichts gemacht zu werden – das After-Image zu der protokollierten Änderungsoperation befindet sich schon auf der Seite. Anderenfalls, wenn die Seiten-LSN kleiner als die Log-Record-LSN ist, muss die im Log-Record gespeicherte *Redo*-Operation ausgeführt werden. Außerdem muss in diesem Fall (also bei durchgeführter *Redo*-Operation) die LSN der Seite durch die LSN des gerade bearbeiteten Log-Records ersetzt werden. Dies ist wichtig für den erneuten Wiederanlauf nach einem Fehler in der Wiederanlaufphase (siehe Abschnitt 10.5). Man beachte, dass auch die Änderungen der *Loser*-Transaktionen nachvollzogen werden – siehe Übung 10.6.

10.4.3 Undo-Phase

Nachdem die *Redo*-Phase abgeschlossen ist, wird die Log-Datei in umgekehrter Richtung (von hinten nach vorne) für die *Undo*-Phase durchlaufen. Wir übergehen alle Log-Einträge, die zu einer *Winner*-Transaktion gehören. Aber für jeden Log-Eintrag einer *Loser*-Transaktion wird die *Undo*-Operation ausgeführt. Anders als beim *Redo* wird das *Undo* auf jeden Fall ausgeführt, egal welche LSN auf der Seite steht. Dies ist notwendig, da auf jeden Fall das After-Image der protokollierten Operation auf der Seite steht: Entweder wurde es noch vor dem Absturz in die materialisierte Datenbasis geschrieben oder in der vorangegangenen *Redo*-Phase wiederhergestellt.

Wir werden im nächsten Abschnitt sehen, dass in der *Undo*-Phase zusï¿½tzlich noch Protokoll-Einträge – sogenannte Kompensationseinträge – generiert werden müssen.

10.5 Fehlertoleranz des Wiederanlaufs

Bei der Entwicklung der Recoverykomponente muss man natürlich auch die Fehlertoleranz bei einem Absturz innerhalb der Wiederanlaufphasen gewährleisten. Anders ausgedrückt: die *Redo*- und die *Undo*-Phasen müssen ***idempotent*** sein, d.h. sie müssen auch bei mehrfacher Ausführung (hintereinander) immer wieder dasselbe Ergebnis liefern. Zu jeder ausgeführten (Änderungs-)Aktion a gilt:

$$\begin{aligned} undo(undo(\cdots(undo(a))\cdots)) &= undo(a) \\ redo(redo(\cdots(redo(a))\cdots)) &= redo(a) \end{aligned}$$

Die Idempotenz der *Redo*-Phase wird dadurch erreicht, dass die LSN des Log-Records, für den ein *Redo* (tatsächlich) ausgeführt wird, in die Seite eingetragen wird. Dadurch wird sichergestellt, dass auch nach einem Absturz während des Wiederanlaufs ein *Redo* einer Operation nicht „versehentlich" auf dem After-Image der Operation ausgeführt wird. Wieso? – siehe dazu Übungsaufgabe 10.7.

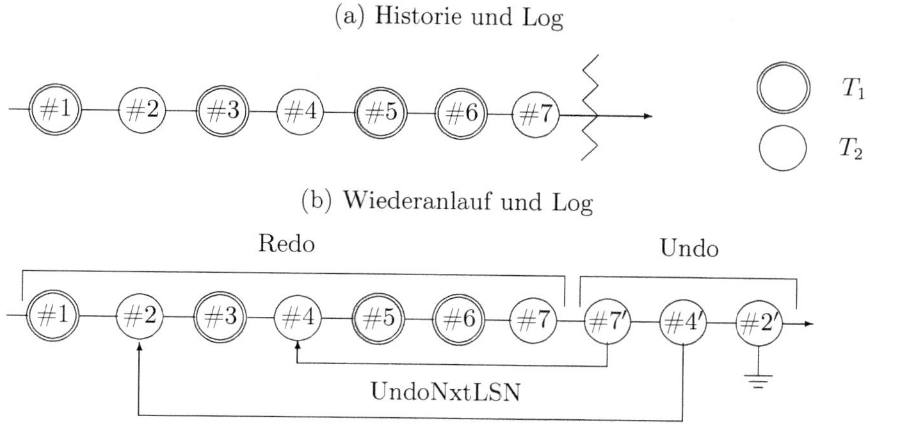

Abbildung 10.8: Wiederanlauf nach einem Absturz: (a) das vorgefundene Log und (b) die Fortschreibung der Log-Datei aufgrund der *Undo*-Aktionen

Für die Gewährleistung der Idempotenz der *Undo*-Phase müssen wir noch das Konzept der Kompensations-Protokolleinträge (CLR, compensation log record) einführen. Für jede ausgeführte *Undo*-Operation wird ein CLR angelegt, der genau wie „normale" Log-Records eine eindeutige LSN zugeteilt bekommt. Der CLR enthält die folgenden Informationen:

[LSN, Transaktions-ID, Seiten-ID, *Redo*-Information, *PrevLSN*, *UndoNxtLSN*]

Die *Redo*-Information eines CLR entspricht der während der *Undo*-Phase des Wiederanlaufs ausgeführten *Undo*-Operation. Bei einem erneuten Wiederanlauf wird diese Operation aber innerhalb der *Redo*-Phase ausgeführt. Kompensationseinträge benötigen keine *Undo*-Informationen, da sie – obwohl sie den *Loser*-Transaktionen zugeordnet werden – während nachfolgender *Undo*-Phasen übersprungen werden. Um das Überspringen zu gewährleisten, enthalten sie das Feld *UndoNxtLSN*. Dieses Feld enthält die LSN der zu dieser Transaktion gehörenden Änderungsoperation, die der kompensierten Operation vorausging. Diese Information ist relativ effizient aus der Rückwärtsverkettung (*PrevLSN*) der Protokolleinträge einzelner Transaktionen zu ermitteln. Die Abbildung 10.8 skizziert diese Situation für unsere Beispielausführung aus Abbildung 10.3. Wir nehmen an, dass der Absturz kurz vor dem **commit** von Transaktion T_2 stattfindet. In Abbildung 10.8 (a) ist die nach dem Absturz vorgefundene Log-Datei skizziert. Sie enthält alle Log-Records bis zur LSN #7.[1] Der untere Teil (b) der Abbildung zeigt den Zustand der Log-Datei nach dem vollständigen Wiederanlauf. Die drei Einträge #2, #4 und #7 der *Loser*-Transaktion T_2 – gekennzeichnet durch einfache Kreise, wohingegen T_1 Log-Einträge durch doppelte Kreise markiert sind – sind durch die CLRs #7', #4' und #2' kompensiert worden. Wir haben die (hoffentlich) anschauliche Notation #*i*' als LSN des Kompensationseintrages für den Log-Record #*i* verwendet, obwohl natürlich auch die LSNs der

[1] Was würde passieren, wenn die Log-Datei nur die Einträge bis LSN #6 enthielte? – Siehe Übungsaufgabe 10.5.

$$[\#1, T_1, \mathbf{BOT}, 0]$$
$$[\#2, T_2, \mathbf{BOT}, 0]$$
$$[\#3, T_1, P_A, A\text{-=}50, A\text{+=}50, \#1]$$
$$[\#4, T_2, P_C, C\text{+=}100, C\text{-=}100, \#2]$$
$$[\#5, T_1, P_B, B\text{+=}50, B\text{-=}50, \#3]$$
$$[\#6, T_1, \mathbf{commit}, \#5]$$
$$[\#7, T_2, P_A, A\text{-=}100, A\text{+=}100, \#4]$$
$$\langle \#7', T_2, P_A, A\text{+=}100, \#7, \#4 \rangle$$
$$\langle \#4', T_2, P_C, C\text{-=}100, \#7', \#2 \rangle$$
$$\langle \#2', T_2, -, -, \#4', 0 \rangle$$

Abbildung 10.9: Logeinträge nach abgeschlossenem Wiederanlauf

Kompensationseinträge fortlaufend sein müssen. Also muss die LSN $\#4'$ einen größeren Wert als $\#7'$ haben und $\#7'$ einen größeren Wert als $\#7$. Weiterhin sind in der Abbildung die *UndoNxtLSN*-Verweise der Kompensationseinträge gezeigt.

Nach Abschluss des Wiederanlaufs hätte die Log-Datei – bzw. die Log-Datei einschließlich des Log-Ringpuffers – die Gestalt, wie sie in Abbildung 10.9 gezeigt wird (vgl. Abbildung 10.3). Die Log-Einträge mit spitzen Klammern sind die CLR-Einträge. Der letzte davon – mit der Kennung $\#2'$ – enthält keine Seiten- bzw. *Redo*-Information, da er sich nur auf das **BOT** der Transaktion T_2 bezieht. An dem NULL-Eintrag des *UndoNxtLSN*- Feldes dieses CLR ist außerdem erkennbar, dass zu diesem Zeitpunkt die Transaktion T_2 vollständig zurückgesetzt ist, so dass zumindest für diesen „*Loser*“ keine weiteren *Undo*-Operationen mehr ausgeführt werden müssen.

Was passiert jetzt bei einem erneuten Systemabsturz und dadurch initiierten Wiederanlauf? In der *Redo*-Phase würde die gesamte Log-Datei von $\#1$ bis $\#2'$ in Vorwärtsrichtung bearbeitet. Es wird sichergestellt, dass alle protokollierten Änderungen – einschließlich der Kompensationen – in die Datenbasis eingebracht werden. In der nachfolgenden *Undo*-Phase wird die Log-Datei dann in umgekehrter Richtung bearbeitet. Da der Zeiger *UndoNxtLSN* von $\#2'$ aber *NULL* ist, wäre dadurch kenntlich gemacht, dass die Transaktion T_2 vollständig zurückgesetzt ist.

Nehmen wir aber mal den Fall an, dass die Log-Datei nur die Einträge bis einschließlich $\#7'$ enthält. In diesem Fall werden in der *Redo*-Phase alle Operationen von $\#1$ bis $\#7$ und die Kompensation $\#7'$ nachvollzogen. Bei der anschließenden *Undo*-Phase wird $\#7'$ nicht rückgängig gemacht (es ist ja eine Kompensation, die in der Datenbasis erhalten bleiben soll), sondern anhand des *UndoNxtLSN*-Zeigers ermittelt, dass die nächste zu kompensierende Operation von T_2 in $\#4$ protokolliert ist. Die dort gespeicherte *Undo*-Operation wird ausgeführt und der CLR $\#4'$ angelegt. In $\#4$ steht ein *PrevLSN*-Verweis auf $\#2$, die als nächstes kompensiert und mit $\#2'$ protokolliert wird. Danach hat man dann den Zustand, der in Abbildung 10.8 (b) beschrieben ist.

10.6 Lokales Zurücksetzen einer Transaktion

Wir können jetzt auch das isolierte Zurücksetzen einer einzelnen Transaktion behandeln. Dazu muss man lediglich die zu dieser Transaktion gehörenden Log-Einträge in chronologisch umgekehrter Reihenfolge abarbeiten. Man beachte, dass wir jetzt einen intakten Hauptspeicher – also sowohl Datenbankpuffer als auch Log-Puffer – voraussetzen. Man ermittelt den zuletzt angelegten Log-Record der zurückzusetzenden Transaktion. Einen Zeiger auf diesen jüngsten Log-Record könnte man für jede Transaktion im Haupspeicher unterhalten.

Durch die Rückwärtsverkettung der Log-Records über den *PrevLSN*-Eintrag kann man dann alle Protokolleinträge einer Transaktion sehr effizient rückwärts durchlaufen. Jede protokollierte Operation wird durch Ausführung der *Undo*-Information zurückgesetzt. Vor der Ausführung wird ein entsprechender Kompensations-Record (CLR) protokolliert. Die LSN des Kompensations-Records wird in die betreffende Seite eingetragen, damit man bei einem später evtl. notwendigen Wiederanlauf erkennen kann, ob die Kompensation in der Seite enthalten ist oder nicht. Bei einer vernünftigen Größe des Log-Ringpuffers kann man davon ausgehen, dass die meisten Protokolleinträge einer noch aktiven Transaktion im Hauptspeicher verfügbar sind. Deshalb ist das lokale Rollback einer Transaktion sehr effizient durchführbar.

Die beim lokalen Rollback angelegten Kompensationseinträge unterscheiden sich nicht von denen, die beim globalen *Undo* infolge eines Wiederanlaufs angelegt werden. Auch die beim lokalen Rollback angelegten CLRs werden bei einem später eventuell durchgeführten Wiederanlauf in der *Undo*-Phase übersprungen. Deshalb muss auch hier jeweils der *UndoNxtLSN*-Zeiger gesetzt werden – so wie das in Abbildung 10.8 (b) angedeutet war.

Beim isolierten Rollback müssen zusätzlich noch die von der Transaktion gesetzten Sperren (siehe Kapitel 11) aufgegeben werden. Dies war beim Wiederanlauf nicht notwendig, da die im Hauptspeicher verwalteten Sperren durch den Absturz sowieso verloren gingen, also zwangsläufig freigegeben wurden.

10.7 Partielles Zurücksetzen einer Transaktion

Im vorangegangen Kapitel hatten wir gesehen, dass einige Datenbanksysteme die Definition von Rücksetzpunkten innerhalb einer Transaktion erlauben. Dadurch soll das Rollback der Transaktion bis zu einem definierten Rücksetzpunkt ermöglicht werden. Dieses Konzept kann mit unserer bislang vorgestellten Recoverymethode leicht unterstützt werden. Die chronologisch nach der Definition des Rücksetzungspunkts erfolgten Änderungsoperationen werden lokal zurückgenommen, indem die *Undo*-Operation ausgeführt wird und entsprechende Kompensationseinträge in das Log angehängt werden. Grafisch ist dies in Abbildung 10.10 gezeigt.

In dieser Skizze werden zunächst die Operationen 1, 2, 3 und 4 ausgeführt. Dazu gibt es entsprechende Log-Eintäge #1, #2, #3 und #4. Die letzten beiden Operationen – also 3 und 4 – werden zurückgesetzt. Die Kompensationen sind in den CLRs #4′ und #3′ dokumentiert – wiederum muss natürlich gelten, dass die LSN #4′ größer als #4 und #3′ größer als #4′ ist. Danach wird die Operation 5 ausgeführt und im Log mit der LSN #5 dokumentiert. Somit hat die Transaktion nur die Operationen 1, 2 und 5 ausgeführt, wohingegen 3 und 4 wieder rückgängig gemacht wurden.

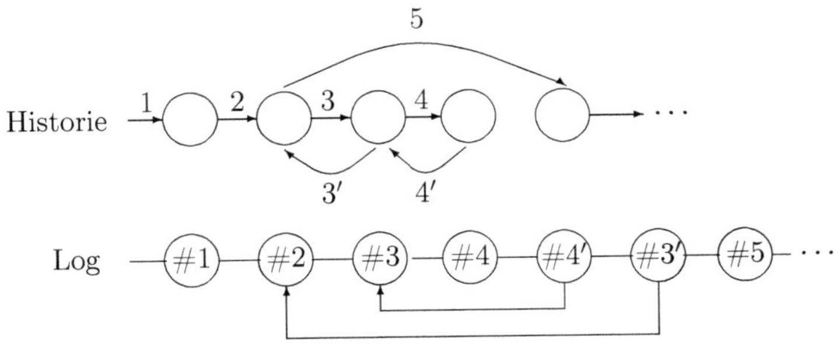

Abbildung 10.10: Partielles Rücksetzen einer Transaktion

10.8 Sicherungspunkte

Die bislang vorgestellte Recoverymethodik hat einen entscheidenden Nachteil: Der Wiederanlauf des Systems wird mit zunehmender Betriebszeit des Datenbanksystems immer langwieriger, da die zu verarbeitende Log-Datei immer umfangreicher wird. Abhilfe schaffen *Sicherungspunkte*, die sozusagen als Brandmauer (engl. fire wall) für den Wiederanlauf dienen. Durch einen Sicherungspunkt wird eine Position im Log markiert, über die man beim Wiederanlauf nicht hinausgehen muss. Alle älteren Log-Einträge sind irrelevant und könnten demnach auch aus der temporären Log-Datei entfernt werden. Aber schon an dieser Stelle sei betont, dass nicht unbedingt der Zeitpunkt des Sicherungspunktes den „cut-off" bildet – bei einigen Sicherungspunktverfahren muss man auch ältere Log-Einträge beachten. Auf jeden Fall wird aber beim Anlegen des Sicherungspunkts der „cut-off" – also die kleinste noch benötigte LSN – für den Wiederanlauf festgelegt. Wir behandeln drei Arten von Sicherungpunkten:

1. (globale) transaktionskonsistente Sicherungspunkte,
2. aktionskonsistente Sicherungspunkte und
3. unscharfe (fuzzy) Sicherungspunkte.

10.8.1 Transaktionskonsistente Sicherungspunkte

Bei der vorangegangenen Diskussion der Recoveryverfahren hatten wir stillschweigend angenommen, dass die Log-Datei zu einem Zeitpunkt begonnen wurde, als sich die Datenbasis in einem transaktionskonsistenten Zustand auf der Platte befand. Man kann dann nach einer bestimmten Betriebszeit des Systems einen neuen transaktionskonsistenten Sicherungspunkt anmelden. Daraufhin wird das Datenbanksystem in den „Ruhezustand" überführt. Alle neu ankommenden Transaktionen müssen warten und alle noch aktiven Transaktionen können zu Ende geführt werden. Sobald letzteres geschehen ist, werden alle modifizierten Seiten auf den Hintergrundspeicher ausgeschrieben. Jetzt enthält die materialisierte Datenbasis einen transaktionskonsistenten Zustand, d.h. die Seiten enthalten ausschließlich die Änderungen von erfolgreich abgeschlossenen Transaktionen. Somit kann man jetzt die Log-Datei

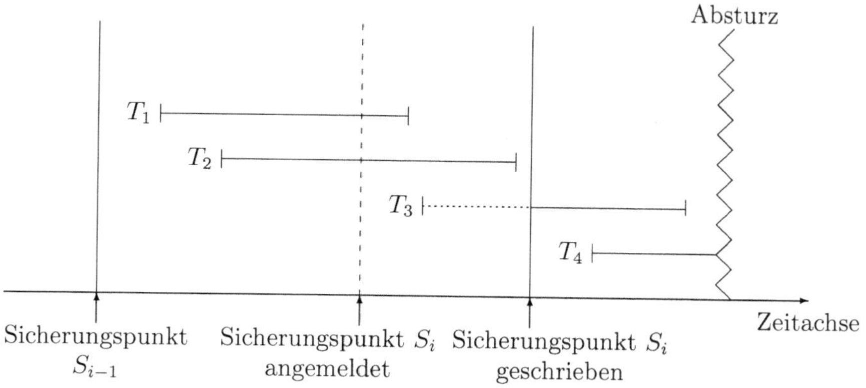

Abbildung 10.11: Transaktionsausführung relativ zu einem transaktionskonsistenten Sicherungspunkt und einem Systemabsturz

wieder von neuem beginnen. Abbildung 10.11 zeigt dieses Vorgehen schematisch. Der Beginn der Transaktion T_3 wird verzögert (gepunktete Linie), bis der angemeldete Sicherungspunkt S_i geschrieben ist. Bei einem späteren Absturz benötigt man dann nur die Log-Information, die seit dem Schreiben des Sicherungspunkts S_i angelegt wurde. Sie enthält alle Einträge, um T_3 nachvollziehen (*Redo*) und T_4 zurücksetzen zu können (*Undo*). Die Änderungen von T_1 und T_2 sind in der materialisierten Datenbasis enthalten und benötigen deshalb keinerlei Aufmerksamkeit seitens der Recovery. Die Vorgehensweise ist in Abbildung 10.12 (a) skizziert. Das Anlegen transaktionskonsistenter Sicherungspunkte ist sehr zeitaufwendig und deshalb nur in Ausnahmefällen durchführbar – z.B. am Wochenende, wenn das System sowieso heruntergefahren wird. Zum einen muss man den Beginn neu ankommender Transaktionen verzögern, zum anderen muss man die gesamten modifizierten Pufferinhalte auf den Hintergrundspeicher ausschreiben. Bei der update-in-place Einbringstrategie muss man natürlich auch beim Schreiben eines Sicherungspunkts das WAL-Prinzip befolgen und folglich den gesamten Log-Ringpuffer ausschreiben (siehe dazu Übungsaufgabe 10.8).

10.8.2 Aktionskonsistente Sicherungspunkte

Aufgrund der unzumutbaren Verzögerung neu eintreffender Transaktionen beim Anlegen transaktionskonsistenter Sicherungspunkte ist man gezwungen, Abstriche hinsichtlich der Qualität der Sicherungspunkte in Kauf zu nehmen. Die aktionskonsistenten Sicherungspunkte verlangen nur, dass vor dem Anlegen eines Sicherungspunkts alle (elementaren) Änderungsoperationen vollständig abgeschlossen sind. Abbildung 10.13 zeigt schematisch das Anlegen eines solchen Sicherungspunkts. Die Punkte (•) repräsentieren Änderungsoperationen der Transaktionen. Nach Anmeldung des Sicherungspunkts (gestrichelte senkrechte Linie) werden gerade bearbeitete Operationen abgeschlossen – wie z.B. die zweite Operation von T_4. Danach werden alle modifizierten Seiten aus dem Puffer in den Hintergrundspeicher über-

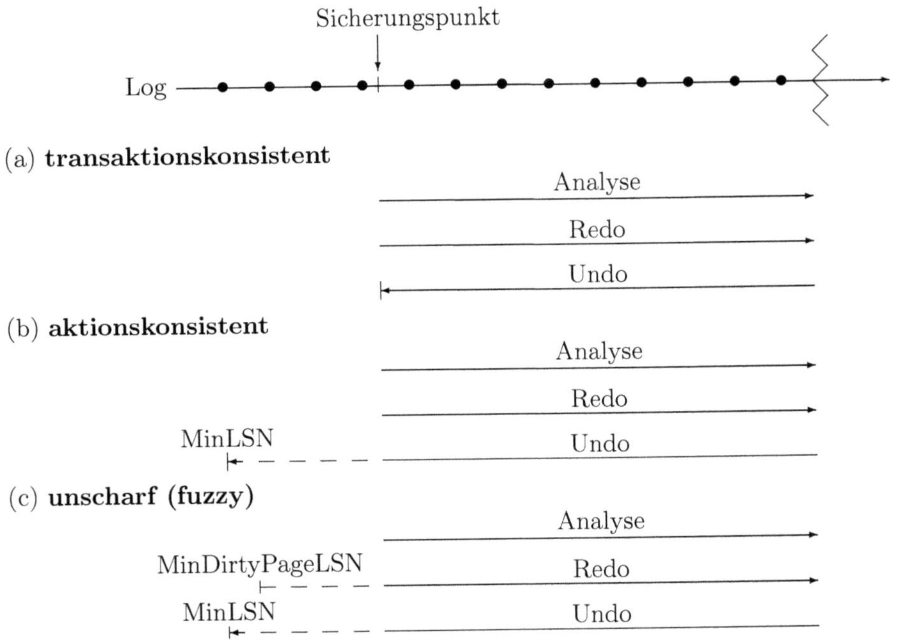

Abbildung 10.12: Wiederanlauf bei den drei unterschiedlichen Sicherungspunkt-Qualitäten

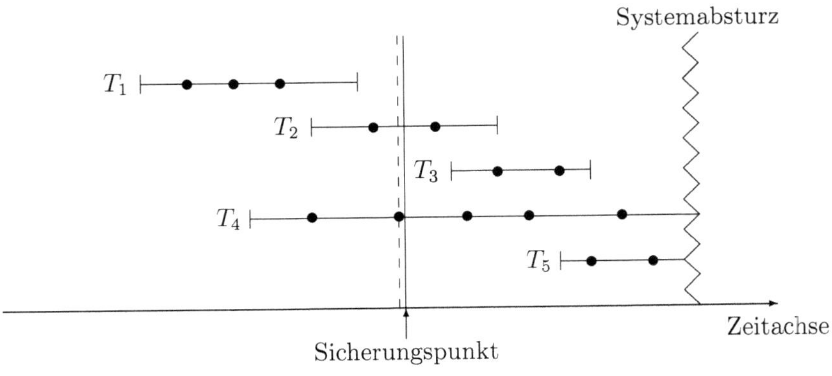

Abbildung 10.13: Transaktionsausführung relativ zu einem aktionskonsistenten Sicherungspunkt und einem Systemabsturz

tragen – wiederum muss nach dem WAL-Prinzip die Log-Information zuerst ausgeschrieben werden. Nach Abschluss des Sicherungspunkts braucht man bei einem späteren Wiederanlauf garantiert keine *Redo*-Informationen, die älter sind als der Sicherungspunkt. Wohl aber benötigt man u.U. *Undo*-Informationen, die älter sind als der Zeitpunkt, zu dem der Sicherungspunkt geschrieben wurde. Dies ist in Abbildung 10.13 z.B. für T_4 der Fall, da die ersten beiden Änderungen von T_4 auf jeden Fall in der materialisierten Datenbasis vorhanden sind.

Beim Anlegen eines aktionskonsistenten Sicherungspunkts kann man die kleinste LSN aller zu diesem Zeitpunkt aktiven Transaktionen ermitteln. In unserem Beispiel entspricht diese dem Protokolleintrag der ersten Operation von T_4. Diese LSN bezeichnen wir mit *MinLSN*. Weiterhin wird in der Protokolldatei eine Liste aller zum Zeitpunkt des Sicherungspunkts aktiven Transaktionen abgelegt. Diese Liste wird in der *Analyse*-Phase des Wiederanlaufs benötigt, um alle *Loser*-Transaktionen ermitteln zu können. Warum?

Beim Wiederanlauf setzen die *Analyse*- und *Redo*-Phase auf dem Sicherungspunkt auf. Die *Undo*-Phase muss allerdings über den Sicherungspunkt hinausgehen – und zwar bis zur Position *MinLSN* der Log-Datei. Diese Vorgehensweise ist in Abbildung 10.12 (b) gezeigt.

10.8.3 Unscharfe (fuzzy) Sicherungspunkte

Das Anlegen eines aktionskonsistenten Sicherungspunkts verlangt, dass der gesamte modifizierte Teil des Datenbankpuffers und die gesamte Log-Information „auf einen Schwung“ ausgeschrieben wird. Dies führt zu einer starken Systembelastung. Normalerweise sollte man versuchen, modifizierte Seiten kontinuierlich auszuschreiben, da man dadurch CPU- und Ein/Ausgabe-Vorgänge überlappen kann. Dadurch entfällt das untätige Warten des Prozessors auf den langsameren Hintergrundspeicher, was letztlich zu einem sehr viel größeren Durchsatz (hinsichtlich Anzahl bearbeiteter Transaktionen) führt.

Die Idee der unscharfen (fuzzy) Sicherungspunkte besteht darin, anstatt die modifizierte Seite auszuschreiben, nur deren Kennungen in der Log-Datei zu notieren – nennen wir diese Menge *DirtyPages*. Für die Seiten in *DirtyPages* muss zusätzlich noch die minimale LSN – nennen wir sie *MinDirtyPageLSN* – ermittelt werden, mit der die am längsten nicht mehr ausgeschriebene Seite in den Hintergrundspeicher propagiert wurde. Diese LSN steht natürlich nicht in den Pufferseiten, sondern könnte höchstens durch Inspektion der Seiten im Hintergrundspeicher ermittelt werden. Das ist natürlich viel zu teuer, weshalb man sich zu jeder Seite im Puffer die LSN der ältesten noch nicht ausgeschriebenen Änderungsoperation merken muss. Die kleinste aller dieser LSNs bildet also die *MinDirtyPageLSN*. Diese *MinDirtyPageLSN* legt den Aufsetzpunkt für die *Redo*-Phase fest. Innerhalb der Spanne von der *MinDirtyPageLSN* bis zum Sicherungspunkt braucht man nur die Seiten aus *DirtyPages* zu beachten.

Den „cut-off“ für die rückwärts gerichtete *Undo*-Phase bildet wieder die analog zu oben ermittelte *MinLSN* der beim Sicherungspunkt aktiven Transaktionen.

Das Vorgehen des Wiederanlaufs bei unscharfen Sicherungspunkten ist in Abbildung 10.12 (c) skizziert.

Die Effizienz des Wiederanlaufs bei unscharfen Sicherungspunkten hängt von der

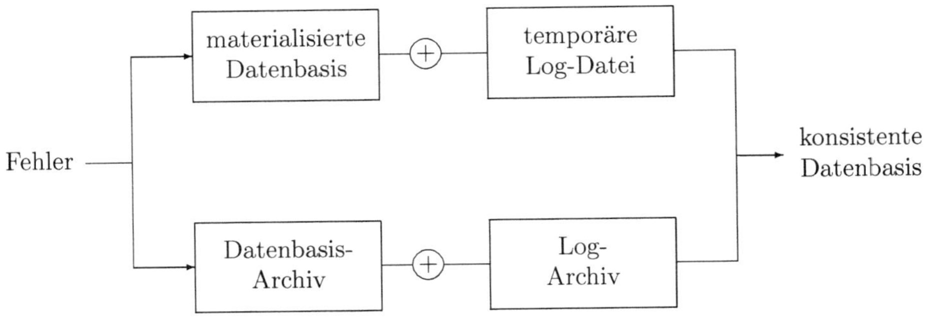

Abbildung 10.14: Die zwei Recovery-Alternativen

Pufferverwaltung ab. Wenn einige „hot-spot"-Seiten dauerhaft im Puffer verbleiben, ohne dass ihre Änderungen je ausgeschrieben werden, muss in der *Redo*-Phase die Log-Datei von ganz vorne bis hinten durchlaufen werden. Deshalb ist es unabdingbar, dass modifizierte Seiten kontinuierlich ausgeschrieben werden. Einige Systeme erzwingen das Ausschreiben der Seiten, die bei zwei aufeinanderfolgenden unscharfen Sicherungspunkten in der Menge *DirtyPages* enthalten sind und zwischenzeitlich noch nicht ausgeschrieben wurden.

10.9 Recovery nach einem Verlust der materialisierten Datenbasis

Der bislang vorgestellte Mechanismus für den Wiederanlauf setzte voraus, dass die materialisierte Datenbasis *und* die Log-Datei intakt vorgefunden werden. Wenn eine (oder sogar beide) dieser Dateien zerstört sind, benötigt man für die Recovery sogenannte Archivkopien, die auf ein Archivmedium – i.A. ein Magnetband – kopiert werden. Wir setzen hier voraus, dass sich die Datenbasis dabei in einem transaktionskonsistenten Zustand befindet. Die Log-Information wird kontinuierlich auf ein Archivband geschrieben – d.h. bei jedem Ausschreiben von Log-Einträgen aus dem Ringpuffer werden die temporäre Log-Datei *und* das Log-Archiv geschrieben. Diese Archivierungsvorgänge waren in Abbildung 10.4 eingezeichnet.

Bei Zerstörung der materialisierten Datenbasis oder der Log-Datei kann man somit aus der Archivkopie und dem Log-Archiv, dessen Einträge zu dem Zeitpunkt des Anlegens der DB-Archivkopie beginnen, den jüngsten konsistenten Zustand wiederherstellen.

Man kann auch aktionskonsistente Zustände der Datenbasis archivieren. Dann muss aber das Log-Archiv auch ältere Einträge beinhalten – siehe Aufgabe 10.9.

In Abbildung 10.14 sind die zwei möglichen Recoveryarten nach einem Systemabsturz eingezeichnet:

1. Der obere (schnellere) Weg wird bei intakten Hintergrundspeichern (sowohl materialisierte Datenbasis als auch Log-Datei) beschritten.

2. Der untere (langsamere) Pfad muss bei zerstörtem Hintergrundspeicherinhalt gewählt werden.

Es ist natürlich auch denkbar, dass man bei zerstörter Log-Datei die materialisierte Datenbasis und das Log-Archiv als Ausgangsinformationen wählt. Kann man auch das DB-Archiv und die Log-Datei für den Wiederanlauf kombinieren?

10.10 Übungen

10.1 Demonstrieren Sie anhand eines Beispiels, dass man die Strategien *force* und $\neg$*steal* nicht kombinieren kann, wenn parallele Transaktionen gleichzeitig Änderungen an Datenobjekten innerhalb einer Seite durchführen. Betrachten Sie dazu z.B. die in Abbildung 10.1 dargestellte Seitenbelegung, bei der die Seite P_A die beiden Datensätze A und D enthält. Entwerfen Sie eine verzahnte Ausführung zweier Transaktionen, bei denen eine Kombination aus *force* und $\neg$*steal* ausgeschlossen ist.

10.2 In Abbildung 10.3 ist die verzahnte Ausführung der beiden Transaktionen T_1 und T_2 und das zugehörige *Log* auf der Basis logischer Protokollierung gezeigt. Wie sähe das Log bei physischer Protokollierung aus, wenn die Datenobjekte A, B und C die Initialwerte 1000, 2000 und 3000 hätten?

10.3 Wie sähe die Log-Datei bei physischer Protokollierung nach Durchführung des Wiederanlaufs – also in dem in Abbildung 10.8 (b) skizzierten Zustand – aus?

10.4 In Abschnitt 10.7 ist das partielle Rücksetzen einer Transaktion beschrieben worden. Es wurde an der in Abbildung 10.10 skizzierten Transaktion demonstriert. Wie würde sich das vollständige Rollback dieser Transaktion gestalten, nachdem Operation 5 ausgeführt ist? Wie sieht das Log nach dem vollständigen Rollback aus?

10.5 Betrachten Sie Abbildung 10.8. In Teil (a) ist das Log bis LSN #7 skizziert. Was passiert, wenn die auf der Platte stehende Log-Datei nur die Einträge bis LSN #6 enthielte? Demonstrieren Sie den Wiederanlauf des Systems unter diesem Gesichtspunkt.

Könnte auch der Eintrag#5 in der temporären Log-Datei fehlen, obwohl der Absturz erst nach Schritt 15 in Abbildung 10.3 stattfand? Welches Prinzip wäre dadurch verletzt?

10.6 [Mohan et al. (1992)] Weisen Sie nach, dass die Idempotenz des Wiederanlaufs das *Redo aller* protokollierten Änderungen – also auch der von *Losern* durchgeführten Änderungen – verlangt.

Hinweis: Betrachten Sie zwei Transaktionen T_L und T_W, wobei T_L ein *Loser* und T_W ein *Winner* ist.

T_L modifiziere ein Datum A auf Seite P_1 und anschließend modifiziere T_W ein Datum B, auch auf Seite P_1. Diskutieren Sie unterschiedliche Zustände der Seite P_1 auf dem Hintergrundspeicher:

- Zustand vor Modifikation von A,
- Zustand nach Modifikation von A aber vor Modifikation von B,
- Zustand nach Modifikation von B.

Was passiert beim Wiederanlauf in Bezug auf diese drei möglichen Zustände der Seite P_1? Veranschaulichen Sie Ihre Diskussion grafisch.

10.7 Zeigen Sie, dass es für die Erzielung der Idempotenz der *Redo*-Phase notwendig ist, die – und nur die – LSN einer tatsächlich durchgeführten *Redo*-Operation in der betreffenden Seite zu vermerken.

Was würde passieren, wenn man in der *Redo*-Phase gar keine LSN-Einträge in die Datenseiten schriebe?

Was wäre, wenn man auch LSN-Einträge von Log-Records, für die die *Redo*-Operation nicht ausgeführt wird, in die Datenseiten übertragen würde?

Was passiert, wenn der Kompensationseintrag geschrieben wurde, und dann noch vor der Ausführung des *Undo* das Datenbanksystem abstürzt?

10.8 Warum muss beim Anlegen eines transaktionskonsistenten Sicherungspunkts der gesamte Log-Ringpuffer ausgeschrieben werden – wo man doch nach Fertigstellung des Sicherungspunkts wieder mit einer „leeren“ Log-Datei anfangen kann?

10.9 Wie weit in die Vergangenheit müssen die Einträge des Log-Archives gehen, wenn man einen aktionskonsistenten Zustand der Datenbasis archiviert? Wie sieht in diesem Fall die Wiederherstellung des jüngsten konsistenten DB-Zustands nach Verlust des Hintergrundspeichers aus?

10.11 Literatur

Die ersten wegweisenden Recoverytechniken wurden von Gray et al. (1981) in der System R-Entwicklung bei IBM konzipiert. Härder und Reuter (1983) lieferten in ihrem vielbeachteten Aufsatz die erste systematische Klassifikation einzelner Techniken und die Einordnung existierender Systemlösungen. In diesem Aufsatz wurde der ACID-Begriff geprägt; ferner ist unsere Klassifizierung der Einbring- und Ersetzungsstrategien an diesen Aufsatz angelehnt. Reuter (1980) hat Protokollierungsverfahren für die Undo-Recovery beschrieben. Elhardt und Bayer (1984) entwickelten den sogenannten „Datenbank-Cache“, der den Wiederanlauf eines Datenbanksystems nach einem Systemfehler beschleunigt. Reuter (1984) untersuchte die Leistungsfähigkeit verschiedener Recovery-Strategien. Die hier beschriebene Recoverytechnik lehnt sich eng an das ARIES-Verfahren von Mohan et al. (1992) an. Dieses Verfahren findet sich heute in vielen kommerziellen Systemen – insbesondere den IBM-Produkten, wie z.B. DB2. Das ARIES-Verfahren wurde von Franklin et al. (1992) und von Mohan und Narang (1994) für Client/Server-Architekturen weiterentwickelt. Lomet und Weikum (1998) behandeln die Recovery von Client/Server-Anwendungen. Härder und Rothermel (1987) haben die Recoverykonzepte auf geschachtelte Transaktionen ausgedehnt.

11. Mehrbenutzersynchronisation

Unter „*Multiprogramming*“ (Mehrbenutzerbetrieb) versteht man die gleichzeitige (nebenläufige, parallele) Ausführung mehrerer Programme. Der Mehrbenutzerbetrieb führt i.A. zu einer weitaus besseren Auslastung eines Computersystems als dies im Einzelbenutzerbetrieb möglich wäre. Dies liegt daran, dass Programme – insbesondere Datenbankanwendungen – sehr oft auf langsame Betriebsmittel (wie z.B. Hintergrundspeicher) oder interaktive Benutzereingaben warten müssen. In einem Einbenutzersystem wäre der Rechner (d.h. der Prozessor) während dieser Wartezeiten untätig, wohingegen im Mehrbenutzerbetrieb eine andere Anwendung während dieser Wartezeiten bedient werden kann – bis sie selbst auf ein Ereignis warten muss. In Abbildung 11.1 sind die Vorteile des Mehrbenutzerbetriebs bei der Ausführung von drei Transaktionen (T_1, T_2 und T_3) in idealisierter Weise dargestellt.

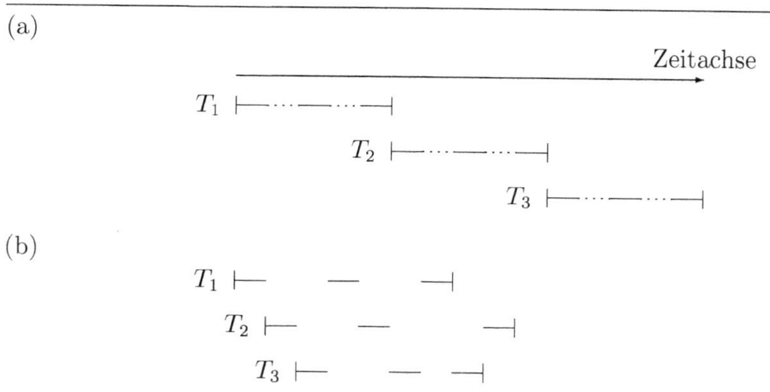

Abbildung 11.1: Ausführung der drei Transaktionen T_1, T_2 und T_3: (a) im Einbenutzerbetrieb und (b) im (verzahnten) Mehrbenutzerbetrieb (gestrichelte Linien repräsentieren Wartezeiten)

Es ist erkennbar, dass die Verzahnung (engl. *interleaving*) bei der Ausführung der drei Transaktionen zu einer wesentlich besseren Auslastung der CPU führt.[1]

Wir wollen uns in diesem Kapitel mit den Kontrollkonzepten beschäftigen, die für die Konsistenzerhaltung der Datenbank bei Mehrbenutzerbetrieb notwendig sind. Bezogen auf das ACID-Paradigma, beschäftigen wir uns in diesem Kapitel vorrangig mit dem *I* für *Isolation*. Unter der Anforderung *Isolation* versteht man, dass jeder Transaktion die Datenbank so erscheinen muss, als wenn sie die einzige Anwendung darauf wäre.

[1] In unserer idealisierten Darstellung ist die CPU 100 % ausgelastet und kein zusätzlicher Overhead, der durch den Mehrbenutzerbetrieb benötigt wird, berücksichtigt.

11.1 Fehler bei unkontrolliertem Mehrbenutzerbetrieb

Wir wollen uns zunächst mit den möglichen Fehlern, die im unkontrollierten (und nicht synchronisierten) Mehrbenutzerbetrieb auftreten können, beschäftigen. Wir werden diese Fehler in drei Fehlerklassen, denen jeweils ein Unterabschnitt gewidmet ist, aufteilen.

11.1.1 Verlorengegangene Änderungen (*lost update*)

Dieses Problem soll anhand der folgenden zwei Transaktionen aus dem Bankenbereich demonstriert werden:

- Transaktion T_1 transferiert 300,– Euro von Konto A nach Konto B, wobei zunächst Konto A belastet wird und danach die Gutschrift auf Konto B erfolgt.
- Die gleichzeitig ablaufende Transaktion T_2 schreibt dem Konto A die 3 % Zinseinkünfte gut.

Der Ablauf dieser beiden Transaktionen könnte wie folgt verzahnt ablaufen – wenn es keine Mehrbenutzersynchronisation gäbe:

Schritt	T_1	T_2
1.	read(A, a_1)	
2.	$a_1 := a_1 - 300$	
3.		read(A, a_2)
4.		$a_2 := a_2 * 1.03$
5.		write(A, a_2)
6.	write(A, a_1)	
7.	read(B, b_1)	
8.	$b_1 := b_1 + 300$	
9.	write(B, b_1)	

Der Effekt dieser Ausführung ist, dass die in Schritt 5. dem Konto A gutgeschriebenen Zinsen verloren gehen, da der in Schritt 5. von T_2 geschriebene Wert in Schritt 6. gleich wieder von T_1 überschrieben wird. Deshalb geht der Effekt von Transaktion T_2 verloren.

11.1.2 Abhängigkeit von nicht freigegebenen Änderungen

Diese Fehlerklasse wird manchmal auch als „dirty read" bezeichnet, da ein Datum gelesen wird, das so niemals in einem gültigen (transaktionskonsistenten) Zustand der Datenbasis vorkommt. Wir wollen auch dies an unseren Beispieltransaktionen T_1 (Überweisung) und T_2 (Zinsgutschrift) demonstrieren:

Schritt	T_1	T_2
1.	read(A, a_1)	
2.	$a_1 := a_1 - 300$	
3.	write(A, a_1)	
4.		read(A, a_2)
5.		$a_2 := a_2 * 1.03$
6.		write(A, a_2)
7.	read(B, b_1)	
8.	...	
9.	**abort**	

In dieser verzahnten Ausführung liest T_2 in Schritt 4. einen Wert für Konto A, von dem T_1 schon 300,– Euro abgebucht hat. Aber T_1 wird in Schritt 9. mit **abort** abgebrochen, so dass die Wirkung von T_1 gänzlich zurückgesetzt werden muss. Leider hat aber T_2 in Schritt 5. die Zinsen basierend auf dem „falschen" Wert von A berechnet und in Schritt 6. dem Konto gutgeschrieben. Das heißt, die Transaktion T_2 wurde auf der Basis inkonsistenter Daten (*dirty data*) durchgeführt.

11.1.3 Phantomproblem

Das Phantomproblem taucht auf, wenn während der Abarbeitung einer Transaktion T_2 eine andere Transaktion T_1 ein neues Datum generiert, das T_2 eigentlich hätte mit berücksichtigen müssen. Wir wollen dies an einem konkreten Beispiel beleuchten. Dazu betrachten wir die folgenden beiden Transaktionen:

T_1	T_2
	select sum(KontoStand) **from** Konten
insert into Konten **values** $(C, 1000, \ldots)$	
	select sum(KontoStand) **from** Konten

Hierbei führt T_2 (innerhalb einer Transaktion) zweimal die SQL-Anfrage aus, um die Summe aller Kontostände zu ermitteln. Das Problem besteht nun darin, dass T_1 zwischenzeitlich ein neues Konto – nämlich das Konto mit der Kennung C und dem Kontostand 1000, – Euro einfügt, das aber erst beim zweiten „Durchgang" der SQL-Anfrage berücksichtigt wird. Die Transaktion T_2 berechnet also zwei unterschiedliche Werte, da zwischenzeitlich das „Phantom" C eingefügt wurde.

11.2 Serialisierbarkeit

In der Einleitung des Kapitels haben wir die Nachteile der seriellen (Nacheinander-) Ausführung von Transaktionen hinsichtlich der Leistungsfähigkeit des Gesamtsystems beschrieben.

Andererseits können die vorhin aufgeführten Fehler bei der seriellen Ausführung nicht auftreten, da sich Transaktionen nicht gegenseitig beeinflussen können. Beim Konzept der *Serialisierbarkeit* werden die Vorzüge der seriellen Ausführung –

Schritt	T_1	T_2
1.	**BOT**	
2.	read(A)	
3.		**BOT**
4.		read(C)
5.	write(A)	
6.		write(C)
7.	read(B)	
8.	write(B)	
9.	**commit**	
10.		read(A)
11.		write(A)
12.		**commit**

Abbildung 11.2: Serialisierbare Historie von T_1 und T_2

nämlich Isolation – mit den Vorteilen des Mehrbenutzerbetriebs – nämlich erhöhter Durchsatz – kombiniert. Intuitiv gesprochen entspricht die serialisierbare Ausführung einer Menge von Transaktionen einer kontrollierten, nebenläufigen, verzahnten Ausführung, wobei die Kontrollkomponente dafür sorgt, dass die (beobachtbare) Wirkung der nebenläufigen Ausführung einer möglichen seriellen Ausführung der Transaktionen entspricht.

11.2.1 Beispiele serialisierbarer Ausführungen (Historien)

Unter einer *Historie* versteht man die zeitliche Anordnung der einzelnen verzahnt ausgeführten Elementaroperationen einer Menge von nebenläufig bearbeiteten Transaktionen. Aus der Sicht der Mehrbenutzersynchronisation sind nur die elementaren Datenbankoperationen **read**, **write**, **insert** und **delete** relevant, da die Bearbeitung lokaler Variablen nicht von der Nebenläufigkeit beeinflusst wird.

Betrachten wir unsere zwei Beispieltransaktionen T_1 und T_2 aus Kapitel 10:

- T_1 transferiere einen bestimmten Betrag von A nach B.
- T_2 transferiere einen Betrag von C nach A.

Die nebenläufige Bearbeitung könnte zu der in Abbildung 11.2 gezeigten Historie führen. Da wir die Bearbeitung lokaler Variablen nicht mehr beachten, haben wir auch in den Lese- und Schreiboperationen auf die Angabe der lokalen Variablen verzichtet – also z.B. **read**(A) anstatt **read**(A, a_1).

Die oben gezeigte verzahnte Verarbeitung von T_1 und T_2 hat offensichtlich denselben Effekt wie die serielle Abarbeitung $T_1 \mid T_2$, die in Abbildung 11.3 gezeigt ist. Deshalb ist die Historie aus Abbildung 11.2 serialisierbar.

11.2.2 Nicht serialisierbare Historie

Die in Abbildung 11.4 gezeigte Verzahnung der zwei Transaktionen T_1 und T_3 ist nicht serialisierbar. Bezogen auf das Datenobjekt A kommt nämlich T_1 *vor* T_3; aber

Schritt	T_1	T_2
1.	**BOT**	
2.	read(A)	
3.	write(A)	
4.	read(B)	
5.	write(B)	
6.	**commit**	
7.		**BOT**
8.		read(C)
9.		write(C)
10.		read(A)
11.		write(A)
12.		**commit**

Abbildung 11.3: Serielle Ausführung von T_1 vor T_2, also $T_1 \mid T_2$

Schritt	T_1	T_3
1.	**BOT**	
2.	read(A)	
3.	write(A)	
4.		**BOT**
5.		read(A)
6.		write(A)
7.		read(B)
8.		write(B)
9.		**commit**
10.	read(B)	
11.	write(B)	
12.	**commit**	

Abbildung 11.4: Nicht serialisierbare Historie

Schritt	T_1	T_3
1.	**BOT**	
2.	read(A, a_1)	
3.	$a_1 := a_1 - 50$	
4.	write(A, a_1)	
5.		**BOT**
6.		read(A, a_2)
7.		$a_2 := a_2 - 100$
8.		write(A, a_2)
9.		read(B, b_2)
10.		$b_2 := b_2 + 100$
11.		write(B, b_2)
12.		**commit**
13.	read(B, b_1)	
14.	$b_1 := b_1 + 50$	
15.	write(B, b_1)	
16.	**commit**	

Abbildung 11.5: Zwei verzahnte Überweisungs-Transaktionen

hinsichtlich des Datums B kommt T_3 *vor* T_1. Deshalb ist diese Historie nicht äquivalent zu einer der beiden möglichen seriellen Ausführungen von T_1 und T_3, nämlich $T_1 \mid T_3$ oder $T_3 \mid T_1$.

Die aufmerksamen Leser werden sich an dieser Stelle fragen, wieso die in Abbildung 11.4 gezeigte Historie zu Inkonsistenzen führen sollte. Wenn T_1 und T_3 tatsächlich beide Überweisungen durchführen, wie in Abbildung 11.5 gezeigt, ist auch keine Inkonsistenz zu befürchten. Diese verzahnte Ausführung wäre auch tatsächlich äquivalent zu einer seriellen Ausführung. Wehe aber, wenn die Schritte 5. und 6. vor Schritt 4. ausgeführt worden wären. Dann hätten wir das Problem des „lost update“ gehabt.

Warum wird die in Abbildung 11.5 dargestellte Historie dann aber nicht als serialisierbar betrachtet? Der Grund liegt darin, dass sie nur rein zufällig – wegen der speziellen Anwendungssemantik – äquivalent ist zu einer seriellen Historie. Aus der Sicht des Datenbanksystems ist diese Semantik jedoch nicht „erkennbar“, denn das DBMS „sieht“ nur die Lese- und Schreibvorgänge. Deshalb könnte die Historie aus Abbildung 11.4 sowohl zu der Ausführung in Abbildung 11.5 als auch zu der in Abbildung 11.6 gehören, wo T_3 einer Zinsgutschrift-Transaktion entspricht. Die Leser mögen verifizieren, dass diese Historie zu keiner der beiden möglichen seriellen Historien $T_1 \mid T_3$ oder $T_3 \mid T_1$ äquivalent ist (in jeder seriellen Ausführung hätte die Bank in der Summe $1,50$ Euro mehr Zinsen bezahlen müssen). Das Datenbanksystem darf also bei der Mehrbenutzersynchronisation keine Annahmen hinsichtlich der Verarbeitung der Datenobjekte seitens der Anwendungstransaktionen machen. Die Konsistenz muss für jeden möglichen Datenbankzustand und für jede denkbare Verarbeitung garantiert werden.

Schritt	T_1	T_3
1.	**BOT**	
2.	read(A, a_1)	
3.	$a_1 := a_1 - 50$	
4.	write(A, a_1)	
5.		**BOT**
6.		read(A, a_2)
7.		$a_2 := a_2 * 1.03$
8.		write(A, a_2)
9.		read(B, b_2)
10.		$b_2 := b_2 * 1.03$
11.		write(B, b_2)
12.		**commit**
13.	read(B, b_1)	
14.	$b_1 := b_1 + 50$	
15.	write(B, b_1)	
16.	**commit**	

Abbildung 11.6: Eine Überweisung (T_1) und eine Zinsgutschrift (T_3)

11.3 Theorie der Serialisierbarkeit

11.3.1 Definition einer Transaktion

Um die zugrundeliegende Theorie entwickeln zu können, benötigen wir zunächst eine formale Definition von Transaktionen. Eine Transaktion T_i besteht aus folgenden elementaren Operationen:

- $r_i(A)$ zum Lesen des Datenobjekts A,
- $w_i(A)$ zum Schreiben des Datenobjekts A,
- a_i zur Durchführung eines **abort**,
- c_i zur Durchführung des **commit**.

Eine Transaktion kann nur eine der beiden Operationen **abort** oder **commit** durchführen.

Weiterhin ist eine Reihenfolge (Ordnung) der Operationen einer Transaktion zu spezifizieren. Meistens gehen wir von einer streng sequentiellen Reihenfolge der Operationen aus, wodurch eine totale Ordnung gegeben wäre. Die Theorie lässt sich aber auch auf der Basis einer partiellen Ordnung entwickeln. Es müssen aber mindestens folgende Bedingungen hinsichtlich der auf den Operationen von T_i definierten partiellen Ordnung $<_i$ eingehalten werden:

- Falls T_i ein **abort** durchführt, müssen alle anderen Operationen $p_i(A)$ vor a_i ausgeführt werden, also $p_i(A) <_i a_i$.
- Analoges gilt für das **commit**, d.h. $p_i(A) <_i c_i$ falls T_i „**committed**“.

$$r_1(A) \rightarrow w_1(A) \rightarrow r_1(B) \rightarrow w_1(B) \rightarrow c_1$$

Abbildung 11.7: Historie einer Überweisungstransaktion T_1

- Wenn T_i ein Datum A liest und auch schreibt, muss die Reihenfolge festgelegt werden, also entweder $r_i(A) <_i w_i(A)$ oder $w_i(A) <_i r_i(A)$.

Wir können uns nun den Ablauf einer Überweisungstransaktion T_1 anschauen. Die Operationen und die zugehörige Ordnung (in diesem Fall ist es sogar eine totale Ordnung) sind in Abbildung 11.7 gezeigt. Beachten Sie bitte, dass wir auf die explizite Angabe des **BOT** verzichten – wir nehmen implizit ein **BOT** vor der ersten Operation der Transaktion an. Die sich aus der Transitivität ergebenden Reihenfolgen werden i.A. nicht explizit eingezeichnet, also z.B. die Reihenfolge $r_1(A) \rightarrow r_1(B)$, die aus $r_1(A) \rightarrow w_1(A)$ und $w_1(A) \rightarrow r_1(B)$ folgt.

11.3.2 Historie (Schedule)

Unter einer *Historie* (manchmal auch *Schedule* genannt) versteht man den Ablauf einer verzahnten Ausführung mehrerer Transaktionen. Jede einzelne Transaktion besteht aus den Elementaroperationen $r_i(A)$ und $w_i(A)$ für ein Datenobjekt A und a_i oder c_i. Die Historie spezifiziert die Reihenfolge, in der diese Elementaroperationen verschiedener Transaktionen ausgeführt werden. Man kann sich das intuitiv auch so vorstellen, dass eine Monitorkomponente (also ein „Geschichtsschreiber") protokolliert, welche Operationen der Prozessor in welcher Reihenfolge ausgeführt hat. Bei einem Einprozessorsystem werden alle Operationen sequentiell ausgeführt, so dass man eine totale Ordnung definieren kann. Es ist aber auch denkbar, dass einige Operationen „wirklich" parallel ausgeführt werden und man deshalb keine Reihenfolge festlegen kann bzw. will. Bei der Spezifikation der Historie muss aber mindestens für alle sogenannten *Konfliktoperationen* eine Reihenfolge festgelegt werden.

Was sind Konfliktoperationen? Das sind solche Operationen, die bei unkontrollierter Nebenläufigkeit potentiell Inkonsistenzen verursachen können. Das kann aber nur geschehen, wenn die Operationen auf dasselbe Datenobjekt zugreifen und mindestens eine davon das Datum modifiziert.

Betrachten wir zwei Transaktionen T_i und T_j, die beide auf das Datum A zugreifen. Dann sind folgende Operationen möglich:

- $r_i(A)$ und $r_j(A)$: In diesem Fall ist die Reihenfolge der Ausführungen irrelevant, da beide TAs in jedem Fall denselben Zustand lesen – wenn sie ohne zwischenzeitliche Änderung des Datums A aufeinander folgen. Diese beiden Operationen stehen also nicht in Konflikt zueinander, so dass in der Historie ihre Reihenfolge zueinander irrelevant ist

- $r_i(A)$ und $w_j(A)$: Hierbei handelt es sich um einen Konflikt, da T_i entweder den alten oder den neuen Wert von A liest. Es muss also entweder $r_i(A)$ *vor* $w_j(A)$ oder $w_j(A)$ *vor* $r_i(A)$ spezifiziert werden.

- $w_i(A)$ und $r_j(A)$: analog.

$$
\begin{array}{ccccccccc}
 & & r_2(A) \rightarrow & w_2(B) \rightarrow & w_2(C) \rightarrow & c_2 \\
 & & \uparrow & \uparrow & \uparrow & \\
H = & r_3(B) \rightarrow & w_3(A) \rightarrow & w_3(B) \rightarrow & w_3(C) \rightarrow & c_3 \\
 & & \uparrow & & & \\
 & r_1(A) \rightarrow & w_1(A) \rightarrow & c_1 & &
\end{array}
$$

Abbildung 11.8: Historie für drei Transaktionen

- $w_i(A)$ und $w_j(A)$: Auch in diesem Fall ist die Reihenfolge der Ausführung entscheidend für den Zustand der Datenbasis; also handelt es sich um Konfliktoperationen, für die die Reihenfolge festzulegen ist.

Formal ist eine Historie H für eine Menge von Transaktionen $\{T_1, \ldots, T_n\}$ eine Menge von Elementaroperationen mit partieller Ordnung $<_H$, so dass gilt:

- $H = \cup_{i=1}^{n} T_i$,
- $<_H$ ist verträglich mit allen $<_i$, d.h. $<_H \supseteq \cup_{i=1}^{n} <_i$,
- für zwei Konfliktoperationen $p, q \in H$ gilt entweder $p <_H q$ oder $q <_H p$.

In Abbildung 11.8 ist eine Historie H für drei Transaktionen T_1, T_2 und T_3 gezeigt – dies sind „neue" abstrakte Transaktionen, die mit den vorher in diesem Kapitel beschriebenen nicht übereinstimmen. In diesem Beispiel ist nur eine partielle Ordnung gegeben. Es wird z.B. nicht spezifiziert, in welcher Reihenfolge $r_3(B)$ und $r_1(A)$ ausgeführt werden – dies ist natürlich nur für nicht in Konflikt stehende Operationen zulässig.

Im Allgemeinen werden wir aber eine totale Ordnung angeben, die wie folgt aussehen könnte:

$$r_1(A) \rightarrow r_3(B) \rightarrow w_1(A) \rightarrow w_3(A) \rightarrow c_1 \rightarrow w_3(B) \rightarrow \ldots$$

11.3.3 Äquivalenz zweier Historien

Zwei Historien H und H' über der gleichen Menge von Transaktionen sind äquivalent (in Zeichen $H \equiv H'$), wenn sie die Konfliktoperationen der nicht abgebrochenen Transaktionen in derselben Reihenfolge ausführen. Formaler ausgedrückt: Wenn p_i und q_j Konfliktoperationen sind und $p_i <_H q_j$ gilt, dann muss auch $p_i <_{H'} q_j$ gelten.

Die Anordnung der nicht in Konflikt stehenden Operationen ist also für die Äquivalenz zweier Historien irrelevant. Die Reihenfolge der Operationen innerhalb einer Transaktion bleibt invariant, d.h. zwei Operationen v_i und w_i der Transaktion T_i sind in H in derselben Reihenfolge auszuführen wie in H'; also $v_i <_H w_i$ impliziert $v_i <_{H'} w_i$. Betrachten wir als Beispiel zwei Überweisungstransaktionen mit der in Abbildung 11.2 gezeigten Historie. In unserer Kurznotation sieht das wie folgt aus:

$$r_1(A) \rightarrow r_2(C) \rightarrow w_1(A) \rightarrow w_2(C) \rightarrow r_1(B) \rightarrow w_1(B) \rightarrow c_1 \rightarrow r_2(A) \rightarrow w_2(A) \rightarrow c_2$$

Da $r_2(C)$ und $w_1(A)$ nicht in Konflikt stehen, ist der obige Schedule äquivalent zu

$$r_1(A) \rightarrow w_1(A) \rightarrow r_2(C) \rightarrow w_2(C) \rightarrow r_1(B) \rightarrow w_1(B) \rightarrow c_1 \rightarrow r_2(A) \rightarrow w_2(A) \rightarrow c_2$$

wobei lediglich $r_2(C)$ und $w_1(A)$ vertauscht wurden. Weiterhin steht $r_1(B)$ nicht in Konflikt mit $w_2(C)$ und $r_2(C)$, so dass wir durch zweifache Vertauschung folgenden Schedule erhalten:

$$r_1(A) \rightarrow w_1(A) \rightarrow r_1(B) \rightarrow r_2(C) \rightarrow w_2(C) \rightarrow w_1(B) \rightarrow c_1 \rightarrow r_2(A) \rightarrow w_2(A) \rightarrow c_2$$

Analog können wir $w_1(B)$ durch sukzessive Vertauschung an $w_2(C)$ und $r_2(C)$ vorbei propagieren. Letztendlich machen wir dasselbe mit c_1 und erhalten folgenden äquivalenten Schedule:

$$r_1(A) \rightarrow w_1(A) \rightarrow r_1(B) \rightarrow w_1(B) \rightarrow c_1 \rightarrow r_2(C) \rightarrow w_2(C) \rightarrow r_2(A) \rightarrow w_2(A) \rightarrow c_2$$

Jetzt werden die aufmerksamen Leser gemerkt haben, dass wir durch sukzessives (zielgerichtetes) Vertauschen von Operationen, die nicht in Konflikt stehen, aus dem in Abbildung 11.2 dargestellten verzahnten Schedule den seriellen Schedule aus Abbildung 11.3 generiert haben. Daraus folgt, dass diese beiden Schedules äquivalent sind.

11.3.4 Serialisierbare Historien

Die an unserem Beispiel dargestellte Vorgehensweise bildet die Grundlage der Serialisierbarkeit. Eine Historie H ist serialisierbar, wenn sie äquivalent zu einer seriellen Historie H_s ist.

11.3.5 Kriterien für Serialisierbarkeit

Wir haben oben an einem Beispiel gezeigt, wie man durch „zielgerichtetes" Vertauschen von Operationen aus einer verzahnten Historie eine serielle Historie generieren kann – falls das überhaupt möglich ist. Wir geben jetzt eine Methodik an, mit der man

1. effizient entscheiden kann, ob es eine äquivalente serielle Historie gibt und
2. in welcher Reihenfolge die Transaktionen in der äquivalenten seriellen Historie ausgeführt werden müssten.

Dazu konstruieren wir zu einer gegebenen Historie H über den in der Historie erfolgreich abgeschlossenen Transaktionen $\{T_1, \ldots, T_n\}$ den sogenannten Serialisierbarkeitsgraphen $SG(H)$. $SG(H)$ hat die Knoten $T_1, \ldots, T_n$. Für je zwei Konfliktoperationen p_i, q_j aus der Historie H mit $p_i <_H q_j$ (also p_i wird vor q_j ausgeführt) fügen wir die Kante $T_i \rightarrow T_j$ in den Graphen $SG(H)$ ein – falls es diese Kante nicht schon aus anderem Grund gibt. In Abbildung 11.9 ist eine Beispiel-Historie H mit zugehörigem Serialisierbarkeitsgraphen $SG(H)$ gezeigt. Die Kante $T_2 \rightarrow T_3$ in dem Graphen $SG(H)$ kommt z.B. durch die Anordnung der beiden Konfliktoperationen $w_3(A)$ nach $r_2(A)$ in der Historie H zustande.

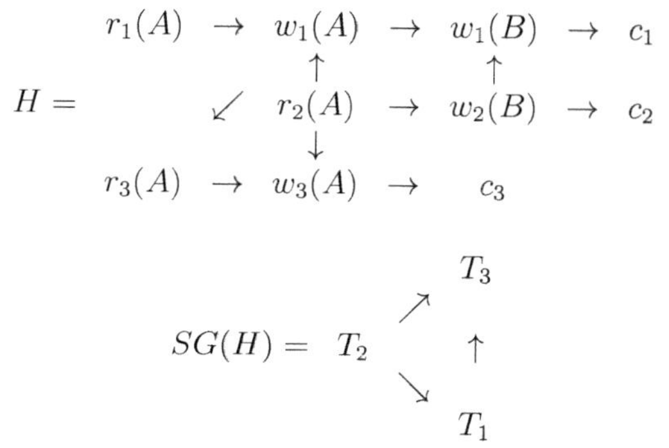

Abbildung 11.9: Historie und zugehöriger Serialisierbarkeitsgraph

$$H = w_1(A) \rightarrow w_1(B) \rightarrow c_1 \rightarrow r_2(A) \rightarrow r_3(B) \rightarrow w_2(A) \rightarrow c_2 \rightarrow w_3(B) \rightarrow c_3$$

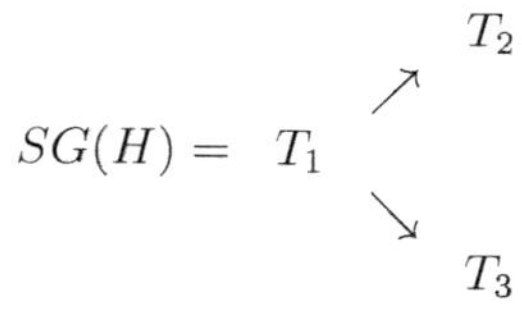

$$H_s^1 = T_1 \mid T_2 \mid T_3$$
$$H_s^2 = T_1 \mid T_3 \mid T_2$$
$$H \equiv H_s^1 \equiv H_s^2$$

Abbildung 11.10: Serialisierbare Historie H mit zugehörigem Serialisierbarkeitsgraphen $SG(H)$ und den zwei äquivalenten seriellen Historien H_s^1 und H_s^2.

Serialisierbarkeitstheorem Das sogenannte Serialisierbarkeitstheorem besagt, dass eine Historie H genau dann *serialisierbar* ist, wenn der zugehörige Serialisierbarkeitsgraph $SG(H)$ azyklisch ist.

Weiterhin ist eine serialisierbare Historie H äquivalent zu all den seriellen Historien H_s, in denen die Anordnung der Transaktionen einer topologischen Sortierung von *SG(H)* entspricht. Unter einer topologischen Sortierung versteht man eine sequentielle Anordnung der Transaktionen des Serialisierbarkeitsgraphen in der Form, dass keine Transaktion T_i vor einer Transaktion T_j steht, wenn es einen gerichteten Pfad von T_j nach T_i im Serialisierbarkeitsgraphen gibt. Auch hierzu ist in Abbildung 11.10 ein Beispiel gegeben. Die beiden möglichen topologischen Sortierungen des Serialisierbarkeitsgraphen – nämlich $T_1 \mid T_2 \mid T_3$ und $T_1 \mid T_3 \mid T_2$ – entsprechen den beiden seriellen Historien H_s^1 und H_s^2.

11.4 Eigenschaften von Historien bezüglich der Recovery

Die Serialisierbarkeit ist eine minimale Anforderung an die im DBMS zugelassenen Schedules. Eine zusätzliche Anforderung ergibt sich aus der Recovery: Die in der Transaktionsverarbeitung zulässigen Historien sollten so gestaltet sein, dass jede Transaktion zu jedem Zeitpunkt vor Ausführung eines **commit** lokal zurückgesetzt werden kann – ohne dass davon andere Transaktionen beeinträchtigt werden.

11.4.1 Rücksetzbare Historien

Bezüglich der Recovery ist die Minimalanforderung, dass man noch aktive Transaktionen jederzeit abbrechen kann, ohne dass andere schon mit **commit** abgeschlossene Transaktionen in Mitleidenschaft gezogen werden können. Historien, die diese Eigenschaft erfüllen, nennen wir *rücksetzbare* Historien.

Um die rücksetzbaren Historien charakterisieren zu können, müssen wir zunächst die Schreib/Leseabhängigkeiten zwischen Transaktionen einführen. Wir sagen, dass in der Historie H T_i von T_j liest, wenn folgendes gilt:

1. T_j schreibt mindestens ein Datum A, das T_i nachfolgend liest, also:

$$w_j(A) <_H r_i(A)$$

2. T_j wird (zumindest) nicht vor dem Lesevorgang von T_i zurückgesetzt, also:

$$a_j \not<_H r_i(A)$$

3. Alle anderen zwischenzeitlichen Schreibvorgänge auf A durch andere Transaktionen T_k werden vor dem Lesen durch T_i zurückgesetzt. Falls also ein $w_k(A)$ mit $w_j(A) < w_k(A) < r_i(A)$ existiert, so muss es auch ein $a_k < r_i(A)$ geben.

Intuitiv ausgedrückt, besagen die drei Bedingungen, dass T_i ein Datum A in genau dem Zustand, den T_j geschrieben hat, liest.

Eine Historie heißt rücksetzbar, falls immer die schreibende Transaktion (in unserer Notation T_j) vor der lesenden Transaktion (T_i genannt) ihr **commit** durchführt, also: $c_j <_H c_i$. Anders ausgedrückt: Eine Transaktion darf erst dann ihr **commit** durchführen, wenn alle Transaktionen, von denen sie gelesen hat, beendet sind. Wäre diese Bedingung nicht erfüllt, könnte man die schreibende Transaktion womöglich nicht zurücksetzen, da die lesende Transaktion dann mit einem „offiziell“ nie existenten Wert für A ihre Berechnung „**committed**“ hätte – und nach Durchführung des **commit** ist eine Transaktion gemäß des ACID-Paradigmas nicht mehr rücksetzbar.

11.4.2 Historien ohne kaskadierendes Rücksetzen

Selbst rücksetzbare Historien können noch folgenden unangenehmen Effekt verursachen: Das Rücksetzen einer Transaktion setzt eine Lawine von weiteren Rollbacks in Gang. Die Historie in Abbildung 11.11 verdeutlicht dies. Die Transaktion T_1 schreibt

Schritt	T_1	T_2	T_3	T_4	T_5
0.	...				
1.	$w_1(A)$				
2.		$r_2(A)$			
3.		$w_2(B)$			
4.			$r_3(B)$		
5.			$w_3(C)$		
6.				$r_4(C)$	
7.				$w_4(D)$	
8.					$r_5(D)$
9.	a_1 (**abort**)				

Abbildung 11.11: Historie mit kaskadierendem Rücksetzen

in Schritt 1. ein Datum A, das T_2 liest. Abhängig vom gelesenen Wert von A – zumindest muss das DBMS dies annehmen – schreibt T_2 einen neuen Wert in B, der wiederum von T_3 gelesen wird. T_3 schreibt C, das von T_4 gelesen wird. T_4 schreibt D, das von T_5 gelesen wird. Jetzt, nachdem alle anderen Transaktionen T_2, T_3, T_4 und T_5 abhängig von dem von T_1 in A geschriebenen Wert geworden sind, kommt es in Schritt 9. zum **abort** der Transaktion T_1. Natürlich müssen dann auch alle anderen Transaktionen zurückgesetzt werden. In der Theorie ist dies kein Problem, da die Historie rücksetzbar ist; praktisch wird dadurch aber die Leistungsfähigkeit des Systems drastisch beeinträchtigt. Deshalb sind wir an Schedules interessiert, die kaskadierendes Rücksetzen vermeiden.

Eine Historie H vermeidet kaskadierendes Rücksetzen, wenn

- $c_j <_H r_i(A)$ gilt, wann immer T_i ein Datum A von T_j liest.

Anders ausgedrückt: Änderungen werden erst nach dem **commit** freigegeben.

11.4.3 Strikte Historien

Bei strikten Historien dürfen auch veränderte Daten einer noch laufenden Transaktion nicht überschrieben werden. Wenn also für ein Datum A die Ordnung $w_j(A) <_H o_i(A)$ mit $o_i = r_i$ oder $o_i = w_i$ gilt, dann muss T_j zwischenzeitlich mit **commit** oder **abort** abgeschlossen worden sein. Also muss entweder

- $c_j <_H o_i(A)$ oder
- $a_j <_H o_i(A)$

gelten.

11.4.4 Beziehungen zwischen den Klassen von Historien

Es gelten die in Abbildung 11.12 dargestellten Beziehungen (Inklusionen) zwischen den Historienklassen. Hierbei sind folgende Abkürzungen gebraucht worden [Bernstein, Hadzilacos und Goodman (1987)]:

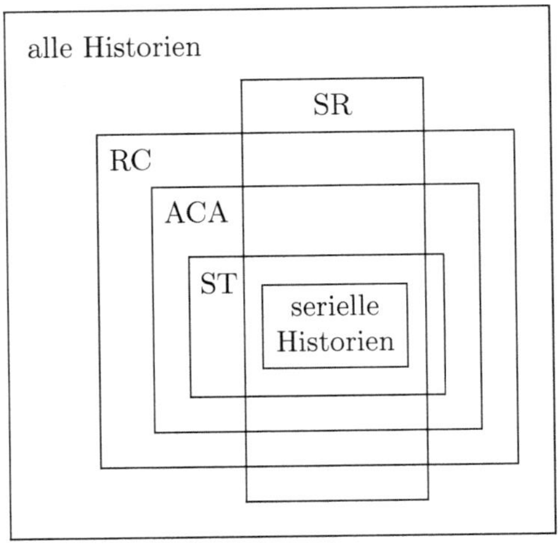

Abbildung 11.12: Beziehungen der Historienklassen zueinander

- *SR*: serialisierbare Historien (SeRializable),
- *RC*: rücksetzbare Historien (ReCoverable),
- *ACA*: Historien ohne kaskadierendes Rücksetzen (Avoiding Cascading Abort),
- *ST*: strikte Historien (STrict).

11.5 Der Datenbank-Scheduler

Hinsichtlich der Transaktionsverarbeitung können wir uns eine Datenbanksystem-Architektur mit einem *Scheduler* – stark vereinfacht – so vorstellen, wie in Abbildung 11.13 gezeigt.

Die Aufgabe des Schedulers besteht darin, die Operationen – d.h. Einzeloperationen verschiedener Transaktionen $T_1, \ldots, T_n$ – in einer derartigen Reihenfolge auszuführen, dass die resultierende Historie „vernünftig" ist. Unter einer „vernünftigen" Historie verstehen wir als Mindestanforderung die Serialisierbarkeit, aber i.A. wird vom Scheduler sogar verlangt, dass die resultierende Historie ohne kaskadierendes Rollback rücksetzbar ist. D.h., bezogen auf den vorangegangenen Abschnitt (siehe Abbildung 11.12), sollten die vom Scheduler zugelassenen Historien aus dem Bereich $ACA \cap SR$ sein.

Wir werden mehrere mögliche Techniken für die Realisierung eines Schedulers kennenlernen. Die mit Abstand bedeutendste ist die sperrbasierte Synchronisation, die in fast allen kommerziellen relationalen Systemen verwendet wird.

Weiterhin gibt es eine Zeitstempel-basierte Synchronisation, wobei jedes Datum einen Eintrag für den Zeitstempel derjenigen Transaktion erhält, die die letzte Modifikation vorgenommen hat. Diese beiden Methoden – sperrbasierte und zeitstempelbasierte Synchronisation – werden oft als *pessimistische* Verfahren eingestuft, da

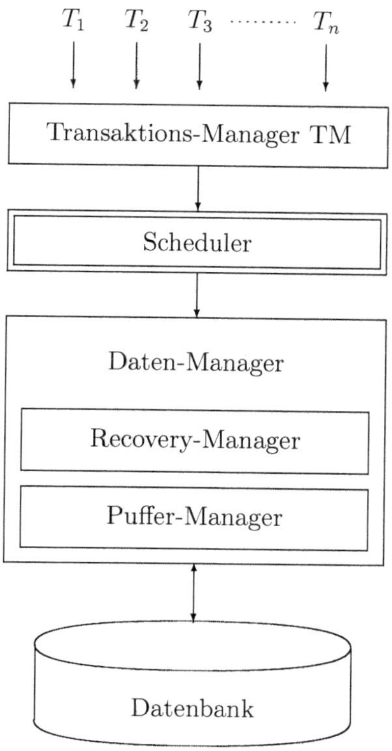

Abbildung 11.13: Die Stellung des *Schedulers* in der Datenbanksystem-Architektur

hier die Grundannahme herrscht, dass potentielle Konflikte auch tatsächlich zu einer nicht serialisierbaren Historie führen – was nicht immer der Fall ist.

Demgegenüber gibt es noch die *optimistische* Synchronisation. In diesem Fall führt der Scheduler erst mal alle Operationen aus – merkt sich aber für jede Transaktion, welche Daten gelesen und geschrieben wurden. Erst wenn die Transaktion ihr **commit** durchführen will, wird verifiziert, ob sie ein Problem – d.h. einen nicht serialisierbaren Schedule – verursacht hat. In diesem Falle wird die Transaktion zurückgesetzt.

11.6 Sperrbasierte Synchronisation

Bei der sperrbasierten Synchronisation wird während des laufenden Betriebs sichergestellt, dass die resultierende Historie serialisierbar bleibt. Dies geschieht dadurch, dass eine Transaktion erst nach Erhalt einer entsprechenden Sperre auf ein Datum zugreifen kann.

11.6.1 Zwei Sperrmodi

Je nach Operation (**read** oder **write**) unterscheiden wir zwei Sperrmodi:

- S (shared, read lock, Lesesperre): Wenn Transaktion T_i eine S-Sperre für ein Datum A besitzt, kann T_i **read**(A) ausführen. Mehrere Transaktionen können gleichzeitig eine S-Sperre auf demselben Objekt A besitzen.
- X (exclusive, write lock, Schreibsperre): Ein **write**(A) darf nur die *eine* Transaktion ausführen, die eine X-Sperre auf A besitzt.

Die Verträglichkeit von Sperranforderungen mit schon existierenden Sperren (auf demselben Objekt durch andere Transaktionen) fasst man in einer sogenannten *Verträglichkeitsmatrix* (auch *Kompatibilitätsmatrix* genannt) zusammen:

	NL	S	X
S	$\surd$	$\surd$	–
X	$\surd$	–	–

Hierbei ist in der Waagerechten die existierende Sperre – NL (no lock, also keine Sperre), S oder X – eingetragen und auf der Senkrechten die Sperranforderung. Existiert z.B. schon eine S-Sperre, dann kann eine weitere S-Sperre gewährt werden („$\surd$"-Eintrag) aber keine X-Sperre („–"-Eintrag).

11.6.2 Zwei-Phasen-Sperrprotokoll

Die Serialisierbarkeit ist bei Einhaltung des folgenden Zwei-Phasen-Sperrprotokolls (Engl. *two-phase locking*, 2PL) durch den Scheduler gewährleistet. Bezogen auf eine individuelle Transaktion wird folgendes verlangt:

1. Jedes Objekt, das von einer Transaktion benutzt werden soll, muss vorher entsprechend gesperrt werden.
2. Eine Transaktion fordert eine Sperre, die sie schon besitzt, nicht erneut an.
3. Eine Transaktion muss die Sperren anderer Transaktionen auf dem von ihr benötigten Objekt gemäß der Verträglichkeitstabelle beachten. Wenn die Sperre nicht gewährt werden kann, wird die Transaktion in eine entsprechende Warteschlange eingereiht – bis die Sperre gewährt werden kann.
4. Jede Transaktion durchläuft zwei Phasen:
   - Eine *Wachstumsphase*, in der sie Sperren anfordern, aber keine freigeben darf und
   - Eine *Schrumpfungsphase*, in der sie ihre bisher erworbenen Sperren freigibt, aber keine weiteren anfordern darf.
5. Bei EOT (Transaktionsende) muss eine Transaktion alle ihre Sperren zurückgeben.

In Abbildung 11.14 sind die beiden Phasen – Wachstums- und Schrumpfungsphase – des 2PL-Protokolls visualisiert. Auf der y-Achse ist die Anzahl der von der Transaktion gehaltenen Sperren aufgezeichnet, die während der ersten Phase nur zunehmen (oder stagnieren) darf und in der zweiten Phase nur abnehmen darf.

In Abbildung 11.15 ist eine Historie zweier Transaktionen T_1 und T_2 gezeigt:

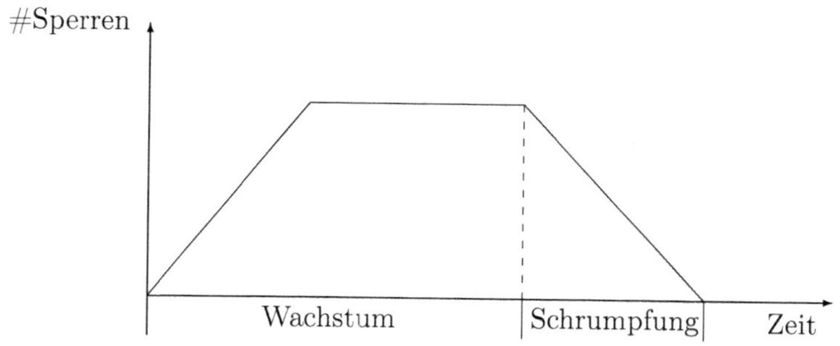

Abbildung 11.14: Zwei-Phasen Sperrprotokoll

Schritt	T_1	T_2	Bemerkung
1.	**BOT**		
2.	**lockX**(A)		
3.	read(A)		
4.	write(A)		
5.		**BOT**	
6.		**lockS**(A)	T_2 muß warten
7.	**lockX**(B)		
8.	read(B)		
9.	**unlockX**(A)		T_2 wecken
10.		read(A)	
11.		**lockS**(B)	T_2 muß warten
12.	write(B)		
13.	**unlockX**(B)		T_2 wecken
14.		read(B)	
15.	**commit**		
16.		**unlockS**(A)	
17.		**unlockS**(B)	
18.		**commit**	

Abbildung 11.15: Verzahnung zweier Transaktionen mit Sperranforderungen und Sperrfreigaben nach 2PL

- T_1 modifiziert nacheinander die Datenobjekte A und B (z.B. eine Überweisung)
- T_2 liest nacheinander dieselben Datenobjekte A und B (z.B. zur Aufsummierung der beiden Kontostände).

Mittels **lockX**(...) wird eine X-Sperre und mit **lockS**(...) eine S-Sperre angefordert. Mit **unlockX**(...) und **unlockS**(...) werden die Sperren wieder freigegeben. Dieser Schedule gehorcht dem Zwei-Phasen-Sperrprotokoll. Warum?

In Schritt 6. fordert T_2 eine S-Sperre für A an. Diese kann aber zu diesem Zeitpunkt nicht gewährt werden, so dass T_2 *blockiert* werden muss. Erst nach Freigabe der X-Sperre durch T_1 in Schritt 9. kann T_2 wieder aktiviert werden, indem ihre Sperranforderung erfüllt wird. Das Analoge geschieht in Schritt 11., wenn T_2 das Datum B sperren will.

Die gezeigte Historie ist natürlich serialisierbar (alle 2PL-Schedules sind serialisierbar) und entspricht der seriellen Ausführung von T_1 vor T_2 (also $T_1 \mid T_2$).

11.6.3 Kaskadierendes Rücksetzen (Schneeballeffekt)

Das Zwei-Phasen-Sperrprotokoll garantiert auf jeden Fall die Serialisierbarkeit. Aber es hat (in der bislang vorgestellten Form) gravierende Mängel: Es vermeidet nicht das kaskadierende Rollback – ja, es lässt sogar nicht-rücksetzbare Historien zu (siehe Übungsaufgabe 11.4). Schauen wir uns nochmals den Schedule aus Abbildung 11.15 an. Wenn T_1 z.B. direkt vor Schritt 15. scheitern würde, dann müsste auch T_2 zurückgesetzt werden – da T_2 von T_1 geschriebene Daten („dirty data") gelesen hat.

Die Lösung besteht darin, das 2PL-Protokoll zum sogenannten *strengen 2PL-*Protokoll wie folgt zu verschärfen:

- Die Anforderungen (1) bis (5) des 2PL-Protokolls bleiben erhalten.
- Es gibt keine Schrumpfungsphase mehr, sondern *alle* Sperren werden erst zum Ende der Transaktion (EOT) freigegeben.

Abbildung 11.16 zeigt diese verschärfte Anforderung grafisch. Unter Einhaltung des strengen 2PL-Protokolls entspricht die Reihenfolge, in der die Transaktionen beendet werden, einer äquivalenten seriellen Abarbeitungsreihenfolge (Engl. *commit order serializability*). Warum?

11.7 Verklemmungen (Deadlocks)

Leider gibt es ein schwerwiegendes und inherentes (also nicht vermeidbares) Problem mit den sperrbasierten Synchronisationsmethoden: Das Auftreten von *Verklemmungen* (Engl. *deadlocks*). Eine solche Verklemmung ist in Abbildung 11.17 gezeigt. Nach Schritt 9. ist die Ausführung der beiden Transaktionen T_1 und T_2 *verklemmt*, da T_1 auf die Freigabe einer Sperre durch T_2 wartet und umgekehrt T_2 auf die Freigabe einer Sperre durch T_1 wartet. Beide Transaktionen sind blockiert.

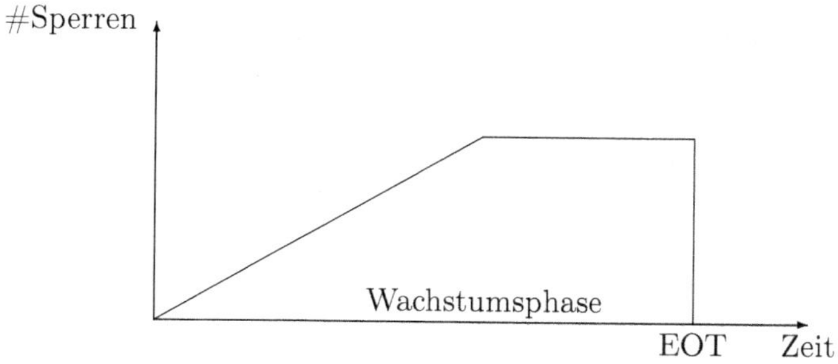

Abbildung 11.16: Strenges Zwei-Phasen Sperrprotokoll

Schritt	T_1	T_2	Bemerkung
1.	**BOT**		
2.	**lockX**(A)		
3.		**BOT**	
4.		**lockS**(B)	
5.		read(B)	
6.	read(A)		
7.	write(A)		
8.	**lockX**(B)		T_1 muß warten auf T_2
9.		**lockS**(A)	T_2 muß warten auf T_1
10.	...	...	$\Rightarrow$*Deadlock*

Abbildung 11.17: Ein verklemmter Schedule

11.7.1 Erkennung von Verklemmungen

Eine „brute-force"-Methode zur Erkennung von (potentiellen) Verklemmungen ist die *Time-out* Strategie. Hierbei wird ganz einfach die Ausführung der Transaktionen überwacht. Falls eine Transaktion innerhalb eines Zeitmaßes (z.B. 1 Sekunde) keinerlei Fortschritt erzielt, geht das System von einer Verklemmung aus und setzt die betreffende Transaktion zurück.

Diese Time-out Methode hat den Nachteil, dass wenn das Zeitmaß zu klein gewählt wird, zu viele Transaktionen abgebrochen werden, die tatsächlich gar nicht verklemmt waren – sondern nur auf Ressourcen (CPU, Sperren, etc.) gewartet haben. Andererseits, wenn das Zeitmaß zu groß gewählt wird, werden tatsächlich existierende Verklemmungen zu lange geduldet – wodurch die Systemauslastung beeinträchtigt werden könnte.

Eine präzise – aber auch teurere – Methode Verklemmungen zu erkennen, basiert auf einem sogenannten Wartegraphen. Die Knoten des Wartegraphen entsprechen den Kennungen der (derzeit im System aktiven) Transaktionen. Die Kanten sind gerichtet. Wann immer eine Transaktion T_i auf die Freigabe einer Sperre durch eine Transaktion T_j wartet, wird die Kante $T_i \to T_j$ eingefügt.

Eine Verklemmung liegt dann (und nur dann) vor, wenn der Wartegraph einen Zyklus aufweist. Ein solcher Zyklus muss natürlich nicht auf die Länge 2 (wie in unserem verklemmten Schedule von Abbildung 11.17) beschränkt sein, sondern kann

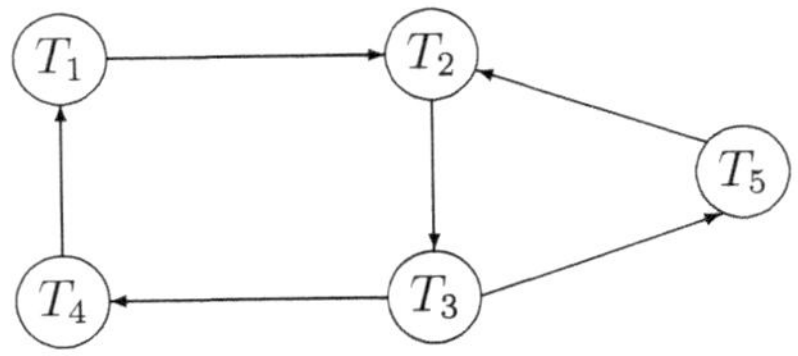

Abbildung 11.18: Wartegraph mit zwei Zyklen: $T_1 \rightarrow T_2 \rightarrow T_3 \rightarrow T_4 \rightarrow T_1$ und $T_2 \rightarrow T_3 \rightarrow T_5 \rightarrow T_2$

beliebig lang sein. Zwei derartige Zyklen sind in Abbildung 11.18 gezeigt. In der Praxis hat sich aber gezeigt, dass die weitaus größte Zahl von Verklemmungen in Datenbanken tatsächlich durch Zyklen der (minimalen) Länge 2 verursacht wird.

Eine Verklemmung wird durch das Zurücksetzen einer der im Zyklus vorkommenden Transaktionen aufgelöst. Welche der n Transaktionen man aus einem Zyklus der Länge n auswählt, kann von verschiedenen Kriterien abhängig gemacht werden:

- Minimierung des Rücksetzaufwands: Man wählt die jüngste Transaktion, oder diejenige mit den wenigsten Sperren, aus.
- Maximierung der freigegebenen Ressourcen: Man wählt die Transaktion mit den meisten Sperren aus, um die Gefahr eines nochmaligen Deadlocks zu verkleinern.
- Vermeidung von „Starvation"(Verhungern): Man muss verhindern, dass immer wieder die gleiche Transaktion zurückgesetzt wird. Man muss sich also merken, wie oft eine Transaktion schon wegen eines Deadlocks zurückgesetzt wurde und ihr ggf. einen „Freifahrschein" – also eine Markierung, die sie als zukünftiges Opfer ausschließt – geben.
- Mehrfache Zyklen: Manchmal ist eine Transaktion an mehreren Verklemmungszyklen beteiligt – wie z.B. Transaktion T_2 in Abbildung 11.18. Durch das Zurücksetzen dieser Transaktion löst man somit gleich mehrere (hier zwei) Verklemmungen auf einmal.

11.7.2 Preclaiming zur Vermeidung von Verklemmungen

Eine sehr einfache – aber leider in der Praxis meist nicht realisierbare – Methode zur Deadlock-Vermeidung besteht im sogenannten „Preclaiming". Transaktionen werden erst begonnen, wenn alle ihre Sperranforderungen schon bei Transaktionsbeginn (**BOT**) erfüllt werden können.

Dieses Preclaiming-Verfahren setzt natürlich voraus, dass eine Transaktion schon vorab „weiß", welche Datenobjekte sie benötigt und hier liegt die Krux des Verfahrens. Da die genaue Menge der benötigten Datenobjekte vom jeweiligen Kontrollfluss des Transaktionsprogramms – man denke an „**if** ... **then** ... **else** ..."-Anweisungen – abhängt, muss man i.A. eine Obermenge der tatsächlich benötigten Objekte sperren Das führt dann zu einer übermäßigen Ressourcenbelegung und damit zu einer Einschränkung der Parallelität. Abbildung 11.19 zeigt das Preclaiming in Verbindung mit dem *strengen* 2PL-Protokoll.

Abbildung 11.19: Preclaiming in Verbindung mit dem strengen 2 PL-Protokoll

11.7.3 Verklemmungsvermeidung durch Zeitstempel

Jeder Transaktion wird hierbei ein eindeutiger Zeitstempel *TS* (time stamp) zugeordnet. Die Zeitstempel werden monoton wachsend vom Transaktionsmanager vergeben, so dass eine ältere Transaktion T_a einen kleineren Zeitstempel als eine jüngere Transaktion T_j besitzt, also: $TS(T_a) < TS(T_j)$. Verklemmungen werden dadurch vermieden, dass Transaktionen nicht mehr „bedingungslos“ auf die Freigabe einer Sperre durch eine andere Transaktion warten. Der Scheduler kann nach zwei – auf den ersten Blick ähnlich erscheinenden, aber hinsichtlich der Wirkung sehr unterschiedlichen – Strategien verfahren, wenn T_1 eine Sperre anfordert, die T_2 aber erst freigeben müsste:[2]

- *wound-wait*: Wenn T_1 älter als T_2 ist, wird T_2 abgebrochen und zurückgesetzt, so dass T_1 weiterlaufen kann. Sonst wartet T_1 auf die Freigabe der Sperre durch T_2.
- *wait-die*: Wenn T_1 älter als T_2 ist, wartet T_1 auf die Freigabe der Sperre. Sonst wird T_1 abgebrochen und zurückgesetzt.

Die Benennung der Strategien erfolgte jeweils aus der Sicht der Transaktion T_1, die eine Sperre anfordert. Diese Methode ist garantiert verklemmungsfrei. Warum? (siehe Übungsaufgabe 11.12).

Der Nachteil dieser Art der Verklemmungsvermeidung besteht darin, dass i.A. zu viele Transaktionen zurückgesetzt werden, ohne dass tatsächlich eine Verklemmung auftreten würde (siehe Übungsaufgabe 11.13).

Die beiden Strategien *wound-wait* und *wait-die* zeigen große Unterschiede hinsichtlich der Priorisierung einer älteren Transaktion. Bei *wound-wait* „bahnt“ sich eine ältere Transaktion ihren Weg durch das System, wohingegen bei *wait-die* eine ältere Transaktion mit zunehmendem „Lebensalter“ immer mehr Zeit in Warteschlangen zubringt, um auf die Freigabe von Sperren zu warten.

[2]Also fordert T_1 eine X-Sperre an oder T_2 besitzt eine X-Sperre (und T_1 fordert X oder S an).

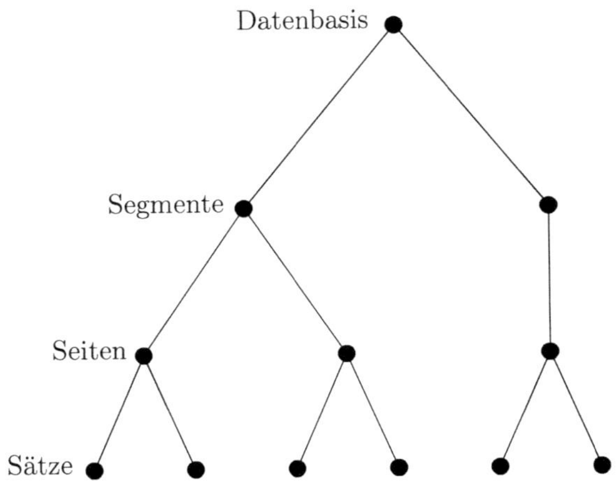

Abbildung 11.20: Hierarchische Anordnung der möglichen Sperrgranulate

11.8 Hierarchische Sperrgranulate

Bislang haben wir nur die zwei Sperrmodi S und X betrachtet. Weiterhin waren wir bislang davon ausgegangen, dass alle Sperren auf derselben „Granularität" erworben werden. Mögliche Sperrgranulate sind:

- *Datensätze*: Ein Datensatz (Tupel) ist i.A. die kleinste Sperreinheit, die in einem Datenbanksystem angeboten wird. Transaktionen, die auf sehr viele Datensätze zugreifen, müssen bei dieser Sperrgranularität einen hohen Sperraufwand in Kauf nehmen.

- *Seiten*: In diesem Fall werden durch Vergabe einer Sperre implizit alle auf der Seite gespeicherten Datensätze gesperrt.

- *Segmente*: Ein Segment ist eine logische Einheit von mehreren (i.A. vielen) Seiten. Werden Segmente als Sperreinheit gewählt, wird natürlich die Parallelität drastisch eingeschränkt, da bei einer X-Sperrung implizit alle Seiten innerhalb des betreffenden Segments exklusiv gesperrt werden.

- *Datenbasis*: Dies ist der Extremfall, da dadurch die serielle Abarbeitung aller Änderungstransaktionen erzwungen wird.

In Abbildung 11.20 sind diese hierarchisch miteinander in Beziehung stehenden Sperrgranulate grafisch dargestellt. Bezogen auf Abbildung 11.20 waren wir bislang davon ausgegangen, dass alle Transaktionen ihre Sperren auf derselben Hierarchiestufe – also auf der Ebene der Sätze, Seiten, Segmente oder Datenbasis – anfordern. Überlegen wir uns, welche Auswirkungen die Vermischung der Sperrgranulate hätte: Nehmen wir an, Transaktion T_1 will das „linke" Segment exklusiv sperren. Dann müsste man alle Sperren auf Seitenebene durchsuchen, um zu überprüfen ob nicht irgendeine andere Transaktion eine in dem Segment enthaltene Seite gesperrt hat. Gleichfalls muss man alle Sperren auf der Satz-Ebene durchsuchen, ob nicht ein

Satz, der in einer Seite des Segments steht, von einer anderen Transaktion gesperrt ist. Dieser Suchaufwand ist so immens, dass sich diese einfache Vermischung von Sperrgranulaten verbietet. Andererseits hat die Beschränkung auf nur eine Sperrgranularität für alle Transaktionen auch entscheidende Nachteile:

- Bei zu kleiner Granularität werden Transaktionen mit hohem Datenzugriff stark belastet, da sie viele Sperren anfordern müssen.
- Bei zu großer Granularität wird der Parallelitätsgrad des Systems unnötig eingeschränkt, da implizit zu viele Datenobjekte unnötigerweise gesperrt werden – es werden also Datenobjekte implizit gesperrt, die gar nicht benötigt werden.

Die Lösung des Problems besteht in der Einführung zusätzlicher Sperrmodi, wodurch die flexible Auswahl eines bestimmten Sperrgranulats pro Transaktion ermöglicht wird. Dieses Verfahren wird wegen der flexiblen Wahl der Sperrgranularität in der englischsprachigen Literatur als *multiple-granularity locking* (MGL) bezeichnet.

Die zusätzlichen Sperrmodi bezeichnet man als *Intentionssperren*, da dadurch auf höheren Ebenen der Sperrgranulatshierarchie die Absicht einer weiter unten in der Hierarchie gesetzten Sperre angezeigt wird. Die Sperrmodi sind:

- *NL*: keine Sperrung (no lock),
- *S*: Sperrung durch Leser,
- *X*: Sperrung durch Schreiber,
- *IS* (intention share): Weiter unten in der Hierarchie ist eine Lesesperre (*S*) beabsichtigt,
- *IX* (intention exclusive): Weiter unten in der Hierarchie ist eine Schreibsperre (*X*) beabsichtigt.

Die Kompatibilität dieser Sperrmodi zueinander ist in der folgenden Kompatibilitätsmatrix aufgeführt (in der Horizontalen ist die derzeitige Sperre eines Objekts angegeben, in der Vertikalen die – von einer anderen Transaktion – angeforderte Sperre):

	NL	*S*	*X*	*IS*	IX
S	√	√	–	√	–
X	√	–	–	–	–
IS	√	√	–	√	√
IX	√	–	–	√	√

Die Sperrung eines Datenobjekts muss dann so durchgeführt werden, dass erst geeignete Sperren in allen übergeordneten Knoten in der Hierarchie erworben werden. D.h. die Sperrung verläuft „top-down“ und die Freigabe „bottom-up“ nach folgenden Regeln:

1. Bevor ein Knoten mit *S* oder *IS* gesperrt wird, müssen alle Vorgänger in der Hierarchie vom Sperrer (also der Transaktion, die die Sperre anfordert) im *IX*- oder *IS*- Modus gehalten werden.

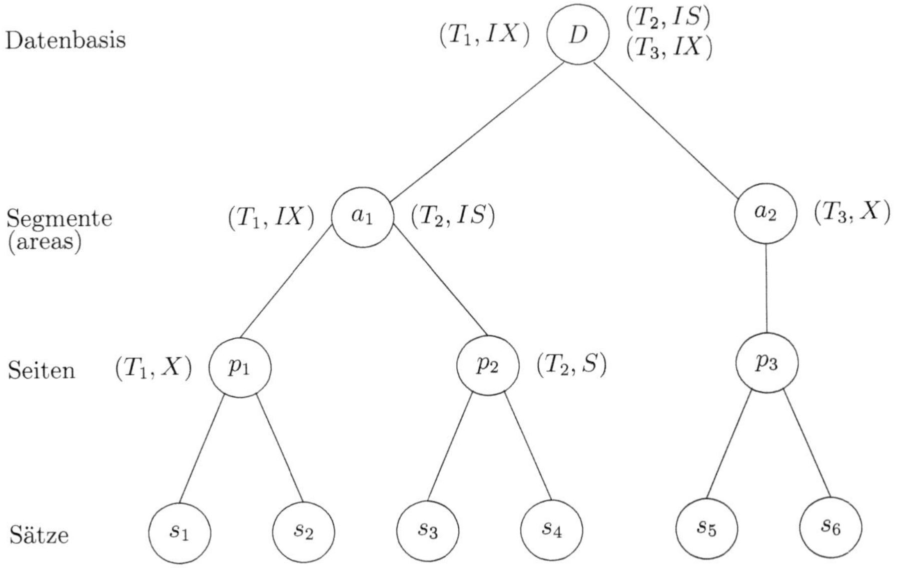

Abbildung 11.21: Datenbasis-Hierarchie mit Sperren

2. Bevor ein Knoten mit X oder IX gesperrt wird, müssen alle Vorgänger vom Sperrer im IX-Modus gehalten werden.
3. Die Sperren werden von unten nach oben (bottom up) freigegeben, so dass bei keinem Knoten die Sperre freigegeben wird, wenn die betreffende Transaktion noch Nachfolger dieses Knotens gesperrt hat.

Wenn das strenge 2-Phasen-Sperrprotokoll befolgt wird, werden Sperren natürlich erst am Ende der Transaktion freigegeben. Anhand von Abbildung 11.21 wollen wir das Sperrprotokoll illustrieren. Sperren sind hier mit (T_i,M) bezeichnet, wobei T_i die Transaktion und M den Sperrmodus darstellt. Dazu betrachten wir drei Transaktionen:

- T_1 will die Seite p_1 exklusiv sperren und muss dazu zunächst IX-Sperren auf der Datenbasis D und auf a_1 (den beiden Vorgängern von p_1) besitzen.
- T_2 will die Seite p_2 mit einer S-Sperre belegen, wozu T_2 erst IS-Sperren oder IX-Sperren auf den beiden Vorgänger-Knoten D und a_1 anfordert. Da IS mit den an T_1 vergebenen IX-Sperren kompatibel ist, können diese Sperren gewährt werden.
- T_3 will das Segment a_2 mit X sperren und fordert IX für D an, um danach die X-Sperre auf a_2 zu bekommen. Damit hat T_3 dann alle Objekte unterhalb von a_2 – hier die Seite p_3 mit den Datensätzen s_5 und s_6 – implizit mit X gesperrt.

Die Abbildung 11.21 zeigt den Zustand zu diesem Zeitpunkt – nachdem alle Sperranforderungen der drei Transaktionen erfüllt wurden.

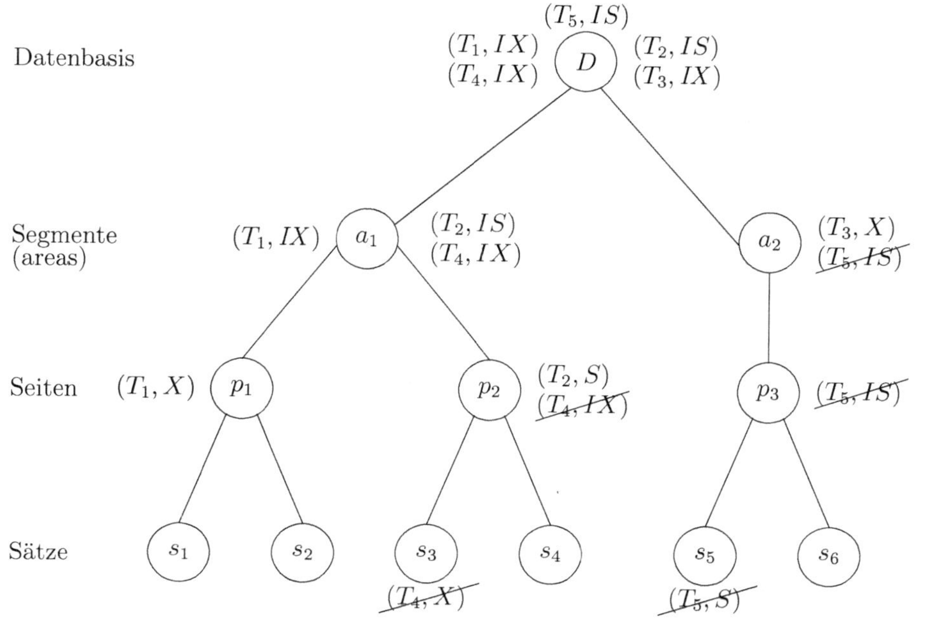

Abbildung 11.22: Datenbasis-Hierarchie mit zwei blockierten Transaktionen T_4 und T_5.

Wir wollen nun noch zwei weitere Transaktionen T_4 (Schreiber) und T_5 (Leser) betrachten, deren Sperranforderungen in dem aktuell herrschenden Zustand nicht gewährt werden können.

- T_4 will den Datensatz s_3 exklusiv sperren. Dazu wird T_4 zunächst IX-Sperren für D, a_1 und p_2 – in dieser Reihenfolge – anfordern. Die IX-Sperren für D und a_1 können gewährt werden, da sie mit den dort existierenden Sperren IX und IS kompatibel sind – laut Kompatibilitätsmatrix. Aber die IX-Sperre auf p_2 kann nicht gewährt werden, da IX nicht mit S verträglich ist.

- T_5 will eine S-Sperre auf s_5 erwerben. Dazu wird T_5 IS-Sperren auf D, a_2 und p_3 erwerben müssen. Nur die IS-Sperre auf D ist mit den existierenden Sperren verträglich, wohingegen die auf a_2 benötigte IS-Sperre nicht mit der von T_3 gesetzten X-Sperre kompatibel ist.

Die Abbildung 11.22 zeigt den Zustand nach den oben beschriebenen erfüllten Sperranforderungen. Die noch ausstehenden Sperren sind durch die Durchstreichung gekennzeichnet. Die Transaktionen T_4 und T_5 sind blockiert aber nicht verklemmt und müssen auf die Freigabe der Sperren (T_2, S) auf p_2 bzw. (T_3, X) auf a_2 warten. Erst danach können die beiden Transaktionen T_4 und T_5 mit ihren Sperranforderungen von oben nach unten fortfahren und sukzessive die „durchgestrichenen“ Sperren erwerben.

Beim MGL-Sperrverfahren können – obwohl das in diesem Beispiel nicht der Fall ist – durchaus Verklemmungen auftreten (siehe Übungsaufgabe 11.16).

Aus den Beispielen sollte deutlich geworden sein, dass man zu einem gegebenen Knoten in der Datenbasis-Hierarchie alle Sperren verwalten muss. Wenn z.B. in Abbildung 11.21 T_1 die IX-Sperre auf a_1 freigibt, muss der Knoten weiterhin im IS-Modus für T_2 gesperrt bleiben. Deshalb muss man bei einer Sperranforderung im Prinzip die angeforderte Sperre mit allen am Knoten gesetzten Sperren hinsichtlich Kompatibilität überprüfen. Man kann dies aber beschleunigen, indem jedem Knoten ein Gruppenmodus zugewiesen wird. Dazu werden die zueinander kompatiblen Sperren geordnet. Es gilt:

$$\begin{aligned} S &> IS \\ IX &> IS \end{aligned}$$

Alle anderen Sperrmodi können laut Kompatibilitätsmatrix nicht gleichzeitig an demselben Knoten gehalten werden – und brauchen demnach auch nicht geordnet zu werden. Der Gruppenmodus stellt dann die größte (d.h. schärfste) am Knoten gehaltene Sperre dar, und neu eintreffende Sperranforderungen brauchen nur gegen diesen Gruppenmodus auf Verträglichkeit überprüft zu werden.

In der Literatur wurde für das MGL-Sperrverfahren noch ein zusätzlicher Sperrmodus SIX vorgeschlagen, der einen Knoten im S-Modus und gleichzeitig im IX-Modus sperrt. Dieser Modus ist vorteilhaft für Transaktionen die einen Unterbaum der Hierarchie vollständig (oder zumindest zu großen Teilen) lesen, aber nur wenige Daten in diesem Unterbaum modifizieren. Der Sperrmodus SIX erlaubt parallel arbeitenden Transaktionen den Sperrmodus IS, so dass diese Transaktionen gleichzeitig die Daten lesen können, die von der „SIX-Transaktion“ nicht modifiziert werden. Die Erweiterung des MGL-Sperrverfahren um diesen Sperrmodus ist Gegenstand der Übungsaufgabe 11.17.

Zusammenfassend erlaubt das MGL-Sperrverfahren den Transaktionen mit geringem Datenaufkommen auf niedriger Hierarchieebene – also in kleiner Granularität – zu sperren, um dadurch die Parallelität zu erhöhen. Transaktionen mit großem Datenvolumen erwerben ihre Sperren auf entsprechend höherer Hierarchieebene – also in größerer Granularität –, um dadurch den Sperraufwand zu reduzieren. Bei einigen Systemen wird automatisch von einer niedrigen Granularität auf die nächst-höhere Granularität umgeschaltet, sobald eine bestimmte Anzahl von Sperren in der kleineren Granularität erworben wurde. Diesen Vorgang nennt man im Englischen „lock escalation“.

11.9 Einfüge- und Löschoperationen, Phantome

Es ist klar, dass man auch Einfüge- und Löschoperationen in die Mehrbenutzersynchronisation einbeziehen muss. Die naheliegende Methode besteht in folgendem Vorgehen:

- Vor dem Löschen eines Objekts muss die Transaktion eine X-Sperre für dieses Objekt erwerben. Man beachte aber, dass eine andere TA, die für dieses Objekt ebenfalls eine Sperre erwerben will, diese nicht mehr erhalten kann, falls die Löschtransaktion erfolgreich (mit **commit**) abschließt.

- Beim Einfügen eines neuen Objekts erwirbt die einfügende Transaktion eine X-Sperre.

In beiden Fällen muss die Sperre gemäß des strengen 2PL-Protokolls bis zum Ende der TA gehalten werden.

Diese einfache Erweiterung des Synchronisationsverfahrens schützt Transaktionen leider nicht gegen das sogenannte *Phantomproblem* – siehe dazu auch Abschnitt 11.1.3. Dieses Problem entsteht beispielsweise, wenn während der Abarbeitung einer Transaktion neue Datenobjekte in die Datenbank eingefügt werden. Als Beispiel betrachte man folgende SQL-Anweisungen:

T_1	T_2
select count(∗) **from** prüfen **where** Note **between** 1 **and** 2;	
	insert into prüfen **values**(29555, 5001, 2137, 1);
select count(∗) **from** prüfen **where** Note **between** 1 **and** 2;	

Falls Sperren nur tupelweise vergeben worden sind, kann T_2 diese Einfügeoperation verzahnt mit der Anfragebearbeitung von T_1 ausführen. Bei der zweiten Ausführung der Anfrage von T_1 würde dann ein anderer Wert ermittelt, da ja jetzt T_2's Einfügeoperation erfolgreich abgeschlossen ist. Dies widerspricht sicherlich der Serialisierbarkeit! Das gleiche Problem könnte auch dadurch auftreten, dass T_2 eine Note von bspw. 3,0 in 2,0 ändert – also ist das Phantomproblem nicht nur auf Einfügeoperationen begrenzt.

Das Problem lässt sich dadurch lösen, dass man zusätzlich zu den Tupeln auch den Zugriffsweg, auf dem man zu den Objekten gelangt ist, sperrt. Wenn man z.B. über einen Index die Objekte gefunden hat, muss man zusätzlich zu den Tupelsperren noch Indexbereichssperren setzen. Wenn also ein Index für das Attribut *Note* existiert, würde der Indexbereich $[1, 2]$ für T_1 mit einer S-Sperre belegt. Indexe müssen im Zuge von Einfüge- und Änderungsoperationen natürlich fortgeschrieben werden. Wenn jetzt also Transaktion T_2 versucht, das Tupel [29555, 5001, 2137, 1] in *prüfen* einzufügen, wird die TA blockiert, da sie die notwendige X-Sperre für den Indexbereich nicht erlangen kann – darauf hat T_1 ja schon eine S-Sperre. Es reicht aber nicht aus, nur diese Indexsperren zu erwerben; man muss zusätzlich die Sperren auf den Tupeln erwerben – denn nicht alle Zugriffe gehen über den betreffenden Index.

11.10 Zeitstempel-basierende Synchronisation

Wir hatten Zeitstempel schon in Abschnitt 11.7.3 kennengelernt. Dort wurden Sie in Verbindung mit dem Sperrverfahren für die Vermeidung von Verklemmungen eingesetzt. Wir werden jetzt ein Verfahren vorstellen, bei dem die Synchronisation ohne Sperren nur auf der Basis von Zeitstempelvergleichen durchgeführt wird.

Jeder Transaktion wird zu Beginn ein Zeitstempel *TS* zugewiesen, so dass ältere Transaktionen einen (echt) kleineren Zeitstempel haben als jüngere Transaktionen.

Jedem Datum A in der Datenbasis werden bei diesem Synchronisationsverfahren zwei Marken zugeordnet:

1. *readTS*(A): Diese Marke enthält den Zeitstempelwert der jüngsten Transaktion, die dieses Datum A gelesen hat.
2. *writeTS*(A): In dieser Marke wird der Zeitstempel der jüngsten Transaktion vermerkt, die das Datum A geschrieben hat.

Die Synchronisation einer Menge von Transaktionen wird dann so durchgeführt, dass immer ein Schedule entsteht, der zu einer seriellen Abarbeitung der Transaktionen in Zeitstempel-Reihenfolge äquivalent ist. Um das zu garantieren, muss der Scheduler vor Durchführung einer Lese- oder Schreiboperation durch Transaktion T_i auf dem Datum A – also $r_i(A)$ bzw. $w_i(A)$ – zunächst den Zeitstempel $TS(T_i)$ mit den A zugeordneten Marken vergleichen. Wir unterscheiden zwischen Lesen (read) und Schreiben (write):

- T_i will A lesen, also $r_i(A)$
  - Falls $TS(T_i) < writeTS(A)$ gilt, haben wir ein Problem: Die Transaktion T_i ist älter als eine andere Transaktion, die A schon geschrieben hat. Also muss T_i zurückgesetzt werden.
  - Anderenfalls, wenn also $TS(T_i) \geq writeTS(A)$ gilt, kann T_i ihre Leseoperation durchführen und die Marke *readTS*(A) wird auf $max(TS(T_i), readTS(A))$ gesetzt.
- T_i will A schreiben, also $w_i(A)$
  - Falls $TS(T_i) < readTS(A)$ gilt, gab es eine jüngere Lesetransaktion, die den neuen Wert von A, den T_i gerade beabsichtigt zu schreiben, hätte lesen müssen. Also muss T_i zurückgesetzt werden.
  - Falls $TS(T_i) < writeTS(A)$ gilt, gab es eine jüngere Schreibtransaktion. D.h. T_i beabsichtigt einen Wert einer jüngeren Transaktion zu überschreiben. Das muss natürlich verhindert werden, so dass T_i auch in diesem Fall zurückgesetzt werden muss.
  - Anderenfalls darf T_i das Datum A schreiben und die Marke *writeTS*(A) wird auf $TS(T_i)$ gesetzt.

Bei dieser Synchronisationsmethode muss man dennoch darauf achten, dass geänderte, aber noch nicht festgeschriebene Daten, nicht gelesen bzw. überschrieben werden. Warum? Dies kann durch die Zuordnung eines („dirty") Bits geschehen, das so lange gesetzt bleibt, bis das Datenobjekt festgeschrieben (**committed**) ist. Solange das Bit gesetzt ist, werden Zugriffe anderer Transaktionen verzögert.

Die letzte Bedingung für Schreiboperationen kann man noch optimieren, so dass weniger Abbrüche stattfinden – siehe dazu die Übungsaufgabe 11.19. Eine zurückgesetzte Transaktion wird – anders als in dem in Abschnitt 11.7.3 beschriebenen Verfahren! – mit einem neuen (d.h. dem aktuell größten) Zeitstempel neu gestartet.

Die Leser mögen verifizieren, dass diese Methode serialisierbare Schedules garantiert und verklemmungsfrei arbeitet (siehe Übungsaufgabe 11.18).

Diese Zeitstempel-basierende Synchronisation liefert also Schedules, die äquivalent zu einer seriellen Abarbeitung der Transaktionen in Zeitstempel-Reihenfolge sind. Demgegenüber liefert die strenge 2PL-Synchronisation Schedules, die zu der seriellen Abarbeitung der Transaktionen in **commit**-Reihenfolge äquivalent sind. Die Leser mögen dies verifizieren.

11.11 Optimistische Synchronisation

Die bisher betrachteten Synchronisationsmethoden werden als *pessimistische* Verfahren bezeichnet, da sie von der Prämisse ausgehen, dass Mehrbenutzerkonflikte auftreten werden. Deshalb werden Vorkehrungen getroffen, diese potentiellen Konflikte zu verhindern – in manchen Fällen auf Kosten der Parallelität, da auch einige serialisierbare Schedules „abgewiesen" werden.

Bei der *optimistischen* Synchronisation geht man davon aus, dass Konflikte selten auftreten und man Transaktionen einfach mal ausführen sollte und im Nachhinein (à posteriori) entscheidet, ob ein Mehrbenutzerkonflikt aufgetreten ist oder nicht. In diesem Fall kommt dem Scheduler eine Art Beobachterrolle (Protokollant) während der Ausführung zu. Auf der Basis der (protokollierten) Beobachtungen wird dann entschieden, ob die Ausführung der betreffenden Transaktion konfliktfrei war oder nicht. Im Falle eines Konflikts wird die Transaktion zurückgesetzt – also nachdem die komplette Arbeit verrichtet worden ist. Diese optimistische Art der Synchronisation eignet sich besonders für Datenbank-Anwendungen mit einer Mehrzahl von Lesetransaktionen, die sich sowieso nicht gegenseitig „stören" können.

Es gibt viele unterschiedliche Varianten der optimistischen Synchronisation. Wir werden hier nur eine Methode vorstellen. Eine Transaktion wird dabei in drei Phasen aufgeteilt:

1. *Lesephase*: In dieser Phase werden alle Operationen der Transaktion ausgeführt – also auch die Änderungsoperationen. Gegenüber der Datenbasis tritt die Transaktion in dieser Phase aber nur als Leser in Erscheinung, da alle gelesenen Daten in lokalen Variablen der Transaktion gespeichert werden und alle Schreiboperationen (zunächst) auf diesen lokalen Variablen ausgeführt werden. Es muss sichergestellt werden, dass alle Daten in dem Zustand gelesen werden, der zum Startzeitpunkt der Transaktion gültig war. Gegebenenfalls muss man einen zwischenzeitlich geänderten Datensatz für diese Transaktion mithilfe des Logs wiederherstellen.

2. *Validierungsphase*: In dieser Phase wird entschieden, ob die Transaktion möglicherweise in Konflikt mit anderen Transaktionen geraten ist. Dies wird anhand von Zeitstempeln entschieden, die den Transaktionen in der Reihenfolge zugewiesen werden, in der sie in die Validierungsphase eintreten.

3. *Schreibphase*: Die Änderungen der Transaktionen, bei denen die Validierung positiv verlaufen ist, werden in dieser Phase in die Datenbank eingebracht.

Transaktionen, bei denen die Validierung scheitert, werden zurückgesetzt, und die Schreibphase entfällt. Da sie bis zur Validierungsphase noch keine Änderungen am Datenbestand verursacht haben, können keine anderen Transaktionen von einer gescheiterten Transaktion in Mitleidenschaft gezogen worden sein. Es gibt also kein kaskadierendes Zurücksetzen.

Die Validierung einer Transaktion T_j geht wie folgt vonstatten. Man muss *alle* Transaktionen T_a betrachten, die älter sind als T_j, also $TS(T_a) < TS(T_j)$. Das sind, wie gesagt, nicht unbedingt Transaktionen die früher als T_j gestartet wurden, sondern Transaktionen, die vor T_j die Validierungsphase erreicht haben. Erst zu diesem Zeitpunkt werden die Zeitstempel vergeben. Für jede derartige Transaktion T_a muss – bezogen auf T_j – mindestens eine von zwei Bedingungen erfüllt sein:

1. T_a war zum Beginn der Transaktion T_j schon abgeschlossen – einschließlich der Schreibphase.

2. Die Menge der von T_a geschriebenen Datenelemente, genannt $\mathit{WriteSet}(T_a)$, enthält keine Elemente der Menge der von T_j gelesenen Datenelemente, genannt $\mathit{ReadSet}(T_j)$. Es muss also gelten:

$$\mathit{WriteSet}(T_a) \cap \mathit{ReadSet}(T_j) = \emptyset$$

Nur wenn für alle älteren Transaktionen mindestens eine der beiden Bedingungen erfüllt ist, darf T_j **commit**ten und in die Schreibphase übergehen. Anderenfalls wird T_j zurückgesetzt.

Für die Korrektheit dieser Synchronisationsmethode ist zudem erforderlich, dass die Validierungs- und Schreibphase ununterbrechbar durchgeführt werden, damit sich nicht zwei Schreibvorgänge ins „Gehege kommen". Mit anderen Worten, das System sollte immer nur eine Transaktion gleichzeitig in die Validierungs- und Schreibphase lassen.

11.12 Snapshot Isolation

Die Snapshot Isolation stellt eine „relaxierte" Synchronisationsmethode dar, die **keine** Serialisierbarkeit garantiert. Sie wird dennoch von vielen Systemen verwendet, da sie zu weniger Transaktionsabbrüchen bei der optimistischen Synchronisation führt. Die Validierung überprüft dann nicht mehr den vollständigen *Read Set* der zu validierenden Transaktion, sondern nur deren *Write Set*. In der oben eingeführten Notation wird also nur noch sichergestellt, dass gilt:

$$\mathit{WriteSet}(T_a) \cap \mathit{WriteSet}(T_j) = \emptyset$$

Es sei den Lesern überlassen, sich Beispiele auszudenken, bei denen die relaxierte Validierung zu nicht-serialisierbaren Historien führt – und deshalb möglicherweise auch „schlimme" Folgen haben könnte.

11.13 Klassifizierung der Synchronisations- und Deadlockbehandlungs-Verfahren

In Abbildung 11.23 haben wir versucht, die Leser bei der (mentalen) Einordnung der Vielzahl von Synchronisations- und Deadlockbehandlungs-Verfahren zu unterstützen. Man unterscheidet zwischen *pessimistischen* Verfahren, die „präventiv" mit Sperren oder Zeitstempeln arbeiten, und *optimistischen* Verfahren, die erst zum Schluss kontrollieren ob „alles gut gegangen" ist.

Die Deadlockbehandlung ist nur bei den sperrbasierten Synchronisationsverfahren notwendig. Hier wird zwischen den Vermeidungs- und den Erkennungsverfahren unterschieden.

11.14 Synchronisation von Indexstrukturen

Es wäre theoretisch möglich, Indexstrukturen genauso wie „normale" Daten zu behandeln. Dann würden die Datensätze eines Indexes – also z.B. Knoten eines B^+-Baums – denselben Synchronisations- und Recoverytechniken unterliegen, wie die anderen Datensätze eines DBMS. Diese Vorgehensweise ist aber i.A. zu aufwendig für Indexstrukturen:

- Indices enthalten redundante, d.h. aus dem „normalen" Datenbestand abgeleitete Informationen. Deshalb kann man abgeschwächte – und daher weniger aufwendige – Recoverytechniken einsetzen.
- Für die Mehrbenutzersynchronisation ist das Zweiphasen-Sperrprotokoll – das am häufigsten eingesetzte Synchronisationsverfahren für normale Datenbestände – zu aufwendig. Aus der speziellen Bedeutung der Indexeinträge lassen sich abgeschwächte Synchronisationstechniken konzipieren, die mehr Parallelität gewähren.

Wir wollen hier exemplarisch die sperrbasierte Mehrbenutzersynchronisation für B^+-Bäume diskutieren. Unter Verwendung des strengen Zweiphasen-Sperrprotokolls würde ein Lesezugriff auf einen B^+-Baum alle Knoten auf dem Weg von der Wurzel bis zum Blatt für die Dauer der Transaktion mit einer Lesesperre versehen. Dann wären zwar noch beliebig viele andere Lesevorgänge auf dem B^+-Baum möglich, aber Einfügeoperationen wären auf diesem Teil des B^+-Baums für die Dauer der Lesetransaktion nicht möglich. Besonders gravierend wäre das bei Bereichsanfragen, die über eine große Anzahl von Blattknoten eines B^+-Baums hinweg ausgewertet würden – alle diese Knoten wären dann mit einer Lesesperre versehen.

Eine analoge Konstellation ergibt sich bei einem Einfüge- oder Löschvorgang. Dann wäre mindestens ein Knoten – u.U. auch mehrere Knoten – exklusiv gesperrt, so dass auf diesen Knoten des Baums für die Dauer der Änderungstransaktion gar keine Lesevorgänge ausgeführt werden könnten.

Unter Berücksichtigung der speziellen Semantik von B^+-Bäumen kann man jedoch ein Sperrprotokoll einsetzen, das Sperren früher – also vor EOT der jeweiligen Transaktion – wieder freigibt. Dies erfordert jedoch eine kleine Modifikation der Knotenstruktur: Die Knoten einer Stufe des Baumes werden über sogenannte

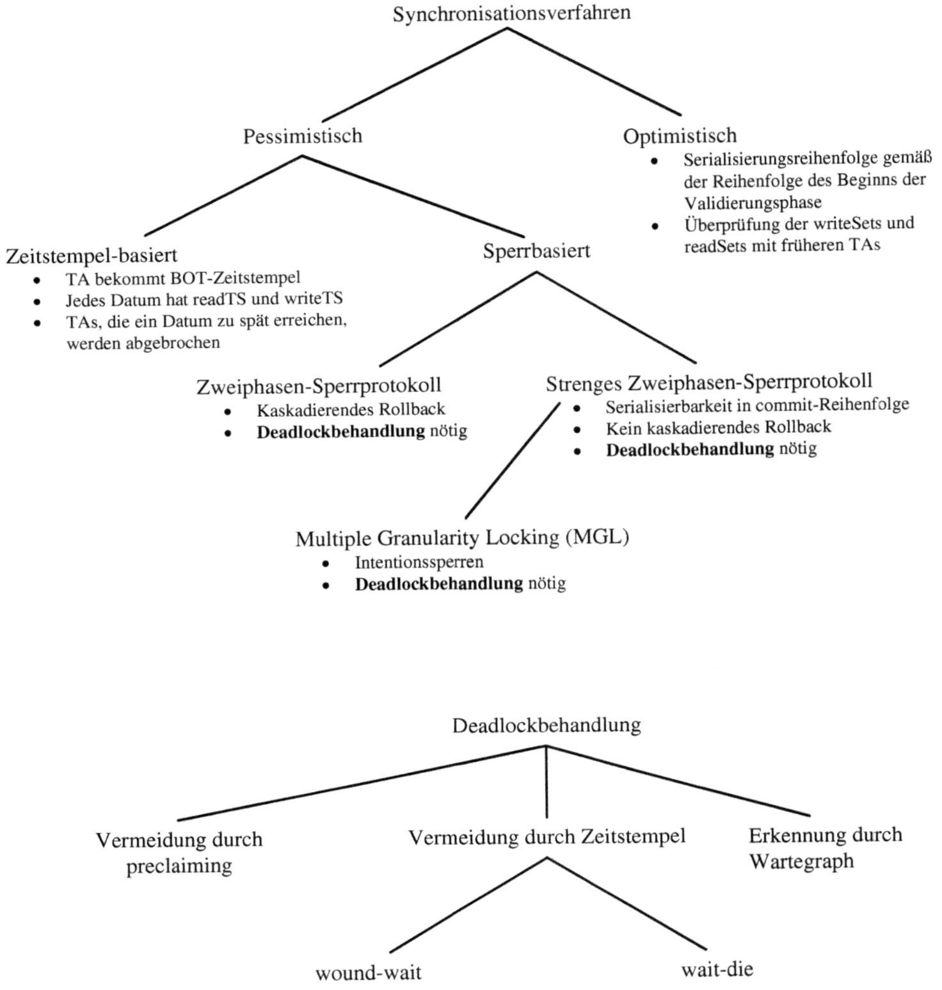

Abbildung 11.23: Klassifizierung der Synchronisations- und Deadlockbehandlungs-Verfahren

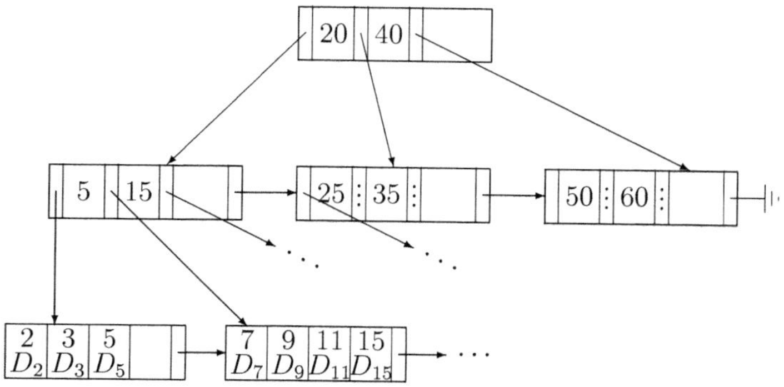

Abbildung 11.24: B^+-Baum mit *rechts*-Verweisen zur Synchronisation

rechts-Verweise miteinander verkettet. D.h., ein Knoten ist über den *rechts*-Verweis mit seinem nächsten Geschwisterknoten verkettet. Dies ist exemplarisch in Abbildung 11.24 gezeigt.

Die Operationen auf dem B^+-Baum werden dann wie folgt durchgeführt.

Suche Man startet eine Suche, indem für die Wurzel des B^+-Baums eine (kurze) Lesesperre angefordert wird. Dann ermittelt man den Weg (Zeiger) zum Knoten der nächst-niedrigeren Ebene des Baums und gibt die Lesesperre wieder frei. Für den nächsten zu lesenden Knoten wird wiederum eine (kurze) Lesesperre angefordert, um das Intervall, in das der Suchschlüssel fällt, aufzusuchen. Falls dieses Intervall gefunden wird, kann die Lesesperre wieder freigegeben werden, und die Suche geht zur nächsten Ebene über. Es kann aber vorkommen, dass in der Zwischenzeit eine (oder auch mehrere) Einfügeoperationen zum Überlauf – und damit zur Spaltung – des aktuellen Knotens geführt haben. In diesem Fall wird das Intervall u.U. nicht in dem gerade aktuellen Knoten gefunden, sondern befindet sich in einem der rechten Geschwisterknoten. Dann muss zunächst für den direkten rechten Geschwisterknoten eine Lesesperre angefordert werden, und die Lesesperre des anderen Knotens kann freigegeben werden. Die Suchoperation geht dann vom rechten Geschwisterknoten aus in gleicher Form weiter. Entweder wird das Suchintervall hier gefunden und man kann eine Stufe im Baum weitergehen oder man muss nochmals den *rechts*-Verweis verfolgen – dieser Fall kann natürlich nur auftreten, wenn in der Zwischenzeit sehr viele Einfügungen stattgefunden haben, die eine wiederholte Spaltung von Knoten bewirkt haben.

Auch auf der Blattebene muss eine Lesesperre gesetzt werden, und auch hier kann es aufgrund eines verzahnten Einfügevorgangs mit einhergehender Seitenspaltung notwendig sein, die rechten Geschwisterknoten mit in die Suche einzubeziehen.

Einfügen Zum Zweck des Einfügens wird zunächst die Seite (d.h. der Blattknoten) gesucht, in die das neue Datum einzufügen ist. Die während der Suche erworbene Lesesperre auf diesem Blattknoten muss zu einer exklusiven Schreibsperre konvertiert werden – dazu muss man natürlich die Beendigung möglicher anderer paralleler Lesezugriffe abwarten. Falls ausreichend Platz auf der Seite existiert, kann das neue

Datum eingetragen und die Schreibsperre aufgegeben werden. Im Falle eines Überlaufs muss die Operation *Seitenspaltung* durchgeführt werden.

Seitenspaltung Diese Operation wird aufgerufen, falls eine Einfüge-Operation auf eine vollständig belegte Blattseite stößt. Diese Blattseite ist demnach schon mit einer exklusiven Schreibsperre versehen. Es wird ein neuer Knoten angelegt, und (etwa) die Hälfte der Einträge der vollen Seite werden auf diesen neuen Knoten transferiert. Die *rechts*-Verweise der beiden Knoten werden gesetzt – d.h. der *rechts*-Verweis der ursprünglich vollen Seite wird auf die neue Seite gesetzt und der *rechts*-Verweis der neuen Seite auf den alten *rechts*-Verweis der ursprünglich vollen Seite. Danach kann die Sperre auf dem urspüglich vollen Knoten aufgegeben und eine Schreib-Sperre im Vaterknoten angefordert werden, damit ein Verweis auf die neu eingefügte Seite eingebaut werden kann.[3]

Es kann natürlich vorkommen, dass auch dieser Vaterknoten schon voll belegt ist. Dann wird auf dieser Stufe nochmals eine *Seitenspaltung* durchgeführt.

Löschen Diese Operation ist analog zum *Einfügen* realisierbar. Es wird also zunächst die Blattseite gesucht und dann – nachdem eine Exklusivsperre erworben wurde – der Eintrag von dieser Seite entfernt.

Nach der Löschung des Eintrags kann es zu einem Unterlauf kommen, wodurch eigentlich das Verschmelzen zweier benachbarter Seiten erforderlich würde. Die Verschmelzung, oder präziser gesagt, das Löschen eines Knotens aus dem Baum führt bei dieser Synchronisationsmethode zu Problemen, da dann eine Suchoperation möglicherweise auf einen nicht mehr vorhandenen Knoten gelenkt werden könnte. Dies passiert, wenn ein Suchvorgang von einer Löschoperation überholt wird und diese Löschoperation wegen eines Unterlaufs genau den Knoten entfernt, auf den die Suche als nächstes zugreifen will. Aus diesem Grunde wird in der Literatur vorgeschlagen, auf die Unterlaufbehandlung ganz zu verzichten – in der Regel wird ein Unterlauf ohnehin durch nachfolgende Einfügeoperationen wieder revidiert.

Wir wollen das verzahnte Zusammenspiel zweier Operationen auf dem B^+-Baum aus Abbildung 11.24 illustrieren:

- Suchen(15)
- Einfügen(14)

Wir nehmen an, dass die Suchoperation als erstes startet und die Wurzel und den linken Knoten der zweiten Stufe inspiziert. Als nächstes würde die *Suche* den zweiten Blattknoten von rechts besuchen. Jetzt nehmen wir aber an, dass zu diesem Zeitpunkt ein Kontextwechsel stattfindet, so dass *Einfügen*(14) ausgeführt wird. Im Zuge des Einfügevorgangs wird der zweite Blattknoten von rechts aufgespalten und der Zustand aus Abbildung 11.25 erzeugt. Wenn jetzt die Ausführung der Operation *Suchen*(15) wieder aufgenommen wird, befindet sich der Eintrag 15 nicht mehr auf der ursprünglich ermittelten Seite (2. von rechts). Deshalb muss die Suche auf den rechten Geschwisterknoten ausgedehnt werden.

[3] Man beachte, dass der Vaterknoten u.U. über die *rechts*-Verweise aufzufinden ist, falls der beim „Herunternavigieren" besuchte Vaterknoten selbst in der Zwischenzeit aufgespalten wurde.

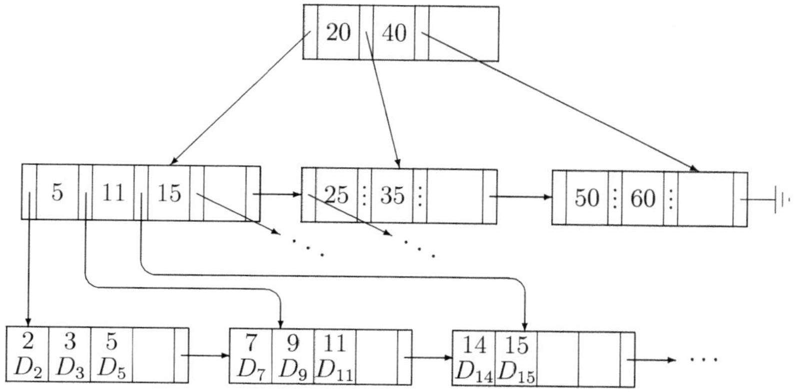

Abbildung 11.25: B^+-Baum mit *rechts*-Verweisen nach Einfügen von 14

11.15 Mehrbenutzersynchronisation in SQL-92

Bislang haben wir immer die *Serialisierbarkeit* als Korrektheitskriterium für die Parallelausführung von Transaktionen zugrunde gelegt. Die Erzwingung der Serialisierbarkeit schränkt natürlich die Parallelität ein. Deshalb haben die SQL-92-Entwerfer einige weitere weniger restriktive (aber teilweise obskure und potentiell die Datenbankkonsistenz gefährdende) Konsistenzstufen eingeführt. Diese Konsistenzstufen werden als „isolation level“ bezeichnet, da sie die Isolationsstufe von parallel ausgeführten Transaktionen zueinander beschreiben. Der Transaktionsmodus wird in folgender Syntax beschrieben:

set transaction
  [read only, | read write,]
  [**isolation level**
    read uncommitted, |
    read committed, |
    repeatable read, |
    serializable,]
  [**diagnostics size** . . . ,]

Der senkrechte Strich „|“ gibt Alternativen an, die durch „[“ und „]“ eingegrenzten Teile sind optional. Bei Verwendung des **set transaction**-Befehls muss mindestens einer der optionalen Teile vorhanden sein; weiterhin muss bei einer Anweisung, die aus obiger Vorschrift hergeleitet wurde, das letzte Komma wegfallen. Unterstrichene Schlüsselwörter werden als default-Einstellungen bei fehlendem **set transaction** Befehl verwendet.

Zum Beispiel kann eine Transaktion auf Lesezugriffe durch **read only** beschränkt werden oder allgemein lesend und schreibend auf die Datenbasis zugreifen (**read write**). Die vier Konsistenzstufen sind wie folgt (auch im Standard sehr vage) definiert:

read uncommitted Dies ist die schwächste Konsistenzstufe. Sie darf auch nur für **read only**-Transaktionen spezifiziert werden. Eine derartige Transaktion hat

Zugriff auf noch nicht festgeschriebene Daten. Zum Beispiel ist folgender Schedule möglich:

T_1	T_2
	read(A)
	...
	write(A)
read(A)	
...	
	rollback

Hierbei liest die Transaktion T_1 einen Wert des Datums A, der von T_2 nie festgeschrieben wurde. Man kann sich leicht vorstellen, dass eine solche „**read uncommitted**"-Transaktion beliebig inkonsistente Datenbasis-Zustände zu sehen bekommt. Deshalb ist die Einschränkung solcher Transktionen auf reine Lesezugriffe (**read only**) äußerst notwendig.

Transaktionen dieser Art sind i.A. nur sinnvoll, um sich einen globalen Überblick über die Datenbasis zu verschaffen (*browsing*). Die „**read uncommitted**"-Transaktionen behindern die parallele Ausführung anderer Transaktionen nicht, da sie selbst keine Sperren benötigen.

read committed Diese Transaktionen lesen nur festgeschriebene Werte. Allerdings können sie unterschiedliche Zustände der Datenbasis-Objekte zu sehen bekommen:

T_1	T_2
read(A)	
	write(A)
	write(B)
	commit
read(B)	
read(A)	
...	

In diesem Fall liest die „**read committed**"-Transaktion T_1 zunächst den Wert von A, bevor T_2 A und B verändert. Danach liest T_1 den Wert von B – das reicht schon aus, um die Serialisierbarkeit zu verletzen. Warum? Noch schwerwiegender ist, dass T_1 jetzt nochmals A mit einem anderen Wert als zuvor liest. Man bezeichnet dieses Problem als „*non repeatable read*".

repeatable read Das oben aufgeführte Problem des *non repeatable read* wird durch diese Konsistenzstufe ausgeschlossen. Allerdings kann es hierbei noch zum Phantomproblem kommen. Dies kann z.B. dann passieren, wenn eine parallele Änderungstransaktion dazu führt, dass Tupel ein Selektionsprädikat erfüllen, das sie zuvor nicht erfüllten.

serializable Diese Konsistenzstufe fordert die Serialisierbarkeit. Es dürfte klar sein, dass die schwächeren (als **serializable**) Isolationsstufen u.U. zu sehr schwerwiegenden Konsistenzverletzungen führen können. Ein DBMS muss – gemäß dem

SQL92-Standard – nicht alle aufgeführten Isolationsstufen auch tatsächlich implementieren. Wenn eine benötigte Isolationsstufe nicht verfügbar ist, muss die jeweils „schärfere“ vorhandene Form angewendet werden. Daraus folgt, dass mindestens die Serialisierbarkeit realisiert sein muss. Datenbankanwender sollten darauf achten, dass einige kommerzielle DBMS-Produkte eine andere, also schwächere, Konsistenzstufe als **serializable** als Default eingestellt haben.

11.16 Übungen

11.1 Entwerfen Sie Historien, die – bezogen auf die Abbildung 11.12 – in folgende Klassen fallen:

- $RC \cap SR$ • $ACA \cap SR$ • $ST \cap SR$

11.2 Diskutieren Sie die Vorteile *strikter* Historien hinsichtlich der Recovery anhand von Beispiel-Transaktionen. Warum sind nicht-strikte Historien – also z.B. solche aus $(SR \cap ACA) - ST$ – problematisch? Denken Sie an das lokale Rücksetzen von Transaktionen bei der Recovery-Behandlung.

11.3 Zeigen Sie, dass es serialisierbare Historien gibt, die ein Scheduler basierend auf dem Zwei-Phasen-Sperrprotokoll nicht zulassen würde. Anders ausgedrückt: Zeigen Sie, dass die Klasse *SR* größer ist als die Klasse *2PL* (wobei *2PL* die Klasse aller nach dem Zwei-Phasen-Sperrprotokoll generierbaren Historien darstellt).

11.4 Zeigen Sie, dass das (normale) Zwei-Phasen-Sperrprotokoll Historien aus $SR - RC$ zulässt. Mit anderen Worten, das 2PL-Verfahren würde nicht-rücksetzbare Historien zulassen.

11.5 Wäre es beim strengen 2PL-Protokoll ausreichend, alle Schreibsperren bis zum EOT zu halten, aber Lesesperren schon früher wieder abzutreten? Begründen Sie Ihre Antwort.

11.6 Wann genau können die Sperren gemäß dem strengen 2PL-Protokolls freigegeben werden? Denken Sie an die Recovery-Komponente.

11.7 Skizzieren Sie die Implementierung eines *Lock-Managers*, d.h. des Moduls, das Sperren verwaltet, Sperranforderungen entgegennimmt und diese ggf. gewährt oder die entsprechende Transaktion blockiert. Wie würden Sie die aktuell gewährten Sperren verwalten?

11.8 Weisen Sie (halbwegs) formal nach, dass das strenge 2PL-Protokoll nur strikte serialisierbare Historien zulässt.

11.9 Zur Erkennung von Verklemmungen wurde der Wartegraph eingeführt. Dabei wird eine Kante $T_i \rightarrow T_j$ eingefügt, wenn T_i auf die Freigabe einer Sperre durch T_j wartet. Kann es vorkommen, dass dieselbe Kante mehrmals eingefügt wird? Kann es vorkommen, dass gleichzeitig zwei Kanten $T_i \rightarrow T_j$ im Wartegraph existieren? Diskutieren Sie diese Aufgabe unter Annahme sowohl des normalen 2PL als auch des strengen 2PL-Protokolls.

11.10 Erläutern Sie den Zusammenhang zwischen dem Wartegraphen (zur Erkennung von Verklemmungen) und dem Serialisierbarkeitsgraphen (zur Feststellung, ob eine Historie serialisierbar ist).

11.11 Wie würden Sie die Zeitstempelmethode zur Vermeidung von Deadlocks anwenden, wenn eine Transaktion T_1 eine X-Sperre auf A anfordert, aber mehrere Transaktionen eine S-Sperre auf A besitzen? Diskutieren Sie die möglichen Fälle für **wound-wait** und **wait-die**.

11.12 Beweisen Sie, dass bei der Zeitstempelmethode garantiert keine Verklemmungen auftreten können. Hinweis: Verwenden Sie für Ihre Argumentation den Wartegraphen (der natürlich im System nicht aufgebaut wird, da er ja nicht benötigt wird).

11.13 Zeigen Sie Schedules, bei denen unnötigerweise Transaktionen nach der Zeitstempelmethode abgebrochen werden, obwohl eine Verklemmung nie aufgetreten wäre. Demonstrieren Sie dies für *wound-wait* und auch für *wait-die*.

11.14 Warum heißt die Strategie *wound-wait* und nicht *kill-wait*? Denken Sie daran, dass die „verwundete" Transaktion schon „so gut wie fertig" sein könnte. Beachten Sie das strenge 2PL-Protokoll und die Recovery-Komponente.

11.15 Beim „multiple-granularity locking" (MGL) werden Sperren von oben nach unten (top-down) in der Datenhierarchie erworben. Zeigen Sie mögliche Fehlerzustände, die eintreten könnten, wenn man die Sperren in umgekehrter Reihenfolge (also bottom-up) setzen würde.

11.16 Zeigen Sie an der Beispielhierarchie aus den Abbildungen 11.20 – 11.22 eine mögliche Verklemmungssituation des MGL-Sperrverfahrens.

11.17 Erweitern Sie das MGL-Sperrverfahren um einen weiteren Sperrmodus *SIX*. Dieser Sperrmodus sperrt den betreffenden Knoten im S-Modus (und damit implizit alle Unterknoten) und kennzeichnet die beabsichtigte Sperrung von einem (oder mehreren) Unterknoten im X-Modus.

- Erweitern Sie die Kompatibilitätsmatrix von Seite 353 um diesen Sperrmodus.
- Zeigen Sie an Beispielen das Zusammenspiel dieses Sperrmodus mit den anderen Modi.
- Skizzieren Sie mögliche Transaktionen, für die dieser Modus vorteilhaft ist.
- Wie verhält sich *SIX* mit den anderen Sperrmodi hinsichtlich eines (höchsten) Gruppenmodus?

11.18 Verifizieren Sie für das Zeitstempel-basierende Synchronisationsverfahren aus Abschnitt 11.10, dass

1. nur serialisierbare Schedules generierbar sind und
2. keine Verklemmungen auftreten können.

11.19 Thomas (1979) hat erkannt, dass man die Bedingung für Schreiboperationen bei der Zeitstempel-basierenden Synchronisation aus Abschnitt 11.10 abschwächen kann, um dadurch u.U. unnötiges Rücksetzen von Transaktionen zu verhindern. Die zweite Bedingung wird wie folgt modifiziert:

- T_i will A schreiben, also $w_i(A)$
  - Falls $TS(T_i) < \mathit{readTS}(A)$ gilt, setze T_i zurück (wie gehabt).
  - Falls $TS(T_i) < \mathit{writeTS}(A)$ gilt, ignoriere diese Operation von T_i einfach; aber fahre mit T_i fort.
  - Anderenfalls führe die Schreiboperation aus und setze $\mathit{writeTS}(A)$ auf $TS(T_i)$.

Verifizieren Sie, dass die generierbaren Schedules immer noch serialisierbar sind.

Zeigen Sie einen Beispiel-Schedule, der mit dieser Modifikation möglich ist, aber beim Originalverfahren abgewiesen würde.

Hinweis: Betrachten Sie sogenannte „blind writes“, das sind Schreiboperationen auf ein Datum, denen in derselben Transaktion kein Lesen des betreffenden Datums vorausgegangen ist. Wenn man mehrere „blind writes“ $w_1(A), w_2(A), \ldots, w_i(A)$ hat, die in der angegebenen Reihenfolge hätten ausgeführt werden müssen, so ist dies äquivalent zu der alleinigen Ausführung des letzten „blind writes“, nämlich $w_i(A)$ und der Ignorierung der anderen Schreibvorgänge auf A. Tatsächlich muss nur der letzte Schreibvorgang – hier $w_i(A)$ – ein „blind write“ sein; die anderen Schreibvorgänge könnten auch „normale“ Schreiboperationen mit vorausgegangenem Lesen das Datums sein.

11.20 Finden Sie jeweils Anwendungsbeispiele für Anfragen, die ohne Gefährdung der Integrität der Datenbasis die Konsistenzstufen **read committed** und **repeatable read** benutzen können.

11.21 Beschreiben Sie jeweils für die Konsistenzstufen **read committed**, **repeatable read** und **serializable** die Sperrenvergabe beim MGL-Sperrverfahren für exact-match-queries und range-queries, wobei die Parallelität so wenig wie möglich eingeschränkt werden soll.

11.17 Literatur

Die Grundkonzepte der Serialisierbarkeit wurden im Rahmen der System R-Entwicklung am IBM Forschungslabor San Jose entwickelt. In dem dazugehörigen Artikel von Eswaran et al. (1976) wurde auch das Zweiphasen-Sperrprotokoll eingeführt.

Schlageter (1978) hat schon sehr früh einen Aufsatz zur Prozesssychronisation in Datenbanksystemen verfasst.

Ein sehr gutes (und umfassendes) Buch zur Mehrbenutzersynchronisation wurde von Bernstein, Hadzilacos und Goodman (1987) geschrieben. Papadimitriou (1986) beschreibt die Transaktionskonzepte noch etwas formaler.

Die verschiedenene Synchronisationslevel des SQL-92-Standards sind Gegenstand vieler Diskussionen. Berenson et al. (1995) versuchen die verschiedenen Level präziser zu charakterisieren, als dies im Standard (und natürlich auch in unserer sehr kurzen Abhandlung in Abschnitt 11.15) geschehen ist.

Die Zeitstempel-basierende Synchronisation ist von Reed (1983) entwickelt worden.

Das MGL-Sperrverfahren für unterschiedliche Sperrgranulate wurde erstmals von Gray, Lorie und Putzolu (1975) vorgestellt.

Es gibt viele Untersuchungen zur optimistischen Synchronisation: Härder (1984) analysierte verschiedene Varianten, Lausen (1983) hat eine Formalisierung entwickelt und Prädel, Schlageter und Unland (1986) haben Abwandlungen der Verfahren zur Steigerung der Leistungsfähigkeit vorgestellt. Trotzdem haben sich diese Synchronisationsverfahren in der Praxis (noch?) nicht durchsetzen können.

Peinl und Reuter (1983) haben versucht, die Leistungsfähigkeit der unterschiedlichen Synchronisationsverfahren empirisch zu bewerten.

Korth (1983) hat untersucht, inwieweit die Semantik der Operationen – also solcher Operationen, die über die primitiven Datenbankoperationen *read* und *write* hinausgehen – für die Synchronisation ausgenutzt werden können. Diese Arbeiten wurden im Zusammenhang mit abstrakten Datentypen von Schwarz und Spector (1984) und von Weihl und Liskov (1985) erweitert.

Weikum (1988) untersuchte mehrschichtige Transaktionskonzepte. Diese Arbeiten sind auch in Weikum (1991) zusammengefasst.

Alonso et al. (1994) stellten eine konzeptuelle Vereinheitlichung der Mehrbenutzer-Synchronisation und der Recovery vor.

Klahold et al. (1985) haben Transaktionskonzepte für Design-Anwendungen vorgeschlagen.

Synchronisationskonzepte für Suchbäume wurden u.a. von Bayer und Schkolnick (1977) vorgeschlagen. Das in diesem Kapitel behandelte Verfahren für die B^+-Bäume beruht auf Arbeiten von Lehman und Yao (1981) – die wiederum die Arbeiten zur Synchronisation von binären Suchbäumen von Kung und Lehman (1980) als Grundlage haben.

12. Sicherheitsaspekte

Bisher haben wir uns nur mit dem Schutz von Daten vor unabsichtlicher Beschädigung befasst (Kapitel 5 und Kapitel 9 bis 11). Im folgenden soll der Schutz gegen absichtliche Beschädigung und Enthüllung von sensiblen oder persönlichen Daten betrachtet werden. Die Schutzmechanismen sollen dazu in drei Kategorien unterteilt werden:

- **Identifikation und Authentisierung.** Bevor Benutzer Zugang zu einem Datenbanksystem erhalten, müssen sie sich in der Regel identifizieren. Eine Identifikation kann zum Beispiel durch Eingabe des Benutzernamens erfolgen. Die Authentisierung überprüft, ob es sich bei den Benutzern auch wirklich um diejenigen handelt, für die sie sich ausgeben. Üblicherweise werden hierzu Passwörter verwendet.

- **Autorisierung und Zugriffskontrolle.** Eine Autorisierung besteht aus einer Menge von Regeln, die die erlaubten Arten des Zugriffs auf *Sicherheitsobjekte* durch *Sicherheitssubjekte* festlegen. Ein Sicherheitsobjekt ist eine passive Entität, die Informationen beinhaltet, wie z.B. ein Tupel oder ein Attribut. Ein Sicherheitssubjekt ist eine aktive Entität, die einen Informationsfluss bewirkt. Sicherheitssubjekte können Benutzer oder Benutzergruppen sein, aber auch Datenbankprozesse bzw. Anwendungsprogramme.

- **Auditing.** Um die Richtigkeit und Vollständigkeit der Autorisierungsregeln zu verifizieren und Schäden rechtzeitig zu erkennen, kann über jede sicherheitsrelevante Datenbankoperation Buch geführt werden.

Wie die Autorisierungsregeln formuliert und durchgesetzt werden, hängt stark vom Schutzbedürfnis der Datenbankbetreiber ab. Gerade im Sicherheitsbereich gibt es eine Vielzahl von einsetzbaren *Strategien* (engl. policies). Als Veranschaulichung unterschiedlicher Schutzbedürfnisse sollen folgende Beispielfälle dienen:

- **Datenbank an einer Hochschule.** In der Datenbank werden Versuchsergebnisse gespeichert. Austausch von Informationen spielt eine wichtige Rolle, das Sicherheitsbedürfnis ist gering. Daher sind standardmäßig alle Daten lesbar, nur in Ausnahmesituationen ist ein größerer Schutz notwendig.

- **Datenbank in einem Betrieb.** Das Datenbanksystem ist eine zentrale Ressource und muss vor Ausfall geschützt werden. Die Leistung ist ein wichtiger Aspekt. Es existieren einige vertrauliche Daten. Schäden am Datenbestand bzw. Enthüllung von vertraulichen Daten lassen sich vielfach als finanzieller Verlust ausdrücken. In den meisten Fällen wird ein einfacher Schutzmechanismus verwendet, der Benutzergruppen Zugang zu Daten gewährt bzw. entzieht.

- **Datenbank in einer militärischen Anlage.** Es existieren Daten mit sehr stark unterschiedlichen Sicherheitsanforderungen. Eine Enthüllung oder Beschädigung lässt sich nicht als finanzieller Verlust ausdrücken, Leistungseinbußen zur Garantie der Sicherheit werden in Kauf genommen. Ein mehrstufiges Schutzkonzept ist notwendig. Zusätzlich muss nicht nur der Zugriff, sondern auch der Informationsfluss kontrolliert werden.

Um einen wirksamen Schutz sicherheitsrelevanter Daten zu gestalten, müssen die Schwachstellen eines Systems bekannt sein. Typische Arten von „Angriffen" sind:

- **Missbrauch von Autorität.** Diebstahl, Veränderung oder Zerstörung von Daten oder Programmen.
- **Inferenz und Aggregation.** Inferenz bezeichnet das Schließen auf sensible Daten durch Ansammlung und Kombination von nicht sensitiven Daten. Dabei spielt unter Umständen auch Wissen, das außerhalb der Datenbank gesammelt wurde, eine Rolle. Umgekehrt bezeichnet Aggregation den Fall, dass einzelne Daten nicht sensitiv sind, aber eine große Anzahl von Daten zusammen genommen.
- **Maskierung.** Unautorisierter Zugriff auf Daten durch jemanden, der sich als ein autorisierter Benutzer ausgibt.
- **Umgehung der Zugriffskontrolle.** Ausnutzung von Sicherheitslücken im Betriebssystemcode oder in Anwendungsprogrammen.
- **Browsing.** Geschützte Informationen können manchmal auch durch Betrachtung des Datenwörterbuchs oder von Dateiverzeichnissen erhalten werden.
- **Trojanische Pferde.** Ein trojanisches Pferd ist ein Programm, das sich in einem anderen Programm versteckt oder als ein anderes Programm ausgibt und Daten an nicht autorisierte Benutzer weitergibt. Möglich ist z.B. eine Tarnung als Passwortabfrage und Speicherung der dann eingegebenen Passwörter.
- **Versteckte Kanäle.** Der Zugriff auf Informationen durch nicht bestimmungsgemäße Kanäle, wie z.B. das direkte Auslesen einer Datenbankdatei unter Umgehung des Datenbankverwaltungssystems.

In diesem Kapitel werden zwei grundlegende Sicherheitsstrategien vorgestellt: die *Discretionary Access Control* (DAC) und die *Mandatory Access Control* (MAC).[1] Bei der DAC werden Regeln zum Zugriff auf Objekte angegeben. Die MAC regelt zusätzlich den Fluss der Informationen zwischen Objekten und Subjekten, gewährleistet also eine verbesserte Sicherheit.

Zunächst wird das DAC-Basismodell und dessen Realisierung in SQL-92 besprochen. Zur Erleichterung der Administration wird das Konzept der *impliziten Autorisierung* eingeführt. Das MAC-Modell führt zu den sogenannten *Multilevel-Datenbanken*, die Thema eines eigenen Abschnittes sind. Zuletzt werden einige populäre kryptographische Methoden angerissen, die zur Authentisierung und Sicherung von Informationskanälen verwendet werden können.

[1] Das Wort „discretionary" steht dabei in etwa für „nach dem Ermessen der Benutzer", während „mandatory" „verpflichtend" bedeutet.

12.1 Discretionary Access Control

Die Zugriffsregeln der DAC geben zu einem Subjekt s die möglichen Zugriffsarten t auf ein Objekt o an. Formal ausgedrückt ist eine Regel ein Quintupel (o, s, t, p, f), wobei

- $o \in O$, der Menge der Objekte (z.B. Relationen, Tupel, Attribute),
- $s \in S$, der Menge der Subjekte (z.B. Benutzer, Prozesse),
- $t \in T$, der Menge der Zugriffsrechte (z.B. $T = \{\text{lesen}, \text{schreiben}, \text{löschen}\}$),
- p ein Prädikat, das eine Art Zugriffsfenster auf o festlegt (z.B. *Rang* = 'C4' für die Relation *Professoren*), und
- f ein Boolescher Wert ist, der angibt, ob s das Recht (o, t, p) an ein anderes Subjekt s' weitergeben darf.

Die methodisch einfachste Art, um solche Regeln abzuspeichern, ist eine Zugriffsmatrix. Die Subjekte werden in den Zeilen der Matrix abgelegt, die Objekte in den Spalten. Ein Zugriff eines Subjektes auf ein Objekt wird gewährt, wenn die entsprechende Zugriffsart in der Matrix eingetragen ist. Abhängig von der Granularität der Autorisierung können Zugriffsmatrizen allerdings sehr groß werden.

Für die Durchsetzung der Regeln werden entweder Sichten eingesetzt,[2] oder die Anfrage entsprechend den Zugriffsbedingungen abgeändert. Sichten wurden bereits in Kapitel 4 besprochen. Eine Veränderung der Anfrage des Benutzers wird auf eine sehr ähnliche Weise vorgenommen: Beispielsweise könnte in SQL dafür gesorgt werden, dass in der **select**-Anweisung nur auf die Attribute projiziert wird, auf die der Benutzer Zugriffsrechte hat, oder dass das Zugriffsprädikat p konjunktiv an den **where**-Teil der Anfrage angehängt wird.

Die DAC ist ein einfaches und sehr gebräuchliches Modell, sie hat jedoch einige Schwachstellen. Sie geht davon aus, dass die Erzeuger der Daten auch deren Eigner und damit verantwortlich für deren Sicherheit sind. Die Erzeuger haben freie Hand, Zugriffsrechte auf die Daten weiterzugeben. Diese Situation ist aber häufig nicht gegeben: In Firmen erzeugen die einzelnen Angestellten die Daten, sie gehören aber der Firma. Trotzdem werden die Angestellten mit der Verantwortung für die Sicherheit der Daten belastet. Ein weiteres Problem der DAC wird in Übungsaufgabe 12.1 besprochen.

12.2 Zugriffskontrolle in SQL

Der SQL-92 Standard stellt keine Normen für Authentisierung und Auditing auf und sieht nur eine einfache Zugriffskontrolle unter Verwendung des DAC-Modells vor. Es existiert ein Befehl zur Vergabe von Rechten (**grant**) und einer zum Entzug von Rechten (**revoke**). Trotzdem bieten die meisten größeren SQL-Anbieter (wie Oracle, Ingres und Informix, um einige zu nennen) bereits Versionen ihrer Datenbanken mit Unterstützung des MAC-Modells an.

[2] wobei allerdings das bereits erwähnte Update-Problem auftritt.

Initial liegen die Rechte zur Verwaltung der Zugriffskontrolle beim *Datenbankadministrator* (DBA). Der oder die DBA operiert unter einer speziellen Systemkennung, die ähnlich der Systemadministrator-Kennung Rechte für alle gespeicherten Daten besitzt. In dieser speziellen Position liegt natürlich auch eine Gefahr: Die Administration müsste eigentlich vertrauenswürdiger sein als alle Benutzer. Es existieren allerdings theoretische Modelle, die die zentrale Rolle der Administration etwas abschwächen.

12.2.1 Identifikation und Authentisierung

Wie eingangs bereits erwähnt, findet die Identifikation meistens über eine Benutzerkennung und die Authentisierung über ein Passwort statt. Passwörter werden üblicherweise bei der Einrichtung einer Benutzerkennung verschlüsselt gespeichert. Zu Beginn jeder Sitzung werden die Benutzer nach ihrem Namen und dem zugehörigen Passwort gefragt. Dieses Passwort wird dann verschlüsselt und mit dem bereits gespeicherten verglichen. Bei Übereinstimmung gelten die Benutzer als authentisiert.[3]

Da zur Gewährleistung der Sicherheit der Daten auch das Betriebssystem einen Schutzmechanismus aufweisen muss, wird die Authentisierung oft diesem ganz überlassen; wenn die Benutzer sich für eine Betriebssystemkennung authentisiert haben, können sie auch das DBMS unter dieser Kennung ohne weitere Authentisierung benutzen. Das Anlegen einer solchen Kennung erfolgt z.B. in Oracle mit

create user eickler **identified externally**;

12.2.2 Autorisierung und Zugriffskontrolle

Eine Autorisierung erfolgt mit dem **grant**-Kommando. Der Benutzer mit der Kennung „eickler" erhält beispielsweise einen Lesezugriff auf die Relation *Professoren* durch den Befehl:

grant select
  on Professoren
  to eickler;

Außer **select** existieren in SQL noch die Standardprivilegien **delete**, **insert** und **update**, die die Berechtigung zur Ausführung der gleichnamigen Befehle beinhalten, und **references**. Die Rechte **insert**, **update** und **references** lassen eine Qualifizierung der Attribute zu, auf denen das Recht besteht. Wenn der Benutzer „eickler" also keinen Einfluss auf das *Note*-Attribut der Relation *prüfen* haben soll, ansonsten aber Prüfungen verändern darf, wird eine solche Berechtigung mit

[3]Manche der heute üblichen Passwortabfragen sind allerdings mit großer Vorsicht zu genießen. Eine potentielle Gefahrenquelle ist zudem die – aus Gründen der Vereinfachung und Kürze auch in unseren Beispielprogrammen angewendete – Übergabe eines Passwortes direkt im Quellprogramm. Man sollte zudem darauf achten, dass Passwörter nur über sichere (also verschlüsselte) Kommunikationskanäle an entfernte Server übermittelt werden.

grant update (MatrNr, VorlNr, PersNr)
  on prüfen
  to eickler;

ausgedrückt.

Das **references**-Privileg erlaubt Benutzern, Fremdschlüssel auf das spezifizierte Attribut anzulegen. Das ist aus mehreren Gründen wichtig: Einerseits können Benutzer durch Fremdschlüssel anderer aufgrund der referentiellen Integrität (siehe Kapitel 5) am Löschen von Tupeln in ihrer eigenen Relation gehindert werden. Andererseits können aus dem gleichen Grund durch geschicktes Testen die Schlüsselwerte einer ansonsten lesegeschützten Tabelle herausgefunden werden. Nehmen wir als Beispiel eine Relation *Agenten* mit einem Schlüssel, der die geheime Kennung der Agenten beinhaltet. Nehmen wir weiterhin an, dass potentielle Angreifer zwar das Schema kennen, aber keinerlei Berechtigung auf der Relation besitzen. Sie könnten dann folgende Tabelle anlegen

create table Agententest(Kennung **character**(4) **references** Agenten);

und einige Zeilen einfügen, um zu sehen, ob ein Agent mit diesen Kennungen existiert.

Das Recht zur Weitergabe von Privilegien an andere Benutzer wird durch das Anhängen von **with grant option** an einen **grant**-Befehl gewährt. Das Entziehen eines Rechts erfolgt über eine **revoke**-Anweisung. Wie in Aufgabe 12.1 besprochen, ist es wichtig, beim Entzug zu überprüfen, ob eine Autorisierung mit Weitergaberecht auch wirklich in der Weitergabe eines Rechts resultiert hat. Diese Überprüfung kann auf zwei verschiedene Weisen erfolgen: Wenn dem **revoke**-Befehl ein **restrict** angehängt wird, bricht das Datenbanksystem mit einer Fehlermeldung ab, falls eine Weitergabe erfolgt ist. Bei Angabe von **cascade** werden kaskadierend auch alle Rechte zurückgenommen, die aus dem Weitergaberecht entstanden sind. Nehmen wir an, dass die Vergabe des **update**-Rechts auf *prüfen* mit **grant option** erfolgt war, dann kann eine Rücknahme des Rechts mit Rücknahme aller daraus abgeleiteten Rechte folgendermaßen durchgeführt werden:

revoke update (MatrNr, VorlNr, PersNr)
  on prüfen
  from eickler **cascade**;

12.2.3 Sichten

Im DAC-Modell besteht die Möglichkeit, ein Recht von einer bestimmten Bedingung abhängig zu machen. Dieses wird in SQL durch die bereits in Abschnitt 4.18 eingeführten Sichten erreicht. Nehmen wir an, ein Tutor für Studenten des ersten Semesters soll deren Daten lesen können, aber nicht die Daten anderer Studenten. Eine mögliche Realisierung wäre:

create view ErstSemestler **as**
  select *
  from Studenten
  where Semester = 1;

```
grant select
    on ErstSemestler
    to tutor;
```

Sichten sind auch dazu geeignet, um Daten zu aggregieren. Dadurch können schützenswerte Individualdaten den Benutzern verborgen bleiben, wohingegen aggregierte, einen Überblick vermittelnde Daten den Benutzern zugänglich gemacht werden. Als Beispiel betrachten wir folgende Sicht:

```
create view VorlesungsHärte (VorlNr, Härte) as
    select VorlNr, avg(Note)
    from prüfen
    group by VorlNr;
```

Man muss aber bei solchen statistischen Sichten darauf achten, dass hinreichend viele Daten aggregiert werden, etwa mit einer **having**-Klausel, in der die Minimalzahl der verdichteten Tupel festgelegt wird. Ansonsten könnte man vom Aggregatwert auf den Individualwert einzelner Einträge schließen. Weiterhin dürfen die Benutzer nicht gezielt die Aggregation beeinflussen können, um auf individuelle Werte Rückschlüsse zu ziehen.

12.2.4 Individuelle Sicht für eine Benutzergruppe

In vielen Datenbanksystemen, wie z.B. in Oracle, kann man auch für die Mitglieder einer Benutzergruppe individualisierte Sichten anlegen. Dies erleichtert die Administration des Datenschutzes, da man so leichter den Zugriff auf die persönlichen Daten der einzelnen Mitglieder einer Gruppe regeln kann. In einer Universität könnte man beispielsweise für die Gruppe der Studenten die folgende Sicht *StudentenNotenView* definieren:

```
create view StudentenNotenView as
    select p.*
    from prüfen p
    where exists (select s.*
                  from Studenten s
                  where s.MatrNr = p.MatrNr and s.Name = USER)
```

Man kann dann den Zugriff auf diese Sicht einer ganzen Benutzergruppe gewähren, beispielsweise der *StudentenGruppe*.

```
grant select on StudentenNotenView
    to <StudentenGruppe>
```

Den Mitgliedern dieser Gruppe erlaubt man damit aber trotzdem nur den Zugriff auf die Daten, die ihnen persönlich zugeordnet sind. Dies wird in unserem Beispiel in der **exists**-Unteranfrage durch das Prädikat *s.Name = USER* erreicht. Genau genommen wird den Datenbanknutzern (USER) hierdurch Zugriff auf die Prüfungsdaten aller Studenten gleichen Namens gewährt. Um diese Inkonsistenz auszuschließen, müsste man genau wie bei der Eindeutigkeit der Benutzernamen auch die Eindeutigkeit der Namen der Studenten verlangen. Wir überlassen dies den Lesern als Übungsaufgabe.

12.2.5 k-Anonymität

Beim Anlegen von statistischen Sichten muss man darauf achten, dass hinreichend viele Datensätze verdichtet werden, um eine De-Anonymisierung auszuschließen. Dies ist u.a. bei der Veröffentlichung von medizinischen Daten für epidemiologische Forschungsprojekte wichtig, da man sonst möglicherweise aus den vermeintlich anonymisierten Daten Rückschlüsse auf individuelle Krankheitsfälle ziehen könnte. Man mache sich dies anhand einer eigenen Recherche klar: Wenn man das Alter, das Geschlecht, den Beruf und den Wohnort von Patienten gegeben hat (dies sind typische Attribute, die bei epidemiologischen Forschungen relevant sind) kann man meist eindeutig die Personen identifizieren.

Formal wird der Ausschluss der De-Anonymisierbarkeit mit dem Konzept der *k-Anonymität* modelliert. Dabei wird vorausgesetzt, dass jeder durch eine Aggregation berechnete Datensatz aus mindestens k Einzeldatensätzen resultierte. Dies kann man in SQL beispielsweise durch die Nutzung der **having**-Klausel beim Anlegen der Sicht sicherstellen. Für unser Beispiel *VorlesungsHärte* könnte man verlangen, dass nur solche Vorlesungen in der Sicht aufgeführt werden, die mindestens 12 mal abgeprüft wurden, um einen Rückschluss auf die Noten individueller Studenten auszuschließen:

```
create view VorlesungsHärte (VorlNr, Härte) as
    select VorlNr, avg(Note)
    from prüfen
    group by VorlNr
        having count(*) > 11;
```

12.2.6 Auditing

Auditing bezeichnet die Möglichkeit, über Operationen von Benutzern Buch zu führen. Die erzeugten Daten werden *Auditfolge* genannt. Eine regelmäßige Überprüfung der Auditfolge kann helfen, frühzeitig Sicherheitslücken in einem System aufzudecken und zu beheben. Beispielsweise sollten alle fehlgeschlagenen Zugriffsversuche auf die Systemkennung protokolliert werden:

```
audit session by system
    whenever not successful;
```

Veränderungen an der Relation *Professoren* werden mit folgendem Kommando erfasst:

```
audit insert, delete, update on Professoren;
```

Beim Auditing sollte man allerdings nicht das Prinzip „mehr Überwachung – mehr Sicherheit“ anwenden. Auditing erfordert einen Zusatzaufwand, der alle protokollierten Operationen verlangsamt. Weiterhin wächst bei uneingeschränkter Überwachung die Größe der Protokolldaten so rasch, dass in der Masse kaum noch die potentiell sicherheitsgefährdenden Operationen gefunden werden können.

12.3 Verfeinerung des Autorisierungsmodells

Bisher wurde nur die *explizite Autorisierung* behandelt. Ein Zugriff auf ein Objekt kann nur erfolgen, wenn explizit in einer Autorisierungsregel der Zugriff erlaubt ist. Existieren nun sehr viele Objekte, können die Autorisierungsregeln einen großen Umfang annehmen, und sie werden schwer zu warten.

Aus diesem Grund existiert die sogenannte *implizite Autorisierung*. Für eine implizite Autorisierung werden Subjekte, Objekte und Operationen hierarchisch angeordnet. Eine Autorisierung auf einer bestimmten Stufe der Hierarchie bewirkt implizite Autorisierungen auf anderen Stufen der Hierarchie. Nehmen wir beispielsweise an, dass es zwei Benutzergruppen *Angestellte* und *Abteilungsleiter* gibt. Diese beiden Benutzergruppen können hierarchisch angeordnet werden, so dass alle Rechte für *Angestellte* implizit auch für *Abteilungsleiter* gelten. Darüberhinaus können Benutzer aus der Gruppe *Abteilungsleiter* auch zusätzliche Rechte besitzen.

Als Gegenstück zur *positiven Autorisierung*, die einen Zugriff erlaubt, kann auch eine *negative Autorisierung* eingeführt werden, die ein Verbot des Zugriffs darstellt. Auch negative Autorisierungen können in explizite und implizite unterschieden werden. Eine negative Autorisierung wird durch das Zeichen $\neg$ angedeutet. Wenn die Regel (o, s, t) dem Subjekt s den Zugriff t auf das Objekt o erlaubt, dann ist die entsprechende negative Autorisierung $(o, s, \neg t)$.

Zuletzt wird zwischen *schwacher* und *starker Autorisierung* unterschieden. Eine schwache Autorisierung kann dabei als Standardeinstellung verwendet werden. Beispielsweise kann eine in verschiedene andere Benutzergruppen unterteilte Benutzergruppe *Alle* standardmäßig das schwache Recht zum Lesen eines Objektes erhalten. Der Teil der Benutzergruppe *Alle* allerdings, der in der Gruppe *Aushilfen* ist, erhält ein starkes Verbot zum Lesen des Objektes. Ohne die Unterscheidung zwischen starker und schwacher Autorisierung hätten alle Gruppen in *Alle* explizit ein Recht oder ein Verbot erhalten müssen. Im folgenden wird eine starke Autorisierung mit runden Klammern $(\ldots)$ und eine schwache Autorisierung mit eckigen Klammern $[\ldots]$ notiert.

Ein einfacher Algorithmus zur Überprüfung einer Autorisierung (o, s, t) kann mit den erweiterten Autorisierungsmöglichkeiten wie folgt formuliert werden:

wenn es eine explizite oder implizite starke Autorisierung (o, s, t) gibt,
  dann erlaube die Operation
wenn es eine explizite oder implizite starke negative Autorisierung $(o, s, \neg t)$ gibt,
  dann verbiete die Operation
ansonsten
  wenn es eine explizite oder implizite schwache Autorisierung $[o, s, t]$ gibt,
    dann erlaube die Operation
  wenn es eine explizite oder implizite schwache Autorisierung $[o, s, \neg t]$ gibt,
    dann verbiete die Operation

Hier wird vorausgesetzt, dass keine Konflikte zwischen den Regeln bestehen. Es gibt also keine widersprüchlichen starken oder schwachen Einträge. Betrachten wir nun die Regeln für die implizite Autorisierung.

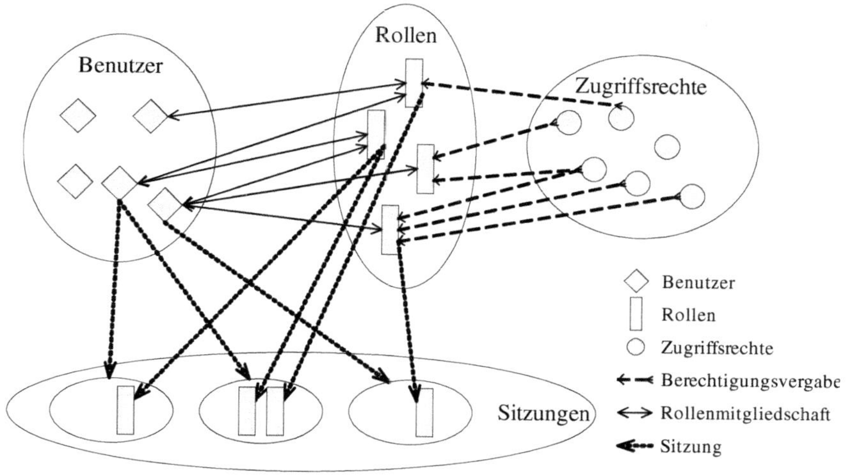

Abbildung 12.1: Rollenbasierte Autorisierung (RBAC)

12.3.1 Rollenbasierte Autorisierung: Implizite Autorisierung von Subjekten

Für eine implizite Autorisierung von Subjekten werden so genannte *Rollen* und *Rollenhierarchien* eingeführt. Bei der rollenbasierten Autorisierung (oft RBAC für *role-based acccess control* genannt) werden Benutzern Rollen zugeordnet. Zugriffsrechte werden dabei nicht mehr direkt den Benutzern gewährt (oder verboten bei der negativen Autorisierung), sondern diesen Rollen zugeordnet. Die Benutzer aktivieren in einer Sitzung (Engl. *session*) die für die Aufgabe nötigen Rollen und können dann die Operationen durchführen, die den aktivierten Rollen gestattet sind. Diese Vorgehensweise ist in Abbildung 12.1 illustriert. Den Benutzern werden (i.a. mehrere) Rollen zugeordnet, die sie in ihren Sitzungen aktivieren können. Benutzer sollten in einer Sitzung aber nur die Rollen aktivieren, deren zuegordnete Privilegien für die Durchführung der Aufgaben unbedingt benötigt werden. Dies bezeichnet man auch als *least privilege*-Prinzip. Dadurch soll vermieden werden, dass man unbeabsichtigt Aktionen durchführt, die man nur mit höherer Privilegierung vornehmen kann. Durch die Aktivierung einer Rolle in einer Sitzung erhält man nämlich implizit alle Zugriffsrechte dieser Rolle gewährt – wie die gestrichelten Pfeile in der Graphik andeuten.

Eine Rolle repräsentiert die Funktion eines Benutzers in einem System und beinhaltet somit die zur Erfüllung der Funktion notwendigen Rechte. Man kann die Rollen noch weiter strukturieren in sogenannten *Rollenhierarchien.* Eine mögliche Rollenhierarchie zeigt Abbildung 12.2 (unter der Annahme, dass der Rektor oder die Rektorin sowohl Chef der Verwaltung als auch der wissenschaftlichen Angestellten ist). In der hierarchischen Anordnung gibt es zwei spezielle Positionen:

- eine eindeutige Rolle mit der maximalen Menge an Rechten, die z.B. die Datenbankadministration oder die Firmenleitung beinhaltet.

Abbildung 12.2: Eine Rollenhierarchie für die Universitätswelt

- eine eindeutige grundlegende Rolle, die z.B. alle Angestellten enthält.

Für die implizite Autorisierung werden dann zwei Regeln festgehalten:

- Eine explizite positive Autorisierung auf einer Stufe resultiert in einer impliziten positiven Autorisierung auf allen höheren Stufen. Die Dekane besitzen daher implizit alle Zugriffsmöglichkeiten, die explizit und implizit für Professoren gelten. Ebenso besitzt der Rektor bzw. die Rektorin implizit alle Autorisierungen, die sowohl die Dekane als auch die Referatsleiter besitzen.
- Eine explizite negative Autorisierung auf einer Stufe resultiert in einer impliziten negativen Autorisierung auf allen niedrigeren Stufen. Wenn beispielsweise den Referatsleitern explizit ein Schreibzugriff auf ein Objekt verwehrt wird, gilt dieses Verbot implizit auch für Verwaltungsangestellte und Angestellte.

12.3.2 Implizite Autorisierung von Operationen

Analog können auch Operationshierarchien festgelegt werden. Abbildung 12.3 zeigt eine solche, die nur aus den Operationen *lesen* und *schreiben* besteht. Die zugehörigen Autorisierungsregeln lauten:

- Eine explizite positive Autorisierung auf einer Stufe impliziert eine implizite positive Autorisierung auf allen *niedrigeren* Stufen. Eine Schreibberechtigung beinhaltet daher eine Leseberechtigung, da eine Änderungsoperation im allgemeinen einen Lesevorgang beinhaltet.
- Umgekehrt gilt eine explizite negative Autorisierung implizit für alle *höheren* Stufen. Wenn noch nicht einmal eine Leseerlaubnis besteht, dann ist auch implizit das Schreiben verboten.

12.3.3 Implizite Autorisierung von Objekten

Es ist sinnvoll festzulegen, dass ein Recht zum Lesen einer Relation auch implizit für die Tupel dieser Relation gilt. Diese Festlegung wird bei der impliziten Autorisierung von Objekten durch *Granularitätshierarchien* berücksichtigt. Eine mögliche

schreiben
↓
lesen

Abbildung 12.3: Eine Operationshierarchie

Datenbank
↓
Schema
↓
Relation
↓
Tupel
↓
Attribut

Abbildung 12.4: Eine Granularitätshierarchie

Granularitätshierarchie für eine Datenbank ist in Abbildung 12.4 dargestellt. Die gröbste Granularität ist die gesamte Datenbank.

Es ergibt sich allerdings eine zusätzliche Schwierigkeit im Verhältnis zu den beiden vorigen Dimensionen der impliziten Autorisierung: Die Regeln dieser Dimension hängen von der auszuführenden Operation ab. Je nach Operation müssen die Implikationen auf andere Granularitäten separat festgelegt werden.

Eine explizite Erlaubnis eine Relation zu lesen oder zu schreiben, beinhaltet beispielsweise immer auch eine implizite Erlaubnis, das Schema der Relation zu lesen, ansonsten könnte die Relation nicht richtig interpretiert werden. Diese Erlaubnis zum Lesen der Definition eines Objektes muss also nach oben weitergereicht werden.

Eine explizite Erlaubnis ein Objekt zu lesen, impliziert auch automatisch, alle Objekte feinerer Granularität zu lesen. Daher müssen Leseberechtigungen nach unten weitergereicht werden.

Als dritten Fall gibt es noch Operationen, die keine Implikationen auf anderen Ebenen der Granularitätshierarchie haben. Eine solche Operation ist beispielsweise das Definieren einer Relation.

12.3.4 Implizite Autorisierung entlang einer Typhierarchie

Eine zusätzliche Dimension für implizite Autorisierung bieten die Typhierarchien, die durch das bereits in Kapitel 2 vorgestellte Konzept der Generalisierung entstehen. Dort wurde eine **is-a**-Beziehung zwischen Entitytypen eingeführt. Der generellere Entitytyp wurde als „Obertyp“, der speziellere als „Untertyp“ bezeichnet. Es wurde festgestellt, dass die Generalisierung im relationalen Modell nur simuliert werden kann. In objektorientierten Systemen wird sie jedoch, wie im nächsten Kapitel beschrieben, unterstützt.

Betrachten wir dazu als Beispiel wieder die Generalisierung von *Professoren* und

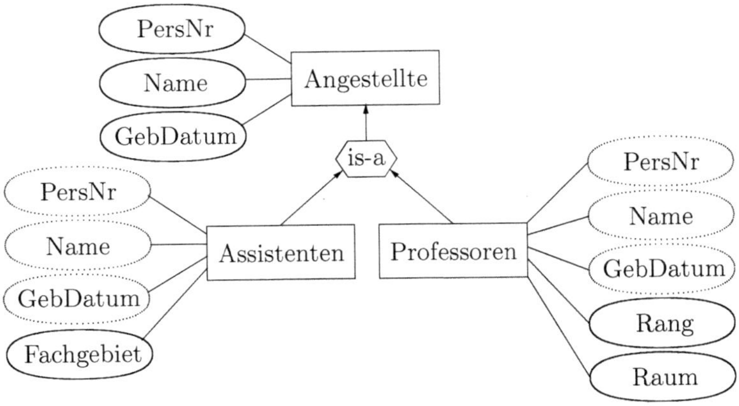

Abbildung 12.5: Tatsächliche Struktur der Angestellten-Objekte

Assistenten zu *Angestellte*, wie in Abbildung 12.5 dargestellt. Die gestrichelten Ovale verdeutlichen dabei geerbte Attribute. Man beachte, dass Objekte eines Untertyps auch automatisch zum Obertyp gehören; also sind z.B. alle Assistenten implizit auch Angestellte.

Nehmen wir an, dass mit diesem Schema Verwaltungsangestellte und wissenschaftliche Angestellte arbeiten. Verwaltungsangestellte besitzen die Berechtigung, die Namen aller Angestellten zu lesen. Wissenschaftliche Angestellte dürfen Namen und Rang aller Professoren lesen. Beide Personengruppen stellen die folgenden Anfragen:

- Q_1: Lese die Namen aller Angestellten
- Q_2: Lese Namen und Rang aller Professoren

Welches Verhalten wird nun vom Datenbanksystem erwartet? Sicherlich sollen Verwaltungsangestellte bei Q_1 auch die Namen aller Professoren und Assistenten erhalten, da diese ja Angestellte sind. Bei Q_2 hingegen sollte der Rang der Professoren ausgeblendet werden, weil er nicht Teil der Berechtigung der Verwaltungsangestellten ist.

Da wissenschaftliche Angestellte nur eine Berechtigung für den Zugriff auf Professoren besitzen, sollten sie als Ergebnis der Anfrage Q_1 nur diejenigen Angestellten sehen, die auch Professoren sind.

Es können drei Grundregeln formuliert werden:

- Benutzer mit einem Zugriffsrecht auf einen Objekttypen haben auf die geerbten Attribute in den Untertypen ein gleichartiges Zugriffsrecht.
- Ein Zugriffsrecht auf einen Objekttyp impliziert auch ein Zugriffsrecht auf alle von Obertypen geerbten Attribute in diesem Typ.
- Ein Attribut, das in einem Untertyp definiert wurde, ist nicht von einem Obertyp aus erreichbar.

12.4 Mandatory Access Control

Besonders in militärischen Einrichtungen ist es üblich, Dokumente nach ihrer Sicherheitsrelevanz hierarchisch zu klassifizieren. Eine mögliche Sicherheitshierarchie ist beispielsweise „streng geheim", „geheim", „vertraulich" und „unklassifiziert". Diese Praxis wurde im MAC-Modell übernommen. Alle Subjekte und Objekte erhalten eine Markierung mit ihrer Sicherheitseinstufung. Die Sicherheitseinstufung repräsentiert für Subjekte deren Vertrauenswürdigkeit (bezeichnet mit $clear(s)$, von engl. clearance) und für Objekte deren Sensitivität (bezeichnet mit $class(o)$, von engl. classification). Üblicherweise werden die folgenden Zugriffsregeln verwendet:

- Ein Subjekt s darf ein Objekt o nur lesen, wenn das Objekt eine geringere Sicherheitseinstufung besitzt ($class(o) \leq clear(s)$).

- Ein Objekt o muss mit mindestens der Einstufung des Subjektes s geschrieben werden ($clear(s) \leq class(o)$).

Mit der zweiten Regel wird Kontrolle auf den Informationsfluss ausgeübt, um auch einen Missbrauch durch autorisierte Benutzer zu verhindern. Ohne sie könnte ein autorisierter Benutzer z.B. eine streng geheime Information öffentlich zugänglich machen (ein sogenannter *Write-Down*).

Unter Umständen ist es auch sinnvoll, noch weitere Einschränkungen zu formulieren: Werden nur die obigen zwei Regeln verwendet, ist es möglich, dass niedrig eingestufte Objekte durch einen Schreibvorgang hochklassifiziert werden und damit vertrauenswürdiger erscheinen, als sie in Wirklichkeit sind.

Auch wenn Mandatory Access Control eine potentiell größere Sicherheit bietet, ergeben sich aus ihr jedoch einige organisatorische Probleme. So können beispielsweise Benutzer mit unterschiedlichen Klassifikationen nur schwer zusammenarbeiten, da von höher eingestuften Benutzern veränderte Daten sofort von niedriger eingestuften Kollegen nicht mehr lesbar sind. Außerdem muss jedes Objekt eingestuft werden, was bei großen Datenbanken auch einen großen Aufwand mit sich bringt. Es gibt bisher nur wenige Möglichkeiten, eine automatische oder semi-automatische Einstufung von Objekten vorzunehmen.

12.5 Multilevel-Datenbanken

Es ist wünschenswert, dass Benutzer nicht wissen, auf welche Daten sie keinen Zugriff haben. Das bedeutet, ein Versuch des Zugriffs auf nicht-autorisierte Daten soll nicht vom System sichtbar abgelehnt werden. Trotzdem soll nach außen ein konsistentes Bild gezeigt werden.

Betrachten wir als Beispiel die folgende Relation *Agenten*. Dabei gehen wir davon aus, dass jedes Tupel und jedes Attribut klassifiziert werden kann (sg = streng geheim, g = geheim). *TC* ist ein spezielles Attribut, das die Klassifizierung des Tupels angibt. *KC*, *NC* und *SC* beinhalten die Klassifizierungen der Attribute *Kennung*, *Name* und *Spezialität*.

Agenten						
TC	Kennung	KC	Name	NC	Spezialität	SC
sg	007	g	Blond, James	g	meucheln	sg
sg	008	sg	Mata, Harry	sg	spitzeln	sg

Benutzer, die auf geheime Informationen zugreifen dürfen, würden das folgende Bild der Relation sehen:

Agenten						
TC	Kennung	KC	Name	NC	Spezialität	SC
g	007	g	Blond, James	g	–	g

Nehmen wir an, einer dieser Benutzer möchte ein neues Tupel mit dem Schlüssel „008“ einfügen. Das ist aber normal nicht möglich, weil bereits ein Tupel mit diesem Schlüssel existiert, das lediglich höher eingestuft ist. Dadurch könnte man auf die Tatsache schließen, dass es einen Agenten mit der Kennung „008“ gibt.

Die Lösung dieses Problems nennt sich *Polyinstanziierung*. Dabei darf ein Tupel mehrfach, mit unterschiedlichen Sicherheitseinstufungen vorkommen. Eine Datenbank mit Polyinstanziierung heißt Multilevel-Datenbank, da sie sich Benutzern mit unterschiedlichen Einstufungen unterschiedlich darstellt. Im Beispiel würde nach der Einfügeoperation des geheimen Benutzers also sowohl ein streng geheimes als auch ein geheimes Tupel mit dem Schlüssel „008“ existieren.

Betrachten wir noch zwei weitere Fälle, bei denen eine Polyinstanziierung notwendig ist: Da die Benutzer aufgrund der unklaren Semantik des Nullwertes nicht wissen, ob das Attribut *Spezialität* von „007“ nur unbekannt ist oder höher eingestuft, könnten sie versuchen, es zu verändern. Diese Änderung würde zu einer Polyinstanziierung führen: Es würden zwei u.U. nur bis auf die Klassifizierung der Spezialität gleiche Tupel existieren.

Auch wenn als „streng geheim“ eingestufte Benutzer Veränderungen an geheimen Tupeln durchführen wollen, müssen die geheimen Tupel erhalten bleiben und weitere streng geheime Tupel, die die Änderungen enthalten, eingeführt werden. Diese Notwendigkeit ergibt sich aus der zweiten Regel des MAC-Modells: Ein Schreibzugriff muss mindestens mit der Einstufung des Benutzers erfolgen, damit keine Informationen herunterklassifiziert werden können.

In Multilevel-Datenbanken lassen sich aufgrund der Polyinstanziierung natürlich nicht die normalen Integritätsbedingungen des einfachen relationalen Modells anwenden. Bevor die erweiterten Integritätsbedingungen betrachtet werden, sollen Multilevel-Relationen genauer definiert werden.

Das Schema einer Multilevel-Relation wird wie folgt beschrieben:

$$\mathcal{R} = \{A_1, C_1, A_2, C_2, \ldots, A_n, C_n, TC\}$$

Dabei sind die A_i Attribute jeweils mit der Domäne $\mathbf{dom}(A_i) = D_i$. C_i repräsentiert die Klassifizierung des Attributes A_i, und TC bezeichnet die Klassifizierung des gesamten Tupels.

Eine Multilevel-Relation wird dann, je nach Zugriffsklasse c, durch *Relationeninstanzen* R_c repräsentiert. R_c ist eine Menge unterschiedlicher Tupel der Form $[a_1, c_1, a_2, c_2, \ldots, a_n, c_n, tc]$ mit $tc \geq c_i$. Ein a_i ist sichtbar, d.h. aus D_i, wenn die Zugriffsklasse größer oder gleich c_i ist, ansonsten ist es Null.

Im normalen relationalen Modell sind die fundamentalen Integritätsbedingungen die Eindeutigkeit des Schlüssels und die referentielle Integrität. In einer Multilevel-Relation heißt der benutzerdefinierte Schlüssel *sichtbarer Schlüssel*. Sei κ der sichtbare Schlüssel einer Multilevel-Relation R mit dem wie oben definierten Schema $\mathcal{R}$. Dann werden die folgenden Integritätsbedingungen gefordert:

Entity-Integrität. R erfüllt die Entity-Integrität genau dann, wenn für alle Instanzen R_c und $r \in R_c$ die folgenden Bedingungen gelten:

1. $A_i \in \kappa \Rightarrow r.A_i \neq \text{Null}$
2. $A_i, A_j \in \kappa \Rightarrow r.C_i = r.C_j$
3. $A_i \notin \kappa \Rightarrow r.C_i \geq r.C_\kappa$ (wobei C_κ die Zugriffsklasse des Schlüssels ist)

Mit anderen Worten: Ein Schlüsselattribut darf keinen Nullwert beinhalten. Alle Schlüsselattribute müssen die gleiche Klassifizierung haben, damit eindeutig bestimmt werden kann, ob ein Zugriff auf ein Tupel möglich ist. Nichtschlüssel-Attribute müssen mindestens die Zugriffsklasse des Schlüssels besitzen, andernfalls könnte ein nicht-identifizierbares Tupel ein Attribut mit einem Wert ungleich Null besitzen.

Null-Integrität. R erfüllt die Null-Integrität genau dann, wenn für jede Instanz R_c von R gilt:

1. $\forall r \in R_c, r.A_i = \text{Null} \Rightarrow r.C_i = r.C_\kappa$
2. R_c ist subsumierungsfrei, d.h. es existieren keine zwei Tupel r und s, bei denen für alle Attribute A_i entweder
   - $r.A_i = s.A_i$ und $r.C_i = s.C_i$ oder
   - $r.A_i \neq \text{Null}$ und $s.A_i = \text{Null}$ gilt.

Damit erhalten Nullwerte immer die Klassifizierung des Schlüssels. Die Subsumtionsfreiheit bewirkt das „Verschlucken" von Tupeln, über die schon mehr bekannt ist. Das ist in Abbildung 12.6 demonstriert. Nehmen wir an, ein streng geheimer Benutzer sieht die Agententabelle 12.6a) und ändert das Attribut *Spezialität*. Er erwartet dann eine Ausprägung wie in Tabelle 12.6b). Würde keine Subsumtionsfreiheit bestehen, ergäbe sich aber Tabelle 12.6c).

Interinstanz-Integrität. R erfüllt die Interinstanz-Integrität genau dann, wenn für alle Instanzen R_c und $R_{c'}$ von R mit $c' < c$

$$R_{c'} = f(R_c, c')$$

gilt. Die Filterfunktion f arbeitet wie folgt:

1. Für jedes $r \in R_c$ mit $r.C_\kappa \leq c'$ muss ein Tupel $s \in R_{c'}$ existieren, mit

$$s.A_i = \begin{cases} r.A_i & \text{wenn } r.C_i \leq c' \\ \text{Null} & \text{sonst} \end{cases}$$

$$s.C_i = \begin{cases} r.C_i & \text{wenn } r.C_i \leq c' \\ r.C_\kappa & \text{sonst} \end{cases}$$

a) R_{sg}

Agenten						
TC	Kennung	KC	Name	NC	Spezialität	SC
g	007	g	Blond, James	g	–	g

b) Änderung von R_{sg}

Agenten						
TC	Kennung	KC	Name	NC	Spezialität	SC
sg	007	g	Blond, James	g	meucheln	sg

c) Fehlende Subsumtionsfreiheit

Agenten						
TC	Kennung	KC	Name	NC	Spezialität	SC
g	007	g	Blond, James	g	–	g
sg	007	g	Blond, James	g	meucheln	sg

Abbildung 12.6: Subsumtionsfreiheit von Relationen

2. $R_{c'}$ enthält außer diesen keine weiteren Tupel.

3. Subsumierte Tupel werden eliminiert.

Mit dieser Regel wird die Konsistenz zwischen den einzelnen Instanzen der Multilevel-Relation gewährleistet.

Polyinstanziierungsintegrität. R erfüllt die Polyinstanziierungsintegrität genau dann, wenn für jede Instanz R_c für alle A_i die folgende funktionale Abhängigkeit gilt: $\{\kappa, C_\kappa, C_i\} \rightarrow A_i$. Diese Bedingung entspricht der Schlüsselintegrität im normalen relationalen Modell: Ein Tupel ist eindeutig bestimmt, wenn der Schlüssel und die Klassifizierungen aller Attribute bekannt sind.

Mit den obigen Regeln lässt sich eine Unterstützung für Multilevel-Relationen als „Frontend“ für ein normales relationales Datenbanksystem implementieren. Dabei wird eine Multilevel-Relation im Frontend in mehrere normale Relationen zerlegt (*fragmentiert*), die dann bei Benutzeranfragen wieder zusammengesetzt werden können.

12.6 SQL-Injection

Viele Datenbanken werden heutzutage als Backend für Web-Schnittstellen betrieben, um beispielsweise E-Commerce-Anwendungen zu realisieren. Aber selbst Web-basierte Informationssysteme, mit denen Studierende ihre Lehrveranstaltungen und Prüfungen organisieren können, sind heutzutage Standard in den Universitäten. Dabei werden die Web-Seiten dynamisch aus den Datenbank-Inhalten generiert. Dazu greifen die Server-Programme (z.B. als Java Servlets realisiert – siehe Kapitel 19) mittels JDBC auf die Datenbank zu. Um flexible Schnittstellen realisieren zu können, enthalten diese DB-Zugriffe Parameter, die von den Benutzern einzugeben sind. Dies können sehr unscheinbare Eingabe-Parameter sein, wie z.B. ein Vorlesungstitel um die zugehörigen Einträge im Vorlesungsverzeichnis zu suchen. Je nachdem wie die Anfragen an die Datenbank gestellt werden, kann es den Angreifern gelingen, diese Anfragen/Statements zu manipulieren. Das Problem ist, dass den Benutzereingaben nicht blind vertraut werden darf, sondern dies entweder durch das Programm selbst („Input Validation") oder durch sonstige Mechanismen (wie Prepared Statements oder typisierte Aufrufe) behandelt werden muss.

Eine SQL-Injection Attacke für unsere Beispielanwendung eines Vorlesungsverzeichnisses sähe dann so aus, dass nicht nur ein Vorlesungstitel, sondern zusätzlich eine SQL-Anweisung eingegeben wird.

12.6.1 Attacken

Wir wollen hier keinen Leitfaden für die Durchführung von SQL-Injection Attacken geben, sondern an sehr einfachen Beispielen zeigen, wie derartige Angriffe prinzipiell konstruiert sind und wie man sich durch defensive Programmierung davor schützen kann. Als erstes wollen wir einen naiven Authentisierungsmechanismus „brechen", der bei jeder Aktion von den Benutzern ein Passwort einfordert.

select *
from Studenten s **join** prüfen p **on** s.MatrNr = p.MatrNr
where s.Name = ... **and** s.Passwort = ...

Wir gehen hierbei davon aus, dass die Relation Studenten zusätzlich ein Attribut *Passwort* enthält, über das sich die Studenten bei jeder vertraulichen Anfrage (z.B Notenspiegel-Erstellung) identifizieren. Diese Art der Authentisierung ist allerdings via SQL-Injection leicht zu umgehen, wenn man als Passwort einen zusätzlichen SQL-Befehl eingeben kann:

select *
from Studenten s **join** prüfen p **on** s.MatrNr = p.MatrNr
where s.Name = 'Schopenhauer' **and**
        s.Passwort = 'WilleUndVorstellung' **or** 'x'='x'

Abgesehen davon, dass man Passwörter nicht im Klartext (auch nicht via SSL) übermitteln sollte und das von Schopenhauer gewählte Passwort über „social engineering" leicht zu erraten wäre, ist diese Art der Authentisierung durch die zusätzliche Verknüpfung mit **or** 'x'='x' absolut wertlos, da die where-Klausel immer den Wahrheitswert *true* ergibt. Hier bekommt der Angreifer also nicht nur Schopenhauers Prüfungsdaten sondern gleich alle Prüfungsinformationen aller Studierenden „frei Haus" geliefert. Hier konnte also die SQL-Syntax ausgenutzt werden, um die Vertraulichkeit zu brechen, weil entsprechende Schutzmechanismen zur Validierung der Nutzereingabe fehlten. Auf ähnliche Art sind sicher schon viele vertrauliche Kreditkarten-Daten von unsicher realisierten E-Commerce-Anbietern ausspioniert worden und „wer weiß wo" gelandet.

Deartige Angriffe sind insbesondere dann möglich, wenn man die an den Datenbankserver übermittelte Query im Webserver wie folgt textuell „zusammenbastelt". Dies ist über die JDBC-Schnittstellen durchaus möglich:

```
String _name = ... //Auslesen aus der Session etc = Benutzereingabe
String _pwd = ... // analog

String _query =
    "select * " +
    "from Studenten s join prüfen p on s.MatrNr = p.MatrNr" +
    "where s.Name = '" + _name + "' and s.Passwort = '" + _pwd +"';";

// initialisiere Connection c;
Statement stmt = c.createStatement;
ResultSet rs = stmt.execute(_query); // oder ähnlich;
```

Es hätte aber noch schlimmer kommen können, da Angreifer auf diese Art auch Daten manipulieren oder löschen können. Unzufriedene (aber SQL-trainierte) Studierende hätten diese Web-Schnittstelle auch wie folgt ausnutzen können, um alle Prüfungsdaten zu löschen, indem sie als „vermeintliches" Passwort den String `weissIchNichtAberEgal';delete from prüfen where 'x'='x` eingeben.

select *
from Studenten s **join** prüfen p **on** s.MatrNr = p.MatrNr
where s.Name = 'Schopenhauer' **and**
 s.Passwort = 'weissIchNichtAberEgal'; **delete from** prüfen **where** 'x'='x';

Hierbei wird zusätzlich die Überprivilegierung der Benutzer ausgenutzt. Benutzer, die über Web-Schnittstellen zugreifen, sollten nicht unbedingt die **delete**-Autorisierung besitzen. Trotzdem werden in der Praxis leider – aus Bequemlichkeit – derart überprivilegierte Benutzerkennungen verwendet. Dieser Angriff als Racheakt wäre über die Recovery (Datenbank-Archiv und Redo-Log) vermutlich noch zu revidieren. Aus Angreifersicht sinnvoller wäre ohnehin eine „schleichende" Veränderung des Datenbestands, die natürlich auch mit dieser Methode möglich wäre. Also könnte der Angreifer seine eigene Noten anheben, was leicht auch über ein entsprechnd geschickt konstruiertes vermeintliches Passwort zu „injizieren" wäre:

select *
from Studenten s **join** prüfen p **on** s.MatrNr = p.MatrNr
where s.Name = 'Schopenhauer' **and** s.Passwort =
 'ImmerNochEgal'; **update** prüfen **set** Note = 1 **where** MatrNr = 25403;

12.6.2 Schutz vor SQL-Injection-Attacken

Die goldene Regel beim Schutz vor derartigen Attacken besagt, dass man **niemals** den Benutzereingaben trauen darf. Um ein vor äußeren Attacken sicheres System zu bauen, muss man die Benutzereingabe entweder sehr genau prüfen (dazu gibt es mittlerweile entsprechende Bibliotheken) oder aber Eingaben mit Attacken auf SQL-Ebene ausschließen, wie dies durch prepared Statements möglich ist.

Parametrisierte Prepared Statements

Man sollte generell den Eingaben unbekannter Nutzer einer Datenbankschnittstelle misstrauen. Durch eine defensive Programmierung lassen sich einige Probleme ausschließen. Eine JDBC-Methode zur Vermeidung von SQL-Code innerhalb eines (vermeintlichen) Parameters bieten die parametrisierten „Prepared Statements“, die wie folgt genutzt werden können:

```
PreparedStatement stmt = conn.prepareStatement(
    "select * from Vorlesungen v join Professoren p on v.gelesenVon = p.PersNr
     where v.Titel = ? and p.Name = ? ");
```

Jetzt wird die Benutzereingabe nicht mehr textuell in das SQL-Statement eingebettet, sondern an die mit „?“ markierten Parameter gebunden. Diese Anfrage lässt sich dann erst durch die nachfolgende Bindung von Paramtern, die vorab vom Benutzer eingelesen werden müssen, auswerten:

```
String einzulesenderTitel = "Logik";
String einzulesenderName = "Sokrates";

stmt.setString(1, einzulesenderTitel);
stmt.setString(2, einzulesenderName);
```

Erst nach dieser Bindung kann die vorübersetzte Anfrage ausgewertet werden.

Eingabe-Filterung

Alle Benutzereingaben sollten detailliert überprüft werden und insbesondere die Escape-Zeichen unter die Lupe genommen werden. Es bietet sich an, diese Eingabefilterung aus dem restlichen Programm herauszufaktorisieren, um sicherzustellen, dass garantiert nur gefilterte Eingaben verwendet werden.

Mit der Eingabe-Filterung sollte man auch *Cross-Site-Scripting*-Attacken auf andere Benutzer des Datenbanksystems ausschließen. Solche Attacken bestehen darin, dass der in der Datenbank abgespeicherte Eingabestring des einen Benutzers (bspw. in einem Diskussionsforum über Vorlesungen) ausführbaren Code (z.B. JavaScript) enthält, der im Browser des zugreifenden Benutzers ausgeführt wird und dort entsprechende Attacken ausführt.

Restriktive Autorisierungskorridore

Viele Web-Anwendungen greifen mit überprivilegierten Beutzerkennungen auf die Datenbasis zu. Es ist leider gängige Praxis, dass man die Web-Anwendung mit DBA-Privilegien auf die Datenbank zugreifen lässt, da ja die eigentliche Benutzerauthentisierung und Autorisierung nicht mehr durch die Datenbank, sondern durch die Applikation erfolgt. Trotzdem würde eine restriktivere Benutzerkennung die gröbsten Gefahren ausschließen. Es ist beispielsweise nicht sinnvoll, einer Web-Applikation das Recht einzuräumen, Tabellen zu löschen oder auch nur Tupel zu löschen (wie in unserem Beispiel mit `delete from prüfen where 'x'='x'` geschehen). Wimmer et al. (2004) schlagen deshalb vor, einen sogenannten Autorisierungskorridor aus den Funktionen der Web-Applikation zu bestimmen, der genau die notwendigen Privilegien der (intendierten!) Funktionalität beinhaltet. Dann wird ein Datenbankbenutzer mit genau diesen Privilegien definiert, den dann die Web-Applikation für den Zugriff auf die Datenbasis benutzt.

12.7 Kryptographie

Kryptographische Methoden können in Datenbanksystemen zur Authentisierung von Benutzern und zur Sicherung gegen den Zugriff auf Daten über versteckte Kanäle eingesetzt werden. Wie bereits anfangs erwähnt, sind Beispiele für das Ausnutzen von versteckten Kanälen der Direktzugriff auf einen Hintergrundspeicher mit Datenbankdateien oder das Abhören von Kommunikationsleitungen.

Gerade die Gefahr des Abhörens von Kommunikationskanälen ist in heutigen Datenbankarchitekturen und Anwendungen sehr groß. Die meisten Datenbankanwendungen werden in einer verteilten Umgebung betrieben – sei es als Client/Server-System oder als „echte“ verteilte Datenbank. In beiden Fällen ist die Gefahr des unlegitimierten Abhörens sowohl innerhalb eines LAN (local area network, z.B. Ethernet) als auch im WAN (wide area network, z.B. Internet) gegeben und kann technisch fast nicht ausgeschlossen werden. Deshalb kann nur die Verschlüsselung der gesendeten Information einen effektiven Datenschutz gewährleisten.

Eine kryptographische Methode transformiert einen gegebenen Text mit einer Verschlüsselungsmethode v in einen verschlüsselten Text. Dieser verschlüsselte Text wird dann gespeichert bzw. übertragen. Der autorisierte Benutzer kennt eine zugehörige Entschlüsselungsmethode e, mit der der Originaltext wiederhergestellt werden kann.

Typischerweise handelt es sich bei v und e um generelle Methoden, die von einem Schlüssel gesteuert werden. Dabei sollte die Sicherheit der Verschlüsselung nicht auf der Geheimheit der Algorithmen beruhen, sondern ausschließlich auf der Geheimheit des Schlüssels – ansonsten wäre es auch unmöglich, Standards für Verschlüsselungsverfahren anzugeben. Idealerweise sollte es nur durch erschöpfendes Austesten aller potentiellen Schlüssel möglich sein, die Verschlüsselung ohne Kenntnis des wirklichen Schlüssels zu „knacken“.

Die verbreitetsten kryptographischen Verfahren sind der DES- (Data Encryption Standard), der AES (Advanced Encryption Standard) und der RSA-Algorithmus (benannt nach den Autoren Rivest, Shamir und Adleman). In den folgenden beiden Abschnitten soll versucht werden, kurz die Idee der Verfahren anzureißen.

12.7.1 Der Data Encryption Standard

Für eine Verschlüsselung mit dem DES-Verfahren wird die Eingabe in 64-Bit-Blöcke unterteilt, die je mit einem 64-Bit-Schlüssel chiffriert werden. Die grobe Vorgehensweise ist in Abbildung 12.7 dargestellt. Ein Block der Eingabe wird zunächst einer Permutation der Bits unterzogen. Danach findet eine wiederholte Chiffrierung mit 48 Bit großen Codes statt, die ein sogenannter *Key Scheduler* aus dem vorgegebenen Schlüssel berechnet. Zuletzt wird auf dem Ergebnis der Chiffrierung die inverse ursprüngliche Permutation angewendet.

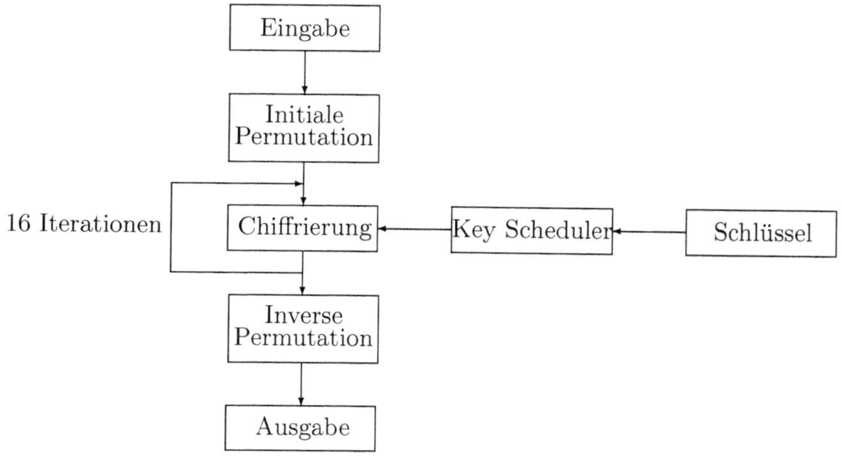

Abbildung 12.7: Der DES-Algorithmus

Für den Chiffriervorgang werden verschiedene Operatoren angewendet:

- **P-Boxen.** Eine P-Box ist ein Permutationsoperator, der die Bits des Eingabewortes nach einer festgelegten Tabelle permutiert.
- **S-Boxen.** Substituierungsboxen ersetzen mit Hilfe einer Tabelle einen Eingabewert durch einen Ausgabewert. Sie bringen eine „Nichtlinearität" in den Algorithmus, im Gegensatz zur Permutation, die die Anzahl der 0- und 1-Bits des Eingabewortes unverändert lässt. Im DES erhält eine S-Box eine 6 Bit große Eingabe, zu der ein 4 Bit großer Ausgabewert auf eine bestimmte Weise in einer Tabelle nachgeschlagen wird.
- **Expansion.** Der Expansionsoperator erweitert einen 32-Bit-Wert durch Verdopplung einiger Bits zu einem 48-Bit-Wert.
- **Modulo-2 Addition.** Die im DES verwendete Addition summiert bitweise zwei Eingaben, wobei Überträge unberücksichtigt bleiben (d.h. $0 + 0 = 0, 0 + 1 = 1, 1 + 1 = 0$).

Ein einzelner Chiffriervorgang ist in Abbildung 12.8 dargestellt. Der eingegebene 64-Bit-Block wird in zwei Hälften L_i und R_i zu je 32 Bit aufgeteilt. Die Expansion E erzeugt aus R_i einen 48-Bit-Wert, der mit der Ausgabe K_i des Key-Schedulers (wieder 48 Bit) addiert wird. Eine S-Box verwendet einen 6-Bit-Eingabewert. Um also einen 48-Bit-Eingabewert zu verarbeiten, gruppiert man acht S-Boxen. Das Ergebnis ist wieder ein 32-Bit-Wert, der, nach einer Permutation P und der Addition mit L_i, als eine Eingabehälfte für eine neue Iteration dienen kann.

Man sieht schon, dass eine Kodierung recht aufwendig ist. Die Dekodierung erfolgt mit dem gleichen Algorithmus (lediglich die generierten Schlüssel werden in umgekehrter Reihenfolge angewendet).

Mittlerweile gilt nur noch das Triple-DES-Verfahren, bei dem, wie der Name sagt, das DES-Verfahren dreimal angewendet wird, als sicher. Das DES-Verfahren

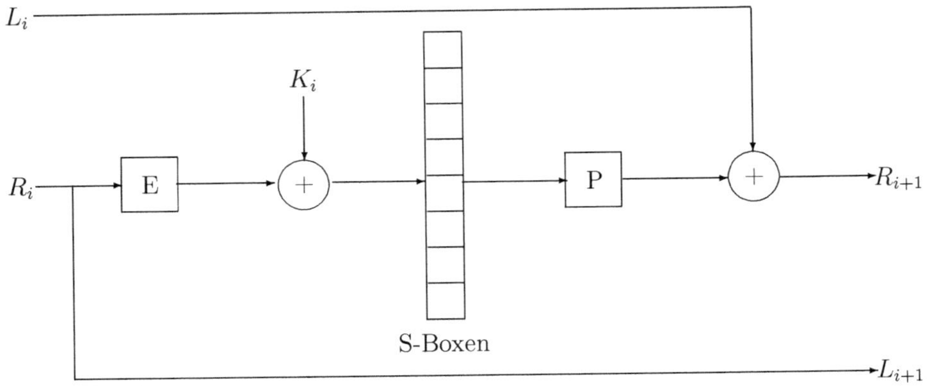

Abbildung 12.8: Ein Chiffriervorgang

wird zunehmend durch das alternative Geheimschlüsselverfahren AES (Advanced Encryption Standard) abgelöst.

12.7.2 Der Advanced Encryption Standard (AES)

Eine neuere (und sicherere) Methode, Texte oder Nachrichten effizient zu verschlüsseln, bietet der Advanced Encryption Standard (AES). Er wurde 2001 vom NIST (National Institute of Standards) spezifiziert und stellt den direkten Nachfolger des DES dar, der mittlerweile als nicht mehr sicher angesehen wird. Der Algorithmus verschlüsselt Blöcke der Länge 128 Bit unter Verwendung von Schlüsseln der Länge 128, 192, oder 256 Bit. Hierbei werden die Blöcke mehreren Transformationen unterzogen. Diese Blöcke werden in Form von 4×4-Zustandsmatrizen dargestellt, den so genannten Zuständen. Der Algorithmus führt die nachfolgend skizzierten Transformationen rundenweise aus:

- **SubBytes.** Byte-weise Substitution mittels einer S-Box
- **ShiftRows.** Verschiebung der Zeilen innerhalb eines Zustands
- **MixColumns.** Vertauschung von Spalten innerhalb eines Zustands
- **AddRoundKey.** XOR Addition mit einem Rundenschlüssel

SubBytes bezeichnet analog zum DES ein Byte-weises Austauschen einzelner Bytes mittels einer S-Box, die im Vorfeld berechnet wurde. *ShiftRows* rotiert Zeilen innerhalb eines 4×4-Zustandes. Die erste Spalte wird nicht rotiert. Die Zweite wird um eine Stelle nach rechts rotiert, die Dritte um zwei, die vierte Spalte um drei Stellen. *MixColumns* vertauscht zwei Spalten innerhalb eines Zustandes. Mit diesen beiden Funktionen wird die „Diffusion“ und die „Konfusion“ maximiert. Sie dienen dazu, kryptographische Analysen zu erschweren und Rückschlüsse vom verschlüsselten Text auf den Originaltext zu verhindern. Die Funktion *AddRoundKey* verknüpft in jeder Runde einen, vorher aus dem ursprünglichen Schlüssel berechneten, Rundenschlüssel mit dem zu verschlüsselnden Block. Den Ablauf kann man sich in der Graphik in Abbildung 12.9 veranschaulichen.

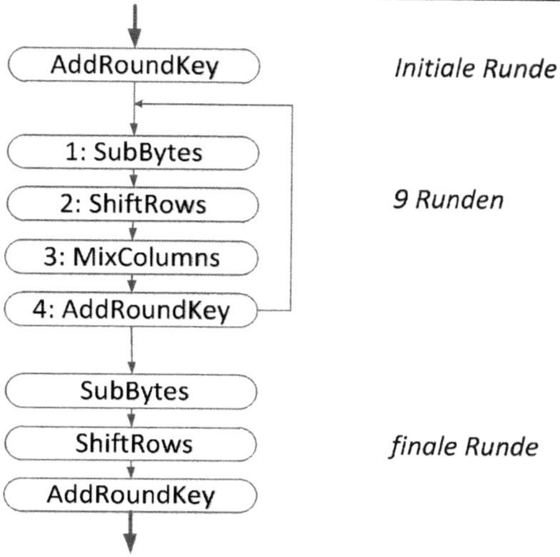

Abbildung 12.9: Ein Chiffriervorgang mit AES

Die Dechiffrierung erfolgt über die Umkehrfunktionen zu *SubBytes*, *ShiftRows* und *MixColumns*. Die einfache Rückwärtsausführung des Algorithmus' führt nicht zum gewünschten Ergebnis.

12.7.3 Public-Key-Kryptographie

Bei Public-Key-Verfahren, für die hier stellvertretend der RSA betrachtet werden soll, werden Paare von Schlüsseln verwendet. Das RSA-VErfahren ist nach seinen Erfindern Rivest, Shamir und Adleman benannt. Benutzer eines Public-Key-Systems geben das Verschlüsselungsverfahren und einen ihrer beiden Schlüssel öffentlich bekannt, den anderen Schlüssel halten sie geheim. Deshalb werden diese als *asymmetrische* Kryptographieverfahren bezeichnet – im Gegensatz zu den *symmetrischen* Verfahren wie DES, bei denen ein gemeinsamer geheimer Schlüssel benötigt wird. Mit dem öffentlichen Schlüssel kann jeder Daten verschlüsseln; entschlüsseln kann sie aber nur, wer den geheimen Schlüssel kennt.

Als Analogon kann man sich Schnappschlösser vorstellen: Ein Benutzer gibt eine Reihe von Schnappschlössern an andere aus, zu denen nur er bzw. sie den Schlüssel besitzt. Alle anderen können nun mit diesen Schnappschlössern Dinge verschließen. Sobald das Schloss aber einmal zugeschnappt ist, kann nur noch der Besitzer des Schlüssels es öffnen.

Die Motivation für diese Art der Verschlüsselung liegt darin, dass ein sicherer Austausch von Daten möglich ist, ohne dass vorher eine geheime Information bekannt sein muss. Wenn Benutzer A für Benutzer B eine Nachricht hinterlassen möchte, die beispielsweise mit dem DES verschlüsselt ist, muss B auch der Schlüssel mitgeteilt werden – u.U. auf ungesicherten Kanälen. Beim RSA hingegen verwendet A einfach den öffentlichen Schlüssel von B, woraufhin nur B mit dem privaten geheimen Schlüssel die Nachricht lesen kann.

Das Verfahren arbeitet mit sogenannten Falltürfunktionen. E ist eine Falltürfunktion, wenn die folgenden Eigenschaften erfüllt sind:

1. Für alle $x \geq 0$ existiert $E(x)$ und ist positiv und eindeutig.
2. Es gibt eine inverse Funktion D, so dass für alle $x \geq 0$: $D(E(x)) = x$ ist.
3. $E(x)$ und $D(x)$ können für gegebenes x effizient berechnet werden.
4. Es gibt keinen effizienten Weg, D bei gegebenem E zu bestimmen.

Die Sicherheit des RSA-Verfahrens basiert auf folgenden Annahmen:

1. Es gibt einen bekannten effizienten Algorithmus, der testet, ob eine große Zahl prim ist.
2. Es gibt keinen bekannten effizienten Algorithmus, der die Primfaktoren einer großen (nichtprimen) Zahl bestimmt.

Als ausreichend groß werden heute Faktoren (also Primzahlen) mit einer Länge in der Ordnung von 150 bis 300 Stellen (entsprechend einem bis zu 2000 Bit Produkt) erachtet. Der Algorithmus zur Bestimmung des Schlüsselpaares arbeitet wie folgt:

1. Wähle zwei zufällige große Primzahlen p und q und berechne $r = p \cdot q$.
2. Wähle eine zufällige große Zahl e, die relativ prim zu $(p-1) \cdot (q-1)$ ist,[4] also
$$ggT(e, (p-1) \cdot (q-1)) = 1.$$
3. Berechne d, so dass gilt
$$d \cdot e = 1 \bmod (p-1) \cdot (q-1).$$

Die Auswahl der beiden Schlüssel e und d als multiplikative Inverse innerhalb des Zahlenrings der Größe $(p-1) \cdot (q-1)$ ist in Abbildung 12.10 illustriert. Der öffentliche Schlüssel E besteht dann aus den beiden Komponenten $E = (e, r)$; für den privaten Schlüssel D gilt: $D = (d, r)$. Die Benennung der Schlüssel lehnt sich an die englischsprachigen Worte **E**ncrypt und **D**ecrypt an.

Nun kann $E = (e, r)$ veröffentlicht werden. $D = (d, r)$ dient zur Entschlüsselung und bleibt geheim. Eine Verschlüsselung $C = E(B)$ einer Botschaft B (hier vereinfachend als Zahl kleiner r angenommen) mit $E = (e, r)$ berechnet sich mit
$$C = E(B) = B^e \bmod r.$$

Der Besitzer von $D = (d, r)$ kann aus der Verschlüsselung $C = E(B)$ wieder die alte Botschaft herstellen mit
$$B = D(E(B)) = C^d \bmod r.$$

[4]Hier kann beispielsweise eine beliebige Primzahl größer als p und q verwendet werden.

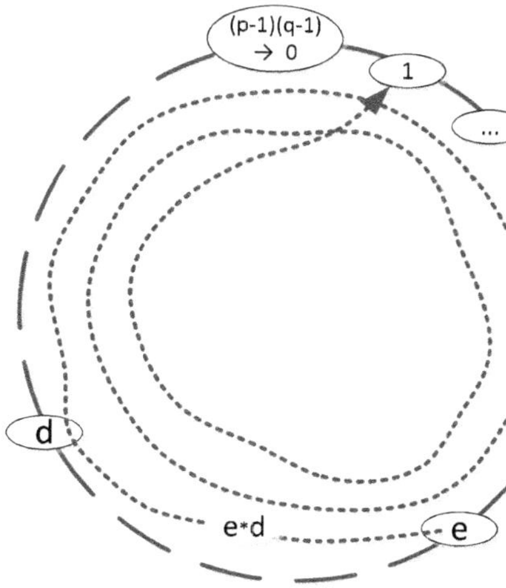

Abbildung 12.10: Schlüssel-Auswahl im RSA-Verfahren

Insgesamt handelt es sich bei dem RSA Algorithmus um ein sehr elegantes Verfahren. Eine Sicherheitsgarantie ist aber bei keinem Verschlüsselungsverfahren gegeben. Insbesondere der DES wurde heftig diskutiert, weil die amerikanische National Security Agency (NSA) in die Grundlagen der Entwicklung des DES eingeweiht war, sie aber ansonsten nicht veröffentlicht wurden. Dadurch entstanden Vermutungen, dass der NSA eine Möglichkeit zur Umgehung des DES bekannt ist. Für den RSA spricht, dass trotz des einfachen Algorithmus und der vielen bisherigen Versuche er bisher noch nicht effizient „geknackt" wurde.

12.7.4 Public-Key-Infrastruktur (PKI)

Die Public-Key-Verschlüsselung basiert darauf, dass man allen Klienten ein Schlüsselpaar zuordnet. Dies ist insbesondere für die Server im Internet, denen man vertrauliche Daten (Adress- und Zahlungsinformationen) übermitteln will, unabdingbar. Um Missbrauch zu vermeiden, muss diese Schlüsselzuordnung durch eine vertrauenswürdige Organisation erfolgen, den sogenannten Schlüsselverwalter SV oder auch Zertifizierungsautorität (certification authority) genannt. Diese Organisation stellt ein standardisiertes X509-Zertifikat aus, das den öffentlichen Schlüssel der zertifizierten Person/Organisation eindeutig zuordnet. Dieses Zertifikat ist für unsere Beispiel-Person *Conny* in Abbildung 12.11 gezeigt. Die eindeutige Zuordnung des öffentlichen Schlüssels $E_C = (e_C, r_C)$ zu Conny wird durch die digitale Signatur $D_{SV}(E_C)$ des Schlüsselverwalters erzielt. Diesem Schlüsselverwalter SV muss man also vertrauen, dass Conny sich bei der Zuordnung des öffentlichen Schlüssels entsprechend authentifiziert hat (z.B. durch Vorlage entsprechnder Ausweise). Der geheime Schlüssel D_C von Conny ist natürlich nicht Teil des Zertifikats, das ja wie eine Visitenkarte „unter's Volk" gebracht wird.

Die asymmetrische Verschlüsselungstechnik bietet Unterstützung für vielfältige Sicherheitsaufgaben bei der Realisierung eines (verteilten) Informationssystems:

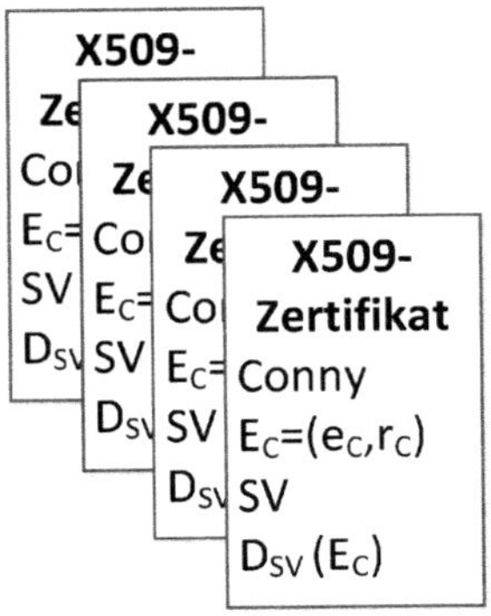

Abbildung 12.11: X509-Zertifikate

Digitale Signatur Für die digitale Signatur eines Dokuments wird in der Regel zuerst ein digitaler Fingerabdruck des u.U. sehr großen Dokuments berechnet. Dies geschieht mit einer so genannten *one way Hash-Funktion*, die die beliebig große Eingabe auf einen (kleinen) Wert – den Fingerabdruck oder *message digest* – abbildet. Übliche Hashfunktionen dafür sind MD5 und SHA-1. Der Fingerabdruck wird dann mit dem geheimen Schlüssel des Signierers codiert und bildet dann die digitale Unterschrift. Somit können Ersteller eines digital signierten Dokuments die Unverfälschtheit nicht mehr anfechten, da nur sie die zugehörige digitale Signatur generieren konnten.

Wenn also *Conny* einen Vertrag V digital signieren will, berechnet sie zunächst dessen digitalen Fingerabdruck $H(V)$ mit der Hashfunktion H. Diesen Fingerabdruck signiert sie durch Anwendung ihres geheimen Schlüssels, also:

$$D_C(H(V)) = (H(V))^{d_C} \bmod r_C.$$

Der Empfänger des Vertrags benötigt V und $D_C(H(V))$ und verifiziert, dass die decodierte digitale Unterschrift mit dem (jetzt nochmals neu) berechneten Fingerabdruck H(V) übereinstimmt. Man verifiziert also:

$$E_C(D_C(H(V))) \stackrel{!}{=} H(V)$$

Authentifizierung Die Authentifizierung erfolgt heute vielfach immer noch mit Passwörtern. In Zukunft werden aber verstärkt Zertifikate nach dem X.509-Standard für diese Zwecke eingesetzt. Mit einem Zertifikat wird einer Person/Organisation ein öffentlicher Schlüssel zugeordnet – dies wird von einer Zertifizierungsstelle (engl. *certification authority*) durch deren digitale Signatur sichergestellt. Die Authentifizierung erfolgt dann dadurch, dass das System (beispielsweise das DBMS) dem Zertifikat-Inhaber eine zufällig generierte Zahl übergibt und verlangt, diese mit dem geheimen Schlüssel zu codieren und zurückzuschicken. Wenn die Decodierung des zurückerhaltenen Werts mittels des im Zertifikat enthaltenen öffentlichen Schlüssels mit der vorher zufällig generierten Zahl übereinstimmt, ist die Authentifizierung sichergestellt. Warum?

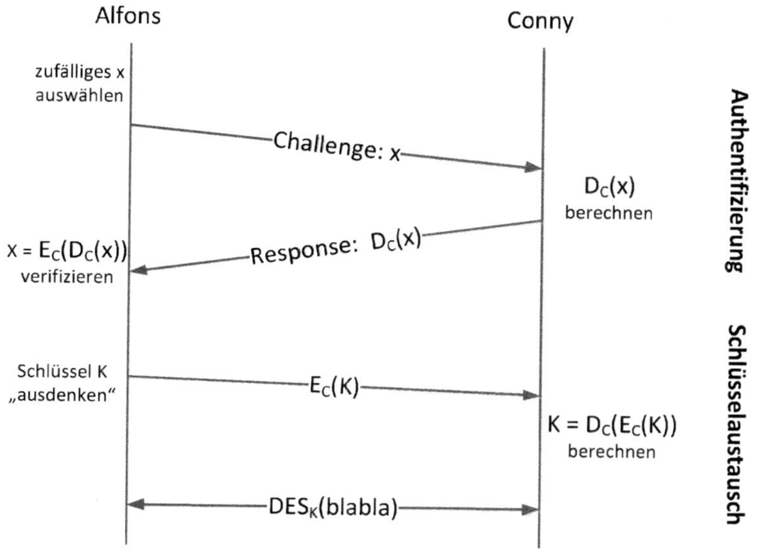

Abbildung 12.12: Authentifizierung von Conny und Schlüsselaustausch

Dieser Vorgang ist im oberen Teil der Abbildung 12.12 gezeigt, wobei hier der Klient *Alfons* die Identität von *Conny*, die beispielsweise einen eCommerce-Server betreibt, authentifiziert. Man nennt dieses Authentifizierungs-Verfahren auch „Challenge/Response“, da der Klient (hier *Alfons*) der zu authentifizierenden Person/-Organisation *Conny* eine Herausforderung x übermittelt. Nur Conny kann diese Herausforderung lösen, indem sie ihren geheimen Schlüssel D_C anwendet, um $D_C(x) = x^{d_C} \bmod r_C$ zu ermitteln und zurückzuschicken. Der Herausforderer *Alfons* kann die Herausforderung durch Anwendung des im Zertifikat enthaltenen öffentlichen Schlüssels E_C von Conny überprüfen, indem er $x = E_C(D_C(x)$ verifiziert.

Schlüsselaustausch Das asymmetrische (public key) Verschlüsselungsverfahren ist relativ aufwendig in der Berechnung. Deshalb verwendet man für die eigentlich Kommunikation meist ein symmetrisches Verfahren, wie DES, Triple-DES oder mittlerweile den Advanced Encryption Standard (AES), da deren Berechnung deutlich effizienter vonstatten geht als z.B. das RSA-Verfahren. Diese Verfahren benötigen einen geheimen Schlüssel K, der beiden Kommunikationsteilnehmern bekannt ist. Die geheimen, symmetrischen Schlüssel werden dabei zufällig generiert und mittels eines *Public Key*-Verfahrens ausgetauscht. Dazu wird der geheime Schlüssel von einem Kommunikationspartner generiert, mit dem öffentlichen Schlüssel des anderen Kommunikationspartners verschlüsselt, und somit abhörsicher an diesen gesendet. Nach der Decodierung kann mit diesem geheimen Schlüssel der weitere Datenaustausch erfolgen. Wenn also einer der Kommunikationspartner, hier *Conny*, ein X509-Zertifikat besitzt, kann sich der andere Kommunikationspartner, also *Alfons*, diesen Schlüssel K „ausdenken“ und verschlüsselt als $E_C(K)$ an Conny schicken. Danach können alle weiteren Nachrichten, wie *blabla*, durch ein symmetrisches Verfahren

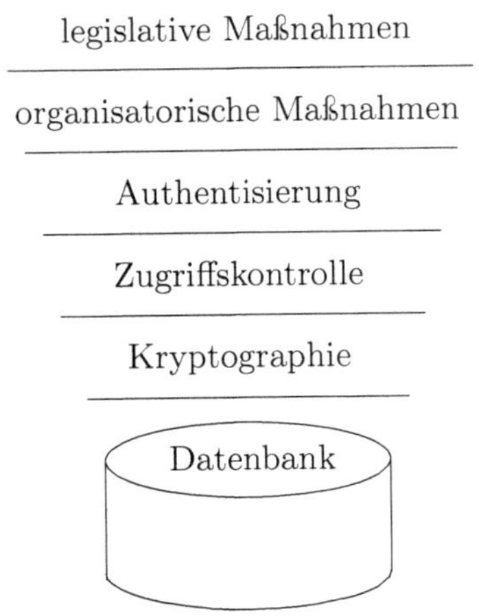

Abbildung 12.13: Ebenen des Datenschutzes

abgesichert werden. Der Schlüsselaustausch ist im unteren Teil von Abbildung 12.12 gezeigt. Das im Internet weit verbreitete SSL-Protokoll funktioniert auf diese Weise.

12.8 Zusammenfassung

Abbildung 12.13 zeigt zusammenfassend die Ebenen des Datenschutzes in einem Informationssystem. In diesem Kapitel haben wir uns nur mit technischen Maßnahmen befasst. Mit legislativen Maßnahmen wird festgelegt, wer in welchem Umfang Daten speichern darf. In diese Kategorie fällt beispielsweise das Bundesdatenschutzgesetz. Organisatorische Maßnahmen betreffen den Betrieb, in dem das Informationssystem läuft; beispielsweise sollen Rechner und Datenträger nicht für Unbefugte zugänglich sein.

12.9 Übungen

12.1 Betrachten Sie drei Benutzer S_1, S_2 und S_3, wobei S_1 ein Recht besitzt, das er oder sie weitergeben darf. Diskutieren Sie die folgenden beiden Autorisierungsabläufe:

(a)
1. S_2 erhält das Recht von S_1 und gibt es an S_3 weiter.
2. S_3 erhält das Recht von S_1.
3. S_2 entzieht S_3 das Recht.

(b)
1. S_1 gibt sein Recht an S_2 und S_3 weiter.
2. S_3 erhält das Recht von S_2.
3. S_2 erhält das Recht von S_3.
4. S_1 entzieht S_2 und S_3 das Recht.

Geben Sie Algorithmen für die Rechtevergabe an, die die obigen Probleme berücksichtigen.

12.2 Nehmen Sie an, dass es in der Universitätswelt einige Fakultäten gibt, denen die Professoren zugeordnet sind. Lese- und Schreibrechte auf Vorlesungen sollen nun nach Fakultät vergeben werden, z.B. gibt es eine Benutzergruppe, die nur Vorlesungen der Fakultät für Physik ändern darf. Definieren Sie ein Schema mit Sichten so, dass die Benutzergruppen Änderungen durchführen können, aber die dritte Normalform der Relationen nicht verletzt wird.

12.3 Eine statistische Datenbank ist eine Datenbank, die sensitive Einträge enthält, die aber nicht einzeln betrachtet werden dürfen, sondern nur über statistische Operationen. Legale Operationen sind beispielsweise Summe, Durchschnitt von Spalten und Anzahl der Tupel in einem Ergebnis (*count*, *sum*, *avg*, ...). Ein Beispiel wäre eine Volkszählungsdatenbank. Für diese Art von Systemen existiert das in der Einleitung erwähnte *Inferenzproblem.*

Nehmen wir an, Sie haben die Erlaubnis, im *select*-Teil einer Anfrage ausschließlich die Operationen *sum* und *count* zu verwenden. Weiterhin werden alle Anfragen, die nur ein Tupel oder alle Tupel einer Relation betreffen, abgewiesen. Sie möchten nun das Gehalt eines bestimmten Professors herausfinden, von dem Sie wissen, dass sein Rang „C4" ist und er den höchsten Verdienst aller C4-Professoren hat. Beschreiben Sie Ihre Vorgehensweise.

12.4 In dem hier vorgestellten MAC-Modell sind keine Sicherheitsanforderungen der Art realisierbar, dass ein Benutzer z.B. zwar auf geheime Studentendaten zugreifen kann, aber nur maximal auf vertrauliche Professorendaten. Entwerfen Sie eine Erweiterung des MAC-Modells, die dieses berücksichtigt.

12.5 Entwerfen Sie für eine objektorientierte Datenbank einen Algorithmus, der zu einem Objekt die Menge der Attribute ausgibt, für die eine Autorisierung besteht.

12.6 Implementieren Sie den RSA (effiziente Algorithmen für die Teilprobleme finden Sie in [Rivest, Shamir und Adleman (1978)] und [Knuth (1981)]).

12.7 Sie fangen folgende mit RSA verschlüsselte Nachricht ab: 13. Sie kennen den öffentlichen Schlüssel: $(e, r) = (3, 15)$. Wie lautet die Nachricht? – mit Herleitung des zugehörigen privaten Schlüssels, bitte.

12.10 Literatur

Ein umfassendes Textbuch über Datenbanksicherheit ist von Castano et al. (1995) verfasst worden. Ein guter Übersichtsartikel über verschiedene Sicherheitsmodelle wurde von Pernul (1994) veröffentlicht.

Die hier vorgestellte implizite Autorisierung ist entnommen aus Artikeln von Rabitti, Woelk und Kim (1988) und Fernandez, Gudes und Song (1994). In einigen OODBMS Prototypen wurden objektorientierte Sicherheitsmodelle untersucht und implementiert, darunter DAMOKLES, beschrieben von Dittrich, Gotthard und

Lockemann (1987) und ORION, beschrieben von Rabitti, Woelk und Kim (1988). Spalka und Cremers (2000) beschreiben ein Modell strukturierter Namensräume in sicheren Datenbanken.

Ein interessantes Personen-zentrisches Sicherheitsmodell, das auch den Datenschutz berücksichtigt, wurde von Biskup und Brüggemann (1991) im Rahmen des Informationssystems DORIS vorgestellt.

Die rollenbasierte Autorisierung wird von Ferraiolo et al. (2001) detailliert beschrieben. Baumgarten, Eckert und Görl (2000) und Eckert (2013) behandeln IT-Sicherheit allgemein und in mobilen Anwendungen. Wimmer et al. (2005) und Wimmer et al. (2004) behandeln die Autorisierungsaspekte service-orientierter Datenbankanwendungs-Architekturen.

Bosworth (1982) beschreibt den DES im Detail. Aus diesem Buch sind auch die Abbildungen 12.7 und 12.8 entnommen. Der RSA-Algorithmus wird in dem Artikel von Rivest, Shamir und Adleman (1978) beschrieben. Die drei Autoren haben (neben „viel Geld“ durch die Lizenzierung des Patents) auch den ACM Turing-Award, der quasi dem Nobelpreis für Informatiker entspricht, erhalten.

13. Objektorientierte Datenbanken

Die relationalen Datenbanksysteme sind derzeit marktbeherrschend – zumindest in administrativen Anwendungsbereichen. Es hat sich gezeigt, dass die sehr einfache Strukturierung der Daten in flachen Tabellen (Relationen) in diesen Anwendungsbereichen recht benutzerfreundlich ist. Anfang der 80er Jahre entdeckte man dann aber die Unzulänglichkeiten des relationalen Datenmodells (und damit der relationalen Datenbanksysteme) für komplexere Anwendungsbereiche, wie z.B. ingenieurwissenschaftliche Entwurfsanwendungen, Multimedia-Anwendungen, Architektur etc. Diese Erkenntnis führte zu zwei unterschiedlichen Ansätzen der Entwicklung neuer Datenmodelle. Der eine Ansatz, der oft *evolutionär* genannt wird, erweiterte das relationale Datenmodell um so genannte *komplexe Objekte*. Ein Beispiel hierfür ist das geschachtelte relationale Modell (NF^2, vgl. Abschnitt 6.6). Der andere Ansatz – manchmal *revolutionär* genannt – beruht auf Anleihen der Datenbankwelt aus dem Bereich der Programmiersprachen, insbesondere aus den objektorientierten Programmiersprachen. Bei der objektorientierten Datenmodellierung wird die *strukturelle* Repräsentation mit der *verhaltensmäßigen* (operationalen) Komponente in einem Objekttyp integriert. Es werden also strukturell und verhaltensmäßig ähnliche Objekte in einem gemeinsamen Objekttyp spezifiziert. Weiterhin können Objekttypen durch den Vererbungsmechanismus in eine Generalisierungs- bzw. Spezialisierungshierarchie strukturiert werden.

Zunächst soll in diesem Kapitel die objektorientierte Datenmodellierung motiviert werden. Dazu machen wir als erstes eine Bestandsaufnahme der relationalen Datenbanktechnologie. Danach werden die Grundkonzepte objektorientierter Datenmodellierung mit Hilfe eines Modells vorgestellt, das sich als de-facto Standard durchzusetzen beginnt: das ODMG-93-Modell (*O*bject *D*atabase *M*anagement *G*roup). Die „Konzepte" von ODMG-93 (Version 2.0) werden hier anhand einiger Beispiele aus unserer Universitätsanwendung – manchmal etwas informell, aber anschaulich – vermittelt. Zusätzlich wird auf die Einbindung in C++ und die deklarative Anfragesprache Object Query Language (OQL) für interaktive und eingebundene Anfragen eingegangen.

Zum Abschluss des Kapitels erläutern wir kurz die neu aufgekommene objektorientierte konzeptuelle Modellierung – als Gegenstück zum traditionell eingesetzen Entity-Relationship-Modell. Zur Illustration verwenden wir die mittlerweile recht weit verbreitete Booch-Notation.

13.1 Bestandsaufnahme relationaler Datenbanksysteme

Für die Bestandsaufnahme verlassen wir (kurzzeitig) unser Universitätsbeispiel und betrachten ein sehr einfaches Beispiel aus dem ingenieurtechnischen Anwendungsbereich. Die Nachteile des relationalen Datenmodells sollen anhand der Modellierung von Polyedern nach dem Begrenzungsflächenmodell (engl. boundary representation) illustriert werden. Das konzeptuelle Schema für die Modellierung geometrischer Körper dieser Art ist in Abbildung 13.1(a) skizziert.

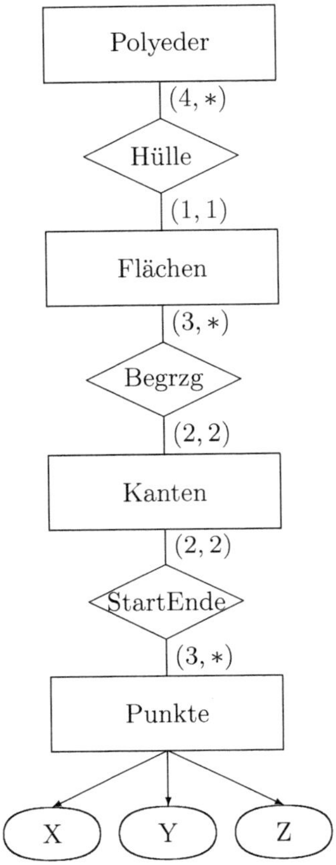

(a)

Polyeder

PolyID	Gewicht	Material	...
cubo#5	25.765	Eisen	...
tetra#7	37.985	Glas	...
...	...	...	...

Flächen

FlächenID	PolyID	Oberfläche
f1	cubo#5	...
f2	cubo#5	...
...	...	...
f6	cubo#5	...
f7	tetra#7	...

Kanten

KantenID	F1	F2	P1	P2
k1	f1	f4	p1	p4
k2	f1	f2	p2	p3
...	...	...	...	...

Punkte

PunktID	X	Y	Z
p1	0.0	0.0	0.0
p2	1.0	0.0	0.0
...	...	...	...
p8	0.0	1.0	1.0
...	...	...	...

(b)

Abbildung 13.1: Modellierung von Polyedern nach dem Begrenzungsflächenmodell: (a) Entity-Relationship Schema und (b) relationales Schema

Ein Polyeder wird also durch seine Hülle, d.h. seine begrenzenden Flächen, beschrieben, wobei ein Tetraeder die Minimalzahl von 4 Begrenzungsflächen besitzt. Vereinfachend nehmen wir an, dass keine zwei Polyeder über eine gemeinsame Fläche verfügen. Flächen werden durch Kanten begrenzt, wobei jede Fläche mindestens drei Kanten besitzt,[1] und jede Kante zu genau zwei Flächen gehört. Kanten werden durch genau zwei Punkte modelliert: ihren Start- und Endpunkt. Ein Punkt[2] gehört zu mindestens drei Kanten.

[1] Diese Minimalanzahl ist wiederum im Falle eines Tetraeders gegeben.

[2] Mit Punkt ist immer ein Eckpunkt eines Polyeders gemeint.

Eine mögliche Umsetzung dieses konzeptuellen Schemas in eine relationale Datenbank ist in Abbildung 13.1(b) dargestellt. Bei der Umsetzung ins relationale Modell werden die Gegenstandstypen – hier *Polyeder*, *Flächen*, *Kanten* und *Punkte* – in eigenständige Relationen umgesetzt. Im Allgemeinen würde man mit den Beziehungstypen des ER-Schemas genauso verfahren. In unserem Beispiel kann man aber die Kardinalitätseinschränkungen ausnutzen, um die Beziehungen *Hülle*, *Begrzg* (für Begrenzung) und *StartEnde* innerhalb der Relationen, die die Entitytypen repräsentieren, zu modellieren. So werden die beiden Beziehungen *Begrzg* und *StartEnde* in der Relation *Kanten* modelliert:

- Die Attribute *F1* und *F2* der Relation *Kanten* sind jeweils Fremdschlüssel auf die beiden *Flächen*, die von der betreffenden Kante begrenzt werden.
- Die Attribute *P1* und *P2* der Relation *Kanten* sind jeweils Fremdschlüssel auf die beiden *Punkte*, die Endpunkte der betreffenden Kante sind.

Weiterhin ist die $1 : N$-Beziehung *Hülle* innerhalb der Relation *Flächen* durch den Fremdschlüssel *PolyID*, der auf *Polyeder* verweist, repräsentiert worden.

Die relationale Modellierung hat etliche Schwachpunkte, die wir im Folgenden kurz darlegen wollen:

Segmentierung Ein Anwendungsobjekt wird in der relationalen Darstellung i.A. auf viele unterschiedliche Relationen segmentiert. In unserem Fall wird ein geometrischer Körper auf die vier Relationen *Polyeder*, *Flächen*, *Kanten* und *Punkte* abgebildet. Bei einem Zugriff auf ein segmentiertes Objekt muß dieses mittels Verbund- (also Join-) Operationen (mühsam und zeitaufwendig) zusammengebaut werden.

Künstliche Schlüsselattribute Um Tupel eindeutig identifizieren zu können, müssen in einigen Relationen künstliche Schlüssel eingeführt werden. In unserem Beispiel ist dies der Fall für die Relationen *Flächen* mit dem Schlüssel *FlächenID*, *Kanten* mit dem Schlüssel *KantenID* und *Punkte* mit dem Schlüssel *PunktID*. Diese Schlüsselattribute müssen von den Benutzern relationenweit eindeutig generiert werden; so kann man z.B. die Schlüsselwerte „f1“,..., „f6“, die für die *Flächen* des „cubo#5“-Objekts verwendet wurden, nicht nochmals für einen anderen Polyeder verwenden.

Fehlendes Verhalten Objekte besitzen i.A. ein anwendungsspezifisches Verhalten. In unserem Beispiel sind dies die geometrischen Transformationen *rotate*, *translate* und *scale* sowie weitere Operationen zur Zustandsbestimmung, wie z.B. *volume*, *weight*, etc. Das anwendungsspezifische Verhalten der Objekte findet im relationalen Schema keine Berücksichtigung – es kann nur als Anwendungsprogramm außerhalb des DBMS realisiert werden.

Externe Programmierschnittstelle Die unzureichende Mächtigkeit der Datenmanipulationssprachen im relationalen Bereich macht weitere Programmierschnittstellen notwendig, meist in der Form von Einbettungen der Datenbanksprache in eine

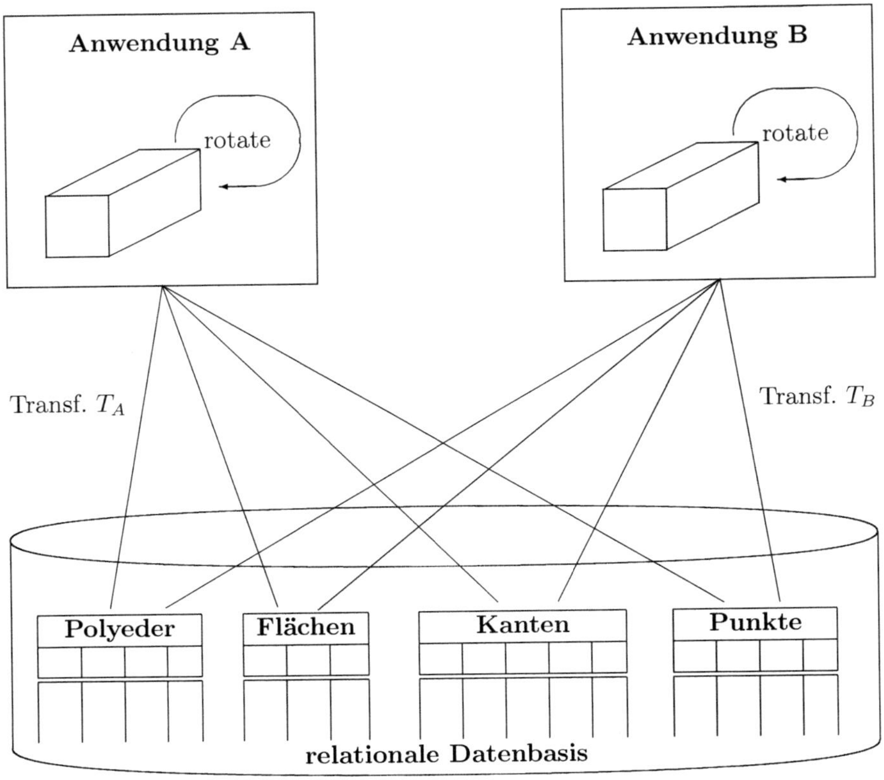

Abbildung 13.2: Visualisierung des „Impedance Mismatch"

bestehende Programmiersprache. Während erstere *mengenorientiert* arbeitet, verfolgt letztere mit ihrer *Satzorientierung* – „one-record-at-a-time" – ein anderes Verarbeitungsparadigma. Dies führt zu umständlicher Anwendungsprogrammierung. Man denke hier beispielsweise an die Einbettungen von SQL in C. Dieses Phänomen wird oft als „Impedance Mismatch" bezeichnet. Bereits im relationalen Bereich gab es Ansätze, diesen zu beheben (siehe etwa die von Schmidt (1977) entwickelte Sprache Pascal-R).

In Abbildung 13.2 sind die oben aufgeführten Probleme der relationalen Modellierung komplexer Anwendungsobjekte grafisch dargestellt. Das DBMS verwaltet nur die strukturelle Information zu den Anwendungsobjekten – noch dazu in segmentierter Form, wie wir oben ausgeführt haben. Die den Objekten zugeordneten Operationen, wie z.B. die den *Polyeder*-Objekten zugeordnete Operation *rotate*, mit der eine Rotation im dreidimensionalen Raum durchgeführt werden kann, muss in Anwendungsprogrammen realisiert und außerhalb des Datenbanksystems verwaltet werden. Weiterhin müssen die Anwendungen – bevor die eigentlichen Operationen implementiert werden können – das entsprechende Anwendungsobjekt aus den verschiedenen Relationen wieder „zusammenbauen". Dieser Vorgang ist in der Grafik als Transformation – hier T_A und T_B – bezeichnet. Nach Durchführung der Operation muss das geänderte Objekt dann wieder in die Datenbasis zurückpropagiert werden. Dadurch, dass die Operationen nicht vom DBMS verwaltet werden, wird die Wiederverwendung (engl. reusability) von einmal definierten Operationen auch nicht datenbankseitig unterstützt. Dies ist in der Grafik dadurch angedeutet, dass zwei Anwendungen – A und B genannt – die gleiche Operation *rotate* zweimal, unabhängig voneinander realisiert haben.

13.2 Vorteile der objektorientierten Datenmodellierung

In objektorientierten Datenbanksystemen werden die im Zusammenhang mit der relationalen Datenmodellierung angesprochenen Probleme vermieden. Hauptsächlich geschieht dies durch die Integration von *Verhaltens-* und *Struktur*-Beschreibung in einer einheitlichen Objekttyp-Definition. Das anwendungsspezifische Verhaltensmuster, d.h. die Operationen, wird integraler Bestandteil der Objektbank. Dadurch werden die umständlichen und i.A. ineffizienten Transformationen zwischen Datenbank und Programmiersprache vermieden. Vielmehr sind die den Objekten zugeordneten Operationen direkt ausführbar – ohne detaillierte Kenntnis der strukturellen Repräsentation der Objekte. Dies wird durch das *Geheimnisprinzip (engl. information hiding)* erreicht, wonach an der Schnittstelle des Objekttyps eine Kollektion von Operationen angeboten wird, für deren Ausführung man lediglich die Signatur (Aufrufstruktur) kennen muss. Oft spricht man in diesem Zusammenhang auch von einer *Objektkapselung*, da die interne Struktur eines Objekts (d.h. die strukturelle Repräsentation) den Benutzern verborgen bleibt. Die Benutzer bekommen nur die den Objekttypen zugeordneten Operationen zu sehen.

Die anwendungsspezifischen Operationen gehören somit zum Datenbankschema, d.h. zu den Objekttyp-Definitionen. Daher kann jeder Benutzer der Objektbank diese Operationen anwenden. Dadurch wird die Wiederverwendbarkeit von einmal implementierten Operationen unterstützt. Der so genannte „Impedance Mismatch“ ist dadurch behoben, dass die Operationen direkt in der Sprache des Objektmodells realisiert werden können. Es entfallen somit die in relationalen Datenbankanwendungen notwendigen Transformationen, die ein segmentiertes Anwendungsobjekt erst mühsam wieder in den Datenstrukturen der Anwendungssprache „zusammenbauen“, um dann darauf die Operationen realisieren zu können.

Grafisch ist dies zusammenfassend in Abbildung 13.3 dargestellt. Hier ist ein Beispielobjekt – ein Quader – dargestellt. Das doppelte Oval, das um die interne Struktur dieses Beispielobjekts gezeichnet ist, soll die Objektkapselung repräsentieren. Die Benutzer brauchen nur die Aufrufstruktur einer Operation – also deren *Signatur* – zu kennen um ein Objekt bearbeiten zu können. Durch die Objektkapselung können auch inkonsistente Modifikationen von Objekten durch unerfahrene Benutzer vermieden werden, indem man ihnen nur den Aufruf der vordefinierten (korrekten) Änderungsoperationen gestattet.

Die in der relationalen Modellierung angesprochene Problematik der Segmentierung der Anwendungsobjekte auf verschiedene Relationen und deren Wiederzusammenfügung über die (vom Benutzer) künstlich einzufügenden Schlüsselattribute wird durch die *Objektidentität* behoben. Jedes Objekt ist eindeutig über seine au-

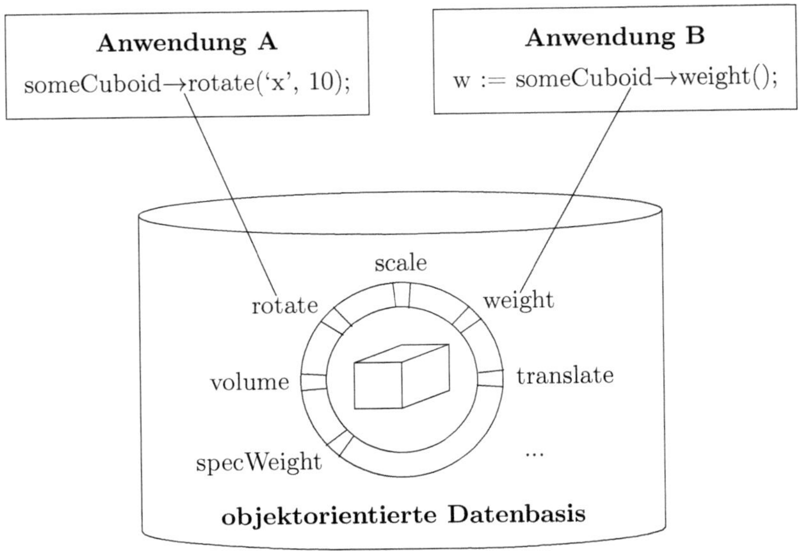

Abbildung 13.3: Visualisierung der Vorteile objektorientierter Datenmodellierung

tomatisch vom System generierte Identität referenzierbar; somit kann man über Objektreferenzen beliebig komplexe Objektstrukturen (so genannte Objektnetze) konstruieren.

13.3 Der ODMG-Standard

Da objektorientierte Datenbanksysteme eine verhältnismäßig heterogene Technologie darstellen, hat sich auch kein standardisiertes Objektmodell oder eine Anfragesprache so durchgesetzt, wie es bei SQL im relationalen Bereich der Fall ist. Die Vielfalt hat bisher die Portabilität von objektorientierten Datenbankanwendungen stark eingeschränkt.

Die *Object Database Management Group* setzt sich aus mehreren Herstellern objektorientierter Datenbankprodukte zusammen, die sich verpflichtet haben, ein einheitlich festgelegtes Objektmodell zu implementieren um damit einen (de-facto) Standard zu setzen. Die Betonung lag dabei auf einer möglichst einfachen Einbindung in bereits bestehende Systeme und Sprachen. Dies wird in Abbildung 13.4 veranschaulicht.

Das ODMG-Modell umschließt ein evtl. schon existierendes objektorientiertes Datenbanksystem und bietet nach außen eine einheitliche Anbindung an eine bestehende Programmiersprache. Bisher wurden Schnittstellen für die Programmiersprachen C++ und Smalltalk vorgesehen. Diese Schnittstellen stehen dann für die Erstellung von Anwendungsprogrammen zur Verfügung. Zusätzlich wurde von der ODMG eine an SQL angelehnte deklarative Anfragesprache namens *OQL* (Object Query Language) entworfen.

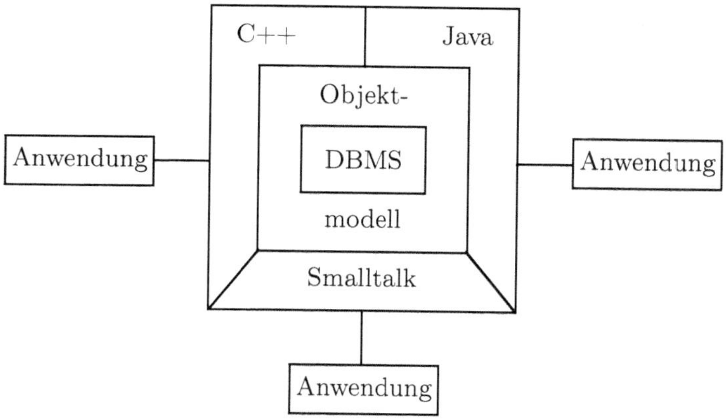

Abbildung 13.4: Integration des ODMG Objektmodells

13.4 Eigenschaften von Objekten

Im relationalen Modell ist die einzige Möglichkeit der Darstellung von Entitäten das Tupel. Ein Tupel besteht aus einer festen Anzahl von atomaren *Literalen*. Ein Literal ist ein unveränderlicher Wert, wie beispielsweise die Zahl „2“. „Atomar“ bedeutet, dass das Literal nicht aus komplexeren Strukturen, wie z.B. mehreren anderen Literalen, zusammengesetzt ist.

Das objektorientierte Datenmodell erlaubt demgegenüber eine sehr viel flexiblere Strukturbeschreibung. Im objektorientierten Modell hat ein Objekt drei Bestandteile:

- *Identität*: Jedes Objekt hat eine systemweit eindeutige Objektidentität, die sich während seiner Lebenszeit nicht verändert.
- *Typ*: Der Objekttyp legt die Struktur und das Verhalten des Objekts fest. Individuelle Objekte werden durch eine so genannte *Instanziierung* eines Objekttyps erzeugt. Dadurch wird sichergestellt, dass sie die in dem Objekttyp festgelegte Struktur besitzen und die dem Typ zugeordneten Operationen „verstehen“.
- *Wert* bzw. *Zustand*: Ein Objekt hat zu jedem Zeitpunkt seiner Lebenszeit einen bestimmten Zustand (auch Wert genannt). Der Zustand eines Objekts ist durch die Werte seiner beschreibenden Attribute und die mit anderen Objekten bestehenden Beziehungen gegeben.

Um diese drei Bestandteile eines Objekts zu veranschaulichen, kehren wir zu dem Universitätsbeispiel zurück. Abbildung 13.5 zeigt einige Objekte aus der Universitätswelt. Dabei ist id_1 der Identifikator und *Professoren* der Typ des strukturierten Objekts mit dem Namen *Kant*. Der Identifikator eines Objekts wird benutzt, um das Objekt zu referenzieren. Beispielsweise wird id_1 in Objekt id_2 verwendet, um das Objekt *Kant* als Referenten auszuweisen. Die Werte (d.h. die Zustände) der Objekte sind im zugehörigen Kasten eingetragen. Dabei bestehen ihre Wertebereiche

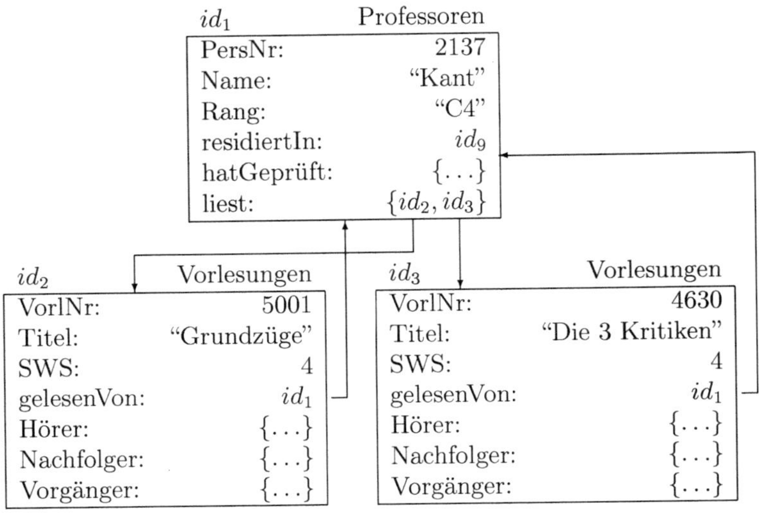

Abbildung 13.5: Einige Objekte aus der Universitätswelt

nicht nur aus atomaren Literalen, sondern können eine beliebige Form annehmen. Im Beispiel enthält das Objekt *Kant* die Menge *liest* (angedeutet durch den Mengenkonstruktor $\{\ldots\}$).

13.4.1 Objektidentität

Betrachten wir nun etwas genauer den Begriff der Objektidentität, den wir oben schon kurz eingeführt hatten. Im relationalen Modell wurden Tupel anhand der (Werte der) Schlüsselattribute identifiziert. Um den Professor bzw. die Professorin zu finden, die eine bestimmte Vorlesung liest, wurde in der Relation *Professoren* das Tupel gesucht, dessen Wert in *PersNr* mit dem Wert des Attributs *gelesenVon* der Vorlesung übereinstimmt. Folgerichtig wird diese Methode der Identifizierung in der Literatur als „identity through contents" bezeichnet. Dieser Ansatz hat verschiedene Nachteile:

- Objekte mit gleichem Wert müssen nicht unbedingt identisch sein. Diese Tatsache resultiert aus der Abstraktion von realen Objekten; es könnte durchaus zwei Studenten mit Namen „Peter Müller" im dritten Semester geben.

- Aus diesem Grund werden oft künstliche Schlüsselattribute zur Identifizierung der Tupel (Entities) eingefügt – wie z.B. *MatrNr* bei *Studenten* oder die künstlichen Schlüsselattribute in der Polyeder-Modellierung in Abschnitt 13.1. Obwohl sie im Allgemeinen keine Anwendungssemantik besitzen, müssen sie trotzdem vom Benutzer gewartet werden.

- Schlüssel dürfen während der Lebenszeit des Objekts nicht verändert werden, da ansonsten alle Bezugnahmen auf das Objekt ungültig werden.

In Standardprogrammiersprachen, wie Pascal oder C, verwendet man Zeiger, um Objekte zu referenzieren. Ein Objekt wird dort also durch seinen „Aufenthaltsort“ im Speicher identifiziert. Auch diese Methode erweist sich meistens als ungeeignet:

- Ein Objekt kann während seiner Lebensdauer nicht bewegt werden. Das ist bei kurzlebigen (transienten) Hauptspeicherobjekten natürlich weniger schwerwiegend als im Datenbankbereich, wo man es mit so genannten persistenten Objekten zu tun hat.
- Wenn ein Objekt gelöscht wird, kann nicht garantiert werden, dass auch alle Referenzen auf das Objekt ungültig gemacht werden. Der ehemalige Speicherbereich könnte unbemerkt durch neue, andere Objekte belegt werden.

Um diese Probleme zu lösen, verwenden objektorientierte Datenbanken zustands- und speicherungsort-unabhängige *Objektidentifikatoren* (OIDs). Ein OID wird vom Datenbanksystem systemweit eindeutig generiert, sobald ein neues Objekt erzeugt wird, und steht dann für die Referenzierung des Objekts zur Verfügung. Der OID bleibt während der Lebenszeit des Objekts unverändert (invariant). Das Datenbanksystem trägt auch Sorge dafür, dass jeder OID immer auf genau ein bestimmtes Objekt verweist, d.h. auch der OID eines gelöschten Objekts wird nie wiederverwendet. In unserer Darstellung werden Objektidentifikatoren abstrakt mit id_1, id_2,... bezeichnet.

13.4.2 Typ eines Objekts

Genau wie gleichartige Entities zu Entitytypen zusammengefasst werden, werden gleichartige Objekte durch einen gemeinsamen *Objekttyp* – oft auch *Klasse* (engl. *class*) genannt – modelliert. Die einem Objekttyp zugehörigen Objekte heißen *Instanzen* dieses Typs. Sie weisen eine gemeinsame Typdefinition auf, also eine einheitliche strukturelle Repräsentation sowie ein einheitliches Verhaltensmuster. Die Menge aller Objekte (Instanzen) eines Typs wird als (Typ-)*Extension* (engl. *extent*) bezeichnet.

Leider ist die Terminologie in diesem Zusammenhang etwas uneinheitlich und verschwommen. In vielen Veröffentlichungen werden die Begriffe *Klasse* und *Objekttyp* als Synonyme verwendet. Andere Autoren verstehen *Klasse* und *Typextension*, also die Menge aller Objekte (Instanzen) eines Typs als Synonym. Und wieder andere Autoren verstehen unter einer Klasse die beiden Konzepte Objekttyp und deren Extension zusammen. Eine ähnlich verwobene Begriffsbildung hatten wir ja auch schon beim relationalen Modell kennengelernt: Unter einer Relation wurde je nach Kontext das Relationenschema, deren Ausprägung oder beides verstanden.

13.4.3 Wert eines Objekts

Die Werte (d.h. die Zustände) der Objekte sind in Abbildung 13.5 im zugehörigen Kasten eingetragen. Dabei bestehen die Wertebereiche der Attribute nicht nur aus atomaren Literalen, sondern auch aus komplexeren Strukturen – wie z.B. Listen, Mengen, Tupel –, die mittels eingebauter Typkonstruktoren generiert werden können. Im Beispiel enthält das Objekt *Kant* die Menge *liest* (angedeutet durch den

Mengenkonstruktor $\{\ldots\}$), wobei diese Menge Referenzen (OIDs) auf die von Kant gelesenen Vorlesungen enthält – hier also id_2 und id_3.

13.5 Definition von Objekttypen

In der Objekttyp-Definition werden folgende Bestandteile der Objekte festgelegt:

- die Strukturbeschreibung der Instanzen, bestehend aus den Attributen und Beziehungen zu anderen Objekten,
- die Verhaltensbeschreibung der Instanzen, bestehend aus einer Menge von Operationen und
- die Typeigenschaften, z.B. die Generalisierungs-/Spezialisierungsbeziehungen zu anderen Typen.

Für die Definition von Objekttypen verwenden wir im Folgenden die ODL-Sprache (Object Definition Language) des ODMG-Standards. Dies ist eine implementationsunabhängige Spezifikationssprache.

13.5.1 Attribute

Betrachten wir als einfaches Beispiel zunächst nur die Attribute des Objekttyps *Professoren*, der wie folgt definiert würde:

```
class Professoren {
    attribute long PersNr;
    attribute string Name;
    attribute string Rang;
};
```

Attribute werden – wie im relationalen Modell – durch Angabe des zulässigen Wertebereichs und des Attributnamens spezifiziert. In diesem Beispiel haben wir uns auf atomare Wertebereiche (**long** und **string**) beschränkt. Im ODMG-Modell sind aber auch strukturierte Wertebereiche für Attribute zulässig – wie wir im nächsten Unterabschnitt für das Attribut *PrüfDatum* des Objekttyps *Prüfungen* noch sehen werden.

13.5.2 Beziehungen

Wir wollen die Modellierung von Beziehungen im objektorientierten Modell anhand von Beispielen erläutern.

1:1-Beziehungen

Betrachten wir zunächst die einfachste bzw. restriktivste Form einer Beziehung, die wir an dem folgenden Beispiel *residiertIn* demonstrieren wollen:

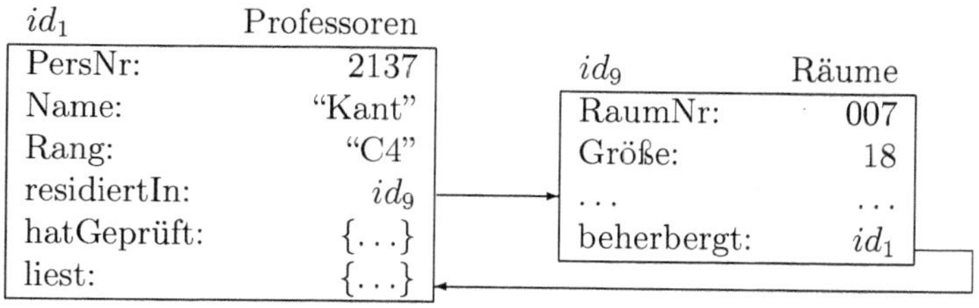

Abbildung 13.6: Beispiel-Ausprägung der Beziehung *residiertIn/beherbergt*

Diese Beziehung wird im objektorientierten Modell „symmetrisch" in beiden Objekttypen, also *Professoren* und *Räume*, modelliert.

In dem Objekttyp *Professoren* wird die Beziehung über eine **relationship**-Eigenschaft namens *residiertIn* und in dem Objekttyp *Räume* über eine **relationship**-Eigenschaft namens *beherbergt* realisiert. Beide Eigenschaften nehmen als Wert eine Referenz auf ein Objekt des jeweiligen Typs an; d.h. *beherbergt* verweist auf ein *Professoren*-Objekt und *residiertIn* auf ein *Räume*-Objekt. Damit ergibt sich folgende (immer noch unvollständige) Klassenspezifikation:

```
class Professoren {
    attribute long PersNr;
    ...
    relationship Räume residiertIn;
};

class Räume {
    attribute long RaumNr;
    attribute short Größe;
    ...
    relationship Professoren beherbergt;
};
```

Hiermit haben wir die Beziehung in beiden „Richtungen" – also von *Professoren* zu *Räumen* und von *Räumen* zu *Professoren* – spezifiziert. Für ein sehr kleines Beispiel könnte man dann den in Abbildung 13.6 gezeigten Zustand der Objektbank haben. Hier referenziert das *Professoren*-Objekt mit dem Identifikator id_1 das *Räume*-Objekt mit dem OID id_9 – und umgekehrt.

Leider kann durch die gegebene Klassenspezifikation aber weder die Symmetrie noch die 1:1-Einschränkung der Beziehung garantiert werden. Dies ist in Abbildung 13.7 beispielhaft gezeigt:

- *Verletzung der Symmetrie:* Der Raum id_9 mit der *RaumNr* 007 ist angeblich (immer noch) von Kant belegt. Kant ist aber mittlerweile in den Raum id_8 umgezogen – wie der aktuelle Wert der Eigenschaft *residiertIn* des Objekts id_1 belegt.

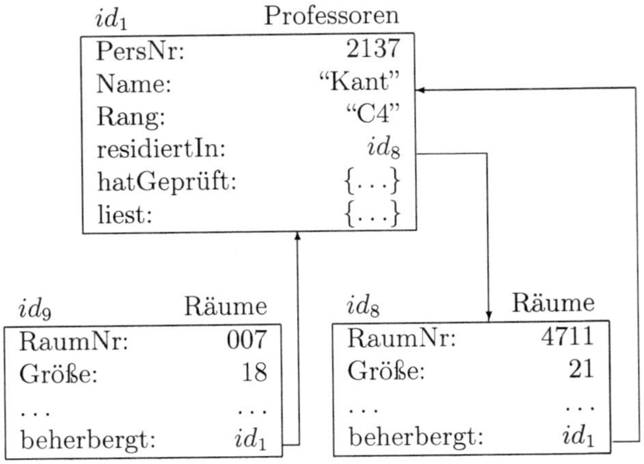

Abbildung 13.7: Inkonsistenter Zustand der Beziehung *residiertIn/beherbergt*

- *Verletzung der 1:1-Einschränkung:* Durch diese Inkonsistenz ist natürlich auch die 1:1-Einschränkung der Beziehung verletzt worden, da gemäß den Werten der *beherbergt*-Eigenschaften zwei Räume – nämlich id_9 und id_8 – von Kant belegt sind.

Die einzige Konsistenz, die durch die obige Klassendefinition garantiert werden kann, besteht darin, dass *residiertIn* immer auf ein *Räume*-Objekt und *beherbergt* immer auf eine *Professoren*-Instanz verweist. Um Inkonsistenzen von Beziehungen systematisch auszuschließen, wurde in dem ODMG-Objektmodell das **inverse**-Konstrukt integriert. Damit ergibt sich folgende korrekte Klassenspezifikation:

```
class Professoren {
    attribute long PersNr;
    ...
    relationship Räume residiertIn inverse Räume::beherbergt;
};

class Räume {
    attribute long RaumNr;
    attribute short Größe;
    ...
    relationship Professoren beherbergt inverse Professoren::residiertIn;
};
```

Im Objekttyp *Professoren* wird jetzt beispielsweise festgelegt, dass die Beziehung *residiertIn* invers zur Beziehung *beherbergt* aus *Räume* – notiert als *Räume::beherbergt* – ist. Jetzt wird vom Objektbanksystem für alle *Professoren* p und alle *Räume* r immer folgende Konsistenzbedingung garantiert:

$$p = r.\text{beherbergt} \quad \Leftrightarrow \quad r = p.\text{residiertIn}$$

Damit wird der inkonsistente Zustand aus Abbildung 13.7 ausgeschlossen. Warum?

1:N-Beziehungen

Die Beziehung *lesen* ist ein Beispiel für eine 1:N-Beziehung, da wir (vereinfachend) annehmen, dass *Professoren* mehrere *Vorlesungen* lesen, aber jede *Vorlesung* von höchstens einem *Professor* bzw. einer Professorin gelesen wird.

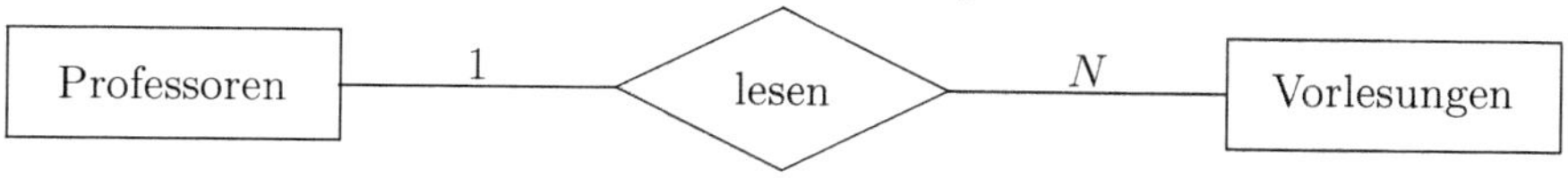

Eine derartige binäre 1:N-Beziehung modelliert man im Objektmodell wie folgt:

class Professoren {
    ...
    relationship set⟨Vorlesungen⟩ liest **inverse** Vorlesungen::gelesenVon;
};

class Vorlesungen {
    ...
    relationship Professoren gelesenVon **inverse** Professoren::liest;
};

Bei dieser Spezifikation wurde der Mengenkonstruktor **set**⟨...⟩ benutzt, um die Eigenschaft *liest* als Menge von Referenzen auf *Vorlesungen*-Objekte zu definieren. *Professoren*-Objekte beinhalten jetzt also eine Menge von Verweisen auf *Vorlesungen*. Eine Beispiel-Ausprägung ist in Abbildung 13.5 schon gezeigt. Der Professor namens „Kant" liest die Vorlesungen id_2 („Grundzüge") und id_3 („Die drei Kritiken"). Andererseits verweist jedes *Vorlesungen*-Objekt über die Eigenschaft *gelesenVon* auf höchstens eine *Professoren*-Instanz. Durch die **inverse**-Spezifikation von *Professoren::liest* und *Vorlesungen::gelesenVon* wird die Symmetrie dieser Beziehungsmodellierung garantiert.

Man beachte, dass wir hier die 1:N-Beziehung auch über die Eigenschaft *liest* in *Professoren* realisiert haben, was im relationalen Modell zu Anomalien, d.h. zu einer Verletzung der 3. Normalform, führen würde. Warum ist das im Objektmodell nicht problematisch?

N:M-Beziehungen

Die Beziehung *hören* zwischen *Studenten* und *Vorlesungen* ist ein konkretes Beispiel für eine N:M-Beziehung: Studenten hören mehrere Vorlesungen, und eine Vorlesung hat mehrere Hörer.

Dieser Beziehungstyp wird wie folgt – wiederum symmetrisch – im Objektmodell umgesetzt.

class Studenten {
    ...
    relationship set⟨Vorlesungen⟩ hört **inverse** Vorlesungen::Hörer;
};

```
class Vorlesungen {
    ...
    relationship set⟨Studenten⟩ Hörer inverse Studenten::hört;
};
```

Jetzt sind also beide **relationship**-Eigenschaften mengenwertig; sowohl *Studenten::hört* als auch *Vorlesungen::Hörer*. Wiederum ist durch die **inverse**-Spezifikation garantiert, dass eine Vorlesung v, die ein Student bzw. eine Studentin s über die Eigenschaft *Hörer* referenziert, ihrerseits über die Eigenschaft *hört* des Objekts s referenziert wird. Das Objektbank-System muss also für alle *Studenten* s und alle *Vorlesungen* v folgendes garantieren:

$$s \in v.\text{Hörer} \quad \Leftrightarrow \quad v \in s.\text{hört}$$

Rekursive N:M-Beziehungen

Ganz analog kann man rekursive N:M-Beziehungen wie *voraussetzen* repräsentieren.

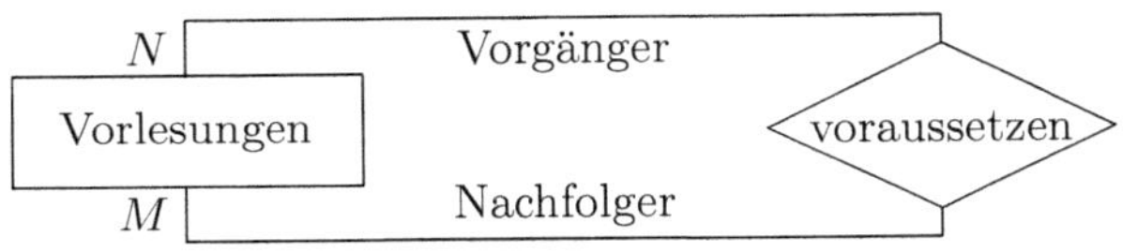

Der Unterschied bei der Umsetzung in das Objektmodell besteht lediglich darin, dass beide **relationship**-Eigenschaften in demselben Objekttyp enthalten sind:

```
class Vorlesungen {
    ...
    relationship set⟨Vorlesungen⟩ Vorgänger inverse Vorlesungen::Nachfolger;
    relationship set⟨Vorlesungen⟩ Nachfolger inverse Vorlesungen::Vorgänger;
};
```

Die Leser mögen sich zur Veranschaulichung selbst eine kleine Beispielausprägung „aufmalen“ – am besten verwende man unsere Relationenausprägung aus Kapitel 3 (Abbildung 3.8) als Beispiel.

Ternäre Beziehungen

Ternäre – oder $n \geq 3$-stellige – Beziehungen lassen sich im Objektmodell nicht auf diese bislang vorgestellte Art repräsentieren. Man benötigt dazu einen eigenständigen Objekttyp, der die Beziehung repräsentiert. Diese Vorgehensweise ist analog zur relationalen Modellierung, wo man bestimmte Beziehungen auch nur über eigenständige Relationen darstellen kann.

Betrachten wir als Beispiel den Beziehungstyp *prüfen*.

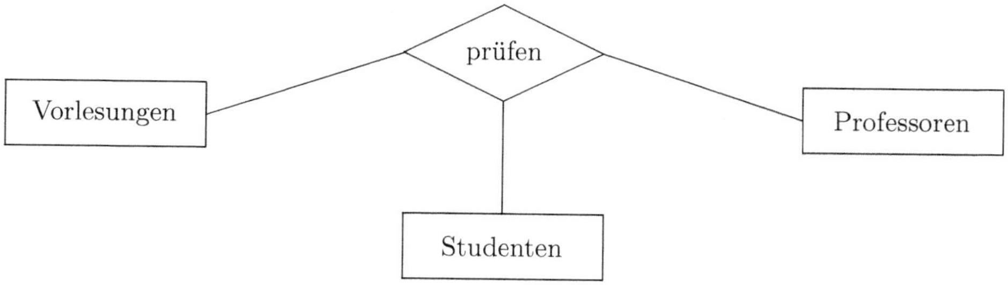

Diese Beziehung wird mittels des eigenständigen Objekttyps *Prüfungen* wie folgt repräsentiert:

```
class Prüfungen {
    attribute struct Datum
       { short Tag; short Monat; short Jahr; } PrüfDatum;
    attribute float Note;
    relationship Professoren Prüfer inverse Professoren::hatGeprüft;
    relationship Studenten Prüfling inverse Studenten::wurdeGeprüft;
    relationship Vorlesungen Inhalt inverse Vorlesungen::wurdeAbgeprüft;
};
```

Man beachte, dass nach dieser Spezifikation eine Prüfung immer nur eine einzige Vorlesung betrifft, da die Eigenschaft *Inhalt* einzelwertig ist. Es wäre aber sehr einfach möglich, auch Prüfungen zu spezifizieren, die sich über mehrere Vorlesungen erstrecken. Wie?

In der obigen Klassendefinition wurde erstmals auch ein Tupelkonstruktor – nämlich **struct** { ... } – benutzt. Dadurch kann man Record- bzw. Tupel-Strukturen mit benannten Feldern (Attributen) definieren. Man kann sich leicht vorstellen, dass man durch Schachtelung der Typkonstruktoren – **set**⟨...⟩, **struct** { ... } usw. – beliebig komplexe Strukturbeschreibungen der Objekte realisieren kann. (Für das Datum gibt es im ODMG-Modell allerdings auch einen vordefinierten Typ **date**.)

Die in der Klassendefinition von *Prüfungen* enthaltenen **inverse**-Spezifikationen müssen dann natürlich auf analoge, d.h. symmetrische Weise in den Objekttypen *Professoren*, *Studenten* und *Vorlesungen* enthalten sein:

```
class Professoren {
    attribute long PersNr;
    attribute string Name;
    attribute string Rang;
    relationship Räume residiertIn inverse Räume::beherbergt;
    relationship set⟨Vorlesungen⟩ liest inverse Vorlesungen::gelesenVon;
    relationship set⟨Prüfungen⟩ hatGeprüft inverse Prüfungen::Prüfer;
};

class Vorlesungen {
    attribute long VorlNr;
```

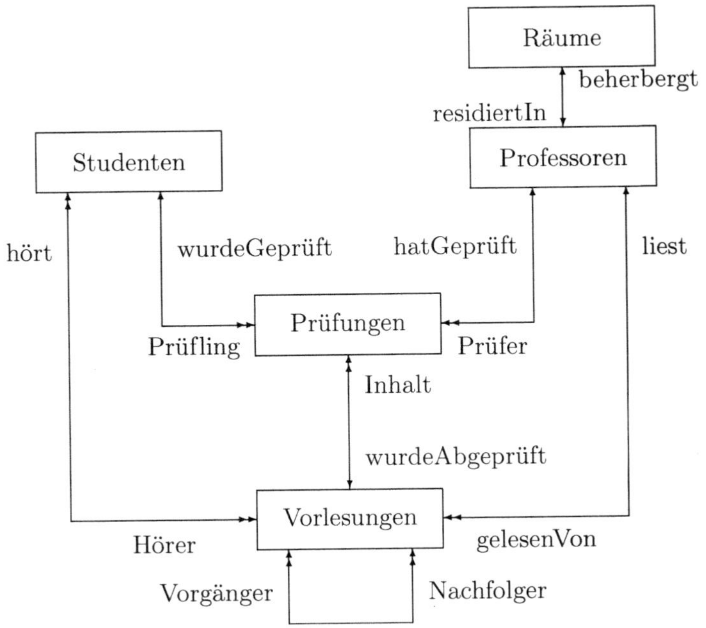

Abbildung 13.8: Modellierung von Beziehungen im Objektmodell

```
    attribute string Titel;
    attribute short SWS;
    relationship Professoren gelesenVon inverse Professoren::liest;
    relationship set⟨Studenten⟩ Hörer inverse Studenten::hört;
    relationship set⟨Vorlesungen⟩ Nachfolger inverse Vorlesungen::Vorgänger;
    relationship set⟨Vorlesungen⟩ Vorgänger inverse Vorlesungen::Nachfolger;
    relationship set⟨Prüfungen⟩ wurdeAbgeprüft inverse Prüfungen::Inhalt;
};

class Studenten {
    ...
    relationship set⟨Prüfungen⟩ wurdeGeprüft inverse Prüfungen::Prüfling;
};
```

In Abbildung 13.8 ist die Modellierung der bislang eingeführten Beziehungen im Objektmodell grafisch veranschaulicht. Hierbei gibt die „Anzahl der Pfeilspitzen" die Wertigkeit der **relationship**-Eigenschaft in der jeweiligen Richtung an:

- Eine 1:1-Beziehung wird durch einen einfachen beidseitigen Pfeil $\leftrightarrow$ repräsentiert.
- Ein Pfeil der Art $\leftrightarrow\!\!\!\!\twoheadrightarrow$ repräsentiert eine 1:N-Beziehung, wobei der Doppelpfeil „in Richtung N" zeigt. N:1-Beziehungen werden natürlich analog repräsentiert.
- Eine allgemeine binäre N:M-Beziehung wird in dieser Notation durch einen Pfeil der Art $\twoheadleftarrow\!\!\!\!\twoheadrightarrow$ modelliert.

Die Pfeile sind jeweils durch die Namen der **relationship**-Eigenschaften aus der **class**-Definition markiert.

13.5.3 Typeigenschaften: Extensionen und Schlüssel

Eine *Extension* (engl. *extent*) ist die Menge aller Instanzen eines Objekttyps.[3] Sie kann für Anfragen der Art „Suche alle Objekte eines Typs, die eine bestimmte Bedingung erfüllen" verwendet werden. Das ODMG-Modell sieht eine Möglichkeit vor, Extensionen durch das DBMS automatisch zu verwalten. Neue Objekte eines Typs werden dann zum Zeitpunkt ihrer Instanziierung implizit in die zugehörige Extension eingefügt.

Man kann zu einem Objekttyp auch *Schlüssel* definieren, deren Eindeutigkeit innerhalb der Extension gewährleistet wird. Diese Schlüsseldefinitionen werden jedoch nur als Integritätsbedingung verwendet und nicht zur Referenzierung von Objekten, wie im relationalen Modell. Der Objekttyp *Studenten* kann mit einer Extension namens *AlleStudenten* und dem Schlüssel *MatrNr* folgendermaßen definiert werden:

```
class Studenten (extent AlleStudenten key MatrNr) {
    attribute long MatrNr;
    attribute string Name;
    attribute short Semester
    relationship set⟨Vorlesungen⟩ hört inverse Vorlesungen::Hörer;
    relationship set⟨Prüfungen⟩ wurdeGeprüft inverse Prüfungen::Prüfling;
};
```

Die Klassendefinition legt also jetzt die Typeigenschaften (**extent** und **key**), die es pro Objekttyp nur einmal gibt, und die Instanzeigenschaften (**attribute** und **relationship**), also solche, die es für jede Instanz (Objekt) gesondert gibt, fest.

13.6 Modellierung des Verhaltens: Operationen

Wir hatten bereits betont, dass die Integration von Struktur- und Verhaltensbeschreibung ein grundlegender Vorteil des objektorientierten Datenmodells gegenüber dem relationalen Modell ist. Das Verhalten von Objekten wird durch Operationen, die den Objekttypen zugeordnet werden, beschrieben. Alle Objekte eines Typs haben demnach das gleiche Verhaltensmuster bestehend aus der Menge der dem Objekttyp zugeordneten Operationen.

Der Zugriff auf den Objektzustand und die Manipulation des Zustands wird durch die *Schnittstelle*, d.h. die Menge der dem Objekttyp zugeordneten Operationen definiert. Diese Tatsache wird *Objektkapselung* (engl. *encapsulation*) oder auch *Geheimnisprinzip* (engl. *information hiding*) genannt. Dadurch wird den Anwendern, den so genannten *Klienten* der Objekte, nach außen eine feste Schnittstelle angeboten, mit der sie das Objekt beobachten und manipulieren können. Dabei soll es den Klienten nicht möglich sein, die Konsistenz des Objekts zu verletzen, d.h. die

[3] Wir werden später noch sehen, dass die Extension eines Typs auch alle Instanzen der direkten und indirekten Untertypen beinhaltet.

Operationen sollten so definiert sein, dass sie das Objekt immer in einen konsistenten Zustand überführen – das ist natürlich Aufgabe der „Objekttyp-Designer“.

Die Schnittstellenoperationen stellen Möglichkeiten zur Verfügung, um

- Objekte zu erzeugen (instanziieren) und zu initialisieren,
- die für Klienten interessanten Teile des Zustands der Objekte zu erfragen,
- legale und konsistenzerhaltende Operationen auf diesen Objekten auszuführen und letztendlich
- die Objekte wieder zu zerstören.

Demnach kann man Operationen in drei grundlegend unterschiedliche Klassen einteilen:

- *Beobachter* (engl. *observer*): Diese Operationen – oft auch Funktionen genannt – dienen dazu, den Objektzustand zu „erfragen“. Beobachter-Operationen lassen den Zustand der Objekte und damit der Datenbasis unverändert, d.h. sie haben keinerlei objektändernde Seiteneffekte.
- *Mutatoren*: Operationen dieser Klasse führen Änderungen am Zustand der Objekte durch.[4] Einen Objekttyp mit mindestens einer Mutator-Operation bezeichnet man als *mutierbar*. Objekte eines Typs ohne jegliche Mutatoren sind unveränderbar (engl. *immutable*). Unveränderbare Typen bezeichnet man oft als *Literale* oder *Wertetypen*.
- *Konstruktoren und Destruktoren*: Erstere werden verwendet, um neue Objekte eines bestimmten Objekttyps zu erzeugen. Man spricht in diesem Zusammenhang auch von Instanziierung und bezeichnet das neu erzeugte Objekt als Instanz des betreffenden Typs. Der Destruktor wird dazu verwendet, ein existierendes Objekt auf Dauer zu zerstören.

  Bei genauerer Betrachtung wird man einen grundlegenden syntaktischen Unterschied zwischen Konstruktoren und Destruktoren feststellen. Konstruktoren werden sozusagen auf einem Objekttyp angewandt, um ein neues Objekt zu erzeugen. Destruktoren werden demgegenüber auf existierende Objekte angewandt und könnten demnach eigentlich auch den Mutatoren zugerechnet werden.

Wir wollen unser objektorientiertes Universitätsschema mit der Verhaltensbeschreibung anreichern. In der **class**-Spezifikation wird nur die Aufrufstruktur der Operationen beschrieben. Diese wird als *Signatur* bezeichnet und legt Folgendes fest:

- den Namen der Operation;
- die Anzahl und die Typen der Parameter;
- den Typ des Rückgabewerts der Operation – falls die Operation einen Rückgabewert hat, sonst **void**;

[4] Zusätzlich können Mutatoren natürlich auch noch ein Ergebnis zurückliefern, so dass sie gleichzeitig die Funktion eines *Beobachters* erfüllen.

- eine eventuell durch die Operationsausführung ausgelöste *Ausnahme* (engl. *exception*).

Betrachten wir zunächst die **class**-Definition von *Professoren*:

```
class Professoren {
    exception hatNochNichtGeprüft { };
    exception schonHöchsteStufe { };
    ...
    float wieHartAlsPrüfer() raises (hatNochNichtGeprüft);
    void befördert() raises (schonHöchsteStufe);
};
```

Dem Objekttyp *Professoren* wurden jetzt also zwei Operationen – bzw. deren Signaturen – hinzugefügt:

- Die Beobachter-Operation *wieHartAlsPrüfer* ermittelt die Durchschnittsnote, die von dem betreffenden Professor bzw. der Professorin in den bisherigen Prüfungen vergeben wurde und gibt diese als *float*-Wert zurück. Eine Ausnahmebehandlung – hier *hatNochNichtGeprüft* genannt – wird angestoßen, wenn er bzw. sie noch gar keine Prüfungen abgenommen hat.

- Die Mutator-Operation *befördert* führt eine einstufige Beförderung – d.h. von C2 auf C3 bzw. von C3 auf C4 – durch. Sie kann in den Ausnahmefall kommen, dass der zu befördernde Professor bzw. die Professorin schon die höchste Stufe (nämlich C4) erreicht hat. In diesem Fall wird die mit *schonHöchsteStufe* bezeichnete Ausnahmebehandlung angestoßen.

Man bezeichnet den Objekttyp, auf dem die Operationen definiert wurden – hier *Professoren* –, als *Empfängertyp* (engl. *receiver type*) und das Objekt, auf dem die Operation aufgerufen wird, als *Empfängerobjekt*. Wir werden später noch sehen, dass der genaue Typ des Empfängerobjekts eine wichtige Rolle bei der Ausführung geerbter Operationen spielen wird.

Die Aufrufstruktur ist je nach Sprachanbindung unterschiedlich. In der C++-Anbindung (siehe Abschnitt 13.12) würde *befördert* als

```
meinLieblingsProf→befördert();
```

aufgerufen, wenn *meinLieblingsProf* eine Referenz auf ein *Professoren*-Objekt wäre. In der deklarativen Anfragesprache OQL (siehe Abschnitt 13.11) ist der Aufruf einer Operation wahlweise mit dem Pfeil „→“ oder einem Punkt durchzuführen:

```
select p.wieHartAlsPrüfer()
from p in AlleProfessoren
where p.Name = "Curie";
```

Hierbei wird also ermittelt, wie hart die Professorin namens Curie als Prüferin ist.

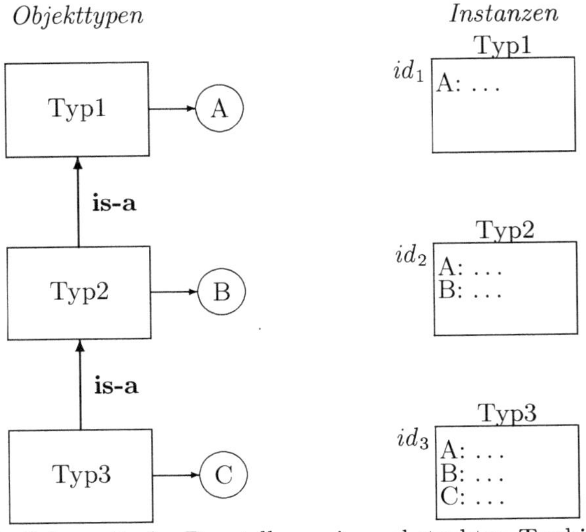

Abbildung 13.9: Schematische Darstellung einer abstrakten Typhierarchie

13.7 Vererbung und Subtypisierung

Bereits in Kapitel 2 wurde zur Faktorisierung von Gemeinsamkeiten bei Entitätstypen das Konzept der Generalisierung bzw. Spezialisierung eingeführt. Die Gemeinsamkeiten wurden in einem Obertyp gesammelt, die Unterschiede verblieben im Untertyp. Dort wurde auch bereits erwähnt, dass Untertypen alle Eigenschaften der Obertypen *erben*. Dieses Konzept spielt in objektorientierten Systemen eine wesentliche Rolle, da hier nicht nur die Struktur vererbt wird, sondern auch das Verhalten, d.h. die Operationen. Ein weiterer ganz wichtiger Vorteil der Ober-/Untertyp-Hierarchie besteht in der *Substituierbarkeit*: Instanzen eines Untertyps sind überall dort einsetzbar (substituierbar), wo Instanzen des Obertyps erforderlich sind. Dadurch wird die Flexibilität des Modells wesentlich erhöht.

13.7.1 Terminologie

Wir wollen die Terminologie anhand der abstrakten Typhierarchie in Abbildung 13.9 erläutern. Hier ist auf der linken Seite die Typebene und auf der rechten Seite die Objektebene (mit nur einem Beispielobjekt je Typ) gezeigt. Der *Typ1* ist der *direkte Obertyp* (engl. *supertype*) von *Typ2*; gleichzeitig ist er aber auch ein (indirekter) Obertyp von *Typ3*. Analog ist *Typ3* ein *direkter Untertyp* (engl. *subtype*) von *Typ2* und ein (indirekter) Untertyp von *Typ1*. Ein Typ erbt sämtliche Eigenschaften – also Attribute, **relationship**-Eigenschaften und Operationen – von *allen* seinen direkten und indirekten Obertypen. In unserem abstrakten Beispiel erbt also *Typ3* das Attribut B von *Typ2* und das Attribut A von *Typ1* – um das Beispiel einfach zu halten, haben wir jedem Typ nur je ein neues Attribut zugeordnet und Operationen noch gänzlich außer Acht gelassen. Auf der rechten Seite der Abbildung 13.9 sehen wir, dass die Instanz (mit dem Objektidentifikator) id_1 vom *Typ1* nur das Attribut A hat. Die Instanz id_3 vom *Typ3* hat drei Attribute, nämlich A, B und C. Das Objekt

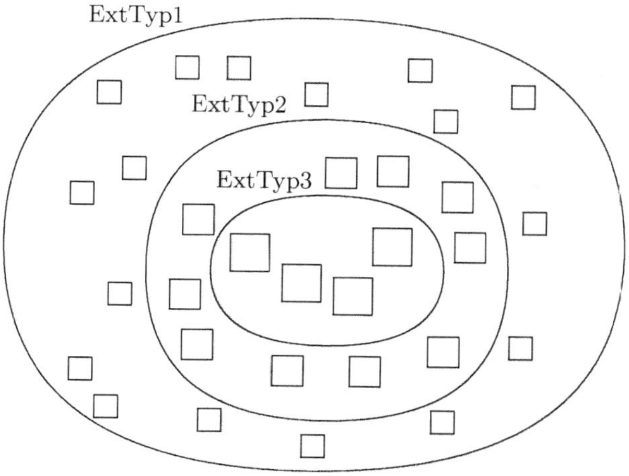

Abbildung 13.10: Darstellung der Subtypisierung

id_3 gehört gemäß der Subtypisierung aber auch zur Extension von *Typ2* und von *Typ1*. Jede Untertyp-Instanz ist also implizit immer auch eine Obertyp-Instanz. In unserem Beispiel gehört demnach das Objekt id_3 sowohl zur Extension von *Typ3* als auch zu den Extensionen von *Typ2* und *Typ1*. Dieser Zusammenhang, der oft auch *Inklusionspolymorphismus* genannt wird, ist in Abbildung 13.10 für unsere abstrakte Typhierarchie dargestellt.

Die Extensionen sind mit *ExtTyp1*, *ExtTyp2* und *ExtTyp3* benannt. Die unterschiedliche Größe der Kästchen, die die Objekte repräsentieren, soll andeuten, dass eine Untertyp-Instanz mehr Eigenschaften hat als die direkten Instanzen eines Obertyps. Es ist diese Inklusion der Untertyp-Extensionen in den Obertyp-Extensionen, die die oben schon angesprochene *Substituierbarkeit* bewirkt:

> *Eine Untertyp-Instanz ist überall dort einsetzbar, wo eigentlich eine Instanz eines Obertyps gefordert ist.*

Schon an unserem abstrakten Beispiel kann man sich verdeutlichen, warum die Substituierbarkeit „funktioniert“. Eine *Typ3*-Instanz „weiß mehr“ als eine *Typ2*-Instanz, da sie alle Attribute einer *Typ2*-Instanz (nämlich A und B) und zusätzlich noch das Attribut C aufweist. Da eine *Typ3*-Instanz „mehr weiß“, kann sie problemlos überall dort verwendet werden, wo eine direkte *Typ2*-Instanz ausgereicht hätte. Andererseits kann eine Obertyp-Instanz nicht anstelle einer Untertyp-Instanz substituiert werden, da sie i.A. „weniger kann“. In unserem Beispiel fehlt einer *Typ2*-Instanz das Attribut C, das eine *Typ3*-Instanz aufzuweisen hat.

13.7.2 Einfache und Mehrfachvererbung

Man unterscheidet zwei unterschiedliche Arten der Vererbung und Subtypisierung:

- *singuläre* oder *einfache Vererbung* (engl. *single inheritance*): Jeder Objekttyp hat höchstens einen direkten Obertyp.

- *Mehrfachvererbung* (engl. *multiple inheritance*): Ein Objekttyp kann mehrere direkte Obertypen haben.

In beiden Fällen – also sowohl bei Einfach- als auch bei Mehrfachvererbung – muss die Unter/Obertyp-Struktur azyklisch sein. Warum?

Unsere einfache Typstruktur aus Abbildung 13.9 basiert natürlich auf der Einfachvererbung. Im Allgemeinen kann die Typstruktur aber auch bei Einfachvererbung sehr viel komplexer aussehen; ein abstraktes Beispiel dafür ist in Abbildung 13.11 gezeigt. Diese allgemeine Typstruktur basiert immer noch auf der singulären Vererbung und hat einen gemeinsamen Obertyp namens *ANY* für *alle* Typen. Ein derartiger „Super"-Obertyp findet sich in vielen Objektmodellen; manchmal wird er auch *Object* genannt (*d_ Object* in der ODMG C++-Einbindung).

Ein grundlegender Vorteil der Einfachvererbung gegenüber der Mehrfachvererbung besteht darin, dass es für jeden Typ einen *eindeutigen* Pfad zur Wurzel *ANY* der Typhierarchie gibt. Betrachten wir in unserem allgemeinen Typschema den Objekttyp OT_n. Dann gibt es den eindeutigen Pfad

$$OT_n \rightarrow OT_{n-1} \rightarrow \ldots \rightarrow OT_2 \rightarrow OT_1 \rightarrow ANY$$

von OT_n zur Wurzel *ANY*. Der Typ OT_n erbt alle Eigenschaften von Objekten, die auf diesem Pfad liegen. Bei der Einfachvererbung gibt es also keine unterschiedlichen „Wege" von OT_n zur Wurzel der Typhierarchie – das ist bei der Mehrfachvererbung anders. Der Typ OT_n erbt alle Eigenschaften von Objekten, die auf diesem Pfad liegen. Wir werden in Abschnitt 13.10 noch die Nachteile erläutern, die bei der Mehrfachvererbung wegen des Verlustes des eindeutigen Vererbungspfads auftreten können.

13.8 Beispiel einer Typhierarchie

Wir wollen nun die im vorhergehenden Abschnitt abstrakt eingeführten Konzepte veranschaulichen. Dazu betrachten wir eine Typhierarchie aus dem Universitätsbereich: *Angestellte* werden spezialisiert in *Professoren* und *Assistenten*. Damit ergibt sich die in Abbildung 13.12 gezeigte Typstruktur. In der ODL-Sprache würden die Objekte wie folgt spezifiziert:

```
class Angestellte (extent AlleAngestellten) {
   attribute long PersNr;
   attribute string Name;
   attribute date GebDatum;
   short Alter();
   long Gehalt();
};
class Assistenten extends Angestellte (extent AlleAssistenten) {
   attribute string Fachgebiet;
};
```

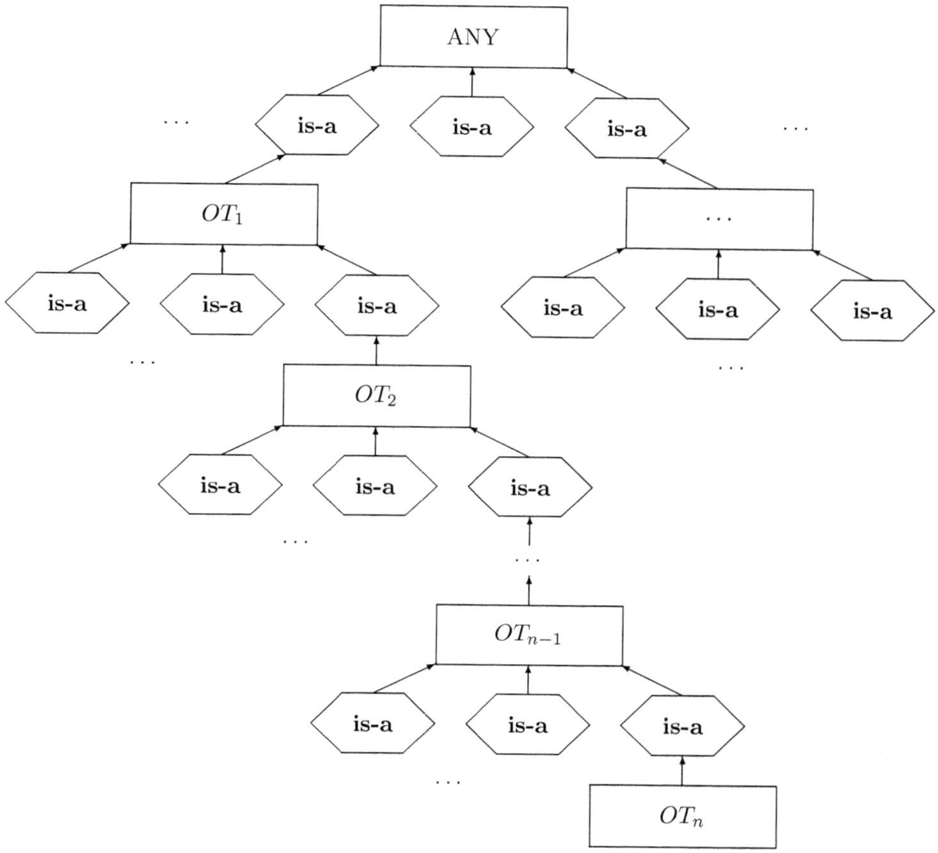

Abbildung 13.11: Abstrakte Typhierarchie bei singulärer (einfacher) Vererbung

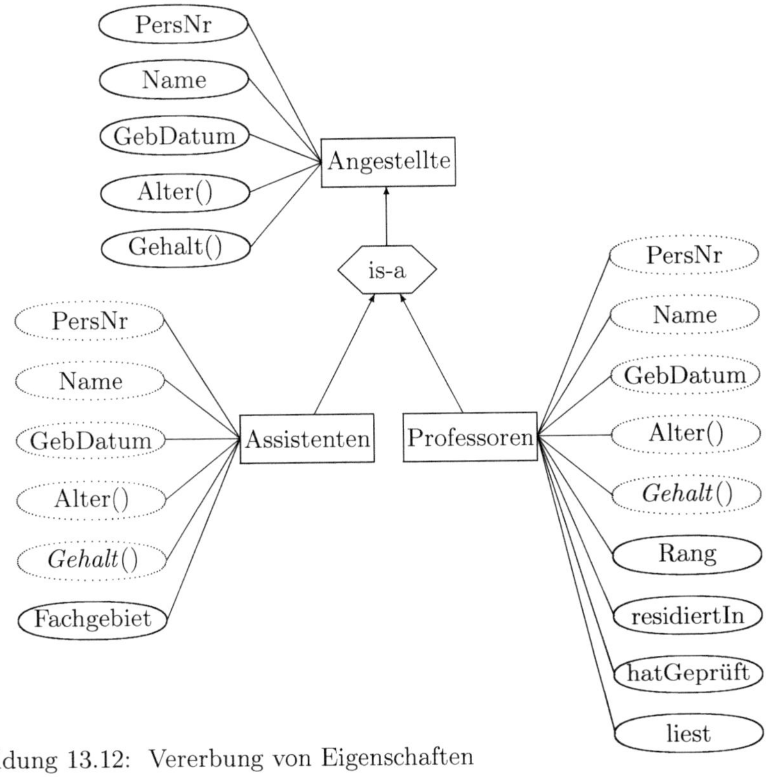

Abbildung 13.12: Vererbung von Eigenschaften

class Professoren **extends** Angestellte (**extent** AlleProfessoren) {
  attribute string Rang;
  relationship Räume residiertIn **inverse** Räume::beherbergt;
  relationship set⟨Vorlesungen⟩ liest **inverse** Vorlesungen::gelesenVon;
  relationship set⟨Prüfungen⟩ hatGeprüft **inverse** Prüfungen::Prüfer;
};

Die Untertypisierung erfolgt durch Angabe des Schlüsselworts **extends** gefolgt vom Namen des Obertypen. Also spezifiziert z.B. „*Professoren* **extends** *Angestellte*“, dass *Professoren* ein Untertyp von *Angestellte* ist. In Abbildung 13.12 sind den Objekttypen alle Eigenschaften zugeordnet, wobei die geerbten Eigenschaften in den gepunkteten Ovalen angegeben sind. Dadurch wird nochmals hervorgehoben, dass ein Untertyp (wie *Professoren*) alle Eigenschaften seines Obertyps (wie *Angestellte*) besitzt – und noch einige weitere spezifische Eigenschaften (wie *Rang*, *residiertIn*, *hatGeprüft* und *liest*). Dies ist der Grund, warum die *Substituierbarkeit* funktioniert: *Professoren* haben alle Eigenschaften von (generischen) *Angestellen* – und noch zusätzliche Eigenschaften. Ein Objekt o_{Prof} vom Typ *Professoren* hat eine echte Obermenge der Eigenschaften eines Objekts o_{Ang} vom (direkten) Typ *Angestellte*. Aus diesem Grund kann ein Objekt vom Typ *Professoren* überall dort substituiert werden, wo ein Objekt vom Typ *Angestellte* gefordert ist. Diese Substituierbarkeit

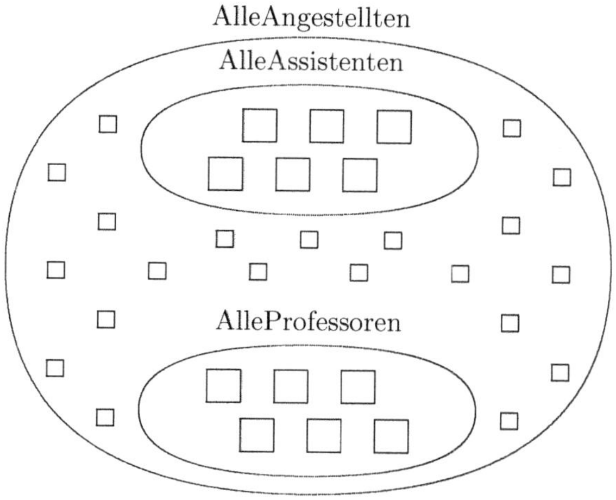

Abbildung 13.13: Visualisierung der Extensionen *AlleAngestellten*, *AlleAssistenten* und *AlleProfessoren*

von Untertyp-Instanzen anstelle von Obertyp-Instanzen ist einer der wesentlichen Gründe für die Expressivität und Flexibilität des Objektmodells. In Abbildung 13.13 ist die aus der Ober-/Untertyp-Beziehung resultierende Inklusion der Extensionen *AlleProfessoren* und *AlleAssistenten* in der Extension *AlleAngestellten* schematisch dargestellt.

13.9 Verfeinerung (Spezialisierung) und spätes Binden von Operationen

Genau wie Attribute werden auch Operationen vom Obertyp an alle Untertypen vererbt. Meistens kann die Implementierung dieser Operationen so beibehalten werden, wie sie im Obertyp definiert wurde. Es kann z.B. davon ausgegangen werden, dass das Alter von Angestellten immer auf die gleiche Weise berechnet wird, egal ob es sich um Professoren oder Assistenten handelt. Daher kann eine Operation *Alter* einmalig im Obertyp *Angestellte* definiert werden und gilt ab dort auch für alle Untertypen. Bei einem Aufruf der Operation *Alter* auf einer Instanz des Typs *Professoren* wird also die in *Angestellte* definierte Funktion berechnet.

Bei anderen Operationen ist aber eine so genannte *Verfeinerung* bzw. *Spezialisierung* (engl. *refinement*) der geerbten Operation notwendig, um die Implementierung der Operation an die Besonderheiten des Untertyps anzupassen. Ein Beispiel dafür sei die Operation *Gehalt*: Alle *Angestellten* erhalten zwar ein Gehalt, es berechnet sich jedoch unterschiedlich. Daher wird für die Gehaltsfunktion in *Angestellte* eine Standardberechnungsvorschrift vorgegeben, die, wenn nötig, *verfeinert* werden kann.

Für unser Beispiel nehmen wir folgende Berechnungsvorschriften für das *Gehalt* der in der Universität beschäftigten Angestellten an:

- *Angestellte* werden nach der Standard-Formel

$$2000 + (\text{Alter}() - 21) * 100$$

bezahlt. Sie haben also ein monatliches Grundgehalt von 2000 Euro und eine „Erfahrungszulage“ von 100 Euro pro Lebensjahr, das über das 21. Jahr hinausgeht.[5]

- *Assistenten* bekommen ein höheres Grundgehalt und eine etwas höhere „Erfahrungszulage“, so dass sich deren Gehalt nach folgender Formel berechnet:

$$2500 + (\text{Alter}() - 21) * 125$$

- *Professoren* seien – in unserem Beispiel – die Spitzenverdiener mit folgender Gehaltsberechnung:

$$3000 + (\text{Alter}() - 21) * 150$$

Die *Gehalt*-Operation wird – wie oben ausgeführt – in den Objekttypen *Professoren* und *Assistenten* gegenüber der aus *Angestellte* geerbten Operation spezialisiert (verfeinert). Dies ist in Abbildung 13.12 durch den kursiven Schrifttyp der geerbten *Gehalt*-Eigenschaft gekennzeichnet.

Die Möglichkeit der Verfeinerung von Operationen muss vom Laufzeitsystem berücksichtigt werden: Jede Instanz des Untertyps *Professoren* und des Untertyps *Assistenten* gehört auch zum Obertyp *Angestellte*. In Abbildung 13.14 ist die Extension *AlleAngestellten* mit nur drei Elementen gezeigt:

- Objekt id_1 ist eine direkte *Professoren*-Instanz,
- Objekt id_{11} ist eine direkte *Assistenten*-Instanz, und
- Objekt id_7 ist eine direkte *Angestellte*-Instanz.

Die *Gehalt*-Operation wurde in *Angestellte* eingeführt und vererbt sich an alle Untertypen, also an *Assistenten* und *Professoren*. Wir hatten allerdings oben beschrieben, dass die geerbte Operation in den Untertypen *verfeinert* wurde. Die Verfeinerung einer Operation muss aber bei der Ausführung der Operation zur Laufzeit beachtet werden. Es muss sichergestellt werden, dass immer bezüglich des Empfängerobjekts, auf dem die Operation ausgeführt werden soll, die „spezialisierteste“ Version *gebunden* wird. Dies wird durch das *späte* oder *dynamische Binden* (engl. *late binding*) der verfeinerten Operation erreicht. Dies bedeutet, dass erst zur Laufzeit eines Programms bestimmt wird, welche verfeinerte Version einer Operation tatsächlich ausgeführt wird. Wir wollen dies für unsere Beispielextension aus Abbildung 13.14 anhand folgender Anfrage demonstrieren:

```
select sum(a.Gehalt())
from a in AlleAngestellten
```

[5] In der Realität bemisst sich diese Erfahrungszulage im öffenlichen Dienst in Deutschland nach Dienstalter, wobei das Dienstalter – je nach Tätigkeitsdauer im öffentlichen Dienst – kleiner oder gleich dem tatsächlichen Lebensalter ist. Eine realistischere Gehaltsberechnung sei den Lesern in Übungsaufgabe 13.5 überlassen.

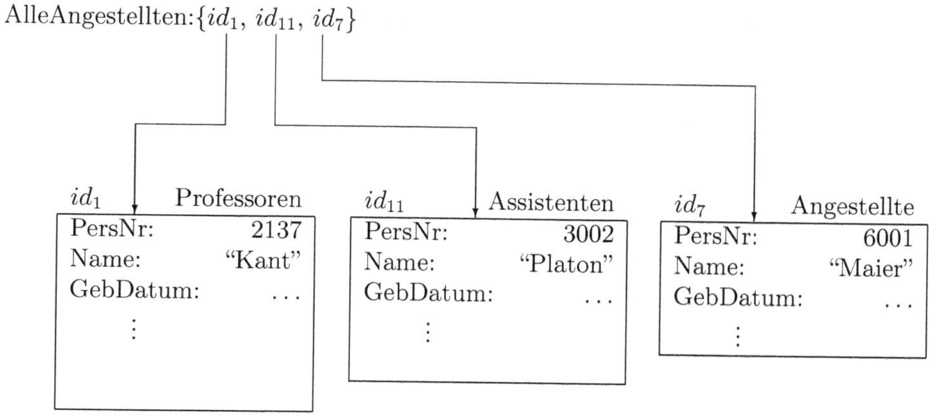

Abbildung 13.14: Die Extension *AlleAngestellten* mit (nur) drei Objekten

Diese OQL-Anfrage – die Anfragesprache OQL wird später noch etwas detaillierter besprochen – berechnet nun für jedes Objekt in der Extension *AlleAngestellten* das Gehalt und summiert alle berechneten Gehälter. Aus dem aktuellen Zustand der Extension *AlleAngestellten* folgt aber nun, dass für die Objekte mit den Namen Kant und Platon nicht dieselbe Implementierung der Operation *Gehalt* ausgeführt werden darf, wie für die *Angestellte*-Instanz namens Maier. Dies muss durch das dynamische Binden des Operationscodes erreicht werden. Wie funktioniert das dynamische Binden? Es dürfte offensichtlich sein, dass man nicht statisch entscheiden kann, welchen direkten Typ die Objekte haben. Die Extension *AlleAngestellten* enthält ja beispielsweise Instanzen dreier unterschiedlicher Typen, die alle eine spezifische *Gehalt*-Implementierung haben. Deshalb muss zur Laufzeit zunächst der direkte Typ des Objekts bestimmt werden. Man beachte, dass – u.a. um das dynamische Binden zu ermöglichen – jedes Objekt seinen direkten Typ „weiß".

Nachdem der direkte Typ des Objekts bekannt ist, kann dann in der Typstruktur die spezialisierteste Version der Operation bestimmt werden. Es ist die Version, die als erste auf dem Vererbungspfad in Richtung der Wurzel *ANY* der Typhierarchie liegt. In unserem *Gehalt*-Beispiel ist die Bestimmung der spezialisiertesten Implementierung trivial, da jeder Objekttyp seine eigene Implementierung aufweist. Es wird also zur Laufzeit

- für das Objekt id_1 die *Professoren*-spezifische *Gehalt*-Berechnung durchgeführt,
- für das Objekt id_{11} die *Assistenten*-spezifische und
- für das Objekt id_7 die allgemeinste, also *Angestellten*-spezifische Realisierung der Operation *Gehalt* gebunden.

Es ist die Aufgabe des Laufzeitsystems eines Objektbanksystems, diese dynamische Bindung der verfeinerten Operationen durchzuführen.

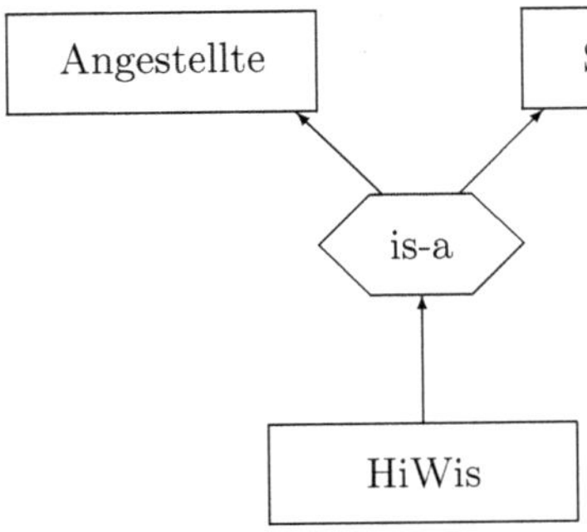

Abbildung 13.15: Ein Beispiel für Mehrfachvererbung

13.10 Mehrfachvererbung

In unserer Beispielanwendung hatten wir uns bislang auf die *Einfachvererbung* beschränkt. Dabei hat jeder Objekttyp höchstens einen Obertyp, dessen Eigenschaften er erbt. Bei der *Mehrfachvererbung* wird diese Beschränkung aufgegeben, so dass ein Objekttyp die Eigenschaften mehrerer *direkter* Obertypen erben kann. Wir wollen dies an dem in Abbildung 13.15 (Hilfs-Wissenschaftler) gezeigten Beispiel diskutieren. Der Objekttyp *HiWis* erbt die Eigenschaften von zwei direkten Obertypen. *HiWis* erben

- von *Angestellte* die Eigenschaften *PersNr*, *Name* und die Operationen *Gehalt* und *Alter* und
- von *Studenten* die Eigenschaften *MatrNr*, *Name*, *Semester*, *hört* und *wurdeGeprüft*.

Diese Mehrfachvererbung könnte wie folgt spezifiziert werden:

```
class HiWis extends Studenten, Angestellte (extent AlleHiWis) {
   attribute short Arbeitsstunden;
   ...
};
```

Das Attribut *Name* wird in diesem Beispiel sowohl von *Angestellte* als auch von *Studenten* geerbt. Um solchen Mehrdeutigkeiten (und anderen implementierungstechnischen Schwierigkeiten) aus dem Weg zu gehen, wurde in der Version 2.0 von ODL das Schnittstellen-Konzept (engl. *interface*) eingeführt, das es in einer ähnlichen Form auch in der Programmiersprache Java gibt. Eine **interface**-Definition ist eine abstrakte Definition der Methoden, die alle Klassen besitzen müssen, die diese Schnittstelle implementieren. Schnittstellen dürfen keine eigenen Attribute oder Beziehungen besitzen (d.h. keinen Zustand) und nicht direkt instanziiert werden. Eine Klasse im ODMG-Modell kann mehrere Schnittstellen implementieren, darf aber nur höchstens von einer Klasse mit **extends** abgeleitet werden. Die im **interface** definierten Operationen (genauer, die Operationssignaturen) werden von der Klasse, die diese Schnittstelle realisiert geerbt.

In unserem Beispiel kann man für die Angestellten lediglich die Schnittstelle festlegen. Die Klasse *HiWis* implementiert diese Schnittstelle und erbt nur den Zustand und die Methoden der Klasse *Studenten*. Die Liste der Schnittstellen, die eine Klasse implementiert, wird in der Klassendefinition nach dem Klassennamen und der möglichen **extends**-Anweisung hinter einem Doppelpunkt angegeben. Zusätzlich muss noch der nicht mitgeerbte, aber benötigte Teil des Zustandes der ursprünglichen *Angestellten*-Klasse „nachgereicht" werden.

```
interface AngestellteIF {
    short Alter();
    long Gehalt();
};

class Angestellte : AngestellteIF (extent AlleAngestellten) {
    attribute long PersNr;
    attribute string Name;
    attribute date GebDatum;
};

class HiWis extends Studenten : AngestellteIF (extent AlleHiWis) {
    attribute long PersNr;
    attribute date GebDatum;
    attribute short Arbeitsstunden;
};
```

Man beachte, dass – so wie es oben definiert ist – die *HiWis* nicht in die Extension *AlleAngestellten* eingefügt werden. Dazu müsste man diese Extension der Schnittstelle *AngestellteIF* zuordnen, was aber nach der Syntaxbeschreibung des ODMG-Standards (siehe Cattell et al. (1997), S. 67–72) nicht möglich ist.

Die Restriktion der Mehrfachvererbung auf Schnittstellen allein schließt aber nicht aus, dass in den implementierten Schnittstellen und geerbten Klassen Konflikte bei gleichbenannten Methoden existieren. In vielen Systemen wird durch eine Prioritätenregel festgelegt, welche Methode in einem solchen Fall tatsächlich geerbt wird. Das ODMG-Modell „löst" diese Situation auf eine einfachere Weise – es verbietet Ableitungen, bei denen Konflikte entstehen könnten.

13.11 Die Anfragesprache OQL

Die Object Query Language (OQL) des ODMG-Standards ist syntaktisch an SQL angelehnt. Auch hier werden Anfragen in einem **select-from-where**-Block formuliert. Gegenüber SQL-92 hat OQL den großen Vorteil, dass man flexibler auf beliebig strukturierten Objekten arbeiten kann. Weiterhin kann man in OQL die den Typen zugeordneten Operationen aufrufen.

13.11.1 Einfache Anfragen

Beginnen wir mit der einfachen Anfrage nach den Namen aller C4-Professoren:

select p.Name
from p **in** AlleProfessoren
where p.Rang = "C4";

Diese Anfrage ist bis auf eine Kleinigkeit im **from**-Teil identisch mit einer äquivalenten SQL-Anfrage. Im **from**-Teil werden Variablen an Mengen gebunden, in unserem Fall wird die Variable *p* an die Extension *AlleProfessoren* gebunden.

Anfragen, die Tupel anstelle von einzelnen Objekten zurückgeben, enthalten den Tupelkonstruktor **struct**. Soll in der obigen Anfrage auch der Rang der *Professoren* ausgegeben werden, muss ein zweistelliges Tupel generiert werden:

select struct(n: p.Name, r: p.Rang)
from p **in** AlleProfessoren
where p.Rang = "C4";

In diesem Fall ist der Rang natürlich bei allen gleich, nämlich „C4“.

13.11.2 Geschachtelte Anfragen und Partitionierung

Ein Gruppierungsoperator, der in SQL-92 für die Formulierung von Prädikaten auf Untermengen einer Relation verwendet werden musste, ist in OQL aufgrund der einfacheren Mengenverarbeitung meist nicht notwendig. Die Gruppierung wurde in SQL verwendet, um eine Partitionierung innerhalb einer Relation durchzuführen, ohne dabei die flache relationale Struktur zu zerstören. Im objektorientierten Modell braucht man die Einschränkung auf flache Tupel nicht mehr. Die Frage nach der Lehrbelastung der Referenten, die überwiegend lange Vorlesungen halten, kann durch geschachtelte Anfragen wie folgt bestimmt werden:

select struct(n: p.Name, a: **sum**(**select** v.SWS **from** v **in** p.liest))
from p **in** AlleProfessoren
where avg(**select** v.SWS **from** v **in** p.liest) > 2;

Die Aggregatfunktionen **sum** und **avg** werden hierbei also auf das Ergebnis von Unteranfragen angewendet – das ist in SQL so nicht möglich. Weiterhin können in OQL Variablen, wie z.B. *v*, sehr flexibel an beliebige Objektmengen gebunden werden. Hier wird *v* zum Beispiel an die Menge der von *p* gelesenen Vorlesungen gebunden – also an die Menge, die die Beziehung *liest* realisiert.

Trotzdem existiert ein **group by**-Operator in OQL, der allerdings allgemeiner als der in SQL ist; mit ihm lassen sich auf einfache Weise beliebige Partitionierungen vornehmen. Wir wollen hier nur ein einfaches Beispiel zeigen. Die Vorlesungen sollen nach ihrer Länge in drei Gruppen eingeteilt werden: kurze, mittlere und lange Vorlesungen. *AlleVorlesungen* ist die Extension des Typs *Vorlesungen*.

select *
from v **in** AlleVorlesungen
group by kurz: v.SWS <= 2, mittel: v.SWS = 3, lang: v.SWS >= 4;

Das Ergebnis besteht aus drei Tupeln vom Typ:

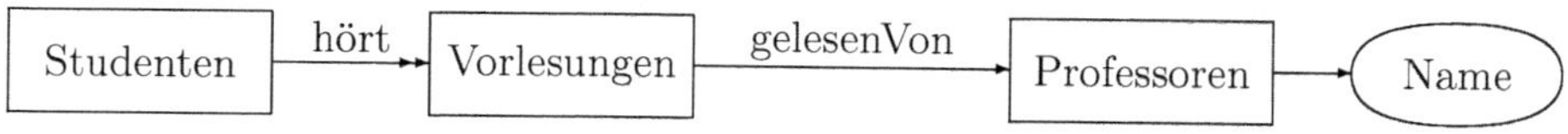

Abbildung 13.16: Grafische Darstellung des Pfadausdrucks von *Studenten* über *Vorlesungen* zu *Professoren*

struct(kurz: **boolean**, mittel: **boolean**, lang: **boolean**,
partition: **bag**⟨**struct**(v: Vorlesungen)⟩).

Dabei handelt es sich bei *partition* um ein mengenwertiges Attribut, das die in die jeweilige Partition fallenden Vorlesungen enthält. Die Booleschen Werte markieren, um welche Partition es sich handelt.

13.11.3 Pfadausdrücke

Da durch die Einführung von Referenzen die Möglichkeit besteht, zwischen Objekten direkt zu traversieren (durch Dereferenzierung der entsprechenden Objektreferenz), werden Joinausdrücke bei objektorientierten Anfragesprachen seltener verwendet. Dort finden so genannte *implizite* oder *funktionale Joins* – darunter versteht man gerade die Dereferenzierung von Objektreferenzen – Verwendung.

Um die Studenten zu finden, die bei Sokrates Vorlesungen hören, wird mit einem so genannten *Pfadausdruck* entlang der Beziehungen zwischen *Studenten*, *Vorlesungen* und *Professoren* navigiert:

select s.Name
from s **in** AlleStudenten, v **in** s.hört
where v.gelesenVon.Name = "Sokrates";

Der Ausdruck *s.hört* ergibt die Menge von Vorlesungen des Studenten bzw. der Studentin, an die s gebunden ist. Für jede dieser Vorlesungen wird das *gelesenVon*-Attribut verfolgt und der Name der referenzierten *Professoren*-Instanz überprüft. Dieser Pfadausdruck ist in Abbildung 13.16 grafisch dargestellt.

Pfadausdrücke können eine beliebige Länge haben. Man darf in OQL aber innerhalb eines Pfadausdrucks der Form $o.A_1.\cdots.A_{i-1}.A_i.A_{i+1}.\cdots.A_n$ keine mengenwertige Eigenschaft A_i haben. Dazu wäre eine zusätzliche Variable notwendig:

$$v_i \textbf{ in } o.A_1.\cdots.A_i,\ v_n \textbf{ in } v_i.A_{i+1}.\cdots.A_n$$

Hierbei ist also die Variable v_i an die Elemente der Menge $o.A_1.\cdots.A_i$ gebunden, und v_n ist an die Elemente der Menge $v_i.A_{i+1}.\cdots.A_n$ gebunden.

In unserem Universitätsbeispiel hätte man also in der Bedingung nicht direkt

s.hört.gelesenVon.Name = "Sokrates"

schreiben können, da *hört* mengenwertig ist. Deshalb war es nötig, in der **from**-Klausel die zusätzliche Variable v einzuführen, die jeweils an die Menge *s.hört* gebunden wird.

13.11.4 Erzeugung von Objekten

Die Ergebnisse der bisherigen Anfragen waren ausschließlich Literale, also unveränderliche Werte, und keine „richtigen" Objekte. Um vollständige, veränderbare Objekte mit Identität und Lebensdauer (Persistenz) zu erzeugen, wird anstelle des Tupelkonstruktors **struct** einfach ein Objektkonstruktor der gleichen Form verwendet, der den Namen des Typs trägt.[6] Der Objekttyp *Vorlesungen* könnte also beispielsweise mit der folgenden „Anfrage" instanziiert werden:

Vorlesungen(VorlNr: 5555, Titel: "Ethik II", SWS: 4, gelesenVon: (
    select p
    from p **in** AlleProfessoren
    where p.Name = "Sokrates"));

Man beachte, dass hierbei ein neues *Vorlesungen*-Objekt instanziiert wird. Die **relationship**-Eigenschaften *Hörer* und *wurdeAbgeprüft* werden hierbei nicht explizit initialisiert – sondern auf den u.U. typspezifischen Default gesetzt.

13.11.5 Operationsaufruf

Für komplexere Anfragen ist es nützlich, auch Operationen von Objekten aufrufen zu können. Zur Demonstration greifen wir auf das Gehaltsbeispiel von oben zurück. Es sollen alle Angestellten mit einem Gehalt von über 100.000 Euro im Jahr herausgesucht werden.

select a.Name
from a **in** AlleAngestellte
where a.Gehalt() > 100.000;

Dabei ist zu beachten, dass sich in der Extension *AlleAngestellten* auch alle *Professoren* und *Assistenten* befinden. Daher muss bei der Anfrageauswertung das späte Binden berücksichtigt werden, damit die korrekte (d.h. spezialisierteste) Gehaltsfunktion verwendet wird.

13.12 C++-Einbettung

Gerade in objektorientierten Systemen ist aufgrund der Integration von struktureller und verhaltensmäßiger Modellierung eine möglichst nahtlose Einbindung in eine Programmiersprache wichtig, da ja insbesondere auch die den Objekttypen zugeordneten Operationen in der Programmiersprache implementiert werden müssen. Dazu gibt es drei unterschiedliche Ansätze:

- **Entwurf einer neuen Sprache.** Dies ist wohl die eleganteste Methode, denn man kann die Sprache speziell auf persistente Objekte „zuschneidern". Andererseits ist diese Möglichkeit mit einem hohem Realisierungsaufwand verbunden, und Benutzer müssen eine neue Programmiersprache lernen.

[6]Nicht zu verwechseln mit dem C++-Konstruktor, der in der derzeitigen OQL-Version nicht berücksichtigt wird.

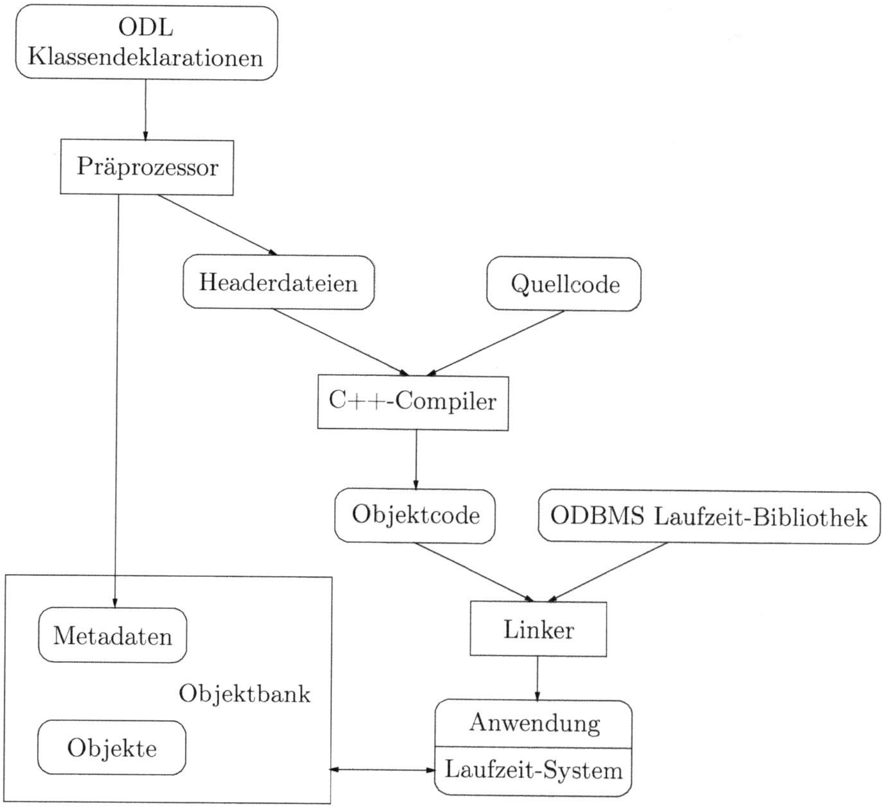

Abbildung 13.17: C++-Einbindung [Cattell et al. (1997)]

- **Erweiterung einer bestehenden Sprache.** Vom Realisierungsaufwand ist diese Vorgehensweise ähnlich der ersten Methode. Der Benutzer muss keine vollständig neue Sprache lernen, aber er muss mit – manchmal unnatürlich wirkenden – Erweiterungen der Basissprache leben.

- **Datenbankfähigkeiten durch Typbibliothek.** Dies ist die einfachste Möglichkeit für das Erreichen von Persistenz, allerdings mit den höchsten „Reibungsverlusten". Häufig leiden die Transparenz der Einbindung und die Typüberprüfung der Programmiersprache unter diesem Ansatz, vielfach ist zusätzliche „Handarbeit" (z.B. explizite Konvertierungen) des Benutzers notwendig.

Die von der ODMG gewählte Einbindung entspricht weitestgehend dem letzten Ansatz. Ihre Realisierung ist in Abbildung 13.17 dargestellt.

Die Benutzer erstellen die Klassendeklarationen und den Quellcode der Anwendung. Die Klassendeklarationen werden mit Hilfe eines Präprozessors in die Datenbank eingetragen. Zusätzlich werden Headerdateien in Standard-C++ erzeugt, die durch einen handelsüblichen C++-Compiler übersetzt werden können. Der Quellcode enthält die Realisierungen der den Objekttypen zugeordneten Operationen. Der übersetzte Quellcode wird mit dem Laufzeitsystem gebunden. Das Laufzeitsystem sorgt in der fertigen Anwendung für die Kommunikation mit der Datenbank.

13.12.1 Objektidentität

Wie bereits erwähnt, kennen die meisten Programmiersprachen, wie auch C++, das Konzept der Objektidentität nicht – zumindest nicht in der im Datenbankbereich erforderlichen Form. Um trotzdem eine geeignete Realisierung von Beziehungen zwischen persistenten Objekten in C++ zu ermöglichen, bietet die C++-Einbindung Objekte vom Typ *d_Rel_Ref* und *d_Rel_Set* an. Betrachten wir als Beispiel die Beziehung zwischen *Vorlesungen* und *Professoren*:

```
const char _liest[] = "liest";
const char _gelesenVon[] = "gelesenVon";

class Vorlesungen : public d_Object {
    d_String Titel;
    d_Short SWS;
    ...
    d_Rel_Ref<Professoren,_liest> gelesenVon;
};

class Professoren : public Angestellte {
    d_Long PersNr;
    ...
    d_Rel_Set<Vorlesungen,_gelesenVon> liest;
};
```

Es wurden hier zwei C++-Klassen definiert. *Vorlesungen* ist direkt vom Typ *d_Object* abgeleitet; *Professoren* ist indirekt über *Angestellte* (nicht gezeigt) davon abgeleitet. Dieser Typ *d_Object* sorgt dafür, dass von *Vorlesungen* und *Professoren* nicht nur transiente (also nur im virtuellen Adressraum befindliche), sondern auch persistente Instanzen gebildet werden können. Die Typen *d_String*, *d_Short* und *d_Long* sind die C++-Versionen der ODL-Typen **string**, **short** und **long**. Um Plattformunabhängigkeit zu gewährleisten, sind die direkt in C++ vorgegebenen Datentypen ungeeignet.

Komplizierter wird es bei der Übersetzung der Beziehung in C++: Das Attribut *gelesenVon* der Klasse *Vorlesungen* referenziert ein Objekt vom Typ *Professoren* (definiert durch das erste Argument in der Winkelklammer hinter *d_Rel_Ref*). In *Professoren* gibt es eine entsprechende inverse Referenz *liest* (definiert durch den Inhalt der Variable, die als zweites Argument in der Winkelklammer hinter *d_Rel_Ref*) steht. Hier wird jedoch ein Attribut vom Typ *d_Rel_Set* verwendet, da Professoren ja mehrere Vorlesungen halten können. Die etwas seltsam anmutende Konstruktion eines Template-Arguments, das eine Variable (also *_liest* bzw. *_gelesenVon*) mit einem Attributnamen enthält, ist der Ersatz für das in C++ fehlende Schlüsselwort **inverse**.

13.12.2 Objekterzeugung und Ballung

Eine Instanziierung wird in C++ mit dem Operator **new** durchgeführt. Eine persistente Speicherung erfordert allerdings noch die Angabe einer Plazierung. Möglich ist dabei entweder die Ablage an einem beliebigen Platz in der spezifizierten Datenbasis oder die Positionierung „nahe" eines anderen Objekts. Die zweite Variante ist eine einfache Möglichkeit, eine Ballung von Objekten festzulegen: „Nahe" bedeutet im Idealfall auf derselben Seite, so dass beide Objekte mit einem Seitentransfer gelesen werden können. Im folgenden Beispiel wird ein neues Objekt *Russel* erzeugt, das beliebig in der Datenbasis *UniDB* plaziert wird. Das Objekt *Popper* wird in der Nähe von *Russel* abgelegt:

d_Ref⟨Professoren⟩ Russel =
    new(UniDB, "Professoren") Professoren(2126, "Russel", "C4", ...);
d_Ref⟨Professoren⟩ Popper =
    new(Russel, "Professoren") Professoren(2133, "Popper", "C3", ...);

Dabei sind *Russel* und *Popper* zwei Variablen vom Typ *d_Ref⟨Professoren⟩*, die auf die neuen Objekte verweisen. *d_Ref* implementiert Referenzen zu persistenten Objekten, die aber im Gegensatz zu *d_Rel_Ref* keine inversen Referenzen besitzen. Als zweites Argument in den Klammern wird der Name des erzeugten Objekttypen als Zeichenkette angegeben.

13.12.3 Einbettung von Anfragen

Auch bei der Einbettung von Anfragen gilt, dass eine Erweiterung des Sprachumfangs der Programmiersprache die elegantere, aber aufwendigere Methode ist. Ist die Anfrage Teil des Programmtextes, kann bereits zur Übersetzungszeit eine statische Typüberprüfung und Anfrageoptimierung durchgeführt werden.

Die ODMG-Standardisierungsorganisation wählte eine „lose" Kopplung zwischen Anfragesprache und Programmiersprache. Dabei wird der Anfragebearbeitung zur Laufzeit die Anfrage als Zeichenkette übergeben, möglicherweise mit zusätzlichen Parametern aus dem aufrufenden C++-Programm. Die Anfragebearbeitung führt anschließend das Parsen, die Typüberprüfung und die Optimierung der Anfrage durch und wertet die Anfrage aus. Das Ergebnis der Anfrage wird dann dem aufrufenden Programm in einer Variablen übergeben. Der Vorteil dieses Ansatzes der losen Kopplung liegt in deren relativ geringen Implementierungsaufwand.

Als Beispielanfrage wollen wir die Menge der *Schüler* eines bestimmten Professors bzw. einer Professorin ermitteln. Diese Anfrage wird wie folgt formuliert:

d_Bag⟨Studenten⟩ Schüler;
char* profname = ...;

d_OQL_Query anfrage("**select** s
        from s **in** v.Hörer, v **in** p.liest, p **in** AlleProfessoren
        where p.Name = $1");

anfrage ≪ profname;

d_oql_execute(anfrage, Schüler);

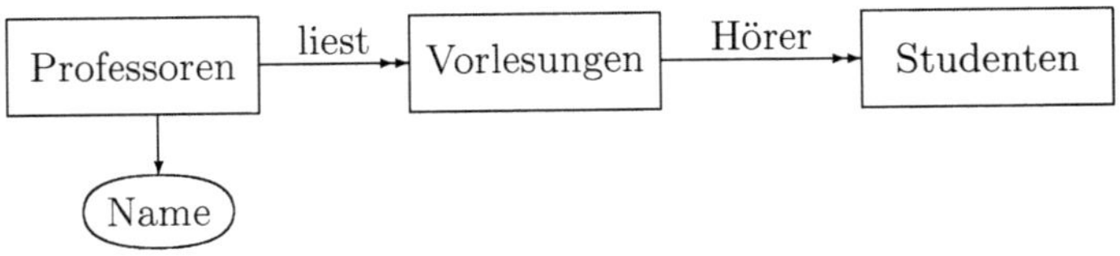

Abbildung 13.18: Grafische Darstellung des Pfadausdrucks von Professoren über Vorlesungen zu Studenten

Zunächst wird ein Objekt vom Typ *d_OQL_Query* gebildet. Dieses Objekt erhält als Konstruktorargument die Anfrage in Form einer Zeichenkette. In der Anfrage können Platzhalter für Anfrageparameter stehen; an Stelle von $1 wird der erste übergebene Parameter eingesetzt – in unserem Fall der Name des Professors oder der Professorin, deren Schüler wir suchen. Die Übergabe erfolgt mit einem überladenen „≪"-Operator, der in der Klasse *d_OQL_Query* definiert ist. Anschließend kann die Anfrage mit der Funktion *d_oql_execute* ausgeführt werden, die das Ergebnis in der Kollektionsvariablen *Schüler* zurückliefert. Die Kollektionsvariablen ist vom Typ *d_Bag*, d.h. sie ist eine so genannte „Multimenge", die auch Duplikate enthalten kann.

In der Anfrage wird wiederum ein Pfadausdruck ausgewertet, der in der Extension *AlleProfessoren* anfängt, über die **relationship**-Eigenschaft *liest* zu *Vorlesungen* und von dort über die Eigenschaft *Hörer* zu den gesuchten *Studenten* führt. Dieser Pfadausdruck ist in Abbildung 13.18 veranschaulicht.

13.13 Übungen

13.1 In Abschnitt 13.1 wurde das relationale Schema für die Begrenzungsflächendarstellung von Polyedern eingeführt. Dort wurde u.a. auch die Problematik der Realisierung von Operationen erörtert. Implementieren Sie die den Polyedern zugeordneten Operationen (rotate, scale, translate, volume, weight etc.) in C oder C++ mit eingebetteten SQL-Befehlen für die Datenbankzugriffe. Implementieren Sie auch die anderen geometrischen Transformationen *translate* und *scale*. Falls Ihnen grundlegende Kenntnisse aus dem Bereich Computergeometrie fehlen, ziehen Sie bitte das Lehrbuch von Foley und van Dam (1983) zu Rate.

13.2 Wenn Sie Zugriff auf ein objekt-orientiertes Datenbanksystem haben, realisieren Sie die Begrenzungsflächendarstellung von Polyedern in diesem System. Verwirklichen Sie die geometrischen Transformationen *rotate*, *scale* und *translate*. Weiterhin sollten Sie einige so genannte Beobachtungsoperationen implementieren, wie z.B. die Visualisierung (*display*) eines Polyeders auf dem Bildschirm. Wenn Sie keinen Zugriff auf ein objektorientiertes Datenbanksystem haben, führen Sie die objektorientierte Modellierung in C++ (oder einer anderen objektorientierten Programmiersprache) durch.

Vergleichen Sie die objektorientierte Modellierung mit der in Abschnitt 13.1

skizzierten und in Übung 13.1 vervollständigten relationalen Repräsentation.

13.3 Entwerfen Sie eine vollständige Typhierarchie für die Mitglieder einer Universität. Diskutieren Sie, inwieweit die Mehrfachvererbung zu einer besseren oder schlechteren Modellierung führt.

13.4 Vervollständigen Sie die objektorientierte Modellierung der Universitätswelt. Realisieren Sie dieses Modell in einem Ihnen verfügbaren objektorientierten Datenbanksystem oder in C++ (falls Ihnen kein objektorientiertes DBMS zur Verfügung stehen sollte). Bauen Sie eine kleine Beispiel-Datenbasis auf.

13.5 Implementieren Sie die Objekttypen *Angestellte*, *Assistenten* und *Professoren* in einem Ihnen zur Verfügung stehenden Objektmodell, evtl. C++. Finden Sie die in Ihrer Universität gültige Gehaltsberechnung für diese Universitätsangehörigen heraus und implementieren Sie diese. Zeigen Sie an Beispielen, dass das dynamische Binden „funktioniert".

13.6 „Bauen" Sie eine objektorientierte Datenbank für das in Übungsaufgabe 2.6 auf Seite 70 konzeptuell entworfene Zugauskunftsystem. Sie sollten insbesondere Operationen zur Fahrplanermittlung integrieren.

- Führen Sie zunächst den objektorientierten Entwurf nach der hier vorgestellten Booch-Notation aus. Vielleicht haben Sie ja auch Zugriff auf ein objektorientiertes Entwurfswerkzeug, wie z.B. das System „Rose" von der Firma „Rational".
- Setzen Sie Ihren objektorientierten konzeptuellen Entwurf in ein Objektmodell um – entweder auf der Basis eines objektorientierten Datenbanksystems (wenn vorhanden) oder einer objektorientierten Programmiersprache, wie z.B. C++.

13.7 Entwerfen Sie mögliche Realisierungen für die Objektidentität. Achten Sie darauf, dass ein einmal vergebener Identifikator nicht wiederverwendet werden darf – auch nicht zu einem späteren Zeitpunkt, an dem das ursprünglich referenzierte Objekt schon gelöscht ist.

13.14 Literatur

Innerhalb der Informatik tauchten die ersten Konzepte der Objektorientierung im Programmiersprachenbereich auf. Bereits Simula-67 (beschrieben von Dahl, Myrhaug und Nygaard (1970)), eine insbesondere auf Simulationsanwendungen zugeschnittene Programmiersprache, enthält die meisten für Objektorientierung als wesentlich geltenden Eigenschaften. Sie gilt als Vorläufer aller folgenden objektorientierten Programmiersprachen. Direkte Nachfolger von Simula-67 sind die Sprachen Smalltalk-80 [Goldberg und Robson (1983)], Eiffel [Meyer (1988)], ObjectiveC [Cox (1986)] und C^{++} [Stroustrup (2000)], um nur einige wenige zu nennen.

Das erste kommerzielle objektorientierte Datenbanksystem war GemStone [Copeland und Maier (1984)] (von der Firma GemStone Systems Inc.), dessen Datenmodell auf der Sprache Smalltalk-80 basiert. Poet [Poet Software (1997)] ist ein in Deutschland entwickeltes objektorientiertes Datenbanksystem.

Für eine tiefergehende Behandlung der Konzepte objektorientierter Datenbanken empfiehlt es sich, eines der Lehrbücher zur Hand zu nehmen, wie z.B. das von Kemper und Moerkotte (1994). Dort erläutern die Autoren anhand des Objektmodells GOM die Besonderheiten objektorientierter Datenbanken und führen eine Gegenüberstellung von relationaler und objektorientierter Technologie durch. Ein kurzer Überblick über die objektorientierte Datenbankentwicklung wurde von Kemper und Moerkotte (1993) für das Informatik Spektrum verfasst. Auch Unland (1995) hat einen Überblick über diese Technologie geschrieben. In dem Sammelband von Bayer, Härder und Lockemann (1992) findet sich eine Übersicht über deutsche Forschungsarbeiten im Bereich Objektbanken. Auch Heuer (1997) bespricht verschiedene objektorientierte Systeme. Matthes (1993) beschreibt Realisierungskonzepte für ein persistentes Objektsystem. Umfassendere Bücher zu objektorientierten Datenbanken sind von Lausen und Vossen (1996) und Saake, Schmitt und Türker (1997) und Hohenstein et al. (1996). Geppert (1997) hat ein Praktikum für objektorientierte Datenbanken (Schwerpunkt O_2) ausgearbeitet. Braunreuther, Linnemann und Lipinski (1997) benutzen ein objektorientiertes Datenbanksystem für medizinische Simulationen.

Da die verschiedenen Systeme eine Vielzahl unterschiedlicher Fähigkeiten haben, wurde von Atkinson et al. (1989) im „Manifesto“ festgehalten, welches die wichtigsten Merkmale objektorientierter Datenbanksysteme sind. Broy und Siedersleben (2002) haben einen viel beachteten Artikel über die Probleme der objekt-orientierten Modellierung geschrieben.

Der ODMG-93 Standard ist von Cattell et al. (1997) beschrieben worden. Mittlerweile ist allgemein anerkannt, dass „die Datenbanksysteme der nächsten Generation“ ein mächtiges objektorientiertes Datenmodell anbieten werden – sei es in der Form eines „reinen“ Objektmodells nach dem hier vorgestellten ODMG-Standard oder als objektrelationales Modell nach dem zukünftigen SQL3-Standard [Pistor (1993)].

Die Object Query Language des ODMG-Standards ist dem O_2 System von O_2Technology entnommen [Bancilhon, Delobel und Kanellakis (1992)]. Weitere kommerzielle Systeme sind in der Sonderausgabe der Communications of the ACM [Association for Computing Machinery (1991)] beschrieben – u.a. auch ObjectStore, das auf C++ basiert.

Es gibt seit einigen Jahren Bestrebungen, das objektorientierte Datenmodell zu formalisieren: Kifer, Lausen und Wu (1995), Hartmann et al. (1992) und Gottlob, Kappel und Schrefl (1990) sind Beispiele für Arbeiten auf diesem Gebiet.

Booch (1994) beschreibt Methoden zum Entwurf objektorientierter Software; diese Notation wird auch in dem Modellierungssystem Rose von der Firma Rational benutzt. Eine alternative Notation findet sich in dem Buch von Rumbaugh et al. (1991), wo auch die funktionalen und dynamischen Aspekte einer Software etwas systematischer behandelt werden. Dittrich et al. (2003) berichten über ihre Erfahrungen bei der Entwicklung eines aktiven, objekt-orientierten Datenbanksystems.

14. Erweiterbare und objekt-relationale Datenbanken

14.1 Übersicht über die objekt-relationalen Konzepte

Die meisten Hersteller relationaler Systeme arbeiten an der funktionalen Erweiterung des relationalen Datenmodells. Für diese Erweiterungen wurde das Schlagwort *objekt-relationales Datenmodell* geprägt, da man Konzepte aus der objektorientierten Datenmodellierung in das relationale Modell integriert. Die Erweiterungen beziehen sich im Wesentlichen auf folgende Aspekte:

Große Objekte (Large OBjects, LOBs) Hierbei handelt es sich um Datentypen, die es erlauben, auch sehr große Attributwerte für z.B. Multimedia-Daten zu speichern. Die Größe kann bis zu einigen Giga-Byte betragen. Vielfach werden die *Large Objects* den objekt-relationalen Konzepten eines relationalen Datenbanksystems hinzugerechnet, obwohl es sich dabei eigentlich um „reine" Werte handelt.

Mengenwertige Attribute Man gibt bewusst die flache Struktur des relationalen Modells auf, um einem Tupel (Objekt) in einem Attribut eine Menge von Werten zuordnen zu können. Damit ist es beispielsweise möglich, den *Studenten* ein mengenwertiges Attribut *ProgrSprachenKenntnisse* zuzuordnen. Dieses Attribut enthält eine Menge von Strings. Um mit mengenwertigen Attributen sinnvoll umgehen zu können, muss man in der Anfragesprache Möglichkeiten zur Schachtelung (Bildung von Mengen) und Entschachtelung („Flachklopfen" von Mengen) haben.

Geschachtelte Relationen Bei geschachtelten Relationen geht man noch einen Schritt weiter als bei mengenwertigen Attributen und erlaubt Attribute, die selbst wiederum Relationen sind. Dann kann man z.B. in einer Relation *Studenten* ein Attribut *absolviertePrüfungen* anlegen, unter dem die Menge von *Prüfungen*-Tupeln gespeichert ist. Jedes Tupel dieser geschachtelten Relation besteht selbst wieder aus Attributen, wie z.B. *Note* und *Prüfer*.

Typdeklarationen Objekt-relationale Datenbanksysteme unterstützen die Definition von anwendungsspezifischen Typen – oft *user-defined types (UDTs)* genannt. Man ist also nicht mehr nur an den (sehr begrenzten) Satz von vordefinierten SQL-Attributtypen gebunden. Dadurch kann man dann komplexe Objektstrukturen aufbauen, da man auch die benutzerdefinierten Typen als Attributtypen verwenden kann. Oft unterscheidet man zwischen (wertbasierten) abstrakten Datentypen, die nur als Komponente (Attribut) eines Tupels vorkommen können, und Tupeltypen bzw. Objekttypen (engl. *row types*), die als eigenständiger Datensatz in einer Relation vorkommen können.

Referenzen Attribute können direkte Referenzen auf Tupel/Objekte (derselben oder anderer Relationen) als Wert haben. Dadurch ist man nicht mehr nur auf die Nutzung von Fremdschlüsseln zur Realisierung von Beziehungen beschränkt. Insbesondere kann ein Attribut auch eine Menge von Referenzen als Wert haben, so dass man auch $N{:}M$-Beziehungen ohne separate Beziehungsrelation repräsentieren kann. Z.B. könnte *Studenten* das Attribut *hört* zugeordnet werden, das eine Menge von Referenzen auf Tupel/Objekte in der Relation *Vorlesungen* enthält.

Objektidentität Referenzen setzen natürlich voraus, dass man Objekte (Tupel) anhand einer Objektidentität eindeutig identifizieren kann und dass dieser Objektidentifikator (anders als relationale Schlüssel) nicht veränderbar ist.

Pfadausdrücke Referenzattribute führen unweigerlich zur Notwendigkeit, Pfadausdrücke in der Anfragesprache zu unterstützen.

Vererbung Die komplex strukturierten Typen können von *einem* Obertyp erben. Weiterhin kann man Relationen als Unterrelation *einer* Oberrelation definieren. Alle Tupel der Unter-Relation sind dann implizit auch in der Ober-Relation enthalten. Damit wird das Konzept der Generalisierung/Spezialisierung realisiert.

Operationen Die im relationalen Modell fehlende Möglichkeit, den Daten auch Operationen zuordnen zu können, wurde im objekt-relationalen Modell revidiert. Die Operationen können, wenn sie einfach genug sind, direkt in SQL implementiert werden. Wenn es komplexere Berechnungen sind, stellen viele Systeme den Benutzern eine Schnittstelle zur Verfügung, die Operationen extern in einer prozeduralen Sprache (z.B. C++ oder Java) zu realisieren und dann dem DBMS hinzuzubinden.

Die SQL:1999-Standardisierung hat das Ziel, ein standardisiertes objekt-relationales Datenmodell einschließlich der Anfragesprache zu definieren. Die Standardisierung wurde von dem amerikanischen *National Institute of Standards and Technology* getragen und ist mittlerweile als SQL:1999-Standard verfügbar. Es wird aber sicherlich noch einige Jahre dauern, bis die kommerziellen Datenbanksysteme diesen Standard (vollständig und konsistent) umgesetzt haben. Trotzdem verfügen viele kommerzielle relationale DBMS-Produkte schon heute über zahlreiche objekt-relationale Konzepte – leider in uneinheitlicher Syntax. Wir werden uns in diesem Kapitel auf die Syntax der beiden marktführenden Datenbanksysteme mit objekt-relationalen Konzepten, Oracle und DB2 von IBM, stützen.

14.2 Large Objects (LOBs)

Mittlerweile sind relationale Datenbanksysteme so effizient geworden, dass man in vielen Anwendungen *alle* Daten darin speichert – auch solche Daten, die man früher

„neben“ dem Datenbanksystem als Dateien gespeichert hätte. Dazu zählen insbesondere Multimedia-Daten wie Fotografien, Audiodaten, Videosequenzen, oder auch sehr lange Texte, die archiviert werden sollen.

Für die Speicherung solcher Daten wurden die sogenannten Large OBject (LOB) Datentypen standardisiert. Man unterscheidet mehrere LOB-Datentypen:

CLOB In einem Character Large OBject werden lange Texte gespeichert. Der Vorteil gegenüber entsprechend langen **varchar(...)** Datentypen liegt in der verbesserten Leistungsfähigkeit, da die Datenbanksysteme für den Zugriff vom Anwendungsprogramm auf die Datenbanksystem-LOBs spezielle Verfahren (sogenannte *Locator*) anbieten.

BLOB In den Binary Large Objects speichert man solche Anwendungsdaten, die vom Datenbanksystem gar nicht interpretiert, sondern nur gespeichert bzw. archiviert werden sollen.

NCLOB CLOBs sind auf Texte mit 1-Byte Character-Daten beschränkt. Für die Speicherung von Texten mit Sonderzeichen, z.B. Unicode-Texten müssen deshalb sogenannte National Character Large Objects (NCLOBs) verwendet werden.[1]

Die (maximale) Größe der LOB-Attribute wird in Kilobyte (K), Megabyte (M) oder sogar in Gigabyte (G) angegeben. Heutige Datenbanksysteme unterstützen LOB-Größen von 2 Gigabyte oder sogar 4 Gigabyte.

Bei Verwendung von LOB-Attributen kann man also den Relationen unserer Universität zusätzliche Information zuordnen, die bislang in den Verwaltungen entweder nur in Aktenschränken oder Archivdateien aufbewahrt wurde. Als Beispiel betrachten wir die Relation *Professoren*, der wir jetzt noch die Attribute *Passfoto* vom Typ BLOB und *Lebenslauf* vom Typ CLOB hinzufügen.

```
create table Professoren
  ( PersNr       integer primary key,
    Name         varchar(30) not null,
    Rang         character(2) check (Rang in ('C2', 'C3', 'C4')),
    Raum         integer unique,
    Passfoto     BLOB(2M),
    Lebenslauf   CLOB(75K) );
```

Es wurde bereits erwähnt, dass Datenbanksysteme die Speicherung und Verarbeitung von LOB-Daten besonders optimiert haben. In manchen Datenbanksystemen (z.B. in IBM's DB2) kann man LOB-Attribute vom Logging freistellen (**not logged**), damit sie in dieser Hinsicht keine Zusatzkosten verursachen. Weiterhin kann und sollte man die LOB-Daten so speichern, dass sie nicht in demselben Bereich wie die oft verwendeten Attribute abgelegt werden. Dies würde nämlich zu einer nicht-tolerierbaren Verlangsamung der „normalen“ Datenverarbeitungsvorgänge (Lohnbuchhaltung, Urlaubsplanung, etc.) führen. In Oracle kann man z.B. explizit einen gesonderten „tablespace“ für die Speicherung von LOB-Attributen angeben:

[1] In DB2 heißt dieser Datentyp (anders als im SSQL:1999 Standard) DBCLOB – als Abkürzung für Double Byte Character Large OBject.

```
LOB (Lebenslauf) store as
     ( tablespace Lebensläufe
       storage (initial 50M next 50M) );
```

Hierbei wurde angegeben, dass dieser Speicherbereich jeweils um 50 MB vergrößert wird.

In DB2 kann man sich entscheiden, ob LOB-Daten komprimiert abgespeichert werden (**compact**) um Speicherkosten zu sparen, oder unkomprimiert (**not compact**), um den Zugriff zu optimieren.

Bei der Verarbeitung von LOB-Daten in Anwendungsprogrammen sollten diese Datenobjekte nicht gleich zwischen Datenbanksystem und Anwendungsprogramm übertragen werden. Dies gilt insbesondere für Client/Server-Anwendungen, da die LOB-Datenelemente ein sehr großes Kommunikationsvolumen generieren könnten. Um die Übertragungskosten zu reduzieren, verwendet man sogenannte *Locator*, die auf die LOB-Daten im Datenbankserver verweisen. Operationen auf einem LOB-Locator werden nicht „wirklich" ausgeführt, sondern logisch gespeichert. Wenn man also z.B. zwei LOBs konkateniert, so verbleiben die beiden Argument-LOBs an ihrem Speicherort und es wird nur logisch repräsentiert, dass sie jetzt zusammengefügt sind. Erst „wenn es nicht mehr anders geht" werden LOB-Daten wirklich transferiert – z.B. bei einer expliziten Zuweisung.

14.3 Distinct Types: Einfache benutzerdefinierte Datentypen

Datenbanksysteme unterstützen mittlerweile eine Vielzahl eingebauter Datentypen, die von einfachen Typen wie *integer*, *decimal*, *date* bis hin zu Multimedia-Formaten reichen. Trotzdem kann man mit diesen vordefinierten Datentypen natürlich nicht alle anwendungsspezifischen Anforderungen abdecken. Als konkretes Beispiel betrachten wir den Datentyp für (Prüfungs-)Noten: Bislang hatten wir uns dabei auf den Datentyp *decimal* verlassen, obwohl es natürlich sinnvoller wäre einen eigenen, dedizierten *NotenTyp* zu definieren.

Für derart einfach strukturierte Datentypen, die man eins-zu-eins auf einen existierenden Datentyp abbilden kann, bietet SQL:1999 die Möglichkeit, sogenannte *distinct types* zu definieren. Diese *distinct types* basieren auf einem im Datenmodell eingebauten Typ, wie z.B. **decimal** für unseren *NotenTyp* oder *integer* für einen *PersonalNummernTyp*. Durch die Definition eines *distinct type* will man ausschließen, dass Datenobjekte (Attributwerte) semantisch falsch verwendet werden.

Als Beispiel betrachten wir den Datentyp *NotenTyp*, der als **decimal(3,2)** repräsentiert ist. In DB2 kann dieser Datentyp wie folgt definiert werden (Die SQL:1999-Syntax unterscheidet sich geringfügig, da sie das Schlüsselwort **distinct** weglässt und ein zusätzliches Schlüsselwort **final** verlangt):

```
create distinct type NotenTyp
     as decimal(3,2)
     with comparisons;
```

Hiermit wird definiert, dass der *NotenTyp* die Repräsentation einer dreistelligen Dezimalzahl mit zwei Nachkommastellen hat. Weiterhin werden Vergleiche von zwei *NotenTyp*-Werten erlaubt. Allerdings ist ein Vergleich mit einem anders typisierten Wert, auch wenn es eine dreistellige Dezimalzahl ist, nicht zugelassen. Hätte also beispielsweise die Relation *Studenten* die zwei zusätzlichen Attribute *VordiplomNote* vom Typ *NotenTyp* und *Stundenlohn* vom Typ *decimal(3,2)*, so kann man trotzdem nicht die folgende – absolut unsinnige – Anfrage stellen:

```
select *
from Studenten s
where s.Stundenlohn > s.VordiplomNote;
```

Hier scheitert es an dem unzulässigen Vergleich zweier unterschiedlicher Datentypen. Um unterschiedliche Datentypen miteinander zu vergleichen, muss man sie zunächst zu einem gleichen Datentyp transformieren (*casting*). Man könnte in DB2-Syntax beispielsweise folgende Anfrage stellen, um überbezahlte Studenten zu ermitteln: [2]

```
select *
from Studenten s
where s.Stundenlohn > (9.99 - cast(s.VordiplomNote as decimal(3,2)));
```

Bislang sind dem *NotenTyp* noch keine Operationen zugeordnet, so dass wir beispielsweise aus mehreren Einzelnoten noch gar keine Durchschnittsnote ermitteln können. Glücklicherweise muss man diese Operation nicht gänzlich neu implementieren, sondern man kann die Durchschnittsberechnung, die es ja für den Repräsentationstyp *decimal* gibt, verwenden. Das geht in DB2-Syntax wie folgt:

```
create function NotenDurchschnitt(NotenTyp) returns NotenTyp
    source avg(decimal());
```

Wir wollen diesen *NotenTyp* jetzt in einer Relationendefinition benutzen:

```
create table prüfen (
    MatrNr int,
    VorlNr int,
    PersNr int,
    Note NotenTyp );
```

Beim Einfügen von Daten (Werten) müssen Dezimalzahlen jetzt explizit in einen *NotenTyp*-Wert konvertiert werden. Das geht wie folgt:

```
insert into prüfen values( 28106, 5001, 2126, NotenTyp(1.00) );
...
```

[2] Im SQL:1999-Standard heißt es **cast**(... **to** ...). In DB2-Syntax geht es auch noch kürzer mit **decimal**(s.VordiplomNote).

Die Durchschnittsnote aller Prüfungen der Universität lässt sich dann wie folgt ermitteln:

```
select NotenDurchschnitt(Note) as UniSchnitt
from prüfen;
```

Wir wollen jetzt noch ein sinnvolleres Beispiel für die Transformation von einem Datentyp in einen anderen vorstellen. Dazu betrachten wir den durchaus realistischen Fall, dass unsere Universität den Transfer von im Ausland abgelegten Prüfungsleistungen erlaubt. Das Notensystem an ausländischen Universitäten ist aber vielfach anders als das deutsche Notensystem. Im amerikanischen Notensystem werden beispielsweise Noten im Bereich von 4.0 abwärts vergeben, wobei die 4.0 die bestmögliche Note darstellt. Also sollten wir einen zusätzlichen *US_NotenTyp* definieren, damit hier „nichts durcheinander gerät“:

```
create distinct type US_NotenTyp
    as decimal(3,2)
    with comparisons;
```

Wir können jetzt eine zusätzliche Relation für zu transferierende Prüfungsleistungen, nennen wir sie *TransferVonAmerika*, anlegen:

```
create table TransferVonAmerika (
    MatrNr int,
    VorlNr int,
    Universität varchar(40),
    US_Note US_NotenTyp );
```

Wiederum konvertieren wir beim Einfügen die Dezimalzahl in einen entsprechenden *US_NotenTyp*-Wert:

```
insert into TransferVonAmerika values
    ( 28106, 5041, 'Univ. of Southern California', US_NotenTyp(4.00) );
...
```

Wollen wir aber jetzt den Notendurchschnitt aller Noten – also sowohl der nach dem deutschen als auch nach dem amerikanischen System vergebenen – ermitteln, so benötigen wir eine sinnvolle *Umrechnung* der amerikanischen Noten in äquivalente deutsche Noten. Die folgende in SQL implementierte Funktion *USnachD_SQL* erledigt das:

```
create function USnachD_SQL(us US_NotenTyp) returns NotenTyp
    return (case when decimal(us) < 1.0 then NotenTyp(5.0)
                 when decimal(us) < 1.5 then NotenTyp(4.0)
                 when decimal(us) < 2.5 then NotenTyp(3.0)
                 when decimal(us) < 3.5 then NotenTyp(2.0)
                 else NotenTyp(1.0) end );
```

Mit Hilfe dieser Funktion können wir dann die Durchschnittsnoten der regulären und der transferierten Prüfungen aller Studenten ermitteln:

```
select MatrNr, NotenDurchschnitt(Note)
from ( ( select Note, MatrNr from prüfen )
        union
        ( select USnachD_SQL(US_Note) as Note, MatrNr
          from TransferVonAmerika ) ) as AllePrüfungen
group by MatrNr;
```

Hierzu werden in der **from**-Klausel die beiden Relationen *prüfen* und *TransferVonAmerika* vereinigt. Die in *TransferVonAmerika* gespeicherten *US_Noten* werden zuvor nach *NotenTyp* konvertiert. Auf Werten dieses *NotenTyps* wird dann – nach der Gruppierung nach *MatrNr* – die Durchschnittsberechnung durchgeführt.

Nicht immer sind solche Konvertierungen so einfach in SQL zu realisieren. Wenn man komplexere Konvertierungsfunktionen benötigt, wird man sie eher in einer Programmiersprache wie C++ oder Java extern realisieren wollen. Auch dies ist in DB2 möglich. Im DB2-Datenbankschema würde man dann die Operation, nennen wir sie *USnachD*, wie folgt deklarieren:

```
create function USnachD(double) returns double
     external name 'Konverter_USnachD'
     language C
     parameter style DB2SQL
     no SQL
     deterministic
     no external action
     fenced;
```

In dieser Deklaration wird dem Datenbanksystem die externe Funktion *USnachD* bekannt gemacht. Die Implementierung der Funktion ist unter dem Namen *Konverter_USnachD* als C-Routine realisiert. Die Parameter-Übergabe erfolgt gemäß DB2SQL-Konvention und die Funktion enthält ihrerseits keine Zugriffe auf die Datenbank (*no SQL*). Mit dem Schlüsselwort *deterministic* wird angezeigt, dass zwei Aufrufe dieser Funktion mit demselben Parameterwert immer dasselbe Ergebnis liefern. Diese Information ist u.U. für den Optimierer wichtig, falls aus Optimierungsgründen die Operation mehrmals aufgerufen würde – beispielsweise nachdem die zu konvertierenden Werte durch einen vorangehenden Join repliziert worden sind. Die weiteren Schlüsselworte werden später erklärt – sie spielen für das Verständnis hier keine Rolle.

Die aufmerksamen Leser werden aber erkannt haben, dass der Parametertyp und der Rückgabetyp der Funktion als **double** deklariert wurde. Das ist der Datentyp aus C/C++, der noch am nächsten an den SQL-Typ decimal heranreicht. Aber man benötigt trotzdem in DB2 noch zusätzliche Konvertier-Funktionen, damit man die Funktion *USnachD* nahtlos einsetzen kann. Die beiden folgenden Hilfsroutinen erledigen das.

```
create function USnachD_Decimal (decimal(3,2)) returns decimal(3,2)
     source USnachD (double);
```

create function NotenTyp(US_NotenTyp) **returns** NotenTyp
  source USnachD_Decimal (**decimal**());

In diesen beiden Hilfsroutinen wird die notwendige Konvertierung zwischen den SQL-Datentypen und den C/C++-Datentypen erzielt. Bei einem Aufruf der zuletzt definierten Operation *NotenTyp(...)* wird zunächst die Routine *USnachD_Decimal* angewendet, die wiederum auf *USnachD* basiert. Dabei wird der Parameterwert vom Typ *US_NotenTyp* zunächst nach *decimal* konvertiert, dann nach *double*. In der Rückrichtung wird ein *double*-Wert in einen *decimal*-Wert konvertiert, und dieser letztendlich in einen *NotenTyp*-Wert.

Jetzt kann man die Durchschnittsnote der Studenten auch wie folgt ermitteln:

select MatrNr, NotenDurchschnitt(Note)
from ((**select** Note, MatrNr **from** prüfen)
  union
  (**select** NotenTyp(US_Note) **as** Note, MatrNr
   from TransferVonAmerika)) **as** AllePrüfungen
group by MatrNr;

In der zweiten geschachtelten **select**-Anweisung wird die *Note* vom *US_NotenTyp* durch den Aufruf *NotenTyp(Note)* in einen (deutschen) *NotenTyp* konvertiert. Danach kann die Vereinigung der nach Konvertierung typkompatiblen Tupel aus *prüfen* und *TransferVonAmerika* durchgeführt werden.

14.4 Table Functions

Einige Systeme, wie z.B. DB2, haben eine elegante Möglichkeit, externe (also außerhalb des Datenbanksystems verfügbare) Information in das „Datenbanksystem hereinzuholen“, um sie in der Anfragebearbeitung mit zu verwenden. Dazu dienen die sogenannten *Table Functions*. Das sind Funktionen, die nicht nur einen einzigen (skalaren) Wert zurückliefern, sondern – wie der Name schon sagt – eine Tabelle/Relation. Eine *Table Function* liefert also eine Menge von Tupeln als Ergebnis. Eine solche Funktion kann in Anfragen fast wie eine ganz normale Relation oder eine Sicht (view) verwendet werden. Man bezeichnet solche Funktionen auch als *Wrapper*, da sie eine externe Datenquelle in einer anderen, dem Datenbanksystem zugänglichen Form erscheinen lassen.

Wir wollen dies an einem anschaulichen Beispiel demonstrieren. Das World Wide Web liefert jede Menge Informationen; so auch die Biographien der Professoren unserer Universität. Also möchten wir eine *Table Function* namens *Biographien* realisieren, die als Ergebnis eine Relation folgenden Schemas liefert:

Biographien(**string**): {[URL: **varchar**(40), Sprache: **varchar**(20),
  Ranking: **decimal**]}

Diese *Table Function* hat also einen String-Parameter, mit dem sie aufgerufen wird. Dadurch wird der Name des/der Professors/in übergeben. Als Ergebnis ergibt sich eine drei-stellige Relation mit den Attributen *URL* (die URL unter der die Biographie zu finden ist), *Sprache* (in der die Biographie verfasst ist, also Deutsch, Englisch, etc) und *Ranking* (ein Wert für die Relevanz dieser Datenquelle).

14.4.1 Nutzung einer *Table Function* in Anfragen

Wenn wir jetzt eine nach *Ranking* sortierte Liste von englischsprachigen Biographien von Sokrates finden wollen, so geht das mit folgender SQL-Anfrage:

select bio.URL, bio.Ranking
from table(Biographien('Sokrates')) **as** bio
where bio.Sprache = 'Englisch'
order by bio.Ranking;

Obige Anfrage war sehr einfach zu formulieren, da der Parameter der *Table Function* eine Konstante war. Der Aufruf der Funktion geht dann nicht mehr so einfach, wenn wir z.B. deutschsprachige Biographien *aller* Professoren ermitteln wollen. Dazu muss die *Table Function* ihren Aufrufparameter aus einer anderen Relation „beziehen", die als zweite, korrelierte Relation in der **from**-Klausel aufgeführt werden muss.

select prof.Name, bio.URL, bio.Ranking
from Professoren **as** prof, **table**(Biographien(prof.Name)) **as** bio
where bio.Sprache = 'deutsch'
order by prof.Name, bio.Ranking;

Hier wird die *Table Function* wie eine korrelierte Unteranfrage verwendet. Für jede Bindung von *prof* wird die *Table Function* (einmal) aufgerufen, um für diese/n Professor/in die Biographien auf dem Web zu ermitteln.

14.4.2 Implementierung einer *Table Function*

Die Implementierung dieser *Table Function Biographien* ist sicherlich deutlich schwieriger als deren Nutzung in SQL-Anfragen. Sie wird natürlich als externe Routine realisiert. Bei der Realisierung muss man sich an die von DB2 vorgegebene Schnittstelle (API) für eine *Table Function* halten. Die Funktion muss die *calltypes* OPEN, FETCH und CLOSE realisieren. Diese Schnittstelle entspricht also der Iterator-Schnittstelle, die man bei der Anfragebearbeitung verwendet – siehe Kapitel 8. Wir werden hier die Implementierung der Funktion nicht im Detail vorstellen; man könnte sie z.B. durch Abfrage bei Internet-Suchmaschinen realisieren. In unserem Fall ist es wesentlich, dass die *Ranking*-Werte sinnvoll gesetzt werden und dass die Anzahl der zurückgelieferten Tupel „irgendwie" beschränkt wird. D.h. irgendwann muss die Funktion auf einen FETCH-Aufruf das Ende signalisieren, da die resultierenden Anfragebearbeitungspläne, in denen die Funktion verwendet wird, sonst nicht terminieren würden.

Im folgenden geben wir die SQL-Deklaration für die Funktion *Biographien* in DB2-Syntax:

```
create function Biographien(varchar(20))
    returns table ( URL varchar(40),
                    Sprache varchar(20),
                    Ranking decimal )
    external name '/usr/..../Wrappers/Biographien'
    language C
    parameter style DB2SQL
    no SQL
    not deterministic
    no external action
    fenced
    no scratchpad
    no final call
    cardinality 20;
```

Die einzelnen Klauseln haben dabei folgende Bedeutung:

- **external name** gibt die Datei an, in der der Funktionscode zu finden ist. In DB2 gibt es auch einen Default-Ort, der nicht angegeben werden müsste, solange die Datei genauso heißt wie die Funktion.
- Programmiersprachen (**language**) können u.a. C, Java oder OLE sein.
- **no SQL** bedeutet, dass es aus der Funktionsimplementierung heraus keinen Zugriff auf die Datenbank gibt – dies ist aber in DB2 derzeit ohnehin noch nicht möglich.
- **not deterministic** bedeutet, dass zwei nacheinander erfolgende Aufrufe auch mit demselben Parameterwert unterschiedliche Ergebnisse liefern könnten. Dies ist bei einem Suchmaschinenzugriff sicher möglich.
- **no external action** bedeutet, dass es keinerlei Seiteneffekte gibt.
- **fenced** bedeutet, dass die Funktion in einem separaten Namensraum – also in einem vom Datenbanksystem separaten Prozess – ausgeführt wird. Dies sollte aus Sicherheitsgründen fast immer so gemacht werden; ist aber ineffizienter als **not fenced**. Die Option **not fenced** sollte man nur bei besonders „vertrauenswürdigem“ Code, der auch schon über längere Zeit im **fenced**-Modus getestet wurde, verwenden. Im **not fenced**-Modus ausgeführter Code kann nämlich im Fehlerfall oder bei böswilliger Manipulation katastrophale Auswirkungen auf die Konsistenz des Datenbanksystems haben.
- **scratchpad** würde bedeuten, dass die Funktion sich zwischen zwei Aufrufen Zwischenergebnisse (also Zustandsinformation) merken kann.
- **no final call** bedeutet, dass das Datenbanksystem das Ende der Verarbeitung nicht signalisieren muss. Insbesondere bei Funktionen mit **scratchpad** sollte aber ein **final call** zur Freigabe der Ressourcen erfolgen.
- **cardinality** ist ein Hinweis an den Optimierer, damit er weiß mit wieviel Tupeln er pro Aufruf zu rechnen hat.

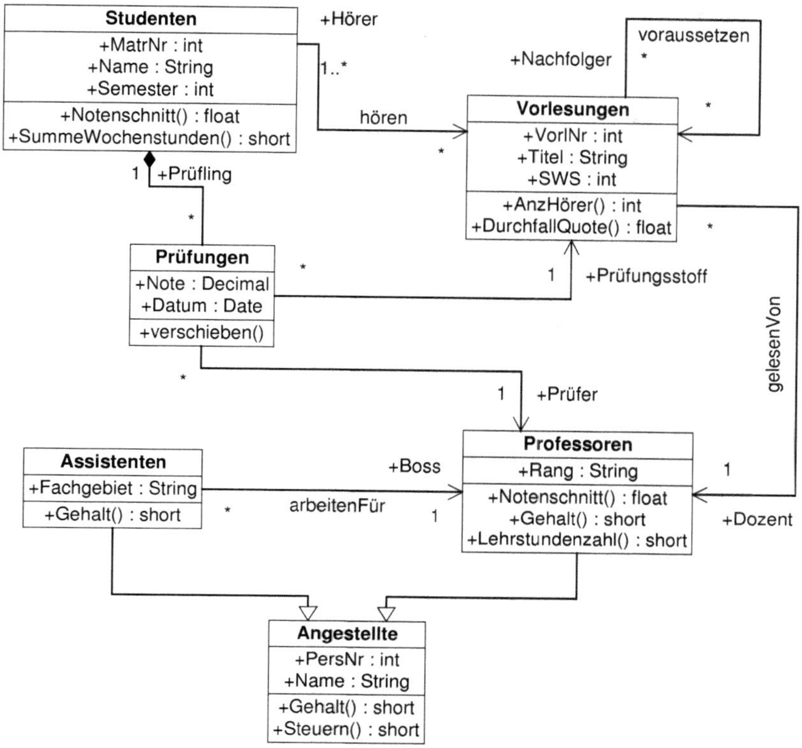

Abbildung 14.1: Modellierung der Universität in UML – Wiederholung

14.5 Benutzerdefinierte strukturierte Objekttypen

Aus „Gerechtigkeitsgründen“ wollen wir die benutzerdefinierten Objekttypen zunächst in der Oracle-Syntax vorstellen. Wir bedienen uns dazu des Universitätsbeispiels, dessen UML-Modellierung in Abbildung 14.1 nochmals dargestellt ist.

Fangen wir mit dem „am einfachsten strukturierten“ Objekttyp, dem *ProfessorenTyp*, an. Wir werden zunächst auf die Modellierung der Generalisierung/Spezialisierung von Professoren und Angestellten verzichten und alle geerbten Attribute im *ProfessorenTyp* definieren (das **replace** dient dazu, einen eventuell schon existierenden Typ zu überschreiben):

```
create or replace type ProfessorenTyp as object (
    PersNr number,
    Name varchar(20),
    Rang char(2),
    Raum number,
    member function Notenschnitt return number,
    member function Gehalt return number
);
```

Dieser Objekttyp ist deshalb so einfach strukturiert, weil er kaum neue Konzepte enthält. Bis auf die zusätzlich deklarierten *Member Functions* hat sich nichts Wesentliches im Vergleich zum relationalen Schema geändert. Allerdings sind Objekte in Oracle automatisch referenzierbar, d.h. man kann andere Objekte definieren, die Referenzen auf Objekte vom *ProfessorenTyp* enthalten. Dies demonstrieren wir später am Beispiel des *VorlesungenTyps*, von dem über das Referenz-Attribut *gelesenVon* auf den *ProfessorenTyp* verwiesen wird. Die Referenzierbarkeit setzt natürlich voraus, dass jedem Objekt ein eindeutiger Objektidentifikator, den Oracle automatisch generiert, zugeordnet wird.

Die Member-Funktionen sind, wie der Name schon sagt, den Instanzen des Typs zugeordnet. In unserem Beispiel sind sie so zu implementieren, dass sie den Durchschnitt aller von dieser/m Professor/in vergebenen Noten bzw. das Gehalt „irgendwie“ bestimmen.

Die Realisierung der Operationen erfolgt in Oracle im sogenannten *Type Body*. Die Implementierung ist hier in der Oracle-proprietären Syntax skizziert:

```
create or replace type body ProfessorenTyp as
    member function Notenschnitt return number is
        begin
            /* finde alle von dieser Lehrperson abgenommenen Prüfungen
               und ermittle die durchschnittlich vergebene Note */
        end;
    member function Gehalt return number is
        begin
            return 100000.0;      /* Einheitsgehalt für alle */
        end;
end;
```

Die Objekte vom *ProfessorenTyp* können nicht – wie in objektorientierten Programmiersprachen – einfach instanziiert werden; sie müssen irgendwo „wohnen“. Im objekt-relationalen Modell, das in SQL:1999 standardisiert ist, hat man eine Gratwanderung – bzw. einen Spagat – zwischen Objektmodell und Relationenmodell unternommen: Objekte werden als Zeilen (Tupel) oder als Spalten (Attribute) von Relationen abgespeichert.

Demgemäß deklariert man für die Professoren folgende Relation:

```
create table ProfessorenTab of ProfessorenTyp
    ( PersNr primary key );
```

In diese Tabelle kann man dann „ganz normal“ mit dem **insert**-Befehl Professorenobjekte speichern, die sozusagen implizit instanziiert werden:

```
insert into ProfessorenTab values
    (2125, 'Sokrates', 'C4', 226);
insert into ProfessorenTab values
    (2126, 'Russel', 'C4', 232);
```

Wir wollen jetzt den komplexer strukturierten *VorlesungenTyp* definieren. Hierin wollen wir, wie schon angekündigt, eine Referenz auf die/den lesenden Professor/in speichern, um die 1 : N-Beziehung *lesen* zwischen *Professoren* und *Vorlesungen* zu repräsentieren. Weiterhin wollen wir die rekursive N : M-Beziehung *voraussetzen* zwischen *Vorgänger-Vorlesungen* und *Nachfolger-Vorlesungen* direkt im Objekttyp repräsentieren. Das geschieht durch eine Menge von Verweisen auf die Vorgänger-Vorlesungen. Zunächst definieren wir also den Typ für ein mengenwertiges Attribut, das Referenzen auf Vorlesungen speichert. Diesen Typ nennen wir *VorlRefListenTyp* und definieren ihn als Relation, die dann geschachtelt wird:

```
create or replace type VorlesungenTyp; /

create or replace type VorlRefListenTyp as table of ref VorlesungenTyp;
```

Die oberste Zeile dient als Vorwärtsdeklaration und zeigt dem Compiler an, dass die Definition des *VorlesungenTyps* später (bzw. jetzt) kommen wird:

```
create or replace type VorlesungenTyp as object(
    VorlNr number,
    Titel varchar(20),
    SWS number,
    gelesenVon ref ProfessorenTyp,
    Voraussetzungen VorlRefListenTyp,
    member function DurchfallQuote return number,
    member function AnzHörer return int
);
```

Alternativ hätte man den *VorlRefListenTyp* auch als *Varray*, also als Array-Typ variabler Länge, definieren können:

```
create or replace type VorlRefListenTyp as
    varray(10) of ref VorlesungenTyp
```

Wir haben uns hier für die Definition als **table** entschieden, weil dies in Oracle derzeit besser unterstützt wird. So kann man **varray**-Objekte derzeit nicht ändern – sondern nur gänzlich neu erstellen.

Auch Vorlesungen müssen in einer Tabelle „wohnen":

```
create table VorlesungenTab of VorlesungenTyp
    nested table Voraussetzungen store as VorgaengerTab;
```

In Oracle muss man der geschachtelten Relation *Voraussetzungen* einen Namen geben, hier *VorgaengerTab*. Physisch speichert Oracle die geschachtelten Einträge alle in einer Relation; man muss also zusätzlich dafür sorgen, dass die Einträge, die zu einem übergeordneten Tupel gehören, in dieser separaten Relation geballt gespeichert werden (*clustering*).

Die Struktur der Relation *VorlesungenTab* mit drei Beispielobjekten vom *VorlesungenTyp* ist in Abbildung 14.2 dargestellt.

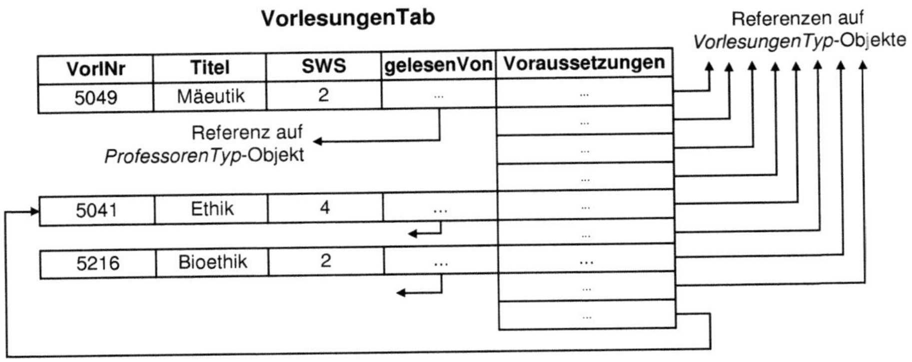

Abbildung 14.2: Die Relation *VorlesungenTab*

Wir können jetzt *Vorlesungen* in die Relation einfügen. Da wir nun auch Verweise auf *Professoren* gleich mit einfügen wollen, benötigen wir etwas kompliziertere Einfügebefehle. Um einen Verweis einfügen zu können, muss man nämlich erst einmal das Objekt, auf das verwiesen werden soll, „lokalisieren". Das geschieht nachfolgend durch die **select from where**-Anfrage, mit der wir den Professor namens Sokrates ermitteln.

```
insert into VorlesungenTab
    select 5041, 'Ethik', 4, ref(p), VorlRefListenTyp()
    from ProfessorenTab p
    where Name = 'Sokrates';
```

Bei obiger Einfügeoperation haben wir mit dem Ausdruck *VorlRefListenTyp()* dem Attribut *Voraussetzungen* zunächst eine leere geschachtelte Relation zugewiesen. Wir werden später Referenzen auf die Vorgänger-Vorlesung(en) dort einfügen.

Analog generieren wir jetzt ein Objekt für die Vorlesung namens Bioethik, die von Russel gehalten wird:

```
insert into VorlesungenTab
    select 5216, 'Bioethik', 2, ref(p), VorlRefListenTyp()
    from ProfessorenTab p
    where Name = 'Russel';
```

Die Vorlesung namens Bioethik baut auf der Vorlesung Ethik auf. Also wollen wir eine Referenz auf „Ethik" in *Voraussetzungen* von „Bioethik" einfügen. Das geht mit folgendem Einfügebefehl:

```
insert into table
    (select nachf.Voraussetzungen
     from VorlesungenTab nachf
     where nachf.Titel = 'Bioethik')
        select ref(vorg)
        from VorlesungenTab vorg
        where vorg.Titel = 'Ethik';
```

In dem oberen **select from where**-Ausdruck wird die geschachtelte Relation (**table**) ermittelt, in die eine Referenz eingefügt werden soll. Mit der unteren **select from where**-Anfrage wird dann eine Referenz auf das Vorlesungsobjekt mit dem Titel *Ethik* als Ergebnis generiert. Diese Referenz wird gemäß dem obersten **insert into table**-Befehl in die geschachtelte Relation eingefügt. Den Effekt dieser letzten Einfügeoperation kann man sich in Abbildung 14.2 veranschaulichen – er entspricht dem unteren Pfeil von Bioethik auf Ethik.

14.6 Geschachtelte Objekt-Relationen

Im obigen Beispiel hatten wir in einem Objekt vom *VorlesungenTyp* eine Referenz auf ein anderes Objekt vom *ProfessorenTyp* und eine Menge von Referenzen auf andere Objekte vom *VorlesungenTyp* geschachtelt. Jetzt wollen wir demonstrieren, dass man in einem Objekt auch andere Objekte „richtig“ schachteln kann. Diese Modellierung ist aber nur bei echten $1 : N$-Aggregationen – sogenannten Kompositionen – sinnvoll. Bezogen auf die Entity/Relationship-Modellierungskonzepte bietet sich eine Objektschachtelung dann an, wenn es sich bei den geschachtelten Objekten um schwache Entities handelt, die von dem übergeordneten Objekt existenzabhängig sind. Insbesondere muss also auch die Exklusivität in der Zuordnung der geschachtelt gespeicherten Objekte zum übergeordneten Objekt, in dem sie geschachtelt abgespeichert werden, gelten. Anderenfalls müsste man nämlich die geschachtelt gespeicherten Objekte replizieren und diese Redundanz würde unweigerlich zu Inkonsistenzen führen.

In unserem Universitätsschema gibt es die Kompositions-Assoziation zwischen *Studenten* und *Prüfungen*. Also definieren wir zunächst den *PrüfungenTyp*, der Referenzen auf ein *VorlesungenTyp*-Objekt (den Inhalt) und ein *ProfessorenTyp*-Objekt (die/den PrüferIn) enthält. Weiterhin enthält ein *PrüfungenTyp*-Objekt die elementaren Werte *Note* und *Datum*. Die Operation *verschieben()* ist ein sogenannter Mutator, da dadurch das *Datum* verändert wird.

```
create or replace type PrüfungenTyp as object (
    Inhalt ref VorlesungenTyp,
    Prüfer ref ProfessorenTyp,
    Note decimal(3,2),
    Datum date,
    member function verschieben(neuerTermin date) return date
);
```

```
create or replace type PrüfungsListenTyp as table of PrüfungenTyp;
```

Man beachte den entscheidenden Unterschied in der Definition von *PrüfungsListenTyp* im Vergleich zum *VorlRefListenTyp* (fehlendes **ref**). Der *PrüfungsListenTyp* wird in den *StudentenTyp* als relationenwertiges Attribut *absolviertePrüfungen* geschachtelt:

```
create or replace type StudentenTyp as object (
    MatrNr number,
```

```
    Name varchar(20),
    Semester number,
    hört VorlRefListenTyp,
    absolviertePrüfungen PrüfungsListenTyp,
    member function Notenschnitt return number,
    member function SummeWochenstunden return number
);
```

Nachfolgend zeigen wir wie die Operation *SummeWochenstunden* in Oracle implementiert werden kann.

```
create or replace type body StudentenTyp as
    member function SummeWochenstunden return number is
        i integer;
        vorl VorlesungenTyp;
        Total number := 0;
        begin
            for i in 1..self.hört.count loop
            UTL_REF.SELECT_OBJECT(hört(i),vorl); /* explizite Deref. */
            Total := Total + vorl.SWS;
        end loop;
        return Total;
    end;

    member function Notenschnitt return number is
        ...
end;
```

Auch für die Studenten definieren wir ein „Zuhause" in der Form einer Relation. Hier gibt es jetzt zwei geschachtelte Relationen, nämlich die Relation *hört* zur Speicherung der Referenzen auf belegte Vorlesungen und die Relation *absolviertePrüfungen* zur Speicherung der Objekte vom *PrüfungenTyp*. In Oracle gibt man diesen geschachtelten Relationen nochmals separate Namen (hier *BelegungsTab* und *ExamensTab*), über die man sie administrieren kann.

```
create table StudentenTab of StudentenTyp (MatrNr primary key)
    nested table hört store as BelegungsTab
    nested table absolviertePrüfungen store as ExamensTab;
```

Wir können jetzt die beiden Studenten Xenokrates und Theophrastos, zunächst jeweils mit zwei leeren geschachtelten Relationen, einfügen:

```
insert into StudentenTab values
    (24002, 'Xenokrates', 18, VorlRefListenTyp(), PrüfungsListenTyp());

insert into StudentenTab values
    (29120, 'Theophrastos', 2, VorlRefListenTyp( ), PrüfungsListenTyp());
```

Das Einfügen gleich mehrerer Referenzen in die geschachtelte Relation *hört* zeigen wir an folgendem Beispiel:

```
insert into table
        (select s.hört
         from StudentenTab s
         where s.Name = 'Theophrastos')     /* großer Fan von Sokrates */
                select ref(v)
                from VorlesungenTab v
                where v.gelesenVon.Name = 'Sokrates';
```

Hierbei wird in der oberen **select from where**-Anfrage wieder die geschachtelte Relation ermittelt, in die eingefügt werden soll. In der unteren **select from where**-Anfrage werden dann die Referenzen von allen von Sokrates gelesenen Vorlesungen ermittelt. Alle diese Referenzen werden in die geschachtelte Relation *hört* von Theophrastos eingefügt. Man beachte, dass es in dieser zweiten Unteranfrage den Pfadausdruck *v.gelesenVon.Name* gibt. Die Dereferenzierung des *ProfessorenTyp*-Objekts ist in Oracle implizit – entgegen dem SQL:1999-Standard, wo der -> Operator vorgesehen ist. In der standardisierten Syntax würde man den Pfadausdruck also als *v.gelesenVon->Name* formulieren.

Der Aufruf von Member-Funktionen ist in der nachfolgenden Anfrage gezeigt:

```
select s.Name, s.SummeWochenstunden()
from StudentenTab s;
```

Als Ergebnis bekommt man für unsere noch sehr spärlich bevölkerte Datenbank die folgende Tabelle:

Name	s.SummeWochenstunden()
Xenokrates	0
Theophrastos	10

Wir wollen jetzt zeigen, wie man ein *PrüfungenTyp*-Objekt in die geschachtelte Relation *absolviertePrüfungen* von Theophrastos einfügt:

```
insert into table
        (select s.absolviertePrüfungen
         from StudentenTab s
         where s.Name = 'Theophrastos')
                values ((select ref(v) from VorlesungenTab v
                         where v.Titel='Ethik'),
                        (select ref(p) from ProfessorenTab p
                         where p.Name='Sokrates'),
                        1.7, SYSDATE);     /* SYSDATE liefert heutiges Datum */
```

Die beiden inneren **select from where**-Ausdrücke liefern die Referenzen für die Attribute *Inhalt* und *Prüfer*. Die Note wird auf 1.7 gesetzt und das Datum auf den aktuellen (heutigen) Wert.

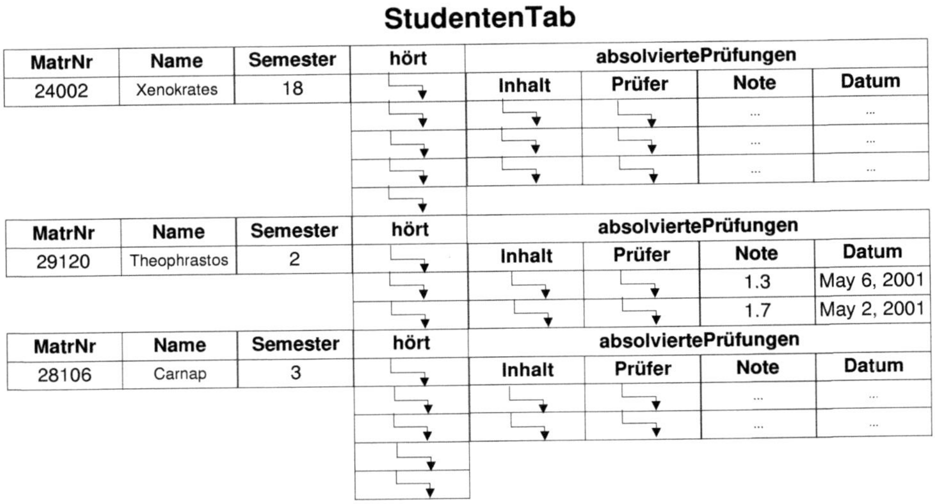

Abbildung 14.3: Die Relation *StudentenTab*

Der Zustand der Relation *StudentenTab* mitsamt den geschachtelten Relationen *hört* und *absolviertePrüfungen* ist in Abbildung 14.3 gezeigt. Die Pfeile deuten Referenzen auf andere Objekte an, die aus Platzgründen nicht gezeigt werden konnten.

In Oracle kann man mittels eines *Cursor*s durch eine geschachtelte Relation iterieren. Dies ist in folgender Anfrage gezeigt:

```
select s.Name, cursor (
    select p.Note
    from table (s.absolviertePrüfungen) p )
from StudentenTab s;
```

In der Ausgabe werden dann die Ergebnisse des Cursors jeweils geschachtelt zu dem übergeordneten Tupel ausgegeben:

Name	Cursor
Xenokrates	no rows selected
Theophrastos	Note
	1.3
	1.7

Die elegantere Methode besteht aber sicherlich darin, die geschachtelte Relation als „gleichberechtigte“ Tabelle in der **from**-Klausel aufzuführen. Dadurch wird sie sozusagen entschachtelt und jedes übergeordnete Tupel wird dann so oft repliziert, wie es Tupel in der geschachtelten Relation gibt (wenn die geschachtelte Relation für ein Tupel leer ist, fällt dieses wie bei einem natürlichen Verbund/Join ganz heraus):

```
select s.Name, p.Prüfer.Name, p.Inhalt.Titel, p.Note
from StudentenTab s, table(s.absolviertePrüfungen) p;
```

Hier haben wir auch gleich die Namen der Prüfer und die Titel der Vorlesungen mit ausgeben, um nochmals die Pfadausdrücke und die implizite Dereferenzierung zu demonstrieren. Das Anfrageergebnis sieht dann wie folgt aus:

Name	Prüfer.Name	Inhalt.Titel	Note
Theophrastos	Sokrates	Mäeutik	1.3
Theophrastos	Sokrates	Ethik	1.7

14.7 Vererbung von SQL-Objekttypen

Der SQL:1999-Standard definiert auch die einfache (singuläre) Vererbung von Objekttypen. Wir wollen dies in der Syntax des IBM Datenbanksystems DB2, die der SQL:1999-Syntax schon sehr ähnlich ist, demonstrieren. Dazu nehmen wir das Generalisierungs/Spezialisierungs-Beispiel der Angestellten, Professoren und Assistenten aus unserem Universitätsschema (siehe Abbildung 14.1). Zunächst wird der Obertyp *AngestelltenTyp* definiert:

```
create type AngestelltenTyp as
    (PersNr int,
     Name varchar(20))
    instantiable
    ref using varchar(13) for bit data
    mode DB2SQL;
```

Die **ref using ...**-Klausel bedarf der Erläuterung: Der SQL:1999-Standard ermöglicht es, dass die Objektidentifikatoren „von außen" gesetzt werden. Damit will man Anwendungssysteme unterstützen, bei denen die Identifikatoren von Objekten schon zugewiesen werden, bevor diese in der Datenbank gespeichert werden. Es ist aber dann die Aufgabe der Benutzer bzw. der Anwendungssysteme, die Eindeutigkeit dieser Objektidentifikatoren zu garantieren. Weiterhin wurde in obiger Typdefinition angegeben, dass der *AngestelltenTyp* instanziierbar ist – ein nicht instanziierbarer Typ würde den abstrakten Klassen in Java entsprechen.

Jetzt definieren wir die Objekttypen *ProfessorenTyp* und *AssistentenTyp* als Untertypen von *AngestelltenTyp*. Dies wird durch das Schlüsselwort **under** ausgedrückt. Diese Untertypen erben vom *AngestelltenTyp*.

```
create type ProfessorenTyp under AngestelltenTyp as
    (Rang char(2),
     Raum int)
    mode DB2SQL

create type AssistentenTyp under AngestelltenTyp as
    (Fachgebiet varchar(20),
     Boss ref ProfessorenTyp)
    mode DB2SQL
```

Wir wollen jetzt noch eine Operation *anzMitarbeiter* dem *ProfessorenTyp* zuordnen, um die SQL:1999 bzw. die DB2-Syntax zu demonstrieren.

```
alter type ProfessorenTyp
    add method anzMitarbeiter()
    returns int
    language SQL
    contains SQL
    reads SQL data;
```

Diese Methode wird weiter unten, wie in der **language**-Klausel angegeben, in SQL realisiert. Weiterhin wird mittels **reads SQL data** angegeben, dass die Methodenimplementierung selbst auf die Datenbank (also auf andere Datenbankobjekte) zugreift.

Wir wollen jetzt die Relationen deklarieren, in denen die Instanzen der oben definierten Objekttypen gespeichert werden können. Auch hier wird – analog zur Typdeklaration – angegeben, dass die *ProfessorenTab* und die *AssistentenTab* Unter-Relationen der *AngestelltenTab* sind. Dadurch wird erreicht, dass alle Professoren und alle Assistenten implizit auch in der *AngestelltenTab* enthalten sind – so wie es das Prinzip der Generalisierung verlangt.

```
create table AngestelltenTab of AngestelltenTyp
    (ref is OID user generated);

create table ProfessorenTab of ProfessorenTyp
    under AngestelltenTab
    inherit select privileges;

create table AssistentenTab of AssistentenTyp
    under AngestelltenTab
    inherit select privileges
    (Boss with options scope ProfessorenTab);
```

Die Deklaration der Relation *AssistentenTab* enthält eine sogenannte **scope**-Klausel. Hier wird festgelegt, dass die in *Boss* gespeicherten Referenzen nur auf *ProfessorenTyp*-Objekte in der Relation *ProfessorenTab* verweisen dürfen. Man beachte, dass die **scope**-Klausel jetzt rigider ist als die Typeinschränkung, da Objekte vom *ProfessorenTyp* möglicherweise auch in anderen Relationen gespeichert sein könnten.

Wir können jetzt auch die Operation *anzMitarbeiter* realisieren. Dies geschieht hier (bewusst) etwas umständlich: Wir zählen die Anzahl der Mitarbeiter, deren *Boss*-Attribut ein *ProfessorenTyp*-Objekt referenziert, das dieselbe *PersNr* hat wie **self**. Die Dereferenzierung geschieht in DB2 mittels des -> Operators, der Zugriff auf Attribute eines Objekts durch den doppelten „Dot“, wie in **self..***PersNr*.

```
create method anzMitarb()
    for ProfessorenTyp
    return (select count(*)
            from AssistentenTab
            where Boss -> PersNr = self..PersNr);
```

Wir können jetzt Professoren und Assistenten in ihre jeweiligen Relationen einfügen. Als OID für Sokrates wählen wir *soky*, was in der *ProfessorenTyp('soky')*-Klausel geschieht.

```
insert into ProfessorenTab (Oid, PersNr, Name, Rang, Raum)
    values (ProfessorenTyp('soky'), 2125, 'Sokrates', 'C4', 226);
```

Da die OIDs der Objekte von außen festgelegt wurden, kann man diese für das Setzen von Referenzen auch gleich verwenden. Dies ist in der nächsten Einfügeoperation gezeigt, wo die *Boss*-Referenz von Platon direkt auf *ProfessorenTyp('soky')* gesetzt wird.

```
insert into AssistentenTab (Oid, PersNr, Name, Fachgebiet, Boss)
    values (AssistentenTyp('platy'), 3002, 'Platon',
            'Ideenlehre', ProfessorenTyp('soky'));
```

In Oracle war dieses Setzen von Referenzen etwas mühsamer (vielleicht aber auch fehlertoleranter) durch eine entsprechende Unteranfrage zu bewerkstelligen.

Die folgende Anfrage demonstriert, dass die Generalisierung/Spezialisierung auch tatsächlich „funktioniert“.

```
select a.Name, a.PersNr
from AngestelltenTab a;
```

Als Ergebnis erhalten wir sowohl die Information über Professoren als auch über Assistenten. Wir haben bislang keine „normalen“ Angestellten eingefügt, die sonst natürlich auch im Ergebnis enthalten wären:

Name	PersNr
Sokrates	2125
Platon	3002

In DB2 und SQL:1999 kann man parameterlose Methoden, also solche, die nur den impliziten Parameter **self** haben, auch ohne Klammerung aufrufen, wie in der nachfolgenden Anfrage gezeigt:

```
select a.Name, a.Boss->Name as Chef, a.Boss->anzMitarbeiter as anzJünger
from AssistentenTab a;
```

Für unsere noch sehr spärlich popularisierte Datenbank ist das Ergebnis wie folgt:

Name	Chef	anzJünger
Platon	Sokrates	1

14.8 Komplexe Attribut-Typen

Wir wollen jetzt noch zeigen, dass man Objekte auch als Attributwerte schachteln kann. Insbesondere demonstrieren wir an den nachfolgenden Beispielen auch die Substituierbarkeit, also die Möglichkeit, ein Untertyp-Objekt dort einzusetzen, wo ein Obertyp-Objekt gefordert wird.

Als Beispiel-Typhierarchie definieren wir verschiedene Notentypen. Der generische *NotenObjTyp* wird dabei zu einem (amerikanischen) *US_NotenObjTyp* bzw. einem (deutschen) *D_NotenObjTyp* spezialisiert. Es wird jeweils ein zusätzliches Attribut, einmal *WithHonors* und einmal *Lateinisch*, hinzugefügt.

```
create type NotenObjTyp as
    (Land varchar(20),
     NumWert decimal(3,2),
     StringWert varchar(20))
    mode DB2SQL;

create type US_NotenObjTyp under NotenObjTyp as
    (WithHonors char(1))
    mode DB2SQL;

create type D_NotenObjTyp under NotenObjTyp as
    (Lateinisch varchar(20))
    mode DB2SQL;
```

Wir haben hier der Übersichtlichkeit halber auf die Wiederverwendung der früher definierten Typen (*distinct types*) *NotenTyp* und *US_NotenTyp* verzichtet, die aber sehr sinnvoll für das *NumWert*-Attribut gewesen wären. Die Leser mögen das revidieren (Übungsaufgabe 14.4).

Wir können jetzt eine Relation *Leistungen* definieren, in der das Attribut *Note* auf den *NotenObjTyp* eingeschränkt ist.

```
create table Leistungen (
    TeilnehmerIn varchar(20),
    Lehrveranstaltung varchar(20),
    Note NotenObjTyp );
```

In den beiden nachfolgenden Einfügebefehlen wird gezeigt, dass man dem Attribut *Note* aber auch die spezialisierteren Objekte vom Typ *US_NotenObjTyp* bzw. *D_NotenObjTyp* zuweisen kann – genau so wie es die Substituierbarkeit erlaubt.

```
insert into Leistungen values ('Feuerbach', 'Java', US_NotenObjTyp()
    ..Land('USA')
    ..NumWert(4.0)
    ..StringWert('excellent')
    ..withHonors('y'));
```

```
insert into Leistungen values('Feuerbach', 'C++', D_NotenObjTyp()
        ..Land('D')
        ..NumWert(1.0)
        ..StringWert('sehr gut')
        ..Lateinisch('summa cum laude'));
```

Bei obigen Einfügebefehlen wurde zuerst ein „leeres" *Noten*-Objekt erzeugt, dessen Attribute dann mittels der doppelten Dot-Notation gesetzt wurden.

Man kann auch Konstruktoren mit entsprechenden Parametern definieren, was wir für den *D_NotenObjTyp* nachfolgend demonstrieren:

```
create function D_NotenObjTyp(ld varchar(20), n DECIMAL(3,2),
                              s varchar(20), lt varchar(20))
  returns D_NotenObjTyp
  language SQL
  return D_NotenObjTyp() ..Land(ld)
                         ..NumWert(n)
                         ..StringWert(s)
                         ..Lateinisch(lt);
```

Die Einfügeoperation sieht dann wesentlich eleganter aus:

```
insert into Leistungen values
    ('Fichte', 'Java', D_NotenObjTyp('D',3.0,'befriedigend','rite'));
```

In einer Anfrage kann man jetzt natürlich nur auf den generischen Teil der Attribute, also solche die im Obertyp *NotenObjTyp* enthalten sind, zugreifen. Wollte man auch auf die spezialisierten Attribute, wie *WithHonors* oder *Lateinisch*, zugreifen, wäre eine explizite Typabfrage notwendig, damit man nicht auf ein Attribut zugreift, das in dem betreffenden Objekt gar nicht existiert.

```
select TeilnehmerIn, Lehrveranstaltung, Note..Land, Note..NumWert
from Leistungen;
```

Das Ergebnis der Anfrage sieht wie folgt aus:

TeilnehmerIn	Lehrveranstaltung	Note..Land	Note..NumWert
Fichte	Java	D	3.0
Feuerbach	Java	USA	4.0
Feuerbach	C++	D	1.0

14.9 Übungen

14.1 Definieren Sie das objekt-relationale Schema für die Begrenzungsflächendarstellung von Polyedern (siehe Abbildung 2.25).

14.2 Implementieren Sie die *Table Function Biographien*, die in Abschnitt 14.4 eingeführt wurde.

14.3 Fügen Sie alle Daten (inklusive der Referenzen) aus Abbildung 3.8 in das in diesem Kapitel entwickelte objekt-relationale Schema ein.

14.4 Wir haben bei der Definition der komplexen Attribut-Typen (Abschnitt 14.8) der Übersichtlichkeit halber auf die Wiederverwendung der früher in Abschnitt 14.3 definierten Typen (*distinct types*) *NotenTyp* und *US_NotenTyp* verzichtet, die aber sehr sinnvoll für das *NumWert*-Attribut gewesen wären. Revidieren Sie diesen Entwurf – mitsamt Notenumrechnungen.

14.5 Führen Sie eine Leistungsbewertung der objekt-relationalen zur reinen relationalen Modellierung auf dem bei Ihnen installierten Datenbanksystem durch. Dazu sollten Sie beide Schemata der Universitätsverwaltung realisieren und mit demselben künstlich generierten Datenbestand „füllen“. Dann führen Sie repräsentative Anwendungen (Anfragen und Änderungsoperationen) darauf aus und messen die Leistung.

14.10 Literatur

Es gibt schon seit vielen Jahren Projekte mit dem Ziel, objektorientierte Konzepte in ein erweitertes relationales System zu integrieren. Linnemann et al. (1988) beschreiben die Integration von ADTs in das geschachtelte relationale System AIM. Haas et al. (1990) beschreiben das Starburst-Projekt. Stonebraker, Rowe und Hirohama (1990) diskutieren die Implementierung von Postgres, dem Nachfolger von Ingres. Das Buch von Stonebraker (1996) beschreibt im Wesentlichen die Konzepte von Illustra, einem kommerziellen objekt-relationalen Datenbanksystem, das mittlerweile über die Firma Informix unter dem Namen *Universal Server* vertrieben wird. Auch die neueren Versionen von Oracle, ab Oracle8, enthalten wesentliche objekt-relationale Konzepte. Chamberlin (1998) beschreibt die objekt-relationalen Modellierungskonzepte von DB2. Melton und Simon (2001) beschreiben sehr umfassend die standardisierte relationale Sprache SQL:1999.

Haas et al. (1997) haben die Anfrageoptimierung im Zusammenhang mit dem Zugriff auf externe Datenquellen über Wrapper untersucht. In der Arbeit von Jaedicke und Mitschang (1998) wird die Parallelisierung von externen Operationen in objekt-relationalen Datenbanken beschrieben. Weiterhin haben Jaedicke und Mitschang (1999) sich mit der Erweiterbarkeit von Datenbanken beschäftigt. Carey et al. (1997) haben einen Benchmark für die Leistungsbewertung objekt-relationaler Datenbanken entwickelt. Dieser Benchmark basiert auch auf einem Modell einer Universitätsverwaltung – ähnlich dem in diesem Kapitel entworfenen Schema. Kleiner und Lipeck (2001) haben ein objekt-relationales Datenbanksystem für Web-Anbindung einer Geographie-Datenbank verwendet. Das erweiterbare Datenbanksystem KRISYS wird von Deßloch et al. (1998) vorgestellt. Eine Sammlung von Aufsätzen über Komponenten-Datenbanksysteme enthält das Buch von Dittrich und Geppert (2001).

Braumandl et al. (2000) beschreiben eine optimierte Auswertung funktionaler Joins entlang von Objektreferenzketten. Diese Arbeit wurde von Märtens und Rahm (2001) in Bezug auf die Parallelisierung erweitert.

15. Deduktive Datenbanken

Bei den *deduktiven Datenbanksystemen* handelt es sich um eine Erweiterung des relationalen Datenmodells um eine sogenannte *Deduktionskomponente*. Die Deduktionskomponente basiert auf dem Prädikatenkalkül – also der Logik erster Stufe. Deshalb kann man deduktive Datenbanken auch als „Verheiratung“ der relationalen Datenmodellierung mit der Logikprogrammierung sehen. Die Motivation der deduktiven Datenbanktechnologie besteht darin, dass man durch Auswertung von Deduktionsregeln weiteres „Wissen“ aus den in der Datenbasis abgespeicherten Fakten gewinnen kann.

15.1 Terminologie

In Abbildung 15.1 ist die Grundstruktur eines deduktiven Datenbanksystems grafisch dargestellt. Die drei grundlegenden Komponenten sind:

- Die *extensionale Datenbasis (EDB)*, die manchmal auch *Faktenbasis* genannt wird. Die EDB besteht aus einer Menge von Relationen(ausprägungen) und entspricht einer „ganz normalen“ relationalen Datenbasis.
- Die *Deduktionskomponente*, die aus einer Menge von (Herleitungs-)*Regeln* besteht. Die Regelsprache heißt *Datalog* – abgeleitet von dem Wort *Data* und dem Namen der Logikprogrammiersprache *Prolog*.
- Die *intensionale Datenbasis (IDB)*, die aus einer Menge von hergeleiteten Relationen(ausprägungen) besteht. Die IDB wird durch Auswertung des Datalog-Programms aus der EDB generiert.

Es gibt auch in den herkömmlichen relationalen Datenbanken mit der Anfragesprache SQL eine Analogie zur EDB und IDB:

- Die Basis-Relationen entsprechen der EDB.
- Die in SQL mittels des **create view**-Konstruktes definierten Sichten entsprechen der IDB, da sie jeweils „aufs Neue“ hergeleitet werden.

Allerdings ist die Regelsprache der deduktiven Datenbanken *ausdrucksmächtiger* als SQL, so dass es IDB-Relationen gibt, die man nicht als SQL-Sicht definieren kann.

15.2 Datalog

Datalog-Programme bestehen aus einer (endlichen) Anzahl von Regeln folgender Art:

$$\text{sokLV}(T, S) :- \text{vorlesungen}(V, T, S, P),\ \text{professoren}(P, \text{“Sokrates”}, R, Z),\ >(S, 2).$$

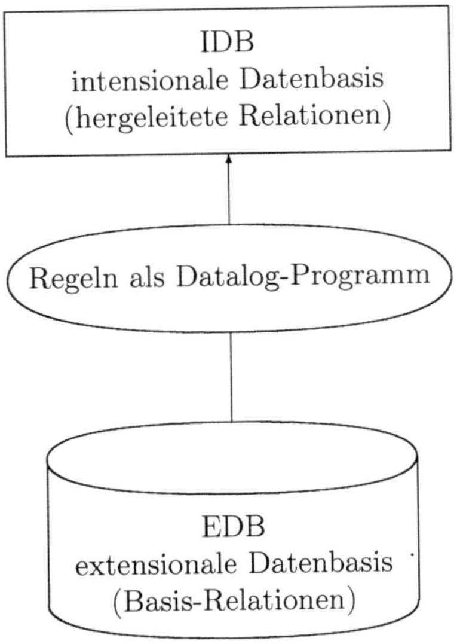

Abbildung 15.1: Grundkonzepte einer deduktiven Datenbank

Diese Regel *sokLV* definiert ein *Prädikat* bzw. eine abgeleitete zweistellige Relation, deren Ausprägung durch folgenden relationalen Domänenkalkül-Ausdruck definiert ist:

$$\{[t,s] \mid \exists v,p([v,t,s,p] \in \text{Vorlesungen} \wedge \\ \exists n,r,z([p,n,r,z] \in \text{Professoren} \wedge \\ n = \text{“Sokrates”} \wedge s > 2))\}$$

Es werden also die *Titel*/*SWS*-Paare der von Sokrates gehaltenen Vorlesungen, die einen Umfang von mehr als 2 SWS haben, gebildet.

Nachdem wir die Datalog-Regeln intuitiv erläutert haben, sollten wir nun eine formale Definition „nachreichen“. Die Grundbausteine von Regeln sind sogenannte *atomare Formeln* oder *Literale*, die folgende Gestalt haben:

$$q(A_1, \ldots, A_m).$$

Hierbei ist q der Name einer Basisrelation (EDB-Relation), der Name einer abgeleiteten (IDB-)Relation oder ein eingebautes Prädikat ($\neq, <, \leq, >, \geq$, usw.). Bei den eingebauten Vergleichs-Prädikaten benutzt man häufig die gebräuchlichere Infixnotation, also $X < Y$ anstatt $<(X,Y)$. Die A_i ($1 \leq i \leq m$) sind entweder Variablen, die in Datalog in Anlehnung an die Prolog-Konventionen mit einem Großbuchstaben beginnen, oder Konstanten. Ein Beispiel für eine atomare Formel wäre

$$\text{professoren}(S, \text{“Sokrates”}, R, Z).$$

wobei Sokrates eine Konstante ist und S, R und Z Variablen sind. Das Prädikat *professoren* repräsentiert die EDB-Relation *Professoren*. Der Wahrheitswert eines solchen Prädikats wird dann durch die (aktuelle) Ausprägung der zugrundeliegenden

Relation gegeben. Das Prädikat ist also für die in der Ausprägung enthaltenen Tupel *true* und für alle anderen möglichen Tupel *false*.

Eine Datalog-Regel hat dann folgende abstrakte Form:

$$p(X_1, \ldots, X_m) \text{ :- } q_1(A_{11}, \ldots, A_{1m_1}), \ldots, q_n(A_{n1}, \ldots, A_{nm_n}).$$

Es muss hierbei gelten:

- Jedes $q_j(\ldots)$ ist eine atomare Formel. Die q_j werden oft als *Subgoals* bezeichnet.
- $X_1, \ldots, X_m$ sind Variablen, die mindestens einmal auch auf der rechten Seite des Zeichens :- vorkommen müssen.

Den linken Teil der Regel, also $p(\ldots)$, bezeichnet man als den *Kopf* (engl. *head*) und den rechten Teil, der aus den *Subgoals* besteht, als den *Rumpf* (engl. *body*). Diese Form von Regeln bezeichnet man auch als Horn-Klauseln.[1]

Die Bedeutung der Regel ist: Wenn $q_1(\ldots)$ **und** $q_2(\ldots)$ **und** ... **und** $q_n(\ldots)$ wahr sind, dann ist auch $p(\ldots)$ wahr. Deshalb kann man die oben gezeigte abstrakte Regel auch folgendermaßen notieren ($\neg$ ist das Negationszeichen):

$$p(\ldots) \vee \neg q_1(\ldots) \vee \ldots \vee \neg q_n(\ldots)$$

Ein IDB-Prädikat p wird i.A. durch mehrere Regeln mit Kopf $p(\ldots)$:- ... definiert. Ein EDB-Prädikat $q(\ldots)$ wird durch die abgespeicherte EDB-Relation Q definiert. Deshalb taucht ein EDB-Prädikat nicht auf der linken Seite einer Regel auf, sondern nur als Subgoal auf der rechten Seite von Regeln, die IDB-Prädikate definieren. IDB-Prädikate können aber durchaus, sogar rekursiv, aufeinander aufbauen, so dass sie auch als Subgoals auf der rechten Seite einer Regel auftreten.

Wir werden uns durchweg an folgende Notation halten:

- Die Prädikate beginnen mit einem Kleinbuchstaben.
- Die zugehörigen Relationen – seien es EDB- oder IDB-Relationen – werden mit gleichem Namen, aber mit einem Großbuchstaben beginnend, bezeichnet.

In Abbildung 15.2 ist ein Datalog-Programm aus dem Kontext unserer Universitäts-Datenbank gezeigt. Dieses Datalog-Programm basiert auf den beiden EDB-Relationen

- Voraussetzen: {[Vorgänger, Nachfolger]}
- Vorlesungen: {[VorlNr, Titel, SWS, gelesenVon]}

Durch die sieben Datalog-Regeln werden vier IDB-Relationen definiert:

- GeschwisterVorl: $\{[N1, N2]\}$
  Diese Relation enthält Paare von Vorlesungen – d.h. Paare von *VorlNr*-Werten – die einen gemeinsamen direkten *Vorgänger* gemäß der EDB-Relation *Voraussetzen* haben. Solcherart Paare mögen für die Stundenplangestaltung wichtig sein, da sie nicht zur gleichen Zeit stattfinden sollten. Das Subgoal $N1 < N2$ in der Regel mag auf den ersten Blick verwundern: Dadurch wird die Symmetrie ausgeschaltet, so dass beispielsweise nicht zusätzlich zu dem Tupel $[5041, 5043]$ auch noch das symmetrische Tupel $[5043, 5041]$ herleitbar ist.

[1]Nach dem Mathematiker *Alfred Horn* benannt.

$$\text{geschwisterVorl}(N1, N2) \;:\!-\; \text{voraussetzen}(V, N1), \text{voraussetzen}(V, N2), N1 < N2. \quad (15.1)$$

$$\text{geschwisterThemen}(T1, T2) \;:\!-\; \text{geschwisterVorl}(N1, N2), \text{vorlesungen}(N1, T1, S1, R1), \text{vorlesungen}(N2, T2, S2, R2). \quad (15.2)$$

$$\text{aufbauen}(V, N) \;:\!-\; \text{voraussetzen}(V, N). \quad (15.3)$$
$$\text{aufbauen}(V, N) \;:\!-\; \text{aufbauen}(V, M), \text{voraussetzen}(M, N). \quad (15.4)$$

$$\text{verwandt}(N, M) \;:\!-\; \text{aufbauen}(N, M). \quad (15.5)$$
$$\text{verwandt}(N, M) \;:\!-\; \text{aufbauen}(M, N). \quad (15.6)$$
$$\text{verwandt}(N, M) \;:\!-\; \text{aufbauen}(V, N), \text{aufbauen}(V, M). \quad (15.7)$$

Abbildung 15.2: Datalog-Programm zur Bestimmung von (thematisch) verwandten Vorlesungspaaren

- GeschwisterThemen: $\{[T1, T2]\}$
  Diese IDB-Relation enthält die Paare von Vorlesungs-Titeln für Geschwistervorlesungen, wobei Geschwistervorlesungen gemäß der Regel (15.1) definiert sind. In dieser Regel (15.2) wird also der Join der hergeleiteten Relation *GeschwisterVorl* mit zwei Kopien der EDB-Relation *Vorlesungen* gebildet.

- Aufbauen: $\{[V, N]\}$
  Diese abgeleitete IDB-Relation wird durch zwei Regeln definiert. Die Ausprägung der Relation entspricht – wie später noch detaillierter erklärt wird – der Vereinigung der Tupel, die nach Regel (15.3) und Regel (15.4) hergeleitet werden können.

  Schon an dieser Stelle sei darauf hingewiesen, dass es sich hierbei um ein rekursives Programm handelt, was hier sehr leicht an dem Subgoal *aufbauen*(...), das dem Kopf der Regel (15.4) entspricht, zu erkennen ist. Die durch dieses rekursive Prädikat definierte Relation *Aufbauen* enthält die *transitive Hülle* der EDB-Relation *Voraussetzen*.

- Verwandt: {[N, M]}
  Zwei Vorlesungen N und M sind „verwandt", wenn die eine auf der anderen *aufbaut* (Regeln (15.5) und (15.6)) oder wenn sie einen gemeinsamen Vorfahren, also eine Vorlesung V, die Grundlage beider Vorlesungen N und M ist, besitzen (Regel (15.7)).

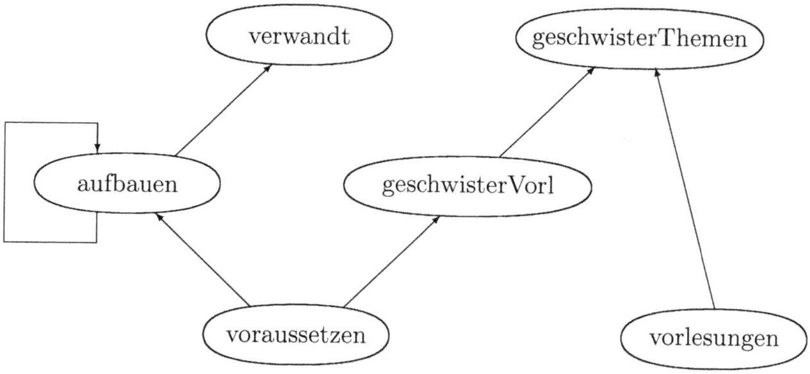

Abbildung 15.3: Abhängigkeitsgraph für unser Datalog-Beispielprogramm

15.3 Eigenschaften von Datalog-Programmen

15.3.1 Rekursivität

Zur Charakterisierung von Datalog-Programmen hinsichtlich Rekursivität dient der sogenannte *Abhängigkeitsgraph*. Hierbei bildet jedes im Datalog-Programm vorkommende Prädikat einen Knoten des Graphen – die eingebauten Prädikate (wie $=$, $\neq$, $<$, ...) kann man dabei vernachlässigen. Für jede Regel der Form

$$p(\ldots) :- q_1(\ldots), \ldots, q_n(\ldots).$$

werden die n Kanten

$$q_1 \rightarrow p, \ldots, q_n \rightarrow p$$

eingefügt – falls sie nicht schon vorhanden waren. Ein Datalog Programm ist genau dann rekursiv, falls der Abhängigkeitsgraph zyklisch ist – falls also mindestens ein Zyklus vorhanden ist.

Für unser Beispielprogramm aus Abbildung 15.2 ist der Abhängigkeitsgraph in Abbildung 15.3 gezeigt. An diesem Graphen ist die Rekursivität aufgrund des Zyklus

$$\text{aufbauen} \rightarrow \text{aufbauen}$$

erkennbar. Im Allgemeinen kann so ein Zyklus natürlich beliebig viele Knoten einschließen. Allerdings sind Zyklen mit nur einem Knoten in der Praxis häufiger als Zyklen über mehrere Knoten.

15.3.2 Sicherheit von Datalog-Regeln

Analog zum Relationenkalkül muss man auch bei Datalog-Regeln Sorge tragen, dass die durch eine Regel definierte Relation endlich ist. Ein Beispiel einer Regel, die eine unendliche Relation definiert, ist folgende:

$$\text{ungleich}(X, Y) \quad :- \quad X \neq Y.$$

Es gibt natürlich unendlich viele Paare von Werten, die ungleich sind. Grundsätzlich verursachen Variablen, die nur in einem eingebauten Prädikat im Rumpf einer Regel vorkommen, Probleme. Die gleiche Schwierigkeit taucht bei Variablen auf, die im Kopf einer Regel vorkommen, aber im Rumpf gar nicht auftreten:

$$\text{aufbauend}(V, N) \quad \text{:-} \quad \text{vorlesungen}(V, \text{“Grundzüge“}, S, R).$$

Hierdurch wird definiert, dass „alles“ auf der Vorlesung mit dem Titel „Grundzüge“ aufbaut. Die Variable N wird in keiner Weise eingeschränkt und liefert somit eine unendliche IDB-Relation *Aufbauend*.
Wir müssen demnach verlangen, dass jede in einer Regel vorkommende Variable *eingeschränkt* ist. Die Einschränkung einer Variablen erfolgt i.A. dadurch, dass sie im Rumpf der Regel innerhalb eines normalen Prädikats – welches einer IDB- oder EDB-Relation entspricht – vorkommt. Da alle IDB- und (sowieso alle) EDB-Relationen endlich sind, wird die Variable dadurch auf die endliche Menge der betreffenden Attributwerte eingeschränkt. Die eingebauten Vergleichs-Prädikate sind hierzu nicht geeignet, da sie selbst unendliche Relationen darstellen und deshalb Variablen nicht einschränken.

Eine Variable X ist in einer bestimmten Regel eingeschränkt, falls

- die Variable im Rumpf der Regel in mindestens einem normalen Prädikat – also nicht nur in eingebauten Vergleichsprädikaten – vorkommt oder
- ein Prädikat der Form $X = c$ mit einer Konstanten c im Rumpf der Regel existiert oder
- ein Prädikat der Form $X = Y$ im Rumpf vorkommt, und man schon nachgewiesen hat, dass Y eingeschränkt ist.

Eine Regel ist *sicher*, wenn alle Variablen eingeschränkt sind.

Die Regeln unseres Datalog-Programms aus Abbildung 15.2 sind alle sicher. Andererseits sind die oben angegebenen Regeln für die Prädikate *ungleich* und *aufbauend* nicht sicher, da keine der beiden Variablen X und Y in *ungleich* eingeschränkt ist, und die Variable N in der Regel *aufbauend* nicht eingeschränkt ist.

15.4 Auswertung von nicht-rekursiven Datalog-Programmen

15.4.1 Auswertung eines Beispielprogramms

Wir betrachten als Beispiel das folgende nicht-rekursive Datalog-Programm – ein Teil des Programms aus Abbildung 15.2:

$$\begin{aligned} gV(N1, N2) &\text{ :- } vs(V, N1), vs(V, N2), N1 < N2. \\ gT(T1, T2) &\text{ :- } gV(N1, N2), vL(N1, T1, S1, R1), vL(N2, T2, S2, R2). \end{aligned}$$

Hierbei wurden folgende Abkürzungen verwendet: gV für *geschwisterVorl*, vs für *voraussetzen*, gT für *geschwisterThemen* und vL für *vorlesungen*. Für dieses Programm erhält man den in Abbildung 15.4 gezeigten zyklenfreien Abhängigkeitsgraphen. Wir wollen uns die Ausprägung unserer Universitäts-Datenbank nochmals

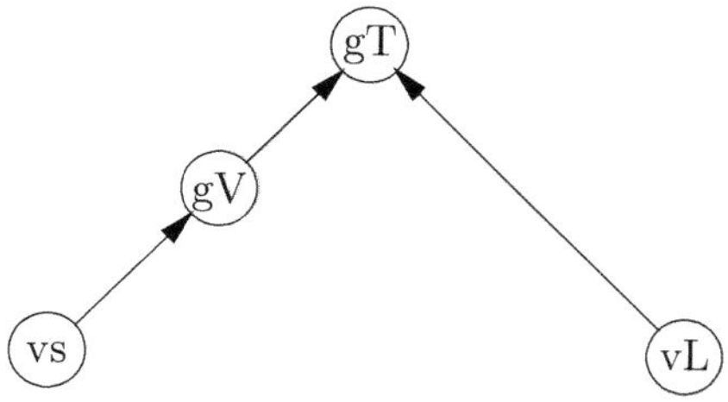

Abbildung 15.4: Ein zyklenfreier Abhängigkeitsgraph

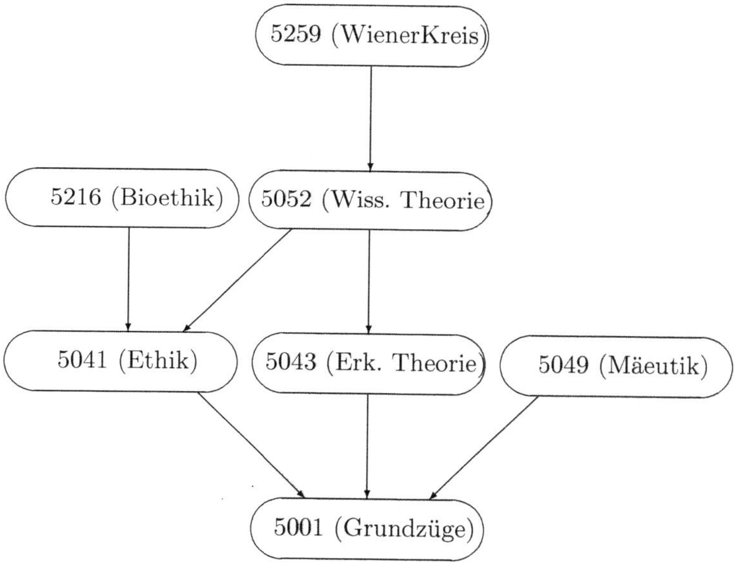

Abbildung 15.5: Grafische Veranschaulichung der EDB-Relation *Voraussetzen*

vergegenwärtigen. In Abbildung 15.5 ist die Ausprägung der EDB-Relation *Voraussetzen* visualisiert. Aus Gründen der Veranschaulichung ist zusätzlich zur *VorlNr* noch der *Titel* der jeweiligen Vorlesung in Klammern angeführt. Der *Titel* ist natürlich nicht in der Relation *Voraussetzen* enthalten, sondern muss durch einen Verbund (Join) mit der Relation *Vorlesungen* „gewonnen" werden – wie dies in der Regel gT geschehen ist.

Basierend auf den EDB-Relationen *Voraussetzen* und *Vorlesungen* würde das Datalog-Programm die in Abbildung 15.6 gezeigten IDB-Relationen *GeschwisterVorl* und *GeschwisterThemen* herleiten.

Wie geht man nun systematisch vor, um diese IDB-Relationen herzuleiten? Die Grundidee besteht darin, für den zyklenfreien Abhängigkeitsgraphen eine topologische Sortierung der Knoten zu finden, so dass in der Sortierreihenfolge der Knoten q vor einem Knoten p steht, falls es im Abhängigkeitsgraphen eine (gerichtete) Kante

GeschwisterVorl	
N1	*N2*
5041	5043
5043	5049
5041	5049
5052	5216

GeschwisterThemen	
T1	*T2*
Ethik	Erkenntnistheorie
Erkenntnistheorie	Mäeutik
Ethik	Mäeutik
Wissenschaftstheorie	Bioethik

Abbildung 15.6: Ausprägung der beiden IDB-Relationen *GeschwisterVorl* und *GeschwisterThemen*

von q nach p (also $q \rightarrow p$) gibt. Für unser Beispiel wäre

$$vs, gV, vL, gT$$

eine derartige topologische Sortierung.[2] Diese Sortierung ist bei zyklenfreien Abhängigkeitsgraphen – also bei nicht-rekursiven Datalog-Programmen – immer möglich.

Die IDB-Relationen werden dann in der Reihenfolge der topologischen Sortierung hergeleitet (materialisiert). Dabei geht man in zwei Schritten vor (bezogen auf ein Prädikat p):

1. Für jede Regel mit dem Kopf $p(\ldots)$, also

   $$p(\ldots) :\!-\; q_1(\ldots), \ldots, q_n(\ldots).$$

   bilde eine Relation, in der alle im Körper der Regel vorkommenden Variablen als Attribute vorkommen. Diese Relation wird im Wesentlichen durch einen natürlichen Verbund der Relationen $Q_1, \ldots, Q_n$, die den Relationen der Prädikate $q_1, \ldots, q_n$ entsprechen, gebildet. Man beachte, dass diese Relationen $Q_1, \ldots, Q_n$ wegen der Einhaltung der topologischen Sortierung bereits ausgewertet (materialisiert) sind.

2. Da das Prädikat p durch mehrere Regeln definiert sein kann, werden in diesem zweiten Schritt die Relationen aus Schritt 1. vereinigt. Hierzu muss man aber vorher noch auf die im Kopf der Regeln vorkommenden Attribute projizieren. Wir nehmen an, dass alle Köpfe der Regeln für p dieselben Attributnamen an derselben Stelle verwenden – durch Umformung der Regeln kann man dies immer erreichen (siehe Übungsaufgabe 15.1).

Da in unserem Beispiel jedes IDB-Prädikat (gV und gT) nur durch jeweils eine Regel definiert ist, vereinfacht sich Schritt 2. Die Relation zu Prädikat gV ergibt sich nach Schritt 1. aus folgendem Relationenalgebra-Ausdruck:

$$\sigma_{N1<N2}(Vs1(V, N1) \bowtie Vs2(V, N2))$$

Hierbei steht $Vs1$(V,N1) für folgenden Ausdruck, der nur Umbenennungen durchführt:

$$Vs1(V, N1) := \rho_{V\leftarrow\$1}(\rho_{N1\leftarrow\$2}(\rho_{Vs1}(\text{Voraussetzen})))$$

[2] Die topologische Sortierung ist nicht eindeutig; z.B. wäre vs, vL, gV, gT auch eine gültige topologische Sortierreihenfolge.

Hierbei wird also die EDB-Relation *Voraussetzen* in *Vs1* umbenannt; weiterhin werden die Attribute, die in Datalog über die Reihenfolge \$1, \$2, ... identifiziert werden, in V bzw. *N1* umbenannt.

Der Ausdruck $Vs2(V, N2)$ ist analog als zweite (separate) Kopie namens $Vs2$ der EDB-Relation *Voraussetzen* mit Umbenennung der Attribute in V und *N2* definiert.

Die durch den obigen Algebraausdruck definierte dreistellige Relation enthält also Tupel der Art $[v, n1, n2]$ mit Konstanten $v, n1$ und $n2$, für die gilt:

- das Tupel $[v, n1]$ ist in der Relation *Voraussetzen* enthalten,
- das Tupel $[v, n2]$ ist in der Relation *Voraussetzen* enthalten und
- $n1 < n2$.

Daraus folgt, dass die Relation nur solche dreistelligen Tupel enthält, für die die rechte Seite der Regel (des Prädikats) bei Substitution der jeweiligen Attributwerte für die Variablen den Wahrheitswert *true* ergibt.

Gemäß Schritt 2. des Algorithmus werden aus dem oben gegebenen Algebra-Ausdruck noch die beiden Attribute $N1$ und $N2$ projiziert:

$$GV(N1, N2) := \Pi_{N1,N2}(\sigma_{N1<N2}(Vs1(V, N1) \bowtie Vs2(V, N2)))$$

Eine Vereinigung ist – wie oben erwähnt – nicht notwendig.

In analoger Weise ergibt sich der relationenalgebraische Ausdruck für die Herleitung von GT wie folgt:

$$GT(T1, T2) := \Pi_{T1,T2}(GV(N1, N2) \bowtie VL1(N1, T1, S1, R1) \bowtie VL2(N2, T2, S2, R2))$$

15.4.2 Auswertungs-Algorithmus

Wir wollen nachfolgend die Methodik zur Auswertung einer Datalog-Regel etwas detaillierter darstellen. Wir betrachten folgende abstrakte Regel:

$$p(X_1, \ldots, X_m) \quad \text{:-} \quad q_1(A_{11}, \ldots, A_{1m_1}), \ldots, q_n(A_{n1}, \ldots, A_{nm_n}).$$

Die Regel habe die Variablen $X_1, \ldots, X_m, \ldots, X_r$, wobei die $X_1, \ldots, X_m$ im Kopf (und auch im Rumpf – warum?) und die restlichen Variablen nur im Rumpf vorkommen. Wir gehen davon aus, dass der Kopf der Regel nur paarweise verschiedene Variablen enthalte, was durch Umformungen immer zu erreichen ist (siehe Übungsaufgabe 15.1). Die Relationen für die Prädikate $q_1, \ldots, q_n$ seien bereits hergeleitet (materialisiert), da sie in der topologischen Sortierung vor p eingereiht sein müssen. Falls irgendwelche der q_j eingebauten Prädikaten $(=, \neq, <, \ldots)$ entsprechen, so werden diese Subgoals in Selektionsbedingungen umgeformt. Die anderen Relationen Q_i haben folgendes Schema:

$$Q_i : \{[\$1, \ldots, \$m_i]\}$$

Die m_i Attribute der Relation sind also einfach durchnummeriert – dies ist erforderlich, da sie in den einzelnen Subgoals abhängig von den Variablen unterschiedliche Namen bekommen können. Für das Subgoal

$$q_i(A_{i1}, \ldots, A_{im_i})$$

bilde folgenden Ausdruck E_i:

$$E_i := \Pi_{V_i}(\sigma_{F_i}(Q_i))$$

Hierbei enthält V_i die in $q_i(\ldots)$ vorkommenden Variablen – bzw. die Positionen, an denen die Variablen stehen. Das Selektionsbedingungsprädikat F_i setzt sich aus einer Menge von konjunktiv verknüpften Bedingungen zusammen:

- Falls in $q_i(\ldots, c, \ldots)$ eine Konstante c an j-ter Stelle vorkommt, füge die Bedingung

  $$\$j = c$$

  hinzu.

- Falls eine Variable X mehrfach an Positionen k und l in $q_i(\ldots, X, \ldots, X, \ldots)$ vorkommt, füge für jedes solche Paar die Bedingung

  $$\$k = \$l$$

  hinzu.

Für eine Variable Y, die nicht in den normalen Prädikaten vorkommt, gibt es zwei Möglichkeiten:

- Sie kommt nur als Prädikat

  $$Y = c$$

  für eine Konstante c vor. Dann wird eine einstellige Relation mit einem Tupel

  $$Q_Y := \{[c]\}$$

  gebildet.

- Sie kommt als Prädikat

  $$X = Y$$

  vor, und X kommt in einem normalen Prädikat $q_i(\ldots, X, \ldots)$ an k-ter Stelle vor. In diesem Fall setze

  $$Q_Y := \rho_{Y \leftarrow \$k}(\Pi_{\$k}(Q_i))$$

  .

Nun bilde man den Algebra-Ausdruck

$$E := E_1 \bowtie \ldots \bowtie E_n$$

und wende abschließend

$$\sigma_F(E)$$

an, wobei F aus der konjunktiven Verknüpfung der Vergleichsprädikate

$$X \phi Y$$

besteht, die in der Regel vorkommen. Die so hergeleitete Relation enthält diejenigen Tupel $[v_1, \ldots, v_r]$, die bei Substitution für die Variablen $X_1, \ldots, X_r$ den Rumpf der Regel erfüllen. Schließlich projizieren wir noch auf die im Kopf der Regel vorkommenden Variablen:

$$\Pi_{X_1,\ldots,X_m}(\sigma_F(E))$$

Wenn ein Prädikat p durch mehrere Regeln definiert ist, so nehmen wir an, dass der Kopf aller dieser Regeln gleich ist, nämlich $p(X_1, \ldots, X_m)$. Durch Umbenennung von Variablen und möglicherweise Einführung zusätzlicher Variablen ist dies, wie bereits ausgeführt, immer möglich – siehe Übung 15.1. In diesem Fall wird zunächst für jede Regel die resultierende Relation gesondert gebildet. Danach wird durch die Vereinigung dieser Relationen die durch das betreffende Prädikat definierte Relation gebildet.

Wir wollen diese Vorgehensweise nochmals am Beispiel demonstrieren:

$$\begin{array}{lll} (r_1) & nvV(N1, N2) & \text{:-} \quad gV(N1, N2). \\ (r_2) & nvV(N1, N2) & \text{:-} \quad gV(M1, M2), vs(M1, N1), vs(M2, N2). \end{array}$$

Dieses Beispielprogramm baut auf dem Prädikat gV auf und ermittelt nahe verwandte Vorlesungen, die einen gemeinsamen Vorgänger erster oder zweiter Stufe haben. Für die erste Regel erhält man folgenden Algebra-Ausdruck:

$$E_{r_1} := \Pi_{N1,N2}(\sigma_{\text{true}}(GV(N1, N2)))$$

Für die zweite Regel ergibt sich gemäß dem oben skizzierten Algorithmus:

$$E_{r_2} := \Pi_{N1,N2}(GV(M1, M2) \bowtie Vs1(M1, N1) \bowtie Vs2(M2, N2)).$$

Daraus ergibt sich dann durch die Vereinigung

$$NvV := E_{r_1} \cup E_{r_2}$$

die Relation NvV, die durch das Prädikat nvV definiert ist. Die Leser mögen bitte die Auswertung dieses Relationenalgebra-Ausdrucks an unserer Beispiel-Datenbasis durchführen.

15.5 Auswertung rekursiver Regeln

Betrachten wir als Beispiel das Prädikat *aufbauen* (abgekürzt a), das durch zwei Regeln definiert ist:

$$\begin{array}{lll} a(V, N) & \text{:-} & vs(V, N). \\ a(V, N) & \text{:-} & a(V, M), vs(M, N). \end{array}$$

Hier funktioniert der Auswertungs-Algorithmus aus Abschnitt 15.4.2 nicht mehr, da das Prädikat a auf sich selbst aufbaut – in der zweiten Regel kommt a auch im Rumpf vor. Die Relation *Aufbauen* (abgekürzt A) enthält die transitive Hülle von *Voraussetzen* und ist in Abbildung 15.7 gezeigt.

Betrachten wir das Tupel $[5001, 5052]$ aus der Relation *Aufbauen*. Dieses Tupel kann wie folgt hergeleitet werden:

Aufbauen	
V	N
5001	5041
5001	5043
5001	5049
5041	5216
5041	5052
5043	5052
5052	5259
5001	5216
5001	5052
5001	5259
5041	5259
5043	5259

Abbildung 15.7: Ausprägung der IDB-Relation *Aufbauen*

1. $a(5001, 5043)$ folgt aus der ersten Regel, da $vs(5001, 5043)$ gilt.
2. $a(5001, 5052)$ folgt aus der zweiten Regel, da
   (a) $a(5001, 5043)$ nach Schritt 1. gilt und
   (b) $vs(5043, 5052)$ gemäß der EDB-Relation *Voraussetzen* gilt.

Wir sehen also, dass für die Herleitung von Tupeln in A andere Tupel aus A, die in vorhergehenden Schritten hergeleitet wurden, benötigt werden.

Die Grundidee bei der Auswertung rekursiver Datalog-Regeln besteht darin, schrittweise die IDB-Relationen zu bestimmen. Man fängt dabei mit leeren IDB-Relationen an und generiert sukzessive neue Tupel für die IDB-Relationen. Bei der Herleitung neuer Tupel können Tupel, die in vorhergehenden Schritten generiert wurden, verwendet werden. Der Vorgang wird abgebrochen, sobald sich keine weiteren Tupel mehr generieren lassen.

Formal gesehen wird bei dieser Vorgehensweise auf der Basis gegebener EDB-Relationen der *kleinste Fixpunkt* für die IDB-Relationen bestimmt. Zur Berechnung dieses Fixpunktes wird ein rekursives Datalog-Programm zunächst durch Gleichungen charakterisiert. Diese Gleichungen ergeben sich analog zu dem in Abschnitt 15.4.2 beschriebenen Algorithmus.

Für unser Beispielprädikat a (*aufbauen*) erhalten wir folgende Gleichung:

$$A(V, N) = Vs(V, N) \cup \Pi_{V,N}(A(V, M) \bowtie Vs(M, N))$$

Hierbei repräsentiert A die IDB-Relation *Aufbauen* und *Vs* die EDB-Relation *voraussetzen*.

Zur Ermittlung des kleinsten Fixpunktes für A kann man nach folgendem Programm vorgehen:

$A := \{\};$ /* Initialisierung auf die leere Menge */

repeat
  $A' := A;$
  $A := Vs(V, N);$ /* erste Regel */
  $A := A \cup \Pi_{V,N}(A'(V, M) \bowtie Vs(M, N));$ /* zweite Regel */
until $A' = A$
output A;

Für unsere Ausprägung der Relation *Voraussetzen* benötigt dieser Algorithmus vier Schritte bis zur Terminierung – also bis der Fixpunkt berechnet ist und deshalb „nichts Neues" mehr generiert wird:

1. Im ersten Durchlauf werden nur die 7 Tupel aus *Voraussetzen* nach A „übertragen", da der Join leer ist (das linke Argument A' des Joins wurde zur leeren Relation {} initialisiert).

2. Im zweiten Schritt kommen zusätzlich die Tupel [5001, 5216], [5001, 5052], [5041, 5259] und [5043, 5259] hinzu.

3. Jetzt wird nur noch das eine Tupel [5001, 5259] neu generiert.

4. In diesem Schritt kommt kein neues Tupel mehr hinzu, so dass die Abbruchbedingung $A' = A$ erfüllt ist.

Die Leser mögen die Abarbeitung des Algorithmus im Detail nachvollziehen. In Abbildung 15.8 ist diese iterative Auswertung für unsere Beispieldatenbank nochmals zusammengefasst.

15.6 Inkrementelle (semi-naive) Auswertung rekursiver Regeln

Die im vorhergehenden Abschnitt beschriebene Methode wird in der Literatur als *naive* Auswertung bezeichnet, da sie u.U. sehr ineffizient sein kann. Der Grund liegt darin, dass in jedem Schritt der iterativen Auswertung die im vorhergehenden Schritt generierten Tupel *nochmals* generiert werden – zusätzlich zu den eventuell neu hinzukommenden. Im letzten Auswertungsschritt – also vor der Terminierung – wird die gesamte IDB-Relation, die im vorletzten Schritt schon vollständig materialisiert worden war, nochmals berechnet.

Die Schlüsselidee der *semi-naiven Auswertung* liegt in der Beobachtung, dass für die Generierung eines neuen Tupels t der rekursiv definierten IDB-Relation P eine bestimmte Regel[3]

$$p(\ldots) :- q_1(\ldots), \ldots, q_n(\ldots).$$

für Prädikat p „verantwortlich" ist. Dann wird also im iterativen Auswertungprogramm ein Algebra-Ausdruck der Art

$$E(Q_1 \bowtie \ldots \bowtie Q_n)$$

[3]Es kann sein, dass einige t auf unterschiedliche Weise – verschiedene Regeln und/oder verschiedene Subgoal-Instanziierungen – generiert werden. Wir betrachten hier nur eine ausgewählte Generierungsalternative.

Schritt	A
1	[5001, 5041], [5001, 5043], [5001, 5049], [5041, 5216], [5041, 5052], [5043, 5052], [5052, 5259]
2	[5001, 5041], [5001, 5043], [5001, 5049], [5041, 5216], [5041, 5052], [5043, 5052], [5052, 5259] [5001, 5216], [5001, 5052], [5041, 5259], [5043, 5259],
3	[5001, 5041], [5001, 5043], [5001, 5049], [5041, 5216], [5041, 5052], [5043, 5052], [5052, 5259] [5001, 5216], [5001, 5052], [5041, 5259], [5043, 5259], [5001, 5259]
4	wie in Schritt 3 (keine Veränderung, also Terminierung des Algorithmus)

Abbildung 15.8: (Naive) Auswertung der rekursiven Regel *aufbauen*

ausgewertet, wobei E die gemäß der Regel notwendigen Projektionen, Selektionen und Umbenennungen repräsentiert. Nehmen wir an, dass t erstmals im Iterationsschritt k (der naiven Auswertung) erzeugt wurde. Nehmen wir weiter an, dass für die Herleitung von t die Tupel $t_1 \in Q_1, \ldots, t_n \in Q_n$ notwendig sind. Dann muss im Iterationsschritt $(k-1)$ mindestens eines dieser Tupel – sagen wir $t_i \in Q_i$ – erstmals neu generiert worden sein. Mit ΔQ_i bezeichnen wir die Tupel, die im zuletzt durchgeführten Iterationsschritt in der IDB-Relation Q_i erstmals generiert wurden. Dann ist also für die Generierung von t die Auswertung von

$$E(Q_1 \bowtie \ldots \bowtie \Delta Q_i \bowtie \ldots \bowtie Q_n)$$

ausreichend. In diesem Ausdruck ist also anstelle der gesamten – bis zu diesem Zeitpunkt generierten – Relation Q_i die im zuletzt durchgeführten Iterationsschritt neu generierte Tupelmenge verwendet worden.

Da wir aber nicht vorhersagen können, aus welchem der Subgoals Q_i dieses inkrementelle Tupel t_i stammt, muss man das Delta (Δ) aller Subgoal-Relationen gesondert betrachten. Wir müssen also für jede derartige Regel die folgende Vereinigung auswerten:

$$E(\Delta Q_1 \bowtie Q_2 \bowtie \ldots \bowtie Q_n) \cup E(Q_1 \bowtie \Delta Q_2 \bowtie \ldots \bowtie Q_n) \cup \ldots \cup E(Q_1 \bowtie Q_2 \bowtie \ldots \bowtie \Delta Q_n)$$

Es ist ganz wichtig (siehe Aufgabe 15.3), dass immer nur für eine *einzige* Subgoal-Relation das Delta aus dem vorhergehenden Auswertungsschritt eingesetzt wird. Es könnte nämlich sein, dass für die Generierung von t nur t_i im direkt vorausgehenden Iterationsschritt erzeugt wurde, und $t_1, \ldots, t_{i-1}$ und $t_{i+1}, \ldots, t_n$ bereits in (sehr viel) früheren Schritten generiert wurden. Dann ist sichergestellt, dass t auf jeden Fall durch

$$E(\underbrace{Q_1}_{t_1} \bowtie \ldots \bowtie \underbrace{Q_{i-1}}_{t_{i-1}} \bowtie \underbrace{\Delta Q_i}_{t_i} \bowtie \underbrace{Q_{i+1}}_{t_{i+1}} \bowtie \ldots \bowtie \underbrace{Q_n}_{t_n})$$

generiert wird. Hätte man aber gleich noch ein weiteres *Delta* (z.B. ΔQ_n) in diesen Algebraausdruck eingebaut, dann fehlte uns womöglich t_n für die Generierung von t.

Betrachten wir hierzu ein Beispieltupel, das bei der naiven Auswertung der Relation *Aufbauen* in Schritt 3 erzeugt wurde:

$$t = [5001, 5259]$$

Dieses Tupel wurde aus dem folgenden Join gebildet:

$$\underbrace{[5001, 5052]}_{t_1 \in A} \bowtie \underbrace{[5052, 5259]}_{t_2 \in Vs}$$

Das Tupel t_1 wurde im 2. Schritt generiert, wohingegen das Tupel t_2 von Anfang an in der (invariant bleibenden) EDB-Relation *Vs* enthalten war.

Wir wollen jetzt die semi-naive (inkrementelle) Auswertung an unserem Beispielprädikat *aufbauen* demonstrieren. Das Programm ist in Abbildung 15.9 gezeigt. In diesem Programm haben wir aus Gründen der Systematik bewusst Befehle aufgenommen, die man getrost hätte „wegoptimieren“ können. Wir wollen das Programm

1. $A := \{\}; \Delta Vs := \{\};$
2. $\Delta A := Vs(V, N);$ /* erste Regel */
3. $\Delta A := \Delta A \cup \Pi_{V,N}(A(V, M) \bowtie Vs(M, N));$ /* zweite Regel */
4. $A := \Delta A;$
5. **repeat**
6. $\quad \Delta A' := \Delta A;$
7. $\quad \Delta A := \Delta Vs(V, N);$ /* erste Regel, liefert $\emptyset$ * /
8. $\quad \Delta A := \Delta A \cup$ /* zweite Regel */;
9. $\qquad \Pi_{V,N}(\Delta A'(V, M) \bowtie Vs(M, N)) \cup$
10. $\qquad \Pi_{V,N}(A(V, M) \bowtie \Delta Vs(M, N));$
11. $\quad \Delta A := \Delta A - A;$ /* entferne „neue“ Tupel, die schon vorhanden waren */
12. $\quad A := A \cup \Delta A;$
13. **until** $\Delta A = \emptyset;$

Abbildung 15.9: Programm zur semi-naiven Auswertung von *aufbauen*

kurz diskutieren: In Zeile 1. werden die Relationen-Variablen A und ΔVs zur leeren Menge initialisiert. In den Zeilen 2. und 3. wird die Berechnung von A durch einmalige Auswertung des zum Prädikat a hergeleiteten Relationenalgebra-Ausdrucks

$$\underbrace{Vs(V, N)}_{\text{erste Regel}} \cup \underbrace{\Pi_{V,N}(A(V, M) \bowtie Vs(M, N))}_{\text{zweite Regel}}$$

angestoßen. Man hätte hierbei die Zeile 3. auch ganz weglassen können, da die zweite Regel zu diesem Zeitpunkt kein Tupel beisteuern kann – man bedenke, dass A zur leeren Menge initialisiert wurde, und der *Join* deshalb die leere Menge ergibt. In Zeile 4. wird A zu dem Wert initialisiert, der in den Zeilen 2. und 3. berechnet wurde. In unserem speziellen Beispiel hätte man diese Zuweisung auch gleich durchführen können, i.A. hängen aber weitere Regeln von A ab, die mit dem Initialwert – nämlich $\{\}$ – auszuwerten sind. In Zeile 6. wird der alte Wert von ΔA in $\Delta A'$ gesichert – dieses $\Delta A'$ wird für diesen Iterationsschritt verwendet. In Schritt 7. wird die erste Regel zu a inkrementell ausgewertet. Da diese Regel aber nur auf einer einzigen EDB-Relation, nämlich Vs, basiert, werden hierdurch keine neuen Tupel generiert. Das Delta einer EDB-Relation ist natürlich immer leer. Alle Tupel, die aus der ersten Regel abgeleitet werden können, wurden schon in Zeile 2. generiert. In den Zeilen 8.–10. wird die zweite Regel des Prädikats a bearbeitet. In Zeile 9. wird das Delta von A, nämlich $\Delta A'$, in den Algebra-Ausdruck eingesetzt. In Zeile 10. wird das Delta von Vs, nämlich ΔVs, eingesetzt. Der Ausdruck aus Zeile 10. ergibt somit immer die leere Menge, da das Delta der EDB-Relation Vs leer ist. In Zeile 11. werden die Tupel aus ΔA entfernt, die – auf andere Weise – schon in vorhergehenden Iterationsschritten generiert worden waren. In Zeile 13. wird das Abbruchkriterium für die Schleife überprüft. Wenn nichts Neues mehr generiert wurde, kann die Auswertung terminiert werden.

Bei der semi-naiven Auswertung wird die Relation *Aufbauen* sukzessive erweitert. In Abbildung 15.10 ist die schrittweise Generierung von ΔA gezeigt.

Schritt	ΔA
Initialisierung (Zeile 2. und 3.)	(sieben Tupel aus Vs) [5001, 5042], [5001, 5043] [5043, 5052], [5041, 5052] [5001, 5049], [5041, 5216] [5052, 5259]
1. Iteration	(Pfade der Länge 2) [5001, 5216], [5001, 5052] [5041, 5259], [5043, 5259]
2. Iteration	(Pfade der Länge 3) [5001, 5259]
3. Iteration	$\emptyset$ (Terminierung)

Abbildung 15.10: Illustration der semi-naiven Auswertung von *Aufbauen*

15.7 Bottom-Up oder Top-Down Auswertung

Die bislang beschriebene Auswertungsmethode für Datalog-Programme wird auch *Bottom-Up* Auswertung genannt, weil man ausgehend von den EDB-Relationen (also der Faktenbasis) die gesamte intensionale Datenbasis berechnet. Man nennt diese Auswertungsmethode *forward chaining*, weil man sich ausgehend von Fakten (Tupeln der EDB) „nach vorne hangelt", um Tupel der IDB herzuleiten. Der Hauptvorteil dieser Bottom-Up Strategie besteht darin, dass man die bekannten Optimierungs- und Auswertungstechniken – vgl. Kapitel 8 – der Relationenalgebra ausnutzen kann.

Es gibt allerdings auch einen schwerwiegenden Nachteil bei der Bottom-Up Auswertung. Wenn man nur an einem kleinen Ausschnitt der IDB-Relation(en) interessiert ist, wird bei der Bottom-Up Auswertung trotzdem (und unnötigerweise) die gesamte intensionale Datenbasis berechnet und danach der für die jeweilige Anfrage interessierende Ausschnitt aus der IDB extrahiert.

Dieser Nachteil wird bei der sogenannten *Top-Down* Auswertung vermieden. Dabei geht man von der Anfrage – dem Ziel (*goal*) – aus und „hangelt sich rückwärts" bis hin zu Fakten der EDB, um das Ziel zu beweisen. Man spricht deshalb auch von *backward chaining*.

Wir können in dem hier gegebenen Rahmen die Top-Down Auswertung nur an einem Beispiel skizzieren. Unser Beispiel basiert wiederum auf dem Prädikat *aufbauen* (abgekürzt a), dessen zwei Regeln wir mit r_1 und r_2 bezeichnen.

$$
\begin{array}{ll}
(r_1) & a(V,N) \text{ :- } vs(V,N). \\
(r_2) & a(V,N) \text{ :- } a(V,M), vs(M,N).
\end{array}
$$

Darauf aufbauend sind wir an allen direkten und indirekten Vorgängern der Vorlesung 5052 interessiert. Die Leser mögen sich an Abbildung 15.5 vergegenwärtigen, dass dies die Vorlesungen 5041 und 5043 als direkte Vorgänger und die Vorlesung 5001 als (einziger) indirekter Vorgänger sind. Die Anfrage wird in Datalog wie folgt formuliert:

$$\text{query}(V) \text{ :- } a(V, 5052).$$

Jetzt ist also $a(V, 5052)$ das Ziel, das herzuleiten ist, indem alle möglichen Bindungen von V abgeleitet werden. Bei der Top-Down Auswertung wird ein sogenannter *Rule/Goal*-Baum aufgebaut. In diesem Baum alternieren Goal- und Rule-Knoten. Die Rule-Knoten dienen dazu, den übergeordneten Goal-Knoten abzuleiten. Für unser Beispiel ist der Rule/Goal-Baum in Abbildung 15.11 gezeigt.

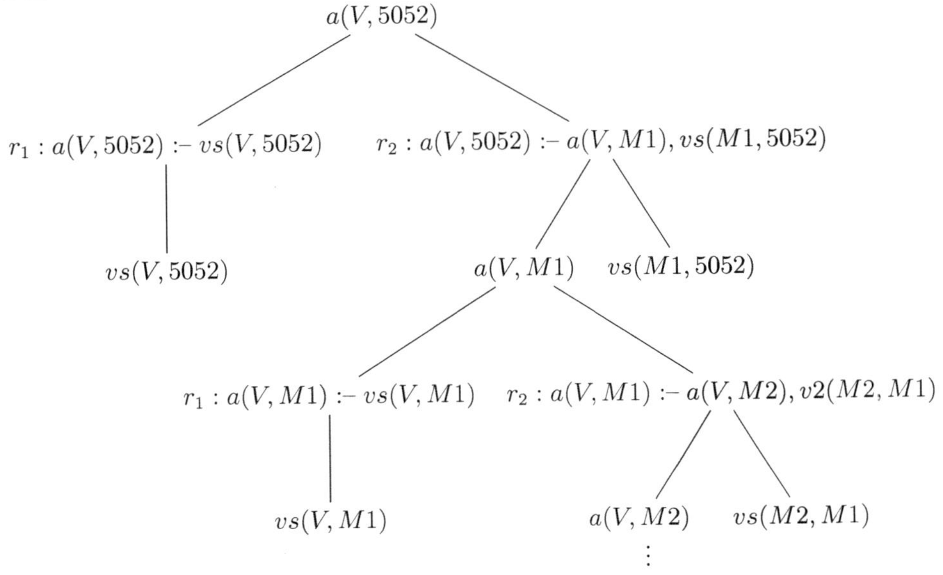

Abbildung 15.11: Rule/Goal-Baum zur Top-Down Auswertung

Im Prinzip handelt es sich bei diesem Rule/Goal-Baum wegen der Rekursivität der Regel r_2 um einen unendlich tiefen Baum. An jeden Goal-Knoten werden alle Regeln, deren Kopf mit dem Goal übereinstimmt, angehängt. Die so erzeugten Knoten sind die Rule-Knoten. In der Regel werden aber die durch übergeordnete Goal-Knoten festgelegten Bindungen (hier z.B. die Bindung der Variablen N in den beiden obersten Rule-Knoten an die Konstante 5052) übernommen. Variablen, die im Rumpf der Regel neu eingeführt werden – hier z.B. M in der Regel r_2 – werden durch Anhängen der jeweiligen Baumtiefe eindeutig gemacht – hier also $M1$, $M2$, usw.

In Abbildung 15.12 ist die Auswertung des Rule/Goal-Baums für unser Beispiel skizziert. Die Goal-Knoten, die EDB-Prädikaten entsprechen, werden gemäß der aktuellen Ausprägung der EDB-Relation ausgewertet. Der Knoten $vs(V, 5052)$ ergibt also die Werte 5041 und 5043 als gültige Belegungen für die Variable V. Analog werden für den Goal-Knoten $vs(M1, 5052)$ dieselben Konstanten ermittelt. Diese Konstanten werden dann „seitlich weitergereicht“ (sideways information passing), um die weitere Ableitung des Goal-Knotens $a(V, M1)$ voranzutreiben. Für diesen Goal-Knoten gibt es wiederum die zwei Regeln r_1 und r_2. Die Variable M wird auf dieser Stufe $M1$ genannt. Die Belegungen von $M1$ werden nach unten „weitergereicht“, so dass der Goal-Knoten $vs(V, M1)$ als einzige gültige Belegung für V den

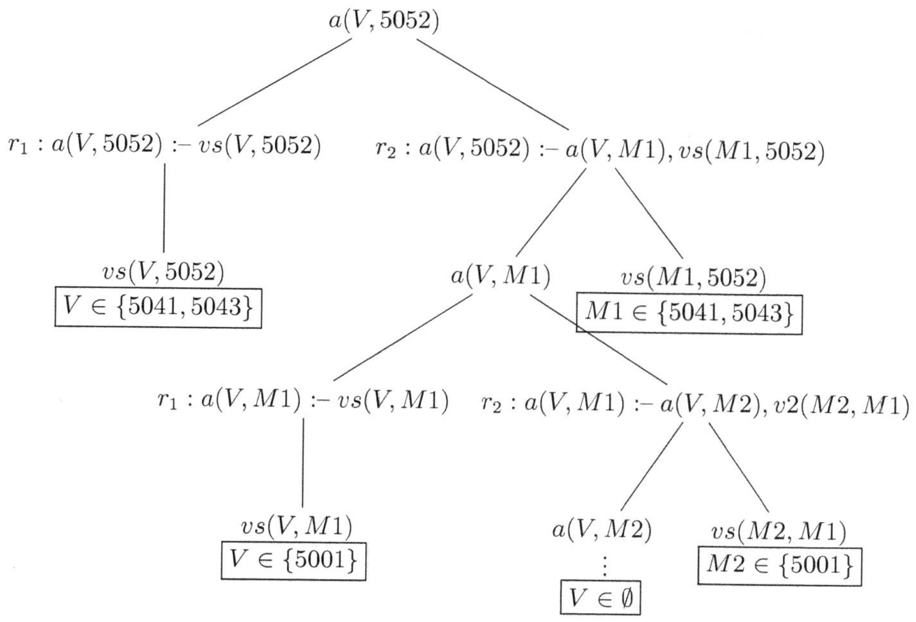

Abbildung 15.12: Rule/Goal-Baum mit Auswertung

Wert 5001 ergibt. Die weitere Ableitung der Regel r_2 führt schließlich zur leeren Menge, wodurch die Terminierung der Auswertung angezeigt wird. Die im Zuge der Auswertung gewonnenen Belegungen für V werden nach oben propagiert, so dass sie an der Wurzel des Rule/Goal-Baums zur Ergebnismenge $\{5041, 5043, 5001\}$ vereinigt werden können.

15.8 Negation im Regelrumpf

Um das Pendant zur Mengendifferenz der Relationenalgebra in Datalog ausdrücken zu können, benötigt man die Negation von Prädikaten im Regelrumpf. Wir wollen dies an folgendem Datalog-Programm illustrieren:

$$\text{indirektAufbauen}(V, N) \text{ :- } \text{aufbauen}(V, N), \neg\text{voraussetzen}(V, N).$$

Wir werden im folgenden die Abkürzungen iA, a und vs verwenden.

Diese Regel besagt, dass eine Vorlesung N indirekt auf V aufbaut, wenn $a(V, N)$ gilt und nicht $vs(V, N)$ gilt – bzw. $[V, N]$ kein Tupel in der EDB-Relation Vs ist.

15.8.1 Stratifizierte Datalog-Programme

Eine Regel mit einem negierten Prädikat im Rumpf, wie z.B.

$$r \equiv p(\ldots) \text{ :- } q_1(\ldots), \ldots, \neg q_i(\ldots), \ldots, q_n(\ldots).$$

kann nur dann sinnvoll ausgewertet werden, wenn die zum Prädikat q_i gehörende Relation Q_i zum Zeitpunkt der Auswertung der Regel r schon vollständig materialisiert ist. D.h., bevor oben gezeigte Regel r ausgewertet wird, muss man alle Regeln mit dem Kopf

$$q_i(\ldots) :- \ldots$$

auswerten. Dies ist aber nur möglich, wenn q_i nicht abhängig vom Prädikat p ist. Mit anderen Worten: Der Abhängigkeitsgraph darf keinen Pfad von p nach q_i enthalten. Wenn dies für alle Regeln und alle negierten Subgoals (Literale im Rumpf) gewährleistet ist, nennt man das Datalog-Programm *stratifiziert*. Der Abhängigkeitsgraph wird bei Vorliegen von negierten Prädikaten genauso aufgebaut, als wären die Prädikate nicht-negiert vorhanden. Für unser abstraktes Beispiel r wird u.a. die Kante $q_i \rightarrow p$ in den Abhängigkeitsgraphen eingetragen.

Datalog-Programme mit negierten Literalen im Rumpf von Regeln müssen aber auch *sicher* sein – vgl. Abschnitt 15.3.2. An der dort gegebenen Definition einer *sicheren Regel* ändert sich nichts; d.h. beim Nachweis, dass alle in der Regel vorkommenden Variablen eingeschränkt sind, dürfen negierte Literale nicht miteinbezogen werden. Dies ist auch intuitiv einleuchtend: Aus der Tatsache, dass eine Variable nicht als Attributwert in einer Relation vorkommt, ergibt sich keine Einschränkung dieser Variablen auf eine endliche Menge. Warum?

15.8.2 Auswertung von Regeln mit Negation

Wir werden die Auswertung stratifizierter Datalog-Programme mit negierten Rumpf-Literalen an unserer Beispielregel

$$iA(V, N) :- a(V, N), \neg vs(V, N).$$

demonstrieren. Da hier nur ein EDB-Prädikat negiert vorkommt, ist das Datalog-Programm trivialerweise stratifiziert – es gibt nämlich überhaupt keine Pfade im Abhängigkeitsgraphen, die zu EDB-Prädikaten führen.

Die aus dieser Regel abgeleitete Gleichung hat dann folgende Form:

$$\begin{aligned} iA(V, N) &= \Pi_{V,N}(A(V, N) \bowtie \overline{Vs}(V, N)) \\ &= A(V, N) - Vs(V, N) \end{aligned}$$

Hierbei steht $\overline{Vs}(V, N)$ für das Komplement der Relation $Vs(V, N)$. Man beachte, dass der natürliche Join zweier Relationen mit gleichem Schema – wie $A(V, N)$ und $\overline{Vs}(V, N)$ – dem Durchschnitt dieser beiden Relationen entspricht. Deshalb ist die Mengendifferenz mit Vs äquivalent zu dem natürlichen Verbund mit $\overline{Vs}$ als Argument. Die IDB-Relation IA kann also jetzt sehr einfach auf der Basis der schon früher materialisierten Relation A berechnet werden. IA enthält für unsere Beispielausprägung die fünf Tupel [5001, 5216], [5001, 5052], [5041, 5259], [5043, 5259] und [5001, 5259].

In bestimmten Fällen – wenn die Joinargumente nicht schemagleich sind – kann man die Auswertung aber nicht so einfach auf die Mengendifferenz zurückführen. Dann muss man die allgemeine Join-Auswertung vornehmen. Dabei gibt es aber ein schwerwiegendes Problem: Das Komplement einer (endlichen) Relation ist i.A. unendlich – z.B. wenn auch nur ein einziges Attribut einen unendlichen Wertebereich hat. Zum Glück ist man bei der Auswertung von Datalog-Regeln nur an einem endlichen „Ausschnitt“ aus der unendlichen Relation interessiert.

Zu einer k-stelligen bereits materialisierten IDB-Relation Q_i bildet man das für die Auswertung benötigte Komplement $\overline{Q_i}$ wie folgt. Die Menge *DOM* enthalte alle Attributwerte aller EDB-Relationen sowie alle im Datalog-Programm vorkommenden Konstanten. Dann wird $\overline{Q_i}$ wie folgt definiert:

$$\overline{Q_i} := \underbrace{(\text{DOM} \times \ldots \times DOM)}_{k-\text{mal}} - Q_i$$

$\overline{Q_i}$ ist natürlich endlich, da *DOM* endlich ist.

15.8.3 Ein etwas komplexeres Beispiel

Wir wollen die bislang diskutierten Konzepte anhand eines etwas komplexeren Beispiels illustrieren. Wir wollen das Prädikat *spezialVorl* definieren, das Spezialvorlesungen charakterisiert. Eine Vorlesung V – genauer gesagt, die betreffende *VorlNr* – erfüllt dieses Prädikat, falls V keine *Nachfolger*-Vorlesung mehr hat.

$$\begin{aligned} \text{grundlagen}(V) &\text{ :- } \text{voraussetzen}(V, N). \\ \text{spezialVorl}(V) &\text{ :- } \text{vorlesungen}(V, T, S, R), \neg\text{grundlagen}(V). \end{aligned}$$

Dieses Datalog-Programm lässt sich durch folgende Algebraausdrücke auswerten:

$$\begin{aligned} \text{Grundlagen}(V) &:= \Pi_V(\text{Voraussetzen}(V, N)) \\ \text{SpezialVorl}(V) &:= \Pi_V(\text{Vorlesungen}(V, T, S, R) \bowtie \overline{\text{Grundlagen}}(V)) \end{aligned}$$

Hierbei ist $\overline{Grundlagen}(V)$ als $DOM - Grundlagen(V)$ definiert.

Man könnte den zweiten algebraischen Ausdruck zur Berechnung von *SpezialVorl* auch als Mengendifferenz formulieren:

$$\text{SpezialVorl}(V) := \Pi_V(\text{Vorlesungen}(V, T, S, R)) - \text{Grundlagen}(V)$$

15.9 Ausdruckskraft von Datalog

Die Sprache Datalog, eingeschränkt auf nicht-rekursive Programme aber erweitert um Negation, wird in der Literatur manchmal als $Datalog^{\neg}_{non\text{-}rec}$ bezeichnet. Diese Sprache $Datalog^{\neg}_{non\text{-}rec}$ hat genau die gleiche Ausdruckskraft wie die relationale Algebra – und damit ist sie hinsichtlich Ausdruckskraft auch äquivalent zum relationalen Tupel- und Domänenkalkül. Datalog mit Negation und Rekursion geht natürlich über die Ausdruckskraft der relationalen Algebra hinaus – man konnte in Datalog ja z.B. die transitive Hülle der Relation *Voraussetzen* definieren.

Wir haben in den vorangehenden Abschnitten schon gezeigt, dass jedes nicht-rekursive Datalog-Programm mit Negation durch einen Relationenalgebra-Ausdruck ausgewertet werden kann:

- In Abschnitt 15.4.2 wurden für nicht-rekursive Datalog-Programme ohne Negation äquivalente Relationenalgebra-Ausdrücke konstruiert.
- In Abschnitt 15.8 wurde dieser Algorithmus erweitert, so dass auch negierte Subgoals im Regelrumpf berücksichtigt werden konnten.

Man beachte jedoch, dass rekursive Datalog-Programme nicht als Relationenalgebra-Ausdruck auswertbar sind. Die algebraischen Gleichungen mussten in Abschnitt 15.5 in eine **repeat** ... **until** ...-Schleife eingebettet werden – Schleifen sind aber kein Bestandteil der Relationenalgebra. Um die Äquivalenz von $Datalog^{\neg}_{non\text{-}rec}$ und der Relationenalgebra zu beweisen, verbleibt also noch zu zeigen, dass man jeden Algebraausdruck in ein äquivalentes $Datalog^{\neg}_{non\text{-}rec}$-Programm umformulieren kann.

Anstatt dies formal zu beweisen, zeigen wir im nachfolgenden Abschnitt beispielhaft, wie die Relationenalgebra-Operatoren in Datalog ausgedrückt werden können.

Selektion Die Selektion kann sehr einfach in einer Datalog-Regel formuliert werden. Betrachten wir beispielsweise den Algebra-Ausdruck

$$\sigma_{SWS>3}(\text{Vorlesungen}),$$

der „lange" Vorlesungen findet. Dies kann in Datalog als

$$\text{query}(V, T, S, R) :- \text{vorlesungen}(V, T, S, R), S > 3.$$

ausgedrückt werden. Konstanten kann man auch direkt in das Subgoal schreiben, z.B.:

$$\text{query}(V, S, R) :- \text{vorlesungen}(V, \text{“Mäeutik”}, S, R).$$

In dieser Datalog-Anfrage werden die Daten (*VorlNr*, *SWS* und *gelesenVon*) zu der Mäeutik-Vorlesung extrahiert.

Projektion Die Projektion ist in Datalog sehr einfach durch Weglasssen von im Rumpf vorkommenden Variablen im Regelkopf möglich. Die Anfrage

$$\text{query}(\text{Name}, \text{Rang}) :- \text{professoren}(\text{PersNr}, \text{Name}, \text{Rang}, \text{Raum}).$$

projiziert z.B. die EDB-Relation *Professoren* auf die Attribute *Name* und *Rang*.

Kreuzprodukt und Join Als Beispiel für einen Join betrachten wir folgenden Algebra-Ausdruck, in dem Paare von Vorlesungstiteln und Referentennamen gebildet werden:

$$\Pi_{\text{Titel},\text{Name}}(\text{Vorlesungen} \bowtie_{\text{gelesenVon}=\text{PersNr}} \text{Professoren})$$

Die äquivalente Datalog-Formulierung ist wie folgt:

$$\text{query}(T, N) :- \text{vorlesungen}(V, T, S, R), \text{professoren}(R, N, Rg, Ra).$$

Der Join erfolgt also über die Verwendung derselben Variablen – hier die Variable *R*.

Ein Kreuzprodukt bildet man, indem paarweise verschiedene Variablen verwendet werden, wie z.B.:

$$\text{query}(V1, V2, V3, V4, P1, P2, P3, P4) \;\text{:-}\; \text{vorlesungen}(V1, V2, V3, V4),\ \text{professoren}(P1, P2, P3, P4).$$

Dies entspricht dem Algebra-Ausdruck

$$\text{Professoren} \times \text{Vorlesungen}$$

Vereinigung Man kann grundsätzlich nur Relationen mit gleichem Schema vereinigen. Betrachten wir folgendes Beispiel:

$$\Pi_{\text{PersNr,Name}}(\text{Assistenten}) \cup \Pi_{\text{PersNr,Name}}(\text{Professoren})$$

Die äquivalente Datalog-Anfrage benötigt zwei Regeln, da die Vereinigung nicht in einer einzelnen Regel auszudrücken ist:

$$\begin{aligned}\text{query}(\text{PersNr}, \text{Name}) &\;\text{:-}\; \text{assistenten}(\text{PersNr}, \text{Name}, \text{F}, \text{B}).\\ \text{query}(\text{PersNr}, \text{Name}) &\;\text{:-}\; \text{professoren}(\text{PersNr}, \text{Name}, \text{Rg}, \text{Ra}).\end{aligned}$$

In diesen beiden Regeln ist die Projektion „gleich miterledigt" worden.

Mengendifferenz Um Mengendifferenz in Datalog ausdrücken zu können, benötigen wir die Negation von Subgoals im Regelrumpf. Wir betrachten nochmals das Beispiel *spezialVorl*. In der Relationenalgebra wären diese wie folgt definiert:

$$\Pi_{\text{VorlNr}}(\text{Vorlesungen}) - \Pi_{\text{Vorgänger}}(\text{Voraussetzen})$$

Die Datalog-Formulierung sieht so aus, dass zunächst die Projektionen in zwei eigenständigen Regeln gebildet werden und dann die Mengendifferenz durch Negation eines Subgoals formuliert wird:[4]

$$\begin{aligned}\text{vorlNr}(V) &\;\text{:-}\; \text{vorlesungen}(V, T, S, R).\\ \text{grundlagen}(V) &\;\text{:-}\; \text{voraussetzen}(V, N).\\ \text{query}(V) &\;\text{:-}\; \text{vorlNr}(V), \neg\text{grundlagen}(V).\end{aligned}$$

15.10 Übungen

15.1 [Ullman (1988)] Zeigen Sie, dass man durch Umformung von Regeln (*Angleichung* genannt) immer erreichen kann, dass die Regelköpfe aller Regeln für ein Prädikat p exakt dieselbe Form

$$p(X_1, \ldots, X_m) \;\text{:-}\; \ldots$$

[4]Wir haben hier – anders als in Abschnitt 15.8.3 – das Prädikat *query* und nicht *spezialVorl* genannt, um auszudrücken, dass dies das Ergebnis der Anfrage sein soll.

haben und nur paarweise verschiedene Variablen $X_1, \ldots, X_m$ enthalten.

Zeigen Sie die Vorgehensweise an folgendem Datalog-Prädikat:

$$\begin{aligned} p(\text{“Konstante”}, X, Y) &\coloneq r(X, Y). \\ p(X, Y, X) &\coloneq r(Y, X). \end{aligned}$$

Diese beiden Regeln sollen also so umgeformt werden, dass beide Regeln den Kopf

$$p(U, V, W) \coloneq \ldots$$

haben.

Illustrieren Sie, dass das umgeformte Datalog-Programm äquivalent zum ursprünglich gegebenen Programm ist.

15.2 Zeigen Sie, dass ein durch Angleichung der Regeln, gemäß dem in Übung 15.1 entwickelten Algorithmus, entstandenes Datalog Programm *sicher* ist, falls das ursprünglich gegebene Datalog-Programm sicher war.

15.3 Betrachten wir folgende alternative – aber äquivalente – Definition des Prädikats *aufbauen*:

$$\begin{aligned} a(V, N) &\coloneq vs(V, N). \\ a(V, N) &\coloneq a(V, M), a(M, N). \end{aligned}$$

Hierzu wird folgende Gleichung ermittelt:

$$A(V, N) = Vs(V, N) \cup \Pi_{V,N}(A_1(V, M) \bowtie A_2(M, N)))$$

Geben Sie das Programm für die naive Auswertung an.

Betrachten Sie nun folgenden **falschen** Programmversuch für die semi-naive Auswertung:

$A \ := \{\};\ A1 := A;\ A2 := A;\ \Delta Vs := \{\};$
$\Delta A := Vs(V, N) \cup \Pi_{V,N}(A1(V, M) \bowtie A2(M, N));$
$A \ := \Delta A;$
repeat
  $\Delta A' := \Delta A;$
  $\Delta A1' := \Delta A'; \Delta A2' := \Delta A';$
  $\Delta A := \Delta Vs(V, N);$
  $\Delta A := \Delta A \cup \Pi_{VN}(\Delta A1'(V, M) \bowtie \Delta A2'(M, N));$
  $\Delta A := \Delta A - A;$
  $A := A \cup \Delta A;$
until $\Delta A = \emptyset$

Zeigen Sie, dass dieses Programm selbst für unsere sehr einfache Beispielausprägung von *Vs* ein falsches Ergebnis liefert. Worin liegt der Fehler? Wie sieht das korrekte Programm für die semi-naive Auswertung aus?

15.4 Ullman (1988) führt das folgende Datalog-Programm ein:

$$\begin{aligned}
\text{sibling}(X,Y) &\ \text{:-}\ \ \text{parent}(\text{X},\text{Z}),\text{parent}(Y,Z),X \neq Y.\\
\text{cousin}(X,Y) &\ \text{:-}\ \ \text{parent}(X,Xp),\text{parent},(Y,Yp),\text{sibling}(Xp,Yp).\\
\text{cousin}(X,Y) &\ \text{:-}\ \ \text{parent}(X,Xp),\text{parent}(Y,Yp),\text{cousin}(Xp,Yp).\\
\text{related}(X,Y) &\ \text{:-}\ \ \text{sibling}(X,Y).\\
\text{related}(X,Y) &\ \text{:-}\ \ \text{related}(X,Z),\text{parent}(Y,Z).\\
\text{related}(X,Y) &\ \text{:-}\ \ \text{related}(Z,Y),\text{parent}(X,Z).
\end{aligned}$$

Nur das Prädikat *parent* basiert auf der EDB-Relation *Parent*, in der die Eltern/Kind-Beziehungen gespeichert sind.

- Konstruieren Sie den Abhängigkeitsgraphen für dieses Programm.
- Geben Sie die Relationenalgebra-Ausdrücke für die Herleitung des nichtrekursiv definierten Prädikates *sibling* an. Gehen sie von der folgenden Ausprägung der Relation *Parent* aus (die erste Komponente ist das Kind, die zweite das Elternteil):

$$\{[c,a],[d,a],[d,b],[e,b],[f,c],[g,c],[h,d],$$
$$[i,d],[i,e],[f,e],[j,f],[j,h],[k,g],[k,i]\}.$$

- Geben Sie den Algorithmus für die naive Auswertung der Prädikate *cousin* und *related* an, und zeigen Sie die schrittweise Auswertung für unsere obige Ausprägung von *Parent.*
- Machen Sie das Gleiche für die semi-naive Auswertung.

15.5 Werten Sie das in Abbildung 15.2 definierte Prädikat *Verwandt* aus. Geben Sie dazu die Algebra-Gleichung an, und zeigen Sie die Ausprägung der IDB-Relation *Verwandt* für unsere Beispielausprägung von *Voraussetzen.*

15.6 In Abschnitt 15.7 wurde eine Datalog-Anfrage durch den Rule/Goal-Baum top-down ausgewertet. Zeigen Sie die bottom-up Auswertung für dieses Beispiel, und diskutieren Sie die Effizienzprobleme.

15.7 Gegeben sei folgendes Datalog-Programm, wobei v ein EDB-Prädikat und a und b IDB-Prädikate seien:

$$\begin{aligned}
a(X,Y) &\ \text{:-}\ \ v(X,Y).\\
a(X,Y) &\ \text{:-}\ \ b(X,Y).\\
b(X,Y) &\ \text{:-}\ \ a(X,Z),v(Z,Y).
\end{aligned}$$

- Zeigen Sie den Abhängigkeitsgraphen.
- Geben Sie das Programm zur naiven Auswertung von A und B – den Relationen, die durch a bzw. b definiert werden – an.
- Geben Sie das Programm zur semi-naiven Auswertung an.
- Was wird durch a bzw. b definiert, wenn v für *voraussetzen* steht.

15.8 Definieren Sie das Prädikat $sg(X, Y)$, das für „*same generation*“ steht. Zwei Personen gehören derselben Generation an, wenn Sie mindestens je ein Elternteil haben, das derselben Generation angehört.

- Zeigen Sie die naive Auswertung von *sg* für die Beispielausprägung von *Parent* aus Aufgabe 15.4.
- Zeigen Sie die semi-naive Auswertung auf, d.h. geben Sie das Auswertungsprogramm an, und zeigen Sie die schrittweise erzeugten Auswertungs-Deltas.

15.9 Ist folgendes Datalog-Programm stratifiziert?

$$\begin{aligned} p(X,Y) &\text{ :- } q_1(Y,Z), \neg q_2(Z,X), q_3(X,P). \\ q_2(Z,X) &\text{ :- } q_4(Z,Y), q_3(Y,X). \\ q_4(Z,Y) &\text{ :- } p(Z,X), q_3(X,Y). \end{aligned}$$

Ist das Programm sicher – unter der Annahme, dass p, q_1, q_2, q_3, q_4 IDB- oder EDB-Prädikate sind?

15.10 Warum definiert das folgende Prädikat *spezialVorl'* nicht die nach Abschnitt 15.8.3 gewünschte IDB?

$$\begin{aligned} \text{spezialVorl}'(V) \text{ :- } & \text{vorlesungen}(V, T1, S1, R1), \neg\text{voraussetzen}(V, N), \\ & \text{vorlesungen}(N, T2, S2, R2). \end{aligned}$$

Was wird definiert? Zeigen Sie die Herleitung.

15.11 Setzen Sie das Datalog-Programm aus Abbildung 15.2 in View-Definitionen in SQL um. Die Anfragen bauen auf dem bekannten Uni-Schema auf. Verwenden Sie insbesondere die Möglichkeit, rekursive Views zu definieren.

15.12 Gegeben sei die nachfolgende *KindEltern*-Ausprägung für den Stammbaum-Ausschnitt der griechischen Götter und Helden:

KindEltern		
Vater	Mutter	Kind
Zeus	Leto	Apollon
Zeus	Leto	Artemis
Kronos	Rheia	Hades
Zeus	Maia	Hermes
Koios	Phoebe	Leto
Atlas	Pleone	Maia
Kronos	Rheia	Poseidon
Kronos	Rheia	Zeus

Formulieren Sie folgende Anfragen in SQL:

1. Bestimmen Sie alle Geschwisterpaare. Wenden Sie dafür die in Aufgabe 15.4 eingeführte Definition für *sibling* an.

2. Ermitteln Sie gemäß der *cousin* Definition die Paare von Cousins und Cousinen. Ihre Lösung sollte unter IBM DB2 und Microsofts SQL Server ausführbar sein.

3. Geben Sie alle Verwandtschaftsbeziehungen gemäß der Definition *related* aus Aufgabe 15.4 an. Ihre Lösung sollte ebenfalls wieder unter IBM DB2 und Microsofts SQL Server ausführbar sein.

4. Bestimmen Sie alle Nachfahren von Kronos. Formulieren Sie die Anfrage einmal so, dass sie unter IBM DB2 und SQL Server ausführbar ist, und ein weiteres Mal im SQL-Dialekt von Oracle.

15.11 Literatur

Die Wurzeln der deduktiven Datenbanken bzw. der Sprache Datalog sind in der logischen Programmierung zu finden. Das Buch von Clocksin und Mellish (1994) ist der Klassiker unter den Prolog-Lehrbüchern. Die Bücher von Lloyd (1984) und Maier und Warren (1988) sind formale Abhandlungen zur logischen Programmierung. Brewka und Dix (1997) beschreiben die Wissensrepräsentation mittels logischer Programme. Der Name Datalog wird David Maier zugeschrieben.

Das deutsch-sprachige Buch von Cremers, Griefahn und Hinze (1994) ist eine sehr gute Quelle für eine ausführliche Abhandlung des Themas. Die Bücher von Gallaire und Minker (1978) und Gallaire, Minker und Nicolas (1981) enthalten Originalaufsätze zu frühen Arbeiten im Bereich deduktiver Datenbanken. Minker (1988) hat später ein Textbuch zum gleichen Thema geschrieben. Ceri, Gottlob und Tanca (1990) haben ein weiteres englischsprachiges Lehrbuch über Logikprogrammierung im Zusammenhang mit Datenbanken verfasst.

Auch einige (allgemeine) Datenbank-Lehrbücher behandeln deduktive Datenbanken ausführlicher, als wir es in dem uns vorgegebenen Rahmen tun konnten:

- Ullman behandelt im ersten Band seines Buches [Ullman (1988)] die Bottom-Up-Auswertung von Datalog sehr detailliert. Im zweiten Band [Ullman (1989)] wird die Top-Down-Auswertung sowie die Kombination der beiden Verfahren behandelt. In diesem zweiten Band werden auch einige deduktive Datenbanksyteme – bzw. Forschungsprototypen – wie NAIL [Morris, Ullman und Gelder (1986)] und LDL [Tsur und Zaniolo (1986)] – vorgestellt.

- Abiteboul, Hull und Vianu (1995) behandeln insbesondere die formalen Aspekte der Sprache Datalog sehr detailliert.

Wir wollen jetzt noch einige wenige Originalarbeiten aus dem deduktiven Datenbankbereich aufführen. Bancilhon und Ramakrishnan (1986) diskutieren Auswertungsstrategien – insbesondere ist die semi-naive Auswertung hier vorgestellt. Diese Methode geht nach Bancilhon und Ramakrishnan (1986) auf einen unveröffentlichten internen Bericht von Bancilhon zurück. Es gibt aber auch einen frühen (unveröffentlichten) internen Bericht von Bayer (1985), in dem die semi-naive Auswertungsstrategie vorgestellt wurde. Weitergehend wurde die Technik von Bayer et al. (1987) und Bayer, Güntzer und Kießling (1987) beschrieben.

Ceri, Gottlob und Tanca (1989) behandeln ausgewählte Fragen zu Datalog. Gottlob, Grädel und Veith (2002) entwarfen die Sprache Datalog-lite, ein „abgespecktes“ Datalog, das sich sehr effizient auswerten läßt. Jarke, Clifford und Vassiliou (1986) stellen ein Prolog-„Frontend“ für ein relationales Datenbanksystem zur Realisierung eines deduktiven DBMS vor. Ein weiteres System, in dem Prolog mit einem relationalen DBMS gekoppelt wurde, ist EDUCE, das am ECRC in München entwickelt wurde – siehe Bocca (1986). In einem Sonderheft des *VLDB Journals* gibt Ramamohanarao (1994) einen Überblick über den derzeitigen Entwicklungsstand. Im gleichen Heft beschreiben Kießling et al. (1994) Erfahrungen im Zuge der Realisierung eines deduktiven Datenbanksystems und diskutieren die kommerziellen Chancen dieser Datenbanktechnologie. Ihre Einschätzung in dieser Hinsicht ist eher zurückhaltend, da sie feststellen, dass der Wertzuwachs (added value) zwischen relationaler und deduktiver Datenbanktechnologie die Anwender nicht zu einer Umkehr veranlassen würde. Bry und Seipel (1996) geben eine kurze Übersicht über den derzeitigen Stand der Technik. Freitag, Schütz und Specht (1991) beschreiben das System LOLA, das als Crosscompiler nach LISP mit eingebetteten SQL-Kommandos realisiert wurde. Zukowsky und Freitag (1996) beschreiben flexible Auswertungstechniken im Kontext dieses Systems; Wichert und Freitag (1997) behandeln das Problem von Änderungsoperationen in deduktiven Datenbanken.

Jarke et al. (1995) beschreiben ConceptBase, ein deduktives objekt-orientiertes Datenbanksystem.

Das Konzept der Einschränkung von Variablen, um sichere Datalog-Regeln zu erhalten, geht auf Zaniolo (1986) zurück. Die Stratifizierung von Datalog-Programmen wurde erstmals von Chandra und Harel (1982) behandelt. Bry, Decker und Manthey (1988) und Moerkotte und Lockemann (1991) beschreiben Konzepte zur Konsistenzüberprüfung in deduktiven Datenbanken. Die von uns nur andeutungsweise beschriebene Top-Down Auswertung mit dem Rule/Goal-Baum geht auf Ullman (1985) zurück.

Bry (1990) zeigt, wie man die Bottom-Up- und die Top-Down-Auswertung vereinheitlichen kann. Brass und Lipeck (1992) untersuchen die Bottom-Up-Auswertung. Eine Optimierungstechnik, bei der die Vorteile der Bottom-Up-Auswertung (Ausnutzung mengenorientierter Verarbeitung) mit den Vorteilen der Top-Down-Auswertung (zielgerichtetere, selektive Auswertung) verknüpft werden sollen, heißt „*Magic Set*“ und basiert auf Regeltransformation. Die transformierten Regeln werden dann bottom-up ausgewertet. Die Transformation dient dazu, die „Zielgerichtetheit“ der Top-Down-Auswertung in den Regeln zu kodieren. Die Technik wurde erstmals von Bancilhon et al. (1986) zu Papier gebracht. Das Buch von Ullman (1989) enthält eine gründliche Behandlung der Top-Down-Auswertung und der Magic Set-Optimierung. Brass (1995) analysiert die Top-Down-Auswertung im Vergleich zur Magic-Set-Auswertung. Danach schlägt Brass (1996) eine verbesserte Magic-Set-Auswertung vor.

16. Verteilte Datenbanken

Es gibt wenige Entwicklungen, die soviel Einfluss auf unsere Gesellschaft hatten wie die zunehmende weltweite Vernetzung. Die über das Internet zugängliche weltweit verteilte Information ist schier unerschöpflich. Die modernen Kommunikationsnetze erlauben eine verstärkte geographische Verteilung von Verwaltungen und Firmen. Dadurch haben verteilte Datenbank-Anwendungen drastisch an Bedeutung gewonnen. In diesem Kapitel beschäftigen wir uns mit verteilten Datenbankverwaltungssystemen (VDBMS abgekürzt), die die Kontrolle der verteilten Datenbanken übernehmen.

Betrachten wir zur Motivation als Beispiel einer geographisch verteilten Organisationsform eine Bank mit ihren Filialen. Dann sollten sicherlich die einzelnen Filialen autonom die Daten ihrer lokalen Kunden bearbeiten können. Gleichfalls sollten aber auch andere Filialen – und insbesondere die Zentrale – Zugriff auf diese Informationen haben, um z.B. Kontostandsüberprüfungen durchführen zu können. Dies ist ein „klassischer" Fall für den Einsatz eines verteilten Datenbanksystems, in dem die (globale) Gesamtinformation auf verschiedene Stationen verteilt ist. Die lokalen Stationen (manchmal *Sites* genannt) werden über ein Kommunikationsnetz miteinander verbunden.

16.1 Terminologie und Abgrenzung

Nach Ceri und Pelagatti (1984) besteht eine verteilte Datenbank aus einer Sammlung von Informationseinheiten, die auf mehreren über ein *Kommunikationsnetz* miteinander verbundenen Rechnern *verteilt* sind. Jede Station des Netzwerks kann *autonom* lokal verfügbare Daten verarbeiten und somit lokale Anwendungen „vor Ort" – also ohne Einbeziehung anderer Stationen – ausführen. Jede Station des verteilten Datenbanksystems nimmt aber zusätzlich an mindestens einer globalen Aufgabe teil, die über das Kommunikationsnetz abgewickelt wird.

Bei einem verteilten Datenbanksystem handelt es sich also sozusagen um eine Kooperation zwischen autonom arbeitenden Stationen, die über ein Kommunikationsmedium Informationen austauschen, um eine globale Aufgabe durchführen zu können. Bei dem Kommunikationsmedium kann es sich um unterschiedlichste Verbindungen handeln:

- LAN: local area network, wie z.B. Ethernet, Token-Ring oder FDDI-Netz.
- WAN: wide area network, wie z.B. das Internet.
- Telefonverbindungen, wie z.B. ISDN oder einfache Modem-Verbindungen.

Wir werden uns in diesem Kapitel nicht näher mit der zugrundeliegenden Netztopologie oder dem Kommunikationsmedium beschäftigen. Wir nehmen also an, dass das

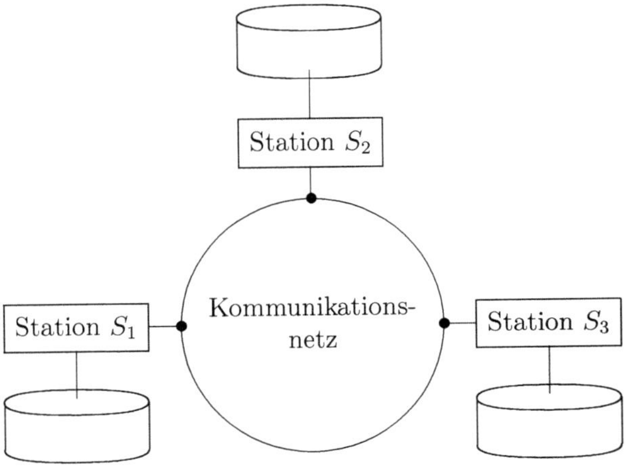

Abbildung 16.1: Ein verteiltes Datenbanksystem

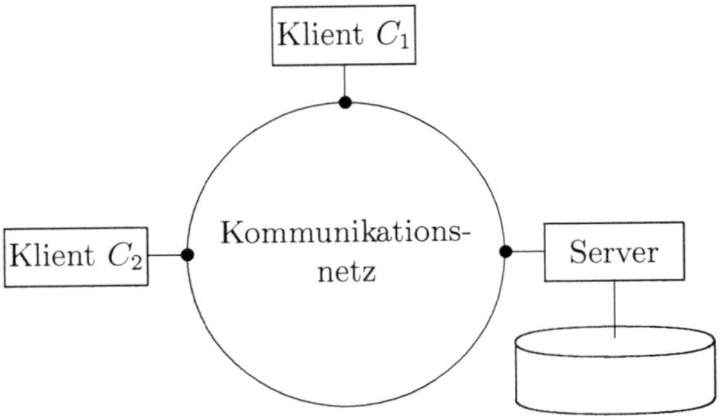

Abbildung 16.2: Client-Server-Architektur

Kommunikationsnetz für die Datenbankanwendung transparent ist, und jede Station mit jeder anderen Station kommunizieren kann.

In Abbildung 16.1 ist ein verteiltes Datenbanksystem skizziert – wobei die ringförmige Darstellung des Kommunikationsnetzes nur aus Darstellungsgründen gewählt wurde; es könnte sich genauso gut um ein geographisch weit verteiltes (WAN) Netz mit Kommunikation über Satelliten handeln. Die Stationen (Knoten, Sites) S_1, S_2 und S_3 des verteilten DBMS sind gleichrangig in Bezug auf ihre lokale Autonomie und ihre Fähigkeit, Daten lokal abzuspeichern und zu bearbeiten.

In Abgrenzung zu einem VDBMS zeigt Abbildung 16.2 eine sogenannte Client/Server-Architektur. Hierbei handelt es sich also sozusagen um ein „degeneriertes" VDBMS, da nur der Server Daten abspeichert. Die Klienten schicken Anforderungen an den Server, bearbeiten die vom Server übermittelten Daten lokal und schicken sie dann gegebenenfalls wieder zurück zum Server. Die Klienten können also Datenverarbeitungsoperationen nur im Zusammenspiel mit dem zentralen Server durchführen.

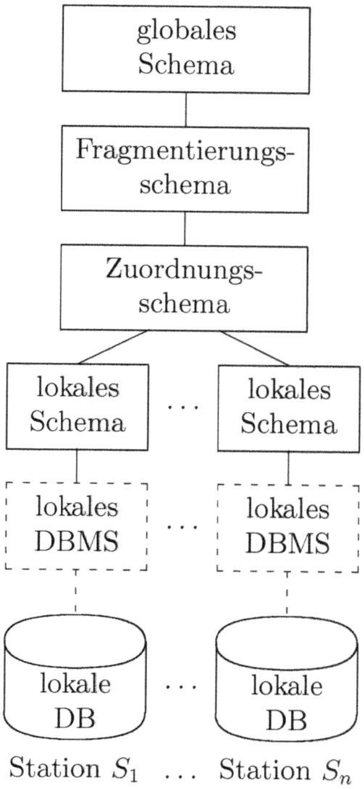

Abbildung 16.3: Grundlegender Aufbau und Entwurf eines verteilten Datenbank-sytems

16.2 Entwurf verteilter Datenbanken

In Abbildung 16.3 ist in Anlehnung an das Buch von Ceri und Pelagatti (1984) der Aufbau und Entwurf eines verteilten Datenbanksystems dargestellt. Wir werden im Folgenden das relationale Modell als Implementationsmodell zugrunde legen. Somit entspricht das *globale Schema* – der Ausgangspunkt des VDBMS-Entwurfs – dem konsolidierten relationalen Implementationsschema des zentralisierten Datenbank-entwurfs (vgl. dazu Abbildung 2.2 auf Seite 36).

Die eigentlich neuen Aufgaben beim VDBMS-Entwurf beziehen sich auf die beiden nachfolgenden Entwürfe:

- *Fragmentierungsschema* und
- *Zuordnungsschema* (auch *Allokationsschema* genannt).

Im Fragmentierungsschema werden logisch zusammengehörige Informationsmengen – hier Relationen – in (weitgehend) disjunkte *Fragmente* (Untereinheiten) zerlegt. Die Zerlegung erfolgt auf der Grundlage des Zugriffsverhaltens auf diese Fragmente. Dazu ist ein umfassendes Wissen über die zu erwartenden Anwendungen auf der Datenbank notwendig. Daten mit ähnlichem Zugriffsmuster werden dann in einem Fragment zusammengefasst. Wir wollen dies an einer abstrakten Relation R mit den Tupeln $r_1, \ldots, r_7$ und den Anwendungen A_1, A_2 und A_3 illustrieren. Wenn A_1 auf Tupel r_1, r_2, r_3 zugreift und A_2 auf Tupel r_4, r_5, r_6, r_7 zugreift, sollten daraus die Fragmente $R_1 = \{r_1, r_2, r_3\}$ und $R_2 = \{r_4, r_5, r_6, r_7\}$ abgeleitet werden. Wenn A_3 auf die Tupel r_4 und r_5 zugreift, dann sollten diese beiden Tupel allerdings in einem eigenen Fragment, sagen wir R_3, „untergebracht" werden. Somit müssen r_4 und r_5 aus R_2 entfernt werden, und es ergeben sich folgende Fragmente:

- $R_1 = \{r_1, r_2, r_3\}$ wegen Anwendung A_1
- $R_2 = \{r_6, r_7\}$ wegen Anwendung A_2
- $R_3 = \{r_4, r_5\}$ wegen Anwendungen A_2 und A_3

Hier haben wir nun die sogenannte *horizontale* Fragmentierung von Relationen in disjunkte Tupelmengen angedeutet. Wir werden im nächsten Abschnitt auch noch die *vertikale* Fragmentierung kennenlernen, bei der Relationen durch Projektion in Attributbereiche zerlegt werden.

Nachdem das Fragmentierungsschema festgelegt wurde, wird die Zuordnung der Fragmente auf Stationen des verteilten Datenbanksystems vorgenommen. Dieser Vorgang wird oft auch als *Allokation* bezeichnet. Die Fragmentierung und Allokation einer abstrakten Beispielrelation R ist in Abbildung 16.4 grafisch gezeigt.

Man unterscheidet zwei Arten der Allokation:

- *redundanzfreie Allokation*: In diesem Fall wird jedes Fragment genau einer Station zugeordnet. Es handelt sich dann um eine N:1-Zuordnung von Fragmenten zu Stationen.
- *Allokation mit Replikation*: Hierbei handelt es sich um eine N:M-Zuordnung. Einige Fragmente werden repliziert und mehreren Stationen zugeordnet. Dieser allgemeine Fall ist in Abbildung 16.4 gezeigt.

Ein dem Knoten S_i zugeordnetes Fragment R_j wird dann als R_j^i bezeichnet. Die Allokation von Fragmenten zu Stationen sollte natürlich auch auf der Grundlage der zu erwartenden Anwendungen vorgenommen werden. Wenn eine Anwendung A_1 meist auf Station S_1 ausgeführt wird, wäre es vorteilhaft, wenn die für A_1 notwendigen Fragmente auf S_1 angesiedelt sind. Natürlich kommt es zu Entwurfskonflikten, wenn ein Fragment, sagen wir R_1, sowohl auf Station S_1 als auch auf Station S_2 häufig benötigt wird. Bei der redundanzfreien Allokation kann man nicht umhin, eine der Stationen zu bevorzugen und damit die andere(n) zu benachteiligen. Es wurden Kostenmodelle entwickelt, nach denen man eine global optimierte Allokation bestimmen kann – die optimale Allokation kann man aber aufgrund der Komplexität des Problems nur in „kleinen" Anwendungsbereichen auch tatsächlich ermitteln. Deshalb werden in der Praxis meist heuristische Verfahren eingesetzt, bei denen man eine einigermaßen „gute" aber i.A. keine global optimale Zuordnung erwarten kann.

Bei der Allokation mit Replikation hat man noch mehr Freiheitsgrade, da man jetzt Fragmente bei Bedarf replizieren kann. Durch Replikation werden aber nur Leseanwendungen bevorteilt, da Änderungen dann auf allen (oder zumindest auf mehreren – wie wir später noch sehen werden) Kopien durchgeführt werden müssen.

Gemäß Abbildung 16.3 werden dann die einer Station zugeordneten Fragmente im lokalen Schema modelliert. Wir werden im Folgenden immer von einer homogenen

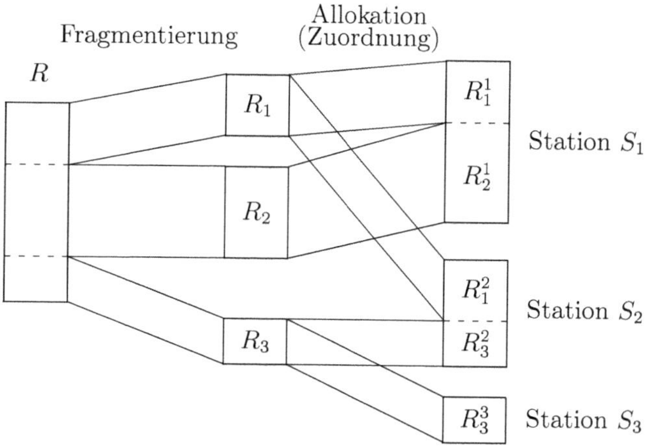

Abbildung 16.4: Fragmentierung und Allokation einer Relation nach Ceri und Pelagatti (1984)

Struktur ausgehen, so dass alle Stationen dasselbe lokale Datenmodell – ja sogar dasselbe Datenbanksystem – einsetzen.[1]

16.3 Horizontale und vertikale Fragmentierung

Wie schon oben angedeutet, gibt es verschiedene Methoden zur Fragmentierung einer Relation:

- *horizontale Fragmentierung*: Hierbei wird die Relation in disjunkte Tupelmengen zerlegt.
- *vertikale Fragmentierung*: Es werden Attribute mit gleichem Zugriffsmuster zusammengefasst. Die Relation wird somit vertikal durch Ausführung von Projektionen zerlegt.
- *kombinierte Fragmentierung*: Hierbei werden die vertikale und die horizontale Fragmentierung auf dieselbe Relation angewandt.

Es gibt drei grundlegende Korrektheits-Anforderungen an eine Fragmentierung:

1. *Rekonstruierbarkeit*: Die fragmentierte Relation lässt sich aus den Fragmenten wiederherstellen.
2. *Vollständigkeit*: Jedes Datum ist einem Fragment zugeordnet.
3. *Disjunktheit*: Die Fragmente überlappen sich nicht, d.h. ein Datum ist nicht mehreren Fragmenten zugeordnet.

[1] Lediglich die an den einzelnen Stationen eingesetzte Hardware und Systemsoftware (Betriebssystem) kann variieren und muss vom VDBMS „verdeckt" werden.

Professoren						
PersNr	Name	Rang	Raum	Fakultät	Gehalt	Steuerklasse
2125	Sokrates	C4	226	Philosophie	85000	1
2126	Russel	C4	232	Philosophie	80000	3
2127	Kopernikus	C3	310	Physik	65000	5
2133	Popper	C3	52	Philosophie	68000	1
2134	Augustinus	C3	309	Theologie	55000	5
2136	Curie	C4	36	Physik	95000	3
2137	Kant	C4	7	Philosophie	98000	1

Abbildung 16.5: Beispielausprägung der um drei Attribute erweiterten Relation *Professoren*

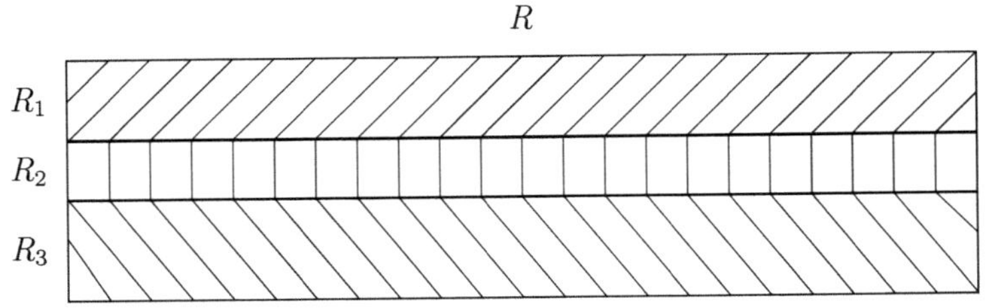

Abbildung 16.6: Horizontale Fragmentierung

Die *Rekonstruierbarkeit* geht mit der *Vollständigkeit* einher. Die Originalrelation R muss aus den Fragmenten $R_1, \ldots, R_n$ durch Anwendung relationaler Algebraoperatoren wieder rekonstruierbar sein. Dazu ist die Vollständigkeit, wonach jede Informationseinheit (Tupel, Attributwert, o.Ä.) der Originalrelation in einem der Fragmente enthalten sein muss, Grundvoraussetzung. Die *Disjunktheit* verlangt, dass eine Informationseinheit nicht redundant in zwei (oder mehr) Fragmenten enthalten sein darf. Wir werden später sehen, dass man bei der vertikalen – nicht jedoch bei der horizontalen – Fragmentierung Abstriche hinsichtlich der Disjunktheit in Kauf nimmt, um eine einfache Rekonstruierbarkeit zu gestatten.

Wir wollen diesen Abschnitt anhand eines Beispiels veranschaulichen, das sich auf unsere Universitätsdatenbank bezieht. Zu diesem Zweck erweitern wir das Schema der Relation *Professoren* um die Attribute *Fakultät*, *Gehalt* und *Steuerklasse*. Die Beispielausprägung der Relation ist dann in Abbildung 16.5 gezeigt. Wir gehen davon aus, dass wir eine Universität mit nur drei Fakultäten – Theologie, Physik und Philosophie – modellieren.

16.3.1 Horizontale Fragmentierung

Die horizontale Fragmentierung ist abstrakt in Abbildung 16.6 dargestellt. Für die Fragmentierung in disjunkte Teilmengen muss man Zerlegungsprädikate $p_1, p_2, \ldots$ angeben. Betrachten wir zunächst den Fall, dass nur ein Zerlegungsprädikat p_1 angegeben ist. Daraus ergibt sich eine Zerlegung von R in

$$\begin{aligned} R_1 &:= \sigma_{p_1}(R) \\ R_2 &:= \sigma_{\neg p_1}(R) \end{aligned}$$

Bei zwei Prädikaten p_1 und p_2 ergeben sich schon vier Zerlegungen, nämlich:

$$\begin{aligned} R_1 &:= \sigma_{p_1 \wedge p_2}(R) \\ R_2 &:= \sigma_{p_1 \wedge \neg p_2}(R) \\ R_3 &:= \sigma_{\neg p_1 \wedge p_2}(R) \\ R_4 &:= \sigma_{\neg p_1 \wedge \neg p_2}(R) \end{aligned}$$

Allgemein würden sich also bei n Zerlegungsprädikaten $p_1, \ldots, p_n$ insgesamt 2^n Fragmente ergeben. Bei n Zerlegungsprädikaten würde die horizontale Fragmentierung mit den folgenden 2^n möglichen konjunktiv verknüpften Selektionsprädikaten durchgeführt:

$$\bigwedge_{i=1}^{n} p_i^*$$

Hierbei repräsentiert p_i^* das Prädikat p_i oder die Negation $(\neg p_i)$ von p_i. Es kann aber sein, dass einige dieser Konjunktionen konstant *false* ergeben, so dass die betreffenden Fragmente immer leer sind und deshalb weggelassen werden können.

Bei der hier skizzierten Vorgehensweise wird sichergestellt, dass die resultierende Fragmentierung disjunkt und vollständig ist – also jedes Tupel wird genau einem Fragment zugeordnet. Warum?

Wir wollen die horizontale Fragmentierung anhand unserer Beispielrelation *Professoren* illustrieren. Es scheint sinnvoll zu sein, die Professoren nach Fakultätszugehörigkeit zu gruppieren. Also haben wir für unsere Universität mit nur drei Fakultäten die folgenden Zerlegungsprädikate:

$$\begin{aligned} p_1 &\equiv \text{Fakultät} = \text{'Theologie'} \\ p_2 &\equiv \text{Fakultät} = \text{'Physik'} \\ p_3 &\equiv \text{Fakultät} = \text{'Philosophie'} \end{aligned}$$

Es ist aber leicht ersichtlich, dass von den 8 $(= 2^3)$ Selektionen allenfalls vier ein nicht-leeres Ergebnis liefern können, nämlich:[2]

$$\begin{aligned} \text{TheolProfs}' &:= \sigma_{p_1 \wedge \neg p_2 \wedge \neg p_3}(\text{Professoren}) = \sigma_{p_1}(\text{Professoren}) \\ \text{PhysikProfs}' &:= \sigma_{\neg p_1 \wedge p_2 \wedge \neg p_3}(\text{Professoren}) = \sigma_{p_2}(\text{Professoren}) \\ \text{PhiloProfs}' &:= \sigma_{\neg p_1 \wedge \neg p_2 \wedge p_3}(\text{Professoren}) = \sigma_{p_3}(\text{Professoren}) \\ \text{AndereProfs}' &:= \sigma_{\neg p_1 \wedge \neg p_2 \wedge \neg p_3}(\text{Professoren}) \end{aligned}$$

Unter der Annahme, dass *Fakultät* immer spezifiziert sein muss (**not null**) und nur Werte aus {*Theologie*, *Physik*, *Philosophie*} annehmen kann, ist auch das vierte Fragment leer – und wird deshalb nachfolgend nicht weiter betrachtet.

[2] Der „Prime ′" wurde bei der Benennung verwendet, weil wir später noch eine andere Fragmentierung von *Professoren* definieren wollen.

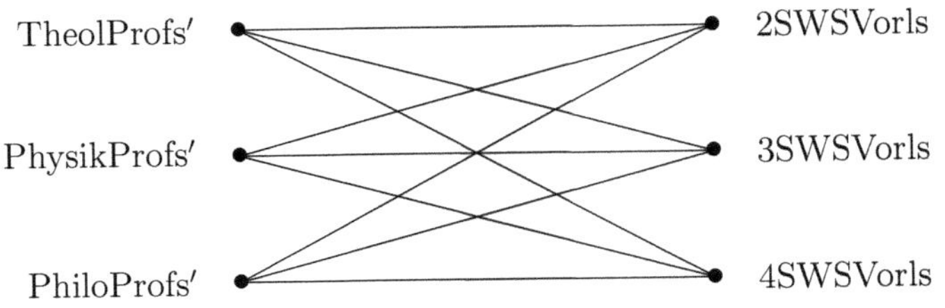

Abbildung 16.7: Der Join-Graph bei ungeeigneter horizontaler Fragmentierung

16.3.2 Abgeleitete horizontale Fragmentierung

Manchmal ist es sinnvoll, eine Relation abhängig von einer anderen horizontal fragmentierten Relation zu zerlegen. Wir wollen dies an dem Beispiel der Relation *Vorlesungen* aus unserer Universitäts-Datenbank demonstrieren. Betrachten wir als erste Möglichkeit der horizontalen Fragmentierung die Zerlegung in Gruppen mit gleicher Semesterwochenstundenzahl (*SWS*). Also hätten wir drei Fragmente – unter der Annahme, dass Vorlesungen entweder zwei-, drei- oder vierstündig sind:

$$\begin{aligned}\text{2SWSVorls} &:= \sigma_{\text{SWS}=2}(\text{Vorlesungen})\\ \text{3SWSVorls} &:= \sigma_{\text{SWS}=3}(\text{Vorlesungen})\\ \text{4SWSVorls} &:= \sigma_{\text{SWS}=4}(\text{Vorlesungen})\end{aligned}$$

Aus der Sicht der Anfragebearbeitung ist dies u.U. eine sehr schlechte Zerlegung. Betrachten wir dazu die folgende, auf dem Globalschema *Professoren* und *Vorlesungen* formulierte Anfrage:

select Titel, Name
from Vorlesungen, Professoren
where gelesenVon = PersNr;

Wenn man diese Anfrage auf Basis der sechs Fragmente – *TheolProfs′*, *PhysikProfs′*, *PhiloProfs′*, *2SWSVorls*, *3SWSVorls*, *4SWSVorls* – auszuwerten hätte, müsste man jedes ... *Profs′*-Fragment mit jedem ... *Vorls*-Fragment joinen. Also wäre folgender Auswertungsplan auszuführen.

$$\Pi_{\text{Titel, Name}}((\text{TheolProfs}' \bowtie \text{2SWSVorls}) \cup (\text{TheolProfs}' \bowtie \text{3SWSVorls}) \cup \cdots \cup (\text{PhiloProfs}' \bowtie \text{4SWSVorls}))$$

Es wären also insgesamt 9 Fragmente miteinander zu verknüpfen (zu „joinen“). Dies ist grafisch in Abbildung 16.7 dargestellt. Jede Kante entspricht einem (potentiell) nicht-leeren Join zweier Fragmente.

Um solche Join-Operationen sehr viel effizienter ausführen zu können, sollte man die Relation *Vorlesungen* gemäß der *Fakultät* des Referenten bzw. der Referentin zerlegen. Allerdings ist *Fakultät* kein Attribut aus *Vorlesungen*. Die Fragmentierung von *Vorlesungen* muss deshalb aufbauend auf der schon vollzogenen Zerlegung von *Professoren* durchgeführt werden. Deshalb spricht man von einer *abgeleiteten*

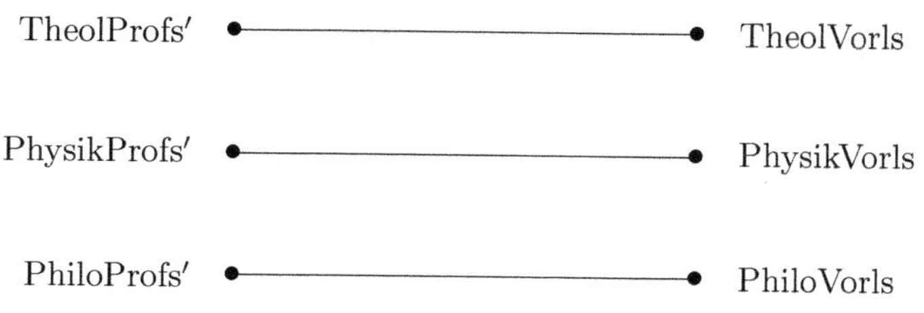

Abbildung 16.8: Der einfache Join-Graph nach abgeleiteter Fragmentierung

Fragmentierung. Hierfür wird der Semijoin-Operator verwendet. Für unser Beispiel ergibt sich folgende Fragmentierung:

$$\begin{aligned}
\text{TheolVorls} &:= \text{Vorlesungen} \ltimes_{\text{gelesenVon}=\text{PersNr}} \text{TheolProfs}' \\
\text{PhysikVorls} &:= \text{Vorlesungen} \ltimes_{\text{gelesenVon}=\text{PersNr}} \text{PhysikProfs}' \\
\text{PhiloVorls} &:= \text{Vorlesungen} \ltimes_{\text{gelesenVon}=\text{PersNr}} \text{PhiloProfs}'
\end{aligned}$$

Auf der Basis dieser Fragmentierung ließe sich unsere Beispielanfrage, in der Vorlesungstitel mit dem Namen des Referenten bzw. der Referentin gepaart wurden, sehr viel effizienter auswerten. Man braucht jetzt nämlich nur drei Joins zwischen Fragmenten durchzuführen. Diese drei Joins sind in Abbildung 16.8 gezeigt. Die anderen sechs möglichen Join-Paare – wie z.B. $PhysikProfs' \bowtie_{PersNr=gelesenVon} TheolVorls$ – sind immer leer. Man spart jetzt also insgesamt 6 (von 9) möglichen Joinoperationen. Der Auswertungsplan sieht dann wie folgt aus:

$$\begin{aligned}
\Pi_{\text{Titel, Name}}((\text{TheolProfs}' \bowtie_p \text{TheolVorls}) \cup (\text{PhysikProfs}' \bowtie_p \text{PhysikVorls}) \\
\cup (\text{PhiloProfs}' \bowtie_p \text{PhiloVorls}))
\end{aligned}$$

Hierbei ist das Joinprädikat p als

$$p \quad \equiv \quad (\text{PersNr} = \text{gelesenVon})$$

gegeben.

Wir werden in Abschnitt 16.5 noch etwas ausführlicher auf die Anfrageoptimierung zu sprechen kommen. Es sollte aber an dieser Stelle schon klar geworden sein, dass beim verteilten Datenbankentwurf die zu erwartenden Anfragen berücksichtigt werden müssen, damit effiziente Auswertungspläne generierbar sind.

16.3.3 Vertikale Fragmentierung

Die vertikale Fragmentierung ist grafisch in Abbildung 16.9 skizziert. Bei der vertikalen Fragmentierung werden Attribute mit ähnlichem Zugriffsmuster zusammengefasst. Die Fragmente ergeben sich dann als Projektion auf diese Attributgruppen – die Originalrelation wird also *vertikal* aufgespalten. Bei beliebiger vertikaler Aufspaltung wäre aber die *Rekonstruierbarkeit* nicht gewährleistet. Es gibt zwei Ansätze, die Rekonstruierbarkeit zu garantieren:

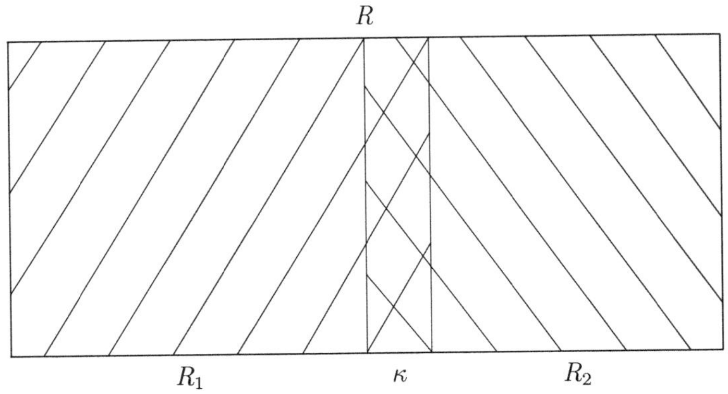

Abbildung 16.9: Vertikale Fragmentierung

1. Jedes (vertikale) Fragment enthält den Primärschlüssel – in Abbildung 16.9 mit κ bezeichnet – der Originalrelation. In gewisser Hinsicht verletzt man dadurch aber die *Disjunktheit* der Fragmente.

2. Jedem Tupel der Originalrelation wird ein eindeutiges Surrogat (ein künstlich erzeugter Objektidentifikator) zugeordnet. Dieses Surrogat wird in jedes vertikale Fragment des Tupels mit aufgenommen.

Wir werden im Folgenden die erstgenannte Vorgehensweise darstellen, so dass die vertikalen Fragmente überlappen. Es hat sich weiterhin gezeigt, dass es oftmals sinnvoll ist, solche Attribute, die sich selten ändern, in mehrere vertikale Fragmente aufzunehmen. Auch dadurch wird natürlich die Disjunktheit verletzt.

Wir wollen die vertikale Fragmentierung an unserer Beispiel-Relation *Professoren* demonstrieren. Professoren werden in verschiedenen Kontexten „bearbeitet“:

- In der Universitätsverwaltung wird meistens auf die Attribute *PersNr*, *Name*, *Gehalt* und *Steuerklasse* zugegriffen.

- Im Kontext der Lehre und Forschung sind dagegen eher die Attribute *PersNr*, *Name*, *Rang*, *Raum* und *Fakultät* von Interesse.

Deshalb schlagen wir hier folgende vertikale Fragmentierung von Professoren vor:

$$\begin{aligned}\text{ProfVerw} &:= \Pi_{\text{PersNr, Name, Gehalt, Steuerklasse}}(\text{Professoren})\\ \text{Profs} &:= \Pi_{\text{PersNr, Name, Rang, Raum, Fakultät}}(\text{Professoren})\end{aligned}$$

Die Rekonstruktion der Originalrelation *Professoren* ist wegen der Übernahme des Primärschlüssels *PersNr* in beiden Fragmenten durch einen Join über diesem Attribut möglich:

$$\text{Professoren} = \text{ProfVerw} \bowtie_{\text{ProfVerw.PersNr}=\text{Profs.PersNr}} \text{Profs}$$

In der oben gezeigten Fragmentierung wurde auch das *Name*-Attribut in beide Fragmente einbezogen. Da Personen relativ selten ihren Namen wechseln, sollte diese

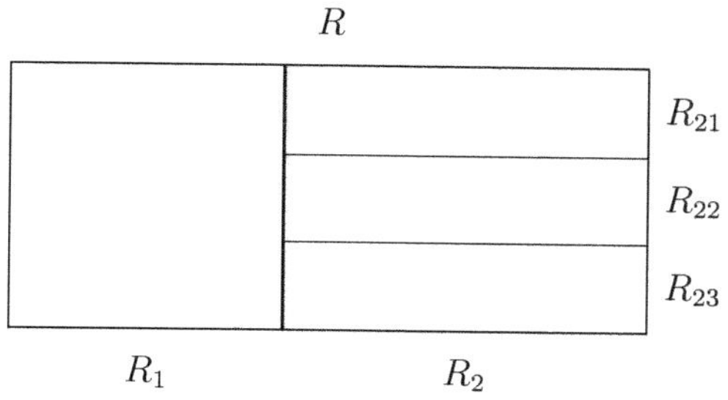

Abbildung 16.10: Horizontale Fragmentierung nach vertikaler Fragmentierung (Überlappungen der vertikalen Fragmentierung sind nicht eingezeichnet)

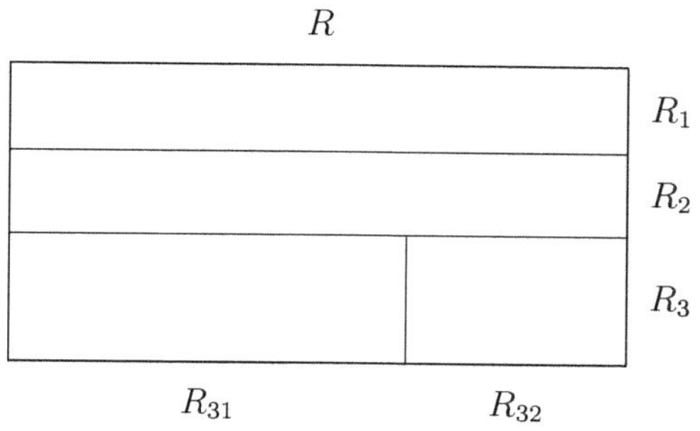

Abbildung 16.11: Vertikale Fragmentierung nach horizontaler Fragmentierung

Redundanz nicht allzu problematisch sein – man beachte, dass diese Redundanz vom VDBMS kontrolliert wird, d.h. bei einer Änderung des Namens in einem der Fragmente muss das VDBMS die Änderung in den anderen Fragmenten sicherstellen (mehr dazu in den Abschnitten 16.4 und 16.10).

Grundsätzlich ist natürlich die vertikale Fragmentierung in mehr als zwei Fragmente möglich – solange jedes Fragment den Primärschlüssel (oder das Surrogat) mit einbezieht.

16.3.4 Kombinierte Fragmentierung

Man kann natürlich die vertikale und horizontale Fragmentierung miteinander kombinieren. In Abbildung 16.10 ist zunächst die vertikale Fragmentierung der Relation R in die Fragmente R_1 und R_2 durchgeführt worden. Danach wurde das Fragment R_2 horizontal in die Fragmente R_{21}, R_{22} und R_{23} zerlegt. Die Rekonstruktion der Relation R erfolgt somit als

$$R = R_1 \bowtie_p (R_{21} \cup R_{22} \cup R_{23}),$$

wobei p ein Prädikat ist, das den Primärschlüssel der beiden Fragmente R_1 und R_2 auf Gleichheit überprüft (obwohl dies in der Grafik nicht explizit gezeigt ist, gehen wir davon aus, dass R_1 und R_2 beide den Primärschlüssel aus R enthalten).

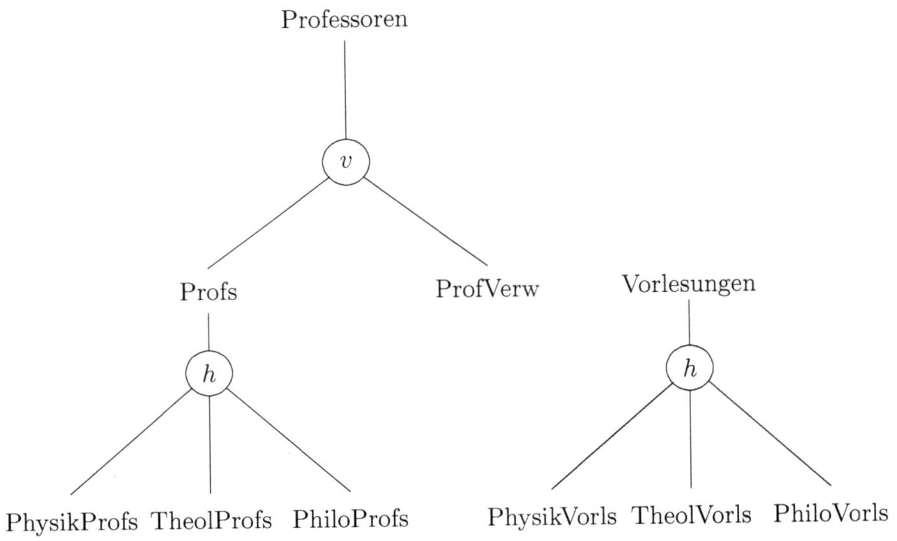

Abbildung 16.12: Baumdarstellung der Fragmentierungen unserer Beispielanwendung

In Abbildung 16.11 ist die Relation R zunächst horizontal in die Fragmente R_1, R_2 und R_3 zerlegt worden. Anschließend wurde R_3 in die beiden vertikalen Fragmente R_{31} und R_{32} zerlegt.

Die Rekonstruktion ergibt sich dann wie folgt:

$$R = R_1 \cup R_2 \cup (R_{31} \bowtie_{R_{31}.\kappa = R_{32}.\kappa} R_{32}),$$

wobei κ der in beiden vertikalen Fragmenten enthaltene Schlüssel ist.

Wir wollen die kombinierte Fragmentierung auf unsere Beispiel-Relation *Professoren* anwenden. Zunächst wird vertikal in *ProfVerw* und *Profs* zerlegt.

Das Fragment *ProfVerw* wird nicht weiter zerlegt, da die Universität nur eine Verwaltung hat, der dieses Fragment dann als Ganzes zugeordnet wird. Das vertikale Fragment *Profs* wird aber nach Fakultätszugehörigkeit horizontal weiter in *PhysikProfs TheolProfs*, und *PhiloProfs* zerlegt. Diese drei Fragmente könnte man dann jeweils den drei Dekanatsrechnern zuordnen, damit die *Profs* in ihrer jeweiligen Fakultät lokal „verfügbar“ sind.

Die abgeleitete horizontale Fragmentierung von *Vorlesungen* wurde bereits eingeführt. Es ergibt sich jetzt also die in Abbildung 16.12 skizzierte Fragmentierung für unsere Beispielanwendung. Ein mit v markierter Knoten repräsentiert die vertikale Fragmentierung, ein mit h markierter Knoten die horizontale Fragmentierung.

16.3.5 Allokation für unser Beispiel

Eine Allokation der erzeugten Fragmente auf einzelne Stationen könnte dann für dieses Beispiel wie folgt aussehen:

Allokation

Station	Bemerkung	zugeordnete Fragmente
S_{Verw}	Verwaltungsrechner	$\{ProfVerw\}$
S_{Physik}	Dekanat Physik	$\{PhysikVorls, PhysikProfs\}$
S_{Philo}	Dekanat Philosophie	$\{PhiloVorls, PhiloProfs\}$
S_{Theol}	Dekanat Theologie	$\{TheolVorls, TheolProfs\}$

Es handelt sich hierbei offensichtlich um eine Allokation ohne Replikation, also eine redundanzfreie Zuordnung.

16.4 Transparenz in verteilten Datenbanken

Man unterscheidet verschiedene Stufen der Transparenz in verteilten Datenbanken. Unter Transparenz versteht man den Grad an Unabhängigkeit, den ein VDBMS den Benutzern beim Zugriff auf verteilte Daten vermittelt.

16.4.1 Fragmentierungstransparenz

Dies ist der Idealzustand: Die Benutzer arbeiten mit dem globalen Schema, und es ist Aufgabe des VDBMS, die Operationen (Zugriff und auch Änderungsoperationen) auf der globalen Relation in entsprechende Operationen auf den Fragmenten zu übersetzen. Eine Beispielanfrage, die Fragmentierungstransparenz voraussetzt, hatten wir schon kennengelernt.

select Titel, Name
from Vorlesungen, Professoren
where gelesenVon = PersNr;

Die Benutzer benötigen bei Vorliegen der Fragmentierungstransparenz de facto keinerlei Wissen über die Fragmentierung der Relationen und schon gar nicht über die Zuordnung der Fragmente zu Stationen innerhalb des Rechnernetzes.

Neben Anfragen muss ein fragmentierungstransparentes VDBMS natürlich auch Änderungsoperationen unterstützen. Eine Änderung kann sich dabei durchaus auf mehrere Fragmente beziehen, wie z.B.:

update Professoren
  set Fakultät = 'Theologie'
  where Name = 'Sokrates';

Hierdurch muss – neben der Änderung des Attributwertes – das Tupel aus dem Fragment *PhiloProfs* in das Fragment *TheolProfs* transferiert werden, was bei unserer Beispielallokation den Transfer vom Rechner S_{Philo} auf den Rechner S_{Theol} voraussetzt. Außerdem ist von der Änderung auch noch die abgeleitete Fragmentierung von *Vorlesungen* betroffen. Warum?

16.4.2 Allokationstransparenz

Diese nächst niedrigere Stufe der Unabhängigkeit besagt, dass die Benutzer zwar die Fragmentierung kennen müssen, aber nicht den „Aufenthaltsort“ eines Fragments. Eine Beispielanfrage wäre dann:

select Gehalt
from ProfVerw
where Name = 'Sokrates';

Die Benutzer müssen jetzt also wissen, dass sie die gewünschte Information in dem Fragment *ProfVerw* finden können.

Unter Umständen ist aber auch die explizite Rekonstruktion (eines Teils) der Originalrelation notwendig, beispielsweise könnte jemand in der Verwaltung wissen wollen, wieviel die C4-Professoren der Theologie insgesamt verdienen. Da das Attribut *Rang* aber nicht in *ProfVerw* enthalten ist, muss – bei fehlender Fragmentierungstransparenz – folgende Anfrage formuliert werden:

select **sum**(Gehalt)
from ProfVerw, TheolProfs
where ProfVerw.PersNr = TheolProfs.PersNr **and**
Rang='C4';

Bei fehlender Fragmentierungstransparenz ist es auch Aufgabe der Benutzer, Tupel ggfls. aus einem Fragment in ein anderes Fragment zu transferieren. Dies wäre z.B. bei dem oben durchgeführten Fakultätswechsel von Sokrates explizit seitens der Benutzer wie folgt durchzuführen:

1. Ändern des Attributwertes von *Fakultät* in dem betreffenden Tupel
2. Einfügen des „Sokrates-Tupels“ in *TheolProfs*
3. Löschen des Tupels aus *PhiloProfs*
4. Einfügen der von Sokrates gehaltenen Vorlesungen in *TheolVorls*
5. Löschen der von Sokrates gehaltenen Vorlesungen aus *PhiloVorls*

16.4.3 Lokale Schema-Transparenz

Bei dieser Transparenzstufe müssen die Benutzer auch noch den Rechner kennen, auf dem ein Fragment beheimatet ist. Eine Anfrage, um die Namen der C3-Professoren der Theologie zu finden, sieht dann beispielsweise so aus:

select Name
from TheolProfs **at** S_{Theol}
where Rang = 'C3';

Die Leser mögen sich fragen, inwiefern hier überhaupt eine Transparenz gegeben ist. Die lokale Schema-Transparenz setzt voraus, dass zumindest alle Rechner dasselbe Datenmodell und dieselbe Anfragesprache verwenden. Die oben formulierte

Anfrage kann also in analoger Form auch an der Station S_{Philo} ausgeführt werden. Bei Kopplung unterschiedlicher Datenbanksysteme (z.B. Ingres und Oracle) wäre diese Transparenzstufe i.A. nicht gegeben. Noch schlimmer wäre, wenn die lokalen Datenbanksysteme auch noch grundsätzlich verschiedene Datenmodelle einsetzen würden, wie z.B. eine Station das relationale DBMS Oracle und eine andere Station das Netzwerk-DBMS UDS. In diesem Zusammenhang spricht man dann von sogenannten „Multi-Database-Systems“. Die Kopplung solcher heterogener Datenbanksysteme ist – wie man sich leicht vorstellen kann – sehr schwierig. In der „realen“ Welt ist dies aber oft unumgänglich, um Informationen verschiedener (Unter-)Organisationen miteinander verknüpfen zu können.

16.5 Anfrageübersetzung und -optimierung in VDBMS

In diesem Abschnitt wollen wir die Fragmentierungstransparenz voraussetzen, so dass Benutzer ihre Anfragen auf der Basis des globalen relationalen Schemas formulieren können. Es ist dann Aufgabe des Anfrageübersetzers, einen Anfrageauswertungsplan auf den Fragmenten zu generieren. Die Aufgabe des Anfrageoptimierers besteht darin, einen möglichst effizienten Auswertungsplan zu generieren. Dieser hängt i.A. von der Allokation der Fragmente auf den verschiedenen Stationen des Rechnernetzes ab.

16.5.1 Anfragebearbeitung bei horizontaler Fragmentierung

Wir wollen zunächst die Anfrageübersetzung und die Optimierung des Auswertungsplans bei horizontaler Fragmentierung studieren. Dazu nehmen wir in diesem Abschnitt an, dass die Relation *Profs* eine Basisrelation des globalen Schemas sei – obwohl *Profs* ja nur ein Zwischenergebnis nach der vertikalen Fragmentierung der Relation *Professoren* war (vgl. Abbildung 16.12).

Jemand mag an den Titeln der Vorlesungen interessiert sein, die von C4-Professoren gehalten werden. Folgende SQL-Anfrage würde dies auf der Basis des globalen Schemas ermitteln:

select Titel
from Vorlesungen, Profs
where gelesenVon = PersNr **and**
    Rang = 'C4';

Die naheliegende Methode, eine SQL-Anfrage auf dem globalen Schema in eine äquivalente Anfrage auf den Fragmenten zu übersetzen, geht in zwei Schritten vor:

1. Rekonstruiere alle in der Anfrage vorkommenden globalen Relationen aus den Fragmenten, in die sie während der Fragmentierungsphase zerlegt wurden. Hierfür erhält man einen algebraischen Ausdruck.

2. Kombiniere den Rekonstruktionsausdruck mit dem algebraischen Anfrageausdruck, der sich aus der Übersetzung der SQL-Anfrage ergibt.

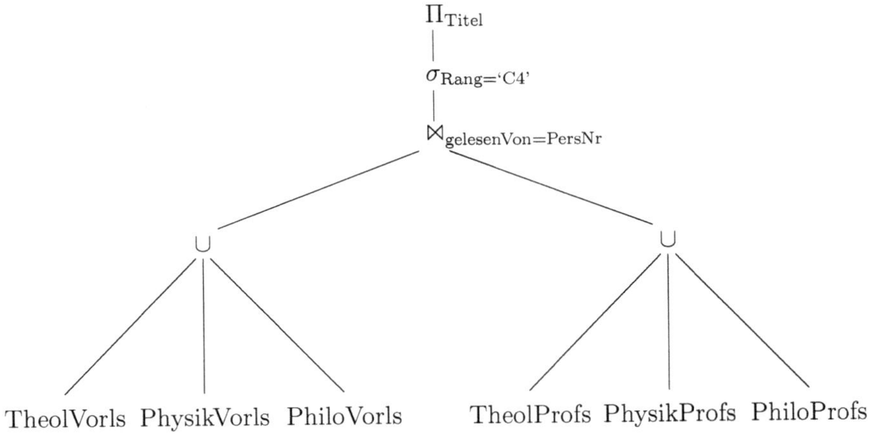

Abbildung 16.13: Kanonische Form der Anfrage

Den entstehenden Algebraausdruck bezeichnet man als die kanonische Form der Anfrage. Für unsere Beispielanfrage ist dieser kanonische Operatorbaum in Abbildung 16.13 gezeigt. Es werden also zunächst die globalen Relationen rekonstruiert:

- *Vorlesungen* wird durch die Vereinigung der drei horizontalen Fragmente *TheolVorls*, *PhysikVorls* und *PhiloVorls* wiederhergestellt.
- *Profs* wird analog durch die Vereinigung von *TheolProfs*, *PhysikProfs* und *PhiloProfs* rekonstruiert.

Auf diesen rekonstruierten Globalrelationen setzt dann die eigentliche Anfrageauswertung auf. In unserem Fall wird zunächst der Join dieser beiden Relationen mit dem Joinprädikat „*gelesenVon = PersNr*" durchgeführt.[3]

Danach werden die Tupel mit *Rang* = 'C4' selektiert, aus denen dann letztendlich das Attribut *Titel* projiziert wird.

Dieser Operatorbaum gewährleistet zwar eine korrekte Abarbeitung der Anfrage; die resultierende Ausführung wäre aber sehr ineffizient. Um die Globalrelationen *Profs* und *Vorlesungen* durch die Vereinigung wiederherstellen zu können, müssten jeweils mindestens zwei Fragmente über das Kommunikationsnetz transferiert werden, um an einem dritten Rechnerknoten die Vereinigung durchführen zu können.

Eine wesentlich bessere (weil effizientere) Vorgehensweise besteht darin, die Join-Operationen auf den an derselben Station beheimateten Fragmenten lokal auszuführen. Das war ja schließlich auch der Sinn der abgeleiteten horizontalen Fragmentierung der Relation *Vorlesungen* – siehe Abschnitt 16.3.2. Der Anfrageoptimierer nutzt dazu die folgende (für diesen Zweck zentrale) Eigenschaft der relationalen Algebra aus (siehe Übungsaufgabe 16.5):

$$(R_1 \cup R_2) \bowtie_p (S_1 \cup S_2) = (R_1 \bowtie_p S_1) \cup (R_1 \bowtie_p S_2) \cup (R_2 \bowtie_p S_1) \cup (R_2 \bowtie_p S_2)$$

[3]Streng genommen hätte man hier erst das Kreuzprodukt einführen müssen und darauf aufbauend die Selektionen, um konform mit der in Kapitel 8 eingeführten kanonischen Übersetzung von SQL-Anfragen in die Relationenalgebra zu sein. Wir haben hier also schon einen (kleinen) Optimierungsschritt vorweggenommen.

Die Verallgemeinerung auf n horizontale Fragmente $R_1, \ldots, R_n$ von R und m Fragmente $S_1, \ldots, S_m$ von S ist:

$$(R_1 \cup \cdots \cup R_n) \bowtie_p (S_1 \cup \cdots \cup S_m) = \bigcup_{1 \leq i \leq n} \bigcup_{1 \leq j \leq m} (R_i \bowtie_p S_j)$$

Damit hätte man aber nicht viel erreicht, da man jetzt insgesamt $n * m$ Join-Operationen auf den Fragmenten durchführen müsste. Schlimmer noch: Um diese Joins ausführen zu können, müssten die Fragmente durch „die Gegend geschickt werden". Zum Glück sind aber viele dieser Joins „unnötig", wenn die eine Argumentrelation des Joins durch eine abgeleitete horizontale Fragmentierung gemäß der anderen Argumentrelation entstanden ist. Wenn also

$$S_i = S \ltimes_p R_i \quad \text{mit} \quad S = S_1 \cup \cdots \cup S_n$$

ist, dann gilt immer

$$(R_1 \cup \cdots \cup R_n) \bowtie_p (S_1 \cup \cdots \cup S_n) = (R_1 \bowtie_p S_1) \cup (R_2 \bowtie_p S_2) \cup \cdots \cup (R_n \bowtie_p S_n)$$

Also braucht man $R_i \bowtie_p S_j$ für $i \neq j$ gar nicht berechnen.

Für unser Beispiel

$$(\text{TheolVorls} \cup \text{PhysikVorls} \cup \text{PhiloVorls}) \bowtie_{\ldots} (\text{TheolProfs} \cup \text{PhysikProfs} \cup \text{PhiloProfs})$$

kann man sich somit auf die drei in Abbildung 16.8 gezeigten Joins beschränken. Weiterhin ist es sehr vorteilhaft, dass diese drei Joins alle lokal – ohne Transfer von Daten – ausgeführt werden können. Das war ja auch gerade unser Ziel bei der in Abschnitt 16.6 durchgeführten Allokation.

Weiterhin benötigt man Regeln, um Selektionen und Projektionen über den Vereinigungsoperator hinweg „nach unten zu drücken":

$$\begin{aligned} \sigma_p(R_1 \cup R_2) &= \sigma_p(R_1) \cup \sigma_p(R_2) \\ \Pi_L(R_1 \cup R_2) &= \Pi_L(R_1) \cup \Pi_L(R_2) \end{aligned}$$

Durch Anwendung dieser algebraischen Regeln kann man nun den in Abbildung 16.14 dargestellten Auswertungsplan generieren. Nochmals sei darauf hingewiesen, dass die gesamte Auswertung dieses Plans, mit Ausnahme der abschließenden Vereinigung lokal auf den drei Stationen S_{Theol} , S_{Physik} und S_{Philo} ausgeführt werden kann. Diese drei Stationen können *parallel* an der Ausführung arbeiten und ihr lokales Ergebnis unabhängig voneinander an die Station übermitteln, die die abschließende Vereinigung durchführen soll – z.B. an den Rechner S_{Verw}, falls die Anfrage von jemandem in der Verwaltung gestellt wurde.

16.5.2 Anfragebearbeitung bei vertikaler Fragmentierung

Auch bei vertikaler – oder kombinierter – Fragmentierung könnte man so vorgehen, dass man zunächst die in der Anfrage vorkommenden globalen Relationen rekonstruiert und dann darauf die eigentliche Anfrage auswertet. Wir wollen dies an folgender SQL-Anfrage verdeutlichen:

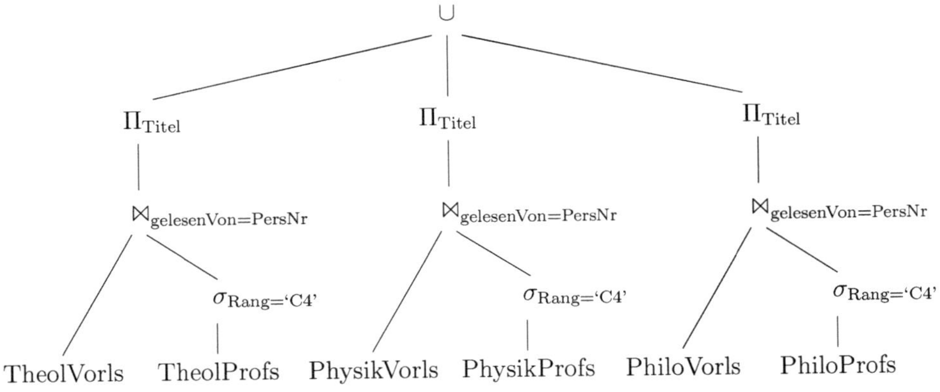

Abbildung 16.14: Optimale Form der Anfrage

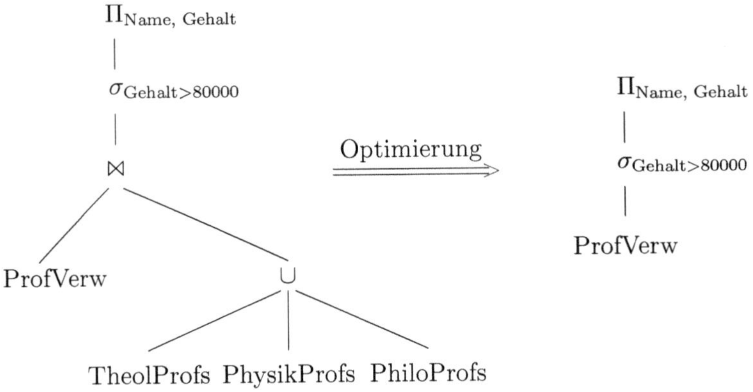

Abbildung 16.15: Optimierung bei vertikaler Fragmentierung

select Name, Gehalt
from Professoren
where Gehalt > 80000;

Die Relation *Professoren* war vertikal in *ProfVerw* und *Profs* zerlegt worden, wobei *Profs* weiterhin horizontal zerlegt worden war. Es ergibt sich somit der auf der linken Seite von Abbildung 16.15 gezeigte kanonische algebraische Auswertungsplan für diese Anfrage.

Das vordringliche Ziel bei der Optimierung von Anfragen bei vertikaler Fragmentierung besteht darin, nur die vertikalen Fragmente (durch Join) zu verknüpfen, die auch tatsächlich für die Auswertung der Anfrage benötigt werden. In unserem Beispiel ist leicht ersichtlich, dass das vertikale Fragment *ProfVerw* schon die gesamte notwendige Information enthält. Deshalb kann man den gesamten rechten Teil mit der Vereinigung und dem Join „abschneiden“ und bekommt den auf der rechten Seite von Abbildung 16.15 gezeigten optimierten Auswertungsplan. Wehe,

R		
A	B	C
a_1	b_1	c_1
a_2	b_2	c_2
a_3	b_3	c_1
a_4	b_4	c_2
a_5	b_5	c_3
a_6	b_6	c_2
a_7	b_7	c_6

$\bowtie$

S		
C	D	E
c_1	d_1	e_1
c_3	d_2	e_2
c_4	d_3	e_3
c_5	d_4	e_4
c_7	d_5	e_5
c_8	d_6	e_6
c_5	d_7	e_7

$=$

$R \bowtie S$				
A	B	C	D	E
a_1	b_1	c_1	d_1	e_1
a_3	b_3	c_1	d_1	e_1
a_5	b_5	c_3	d_2	e_2

Abbildung 16.16: Der natürliche Verbund zweier (abstrakter) Relationen R und S

wenn in der Anfrage aber auf ein Attribut aus dem rechten vertikalen Fragment (*Profs*) projiziert worden wäre, wie z.B.:

select Name, Gehalt, Rang
from Professoren
where Gehalt > 80000;

Dann hätte man sich bei der Optimierung nicht so leicht getan – siehe Übungsaufgabe 16.6.

16.6 Join-Auswertung in VDBMS

Bei verteilten Datenbanksystemen spielt die Auswertung von Join-Operationen eine noch kritischere Rolle als dies in zentralisierten Datenbanken schon der Fall ist. Das Problem bei der Auswertung eines Joins zweier Relationen – wie es für die abstrakten Relationen R und S in Abbildung 16.16 gezeigt ist – besteht darin, dass die beiden Argumente auf unterschiedlichen Stationen des VDBMS beheimatet sein können.

Wir wollen hier den allgemeinsten Fall betrachten:

- Die äußere Argumentrelation R ist auf Station St_R gespeichert.
- Die innere Argumentrelation S ist dem Knoten St_S zugeordnet.
- Das Ergebnis der Joinberechnung wird auf einem dritten Knoten – sagen wir St_{Result} – benötigt.

16.6.1 Join-Auswertung ohne Filterung

Um den Join ausführen zu können, müssen somit (mehr oder weniger große) Datenmengen über das Kommunikationsnetz transferiert werden. Wir wollen hier zunächst drei naheliegende Auswertungsmethoden betrachten:

1. *Nested-Loops*: Bei dieser Auswertungsmethode würde man durch die äußere Relation R – mittels Laufvariable r – iterieren und für jedes Tupel r die „passenden“ Tupel $s \in S$ mit $r.C = s.C$ über das Kommunikationsnetz bei St_S

anfordern. Diese Vorgehensweise benötigt i.A. $2*|R|$ Nachrichten – pro Tupel aus R eine Anforderung und eine passende Tupelmenge aus S, die bei vielen Anforderungen leer sein könnte. Wegen des hohen Nachrichtenaufkommens kommt diese Auswertungsmethode wohl nur bei sehr leistungsfähigen Netzen (z.B. LANs) in Frage. Selbst dann wird es sich normalerweise nur lohnen, wenn die Relation S einen Index auf C hat, der für die Ermittlung der passenden Tupelmengen ausgenutzt werden kann, und das Ergebnis des Joins auf St_R gebraucht wird. Sonst käme nämlich die nächste Möglichkeit eher in Betracht.

2. *Transfer einer Argumentrelation*: In diesem Fall wird eine Argumentrelation – sagen wir R – vollständig zum Knoten der anderen Argumentrelation transferiert. Jetzt kann man immer noch einen möglicherweise existierenden Index auf $S.C$ ausnutzen.

3. *Transfer beider Argumentrelationen*: Bei dieser Methode werden beide Argumentrelationen zum Rechner St_{Result} transferiert, wo dann das Ergebnis berechnet wird. Durch den Transfer gehen natürlich möglicherweise vorliegende Indices für die Join-Berechnung verloren – nicht jedoch die Sortierung einer (oder sogar beider) Argumentrelation(en). Auf dem Knoten St_{Result} bietet sich dann ein Merge-Join (bei vorliegender Sortierung) oder ein Hash-Join (bei fehlender Sortierung) an.

16.6.2 Join-Auswertung mit Semijoin-Filterung

Der Nachteil der obigen Methoden besteht darin, dass u.U. sehr große Datenmengen transferiert werden müssen – und das obwohl möglicherweise der Join wegen eines sehr selektiven Prädikats nur ein kleines Ergebnis liefert, wie dies in unserem Beispiel (Abbildung 16.16) gezeigt ist. Deshalb wird in VDBMS vielfach der Semi-Join-Operator verwendet, um eine Filterung der zu transferierenden Datenmengen durchzuführen. Die Schlüsselidee besteht darin, nur solche Tupel zu transferieren, die auch tatsächlich einen passenden Join-Partner haben. Folgende algebraische Eigenschaften werden dabei ausgenutzt (die Notation bezieht sich auf unser abstraktes Beispiel, in dem C das Joinattribut ist):

$$\begin{aligned} R \bowtie S &= R \bowtie (R \rtimes S) \\ R \rtimes S &= \Pi_C(R) \rtimes S \end{aligned}$$

Unter Ausnutzung dieser Eigenschaften lässt sich der Join mit einer Filterung der Relation S – in Abbildung 16.17 gezeigt – auswerten. Hierbei werden zunächst die unterschiedlichen C-Werte von R (also $\Pi_C(R)$) nach St_S transferiert. Mit diesen Werten wird der Semi-Join

$$R \rtimes S = \Pi_C(R) \rtimes S$$

auf St_S ausgewertet und nach St_R transferiert. Dort wird der Join ausgewertet, der nur diese transferierten Ergebnistupel des Semi-Joins benötigt. Das Ergebnis des Joins wird dann an die Station St_{Result} geschickt. In diesem Beispiel werden insgesamt 25 Attributwerte (in drei Nachrichtenpaketen) über das Netz transferiert.

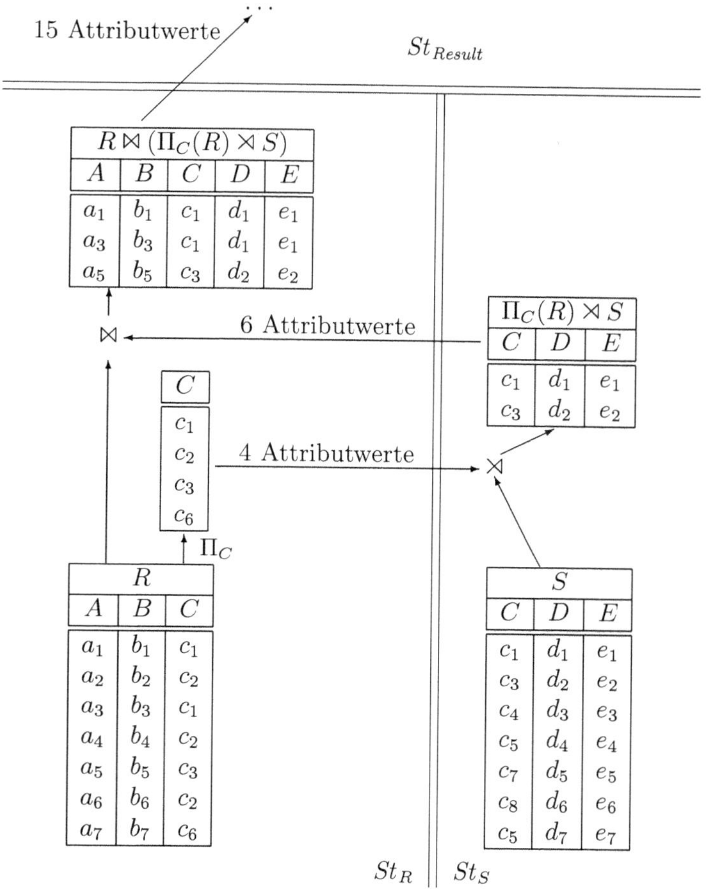

Abbildung 16.17: Auswertung des Joins $R \bowtie S$ mit Semi-Join-Filterung von S

Man beachte, dass diese Art der Auswertung mit Filterung nur dann eine Reduktion der Transferkosten verursacht, wenn

$$\| \Pi_C(R) \| + \| R \rtimes S \| \quad < \quad \| S \|$$

gilt, wobei $\| P \|$ die Größe (in Byte) einer Relation P angibt. Wenn die obige Beziehung nicht gilt, kann man besser gleich die gesamte Argumentrelation verschicken.

In Abbildung 16.18 ist ein alternativer Auswertungsplan gezeigt. Bei diesem Plan wird zunächst die einstellige Relation $\Pi_C(S)$ nach St_R transferiert, dort der Semi-Join $R \ltimes \Pi_c(S)$ berechnet und nach St_S geschickt, wo der Join abschließend durchgeführt wird. Nach diesem Plan werden für unser Beispiel insgesamt 30 Attributwerte über das Netz verschickt – wie die Leser verifizieren mögen.

Eine weitere, aber nicht mehr genauer beschriebene Alternative besteht in folgender Abarbeitung:

$$(R \ltimes \Pi_C(S)) \bowtie (\Pi_C(R) \rtimes S)$$

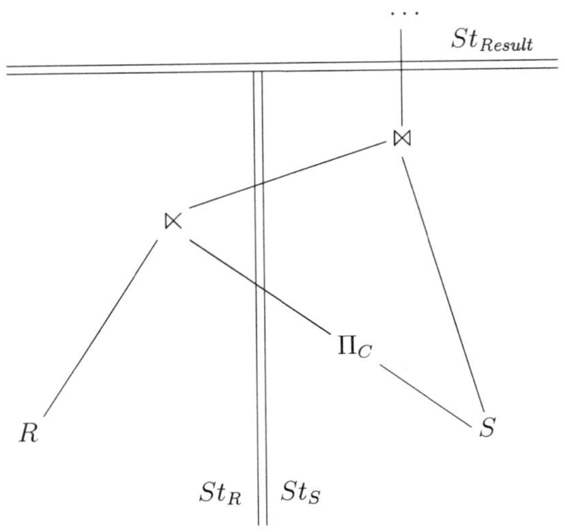

Abbildung 16.18: Alternativer Auswertungsplan mit Semi-Join-Filterung

Hierbei würden die Zwischenergebnisse der beiden Semi-Joins an den Knoten St_{Result} geschickt, wo dann der Join berechnet wird. Welche Transferkosten verursacht dieser Plan für unser Beispiel?

16.6.3 Join-Auswertung mit Bitmap-Filterung

In Abbildung 16.19 ist eine alternative Auswertungsmethode gezeigt, die auf einer Bitmap-Filterung der zu transferierenden Relation (in unserem Fall der Relation S) beruht. Diese Vorgehensweise opfert Filterpräzision zugunsten der Kompaktheit des Filters, also des Bitvektors V anstelle der Projektion $\Pi_C(R)$. Man nennt diesen Bitmap-Filter oft auch *Bloom-Filter*, da Bloom (1970) als Erfinder dieser Methode gilt. Die Bloom-Filterung ist dann sinnvoll einsetzbar, wenn die Werte des Joinattributs C sehr voluminös sind (z.B. längere Strings). Zunächst wird der Bitvektor V durch Anwendung einer Hashfunktion h auf jeden einzelnen Attributwert $R.C$ gesetzt. Danach wird der Bitvektor an die Station St_S geschickt. Mit derselben Hashfunktion h wird für jedes Tupel s der Wert $s.C$ überprüft, ob $V[h(s.C)]$ auf 1 gesetzt ist. In diesem Fall wird das Tupel s als *potentieller* Joinpartner für (mindestens) ein Tupel in R erkannt. In unserem Fall funktioniert das auch sehr gut für die ersten beiden Tupel, die beide für die Joinberechnung nötig sind. Die beiden nachfolgenden Tupel mit den Werten c_4 und c_5 werden korrekterweise ausgefiltert, da sie definitiv keinen Joinpartner in R haben – sonst wären „ihre" Bits in V ja gesetzt. Die beiden letzten Tupel sind aber Problemfälle: Der Wert c_8 wird durch $h(c_8)$ auf die Position 2 abgebildet: Das Bit $V[2]$ ist durch den Wert c_2 gesetzt worden. Es gibt hier also eine Kollision zwischen c_2 und c_8, die aber nicht erkannt werden kann. Deshalb wird das Tupel $[c_8, d_6, e_6]$ unnötigerweise zur Station St_R transferiert. Analog wird auch das Tupel $[c_7, d_5, e_5]$ fälschlicherweise als potentieller Joinpartner behandelt. Diese beiden Tupel nennt man deshalb *false drops* oder auch *false positives*. Wir haben aus

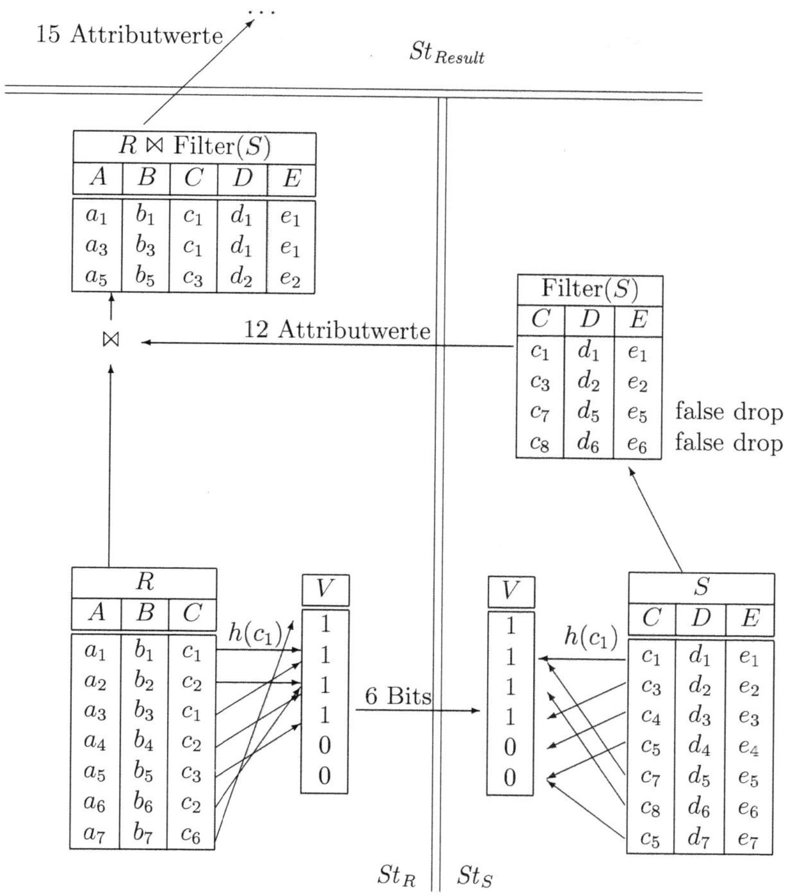

Abbildung 16.19: Auswertung des Joins $R \bowtie S$ mit Bloom/Bitmap-Filterung von S

Darstellungsgründen hier einen sehr kurzen Bitvektor verwendet – deshalb gibt es in diesem Beispiel relativ viele *false drops.* In der Praxis verwendet man einen deutlich längeren Bitvektor, der etwa zehnmal mehr Positionen hat als $\Pi_C(R)$ bzw. $\Pi_C(S)$ (unterschiedliche) Werte haben.

Die an wenigen Beispielen illustrierte Diskussion sollte die Leser überzeugt haben, dass die Optimierung der Anfrageauswertung in VDBMS eine äußerst schwierige Angelegenheit ist. Das Problem besteht darin, dass unterschiedlichste Parameter die Kosten eines Auswertungsplans bestimmen, unter anderem:

- Kardinalitäten von Argumentrelationen und Selektivitäten von Joins und Selektionen,
- Transferkosten für die Datenkommunikation, die je nach Kommunikationsmedium sehr unterschiedlich sein können (in LANs sind diese Kosten i.A. sehr viel

geringer als in WANs). Weiterhin bestehen die Transferkosten i.A. aus einem Anteil für Verbindungsaufbau, der unabhängig vom Transfervolumen ist, und einem variablen Anteil für den Transfer, der abhängig vom Datenvolumen ist.

- Auslastung der einzelnen Stationen des VDBMS. Hier ist eine möglichst gute Lastverteilung anzustreben. Die Schwierigkeit besteht darin, dass die Auslastung aber i.A. erst bei Ausführung der Anfrage bekannt sein dürfte – und nicht schon zu ihrer Übersetzungszeit.

Eine effektive Anfrageoptimierung muss also auf der Basis eines Kostenmodells durchgeführt werden und sollte möglichst mehrere Alternativen für unterschiedliche antizipierte Auslastungen des VDBMS erzeugen.

16.7 Transaktionskontrolle in VDBMS

Transaktionen können sich – anders als bei zentralisierten DBMS – über mehrere Rechnerknoten erstrecken. Ein anschauliches Beispiel dafür wäre eine Überweisungstransaktion, die einen Betrag von, sagen wir, 500,– Euro von Konto A auf Station S_A nach Konto B auf S_B transferiert. Da beide Stationen – S_A und S_B – lokal autonome DBMS darstellen, gehen wir davon aus, dass sie jeweils lokal Protokolleinträge gemäß Kapitel 10 schreiben. Dieses Protokoll wird lokal für das *Redo* und das *Undo* benötigt:

- *Redo*: Wenn eine Station nach einem Fehler wiederanläuft, müssen alle Änderungen einmal abgeschlossener Transaktionen – seien sie lokal auf dieser Station oder global über mehrere Stationen ausgeführt worden – auf den an dieser Station abgelegten Daten wiederhergestellt werden.

- *Undo*: Die Änderungen noch nicht abgeschlossener lokaler und globaler Transaktionen müssen auf den an der abgestürzten Station vorliegenden Daten rückgängig gemacht werden.

Die Redo/Undo-Behandlung ist somit nicht grundlegend anders als im zentralisierten Fall – mit der Ausnahme, dass nach einem Abbruch einer globalen Transaktion die *Undo*-Behandlung auf allen lokalen Stationen, auf denen Teile dieser Transaktion ausgeführt wurden, initiiert werden muss. Eine prinzipielle Schwierigkeit stellt jedoch die EOT (End-of-Transaction)-Behandlung von globalen Transaktionen dar. Eine globale Transaktion muss nämlich atomar beendet werden, d.h. sie wird entweder an allen (relevanten) lokalen Stationen festgeschrieben (**commit**) oder gar nicht (**abort**). Man kann sich dies gut an unserem Bankbeispiel, der Überweisungstransaktion, verdeutlichen:

- Entweder – im Falle des **commit** – werden dem Konto A auf Station S_A 500,– Euro abgezogen **und** dem Konto B auf Station S_B gutgeschrieben oder

- die Kontostände von A **und** B werden in ihrem ursprünglichen Zustand wiederhergestellt – im Falle eines **abort**.

Es darf aber nicht passieren, dass eine lokale Station ein **commit** und eine andere ein **abort** durchführt. Dies in einer verteilten Umgebung zu gewährleisten ist jedoch nicht so einfach, da die Stationen eines VDBMS unabhängig voneinander „abstürzen“ können.

Um die Atomarität der EOT-Behandlung gewährleisten zu können, wurde das *Zweiphasen-Commit-Protokoll* (2PC-Protokoll) konzipiert. Das 2PC-Verfahren wird von einem sogenannten Koordinator K überwacht und gewährleistet, dass die n Agenten – Stationen im VDBMS – $A_1, \ldots, A_n$, die an einer globalen Transaktion beteiligt waren, entweder alle die von der Transaktion T geänderten Daten festschreiben oder alle Änderungen von T rückgängig machen. Der Einfachheit halber nehmen wir an, dass der Koordinator K eine Station darstellt, die selbst nicht an der Ausführung von T beteiligt war. Andernfalls wäre dieser Knoten zusätzlich auch ein Agent, was prinzipiell keine Probleme darstellen würde.

Sobald alle Aktionen der Transaktion T abgeschlossen sind, übernimmt der Koordinator K die EOT-Behandlung, die in folgenden vier Schritten abläuft:

1. K schickt allen Agenten eine PREPARE-Nachricht, um herauszufinden, ob sie in der Lage sind, die Transaktion festzuschreiben.

2. Jeder Agent A_i empfängt die PREPARE-Nachricht und schickt eine von zwei möglichen Nachrichten an K:

   (a) READY, falls A_i in der Lage ist, die Transaktion T lokal festzuschreiben.

   (b) FAILED, falls A_i kein **commit** durchführen kann – weil z.B. ein Fehler oder eine Inkonsistenz festgestellt wurde.

3. Sobald der Koordinator K von **allen** n Agenten $A_1, \ldots, A_n$ ein READY empfangen hat, kann K eine COMMIT-Nachricht an alle Agenten schicken, in der sie aufgefordert werden, die Änderungen von T lokal festzuschreiben. Falls auch nur einer der Agenten mit FAILED antwortet, oder einer der Agenten sich innerhalb einer bestimmten Zeit nicht meldet (timeout), entscheidet K, dass die Transaktion T nicht „zu retten“ ist und schickt eine ABORT-Nachricht an alle Agenten. Der Empfang dieser Nachricht veranlasst die Agenten, alle Änderungen der Transaktion rückgängig zu machen.

4. Nachdem die Agenten gemäß der in Schritt 3. empfangenen Nachricht ihre lokale EOT-Behandlung abgeschlossen haben, schicken sie eine ACK-Nachricht (ACKnowledement, dt. Bestätigung) an den Koordinator.

Der hier beschriebene Nachrichtenaustausch zwischen dem Koordinator K und den Agenten ist in Abbildung 16.20 für vier Agenten grafisch dargestellt.

Die beiden Schritte 1. und 2. stellen die erste Phase des Zweiphasen-Commit-Protokolls dar, in der sich der Koordinator ein Bild über den Zustand der verteilten Agenten verschaffen will. Sie dient somit der „Entscheidungsfindung“. Die nachfolgenden Schritte 3. und 4. stellen die zweite Phase des 2PC-Protokolls dar. Der Koordinator hat eine Entscheidung (entweder **commit** oder **abort**) getroffen und setzt diese Entscheidung jetzt bei jedem Agenten um.

Um die Fehlertoleranz des 2PC-Protokolls garantieren zu können, müssen sowohl der Koordinator als auch die Agenten bestimmte Protokolleinträge in die stabile (d.h.

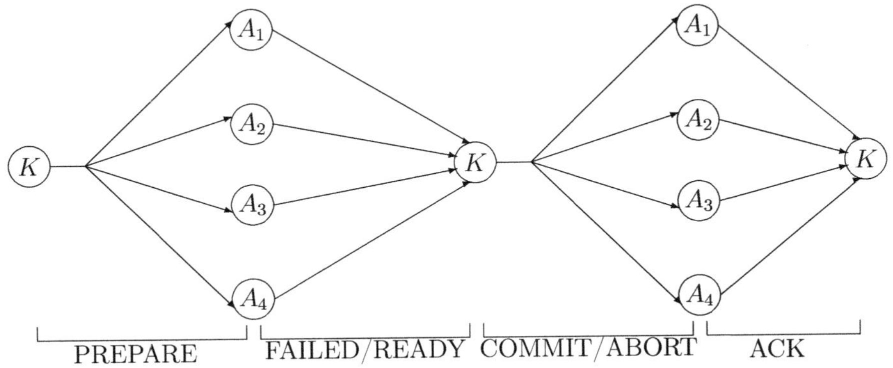

Abbildung 16.20: Nachrichtenaustausch zwischen *Koordinator* und *Agenten* beim 2PC-Protokoll

gegen Ausfälle sichere) Log-Datei schreiben. Der Koordinator sollte vor Schritt 1. schon eine Liste der an der Transaktion T beteiligten Agenten abspeichern. Ein Agent, der dem Koordinator K ein READY schicken will, muss *vorher* sicherstellen, dass er später – komme was wolle – auch tatsächlich in der Lage sein wird, für die Transaktion T ein **commit** durchzuführen. Dazu muss der Agent gemäß dem in Kapitel 10 behandelten WAL (write-ahead-log)-Prinzip alle Protokolleinträge zu dieser Transaktion auf die Log-Datei ausschreiben. Weiterhin muss ein Log-Eintrag in der Form $(\ldots, T, \text{READY})$ geschrieben werden, damit der Agent nach einem Absturz rekonstruieren kann, dass er dem Koordinator READY bezüglich der Transaktion T signalisiert hat.

Der Koordinator schreibt in Schritt 3. seine Entscheidung auf seine stabile Log-Datei, bevor er diese den Agenten mitteilt. Auch dies ist notwendig, damit der Koordinator nach einem Systemabsturz diese Entscheidung rekonstruieren kann. In Phase 4. schreiben die Agenten entweder ein **commit** in die Log-Datei oder ein **abort** (nachdem sie alle Änderungen von T rückgängig gemacht haben). Danach können sie das ACK an den Koordinator schicken.

In Abbildung 16.21 sind die Zustandsübergänge während des 2PC-Protokolls skizziert: oben die Übergänge des Koordinators und unten die eines Agenten. Die Knoten sind zum einen mit dem Ereignis beschriftet, das einen Übergang initiiert. Zum anderen sind die wichtigsten Aktionen, die während des Zustandsüberganges durchzuführen sind, angemerkt und jeweils mit „Bullets“ (•) markiert.

Wir haben uns bislang auf den Normalfall einer EOT-Behandlung ohne Systemabstürze oder Kommunikationsfehler konzentriert. Das 2PC-Protokoll ist aber gerade für die Fehlertoleranz während der EOT-Behandlung konzipiert worden. Deshalb werden wir uns nachfolgend einige Fehlersituationen noch etwas genauer anschauen.

Absturz des Koordinators Falls der Koordinator abstürzt, bevor er einem der Agenten eine COMMIT-Nachricht geschickt hat, kann er die Transaktion durch Verschicken einer ABORT-Nachricht an die Agenten rückgängig machen.

Ein Problem entsteht, wenn der Koordinator abstürzt, nachdem ihm einige Agen-

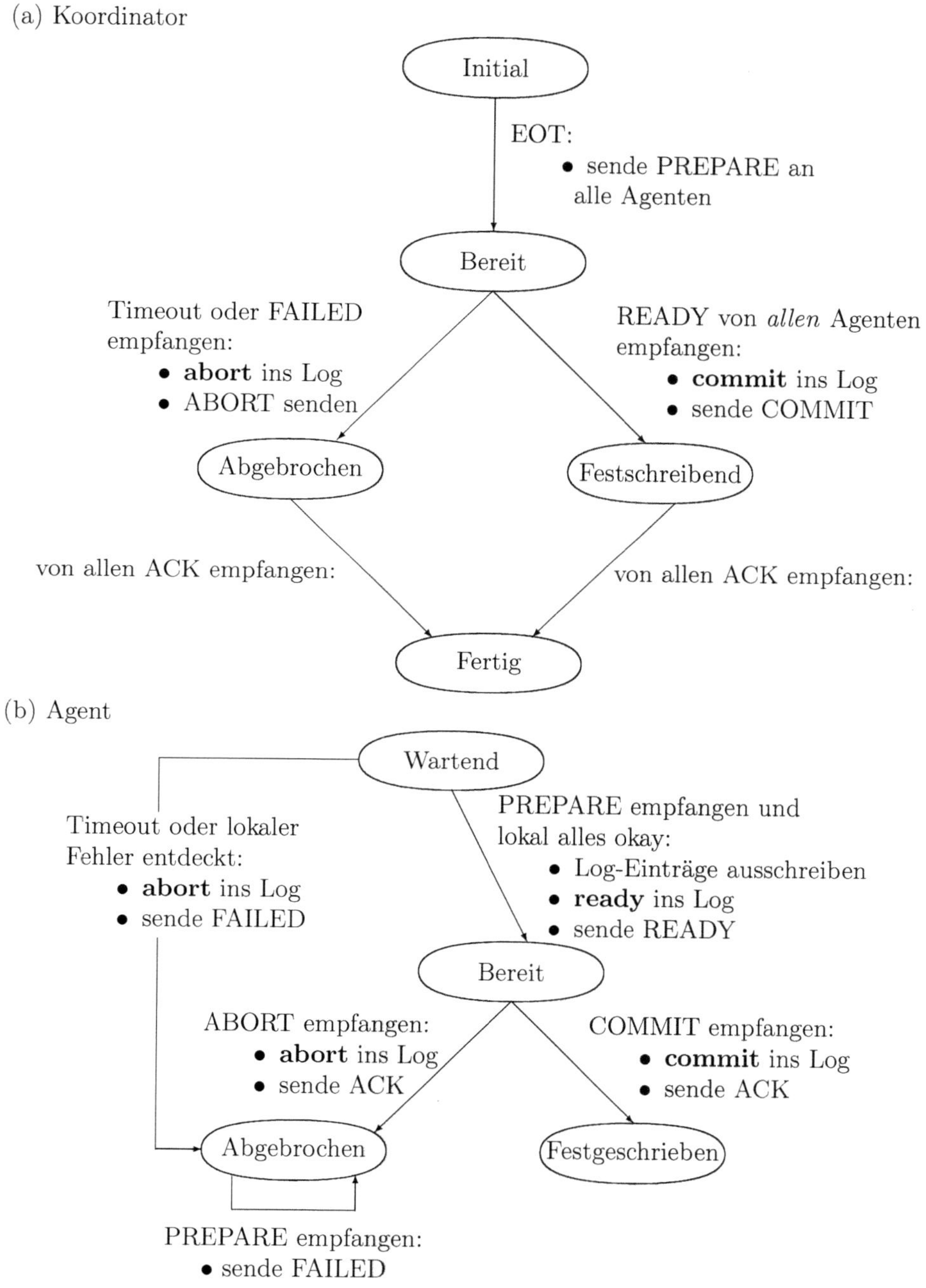

Abbildung 16.21: Die Zustandsübergänge beim Zweiphasen-Commit-Protokoll

ten ein READY mitgeteilt haben. Diese Agenten können dann die Transaktion nicht mehr selbsttätig (unilateral, autonom) abbrechen, da sie davon ausgehen müssen, dass der Koordinator einigen anderen Agenten schon ein COMMIT signalisiert haben könnte. Andererseits können die Agenten im READY-Zustand auch kein **commit** durchführen, weil der „abgestürzte" Koordinator sich möglicherweise für **abort** entschieden hat. Nur ein Agent, der noch kein READY signalisiert hat, kann eigenmächtig ein **abort** durchführen, ohne auf den Wiederanlauf des Koordinators warten zu müssen. Die anderen Agenten sind *blockiert.*

Die Blockierung von Agenten beim Absturz des Koordinators ist eines der Hauptprobleme des 2PC-Protokolls. Die Blockierung eines Agenten ist schwerwiegender als dies auf den ersten Blick erscheinen mag. Gemäß dem Zweiphasen-Sperrprotokoll darf ein blockierter Agent zumindest die X-Sperren auf den von ihm geänderten Datenobjekten nicht freigeben (Warum?). Dadurch wird die Verfügbarkeit des Agenten, was andere globale Transaktionen und insbesondere auch lokale Transaktionen anbelangt, drastisch eingeschränkt.

Um die Blockierung von Agenten zu verhindern, wurde in der Literatur gar ein *Dreiphasen-Commit-Protokoll* konzipiert, das aber in der Praxis wohl zu aufwendig sein dürfte – die existierenden VDBMS-Produkte bedienen sich des 2PC-Protokolls.

Absturz eines Agenten Beim Wiederanlauf inspiziert ein „abgestürzter" Agent seine Log-Datei. Falls er keinen **ready**-Eintrag bezüglich der Transaktion T findet, kann er eigenmächtig ein **abort** (mit Undo der von T verursachten Änderungen) durchführen und dem Koordinator mitteilen, dass die Transaktion nicht erfolgreich zu beenden ist (FAILED-Nachricht).

Falls ein Agent über längere Zeit funktionsunfähig ist, kann der Koordinator jederzeit, bevor er irgendeinem anderen Agenten eine COMMIT-Nachricht geschickt hat, die Transaktion abbrechen und eine ABORT-Nachricht an die Agenten schicken. Aus der Sicht des Koordinators ist ein Agent abgestürzt, falls er nicht innerhalb eines Timeout-Intervalls auf die PREPARE-Nachricht antwortet.

Ein abgestürzter Agent, der beim Wiederanlauf in seiner Log-Datei einen **ready**-Eintrag vorfindet, aber keinen **commit**-Eintrag, muss den Koordinator „fragen", was aus der Transaktion T geworden ist. Der Koordinator teilt ihm entweder COMMIT oder ABORT mit. Im ersteren Fall muss der Agent das *Redo* der Transaktion durchführen, im letzteren das *Undo.*

Findet der abgestürzte Agent in seiner Log-Datei einen **commit**-Eintrag, so weiß er, dass ein (lokales) Redo der Transaktion durchgeführt werden muss – ohne dass er den Koordinator befragen muss. Die Transaktion ist also beim Wiederanlauf als „Winner" zu behandeln.

Verlorengegangene Nachrichten Es kann natürlich auch vorkommen, dass in einer verteilten Umgebung Nachrichten verloren gehen. Wenn die PREPARE-Nachricht des Koordinators an einen Agenten verlorengeht, wird der Koordinator nach Verstreichen des *Timeout*-Intervalls davon ausgehen, dass der betreffende Agent nicht funktionsfähig ist und die Transaktion durch Senden der ABORT-Nachricht an die Agenten für gescheitert erklären. Dasselbe passiert, wenn eine READY (oder eine FAILED) Nachricht von einem Agenten an den Koordinator verlorengeht.

S_1

Schritt	T_1	T_2
1.	$r(A)$	
2.		$w(A)$

S_2

Schritt	T_1	T_2
3.		$w(B)$
4.	$r(B)$	

Abbildung 16.22: Lokal serialisierbare Historien

Problematischer ist der Fall, dass ein Agent im Zustand *Bereit* keine Nachricht vom Koordinator erhält. In diesem Fall kann der Agent nicht eigenmächtig entscheiden und ist deshalb so lange blockiert, bis eine COMMIT- oder ABORT-Nachricht vom Koordinator empfangen wird. Zu diesem Zweck wird der Agent eine entsprechende „Erinnerung" an den Koordinator schicken.

16.8 Mehrbenutzersynchronisation in VDBMS

16.8.1 Serialisierbarkeit

Bei Transaktionen, die über mehrere Stationen verteilt ausgeführt werden, reicht es nicht aus, dass sie lokal auf jeder Station serialisierbar sind. Das kleine Beispiel in Abbildung 16.22 demonstriert dies. Hierbei handelt es sich um zwei parallel ablaufende Transaktionen T_1 und T_2, die auf den Stationen S_1 und S_2 operieren. Lokal betrachtet, also in Bezug auf die Operationen, die an derselben Station ausgeführt wurden, sind die Transaktionen serialisierbar. An Station S_1 ist der Serialisierbarkeitsgraph $T_1 \rightarrow T_2$ (also T_1 vor T_2) und an Station S_2 ist der Serialisierbarkeitsgraph $T_2 \rightarrow T_1$. Global sind die beiden Transaktionen aber offensichtlich nicht serialisierbar, da der globale Serialisierbarkeitsgraph die Form

$$T_1 \rightleftarrows T_2$$

hat und somit zyklisch ist.

Man muss also bei der Mehrbenutzersynchronisation auf globale Serialisierbarkeit „pochen" – nur die lokale Serialisierbarkeit an jeder der an den Transaktionen beteiligten Stationen reicht nicht aus. Zum Glück lassen sich die in Kapitel 11 besprochenen Synchronisationsverfahren konzeptuell recht einfach dahingehend erweitern.

16.8.2 Das Zwei-Phasen-Sperrprotokoll in VDBMS

Wir behandeln hier nur das *strenge* 2PL-Protokoll, da es das am häufigsten in zentralisierten und verteilten Datenbanksystemen eingesetzte Synchronisationsverfahren ist. Konzeptuell ist – gegenüber dem zentralisierten Protokoll aus Abschnitt 11.6 – auch überhaupt keine Änderung notwendig: Alle einmal erworbenen Sperren werden bis zum Ende der Transaktion gehalten und dann „auf einen Schlag" freigegeben. Die Sperren dürfen also nicht am Ende der Bearbeitungsphase an einer bestimmten

Station freigegeben werden, sondern müssen alle – d.h. für alle Daten an allen Stationen, die von der Transaktion benutzt werden – bis EOT gehalten werden. Unter diesen Umständen garantiert das 2PL-Protokoll auch in einer verteilten Umgebung Serialisierbarkeit (siehe Übungsaufgabe 16.12).

Im Vergleich zu zentralisierten DBMS ist die Sperrverwaltung in VDBMS schwieriger. Man hat im Wesentlichen zwei Möglichkeiten:

1. die lokale Sperrverwaltung an jeder Station für die an dieser Station beheimateten Daten

2. eine globale Sperrverwaltung für alle Daten im VDBMS

Bei der erstgenannten Methode muss eine globale Transaktion – also eine solche, die Daten auf mehreren Stationen benutzt – vor Zugriff bzw. Modifikation eines Datums A, das auf Station S beheimatet ist, eine entsprechende Sperre vom Sperrverwalter der Station S erwerben. Verträglichkeiten der angeforderten Sperre mit bereits existierenden Sperren kann man natürlich lokal entscheiden (Warum?). Diese Methode favorisiert lokale Transaktionen, da diese nur mit ihrem lokalen Sperrverwalter kommunizieren müssen.

Die unter Punkt 2. angesprochene globale Sperrverwaltung sieht vor, dass alle Transaktionen alle Sperren an einer einzigen ausgezeichneten Station anfordern. Die entscheidenden Nachteile dieses Verfahrens sind offensichtlich:

- Der zentrale Sperrverwalter könnte zum Engpass des VDBMS werden, insbesondere natürlich bei einem Absturz der Sperrverwalter-Station – „dann geht gar nichts mehr“.

- Die zentralisierte Sperrverwaltung würde die lokale Autonomie der Stationen des VDBMS verletzen, da auch lokale Transaktionen ihre Sperren dort anfordern müssten.

Aus den genannten Gründen ist eine zentrale Sperrverwaltung i.A. wohl nicht akzeptabel, obwohl dies die Deadlock-Erkennung – Gegenstand des nächsten Abschnitts – stark vereinfachen würde, da man ohne Probleme die in Abschnitt 11.7 eingeführten Methoden für zentralisierte DBMS anwenden könnte.

16.9 Deadlocks in VDBMS

Wir werden hier die Verfahren für die Erkennung und Vermeidung von Verklemmungen (Deadlocks) in verteilten Datenbanken behandeln. Grundlage der Diskussion sind die Verfahren für zentralisierte Datenbanken aus Kapitel 11.

16.9.1 Erkennung von Deadlocks

Die Deadlock-Erkennung in VDBMS mit dezentralisierter Sperrverwaltung ist entschieden schwieriger als in zentralisierten DBMS. Der Grund liegt darin, dass es nicht ausreicht, lokale – also an einer Station vorliegende – Wartebeziehungen zwischen Transaktionen zu betrachten. Dies wird an dem in Abbildung 16.23 gezeigten

S_1

Schritt	T_1	T_2
0.	**BOT**	
1.	**lockS**(A)	
2.	$r(A)$	
6.		**lockX**(A)
		∼∼∼∼

S_2

Schritt	T_1	T_2
3.		**BOT**
4.		**lockX**(B)
5.		$w(B)$
7.	**lockS**(B)	
	∼∼∼∼	

Abbildung 16.23: Ein „verteilter“ Deadlock

Beispiel deutlich (eine Adaption von Abbildung 16.22). Der Übersichtlichkeit halber haben wir die Abarbeitungsschritte rein sequentiell aufgeführt. Man beachte aber, dass Ausführungsschritte unterschiedlicher Transaktionen – insbesondere in einer verteilten Umgebung – sehr wohl „echt“ parallel ausgeführt werden können. An Station S_1 ist die Transaktion T_2 nach Schritt 6. blockiert – dargestellt durch die geschlängelte Linie – und wartet auf die Freigabe einer Sperre durch T_1. An Station S_2 ist die Transaktion T_1 nach Schritt 7. blockiert und wartet auf die Freigabe einer Sperre durch T_2.

Somit haben wir eine Verklemmung vorliegen, da T_2 auf T_1 wartet und T_1 ihrerseits auf T_2. Leider ist dieser Deadlock lokal nicht zu erkennen, da der Wartegraph an Station S_1 nur die eine Kante $T_2 \rightarrow T_1$ und der auf Station S_2 beschränkte Wartegraph auch nur eine Kante, nämlich $T_1 \rightarrow T_2$, besitzt. Es gibt also in den lokalen Wartegraphen keine Zyklen.

Es gibt im Wesentlichen drei Methoden für die Erkennung von Deadlocks in VDBMS, die in den nachfolgenden Unterabschnitten aufgezeigt werden.

Timeout

Etliche VDBMS-Produkte verwenden diese Methode, nach der man nach Verstreichen eines festgelegten Zeitintervalls, in dem die Bearbeitung einer Transaktion keinen Fortschritt gemacht hat, eine Verklemmung annimmt. Die betreffende Transaktion wird zurückgesetzt und erneut gestartet. Eine große Bedeutung kommt der richtigen Wahl des Timeout-Intervalls zu: Wartet man zu lange, liegen Systemressourcen aufgrund noch nicht erkannter Deadlocks brach; wartet man zu kurz, werden Deadlocks angenommen und Transaktionen zurückgesetzt, obwohl in Wirklichkeit gar keine Verklemmungen vorlagen.

Zentralisierte Deadlock-Erkennung

Die Stationen melden die Wartebeziehungen, die lokal vorliegen, an einen neutralen Knoten, der daraus einen globalen Wartegraphen aufbaut. Für unser Beispiel (Abbildung 16.23) würde also Station S_1 die Wartebeziehung $T_2 \rightarrow T_1$ und Station S_2

die Wartebeziehung $T_1 \to T_2$ melden. Daraus würde dann der globale Wartegraph

$$T_1 \rightleftarrows T_2$$

generiert, an dem man die Verklemmung aufgrund des Zyklus erkennt.

Der Nachteil der zentralisierten Deadlock-Erkennung besteht zum einen im Aufwand (viele Nachrichten) und zum anderen darin, dass auch nicht-existierende Verklemmungen – sogenannte Phantom-Deadlocks – fälschlicherweise als Deadlock erkannt werden. Dies kann dann vorkommen, wenn sich Nachrichten im Kommunikationssystem überholen. Z.B. kann die Meldung zur Entfernung einer Wartebeziehung von einer Meldung zum Neueintrag einer Wartebeziehung überholt werden, so dass ein Zyklus entdeckt wird, der bei anderen Eingangsreihenfolgen der Nachrichten nie existiert hätte (siehe Übungsaufgabe 16.14).

Dezentrale (verteilte) Deadlock-Erkennung

Bei dieser Methode werden an den einzelnen Stationen lokale Wartegraphen geführt. Damit lassen sich lokale Deadlocks – also solche, an denen nur lokale Transaktionen beteiligt sind – ohne Probleme „vor Ort" aufdecken.

Um aber auch globale Deadlocks erkennen zu können, muss das Verfahren erweitert werden. In jedem lokalen Wartegraphen gibt es einen Knoten *External*, der möglicherweise existierende stationenübergreifende Wartebeziehungen zu externen Subtransaktionen modelliert. Jeder Transaktion wird ein Heimatknoten zugeordnet (i.A. der Knoten, wo die TA begonnen wurde), von wo aus sie sogenannte *externe Subtransaktionen* auf anderen Stationen initiieren kann. In unserem Beispiel ist S_1 der Heimatknoten von T_1 und S_2 der Heimatknoten von T_2.

Für eine externe Subtransaktion T_i – wie z.B. Transaktion T_2 auf Station S_1 oder Transaktion T_1 auf Station S_2 in Abbildung 16.23 – wird stets die Kante

$$\mathit{External} \to T_i$$

eingeführt, da möglicherweise an anderen Stationen auf Sperrenfreigabe durch T_i gewartet wird.

Weiterhin wird für eine Transaktion T_j, die eine Subtransaktion auf einer anderen Station initiiert, die Kante

$$T_j \to \mathit{External}$$

eingefügt, da T_j möglicherweise auf anderen Stationen in einen Wartezustand gerät.

Bezogen auf unser Beispiel in Abbildung 16.23 hätten wir somit die Wartegraphen

$$S_1 : \boxed{\mathit{External} \to T_2 \to T_1 \to \mathit{External}}$$

$$S_2 : \boxed{\mathit{External} \to T_1 \to T_2 \to \mathit{External}}$$

Ein Zyklus, der den Knoten *External* beinhaltet, signalisiert, dass möglicherweise, aber nicht zwingend, ein Deadlock vorliegt. Um sich des Vorliegens eines Deadlocks zu vergewissern, müssen die Stationen Informationen miteinander austauschen. Und zwar schickt eine Station mit dem lokalen Wartegraphen

$$\mathit{External} \to T_1' \to T_2' \to \ldots \to T_n' \to \mathit{External}$$

ihre Information an die Station, wo T'_n eine Teiltransaktion angestoßen hat. In unserem Beispiel schickt also z.B. die Station S_1 ihre Information an S_2, wo dann der globale Zyklus – ohne Einschluss des Knotens *External* – zwischen T_1 und T_2 aufgedeckt wird.

Nach Erhalt der lokalen Warteinformation von S_1 kann also S_2 folgenden erweiterten Wartegraphen konstruieren:

$$S_2 : \boxed{\mathit{External} \rightleftarrows T_1 \rightleftarrows T_2 \rightleftarrows \mathit{External}}$$

Hier kann S_2 jetzt also den „echten" Deadlock erkennen, da der Zyklus

$$T_1 \rightarrow T_2 \rightarrow T_1$$

den Knoten *External* nicht beinhaltet.

Nach dem bisher skizzierten Algorithmus würde natürlich auch die Station S_2 ihre lokale Warteinformation nach S_1 schicken, da auch dort ein Zyklus mit dem Knoten *External* entdeckt wurde. Das würde aber nur zu unnötig vielen Nachrichten führen, da dann in S_1 genau der gleiche Zyklus, nämlich

$$T_2 \rightarrow T_1 \rightarrow T_2$$

aufgedeckt würde. Um das Nachrichtenaufkommen einzuschränken, wird eine Station ihre Warteinformation

$$\mathit{External} \rightarrow T'_1 \rightarrow T'_2 \rightarrow \ldots \rightarrow T'_n \rightarrow \mathit{External}$$

nur dann weiterleiten, wenn der Transaktionsidentifikator von T'_n größer ist als der von T'_1 – wenn also die Transaktion, die auf *External* wartet, einen größeren Identifikator hat als die Transaktion, auf die *External* wartet. Wir werden im nächsten Abschnitt skizzieren, wie global eindeutige Transaktionsidentifikatoren in VDBMS vergeben werden können.

In Übungsaufgabe 16.15 soll gezeigt werden, dass diese Methode auch bei Zyklen, die sich über mehr als zwei Stationen erstrecken, funktioniert. In diesem Fall muss die Station, die Warteinformationen von einem anderen Knoten erhalten hat und daraufhin einen neuen Zyklus mit *External* aufgedeckt hat, ihrerseits Warteinformationen an die entsprechende Station, auf deren Ausführung gewartet wird, verschicken.

16.9.2 Deadlock-Vermeidung

Wegen der Schwierigkeit, Deadlocks in einer verteilten Umgebung aufzudecken, kommt der Deadlock-Vermeidung in VDBMS eine größere Bedeutung als in zentralisierten DBMS zu. Zur Deadlock-Vermeidung lassen sich zum einen solche Synchronisationsverfahren einsetzen, die nicht auf Sperren basieren:

- Die optimistische Mehrbenutzersynchronisation, bei der nach Abschluss der Bearbeitung einer Transaktion – die auf lokalen Kopien durchgeführt wird – eine Validierung vorgenommen wird. Dieses Verfahren wurde in Abschnitt 11.11 vorgestellt.

- Die Zeitstempel-basierende Synchronisation – in Abschnitt 11.10 vorgestellt – ordnet jedem Datum einen Lese- und einen Schreib-Zeitstempel zu. Anhand dieser Zeitstempel wird entschieden, ob eine beabsichtigte Operation noch durchgeführt werden kann, ohne die Serialisierbarkeit (möglicherweise) zu verletzen. Falls dies nicht möglich ist, wird die Transaktion abgebrochen (**abort**).

Weiterhin kann man bei der sperrbasierten Synchronisation entsprechend der in Abschnitt 11.7.3 beschriebenen Methode die Blockierung einer Transaktion einschränken:

- *wound/wait*: Hierbei warten nur jüngere Transaktionen auf ältere. Trifft eine ältere Transaktion auf eine jüngere – d.h. sie fordert eine Sperre an, die mit der von der jüngeren TA gehaltenen Sperre nicht verträglich ist – wird die jüngere Transaktion abgebrochen.
- *wait/die*: In diesem Verfahren warten immer nur ältere Transaktionen auf jüngere, so dass auch – genau wie bei *wound/wait* – kein Zyklus im Wartegraphen entstehen kann. Falls eine jüngere Transaktion eine Sperre anfordert, die nicht kompatibel mit der einer älteren TA gewährten Sperre ist, wird die jüngere TA abgebrochen.

Alle diese Verfahren setzen voraus, dass man in einer verteilten Umgebung global eindeutige Zeitstempel – als Transaktionsidentifikatoren – vergeben kann. Die gängigste Methode besteht darin, die lokale Zeit verbunden mit dem eindeutigen Stationsidentifikator zu verwenden:

lokale Zeit	Stations-ID

Es ist essentiell, dass die Stations-ID in den niedrigstwertigen Bitpositionen aufgenommen wird, damit beim Vergleich von Zeitstempeln unterschiedlicher Stationen nicht diejenigen der einen Station immer größer sind als diejenigen der anderen – bei einer Kodierung | Stations-ID | lokale Zeit | wäre dies nämlich der Fall.

Weiterhin ist es für die Effektivität vieler Algorithmen notwendig, dass die lokalen Uhren hinreichend präzise aufeinander abgestimmt sind; dass also nicht z.B. eine Uhr nachgeht, so dass die dort erzeugten Transaktionen wegen des ungenauen Zeitstempels im Vergleich mit Transaktionen, die an anderen Stationen gestartet wurden, älter erscheinen als sie wirklich sind. Für die Korrektheit der Synchronisations– und Deadlockerkennungs–Algorithmen ist allerdings nur die Eindeutigkeit essentiell – Warum? (Siehe Übungsaufgabe 16.16).

16.10 Synchronisation bei replizierten Daten

Ein zusätzliches Problem stellt sich, wenn in einem VDBMS (zumindest einige) Daten repliziert wurden. In diesem Fall hat man z.B. zu einem Datum A mehrere Kopien $A_1, A_2, \ldots, A_n$, die i.A. an unterschiedlichen Stationen beheimatet sind. Solange nur lesend auf dieses Datum A zugegriffen wird, stellt sich kein Problem – irgendeine der Kopien ist hinreichend. Was passiert aber bei Änderungen des Datums?

Die offensichtliche Methode besteht darin, *alle* Kopien des Datums innerhalb der Änderungstransaktion auf den aktuellen Stand zu bringen. Wenn also eine Transaktion T den Zustand von A in A' ändert, so werden *innerhalb* der Transaktion T alle Kopien geändert, also A_1 zu $A'_1, \ldots, A_n$ zu A'_n. Dazu muss die Transaktion T natürlich Schreibsperren auf allen Kopien erwerben. Bei Anwendung des strengen 2PL-Protokolls kann es dann nicht vorkommen, dass eine parallele Lesetransaktion einen inkonsistenten Zustand irgendwelcher replizierter Daten sieht – siehe Übungsaufgabe 16.17. Lesetransaktionen brauchen nach wie vor nur irgendeine Kopie des replizierten Datums zu lesen. Deshalb wird diese Methode im Englischen als „*write-all/read-any*" bezeichnet.

Diese Methode favorisiert ganz eindeutig Lesetransaktionen, da sie nur *eine* Kopie – am vorteilhaftesten eine lokal an der jeweiligen Station verfügbare Kopie – des replizierten Datums zu lesen haben.

Demgegenüber müssen Änderungstransaktionen *alle* Kopien modifizieren – bei n Kopien muss somit auf mindestens $n - 1$ nicht-lokale Kopien eines replizierten Datums zugegriffen werden. Neben der zu erwartenden hohen Laufzeit von Änderungstransaktionen gibt es noch das Verfügbarkeitsproblem: Ist eine Station, auf der eine zu ändernde Kopie A_i beheimatet ist, nicht verfügbar, muss die Transaktion warten oder abgebrochen werden.

Um diese Probleme auszugleichen, wurde das sogenannte Quorum-Consensus Verfahren konzipiert. Hierdurch wird ein Ausgleich der Leistungsfähigkeit zwischen Lese-und Änderungstransaktionen ermöglicht, d.h. ein Teil des Overheads wird von den Änderungstransaktionen auf die Lesetransaktionen verlagert. Dabei werden den Kopien A_i eines replizierten Datums A individuell Gewichte (Stimmen) w_i zugeordnet. Wir wollen dies an einem Beispiel illustrieren:

Station (S_i)	Kopie (A_i)	Gewicht (w_i)
S_1	A_1	3
S_2	A_2	1
S_3	A_3	2
S_4	A_4	2

Hierbei hat also z.B. die Kopie A_1, die an Station S_1 beheimatet ist, das Gewicht $w_1(A) = 3$. Mit $W(A)$ bezeichnen wir das Gesamtgewicht aller Kopien von A – hier gilt also $W(A) = \sum_{i=1}^{4} w_i(A) = 8$. Weiterhin wird ein sogenanntes *Lesequorum* $Q_r(A)$ und ein *Schreibquorum* $Q_w(A)$ festgelegt, so dass gilt:

1. $Q_w(A) + Q_w(A) > W(A)$ und
2. $Q_r(A) + Q_w(A) > W(A)$.

Eine Lesetransaktion muss mindestens so viele Kopien „einsammeln" – d.h. mit S-Sperren belegen – dass das Lesequorum Q_r erreicht ist. Eine Schreibtransaktion muss mindestens Q_w Stimmen einsammeln, d.h. entsprechend viele Kopien des Datums mit einer X-Sperre belegen. Die Bedingung 1. schließt dann aus, dass zwei (oder mehr) Schreibtransaktionen gleichzeitig auf dem Datum A operieren können. Die Bedingung 2. schließt aus, dass während der Ausführung einer Schreibtransaktion eine Lesetransaktion parallel ausgeführt werden kann.

(a)

Station	Kopie	Gewicht	Wert	Versions#
S_1	A_1	3	1000	1
S_2	A_2	1	1000	1
S_3	A_3	2	1000	1
S_4	A_4	2	1000	1

(b)

Station	Kopie	Gewicht	Wert	Versions#
S_1	A_1	3	1100	2
S_2	A_2	1	1000	1
S_3	A_3	2	1100	2
S_4	A_4	2	1000	1

Abbildung 16.24: Zustand (a) vor und (b) nach Schreiben eines Schreibquorums

Bei der Vergabe der Gewichte (Stimmen) ist man flexibel, so dass man den Kopien an einigen Stationen – solche auf denen viele der relevanten Transaktionen ablaufen oder solche Stationen, die besonders „robust“ sind – mehr Stimmen zuordnen kann als den Kopien an weniger „wichtigen“ Stationen. In unserem Beispiel hat man die Station S_1 als besonders wichtig erachtet und Station S_2 als die am wenigsten wichtige bezüglich des Datums A.

Bei der Wahl der Lese-und Schreibquoren legt man fest, wieviel Overhead die Lesetransaktionen – durch Einsammeln von S-Sperren – im Vergleich zu den Schreibtransaktionen zu tragen haben. In unserem Beispiel könnte man folgende gültige Quoren festlegen:

- $Q_r(A) = 4$
- $Q_w(A) = 5$

Damit wären die Bedingungen 1. und 2. eingehalten. Eine Lesetransaktion könnte also auf den Kopien A_3 und A_4 oder A_2 und A_1 oder A_1 und A_4, usw. operieren, da dadurch die mindestens erforderlichen 4 Stimmen beisammen wären. Eine Schreibtransaktion müsste mindestens 5 „Stimmen einsammeln“, also z.B. A_1 und A_3. Selbst wenn Station S_1 nicht verfügbar wäre, könnte eine Schreibtransaktion immer noch mit den Kopien A_2, A_3 und A_4 ihr Schreibquorum erfüllen.

Wie werden Änderungen über die Kopien propagiert? Eine Schreibtransaktion modifiziert ja jetzt nicht mehr alle Kopien eines replizierten Datums, sondern nur noch jene, die zur Erfüllung des Schreibquorums aufgesammelt wurden. Für die Propagation ist es erforderlich, den Kopien eine Versionsnummer zuzuordnen. Gehen wir von dem in Abbildung 16.24 (a) gezeigten Initialzustand aus, der durch die *Versions#* 1 gekennzeichnet ist. Alle Kopien haben den gleichen Wert, nämlich 1000. Wenn nun eine Änderungstransaktion ausgeführt wird, muss ein Schreibquorum bestehend aus z.B. A_1 und A_3 modifiziert werden. Wir nehmen an, dass die Transaktion den Wert des Datums A um 100 erhöht. Somit haben die Kopien A_1 und A_3 nach Durchführung der Transaktion den Wert 1100. Weiterhin muss jede Schreibtransaktion die größte gelesene *Versions#* unter allen zugegriffenen Kopien des replizierten Datums um eins erhöht in die modifizierten Kopien schreiben. Eine darauffolgende

Lesetransaktion muss natürlich ein Lesequorum aufsammeln, hier z.B. A_3 und A_4. Die Transaktion liest alle Kopien des Lesequorums und vergleicht die *Versions#*-Werte in den Kopien, um dann nur die aktuellste Kopie zu beachten. In unserem Fall hat A_3 die höhere *Versions#* und ist somit die aktuellere von beiden. Aufgrund der Bedingung

$$Q_r(A) + Q_w(A) > W(A)$$

hinsichtlich der relativen Gewichtung von Lese- und Schreibquoren ist immer sichergestellt, dass mindestens auf eine Kopie aus dem Schreibquorum der zuletzt abgeschlossenen Schreibtransaktion in der Lesetransaktion zugegriffen wird. Somit ist stets gewährleistet, dass eine Lesetransaktion den aktuellsten Wert in mindestens einer Kopie des replizierten Datums zu sehen bekommt.

16.11 Übungen

16.1 Führen Sie die horizontale Zerlegung der Relation *Professoren* durch. Es sollen solche Gruppen zusammengefasst werden, die in derselben Fakultät arbeiten, denselben Rang haben und ihr Büro auf dem gleichen Stockwerk (erkennbar an der ersten Ziffer des *Raum*-Attributes) haben. Geben Sie alle Zerlegungsprädikate an und ermitteln Sie dann, welche Konjunktionen konstant *false* sind.

16.2 Zu der eben in Aufgabe 16.1 ermittelten horizontalen Zerlegung von Professoren führen Sie nun die abgeleitete horizontale Zerlegung von *Vorlesungen* durch.

16.3 Bei einer abgeleiteten horizontalen Zerlegung kann es vorkommen, dass die erzeugten Fragmente nicht disjunkt sind. Charakterisieren Sie, unter welchen Umständen Disjunktheit gewährleistet ist, und unter welchen Umständen dies nicht der Fall ist. Hinweis: Charakterisieren Sie die Beziehung zwischen der primär zerlegten Relation und der davon abhängig fragmentierten Relation.

Welche Voraussetzungen müssen erfüllt sein, dass eine abgeleitete Fragmentierung vollständig ist? Erläutern Sie dies an dem in Abschnitt 16.3.2 behandelten Beispiel, in dem die Relation *Vorlesungen* fragmentiert wurde.

16.4 Für die Rekonstruierbarkeit der Originalrelation R aus vertikalen Fragmenten $R_1, \ldots, R_n$ reicht es eigentlich, wenn Fragmente paarweise einen Schlüsselkandidaten enthalten. Illustrieren Sie, warum es also nicht notwendig ist, dass der Durchschnitt aller Fragmentschemata einen Schlüsselkandidaten enthält. Es muss also nicht unbedingt gelten

$$R_1 \cap \cdots \cap R_n \supseteq \kappa,$$

wobei κ ein Schlüsselkandidat aus R ist.

Geben Sie ein anschauliches Beispiel hierfür – am besten bezogen auf unsere Beispiel-Relation *Professoren*.

16.5 Beweisen Sie, dass allgemein Folgendes gilt:

$$(R_1 \cup R_2) \bowtie_p (S_1 \cup S_2) = (R_1 \bowtie_p S_1) \cup (R_2 \bowtie_p S_1) \cup (R_1 \bowtie_p S_2) \cup (R_2 \bowtie_p S_2)$$

Nehmen wir nun an, dass Folgendes gilt:

- $S_1 = (S_1 \cup S_2) \ltimes_p R_1$
- $S_2 = (S_1 \cup S_2) \ltimes_p R_2$

Beweisen Sie unter dieser Annahme, dass jetzt gilt:

$$(R_1 \cup R_2) \bowtie_p (S_1 \cup S_2) = (R_1 \bowtie_p S_1) \cup (R_2 \bowtie_p S_2)$$

Verallgemeinern Sie den Beweis. Sei also $R_1, \ldots, R_n$ und $S_1, \ldots, S_n$ gegeben. Dabei sei S_i als $(S_1 \cup \ldots \cup S_n) \ltimes_p R_i$ festgelegt worden. Beweisen Sie:

$$(R_1 \cup \ldots \cup R_n) \bowtie_p (S_1 \cup \ldots \cup S_n) = \bigcup_{i=1}^{n} R_i \bowtie_p S_i$$

16.6 Übersetzen Sie die folgende SQL-Anfrage in die kanonische Form.

select Name, Gehalt, Rang
from Professoren
where Gehalt > 80000;

Optimieren Sie diesen kanonischen Auswertungsplan durch Anwendung algebraischer Transformationsregeln (Äquivalenzen).

16.7 Beweisen Sie für die Beispielrelationen $R : \{[A, B, C]\}$ und $S : \{[C, D, E]\}$ folgende Eigenschaften der Join/Semi-Join-Operatoren:

$$\begin{aligned} R \bowtie S &= R \bowtie (\Pi_C(R) \rtimes S) \\ R \bowtie S &= (\Pi_C(S) \rtimes R) \bowtie (\Pi_C(R) \rtimes S) \end{aligned}$$

16.8 Für den Bloomfilter-basierten Join zweier Relationen (siehe Abschnitt 16.19 sind die so genannten *false drops* ein Problem, da dadurch unnötigerweise Tupel transferiert werden, die dann doch keinen Joinpartner finden. Geben Sie eine Abschätzung wieviele *false drops* bei uniform verteilten Attributwerten auftreten.

16.9 Ein schwerwiegendes Problem des Zweiphasen-Commit-Protokolls (2PC) besteht darin, dass Agenten beim Absturz des Koordinators blockiert sind. Eine gewisse Abhilfe des Problems lässt sich dadurch erreichen, dass die Agenten sich untereinander beraten und eine Entscheidung herbeiführen. Entwickeln Sie ein derartiges Protokoll. Insbesondere sollten folgende Fälle abgedeckt sein:

- Einer der Agenten hat noch keine READY-Meldung an den Koordinator abgeschickt.
- Einer der Agenten hat ein ABORT empfangen.

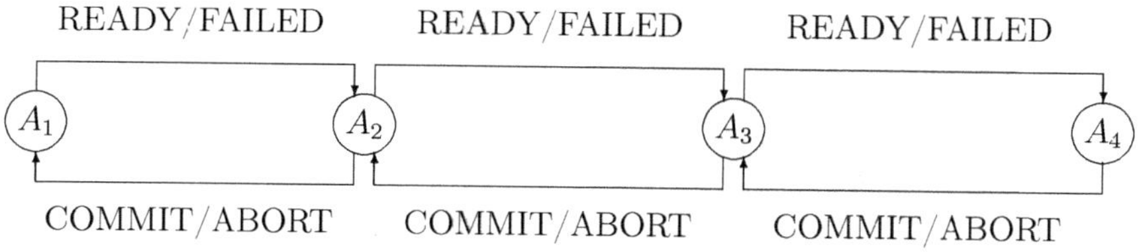

Abbildung 16.25: Lineare Organisationsform bei 2PC-Protokoll

- Ein Agent hat ein FAILED an den Koordinator gemeldet.
- Alle erreichbaren Agenten haben ein READY an den Koordinator gemeldet, aber keiner der erreichbaren Agenten hat eine Entscheidung (COMMIT oder ABORT) vom Koordinator empfangen.

In welchen Fällen können die sich beratenden Agenten eine Entscheidung herbeiführen; in welchen Fällen ist dies nicht möglich (und deshalb eine Blockierung der Agenten nicht zu vermeiden).

16.10 Wir hatten eine hierarchische Organisationsstruktur (ein Koordinator und mehrere untergeordnete Agenten) beim 2PC-Protokoll beschrieben. Es ist auch möglich, die in Abbildung 16.25 gezeigte lineare Organisationsstruktur vorzunehmen. Hierbei ist kein ausgezeichneter Koordinator erforderlich. In der ersten Phase reichen die Agenten ihren eigenen Status und den der linken Nachbarn von „links nach rechts" weiter, nachdem sie einen entsprechenden Statusbericht von links bekommen haben. Der letzte in der Reihe – hier Agent A_4 – trifft die Entscheidung und reicht sie nach links weiter.

Entwickeln Sie das Protokoll für diese lineare Anordnung der Agenten. Diskutieren Sie die möglichen Fehlerfälle.

16.11 J. Gray – der Erfinder des Transaktionskonzepts – hat die Analogie zwischen dem 2PC-Protokoll und dem Ablauf einer Eheschließung herausgestellt. Bei der Eheschließung spielt der Standesbeamte (bzw. der Priester) die Rolle des Koordinators, und Braut und Bräutigam sind die Agenten. Beschreiben Sie im Detail die Analogie.

16.12 Beweisen Sie, dass das 2PL-Protokoll auch in verteilten Datenbanken korrekt ist, d.h., dass nur serialisierbare Historien generiert werden.

16.13 Zeigen Sie, dass die in Abbildung 16.22 gezeigte Historie von T_1 und T_2 bei Anwendung des 2PL-Protokolls nicht entstehen kann.

16.14 Ein sogenannter Phantom-Deadlock wird bei zentralisierter Deadlock-Erkennung aufgrund von nicht-aktueller – also veralteter – Information, aus denen der globale Wartegraph aufgebaut wird, „erkannt". Das Überholen von Nachrichten im Kommunikationsnetz ist ein Grund für veraltete Information. Ein anderer kommt dadurch zustande, dass die lokalen Stationen die Nachrichten bezüglich Vorliegen und Wegfall von Wartebeziehungen bündeln und im „Paket" verschicken.

Zeigen Sie Fälle auf, die zur Entdeckung eines Phantom-Deadlocks führen. Können Phantom-Deadlocks auch beim 2PL-Protokoll vorkommen, wo doch eine Wartebeziehung $T_1 \rightarrow T_2$ hinzukommt?

Hinweis: Denken Sie an Transaktionsabbrüche.

16.15 Bei der dezentralen Deadlock-Erkennung wird Warteinformation von einer Station zur anderen geschickt. Im Text wurde diese Vorgehensweise für Zyklen, die sich über 2 Stationen erstrecken, vorgestellt. Zeigen Sie die Vorgehensweise, wenn der Zyklus sich über n ($1 \leq n \leq$ Anzahl aller Stationen) erstreckt. Wieviele Nachrichten müssen maximal ausgetauscht werden, bis der Zyklus aufgedeckt ist?

16.16 Zeigen Sie Probleme auf, die entstehen, wenn in einem VDBMS die lokale Uhr einer Station nachgeht. Dann sind die von dieser Station erzeugten Zeitstempel | lokale Zeit | Stations-ID | (sehr viel) kleiner als die zur gleichen Zeit von anderen Stationen erzeugten Zeitstempel.

Bei welchen Algorithmen führt dies zu deutlichen Leistungseinbußen?

Was passiert, wenn die lokale Uhr einer Station vorgeht?

Konzipieren Sie ein Verfahren, nach dem eine lokale Station erkennt, dass ihre Uhr nach- bzw. vorgeht. Kann man dieses Verfahren auch realisieren, ohne dass extra für die Abstimmung der Uhren generierte Nachrichten ausgetauscht werden?

16.17 Zeigen Sie, dass bei der *write-all/read-any* Methode zur Synchronisation bei replizierten Daten nur serialisierbare Schedules erzeugt werden – unter der Voraussetzung, dass das strenge 2PL-Protokoll angewendet wird.

16.18 Zeigen Sie, dass die *write-all/read-any* Methode zur Synchronisation replizierter Daten einen Spezialfall der *Quorum-Consensus*-Methode darstellt.

- Wie werden Stimmen zugeordnet, um *write-all/read-any* zu simulieren?
- Wie müssen die Quoren Q_w und Q_r vergeben werden?

16.19 Einen weiteren Spezialfall des *Quorum-Consensus*-Verfahrens stellt das *Majority-Consensus*-Protokoll dar. Wie der Name andeutet, müssen Transaktionen sowohl für Lese- als auch für Schreiboperationen die Mehrzahl der Stimmen einsammeln. Zeigen Sie die Konfigurierung des *Quorum-Consensus*-Verfahrens für die Simulation dieses *Majority-Consensus*-Protokolls.

16.12 Literatur

Das Buch von Ceri und Pelagatti (1984) ist schon fast ein Klassiker. Die Bücher von Özsu und Valduriez (1999) und Bell und Grimson (1992) enthalten auch etwas aktuellere Forschungsbeiträge und Systembeschreibungen. Das umfangreiche deutschsprachige Buch von Rahm (1994) enthält neben den klassischen Inhalten zu homogenen VDBMS auch Ergebnisse zu heterogenen verteilten Datenbanken (engl.

Multi-Database Systems) und zur Parallelverarbeitung von Datenbankoperationen. Das Buch von Dadam (1996) ist ein gutes Lehrbuch für eine weitergehende (Spezial-) Vorlesung über die verteilte Datenbanktechnologie.

Bayer et al. (1984) haben eine sehr gute Übersicht über den (damaligen) Entwicklungsstand der verteilten Datenbanktechnologie ausgearbeitet. Lamersdorf (1994) beschreibt den Zugang zu Datenbanken in verteilten Systemen. Eine aktuelle Übersicht zur verteilten Anfrageauswertung hat Kossmann (2001) verfasst.

Ceri, Navathe und Wiederhold (1983) entwickelten ein Modell für den verteilten Datenbankentwurf, insbesondere für die Bestimmung einer „guten" nicht-redundanten Allokation. Fragmentierung von Relationen wurde von Chang und Cheng (1980) systematisch vorgestellt. Thomas (1979) beschreibt Ansätze zur Mehrbenutzersynchronisation bei Datenreplikation. Goldman und Lynch (1994) und Herlihy (1986) enthalten mehr Details zu den von uns nur ansatzweise behandelten *Quorum-Consensus*-Verfahren. Beuter und Dadam (1996) geben einen Überblick über die Methoden zur Replikationskontrolle. Schlageter (1981) untersuchte optimistische Synchronisationsverfahren in verteilten Datenbanken. Bernstein und Goodman (1981) geben einen Überblick über Synchronisation in VDBMS. Auch das Buch von Bernstein, Hadzilacos und Goodman (1987) enthält die Konzepte zur Synchronisation und Recovery (2PC und Dreiphasen-Commit) in detaillierter Weise. Das Zweiphasen-Commit Protokoll wird Lampson und Sturgis (1976) und Gray (1978) zugeschrieben. Die Erweiterung zum Dreiphasen-Commit-Protokoll, bei dem eine Blockierung i.A. ausgeschlossen wird, ist von Skeen (1981). Dadam und Schlageter (1980) behandeln die Wiederherstellung eines konsistenten Zustands einer verteilten Datenbank nach einem Systemfehler. Das Buch von Gray und Reuter (1993) ist auch im Bereich Transaktionsverwaltung in VDBMS zu empfehlen – insbesondere, um die Realisierungsaspekte zu studieren. Der hier vorgestellte verteilte Deadlockerkennungs-Algorithmus ist von Obermarck (1982). Knapp (1987) gibt eine Übersicht über Deadlockerkennung in verteilten Datenbanken. Krivokapić, Kemper und Gudes (1996) haben einen neuen Ansatz entwickelt. Das von Elmagarmid (1992) herausgegebene Buch enthält etliche Aufsätze zur Transaktionsverwaltung in heterogenen verteilten Datenbanken. Jablonski, Ruf und Wedekind (1990) beschreiben die Konzeption eines verteilten Datenbanksystems für technische Anwendungen. Die Anfrageoptimierung in Client/Server-Datenbanken wurde von Franklin, Jonsson und Kossmann (1996) und in heterogenen Datenbanken von Haas et al. (1997) bearbeitet. Stocker et al. (2001) beschreiben, wie man Semijoin-Anfragen optimiert.

Die Integration heterogener Datenbanksysteme über sogenannte *Middleware* wird von Tresch (1996) und Alonso et al. (1997) beschrieben. Salles et al. (2007) entwickeln ein so genanntes *Data Space*-System, bei dem Information schrittweise, bei Bedarf (on demand) integriert wird. Abadi, Madden und Lindner (2005) untersuchen die Anfragebearbeitung auf Datenströmen, die von verteilten Sensoren im Netzwerk generiert werden. Cammert et al. (2008) stellen einen umfassenden Ansatz für die Anfragebearbeitung in einem Datenstrommanagement-System vor.

Eickler, Kemper und Kossmann (1997) haben einen verteilten Namensserver konzipiert, um effizient auf migrierte und replizierte Objekte zugreifen zu können. Kemper et al. (1994) haben ein Modell autonom in einer verteilten Umgebung operierender Objekte entwickelt. Braumandl et al. (2001) beschreiben ObjectGlobe, ein weiträumig verteiltes System für die Anfragebearbeitung im Internet. Darauf aufbauend haben Kemper und Wiesner (2001) und Kemper und Wiesner (2005) die HyperQuery-Auswertungstechnik für die lose Integration verteilter Datenquellen in E-Commerce-Anwendungen entwickelt. Bichler und Kalagnanam (2006) untersuchen die Realisierung von online-Auktionen für betriebliche Beschaffungstransaktionen.

Kossmann, Franklin und Drasch (2000) haben das Caching in Client/Server-Datenbanken untersucht. Der Entwurf von Client/Server und Replikationssystemen wird von Oppel und Meyer-Wegener (2001) behandelt.

Bayer, Heller und Reiser (1980) haben Verfahren für die Parallelisierung und Recovery in Datenbanksystemen entwickelt. Die Parallelisierung von Anfragen auf einer Cluster-Architektur wird von Röhm, Böhm und Schek (2001) beschrieben.

17. Betriebliche Anwendungen: OLTP, Data Warehouse, Data Mining

In diesem Kapitel werden einige Aspekte des praktischen betrieblichen Einsatzes von Datenbanksystemen behandelt. Man unterscheidet grob zwei Klassen von Datenbankanwendungen: Die sogenannten Online Transaction Processing (OLTP) Anwendungen wickeln das operative „Tagesgeschäft" der Unternehmen ab, wie z.B. Bestellannahme, Flugbuchungen, etc. Diese Anwendungen sind eher „Update-lastig". Demgegenüber stehen die „Anfrage-lastigen" entscheidungsunterstützenden (Decision Support) Anwendungen, mit denen das Management unterstützt wird, um aus den großen Datenmengen die (hoffentlich) richtigen Schlussfolgerungen ziehen zu können.

Zunächst beschreiben wir exemplarisch am Beispiel des betriebswirtschaftlichen Standard-Softwaresystems SAP ERP (früher R/3 genannt) die Architektur eines fortschrittlichen integrierten Datenbankanwendungssystems – hauptsächlich für das OLTP. Danach wird der Einsatz von Datenbanksystemen in Decision-Support-Anwendungen behandelt. Hierbei dient das DBMS als sogenanntes Data Warehouse und bietet den – vornehmlich betriebswirtschaftlichen – Anwendern Schnittstellen für OLAP (Online Analytical Processing) und Data Mining.

17.1 SAP ERP: Ein betriebswirtschaftliches Datenbankanwendungssystem

Das System SAP ERP – früher SAP R/3 genannt – ist der Marktführer unter den betriebswirtschaftlichen Anwendungssystemen (Engl. *enterprise resource planning (ERP)*). Es integriert sämtliche Abläufe eines Unternehmens – und damit auch die anfallenden Daten. SAP ERP arbeitet auf der Basis eines relationalen Datenbanksystems, in dem alle Anwendungs- und Kontrolldaten gespeichert sind. Das relationale Datenbanksystem dient somit als Integrationsplattform für alle betrieblichen Vorgänge. Dabei können die Anwender aus einer Reihe von kommerziellen relationalen Datenbankprodukten frei wählen.

Im Folgenden konzentrieren wir uns auf Eigenschaften, die aus der Sicht der Datenbankadministration besonders interessant erscheinen: Architektur, Datenbankanbindung, Datenmodell, Anfragesprache, etc.

17.1.1 Architektur von SAP ERP

SAP ERP basiert auf einer dreistufigen Client/Server-Architektur mit folgenden Ebenen:

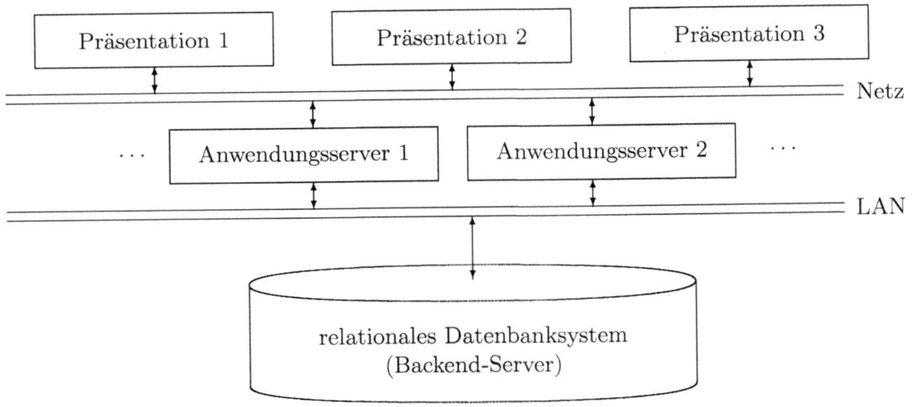

Abbildung 17.1: Dreischichtige Client/Server-Architektur

1. der Präsentationsebene, die den Endanwendern eine grafische (GUI) Dialogschnittstelle zur Verfügung stellt;
2. der Anwendungsebene, die das betriebswirtschaftliche „Know-how" (also die eigentlichen betriebswirtschaftlichen Anwendungsprogramme) beinhaltet;
3. der Datenhaltungsebene, die auf einem fremdbezogenen relationalen Datenbanksystem basiert.

Im Allgemeinen können alle drei Ebenen auf unterschiedlichen Rechnern ablaufen. In einer großen Organisation würde z.B. ein sehr leistungsfähiger Rechner als zentraler Datenbankserver eingesetzt werden, leistungsfähige Workstations würden als Anwendungsrechner in der mittleren Ebene zu finden sein, und Arbeitsplatzrechner (z.B. PCs) wären auf der Präsentationsebene angesiedelt. Die Flexibilität des SAP ERP-Systems erlaubt es durchaus, dass diese Rechner unterschiedlicher Hersteller auch unterschiedliche Betriebssysteme „fahren". Der große Markterfolg des SAP ERP-Systems beruht insbesondere auf der Skalierbarkeit, die über die Replizierung der Anwendungsserver erzielt wird. In großen Organisationen können etliche Anwendungsserver parallel Benutzeraufträge abwickeln; alle Anwendungsserver greifen auf dasselbe Datenbanksystem zu, um die Integration der Daten zu gewährleisten.

17.1.2 Datenmodell und Schema von SAP ERP

SAP ERP ist ein umfassendes und hochgradig generisches System, das für Unternehmen unterschiedlichster Branchen und Organisationsformen konzipiert wurde. Daraus resultiert ein sehr großes Unternehmens-Datenmodell, das im ERP-internen Data Dictionary beschrieben ist. Um der Integration Rechnung zu tragen, ist natürlich auch das ERP-interne Data Dictionary physisch in dem relationalen Datenbanksystem abgespeichert. Das relationale Datenbankschema einer – größtenteils als Standard ausgelieferten – SAP-Systemkonfiguration umfasst insgesamt ca. 13.000 Relationen, von denen viele natürlich nur sehr wenige Einträge enthalten.

Die ERP-Tabellen, in denen sowohl Anwenderdaten als auch Steuer- und Kontrollinformationen abgelegt sind, werden auf das relationale Datenbanksystem abgebildet. Dabei werden die sogenannten *transparenten* Tabellen 1 : 1 auf Relationen des Datenbanksystems abgebildet. Transparente Tabellen unterstehen somit auch der Schemaverwaltung des relationalen Datenbanksystems und können deshalb problemlos außerhalb des SAP ERP-Systems über die Datenbanksystem-Schnittstellen (z.B. interaktives SQL, embedded SQL) gelesen werden. Der schreibende Zugriff ist allerdings i.A. nicht sinnvoll, da die Anwender übersehen könnten, wie SAP ERP die durchgeführten Änderungen auf andere ERP-Tabellen propagiert.

Zusätzlich zu den transparenten Tabellen gibt es auch *verkapselte* Relationen, zu denen die sogenannten *Pool-* und *Cluster*-Tabellen des ERP-Systems gehören. Auf verkapselte Relationen kann außerhalb des ERP-Systems weder lesend noch schreibend (sinnvoll) zugegriffen werden, da für die Interpretation der Daten das ERP-interne Data Dictionary notwendig ist. Bei den Pool-Tabellen werden mehrere SAP-Tabellen auf eine Relation des RDBMS abgebildet, um dadurch die Anzahl der Datenbank-Relationen zu reduzieren. Bei den Cluster-Tabellen werden mehrere (aus Anwendungssicht logisch verwandte) Datensätze in einem Tupel einer Datenbankrelation abgelegt – mit der Intention, die Anzahl der Datenbankzugriffe zu reduzieren.

Es scheint, dass die verkapselten Relationen „Relikte" aus Zeiten darstellen, als die Funktionalität und Leistungsfähigkeit der relationalen Datenbanksysteme unzureichend war. Z.B. wurden Pool-Tabellen eingeführt, um einer von relationalen Datenbanksystemen vorgegebenen Maximalanzahl von unterschiedlichen Relationen zu begegnen. Grundsätzlich wird aber versucht, Anwendungsdaten in transparenten Tabellen zu speichern und nur SAP-interne Kontroll- und Steuer-Daten in verkapselten Relationen zu halten. Verkapselte Relationen haben nämlich den Nachteil, dass sie das relationale Datenbanksystem „dumm halten" – d.h. die Verknüpfung von transparenten Tabellen mit verkapselten Relationen ist nur innerhalb des SAP-Systems (aber nicht mit den Joinmethoden des Datenbanksystems) möglich.

Zusätzlich zu den größtenteils vorgegebenen Tabellen, haben SAP-Anwender die Möglichkeit, *Datenbankviews* (also Sichten) anzulegen. Diese Views können z.B. die Formulierung von Datenbankanfragen erleichtern. Wie in herkömmlichen Datenbanksystemen können in SAP Views auf eine oder auf mehrere Tabellen angelegt werden. Auch die Views werden natürlich über das SAP-interne Data Dictionary verwaltet.

17.1.3 ABAP/4

Die Anwendungen des SAP ERP-Systems werden in der Sprache ABAP/4 (Advanced Business Application Programming Language) geschrieben. ABAP/4 ist eine Programmiersprache der sogenannten 4. Generation, deren Ursprung im Bereich der Reportgeneratoren liegt. Im Laufe der Zeit wurde ABAP/4 um prozedurale Konzepte erweitert, um komplexere betriebswirtschaftliche Anwendungen realisieren zu können. Insbesondere werden in ABAP/4 die sogenannten „Dynpros" realisiert, worunter man Dialogprogramme mit einer grafischen Bildschirmdarstellung und dazugehörender Ablauflogik versteht.

ABAP/4 ist eine interpretierte Sprache, so dass Anwender sehr einfach neue Anwendungsprogramme in das System integrieren können. Die ABAP/4 Anwendungs-

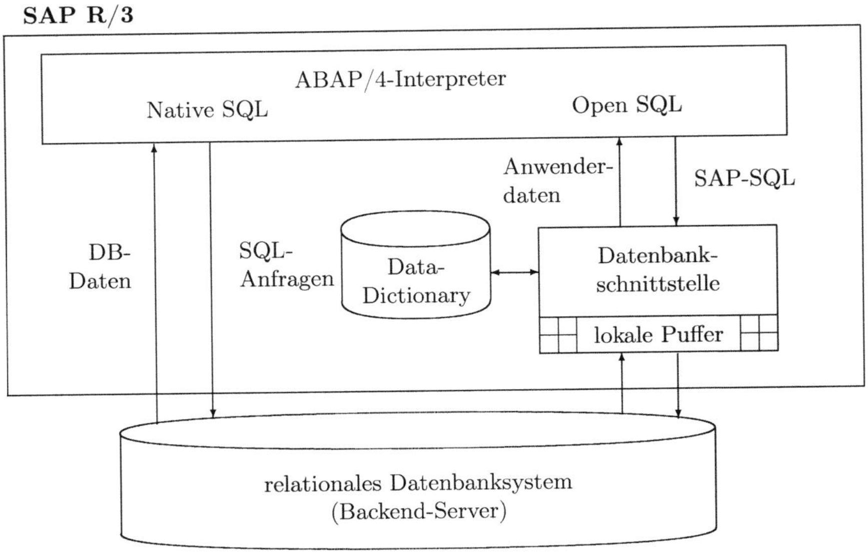

Abbildung 17.2: Datenbankschnittstellen aus ABAP/4

programme werden selbst über das integrierte ERP-Data Dictionary verwaltet – und auch in der relationalen Datenbank physisch gespeichert.

Wir wollen hier nur eine kurze Übersicht über die Schnittstellen zur relationalen Datenbank geben. Wie in Abbildung 17.2 angedeutet, bietet ABAP/4 Konstrukte an, mit deren Hilfe Anwender über zwei verschiedene Schnittstellen auf die Datenbasis zugreifen können: *Native SQL* und *Open SQL*. Die Native SQL-Schnittstelle wird über sogenannte EXEC SQL-Kommandos aufgerufen. Diese Schnittstelle ist ähnlich der Einbettung von SQL-Befehlen in eine prozedurale Programmiersprache, wie wir sie in Abschnitt 4.21 vorgestellt hatten. Die Native SQL-Schnittstelle gibt Anwendern die Möglichkeit, direkt und ohne Verwendung des SAP-internen Data Dictionary auf die relationale Datenbank zuzugreifen. Der Vorteil der Native SQL-Schnittstelle besteht darin, dass Anwender spezielle Eigenschaften und Bestandteile des verwendeten Datenbanksystems in ihren Anfragen ausnutzen können (z.B. den Optimierer des Datenbanksystems) und zusätzlicher Aufwand durch die Verwendung der eigentlichen SAP-Datenbankschnittstelle vermieden wird. Durch die Verwendung der Native SQL-Schnittstelle entstehen allerdings auch erhebliche Nachteile: Die EXEC SQL-Kommandos können spezifisch für ein spezielles Datenbanksystem sein, so dass nicht portable ABAP/4-Programme entstehen. Durch die Umgehung des SAP-internen Data Dictionarys können Native SQL Anfragen nicht auf verkapselte Tabellen zugreifen. Weiterhin führt die Umgehung des SAP-Systems bei Verwendung der Native SQL-Schnittstelle dazu, dass die Anfragen in gewisser Hinsicht unsicher sind, da den Anwendern eventuell bei der Formulierung der Anfragen wichtige betriebswirtschaftliche Zusammenhänge entgehen.

Sichere und portable ABAP/4-Reports können durch eine ausschließliche Verwendung der Open SQL-Schnittstelle erreicht werden. In solchen Reports erfolgt der Zugriff auf Tabellen und Views über zwei mögliche, von ABAP/4 bereitgestellte SELECT-Konstrukte:

SELECT ⟨Attributliste⟩
FROM ⟨eine Tabelle⟩
WHERE ⟨einfaches Prädikat⟩
... *Bearbeitung des aktuellen Tupels*
ENDSELECT.

SELECT SINGLE ⟨Attributliste⟩
FROM ⟨eine Tabelle⟩
WHERE ⟨einfaches Prädikat⟩
... *Bearbeitung des einen Tupels*

Die eigentliche Verarbeitung von Tupeln ist durch "..." angedeutet. Bei der SELECT SINGLE-Anweisung muss durch das Prädikat in der WHERE-Klausel sichergestellt sein, dass sich maximal ein Tupel aus der Tabelle qualifiziert.

Die SELECT- und SELECT SINGLE-Anweisungen sind in den obigen Programmfragmenten jeweils nur auf eine SAP-Tabelle (oder Sicht) angewendet worden. Für die Realisierung von Joins gibt es in ABAP/4 zwei Möglichkeiten: (1) die Realisierung durch Schachtelung von SELECT ... ENDSELECT oder von SELECT SINGLE Schleifen wie im folgenden Programmfragment oder (2) die Verwendung des expliziten JOIN-Operators in der FROM-Klausel.

Bei Schachtelung von SELECT ... ENDSELECT-Schleifen würde man wie folgt vorgehen:

SELECT ⟨Attributliste⟩
FROM ⟨äußere Tabelle⟩
WHERE ⟨einfaches Prädikat⟩.
    SELECT ⟨Attributliste⟩
    FROM ⟨innere Tabelle⟩
    WHERE ⟨Joinprädikat⟩.
    ... *Bearbeitung des aktuellen inneren Tupels*
    ENDSELECT.
... *Bearbeitung des aktuellen äußeren Tupels*
ENDSELECT.

Ein derartiges Programmfragment wertet den Join der beiden Tabellen aus, ohne dass dabei die Joinmethoden des Datenbanksystems zum Einsatz kommen. Es entspricht i.w. einem (Index) Nested-Loops-Join, wobei allerdings die Schnittstellen zwischen Datenbanksystem und ABAP/4-Anwendungsprozess entsprechend oft „überquert“ werden müssen. Zur Optimierung und Reduzierung solcher Schnittstellenüberquerungen integriert die SAP-Datenbankschnittstelle spezielle Techniken; besonders zu erwähnen ist die lokale Pufferung von Anwendungsdaten, die eine Beantwortung von Anfragen ohne Zugriff auf das Datenbanksystem ermöglicht. Allerdings birgt die Pufferung von Daten im Anwendungssystem auch Gefahren: Bei einem verteilten Betrieb mit mehreren Anwendungsservern wird die Pufferkonsistenz nicht garantiert, sondern nur eine asynchrone (periodische) Abgleichung der gepufferten Daten durchgeführt.

Die Verwendung eines expliziten JOIN-Operators ist bei neueren Versionen von SAP ERP auch möglich:

SELECT ⟨Attributliste⟩
FROM ⟨Tabelle1⟩ JOIN ⟨Tabelle2⟩ ON ⟨Join Prädikat⟩
WHERE ⟨Selektions-Prädikat⟩.

Sogar der linke äußere Join ist anwendbar – die anderen äußeren Joinoperatoren sind derzeit noch nicht realisiert.

Die Verwendung des expliziten JOIN-Operators hat natürlich den Vorteil, dass die Joinauswertung an das Datenbanksystem delegiert wird und dadurch die (hoffentlich) ausgefeilten Joinmethoden des DBMS zum Tragen kommen.

Desweiteren bietet ABAP/4 Konstrukte an, die es Anwendungsprogrammen ermöglichen, das Ergebnis einer SELECT ... ENDSELECT-Schleife in einer temporären SAP-Tabelle zwischenzuspeichern, um diese dann bei der weiteren Bearbeitung zu verwenden. Dies würde sich z.B. anbieten, um die Tupelmenge der inneren Schleifen von geschachtelten SELECT-Schleifen zu materialisieren.

17.1.4 Transaktionen in SAP ERP

Neben rein lesenden Anfragen muss man Daten natürlich auch bearbeiten, also eingeben, ändern und löschen. In der Regel werden diese Operationen interaktiv über die grafische Benutzerschnittstelle (GUI) von den SAP-Anwendern durchgeführt. Es handelt sich also um das klassische *Online Transaction Processing.*

In SAP-Terminologie werden solche Transaktionen als *Logical Units of Work* (LUWs) bezeichnet. Allerdings werden die LUWs nicht 1:1 auf Datenbank-Transaktionen abgebildet. Der Grund liegt darin, dass das Datenbanksystem (zumindest in der Vergangenheit) einen Leistungsengpass für das SAP ERP-System darstellte. Deshalb hat man das System so konzipiert, dass es möglichst selten mit der Datenbank kommuniziert. Auch werden viele Dienste, die ein modernes Datenbanksystem anbietet, vom SAP ERP-System „selber gemacht“. Dazu gehören beispielsweise die Benutzerautorisierung, die Sperrverwaltung und das Puffern (Caching) von Daten im Anwendungsserver.

Die logischen Arbeitseinheiten (LUWs) bestehen aus zwei Phasen: Einer Online-Phase während der mehrere Dialogschritte ausgeführt werden. In dieser Phase werden logische Sperren gesetzt, um die Konsistenz der Daten zu sichern. Diese Sperren werden aber, wie schon erwähnt, SAP-intern verwaltet. Sie basieren auch nicht auf Datenbankobjekten (Tupeln oder Seiten), wie das in DBMSs der Fall ist, sondern es werden ganze logische Geschäftsobjekte (*business objects*) gesperrt. Ein Beispiel eines Geschäftsobjekts ist eine Bestellung, die natürlich in der Datenbank auf viele Tupel abgebildet wird. Die Sperren werden vom SAP-Enqueue-Server verwaltet – diese Rolle übernimmt einer der Anwendungsserver.

Änderungen einer LUW werden nicht unmittelbar in das Datenbanksystem geschrieben, sondern als Log-Records gesammelt. Erst wenn die Online-Phase abgeschlossen ist, werden diese Log-Records in der Posting-Phase in das Datenbanksystem propagiert.

Diese Vorgehensweise ist in Abbildung 17.3 illustriert. In dieser Abbildung ist auch gezeigt, dass die Sperren während der Dialog-Phase angesammelt werden und erst zum Abschluss der Posting-Phase wieder frei gegeben werden. Somit ist das Zwei-Phasen-Sperrverfahren realisiert.

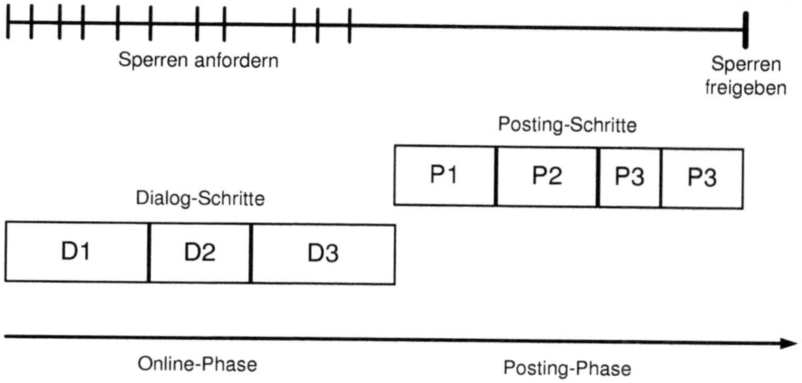

Abbildung 17.3: Transaktionsbearbeitung in SAP ERP

17.2 Data Warehouse, Decision-Support, OLAP

Wie bereits beschrieben unterscheidet man die zwei Arten von Datenbankanwendungen: online transaction processing (OLTP) und online analytical processing (OLAP). Unter OLTP fallen solche Anwendungen wie „Buchung eines Flugs" in einem Flugreservierungssystem oder „Verarbeitung einer Bestellung" in einem Handelsunternehmen. OLTP-Anwendungen realisieren das „operationale Tagesgeschäft" eines Unternehmens. Sie zeichnen sich dadurch aus, dass sie nur begrenzte Datenmengen für eine auszuführende Transaktion zu verarbeiten haben. OLTP-Anwendungen operieren auf dem jüngsten, aktuell gültigen Zustand des Datenbestands. Demgegenüber verarbeiten OLAP-Anwendungen große Datenmengen und insbesondere greifen sie auf „historische" Daten zurück, um daraus z.B. Rückschlüsse auf die Entwicklung des Unternehmens zu gewinnen. Typische OLAP-Anfragen in unseren beiden Beispielszenarien (Fluggesellschaft und Handelsunternehmen) wären etwa:

- Wie hat sich die Auslastung der Transatlantikflüge über die letzten zwei Jahre entwickelt? oder
- Wie haben sich besondere offensive Marketingstrategien für bestimmte Produktlinien auf die Verkaufszahlen ausgewirkt?

OLAP-Auswertungen bilden also die Grundlage für die strategische Unternehmensplanung. Sie sind meist integrierter Bestandteil umfassender Decision-Support-Systeme oder Management-Informationssysteme.

Es besteht mittlerweile weitgehender Konsens, dass man OLTP- und OLAP-Anwendungen nicht auf demselben Datenbestand (d.h. auf derselben physischen Datenbasis) ausführen sollte. Hierfür gibt es mehrere Gründe: OLTP-Datenbanken sind hinsichtlich logischem und physischem Entwurf auf Änderungstransaktionen mit Zugriff auf sehr begrenzte Datenmengen hin optimiert. Die operationalen Datenbestände eines Unternehmens sind meist auf viele Datenbanken – oft auch unterschiedlicher Hersteller – verteilt. Für OLAP-Auswertungen benötigt man diese Informationen aber in konsolidierter, integrierter Form. OLAP-Anfragen sind sehr komplex; ihre (parallel ablaufende) Auswertung könnte die Leistungsfähigkeit der OLTP-Anwendungen deutlich beeinträchtigen.

Aus oben skizzierten Gründen wird heute der Aufbau eines sogenannten „Data Warehouse“ propagiert. Darunter versteht man ein dediziertes Datenbanksystem, in dem die für Decision-Support-Anwendungen notwendigen Daten eines Unternehmens in konsolidierter Form gesammelt werden. Das Zusammenspiel zwischen operationalen Datenbanken mit ihren OLTP-Anwendungen und dem Data Warehouse ist in Abbildung 17.4 skizziert.

Das Data Warehouse wird initial aus den operationalen Datenbanken – teilweise auch anderen Datenquellen, wie z.B. Dateien – geladen. Die operationalen Datenbanken eines Handelsunternehmens wären beispielsweise die lokalen Filial-Datenbanken, in denen die Verkäufe der einzelnen Filialen verbucht werden. Für das initiale Laden müssen die Daten konsolidiert und „gereinigt“ werden. In vielen Anwendungen werden die Daten beim Laden in das Data Warehouse durch Aggregation schon verdichtet. Beispielsweise könnte ein Einzelhandelsunternehmen die Verkäufe eines Produkts an einem Tag in einer Filiale zu einem Datensatz aggregieren, anstatt jeden Verkauf als separaten Datensatz in das Data Warehouse aufzunehmen. Das Data Warehouse enthält in der Regel „historische“ Daten, die das Unternehmensgeschäft der letzten paar Jahre widerspiegeln. Natürlich muss der Datenbestand des Data Warehouse periodisch aufgefrischt werden. Wie oft dies geschieht – täglich, wöchentlich, monatlich –, hängt von den jeweiligen Anforderungen der Anwendungen (bzw. der Unternehmensführung, die diese Daten nutzt) ab. Es sollte aber klar sein, dass interaktive Änderungsoperationen in Data Warehouse-Anwendungen eine eher untergeordnete Rolle spielen; die Auffrischung wird meist im Batchmodus durchgeführt. Demzufolge spielt die Mehrbenutzersynchronisation in Data Warehouse-Anwendungen keine so zentrale Rolle wie in OLTP-Anwendungen. Man bezeichnet den in Abbildung 17.4 zusammengefassten Vorgang als ETL, eine Abkürzung für *extract, transform, load.*

17.2.1 Datenbankentwurf für das Data Warehouse

Als Datenbankschema für Data Warehouse-Anwendungen hat sich das sogenannte Sternschema (engl. *star schema*) durchgesetzt. Dieses Schema besteht aus einer *Faktentabelle* und mehreren *Dimensionstabellen*, die über Fremdschlüsselbeziehungen mit der Faktentabelle verbunden sind. In Abbildung 17.5 sind zwei Sternschemata für zwei unterschiedliche Anwendungsgebiete skizziert: Zum einen ein Schema für das Data Warehouse eines Handelsunternehmens und zum anderen das Data Warehouse-Schema einer Krankenversicherung. Wir wollen uns hier nur das Schema des Handelsunternehmens detaillierter anschauen; das andere Schema dient nur zur

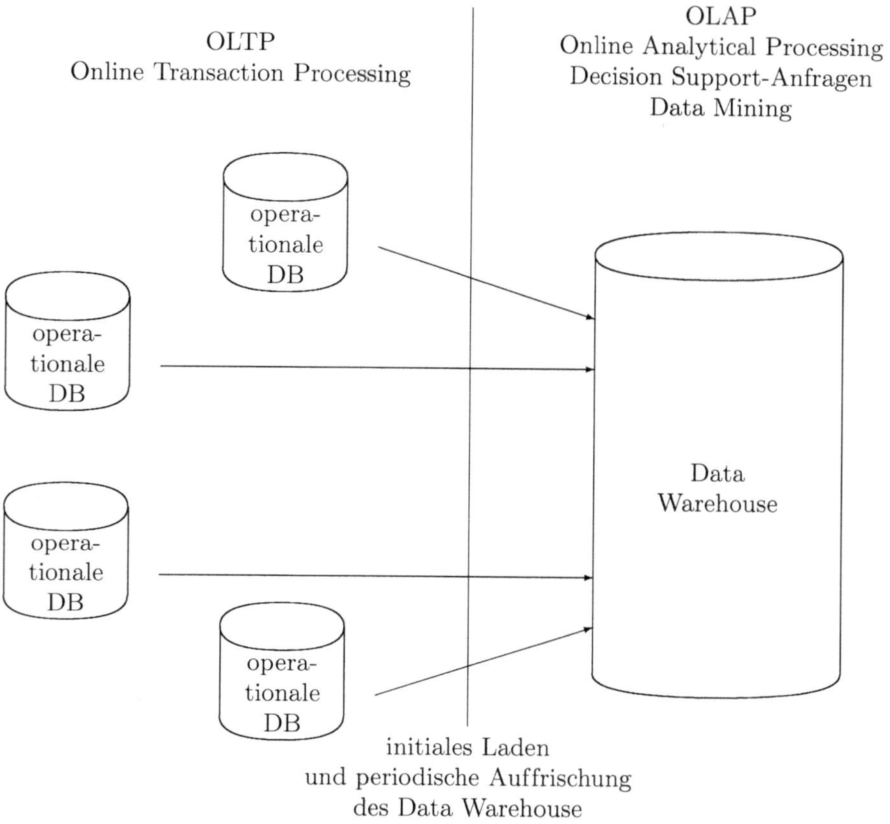

Abbildung 17.4: Zusammenspiel zwischen operationalen Datenbanken und dem Data Warehouse: Extract, Transform, Load (ETL)

Illustration, dass Data Warehouse-Systeme für die unterschiedlichsten Anwendungsbereiche denkbar sind.

In unserem Beispiel ist die Relation *Verkäufe* die Faktentabelle und die anderen Relationen sind die Dimensionstabellen. Die relationale Ausprägung dieses Sternschemas ist in Abbildung 17.6 gezeigt. Man beachte, dass in realistischen Anwendungen die Faktentabelle – je nach Verdichtungsgrad beim Laden der Daten in das Data Warehouse – etliche Millionen Tupel enthalten kann. Die Dimensionstabellen enthalten demgegenüber sehr viel weniger Einträge. Für ein Handelsunternehmen sind beispielsweise 100.000 Produkte denkbar; die Zeit-Dimension enthält in der Größenordnung von 1000 Einträgen (wenn die Daten drei Jahre zurückreichen). Es sei den Lesern überlassen, die Größe eines derartigen Data Warehouse für ein großes Versandhausunternehmen genauer abzuschätzen. Man kann i.A. davon ausgehen, dass Data Warehouse-Anwendungen viele Hundert Gigabyte – bis hin zu 10 Terabyte – Daten verwalten.

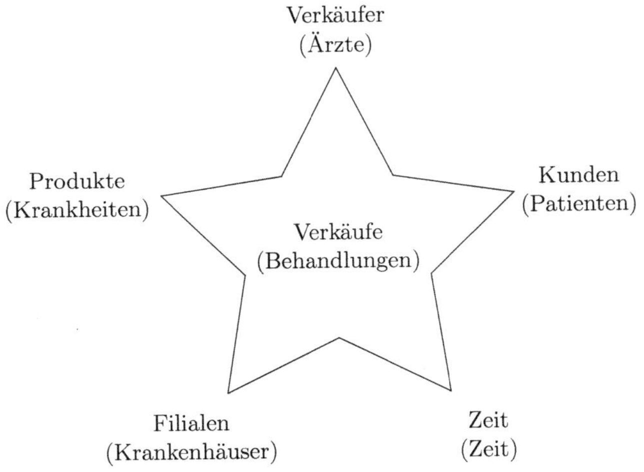

Abbildung 17.5: Sternschema für zwei Beispielanwendungen: Handelsunternehmen und Gesundheitswesen

Die Dimensionstabellen sind in der Regel nicht normalisiert. Dies ist in unserem Beispiel u.a. für die Relation *Produkte* der Fall: Es gelten die funktionalen Abhängigkeiten *ProduktNr* $\rightarrow$ *Produkttyp*, *Produkttyp* $\rightarrow$ *Produktgruppe* und *Produktgruppe* $\rightarrow$ *Produkthauptgruppe*. Auf diese Weise enthält die Dimensionstabelle *Produkte* eine hierarchische Klassifizierung der Produkte: Die *Produkthauptgruppe* „Telekom" umfasst beispielsweise die *Produktgruppen* „Festnetz-Telekom" und „Mobiltelekom", die ihrerseits die *Produkttypen* „Handy", „Autoantenne", usw. umfasst.

Ein anderes Beispiel ist die *Zeit*-Dimension: In der von uns gewählten Form[1] lassen sich sogar fast alle Attribute aus dem Schlüsselattribut *Datum* ableiten. Trotzdem ist die explizite Verwaltung der Zeit-Dimension sinnvoll, da es die Anfrageformulierung erheblich erleichtert. Man denke etwa an Anfragen der folgenden Art: ...Verkäufe in der Weihnachtsaison ..., ...Verkäufe am (verkaufsoffenen) Sonntag ..., etc. Man kann die Zeitdimension sehr einfach (für einige Jahre im voraus) generieren.

Würde man die Dimensionstabellen normalisieren (also zerlegen), führt dies zu einem sogenannten Schneeflockenschema (engl. *snow flake schema*). Die Leser mögen sich überlegen, woher diese Bezeichnung rührt.

Einige (im Data Warehouse-Bereich namhafte) Autoren halten die Normalisierung der Dimensionstabellen für falsch, da dadurch die Anfrageformulierung erschwert würde und auch die Leistungsfähigkeit reduziert werden könnte. Die Verletzung der Normalformen ist bei Decision-Support-Anwendungen auch nicht so kritisch, da die Daten nur selten verändert werden. Auch ist der durch die Redundanz verursachte erhöhte Speicherbedarf unkritisch, da die Dimensionstabellen im Vergleich zur Faktentabelle (die normalisiert ist) relativ klein sind.

[1] Um Speicherplatz zu sparen, hätte man als Schlüssel der *Zeit*-Relation auch einen fortlaufenden **integer**-Wert nehmen können.

Verkäufe					
VerkDatum	Filiale	Produkt	Anzahl	Kunde	Verkäufer
27-Jul-10	Passau	1347	1	4711	825
...	...	...	...	...	...

Filialen			
Filialenkennung	Land	Bezirk	...
Passau	D	Bayern	...
...	...	...	...

Kunden			
KundenNr	Name	wiealt	...
4711	Kemper	43	...
...	...	...	...

Verkäufer					
VerkäuferNr	Name	Fachgebiet	Manager	wiealt	...
825	Handyman	Elektronik	119	23	...
...	...	...	...	...	...

Zeit								
Datum	Tag	Monat	Jahr	Quartal	KW	Wochentag	Saison	...
...	...	...	...	...	...	...	...	...
27-Jul-10	27	Juli	2010	3	30	Dienstag	Hochsommer	...
...	...	...	...	...	...	...	...	...
20-Dec-11	20	Dezember	2011	4	52	Dienstag	Weihnachten	...
...	...	...	...	...	...	...	...	...

Produkte					
ProduktNr	Produkttyp	Produktgruppe	Produkthauptgruppe	Hersteller	...
1347	Handy	Mobiltelekom	Telekom	Samsung	...
...	...	...	...	...	...

Abbildung 17.6: Relationen des Sternschemas für ein Handelsunternehmen

17.2.2 Anfragen im Sternschema: Star Join

Das Sternschema führt unweigerlich zu sogenannten Star Joins, da die Dimensionstabellen über Joinprädikate mit der Faktentabelle verbunden werden. Als Beispiel betrachten wir folgende Anfrage: Welche Handys (d.h. von welchen Hersteller) haben junge Kunden in den bayerischen Filialen zu Weihnachten 2011 gekauft?

```
select sum(v.Anzahl), p.Hersteller
from Verkäufe v, Filialen f, Produkte p, Zeit z, Kunden k
where z.Saison = 'Weihnachten' and z.Jahr = 2011 and k.wiealt < 30 and
      p.Produkttyp = 'Handy' and f.Bezirk = 'Bayern' and
      v.VerkDatum = z.Datum and v.Produkt = p.ProduktNr and
      v.Filiale = f.Filialenkennung and v.Kunde = k.KundenNr
group by p.Hersteller;
```

Diese Beispielanfrage ist sehr typisch für OLAP-Anfragen auf der Basis des Sternschemas. Die Anfrage enthält eine Reihe von *Restriktionen* auf den relevanten Dimensionen des Sternschemas: Hier sind dies die Restriktionen auf die Dimensionen

Zeit (Weihnachten 2011), *Produkt* (Produkttyp Handy), *Filiale* (in Bayern) und *Kunde* (jünger als 30). Weiterhin müssen natürlich die Joinprädikate dieser Dimensionstabellen mit der Faktentabelle *Verkäufe* in der **where**-Klausel aufgeführt werden. Fast alle OLAP-Anfragen vollziehen eine Gruppierung und Aggregation der so ermittelten Ergebnistupel, da man bei dieser Art von Anfragen fast nie an individuellen Verkäufen, sondern an Verkaufstrends interessiert ist. In unserer Beispielanfrage wird nach *Herstellern* der Handys gruppiert und die Anzahl der verkauften Handys pro Hersteller aufsummiert. Durch Anwendung von Gruppierung und Aggregation werden die Daten der Faktentabelle sozusagen *verdichtet*.

17.2.3 Roll-Up/Drill-Down-Anfragen

Wie die obige Anfrage schon gezeigt hat, können die im Data Warehouse gespeicherten Daten nur dann sinnvoll interpretiert werden, wenn man sie durch Gruppierung und Aggregation verdichtet darstellt. Der Verdichtungsgrad wird bei den SQL-Anfragen durch die **group by**-Klausel gesteuert. Werden mehr Attribute in die **group by**-Klausel aufgenommen, spricht man von einem *drill down*, da dadurch eine weniger starke Verdichtung der Daten stattfindet. Werden weniger Attribute in die **group by**-Klausel aufgenommen, spricht man von einem *roll up*, da eine (oder mehrere) Dimensionen des Sternschemas kollabiert werden und demzufolge eine stärkere Verdichtung stattfindet.

Wir wollen dies am Beispiel der Handyverkäufe demonstrieren. In folgender Anfrage werden die Handyverkäufe pro Hersteller und Jahr ermittelt:

```
select Hersteller, Jahr, sum(Anzahl)
from Verkäufe v, Produkte p, Zeit z
where v.Produkt = p.ProduktNr and v.VerkDatum = z.Datum
      and p.Produkttyp = 'Handy'
group by p.Hersteller, z.Jahr;
```

Das Ergebnis dieser Anfrage ist in Abbildung 17.7 links gezeigt. Man beachte, dass zum Beispiel das Tupel [Samsung, 2009, 2010] aus bis zu 2000 Tupeln der Relation *Verkäufe* verdichtet wurde.

Das Weglassen der Hersteller aus der **group by**-Klausel (und der **select**-Klausel) stellt ein *roll up* entlang der Dimension p.Hersteller dar und führt zu einer noch stärkeren Verdichtung (also weniger Ergebnistupel):

```
select Jahr, sum(Anzahl)
from Verkäufe v, Produkte p, Zeit z
where v.Produkt = p.ProduktNr and v.VerkDatum = z.Datum
      and p.Produkttyp = 'Handy'
group by z.Jahr;
```

Das Ergebnis dieser Anfrage ist in Abbildung 17.7 rechts oben gezeigt.

Gleichfalls könnte man anstatt entlang der Dimension Hersteller auch entlang der Zeitachse stärker verdichten, um eine Gesamtübersicht über die Verkaufszahlen der einzelnen Handyhersteller zu erhalten. Das Ergebnis einer solchen Anfrage, die wir auslassen, ist in Abbildung 17.7 rechts unten gezeigt.

Handyverkäufe nach Hersteller und Jahr		
Hersteller	Jahr	Anzahl
Samsung	2009	2.000
Samsung	2010	3.000
Samsung	2011	3.500
Motorola	2009	1.000
Motorola	2010	1.000
Motorola	2011	1.500
Apple	2009	500
Apple	2010	1.000
Apple	2011	1.500
Nokia	2009	1.000
Nokia	2010	1.500
Nokia	2011	2.000

Handyverkäufe nach Jahr	
Jahr	Anzahl
2009	4.500
2010	6.500
2011	8.500

Handyverkäufe nach Hersteller	
Hersteller	Anzahl
Samsung	8.500
Motorola	3.500
Apple	3.000
Nokia	4.500

Abbildung 17.7: Analyse der Handyverkaufszahlen nach unterschiedlichen Dimensionen

Hersteller \ Jahr	2009	2010	2011	Σ
Samsung	2.000	3.000	3.500	8.500
Motorola	1.000	1.000	1.500	3.500
Apple	500	1.000	1.500	3.000
Nokia	1.000	1.500	2.000	4.500
Σ	4.500	6.500	8.500	19.500

Abbildung 17.8: Handyverkäufe nach Jahr und Hersteller

Die „ultimative" Verdichtung besteht im kompletten Weglassen der **group by**-Klausel:

select sum(Anzahl)
from Verkäufe v, Produkte p
where v.Produkt = p.ProduktNr **and** p.Produkttyp = 'Handy';

Diese Anfrage liefert dann nur noch einen Wert, nämlich 19.500 in unserem Beispiel.

Es sollte an diesen Beispielanfragen illustriert werden, dass die Nutzer von Decision-Support-Systemen sehr flexibel Daten stark verdichtet und dann auch wieder in größerem Detaillierungsgrad darstellen wollen. Die Präsentation unserer Beispieldaten könnte für diese Benutzergruppe in einer Spreadsheet-artigen Form wie in Abbildung 17.8 erfolgen. Man beachte, dass in dieser Darstellung alle Anfrageergebnisse aus Abbildung 17.7 in einer Tabelle (engl. *cross tabulation*) enthalten sind. Man bezeichnet diese Darstellung auch als n-dimensionalen (hier 2-dimensionalen) Datenwürfel oder *data cube* – obwohl Quader präziser wäre.

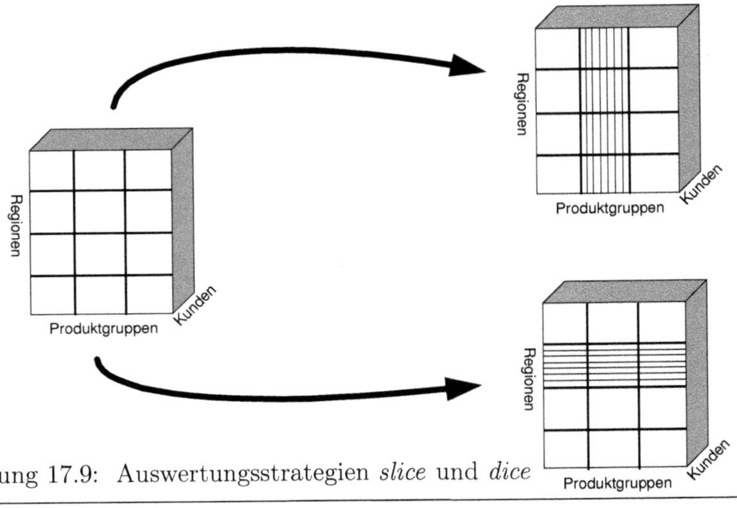

Abbildung 17.9: Auswertungsstrategien *slice* und *dice*

17.2.4 Flexible Auswertungsmethoden

In Abbildung 17.9 wird die flexible Analyse des Datenwürfels mittels sogenannter *slice* (dt. „in Scheiben schneiden“) und *dice* (dt. „in Würfel schneiden“) Operationen illustriert. Mittels der *slice*-Operation wird ein interessierender Teil des Datenwürfels eingegrenzt, der dann mittels der *dice*-Operation detaillierter untersucht wird.

17.2.5 Materialisierung von Aggregaten

Es ist natürlich extrem zeitaufwendig die im Datenwürfel enthaltenen Aggregate (also aufsummierten Verkaufszahlen) jedesmal neu zu berechnen. Es empfiehlt sich, solche häufig benötigten Aggregate zu materialisieren, um dann effizient darauf zugreifen zu können – zumal sich die Basisdaten des Data Warehouse, aus denen die Aggregate berechnet werden, nur relativ selten ändern. Ein Vorschlag für die Verwaltung der vorberechneten Aggregate besteht darin, die Aggregate verschiedener Detaillierungsgrade analog zur tabellarischen Darstellung (Abbildung 17.8) in einer Relation abzulegen. Diese Vorgehensweise ist in Abbildung 17.10 links gezeigt.

Die Relationsdefinition und die zugehörige Anfrage zur „Population“ der Relation *Handy2DCube* ist nachfolgend gezeigt:

```
create table Handy2DCube
        ( Hersteller varchar(20), Jahr integer, Anzahl integer );

insert into Handy2DCube
  ( select p.Hersteller, z.Jahr, sum(v.Anzahl)
    from Verkäufe v, Produkte p, Zeit z
    where v.Produkt = p.ProduktNr and p.Produkttyp = 'Handy'
          and v.VerkDatum = z.Datum
    group by z.Jahr, p.Hersteller )
  union
```

Handy2DCube		
Hersteller	Jahr	Anzahl
Samsung	2009	2.000
Samsung	2010	3.000
Samsung	2011	3.500
Motorola	2009	1.000
Motorola	2010	1.000
Motorola	2011	1.500
Apple	2009	500
Apple	2010	1.000
Apple	2011	1.500
Nokia	2009	1.000
Nokia	2010	1.500
Nokia	2011	2.000
null	2009	4.500
null	2010	6.500
null	2011	8.500
Samsung	**null**	8.500
Motorola	**null**	3.500
Apple	**null**	3.000
Nokia	**null**	4.500
null	**null**	19.500

Handy3DCube			
Hersteller	Jahr	Land	Anzahl
Samsung	2009	D	800
Samsung	2009	A	600
Samsung	2009	CH	600
Samsung	2010	D	1.200
Samsung	2010	A	800
Samsung	2010	CH	1.000
Samsung	2011	D	1.400
...	...	...	...
Motorola	2009	D	400
Motorola	2009	A	300
Motorola	2009	CH	300
...	...	...	...
Apple	...	...	...
...	...	...	...
null	2009	D	...
null	2010	D	...
...	...	...	...
Samsung	**null**	**null**	8.500
...	...	...	...
null	**null**	**null**	19.500

Abbildung 17.10: Materialisierung von Aggregaten in einer Relation

(**select** p.Hersteller, to_number(**null**), **sum**(v.Anzahl)
  from Verkäufe v, Produkte p
  where v.Produkt = p.ProduktNr **and** p.Produkttyp = 'Handy'
  group by p.Hersteller)
union
(**select null**, z.Jahr, **sum**(v.Anzahl)
  from Verkäufe v, Produkte p, Zeit z
  where v.Produkt = p.ProduktNr **and** p.Produkttyp = 'Handy'
        and v.VerkDatum = z.Datum
  group by z.Jahr)
union
(**select null**, to_number(**null**), **sum**(v.Anzahl)
  from Verkäufe v, Produkte p
  where v.Produkt = p.ProduktNr **and** p.Produkttyp = 'Handy');

Mit dem **null**-Wert wird markiert, dass entlang dieser Dimension die Werte aggregiert wurden. Wir haben hier den **null**-Wert – anstatt eines in der Literatur vorgeschlagenen Werts **all** – genommen, da **null** in den meisten Systemen der einzige Wert ist, der in allen Attributtypen vorhanden ist. Anfragen auf diesen Tabellen müssen mit dem Prädikat „... **is null**“ bzw. „... **is not null**“ formuliert werden.

Man erkennt, dass es extrem mühsam ist, diese Art von Anfragen zu formulieren, da man bei n (im Beispiel 2) Dimensionen insgesamt 2^n (im Beispiel $2^2 = 4$) Unteranfragen, die mit **union** verbunden werden, benötigt. Die Zahl 2^n kommt dadurch zustande, dass man eine derartige Unteranfrage für jede Teilmenge der n Dimensionen bilden muss. Außerdem sind solche Anfragen extrem zeitaufwendig auszuwerten, da jede Aggregation individuell berechnet wird – obwohl man viele Aggregate aus anderen (noch nicht ganz so stark verdichteten) Aggregaten berechnen könnte. Das ist besonders anschaulich in Abbildung 17.8 zu erkennen: Den aggregierten Wert 19.500 könnte man entweder durch Aufsummieren der rechten Spalte oder durch Aufsummieren der unteren Zeile ermitteln. In unserer Anfrage (letzte Unteranfrage) wird er aber durch Aufsummieren der 19.500 individuellen Handyverkäufe ermittelt – also nicht einmal die Aggregate im Inneren der Tabelle werden herangezogen.

17.2.6 Der cube-Operator

Um beiden Problemen – also der mühsamen Anfrageformulierung und der ineffizienten Auswertung – zu begegnen, wurde vor kurzem ein neuer SQL-Operator namens **cube** vorgeschlagen – und in einigen kommerziellen Systemen schon verfügbar gemacht. Wir wollen diesen Operator an einem dreidimensionalen Beispiel erläutern. Für unser Beispiel wäre ein *drill-down* entlang der zusätzlichen Dimension *Filiale.Land* denkbar, um das Kaufverhalten in den unterschiedlichen Ländern (D, A, CH), in denen unser Handelsunternehmen tätig ist, zu analysieren. Diese Auswertung würde zu einem „echten" 3D-Quader führen, der in Abbildung 17.11 dargestellt ist. Die relationale Repräsentation der materialisierten Aggregate dieses Datenwürfels könnte wie in Abbildung 17.10 rechts erfolgen.

Wollte man die Daten dieser Relation mit (Standard) SQL generieren, müsste man, wie oben ausgeführt, insgesamt $2^3 = 8$ Unteranfragen mit **union** verbinden. Der **cube**-Operator erlaubt eine sehr einfache Formulierung wie folgt:

select p.Hersteller, z.Jahr, f.Land, **sum**(v.Anzahl)
from Verkäufe v, Produkte p, Zeit z, Filialen f
where v.Produkt = p.ProduktNr **and** p.Produkttyp = 'Handy'
    and v.VerkDatum = z.Datum **and** v.Filiale = f.Filialenkennung
group by cube (z.Jahr, p.Hersteller, f.Land);

Der **cube**-Operator[2] ermöglicht also zum einen eine einfachere Formulierung derartiger Aggregationen mit *drill-down/roll-up* entlang aller in der **group by**-Klausel angegebenen Dimensionen und zum anderen bietet er dem DBMS einen Ansatz zur Optimierung. Die Aggregation kann so optimiert werden, dass stärker verdichtende Aggregate auf weniger starken aufbauen. Die verschiedenen Aggregationen können in einem Durchgang berechnet werden, so dass die (sehr große) *Verkäufe*-Relation nur einmal eingelesen werden muss.

17.2.7 Wiederverwendung materialisierter Aggregate

In den folgenden Beispielen wollen wir demonstrieren, wie man materialisierte Aggregationsergebnisse wiederverwenden kann, um andere Anfragen effizienter (als direkt auf der Fakten-Datenbasis) zu berechnen.

[2]Die obige Syntax entspricht dem SQL:1999-Standard. Einige DBMSs verwenden aber noch eine etwas andere Syntax.

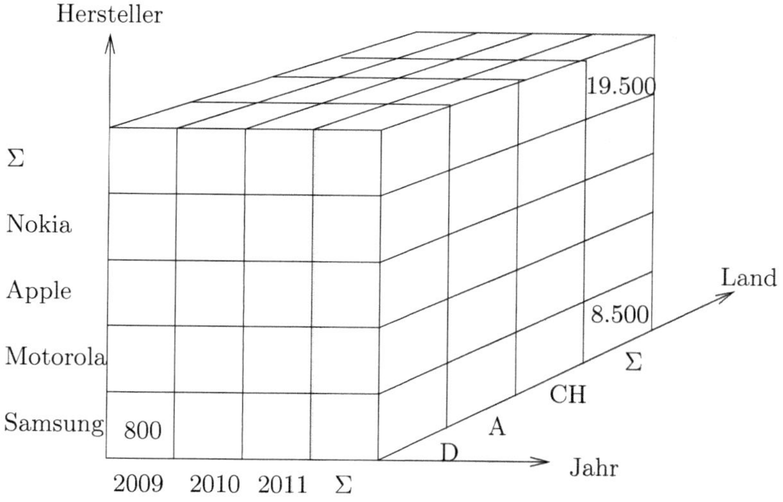

Abbildung 17.11: Würfeldarstellung der Handyverkaufszahlen nach Jahr, Hersteller und Land

Nehmen wir an, dass das Ergebnis der folgenden Anfrage materialisiert (also gespeichert) wurde, und dass dieses Ergebnis immer noch gültig ist, d.h. dass sich die Datenbasis in der Zwischenzeit noch nicht geändert hat.

insert into VerkäufeProduktFilialeJahr
    (**select** v.Produkt, v.Filiale, z.Jahr, **sum**(v.Anzahl)
    from Verkäufe v, Zeit z
    where v.VerkDatum = z.Datum
    group by v.Produkt, v.Filiale, z.Jahr);

Basierend auf dem obigen Zwischenergebnis kann man dann die nachfolgenden Anfragen sehr viel effizienter berechnen als wenn man das Ergebnis direkt auf der Faktenbasis (Verkäufe) auswerten würde.

select v.Produkt, v.Filiale, **sum**(v.Anzahl)
from Verkäufe v
group by v.Produkt, v.Filiale

Diese Anfrage kann man wie folgt umformulieren:[3]

select v.Produkt, v.Filiale, **sum**(v.Anzahl)
from VerkäufeProduktFilialeJahr v
group by v.Produkt, v.Filiale

Analog kann man die nachfolgende Anfrage, in der nach *Produkte* und *Jahr* gruppiert wird, auf der Basis des materialisierten Zwischenergebnisses *VerkäufeProduktFilialeJahr* auswerten.

[3] Für die Äquivalenz muss aber die referentielle Integrität von *Verkäufe.VerkDatum* gewährleistet sein. Warum?

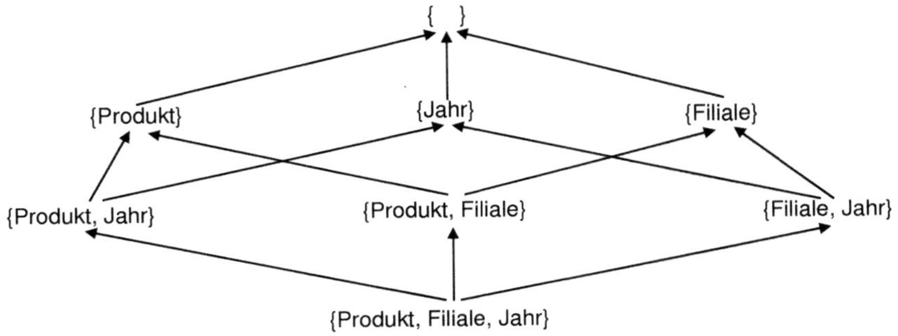

Abbildung 17.12: Illustration zur Materialisierungs-Hierarchie

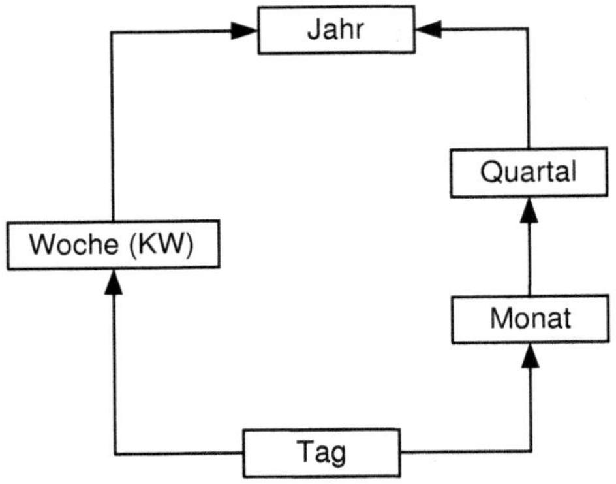

Abbildung 17.13: Illustration zur Zeithierarchie

select v.Produkt, z.Jahr, **sum**(v.Anzahl)
from Verkäufe v, Zeit z
where v.VerkDatum = z.Datum
group by v.Produkt, z.Jahr

Formal kann man den Zusammenhang wie in Abbildung 17.12 als Verband (engl. *lattice*) darstellen. Hier sind die Gruppierungsattribute als Knoten dargestellt. Jeder Knoten entspricht einer Anfrage mit der Gruppierung gemäß den angegebenen Attributen. Dann kann man eine Anfrage Q auf der Basis eines anderen materialisierten Ergebnisses Z auswerten, wenn es einen gerichteten Pfad von Z nach Q gibt. Intuitiv kann man sich das so vorstellen, dass Q in diesem Fall eine stärkere *Verdichtung* der Daten als Z durchführt.

Die Zeit-Dimension ist für entscheidungsunterstützende Anfragen eine der wichtigsten. Auch hier kann man Zwischenergebnisse wiederverwenden. Wenn man beispielsweise eine Summierung nach Monat und Jahr hat, kann man daraus natürlich auch eine Aggregation nach Jahren durchführen. Die Zusammenhänge sind in Abbildung 17.13 wiederum als Verband dargestellt. Man beachte, dass Kalenderwochen (KW) immer zu genau einem Jahr gehören, aber eine KW zu zwei unterschiedlichen Monaten gehören kann. Deshalb gibt es keinen Pfad von KW nach Monat.

w_{18}
18
0
1
1
0
0
...

w_{19}
19
0
0
0
0
1
...

Kunden				
KundenNr	Name	wiealt	Geschlecht	...
007	Bond	43	m	...
4013	Minnie	18	w	...
4315	Mickey	18	m	...
4711	Kemper	43	m	...
5913	Twiggy	19	w	...
...	...	...	...	...

G_m
m
1
0
1
1
0
...

G_w
w
0
1
0
0
1
...

Abbildung 17.14: Bitmap-Indices für die *Kunden*-Relation

17.2.8 Bitmap-Indices für OLAP-Anfragen

Im Data Warehouse gibt es, anders als in den OLTP-Anwendungen, kaum Änderungen des Datenbestands. Neue Daten werden periodisch nachgeladen und alte Daten eliminiert. Aber „richtige" Updates gibt es fast nicht. Deshalb kann man im Data Warehouse sehr viel mehr Indexunterstützung einsetzen, als in OLTP-Datenbanken, da die Kosten für die Fortschreibung der Indexstrukturen hier zu vernachlässigen sind.

Als eine Besonderheit werden im Data Warehouse häufig sogenannte Bitmap-Indices eingesetzt. Die Funktionsweise dieser Indexstrukturen ist in Abbildung 17.14 erläutert. Hier haben wir für die Relation *Kunden* die beiden Attribute *wiealt* und *Geschlecht* indexiert. Für jeden möglichen Wert der Attribute wird eine separate Bitmap (ein Bit-Vektor) angelegt. Die Bitmap w_{18} zeigt beispielsweise an, dass das zweite und das dritte Tupel der Relation *Kunden* den Wert 18 für *wiealt* haben – also dass Minnie und Mickey 18 Jahre alt sind. Die Bitmap G_w zeigt an, dass das zweite und das fünfte Tupel weibliche Kunden repräsentieren.

Man beachte, dass bei der Bitmap-Indexierung jedem vorkommenden Attributwert eine separate Bitmap zugeordnet wird. Deshalb eignet sich diese Indexierungsmethode nur für Attribute, die einen „überschaubaren" Wertebereich haben, wie z.B. *wiealt* und *Geschlecht*. Ein Attribut wie *Einkommen* könnte man damit nicht indexieren – wohl aber ein Attribut *Einkommensklasse*.

Wir wollen jetzt noch demonstrieren, dass man mit diesen Bitmap-Indices Anfragen sehr effizient auswerten kann. Nehmen wir folgendes Beispiel, in dem die volljährigen jungen Kundinnen gesucht werden (z.B. um eine besondere Marketingaktion durchzuführen):

```
select k.Name, ...
from Kunden k
where k.Geschlecht = 'w' and
      k.wiealt between 18 and 19;
```

Das Ergebnis dieser Anfrage wird durch folgende bitweise Verknüpfung der Bitmaps berechnet:

$$(w_{18} \vee w_{19}) \wedge G_w$$

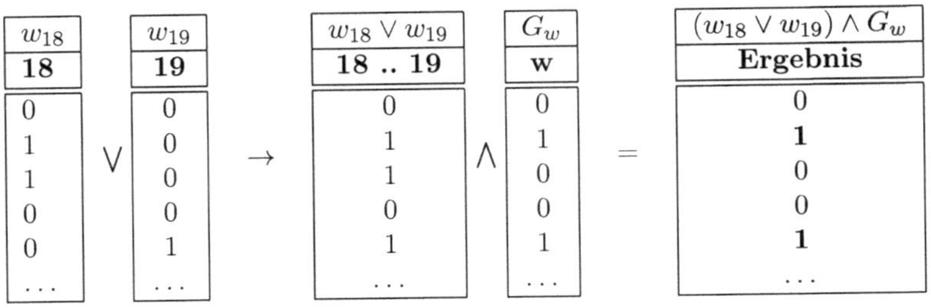

Abbildung 17.15: Anfrageauswertung mit Bitmap-Indices

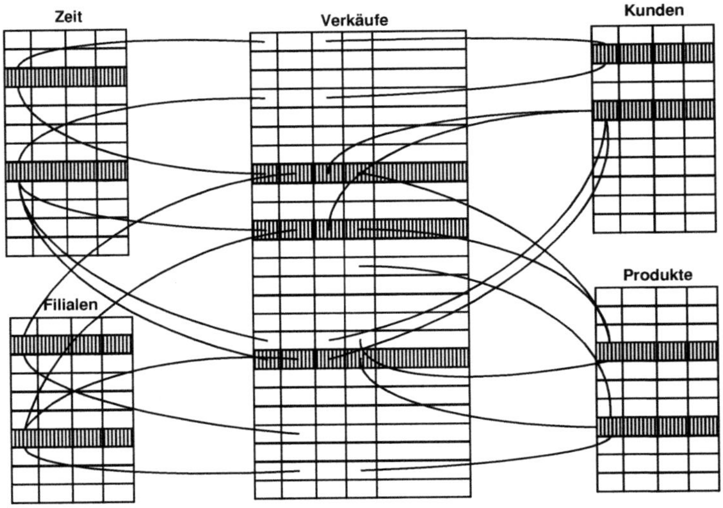

Abbildung 17.16: Abstraktes Beispiel des Star-Joins

Diese Auswertung ist in Abbildung 17.15 veranschaulicht. Die Bitmap-Verknüpfung ergibt also, dass das zweite Tupel (Minnie) und das fünfte Tupel (Twiggy) diese Anfrage erfüllen. Erst jetzt muss man tatsächlich auf die Daten zugreifen, um die in der **select**-Klausel angegebenen Attribute zu ermitteln.

17.2.9 Auswertungsalgorithmen für komplexe OLAP-Anfragen

Wir wollen jetzt beschreiben, wie man mit Bitmap-Indices den in OLAP-Anfragen häufig vorkommenden Sternverbund (Star Join) zwischen der Faktentabelle (Verkäufe) und den Dimensionstabellen (Kunden, Produkte, Zeit und Filialen) unterstützen kann. Dieser Star Join ist abstrakt in Abbildung 17.16 gezeigt. Die schraffierten Einträge der Dimensionstabellen repräsentieren Tupel, die die Prädikatauswertung „überlebt" haben. Von der Faktentabelle werden dann nur diejenigen Tupel ausgewählt, die in allen Dimensionen mit einem ausgewählten (schraffierten) Tupel verbunden sind. In unserem abstrakten Beispiel sind dies die drei schraffierten Tupel.

Verkäufe		
TID	...	KundenNr
i	...	007
ii	...	4711
iii	...	007
iv	...	007
v	...	4711
vi	...	007
...	...	...

Join-Index	
TID-V	TID-K
i	*II*
ii	*I*
iii	*II*
iv	*II*
v	*I*
vi	*II*
...	...

Kunden		
TID	KundenNr	...
I	4711	...
II	007	...
III	...	...
...	...	...

Abbildung 17.17: Klassischer Join-Index

Verkäufe		
TID	...	KundenNr
i	...	007
ii	...	4711
iii	...	007
iv	...	007
v	...	4711
vi	...	007
...	...	...

J_I	J_{II}	J_{III}	
0	1	...	
1	0	...	
0	1	...	...
0	1	...	
1	0	...	
0	1	...	
...	...	...	

Kunden		
TID	KundenNr	...
I	4711	...
II	007	...
III	...	...
...	...	...

Abbildung 17.18: Bitmap-Join-Index

Zur Beschleunigung der Star Join-Auswertung werden zusätzlich Join-Indices angelegt. In Abbildung 17.17 ist ein klassischer Join-Index gezeigt. Dieser Index materialisiert den Join

$$Verkäufe \bowtie_{KundenNr} Kunden$$

Dies geschieht, indem man die zugehörigen TIDs (Tupel IDentifier) der Join-Partner materialisiert. Der erste Eintrag im Join-Index besagt beispielsweise, dass das *Verkäufe*-Tupel mit dem abstrakten TID *i* mit dem *Kunden*-Tupel mit TID *II* verbunden wird. Die Kardinalität des Join-Indexes entspricht also der Kardinalität des Join-Ergebnisses. Eine geschickte redundante Abspeicherung des Join-Indexes in zwei B-Bäumen – einer mit dem Schlüssel *TID-V*, der andere mit *TID-K* als Schlüssel – gewährleistet eine effiziente Anfragebearbeitung.

In Data Warehouse-Anwendungen benutzt man auch für die Join-Indices eine Bitmap. Dies ist in Abbildung 17.18 dargestellt. Für jedes Tupel der Dimensionstabelle (im Beispiel *Kunden*) gibt es einen separaten Bitmap-Join-Index. Diese Bitmaps haben dieselbe Länge (Kardinalität) wie die Faktentabelle. Warum?

Für die Auswertung des Star Joins werden dann sowohl die Selektions-Bitmaps als auch die Join-Index-Bitmaps wie folgt verwendet:

- Für jede Dimensionsrelation werden die Tupel bestimmt, die sich gemäß der Selektionsbedingung qualifizieren. Hierfür können die Bitmap-Indices verwendet werden, wie in Abbildung 17.19 dargestellt.

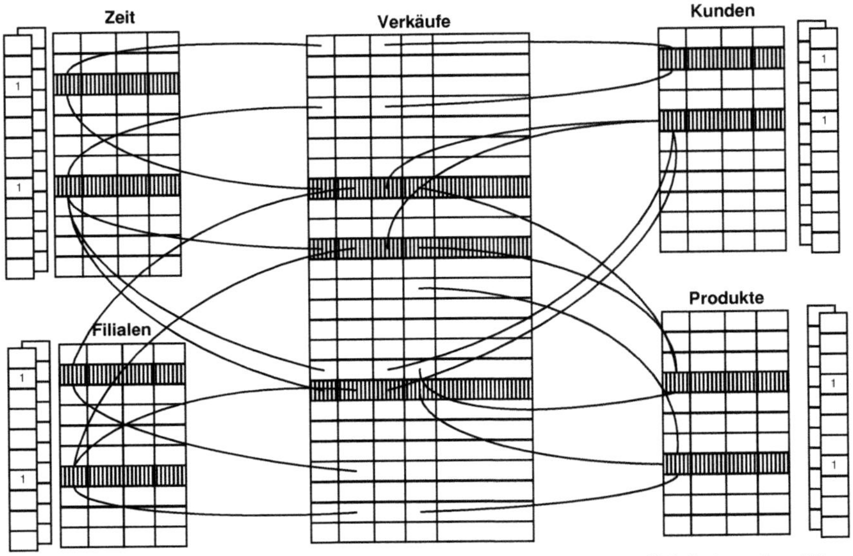

Abbildung 17.19: Auswertungsstrategie für die Dimensions-Selektion des Bitmap-Star-Joins

- Für die eigentliche Joinberechnung dieser ausgewählten Dimensionstabellen-Tupel mit der Faktentabelle werden die Bitmap-Join-Indices benutzt.
- Ein Bitmap-Join-Index besteht aus einem separaten Bitmap für jedes Tupel jeder Dimensionstabelle. Jede dieser Bitmaps hat dieselbe Länge wie die Faktentabelle.
- Für jede Dimension werden die Join-Bitmaps der qualifizierten (schraffierten) Tupel **oder**-verknüpft.
- Die für die einzelnen Dimensionen berechneten Bitmaps werden abschließend **und**-verknüpft, um alle sich qualifizierenden Faktentabellen-Tupel zu ermitteln. Diese Vorgehensweise ist in Abbildung 17.20 skizziert.
- Erst jetzt wird die Faktentabelle gelesen, um die über die Bitmap-Verknüpfungen bestimmten Tupel auszugeben.

17.3 Window-Funktionen in SQL

Seit 2011 verfügt SQL über standardisierte Funktionen, die auf Partitionen von Datenobjekten – den sogenannten *Windows* – angewendet werden. Diese Anfragen spielen für die analytische Datenexploration eine wichtige Rolle. Deshalb werden sie oft auch als analytische SQL OLAP-Funktionen bezeichnet.

Die Window-Funktionen vereinfachen die Formulierung von Anfragen mit Zeitreihen-Analyse (Engl. *time series analysis*), Ranking, Perzentil-Klassifizierung, glei-

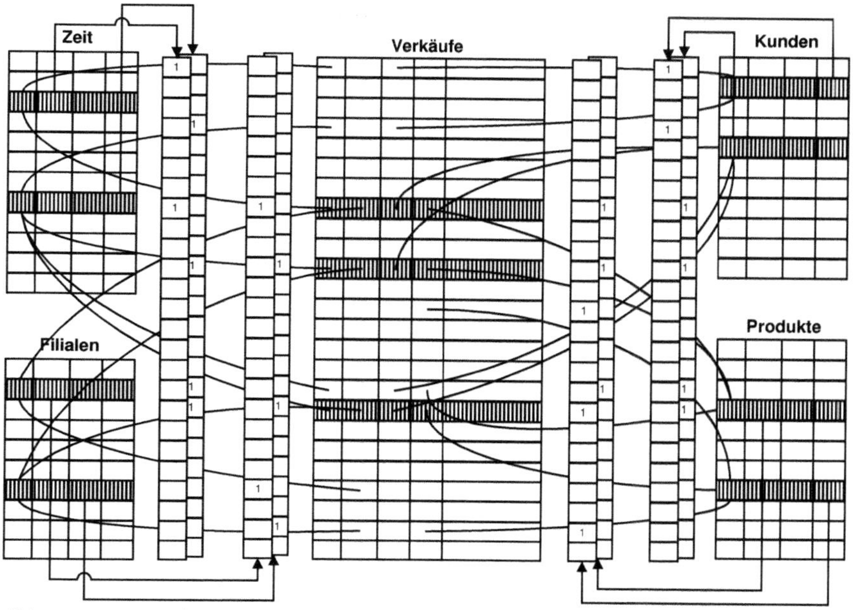

Abbildung 17.20: Auswertungsstrategie für die Joinberechnung des Bitmap-Star-Joins

tenden Durchschnitten, kumulativen Summen, etc. Ohne die Nutzung der Window-Funktionen sind die Anfragen entweder deutlich schwieriger zu formulieren und/oder müssen sogar in einem Anwendungsprogramm außerhalb der eigentlichen Datenbank geschrieben werden.

Die folgende Anfrage ermöglicht das Finden von außergewöhnlichen Messungen (sogenannter *Outlier*) aus einer Menge von Messwerten, die als Zeitreihe, also als Relation *Messungen*, vorliegen (das Schema sollte selbsterklärend sein):

```
select Ort, Zeit, Wert, abs(Wert – (avg(Wert) over w)) / (stddev(Wert) over w)
from Messungen
window w as (
  partition by Ort
  order by Zeit
  range between 5 preceding and 5 following)
```

Die Anfrage normalisiert jede Messung durch Subtraktion des Durchschnitts und Division durch die Standardabweichung (*standard deviation*). Beide Aggregate werden jeweils in einem „gleitenden" Window von 5 Zeiteinheiten um den betrachteten Messwert am gleichen Ort ermittelt. Wir beschränken uns hier auf eine intuitive Erklärung und erläutern die Window-Konzepte später detaillierter.

Ohne Window-Funktionen könnte man dieselbe Anfrage in SQL wie folgt formulieren:

```
select Ort, Zeit, Wert, abs(Wert–
 (select avg(Wert)
  from Messungen m2
```

```
  where m2.Zeit between m.Zeit−5 and m.Zeit+5
      and m.Ort = m2.Ort))
/ (select stddev(Wert)
  from Messungen m3
  where m3.Zeit between m.Zeit−5 and m.Zeit+5
      and m.Ort = m3.Ort)
from Messungen m
```

In dieser Formulierung werden gleich zwei korrelierte Unteranfragen verwendet, um die beiden Aggregate zu berechnen. In den meisten Datenbanksystemen machen derart komplexe Unteranfragen Optimierungsprobleme, so dass die Performanz der Anfrage relativ schlecht sein wird. Weiterhin zeigt dieses Beispiel, dass man neue physische Operatoren für die Implementierung der Window-Funktionen benötigt, da einfache Gruppierungen (mittels **group by**) nicht möglich sind, da wir ja für jeden Messwert ein neues Window ermitteln müssen.

Die Änderungsrate eines Messwerts in Bezug auf die direkt vorhergehende Messung wird wie folgt ermittelt:

```
select Zeit, Wert,
     ((Wert − lag(Wert) over w) /
      (Zeit − lag(Zeit) over w)) as Änderungsrate
from Messungen
window w as (order by Zeit)
```

Hierbei wurde die **lag**-Funktion verwendet, die den jeweils vorhergehenden Attributwert innerhalb des nach *Zeit* sortierten Windows ermittelt. Man kann in der **lag**-Funktion optional noch zwei weitere Parameter angeben: zum einen eine Zahl i, die angibt, dass der Wert genommen wird, der i Positionen vorangeht (bei 2 also der vorletzte Wert), sowie ein Anfangswert v, der initial (als Vergleichswert) verwendet wird.

Wir wollen noch einige weitere Beispiele für Window-Funktionen formulieren, damit die Leser ein Gefühl dafür bekommen, wann und wie sie sinnvoll eingesetzt werden können.

Wir wollen die Medaillengewinner der Olympischen Wettkämpfe, bei denen Punkte vergeben werden (z.Bsp. beim Zehnkampf), ermitteln.

```
select Name, (case RangPlatz
                    when 1 then 'Gold'
                    when 2 then 'Silber'
                    else 'Bronze' end)
from (select Name, rank() over w as RangPlatz
        from Resultate
        window w as (order by Punkte desc))
where RangPlatz <= 3
```

Die **rank**-Funktion vergibt gleiche Werte für „gleich gute“ Kandidatentupel, den sogenannten Peers. Wenn aber bspw. zweimal der **rank**-Wert 1 vergeben wird, bekommt das nächstbeste Tupel den Wert 3 (und nicht 2) zugeordnet.

Eine der Schlüsseleigenschaften von SQL besteht darin, dass die Reienfolge der Ausgabetupel nicht vorgegeben wird (außer bei einer expliziten Sortierung durch **order by**). Dadurch werden viele Optimierungen ermöglicht; allerdings sind deshalb

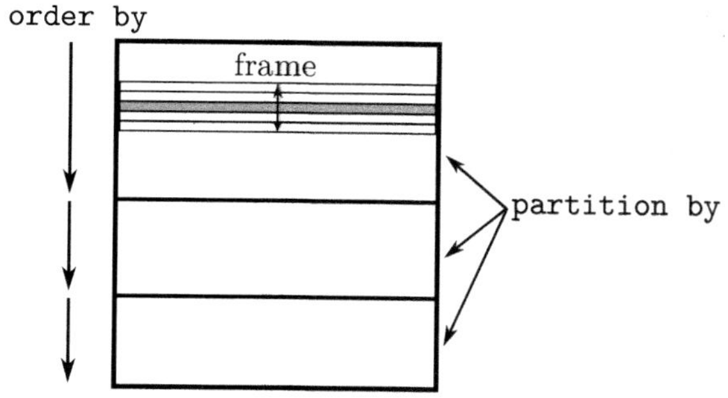

Abbildung 17.21: Die drei Konzepte der Window-Funktionen: Partitionierung, Sortierung, Framing. Ein Tupel kann nur Bezug zu anderen Tupeln im selben Frame aufnehmen; und der Frame kann nur Tupel aus derselben Partition enthalten.

Anfragen mit Bezug zur relativen Reihenfolge der Argumenttupel (z. Bsp. beim Ranking oder beim Bezug zu vorhergehenden Messwerten) sehr schwierig zu formulieren. Genau hier setzen die Window-Funktionen an, da man dadurch einen expliziten Bezug zu den Tupeln des Windows bekommt, in dem das jeweilige Tupel eingeordnet wurde.

Nachdem wir die vorangegangenen Beispiele intuitiv diskutiert haben, wollen wir jetzt die Syntax und Semantik der Window-Funktion allgemeiner beschreiben. Um die Semantik verstehen zu können, sind zwei Eigenschaften elementar: Zum einen wird die Window-Funktion erst berechnet, nachdem die meisten anderen Klauseln der Anfrage (wie z. Bsp. die **where**-Klausel, die **group by** und die **having**-Klauseln) schon ausgewertet sind, aber bevor die abschließende Sortierung mit **order by** und die Duplikatelimination mit der **distinct**-Klausel durchgeführt wird. Weiterhin werden durch die Window-Funktion nur zusätzliche Attribute pro Tupel hinzugefügt; aber die Tupel werden dadurch nicht gefiltert oder anderweitig verändert. Deshalb sind Window-Funktionen nur in den **select**- und **order by**-Klauseln erlaubt; nicht aber in der **where**-Klausel.

Partitionierung

Die Evaluierung der Window-Funktionen basiert auf drei orthogonal nutzbaren Konzepten: Der Partitionierung, der Sortierung und dem Framing. Der Zusammenhang dieser drei Konzepte ist in Abbildung 17.21 graphisch veranschaulicht. Die **partition by**-Klausel partitioniert die Argumenttupel gemäß eines oder mehrerer Ausdrücke (meist Attributwerte) in unabhängige Gruppen. Dadurch wird das einem Tupel zugehörige Window auf diese Partition eingeschränkt. Im Gegensatz zur **group by**-Klausel werden die Tupel eines Windows nicht zu einem einzigen Ergebnistupel reduziert (aggregiert); es erfolgt nur eine logische Partitionierung in Gruppen. Wenn die **partition by**-Klausel weggelassen wird, gibt es natürlich nur eine Gruppe.

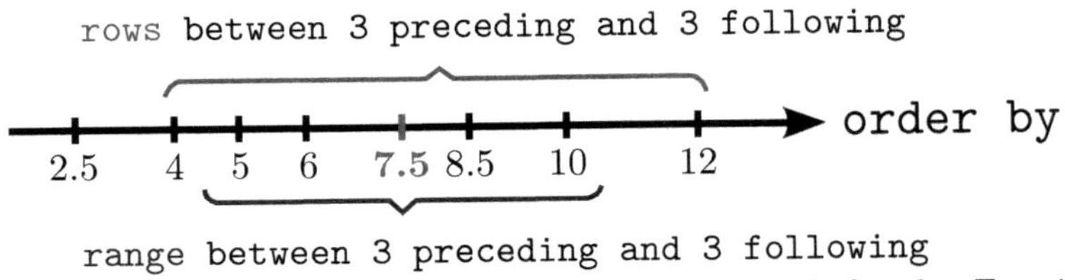

Abbildung 17.22: Illustration der **range** und **rows** Modi für das Framing. Jeder kleine senkrechte Strich stellt ein Tupel in der Reihenfolge des `order by` Ausdrucks dar.

Sortierung

Innerhalb jeder Partition kann man mit **order by** eine Reihenfolge herstellen. Semantisch definiert die **order by**-Klausel, wie die Tupel innerhalb der Gruppe anzuordnen sind, um beispielsweise ein Ranking durchführen zu können. Man beachte, dass diese Sortierung nur für die Auswertung der Window-Funktionen relevant ist; nicht aber die Reihenfolge der Ergebnistupel definiert. Wenn keine Sortierung erzwungen wird, ist das Ergebnis einiger Window-Funktionen (wie z. Bsp. der **row_number**) nicht-deterministisch.

Framing

Neben der Partitionierung erlaubt die *Framing-Klausel* die Restriktion der Tupel **einer** Partition, auf die sich die Window-Funktion bezieht. Dadurch wird definiert, welche anderen Tupel der Partition sich in der Umgebung des betrachteten Tupels befinden. Abbildung 17.22 illustriert die zwei möglichen Modi:

- Im **rows**-Modus spezifiziert man, wieviele Tupel vor bzw. nach dem gerade betrachteten Tupel (in unserem Fall dem Tupel mit dem Wert 7.5) der Frame beginnt bzw. endet. In unserem Fall enthält der Frame also die drei Tupel mit den Werten 4, 5 und 6 vor dem betrachteten Tupel und die drei Tupel mit den Werten 8.5 sowie 10 und 12 dahinter. In diesem Fall beinhaltet der Frame das gerade betrachtete Tupel 7.5; es ist aber auch möglich Frames zu spezifizieren, die das Tupel nicht enthalten, wie z. Bsp. durch **rows between 5 preceding and 2 preceding**.

- Im **range**-Modus enthält der Frame Tupel in der Wertebereichs-Nachbarschaft des betrachteten Tupels gemäß der Sortierung. Im **range**-Modus darf man nur eine einzige numerische **order by** Spezifikation haben. In unserem Beispiel wird das in der unteren Bildhälfte angedeutete Frame erstellt, das zwei Tupel vor und auch zwei Tupel nach dem betrachteten Tupel beinhaltet. Diese Frames könnten natürlich auch nur das betrachtete Tupel enthalten, wenn die Bereiche nicht „besetzt" sind. In der Abbildung hat der **order by**-Ausdruck des betrachteten Tupels den Wert 7,5 und der Frame enthält zusätzlich die Tupel von 4.5 ($7.5 - 3$) bis 10.5 ($7.5 + 3$). Der Frame enthält also die Tupel mit den Sortierwerten 5, 6, 7.5, 8.5 und 10.

Die Frame-Begrenzungen müssen keine Konstanten sein; sie können in beiden Fällen durch Ausdrücke dynamisch berechnet werden. Sie könnten zum Beispiel auch aus Attributwerten des aktuellen Tupels berechnet werden und somit individuell unterschiedlich sein. Viele Implementierungen beschränken sich aber auf konstante Frame-Begrenzungen.

Alle Tupel innerhalb derselben Partition mit demselben Sortierwert gemäß der **order by**-Klausel werden als Peers bezeichnet. Das Peer-Konzept wird nur von einigen Window-Funktionen genutzt und von anderen ignoriert. Zum Beispiel haben alle Peers denselben *rank()*-Wert; allerdings unterschiedliche *row_ number()*-Werte.

Neben den **preceding** und **following**-Spezifikationen können Frame-Begrenzungen auch wie folgt angegeben werden:

- **current row**: Hiermit kann das aktuelle Tupel inklusive seiner Peers angegeben werden. Im **range**-Modus werden zusätzlich alle Peers Teil des Frames.
- **unbounded preceding**: Der Frame enthält alle dem aktuellen Tupel vorausgehenden Tupel der Partition.
- **unbounded following**: Der Frame endet erst beim letzten Tupel der Partition.

Wenn kein Frame angegeben wird, aber eine **order by**-Klausel, dann enthält der Default-Frame alle vorangehenden Tupel der Partition; also **range between unbounded preceding and current row**. Diese Default-Spezifikation ist beispielsweise für die Berechnung kumulativer Summen sinnvoll. Anfragen ohne **order by**-Klausel werden über die gesamte Partition ausgewertet, also so, als wenn diese Frame-Spezifikation vorhanden wäre: **range between unbounded preceding and unbounded following**.

Wir wollen das Framing jetzt anhand einer komplexeren betriebswirtschaftlichen Beispiel-Anfrage illustrieren. Für jede Kundenbestellung wird ermittelt, für welchen Verkaufsbetrag der Kunde bis zu diesem betreffenden Bestelltag schon Bestellungen im selben Monat platziert hat:

```
select KundenID, Bestelldatum, sum(Preis) over
    (partition by KundenID,
                  extract(month from Bestelldatum),
                  extract(year from Bestelldatum)
     order by Bestelldatum
     range between unbounded preceding and current row)
from Verkäufe;
```

Die aufmerksamen Leser werden bemerkt haben, dass man die **range**-Klausel auch hätte weglassen können, da sie genau dem Default entspricht – wenn, wie hier, eine Sortierung erzwungen wurde.

Es sollte angemerkt werden, dass die Frames nur bei einigen Window-Funktionen einen Effekt haben, nämlich bei den sogenannten intra-Window-Navigationsfunktionen (*first_ value*, *last_ value*, *nth_ value*), und den Duplikat-berücksichtigenden Aggregatfunktionen (*min*, *max*, *count*, *sum*, *avg*). Die anderen Window-Funktionen (*row_ number*, *rank*, *lead*, ...) und die Duplikat-ignorierenden Aggregatfunktionen werden immer auf der gesamten Partition ausgewertet.

Zur Vereinfachung der syntaktischen Formulierung kann man, wie in den einleitenden Beispielen schon gezeigt, bestimmte Kombinationen aus Partitionierung, Sortierung und Frame-Spezifikation in einer expliziten **window**-Klausel benennen. Durch Nutzung dieses Namens kann man die Window-Spezifikation dann in verschiedenen Window-Ausdrücken wiederverwenden. Dadurch wird oft auch die Lesbarkeit der komplexen Ausdrücke verbessert, wie nachfolgendes Beispiel demonstriert:

```
select min(Wert) over w1, max(Wert) over w1,
       min(Wert) over w2, max(Wert) over w2
from Messungen
window
  w1 as (order by Zeit
           range between 5 preceding and 5 following),
  w2 as (order by Zeit
           range between 3 preceding and 3 following)
```

Hier werden also die zwei Windows *w1* und *w2* mit jeweils unterschiedlichen Framing-Klauseln definiert, und jeweils zweimal in der **select**-Klausel verwendet.

Window-Ausdrücke

SQL:2011 definiert eine große Vielfalt an Window-Funktionen für verschiedenste analytische Auswertungen. Die folgenden ignorieren Frames, d.h. sie werden auf der gesamten Partition ausgewertet:

- Ranking:
  - **rank()**: Rang des aktuellen Tupels mit Lücken (also gleichrangige Tupel erhalten denselben Wert; nachfolgenden wird dafür aber ein höherer Rang-Wert zugeordnet. Wenn also beispielsweise zwei Tupel den *rank()*-Wert 1 haben, wird der *rank()*-Wert 2 nicht vergeben, sondern erst wieder die 3.
  - **dense_rank()**: Rang des aktuellen Tupels ohne Lücken.
  - **row_number()**: Zeilennummer des aktuellen Tupels.
  - **ntile(num)**: Gleichmäßige Verteilung der Tupel über die *num* Bereiche. Für jedes Tupel wird also dessen Bereichsnummer zwischen 1 und *num* zurückgegeben.
- Verteilung:
  - **percent_rank()**: relativer Rang des aktuellen Tupels.
  - **cume_dist()**: relativer Rang der Peer-Gruppe.
- Navigation innerhalb der Partition:
  - **lead(expr, offset, default)**: evaluiert **expr** für das Tupel, das in der Partition *offset* Positionen nach dem aktuellen Tupel liegt. Wenn es kein solches Tupel gibt, wird der angegebene *default*-Wert für die Berechnung verwendet.

– **lag(expr, offset, default)**: evaluiert **expr** für das Tupel, welches in der Partition *offset* Positionen vor dem aktuellen Tupel liegt. Der *default*-Wert wird verwendet, wenn es (wegen „Grenzüberschreitung“) kein derartiges Tupel gibt.

Die nachfolgenden Window-Funktionen werden auf dem aktuellen Frame, also einer Teilmenge der Partition, ausgewertet:

- Navigation im Frame:
  - **first_expr(expr)**, **last_expr(expr)**, **nth_expr(expr, nth)**: evaluiert **expr** auf erstem, letztem bzw. n-tem Tupel des Frames.
- Aggregate **min**, **max**, **sum**, **avg**...: Berechne Aggregate über alle Tupel des aktuellen Frames. Hiermit werden bspw. gleitende Durchschnitte oder kumulative Summen berechnet.

Wie die Argumentlisten dieser Funktionen andeuten, können die meisten Funktionen mit beliebigen Ausdrücken (dem **expr**-Argument) aufgerufen werden sowie weiteren Parametern um spezifische Anpassungen vorzunehmen.

Um syntaktisch normale Aggregatfunktionen (die durch die **group by**-Klausel berechnet werden) von den Window-Pendants gleichen Namens aber unterschiedlicher Semantik zu unterscheiden, müssen die Window-Funktionen immer eine nachfolgende **over**-Klausel besitzen sowie eine möglicherweise leere Window-Frame-Spezifikation. In der folgenden Anfrage wird mittels der Window-Funktion der Durchschnitt ermittelt wohingegen die Summe wegen der Klammerung in *beiden* Fällen durch die „normale“ Aggregation berechnet wird:

```
select KundenID, Jahr, Monat, sum(Preis),
       avg(sum(Preis)) over (partition by KundenID)
from Bestellungen
group by KundenID, Jahr, Monat
```

Für jeden Kunden und Monat berechnet die Anfrage die Summe seiner/ihrer Bestellungen und die durchschnittlichen monatlichen Umsätze des Kunden mittels der Window-Aggregation ohne Framing. Die Leser mögen sich vergewissern, dass obige Anfrage äquivalent zur nachfolgenden Formulierung ist, die die Voraggregation in einer Unteranfrage ohne Window-Funktion ausführt:

```
select *, avg(PreisSumme) over (partition by KundenID)
from (select KundenID, Jahr, Monat, sum(Preis) PreisSumme
      from Bestellungen
      group by KundenID, Jahr, Monat) as r
```

In der nächsten Anfrage wird zu jedem an einem Ort zu einer bestimmten Zeit gemessenen Messwert der Durchschnitt aller Messwert ausgegeben – und zwar der Durschnitt über die gesamte Relation *Messungen*, da keine Partitionierung angegeben ist.

```
select Ort, Zeit, Wert,
       avg(Wert) over ()
from Messungen
```

Mietspiegel	
Ort	Miete
Garching	800
Ismaning	900
Unterföhring	1000
Nymphenburg	1500
Bogenhausen	1600
Grünwald	1700

Kindergarten	
Ort	Beitrag
Grünwald	-100
Unterföhring	0
Bogenhausen	100
Ismaning	200
Garching	250
Nymphenburg	300

WohnLage	
Ort	Lage
Grünwald	München-Süd
Unterföhring	München-Nord
Ismaning	München-Nord
Garching	München-Nord
Bogenhausen	München-City
Nymphenburg	München-City

Abbildung 17.23: Münchener Wohnlagen zur Berechnung der monatlichen Kosten für eine Familie: Miete und Kindergarten

Wegen der Aggregation über alle Messungen lässt sich die Anfrage leicht ohne Window-Funktionen formulieren:

select Ort Zeit, Wert,
  (**select avg**(Wert) **from** Messungen)
from Messungen

17.4 Bewertung (Ranking) von Objekten

Wir erleben derzeit in vielen Bereichen ein explosionsartiges Wachstum der Datenmengen. Um dieser Informationsflut zu begegnen, muss man in vielen Anwendungsbereichen die Daten eingrenzen. Dazu ist es oft hilfreich, die Datenobjekte gemäß eigener Präferenzen zu ordnen und nur die „besten“ Treffer als Ergebnis zurückzuliefern.

17.4.1 Top-k-Anfragen

Die Auswahl der besten k Objekte gemäß einer Bewertungsfunktion, die verschiedene Einzelbewertungen zu einem Wert aggregiert, bezeichnet man als *Top-k*-Anfrage. Datenobjekte werden dabei nach verschiedenen Kriterien (Dimensionen) bewertet. Aus diesen Einzelkriterien wird mittels einer benutzerdefinierten Bewertungsfunktion ein Wert berechnet, der die Qualität des Objekts global angibt. Wir wollen dies an einem anschaulichen Beispiel basierend auf den Relationen *Mietspiegel* und *Kindergarten* aus Abbildung 17.23 illustrieren.[4] Hierbei geht es um die zwei-dimensionale Bewertung von Wohnorten im Großraum München. Das Bewertungskriterium für eine junge Familie mit einem Kind ergibt sich aus der Summe der zu zahlenden Miete und der Kindergartengebühr. Je kleiner diese Summe ist, desto besser ist der Wohnort zu bewerten. Dies kann man mit folgender einfachen SQL-Anfrage ausdrücken, die hier nur den Top-1-Wohnort als Ergebnis zurückgibt:

select m.Ort, m.Miete + k.Beitrag **as** Kosten
from Mietspiegel m, Kindergarten k

[4]Man beachte, dass Grünwald einen negativen Kindergarten-Beitrag erhebt, indem Familien einen Bonus von 100 Euro pro Kind erhalten.

```
where m.Ort = k.Ort
order by Kosten
fetch first 1 rows only
```

Die (IBM DB2-spezifische) Klausel „**fetch first** 1 **rows only**“ schneidet sozusagen die Ergebnismenge nach den ersten Top-1-Einträgen ab. Als Ergebnis bekommen wir das Tupel [Unterföhring, 1000].

Die Bewertung – neudeutsch das *Ranking* – der Objekte kann nach beliebig gewichteten Bewertungsfunktionen erfolgen. Man kann (z.B. in IBM DB2) auch den Rang der Objekte explizit angeben lassen. Dies wird für das Ranking der Wohnorte für eine Familie mit sieben Kindern wie folgt durchgeführt – die Leser mögen erraten, welche Familie der Autor im Sinn hatte:

```
with KostenVergleich as (select m.Ort, m.Miete, k.Beitrag
                         from Mietspiegel m, Kindergarten k
                         where m.Ort=k.Ort)

select r.Ort, r.Rang
from (select v.Ort,
             RANK() over (order by v.Miete + 7 * v.Beitrag) as Rang
      from KostenVergleich v) as r
where r.Rang <= 3
```

Wir erhalten folgendes Ergebnis:

Top-3-Ergebnis	
Ort	Rang
Grünwald	1
Unterföhring	1
Bogenhausen	3
Ismaning	3

Wir erkennen, dass die Orte Grünwald und Unterföhring denselben Rang 1 haben, genauso die Orte Bogenhausen und Ismaning den Rang 3. Aus diesem Grund erhält man vier Ergebniswerte obwohl man gemäß der Anfrage eigentlich nur drei Top-3-Werte erwartet hätte.

Ranking innerhalb von Partitionen Man kann das Ranking auch auf mehrere Partitionen einer Relation separat anwenden, um dadurch die Rangfolge der Objekte innerhalb ihrer Partition (Untergruppe) zu ermitteln. Wir wollen dies anhand einer erweiterten Wohnort-Beschreibung illustrieren. Dazu betrachten wir jetzt zusätzlich die Relation *WohnLage* aus Abbildung 17.23.

```
with KostenLageVergleich as (
  select m.Ort, m.Miete, k.Beitrag, l.Lage
  from Mietspiegel m, Kindergarten k, WohnLage l
  where m.Ort = k.Ort and k.Ort = l.Ort
```

select k.Ort, k.Lage, k.Miete + 3 * k.Beitrag as Kosten,
  rank() **over** (**partition by** k.Lage
    order by k.Miete + 3 * k.Beitrag **asc**) **as** LageRang
from KostenLageVergleich k
order by k.Lage, LageRang

Die Partitionierung der (virtuellen) Relation *KostenLageVergleich* erfogt gemäß des Attributs *Lage*. Als Ergebnis der Anfrage erhalten wir folgende Relation:

Ergebnis			
Ort	Lage	Kosten	LageRang
Bogenhausen	München-City	1900	1
Nymphenburg	München-City	2400	2
Unterföhring	München-Nord	1000	1
Ismaning	München-Nord	1500	2
Garching	München-Nord	1550	3
Grünwald	München-Süd	1400	1

Der *LageRang* eines Orts wird somit relativ zu allen anderen Orten in derselben *Lage* bestimmt. Somit ist Bogenhausen für eine Familie mit drei Kindern (worauf die Bewertungsfunktion dieser Anfrage abgestimmt ist) der Top-Ort in der Wohnlage München-City, wohingegen Unterföhring der günstigste Ort in der Lage München-Nord ist. Grünwald erobert „konkurrenzlos" den Spitzenplatz in München-Süd.

Der Threshold-Algorithmus zur Top-k-Berechnung Für die Berechnung der Top-k-Ergebnismenge wurden sehr ausgefeilte Algorithmen entwickelt. Eine naïve Berechnungsmethode besteht darin, für alle Datenobjekte die Bewertungsfunktion zu berechnen, gemäß dieser Bewertung eine Sortierung durchzuführen und schließlich die besten k Objekte auszugeben. Der *Threshold*-Algorithmus vermeidet die vollständige Berechnung der Bewertung aller Objekte, indem er die Einzelbewertungen sequentiell geordnet von gut nach schlecht „abruft". Zusätzlich muss man aber auch in der Lage sein, zu einem gegebenen Objekt die noch ausstehenden Einzelbewertungen wahlfrei (also im *random access*) zu lesen. Die Vorgehensweise des Algorithmus, der in Abbildung 17.24 für unsere Top-1-Wohnort Bestimmung illustriert wird, ist wie folgt:

- Lese aus jeder Einzelbewertungsquelle die jeweils nächstbeste Objektbewertung. In unserem Beispiel wird also von oben nach unten jeweils der nächste Eintrag im *Mietspiegel* und in der *Kindergarten*-Tabelle gelesen.
- Für jedes erstmals neu gelesene Objekt greife wahlfrei auf die andere(n) Bewertungsquelle(n) zu, um danach die Gesamtbewertung des Objekts zu ermitteln.
- Füge die so gewonnene Information in das sortierte Zwischenergebnis ein.
- Berechne zusätzlich als *Threshold* die bestmögliche noch zu erwartende Objektbewertung, indem die Bewertungsfunktion auf die Einzelbewertungen der zuletzt sequentiell gelesenen Einzelbewertungen angewendet wird. Dieser *Threshold* wird auch in das sortierte Zwischenergebnis eingefügt.

Mietspiegel	
Ort	Miete
Garching	**800**
Ismaning	900
Unterföhring	1000
Nymphenburg	1500
Bogenhausen	1600
Grünwald	1700

Kindergarten	
Ort	Beitrag
Grünwald	**-100**
Unterföhring	0
Bogenhausen	100
Ismaning	200
Garching	250
Nymphenburg	300

Zwischenergebnis: Phase 1	
Ort	m.Miete + k.Beitrag
Threshold	**700**
Garching	1050
Grünwald	1600

Mietspiegel	
Ort	Miete
Garching	800
Ismaning	**900**
Unterföhring	1000
Nymphenburg	1500
Bogenhausen	1600
Grünwald	1700

Kindergarten	
Ort	Beitrag
Grünwald	-100
Unterföhring	**0**
Bogenhausen	100
Ismaning	200
Garching	250
Nymphenburg	300

Zwischenergebnis: Phase 2	
Ort	m.Miete + k.Beitrag
Threshold	**900**
Unterföhring	1000
Garching	1050
Ismaning	1100
Grünwald	1600

Mietspiegel	
Ort	Miete
Garching	800
Ismaning	900
Unterföhring	**1000**
Nymphenburg	1500
Bogenhausen	1600
Grünwald	1700

Kindergarten	
Ort	Beitrag
Grünwald	-100
Unterföhring	0
Bogenhausen	**100**
Ismaning	200
Garching	250
Nymphenburg	300

Zwischenergebnis: Phase 3	
Ort	m.Miete + k.Beitrag
Unterföhring	1000
Garching	1050
Ismaning	1100
Threshold	**1100**
Grünwald	1600
Bogenhausen	1700

Abbildung 17.24: Der Threshold-Algorithmus

- Falls sich mindestens k Objekte oberhalb des *Threshold* im Zwischenergebnis befinden, terminiert der Algorithmus und gibt diese aus. Anderenfalls wird eine neue Phase dieses Algorithmus begonnen.

NRA (No Random Access)-Algorithmus Der oben beschriebene *Threshold*-Algorithmus basiert darauf, dass man die verschiedenen Datenquellen für die Bewertungskriterien sowohl sequentiell sortiert (von gut nach schlecht) als auch wahlfrei zugreifen kann. Insbesondere bei Internet-Datenquellen ist der wahlfreie Zugriff auf Bewertungskriterien oftmals sehr teuer oder gar nicht möglich – man denke etwa an die Ergebnisliste einer Websuche, die nach Relevanz sortiert ist. Für derartige Anwendungsszenarien wurde der *No Random Access (NRA)*-Algorithmus entworfen, der die verschiedenen Einzelbewertungs-Datenquellen nur sequentiell sortiert liest. Die Vorgehensweise dieses Algorithmus für unsere Top-1-Anfrage zur Bestimmung des besten Wohnorts ist in Abbildung 17.25 illustriert.

Der Algorithmus berechnet für jedes bereits gesehene (also aus mindestens einer Datenquelle bekannte) Objekt die bestmögliche Gesamtbewertung dieses Objekts. Diese Gesamtbewertung ergibt sich aus der Anwendung der Bewertungsfunktion auf die für dieses Objekt bereits bekannten Einzelbewertungen sowie den bestmöglichen noch ausstehenden Bewertungen der Datenquellen, in denen das Objekt bislang noch nicht vorkam. Die bestmögliche noch unbekannte Einzelbewertung ergibt sich als die zuletzt von dieser Datenquelle (für ein anderes Objekt) erhaltene Bewertung, da die einzelnen Datenquellen ja ihre Daten in sortierter Reihenfolge von gut nach schlecht liefern. Diese bestmögliche Schranke der Gesamtbewertung eines Objekts wird in jeder neuen Phase des *NRA*-Algorithmus laufend fortgeschrieben. In der ersten Phase erhält beispielsweise Garching als bestmögliche Schranke den Wert 700$\nearrow$, der sich aus dem *Mietspiegel*-Wert 800 für Garching und dem *Kindergarten*-Beitrag -100 von Grünwald ergibt. Der Pfeil $\nearrow$ zeigt an, dass es sich hierbei um einen geschätzten Wert handelt. Sobald alle Einzelbewertungen vorliegen, kann man den Wert abhaken $\surd$, wodurch angezeigt wird, dass er nicht mehr verbessert werden kann. Sobald sich mindestens k abgehakte Werte im oberen Bereich des Zwischenergebnisses befinden, terminiert der Algorithmus und gibt diese aus. Man kann den *NRA*-Algorithmus noch dahingehend erweitern, dass man nicht nur die bestmögliche Gesamtbewertung, sondern auch die schlechtestmögliche Gesamtbewertung für jedes Objekt im Zwischenergebnis abschätzt. Dann kann man u.U. Ergebnisse schon ausgeben, bevor sie "abgehakt" sind. Dazu muss man aber für alle Datenquellen deren global schlechtesten Wert für ihre Einzelbewertungen kennen. Wir überlassen es den Lesern, diesen Algorithmus im Detail zu konzipieren.

17.4.2 Skyline-Anfragen

Bei Top-k-Anfragen werden die verschiedenen Bewertungsdimensionen eines Objekts (wie z.B. die Miete und die Kindergartengebühr eines Ortes) zu einem Wert „verdichtet", um dadurch eine Rangfolge der Objekte zu erhalten. Dadurch fallen aber Objekte, die sich in besonderer Weise in einzelnen Dimensionen hervorheben, aus dem Ergebnis. Der Ort Grünwald ist ein Beispiel dafür, da die großzügige Unterstützung der Kinder durch den hohen Mietspiegel im Ranking nihiliert wird – außer bei einer Bewertungsfunktion, die für neunköpfige Familien gewichtet ist.

Mietspiegel	
Ort	Miete
Garching	800
Ismaning	900
Unterföhring	1000
Nymphenburg	1500
Bogenhausen	1600
Grünwald	1700

Kindergarten	
Ort	Beitrag
Grünwald	-100
Unterföhring	0
Bogenhausen	100
Ismaning	200
Garching	250
Nymphenburg	300

Zwischenergebnis	
Ort	Kosten
Garching	700↗
Grünwald	700↗

Mietspiegel	
Ort	Miete
Garching	800
Ismaning	900
Unterföhring	1000
Nymphenburg	1500
Bogenhausen	1600
Grünwald	1700

Kindergarten	
Ort	Beitrag
Grünwald	-100
Unterföhring	0
Bogenhausen	100
Ismaning	200
Garching	250
Nymphenburg	300

Zwischenergebnis	
Ort	Kosten
Garching	800↗
Grünwald	800↗
Unterföhring	900↗
Ismaning	900↗

Mietspiegel	
Ort	Miete
Garching	800
Ismaning	900
Unterföhring	1000
Nymphenburg	1500
Bogenhausen	1600
Grünwald	1700

Kindergarten	
Ort	Beitrag
Grünwald	-100
Unterföhring	0
Bogenhausen	100
Ismaning	200
Garching	250
Nymphenburg	300

Zwischenergebnis	
Ort	Kosten
Garching	900↗
Grünwald	900↗
Unterföhring	**1000**√
Ismaning	1000↗
Bogenhausen	1100↗

Mietspiegel	
Ort	Miete
Garching	800
Ismaning	900
Unterföhring	1000
Nymphenburg	1500
Bogenhausen	1600
Grünwald	1700

Kindergarten	
Ort	Beitrag
Grünwald	-100
Unterföhring	0
Bogenhausen	100
Ismaning	200
Garching	250
Nymphenburg	300

Zwischenergebnis	
Ort	Kosten
Unterföhring	**1000**√
Garching	1000↗
Ismaning	**1100**√
Grünwald	1400↗
Bogenhausen	1600↗
Nymphenburg	1700↗

Abbildung 17.25: Top-1-Berechnung mit dem NRA-Algorithmus (Unterföhring steht jetzt, nach der vierten Phase des Algorithmus als Top-1-Element fest; Garching könnte sich zu diesem Zeitpunkt auch noch qualifizieren (warum?) und wird in der nächsten fünften Phase disqualifiziert)

Die Skyline-Anfragen dienen dazu, die in den einzelnen Bewertungen interessantesten Objekte zu bestimmen. Es bleiben die Objekte im Ergebnis, die in den Bewertungskriterien von keinem anderen Objekt dominiert werden. Wir sagen, dass ein Objekt (Ort) ein anderes Objekt dominiert, wenn es in keiner Einzelbewertung schlechter als das andere Objekt ist und in mindestens einer Einzelbewertung echt besser ist. Für unser Wohnorte-Beispiel sind die Einzelbewertungen in Abbildung 17.26 in einem Koordinatensystem visualisiert. Der Ort *Unterföhring* dominiert die beiden Orte *Bogenhausen* und *Nymphenburg*, da er sowohl hinsichtlich der *Miete* als auch des *Kindergarten-Beitrags* besser ist. Dies ist graphisch durch die von Unterföhring ausgehenden „Dominanz-Achsen" gekennzeichnet. Der Ort *Grünwald* dominiert zwar keinen anderen Ort, wird aber selbst auch durch keinen Ort dominiert. Grundsätzlich kann ein Objekt, das in einer Einzelbewertung (Dimension) den bestmöglichen Wert erzielt, nicht dominiert werden.

Alle Objekte, die von keinem anderen Objekt dominiert werden, bezeichnet man also als *Skyline*. In anderen Kontexten bezeichnet man diese Menge auch als *Pareto-Optimum*. Der Begriff Skyline wurde von Börzsönyi, Kossmann und Stocker (2001) geprägt, um die Ergebnismenge intuitiv zu veranschaulichen. Ein Hochhaus ist in der Skyline enthalten (also sichtbar), wenn kein anderes Haus *höher* und *näher* (in der Beobachtungsachse) ist.

In SQL kann man die Skyline für unser Wohnort-Beispiel wie folgt ermitteln:

```
with KostenVergleich as (select m.Ort, m.Miete, k.Beitrag
                         from Mietspiegel m, Kindergarten k
                         where m.Ort=k.Ort)

select k.Ort
from KostenVergleich k
skyline of k.Miete min, k.Beitrag min
```

Der Skyline-Operator ist in den kommerziellen Datenbanksystemen (leider) noch nicht weit verbreitet, so dass man sich mit folgender umständlichen SQL-Formulierung behelfen muss:

```
select k.Ort
from KostenVergleich k
where not exists
      (select * from KostenVergleich dom
       where dom.Miete <= k.Miete and dom.Beitrag <= k.Beitrag and
             (dom.Miete < k.Miete or dom.Beitrag < k.Beitrag))
```

Als Ergebnis dieser Skyline-Anfrage erhält man die Orte *Grünwald*, *Unterföhring*, *Ismaning* und *Garching*.

17.4.3 Data Warehouse-Architekturen

Es gibt zwei konkurrierende Architekturen für Data Warehouse-Systeme:

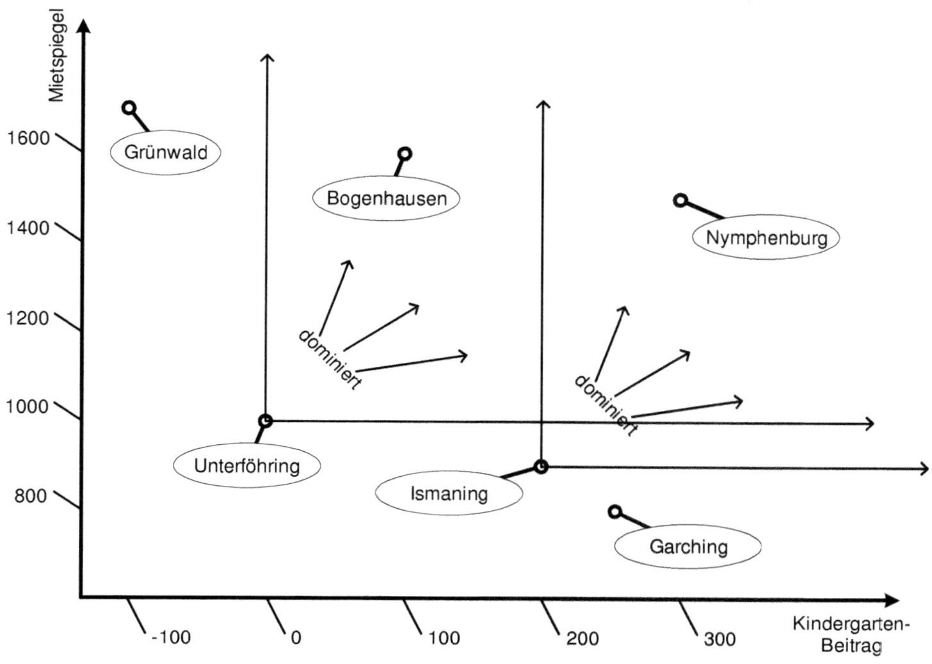

Abbildung 17.26: Skyline-Auswertung

1. *ROLAP*: Das Data Warehouse-System wird auf der Basis eines relationalen Datenmodells realisiert – das ist die Architektur, die wir in diesem Abschnitt vorausgesetzt haben. Man unterscheidet bei der ROLAP-Realisierung noch zwischen Systemen, die als *front-end* von „normalen" relationalen Datenbanksystemen arbeiten, und dedizierten relationalen Data Warehouse-Systemen, die speziell auf die Bedürfnisse von OLAP-Anwendungen zugeschnitten wurden. Letztere haben den Vorteil, dass sie z.B. spezielle Optimierungstechniken unterstützen können und eine Mehrbenutzersynchronisation mit niedrigem Overhead einbauen können.

2. *MOLAP*: Unter multi-dimensionalen OLAP-Systemen versteht man solche, die die Daten nicht in relationaler Form abspeichern, sondern in speziellen mehrdimensionalen Datenstrukturen. Im einfachsten Fall sind diese Systeme auf der Basis mehrdimensionaler Arrays realisiert. Ein besonderes Problem stellen aber dünn besetzte (engl. *sparse*) Dimensionen dar. Bei der relationalen Modellierung ist das kein Problem, da nur tatsächlich besetzte Einträge im Datenwürfel einen Eintrag (Tupel) in der Faktentabelle haben.

Die meisten Hersteller relationaler Datenbanken bieten spezielle Erweiterungen ihrer Systeme für Data Warehouse-Anwendungen an. Es gibt auch schon eine Reihe von Unternehmen, wie z.B. SAP mit ihrem Business Information Warehouse (BW) oder MicroStrategy, die Data Warehouse-Anwendungen auf beliebigen relationalen Datenbanken anbieten.

17.5 Data Mining

Beim sogenannten *Data Mining* geht es darum, große Datenmengen nach (bisher unbekannten) Zusammenhängen zu durchsuchen. Das Gebiet des Data Mining ist im Datenbankbereich relativ neu; die eingesetzten Techniken basieren aber zum Teil auf den im Bereich *Knowledge Discovery* entwickelten Methoden. Die Herausforderung des Data Mining besteht darin, hoch skalierbare Algorithmen zu entwickeln, die auch auf sehr großen Datenbanken anwendbar sind.

Man unterscheidet mehrere Vorgehensweisen bei der Auswertung von Datenmengen: (1) Die Klassifikation von Objekten, (2) das Finden von Assoziationsregeln und (3) die Ermittlung von Clustern von ähnlichen Objekten.

17.5.1 Klassifikation von Objekten

Das zu lösende Problem besteht meist darin, Vorhersagen über das zukünftige „Verhalten“ von Objekten (z.B. Menschen, Aktienkursen, etc.) auf der Basis von bekannten Attributwerten zu machen. Das prototypische Beispiel hierfür ist die Risikoabschätzung von Versicherungspolicen – beispielsweise für Autohaftpflicht- oder Risikolebensversicherungen. Hierbei versucht man die Datenobjekte (hier also Personen) gemäß ihrer Attributwerte zu klassifizieren, um daraus eine möglichst genaue Vorhersage treffen zu können. Für die Risikoabschätzung einer Autohaftpflichtversicherung könnte man beispielsweise folgern, dass Männer über 35, die ein Coupé fahren, in eine hohe Risikogruppe gehören (Typ: Draufgänger in der Midlife-Crisis); wohingegen Männer derselben Altersgruppe, die einen Kleinbus (Van) fahren, in eine niedrige Risikogruppe einzuordnen sind (Typ: verantwortungsbewusster Familienvater). Die Klassifikation kann baumartig wie in Abbildung 17.27 dargestellt werden.

Bei den Klassifikationsregeln unterscheidet man zwischen den sogenannten *Vorhersage-Attributen* $V_1, \ldots, V_n$ und dem *abhängigen* (also dem vorherzusagenden) Attribut A. Eine Klassifikationsregel hat dann folgende abstrakte Form:

$$P_1(V_1) \land P_2(V_2) \land \ldots \land P_n(V_n) \Rightarrow A = c$$

Hierbei sind die P_i Prädikate, die erfüllt sein müssen für die Vorhersageattribute V_i, damit die Vorhersage $A = c$ gilt. Bezogen auf unser Beispiel der aufgrund der Midlife-Crisis gefährdeten männlichen Autofahrer ergibt sich folgende Regel:

$$(\mathit{wiealt} > 35) \land (\mathit{Geschlecht} = m) \land (\mathit{Autotyp} = \mathit{Coupé}) \Rightarrow (\mathit{Risiko} = \mathit{hoch})$$

Anstatt einzelne Klassifikationsregeln herzuleiten, versucht man meist ein gesamtes Klassifikationsschema in der Form eines Klassifikations/Entscheidungs-Baums zu ermitteln. Dies ist in Abbildung 17.27 rechts gezeigt. Dieser Klassifikationsbaum wurde für die links in der Abbildung gezeigte Datenbasis generiert. Jedes Blatt des Baums entspricht einer Klassifikationsregel, die sich aus dem Weg von der Wurzel

Schadenshöhe			
wiealt	Geschlecht	Autotyp	Schäden
45	w	Van	gering
18	w	Coupé	gering
22	w	Van	gering
38	w	Coupé	gering
19	m	Coupé	hoch
24	m	Van	hoch
40	m	Coupé	hoch
40	m	Van	gering
⋮	⋮	⋮	⋮

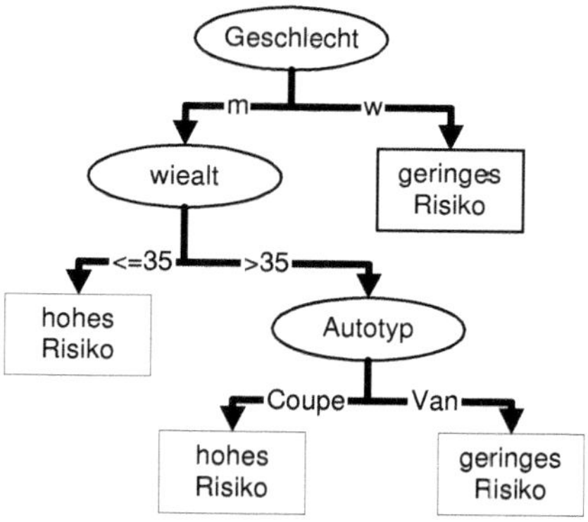

Abbildung 17.27: Klassifikationsschema für Haftpflicht-Risikoabschätzung

des Baums zu diesem Blatt entlang den oval markierten Vorhersageattributen ergibt. Auch unsere vorhin schon diskutierte Regel findet sich in diesem Baum.

Die Klassifikation wird dabei natürlich anhand einer (hoffentlich) repräsentativen Datenmenge generiert und dann verifiziert. In unserem Fall könnte ein Versicherungsunternehmen beispielsweise die Schadensmeldungen des letzten Jahres herangezogen haben.

Welche Attribute für die Klassifikation herangezogen werden (in unserem Beispiel Geschlecht, Alter und Autotyp) kann zum einen durch den Benutzer gesteuert werden oder aber vollautomatisch – durch „Ausprobieren“ – geschehen.

17.5.2 Assoziationsregeln

Bei dieser zweiten Art des Data Mining versucht man Zusammenhänge im Verhalten bestimmter Objekte durch Implikationsregeln auszudrücken. Hier ist die prototypische Beispielanwendung die Beschreibung des Kaufverhaltens von Personen. Die Regeln haben dann (informell) folgende Struktur:

Wenn jemand einen PC kauft, **dann** kauft er/sie auch einen Drucker

Wiederum können derartige Assoziationsregeln vom Benutzer dem Data Mining-System zum „Sondieren“ übergeben werden oder die Regeln werden automatisch (mehr oder minder zufällig) vom System generiert und überprüft.

Bei der Überprüfung solcher Regeln setzt man i.A. keine „hundertprozentige“ Einhaltung voraus. Deshalb unterscheidet man zwei wichtige Kenngrößen, die bei der Auswertung ermittelt werden:

1. *Confidence*: Dieser Wert legt fest, bei welchem Prozentsatz der Datenmenge, bei der die Voraussetzung (linke Seite) erfüllt ist, die Regel (rechte Seite) auch erfüllt ist. Eine *Confidence* von 80% für unsere Beispielregel sagt aus, dass vier Fünftel der Leute, die einen PC gekauft haben, auch einen Drucker dazu gekauft haben.

2. *Support*: Dieser Wert legt fest, wieviele Datensätze überhaupt gefunden wurden, um die Gültigkeit der Regel zu verifizieren. Bei einem *Support* von 1% wäre also jeder Hundertste Verkauf ein PC zusammen mit einem Drucker.

Derartige Regeln können von der Unternehmensführung verwendet werden, um gezielte Verkaufsförderungsmaßnahmen durchführen zu können. Aus unserer Beispielregel könnte ein Unternehmen beispielsweise die Verkaufsstrategie ableiten, PCs zu Sonderpreisen anzubieten, um beim Verkauf der Drucker den Gewinn zu machen.

Ein weiteres anekdotisches Beispiel wurde in den USA berichtet: Bei der Auswertung von Supermarkteinkäufen wurde festgestellt, dass oft im selben Einkaufswagen Vanille-Eiscrème und Schokoladenkekse gefunden werden. Aus dieser Erkenntnis wurde die Wirtschaftlichkeit einer neuen Eiscrème-Kreation „cookie and cream" (Schokoladenkekse in Vanilleeis) abgeleitet. Es bleibt abzuwarten, welche neue Produktidee aus der Regel „Wer Bier kauft, kauft auch Kartoffelchips" abgeleitet wird.

17.5.3 Der À Priori-Algorithmus

Die Bestimmung von Assoziationsregeln der oben beschriebenen Art basiert auf der sogenannnten Warenkorb-Analyse. D.h., die in einem Einkauf enthaltenen Produkte werden in der Datenbank einer Einkaufstransaktion zugeordnet. Eine Beispiel-Datenbank *VerkaufsTransaktionen* für einen Elektronikmarkt findet sich in Abbildung 17.28 **links**. Auch wenn die Kunden anonym geblieben sind (Bargeldzahlung), so wird doch die Zuordnung abgespeichert, dass beispielsweise in der Transaktion 222 ein PC und ein Scanner zusammen gekauft wurden.

Basierend auf dieser Datenbank werden im à priori-Algorithmus sogenannte *frequent itemsets* gesucht. Das sind Mengen von Produkten, die häufig (sagen wir mindestens *minsupp* mal) im selben Einkauf erstanden wurden. Man beachte, dass dieser Algorithmus mit sehr großen Datenmengen zurecht kommen muss, also in Größenordnungen von hunderten von Millionen Einkaufstransaktionen, wenn man an Unternehmen wie Quelle oder Edeka denkt. Der Algorithmus ist wie folgt:

- **für alle** Produkte
  - überprüfe ob es ein *frequent itemset* ist, also in mindestens *minsupp* Einkaufswägen enthalten ist
- $k := 1$
- **iteriere solange**
  - **für jeden** *frequent itemset* I_k mit k Produkten
    - generiere alle *itemsets* I_{k+1} mit $k+1$ Produkten und $I_k \subset I_{k+1}$
  - lies alle Einkäufe einmal (sequentieller Scan auf der Datenbank) und überprüfe, welche der $(k+1)$-elementigen *itemset*-Kandidaten mindestens *minsupp* mal vorkommen
  - $k := k+1$

bis keine neuen *frequent itemsets* gefunden werden

VerkaufsTransaktionen	
TransID	Produkt
111	Drucker
111	Papier
111	PC
111	Toner
222	PC
222	Scanner
333	Drucker
333	Papier
333	Toner
444	Drucker
444	PC
555	Drucker
555	Papier
555	PC
555	Scanner
555	Toner

Zwischenergebnisse	
FI-Kandidat	Anzahl
{Drucker}	4
{Papier}	3
{PC}	4
{Scanner}	2
{Toner}	3
{Drucker, Papier}	3
{Drucker, PC}	3
{Drucker, Scanner}	
{Drucker, Toner}	3
{Papier, PC}	2
{Papier, Scanner}	
{Papier, Toner}	3
{PC, Scanner}	
{PC, Toner}	2
{Scanner, Toner}	
{Drucker, Papier, PC}	
{Drucker, Papier, Toner}	3
{Drucker, PC, Toner}	
{Papier, PC, Toner}	

Abbildung 17.28: Datenbank mit Verkaufstransaktionen (links) und Zwischenergebnisse des à priori-Algorithmus (rechts)

Dieser Algorithmus basiert auf der sogenannten *à priori*-Eigenschaft: Jede Teilmenge eines *frequent itemsets* muss auch ein *frequent itemset* sein. Deshalb reicht es aus, sukzessive die im vorhergehenden Iterationsschritt bestimmten k-elementigen *frequent itemsets* um ein zusätzliches Element zu erweitern, ohne dass man dadurch *frequent itemsets* „übersieht“.

Man kann sogar noch einen Schritt weitergehen: Bevor man die *frequent itemset*-Kandidaten mittels eines Durchlaufs durch die Datenbank verifiziert, kann man überprüfen, ob *alle* echten Teilmengen des $(k+1)$-elementigen Kandidaten schon verifizierte *frequent itemsets* sind. Andernfalls kann man den Kandidaten getrost eliminieren, da er sicherlich nicht in *minsupp* Einkaufswägen enthalten sein kann. Warum?

In Abbildung 17.28 sind die Zwischenergebnisse des à priori-Algorithmus für die links in der Abbildung gezeigte Datenbank mit Verkaufs-Transaktionen gezeigt. In der ersten Phase werden alle ein-elementigen Produktmengen als Kandidaten für *frequent itemsets* gebildet. Es erfolgt ein einmaliger linearer Durchlauf der Datenbank: Bei jedem Vorkommen eines Produkts in einer Transaktion wird der Zähler (also das *Anzahl*-Attribut) inkrementiert. Für unser Beispiel fordern wir einen *support* von 3/5, so dass nur diejenigen Produkte übrig bleiben, die mindestens drei mal verkauft wurden. Der Scanner bleibt also in der ersten Phase „auf der Strecke“. In der zweiten Phase des Algorithmus werden zunächst die *frequent itemsets* der vorhergehenden Phase jeweils um ein Produkt erweitert; dies ergibt die Kandidaten für die zweite Phase. Wir können aber gleich die Kandidaten eliminieren, die eine Teilmenge von Produkten enthalten, die sich in vorhergehenden Phasen disqualifiziert haben. Wir können hier also all die Kandidaten schon gleich eliminieren, die das Produkt „Scanner“ enthalten – diese sind kursiv dargestellt. Jetzt erfolgt wiederum ein linerarer Durchlauf durch die Transaktions-Datenbank. Für jede Transaktion überprüft man jeden Kandidaten, ob er enthalten ist. Wenn ja, wird der Zähler (Anzahl) inkrementiert. Für die Transaktion 222 wird beispielsweise kein Zähler inkrementiert, da es keinen Kandidaten gibt, der darin enthalten ist. Für Transaktion 333 werden demgegenüber aber gleich drei Zähler inkrementiert, nämlich die Zähler von {Drucker,Papier}, {Drucker,Toner} und {Papier,Toner}.

In unserem Beispiel bleiben vier Kandidaten übrig, die alle den *support* von 3/5 haben. Die beiden Kandidaten {Papier,PC} und {PC,Toner} wurden in dieser zweiten Phase eliminiert.

Aus den qualifizierenden *frequent itemsets* der zweiten Phase werden dann die drei-elementigen Kandidaten der dritten Phase erzeugt. Diesmal bleibt sogar nur ein Kandidat übrig, da alle anderen schon à priori herausfallen, weil sie eine Teilmenge enthalten, die schon früher disqualifiziert wurde. Nach erneutem Durchlauf der Datenbank ermittelt man, dass diese Menge {Drucker, Papier, Toner} sich qualifizieren konnte.

Die vierte Phase des Algorithmus ermittelt keine weiteren *frequent itemsets*, so dass der Algorithmus jetzt terminiert.

17.5.4 Bestimmung der Assoziationsregeln

Nachdem man die *frequent itemsets* bestimmt hat, ist die Herleitung der Assoziationsregeln recht einfach. Wir nehmen an, dass wir uns bei der Durchführung des *à priori*-Algorithmus für jeden *frequent itemset* F den $support(F)$ – also die *Anzahl* des Vorkommens dieser Produkt-Teilmenge F geteilt durch die Gesamtanzahl der Einkäufe – gemerkt haben. Dann können wir die Assoziationsregeln so bestimmen, dass wir für jeden *frequent itemset* F alle möglichen disjunkten Zerlegungen L und R mit $F = L \cup R$ generieren. Die Assoziationsregel $L \Rightarrow R$ hat folgende *confidence*:

$$confidence(L \Rightarrow R) = support(F)/support(L)$$

Wir eliminieren alle Assoziationsregel-Kandidaten, deren *confidence*-Wert unterhalb des Minimalwerts, *minconf*, liegt.

Betrachten wir unser Beispiel und nehmen uns den *frequent itemset* {Drucker, Papier, Toner} vor. Daraus könnte man beispielsweise die Assoziationsregel

$$\{Drucker\} \Rightarrow \{Papier, Toner\}$$

formen. Diese Assoziationsregel hat den *confidence*-Wert von

$$confidence = \frac{support(\{Drucker, Papier, Toner\})}{support(\{Drucker\})} = \frac{3/5}{4/5} = 3/4 = 75\%$$

D.h. von den Kunden, die einen Drucker gekauft haben, haben auch 75% Toner und Papier gekauft. Daraus kann man dann eine Geschäftsstrategie ableiten: Man „verschleudere“ Drucker im Sonderangebot (sagen wir für 129 Euro) und setze die

Preise für Papier und Toner entsprechend hoch an (sagen wir 69 Euro für Toner), um daran kräftig zu verdienen.

Man beachte, dass die *confidence* einer Regel dadurch erhöht wird, dass man die linke Seite vergrößert (zumindest wird sie nicht geringer). Präziser ausgedrückt, wenn man zwei Assoziationsregeln $L \Rightarrow R$ und $L^+ \Rightarrow R^-$ für denselben *frequent itemset* $F = L \cup R = L^+ \cup R^-$ mit $L \subseteq L^+$ und $R^- \subseteq R$ betrachtet, so gilt immer:

$$\mathit{confidence}(L^+ \Rightarrow R^-) \geq \mathit{confidence}(L \Rightarrow R)$$

Die Leser mögen dies als Übung beweisen. Wir wollen es an der Beispielregel

$$\{\mathit{Drucker}, \mathit{Papier}\} \Rightarrow \{\mathit{Toner}\}$$

im Vergleich zu der vorher analysierten Regel

$$\{\mathit{Drucker}\} \Rightarrow \{\mathit{Papier}, \mathit{Toner}\}$$

mit einer *confidence* von 3/4 demonstrieren.

Die *confidence* der Regel $\{\mathit{Drucker}, \mathit{Papier}\} \Rightarrow \{\mathit{Toner}\}$ ist für unsere Beispiel-Datenbank wie folgt:

$$\mathit{confidence} = \frac{\mathit{support}(\{\mathit{Drucker}, \mathit{Papier}, \mathit{Toner}\})}{\mathit{support}(\{\mathit{Drucker}, \mathit{Papier}\})} = \frac{3/5}{3/5} = 3/3 = 100\%$$

17.5.5 Cluster-Bestimmung

Bei der Cluster-Bestimmung geht es darum, Gruppen logisch verwandter Objekte zu finden. Normalerweise sind die Objekte mehrdimensional beschrieben, d.h., es gibt mehrere Attribute, nach denen man die Objekte charakterisiert. Kunden werden beispielsweise nach Gehaltsklasse, Einkommensklasse, Alter, Geschlecht, Familienstand, etc. beschrieben. Die Anzahl der Dimensionen (Attribute) kann durchaus auch sehr groß sein – bis in die Hunderte, wenn man an die Beschreibung von Bildern oder CAD-Objekten über sogenannte hoch-dimensionale Feature-Vektoren denkt. Bei der Clusterbestimmung versucht man nun, (u.U. viele Millionen) Objekte so zu gruppieren, dass die Objekte in derselben Gruppe sehr ähnlich sind. Unter ähnlich versteht man dabei, dass die Objekte in einer Gruppe einen geringen Abstand zueinander haben. Dabei kann man beispielsweise einfach den Euklidischen Abstand der Objekte zueinander als Grundlage nehmen. Oft wird man aber noch eine Normierung vornehmen, so dass die besonders relevanten Dimensionen (Charakteristika) stärker gewichtet werden als andere, weniger interessant erscheinende Charakteristika.

Wir haben hier leider nicht den Platz, um die Cluster-Verfahren im Detail vorzustellen. Deshalb soll das anschauliche Beispiel in Abbildung 17.29 genügen: Hier wurden Autofahrer nach den beiden Dimensionen *Schadenshöhe* und *Alter des Fahrers* analysiert. Wir erkennen, dass es sowohl bei den jüngeren als auch bei den älteren Fahrern zwei Cluster gibt, solche mit hoher und solche mit geringer *Schadenshöhe*. Es bedarf der weiteren Analyse der zugrundeliegenden Daten, um diese Fahrer nochmals zu differenzieren: männlich/weiblich, Vielfahrer/Wenigfahrer, Kleinstädter/Großstädter, etc.

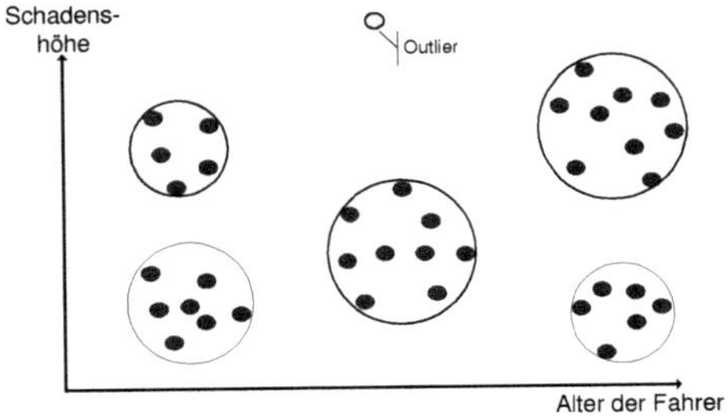

Abbildung 17.29: Illustration zur Cluster-Bestimmung

Eine Aufgabe des Data-Mining besteht auch darin, solche Objekte zu finden, die „aus dem Rahmen fallen“. Diese nennt man *Outlier* und die Suche nach derartigen Objekten wird als *Outlier Detection* bezeichnet. Ein *Outlier* wäre beispielsweise das hell dargestellte Datenobjekt in Abbildung 17.29. In unserem speziellen Beispiel handelt es sich hierbei möglicherweise um eine/n Versicherungsbetrüger/in, da die Schadenshöhe deutlich von der Norm für Fahrer dieser Altersgruppe abweicht.

k-Means-Clustering

Von den vielen in der Literatur vorgeschlagenen Clustering-Algorithmen wollen wir hier den wohl bekanntesten kurz vorstellen: den k-Means-Algorithmus, der die Datenelemente des d-dimensionalen Raums in vorgegebene k Cluster aufteilt. Das k-Means-Verfahren zielt darauf ab, die Datenpunkte so auf die k Cluster $S_1, \ldots, S_k$ aufzuteilen, dass die Summe der quadratischen Abstände der Punkte innerhalb eines Clusters zum Mittelwert des Clusters minimiert wird. Mathematisch soll also folgende „Qualitäts“-Funktion Q minimiert werden, wobei μ_i der Mittelwert des Clusters S_i sei:

$$Q = \sum_{i=1}^{k} \sum_{x_j \in S_i} ||x_j - \mu_i||^2$$

Gesucht ist demnach die optimale Verteilung der Datenpunkte $x_1, x_2, \ldots$ auf die Cluster $S_1, \ldots, S_k$, so dass obiger Wert minimal ist. Im Allgemeinen handelt es sich hierbei um ein NP-hartes Problem, das man deshalb für eine größere Anzahl von Daten (bspw. in „Big Data“-Anwendungen) nicht optimal lösen kann. Allerdings existieren Heuristiken, die relativ effizient sind und zudem in den meisten praktisch relevanten Anwendungen qualitativ gute Cluster bestimmen. Die bekannteste Heuristik wurde nach ihrem Erfinder als Lloyd-Algorithmus bezeichnet und arbeitet iterativ wie folgt:

1. **Initialisierung:** Wähle zufällig k Mittelwerte $\mu_1^{(1)}, \ldots, \mu_k^{(1)}$ aus dem Datensatz aus. Diese bilden die initialen Mittelwerte der Cluster der ersten Iteration.

2. **Iteriere für** $t = 1$ **bis** T (oder solange sich noch Änderungen an den Clustern ergeben):

   (a) **Zuordnung zu Clustern:** Jedes Datenobjekt x_j wird jetzt dem Cluster $S_i^{(t)}$ zugeordnet, zu dessen Mittelwert $\mu_i^{(t)}$ es am nächsten liegt. Das heisst, nach diesen Zuordnungen enthält jedes Cluster $S_i^{(t)}$ für $1 \leq i \leq k$ nur Datenelemente, für die gilt:

$$S_i^{(t)} = \{x_j : ||x_j - \mu_i^{(t)}||^2 \leq ||x_j - \mu_{i'}^{(t)}||^2 \text{ für alle } i' = 1, \ldots, k\}$$

Falls ein Datenelement x_j sich für mehrere Cluster qualifiziert, wird es dennoch nur einem (bspw. zufällig gewählten) Cluster $S_i^{(t)}$ zugewiesen.

(b) **Neuberechnung der Mittelwerte:** Jetzt werden für alle im t-ten Schritt berechneten Cluster die neuen Mittelwerte $\mu_i^{(t+1)}$ berechnet:

$$\mu_i^{(t+1)} = \frac{1}{|S_i^{(t)}|} \sum_{x_j \in S_i^{(t)}} x_j$$

Die Iterationsschritte 2(a) und 2(b) werden entweder eine vorgegebene Anzahl T mal ausgeführt oder aber solange bis sich die Clusterzuordnung nicht mehr (substanziell) ändert. In der Praxis konvergiert die Heuristik schon nach wenigen (i.d.R. weniger als zehn) Iterationen. Man kann den Algorithmus noch dahingehend verbessern, dass man sich bei der Wahl der initialen Mittelwerte „mehr Mühe" gibt.

Nachteile des k-Means-Verfahrens sind zum einen die vorgegebene Anzahl von k Clustern und zum anderen die Empfindlichkeit der Heuristik gegen Outlier oder einzelne fehlerhafte Datenelemente. Dieses Problem können sich die Leser leicht an Hand der Datenverteilung von Abbildung 17.29 vorstellen. Bei der Vorgabe von $k = 5$ Clustern würde der eine Outlier zu einer Degeneration der durch den k-Means-Algorithmus berechneten Cluster führen – anstatt den Outlier zu isolieren, wie es in der Illustration gemacht wurde.

Abhilfe schaffen hier andere Clustering-Heuristiken, wie beispielsweise das DBSCAN-Verfahren, das die Datendichte in Betracht zieht. DBSCAN steht für Density-Based Spatial Clustering of Applications with Noise. Dabei gehören solche Datenelemente zu einem Cluster, die Dichte-verbunden sind, wenn sie also durch eine Kette von dichten Datenpunkten, also solchen die eine Mindestanzahl von Nachbarpunkten „in ihrer Nähe" aufweisen, miteinander verbunden sind. Dadurch werden Outlier und fehlerhafte Datenelemente (Engl. *noise*) isoliert und keinem Cluster zugeordnet. Weiterhin können durch DBSCAN Cluster beliebiger Form (z.Bsp. gerkrümmte fadenförmige Cluster) „aufgespürt" werden.

17.6 Übungen

17.1 Berechnen Sie, wie groß ein Data Warehouse für ein Handelsunternehmen wie Quelle oder Amazon.com wäre, wenn die Bestelldaten der letzten 3 Jahre enthalten sind.

17.2 Wie groß wäre der Datenwürfel entlang den Gruppierungsdimensionen (KundenNr, Produkt, Monat) für das oben untersuchte Data Warehouse. Ist es noch realistisch, alle diese Teilaggregate zu materialisieren?

17.3 Die Bitmap-Indices sind normalerweise sehr dünn besetzt, d.h., sie enthalten viele Nullen und wenige Einsen. Welche Möglichkeiten der Komprimierung kommen in Betracht, um den Speicherbedarf zu reduzieren?

17.4 Entwerfen Sie einen Algorithmus, um den Klassifikationsbaum wie er in Abbildung 17.27 exemplarisch gezeigt ist, automatisch zu ermitteln. Dazu gehe man top-down vor: Man wählt ein Vorhersage-Attribut und einen Wert dafür, der die Eingabemenge in zwei „sinnvolle“ Partitionen zerlegt. Man partitioniere die Eingabemenge demgemäß und gehe rekursiv den Baum hinab bis man Partitionen erhält, deren Elemente das gleiche abhängige Attribut haben.

17.5 Beweisen Sie folgendes: Wenn man zwei Assoziationsregeln $L \Rightarrow R$ und $L^+ \Rightarrow R^-$ für denselben *frequent itemset* $F = L \cup R = L^+ \cup R^-$ mit $L \subseteq L^+$ und $R^- \subseteq R$ betrachtet, so gilt immer:

$$\mathit{confidence}(L^+ \Rightarrow R^-) \geq \mathit{confidence}(L \Rightarrow R)$$

17.6 Zeigen Sie die vierte Phase des à priori-Algorithmus für unser Beispiel in Abbildung 17.28.

17.7 Implementieren Sie den à priori-Algorithmus in Ihrer Lieblingsprogrammiersprache. Generieren Sie eine künstliche Datenbasis „substantieller“ Größe (also größer als der verfügbare Hauptspeicher) und untersuchen Sie das Leistungsverhalten Ihrer Implementierung. Versuchen Sie es zu verbessern, indem Sie geschicktere Datenstrukturen für die Verwaltung der Kandidatenmengen realisieren.

17.8 Konzipieren Sie eine Heuristik zur Clusterbestimmung. Das Ziel besteht darin, die Objekte so zu clustern, dass nur sehr ähnliche Objekte in demselben Cluster liegen. D.h., man sollte eine Distanz d vorgeben können, so dass zwei Objekte desselben Clusters nicht weiter als d voneinander entfernt sind. Die Herausforderung besteht dann darin, die (sehr große) Menge aller Objekte auf möglichst wenige Cluster abzubilden. Es ist hoffnungslos, die minimale Anzahl an Clustern finden zu wollen. Warum?

17.9 Realisieren Sie in SQL die Materialisierung eines 3-D Datenwürfels für das Schema aus Abbildung 17.6.

17.10 Realisieren Sie einige OLAP-Anfragen für ein Wahlinformationssystem.

17.11 Illustrieren Sie die Ausführung der Top-1-Berechnung für eine junge Familie mit zwei Kindern. Zeigen Sie die phasenweise Berechnung des Ergebnisses mit dem Threshold- und dem NRA-Algorithmus.

17.12 Implementieren Sie den k-Means-Algorithmus und wenden Sie ihn auf große (selbst generierte oder reale) Datensätze an. Wenden Sie ihren Algorithmus auch auf die Datenverteilung von Abbildung 17.29 an – und zwar einmal mit $k = 5$ und zum anderen mit $k = 6$ und bewerten Sie (visuell) die Qualität der berechneten Cluster.

17.7 Literatur

Wir konnten hier nur einen sehr knappen Überblick über das SAP ERP-System geben. Mehr Information über den Einsatz von ERP in verschiedenen Anwendungsgebieten findet man auf dem Webserver der SAP AG (1997). Die Anwendungssmodule des SAP-Systems werden in dem Buch von Wenzel (1995) behandelt. Will et al. (1996) und Buck-Emden und Galimow (1996) beschreiben die Administration von ERP-Installationen. Die ABAP/4-Sprache wird detailliert von Matzke (1996) vorgestellt. Die Einführung und Anpassung des generischen SAP-Systems wird von Appelrath und Ritter (1999) beschrieben. Wächter (1997) beschreibt das ConTract-Workflow-Modell. Jablonski (1997) gibt eine Einführung in Workflow-Management-Systeme. Bon, Ritter und Steiert (2003) behandeln Datenflüsse in unternehmensübergreifenden Workflow-Prozessen. Doppelhammer et al. (1997) untersuchten die Leistungsfähigkeit von SAP ERP für Decision-Support-Anfragen. Dittrich, Kossmann und Kreutz (2005) untersuchen allgemein die Möglichkeiten, relationale Datenbanken direkt – also ohne *Middleware-System* – für OLAP-Anfragen zu nutzen. Das Lehrbuch von Krcmar (2002) behandelt die Informationsverwaltung aus betriebswirtschaftlicher Sicht.

Colliat (1996) vergleicht ROLAP- und MOLAP-Realisierungen. Es gibt mehrere Textbücher über Data Warehouse-Anwendungen: Z.B. von Kimball (1996), von Kimball und Strehlo (1995) und von Mattison (1996). Thalhammer und Schrefl (2002) berichten über die Konzeption eines aktiven Data Warehouses. Die Bedeutung der Datenintegration für die Nutzung eines Data Warehouses wird von Calvanese (2003) beleuchtet. Wu und Buchmann (1997) geben eine Übersicht über noch offene Forschungsarbeiten in diesem Bereich. Chaudhuri und Dayal (1997) haben ein sehr schönes Tutorial über Data Warehouse-Anwendungen ausgearbeitet. Stöhr, Märtens und Rahm (2000) haben die Parallelisierung von Data Warehouse-Anwendungen untersucht. Die Firma Red Brick Inc. (1996) bietet ein relationales Data Warehouse-System an. Microstrategy und SAP bieten Data Warehouse-Lösungen basierend auf relationalen DBMS von anderen Firmen (Oracle, DB2, SQL Server) an. Jarke, List und Köller (2000) behandeln die Realisierungsproblematik von Data Warehouse-Anwendungen. Gray et al. (1996) haben den **cube**-Operator entworfen. Die effiziente Verwaltung von Datenwürfel-Einträgen (also materialisierten Aggregaten) bei begrenztem Speicherplatz wird von Harinarayan, Rajaraman und Ullman (1996) behandelt. Moerkotte (1997) hat sogenannte *kleine materialisierte Aggregate* als Indexstruktur vorgeschlagen. Graefe und O'Neil (1995) haben die Optimierungstechnik, basierend auf Bitmap-Indices, für den Star Join vorgeschlagen. Valduriez (1987) hat, basierend auf der Arbeit von Härder (1978), die „normalen“ Join-Indices erfunden. Wu und Buchmann (1998) haben Verfahren für die effiziente Verwaltung von Bitmap-Indices untersucht. Eine große Anzahl von Forschungspapieren befasst sich mit der Fortschreibung materialisierter Daten im Data Warehouse, wenn Änderungen (z.B. Auffrischungen) der Daten vorgenommen werden. Hier sei repräsentativ nur auf eine Arbeit von Zhuge et al. (1995) verwiesen.

Eine spezielle Auswertungstechnik namens *DiagJoin* für Joins entlang von $1:N$-Beziehungen haben Helmer, Westmann und Moerkotte (1998) entwickelt. Claussen et al. (2000) haben gezeigt, wie man Sortier- und Partitionier-Operationen möglichst effizient in einem Anfrageplan plazieren kann. Dazu wurde der sogenannte ordnungs-erhaltende Hash-Join entwickelt. Für die frühe Anwendung der Partitionierung haben Kemper, Kossmann und Wiesner (1999) Bitmaps zur indirekten Partionierung verwendet. Es handelt sich hierbei um eine Generalisierung der von Graefe, Bunker und Cooper (1998) vorgeschlagenen Hash-Teams, die im MS SQL-Server eingesetzt werden. Karayannidis et al. (2002) haben Optimierungstechniken für sehr komplexe Star-Join-Anfragen entwickelt. Röhm et al. (2002) optimieren OLAP-Anwendungen in einem Cluster von Datenbank-Servern.

Kersten et al. (1997) haben einen Überblick über Data Mining gegeben. Keim und Kriegel (1996) behandeln den Ansatz, durch Visualisierung Zusammenhänge (Regeln), die in einer Datenmenge erfüllt sind, aufzudecken. Mansmann et al. (2007) verwenden das visuelle Data Mining für die Exploration von Datenwürfeln (data cubes). Böhm et al. (2004) behandeln das Problem der Cluster-Berechnung korrelierter Objekte. Böhm und Plant (2008) haben Verfahren für die Berechnung hierarchischer Cluster entworfen. Fayyad und Uthurusamy (1996) geben eine Einführung für eine Reihe von Artikeln über Data Mining, die in derselben Ausgabe der Zeitschrift *Communications of the ACM* erschienen sind. Agrawal, Imielinski und Swami (1993) behandeln das „Aufspüren" von Assoziationsregeln in großen Datenmengen. Diese Arbeiten wurden im Rahmen des Quest-Projekts – einem der bekannteren Data Mining Projekte – bei IBM gemacht. Rückert, Richter und Kramer (2004) haben Optimierungen für die Bestimmung von Assoziationsregeln entwickelt. Das k-Means-Verfahren ist schon Mitte des letzten Jahrhunderts erfunden worden und geht originär auf S. P. Lloyd zurück. Im Datenbank-Kontext wird es in dem Buch von Ester und Sander (2000) beschrieben. Das DBSCAN-Verfahren wurde von Ester et al. (1996) entwickelt. Gan und Tao (2015) haben nachgewiesen, dass es für hochdimensionale Datenräume leider keine skalierbare Realisierung geben kann – aber gute Approximationen sind trotzdem effizient realisierbar. Maurus und Plant (2014) haben ein elegantes Verfahren für das Data Mining auf Daten, die auch unbekannte Werte (also NULL-Werte) enthalten, vorgestellt und dafür den „Best Paper Award" der ICDM-Konfernez erhalten. Maxeiner, Küspert und Leyman (2001) untersuchen das Data Mining auf Workflow-Protokollen. Berchtold et al. (2000) haben sich mit der effizienten Auswertung von *nächste Nachbarn (nearest neighbor)*-Anfragen befasst. Breunig et al. (2001) haben eine effiziente Clustering-Technik entwickelt. Gerlhof et al. (1993) haben eine Partitionierungsheuristik entwickelt und empirisch bewertet. Böhm et al. (2001) haben für hoch-dimensionale Daten die Auswertung des Ähnlichkeits-Joins (dabei werden nahe beieinander liegende Objekte verbunden) optimiert. Börzsönyi, Kossmann und Stocker (2001) haben den neuen relationalen Operator *skyline* vorgeschlagen, der die optimalen Objekte hinsichtlich einer partiellen Ordnung effizient ermitteln kann. Kossmann, Ramsak und Rost (2002) haben einen inkrementellen Algorithmus für die Berechnung des Skyline-Ergebnisses erfunden. Papadias et al. (2003) haben dafür Optimierungen entwickelt.

Window-Funktionen werden häufig auch als analytische SQL OLAP-Funktionen bezeichnet und werden mittlerweile von fast allen kommerziellen SQL-Datenbanksystemen unterstützt. Die effiziente Auswertung dieser Funktionen wurde von Leis et al. (2015) entwickelt.

Fagin, Lotem und Naor (2003) haben die Berechnungsroutinen für Ranking-Anfragen aus verteilten Datenquellen konzipiert. Güntzer, Balke und Kießling (2000) haben eine Optimierung für die Auswertung von Anfragen mit einem Ranking der

Objekte nach mehreren Dimensionen entwickelt. Darüber hinaus hat Kießling (2002) eine allgemeine Theorie von Präferenzen konzipiert. Balke et al. (2005) haben die Berechnung der *top k*-Objekte für verteilte Datenquellen weiter optimiert. Eine Übersicht der Top-k-Algorithmen findet sich in Ilyas, Beskales und Soliman (2008). Theobald et al. (2008) haben Techniken für die Top-k-Berechnung auf semistrukturierten Daten entwickelt. Beck, Radde und Freitag (2007) benutzen das Ranking für die Herleitung von Produktempfehlungen. Milchevski, Anand und Michel (2015) haben Indexierungstechniken für den Vergleich von Top-k-Listen entwickelt. Augsten et al. (2010) haben Algorithmen für das approximative Top-k-Matching von baum-strukturierten Daten (wie bspw. XML-Dokumenten) entwickelt.

Klein et al. (2006) haben Stichproben-basierte Techniken (eng. *sampling*) entwickelt, mit denen Ergebnisse von Anfragen approximativ berechnet werden, um lange Antwortzeiten für die vollständige Berechnung zu vermeiden. Auf der SIGMOD Konferenz wurde das von Jermaine et al. (2007) gebaute Datenbanksystem DBO, das die approximative Berechnung besonders gut unterstützt, mit dem „*best paper award*" ausgezeichnet. Antova, Koch und Olteanu (2007) haben ein Rahmenwerk entwickelt, mit dem sich unvollständige und ungewisse Daten modellieren lassen.

Aulbach et al. (2008) haben Techniken entwickelt, um betriebliche Datenbankanwendungen als Software as a Service (SaaS) über das Internet anzubieten. Dazu ist eine Konsolidierung/Abbildung vieler unterschiedlicher Anwender und deren Schema-Erweiterungen auf ein Datenbanksystem nötig. Brantner et al. (2008) beschreiben ein so genanntes Cloud-Datenbanksystem, das Datenbankdienste über das Internet anbietet. Gmach et al. (2008) untersuchen Techniken für die Quality of Service-basierte Verwaltung und Administration von betrieblichen Datenbank-Infrastrukturen. Krompass et al. (2007) konzentrieren sich speziell auf die Überwachung der Anfragebearbeitung in Datawarehouse-Systemen.

18. Hauptspeicher-Datenbanken

Es gibt schon seit langer Zeit (etwa seit den Achtziger Jahren) erste Hauptspeicher-Datenbanksysteme (in-memory DBMS). Darunter versteht man Datenbanksysteme, die den gesamten Datenbestand im Hauptspeicher halten, also keine Seiten zwischen Hauptspeicher-Puffer und Plattenspeicher hin und her tauschen (swappen) – wie dies bei herkömmlichen relationalen Datenbanksystemen der Fall ist. Man erinnere sich an die Speicherhierarchie (Abbildung 7.2) sowie an die Pufferverwaltung (Abbildung 7.4), um die hohen Laufzeit-Kosten dieser Ein-/Auslagerungen zu verstehen. Wir hatten intuitiv einen Seitenfehler mit einer „Reise zum Pluto" verglichen, da der Zugriff auf den Hintergrundspeicher etwa fünf Größenordnungen mehr Zeit in Anspruch nimmt (also einen Faktor 10^5 langsamer ist) als der Zugriff auf ein Hauptspeicher-residentes Datum.

18.1 Hardware-Entwicklungen

Die bisherigen Hauptspeicher-Datenbanksysteme waren allerdings eher Nischenprodukte, die für spezielle Anwendungen verwendet wurden. Dies hat sich durch den technologischen Fortschritt im Hardwarebereich geändert: Heute gibt es Datenbank-Server mit Hauptspeicherkapazitäten jenseits eines Tera-Bytes, die Server haben viele Rechenkerne (multi-core) und es wurden neue Algorithmen und Datenstrukturen für Hauptspeicher-effiziente Datenverarbeitung entwickelt (Column-Stores, Kompression, Cache-effiziente Indexstrukturen, etc.). In Abbildung 18.1 ist die Architektur eines heute üblichen Datenbankservers mit 1 TB Hauptspeicher gezeigt. Es handelt sich um einen Rechner mit 32 Kernen, die auf vier Intel Xeon Prozessoren (CPUs) mit je 8 Kernen verteilt sind. Jeder Rechnerkern besitzt zwei Hardware-Kontexte, kann also zwei sogenannte Hyper-Threads ausführen, so dass bis zu 64 Threads parallel arbeiten können – bei sehr rechenintensiven Operationen ist man auf die Ausführung von 32 Threads beschränkt. Die Besonderheit dieser hochskalierenden Server besteht darin, dass der Hauptspeicher nicht mehr zentral und uniform allen Prozessoren mit gleicher Bandbreite zugeordnet ist. Wie man dem Architekturbild entnehmen kann, besitzt jeder Prozessor 256 GB Hauptspeicher, die über ein sogenanntes QPI (Quick Path Interconnect) miteinander verbunden sind. Es kann also immer noch jedes Programm (jeder Thread) direkt auf jeden Hauptspeicherbereich zugreifen, aber mit unterschiedlichen Kosten hinsichtlich Latenz und Bandbreite. Ein Programm, das auf einem der Kerne *Core0* bis *Core7* ausgeführt wird, kann also Speicherbereiche der CPU 0 sehr viel effizienter lesen und schreiben als Speicherbereiche, die beispielsweise der CPU 3 zugeordnet sind. Folgerichtig nennt man dies eine NUMA (Non-Uniform Memory Access)-Architektur. Jeder Prozessor hat einen Level 3-Cache der Größe 24 MB, der von den 8 Kernen gemeinsam genutzt wird bzw. um den sie konkurrieren. Jeder Kern hat dann noch dedizierte Level 2- und Level 1-Caches. Dieser Rechner stellt einen Server im mittleren Preis-

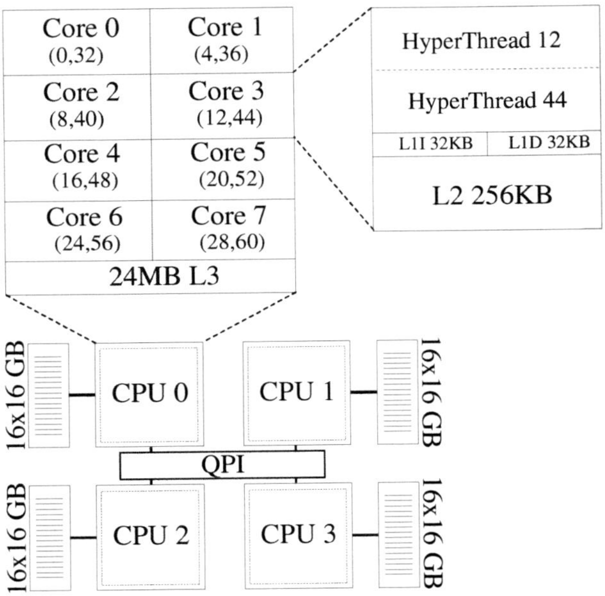

Abbildung 18.1: Architektur eines Mehrkern-Rechners mit NUMA-Hauptspeicher

segment von ca. 30.000 Euro dar. Im Hochpreis-Segment hat beispielsweise Oracle/-SUN den SPARC M5-32-Rechner mit 32 TB Hauptspeicher und 32 Prozessoren (jeder mit vielen Kernen) im Programm. Zum jetzigen Zeitpunkt würde aber alleine der 32 TB-Hauptspeicher mit etwa einer Million Euro zu Buche schlagen, so dass diese Rechner wohl nur für besonders große, leistungskritische und gewinnbringende Anwendungen (eCommerce, Banken, soziale Netzwerk-Betreiber, etc.) interessant sind.

Diese neuen Hardware-Architekturen stellen in vielerlei Hinsicht besondere Herausforderungen an die Entwicklung leistungsfähiger Hauptspeicher-Datenbanksysteme:

massive Parallelität Heutige Rechner werden nicht mehr, wie in der Vergangenheit, durch eine höhere Taktrate schneller, sondern durch multi-core-Parallelität. Die Algorithmik der Datenbank-systeme muss grundlegend auf diese neue Situation angepasst werden.

Cache-Lokalität Früher haben die Hintergrundspeicher-I/O-Kosten alle anderen Kosten der Datenverarbeitung dominiert. Durch den Wegfall werden ganz neue Flaschenhälse aufgedeckt – nämlich die unterschiedlichen Kosten beim Zugriff auf Register-/Cache-/Hauptspeicher-Datenelemente. Man muss die Algorithmik der Datenbanksysteme hinsichtlich bestmöglicher Ausnutzung der Cache-Lokalität anpassen.

NUMA-Anpassung Die drastisch unterschiedlichen Kosten für den lokalen/entfernten Hauptspeicherzugriff gilt es bei der Datenverarbeitung zu berücksichtigen, so dass die Verarbeitungsvorgänge auf den Kernen platziert werden sollten, denen der Speicher lokal zugeordnet ist. Zwischenergebnisse sollten auf jeden Fall lokal geschrieben werden und nicht im entfernten Speicherbereich (nur weil dort etwas mehr Platz ist).

18.2 Einsatz von Hauptspeicher-Datenbanken

Wir wollen noch eine rudimentäre Machbarkeitsstudie für den Einsatz von Hauptspeicher-DBMS durchführen. Wie oben beschrieben, kann man mittlerweile relativ kostengünstige Server mit einer Hauptspeicher-Kapazität jenseits eines TB für etwa 30000 Euro erwerben. Derartige Server haben Mehrkern-Prozessoren, so dass viele Threads echt parallel ausgeführt werden können. Diese „unglaubliche" Rechenkapazität (*„compute power"*) erlaubt es, viele Operationen, die heute im Anwendungsserver ausgeführt werden, direkt auf dem Datenbankserver auszuführen. Die Hauptspeicher-Kapazität reicht aus, um die transaktionalen Daten auch großer Unternehmen zu speichern – wir reden hier nicht von multi-medialen Web-Daten, sondern von Daten für geschäftskritische Buchungsvorgänge. Als Beispiel betrachte man die Bestellungsdaten eines Handelsunternehmens, wie Amazon. Im Jahr 2012 hat Amazon einen Umsatz von etwa 60 Mrd. US-Dollar erwirtschaftet. Bei einem durchschnittlichen Produktpreis von ca. $15 müssen also 4 Mrd. Bestellpositionen gespeichert werden, von denen jede in weniger als 100 Byte repräsentiert werden kann (Siehe dazu auch das Schema des TPC-C-Benchmarks in Abschnitt 22.2, das ein solches Handelsunternehmen modelliert). Also ergibt sich für diese Relation ein Speichervolumen von etwa 400 GB – im Vergleich zu Hauptspeicherkapazitäten jenseits eines TB. Hierbei haben wir andere Relationen (Kunden, Produkte, etc.) vernachlässigt, aber auch die Komprimierungsmöglichkeiten der Daten nicht mit einbezogen. Außerdem könnte man für derartig große Unternehmen eine verteilte, partitionierte Datenbank innerhalb eines Computer-Clusters konfigurieren.

Diese technologischen Verbesserungen der Server in Verbindung mit kommerziell vielversprechenden Anwendungsmöglichkeiten hocheffizienter Datenbanken haben viele Startup-Unternehmen im Bereich der Hauptspeicher-DBMS „auf den Plan gerufen": VoltDB, Clustrix, Akiban, DBshards, NimbusDB, ScaleDB, Lightwolf und ElectronDB – um nur die bekannteren zu nennen. Aber auch die großen Unternehmen wie SAP (HANA), Microsoft (Hekaton) und IBM (ISAO/BLINK) investieren in dieser Richtung.

Die bisherigen Hauptspeicher-Datenbanksysteme wurden entweder für den OLTP-Anwendungsbereich (also für die effiziente Transaktionsverarbeitung), oder für den OLAP-Bereich (also für die effiziente Anfrageauswertung) konzipiert. Es gibt aber überzeugende Argumente von namhaften Industrievertretern, wie Plattner (2009) von SAP, dass diese Zweiteilung der Daten keine hinreichende Unterstützung für die sogenannte Echtzeit-Entscheidungsunterstützung (*real time business intelligence*) bietet. Die derzeitige betriebliche Datenbank-Architektur sieht vor, dass transaktionale Daten primär in einem OLTP-Datenbanksystem verwaltet werden, in dem sie im aktuellsten Zustand vorliegen. Durch einen *Extract-Transform-Load* (ETL)-Prozess werden sie periodisch aus diesem transaktionalen System in ein OLAP-System (Data Warehouse) geladen. Dies kann aber aus Belastungsgründen nur pe-

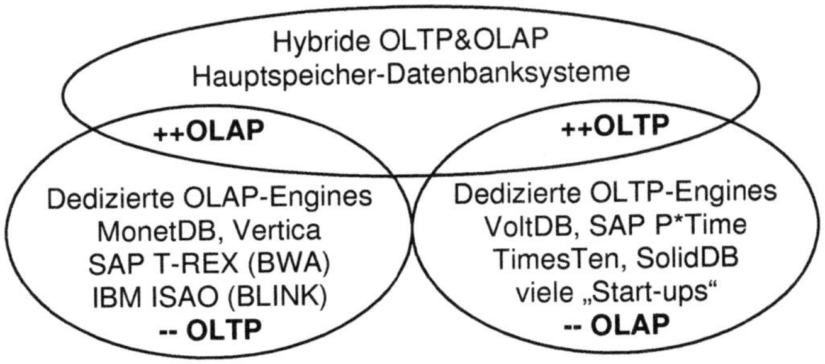

Abbildung 18.2: Das Ziel der hybriden Hauptspeicher-DBMS: Das Beste beider Welten – OLAP **und** OLTP

riodisch (z.B. jede Nacht) erfolgen. In den bisherigen Systemen war es aus Leistungsgesichtspunkten nicht möglich, OLAP-Anfragen direkt auf den transaktionalen Daten des OLTP-Systems auszuführen. Dies hat sich durch die aufkommenden Hauptspeicher-Datenbanksysteme mit sehr großen Hauptspeicherkapazitäten und Mehrkern-Rechnerarchitekturen drastisch geändert. Solche Datenbanksysteme werden als hybride OLTP&OLAP-Datenbanken bezeichnet. Sie vereinigen in gewisser Weise die besten Eigenschaften beider Welten, wie dies in Abbildung 18.2 skizziert ist. Sie sollten im Transaktionsdurchsatz so gut sein wie dedizierte OLTP-Datenbanken und in der Anfragebearbeitung sind die dedizierten OLAP-Engines wie z.B. die Column-Stores (siehe Abschnitt 18.4) MonetDB, Vertica, VectorWise oder das IBM-System ISAO/Blink) das Maß der Dinge.

18.3 Leistungsengpässe heutiger Disk-basierter Datenbanksysteme

Wenn man OLTP und OLAP auf demselben System ausführt, muss man die Wechselwirkungen dieser beiden sehr unterschiedlichen Workloads in den Griff bekommen. Es wird nicht funktionieren, sich einfach auf das klassische Zwei-Phasen-Sperrprotokoll zu verlassen: das garantiert zwar Konsistenz, würde aber zu drastischen Leistungsproblemen führen. Dies wurde in einer Studie von Harizopoulos et al. (2008) nachgewiesen, die in Abbildung 18.3 zusammengefasst ist.

Demnach verbrauchen die Pufferverwaltung, die Mehrbenutzer- und die Thread-Synchronisation und das Logging den Hauptanteil des Aufwands in einem klassischen Datenbanksystem. Was liegt also näher als die Hauptspeicher-Datenbanksysteme genau in diesen Bereichen drastisch zu optimieren:

Pufferverwaltung Die Pufferverwaltung besteht eigentlich aus zwei Komponenten: der originären Seitenverwaltung im Hauptspeicherpuffer und der Datensatzverwaltung auf diesen Seiten. Für die Seitenverwaltung benötigt man eine Seitentabelle, die angibt, ob sich eine Datenbankseite im Puffer befindet und wenn ja, an welcher Stelle. Die Datensätze innerhalb der Seiten werden über die Indirektion der Tuple Identifier (TID) adressiert. Man kann in Hauptspeicher-

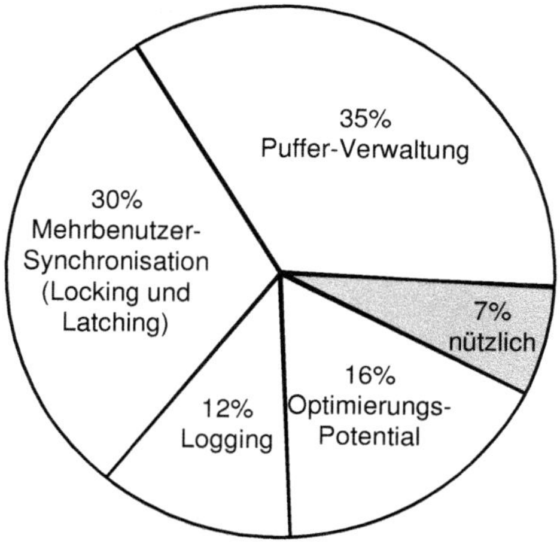

Abbildung 18.3: Profiling eines klassischen Datenbanksystems

Datenbanksystemen eine sehr drastische Optimierung durchführen: Beides – sowohl Seitentabelle zur Pufferverwaltung, als auch Datensatzverwaltung innerhalb einer Seite – wird *wegoptimiert*, indem man sich einfach auf die „ultraeffiziente“ virtuelle Speicherverwaltung des Betriebssystems verlässt.

Mehrbenutzer- und Thread-Synchronisierung Klassisch wird die Mehrbenutzersynchronisation über das Zweiphasen-Sperrprotokoll abgewickelt, das auf Sperren (Locking) basiert. Die nebenläufigen Threads müssen zusätzlich noch über kurz gehaltene Sperren, sogenannte *Latches*, synchronisiert werden.

In den neueren Hauptspeicher-Datenbanksystemen wird dieser (sehr große) Aufwand dadurch reduziert, dass man durch Partitionierung der Datenbank den Sperraufwand einschränkt. Anstatt einzelne Datensätze zu sperren, werden ganze Partitionen exklusiv einzelnen Threads zugeordnet. Weiterhin kann man den Parallelitätsgrad – also die Anzahl der gleichzeitig aktiven Benutzertransaktionen – deutlich einschränken. In klassischen Datenbanken musste dieser Parallelitätsgrad hoch gesetzt werden, um die Seitenfehler zu „maskieren“, die ja in einem Einbenutzersystem zu einem gänzlichen Stillstand des DBMS für eine „Ewigkeit“ (ca. 10 ms) geführt hätten. Dieses Problem tritt in Hauptspeicher-DBMS nicht auf, weil es ja keine Seitenfehler mehr gibt, so dass man Transaktionen als vordefinierte Prozeduren (*stored procedures*) nach Invokation extrem schnell abarbeiten kann. Typische betriebliche Transaktionen, wie z.B. die Verarbeitung einer Bestellung, kann man auf modernen Hauptspeicher-DBMS in wenigen Mikrosekunden ausführen. Das heißt, dass man selbst im sequentiellen (Ein-Benutzer-)Betrieb 100000 Transaktionen pro Sekunde abarbeiten könnte – mehr als (fast) jede Anwendung verlangt. Im Vergleich: Amazon hatte im Weihnachtsgeschäft 2012 an Spitzentagen ein Transaktionsaufkommen von „nur“ einigen Hundert Bestellungen pro Sekunde, wobei jede Bestellung natürlich mehrere Transaktionen (Eingabe, Bezahlung,

Nachfrage, Auslieferung, etc.) nach sich zieht.

Logging/Protokollierung Das WAL (Write-Ahead Logging)-Protokoll verlangt, dass die Protokolldaten vor Abschluss einer Transaktion auf die Platte geschrieben werden. Hier kann man durch die Verarbeitung einer ganzen Gruppe von Transaktionen eine Durchsatzerhöhung erzielen. Man nennt dieses Verfahren *group commit*, da das „offizielle" **commit** einer einzelnen Transaktion verzögert wird, um deren Log-Datensätze zusammen mit vielen Logs anderer Transaktionen auf die Platte, oder via Netzwerk auf einen Storage-Server zu schreiben.

Wir werden nachfolgend einige neuere Ansätze beschreiben, die entwickelt wurden, um die so analysierten Flaschenhälse (Bottlenecks) herkömmlicher Datenbanksysteme zu optimieren. Das Ziel besteht darin, ein derart leistungsfähiges Hauptspeicher-Datenbanksystem zu entwerfen, das gleichzeitig OLTP-Transaktionen und OLAP-Anfragen auf **demselben** Datenbestand abarbeiten kann, um effektive Unterstützung für die *Operational BI (business intelligence)* zu bieten.

18.4 Column Stores: Attribut-basierte Speicherung

Die bisher gängige Speicherstruktur relationaler Datenbanksysteme basiert darauf, dass Tupel als zusammenhängende Bereiche gespeichert werden. Diese Architektur nennt man deshalb auf Englisch *row-store*. Dieses Speichermodell hat Vorteile, wenn man auf mehrere Attribute eines Tupels gleichzeitig zugreifen muss. Wenn man allerdings nur auf einzelne Spalten (Englisch *columns*) einer Relation zugreift, beispielsweise in einer Summierung des Attributs A

select sum(A)
from R

ist dies eine „Verschwendung" der kostbaren Caches in einem Rechner, wie dies in Abbildung 18.4 gezeigt wird. Bei jedem Zugriff auf ein Datenelement, hier auf den Attributwert von A, werden die im Hauptspeicher benachbarten Datenelemente mit in die Caches transferiert. Dies passiert dadurch, dass immer ganze *Cache-Lines* transferiert werden. Im zeilen-basierten Row-Store enthält diese Cache-Line in der Regel aber nur einen nützlichen Attributwert, der in der Abbildung fett gedruckt illustriert ist. Auf der rechten Seite ist dasselbe Szenario für den spalten-basierten Column-Store gezeigt. Hierbei enthält die Cache-Line viele nützliche Werte, da ja die Werte des Attributs A geballt gespeichert sind. In unserem idealisierten Beispiel müssen also im Row-Store 9 teure Hauptspeicherzugriffe erfolgen; wohingegen der Column-Store mit zwei Cache-Line-Transfers auskommt. Anders als in dem idealisierten Beispiel haben Cache-Lines in der Realität eine „Breite" von 64 oder 128 Bytes – und die Caches sind natürlich auch viel größer als in der Graphik gezeigt.

Wir wollen die Anfrageauswertung basierend auf dem Column-Store an einem praktischen Beispiel, einer *Verkäufe*-Relation, illustrieren. Die *Verkäufe*-Relation ist aus Sicht des Benutzers nach wie vor eine Menge von Tupeln, also eigentlich ein *Row-Set*:

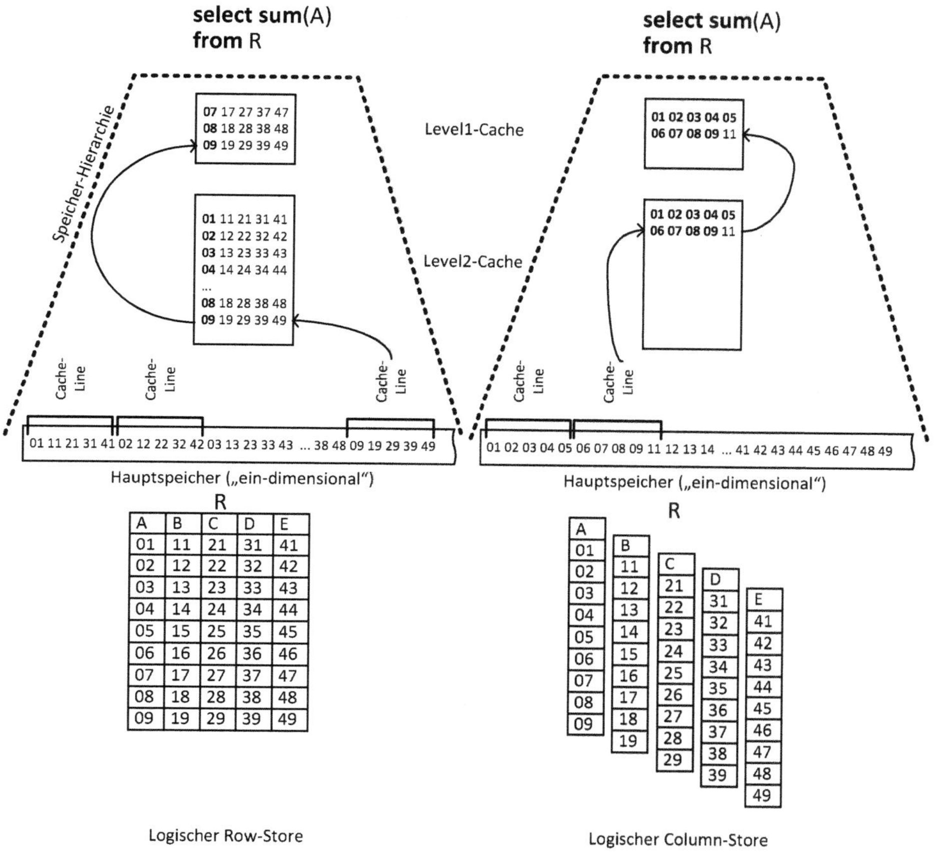

Abbildung 18.4: Ausnutzung der Caches bei (links) Row-Store bzw. (rechts) Column-Store-Speicherung der logischen Relation $R : \{[A, B, C, D, E]\}$

Verkäufe				
Produkt	Kunde	Preis	Filiale	...
Handy	Kemper	345	Schwabing	...
Radio	Mickey	123	Bogenhausen	...
Handy	Minnie	233	Schwabing	...
Kühlschrank	Urmel	240	Augsburg	...
Beamer	Bond	740	London	...
Handy	Lucie	321	Bogenhausen	...

Beim Zugriff eines Tupels wandern im *Row-Store* implizit alle Attributwerte dieses Tupels in die Level1- und Level2-Caches des Prozessors und belegen diesen kostbaren (schnell zugreifbaren) Speicherbereich. Bei der spaltenorientierten Speicherung werden die Attributwerte einer Spalte als Werte-Vektor gespeichert. Für unsere Beispielrelation *Verkäufe* ist die spaltenorientierte Speicherung nachfolgend gezeigt:

Produkt	
ID	Produkt
0	Handy
1	Radio
2	Handy
3	Kühlschrank
4	Beamer
5	Handy

Kunde	
ID	Kunde
0	Kemper
1	Mickey
2	Minnie
3	Urmel
4	Bond
5	Lucie

Preis	
ID	Preis
0	345
1	123
2	233
3	240
4	740
5	321

Filiale	
ID	Filiale
0	Schwabing
1	Bogenhausen
2	Schwabing
3	Augsburg
4	London
5	Bogenhausen

Hierbei wird jeder Attributwert separat gespeichert, indem man den Tupeln der Relationen eindeutige Identifikatoren zuweist. Oft wird auch einfach die Indexposition des Vektors als Identifikator verwendet, so dass alle Werte des i-ten Tupels sich an der jeweils korrespondierenden Position $[i]$ in ihren Vektoren befinden müssen. Attributwerte mit demselben ID-Wert bzw. an denselben Indexpositionen gehören also zu demselben Tupel. Eine Anfrage, bei der dieses Speicherschema bestmöglich zum Einsatz kommt, wäre die Summierung aller *Preise*:

select sum(Preis)
from Verkäufe

Für die Auswertung dieser Anfrage muss man nur den Vektor des Attributs *Preis* lesen und aufsummieren. Da alle Preise zusammenhängend gespeichert sind, erzielt man eine bestmögliche Cache-Lokalität, d.h. die Wahrscheinlichkeit, dass ein benötigtes Datenelement bereits im Prozessorcache geladen ist, wird deutlich erhöht.

Aber auch komplexere SQL-Anfragen, bei denen nach einem Attribut selektiert und ein anderes aggregiert wird, lassen sich in dieser Architektur effektiv optimieren. Als Beispiel betrachten wir die nachfolgende Anfrage, in der die Verkaufserlöse für Handys summiert werden:

select sum(Preis)
from Verkäufe
where Produkt = 'Handy'

Die schrittweise Abarbeitung dieser Anfrage ist nachfolgend illustriert:

Produkt	
ID	Produkt
0	Handy
1	Radio
2	Handy
3	Kühlschrank
4	Beamer
5	Handy

$\rightarrow$

σ_{Handy}
ID
0
2
5

$\bowtie$

Preis	
ID	Preis
0	345
1	123
2	233
3	240
4	740
5	321

$\rightarrow$

Π_{Preis}
Preis
345
233
321

$\rightarrow$ **sum** $\rightarrow$ 899

Zunächst werden aus der Spalte *Produkt* die ID-Werte ermittelt, die zu Handy-Verkäufen gehören. Mit dieser Liste wird die Spalte (also der Vektor) *Preis* auf die relevanten Werte eingeschränkt, die danach summiert werden. Auf die für diese Anfrage irrelevanten Spalten *Kunde* und *Filiale* werden gar nicht zugegriffen und belegen demnach auch keinen kostbaren Cache-Speicher.

In den spaltenorientierten Datenbanksystemen verwendet man zudem Kompressionstechniken, um die Werte-Vektoren so kompakt wie möglich speichern zu können. In unserem Beispiel sind insbesondere die String-wertigen Vektoren *Produkt* und *Filiale* gute Kandidaten für eine derartige Kompaktifizierung. Nachfolgend wird die *Lexikon*-basierte Kompression gezeigt, bei der es ein Lexikon (engl. *dictionary*) mit den vorkommenden Strings gibt. In den Vektoren werden dann nur noch die ID-Werte aus diesem Lexikon gespeichert. Diese Kompressionstechnik ist offensichtlich besonders effektiv, wenn die Wörter sehr häufig vorkommen.

Dictionary	
ID	Wort
0	Augsburg
1	Beamer
2	Bogenhausen
3	Handy
4	Kühlschrank
5	London
6	Radio
7	Schwabing
...	...

Produkt	
ID	Produkt
0	3
1	6
2	3
3	4
4	1
5	3

Filiale	
ID	Filiale
0	7
1	2
2	7
3	0
4	5
5	2

Das Dictionary muss in beiden Richtungen effizient zugreifbar sein:

1. Ermittlung des Codes (ID) zu einem gegebenen Wort und
2. Ermittlung des Worts zu einem gegebenen Code (ID).

Hierfür ist das Dictionary beispielsweise redundant in zwei Indexstrukturen (Suchbäumen oder Hashtabellen) abgespeichert: einmal mit dem Code als Suchschlüssel und einmal mit dem Wort als Suchschlüssel.

Man unterscheidet zwischen

- **globalem Dictionary**, in dem Attributwerte unterschiedlicher Attribute mehrerer Relationen codiert werden;
- **Relationen-spezifischem Dictionary**, in dem alle Attributwerte aller (relevanten) Attribute einer Relation codiert werden;
- **Attribut-spezifischem Dictionary**, das nur Attributwerte einer Spalte einer Relation codiert.

Weiterhin unterscheidet man zwischen einem ordnungserhaltenden und einem nicht-ordnungserhaltenden Dictionary. Bei ersterem würde man die Attributwerte zuerst sortieren und ihnen dann fortlaufende Codes zuweisen. Dies ermöglicht die Auswertung von Bereichsanfragen direkt auf den Dictionary-Codes, da man nur die Bereichsgrenzen im Dictionary ermitteln muss und dann die codierte Spalte mit diesem so ermittelten Code-Bereich scannen kann. Allerdings ist der Unterhalt eines ordnungserhaltenden Dictionaries bei einer transaktionalen Datenbank, in der die Daten anders als im Data-Warehouse auch modifiziert werden, in der Regel relativ teuer.

18.5 Datenstrukturen einer Hauptspeicher-DB

Die oben beschriebene Analyse, warum Hintergrundspeicher-DBMS „so langsam" sind, hat ergeben, dass erheblicher Aufwand durch die Indirektionen beim Zugriff auf die Datenelemente verursacht wird. Diese Indirektion kommt zum einen durch die Platzierung der Datensätze auf den vom Datenbanksystem verwalteten Seiten zustande, da jeder Zugriff mittels des Tuple-Identifikators erfolgt – wie wir in Kapitel 7.5 beschrieben haben. Zusätzlich erfolgt noch eine Indirektion beim Zugriff auf die Seiten, die sich im Systempuffer oder auf dem Hintergrundspeicher befinden können. Selbst wenn alle Seiten im Systempuffer verfügbar sind, verursachen die Indirektionen einen erheblichen Aufwand. Deshalb kann man ein herkömmliches Datenbanksystem, das für Hintergrundspeicher ausgelegt ist, nicht einfach durch die Vergrößerung des Hauptspeichers zu einem Hauptspeicher-Datenbanksystem „upgraden".

In Hauptspeicher-Datenbanken eliminiert man beide Indirektionen, indem man die Datensätze direkt auf Datenstrukturen in der virtuellen Speicherverwaltung abbildet. Das heißt, man erzielt in diesen Datenbanksystemen dieselbe Performanz wie bei der direkten Verwendung von Datenstrukturen (z.B. Arrays oder Vektoren) in einer maschinen-nahen Programmiersprache wie C oder C++.

Wir wollen anhand einer ganz einfachen Verkaufs-Datenbank die „abgespeckten" Speicherstrukturen in einer Hauptspeicher-Datenbank illustrieren. In dieser Datenbank gebe es die folgenden Relationen:

- Kunden: {[id: int, name: char(30), rabatt: double, land: int]}
- Laender: {[id: int, name: char(30), steuern: double]}
- Produkte: {[id: int, name: char(30), preis: double]}
- Verkaeufe: {[id: int, kunde: int, produkt: int, datum: int, preis: double]}

Aus Benutzersicht verhalten sich Hauptspeicher-Datenbanken wie „ganz normale" relationale Datenbanksysteme, so dass man die Relationen mittels des SQL **create table**-Befehls anlegt, also beispielsweise so:

```
create table Kunden
   ( id int, name char(30), rabatt double, land int )
```

Viele Hauptspeicher-Datenbanksysteme verwenden einen Cross-Compiler-Ansatz, der aus der relationalen Schemadefinition Datenstrukturen in einer maschinennahen Programmiersprache, wie C oder C++, generiert. Diese Datenstrukturen unterliegen entweder dem Row-Store-Ansatz, dem Column-Store-Format oder auch einem hybriden Format, bei dem die Relation vertikal in mehr oder weniger große Fragmente zerlegt wird.

18.5.1 Row-Store-Format

Im Format eines Row-Stores lässt sich die obige Datenbank beispielsweise mit Hilfe der STL-Vektoren in C++ wie folgt umsetzen:

```
/// Ein Kunde
struct Kunde { unsigned id; char name[30]; double rabatt; unsigned land; };
/// Ein Land
struct Land { unsigned id; char name[30]; double steuern; };
/// Ein Produkt
struct Produkt { unsigned id; char name[30]; double preis; };
/// Ein Verkauf
struct Verkauf { unsigned id; unsigned kunde; unsigned produkt;
                 unsigned datum; double preis; };

/// Die Datenbank im Row-Format
vector<Kunde> Kunden;
vector<Land> Laender;
vector<Produkt> Produkte;
vector<Verkauf> Verkaeufe;
```

Die eigentlichen Datenbank-Relationen bestehen also jeweils aus einem Vektor von Datensätzen („structs“). In unserem Beispiel haben wir die Vektoren der STL (Standard Template Library) von C++ verwendet, die im wesentlichen komfortablen Arrays entsprechen, da sie sich automatisch in der Größe anpassen, wenn die Datenbank wächst. Allerdings verursacht diese Anpassung eine Umstrukturierung (Kopieren aller Datensätze), die zu einer kurzzeitigen Verzögerung des Datenbankbetriebs führt. Deshalb wird die Größe der Vektoren nicht nur um einen konstanten Bereich sondern um einen Faktor (z.B. auf das 1,3-fache) wachsen. Dadurch wird der Umstrukturierungsaufwand in Grenzen gehalten – man kann formal nachweisen, dass man somit immer noch (amortisiert) linearen Aufwand beim Einfügen vieler Datenelemente hat (siehe Übungsaufgabe 18.6).

Anstatt eines Vektors wird in Microsoft's Hauptspeicher-Datenbanksystem Hekaton eine Hash-Tabelle verwendet, in die Datensätze gemäß des Primärschlüssels (hier also gemäß des *id*-Attributs) eingefügt werden. Der Vorteil besteht darin, dass man direkt den Index für den Primärschlüssel hat; der Nachteil besteht darin, dass diese Hash-Tabelle nicht dicht gepackt ist, wie es ein Vektor wäre. Dadurch sind höhere Laufzeiten bei einem Scan zu erwarten. Warum?

18.5.2 Column-Store-Format

Im Format eines Column-Stores lässt sich die obige Datenbank wiederum mit Hilfe der (jetzt sehr vielen) STL-Vektoren in C++ wie folgt umsetzen:

```
/// Template für Strings fester Länge -- ohne Indirektion
template <unsigned len> struct Char { char data[len]; };

/// Ein Kunde
struct Kunde { unsigned id; Char<30> name; double rabatt; unsigned land; };
```

```
///Alle Kunden in Column-Format
struct Kunden {
   vector<unsigned> data_id; vector<Char<30>> data_name;
   vector<double> data_rabatt; vector<unsigned> data_land;

   void insert(Kunde&& kunde);
};

/// Ein Land
struct Land { unsigned id; char name[30]; double steuern; };
/// Alle Länder in Column-Format
struct Laender {
   vector<unsigned> data_id; vector<Char<30>> data_name;
   vector<double> data_steuern;

   void insert(Land&& land);
};

/// Ein Produkt
struct Produkt { unsigned id; char name[30]; double preis; };
/// Alle Produkte in Column-Format
struct Produkte {
   vector<unsigned> data_id; vector<Char<30>> data_name;
   vector<double> data_preis;

   void insert(Produkt&& produkt);
};

/// Ein Verkauf
struct Verkauf { unsigned id; unsigned kunde; unsigned produkt;
                 unsigned datum; double preis; };
/// Alle Verkäufe in Column-Format
struct Verkaeufe {
   vector<unsigned> data_id; vector<unsigned> data_kunde;
   vector<unsigned> data_produkt; vector<unsigned> data_datum;
   vector<double> data_preis;

   void insert(Verkauf&& verkauf);
};
```

Das Zerlegen eines neu einzufügenden Tupels zeigen wir nur am Beispiel eines neuen Verkaufs-Datensatzes:

```
void Verkaeufe::insert(Verkauf&& verkauf)
{
   data_id.push_back(verkauf.id);
   data_kunde.push_back(verkauf.kunde);
   data_produkt.push_back(verkauf.produkt);
   data_datum.push_back(verkauf.datum);
   data_preis.push_back(verkauf.preis);
}
```

Diese Operation *Verkaeufe::insert* wird also beim Einfügen eines neuen Tupels aufgerufen, wobei die Benutzer nach wie vor SQL als Schnittstelle verwenden. Aus Benutzersicht wird also der 12. Verkauf des Produkts 4711 an den Kunden 007 zum Preis von 27,50 wie folgt verbucht:

```
insert into Verkaeufe values (12, 007, 4711, 27.50)
```

Bei der Anfragebearbeitung muss man dann synchron durch die einzelnen Vektoren gehen (scannen), um die Attribute, die zu einem Tupel (also zu einer *row*) gehören, aufzusammeln. Wenn man also beispielsweise den seit dem 1.1.2013 erzielten Umsatz berechnen will, geht das mit dieser SQL-Anfrage:

```
select sum(v.preis) from Verkaeufe v
where v.datum >= 20130101
```

Der vom Anfrageprozessor zu generierende Code für das Column-Format sieht dann wie folgt aus:

```
double umsatz(Verkaeufe& v)
{
   double summe = 0.0;
   for (unsigned i = 0; i < v.data_datum.size(); i++) {
      if (v.data_datum[i] >= 20130101) {
         summe += v.data_preis[i];
      }
   }
return summe;
}
```

Die Indexvariable *i* wird also hierbei verwendet, um die zugehörigen Attribute (hier *datum* und *preis*) eines Tupels aus den einzelnen Vektoren zu extrahieren. Wir erkennen, dass auf den *preis* nur zugegriffen wird, wenn das Prädikat für *datum* erfüllt ist. Je nach Ballung der Information werden somit große Teile des Vektors *data_preis* übersprungen. Der Vektor *data_ datum* wird hier vollständig durchlaufen, was man einen *full (column) scan* nennt. Dies könnte man durch einen entsprechenden Index (siehe Abschnitt 18.14) vermeiden. Es ist aber die Aufgabe des Anfrageoptimierers zu entscheiden, ob dies Performanzvorteile bringen würde. Ein vollständiger Scan des Integer-Vektors geschieht nämlich auf modernen Prozessoren fast in Taktgeschwindigkeit, so dass man etwa eine Milliarde Einträge pro Sekunde („single-threaded“) scannen kann. Deshalb ist eine Indexunterstützung nur bei sehr selektiven Prädikaten (wenn man beispielsweise den Umsatz nur eines bestimmten Tages berechnen will) kostengünstiger.

18.5.3 Hybrides Speichermodell

Beim hybriden Speicher-Layout zerlegt man die Relation vertikal in logisch zusammenhängende Bereiche. Ein solcher Bereich sollte Attribute zusammenfassen, die in Anwendungen häufig gemeinsam genutzt werden. Wenn man beispielsweise häufig Anfragen dieser Art

```
select datum, sum(preis)
from Verkaeufe
where datum >= 20130101
group by datum
```

erwartet, sollte man einen Vektor mit Datensätzen, die aus diesen beiden Attributen *datum* und *preis* bestehen, bilden. Die anderen Attribute der *Verkaeufe*-Relation könnte man dann beispielsweise im Einzel-Column-Format abspeichern.

```
/// Ein Verkauf
struct Verkauf { unsigned id; unsigned kunde; unsigned produkt;
             unsigned datum; double preis; };
struct VerkaufsDatumPreis { unsigned datum; double preis; };
/// Alle Verkäufe in hybridem Format
struct Verkaeufe {
 vector<unsigned> data_id; vector<unsigned> data_kunde;
 vector<unsigned> data_produkt;
 vector<VerkaufsDatumPreis> data_datum_preis;

 void insert(Verkauf&& verkauf);
};
```

Die obige Anfrage könnte dann durch einen Scan des Vektors *data_ datum_ preis* ausgewertet werden. Der generierte Code für die SQL-Anfrage sieht dann wie folgt aus:

```
unordered_map<unsigned, double> umsatzProDatum(Verkaeufe& verkaeufe)
{
   unordered_map<unsigned, double> groupBy;
   for (VerkaufsDatumPreis datum_preis : verkaeufe.data_datum_preis) {
      if (datum_preis.datum >= 20130101) {
         groupBy[datum_preis.datum] += datum_preis.preis;
      }
   }
   return groupBy;
}
```

Hierbei wird die *unordered_ map* der STL als (sehr) komfortable Hash-Tabelle für die Gruppierung verwendet, die sich implizit in der Größe anpasst und die Hashfunktion sowie die Kollisionsbehandlung automatisch anwendet. Es handelt sich bei diesem Programm also um eine hash-basierte Gruppierung. Die Variable *datum_ preis* iteriert durch den Vektor, der Datensätze des Typs *VerkaufsDatumPreis* enthält.

Dieses Code-Beispiel sollte demonstrieren, dass die Auswertung deklarativer SQL-Anfragen in Hauptspeicher-Datenbanken dieselbe Performanz erzielt (bzw. erzielen sollte) wie ein manuell geschriebenes Programm in einer maschinennahen Sprache wie C oder C++.

Die Generierung des Codes für die Anfrageauswertung ist die Aufgabe des Anfrageübersetzers, der natürlich die Struktur der Datenbank über ein entsprechendes

Datenwörterbuch (Engl. *data dictionary*) ermittelt. Selbst wenn der Auswertungscode für diese sehr einfache Anfrage direkt aus der SQL-Anfrage abgeleitet werden kann, müssen auch Hauptspeicher-Datenbanken einen kostenbasierten Optimierer verwenden, der u.a. die optimale Join-Reihenfolge ermittelt. Erst aus dem optimierten Relationenalgebra-Plan wird dann der Code generiert.

Der Einfachheit und Lesbarkeit halber haben wir hier den Code gezeigt, den ein Crosscompiler für C++ generieren würde. Die Nutzung von C++ hat aber den gravierenden Nachteil, dass danach nochmals der C++-Compiler angewendet werden muss, der relativ lange Bearbeitungszeiten nach sich zieht. Dies ist insbesondere bei interaktiv gestellten Anfragen ein nicht zu vernachlässigender Nachteil. Deshalb gehen moderne Hauptspeicher-Datenbanksysteme zunehmend dazu über, gleich Assemblercode zu generieren. Hierzu bietet sich insbesondere eine maschinenunabhängige Assemblersprache, wie LLVM (Low Level Virtual Machine), an. Die generierten LLVM-Programme werden dann in die Maschinensprache des jeweiligen Servers weiter übersetzt und dabei noch zusätzlich („low level") optimiert.

18.6 Anwendungs-Operationen in der Datenbank: Stored Procedures

Die (fast) unerschöpfliche Rechenkapazität moderner Mehrkern-Rechner hat auch Auswirkungen auf die Architektur von Datenbank-Anwendungen. In der Vergangenheit wurde so weit wie möglich die Anwendungslogik in sogenannten Anwendungs-Servern (Engl. *application server*) realisiert. Das in Kapitel 17.1 beschriebene Dreischichten-Modell der SAP R/3-Architektur ist ein prominentes Beispiel dafür. Diese Architektur wurde dadurch motiviert, dass man den Datenbank-Server möglichst wenig belasten sollte. Die heutigen Server sind aber kaum durch reine Datenverwaltungs-Aufgaben auszulasten, so dass man mittlerweile verstärkt Anwendungslogik in die Datenbank selbst verlagert. Die Grundvoraussetzung dafür ist eine eingebettete Skript-Sprache, mit der man sogenannte gespeicherte Prozeduren (Engl. *stored procedures*) definieren kann. Viele Datenbankprodukte bieten dafür proprietäre Sprachen (wie z.B. PL-SQL von Oracle) an. Wir wollen hier ein Beispiel-Skript in der an der TUM entwickelten Sprache HyPerSkript zeigen, das eine Bestellung mit mehreren Bestellpositionen in der Datenbank verbucht. Dieses Skript implementiert die *newOrder*-Operation des TPC-C Benchmarks, des wichtigsten standardisierten Benchmarks für transaktionale Datenbanksysteme. Eine detaillierte Beschreibung des Benchmarks inklusive des zugrundliegenden Schemas ist in Kapitel 22.2 zu finden.

```
create procedure newOrder (w_id integer not null, d_id integer not null,
      c_id integer not null, table positions(line_number integer not null,
      supware integer not null, itemid integer not null, qty integer not null),
      datetime timestamp not null)  // note the TABLE-valued parameter above
{
   select w_tax from warehouse w where w.w_id=w_id; // w_tax value used later
   select c_discount from customer c // c_discount used in orderline insert
       where c_w_id=w_id and c_d_id=d_id and c.c_id=c_id;
```

```
  select d_next_o_id as o_id,d_tax from district d // get the next o_id
      where d_w_id=w_id and d.d_id=d_id;
  update district set d_next_o_id=o_id+1 // increment the next o_id
      where d_w_id=w_id and district.d_id=d_id;

  select count(*) as cnt from positions; // how many items are ordered
  select case when count(*)=0 then 1 else 0 end as all_local
      from positions where supware<>w_id;

  insert into "order" values (o_id,d_id,w_id,c_id,datetime,0,cnt,all_local);
  insert into neworder values (o_id,d_id,w_id); // insert reference to order

  update stock
  set s_quantity=case when s_quantity>qty then s_quantity-qty
                                          else s_quantity+91-qty end,
      s_remote_cnt=s_remote_cnt+case when supware<>w_id then 1 else 0 end,
      s_order_cnt=s_order_cnt+case when supware=w_id then 1 else 0 end
  from positions
  where s_w_id=supware and s_i_id=itemid;

  insert into orderline // insert all the order positions
     select o_id,d_id,w_id,line_number,itemid,supware,null,qty,
            qty*i_price*(1.0+w_tax+d_tax)*(1.0-c_discount),
            case d_id when 1 then s_dist_01 when 2 then s_dist_02
                      when 3 then s_dist_03 when 4 then s_dist_04
                      when 5 then s_dist_05 when 6 then s_dist_06
                      when 7 then s_dist_07 when 8 then s_dist_08
                      when 9 then s_dist_09 when 10 then s_dist_10 end
     from positions, item, stock
     where itemid=i_id and s_w_id=supware and s_i_id=itemid
  returning count(*) as inserted; // how many were inserted?

  if (inserted<cnt) rollback; // not all ==> invalid item ==> abort
};
```

Wir vertrauen darauf, dass dieses Skript größtenteils selbsterklärend ist. Die Operation bildet sozusagen das Rückgrat der Verkaufsbearbeitung eines Handelsunternehmens, wie bspw. Amazon. Als Parameter werden die IDs des Warenhauses, des Distrikts sowie des Kunden übergeben. Weiterhin werden mittels eines Relationen-wertigen Parameters (*table*) namens *positions* die Bestellpositionen übergeben. Schließlich folgt noch das Eingangsdatum der Bestellung. Ohne die Möglichkeit der Übergabe einer gesamten Relation als Parameter wäre die Signatur dieser Operation sehr unübersichtlich, da man alle Attribute aller Bestellpositionen einzeln hätte übergeben müssen.

Die HyPerSkript-Sprache erlaubt, ganz „normale“ SQL-Anfragen zu formulieren und deren Ergebnis für die spätere Nutzung zu benennen. Dies ist bspw. in der ersten Anfrage verdeutlicht, in der die Steuerrate des betreffenden Warenhauses ermittelt und für die spätere Verwendung der Variablen *w_tax* zugewiesen wird. Diese Variable *w_tax* wird (viel) später beim Einfügen der einzelnen Bestellpositionen in die

Relation *orderline* wiederverwendet.

In dem Skript werden also zunächst mittels SQL-Anfragen die relevanten Werte aus der Datenbank ermittelt. Sodann wird ein neuer Eintrag in der Relation *order* angelegt, auf den auch noch ein Verweis in *neworder* eingefügt wird. Danach wird die *stock*-Relation fortgeschrieben, um diese neuen Bestellungen zu verbuchen. Im letzten Schritt werden die einzelnen Bestellpositionen – so wie sie in dem Relations-Parameter *positions* übergeben wurden – in die *orderline*-Relation eingetragen. Dazu wird auch noch jeweils der aggregierte Preis inklusive Steuern und abzüglich des Discounts berechnet. Ganz zum Schluss wird noch ermittelt, ob alle Bestellpositionen erfolgreich eingefügt werden konnten, indem die Anzahl der übergebenen Positionen mit den tatsächlich eingefügten Tupeln verglichen wird. Wenn diese Anzahl nicht identisch ist, wird die gesamte Transaktionen durch ein *rollback* abgebrochen. Dies passiert in dem TPC-C Benchmark, aus dem die Operation stammt, wenn eine ungültige Produktnummer (*itemid*) übergeben wurde, da dann der Join in dem *insert*-Statement weniger Ergebnistupel liefert, als der übergebene *positions*-Parameter aufweist. Warum?

Die Nutzung einer deklarativen Skript-Sprache hat mehrere Vorteile:

1. Deklarative HyPerSkripte erlauben eine bessere Sicherheitsanalyse, die unabdingbar ist für Operationen, die direkt auf (bzw. sogar in) dem Datenbankserver ausgeführt werden

2. Die eingebetteten SQL-Anfragen können vom „normalen“ Anfrageprozessor optimiert und ausgeführt werden – unterliegen also der sehr effektiven kostenbasierten Anfrageoptimierung.

3. Die deklarative Sprache ermöglicht sehr konzisen – und dadurch übersichtlichen – Code, wie unser *vollständiges newOrder*-Skript beweist. In einer imperativen Programmierung wäre dieselbe Funktionalität nur in einem sehr viel längeren Programm realisierbar. Die Leser mögen sich davon überzeugen, indem sie eine eigene oder die Referenzimplementierung der TPC-Organisation (tpc.org) als Vergleich heranziehen.

Bisher werden in den Datenbanksystemen Anfragen interpretativ ausgewertet. Die Ineffizienz gegenüber kompiliertem Code machte sich nicht sonderlich bemerkbar, da andere Kosten, wie die I/O-Wartezeit für Plattenspeicherzugriffe, die Pufferverwaltung, etc. alles andere dominieren. Da Hauptspeicher-Datenbanksysteme viele Engstellen (bottlenecks) der herkömmlichen DBMS – insbesondere die langen Plattenspeicher-Wartezeiten – eliminiert haben, macht es Sinn auch die Ausführungszeit zu optimieren. Deshalb geht man in modernen Datenbanksystem dazu über, auch Anfragen und solche *stored procedure* Skripte zu kompilieren, um Assembler-Code zu generieren, der maximal schnell auf den modernen Prozessoren ausgeführt werden kann. Als Zwischensprache für einen derartigen Query/Skript-Compiler hat sich der maschinenunabhängige Assembler LLVM bewährt, da dann zusätzlich noch maschinenspezifische Optimierungen bei der Maschinencode-Generierung zum Tragen kommen.

Die Sicherheitsprüfung der deklarativen Skripte erlaubt dann die Ausführung der kompilierten *stored procedure* direkt im Datenbankprozess, ohne teure Interprozess-Kommunikation und Kontext-Wechsel.

18.7 Architektur-Varianten für hybride OLTP/OLAP-Datenbanken

Die enorme Hauptspeicher- und Rechenkapazität der modernen Prozessoren sollte endlich ermöglichen, dass man komplexe Anfragen für die Entscheidungsunterstützung (Engl. *decision support queries*) direkt auf den transaktionalen Daten durchführt. Dadurch wird die zeitliche Verzögerung, die durch den ETL-Vorgang (*extract-transform-load*) des Datawarehouses entsteht, wegfallen. Wir wollen hier einige Architektur-Varianten vorstellen, die darauf abzielen, Transaktions- und Anfrage-Verarbeitung auf demselben Datenbestand ohne Leistungseinbußen zu erzielen.

18.7.1 Update Staging

In vielen lese-optimierten Datenbanksystemen wird diese Art der Batchverarbeitung von Änderungsoperationen praktiziert, die man prägnant *update staging* nennt. Dabei werden die Änderungen (updates, inserts, deletes) in einem sogenannten Delta gesammelt und nur periodisch in die lese-optimierte Haupt-Datenbank (*main*) eingebracht. Dazu wird ein Mischvorgang (*merge*) initiiert, der die Haupt-Datenbank reorganisiert. Ein derartig verzögerter Änderungsvorgang ist typisch für die komprimierten Column Store-Datenbanksysteme. Die Entwickler des neuen SAP Datenbanksystems (mittlerweile, nach einigen Namensänderungen, HANA genannt), das auf einer Integration des spaltenorientierten Hauptspeichersystems T-REX [wie von Binnig, Hildenbrand und Färber (2009) beschrieben] und des transaktionalen Systems P*Time basiert, verfolgen diese Architektur, die in Abbildung 18.5 skizziert ist. Das Delta wird dabei als *Overlay* für alle OLTP-Operationen verwendet. Wenn also ein Datum der Haupt-Datenbank modifiziert wird, wandert es in das Delta. Da Transaktionen den jüngsten transaktions-konsistenten Zustand benötigen, muss man bei jedem Zugriff auf ein Datum auch im Delta nachschauen, ob es dort in modifizierter Form vorliegt. Wenn ja, muss dieses Datum verwendet werden. Im einfachsten Fall würde man mit einem Invalidierungsvektor für die Haupt-Datenbank arbeiten, der angibt ob ein Objekt noch valide ist oder sich der jüngste Zustand im Delta befindet. Dies führt leicht zu Leistungseinbußen beim Scan, da jeder Zugriff eine Code-Verzweigung (*branch*) benötigt, und hat Probleme beim Einfügen in sortierte Kollektionen. Héman et al. (2010) haben für die Overlay-Verwaltung eines derartigen Deltas einen effizienten positionsbasierten Index, den sogenannten *Positional Tree* entwickelt. Dieser Baum enthält in sortierter Reihenfolge die Positionen der invalidierten Einträge. Damit kann man den Scan zwischen zwei nicht invalidierten Positionen in maximaler Zugriffsgeschwindigkeit absolvieren und muss nur bei den (wenigen) invalidierten Positionen eine aufwendigere Zugriffsmethode anwenden.

Anders sieht es bei OLAP-Anfragen aus, die man aus Performance-Gründen möglicherweise nur gegen die Haupt-Datenbank (*main*) ausführen will. Diese ist ja transaktionskonsistent und, je nach Periodizität des Merge-Vorgangs, nur geringfügig „veraltet". Die Ausführung der OLAP-Anfragen gegen die Haupt-Datenbank eliminiert nicht nur den bei Scan-Vorgängen teuren Join mit dem Delta, sondern macht auch die Synchronisation zwischen Transaktionen und OLAP-Anfragen obso-

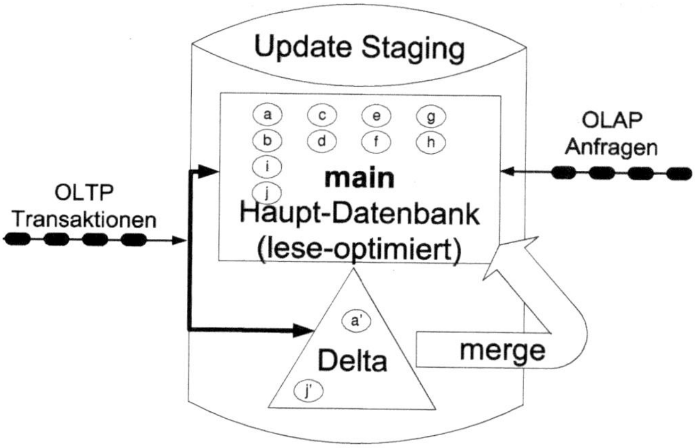

Abbildung 18.5: Update-Staging: Aufteilung der Datenbank in lese-optimierten main- und Delta-Bereich

let. Der Flaschenhals dieser Architektur besteht in der aufwendigen Merge-Prozedur, die sowohl zeit- als auch platz-intensiv sein wird, wie Krüger et al. (2010) analysiert haben.

Man kann dieses Delta-Verfahren auch als Schattenspeicher-Verfahren auf Objekt-Basis (*object shadowing*) auffassen. Die veralteten Kopien a und j der (kürzlich) geänderten Objekte a' und j' sind weiterhin als Schattenobjekte in der Haupt-Datenbank verfügbar und könnten für die Anfragebearbeitung der OLAP-Queries verwendet werden.

18.7.2 Heterogene Workload-Verwaltung

Es gibt viele Arbeiten zur Optimierung heterogener Datenbank-Workloads. Die meisten dieser Arbeiten wurden zwar auf klassischen Hintergrundspeicher-Datenbanken ausgeführt, sind aber problemlos auf Hauptspeicher-DBMS adaptierbar. Bei diesen Verfahren geht es darum, den richtigen „Mix" zwischen den einzelnen Datenbank-Operationen (Transaktionen und komplexere Anfragen) zu erzielen. In dieser Hinsicht handelt es sich bei den meisten Verfahren um eine Zulassungs-/Auswahl-Strategie (*admission policy*) der anstehenden Datenbank-Operationen. Dadurch soll verhindert werden, dass sich die einzelnen Anforderungen gegenseitig zu sehr behindern, sei es in Bezug auf angeforderte Sperren oder Nutzung der Hardware-Ressourcen (Speicher, CPU, etc.). Die meisten kommerziellen Datenbanksysteme haben mittlerweile effektive Workload-Management-Systeme im Einsatz (die z.B. Load-Balancer, Query Patroller, oder ähnlich genannt werden). Diese Systeme erlauben auch eine Priorisierung der Anforderungen, so dass geschäftskritische Anwendungen wie die Bestellannahme höher priorisiert werden können, als bspw. Data-Mining-Anfragen.

18.7.3 Kontinuierliche Datawarehouse-Auffrischung

Bei diesem Ansatz werden die Änderungstransaktionen der OLTP-Datenbank kontinuierlich an eine OLAP-Datenbank übermittelt. Dies geschieht in der Regel über die Protokolldaten (Logs), die ohnehin von der transaktionalen Datenbank geschrieben werden müssen. Deshalb nennt man das Verfahren auch *log sniffing*. Durch die Nutzung der Protokolldaten wird der Zusatzaufwand des OLTP-Datenbanksystems minimiert. Ein praktisches Beispiel für diesen Ansatz stellt das Change Data Capture-(CDC)-System, das von Oracle (2007) beschrieben wurde, dar.

Dieser Ansatz verlangt aber, dass das OLAP-System mittelfristig mit der Änderungsrate des OLTP-Systems nachkommt – nur kurze Lastspitzen lassen sich durch entsprechende Pufferung der Log-Daten abfedern. Da aber parallel zur Auffrischung des Datenbestands die OLAP-Anfragen ausgeführt werden müssen, könnte dies zum Flaschenhals des Gesamtsystems werden. Man muss dabei noch bedenken, dass die OLAP-Datenbank möglicherweise ein anderes Schema (z.B. ein Sternschema) einsetzt, auf dem sich die Änderungen weniger effizient ausführen lassen. Erleichternd ist allerdings, dass das OLAP-System nur die Änderungsoperationen des OLTP-Systems nachvollziehen muss – nicht die Leseoperationen.

18.7.4 Versionierung der transaktionalen Daten

Eine sehr einfache, grobe Versionierung stellt das Update-Staging dar, in dem die seit dem letzten Merge-Vorgang geänderten Datenobjekte in zwei Versionen vorliegen: als Schattenkopie und als up-to-date Kopie.

Es gibt aber auch Ansätze zur vollständigen Versionierung, die in PostgreSQL von Stonebraker, Rowe und Hirohama (1990) realisiert wurden. Dabei werden Datenobjekte niemals überschrieben (also kein update-in-place). Ein Update führt immer zu einer neuen Kopie (also ein append-only-Modell). Man kann damit die Synchronisation zwischen Anfragen und Transaktionen optimieren, indem die Anfragebearbeitung immer nur die Versionen liest, die älter sind als der Anfangszeitpunkt der Anfrage. Dadurch lassen sich Sperren für die Anfragebearbeitung gänzlich vermeiden. Die Thread-Synchronisation mittels *Latching* ist aber nach wie vor nötig.

18.7.5 Batch-Verarbeitung

Bislang arbeiten Datenbanksysteme Einzelaufträge ab. Das heißt, dass die Daten für eine einzelne Anfrage gelesen und wieder geschrieben werden. In einem an der ETH Zürich entwickelten System namens Crescando werden die Datenbank-Operationen (elementare Änderungen und einfache Anfragen) gepuffert und als *Batch* verarbeitet, um dadurch einen höheren Durchsatz zu erzielen. Die Grundidee besteht darin, auf Indexe weitestgehend zu verzichten und stattdessen einfach alle Daten zyklisch zu lesen (scannen). Alle im Puffer befindlichen Aufträge werden dann in diesem Zyklus bedient. Dabei werden die Änderungsoperationen zuerst ausgeführt und erst danach die Leseaktionen. Dadurch ist sichergestellt, dass die Leseoperationen die neuesten Daten zu sehen bekommen. Diese Vorgehensweise ist in Abbildung 18.6 visualisiert. Komplexe Anfragen können nicht direkt innerhalb eines derartigen Scan-Zyklus' ausgewertet werden. Dazu werden die relevanten Daten im Scan vorgefiltert und an

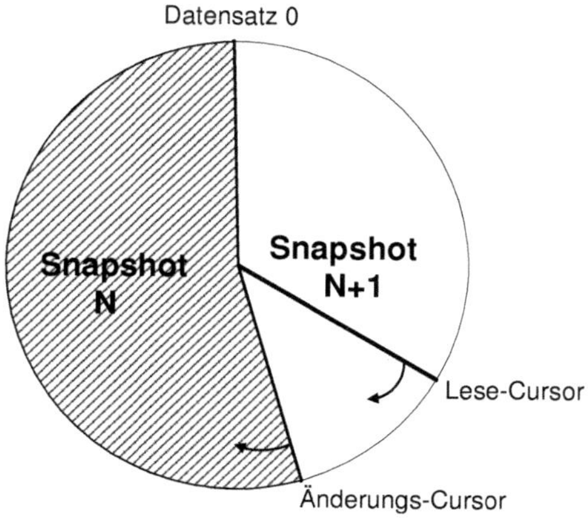

Abbildung 18.6: Zyklische Scan-Verarbeitung in Crescando

Anfrageprozessoren als Kopie transferiert, wie dies in der Architektur des SwissBox-Systems von Alonso, Kossmann und Roscoe (2011) konzipiert wurde.

Unterbrunner et al. (2009) beschreiben wie die Bearbeitung innerhalb eines derartigen Zyklus durch Anfrage-Indexierung optimiert werden kann. Konzeptuell muss man ja einen Join zwischen den gerade gelesenen Datensätzen und den Aufträgen durchführen. Da man die Daten nicht indexieren will, bleibt als Optimierungsmöglichkeit die Indexierung der Anfrage-Prädikate. Die zirkuläre Abarbeitung der gepufferten Aufträge eliminiert die Notwendigkeit einer Mehrbenutzersynchronisation, da man wie oben ausgeführt, die Änderungen vor den Leseoperationen durchführt. Man muss nur darauf achten, dass Mehrfach-Änderungen desselben Datensatzes in einem Zyklus in einer vorgegebenen (Serialisierungs-)Reihenfolge ausgeführt werden.

18.7.6 Das Schattenspeicher-Konzept

Wir hatten das Update-Staging schon als Schattenspeicher auf Objektbasis erläutert. Das originäre Schattenspeicherkonzept, das vor vielen Jahrzehnten erstmals von Lorie (1977) vorgeschlagen wurde, arbeitet auf Seitenbasis. Eine Objektänderung auf einer noch nicht replizierten Seite führt dabei zu einer Replikation der betreffenden Seite. Dies ist in Abbildung 18.7 visualisiert.

Für diese Versionierung der Seiten in eine aktuelle und *eine* Schattenseite muss man die Seitenverwaltung durch zwei separate Seitentabellen durchführen. Die Schatten-Seitentabelle *V0* bleibt während der Bearbeitungszeit eingefroren und zeigt auf Seiten, die in dem betreffenden Zyklus nicht geändert werden. Die aktuelle Seitentabelle *V1* enthält die Seiten/Block-Zuordnung für die Seiten, die die jüngsten Änderungen enthalten. Das periodische Umschalten von einer Schatten-Version zur nächsten verlangt die Freigabe der alten Schattenseiten in den Freiseiten-Listen *M0, M1* und das Kopieren der Seitentabelle *V1* nach *V0*.

Das Schattenspeicher-Verfahren wurde ursprünglich für Hintergrundspeicher-Datenbanksysteme konzipiert. Dort konnte es sich nicht durchsetzen, da durch den Kopiervorgang zum Erhalt der Schattenseite die Ballung (das Clustering) der physisch

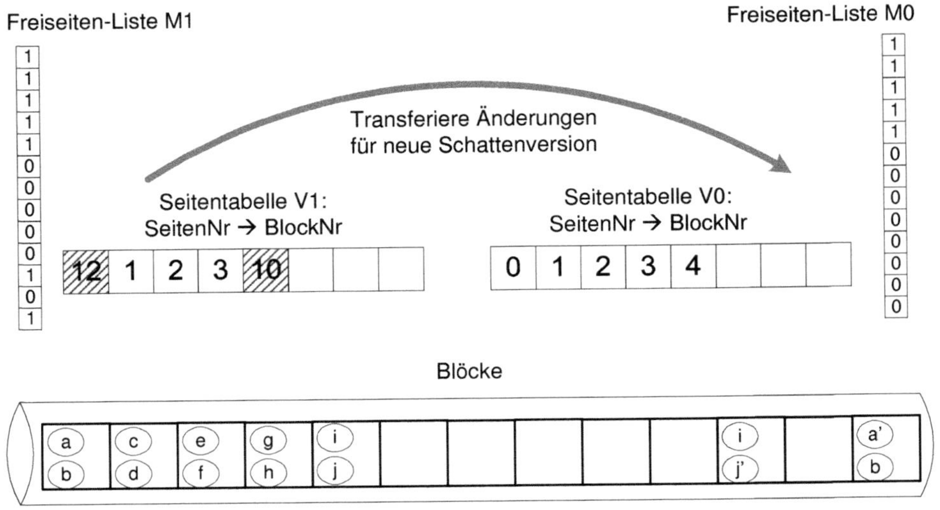

Abbildung 18.7: Schattenspeicher im Einsatz

benachbarten Seiten verloren geht – wie wir das in der Abbildung auch skizziert haben. Vormals waren die Datensätze $a, \ldots, j$ physisch benachbart abgespeichert – nach den Änderungen befinden sich die beiden Seiten mit i und j' sowie a' und b in anderen physischen Bereichen. Das sogenannte Twin-Block-Verfahren kann dieses Problem teilweise ausmerzen, indem für jede Datenbank-Seite zwei benachbarte physische Blöcke bereitgestellt werden – allerdings wird dadurch das Speichervolumen verdoppelt und beim Prefetching werden leicht die falschen Twin-Blöcke vorgeladen.

Für Hauptspeicher-Datenbanksysteme ist die physische Nachbarschaft der Seiten irrelevant – deshalb ist es naheliegend dieses Konzept der Schattenspeicherung von neuem zu erforschen. Man kann nämlich über die Schatten-Seitentabelle einen konsistenten Zustand der Datenbank erreichen, der prädestiniert ist für die – vom OLTP-Geschehen entkoppelte – Bearbeitung komplexer OLAP-Anfragen. Wir werden nachfolgend sehen, dass man in Hauptspeicher-DBMS auf die Verwaltung der Seitentabellen und die Freispeicher-Listen, die beim originären Ansatz aufwendig in Software verwaltet werden mussten, gänzlich verzichten kann, indem man sich auf die hoch-effiziente virtuelle Speicherverwaltung des Betriebssystems/Prozessor verlässt.

18.7.7 Berechnete Snapshots

In Oracle (und einigen anderen Datenbanksystemen) werden reine Lesetransaktionen (read-only queries) mittels eines Snapshot-Verfahrens synchronisiert. Dazu wird einer Anfrage zu Beginn ein Zeitstempel zugeordnet und sie bekommt Datenobjekte in dem jüngsten konsistenten Zustand zu sehen, der (gerade noch) älter ist als der Zeitstempel. Diese Datenobjekt-Versionen werden aber nicht explizit in der Datenbank gespeichert, sondern bei Bedarf generiert. Wenn also eine Lesetransaktion auf ein Datum D' trifft, dessen Zustand jünger ist als der Zeitstempel der Lesetransaktion, wird dieses Datum in einen Zustand D zurückgesetzt, der kurz vor dem Zeitstempel gegolten hat. Dazu bedient man sich der Undo-Log-Information, die ohnehin protokolliert wird. Dieser Rollback wird aber nicht permanent gemacht, sondern in einem temporären Bereich nur für diese Anfrage durchgeführt. Auf diese Weise kann man Lese- und Schreib-Transaktionen konfliktfrei synchronisieren. Bei einem änderungsintensiven System werden langdauernde Anfragen unweigerlich in viele derartige Rollbacks „hineinlaufen".

18.7.8 Reduzierte Isolationsstufen

In SQL kann man die Isolationsstufen anwendungsspezifisch anpassen – siehe dazu Abschnitt 11.15. Wenn man gemischte heterogene Workloads auf derselben Datenbank ausführen will, bietet es sich an, die komplexen OLAP-Anfragen in einer niedrigeren Isolationsstufe – z.B. **read committed** – auszuführen. Dadurch werden Mehrbenutzer-Konflikte mit den notwendigerweise in einer höheren Konsistenzstufe (in der Regel **serializable**) ausgeführten OLTP-Transaktionen vermieden. Man beachte aber, dass diese Reduktion der Isolations/Konsistenz-Stufe nur die Sperren des Zweiphasen-Sperrprotokolls obsolet macht; die Synchronisation der parallelen Threads via Latches zur Konsistenzerhaltung der physischen Speicherstrukturen (Seiten, Index-Knoten, etc.) ist trotzdem notwendig.

18.8 Snapshots des virtuellen Speichers

Wir hatten bereits angedeutet, dass die virtuelle Speicherverwaltung die Realisierung des Schattenspeicher-Verfahrens in Hauptspeicher-DBMS drastisch vereinfachen und optimieren kann. Dies ist in Abbildung 18.8 skizziert. Intuitiv betrachtet ist die Datenbank unter der *alleinigen* Kontrolle des einen OLTP-Prozesses und „lebt" in dessen virtuellem Adressraum. Datenbankseitig verzichtet man gänzlich auf eine Seitenverwaltung und verlässt sich auf die virtuelle Speicherverwaltung.

Wenn man ein zeilenbasiertes Speichermodell (Row-Store) realisieren will, wird eine Datenbankrelation demnach einfach in einem Vektor von Datensätzen verwaltet. Bei einer spaltenbasierten Repräsentation (Column-Store) wird eine n-stellige Relation auf n Vektoren abgebildet – ein Vektor pro Spalte/Attribut. Diese Vektoren müssen natürlich adaptiv erweiterbar sein, falls ihre Kapazitätsgrenze erreicht ist. Die virtuelle Speicherverwaltung bildet diese Vektoren dann automatisch auf Seiten ab. Bei einer Hauptspeicher-Datenbank geht man davon aus, dass sich alle Seiten im physischen Hauptspeicher befinden. Eine temporäre Auslagerung einer Seite in den Swap-Bereich ist aber – bis auf Performance-Einbußen – völlig transparent für das DBMS.

Wie wird jetzt eine Schattenspeicher-Version generiert? Dazu verwendet man einfach den Unix **fork** Systembefehl. Dieser generiert einen neuen Kindprozess, dessen virtueller Adressraum einem identischen Speicherabbild des Vaterprozesses, also des OLTP-Prozesses, entspricht. Dieser neu abgespaltene Prozess dient dann der Ausführung von OLAP-Anfragen. Wenn man den **fork**-Befehl zu einem Zeitpunkt ausführt, zu dem keine Transaktionen aktiv sind, bekommt der abgespaltene OLAP-Prozess automatisch einen transaktions-konsistenten Zustand. Ein **fork** auf einer

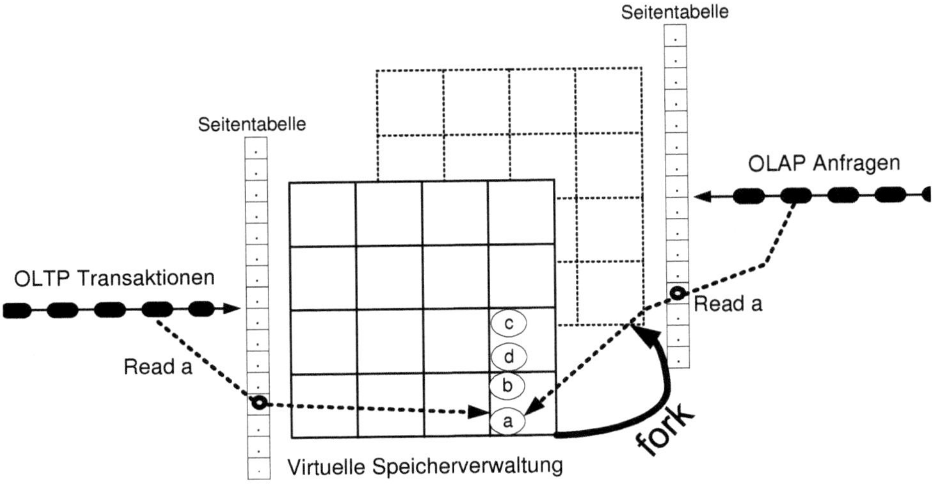

Abbildung 18.8: Anlegen eines neuen Snapshots mittels **fork**

Datenbank mit aktiven Transaktionen liefert nur einen aktionskonsistenten Snapshot, der mittels des Undo-Logs noch bereinigt werden müsste.

Zum Glück kopieren moderne Betriebssysteme/Prozessoren den virtuellen Adressraum des Vater-Prozesses nicht sofort beim Ausführen des **fork**-Befehls. Es wird nur die Seitentabelle der virtuellen Speicherverwaltung kopiert und die eigentlichen Datenseiten werden gemeinsam benutzt und erst bei einer Änderung kopiert. Diesen Vorgang nennt man **copy on write/update**. Deshalb emuliert diese Architektur effektiv das originäre Schattenspeicher-Verfahren, bei dem auch nur die Seiten repliziert werden, die tatsächlich geändert werden. Dies kommt dem betrieblichen Einsatz von Datenbanksystemen sehr entgegen, da das Gros der Daten ohnehin nicht mehr geändert wird, da sie in der Vergangenheit durchgeführte Transaktionen repräsentieren. Der eigentlich änderungsaktive Teil der Datenbank ist in der Regel relativ klein, im Verhältnis zum Gesamtvolumen.

Der Schattenspeicher-Snapshot verbleibt also in genau dem Zustand, den er zum Zeitpunkt des **fork** hatte. Auf diesem Zustand werden die OLAP-Anfragen ausgeführt, wie auf der rechten Seite der Abbildung(en) gezeigt. Das heißt, die OLTP-Transaktionen sind von den Anfragen des OLAP-Prozesses entkoppelt und können unabhängig voneinander ohne Synchronisation arbeiten. Initial teilen sich der OLTP- und der OLAP-Prozess die Datenseiten. Dies wird in der Abbildung durch die gepunkteten Seitenrahmen visualisiert. Die gemeinsame Nutzung der unmodifizierten Seiten wird durch gleiche Adress-Einträge in den beiden replizierten Seitentabellen bewerkstelligt. Das heißt, initial werden Leseoperationen auf das Datum a an die gleiche physische Adresse gelenkt, wie dies in Abbildung 18.8 gezeigt ist.

Wenn nun ein Datenobjekt vom OLTP-Prozess bearbeitet wird, sagen wir Objekt a wird zu a' geändert, wird die virtuelle Speicherverwaltung automatisch (und sehr effizient) die Replikation dieser Seite, auf der a residiert, veranlassen. Anders als dies aus zeichen-technischen Gründen in der Abbildung 18.9 gezeigt ist, wird das

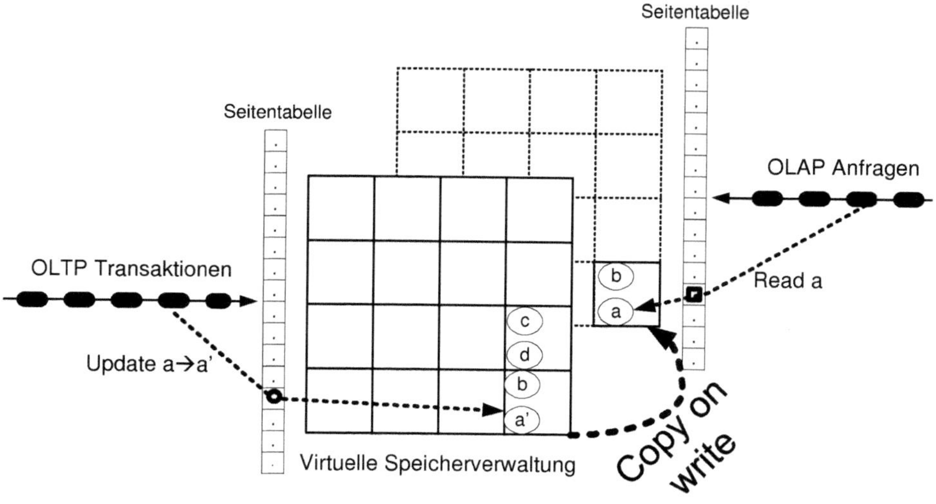

Abbildung 18.9: Konsistenz-Erhaltung des Snapshots: Copy on Write

Replikat in Wirklichkeit für den OLTP-Prozess angelegt. Dieser zahlt auch die Verzögerung dieses Vorgangs, die aber auf modernen Prozessoren extrem gering ausfällt. Ein derartiger Kopiervorgang dauert nur etwa 2 μs (Mikro-Sekunden) und ist damit über tausendfach schneller behoben als ein Seitenfehler in klassischen Datenbanksystemen. Die Effizienz resultiert aus der Hardware-Unterstützung für die Detektion und die Durchführung einer derartigen Replikation.

Anders als im originären Schattenspeicherkonzept muss die Datenbanksystem-Software keinerlei Kontrolle des Schattenspeichers ausüben. Dadurch wird nicht nur die Software deutlich einfacher, sondern auch die Performance gesteigert. Man beachte, dass die virtuelle Speicherverwaltung, die wir hier in den Abbildungen explizit skizziert haben, beim originären Schattenspeicher-Konzept noch zusätzlich zu der Software-Kontrolle hinzukommt, da alle gängigen Datenbanksysteme auf einem Betriebssystem mit virtueller Speicherverwaltung laufen. Anders als eine „selbstgestrickte" Softwarelösung wird die virtuelle Speicherverwaltung des Betriebssystems vom Prozessor, genauer gesagt von der Memory Management Unit des Prozessors, hardware-mäßig unterstützt. Dies ist in Abbildung 18.10 gezeigt. Die MMU erledigt dabei folgende Aufgaben implizit:

- Sie erkennt die Notwendigkeit der Seitenreplikation bei einer Änderung. Dies betrifft aber nur Seiten, die erstmals seit dem **fork** geändert werden **und** die gemeinsam genutzt werden.

- Die MMU führt die Adresstransformation von der logischen zur physischen Adresse durch. Dabei wird ein sogenannter TLB-Puffer genutzt, in dem sich die letzten aufgelösten Seiten-Nummern befinden. Dies beschleunigt den Vorgang ungemein, da sich die meisten Zugriffe im Datenbanksystem auf dieselbe Seite beziehen (man denke etwa an einen Scan).

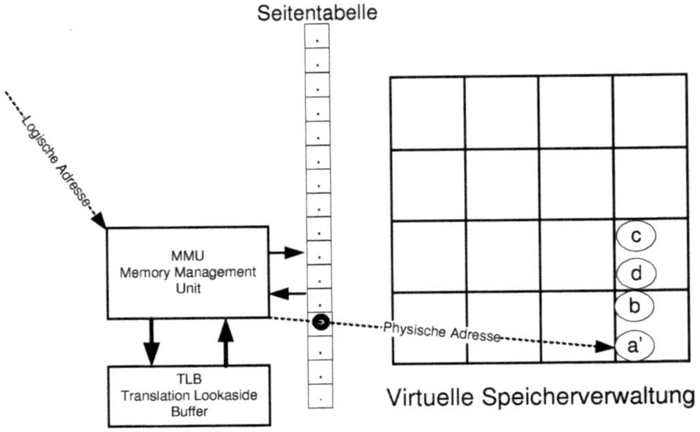

Abbildung 18.10: Ultra-schnelle Adresstransformation

- Die MMU erkennt anhand des Referenzzählers, welche Seiten wieder frei gegeben werden können, da kein aktiver Prozess mehr darauf zugreift.

Letzteres ist insbesondere wichtig, wenn man von dem OLTP-Prozess mehrmals OLAP-Prozesse abspaltet, die dann zeitlich überlappend aktiv sein können. Dies ist in Abbildung 18.11 entlang einer Zeitachse gezeigt. Wir erkennen, dass man – anders als im originären Schattenspeicher-Konzept – beliebig viele Schattenkopien der Datenbasis unterhalten kann. Dementsprechend befindet sich das Objekt a in vier unterschiedlichen Zuständen a, a', a'', a''' (von alt nach jung). Man kann diese OLAP-Snapshots in beliebiger Reihenfolge wieder beenden, ohne dass Speicherlecks entstehen würden. Die zeitlich versetzten OLAP-Prozesse können völlig unabhängig voneinander Anfragen ausführen. Beispielsweise kann ein Snapshot länger benötigt werden, weil eine besonders komplexe Anfrage eine längere Laufzeit hat, als die Anfragen des nachfolgenden, jüngeren Snapshots.

18.9 Kompaktifizierung der Datenbank

Der aktive Teil einer Datenbank, der sogenannte *Working Set*, besteht in der Regel nur aus einem Bruchteil der Gesamtdaten. Man denke etwa an eine Verkaufsdatenbank, wie z.B. die eingangs des Kapitels erläuterte transaktionale Datenbank für ein Online-Handelsunternehmen. Die Daten, die für die eigentliche Abarbeitung der Transaktionen relevant sind, beschränken sich auf *neueste* Verkäufe, Produktlieferungen, Zahlungen, etc. Verkäufe, die Monate oder gar Jahre zurückliegen, spielen in der transaktionalen Verarbeitung keine Rolle – sie werden lediglich für analytische Anfragen, z.B. als Vergleichsmaßstab, herangezogen. Aus diesem Grund ist die Kompaktifizierung der Datenbank ein sinnvolles Instrument, um den „heißen" Working Set von den inaktiven, „kalten" Daten zu separieren. Dazu ist eine Reorganisation des Datenbestands nötig, wie dies in Abbildung 18.12 motiviert wird. Auf der linken Seite sieht man, dass die jüngsten Daten, also die „Spitze des Eisbergs", zusammen mit wenigen alten, aber noch heißen, versprenkelten Daten im kalten (dunklen) Be-

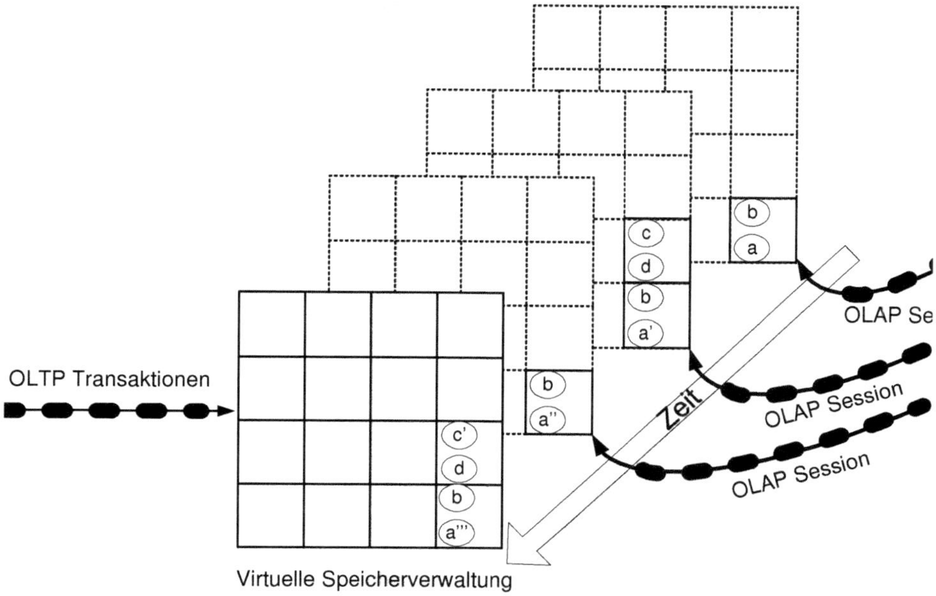

Abbildung 18.11: Multiple zeitlich versetzte OLAP-Snapshots

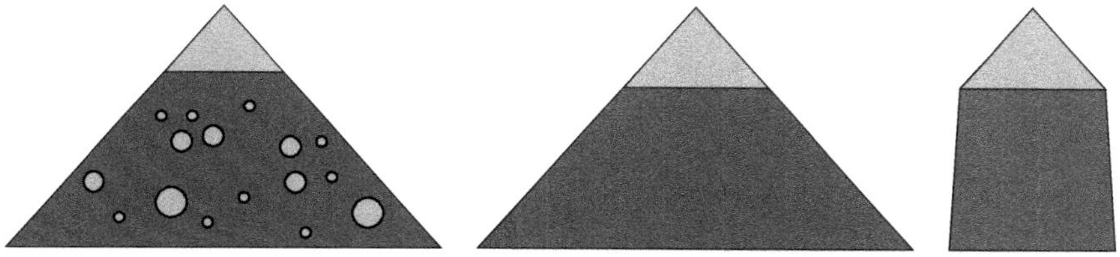

Abbildung 18.12: Der Working Set einer Datenbank: (links) verstreut über die DB, (mittig) nach Reorganisation der heißen Objekte in einen Bereich, (rechts) nach zusätzlicher Kompression der kalten Datenbank

reich den Working Set darstellt. Durch eine Monitoring-Komponente muss man die wenigen Datenelemente, die zwar alt aber immer noch aktiv sind, erfassen und sie durch eine Reorganisation in den aktiven Working Set transferieren, was in der Mitte der Abbildung gezeigt ist. Danach kann man den kalten, dunklen Datenbereich, der für die Transaktionsverarbeitung irrelevant ist, weiter kompaktifizieren. Darauf kann man beispielsweise die zuvor beschriebene Dictionary-Kompression durchführen. Einige Hauptspeicher-Datenbanken gehen sogar noch einen Schritt weiter und verlagern den kalten (genauer, den gefrorenen) Datenbereich auf Plattenspeicher oder SSD-Speicher.

Die dynamische Reorganisation der Daten ist in Abbildung 18.13 detaillierter beschrieben. Man unterscheidet die folgenden vier Bereiche:

heißer Bereich Hier sollte der Working Set des Datenbanksystems angesiedelt

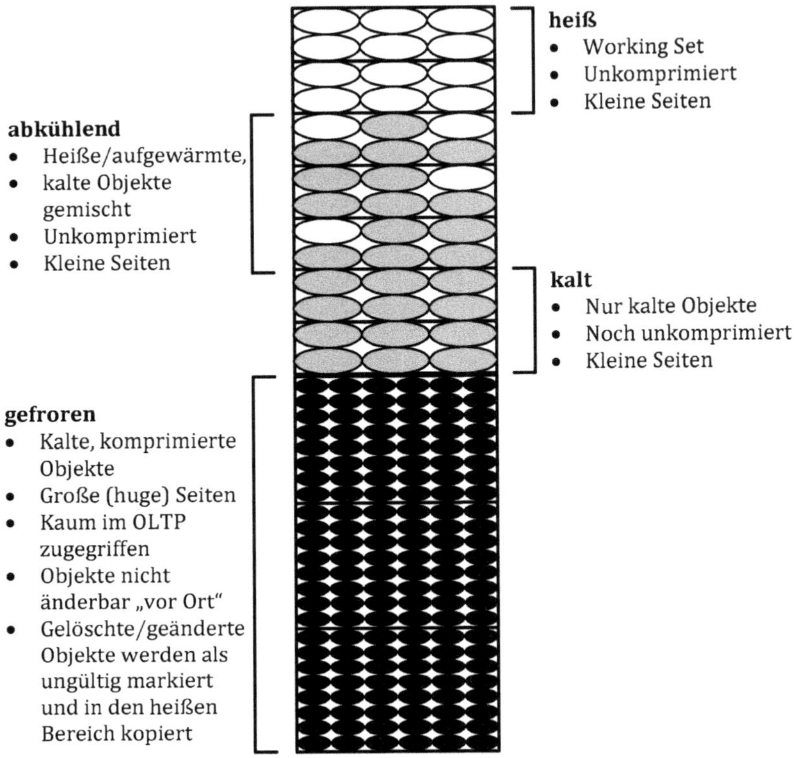

Abbildung 18.13: Die vier Bereiche der Datenbank: heiß, abkühlend, kalt, gefroren

sein. Der heiße Bereich sollte also nur Daten beherbergen, die noch im aktiven Gebrauch sind.

abkühlender Bereich In diesem Bereich sind sowohl aktive Daten, als auch inaktive Datenobjekte angesiedelt. Genau wie der heiße Bereich sind die Daten unkomprimiert, um den schnellen Zugriff zu gewährleisten.

kalter Bereich Diese Datenseiten sind aus dem abkühlenden Bereich entstanden, nachdem die (wenigen) aktiven Datenobjekte in den heißen Bereich transferiert wurden und die Lücken durch inaktive Daten aus dem heißen Bereich gefüllt wurden. Die Daten sind jetzt bereit für die Komprimierung.

gefrorener Bereich Die Datenobjekte in diesem Bereich sind nicht mehr direkt (*in place*) änderbar. Bei einer in seltenen Fällen doch vorkommenden Änderung wird das Datenobjekt als ungültig markiert und in den heißen Bereich kopiert. Die Daten in diesem Bereich werden komprimiert, wobei man das Dictionary-Encoding verwenden würde. Außerdem werden die Daten von den kleinen (z.B. 4 KB) Seiten der virtuellen Speicherverwaltung auf sehr große Seiten, den *huge pages*, mit einer Größe von 2MB transferiert. Dies hat den

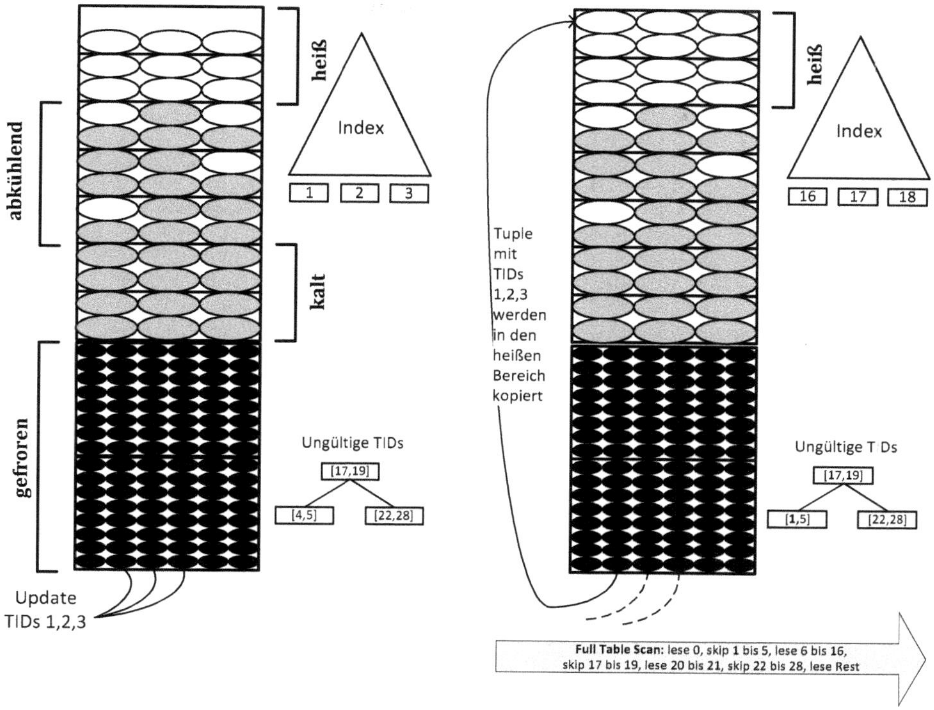

Abbildung 18.14: Geänderte Tupel werden aus dem gefrorenen Bereich in den heißen Bereich transferiert

Vorteil, dass die Seitentabelle der virtuellen Speicherverwaltung nur einen Eintrag (anstatt 500 Einträge) pro 2 MB Datenvolumen benötigt.

In Abbildung 18.14 ist der oben angesprochene Änderungsvorgang von drei gefrorenen Datenobjekten mit den Identifikatoren 1, 2, 3 gezeigt. Diese Daten werden in einer separaten Datenstruktur, die man als Baum strukturieren kann, ungültig gesetzt. Im linken „vorher"-Zustand waren schon die Objekte mit den Identifikatoren 4,5,17,18,19,22, ..., 28 ungültig, was durch die drei Bereiche in dem Baum repräsentiert ist. Im rechten „nachher"-Zustand werden die gerade ungültig gestellten Objekte 1, 2, 3 dem Bereich [4,5] zugeordnet, so dass der neue, zusammenhängende Bereich [1,5] entsteht. Etwaige Indexe, wie durch das obige Dreieck in der Abbildung symbolisiert, müssen fortgeschrieben werden und jetzt auf die kopierten Datenobjekte in dem heißen Bereich verweisen. Somit ist der konsistente Zugriff auf nur gültige Objekte im Zuge eines Indexzugriffs gewährleistet. Bei einem „*full table scan*" muss man darauf achten, die ungültig gesetzten Objekte zu überspringen (*skip*) – dies ist in dem großen waagerechten Pfeil rechts unten dargestellt. Dieser generierte Scan-Code ist deutlich effizienter, als wenn man für jedes Objekt nachschauen würde, ob es noch gültig ist – insbesondere wenn man Millionen oder Milliarden Objekte verwaltet, von denen nur sehr wenige jemals aus dem gefrorenen in den heißen Zustand versetzt werden.

Man könnte bei der Kompaktifizierung sogar noch einen Schritt weitergehen und die gefrorenen Datenbereiche auf Hintergrundspeicher (z.B. Platten- oder Flash-Speicher) auslagern. Die Auslagerung der gefrorenen Daten funktioniert offensichtlich nur, wenn man bei der Transaktionsverarbeitung die sequentielle Suche (den sogenannten *(full table) scan* gänzlich vermeiden kann. Dieser *scan* würde nämlich dazu führen, dass alle ausgelagerten Daten wieder in den Hauptspeicher transportiert würden – und im schlimmsten Fall dadurch Daten des Working Sets verdrängt. Also benötigt man für jede Zugriffsoperation (select) in den Transaktionen eine geeignete Indexstruktur, die dann in aller Regel Datenelemente in dem Working Set referenziert.

18.10 Transaktionsverwaltung

Es gibt manchmal Ressentiments gegenüber Hauptspeicher-Datenbanksystemen, da sich die gesamte Datenbank im volatilen Hauptspeicher befindet. Bei genauerer Betrachtung muss man aber feststellen, dass ein nicht abgesicherter Betrieb eines Hintergrundspeicher-DBMS genauso katastrophale Folgen haben wird, da der Hintergrundspeicher sich im laufenden Betrieb in einem völlig inkonsistenten Zustand befindet. Es ist Aufgabe der (korrekt konfigurierten!) Recovery-Komponente, den sicheren Betrieb gemäß der ACID-Bedingungen zu garantieren.

In einem Hauptspeicher-DBMS kann man die Isolation der OLTP-Transaktionen zum einen durch die rein serielle Ausführung garantieren. Wir hatten bereits angesprochen, dass die Vermeidung von Seitenfehlern sehr kurze Transaktions-Bearbeitungszeiten garantiert. Dies gilt aber nur wenn man keine Benutzerinteraktionen zulässt, wenn man also die Transaktionen als eine einzelne Prozedur-Invokation durchführt. Diese Vorgehensweise hat sich mittlerweile in den transaktionalen Hauptspeicher-DBMS etabliert. Man kann durch geschickte Partitionierung der Datenbank erreichen, dass man nebenläufige Transaktionen auf unterschiedlichen Partitionen ausführen kann, wie in Abbildung 18.15 illustriert. Dies ist insbesondere sinnvoll, wenn man ein derartiges System im Multi-Tenancy-Bereich (siehe Abschnitt 21.8) einsetzen will. Partitions-übergreifende Transaktionen müssen dann aber wieder seriell ausgeführt werden.

Die Anfragen kann man konfliktfrei und gänzlich ohne Synchronisations-Overhead auf einem der oben beschriebenen OLAP-Snapshots ausführen. Sobald also eine neue OLAP-Anfrage empfangen wird, könnte ein neuer Snapshot angelegt werden. Dies ist möglicherweise zu teuer, da die **fork**-Operation atomar ausgeführt wird und die u.U. recht große Seitentabelle kopieren muss. Deshalb wird man ein solches System so konfigurieren, dass neue Snapshots periodisch (bspw. alle paar Sekunden) angelegt werden. Eine neu empfangene OLAP-Anfrage wird dann bis zum Anlegen eines neuen Snapshots warten müssen – wie dies anhand der gebogenen OLAP-Warteschlange in Abbildung 18.11 angedeutet ist. Es sei denn, man führt sie auf einem der existierenden, dann aber etwas veralteten Snapshots aus. Die Nutzung eines neuen Snapshots garantiert den aus Klientensicht aktuellsten Zustand, da alle Klienten ihre eigenen Änderungen garantiert zu sehen bekommen (sofern sie nur eine Anfrage oder Transaktion gleichzeitig im System haben). Somit ist das Konsi-

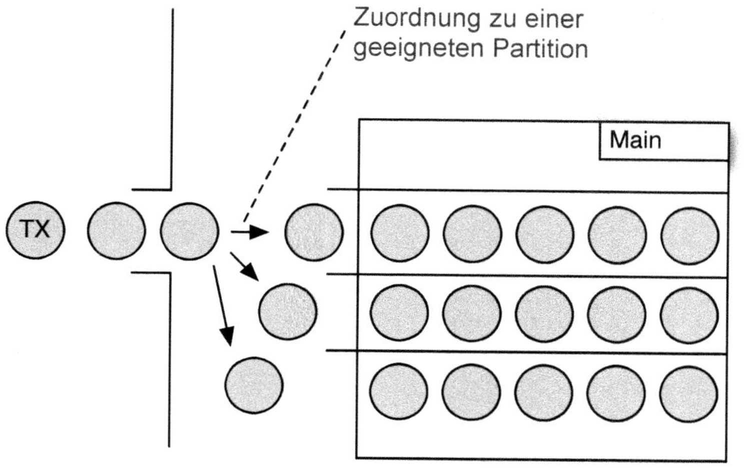

Abbildung 18.15: Konzept der seriellen Ausführung auf Partitionen

stenzkriterium *read-your-writes* garantiert, auch wenn dieselben Klienten kurz nach einer OLTP-Transaktion auch eine OLAP-Anfrage absetzen können. Es sollte aber betont werden, dass die „OLAP-Seite" nur für komplexe Anfragen gedacht ist; normale kurz-laufende Anfragen (insbesondere Punktanfragen wie z.B. die Ermittlung des Status einer Bestellung) sollten auf der „OLTP-Seite" ausgeführt werden.

Kommen wir nun zur Atomarität und Dauerhaftigkeit des ACID-Paradigmas. Die Atomarität setzt voraus, dass man während der Lebensdauer einer Transaktion Undo-Logs verwaltet – aber nicht darüber hinaus, da keine Effekte abgebrochener Transaktionen in die dauerhafte Datenbank wandern. Bei einem Systemabsturz gibt es also keine *Loser*-Transaktionen in der dauerhaften Datenbank. Es gibt aber auch keine *Winner*-Transaktionseffekte, da es per se überhaupt keine dauerhafte Datenbank auf der Platte gibt. Deshalb muss man periodisch Backups der Datenbank durchführen. Hier kommt die Transaktionskonsistenz der OLAP-Snapshots sehr gelegen: Eine der OLAP-Snapshots kann man verwenden, um periodisch ein konsistentes Datenbank-Archiv auf einem Storage-Server zu schreiben. Man sollte natürlich versetzt immer eine (oder mehrere) zurückliegende Archivkopien haben – warum? Neben der Archivkopie, die man im Falle eines Systemabsturzes wieder einspielen kann, benötigt man zusätzlich Redo-Logs aller abgeschlossenen Transaktionen. Hier kommt einem das vorher angesprochene Konzept der vorgefertigten Transaktionen (*stored procedures*) sehr entgegen. Diese Transaktionen werden mit festen Parametern aufgerufen. Es reicht somit aus, die Invokationsparameter zu protokollieren. Dies nennt man logische Protokollierung, da nicht mehr jede elementare Änderungsoperation protokolliert werden muss. Aus Performancegründen schreibt man dann nicht einzelne Log-Datensätze, sondern wendet das **group commit**-Verfahren an, um viele Protokolleinträge gebündelt transferieren zu können. Alle drei Recovery-Komponenten, Undo-Log, Archivierung (Backup) und Redo-Protokollierung, werden in Abbildung 18.16 gezeigt.

Um die Leistungsfähigkeit eines derartigen hybriden OLTP&OLAP-Datenbank-

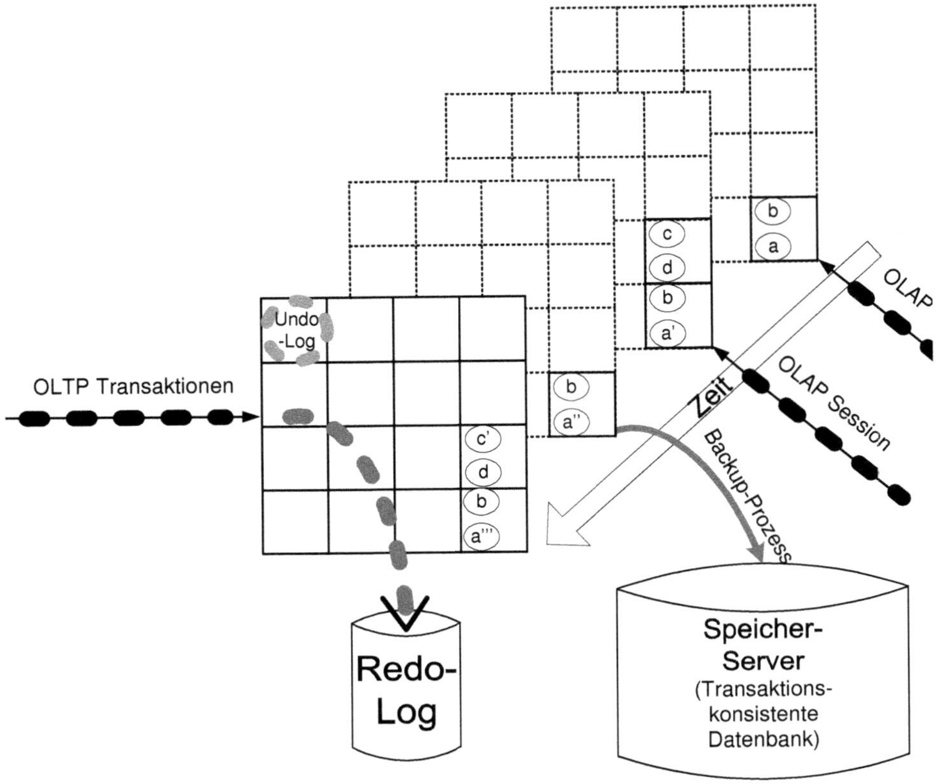

Abbildung 18.16: Redo-Logging und Datenbank-Backup

systems bewerten zu können, wurde von Funke, Kemper und Neumann (2011) ein neuer Benchmark entwickelt, der in Abschnitt 22.5 erläutert wird. Es sei aber hier schon angemerkt, dass derartige Hauptspeicher-Datenbanksysteme auf Grund ihrer spartanischen Kontrollstrukturen extrem effizient arbeiten und moderne Prozessoren sehr gut ausnutzen. Dies wurde anhand des von Kemper und Neumann (2011) konzipierten Hauptspeicher-DBMS *HyPer* auch experimentell gezeigt.

18.11 Langlaufende Transaktionen

In Hauptspeicher-Datenbanksystemen wird meist wenig (oder weniger) Parallelität bei der Transaktionsverarbeitung angestrebt, da die Synchronisation der parallel laufenden Transaktionen einen relativ hohen Aufwand verursacht. Dies gilt insbesondere für das Zweiphasen-Sperrprotokoll, das in Disk-basierten Datenbanksystemen eingesetzt wird. Bei Disk-basierten Systemen hat man kaum eine andere Wahl, als eine hohe Parallelität zuzulassen, damit man die von einer Transaktion verursachten Seitenfehler „kaschieren" kann, indem andere parallel laufende Transaktionen während dieser Wartezeit die CPU nutzen. Da es in Hauptspeicher-Datenbanken diese (enorme) Wartezeit auf die langsamen Plattenspeicher nicht gibt, kann man auch ohne große Parallelität sehr hohe Durchsatzzahlen erreichen. Wenn beispielsweise jede Transaktion nur 10 ms benötigt, könnte man bei rein sequentieller Abarbeitung einen Durchsatz von 100.000 Transaktionen pro Sekunde erreichen – was für so gut wie alle praxisrelevanten Anwendungsszenarien ausreichen würde. Man kann die rein sequentielle Ausführung durch eine Partitionierung der Datenbank steigern, wie dies in Abbildung 18.15 dargestellt ist. Dann kann man pro Partition eine Transaktion ausführen. Wenn sich während der Ausführung herausstellen sollte, dass die Transaktion doch über die Partitionsgrenzen *ihrer* Partition hinausgeht, muss sie abgebrochen werden und danach im exklusiven Modus (also allein auf der gesamten Datenbank) neu ausgeführt werden. Wenn dies zu oft geschieht wird dadurch der Durchsatz natürlich stark reduziert. Deshalb kommt es darauf an, die Partitionierung so zu wählen, dass nur sehr wenige Transaktionen aus „ihren Grenzen ausbrechen".

Auch mit der Partitionierung ist die sequentielle Ausführung (pro Partition) auf sehr kurze Transaktionslaufzeiten angewiesen. Wenn aber einige wenige Transaktionen sich „daneben benehmen", indem sie sehr lange laufen (z.B. in der Größenordnung von einer Sekunde), wird die sequentielle Bearbeitung nicht mehr funktionieren, da sich dann alle anderen gutartigen, kurzen Transaktionen hinter dieser langen aufstauen – mit dem Effekt, dass der Durchsatz dramatisch einbricht. Es gibt mehrere Gründe, warum eine Transaktion eine lange Ausführungszeit benötigt:

- Es könnte sich um eine interaktive Transaktion handeln, die auf Eingabe durch einen Benutzer wartet. Man denke etwa an eine Banktransaktion, die von den Benutzern durch Drücken der grünen Taste bestätigt werden muss.

- Innerhalb der Transaktion könnte eine Kommunikation mit einem externen System auftreten, z.B. zur Verifikation einer eingegebenen Kreditkartennummer.

- In der Transaktion könnte eine komplexe SQL-Anfrage enthalten sein, die viele GigaByte Daten durchsucht und verknüpft (join'ed).

Anhand von Abbildung 18.17 kann man erkennen, dass langlaufende Anfragen (also *read only* Transaktionen) durch einen Snapshot-Mechanismus von den Schreibtransaktionen effektiv separiert (isoliert) werden können. Dieser Snapshot lässt sich, wie oben beschrieben, z.B. durch den *fork*-Befehl erzeugen, so dass er dann durch den *copy-on-write*-Mechanismus konsistent gehalten werden kann. In anderen Systemen wird er auch durch Software-Kontrolle in einem konsistenten Zustand gehalten. Das „fork'en" eines separaten Prozesses für die OLAP-Anfragen ermöglicht es, die Isolation von Transaktionen und Anfragen gänzlich dem Prozessor zu überlassen – ohne explizite Software-Synchronisation. Deshalb ist es naheliegend, diesen Mechanismus auch für die langlaufenden Transaktionen zu verwenden. Das ist aber nicht so einfach: In diesem Snapshot-Verfahren besitzt der OLTP-Prozess die Datenbank und der Snapshot-Prozess hat keine Möglichkeit, Änderungen in die OLTP-Datenbank einzubringen. Diese Trennung war ja gerade die Schlüsselidee des Snapshot-Mechanismus, um die beiden Datenbestände voneinander zu isolieren. Deshalb muss man eine langlaufende Transaktion erst versuchsweise (also „tentativ") auf

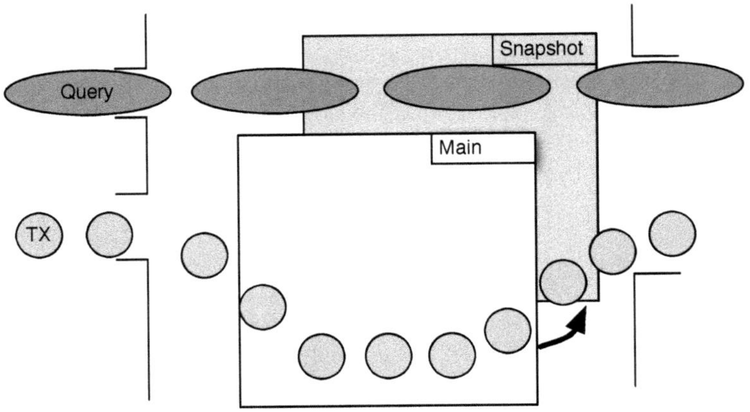

Abbildung 18.17: Isolation von OLTP und OLAP

dem Snapshot ausführen, alle Änderungen sammeln und diese dann entsprechend auf dem OLTP-Datenbestand nachvollziehen. Der Vorteil besteht darin, dass alle Wartezeiten während der versuchsweisen Ausführung auf dem Snapshot anfallen, die dann bei der Einbringung wegfallen. Dadurch wird eine langlaufende Transaktion de-facto wie im Zeitraffer in eine kurze Einbring-Transaktion komprimiert.

Für das Erkennen langlaufender Transaktionen gibt es mehrere Möglichkeiten: Zum einen könnte man sich auf Anmerkungen der Programmierer verlassen, die die Transaktionen in kurze und lange Transaktionen klassifizieren. Weiterhin wäre es möglich, den Transaktionscode zu analysieren, um Interaktionen nach außen oder komplexe Anfragen innerhalb der Transaktion als Indiz für eine lange Laufzeit zu werten. Schließlich gibt es auch noch die ganz simple (und effektive) Methode, jede Transaktion zunächst als kurze Transaktion zu starten und diese erst nach Aufbrauchen eines Quotas (z.B. 200 ms) abzubrechen und als lange Transaktion einzustufen. Beim Abbruch müssen natürlich im Zuge der R1-Recovery alle bisherigen Änderungen dieser Transaktion rückgängig gemacht werden.

Es reicht natürlich nicht aus, nur die Änderungen zu protokollieren, die die langlaufende Transaktion auf dem Snapshot durchführt. Man darf nämlich nicht „blind" diese Änderungen in die Haupt-Datenbank einbringen. Diese bleibt ja während der (langen) Ausführungszeit der langen Transaktion auf dem Snapshot nicht „stehen", sondern führt andere kurze Transaktionen aus. Es ist vor der Einbringung der Änderungen eine Validierung nötig.

Wenn man volle Serialisierbarkeit gewährleisten will, darf sich der *ReadSet* der langen Transaktion auf dem Snapshot nicht mit allen *WriteSets* der in der Zwischenzeit auf der Haupt-Datenbank ausgeführten Transaktionen überschneiden. Dies ist die analoge Vorgehensweise wie bei der optimistischen Synchronisation (siehe Kapitel 11.11). Diese Überprüfung setzt natürlich voraus, dass bei der Ausführung der langen Transaktion auf dem Snapshot protokolliert wird, welche Datenobjekte gelesen und geschrieben wurden und in welchem Zustand dies geschehen ist. Entweder man protokolliert die tatsächlich gelesenen Werte und vergleicht sie später in der Validierungsphase, indem man diese Datenobjekte nochmals liest und deren Wert

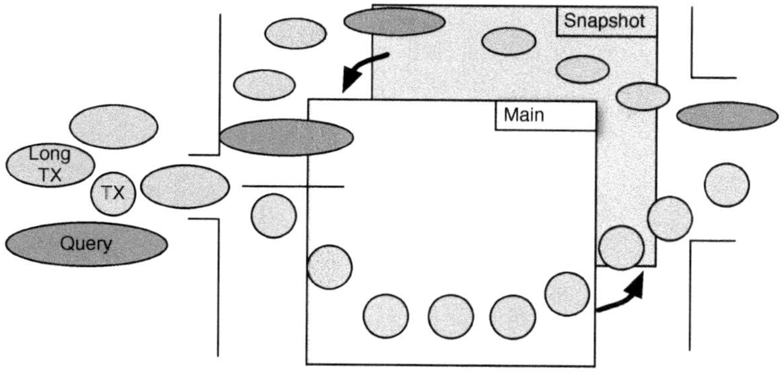

Abbildung 18.18: Tentative Ausführung langer Transaktionen

mit dem protokollierten Wert vergleicht, oder man verwendet Versionsnummern, die den Datenobjekten (oder größeren Gruppen) zugeordnet werden.

Wenn man etwas großzügiger, aber weniger konsistent vorgehen möchte, verwendet man die Snapshot-Isolation. Hierbei muss der *WriteSet* der langen Transaktion mit den *WriteSets* der kurzen Transaktionen, die in der Zwischenzeit ausgeführt wurden, überschneidungsfrei sein.

Erst wenn die Validierung erfolgreich war, darf die lange Transaktion (im Zeitraffer-Modus) ihre Änderungen einbringen. Hierzu wird sie, inklusive der Validierungsphase, wie eine ganz normale kurze Transaktion sequentiell ausgeführt.

18.12 Mehrbenutzersynchronisation mit multiplen Versionen

Im vorigen Abschnitt wurden länger laufende Transaktionen tentativ auf dem Snapshot ausgeführt, der wegen seiner groben Granularität eigentlich für komplexe OLAP-Anfragen gedacht ist. Wir wollen jetzt ein alternatives fein-granulares Mehrversionsverfahren für die Synchronisation von parallelen Transaktionen vorstellen.

Bislang waren wir von einer seriellen Ausführung der OLTP-Transaktionen ausgegangen. Dies ist bei einer ununterbrochenen Ausführung einer vordefinierten Transaktion auch ausreichend, da diese auf einer Hauptspeicher-Datenbank nur einige Mikrosekunden benötigt. Wenn man aber auch unterbrechbare Transaktionen unterstützen will, die bspw. stückweise von einem Application-Server ausgeführt werden, muss man die parallele Ausführung mehrerer Transaktionen unterstützen. In klassischen Datenbanksystemen verwendet man für die Mehrbenutzersynchronisation das Zwei-Phasen-Sperrprotokoll. Dieses Protokoll ist aber für Hauptspeicher-Datenbanken viel zu „schwerfällig“ wie wir anfangs des Kapitels schon diskutiert haben. Deshalb haben sich in Hauptspeicher-Datenbanken optimistische Synchronisationsverfahren etabliert, die mehrere Versionen der geänderten Datenobjekte verwalten. Diese Verfahren nennt man im Englischen „Multi-Version Concurrency Control“, oder kurz MVCC. Mit dem MVCC-Protokoll kann man reinen Lesetransaktionen immer die Version der Datenobjekte zur Verfügung stellen, wie sie zu Beginn der Lesetransaktion gegolten haben. Reine Lesetransaktionen werden somit nie in einen Konflikt mit einer anderen Transaktion geraten.

Die Anforderungen an ein effizientes Mehrversionen-Synchronisationsverfahren für Hauptspeicher-Datenbanken sind wie folgt:

1. Es sollte sehr geringen Aufwand (hinsichtlich Laufzeit und Speicherverbrauch) verursachen und reine Lesetransaktionen nicht belasten.

2. Man sollte in der Lage sein, volle Serialisierbarkeit zu garantieren, da die in vielen Systemen garantierte niedrigere Konsistenzstufe *Snapshot Isolation* zu unerwünschten Effekten führen kann.

3. Die Performanz eines Hauptspeicher-Datenbanksystems hängt in entscheidendem Maß von der Lesegeschwindigkeit (also der Scan-Performanz) ab. Deshalb sollte der physische Zusammenhang der Datenvektoren des Column-Stores nicht zerstört werden. Dies läßt sich nur durch ein „update in place"-Verfahren realisieren.

Wir wollen anhand von Abbildung 18.19 erläutern, wie das MVCC-Verfahren im Fall von parallelen Lese- und Änderungstransaktionen operiert. Als Beispielanwendung betrachten wir eine Bankanwendung, in der Benutzerkonten verwaltet werden. Vereinfachend sei ein Konto durch den Besitzer identifizierbar. In unserer Beispielanwendung gebe es nur die beiden Transaktionstypen: Überweisung zwischen zwei Konten (von $\rightarrow$ nach) und Summierung aller Kontostände (Σ). Da es sich um ein „geschlossenes Banksystem" handeln soll, muss die Summierung der Kontostände immer 150 ergeben – egal wann sie durchgeführt wird.

Neue Versionen der Datenobjekte werden „in-place" im Datenvektor geändert; ältere Versionen befinden sich als physische Before-Image-Versionen in den Undo-Puffern der Änderungstransaktionen. Diese Undo-Puffer müssen für noch nicht abgeschlossene Transaktionen ohnehin gespeichert werden, so dass die Versionsverwaltung nur marginale Speicherzusatzkosten verursacht. Leser müssen genau auf die Version zugreifen, die zum Zeitpunkt ihres Transaktionsstarts gültig war. Dieser Zugriff geschieht über den Versionsvektor, der als Anker für die verschiedenen Versionen desselben Datums dient. Falls dieser Vektor *nicht-Null* ist, hangelt man sich entlang der Versionskette hin zu der Version, deren Gültigkeitsbereich für die zugreifende Transaktion relevant ist.

Nur ein sehr kleiner Teil der Datenbank wird zu einem gegebenen Zeitpunkt überhaupt versioniert sein, da die alten, nicht mehr benötigten Versionen kontinuierlich im Zuge der Garbage-Collection bereinigt werden. Eine Version wird obsolet sobald alle aktiven Transaktionen nach dem Zeitpunkt angefangen haben, den die Version als Zeitstempel besitzt.

Wir wollen uns jetzt zur Erläuterung des Verfahrens unserem Beispiel zuwenden. Alle neuen Transaktionen erhalten zwei Zeitstempel: *TransaktionsID* und *startZeit*. Beim *commit* erhalten die Änderungstransaktionen einen dritten Zeitstempel, die *commitZeit*. Alle TransaktionsID-Stempel sind größer als alle möglichen *startZeit*-Stempel. Das kann einfach dadurch geschehen, dass man *startZeit*-Stempel ab 0 und *TransaktionsID*-Stempel ab 2^{63} fortlaufend generiert.

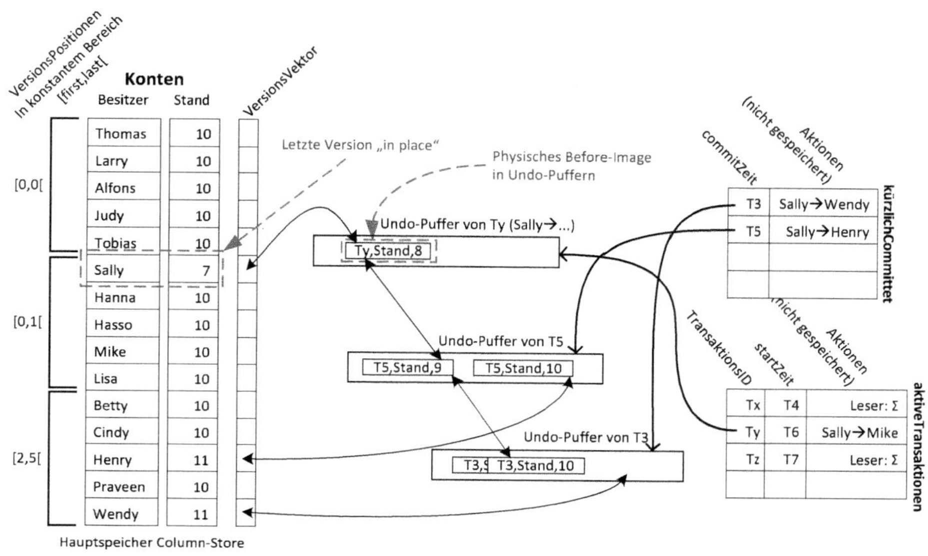

Abbildung 18.19: Mehrversionen-Synchronisation zweier Transaktionstypen: Überweisung zwischen zwei Konten (von → nach) und Summierung aller Kontostände (Σ)

Änderungstransaktionen führen ihre Änderungen in-place aus; allerdings legen sie Before-image-Versionen im Undo-Puffer ab. Diese werden sowohl für eine eventuell nötige Undo-Recovery (R1-Recovery) als auch als jeweils jüngste, dauerhaft „committete" Version für lesenden Zugriff anderer Transaktionen benötigt. Diese Version wird an den Anfang einer möglicherweise leeren Versionskette eingefügt, deren Anker sich im *VersionsVektor* befindet. Solange die Änderungstransaktion noch läuft, wird die Version mit der *TransaktionsID* als Zeitstempel markiert. Dadurch wird die noch nicht „committete" Version im Datenvektor nur für die Änderungstransaktion selbst sichtbar. Beim *commit* erhält die Änderungstransaktion nochmals einen neuen (dritten) Zeitstempel, den *commitZeit*-Stempel, mit dem ihre angelegten Before-Image-Versionen als irrelevant für alle ab jetzt startenden Transaktionen markiert werden. Der *commitZeit*-Stempel wird vom gleichen Zähler gezogen, der auch die *startZeit*-Stempel vergibt.

In unserem konkreten Beispiel schließt die erste Änderungs-Transaktion zum Zeitpunkt T_3 (Sally → Wendy) ab und alle ihre angelegten Before-Image-Versionen für Sally's und Wendy's Kontostände bekommen den Zeitstempel T_3 zugewiesen. Diese Zeitstempel signalisieren, dass diese Versionen gültig sind für Transaktionen, die vor T_3 gestartet wurden (und noch aktiv sind); aber nicht für Transaktionen, die nach T_3 anfangen. In unserem Beispiel kommt zum Zeitpunkt T_4 eine Lesetransaktion mit der *TransaktionsID* T_x ins System. Sie wird Sally's rekonstruierten Kontostand im Zustand 9, Henry's rekonstruierten Kontostand 10 und Wendy's rekonstruierten Kontostand 11 lesen.

Eine weitere Änderungstransaktion (Sally → Henry) „committet" zum Zeitpunkt

T_5 und markiert ihre Before-Image-Versionen entsprechend mit der Gültigkeit „bis T_5". Wiederum befinden sich die (kurz) vorher gültigen Versionen von Sally's und Henry's Kontostand in dem Undo-Puffer der Transaktion T_5. Eine aus einem Undo-Puffer rekonstruierte Version ist gültig ab dem Zeitstempel ihrer Vorgänger-Version bis zu ihrem eigenen Zeitstempel. Sally's Kontostand-Version mit Zeitstempel T_5 ist also gültig von T_3 bis Zeitstempel T_5. Wenn eine Version keinen Vorgänger hat (erkennbar am NULL-Zeiger), wie Henry's Kontostand mit Stempel T_5 wird die Gültigkeitsperiode als beginnend mit dem virtuellen Zeitpunkt 0 bis zum eigenen Zeitstempel (hier T_5) angenommen. Eine Leseoperation einer Transaktion mit niedrigerem *startZeit*-Stempel als T_5 wird dieses *Before-Image-Delta* anwenden und eine Transaktion mit *startZeit*-Stempel größer als T_5 ignoriert dieses Before-Image-Delta und liest die „in-place"-Version im *Konten*-Datenvektor.

Wie bereits gesagt werden noch nicht „committete" Versionen mit einem Zeitstempel versehen, der oberhalb aller möglichen „realen" Zeitstempel liegt. Genauer gesagt befindet sich dieser Zeitstempel an der Vorgänger-VErsion, die ja im Undo-Puffer der Transaktion liegt. Hierzu dient die *TransaktionsID* der Änderungstransaktion. Dies wird anhand der Änderungstransaktion (Sally $\rightarrow$ Mike) illustriert, die die *TransaktionsID* T_y besitzt. Dieser temporäre Zeitstempel wird der Version von Sally's Kontostand in T_y's Undo-Puffer zugeordnet. Also werden alle Lesezugriffe von Transaktionen mit *startZeit* größer als T_5, außer einem Lesen von T_y selbst, den Zustand 8 zu sehen bekommen. Der „dreckige" (also nicht committete) Zustand 7 ist nur für die Transaktion T_y selbst sichtbar.

Versionszugriff

Um die korrekte Version zuzugreifen kopiert eine Transaktion T zunächst die „in-place"'-Version und läuft dann zum Zweck der Rekonstruktion des für sie gültigen Zustands entlang der *VersionsVektor*-Kette bis zu der ersten Version v, für die gilt: (*pred* zeigt auf den Vorgänger; *TS* ist der zugehörige Zeitstempel):

$$v.pred = null \vee v.pred.TS = T \vee v.pred.TS < T.startZeit$$

Die erste Bedingung gilt, wenn gar keine ältere Version vorhanden ist (weil sie nie existierte oder inzwischen durch den Garbage-Collector bereinigt wurde). Die zweite Bedingung erlaubt einer Änderungstransaktion, ihre eigenen Änderungen zu sehen (und zu überschreiben). Die dritte Bedingung stellt sicher, dass Transaktionen die Version zu sehen bekommen, die zu ihrem *startZeit*-Punkt gültig waren.

Diese Traversierung der Versionskette (1) terminiert immer und (2) liefert die korrekte Version. Dies ist ausreichend, um die Serialisierbarkeit der reinen Lesetransaktionen sicherzustellen – sie werden in der äquivalenten seriellen Ausführungsreihenfolge an die Position ihres *startZeit*-Punkts eingereiht. Aber für Änderungstransaktionen benötigen wir eine Validierungsphase, um Seralisierbrkeit sicherzustellen. Ansonsten kann man nur die schwächere Konsistenzstufe *Snapshot Isolation* garantieren. Konzeptuell muss man validieren, dass der gesamte *ReadSet* der Änderungstransaktion sich während ihrer Lebenszeit nicht geändert hat.

Für das effiziente Scannen der ganzen Datenbank wird noch eine Synopse der *VersionsPositionen* (linker Rand der Abbildung 18.19) verwaltet. Diese Synopse wird für feste Bereiche von bspw. 1024 Tupel verwaltet und gibt die erste und letzte

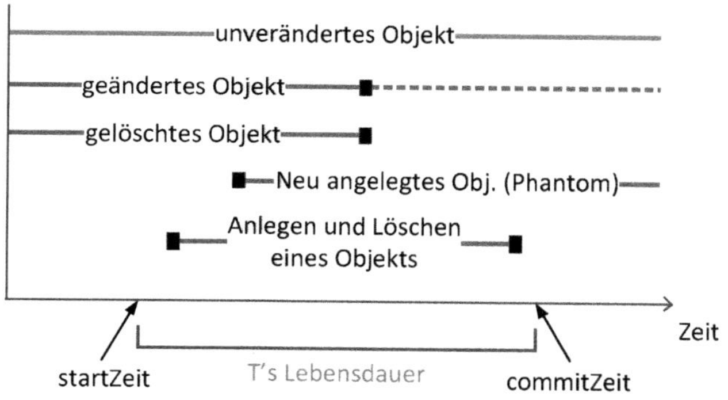

Abbildung 18.20: Änderungen/Löschungen/Neuanlegen/Neuanlage mit sofortiger Löschung von Datenobjekten relativ zur Lebenszeit einer Transaktion T

Versionsposition in diesem Intervall an. Wenn der Bereich keine Version enthält, was durch $[0, 0[$ markiert wird, kann man ihn in voller Scan-Geschwindigkeit scannen. Ansonsten muss man innerhalb des versionierten Bereichs jeweils prüfen, ob der *VersionsVektor* gesetzt ist und dann ggfls. eine Rekonstruktion des gültigen Tupels durchführen. Da der *VersionsVektor* kontinuierlich bereinigt wird, sobald Versionen definitiv nicht mehr benötigt werden, sind viele Bereiche völlig versionsfrei und können somit mit maximaler Scan-Performanz verarbeitet werden. Dies ist gerade in Hauptspeicher-Datenbanken von entscheidender Bedeutung für effiziente OLAP-Anwendungen.

Serialisierbarkeits-Validierung

Schreib/schreib-Konflikte werden vermieden, indem die Transaktion, die eine nicht „committete" Version überschreiben will, zurückgesetzt wird. Deshalb verweist der (erste) Zeiger im *VersionsVektor* immer auf einen Undo-Puffer mit einer konsistenten (also committeten) Version – außer wenn es diesen Zeiger im Fall eines nicht-versionierten Objekts gar nicht gibt. Wenn dieselbe Transaktion das Objekt mehrmals verändert, gibt es eine Versionskette innerhalb desselben Undo-Puffers, an dessen Ende sich die jüngste „committete" Version befindet.

Die Serialisierbarkeits-Validierung muss gemäß Abbildung 18.20 folgende Situationen aufdecken und zum Abbruch der zu validierenden Transaktion gelangen. Die vier unteren Transitionen müssen erkannt werden: Änderung, Löschung, Neuanlegen und Neuanlage mit sofortiger Löschung eines Objekts. Diese Transitionen sind aber nur für solche Objekte aufzudecken, die in den *ReadSet* der zu validierenden Transaktion T fallen bzw. gefallen wären. Zu diesem Zweck ziehen die zu validierenden Transaktionen einen *commitZeit*-Stempel von dem Zähler, der auch die *startZeit*-Stempel ausgibt. Damit wird die Anordnung der Transaktion in die äquivalente serielle Ausführungsreihenfolge festgelegt. Also sind nur noch Objekt-Änderungen anderer Transaktionen zwischen dem *startZeit*-Punkt und dem *commitZeit*-Punkt der zu validierenden Transaktion relevant – und von diesen auch nur solche, die mit dem sogenannten Lese-Prädikatenraum der Transaktion überlappen. Dies ist in Ab-

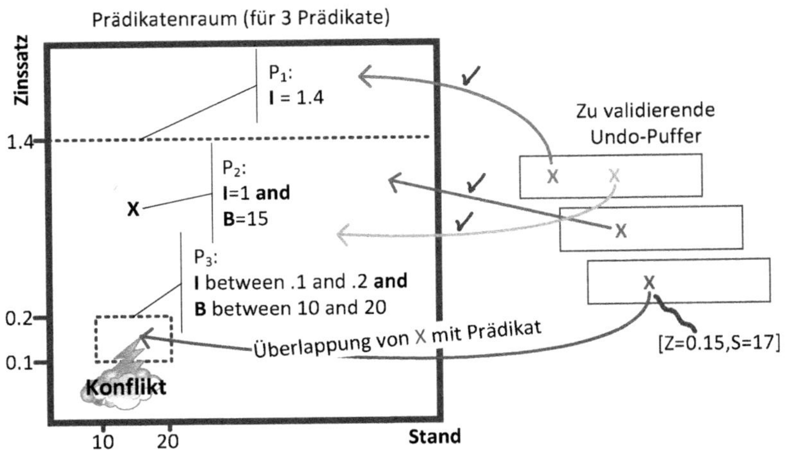

Abbildung 18.21: Validierung von Daten(punkten) in den Redo-Puffern gegen Prädikatenraum einer Transaktion

bildung 18.21 veranschaulicht. In anderen Ansätzen werden alle Leseaktionen (also möglicherweise vollständige Scans einer Relation) in der Validierungsphase wiederholt, um relevante Änderungen aufzudecken. Das ist hier nicht notwendig: Relevante Änderungen können sich nur in den Undo-Puffern der kürzlich abgeschlossenen Transaktionen befinden. Und diese Objekte werden jetzt validiert gegen die gespeicherten Prädikate, mit denen die Transaktion ihre Leseoperationen durchgeführt hat. Diese Methode adaptiert eine Synchronisationstechnik namens *Precision Locking*, allerdings sozusagen in invertierter Weise. Ein Konflikt existiert falls eine extensionale Schreiboperation (eine der vier Konflikt-Transitionen in der Abbildung 18.20) mit den intensionalen Leseoperationen überlappt. Man sperrt aber keine Objekte mittels Prädikaten, sondern merkt sich die Zugriffsprädikate jeder Änderungstransaktion und validiert a posteriori, dass solche während der Lebensdauer der Transaktion geänderten/neu angelegten/gelöschten Objekte außerhalb dieses Prädikatenraums liegen.

In der Abbildung 18.21 gehen wir davon aus, dass die zu validierende Transaktion T ihre Lesezugriffe anhand der drei Prädikate P_1, P_2, und P_3 durchgeführt hat, die somit T's Prädikatenraum aufspannen. Die kürzlich, also während T's Lebenszeit geänderten Objekte befinden sich noch in den Undo-Puffern der in dieser Zeitspanne ausgeführten Transaktionen. Um diese extensionalen Datenänderungen der Transaktionen, die während T's Lebensdauer „committet" wurden, zu finden, wird eine Liste der *kürzlichCommittet*-Transaktionen verwaltet (in der Abbildung 18.19 rechts oben). Wir beginnen die Validierung bei der ältesten abgeschlossenen Transaktion, deren *commitZeit*-Stempel größer ist als T's *startZeit*-Stempel und arbeiten uns in der Liste nach unten bis zur jüngsten Transaktion, die vor T's *commitZeit*-Stempel abgeschlossen wurde. Die in den Undo-Puffern vorgefundenen Änderungen müssen wie folgt validiert werden: Für jedes neu angelegte Objekt wird geprüft, ob es mit T's Prädikatenraum überlappt. Für jedes gelöschte Objekt wird dies ebenfalls überprüft.

Bei geänderten Objekten muss sowohl das Before-Image (aus dem entsprechenden Undo-Puffer) als auch das After-Image, das sich „in place" im Datenvektor (oder möglicherweise auch schon wieder in einem anderen Undo-Puffer – warum?) befindet, überprüft werden. Diese zu überprüfenden Datenobjekte sind in der Abbildung rechts als mit X markierte Datenpunkte gezeigt. Die Prädikate werden jetzt auf diese Datenpunkte angewendet. Solange die Prädikate nicht erfüllt sind, gibt es keine Überlappung der geänderten Objekte mit dem Prädikatenraum und somit keinen Konflikt. Dies ist für die ersten drei Datenpunkte in der Abbildung gezeigt, die jeweils ein „Häkchen" bekommen haben. Wenn aber ein Prädikat erfüllt ist (also zu *true* auswertet), haben wir einen Konflikt aufgedeckt und die Transaktion T muss zurückgesetzt werden. Dies ist für den untersten Datenpunkt gezeigt, der mit dem Prädikat P_3 überlappt.

Nach der erfolgreichen Validierung kann die Transaktion T ihr **commit** durchführen, indem zunächst ein entsprechender Eintrag in das Redo-Log (welches im Gegensatz zum Undo-Log *persistent*, also nicht nur im Hauptspeicher geschrieben werden muss) gestellt wird. Danach werden alle von T gesetzten *TransaktionsID*-Stempel umgewandelt in den tatsächlichen *commitZeit*-Stempel, um die Gültigkeitsintervalle der Versionen zu markieren. Alle diese Zeitstempel-Wandlungen sind aber lokal auf T's Undo-Puffer beschränkt. Im Fall eines „abort" wird die übliche R1-Recovery durchgeführt, die auch die von T erzeugten Versionen aus der *Versions-Vektor*-Kette eliminiert.

Die Konzeption der Bereinigung der Undo-Puffer (Garbage Collection), um den Speicherplatz der nicht mehr benötigten Versionen wiederverwenden zu können, sei den Lesern als Übung empfohlen. Das einzige Problem stellen sogenannte „Zombie"-Transaktionen dar, die ewig im System verbleiben, weil sie bspw. von ihren Benutzern „vergessen" wurden.

18.13 Hochverfügbarkeit und Scale-Out für OLAP

Da die Hauptspeicher-Datenbanken sowieso ein Redo-Log schreiben müssen, liegt es nahe, dieses Log auch zu verwenden, um einen mitlaufenden Sekundär-Server zu „füttern". Dieses Verfahren wird oft auch als „Log Sniffing" bezeichnet und hat den Vorteil, dass der Sekundär-Server nur wenige Millisekunden hinter dem Primär-Server verzögert denselben Zustand aufweist. Die grundlegende Architektur ist in Abbildung 18.22 gezeigt.

In einem Datenbanksystem, das für die OLAP-Anfragen Snapshots des virtuellen Speichers generiert, lässt sich der Sekundär-Server sogar zweifach verwenden:

1. Der Sekundär-Server dient als „heißer" Standby-Server, der die Aufgabe des Primär-Servers innerhalb kürzester Zeit (also innerhalb eines Bruchteils einer Sekunde) übernimmt, falls dieser ausfällt. Dies dient der Erhöhung der Verfügbarkeit des Gesamtsystems für die unternehmenskritische OLTP Transaktionsverarbeitung.

2. Der Sekundär-Server kann einen Teil der OLAP-Anfragen bearbeiten, da er ja genauso Snapshots des virtuellen Speichers generieren kann, wie der Primär-Server. Somit erreicht man einen sogenannten Scale-Out für die Anfragebe-

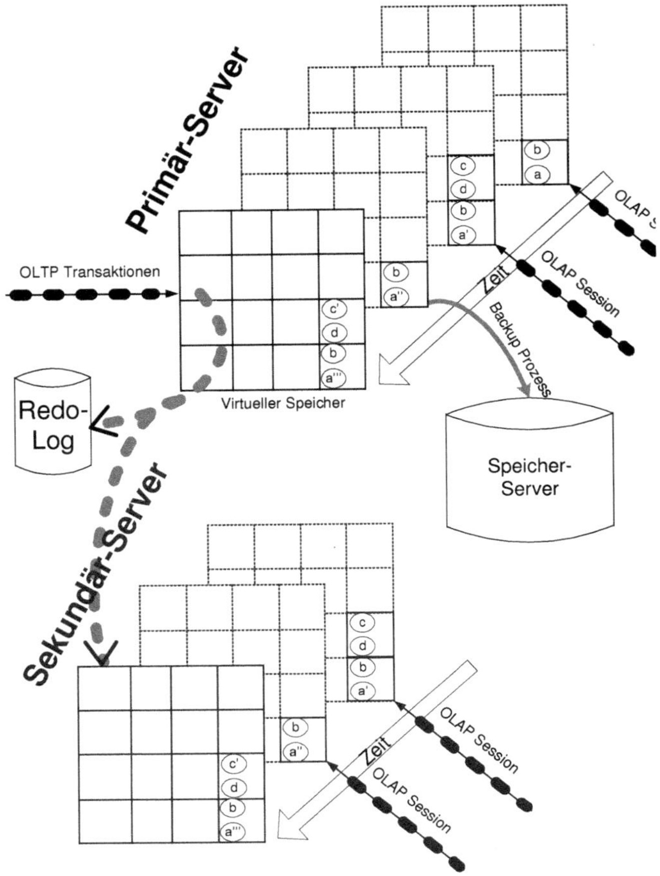

Abbildung 18.22: Primär- und Sekundär-Server: Erhöhung der Verfügbarkeit und Scale-Out für die OLAP Anfragebearbeitung

arbeitung der komplexen OLAP Queries. Der Sekundär-Server könnte seine Snapshots zum gleichen *logischen* Zeitpunkt generieren wie der Primär-Server – oder aber zwischendurch um in noch kürzeren Abständen frische Snapshots verfügbar zu machen.

Man beachte, dass der Sekundär-Server für den eigentlichen Transaktionsbetrieb weniger Aufwand treiben muss als der Primär-Server:

- Er muss keine Protokoll/Log-Daten generieren, da dies ja der Primär-Server schon erledigt hat.
- Weiterhin benötigt der Sekundär-Server kein Undo-Log, da er ja sowieso nur erfolgreich abgeschlossene Transaktionen bearbeitet.
- Reine Lese-Transaktionen des OLTP-Bereichs braucht der Sekundär-Server gar nicht bearbeiten, da für diese ja auch gar keine Redo-Log-Daten generiert wurden.

- Wie oben schon angedeutet, muss sich der Sekundär-Server auch nicht mit abgebrochenen Transaktionen beschäftigen. Er wird nur die vom Primär-Server als erfolgreich (commit) markierten Transaktionen nachvollziehen.

Aus diesen Gründen hat der Sekundär-Server sogar mehr freie Kapazitäten für die OLAP-Bearbeitung als der Primär-Server. Weiterhin lässt sich der Sekundär-Server noch beliebig oft replizieren, so dass man beliebig viel Kapazität für die OLAP-Anfragen zur Verfügung stellen kann. Selbst der Backup-Prozess, mit dem eine konsistente Kopie der Datenbank auf den Storage Server geschrieben wird, könnte – anders als es in der Abbildung dargestellt ist – dem Sekundär-Server zugeordnet werden um den Primärserver weiter zugunsten der OLTP-Performanz zu entlasten.

18.14 Indexstrukturen für Hauptspeicher-DBs

Die Effizienz der Transaktions- und Anfragebearbeitung hängt wesentlich von den Indexstrukturen ab, wie man an den ersten drei Selektions-Anfragen unseres Beispiel-Transaktionsskriptes *newOrder* erkennen kann. In Hauptspeicher-Datenbanksystemen werden oft Hashtabellen verwendet, um effizient Punkt-Abfragen (*exact match*) zu unterstützen. Wenn auch Bereichs-Abfragen (*range queries*) vorkommen, werden zumeist balancierte Suchbäume – AVL- oder rot/schwarz-Bäume – verwendet. Hash-Tabellen sind in der Regel deutlich schneller als balancierte Suchbäume, weil sie konstante Antwortzeiten – unabhängig von der Anzahl indexierter Objekte – garantieren, wohingegen vergleichs-basierte balancierte Suchbäume logarithmische Suchzeit benötigen. Der Vorteil der Suchbäume besteht aber darin, dass die Objekte gemäß des Suchschlüssels sortiert zugreifbar sind, so dass man Bereichsanfragen (minimum, maximum) und Präfixsuche direkt auswerten kann.

Der Radixbaum, manchmal auch Trie, Präfixbaum oder digitaler Suchbaum genannt, vereint die Vorteile von Hash-Tabellen und balancierten Suchbäumen. Die Komplexität der Suche in einem Radixbaum ist unabhängig von der Anzahl der indexierten Objekte und trotzdem ermöglicht er Bereichsanfragen, da er anders als beim Hashing keine gestreute, sondern eine ordnungserhaltende Struktur darstellt. Dies ist in Abbildung 18.23 für die Indexierung der (Abkürzungen der) englischen Monatsnamen gezeigt.

Man sieht, dass die indexierten Objekte (also hier die Monatsnamen) in sortierter Reihenfolge in den Blättern des Radixbaums referenziert werden. Die Höhe des Radixbaums ist proportional zur Länge der indexierten Objekte, hier also drei, wenn man pro Level einen Buchstaben (also z.B. ein Byte) zur Verzweigung verwendet. Die Besonderheit des Radixbaums besteht also darin, dass die Höhe des Baums unabhängig von der Anzahl der zu indexierenden Objekte ist. Wenn man auf jeder Stufe ein Byte zur Verzweigung verwendet – also bis zu 256 Zeiger auf Kind-Knoten verwaltet – kann man beispielsweise 32-Bit Integer mit einem Baum der Höhe 4 indexieren. Und das sind immerhin bis zu 4 Milliarden Datenobjekte.

Als Struktur der inneren Knoten verwendet man dann sinnvollerweise ein Array der Größe $2^8 = 256$ um jeden ASCII-Character direkt adressieren zu können. Die Abbildung 18.23 „lügt" in der Hinsicht, dass alle inneren Knoten dieselbe Größe haben, da ja auf jeder Stufe jeder Buchstabe vorkommen kann. Damit sind wir auch

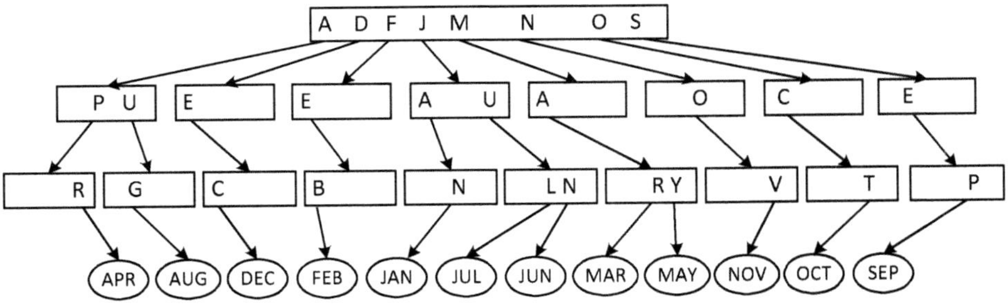

Abbildung 18.23: Ein Radix-Baum für die Indexierung der Monatsnamen

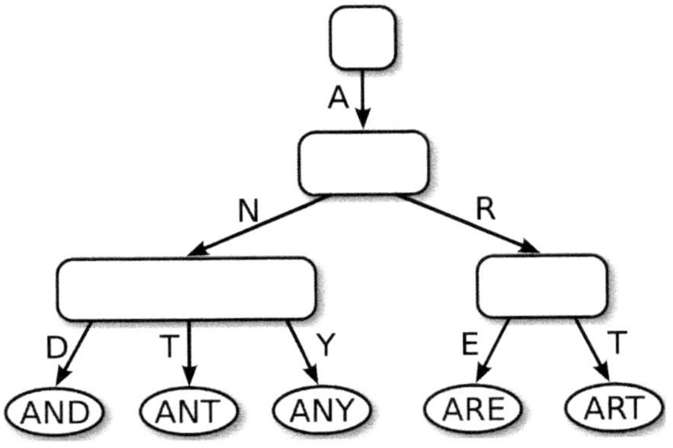

Abbildung 18.24: Grundlegende Idee eines Adaptiven Radix-Baums

schon beim (bisher) größten Problem des Radixbaums: Speicher-Verschwendung. Wenn man auf jeder Ebene und für jeden inneren Knoten dieselbe Struktur verwendet, führt dies fast unweigerlich zu einer schlechten Ausnutzung des Speichers. Die Lösung dieses Problems besteht darin, die Knotengröße adaptiv vom Verzweigungsgrad zu wählen, wie dies in Abbildung 18.24 gezeigt ist.

In dem Adaptiven Radixbaum ART werden dazu beispielsweise vier unterschiedliche Knotentypen verwendet:

- **Node4**: Dieser Knotentyp verzweigt maximal vierfach. Die Teil-Suchschlüssel werden sortiert in dem Knoten verwaltet.
- **Node16**: In diesen Knoten können bis zu 16 Suchschlüssel-Teile verwaltet werden, die sortiert abgelegt sind.
- **Node48**: Bei diesem Knotentyp wird ein 256-elementiges Array mit (kurzen ein Byte-Zeigern) verwendet, um den Suchschlüssel direkt auf einen der 48 Slots abzubilden, in dem sich der Zeiger auf den Kind-Knoten befindet.

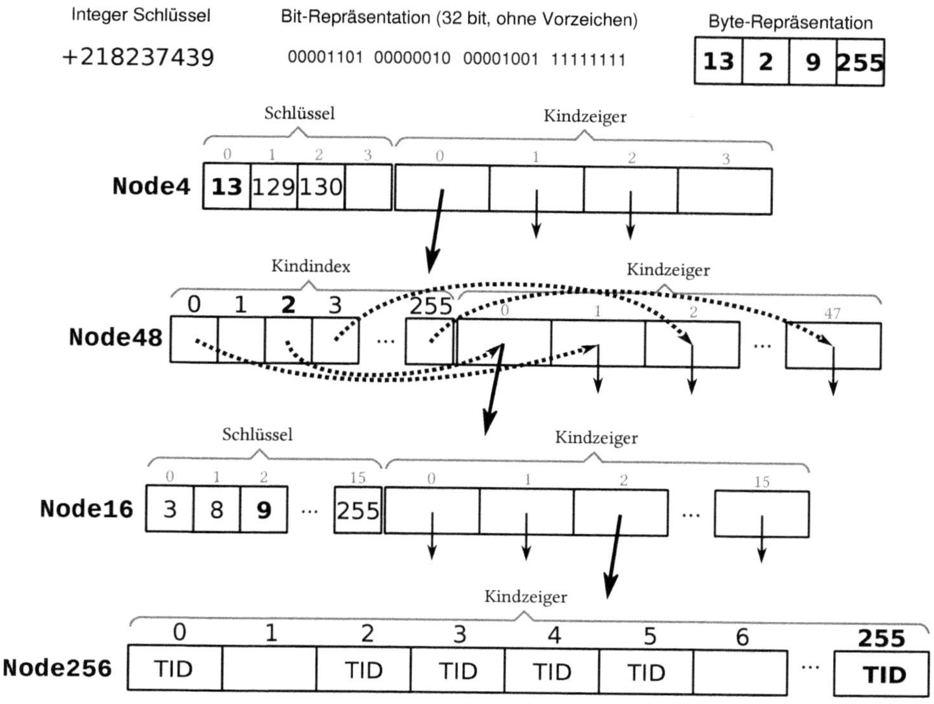

Abbildung 18.25: Adaptive Knoten des Radix-Baums

- **Node256**: Bei diesem größten Knotentyp wird einfach ein 256-elementiges Array mit Zeigern auf die Kind-Knoten verwendet.

Ein Knoten des Adaptiven Radixbaums wird also zunächst als *Node4* angelegt und wird nach Bedarf wachsen, bis hin zu einem *Node256* oder zwischenzeitlich auch wieder zu einem niedriger verzweigenden Knotentyp „schrumpfen“. Diese adaptive Knotenstruktur führt zu einer guten Speicherplatzausnutzung – ohne die sehr gute Effizienz eines Radixbaum zu gefährden.

Diese adaptiven Knoten sind in dem Pfad für die Indexierung eines 32-bit Integer-Suchschlüssels 218237439, der aus den vier Schlüsselteilen 13&2&9&255 besteht, wie in Abbildung 18.25 gezeigt. Dieser Pfad beginnt an der Wurzel vom Typ *Node4* und traversiert dann die anderen drei Knotentypen. Es ist natürlich reiner Zufall (oder bedachte Konstruktion des Beispiels), dass dieser Pfad alle vier unterschiedlichen Knotentypen aufweist. Beim Design der Knotentypen wurde zum einen auf Speichereffizienz und zum anderen auf gute Such-Performanz innerhalb eines Knotens geachtet. Der Knotentyp *Node16* wurde beispielsweise so strukturiert, dass man auf modernen Prozessoren mit Vektor-Befehlen in einem Befehlszyklus alle 16 Bytes mit dem Suchschlüssel parallel vergleichen kann.

Neben der Adaptivität der Knoten werden noch zwei weitere Optimierungstechniken eingesetzt, um die Speichereffizienz zu gewährleisten. Lange Suchschlüssel-Pfade, die nur zu einem einzigen Blatt führen, werden kollabiert, da hier keine weitere Unterscheidung (Verzweigung) mehr nötig ist. Als Konsequenz werden diese Blätter in das Innere des Radixbaums „hoch gezogen“. Erst wenn ein weiterer Schlüssel mit diesem Präfix eingefügt wird, wird ein weiterer innerer Knoten eingerichtet, so dass das Blatt weiter nach unten „sinkt“. Weiterhin werden Präfixe, die allen Suchschlüsseln eines Knotens gemein sind, innerhalb des Knotens nur einmal gespeichert. Dies nennt man Präfixkomprimierung und wird auch in B-Bäumen angewandt. Wenn man beispielsweise URLs indexiert, würde der Präfix „http://“ nur einmal gespeichert werden und auch keinen Pfad in dem Radixbaum erzeugen. Diese beiden Techniken zusammen mit der adaptiven Größenanpassung garantieren, dass der schlechtest mögliche Speicherbedarf pro Schlüssel-/Wert-Paar 52 Byte beträgt, was wir den Lesern als Übungsaufgabe überlassen [Leis, Kemper und Neumann (2013)].

18.15 Join-Berechnung

In den herkömmlichen Disk-basierten Datenbanksystemen wurde die Bearbeitungszeit einer Join-Berechnung von den Platten-I/O-Kosten dominiert. Der Fokus der Algorithmik lag demzufolge darauf, das Schreiben und Lesen der Basis-Daten des Joins, sowie der Zwischenergebnisse auf die bzw. von der Platte zu optimieren.

In Hauptspeicher-Datenbanken auf Mehrkern-Rechnern hat sich die Kostengewichtung gravierend verändert. Hier liegt das Optimierungspotential in folgenden Bereichen:

Cache-Lokalität Man sollte die Daten so verarbeiten, dass die Prozessor-Caches bestmöglich ausgenutzt werden. Also sollte man Daten möglichst sequentiell verarbeiten, da dadurch die Cache-Lines vollständig ausgenutzt werden und zum anderen der Hardware-Prefetcher schon asynchron die nächsten zu verarbeitenden Daten vom Hauptspeicher in die Caches laden kann.

Mehrkern-Parallelität Große Join-Berechnungen sollte man parallel ausführen, um die (vielen) Kerne moderner Rechner auszunutzen. Diese Art der Parallelität bezeichnet man als Intra-Operator-Parallelisierung, im Vergleich zur Intra-Query-Parallelisierung, bei der man unterschiedliche Operatoren derselben Anfrage parallel ausführt. Die einfachste (und oft auch effektivste) Art der Parallelisierung ist die Inter-Query-Parallelisierung, bei der man mehrere unterschiedliche Anfragen gleichzeitig ausführt. Diese Inter-Query-Parallelisierung ist aber nur effektiv, wenn genügend viele Anfragen gleichzeitig vorhanden sind und sie kann auch nicht die Antwortzeit einer einzelnen (besonders komplexen oder wichtigen) Anfrage reduzieren.

NUMA-Berücksichtigung Server mit massiven Hauptspeicher-Kapazitäten unterliegen der Non-Uniform-Memory-Access-Architektur (siehe Abschnitt 18.1). Bei der Join-Berechnung sollte man darauf achten, dass intensive Datenbearbeitung, wie z.B. das Sortieren, nur auf lokalen Speicherbereichen durchgeführt wird. Der sequentielle Zugriff (scan) darf auch auf entfernten NUMA-Speicherbereichen durchgeführt werden, da der Hardware-Prefetcher in der

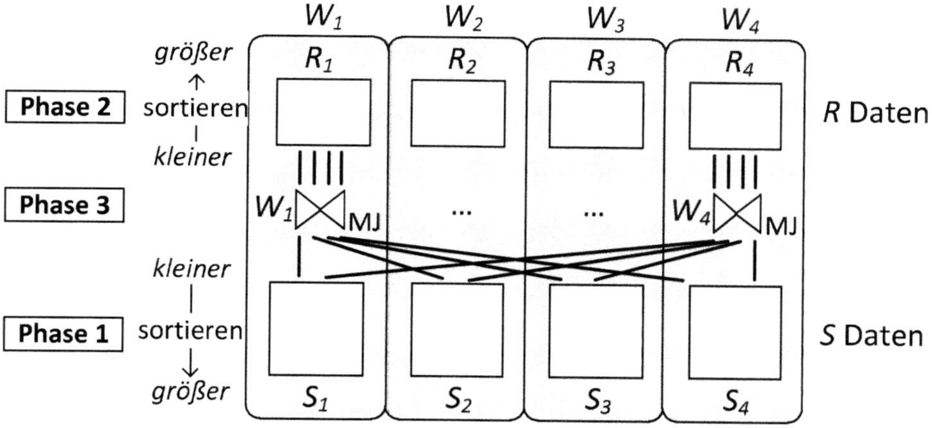

Abbildung 18.26: Grundlegende Idee des hoch-parallelen Sort/Merge-Joins

Lage ist, diese höheren Kommunikationskosten zu verbergen, indem er asynchron immer schon die nächsten Datenelemente in die lokalen Caches transferiert, bevor darauf zugegriffen wird.

synchronisations-freie Parallelität In Zukunft werden die Server Dutzende oder sogar Hunderte von parallel arbeitenden Rechnerkernen aufweisen. Wenn man diese massive Parallelität effektiv ausnutzen will, muss man dafür sorgen, dass die Threads, die auf den Kernen laufen, möglichst unabhängig voneinander arbeiten können. Wenn man zu viele Synchronisationspunkte – z.B. in der Form von Sperren auf gemeinsam genutzten Datenstrukturen – einbaut, werden die vielen Rechenkerne unweigerlich die meiste Zeit aufeinander warten und der Nutzen der Parallelität ist vergeudet.

18.15.1 Massiv Paralleler Sort/Merge-Join (MPSM)

In Abbildung 18.26 ist die grundlegende Idee des massiv-parallelen sort/merge-Joins (MPSM) skizziert. In dieser Darstellung nehmen wir an, es gibt vier parallel arbeitende Rechenkerne (Threads/Worker), die jeweils ein Fragment (einen *Chunk*) der beiden Argumentrelationen R und S sortieren. Also zunächst sortiert Worker W_i in Phase 1 den Chunk S_i. Danach, in Phase 2, sortiert der Worker W_i den Chunk R_i. Erst an dieser Stelle muss synchronisiert werden, um sicherzustellen, dass alle Worker ihre Chunks sortiert haben. Danach kann Phase 3 beginnen, in der alle Worker parallel die Join-Berechnung in der Form eines Merge-Joins durchführen. Die Argument-Relation R bezeichnen wir als privaten Input, da er nur von dem Thread (Worker) gelesen wird, der ihn in seinem lokalen Speicherbereich sortiert hat. Allerdings, muss man in dieser Basisversion des MPSM-Joins den privaten Input-Chunk R_i für jeden sortieren Run $S_1,, \ldots, S_4$ einmal sequentiell lesen und mit den S-Tupeln vergleichen. Das heißt, dass man bei dieser Basis-Variante jeden sortierten Run von R mit jedem sortierten Run von S vergleichen muss – wenngleich massiv parallel.

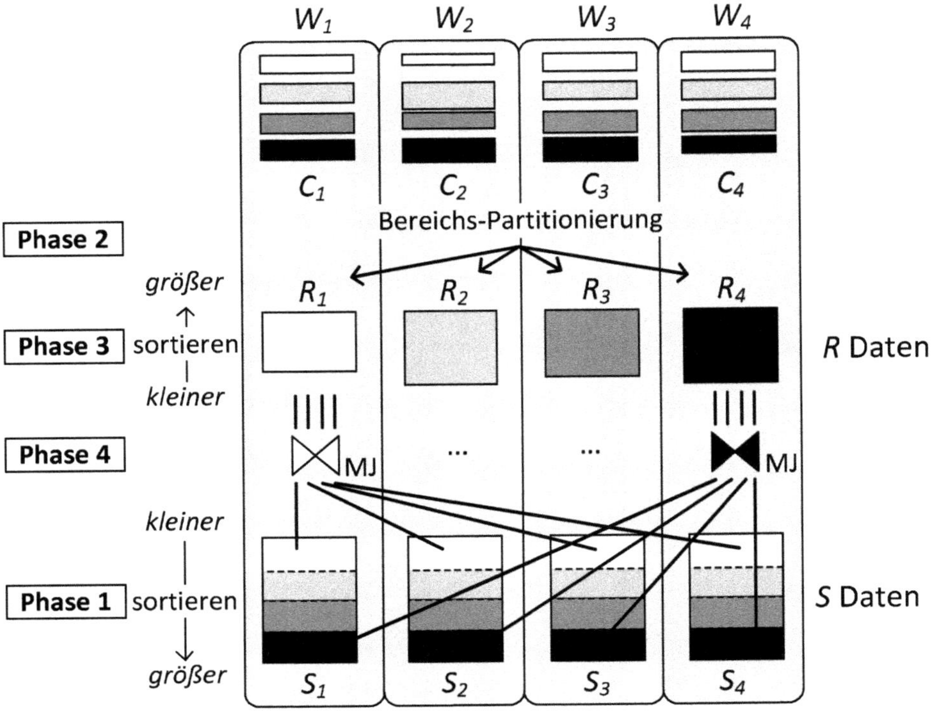

Abbildung 18.27: Bereichspartitionierung zur Optimierung des hoch-parallelen Sort/Merge-Joins

Den Aufwand der Merge-Joins in Phase 3 kann man dadurch reduzieren, dass man den privaten Input R nicht einfach in Chunks fragmentiert, sondern eine Bereichspartitionierung durchführt. Dies ist in Abbildung 18.27 dargestellt. Jeder Worker-Thread besitzt einen Chunk C_i der Relation R, dessen Tupel er gemäß der Größe ihres Joinattribut-Werts aufteilt. Die kleinsten (weißen) Werte des Joinattributs gehen beispielsweise an den Worker W_1, die größten (schwarzen) Werte an den Worker W_4. Nach dieser Bereichspartitionierung in Phase 2 erfolgt wieder die parallel durchgeführte Sortierung in Phase 3. Durch die Bereichspartitionierung ist sichergestellt, dass jeder Worker W_i nur einen Bruchteil der S-Daten zu vergleichen hat, nämlich die in seinen Bereich fallenden. Der Beginn dieses Bereichs ist natürlich in den S_j Runs nicht klar markiert sondern muss mittels einer effizienten Sprungsuche (Binär- oder Interpolationssuche) ermittelt werden. Das Ende des jeweiligen Bereichs kann man leicht erkennen, wenn man einen größeren Wert im gerade bearbeiteten S_j-Run erreicht hat als der letzte Joinattribut-Wert im privaten R_i-Run. In gewisser Weise sind also auch die S-Daten bereichspartitioniert; nur liegt die gesamte Bereichspartition horizontal über alle S-Runs hinweg.

Die Durchführung der Bereichspartitionierung in Phase 2 des Algorithmus verdient besondere Aufmerksamkeit, um hier nicht den potentiellen Gewinn der Bereichspartitionierung während der Join-Phase wieder zunichte zu machen. Außerdem muss man darauf achten, dass man sorgsam mit dem (kostbaren) Hauptspeicher umgeht. Die Bereichspartitionen werden sich unweigerlich in der Größe zumindest ein klein wenig unterscheiden, so dass man durch entsprechende Voranalyse ermitteln sollte, wie viel Speicher für jeden der Bereiche exakt benötigt wird. In Abbildung 18.28 ist die hoch-parallele Radix-Partitionierung skizziert, die sich wie folgt auszeichnet:

- Vergleichsfreie Partitionierung: Die Aufteilung in 2^n Partitionen erfolgt gemäß der höchstwertigen n Bits, so dass die Partitionierung ohne (teure) Vergleiche auskommt.
- Verzweigungsfreie Programmlogik: Programmverzweigungen sind, insbesondere auf modernen Prozessoren, sehr teuer, da sie das Pipelining der Instruktionen zerstören können. Bei der Radixpartitionierung werden durch den Verzicht auf Vergleiche auch Verzweigungen obsolet.
- Dichte Packung der Partitionen: Durch eine Voranalyse wird in Histogrammen ermittelt, wie viele Datenelemente die einzelnen Bereiche aufweisen werden, so dass Arrays exakter Größe allokiert werden können.
- Synchronisationsfreie Parallelität: Wenngleich viele Worker gleichzeitig in dieselben Arrays schreiben, wird durch die Voranalyse eine synchronisationsfreie Parallelität erzielt, da jedem Worker in jedem Array feste Bereiche zugeordnet werden können.

Die Abbildung zeigt der besseren Übersicht halber die Radix/Bereichs-Partitionierung für nur zwei Bereiche, die demnach von zwei Workern parallel ausgeführt wird. Auf einem modernen Mehrkernrechner würde man in der Größenordnung von 32, oder sogar 64, Bereiche mittels entsprechend vieler parallel arbeitender Worker aufteilen. Zunächst ermittelt jeder Worker W_i für seinen Chunk C_i die Verteilung seiner Datenelemente indem das erste Bit jedes Joinattribut-Werts als Index in das Histogramm h_i dient. Allgemein würde man bei einer Aufteilung in 2^n Bereiche die höchstwertigen n Bits verwenden. Am Ende dieser Phase weiß man, dass Worker W_1 4 kleine (weiße) und 3 große (schwarze) Datenelemente und Worker W_2 3 kleine und 4 große Datenelemente besitzt. Also haben beide Bereiche jeweils die Größe 7, die jetzt allokiert werden können. Die Histogramme werden jetzt zu einer Präfixsumme aggregiert, um jedem Worker anzuzeigen, in welche Arrayposition er ein Element des jeweiligen Bereichs zu schreiben hat. Dadurch wird sichergestellt, dass die Datenverteilung parallel ohne Synchronisation zwischen den Workern vollzogen werden kann. Die Präfixsumme berechnet sich für $i > 1$ wie folgt (ps_1 ist an allen Positionen 0, da der erste Thread immer an den Anfang der Arrays schreiben darf):

$$ps_i[j] = \sum_{k=1}^{i-1} h_k[j]$$

Man lässt also alle Worker W_k mit $k < i$ ihre Datenelemente der Partition j vor dem für W_i vorgesehenen Bereich schreiben. Worker W_2 schreibt also seine kleinen Elemente ab Position 4 in das obere rechte Array und seine großen Objekte ab

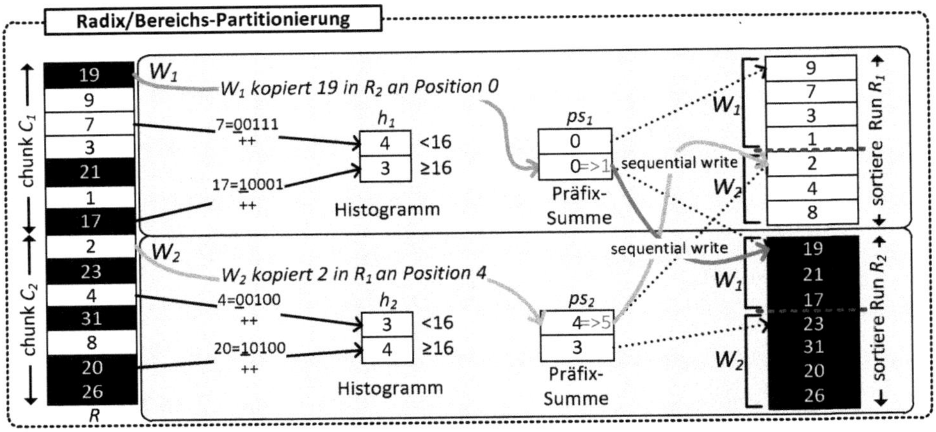

Abbildung 18.28: Hochparallele Bereichs/Radix-Partitionierung

Position 3 in das untere rechte Array. Worker W_0 schreibt, wie gesagt, immer ab Position 0.

Basierend auf dem jeweiligen Präfixsummen-Vektor kann dann das Kopieren der Datenelemente wiederum vergleichs- und verzweigungsfrei erfolgen. Mit dem höchstwertigen Bit (bzw. mit den höchstwertigen n Bits bei 2^n Bereichen/Workern) ermittelt man im Präfixsummen-Vektor p_i den Zeiger auf die Schreibposition. Der (high-level) Pseudocode für das Umkopieren durch den Worker W_i sieht dann wie folgt aus:

$$\texttt{memcpy}(ps_i[sp[t.key \gg (64-n)]]\texttt{++}, t, t \rightarrow size)$$

ps_i enthält also Zeiger auf die Schreibpositionen, keine Indexwerte, da ja die Worker in unterschiedliche Arrays an verschiedenen Positionen schreiben müssen.

Dieser Zeiger wird dabei um eine Position erhöht, um ihn für den nächsten Schreibvorgang fortzuschreiben. Die Leser mögen diese Radix-Partitionierung für eine größere Anzahl Worker skizzieren.

18.15.2 Paralleler Radix-Hash-Join

Beim Sort/Merge-Join wird sortiert, um Join-Partner effizient zu verknüpfen. Die Sortierung ist, selbst wenn sie wie beim MPSM-Verfahren massiv parallel und nur (unvollständig) auf Chunks/Runs durchgeführt wird, relativ teuer. Dadurch wurde der Hash-Join motiviert, bei dem die Join-Partner mittels einer Hash-Tabelle zugeordnet werden. Die Grundidee ist also sehr einfach: Eine der Joinargument-Relationen, in der Regel die kleinere, wird gemäß des Joinattributs in eine Hash-Tabelle (genauer gesagt in eine Hash-Map) abgelegt. Danach geht man durch die andere Relation und schaut in der Hash-Tabelle nach, ob es einen order auch mehrere passende Join-Partner gibt. Diesen Vorgang nennt man „*Probing*".

Eine Möglichkeit der Parallelisierung besteht darin, die beiden Argumentrelationen vorab zu partitionieren. Hierbei bietet sich wieder die sehr effiziente Radix-Partitionierung an, bei der man die Aufteilung nach einem Bitmuster vornimmt. Die

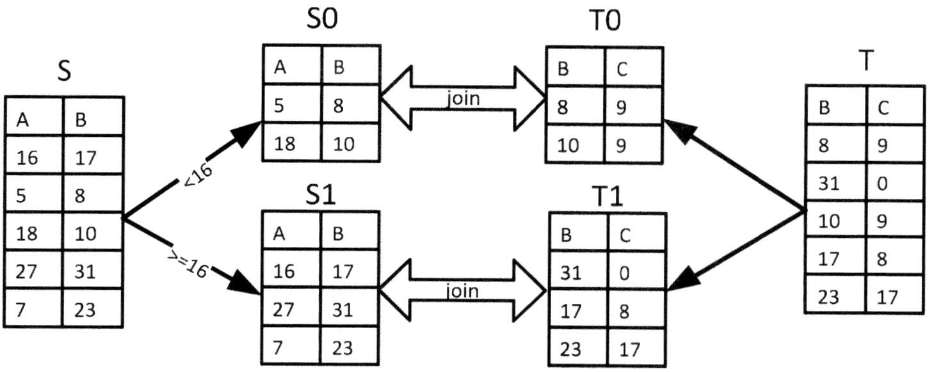

Abbildung 18.29: Grundlegende Idee des Radix-Joins

grundlegende Idee ist für den Join $S \ltimes_{S.B=T.B} T$ in Abbildung 18.29 dargestellt. In dieser Grafik werden die Relationen R und S jeweils in zwei Partitionen aufgeteilt; die Tupel mit kleinen Joinattribut-Werten < 16 werden in die Partitionen S_0 bzw T_0 kopiert, die Tupel mit großen Werten ≥ 16 in die Partitionen S_1 bzw. T_1. Diese Radixpartitionierung kann mit derselben effizienten Histogramm-basierten Methode, wie in Abbildung 18.28 skizziert, erfolgen. Nach der Partitionierung werden parallel von (in diesem Fall) zwei Workern zwei Hashtabellen für T_0 und T_1 aufgebaut und sodann die Joinpartner ermittelt.

Die Hashtabellen weisen sowohl beim Aufbau, als auch beim „Probing" eine geringe Lokalität auf. Insofern wäre es besser nicht nur so viele Partitionen zu erstellen, wie es parallel arbeitende Worker gibt – sondern so viele Partitionen, dass die resultierende Hashtabelle (mehr oder weniger) in den Cache passt. Man sollte diese feinkörnige Partitionierung aber nicht auf einen Schlag durchführen, da man dann gleichzeitig in zu viele unterschiedliche Speicherbereiche schreibt, was der Lokalität des Schreibvorgangs abträglich wäre. Man liefe sonst Gefahr, dass der *translation lookaside buffer*, also der TLB-Cache, nicht ausreicht, die Umsetzung von logischer zu physischer Adresse des Schreibbereichs effizient zu ermöglichen. In Abbildung 18.30 ist die mehrfache Partitionierung gezeigt, an der jeweils vier Worker beteiligt sind. Wir zeigen hier nur zwei Partitionierungsphasen, die in $4 * 4 = 16$ Partitionen resultieren.

18.15.3 Paralleler Hash-Join ohne Partitionierung

Der Radix-Hash-Join verursacht relativ hohe Kosten durch die Kopierarbeit im Zuge der Partitionierung, die (hoffentlich) durch die erhöhte Lokalität beim Aufbau und Probing der Hash-Tabelle wieder amortisiert wird. Auf jeden Fall besteht ein erhöhter Speicherbedarf, da die Daten ja in neue Speicherbereiche kopiert werden müssen.

Deshalb ist es naheliegend, auch eine Partitionierungs-freie Variante des Hash-Joins anzuschauen, bei der einfach massiv parallel eine globale Hash-Tabelle aufgebaut wird. Die parallel arbeitenden Worker konkurrieren hierbei natürlich um einzel-

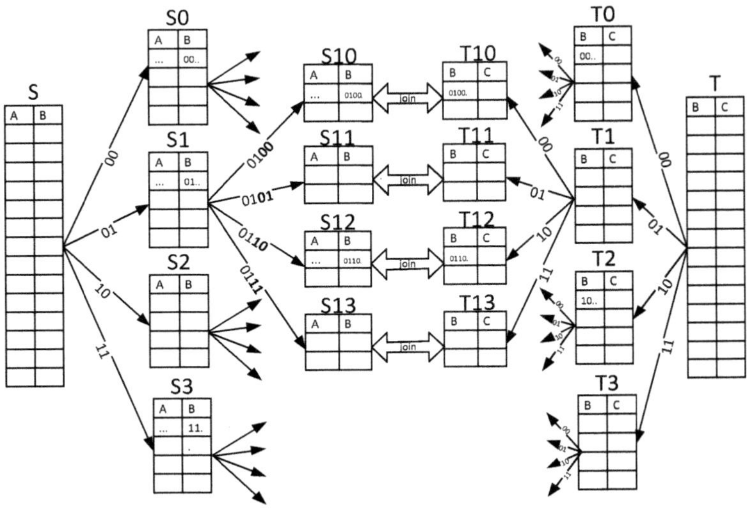

Abbildung 18.30: Mehrfache Partitionierung des Radix-Joins

ne Buckets dieser Hash-Tabelle, so dass kurzfristig eine Sperre für das Bucket gesetzt werden muss, in das ein Worker einfügen will. Diese Sperre sollte nach Möglichkeit dem Bucket direkt zugeordnet werden, so dass sie sich in derselben Cache-Line befindet.

Nach dem Aufbau der Hashtabelle kann man hoch-parallel ohne jedwede Synchronisation die eigentliche Probe-Phase durchführen, da dabei nur lesend auf die Hash-Tabelle zugegriffen wird. Jeder der vielen Worker bearbeitet also einen (am besten NUMA-lokalen) Chunk des linken Join-Arguments. Diese Join-Methode ist offensichtlich besonders effektiv, wenn der Build-Input (also die in die Hash-Tabelle einzufügende Relation) deutlich kleiner ist als der Probe-Input, mit dem auf diese Hash-Tabelle nur lesend zugegriffen wird.

Dieser einfache Hauptspeicher-Join mit globaler Hash-Tabelle ist auch bestens geeignet, um Pipelining auszunutzen. Betrachten wir folgenden Dreiwege-Join:

$$R \bowtie_A S \bowtie_B T$$

Angenommen R ist die größere der drei Join-Argument-Relationen. Dann kann man für S und T jeweils parallel globale Hash-Tabellen aufbauen, wobei die Hash-Tabelle für S gemäß $S.A$ und die Hash-Tabelle für T gemäß $T.B$ aufzubauen ist. Nachdem diese beiden Hash-Tabellen aufgebaut sind, kann man – wiederum parallel – mit den Tupeln der Relation R die beiden Hash-Tabellen nacheinander, also Pipeline-mäßig, „proben". Diese Vorgehensweise ist in Abbildung 18.31 gezeigt. Die beiden Hash-Tabellen für S und T formen hierbei ein sogenanntes Hash-Team, da sie in einem Durchgang genutzt werden. D.h. für jedes Tupel aus R wird ein gegebenenfalls existierender Join-Partner in $HT(S)$ gesucht und mit dem dort vorgefundenen B-Wert in der Hash-Tabelle $HT(T)$ nach einem Joinpartner in T gesucht. Der Vorteil dieses Verfahrens besteht darin, dass die größere Relation R nicht kopiert werden

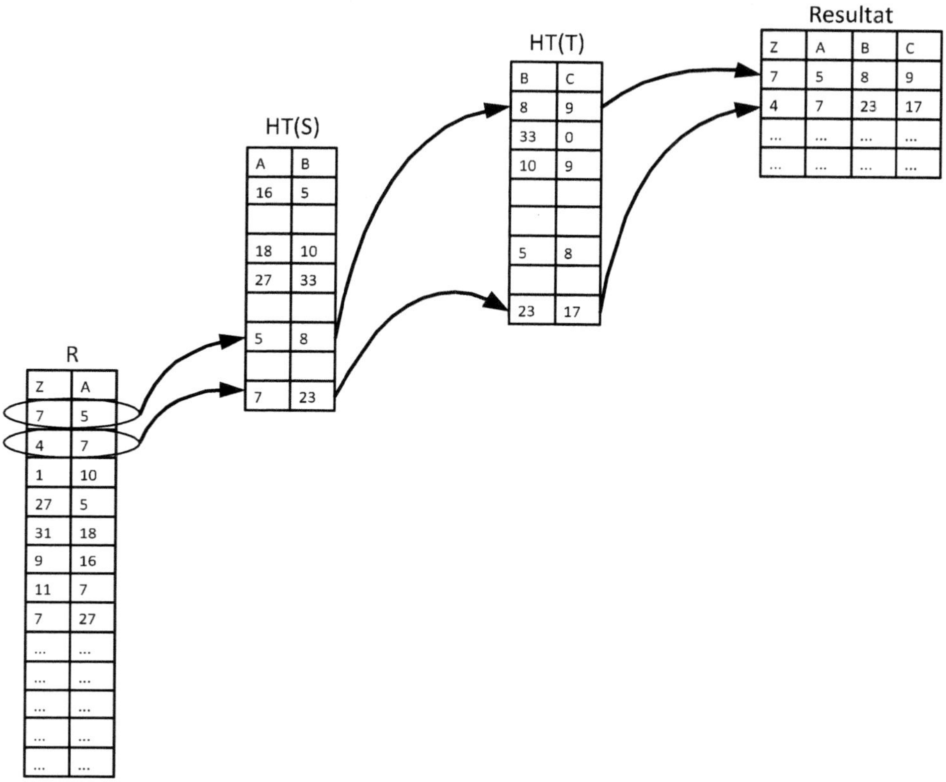

Abbildung 18.31: Hash Join Teams

muss (also *in place* bleiben kann) und das möglicherweise große Zwischenergebnis $R \bowtie_A S$ nicht materialisiert werden muss. Der Speicherbedarf ist also substantiell geringer als beim Radix-Join, wie die Leser sich anhand eines selber konstruierten Radix-Join-Plans veranschaulichen mögen. Der Nachteil dieser Hash-Join-Methode liegt offenbar darin, dass keinerlei Cache-Lokalität erzielt wird. Diesen Nachteil muss man durch die hohe (und in Zukunft noch steigende) multi-core-Parallelisierung kompensieren.

18.16 Feingranulare adaptive Parallelisierung der Anfragebearbeitung

Fortschritte in der Leistungssteigerung von Rechnern werden heute hauptsächlich durch erhöhte Mehrkern-Parallelisierung erzielt – und kaum noch durch Performanzsteigerungen der sequentiellen Verarbeitung. Heutzutage können gängige Datenbankserver im sogenannten *Commodity*-Bereich bis zu 120 parallele Threads verarbeiten. Dies stellt gewaltige Herausforderungen an das Design der Anfrageverarbei-

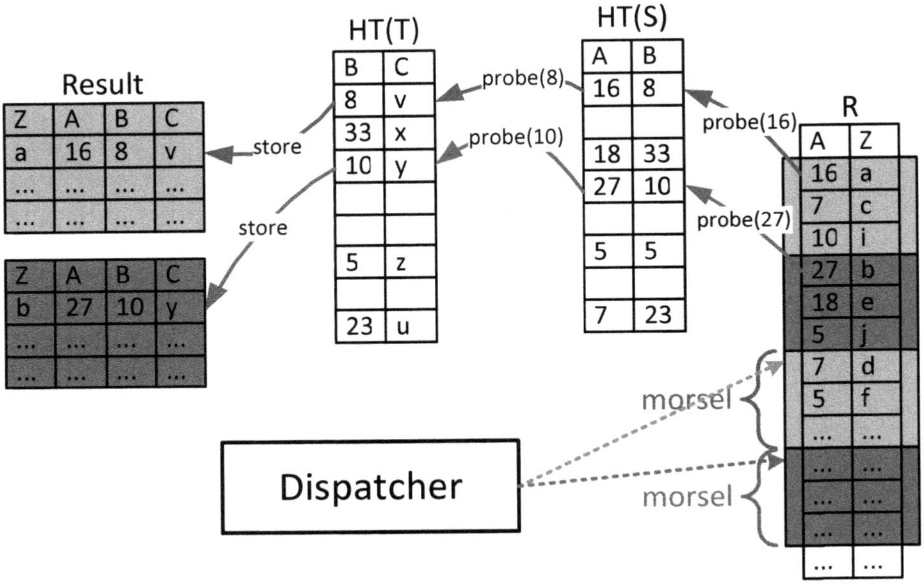

Abbildung 18.32: Idee der feingranularen Parallelisierung: $R \bowtie_A S \bowtie_B T$. Die zu verarbeitenden Daten werden den Rechen-Threads in Portionen (Engl. *morsel*) zugewiesen.

tung, die sogenannte *Query Engine*. Wie wir zu Anfang des Kapitels schon diskutiert haben, kommen die großen Hauptspeicherkapazitäten von mehreren Terabytes auf Kosten der Homogenität des Speicherzugriffs. Der Speicher ist in NUMA-Bereiche unterteilt, die zwar von allen Prozessoren transparent zugegriffen werden können; allerdings mit unterschiedlicher Performanz. Zugriffe auf entfernte NUMA-Partitionen sind deutlich langsamer als auf lokale NUMA-Bereiche. In dieser Hinsicht ist ein moderner Mehrkern-Rechner eigentlich selbst ein Netzwerk verteilter Rechen- und Speichereinheiten. Diese Heterogenität gilt es bei der Datenverarbeitung zu beachten, um größtmögliche Effizienz erzielen zu können. Man sollte also in der parallelen „Query Engine" die einzelnen Verarbeitungsaufgaben so auf die Rechnerkerne verteilen, dass sie möglichst lokal gespeicherte Datenbereiche verarbeiten. Dies wird durch die jetzt vorgestellte feingranulare adaptive Parallelisierung erzielt, deren Grundidee in Abbildung 18.32 illustriert ist. Hier wird die Probe-Phase des drei-Wege-Joins $R \bowtie_A S \bowtie_B T$ gezeigt. Die Probe-Relation R (also die größte der drei Relationen) ist auf mehrere (hier zwei) NUMA-Bereiche verteilt gespeichert. In der Abbildung sind nur zwei parallele Threads gezeigt, wobei ein Thread jeweils die Verarbeitungs-Pipeline „*probe→probe→store*" ausführt. Den Threads werden vom *Dispatcher* jeweils kleine Portionen (Engl. *morsel*) der Relation R zugewiesen wird. Eine „Portion" besteht aus ca. 100000 Tupeln, damit der Verwaltungsaufwand amortisiert wird. Der Dispatcher achtet darauf, dass den Threads solche Portionen zur Weiterverarbeitung zugewiesen werden, die in ihren lokalen NUMA-Bereichen liegen. Die Speicherung der Zwischenergebnisse erfolgt wiederum in NUMA-lokalen Speicherbereichen, damit nachfolgende Verarbeitungsschritte wieder solchen Threads zugewiesen werden können, die NUMA-lokal arbeiten. Weiterhin erlaubt die portionsweise Aufgabenzuweisung, dass der Dispatcher Threads auch anderen, in der Zwischenzeit hinzugekommen Anfragen zuweisen kann – sobald sie mit der Verarbeitung ihrer Portion fertig sind. Der Dispatcher bildet somit den Kern einer effektiven, möglicherweise auch prioritätsbasierten Scheduling-Komponente.

Die gewaltige akkumulierte Rechenkraft eines Mehrkernrechners wird natürlich nur dann gut ausgenutzt, wenn sehr viele Threads (üblicherweise so viele wie es Rechnerkerne gibt, also bspw. 120) parallel arbeiten können. Die portionsweise Aufgabenzuordnung sorgt dafür, dass alle Threads in etwa zur gleichen Zeit ihre Arbeit beenden – die Threads werden niemals mehr als die Bearbeitungszeit einer *Daten-Portion* auseinanderliegen, da ein untätiger Thread ja sonst vom Dispatcher eine neue Daten-Portion zugewiesen bekäme. Deshalb werden Threads nie längere Zeit auf andere langsamere Threads warten müssen, um eine komplexere Anfrage abzuschließen. Dadurch ist also eine effektive Lastbalancierung zu erzielen, die sicherstellt, dass alle Rechnerkerne voll ausgelastet werden. Um die NUMA-Lokalität sicherzustellen, muss man die Threads fest an die Rechnerkerne binden; nur so kann der Dispatcher die Kontrolle über die Thread- und Speicherzuordnung gewährleisten. Dies setzt natürlich auch voraus, dass man niemals mehr Rechen-Threads instantiiert als Rechner-Kerne vorhanden sind.

Der Dispatcher leistet seine Arbeit zur Laufzeit; der Grad der Parallelisierung einer Anfrage wird also dynamisch und nicht schon zur Compilezeit festgelegt. Dies ist essenziell, um dynamisch auf Lastverschiebungen – beispielsweise durch neu hinzukommende, hoch-priorisierte Anfragen – reagieren zu können. Die „portionsweise" Zuordnung der Aufgaben erlaubt es dem Dispatcher jederzeit (genaugenommen, nachdem eine solche Portions-Aufgabe abgearbeitet ist) einen Thread mit Aufgaben einer anderen Anfrage zu versorgen. Auf diese Art kann man eine prioritätsgesteuerte Anfrageverwaltung (Engl. *Workload-Management*) realisieren.

Wir wollen jetzt noch ein wenig detaillierter die Aufteilung einer etwas komplexeren Anfrage in Pipelines, die jeweils den vom Dispatcher zu vergebenden Aufgaben (Tasks) entsprechen, diskutieren. Wir betrachten den folgenden an das einführende Beispiel angelehnten Anfrageplan:

$$\sigma_{\ldots}(R) \bowtie_A \sigma_{\ldots}(S) \bowtie_B \sigma_{\ldots}(T)$$

Daraus resultieren die drei Pipelines, die auf der linken Seite der Abbildung 18.33 dargestellt sind. Ein komplexer algebraischer Anfrageplan wird also jeweils an den Pipeline-Brüchen (pipeline breaker) aufgespalten. Unter der Annahme, dass R auch nach Filterung die größte der drei Relationen ist, würde der Optimierer R als Probe-Argument des Hash-Joins wählen. Die beiden anderen Relationen, S und T würden dann als Build-Argument des Hash-Joins dienen. Wie im vorigen Abschnitt schon beschrieben, kann man bei einem nicht-partitionierenden Hash-Join daraus ein Hash-Team formen, indem man in der Probe-Phase pipelinemäßig die beiden Hashtabellen der Relationen S und T durchsucht. Der resultierende algebraische Ausführungsplan aus Abbildung 18.33 links operiert also wie folgt:

1. Scannen, Filtern (σ) und Aufbau (Build) der Hashtabelle $HT(T)$ der Basisre-

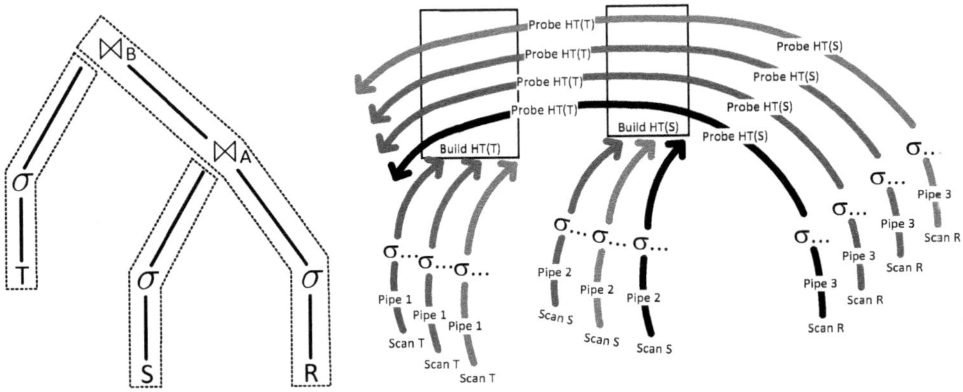

Abbildung 18.33: Parallellisierung der drei Pipelines des Anfrageplans: (links) algebraischer Anfrageplan mit markierten Pipelines; (rechts) drei- bzw. vierfache Parallelverarbeitung jeder Pipeline

lation T,

2. Scannen, Filtern (σ) und Aufbau (Build) der Hashtabelle $HT(S)$ der Basisrelation S,
3. Scannen und Filtern von R und Suche (Probing) in der Hashtabelle $HT(S)$ von S und anschließende Suche (Probing) in der Hashtabelle $HT(T)$ von T und Speicherung der Ergebnistupel.

Moderne Hauptspeicher-Datenbanksysteme kompilieren solche Anfragepläne direkt in Assemblercode (oder auch in der Form eines „Cross-Compilers“ in C oder C++) anstatt sie interpretierend abzuarbeiten. Bei der Kompilierung werden dabei komplette Pipelines, wie sie durch die Umrandungen im Algebraplan kenntlich gemacht wurden, ganzheitlich abgearbeitet. Dadurch spart man sich die im Iteratormodell mit den *next()*-Aufrufen einhergehenden Kontextwechsel. Diese Kontextwechsel erzwingen jeweils die Materialisierung eines Zwischenergebnisses. Dieser Overhead fällt bei der ganzheitlichen Pipeline-Verarbeitung weg.

Die dynamische Parallelisierung der drei Pipelines ist in Abbildung 18.33 rechts dargestellt. Die Filterung sowie der Aufbau der Hashtabellen für die Basisrelationen S und T wurde jeweils dreifach parallelisiert, wie durch die nach oben gerichteten Pfeile angedeutet. Man beachte, dass diese beiden Hashtabellen-Aufbau-Pipelines (also *Pipe 1* und *Pipe 2*) sogar selbst wieder parallel ausgeführt werden könnten. Allerdings muss der Dispatcher mit der Verteilung der *Probe*-Pipeline-Aufgaben (*Pipe 3*) warten, bis beide Hashtabellen vollständig aufgebaut sind. In der Abbildung wird für die Probe-Pipeline beispielhaft eine vierfache Parallelisierung illustriert. Wiederum sollte betont werden, dass die portionsweise Zerlegung der Aufgaben dem Dispatcher ermöglicht, den Parallelisierungsgrad jederzeit (also auch während der Abarbeitung der Anfrage) zu variieren. Dadurch können Ressourcen prioritätsgesteuert verschoben werden und es wird sichergestellt, dass alle Rechenressourcen vollständig ausgenutzt werden anstatt brach zu liegen. Für die Zwischenergebnisse der Threads werden jeweils NUMA-lokale Speicherbereiche allokiert.

18.17 Übungen

18.1 Implementieren Sie in C oder C++ auf Linux-Plattformen ein Benchmark-Programm, das die Leistungsfähigkeit der durch einen `fork` erstellten Snapshots nachweist. Dazu definieren Sie eine kleine Verkaufs-Datenbank mit Relationen *Kunden*, *Länder*, *Produkte* und *Verkäufe*. Orientieren Sie sich an den Strukturen, die in Abschnitt 18.5 deklariert wurden. Eine Relation können Sie also einfach als *Vector* entsprechend definierter *struct*'s deklarieren. Fügen Sie eine größere Anzahl von Beispieltupeln ein und lassen dann entsprechende Bestellungen simulieren, in denen die bestellten Produkte inklusive der Preisberechnung in die *Bestellungen*-Relation eingefügt werden. *Fork*-en Sie diesen Vaterprozess, der die Bestellungen verarbeitet, periodisch und lassen eine OLAP-Anfrage in dem Kindprozess laufen, die die Top-10-*Kunden* ermittelt.

Keine Angst: Dieser kleine Benchmark lässt sich in weniger als 200 Zeilen C++-Code implementieren, indem Sie die Funktionalität der STL-Bibliothek ausnutzen.

18.2 Erstellen Sie einen zweiten Benchmark im Column-Store-Format. Wiederum können Sie sich an den C++-Datenstrukturen aus Abschnitt 18.5 orientieren. Messen Sie die Leistungsfähigkeit der OLTP-Transaktionen (Einfügen neuer Verkäufe) sowie der OLAP-Anfragen (Top-10-Kunden) im Vergleich Row-Store versus Column-Store. Der Transaktionsdurchsatz sollte sich im Column-Store geringfügig verschlechtern wohingegen die komplexe Anfrage schneller ausgewertet werden sollte.

18.3 Realisieren Sie einen weiteren Benchmark basierend auf einem herkömmlichen relationalen Plattenspeicher-Datenbanksystem, bei dem Sie die Bestellungen parallel zu den OLAP Anfragen laufen lassen. Verleichen Sie die Performanz Ihrer eigenen Hauptspeicher-Implementierung mit dieser traditionellen DBMS-Lösung – die Mühe lohnt sich; Sie sollten ein gutes Erfolgserlebnis haben.

18.4 In Abschnitt 18.5.3 wurde der C++-Code für eine SQL-Anfrage für das hybride Speicher-Modell gezeigt. Formulieren Sie den korrspondierenden C++-Code auch für das Column- sowie für das Row-Format.

18.5 In Abbildung 18.28 wurde die hoch-parallele Radixpartitionierung mit der Voranalyse in der Form eines Histogramms erläutert. Implementieren Sie diesen Algorithmus und vergleichen Sie seine Performanz mit einer „naiven" Implementierung, die vergleichsbasiert arbeitet und bei der die Partitions-Arrays konkurrierend von allen Workern geschrieben werden.

18.6 Viele Hauptspeicher-Datenbanksysteme verwenden Vektoren (z.B. aus der STL (Standard Template Library) von C++), die im wesentlichen komfortablen Arrays entsprechen, da sie sich automatisch in der Größe anpassen, wenn die Datenbank wächst. Allerdings verursacht diese Anpassung eine Umstrukturierung (Kopieren aller Datensätze), die zu einer kurzzeitigen Verzögerung führt. Deshalb wird die Größe der Vektoren nicht nur um einen konstanten Bereich wachsen, sondern um einen Faktor (z.B. auf das 1,3-fache) wachsen. Dadurch wird der Umstrukturierungsaufwand in Grenzen gehalten. Weisen Sie formal nach, dass man somit immer noch (amortisiert) linearen Aufwand beim Einfügen von N Datenelementen hat.

18.7 Diskutieren Sie die Vor- und Nachteile des Adaptiven Radix-Baums im Vergleich zu balancierten binären Suchbäumen, wie dem AVL-Baum oder dem rot/schwarz-Baum. Mittels einer eigenen Prototyp-Implementierung der ART-Struktur können Sie auch Performanz-Analysen durchführen (balancierte binäre Suchbäume finden Sie beispielsweise in der C++ STL).

18.8 Weisen Sie nach, dass ART besonders effektiv beim Einfügen von Suchschlüsseln in sortierter Reihenfolge ist – also in dem Szenario, das für binäre Suchbäume (ohne Balancierung) maximal schlecht ist.

18.9 Der Snapshot-Mechanismus basierend auf der Abspaltung eines Kindprozesses durch einen fork()-Systemaufruf basiert darauf, dass der Kind-Prozess, also der Snapshot, eine neue Seitentabelle erhält. Deshalb ist die Laufzeit für die Generierung eines neuen Snapshots proportional zur Größe der zu kopierenden Seitentabelle. Ermitteln Sie experimentell, wie lange dies für verschiedene Datenbankgröße dauert. Durch die Verwendung von „huge pages" mit einer Kapazität von 2MB lässt sich die Größe der Seitentabelle deutlich reduzieren. Ermitteln Sie den Unterschied, sowohl analytisch als auch experimentell. Welche Nachteile bergen die großen Seiten im Vergleich zu den „normalen" Seiten in Bezug auf die „copy on write"-Methode für die Konsistenzerhaltung des Snapshots?

18.18 Literatur

Hauptspeicher-Datenbanksysteme gibt es schon sehr lange. Die ersten Vertreter waren TimesTen, das zuerst bei HP Labs entwickelt, dann in einer unabhängigen Firma weitergeführt und mittlerweile von Oracle übernommen wurde. Die Firma SAP hat ihrerseits das P*Time-System von Cha und Song (2004) erworben und IBM das SolidDB. Viel Beachtung fanden die jüngeren Arbeiten zur Optimierung der transaktionalen Hauptspeicher-Datenbanksysteme im Rahmen des H-Store Projekts von Harizopoulos et al. (2008), das mittlerweile unter dem Namen VoltDB kommerzialisiert wurde. Eine Projekt-Demonstration des H-Store Systems wurde von Kallman et al. (2008) durchgeführt. Es gibt in diesem Bereich viele Start-up Unternehmen, wie Clustrix, Akiban, DBshards, NimbusDB, ScaleDB, Lightwolf, und ElectronDB.

Im OLAP-Bereich wurden Column-Store-Techniken im Hauptspeicher erstmals im Rahmen des MonetDB-Systems eingesetzt und von Boncz, Kersten und Manegold (2008) entwickelt und von Boncz, Manegold und Kersten (2009) rückblickend beschrieben. Auf diesen Erfahrungen aufbauend hat Peter Boncz zusammen mit Kollegen das System VectorWise entwickelt. VectorWise ist zwar ein Hintergrundspeichersystem; hat aber viele der hier beschriebenen Optimierungsansätze verfolgt. Neueste Optimierungstechniken in VectorWise wurden von Raducanu, Boncz und Zukowski (2013) vorgestellt.

Zeitlich parallel zu MonetDB hat SAP das OLAP-System TREX mit ähnlichen spaltenorientierten Datenstrukturen entwickelt, wie von Binnig, Hildenbrand und Färber (2009) und von Legler, Lehner und Ross (2006) beschrieben. TREX wurde später umbenannt und ist heute unter dem Namen SAP HANA weitläufig bekannt. Färber et al. (2011) beschreiben SAP HANA überblicksmäßig. Jaecksch, Lehner und Faerber (2010) beschreiben den Einsatz des Systems für den betrieblichen Planungsbereich. Binnig, Hildenbrand und Färber (2009) haben ein ordnungserhaltendes Dictionary für SAP HANA entwickelt.

Stonebraker et al. (2005) haben das Datenbanksystem C-Store gebaut, in dem Daten spaltenorientiert auf den Hintergrundspeicher abgebildet werden. Die kommerzielle Weiterentwicklung heißt Vertica – und wurde mittlerweile von HP übernommen.

Einen anderen Ansatz verfolgt IBM in der Entwicklung des BLINK/ISAO-Systems, in dem Joins vorberechnet werden. Raman et al. (2008) beschreiben, wie die nachfolgende Kompression das Speichervolumen wieder auf Hauptspeicher-Größe reduziert. Hrle und Draese (2011) beschreiben das resultierende kommerzielle Produkt ISAO. Eine tiefer gehende Integration des Column-Store-Modells in das IBM Datenbanksystem DB2 ist unter dem Namen BLU von Barber et al. (2013) angekündigt worden.

Eine zu MonetDB und SAP HANA ähnliche Column-Store-Erweiterung gibt es auch für das Microsoft Datenbanksystem SQL Server und wurde auf der SIGMOD 2013 Konferenz von Larson et al. (2013) vorgestellt.

Microsoft hat außerdem Hekaton entwickelt und an MS SQL Server angeflanscht. Es handelt sich hierbei um einen OLTP-Beschleuniger, der von Larson, Hanson und Price (2012) beschrieben wurde. Die Transaktionsverwaltung von Hekaton basiert auf einem Multi-Versions-Ansatz, der die Snapshots auf feinerer Granularität als bei einem Schattenspeicher-Konzept unterhält. Dieses Verfahren wurde von Larson et al. (2011) beschrieben.

Plattner (2009) betont die Notwendigkeit der hybriden OLTP&OLAP-Datenbanksysteme für die betriebliche Entscheidungsunterstützung. SanssouciDB wurde von Plattner (2011) beschrieben und wird am HPI in Potsdam in Kooperation mit SAP entwickelt. Grund et al. (2010) beschreiben das Update-Staging, das in dieser Architektur zum Einsatz kommt. Plattner und Zeier (2012) haben ein dediziertes Buch zu Hauptspeicher-Datenbanken verfasst, das stark an die Architektur von SAP HANA angelehnt ist. Plattner (2013) hat auf dieser Basis einen online-Kurs über Hauptspeicher-Datenbanken entwickelt.

Viele in diesem Kapitel vorgestellte Implementierungstechniken wurden in dem an der TU München entwickelten Hauptspeicher-Datenbanksystem HyPer [Kemper und Neumann (2011)] experimentell validiert.

- Mühe, Kemper und Neumann (2011) haben verschiedene Snapshotting-Verfahren untersucht. Die Leistungsfähigkeit der virtuellen Speicher-Snapshots wurde anhand des von Kemper und Neumann (2011) konzipierten Hauptspeicher-DBMS *HyPer* experimentell gezeigt.

- Mühe, Kemper und Neumann (2013) haben das Konzept der tentativen Ausführung langer Transaktionen auf einem Snapshot der operationalen Datenbasis entwickelt.

- Neumann (2011) hat effiziente Kompilierungstechniken für moderne Hardware entwickelt

- Die Indexstruktur ART wurde von Leis, Kemper und Neumann (2013) entwickelt. Kim et al. (2010) haben eine Cache-optimierte Suchbaumstruktur namens *FAST* beschrieben, die allerdings nicht änderbar ist; sich also nur für eher statische Datenbestände eignet.

- Die Kompaktifizierung von Hauptspeicher-Datenbanken durch die Reorganisation in heiße und kalte Bereiche wurde von Funke, Kemper und Neumann (2012) entwickelt. Die Ideen wurden im Microsoft Hekaton-Projekt von Levandoski, Larson und Stoica (2013) sowie von Stoica und Ailamaki (2013) für VoltDB aufgegriffen, um den gefrorenen Teil der Datenbank sogar aus dem Haupspeicher auszulagern. Dies würde aber nur bei OLTP-Anwendungen funktionieren; bei den Scan-basierten OLAP Anwendungen müsste man immer wieder die ausgelagerten Teile der Datenbank in den Hauptspeicher transferieren.

- Grund et al. (2012) beschreiben HYRISE, ein Hauptspeicher-Datenbanksystem mit hybriden Speicherstrukturen. Die Relationen werden dabei vertikal fragmentiert, so dass man einen Trade-off zwischen Cache-Lokalität und Clustering der für eine Anwendung relevanten Attributwerte erzielen kann. Die dadurch erzielbare Leistungssteigerung wurde für das HyPer-Datenbanksystem auch von Pirk et al. (2013) experimentell untersucht.

- Der Einsatz von Hauptspeicher-Datenbanksystemen für das Multi-Tenancy wurde von Mühe, Kemper und Neumann (2012) demonstriert. Mühlbauer et al. (2013) haben das Scale-out eines Hauptspeicher-Datenbanksystems für skalierbare OLAP-Anwendungen auf den transaktionalen Daten demonstriert. Hierbei kommen mehrere Sekundär-Server zum Einsatz, die durch das Einbringen des Logs des Primärservers aktuell gehalten werden. Diese Methode der Aktualisierung über das Log des Primärservers bezeichnet man auch als „Log Sniffing“. Durch das Snapshotting kann man auf den Sekundärservern OLAP-Anfragen auswerten, währenddessen parallel auch die Log-Einträge in die Datenbank eingebracht werden.

- Albutiu, Kemper und Neumann (2012) haben den für Multi-Core NUMA-Architekturen optimierten massiv-parallelen Sort/Merge-Join MPSM konzipiert.

- Brunel et al. (2015) haben eine SQL-Spracherweiterung für die Unterstützung hierarchischer Daten im SAP Hana sowie im HyPer Datenbanksystem vorgeschlagen. Die effiziente Realisierung basiert auf speziellen Indexstrukturen, die von Finis et al. (2015) vorgestellt wurden.

- Die in diesem Kapitel vorgestellte Mehrbenutzer-Synchronisation mit multiplen Versionen wurde von Neumann, Mühlbauer und Kemper (2015) ausgearbeitet. Leis, Kemper und Neumann (2014) haben die neuartige Hardwareunterstützung für „Transactional Memory" für die Synchronisation von Datenbank-Transaktionen untersucht – und dafür den „Best Paper Award" der ICDE-Konferenz 2014 erhalten.

Der Radix-Join wurde von Manegold, Boncz und Kersten (2000) erfunden, damals aber nur zum Zweck der Optimierung der Cache-Lokalität eingesetzt. Die Parallelisierung des Radix-Joins für Multi-Core-Rechner wurde von Kim et al. (2009) durchgeführt. Blanas, Li und Patel (2011) haben den parallelen Hash-Join, bei dem alle Threads auf nur einer einzigen globalen Hashtabelle arbeiten, untersucht. Balkesen et al. (2013) haben eine umfassende Evaluation der verschiedenen parallelen Hashjoin-Verfahren durchgeführt. Lang et al. (2013) haben besonders effiziente Datenstrukturen für den Hash-Join mit globaler Hash-Tabelle für NUMA-Architekturen entworfen. Die feinkörnige Parallelisierung durch portionsweise Zuweisung von Anfrageverarbeitungs-Pipelines an die Rechen-Threads wurde von Leis et al. (2014) vorgeschlagen und in HyPer umgesetzt.

Das von Boncz (2012) herausgegebene Sonderheft des Data Engineering Bulletins behandelt Column-Stores, u.a. HYRISE, HANA, HyPer, VectorWise, MonetDB und die Column-Store-Erweiterung des MS SQL Server. Ein weiteres Sonderheft über Hauptspeicher-Datenbanken wurde von Larson (2013) editiert und enthält Beschreibungen über TimesTen, SolidDB, Hekaton, VoltDB, Calvin, und auch wieder HANA und HyPer.

19. Internet-Datenbankanbindungen

Die Nutzung des Internets ist in den letzten Jahren – insbesondere durch die Verbreitung des World Wide Web als wichtigste Anwendung (die sogenannte *„killer application“*) – explosionsartig gestiegen. Heute wird vorhergesagt, dass in naher Zukunft fast die Hälfte aller Geschäftsvorgänge zwischen Unternehmen (Business-to-Business (B2B) E-Commerce) über das Internet durchgeführt werden. Gleichfalls wird das Internet auch in der Abwicklung von Geschäften mit Endkunden, dem Business-to-Consumer (B2C) E-Commerce, noch weiter an Bedeutung gewinnen. Grundlage bei der Entwicklung von E-Commerce-Anwendungen ist die Anbindung von Datenbanken an das Internet. Man denke hierbei etwa an Produktkataloge, Servicebeschreibungen, oder auch die Möglichkeit, den Status von Bestellungen online überprüfen zu können.

In diesem Kapitel wollen wir die verschiedenen Java-basierten Techniken zur Anbindung von Datenbanken an das Internet vorstellen. Diese Web-Datenbank-Anbindungen basieren auf der Java/SQL-Schnittstelle JDBC, die wir in Kapitel 4 schon eingeführt haben. Zunächst stellen wir in diesem Kapitel kurz die wichtigsten Internet-Standards HTML und HTTP vor. Danach beschreiben wir die heute gängigste Architektur der Datenbankanbindung basierend auf Java-Servlets bzw. Java Server Pages (JSPs), die mittels JDBC auf Datenbanken zugreifen. Dann behandeln wir die *Extensible Markup Language* XML, die als neues Datenaustausch-Format im Internet propagiert wird. Aus Datenbanksicht ist sicherlich die Möglichkeit der deklarativen Anfrageformulierung auf XML-Daten von besonderem Interesse.

19.1 HTML- und HTTP-Grundlagen

19.1.1 HTML: Die Hypertext-Sprache des World Wide Web

HTML (HyperText Markup Language) ist, wie der Name schon andeutet, eine Strukturierungs- bzw. Formatierungs-Sprache für Texte, die sogenannte HyperLinks (also Verweise auf andere Dokumente) enthalten.

Eine Beispiel-HTML-Seite (ohne HyperLinks) mit einem Teil des Vorlesungsverzeichnisses unserer hypothetischen Universität ist in Abbildung 19.1 gezeigt.

Wer mit HTML nicht vertraut ist, kann sich in Abbildung 19.17 (auf Seite 662) anschauen, wie ein „handelsüblicher“ Web-Browser diese HTML-Seite darstellt. Das HTML-Dokument beginnt mit der Präambel, in der der Titel des Dokuments definiert wird. Die syntaktischen Klammern, wie z.B. `<TITLE>...</TITLE>` bezeichnet man als *Tags* (dt. Marken). Normalerweise kommen diese Tags paarweise, als öffnendes (`<TITLE>`) und schließendes Tag (`</TITLE>`) vor. Manche Tags werden aber in HTML, anders als in XML, nicht explizit geschlossen, wie z.B. `<LI>`, mit dem ein Listenelement (list item) markiert wird. Von den vielen HTML-Tags haben wir in diesem Beispiel bewusst nur ganz wenige verwendet: Mit *H1* wird eine Überschrift

```
<HTML>
  <HEAD> <TITLE>Gesamtes Vorlesungs-Verzeichnis</TITLE> </HEAD>

  <BODY>
    <H1>Die Professoren der Universität</H1>
    <UL>
      <LI> Prof. Augustinus
            <UL> <LI> 5022: Glaube und Wissen (mit 2SWS) </UL>
      <LI> Prof. Curie
      <LI> Prof. Kant
            <UL> <LI> 5001: Grundzüge (mit 4SWS)
                 <LI> 4630: Die 3 Kritiken (mit 4SWS) </UL>
      ...
    </UL>
  </BODY>
</HTML>
```

Abbildung 19.1: Professoren- und Vorlesungsverzeichnis in HTML

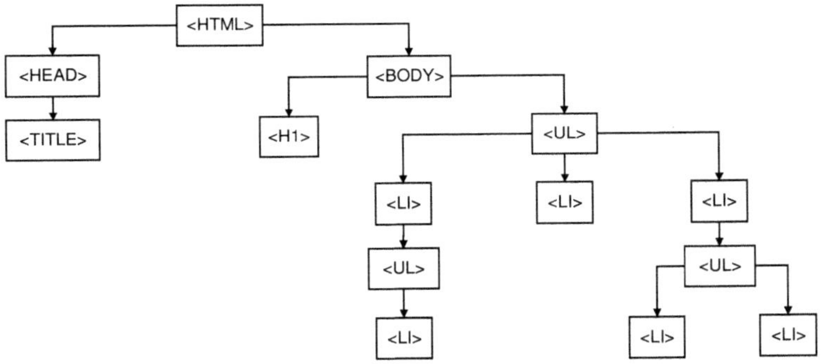

Abbildung 19.2: Die hierarchische Struktur des HTML-Dokuments

(header) der obersten Stufe markiert, mit *UL* wird eine nicht-numerierte Liste (unnumbered list) markiert. Die hierarchische Struktur dieses HTML-Dokuments ist in Abbildung 19.2 veranschaulicht.

19.1.2 Adressierung von Web-Dokumenten

Dokumente, wie z.B. HTML-Seiten, werden im World Wide Web mittels URLs (Uniform Resource Locators) identifiziert. Diese URLs entsprechen – im Datenbank-Jargon – *physischen Objektidentifikatoren*, da sie den physischen Speicherort des Dokuments codieren. Eine URL sieht wie folgt aus:

```
http://www-db.in.tum.de
              /research/publications/books/DBMSeinf/index.shtml
```

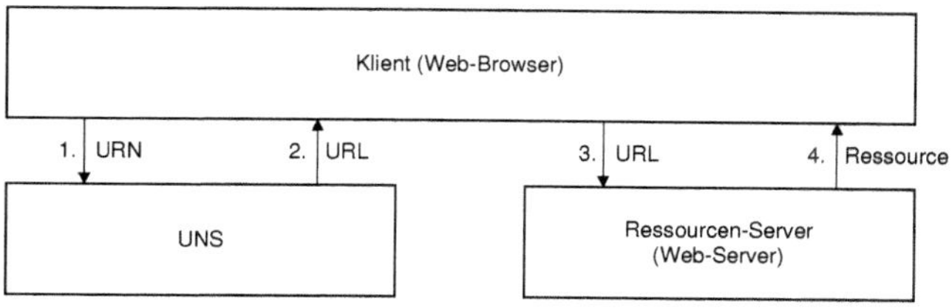

Abbildung 19.3: URN/URL-Umsetzung mittels eines URN Naming Services (UNS)

Die URL[1] besteht aus drei Teilen:

- Der Präfix, hier `http`, gibt das Kommunikations-Protokoll an.
- Der zweite Teil spezifiziert den Rechner, hier `www-db.in.tum.de`. Anstatt des Domain-Namens könnte man hier auch direkt die IP-Nummer des Rechners, in unserem Fall 131.159.16.103, angeben. Wenn ein Domain-Name angegeben ist, wird dieser durch eine Anfrage beim *Domain Name Service (DNS)* in die entsprechende IP-Nummer umgesetzt.

  Zusätzlich könnte auch noch eine Port-Nummer angegeben sein, unter der der betreffende Web-Server Anfragen erwartet. Default-mäßig wird die Port-Nummer 80 angenommen.
- Der dritte Teil gibt den Speicherort des betreffenden Dokuments innerhalb des spezifizierten Rechners an. In unserem Besipiel befindet sich das HTML-Dokument *index.shtml* also in dem Unterverzeichnis *DBMSeinf* des Verzeichnisses *books* des Verzeichnisses *publications* des Verzeichnisses *research.*

Der Nachteil dieser Adressierung besteht darin, dass die URLs nicht robust gegen die Verschiebung von Dokumenten sind. Wenn ein Dokument von einem Speicherort (Unterverzeichnis) in einen anderen Speicherort verschoben wird, oder auch nur der Name geändert wird, ist die ursprüngliche URL ungültig. Der Versuch, über die ursprüngliche URL auf das Dokument zuzugreifen, resultiert in einem sogenannten „busted link“-Fehler, der im HTTP-Protokoll den Fehlercode 40 4 (*not found*) hat.

Um dieses häufig auftretende Problem der ungültigen URLs zumindest teilweise zu entschärfen, wurden sogenannte URNs (Uniform Resource Names) eingeführt, die logischen Objektidentifikatoren entsprechen. Diese URN-Identifikatoren sind also unabhängig vom physischen Speicherort der Ressource. Dazu werden entsprechende Umsetzungstabellen, die von URN Naming Services verwaltet werden, benötigt. Diese Vorgehensweise ist in Abbildung 19.3 veranschaulicht.

Unter dem Begriff URI (Uniform Resource Identifier) werden die beiden Methoden der Ressourcen-Adressierung im Internet, URLs und URNs, zusammengefasst. Es bleibt abzuwarten, ob in Zukunft verstärkt logische Identifikatoren (also URNs) im Internet genutzt werden; es wäre sicherlich ein Fortschritt in Richtung *referentieller Integrität* dadurch zu erzielen.

[1] „Hinter“ dieser URL befindet sich ein HTML-Dokument, das weitere Informationen und Unterrichtsmaterialien zu diesem Lehrbuch enthält.

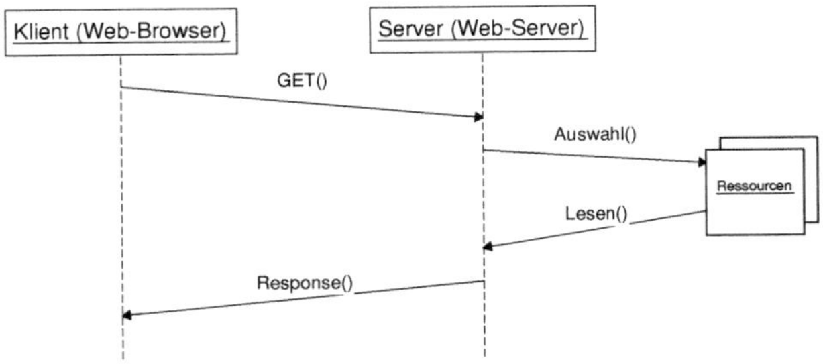

Abbildung 19.4: Client/Server-Architektur des World Wide Web

Natürlich können in einem HTML-Dokument (neben dem Text) auch Verweise auf andere HTML-Dokumente, sogenannte HyperLinks, eingebettet sein. Ein solcher Hyperlink sieht wie folgt aus:

```
... <A HREF="http://www.oldenbourg.de/index.html"> Bezugsquelle </A>
```

In diesem Fall würde der Web-Browser das Wort *Bezugsquelle* besonders hervorheben (z.B. durch Unterstreichen). Bei einem Klick auf dieses Wort würde der Browser dann die entsprechende Seite `index.html` beim Webserver `www.oldenbourg.de` anfordern und diese dann darstellen.

19.1.3 Client/Server-Architektur des World Wide Web

Das World Wide Web ist eine klassische Client/Server-Architektur, bestehend aus dem Web-Browser (z.B. Microsoft Internet Explorer oder Firefox) als Klient und dem Web-Server. Der Klient fordert Dokumente gemäß der URL beim Server an. Der Server übermittelt die angeforderte Ressource. Man bezeichnet diese Vorgehensweise auch als *pull*-Mechanismus, da der Klient die betreffenden Dokumente „ziehen" muss. Diese Architektur ist in Abbildung 19.4 als UML-Sequenzdiagramm grafisch illustriert.

Im Gegensatz dazu wurden in letzter Zeit auch sogenannte *push*-Architekturen entwickelt, bei denen man bestimmte Dokumente abonnieren kann, die dann automatisch periodisch zum Klienten übermittelt werden. Man beachte aber, dass diese *push*-Anwendungen zumeist über die normalen *pull*-basierten Web-Schnittstellen realisiert sind; d.h. im Hintergrund (also unsichtbar für den Benutzer) werden die Dokumente periodisch angefordert und auf dem Rechner des Klienten in einem *Cache* verfügbar gehalten.

19.1.4 HTTP: Das HyperText Transfer Protokoll

Das HTTP-Protokoll ist ein Client/Server-Anwendungsprotokoll, das auf dem Internet-Protokoll TCP/IP (Transmission Control Protocol/Internet Protocol) basiert. Web-Server „lauschen" (engl. *listen*) auf einem bestimmten Port – normalerweise

Port 80 – um Anforderungen von HTTP-Klienten zu bedienen. In der Regel handelt es sich bei einem derartigen Klienten um einen Web-Browser.

Für die Kommunikation zwischen dem Web-Browser und dem Web-Server gibt es im HTTP-Protokoll hauptsächlich zwei Befehle: GET und POST. Beim Klicken auf einen Hyperlink wird der Browser in der Regel eine GET-Anforderung generieren, die im Wesentlichen die Adresse des angeforderten Dokuments (also der letzte Teil einer URL) an den in der URL spezifizierten Web-Server übermittelt. Der Web-Server wird daraufhin das spezifizierte Dokument an den Browser übertragen.

Bei einer GET-Anforderung können aber auch Parameter, die z.B. vom Benutzer erfragt wurden, mit an den Web-Server übergeben werden. Diese Parameter werden separiert durch das Fragezeichen „?“ an die URL „angehängt.“ Wenn mehrere Parameter/Werte-Paare übergeben werden, müssen sie durch das „&“-Zeichen voneinander getrennt werden. Wenn diese Parameter im Browser erfragt werden, werden sie in der Regel in einem HTML-Formular, genannt *Form*, interaktiv abgefragt.

```
<FORM ACTION="http://www.db.fmi.uni-passau.de/servlets-buch/VrlVrz"
      METHOD="GET">
  Bitte geben Sie den Namen einer Professorin
  bzw. eines Professors ein:<BR>
  <INPUT TYPE=TEXT NAME="professor_name"></INPUT><BR>
  <INPUT TYPE=SUBMIT VALUE="Abfrage starten"></INPUT>
</FORM>
```

Aus diesem Formular generiert der Webbrowser z.B. folgende parametrisierte URL

```
http://www.db.fmi.uni-passau.de/servlets-buch/VrlVrz?professor_name=Curie
```

falls am Browser *Curie* eingegeben wurde und anschließend „Abfrage starten“ mittels Mausklick ausgewählt wurde. Es ist durchaus möglich, in einem derartigen Formular mehrere Parameter gleichzeitig abzufragen. Diese werden dann – durch ein &-Zeichen voneinander getrennt – in der URL hintereinander angefügt. Leerzeichen dürfen in einer URL nicht vorkommen; sie werden, falls sie in einem String-Parameterwert vorkommen, als + codiert. Den Parameterteil einer derartigen URL bezeichnet man oft auch als *Query-String*.

Für die Übertragung größerer Datenmengen vom Browser zum Web-Server gibt es im HTTP-Protokoll den Befehl POST. Auch damit lassen sich Parameter, wie z.B. *professor_name=Curie* übermitteln. Das heißt, aus Benutzersicht ist es fast unerheblich, ob in dem Formular als Aktion GET oder POST angegeben wird. Allerdings werden die Parameter beim POST-Befehl „unsichtbar“ transferiert, sie sind also nicht Teil der URL. Dies ist aus Datenschutzgründen manchmal vorzuziehen; allerdings lassen sich diese URLs dann nicht als Buchzeichen (Bookmarks) oder als HyperLinks in anderen HTML-Seiten verwenden.

19.1.5 HTTPS

Aus Datenschutz-Gesichtspunkten ist das HTTPS-Protokoll wichtig, das genauso arbeitet wie HTTP, außer dass die Kommunikation über einen sogenannten Secure Socket Layer (SSL) durchgeführt wird. Dabei werden die zu transferierenden Daten in verschlüsselter, also abhörsicherer Form, übertragen.

19.2 Web-Datenbank-Anbindung via Servlets

Fast jede größere Web-Site wird heute als Datenbankanwendung konstruiert – man denke etwa an online betriebene Buchläden, Flugreservierungssysteme, aber auch Informationsdienste wie Zeitungsarchive und Vorlesungsverzeichnisse. Abbildung 19.5 zeigt die heute gängige Architektur zur Anbindung einer relationalen Datenbank an das Internet. Bei dieser mehrstufigen Client/Server-Architektur kommuniziert der Klient mittels eines Web-Browsers mit dem Web-Server, der möglicherweise statische HTML-Seiten direkt als Dateien (files) abgelegt hat. Die dynamischen Inhalte (Produktkataloge, Kundendaten, Bestellungen, etc.) werden in der Datenbank gespeichert und bei Bedarf ausgelesen bzw. eingefügt und geändert. Die Anbindung der relationalen Datenbank an den Web-Server wird über serverseitig ausgeführte Programme durchgeführt. Eine heute oft benutzte Schnittstelle dafür sind die sogenannten Java-Servlets, die über eine parametrisierte URL (Uniform Resource Locator) aufgerufen werden können. Diese Servlet-URL mitsamt den notwendigen Parametern kann entweder statisch in den HTML-Seiten enthalten sein oder die Parameter werden vom Klienten eingegeben. In diesem Fall wird die parametrisierte URL vom clientseitigen Web-Browser „zusammengebaut". Der Zugriff des Java-Servlets auf die Datenbank erfolgt in der Regel über die JDBC-Schnittstelle, die wir in Abschnitt 4.23 (ab Seite 146) vorgestellt hatten.

Die Servlets werden meist (je nach eingestellter Konfiguration) in einem eigenen Prozess, der sogenannten Servlet-Engine oder dem Servlet-Container, außerhalb des Web-Servers ausgeführt. Um die Skalierbarkeit dieser Architektur auch für sehr große Benutzerzahlen zu erzielen, bearbeitet die Servlet-Engine die Anforderungen (also die Servlet-Methoden) in mehreren voneinander unabhängigen Threads (sogenannten leichtgewichtigen Prozessen), damit auch viele Web-Klienten parallel bedient werden können.

Derart erweiterbare Softwaresysteme (meist in Kombination mit einem Web-Server) werden auch als Anwendungs-Server (engl. *application server*) bezeichnet.

19.2.1 Beispiel-Servlet

In dieser Beispielanwendung wollen wir ein sehr einfaches Web-Informationssystem für unsere Universität konstruieren. Aus einer HTML-Seite (in unserem Beispiel *VorlesungsVerzeichnis.html*) wird das Java-Servlet namens *VrlVrz* aus einem Formular heraus aufgerufen. Die notwendigen Parameter werden vom Benutzer erfragt. In unserem Beispiel soll der Name einer Professorin bzw. eines Professors erfragt werden und dann soll das Servlet die von dieser Professorin bzw. diesem Professor gehaltenen Vorlesungen aus der Datenbank auslesen und als HTML-Antwortseite zurückliefern.

In Abbildung 19.6 ist der vollständige Java-Code[2] des Servlets *VrlVrz* dargestellt. Dieses Servlet stellt so ziemlich die einfachste denkbare Datenbank-Schnittstelle dar;

[2]In diesem Abschnitt geben wir vollständige, wenngleich kleine Beispielprogramme an, damit die Leser diese sozusagen als Schablone für eigene Programme verwenden können. Die Leser, die an der (Grob-)Architektur interessiert sind, brauchen sich diese Programme nicht bis ins letzte Detail anzusehen – wir haben hier auch gar nicht den Platz um alle Details zu erläutern. Im Literaturteil sind dedizierte Bücher zu den einzelnen Schnittstellen aufgeführt.

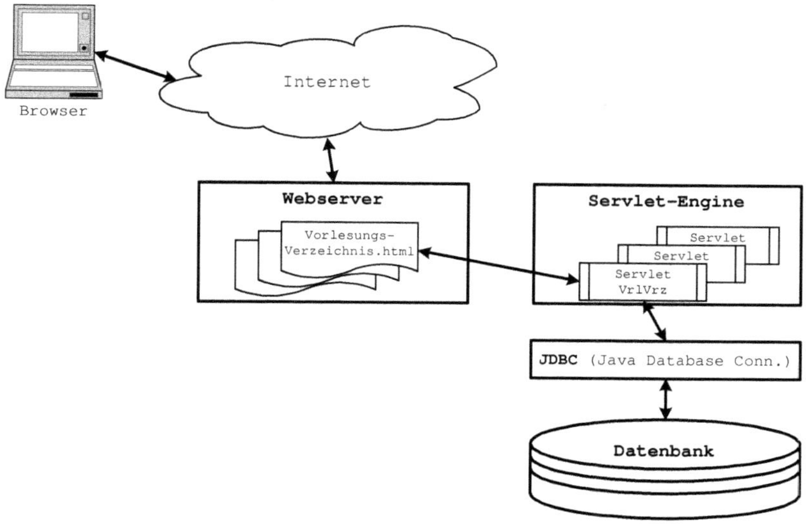

Abbildung 19.5: Anbindung einer Datenbank via Servlets

aber das Beispiel sollte ausreichen um daraus komplexere Anwendungen ableiten zu können. Wir setzen voraus, dass Anforderungen mittels des GET-Protokolls gestellt werden – demgemäß realisiert das Servlet die Methode `doGet`. Der Code gliedert sich in drei Hauptteile:

1. Aufbau der Datenbankverbindung mittels JDBC
2. Auswertung der Anfrage
3. Generierung der HTML-Seite, die an den Browser geschickt wird

Der für die Formulierung der Anfrage notwendige Parameter `professor_name` wird clientseitig über eine Formularschnittstelle ermittelt (siehe unten). Er wird dem Servlet via einem sogenannten `HttpServletRequest`-Objekt übergeben. Genauer gesagt, dieses Objekt enthält alle Parameter, die dem Servlet übergeben werden. Sie sind über den Parameternamen zu ermitteln; hier also durch:

```
request.getParameter("professor_name");
```

Dieser Parameter wird in unserem Beispiel sowohl für die Generierung der Anfrage als auch für die Gestaltung der HTML-Seite verwendet. Das generierte HTML-Dokument wird über ein `PrintWriter`-Objekt an das `HttpServletResponse`-Objekt übergeben, das für den Transfer zum Web-Client, also dem anfordernden Browser, zuständig ist.

Der Aufruf des Java-Servlets erfolgt aus der HTML-Seite *VorlesungsVerzeichnis.html*, die in Abbildung 19.7 dargestellt ist. In dieser Seite wird – wie bereits erläutert – zunächst der Parameter `professor_name` angefordert. Daraus wird dann die parametrisierte URL gebildet und an den Web-Server als GET-Anforderung weitergeleitet.

```
import javax.servlet.*;     import javax.servlet.http.*;
import java.io.*;    import java.sql.*;    import java.text.*;

public class VrlVrz extends HttpServlet {
  public void doGet (HttpServletRequest request,
                    HttpServletResponse response)
    throws ServletException, IOException {
    Connection conn = null;
    PreparedStatement stmt = null;
    ResultSet rs = null;
    response.setContentType("text/html");
    PrintWriter out = response.getWriter();
    try {
      Class.forName("oracle.jdbc.driver.OracleDriver");
      conn = DriverManager.getConnection("jdbc:oracle:oci8:@lsintern-db",
                                        "nobody","Passwort");
      stmt = conn.prepareStatement(
                    "select v.VorlNr, v.Titel, v.SWS " +
                    "from Vorlesungen v, Professoren p " +
                    "where v.gelesenVon = p.PersNr and p.Name = ? " );
      // Überprüfe Sicherheit: SQL-Injection ausschließen (cf. Kapitel 12.6)
      stmt.setString(1,request.getParameter("professor_name"));
      rs = stmt.executeQuery();
      out.println("<HTML>");
      out.println("<HEAD> <TITLE> Vorlesungen von Prof. " +
             request.getParameter("professor_name") + "</TITLE></HEAD>");
      out.println("<BODY>");
      out.println("<H1> Vorlesungen von Prof. " +
                 request.getParameter("professor_name") +": </H1>");
      out.println("<UL>");
      while (rs.next())
         out.println("<LI>" + rs.getInt("VorlNr") +
                    ": " + rs.getString("Titel") +
                    " (mit " + rs.getInt("SWS") + " SWS)");
      out.println("</UL>"); out.println("</Body> </HTML>");
    }
    catch(ClassNotFoundException e) {
      out.println("Datenbanktreiber nicht gefunden: " + e.getMessage());
    }
    catch (SQLException e) {
      out.println("SQLException: " + e.getMessage());
    }
    finally {
      try {
         if (conn != null) conn.close();
      } catch (SQLException ignorieren) {}
    }
  }
}
```

Abbildung 19.6: Java-Servlet *VrlVrz* mit JDBC-Schnittstelle zur Datenbank

```
<HTML>
  <HEAD>
    <TITLE>Vorlesungs-Verzeichnis mittels Servlet</TITLE>
  </HEAD>

  <BODY>
    <CENTER>
    <FORM ACTION="http://www.db.fmi.uni-passau.de/servlets-buch/VrlVrz"
          METHOD="GET">
    Bitte geben Sie den Namen einer Professorin
    bzw. eines Professors ein:<BR>
    <INPUT TYPE=TEXT NAME="professor_name"></INPUT><BR>
    <INPUT TYPE=SUBMIT VALUE="Abfrage starten"></INPUT>
    </FORM>
    </CENTER>
  </BODY>
</HTML>
```

Abbildung 19.7: Die HTML-Seite *VorlesungsVerzeichnis.html*, aus der das Servlet aufgerufen wird

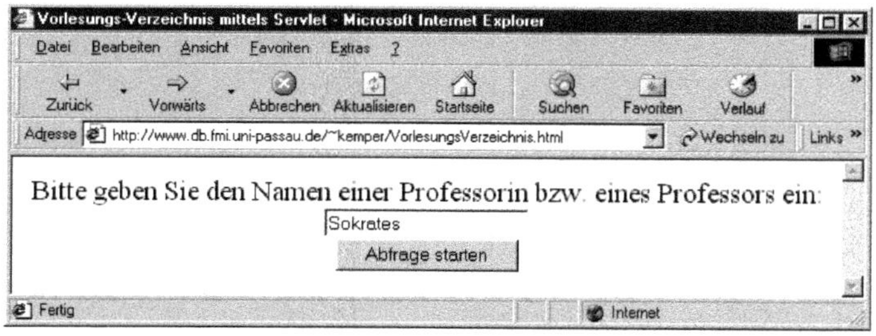

Abbildung 19.8: Die Anzeige im Browser: Die Parametereingabe-Seite

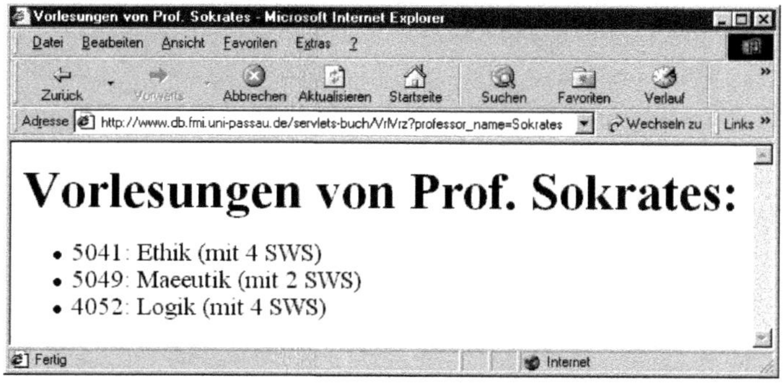

Abbildung 19.9: Die Anzeige im Browser: Die vom Serlet *VrlVrz* generierte Antwortseite

Die Anzeige der Parametereingabeseite *VorlesungsVerzeichnis.html* im Browser ist in Abbildung 19.8 gezeigt. Hier wurde als Name *Sokrates* eingegeben; nach Abschicken dieser Eingabe mittels Mausklick auf „Abfrage starten“ wird vom Servlet die in Abbildung 19.9 dargestellte Seite generiert. Genauer gesagt wird der dieser Browserdarstellung zugrunde liegende HTML-Code vom Servlet auf der Server-Seite generiert und vom Client-Browser so angezeigt, wie in Abbildung 19.9 dargestellt. Bei Nutzung der HTTP GET-Anforderung wird der Parameter `professor_name` mit dem Wert `Sokrates` vom Web-Browser als Teil der URL (Uniform Resource Locator) an das Servlet übergeben:

```
VrlVrz?professor_name=Sokrates
```

Der Vorteil der Parameterübergabe als Teil der URL besteht darin, dass man Verweise auf diese dynamisch generierten HTML-Seiten ganz normal wie Verweise auf statische HTML-Seiten behandeln kann. Man kann sie zum Beispiel in seinen Buchzeichen (Bookmarks) abspeichern; oder man kann diese parametrisierten URLs auch in anderen HTML-Seiten als HyperLinks einbauen. Dies ist in Abbildung 19.10 gezeigt: Hier haben wir eine Liste aller Professoren der Universität erstellt und zu jeder Professorin bzw. zu jedem Professor die parametrisierte URL zum Servlet angegeben, mit der man sich die Vorlesungsliste anzeigen lassen kann. Abbildung 19.11 zeigt links die Browserdarstellung dieser Professorenliste und rechts die Vorlesungsliste, die angezeigt wird, wenn man auf den Hyperlink Vorlesungen von Sokrates klickt.

Wollte man anstatt des GET-Befehls lieber den POST-Befehl nutzen, wäre dies sehr einfach möglich. In der Parametereingabe-Seite muss man lediglich den Befehl GET durch POST ersetzen:

```
<FORM ACTION="http://www.db.fmi.uni-passau.de/servlets-buch/VrlVrz"
      METHOD="POST">
  Bitte geben Sie den Namen einer Professorin
  bzw. eines Professors ein:<BR>
  <INPUT TYPE=TEXT NAME="professor_name"></INPUT><BR>
  <INPUT TYPE=SUBMIT VALUE="Abfrage starten"></INPUT>
</FORM>
```

Weiterhin muss das Servlet natürlich die Methode `doPost` implementieren. Eine Möglichkeit besteht darin, dass das Servlet beide Methoden, also `doGet` und `doPost`, auf die gleiche Weise realisiert. Dann könnte man einfach zusätzlich folgende Methode der Klasse *VrlVrz* hinzufügen:

```
public void doPost (HttpServletRequest request,
                    HttpServletResponse response)
   throws ServletException, IOException {
       doGet(request, response);
 }
```

```
<HTML>
  <HEAD>
    <TITLE>Gesamtes Vorlesungs-Verzeichnis mittels Servlet</TITLE>
  </HEAD>

  <BODY>
    <H1> Die Professoren der Universität </H1>
    <UL>
      <LI> Prof. Augustinus
      <UL> <LI> <A HREF="../servlets-buch/VrlVrz?professor_name=Augustinus">
                Vorlesungen </A> </UL>
      <LI> Prof. Curie
      <UL> <LI> <A HREF="../servlets-buch/VrlVrz?professor_name=Curie">
                Vorlesungen </A> </UL>
       ...
      <LI> Prof. Sokrates
      <UL> <LI> <A HREF="../servlets-buch/VrlVrz?professor_name=Sokrates">
                Vorlesungen </A> </UL>
    </UL>
  </BODY>
</HTML>
```

Abbildung 19.10: HTML-Seite in der das Servlet mitsamt Parametern eingebunden ist

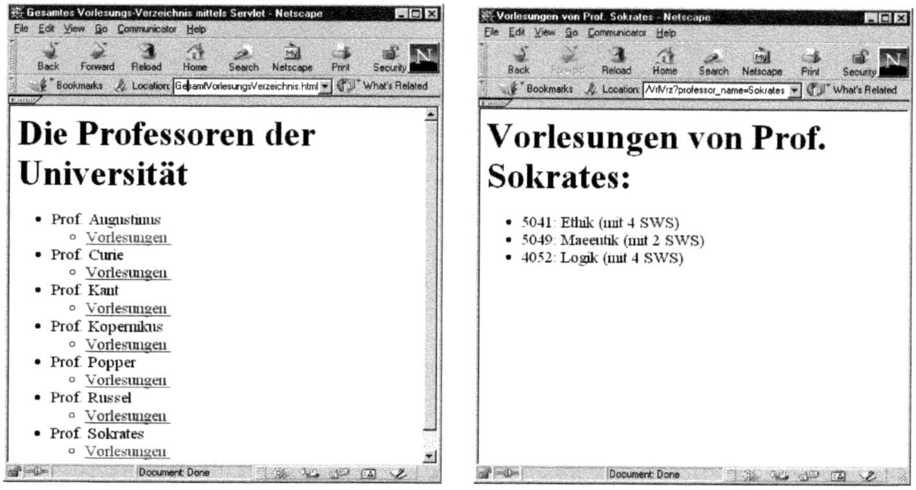

Abbildung 19.11: Die Anzeige im Browser

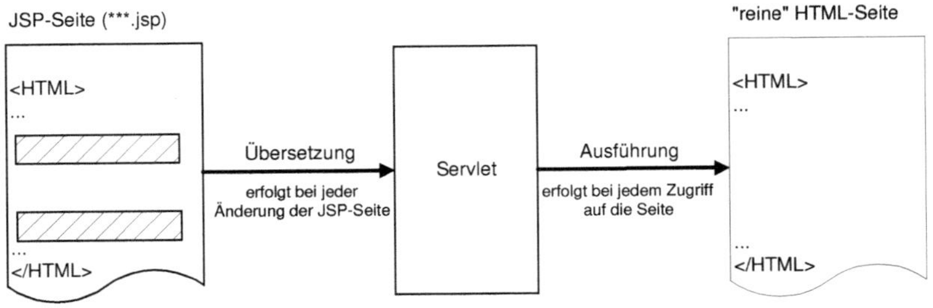

Abbildung 19.12: Übersetzung und Ausführung einer Java Server Page

19.3 Java Server Pages / Active Server Pages

Ein schwerwiegender Nachteil der bislang beschriebenen Architektur besteht darin, dass die HTML-Seiten vollständig vom Java-Servlet generiert werden müssen. In vielen Anwendungen hat man aber HTML-Seiten, die sowohl aus statischen als auch dynamisch generierten Anteilen bestehen. Weiterhin ist es oft so, dass die dynamischen Teile von sehr unterschiedlichen Software-Komponenten generiert werden.

Die von der Firma Sun definierte Technologie namens Java Server Pages (JSPs) erlaubt es, dass Java-Codefragmente in eine HTML-Seite eingebettet werden. Der Web-Server initiiert die Ausführung dieser Codefragmente, bevor die HTML-Seite an den Klienten übertragen wird. In der Regel werden durch diese Codefragmente aktuelle Inhalte der Seite dynamisch aus der Datenbank generiert.

Die grundlegende Vorgehensweise ist in Abbildung 19.12 gezeigt. Eine JSP-Seite besteht aus HTML-Code mit eingebettetem Java-Code. Der Vorteil besteht darin, dass man die Visualisierung – also den HTML-Code – der Seite statisch in einem Dokument verfügbar hat. Bei der Konstruktion einer Web-Anwendung mittels Servlets war der HTML-Code vom Servlet zu generieren, so dass sich dieser HTML-Code über teilweise viele Routinen eines (oder auch mehrerer) Servlets verteilte. Dies macht die Wartung des HTML-Codes extrem schwierig und die Servlets unübersichtlich. Bei der Nutzung von Java Server Pages wird das JSP-Dokument automatisch in ein Servlet übersetzt, das dann bei jedem Zugriff auf die JSP-Seite ausgeführt wird. Dieser Übersetzungsvorgang wird natürlich bei jeder Änderung der JSP-Seite durchgeführt.

Abbildung 19.13 zeigt die grundlegende Vorgehensweise bei der Generierung von HTML-Seiten mit Inhalten aus einer Datenbank: Diese Java Server Page besteht aus statischen HTML-Teilen und drei eingebetteten dynamisch ausgeführten Codefragmenten. Diese Codefragmente werden am Server als Servlet (das während der Übersetzung der JSP-Seite generiert wurde) ausgeführt und die aktuellen Inhalte aus der Datenbank werden in die HTML-Seite eingefügt. Die Codefragmente können entweder vollständig in der JSP/HTML-Seite eingebettet sein oder als Komponente (sogenannte Bean) von außerhalb eingebunden werden. Der Vorteil der Komponentenarchitektur besteht in der Übersichtlichkeit und der Wiederverwendbarkeit der Komponenten.

Eine vergleichbare Technik zur Generierung von Webseiten mit dynamischen Anteilen wurde von der Firma Microsoft unter dem Namen *Active Server Pages* (ASPs) bzw. ASP.NET realisiert. Wir wollen uns aber in den nachfolgenden Beispielen auf

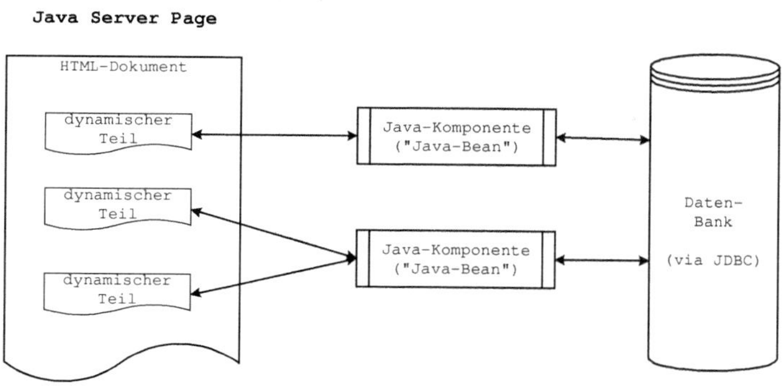

Abbildung 19.13: Java Server Page mit dynamisch generierten Inhalten

die Java Server Pages beschränken, um die Diskussion nicht mit syntaktischen Feinheiten zu überladen. Es sei den Lesern überlassen, diese kleinen Beispiele als Active Server Pages „nachzubauen“.

19.3.1 JSP/HTML-Seite mit Java-Code

In der einfachsten Form enthält die HTML-Seite den gesamten Java-Code, der für die Generierung der dynamischen Inhalte notwendig ist. Allerdings ist dies bei größeren Codefragmenten sehr unübersichtlich.

Als Anwendungsbeispiel wollen wir ein vollständiges Vorlesungsverzeichnis generieren, in dem alle Professorinnen und Professoren der Universität aufgelistet sind. Für jede Professorin bzw. für jeden Professsor wird also die Vorlesungsliste aus der Datenbank ermittelt und mit ausgegeben. In Abbildung 19.14 ist die vollständige Java Server Page gezeigt, die das leistet.

Der Java-Code wird durch besondere *Tags* der Form `<%...%>` vom umgebenden HTML-Code separiert. Wir erläutern hier die fünf unterschiedlichen Tags, die in unseren Beispielen vorkommen:

<%@page *Attribute der Direktive*%> Mit der `page`-Direktive kann der Übersetzungsvorgang der JSP-Seiten mittels unterschiedlicher Attribute gesteuert werden. Hierunter fällt auch das Attribut `import` für die Inkludierung von Java-Packages, die für die Übersetzung des in der JSP-Seite enthaltenen Java-Codes benötigt werden. In unserem Beispiel wird das Package für die JDBC-Funktionalität `java.sql.*` inkludiert. Mittels einer Direktive können auch firmenweit einheitliche Seitenformatierungen (Header und dergleichen) inkludiert werden. Oder es kann eine besondere Seite spezifiziert werden, die im Fehlerfall ausgegeben wird (wenn also das generierte Servlet bei der Bearbeitung einer Anforderung „abstürzt“).

<%!*Deklaration*%> Eine Deklaration wird durch ein Tag mit einem Ausrufezeichen eingeleitet. Von diesem Tag eingeschlossen kann man z.B. eine Java-Operation definieren, die dann später in der Seite (mehrfach) verwendet wird. Dies ist in unserem Beispiel geschehen: Dort wurde die String-Funktion `generiereVorlListe` deklariert und später mehrfach aufgerufen.

```
<%@ page import="java.sql.*" %>
<%! Connection conn = null; Statement stmt = null;
    ResultSet rs = null; String conn_error = null; %>
<%  try{
      Class.forName("oracle.jdbc.driver.OracleDriver");
      conn = DriverManager.getConnection("jdbc:oracle:oci8:@lsintern-db",
                                          "nobody","Passwort");
    } catch (Exception e) {
      conn_error = e.toString();
    } %>
<%! String generiereVorlListe(String name){
      StringBuffer result = new StringBuffer();
      if (conn == null)
        return("Probleme mit der Datenbank: " + conn_error + " </br>");
      try {
        stmt = conn.prepareStatement(
                     "select v.VorlNr, v.Titel, v.SWS " +
                     "from Vorlesungen v, Professoren p " +
                     "where v.gelesenVon = p.PersNr and p.Name = ? " );
        // Überprüfe Sicherheit: SQL-Injection ausschließen (cf. Kapitel 12.5)!
        stmt.setString(1,name);
        rs = stmt.executeQuery();
        result.append("<UL>");
        while (rs.next())
          result.append("<LI>" + rs.getInt("VorlNr") +
                        ": " + rs.getString("Titel") +
                        " (mit " + rs.getInt("SWS") + "SWS)");
        result.append("</UL>");
      }
      catch (SQLException e) {
        result = new StringBuffer("Bei der Abfrage für " + name +
                     " trat ein Fehler auf: " + e.getMessage() + "</br>"); }
      return result.toString();
    }
%>
<HTML>
  <HEAD><TITLE>
        Gesamtes Vorlesungs-Verzeichnis mittels Java Server Page
  </TITLE></HEAD>
  <BODY> <H1>Die Professoren der Universität</H1>
  <UL><LI> Prof. Augustinus <%= generiereVorlListe("Augustinus") %>
      <LI> Prof. Curie <%= generiereVorlListe("Curie") %>
      <LI> Prof. Kant  <%= generiereVorlListe("Kant") %>
      <LI> Prof. Kopernikus  <%= generiereVorlListe("Kopernikus") %>
      <LI> Prof. Popper  <%= generiereVorlListe("Popper") %>
      <LI> Prof. Russel  <%= generiereVorlListe("Russel") %>
      <LI> Prof. Sokrates  <%= generiereVorlListe("Sokrates") %> </UL>
  </BODY> </HTML>
<% try { if (conn != null) conn.close();} catch (SQLException ign) {}%>
```

Abbildung 19.14: HTML Seite mit Java-Code – unübersichtlich, nicht wiederverwendbar

<%=***Ausdruck***%> Mit dem Gleichheitszeichen wird angezeigt, dass an die Stelle des Tags die textuelle Ausgabe des Ausdrucks substituiert werden soll. Es handelt sich hierbei um eine vereinfachende Konvention, da das obige Konstrukt äquivalent zu folgendem ist: <% out.print(Ausdruck)%>. Wenn es sich bei dem Wert des Ausdrucks um eine Klassen-Instanz handelt, wird implizit die jeder Java-Klasse zugeordnete Methode *toString()* aufgerufen.

<%***Java-Code-Fragment***%> Dieser einfachste Tag (ohne nachfolgendes ! bzw. =) umschließt Java-Code. Wie gerade gezeigt, kann dieser Java-Code durch Schreiben auf das implizit zur Verfügung stehende Objekt *out* auch Ausgaben erzeugen, die in das HTML-Dokument an dieser Stelle eingefügt werden.

<%--***Kommentar***--%> Hiermit wird ein Kommentar abgegrenzt. Dieser Kommentar wird nicht in das erzeugte HTML-Dokument, das letztendlich an den Klienten (Web-Browser) ausgeliefert wird, übernommen. Solche HTML-Kommentare – wie „<!--*Kommentar*-->“ müsste man direkt in die JSP-Seite hineinschreiben oder vom Java-Code generieren lassen.

Leider hat die bislang beschriebene Methode, den vollständigen Code in die JSP-Seite zu integrieren, zwei sehr schwerwiegende Nachteile:

- **Unübersichtlichkeit:** Wenn der Code komplexere Aktionen, wie in unserem Beispiel eine Datenbankverbindung via JDBC, ausführen muss, wird es sehr schnell unübersichtlich.

- **Keine Wiederverwendbarkeit:** der in der JSP-Seite enthaltene Code ist nur innerhalb dieser Seite nutzbar. Es gibt aber sicherlich noch sehr viele andere HTML/JSP-Seiten, für die dieser Code `generiereVorlListe` zur Datenbankabfrage nützlich wäre – man denke etwa an die Homepage der Professoren, die sinnvollerweise auch die aktuellste Vorlesungsliste enthalten sollte.

19.3.2 HTML-Seite mit Java-Bean-Aufruf

Die beiden oben identifizierten Probleme – Unübersichtlichkeit und fehlende Wiederverwendbarkeit – werden durch den Einsatz von Java-Komponenten, die außerhalb der JSP-Seite definiert sind, gelöst. Diese Komponenten werden als Java-Beans bezeichnet und müssen – damit sie generisch wiederverwendet werden können – einige Konventionen bei der Realisierung beachten. In unserem Fall ist i.W. nur relevant, dass die Java-Komponente/Klasse einen parameterlosen Konstruktor besitzt.

In Abbildung 19.15 ist die JSP-Seite gezeigt, die die Java-Komponete *VorlesungenBean* für die Ermittlung der jeweiligen Vorlesungsliste benutzt. Diese Seite sieht jetzt schon fast so aus wie eine ganz „normale“ HTML-Seite – mit der Ausnahme der folgenden speziellen Konstrukte:

```
<%@ page import="jspdemo.VorlesungenBean" %>

<jsp:useBean id="mybean" class="jspdemo.VorlesungenBean"
                                        scope="application" />
...
<%= mybean.generiereVorlListe("Augustinus") %>
```

```
<%@ page import="jspdemo.VorlesungenBean" %>

<jsp:useBean id="mybean" class="jspdemo.VorlesungenBean"
                                       scope="application" />

<HTML>
  <HEAD>
    <TITLE>Gesamtes Vorlesungs-Verzeichnis mittels Java Server Page</TITLE>
  </HEAD>
  <BODY>
    <H1>Die Professoren der Universität</H1>
    <UL>
      <LI> Prof. Augustinus
           <%= mybean.generiereVorlListe("Augustinus") %>
      <LI> Prof. Curie
           <%= mybean.generiereVorlListe("Curie") %>
      <LI> Prof. Kant
           <%= mybean.generiereVorlListe("Kant") %>
      <LI> Prof. Kopernikus
           <%= mybean.generiereVorlListe("Kopernikus") %>
      <LI> Prof. Popper
           <%= mybean.generiereVorlListe("Popper") %>
      <LI> Prof. Russel
           <%= mybean.generiereVorlListe("Russel") %>
      <LI> Prof. Sokrates
           <%= mybean.generiereVorlListe("Sokrates") %>
    </UL>
  </BODY>
</HTML>
```

Abbildung 19.15: JSP-Seite mit Java-Bean-Aufruf – übersichtlich und wiederverwendbare Bean-Komponente

Mit der `page`-Direktive wird der Code der Java-`VorlesungenBean` inkludiert. Diese Komponente wird in der zweiten Zeile implizit instantiiert und der Name `mybean` zugeordnet. Danach können die Operationen der Komponente, wie die Funktion `generiereVorlListe` aufgerufen werden. Die Syntax $< \% \ldots \% >$ klammert diesen Methodenaufruf. Das zusätzliche „="-Zeichen in $< \% = \ldots \% >$ gibt an, dass das Ergebnis des Methodenaufrufs als String an dieser Stelle der JSP-Seite eingefügt werden soll.

19.3.3 Die Java-Bean Komponente *VorlesungenBean*

Die Implementierung der oben verwendeten Java-Bean ist in Abbildung 19.16 gezeigt. Der Code ist sehr ähnlich der Implementierung des Java-Servlets aus Abbildung 19.6.

Abbildung 19.17 zeigt die Browser-Darstellung des Gesamt-Vorlesungsverzeichnisses, wie es von der Java Server Page (Abbildung 19.15) generiert wurde. Man sollte sich die Generierung aber nochmals klar machen: (1) Die JSP-Seite wird übersetzt

```
package jspdemo;  import java.sql.*;

public class VorlesungenBean {
  Connection conn = null;
  String conn_error = null;
  public VorlesungenBean() {
  try {
    Class.forName("oracle.jdbc.driver.OracleDriver");
    conn = DriverManager.getConnection(
               "jdbc:oracle:oci8:@lsintern-db", "nobody", "Passwort");
  }
  catch(Exception e) {
    conn_error = e.toString(); }
  }

  public String generiereVorlListe(String name) {
    Statement stmt = null;
    ResultSet rs = null;
    if (conn == null)
      return("Probleme mit der Datenbank: " + conn_error + " </br>");
    StringBuffer result = new StringBuffer();
    try {
      stmt = conn.prepareStatement(
                    "select v.VorlNr, v.Titel, v.SWS " +
                    "from Vorlesungen v, Professoren p " +
                    "where v.gelesenVon = p.PersNr and p.Name = ? " );
      // Überprüfe Sicherheit: SQL-Injection ausschließen (cf. Kapitel 12.6)!
      stmt.setString(1,name);
      rs = stmt.executeQuery();
      result.append("<UL>");
      while (rs.next())
        result.append("<LI>" + rs.getInt("VorlNr") +
                    ": " + rs.getString("Titel") +
                    " (mit " + rs.getInt("SWS") + "SWS)");
      result.append("</UL>");
    }
    catch (SQLException e) {
      result = new StringBuffer("Bei der Abfrage für " + name +
                 " trat ein Fehler auf: " + e.getMessage() + "</br>"); }
    return result.toString();
  }
  public void finalize() {
    try {
      if (conn != null) conn.close();
    } catch (SQLException ignorieren) {}
  }
}
```

Abbildung 19.16: Der Code der Java-Bean VorlesungenBean

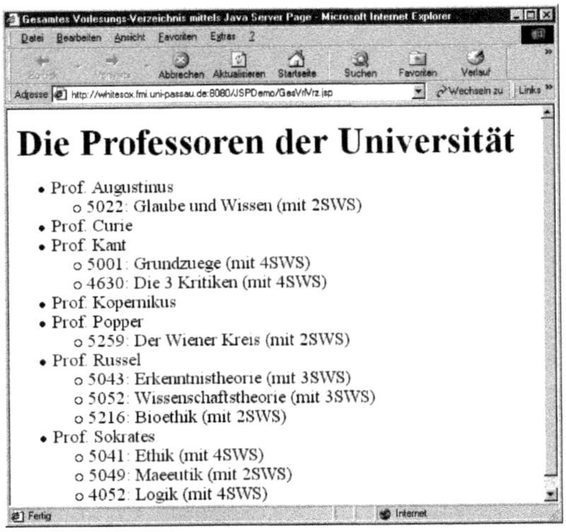

Abbildung 19.17: Browser-Anzeige des Gesamt-Vorlesungsverzeichnisses

in ein Servlet. (2) Der Browser fordert die Java Server Page an. (3) Der Web-Server initiiert die Ausführung des aus der JSP-Seite generierten Servlets. (4) Bei der Ausführung werden die Codefragmente der JSP-Seite eliminiert und an deren Stelle werden die bei der Ausführung generierten Ergebnisse eingefügt. (5) Es entsteht letztendlich eine „reine" HTML-Seite, die an den Klienten geschickt wird. (6) Der Browser zeigt die HTML-Seite an.

19.3.4 Sokrates' Homepage

Die Wiederverwendbarkeit der Java-Bean-Komponente *VorlesungenBean* wird in Abbildung 19.18 oben demonstriert. Hier hat sich Prof. Sokrates seine Homepage in JSP/HTML gebaut. Um sicherzustellen, dass die aufgeführten Vorlesungen immer aktuell sind, hat er die Java-Bean benutzt, um diese Information dynamisch aus der Datenbank zu lesen. Die Browser-Anzeige der Homepage ist in Abbildung 19.18 unten gezeigt. Genausogut können natürlich auch Prof. Augustinus und Prof. Curie diese Java-Bean benutzen, um ihre Homepage mit aktuellsten Vorlesungsdaten zu „füttern". Es wäre auch möglich, der Java-Komponente eine zusätzliche Methode *getDurchschnittsNote* hinzuzufügen, so dass die Professoren auf ihrer Homepage auch den aktuellsten Wert der Durchschnittsnote ihrer Prüfungen angeben können – sozusagen als Durchschnittsnotenticker (siehe Übung 19.6).

19.4 Datenbankanbindung via Java-Applets

Applets sind Java-Programme, die am Web-Klienten ausgeführt werden. Es handelt sich hierbei also um mobilen Code, der vom Web-Server auf den Klienten-Rechner übertragen wird und dort ausgeführt wird. Aus Sicherheitsgründen kommt der Zugriff auf Datenbanken aus Java-Applets heraus eigentlich nur in eng kontrollierten Intranets in Frage.

```
<%@ page import="jspdemo.VorlesungenBean" %>
<jsp:useBean id="prg" class="jspdemo.VorlesungenBean" scope="application"/>
<HTML>
  <HEAD> <TITLE>Sokrates' Home-Page mit JSP</TITLE> </HEAD>
  <BODY>
    <H1><IMG ALIGN=TOP ALT="Bild" SRC="Sokrates.gif"> Prof. Sokrates</H1>
    <H1> Vorlesungen </H1>
           <%= prg.generiereVorlListe("Sokrates") %>
  </BODY>
</HTML>
```

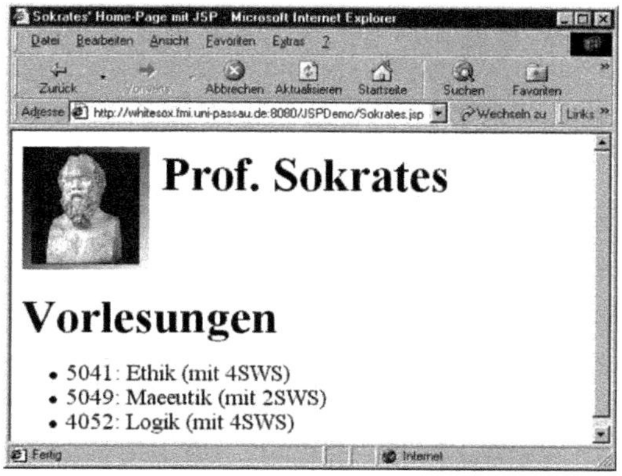

Abbildung 19.18: Wiederverwendung der Java VorlesungenBean für Sokrates' Homepage

19.5 Übungen

19.1 Bauen Sie die unter `http://www-db.in.tum.de/research/publications/books/DBMSeinf` verfügbare Web-Schnittstelle nach, die es Benutzern ermöglicht, beliebige SQL-Anfragen auf einer vorgegebenen Datenbank (wie z.B. der Uni-Datenbank aus diesem Buch) zu formulieren.

19.2 Wie sieht das vom Servlet *VrlVrz* generierte HTML-Dokument für Prof. Sokrates bzw. für Prof. Curie aus?

19.3 In unseren stark vereinfachten Servlet- und JSP-Beispielen wurde die Professorenliste statisch in die Webseiten eingetragen. Das ist natürlich nicht besonders sinnvoll, wenn man an Neueinstellungen bzw. Kündigungen/Pensionierungen denkt. Modifizieren Sie die Beispiele so, dass auch die Professorenlisten aus der Datenbank ausgelesen werden.

19.4 Entwickeln Sie ein Servlet, das die Vorlesungen nicht im HTML-Format, sondern in einem geeigneten XML-Format ausgibt.

19.5 **Projektarbeit:** Entwickeln Sie ein umfassendes Web-Informationssystem für unsere Universität. Achten Sie bei Ihrer Entwicklung insbesondere auch auf Sicherheit und Datenschutz. Z.B. sollte sichergestellt werden, dass Studenten nur Ihre eigenen Prüfungsergebnisse abrufen können und dass diese Information abhörsicher (also via HTTPS/SSL) übertragen wird.

19.6 Erweitern Sie die Java-Bean um einige zusätzliche Methoden, u.a., der Methode *getDurchschnittsNote*, so dass die Professoren auf ihrer Homepage auch den aktuellsten Wert der Durchschnittsnote ihrer Prüfungen angeben können – sozusagen als Durchschnittsnotenticker.

19.6 Literatur

Zum Internet sei das Buch von Peterson, Davie und Clark (2000) oder das deutschsprachige Buch von Wilde (1999) empfohlen. Benn und Gringer (1998) sowie Meyer, Klettke und Heuer (2000) beschreiben die verschiedenen Architekturen zur Anbindung einer Datenbank an das Internet, von denen die hier vorgestellte Architektur mittels Server-seitig ausgeführten Java-Servlets bzw. Java Server Pages dem heutigen Stand der Technik entspricht. Die Programmierung von Java-Servlets wird sehr umfassend von Hunter und Crawford (1998) behandelt. Turau (2000) beschreibt die Details von Java Server Pages (JSP). Tomcat (`http://jakarta.apache.org/tomcat`) ist ein frei verfügbarer Anwendungsserver, der Java-Servlets und JSPs „versteht." JSP ist hinsichtlich Architektur und Funktionalität den Microsoft Active Server Pages (ASP) sehr ähnlich. Eberhart und Fischer (2000) behandeln die Java-Bausteine um E-Commerce-Anwendungen zu realisieren. Boll et al. (1999) konzipieren die Datenbankunterstützung für elektronische Marktplätze. Kemper und Wiesner (2001) schlagen sogenannte HyperQueries als Integrationswerkzeug für lose gekoppelte virtuelle Unternehmen (Marktplätze) vor. Bichler, Segev und Zhao (1998) untersuchen komponenten-basierte E-Commerce-Architekturen. Ein verteiltes Anfrageberabeitungssystem namens ObjectGlobe haben Braumandl et al. (2001) für Internet-Datenquellen realisiert. Keidl et al. (2001) beschreiben die Metadatenverwaltung für das ObjectGlobe-System. Die Sicherheitsaspekte werden von Keidl et al. (1999) untersucht.

Faulstich und Spiliopoulou (2000) beschreiben die Web-Anbindung mittels Wrappern für Publikations-Datenbanken. Faensen et al. (2001) beschreiben einen Notifikationsmechanismus für digitale Bibliotheken. König-Ries (2000) hat ein Werkzeug für die halb-automatische Entwicklung von Mediatoren zur Datenintegration entwickelt. Kounev und Buchmann (2002) haben Optimierungen der Java-basierten Datenbankanbindung an das Web untersucht.

Aberer, Cudré-Mauroux und Hauswirth (2003) haben eine Arbeit zum Semantic Web durchgeführt, wobei die Zielsetzung darin besteht, durch aussagekräftige Metadaten die wichtigen Informationen im Web auffindbar zu machen. Sure, Staab und Studer (2002) haben hierzu Ontologie-basierte Methoden entwickelt. Borghoff et al. (2001) beschreiben die Informationsverwaltung für Web-Communities. Lehel, Matthes und Riedel (2004) beschreiben einen Algorithmus zur dateninhaltsorientierten Fusion in vernetzten Informationsbeständen. Melnik, Rahm und Bernstein (2003) entwickelten das System Rondo für die Realisierung Metadaten-intensiver Anwendungen. Westermann und Klas (2006) und Kosch und Döller (2005) untersuchen die Nutzung von Datenbanksystemen für die Verwaltung von MPEG-Daten.

20. XML-Datenmodellierung und Web-Services

20.1 XML-Datenmodellierung

XML (eXtensible Markup Language) ist die „neue“ Sprache für das Web, die vom World Wide Web Consortium (W3C) konzipiert und standardisiert wurde. XML wird heute insbesondere als standardisiertes Datenaustauschformat zwischen verteilten Anwendungen gesehen. Deshalb wird es auch als „wire format“ bezeichnet.

Bevor wir XML einführen, wollen wir uns kurz die grundlegenden Eigenschaften zweier anderer Datenmodelle klar machen. Das *relationale Datenmodell* unterscheidet sehr streng zwischen dem Schema und den Daten. Das Schema legt die Struktur der abgespeicherten Daten sehr genau fest. Deshalb lassen sich in einem relationalen Datenbanksystem auch nur strukturierte Daten, also solche Datenobjekte, die in gleicher Art sehr häufig vorkommen, sinnvoll speichern.

Demgegenüber ist *HTML* eine reine Formatierungssprache, bei der die Tags – wie z.B. <Title> oder <LI> – formatierungstechnisch interpretiert werden. Diese Tags tragen aber keine semantische Bedeutung, so dass die beiden folgenden Listen

```
<UL> <LI> Curie </LI>
     <LI> Sokrates </LI> </UL>

<UL> <LI> Mäeutik </LI>
     <LI> Bioethik </LI> </UL>
```

nur dann als Professorenliste bzw. Vorlesungsliste erkennbar sind, wenn man das nötige Kontextwissen hat. Einem HTML-Dokument ist also kein Schema zugeordnet, sondern es kann unter Benutzung der vorgegebenen Tags frei gestaltet werden.

XML nimmt eine Rolle zwischen diesen beiden Extremen ein. Man bezeichnet XML deshalb auch als Datenmodell für semi-strukturierte Daten. Darunter versteht man Daten, die zum großen Teil eine fest vorgegebene Struktur besitzen; gleichzeitig aber auch Elemente beinhalten, die diesem statischen Schema nicht unterliegen.

In XML werden, im Gegensatz zu HTML, kontext- bzw. anwendungsspezifische Tags verwendet, die die Bedeutung der Elemente angeben – und nicht die Formatierung/Struktur. Obiges Beispiel würde dann in XML etwa wie folgt angegeben:

```
<Professoren> <ProfessorIn>Curie</ProfessorIn>
              <ProfessorIn>Sokrates</ProfessorIn>
</Professoren>

<Vorlesungen> <Vorlesung>Mäeutik</Vorlesung>
              <Vorlesung>Bioethik</Vorlesung>
</Vorlesungen>
```

Die Sprache XML ist sehr einfach strukturiert. Ein XML-Dokument besteht aus drei Teilen:

- Einer optionalen Präambel (u.a. sollte die zugrundeliegende XML-Version angegeben sein),
- einem optionalen Schema (der so genannten Document Type Definition, DTD, oder dem neueren XML Schema) und
- einem einzigen Wurzelelement, das dann beliebig viele und beliebig tief geschachtelte Unterelemente beinhalten kann. Ein Element wird immer von einem Start- und Ende-Tag eingeschlossen, wie z.B. das Tag-Paar <**Vorlesung**> und </**Vorlesung**>.

Elemente sind die atomaren Informationseinheiten in einem XML-Dokument. Ein Element hat einen Namen, der durch den Start- bzw. Ende-Tag angegeben ist. Weiterhin kann ein Element ein oder mehrere Attribute haben, die innerhalb des Element-Start-Tags aufgeführt werden. Der eigentliche Inhalt eines Elements besteht aus einer geordneten Liste aus (Unter-)Elementen, Kommentaren oder Strings. Wir wollen dies an einem sehr einfachen Beispiel demonstrieren:

```
<?xml version="1.0" encoding='ISO-8859-1'?>
<!-- obige Zeile ist der Prolog, diese Zeile ist ein Kommentar -->

<!-- Schema als DTD -->
<!DOCTYPE Buch[
    <!ELEMENT Buch (Titel, Autor*, Verlag)>
    <!ATTLIST Buch Jahr CDATA #REQUIRED>
    <!ELEMENT Titel (#PCDATA)>
    <!ELEMENT Autor (#PCDATA)>
    <!ELEMENT Verlag (#PCDATA)>
]>

<!-- Wurzelelement-->
<Buch Jahr="2006">
    <Titel>Datenbanksysteme: Eine Einführung</Titel>
    <Autor>Alfons Kemper</Autor>
    <Autor>Andre Eickler</Autor>
    <Verlag>Oldenbourg Verlag</Verlag>
</Buch>
```

Die Abbildung 20.1 zeigt, dass man ein XML-Dokument als Baum auffassen kann. Die Besonderheit besteht darin, dass die Attribute (hier schattiert dargestellt) von den Unterelementen unterschieden werden. Weiterhin ist die Reihenfolge der Unterelemente – im Gegensatz zu der von Attributen (s.u.) – relevant.

20.1.1 Schema oder kein Schema

Ein XML-Dokument kann entweder ein Schema besitzen oder auch nicht. Wenn einem Dokument ein Schema zugeordnet wird, *muss* dieses Schema auch eingehalten

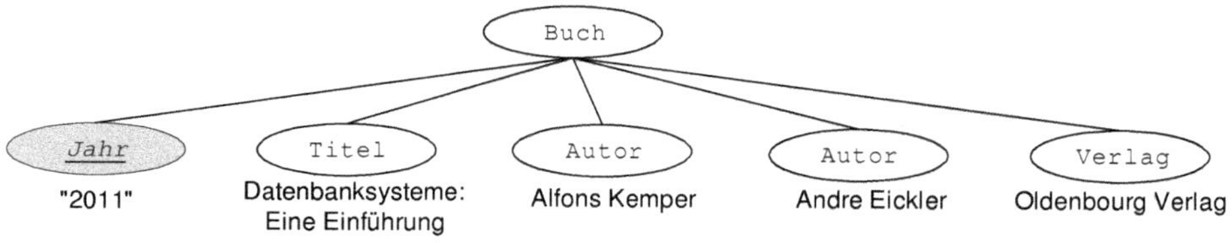

Abbildung 20.1: XML-Dokument als Baum

werden. Ein XML-Dokument ohne Schema heißt *wohl-geformt* (engl. *well-formed*), falls es die syntaktischen Anforderungen erfüllt (nur ein Wurzelelement, paarweise Klammerung, etc.).

Ein XML-Dokument mit einem Schema heißt *valide* oder *gültig* (engl. *valid*), falls es die im Schema festgelegten Anforderungen erfüllt. In unserem Buch-Beispiel ist das Schema (also der *DOCTYPE*) im selben Dokument enthalten wie die Daten. Im Allgemeinen kann das Schema auch in einem separaten Dokument enthalten sein – was sogar wohl eher der Realität entsprechen wird, da man standardisierte Schemata anstrebt, die von vielen Anwendern eingehalten werden. Gemäß dem angegebenen Schema muss also für die Gültigkeit des XML-Dokuments u.a. Folgendes erfüllt sein: Das Buch muss ein Attribut *Jahr* aufweisen, da dieses Attribut als *REQUIRED* angegeben war. Optionale Attribute werden als *IMPLIED* deklariert. Weiterhin muss ein Buch zumindest ein Unterelement *Titel* haben, der als String (parsable character data, PCDATA) angegeben ist. Die Anzahl der Autoren ist variabel zwischen null und beliebig vielen, was durch den Stern angegeben ist. Will man mindestens ein Unterelement *Autor* erzwingen, kann man dies durch ein Plus-Zeichen erreichen. Dieses Beispiel zeigt, dass gleichbenannte Unterelemente auch mehrfach vorkommen dürfen; nur das Wurzelelement darf nur einmal vorkommen. Bei den Autoren wird auch deutlich, dass die Reihenfolge, in der die Elemente angegeben werden, relevant ist. Andererseits wird der Reihenfolge der Attribute keine Bedeutung zugemessen.

Bei der Datenmodellierung fällt die Unterscheidung zwischen einem Unterelement und einem Attribut oftmals schwer; es gibt dabei auch keine klaren Regeln, höchstens individuelle Präferenzen. Grob sagt man, dass eine Eigenschaft, die sich auf das gesamte Element bezieht, am besten als Attribut modelliert wird. Die Unterelemente dienen dann der Beschreibung weiterer Facetten des Elements. In unserem Beispiel hätte man aber das Attribut *Jahr* genauso gut als Unterelement `<Jahr>2006</Jahr>` modellieren können. (Dann allerdings mit einer abgewandelten Schema-Definition.)

Die Bedeutung eines XML-Schemas wird insbesondere dann klar, wenn man an die beabsichtigte Rolle von XML als Datenaustausch-Modell des Internets denkt. Dies wird nur dann sinnvoll funktionieren, wenn man für die unterschiedlichsten Anwendungen standardisierte XML-Schemata definiert. Dann können Anwendungsdaten gemäß diesem anwendungsspezifischen Schema modelliert und ausgetauscht werden, ohne dass jeweils eine Transformation der Daten notwendig wird. Für bestimmte Anwendungsbereiche gibt es bereits standardisierte Schemata, z.B. MathML für mathematische Formeln oder eine Standardisierung für die XML-Beschreibung von

Immobilien. Unter dem Namen OASIS haben sich verschiedene Firmen zusammengetan, um ein standardisiertes Schema für den Austausch von Daten im E-Commerce (also z.B. Produktbeschreibungen oder Bestellungen) zu erstellen.

20.1.2 Rekursive Schemata

Anders als in objekt-relationalen oder objekt-orientierten Datenbanken können XML-Strukturen (also die Elemente) beliebig tief geschachtelt werden – nicht nur bis zu einer festen maximalen Schachtelungstiefe. Wir wollen dies an dem berühmten *Bauteile*-Beispiel demonstrieren: Ein *Bauteil* kann aus beliebig vielen anderen Bauteilen zusammengesetzt sein. Diese Bauteile können dann selbst auch wieder aus anderen Bauteilen zusammengebaut sein, und so weiter bis hin zu atomaren Bauteilen, die nicht weiter zerlegbar sind. Folgendes XML-Dokument mit zugehöriger DTD zeigt ein Beispiel einer solchen Bauteile-Hierarchie:

```
<?xml version="1.0" encoding='ISO-8859-1'?>

<!-- Schema als DTD -->
<!DOCTYPE Bauteil[
    <!ELEMENT Bauteil (Beschreibung, Bauteil*)>
    <!ATTLIST Bauteil Preis CDATA #REQUIRED>
    <!ELEMENT Beschreibung (#PCDATA)>
]>

<!-- Wurzelelement-->
<Bauteil Preis="350000">
    <Beschreibung>Maybach 620 Limousine</Beschreibung>
    <Bauteil Preis="50000">
         <Beschreibung>V12-Biturbo Motor mit 620 PS</Beschreibung>
         <Bauteil Preis="2000">
              <Beschreibung>Nockenwelle</Beschreibung>
         </Bauteil>
     </Bauteil>
     <Bauteil Preis="7000">
         <Beschreibung>Kühlschrank für Champagner</Beschreibung>
     </Bauteil>
</Bauteil>
```

Die Rekursivität der DTD ist bei der Definition des Elements *Bauteil* zu erkennen, da ein *Bauteil*-Element selbst wieder aus beliebig vielen (ausgedrückt durch den Kleene-Stern $*$) *Bauteil*-Unterelementen besteht.

20.1.3 Universitätsinformation in XML-Format

Wir wollen nun unsere „altbekannte“ Universität in XML modellieren. Das XML-Dokument ist in Abbildung 20.2 dargestellt.[1]

[1]Die Philosophie-Fakultät mit den Professoren *Sokrates* und seinen Vorlesungen *Ethik*, *Mäeutik* und *Logik*; *Russel* und seinen Vorlesungen *Erkenntnistheorie*, *Wissenschaftstheorie* und *Bioethik*;

```
<?xml version="1.0" encoding='ISO-8859-1'?>

<Universität UnivName="Virtuelle Universität der Großen Denker">
  <UniLeitung>
     <Rektor>Prof. Sokrates</Rektor>
     <Kanzler>Dr. Erhard</Kanzler>
  </UniLeitung>
  <Fakultäten>
     <Fakultät>
        <FakName>Theologie</FakName>
        <ProfessorIn PersNr="P2134">
           <Name>Augustinus</Name>
           <Rang>C3</Rang>
           <Raum>309</Raum>
           <Vorlesungen>
              <Vorlesung VorlNr="V5022">
                <Titel>Glaube und Wissen</Titel>
                <SWS>2</SWS>
              </Vorlesung>
           </Vorlesungen>
        </ProfessorIn>
     </Fakultät>

     <Fakultät>
        <FakName>Physik</FakName>
        <ProfessorIn PersNr="P2136">
           <Name>Curie</Name>
           <Rang>C4</Rang>
           <Raum>36</Raum>
        </ProfessorIn>
        <ProfessorIn PersNr="P2127">
           <Name>Kopernikus</Name>
           <Rang>C3</Rang>
           <Raum>310</Raum>
        </ProfessorIn>
     </Fakultät>

     <Fakultät>
        <FakName>Philosophie</FakName>
        ...
        ...
     </Fakultät>
  </Fakultäten>
</Universität>
```

Abbildung 20.2: XML-Dokument zur Beschreibung der Universität

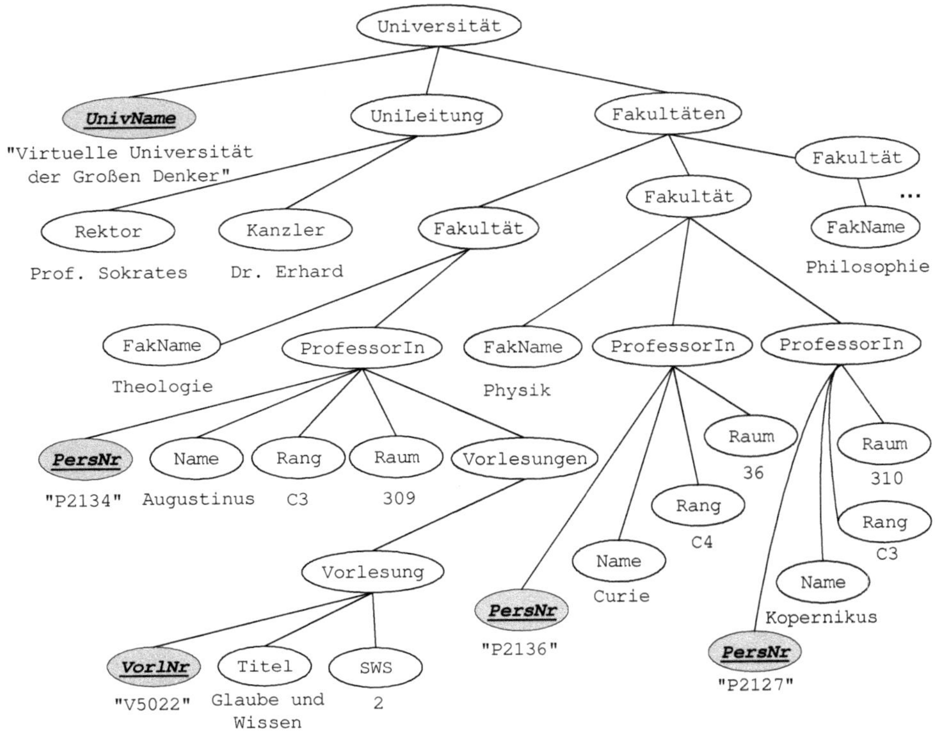

Abbildung 20.3: XML-Dokument als Baum

Man kann sich wiederum die in diesem XML-Dokument enthaltene Information als Baumstruktur (Abbildung 20.3) veranschaulichen. Attribute sind schraffiert und unterstrichen gekennzeichnet. In unserem Beispiel haben wir die *PersNr* von Professoren und die *VorlNr* von Vorlesungen als Attribute modelliert. Wir haben bislang bewusst noch keine DTD für dieses XML-Dokument angegeben, da wir nachfolgend die ausdrucksstärkere *XML Schema*-Sprache an diesem Beispiel einführen wollen.

20.1.4 XML-Namensräume

Wenn man XML zur Datenmodellierung verwendet, setzt man ein bestimmtes Vokabular für die Attribut- und Element-Namen ein. Für den Austausch von Daten ist es essenziell, dass alle Kommunikationspartner dasselbe Vokabular verwenden, das man durch die DTD oder die XML Schema-Definition (s.u.) festlegt. Es kann vorkommen, dass man in ein und demselben XML-Dokument unterschiedliche Vokabulare verwenden will. Man denke etwa an die Universitätsmodellierung, in der man zusätzlich zum Universitäts-Vokabular auch noch das Literatur-Vokabular, das

Popper und seiner Vorlesung *Der Wiener Kreis* sowie *Kant* mit seinen Vorlesungen *Grundzüge* und *Die 3 Kritiken* möge von den Lesern als Übung ergänzt werden. In den nachfolgenden Anfragen wird das vollständige XML-Dokument der Universität als Grundlage genommen.

wir in Abschnitt 20.1 eingeführt hatten, verwenden will, um Literaturempfehlungen zu den Vorlesungen anzugeben. Wenn man dann z.B. das Element *Titel* verwendet, soll klar sein, dass damit ein Buchtitel und kein akademischer Titel der Professoren oder der Titel einer Vorlesung gemeint ist. Dies lässt sich in XML durch *Namensräume* (engl. *namespace*) regeln. Ein Namensraum wird durch eine weltweit eindeutige URI (Uniform Resource Identifier) identifiziert – alle Kommunikationspartner müssen sich dann an diese Konvention halten. Im XML-Dokument wird dann entweder ein Default-Namensraum angegeben oder die Elemente und Attribute werden durch ein Namensraum-Kürzel einem Namensraum explizit zugeordnet. Der Default-Namensraum kann wie in folgendem XML-Fragment angegeben werden:

```
...
<Universität xmlns="http://www-db.in.tum.de/Universitaet"
     UnivName="Virtuelle Universität der Großen Denker">
   <UniLeitung>
...
```

Dieser Default-Namensraum gilt für das Element, in dem er deklariert ist, sowie für alle seine Unterelemente. Will man zusätzlich zum Default-Namensraum noch weitere Vokabulare nutzen, kann man dies durch die explizite Angabe des jeweiligen Namensraums tun:

```
...
<Universität xmlns="http://www-db.in.tum.de/Universitaet"
     xmlns:lit="http://www-db.in.tum.de/Literatur"
     UnivName="Virtuelle Universität der Großen Denker">
   <UniLeitung>
...
         <Vorlesung>
             <Titel> Informationssysteme </Titel>
             ...
             <lit:Buch lit:Jahr="2006">
                 <lit:Titel>Datenbanksysteme: Eine Einführung</lit:Titel>
                 <lit:Autor>Alfons Kemper</lit:Autor>
                 <lit:Autor>Andre Eickler</lit:Autor>
                 <lit:Verlag>Oldenbourg Verlag</lit:Verlag>
              </lit:Buch>
         </Vorlesung>
...
```

Die Qualifizierung „*lit:*" dient jetzt dazu, die Element- und Attributnamen nicht mehr dem Default-Vokabular `http://www-db.in.tum.de/Universitaet`, sondern dem `http://www-db.in.tum.de/Literatur`-Vokabular zuzuordnen. Wir haben in diesem Beispiel-Fragment also zwei unterschiedliche Titel-Elemente. Man kann selbstverständlich auch ganz auf einen Default-Namensraum verzichten und alle Element- und Attribut-Namen qualifizieren, also etwa `uni:Titel` bzw. `lit:Titel`.

20.1.5 XML Schema: Eine Schemadefinitionssprache

Bislang wurde der Aufbau von XML-Dokumenten mittels der so genannten DTD beschrieben, die aber nur sehr begrenzte Ausdruckskraft besitzt. So lassen sich keine komplexeren Integritätsbedingungen angeben und auch die Datentypen sind sehr eingeschränkt (im Wesentlichen gibt es nur Strings, d.h., PCDATA). Ein weiterer Nachteil der DTD besteht darin, dass sie selbst kein gültiges XML-Dokument darstellt.

Um diese Probleme zu beheben, beschäftigte sich eine Arbeitsgruppe des W3C mit der Konzeption der ausdrucksmächtigeren Datendefinitionssprache *XML Schema*. In Abbildung 20.4 ist das Schema unseres XML-Dokuments zur Beschreibung der „Virtuellen Universität der Großen Denker“ angegeben.

Jedes Element in der XML Schema-Definition hat den Präfix *xsd*, der vorab mit dem XML Schema-Namensraum assoziiert wurde. Dies geschieht in der Zeile

```
<xsd:schema xmlns:xsd="...">
```

In diesem Namensraum sind die XML Schema-Konstrukte defininiert. Der Namensraum-Präfix (hier gemäß Konvention *xsd*) dient dazu, diese Schemadefinitions-Tags wie `<xsd:attribute>` oder `<xsd:element>` „weltweit“ eindeutig zu benennen. Weiterhin haben wir dieses XML Schema „auserkoren“, das Vokabular des Namensraums `http://www-db.in.tum.de/Universitaet` zu definieren. Dies wurde mit dem `targetNamespace`-Attribut ausgedrückt.

Zunächst wird das Top-Level-Element *Universität* definiert. Zu seiner Definition benutzen wir einen benannten Typ, hier *UniInfoTyp*. Dieser Typ wird als *complexType* bestehend aus einer Sequenz von zwei Elementen namens *UniLeitung* und *Fakultäten* sowie einem String-Attribut *UnivName* definiert. Das Element *UniLeitung* ist selbst wieder ein *complexType*, dem wir hier aber keinen Namen geben, sondern den wir lokal definieren. Er ist sehr einfach strukturiert und besteht aus einer Sequenz von zwei String-Elementen namens *Rektor* und *Kanzler*.

Die einzelnen Fakultäten werden über *FakultätenTyp* definiert, der auch ein *complexType* bestehend aus zwei Elementen ist. Das eine Element, *FakName*, ist als String definiert; das andere Element *ProfessorIn* ist selbst wieder komplex strukturiert. Das Element *ProfessorIn* hat noch die beiden Meta-Attribute *minOccurs* und *maxOccurs* definiert. Hiermit wird die Multiplizität des Elements spezifiziert, in unserem Fall kann also eine Fakultät beliebig viele Professoren haben (und darf auch gar keine haben, um Neugründungen zu ermöglichen). Wenn man diese beiden Meta-Attribute nicht angibt, gilt implizit immer *minOccurs="1"* und *maxOccurs="1"*, so dass das Element genau einmal vorkommen muss. Bei dem Unterelement *Vorlesungen* von *ProfessorIn* haben wir nur *minOccurs* als 0 definiert, wodurch die Optionalität ausgedrückt wird; d.h., dieses Element darf fehlen aber nicht mehrfach vorkommen.

In der Definition des komplexen Typs *VorlInfo* haben wir zwei neue Typen benutzt: *ID* und *IDREFS*. Das Attribut *VorlNr* wurde als *ID* definiert, wodurch festgelegt wird, dass der Wert innerhalb des XML-Dokuments eindeutig sein muss. Es darf also kein anderes *ID*-Attribut (auch nicht in einem anderen Element, wie z.B. die *PersNr* des Elements *ProfessorIn*) denselben Wert annehmen. Dies ist anders als im relationalen Modell, wo die Schlüsseleigenschaft nur innerhalb einer Relation zu

```
<?xml version="1.0" encoding='ISO-8859-1'?>
<xsd:schema xmlns:xsd="http://www.w3.org/2001/XMLSchema"
            targetNamespace="http://www-db.in.tum.de/Universitaet">

  <xsd:element name="Universität" type="UniInfoTyp"/>

  <xsd:complexType name="UniInfoTyp">
    <xsd:sequence>
      <xsd:element name="UniLeitung">
        <xsd:complexType>
          <xsd:sequence>
            <xsd:element name="Rektor" type="xsd:string"/>
            <xsd:element name="Kanzler" type="xsd:string"/>
          </xsd:sequence>
        </xsd:complexType>
      </xsd:element>
      <xsd:element name="Fakultäten">
        <xsd:complexType>
          <xsd:sequence>
            <xsd:element name="Fakultät" minOccurs="0" maxOccurs="unbounded"
               type="FakultätenTyp"/>
          </xsd:sequence>
        </xsd:complexType>
      </xsd:element>
    </xsd:sequence>
    <xsd:attribute name="UnivName" type="xsd:string"/>
  </xsd:complexType>

  <xsd:complexType name="FakultätenTyp">    <xsd:sequence>
      <xsd:element name="FakName" type="xsd:string"/>
      <xsd:element name="ProfessorIn" minOccurs="0" maxOccurs="unbounded">
        <xsd:complexType>
          <xsd:sequence>
            <xsd:element name="Name" type="xsd:string"/>
            <xsd:element name="Rang" type="xsd:string"/>
            <xsd:element name="Raum" type="xsd:integer"/>
            <xsd:element name="Vorlesungen" minOccurs="0" type="VorlInfo"/>
          </xsd:sequence>
          <xsd:attribute name="PersNr" type="xsd:ID"/>
        </xsd:complexType>
      </xsd:element>
  </xsd:sequence>   </xsd:complexType>

  <xsd:complexType name="VorlInfo">    <xsd:sequence>
      <xsd:element name="Vorlesung" minOccurs="1" maxOccurs="unbounded">
        <xsd:complexType>
          <xsd:sequence>
            <xsd:element name="Titel" type="xsd:string"/>
            <xsd:element name="SWS" type="xsd:integer"/>
          </xsd:sequence>
          <xsd:attribute name="VorlNr" type="xsd:ID"/>
          <xsd:attribute name="Voraussetzungen" type="xsd:IDREFS"/>
        </xsd:complexType>
      </xsd:element>
  </xsd:sequence>   </xsd:complexType>
</xsd:schema>
```

Abbildung 20.4: XMLSchema des Uni-Dokuments

Abbildung 20.5: $1 : N$-Beziehungen des Uni-Dokuments

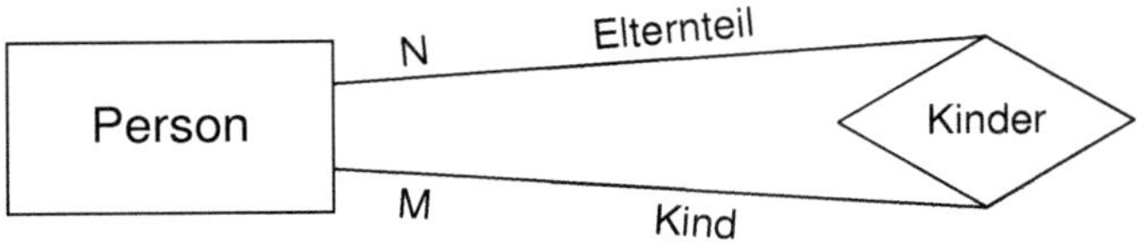

Abbildung 20.6: $N : M$-Beziehung *Kinder*

gewährleisten ist. Mittels *IDREF* bzw. *IDREFS* kann man über diese *IDs* auf die dazugehörigen Elemente verweisen. Dies wird im nachfolgenden Abschnitt an einem anschaulichen Beispiel illustriert.

20.1.6 Verweise (Referenzen) in XML-Daten

Bislang hatten wir uns auf die rein hierarchischen (Baum-) Strukturen von XML-Daten konzentriert. Damit lassen sich viele Anwendungsdaten sehr gut linearisiert (also in einer Datei oder in einem Kommunikations-Datenstrom) beschreiben. Im Datenbankjargon lassen sich also mit der hierarchischen Struktur $1 : N$ und natürlich auch $1 : 1$-Beziehungen sehr gut modellieren. Wir sollten uns dies nochmals an unserer Universitäts-Beschreibung verdeutlichen, in der im Wesentlichen die in Abbildung 20.5 gezeigten $1 : N$-Beziehungen enthalten sind.

In der „realen Welt" gibt es neben reinen hierarchischen Strukturen natürlich auch so genannte „shared subobjects". Darunter fallen solche Objekte, die natürlicherweise mehr als nur ein Elternobjekt haben. Ein sehr anschauliches Beispiel sind die biologischen Eltern/Kind-Beziehungen, die in Abbildung 20.6 als Entity/Relationship-Diagramm dargestellt sind.

Ein Kind hat *zwei* Elternteile und kann demnach in einem XML-Dokument nicht mehr eindeutig einem Ober-Element untergeordnet werden. Man muss also – wie in objekt-orientierten und objekt-relationalen Datenmodellen – Referenzen einführen, um solche Beziehungen sinnvoll zu modellieren. Dies ist in Abbildung 20.7 für die Verwandtschaftsverhältnisse von vier Menschen gezeigt.

Die resultierende Netzwerkstruktur ist in Abbildung 20.8 grafisch veranschaulicht. Die Objekte (Attribute und Unterelemente), die sich in der hierarchischen Baum-Struktur „unterordnen" lassen, sind durch dickere, durchgezogene Linien verbunden. Die Referenzen („Quer-"Verweise) sind durch gestrichelte Linien kenntlich gemacht. XML verlangt, dass ID-Attribute eindeutige Werte innerhalb des gesamten Dokuments haben. IDREF-Attribute bzw. Elemente verwenden diese Werte zur Referenzierung. Leider lassen sich Referenzen in XML nicht typisieren, d.h., man kann nicht festlegen, dass der IDREF-Wert eines *Vater*-Attributs dem ID-Wert einer *Person* entsprechen muss. Also könnte ein Vater-Attribut auch auf ein Element verweisen, das keiner Person entspricht. Attribute vom Typ IDREFS sind analog zu

```
<!DOCTYPE Stammbaum [
    <!ELEMENT Stammbaum (Person*)>
    <!ELEMENT Person (Name)>
    <!ELEMENT Name (#PCDATA)>
          <!ATTLIST Person id       ID     #REQUIRED
                           Mutter   IDREF  #IMPLIED
                           Vater    IDREF  #IMPLIED
                           Kinder   IDREFS #IMPLIED> ]>
<Stammbaum>
   <Person id="a" Kinder="k ab">
          <Name>Adam</Name> </Person>
   <Person id="e" Kinder="k ab">
         <Name>Eva</Name> </Person>
   <Person id="k" Mutter="e" Vater="a">
          <Name>Kain</Name> </Person>
   <Person id="ab" Mutter="e" Vater="a">
           <Name>Abel</Name> </Person>
</Stammbaum>
```

Abbildung 20.7: Verwandtschaftsverhältnisse in XML-Format

IDREF-Attributen, außer dass sie eine Liste von Referenzen enthalten.

20.2 XQuery: Eine XML-Anfragesprache

Wenn man XML-Daten in größerem Umfang bearbeiten muss, ist es unumgänglich, eine ausdrucksstarke, deklarative Anfragesprache für XML zu haben. Über mehrere Jahre gab es verschiedene Bewerber für die Standardisierung einer solchen Anfragesprache, aus denen sich die so genannte *XQuery*-Anfragesprache als gemeinsamer Nenner etabliert hat.

20.2.1 Pfadausdrücke

Ähnlich wie in objekt-orientierten und objekt-relationalen Anfragesprachen kann man mittels Pfadausdrücken durch XML-Dokumente traversieren. Für Pfadausdrücke gibt es schon seit längerem die vom World Wide Web Consortium standardisierte Sprache XPath, die u.a. auch für XML Style Sheets verwendet wird. XQuery verwendet die XPath-Syntax sozusagen als „Untersprache" für die Formulierung von Pfadausdrücken.

Das zentrale Konzept von XPath sind die so genannten Lokalisierungspfade, die aus aneinander gereihten – jeweils durch ein „/"-Zeichen voneinander abgetrennten – Lokalisierungsschritten bestehen. Ein Lokalisierungsschritt selektiert – ausgehend von einem Referenzknoten – eine Knotenmenge. Jeder der Knoten in dieser Menge dient dann als Referenzknoten für den nachfolgenden Lokalisierungsschritt in einem längeren Lokalisierungspfad. Alle im letzten Lokalisierungsschritt so selektierten Knotenmengen werden vereinigt und bilden das Ergebnis des gesamten

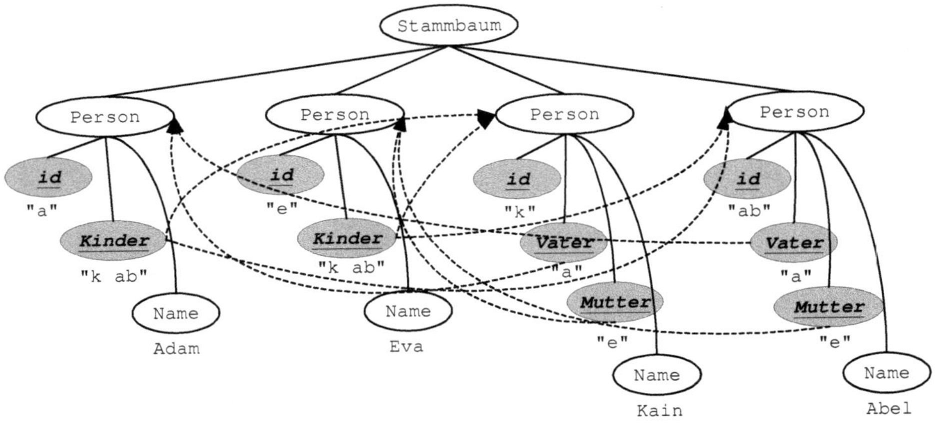

Abbildung 20.8: Graphdarstellung des XML-Dokuments mit Referenzen

Lokalisierungspfads. Die XPath-Semantik verlangt zusätzlich, dass die sich qualifizierenden Ergebnisknoten in Dokumentreihenfolge auszugeben sind.

Jeder Lokalisierungsschritt besteht aus bis zu drei Teilen: einer *Achse*, einem *Knotentest* und einem *Prädikat*. Syntaktisch sieht ein solcher Lokalisierungsschritt wie folgt aus:

$$Achse{::}Knotentest[Prädikat]$$

Die Achsen in einem Lokalisierungsschritt orientieren sich an der Baumstruktur eines XML-Dokuments und geben innerhalb des Baums eine Richtung an. Eine Achse kann dann einen, mehrere oder auch gar keinen Knoten als Ergebnis haben. Man unterscheidet in XPath die folgenden Achsen, die jeweils bezogen auf einen Referenzknoten ausgewertet werden:

self : Hierbei handelt es sich um den Referenzknoten.

attribute : Hierunter fallen alle Attribute des Referenzknotens – falls er überhaupt welche besitzt.

child : Entlang dieser Achse werden alle direkten Unterelemente bestimmt.

descendant : Hierunter fallen alle direkten und indirekten Unterelemente, also die Kinder und deren Kinder usw.

descendant-or-self : Wie oben, außer dass der Referenzknoten hier auch dazu gehört.

parent : Der Vaterknoten des Referenzknotens wird über diese Achse ermittelt.

ancestor : Hierzu zählen alle Knoten auf dem Pfad vom Referenzknoten zur Wurzel des XML-Baums.

ancestor-or-self : Wie oben, außer dass der Referenzknoten auch mit eingeschlossen wird.

following-sibling : Dies sind die in Dokumentreihenfolge nachfolgenden Kinder des Elternknotens von *self*.

preceding-sibling : Hierbei handelt es sich um die in Dokumentreihenfolge vorangehenden Kinder des Elternknotens von *self*.

following : Alle Knoten, die in Dokumentreihenfolge nach dem Referenzknoten aufgeführt sind. Die Nachkommen (descendant) des Referenzknotens gehören aber nicht dazu.

preceding : Alle Knoten, die im Dokument vor dem Referenzknoten vorkommen – allerdings ohne die Vorfahren (ancestor).

In Abbildung 20.9 sind die Ergebnisse dieser Achsen relativ zu dem mit *self* markierten Knoten eingezeichnet. Den Lesern sei empfohlen, sich für diese Baumstruktur ein entsprechendes XML-Dokument zu erstellen und die Achsenauswertungen daran nachzuvollziehen.

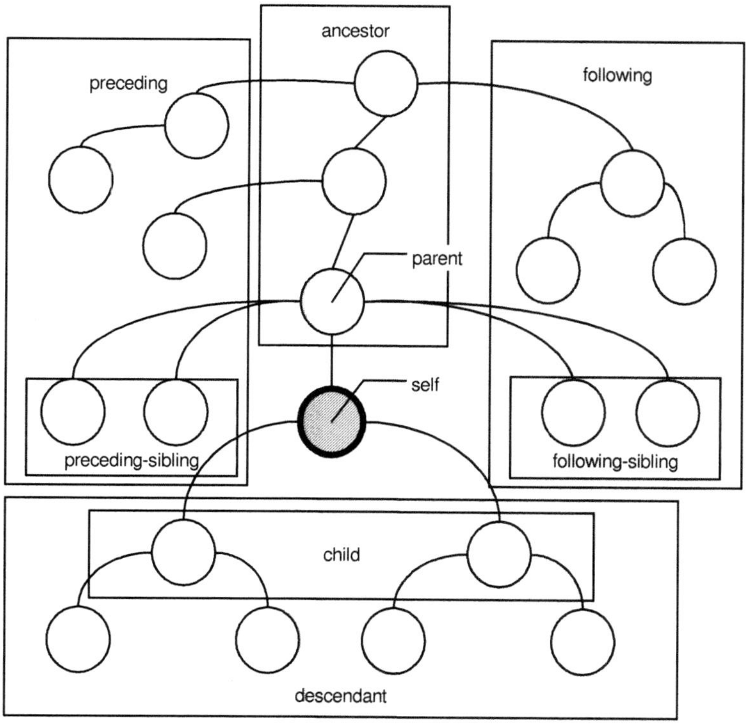

Abbildung 20.9: Visualisierung der XPath-Pfadausdrücke

Man unterscheidet noch zwischen den vorwärts gerichteten Achsen (wie u.a. *child*, *descendant* und *following*) und den rückwärts gerichteten Achsen (wie u.a. *ancestor*, *preceding* und *parent*).

Der *Knotentest* schränkt eine Achse ein, so dass sie nur navigiert wird, falls der Zielknoten diesen Test erfüllt. Beim Knotentest handelt es sich um einen Namenstest, d.h., es werden nur die Elemente bzw. die Attribute des angegebenen Namens berücksichtigt. Eine komplexere Bedingung kann man als *Prädikat* formulieren, das zusätzlich zum Knotentest erfüllt sein muss, damit der über die Achse erreichbare Zielknoten sich qualifiziert.

Wir wollen dies an einem Beispiel demonstrieren:

```
doc("Uni.xml")/child::Universität[self::*/attribute::UnivName=
                              "Virtuelle Universität der Großen Denker"]
```

Der Anfangsknoten (also der Referenzknoten) dieses Pfads ist das Dokument *Uni.xml*, für das ein virtueller Dokumentknoten erzeugt wird, und das Ergebnis ist das Unterelement (bzw. die Unterelemente, falls es mehrere gäbe) namens *Universität*, das das in eckigen Klammern angegebene Prädikat erfüllt. Der Lokalisierungsschritt `self::*` hat den Knotentest *, der natürlich immer erfüllt ist. Man hätte anstatt * auch `Universität` angeben können.

Mit folgendem Pfadausdruck kann man die Fakultätsnamen der Universität ermitteln:

```
doc("Uni.xml")/child::Universität/child::Fakultäten/
                                 child::Fakultät/child::FakName
```

In diesem Fall haben die Lokalisierungsschritte keine Prädikate. Die Auswertung dieses Pfadausdrucks, der aus vier Lokalisierungsschritten besteht, liefert als Ergebnis die Sequenz von drei *FakName*-Elementen:

```
<FakName>Theologie</FakName>
<FakName>Physik</FakName>
<FakName>Philosophie</FakName>
```

Hier sei nochmals darauf hingewiesen, dass die Ergebniselemente in exakt dieser Reihenfolge auszugeben sind, da dies der Dokumentreihenfolge entspricht. Einfacher geht es mit dem Pfad:

```
doc("Uni.xml")/descendant-or-self::FakName
```

Die beiden Pfade liefern aber nur in unserem Beispiel dasselbe Ergebnis. Im Allgemeinen sind sie nicht äquivalent, da der erste XPath-Pfad nur die *FakName*-Elemente liefert, die man vom Wurzelknoten aus über die Unterelemente *Universität*, *Fakultäten* und *Fakultät* erreicht. Der zweite XPath-Ausdruck liefert aber alle *FakName*-Elemente, die sich in dem gesamten Dokument *Uni.xml* – egal auf welcher Hierarchiestufe – befinden.

Der Zugriff auf ein Attribut geht wie folgt:

```
doc("Uni.xml")/child::Universität/attribute::UnivName
```

Als Ergebnis erhalten wir:

```
UnivName="Virtuelle Universität der Großen Denker"
```

Im folgenden Beispiel wird ein Prädikat verwendet, um die Titel aller Vorlesungen der Theologie-Fakultät zu ermitteln:

```
doc("Uni.xml")/child::Universität/child::Fakultäten/
        child::Fakultät[self::*/child::FakName="Theologie"]/
            descendant-or-self::Vorlesung/child::Titel
```

Den ersten Lokalisierungsschritt „`self::*/`" im Prädikat kann man auch weglassen, da man in den Prädikaten implizit immer relativ zum aktuellen Knoten `self` mit der Auswertung beginnt – es sei denn, man gibt einen absoluten Pfad an, s.u. Es können durchaus mehrere Prädikate in einem Lokalisierungspfad vorkommen. Auch können Prädikate in einem Lokalisierungsschritt konjunktiv (*and*) bzw. disjunktiv (*or*) verknüpft sein. Wenn wir uns auf die Vorlesungen der C4-*ProfessorIn*-en der Philosophie-Fakultät konzentrieren wollen, geht das wie folgt:

```
doc("Uni.xml")/child::Universität/child::Fakultäten/
    child::Fakultät[child::FakName="Philosophie"]/
        child::ProfessorIn[child::Rang="C4"]/child::Vorlesungen/
            child::Vorlesung/child::Titel
```

Als Ergebnis erhalten wir die Sequenz der folgenden *Titel*-Elemente:

```
<Titel>Ethik</Titel><Titel>Mäeutik</Titel><Titel>Logik</Titel>
<Titel>Erkenntnistheorie</Titel><Titel>Wissenschaftstheorie</Titel>
<Titel>Bioethik</Titel><Titel>Grundzüge</Titel><Titel>Die 3 Kritiken</Titel>
```

In einem Prädikat kann man auch das Vorhandensein eines Elements oder Attributs überprüfen. Das Prädikat kann dazu selbst natürlich auch einen beliebig langen Lokalisierungspfad enthalten. Mit folgendem Beispiel werden die Namen der Fakultäten ermittelt, in denen überhaupt Vorlesungen gehalten werden.

```
doc("Uni.xml")/child::Universität/child::Fakultäten/
        child::Fakultät/child::FakName[parent::Fakultät/
                    child::ProfessorIn/child::Vorlesungen]
```

In unserer Universität sind dies die zwei Fakultäten:

```
<FakName>Theologie</FakName> <FakName>Philosophie</FakName>
```

Der Pfad in einem Prädikat wird meist relativ zu dem Knoten spezifiziert, bei dem der Lokalisierungspfad schon „angekommen" ist. Man kann allerdings auch einen *absoluten* Lokalisierungspfad angeben, der dann beim Dokument-Knoten beginnt. Dies geschieht durch ein vorangestelltes „/"-Zeichen. Allerdings muss die Semantik des Ausdrucks genau beachtet werden. Beispielsweise hat dieser Lokalisierungspfad

```
doc("Uni.xml")/child::Universität/child::Fakultäten/
        child::Fakultät[/descendant::Vorlesungen]/child::FakName
```

als Ergebnis alle Fakultäten, falls es in der Universität überhaupt irgendwo Vorlesungen gibt. Gemeint war wohl eher dieser Pfad

```
doc("Uni.xml")/child::Universität/child::Fakultäten/
            child::Fakultät[descendant::Vorlesungen]/child::FakName
```

der wiederum die (beiden) Fakultäten ermittelt, in denen Vorlesungen angeboten werden.

Es gibt auch die Möglichkeit, mittels Funktionen die relative Position von Elementen anzugeben. Insbesondere gibt es die Funktionen *position()* und *last()*. Mit

```
doc("Uni.xml")/child::Universität/child::Fakultäten/
                                    child::Fakultät[position()=2]
```

wird also die zweite Fakultät ausgegeben:

```
<Fakultät>
    <FakName>Physik</FakName>
    <ProfessorIn PersNr="P2136">
        <Name>Curie</Name>
        <Rang>C4</Rang>
        <Raum>36</Raum>
    </ProfessorIn>
    <ProfessorIn PersNr="P2127">
        <Name>Kopernikus</Name>
        <Rang>C3</Rang>
        <Raum>310</Raum>
    </ProfessorIn>
</Fakultät>
```

Ein abschließendes Beispiel soll die nachfolgend erläuterte verkürzte Syntax von Pfadausdrücken motivieren. Wir wollen die Fakultät ermitteln, in der die „ominöse" Vorlesung Mäeutik gehalten wird:

```
doc("Uni.xml")/child::Universität/child::Fakultäten/
      child::Fakultät[child::ProfessorIn/child::Vorlesungen/
             child::Vorlesung/child::Titel="Mäeutik"]/child::FakName
```

Als Ergebnis erhalten wir:

```
<FakName>Philosophie</FakName>
```

20.2.2 Verkürzte XPath-Syntax

Nachdem wir uns bei den bisherigen Beispielen von der Verbosität und Umständlichkeit der ausführlichen XPath-Syntax überzeugen konnten, wollen wir jetzt die oft besser lesbare verkürzte Syntax beschreiben. Die wichtigsten Abkürzungen in XPath-Pfadausdrücken sind die folgenden:

- . Mit dem Punkt wird der aktuelle Referenzknoten angegeben.

.. Mit dem doppelten Punkt wird der Vaterknoten des aktuellen Referenzknotens bezeichnet. Dies ist analog zur Navigation im Unix-Dateisystem.

/ Hiermit wird der Wurzelknoten bezeichnet. Wenn das Zeichen innerhalb eines Pfadausdrucks („mitten drin") vorkommt, dient es als Trennzeichen zwischen den einzelnen Schritten eines Pfades. Es werden dann damit die Kinder, also die direkt untergeordneten Elemente, des aktuellen Knotens bezeichnet. Bei einem Pfadausdruck `.../ElemName` werden aber nur die Subelemente namens `ElemName` von ... ausgewählt. Abstrakt hat man dann Pfade dieser Art: `/ElemName1/ElemName2/ElemName3`. Hier werden also die Subelemente namens `ElemName3` ausgewählt, die Subelemente von `ElemName2` sind, die wiederum Subelemente von `ElemName1` sein müssen.

@ Mit diesem Operator werden die Attribute des aktuellen Knotens bezeichnet. Man unterscheidet syntaktisch also strikt zwischen Attribut und Element – obwohl die Entwurfsentscheidung, einen Sachverhalt als Attribut oder als Element zu modellieren, oft sehr unklar ist.

// Hiermit werden alle Nachfahren des aktuellen Knotens einschließlich des Referenzknotens selbst bezeichnet – dieser Operator entspricht somit der Langform

`descendant-or-self::node()`

Man kann auch einen Knotentest angeben, z.B. `...//ElemName`, um nur die Elemente unter den Nachfahren (`descendant`'s) namens `ElemName` zu ermitteln.

[n] Wenn das Prädikat nur aus einem Zahlenwert n besteht, dient es dazu, das n-te Element auszuwählen. Man beachte, dass in XML-Dokumenten – anders als bei Tupeln einer Relation – die Reihenfolge der Elemente relevant ist.

20.2.3 Beispiel-Pfadausdrücke in verkürzter Syntax

Im nachfolgenden Beispiel werden die Vorlesungen der Physik-Fakultät in verkürzter Syntax ermittelt:

```
doc("Uni.xml")/Universität/Fakultäten/
                        Fakultät[FakName="Physik"]//Vorlesung
```

Für unser Beispiel-XML-Dokument *Uni.xml* aus Abbildung 20.2 hätte der Bezug auf die 2. Fakultät das gleiche Ergebnis:

```
doc("Uni.xml")/Universität/Fakultäten/
                        Fakultät[position()=2]//Vorlesung
```

Oder noch kürzer:

```
doc("Uni.xml")/Universität/Fakultäten/Fakultät[2]//Vorlesung
```

Man beachte, dass bei den beiden obigen Pfadausdrücken der //-Operator zur Bestimmung aller Nachfolger-Elemente der Physik-Fakultät namens *Vorlesung* (in beliebiger Schachtelungstiefe) verwendet wurde. Über IDREF-Objekte referenzierte Elemente gehören nicht zu den Nachfolgern, sondern nur solche, die „echt“ geschachtelt sind. Ohne diesen //-Operator hätte man den Pfadausdruck wie folgt formulieren können:

```
doc("Uni.xml")/Universität/Fakultäten/Fakultät[FakName="Physik"]/
                                        ProfessorIn/Vorlesungen/Vorlesung
```

Man beachte aber wiederum, dass die beiden Ausdrücke i.A. nicht äquivalent sind. Sie liefern *nur* für unser Dokument das gleiche Ergebnis. Weiterhin sollte man sich klarmachen, dass die Angabe des vollständigen Pfads (also ohne „//“-Operator) in der Regel deutlich effizienter ausgewertet werden kann.

20.2.4 Anfragesyntax von XQuery

Die obigen Pfadausdrücke sind natürlich nur die Grundlage für eine XML-Anfragesprache. Im Wesentlichen dienen sie dazu, Variablen zu binden, an die dann in der Anfrage Bedingungen gestellt werden und mit denen ein Ergebnis konstruiert werden kann. In XQuery werden Anfragen als so genannte `for...let...where...order by...return...`-Ausdrücke formuliert. Man nennt sie „blumig“ FLWOR (ausgesprochen *flower*)-Ausdrücke. Die FLWOR-Ausdrücke können beliebig tief geschachtelt werden. In der *for*-Klausel werden Variablen sukzessive gebunden – analog zur **from**-Klausel in SQL. Pro durchgeführter Variablenbindung in der *for*-Klausel wird in der *let*-Klausel eine einmalige Variablenbindung durchgeführt – gegebenenfalls werden die Variablen der *let*-Klausel dabei an Mengen gebunden. In der *where*-Klausel können Bedingungen an die gebundenen Variablen gestellt werden. Die *order by*-Klausel erlaubt es, eine Sortierung zu spezifizieren. Die *return*-Klausel wird natürlich nur ausgewertet, wenn die derzeitigen Variablenbindungen die *where*-Klausel erfüllt haben.

Als erstes Beispiel wollen wir ein vollständiges Vorlesungsverzeichnis der Universität ermitteln:

```
<Vorlesungsverzeichnis>
    {for $v in doc("Uni.xml")//Vorlesung
     return
          $v}
</Vorlesungsverzeichnis>
```

Man beachte, dass XML-Fragmente selbst auch schon gültige XQuery-Ausdrücke sind. Deshalb ist es essenziell, dass die auszuwertenden XQuery-Ausdrücke – sollten sie sich in einem umschließenden XML-Fragment befinden – durch geschweifte Klammern {...} kenntlich gemacht werden. Ansonsten würden sie wie normaler Text behandelt und ausgegeben.

Das Ergebnis der Anfrage ist innerhalb der beiden angegebenen Tags, die das Wurzelelement darstellen, geschachtelt:[2]

[2] Wir geben trotz der Länge das vollständige Ergebnis an, da sich nachfolgende Anfragen ebenfalls auf diese Vorlesungen beziehen, die ja nur teilweise in Abbildung 20.2 wiedergegeben wurden.

```
<Vorlesungsverzeichnis>
    <Vorlesung VorlNr="V5022">
        <Titel>Glaube und Wissen</Titel>
        <SWS>2</SWS>
    </Vorlesung>
    <Vorlesung Voraussetzungen="V5001" VorlNr="V5041">
        <Titel>Ethik</Titel>
        <SWS>4</SWS>
    </Vorlesung>
    <Vorlesung Voraussetzungen="V5001" VorlNr="V5049">
        <Titel>Mäeutik</Titel>
        <SWS>2</SWS>
    </Vorlesung>
    <Vorlesung VorlNr="V4052">
        <Titel>Logik</Titel>
        <SWS>4</SWS>
    </Vorlesung>
    <Vorlesung Voraussetzungen="V5001" VorlNr="V5043">
        <Titel>Erkenntnistheorie</Titel>
        <SWS>3</SWS>
    </Vorlesung>
    <Vorlesung Voraussetzungen="V5043 V5041" VorlNr="V5052">
        <Titel>Wissenschaftstheorie</Titel>
        <SWS>3</SWS>
    </Vorlesung>
    <Vorlesung Voraussetzungen="V5041" VorlNr="V5216">
        <Titel>Bioethik</Titel>
        <SWS>2</SWS>
    </Vorlesung>
    <Vorlesung Voraussetzungen="V5052" VorlNr="V5259">
        <Titel>Der Wiener Kreis</Titel>
        <SWS>2</SWS>
    </Vorlesung>
    <Vorlesung VorlNr="V5001">
        <Titel>Grundzüge</Titel>
        <SWS>4</SWS>
    </Vorlesung>
    <Vorlesung VorlNr="V4630">
        <Titel>Die 3 Kritiken</Titel>
        <SWS>4</SWS>
    </Vorlesung>
</Vorlesungsverzeichnis>
```

Dieses Beispiel dokumentiert, dass die *let*- und *where*-Klauseln optional sind. Variablen werden in XQuery durch den $-Präfix kenntlich gemacht. Man hat natürlich auch Freiräume in der Formulierung von Prädikaten: Sie können sowohl im Pfadausdruck als auch in der *where*-Klausel platziert werden, wie folgendes Beispiel zeigt:

```
<Vorlesungsverzeichnis>
```

```
    {for $v in doc("Uni.xml")//Vorlesung[SWS=4]
     return
          $v}
</Vorlesungsverzeichnis>
```

Eine äquivalente Formulierung mit einer expliziten *where*-Klausel zur Spezifikation des Prädikats, sieht wie folgt aus:

```
<Vorlesungsverzeichnis>
    {for $v in doc("Uni.xml")//Vorlesung
     where $v/SWS = 4
     return
          $v}
</Vorlesungsverzeichnis>
```

20.2.5 Geschachtelte Anfragen

Als Nächstes wollen wir die Schachtelung von Anfragen zeigen. Dazu wollen wir ein Vorlesungsverzeichnis konstruieren, in dem die Vorlesungen nach Fakultät gruppiert werden:

```
<VorlesungsVerzeichnisNachFakultät>
    {for $f in doc("Uni.xml")/Universität/Fakultäten/Fakultät
    return
     <Fakultät>
        <FakultätsName>{$f/FakName/text()}</FakultätsName>
        {for $v in $f/ProfessorIn/Vorlesungen/Vorlesung
         return $v}
     </Fakultät>}
</VorlesungsVerzeichnisNachFakultät>
```

In diesem Beispiel ist also eine zweite `for...return...`-Anfrage geschachtelt worden. Es handelt sich hierbei um eine korrelierte Unteranfrage, da sie auf die außen gebundene Variable f Bezug nimmt.

20.2.6 Joins in XQuery

Als Beispiel für einen XQuery-Join wollen wir die Titel der Vorlesungen ermitteln, die Voraussetzungen für die Vorlesung Mäeutik sind:

```
<MäeutikVoraussetzungen>
    {for $m in doc("Uni.xml")//Vorlesung[Titel="Mäeutik"],
         $v in doc("Uni.xml")//Vorlesung
     where contains($m/@Voraussetzungen,$v/@VorlNr)
     return $v/Titel}
</MäeutikVoraussetzungen>
```

In dieser Anfrage wurde die Funktion *contains* verwendet, um zu überprüfen, ob die *VorlNr* der $\$v$-Vorlesung in dem IDREFS-Attribut der *Mäeutik*-Vorlesung enthalten ist. Als Ergebnis dieses so genannten *Self-Joins*, in dem dieselben Elemente desselben XML-Dokuments miteinander in Beziehung gesetzt wurden, erhalten wir:

```
<MäeutikVoraussetzungen>
    <Titel>Grundzüge</Titel>
</MäeutikVoraussetzungen>
```

In der Anfragesprache kann man natürlich auch Joins formulieren, die über Dokumentgrenzen hinweggehen. Als Beispiel wollen wir die Eltern der Professoren ermitteln:

```
<ProfessorenStammbaum>
    {for $p in doc("Uni.xml")//ProfessorIn,
         $k in doc("Stammbaum.xml")//Person,
         $km in doc("Stammbaum.xml")//Person,
         $kv in doc("Stammbaum.xml")//Person
     where $p/Name = $k/Name and $km/@id = $k/@Mutter and
           $kv/@id = $k/@Vater
     return
      <ProfMutterVater>
        <ProfName>{$p/Name/text()}</ProfName>
        <MutterName>{$km/Name/text()}</MutterName>
        <VaterName>{$kv/Name/text()}</VaterName>
      </ProfMutterVater> }
</ProfessorenStammbaum>
```

In dieser Anfrage gehen wir – stark vereinfachend – davon aus, dass man identische Personen anhand des Namens finden kann. Je nach den Daten in *Stammbaum.xml* wird diese Anfrage natürlich für manche Professoren mehrere (mögliche) Elternpaare liefern und für andere gar keine. Man beachte, dass in dieser Anfrage der natürliche Verbund (Join) realisiert ist, so dass die Professoren, für die keine *vollständigen* Einträge in *Stammbaum.xml* gefunden werden, gar nicht aufgeführt werden. Den Lesern sei als Übung empfohlen, diese Anfrage so umzuformen, dass der linke äußere Join berechnet wird.

20.2.7 Join-Prädikat im Pfadausdruck

Es ist auch möglich, ein Join-Prädikat direkt im Pfadausdruck der `for`-Klausel anzufügen. Als Beispiel wollen wir aus dem XML-Dokument *Stammbaum.xml* die besonders gefährdeten Personen ermitteln, also solche, die einen Bruder namens Kain haben. Diese Anfrage kann wie folgt formuliert werden:

```
<GefährdetePersonen>
    {for $p in doc("Stammbaum.xml")//Person[Name = "Kain"],
         $g in doc("Stammbaum.xml")//Person[
                        @Vater = $p/@Vater and @Mutter = $p/@Mutter]
     return $g/Name }
</GefährdetePersonen>
```

In dieser Anfrage haben wir die direkte Angabe eines Selektionsprädikats bei der Navigation in der hierarchischen Struktur des XML-Dokuments/Baums verwendet. In der Zeile

```
for $p in doc("Stammbaum.xml")//Person[Name = "Kain"]
```

wird angegeben, dass die Variable *p* nur an solche *Person*-Elemente gebunden wird, deren *Name*-Element den Wert „Kain“ hat. Analog wurde die Joinbedingung, dass $p und $g dieselben Eltern haben sollen, direkt als Prädikat in dem Pfadausdruck angegeben.

Als Ergebnis dieser Anfrage werden für unser XML-Dokument aus Abbildung 20.7 (überraschenderweise?) zwei Elemente ermittelt, nämlich:

```
<GefährdetePersonen>
    <Name>Kain</Name>
    <Name>Abel</Name>
</GefährdetePersonen>
```

20.2.8 Das let-Konstrukt

Sowohl mit dem *for*- als auch mit dem *let*-Konstrukt werden Variablen gebunden. Den grundlegenden Unterschied kann man sich an einem ganz kleinen Beispiel klarmachen:

```
for $x in (1,2) return <zahl> {$x} </zahl>
```

liefert als Ergebnis:

```
<zahl>1</zahl> <zahl>2</zahl>
```

Andererseits liefert

```
let $x := (1,2) return <zahl> {$x} </zahl>
```

das Ergebnis

```
<zahl>12</zahl>
```

In der nächsten Anfrage demonstrieren wir erstmals ein vollständiges FLWOR-Konstrukt. Wie am obigen Beispiel bereits beschrieben wurde, unterscheidet sich die *let*-Klausel von der *for*-Klausel dahingehend, dass eine Variable nur einmal gebunden wird. Wird in dem Ausdruck der *let*-Klausel also eine Menge von Objekten „geliefert“, so wird die Variable an diese Menge gebunden. Bei der *for*-Klausel würde die entsprechende Variable demgegenüber sukzessive an die Elemente der Ergebnismenge gebunden, so dass die Menge implizit entschachtelt würde. Wir wollen diesen Unterschied anhand eines größeren Beispiels nochmals demonstrieren. In diesem Beispiel wollen wir alle Professoren, die mehr als eine Vorlesung halten, mitsamt ihrer Lehrbelastung, die sich als die Summe der SWS-Werte ihrer Vorlesungen ergibt, ausgeben.

```
<Professoren>
   {for $p in doc("Uni.xml")//ProfessorIn
    let $v := $p/Vorlesungen/Vorlesung
    where count($v) > 1
    order by sum($v/SWS)
    return
```

```
      <ProfessorIn>
         {$p/Name}
         <Lehrbelastung>{sum($v/SWS)}</Lehrbelastung>
      </ProfessorIn>
    }
</Professoren>
```

In der äußeren *for*-Klausel wird die Variable p sukzessive an alle *ProfessorIn*-en des Dokuments *Uni.xml* gebunden. In der *let*-Klausel wird die Variable v an die Menge aller *Vorlesung*-Elemente von *ProfessorIn* p gebunden. Diese Bindung geschieht einmal für jede Bindung der Variablen p in der umschließenden *for*-Klausel. Die Bedingung in der *where*-Klausel als auch die *order by*-Klausel und die Generierung des Ergebniselements *Lehrbelastung* basiert auf einer Aggregation der Menge, die an v gebunden ist: einmal die **count**- und dann die **sum**-Aggregation. Das Ergebnis sieht wie folgt aus:

```
<Professoren>
    <ProfessorIn>
        <Name>Russel</Name>
        <Lehrbelastung>8.0</Lehrbelastung>
    </ProfessorIn>
    <ProfessorIn>
        <Name>Kant</Name>
        <Lehrbelastung>8.0</Lehrbelastung>
    </ProfessorIn>
    <ProfessorIn>
        <Name>Sokrates</Name>
        <Lehrbelastung>10.0</Lehrbelastung>
    </ProfessorIn>
</Professoren>
```

Man beachte, dass die *let*-Klausel hier benutzt wurde, um eine Gruppierung der Vorlesungen nach Professoren durchzuführen. In SQL hätte man hierzu eine **group by**-Klausel verwendet. Die *where*-Klausel in obiger Anfrage bezieht sich auf die gesamte Gruppe und hätte in SQL somit als **having**-Klausel formuliert werden müssen.

20.2.9 Dereferenzierung in FLWOR-Ausdrücken

Zum Zeitpunkt der Erstellung dieser Auflage gibt es leider noch kaum XQuery-Implementierungen, die IDREF- oder IDREFS-Attribute automatisch dereferenzieren können, wie dies in den objekt-relationalen Datenbanksystemen möglich ist. Deshalb muss man diese Dereferenzierungen durch entsprechende wertbasierte Joins selbst (umständlich) durchführen.

Mittels einer Schachtelung von FLWOR-Ausdrücken kann man für ein gebundenes Objekt die referenzierten Unterelemente ermitteln. Ein Beispiel soll dies verdeutlichen: Wenn man zu jeder Vorlesung auch die Voraussetzungen ausgeben will, so bindet man die äußere Variable p an *Vorlesung*-Elemente und iteriert mit einer inneren Variablen s über die *Vorlesung*-Elemente, die als Voraussetzungen für die

Vorlesung p gespeichert sind. Gemäß unserem XML-Schema aus Abbildung 20.4 sind die Voraussetzungen als IDREFS-Attribut *Voraussetzungen* modelliert.

Wenn man nur über 2 Stufen gehen will, also zu jeder Vorlesung nur die direkten Voraussetzungs-Vorlesungen geschachtelt ausgeben will, ist die Anfrage recht einfach formuliert:

```
<VorlesungsBaum>
{for $p in doc("Uni.xml")//Vorlesung
return
    <Vorlesung Titel="{ $p/Titel/text() }">
        {for $s in doc("Uni.xml")//Vorlesung
           where contains($p/@Voraussetzungen,$s/@VorlNr)
           return <Vorlesung Titel="{ $s/Titel/text() }"> </Vorlesung> }
    </Vorlesung> }
</VorlesungsBaum>
```

Das Ergebnis sieht dann wie folgt aus:[3]

```
<VorlesungsBaum>
    <Vorlesung Titel="Glaube und Wissen"/>
    <Vorlesung Titel="Ethik">
        <Vorlesung Titel="Grundzüge"/>
    </Vorlesung>
    <Vorlesung Titel="Mäeutik">
        <Vorlesung Titel="Grundzüge"/>
    </Vorlesung>
    <Vorlesung Titel="Logik"/>
    <Vorlesung Titel="Erkenntnistheorie">
        <Vorlesung Titel="Grundzüge"/>
    </Vorlesung>
    <Vorlesung Titel="Wissenschaftstheorie">
        <Vorlesung Titel="Ethik"/>
        <Vorlesung Titel="Erkenntnistheorie"/>
    </Vorlesung>
    <Vorlesung Titel="Bioethik">
        <Vorlesung Titel="Ethik"/>
    </Vorlesung>
    <Vorlesung Titel="Der Wiener Kreis">
        <Vorlesung Titel="Wissenschaftstheorie"/>
    </Vorlesung>
    <Vorlesung Titel="Grundzüge"/>
    <Vorlesung Titel="Die 3 Kritiken"/>
</VorlesungsBaum>
```

Der XQuery-Sprachstandard sieht für die automatische Dereferenzierung die Funktion *id*() vor, die man für unsere Beispielanfrage wie folgt anwenden kann:

[3] In diesem Beispiel kommt auch eine verkürzte XML-Syntax vor. Leere Elemente – also solche ohne Unterelemente oder Text – wie `<Vorlesung Titel=''Logik''></Vorlesung>`, kann man verkürzt als `<Vorlesung Titel=''Logik''/>` notieren.

```
<VorlesungsBaum>
{for $p in doc("Uni.xml")//Vorlesung
return
    <Vorlesung Titel="{ $p/Titel/text() }">
        {for $s in id($p/@Voraussetzungen)
           return <Vorlesung Titel="{ $s/Titel/text() }"> </Vorlesung> }
    </Vorlesung> }
</VorlesungsBaum>
```

Die Funktion *id*() kann gleichermaßen auf ein IDREF- wie auf ein IDREFS-Attribut angewendet werden und liefert jeweils eine Sequenz (im Falle eines IDREF-Attributes eine einstellige Sequenz) von Elementen, auf die die Referenz(en) verweist/verweisen.

Die Umkehrfunktion zu *id*() heißt *idref*() und liefert die Attributknoten, die auf die ID-Werte verweisen.

20.2.10 Das if–then–else-Konstrukt

In XQuery kann man auch Verzweigungen mittels einer **if–then–else**-Syntax realisieren. Wir wollen dies an einem Beispiel illustrieren, in dem wir die Professoren fallweise als *LehrProfessorIn* klassifizieren wenn Sie mindestens 2 Vorlesungen halten oder anderenfalls als *ForschungsProfessorIn*:

```
<ProfessorenListe>
{for $p in doc("Uni.xml")//ProfessorIn
return ( if ($p/Vorlesungen/Vorlesung[2]) then
                <LehrProfessorIn>
                    {$p/Name/text()}
                 </LehrProfessorIn>
              else
                 <ForschungsProfessorIn>
                    {$p/Name/text()}
                 </ForschungsProfessorIn> ) }
</ProfessorenListe>
```

Das Prädikat der Verzweigung wurde hier in dem XPath-Pfad „versteckt", der die Existenz einer zweiten Vorlesung überprüft. Es sei den Lesern überlassen, dieses Prädikat über eine **let**-Gruppierung und eine anschließende Zählung (**count**) der Vorlesungen etwas lesbarer zu formulieren. Als Ergebnis erhält man folgende *ProfessorenListe*:

```
<ProfessorenListe>
     <ForschungsProfessorIn>Augustinus</ForschungsProfessorIn>
     <ForschungsProfessorIn>Curie</ForschungsProfessorIn>
     <ForschungsProfessorIn>Kopernikus</ForschungsProfessorIn>
     <LehrProfessorIn>Sokrates</LehrProfessorIn>
     <LehrProfessorIn>Russel</LehrProfessorIn>
     <ForschungsProfessorIn>Popper</ForschungsProfessorIn>
     <LehrProfessorIn>Kant</LehrProfessorIn>
</ProfessorenListe>
```

20.2.11 Rekursive Anfragen

Anfragen auf rekursiven Strukturen lassen sich in XQuery recht einfach formulieren, da man ja mit der Achse **descendant** oder der Achse **descendant-or-self** bzw. // – je nachdem ob man **self** mit einschließen will – die transitive Hülle der Kinder eines Elements sehr einfach ermitteln kann. Wir demonstrieren dies anhand unserer Bauteile-Hierarchie aus Abschnitt 20.1.2 (Seite 668). Wir wollen für den „Maybach“ die Summe der Einzelpreise der untergeordneten Bauteile ermitteln und dies in Bezug zum Verkaufspreis setzen:

```
for $m in doc("Bauteile.xml")/Bauteil
                    [Beschreibung="Maybach 620 Limousine"]
let $teile := $m/descendant::Bauteil
return
  <Kosten>
   <Verkaufspreis> {$m/@Preis} </Verkaufspreis>
   <PreisDerEinzelteile> {sum($teile/@Preis)} </PreisDerEinzelteile>
  </Kosten>
```

Als Ergebnis erhalten wir (unsere Bauteile-Hierarchie ist aber nicht vollständig, so dass man daraus nicht wirklich auf die Gewinnmarge schließen sollte):

```
<Kosten>
    <Verkaufspreis Preis="350000"/>
    <PreisDerEinzelteile>59000.0</PreisDerEinzelteile>
</Kosten>
```

Schwieriger ist es, in den Anfragen selbst rekursive Strukturen aufzubauen. Als Beispiel wollen wir einen Vorlesungsbaum aufstellen, so dass zu jeder Vorlesung **alle** ihre Vorgänger geschachtelt werden. Das Ergebnis entspricht also folgender DTD:

```
<!DOCTYPE VorlesungsBaum [
    <!ELEMENT VorlesungsBaum (Vorlesung *)>
    <!ELEMENT Vorlesung (Vorlesung *)>
    <!ATTLIST Vorlesung
          Titel  CDATA  #REQUIRED>
]>
```

Die Rekursivität bei nicht vorhersehbarer Schachtelungstiefe wird hierbei durch eine rekursive Funktion namens *eineEbene* modelliert. Zu einer gegebenen Vorlesung werden in dieser Funktion zunächst die direkten Voraussetzungen ermittelt und zu diesen dann wiederum rekursiv die nächste Ebene der Voraussetzungen:

```
declare function local:eineEbene($p as element()) as element()
{
    <Vorlesung Titel="{ $p/Titel/text() }">
         {
         for $s in doc("Uni.xml")//Vorlesung
         where contains($p/@Voraussetzungen,$s/@VorlNr)
         return local:eineEbene($s)
         }
```

```
    </Vorlesung>
};

<VorlesungsBaum>
  {
    for $p in doc("Uni.xml")//Vorlesung
    return local:eineEbene($p)
  }
</VorlesungsBaum>
```

Das Ergebnis sieht dann wie folgt aus:

```
<VorlesungsBaum>
    <Vorlesung Titel="Glaube und Wissen"/>
    <Vorlesung Titel="Ethik">
        <Vorlesung Titel="Grundzüge"/>
    </Vorlesung>
    <Vorlesung Titel="Mäeutik">
        <Vorlesung Titel="Grundzüge"/>
    </Vorlesung>
    <Vorlesung Titel="Logik"/>
    <Vorlesung Titel="Erkenntnistheorie">
        <Vorlesung Titel="Grundzüge"/>
    </Vorlesung>
    <Vorlesung Titel="Wissenschaftstheorie">
        <Vorlesung Titel="Ethik">
            <Vorlesung Titel="Grundzüge"/>
        </Vorlesung>
        <Vorlesung Titel="Erkenntnistheorie">
            <Vorlesung Titel="Grundzüge"/>
        </Vorlesung>
    </Vorlesung>
    <Vorlesung Titel="Der Wiener Kreis">
        <Vorlesung Titel="Wissenschaftstheorie">
            <Vorlesung Titel="Ethik">
                <Vorlesung Titel="Grundzüge"/>
            </Vorlesung>
            <Vorlesung Titel="Erkenntnistheorie">
                <Vorlesung Titel="Grundzüge"/>
            </Vorlesung>
        </Vorlesung>
    </Vorlesung>
    <Vorlesung Titel="Grundzüge"/>
    <Vorlesung Titel="Bioethik">
        <Vorlesung Titel="Ethik">
            <Vorlesung Titel="Grundzüge"/>
        </Vorlesung>
    </Vorlesung>
    <Vorlesung Titel="Die 3 Kritiken"/>
</VorlesungsBaum>
```

20.3 Zusammenspiel von relationalen Datenbanken und XML

Relationale Datenbanksysteme stellen derzeit – und in absehbarer Zukunft – die marktbeherrschende und ausgereifteste Technologie für die Verwaltung persistenter Daten dar. Deshalb ist es naheliegend, dass man die XML-Funktionalität mit der relationalen Datenbanktechnologie koppelt. Dabei sind zwei Zielsetzungen zu unterscheiden, die in Abbildung 20.10 illustriert sind:

1. Speicherung von XML-Dokumenten in relationalen DBMS und
2. Transformation relationaler Daten in XML-Dokumente.

Bei der Speicherung von XML-Dokumenten in relationalen Datenbanken gibt es zum einen die Möglichkeit, diese Dokumente einfach als *binary large objects (BLOBs)* oder als *character large objects (CLOBs)* zu speichern. Das hat allerdings den offensichtlichen Nachteil, dass man diese Objekte nur als Ganzes der Datenbank übergeben kann und sie danach nur als Ganzes wieder anfordern kann. Man kann sie aber weder modifizieren noch Anfragen effizient darauf auswerten. Das heißt, das relationale Datenbanksystem würde lediglich als Archiv für die dauerhafte Speicherung dieser Dokumente dienen, was in manchen Fällen durchaus sinnvoll ist, wenn man beispielsweise an die Archivierung von (digital signierten) Verträgen denkt.

Wir wollen uns in diesem Kapitel aber mit der relationalen Speicherung von XML-Dokumenten befassen, bei der auch die Anfrageauswertung von XPath- und XQuery-Ausdrücken effizient ermöglicht wird. Dazu werden die XML-Dokumente in ihre Bestandteile (Attribute, Elemente, Kommentare, etc.) zerlegt und in Relationen gespeichert. Diese Zerlegung der XML-Dokumente in kleinere Bestandteile bezeichnet man als *shreddern*.

Bei der *Publikation* von relationalen Daten in XML-Dokumenten geht man den umgekehrten Weg: Aus logisch zusammengehörenden Tupeln unterschiedlicher Relationen werden (geschachtelte) XML-Dokumente generiert. Diese Generierung von XML-Dokumenten ist oft für den Austausch von Daten über Organisationsgrenzen hinweg notwendig, da XML sich immer mehr zum standardisierten Datenaustauschformat betriebswirtschaftlicher Anwendungen entwickelt.

Die nachfolgenden Diskussionen basieren zumeist auf zwei sehr einfach strukturierten XML-Dokumenten, die zwei Datenbank-Lehrbücher beschreiben und in Abbildung 20.11 als Baumstrukturen dargestellt sind.

In dieser Baumdarstellung haben wir auch schon eine eindeutige hierarchische Nummerierung der Knoten – also der Elemente und Attribute – innerhalb eines XML-Dokuments eingeführt. Betrachten wir beispielsweise das Element *Nachname* mit dem Wert *Kemper* im oberen XML-Dokument: Dieses Element hat die Nummer 1.3.1.2, da es das zweite Kind des ersten Kindes des dritten Kindes der Wurzel (mit Nummer 1) ist. Diese Nummerierung ist analog zur Gliederung eines Aufsatzes oder Buchs, in dem die Kapitel, Abschnitte und Unterabschnitte auf die gleiche Weise durchnummeriert werden. Im Folgenden werden wir diese eindeutige Kennung eines Knotens als dessen *ORDpfad* bezeichnen, wobei *ORD* für *ordinal number* steht. Man beachte, dass die hier vorgestellte Nummerierung von Knoten nicht robust

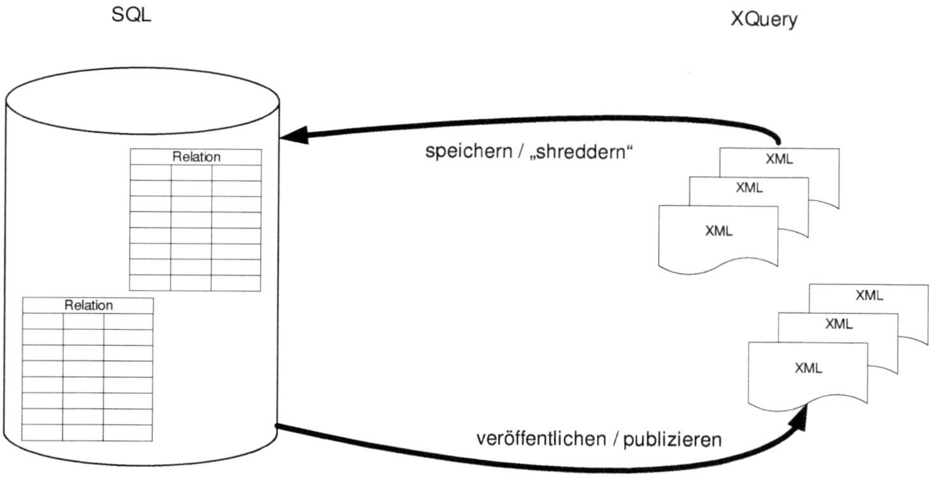

Abbildung 20.10: Zusammenspiel relationaler Datenbanken und XML

gegen Änderungen des XML-Dokuments ist. Wenn man beispielsweise einen weiteren Autor „zwischen“ Kemper und Eickler einfügen würde, wäre die Nummerierung von Eickler's Teilbaum abzuändern. In der Übungsaufgabe 20.7 mögen die Leser dieses Nummerierungsschema so abändern, dass man auch nach Einfügeoperationen die bereits existierenden Kennungen beibehalten kann.

Wir sind jetzt in der Lage, die relationale Darstellung der XML-Dokumente zu beschreiben, bei der die hierarchische Struktur (also die Schachtelung) „aufgebrochen“ wird und jeder Knoten (Attribut oder Element) als separates Tupel gespeichert wird. Die in Abbildung 20.12 gezeigte *InfoTab*-Relation enthält für jeden XML-Knoten die folgende Information:

- **DocID:** Die Kennung des XML-Dokuments, da wir viele (oder sogar alle) XML-Dokumente in dieser einen Relation abspeichern wollen.
- **ORDpfad:** Die hierarchische Kennzahl des Knotens innerhalb seines Dokuments.
- **Tag:** Die Marke (Engl. *tag*) des Knotens. Hierbei unterscheiden wir nicht zwischen Elementnamen und Attributnamen.
- **KnotenTyp:** Hier wird unterschieden zwischen XML-Attributen und Elementen.
- **Wert:** Falls es sich bei dem Knoten um ein Blatt des XML-Baums handelt, wird sein Wert hier abgespeichert.
- **Pfad:** Hier wird der eindeutige Pfad des Knotens innerhalb des XML-Baums angegeben. Die einzelnen Element- bzw. Attributnamen werden durch das spezielle Trennzeichen # voneinander separiert.

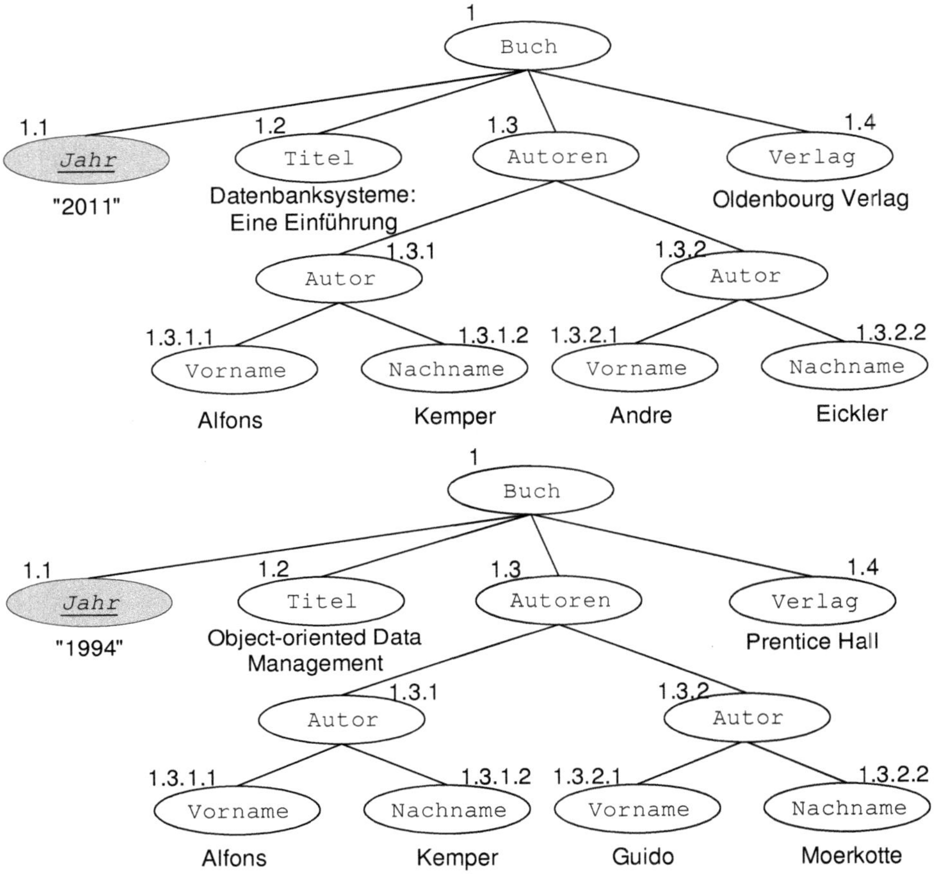

Abbildung 20.11: XML-Dokumente als Bäume mit nummerierten Knoten

- **invPfad:** Hier wird der Pfad nochmals in umgekehrter Richtung – also vom Knoten zur Wurzel – angegeben. In einer realen Implementierung würde man auf den *Pfad* verzichten und nur den invertierten Pfad *invPfad* abspeichern. Warum?

Die relational gespeicherten XML-Dokumente können nun in SQL-Anfragen mit Hilfe des relationalen Anfrageprozessors effizient ausgewertet werden. Allerdings stellt man aus Gründen der Benutzerfreundlichkeit die Anfragen nicht direkt in SQL, sondern in XPath oder XQuery – also den standardisierten XML-Anfragesprachen, die für die Formulierung auf XML-Dokumenten deutlich besser geeignet sind. Die relationale Darstellung in der *InfoTab* sowie die Umsetzung der XPath/XQuery-Anfragen in äquivalente SQL-Anfragen erfolgt also automatisch „hinter den Kulissen".

InfoTab						
DocID	ORDpfad	Tag	KnotenTyp	Wert	Pfad	invPfad
4711	1	Buch	Element	–	#Buch	#Buch
4711	1.1	Jahr	Attribut	2006	#Buch#@Jahr	#@Jahr#Buch
4711	1.2	Titel	Element	Datenbank...	#Buch#Titel	#Titel#Buch
4711	1.3	Autoren	Element	–	#Buch#Autoren	#Autoren#Buch
4711	1.3.1	Autor	Element	–	#Buch#Autoren#Autor	#Autor#Autoren#Buch
4711	1.3.1.1	Vorname	Element	Alfons	#Buch#Autoren#Autor#Vorname	#Vorname#Autor#Autoren#Buch
4711	1.3.1.2	Nachname	Element	Kemper	#Buch#Autoren#Autor#Nachname	#Nachname#Autor#Autoren#Buch
4711	1.3.2	Autor	Element	–	#Buch#Autoren#Autor	#Autor#Autoren#Buch
4711	1.3.2.1	Vorname	Element	Andre	#Buch#Autoren#Autor#Vorname	#Vorname#Autor#Autoren#Buch
4711	1.3.2.2	Nachname	Element	Eickler	#Buch#Autoren#Autor#Nachname	#Nachname#Autor#Autoren#Buch
4711	1.4	Verlag	Element	Oldenbourg V...	#Buch#Verlag	#Verlag#Buch
5813	1	Buch	Element	–	#Buch	#Buch
5813	1.1	Jahr	Attribut	1994	#Buch#@Jahr	#@Jahr#Buch
5813	1.2	Titel	Element	Object...	#Buch#Titel	#Titel#Buch
5813	1.3	Autoren	Element	–	#Buch#Autoren	#Autoren#Buch
5813	1.3.1	Autor	Element	–	#Buch#Autoren#Autor	#Autor#Autoren#Buch
5813	1.3.1.1	Vorname	Element	Alfons	#Buch#Autoren#Autor#Vorname	#Vorname#Autor#Autoren#Buch
5813	1.3.1.2	Nachname	Element	Kemper	#Buch#Autoren#Autor#Nachname	#Nachname#Autor#Autoren#Buch
5813	1.3.2	Autor	Element	–	#Buch#Autoren#Autor	#Autor#Autoren#Buch
5813	1.3.2.1	Vorname	Element	Guido	#Buch#Autoren#Autor#Vorname	#Vorname#Autor#Autoren#Buch
5813	1.3.2.2	Nachname	Element	Moerkotte	#Buch#Autoren#Autor#Nachname	#Nachname#Autor#Autoren#Buch
5813	1.4	Verlag	Element	Prentice Hall	#Buch#Verlag	#Verlag#Buch
8769	1	Universität	Element	–	#Universität	#Universität
8769	1.1	UnivName	Attribut	Virtuelle Uni...	#Universität#@UnivName	#@UnivName#Universität
8769	1.2	UniLeitung	Element	–	#Universität#UniLeitung	#UniLeitung#Universität
8769	1.2.1	Rektor	Element	Prof. Sokrates	#Universität#UniLeitung#Rektor	#Rektor#UniLeitung#Universität
8769	1.2.2	Kanzler	Element	Dr. Erhard	#Universität#UniLeitung#Kanzler	#Kanzler#UniLeitung#Universität
8769	1.3	Fakultäten	Element	–	#Universität#Fakultäten	#Fakultäten#Universität
...	...	...	...	...	...	...

Abbildung 20.12: InfoTab-Ausprägung für die Bücher und die Virtuelle Universität

In einer ersten Anfrage wollen wir die Nachnamen aller Autoren von Büchern ermitteln. Dies entspricht also folgendem XPath-Ausdruck:

```
/Buch/Autoren/Autor/Nachname/text()
```

In der relationalen Darstellung kann man diese Information mit folgender SQL-Anfrage aus der Relation *InfoTab* extrahieren:

```
select n.Wert
from InfoTab n
where n.Pfad = '#Buch#Autoren#Autor#Nachname'
```

Bei der Auswertung dieser Art von Anfragen ist sicherlich ein Index auf dem Attribut *Pfad* der Relation *InfoTab* leistungssteigernd. Man muss beachten, dass die Relation *InfoTab* „gigantisch" groß werden kann, da sie alle XML-Dokumente enthält (in unserem Fall also nicht nur Bücher, sondern auch die Universitäts-Dokumente, den Stammbaum, etc.).

Das „Geniale" an dem *InfoTab*-Design ist das Attribut *Pfad*, das den eindeutigen Pfad jedes Elements (oder Attributs) zur Wurzel des XML-Dokuments repräsentiert. Es gab frühere Vorschläge für diese Kanten-orientierte Abbildung von XML-Dokumenten auf relationale Strukturen ohne Einbezug des *Pfad*-Attributs. In diesem Fall benötigt man in der SQL-Formulierung eine (große) Anzahl von Self-Joins, die proportional zur Länge des spezifizierten Pfads in der XPath-Anfrage ist. Wir können dies an unserem Beispiel-Pfadausdruck `/Buch/Autoren/Autor/Nachname` demonstrieren, der sich in SQL ohne Nutzung des *Pfad*-Attributs wie folgt formulieren lässt:

```
select n.Wert
from InfoTab b, InfoTab an, InfoTab a, InfoTab n
where b.Tag = 'Buch' and an.Tag = 'Autoren' and
      a.Tag = 'Autor' and n.Tag = 'Nachname' and
      b.KnotenTyp = 'Element' and an.KnotenTyp = 'Element' and
      a.KnotenTyp = 'Element' and n.KnotenTyp = 'Element' and
      PARENT(an.ORDpfad) = b.ORDpfad and an.DOCid = b.DOCid and
      PARENT(a.ORDpfad) = an.ORDpfad and a.DOCid = an.DOCid and
      PARENT(n.ORDpfad) = a.ORDpfad and n.DOCid = a.DOCid
```

Bei dieser Anfrage haben wir eine spezielle Funktion *PARENT()* verwendet, die zu einer *ORDpfad*-Kennung die Kennung des Vaters ermittelt. Bei unserer fortlaufenden Nummerierung ist das ganz einfach durch Entfernung der letzten Komponente der Kennung möglich, so dass beispielsweise die Auswertung von *PARENT(1.3.1)* den *ORDpfad*-Wert *1.3* ergibt.

Als Nächstes wollen wir die Nachnamen der Autoren von Datenbanksysteme-Büchern ermitteln. In XPath-Syntax geht das mit folgendem Pfadausdruck:

```
/Buch[Titel='Datenbanksysteme']/Autoren/Autor/Nachname/text()
```

Die korrespondierende SQL-Anfrage ist jetzt deutlich komplexer, da sie mehrere Joins enthält, um die Teilpfade miteinander zu verknüpfen:

```
select n.Wert
from InfoTab b, InfoTab t, InfoTab n
where b.Pfad = '#Buch' and
      t.Pfad = '#Buch#Titel' and
      n.Pfad = '#Buch#Autoren#Autor#Nachname' and
      t.Wert = 'Datenbanksysteme' and
      PARENT(t.ORDpfad) = b.ORDpfad and t.DOCid = b.DOCid and
      PREFIX(b.ORDpfad,n.ORDpfad) and b.DOCid = n.DOCid
```

Hierbei haben wir zusätzlich zur *PARENT()*-Funktion auch noch die Boole'sche *PREFIX()*-Funktion verwendet, die ermittelt, ob das erste Argument ein Präfix des zweiten Arguments ist. Bezogen auf die *ORDpfad*-Kennungen wird also ermittelt, ob das erste Argument ein Vorfahre des zweiten Arguments in der XML-Baumstruktur ist.

Wenn wir alle Nachnamen von Autoren – egal ob Buchautoren, Zeitschriftenautoren, oder dergleichen – ermitteln wollen, kann man dies in XPath mittels der *descendant-or-self*-Achse – abgekürzt durch // – wie folgt ausdrücken:

```
//Autor/Nachname/text()
```

Die Umsetzung in SQL geschieht erstaunlich einfach und effizient durch Ausnutzung der Mustererkennung auf den in der *InfoTab*-Darstellung abgespeicherten Pfaden:

```
select n.Wert
from InfoTab n
where n.Pfad like '%#Autor#Nachname'
```

Die Rekursion dieser *descendant-or-self*-XPath-Achse „versteckt" sich also in der korrespondierenden SQL-Formulierung in der Mustererkennung auf dem String-Attribut *Pfad*. Das %-Zeichen steht nämlich für eine beliebig lange Zeichenkette, die also mit einem beliebig tief geschachtelten *Autor*-Element korrespondiert.

An dieser Stelle sollten wir erklären, warum wir in der *InfoTab*-Darstellung die invertierten Pfade im Attribut *invPfad* abspeichern. Das Selektionsprädikat `where n.Pfad like '%#Autor#Nachname'` der obigen SQL-Anfrage wird nämlich nicht gut durch einen B-Baum-Index unterstützt, da man alle möglichen Präfixe suchen muss. Deshalb ist es viel besser, nach solchen Pfaden zu suchen, die mit *Nachname* und davor mit *Autor* enden. Dies wird durch die Ausnutzung des Attributs *invPfad* wie folgt erreicht:

```
select n.Wert
from InfoTab n
where n.invPfad like '#Nachname#Autor#%'
```

In der Praxis würde man natürlich nur die invertierten Pfade (also das Attribut *invPfad*) speichern und alle Anfragen dementsprechend umformen. Dies überlassen wir den Lesern als Übungsaufgabe.

Rekursive Pfade können natürlich auch in den Prädikaten vorkommen. Wenn wir die Titel der Bücher ermitteln wollen, mit denen „Kemper etwas zu tun hat“ (also beispielsweise als Autor, als Herausgeber oder als Gutachter, etc.) dann kann man das in folgendem XPath-Ausdruck ermitteln:

```
/Buch[.//Nachname = 'Kemper']/Titel/text()
```

Aus diesem XPath-Ausdruck kann man dann automatisch die nachfolgende SQL-Formulierung generieren, die die Anfrage auf der *InfoTab*-Relation auswertet:

```
select t.Wert
from InfoTab b, InfoTab n, InfoTab t
where b.Pfad = '#Buch' and
      t.Pfad = '#Buch#Titel' and
      n.Pfad like '%#Nachname' and
      n.Wert = 'Kemper' and
      PARENT(t.ORDpfad) = b.ORDpfad and t.DOCid = b.DOCid and
      PREFIX(b.ORDpfad,n.ORDpfad) and b.DOCid = n.DOCid
```

Bei dieser Anfrage sollte man wiederum die Präfix-Überprüfung `n.Pfad like '%#Nachname'` umformen zu `n.invPfad like '#Nachname#%'`, so dass ein B-Baum-Index effektiv eingesetzt werden kann.

20.3.1 XML-Repräsentation gemäß Pre- und Postorder-Rängen

Bei der bisher gezeigten relationalen Repräsentation von XML-Dokumenten wird die Vater/Kind-Beziehung von Elementen über die hierarchische Kennung (den *ORDpfad* in unserem relationalen Schema) modelliert. Eine alternative Methode benutzt die relative Position eines Elements/Attributs in der Baumdarstellung des XML-Dokuments, um die Schachtelungsstruktur darzustellen. Dazu wird der Preorder-Rang und der Postorder-Rang der Elemente bestimmt. Zur Wiederholung: Die Preorder-Reihung entspricht intuitiv der Reihenfolge, in der die Elemente bei einer Tiefensuche des Baums erstmals besucht werden. Die Preorder-Reihung der Elemente entspricht also genau der Dokumentreihenfolge, so dass man den Preorder-Durchlauf des Baums verwenden kann, um aus der Baumstruktur die „normale“ sequentielle Dokumentstruktur wieder herzustellen. Die Postorder-Reihung entspricht der Reihenfolge des letztmaligen Besuchs des Elements im Rahmen der Tiefensuche, also dem Zeitpunkt, zu dem alle Kinder des betreffenden Knotens „abgearbeitet“ sind.

Wir wollen die Anordnung eines XML-Baums innerhalb des Pre- und Postorder-Koordinatensystems an Hand unseres Beispieldokuments in Abbildung 20.13 veranschaulichen. In Klammern sind die jeweiligen Preorder- und Postorder-Ränge der Knoten angegeben, also beispielsweise (3,2) für das *Titel*-Element, das den Wert *Datenbanksysteme ...* hat.

Die relative Position eines Elements innerhalb dieses Preorder- und Postorder-Koordinatensystems lässt sich ausnutzen, um die wichtigsten Achsen der XPath-Ausdrücke auszuwerten:

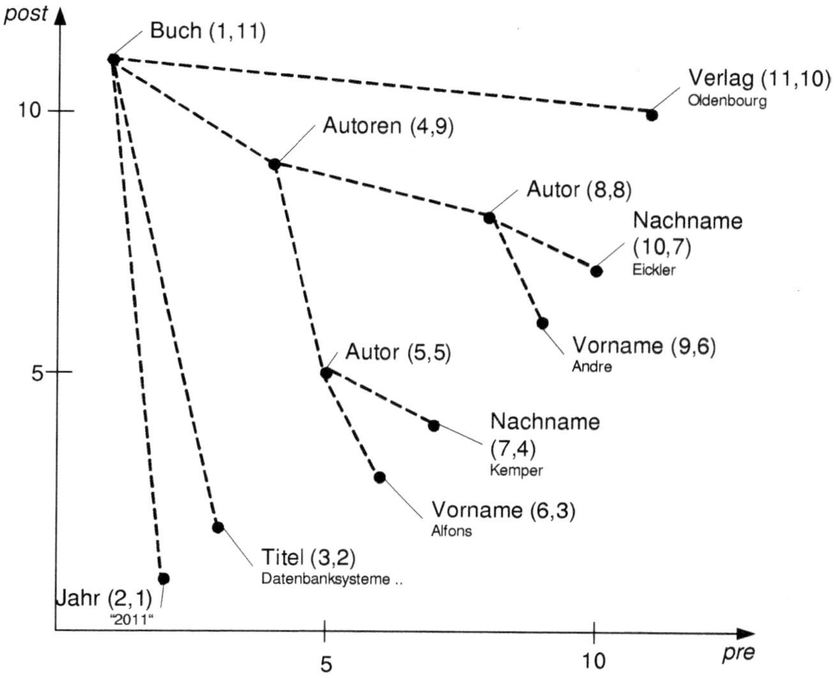

Abbildung 20.13: Preorder- und Postorder-Ränge des XML-Dokuments

- *descendant*: Die Nachfahren eines Elements haben einen höheren Preorder-Rang und einen niedrigeren Postorder-Rang. Sie befinden sich also im rechten unteren Quadranten. Dies ist in Abbildung 20.14 für den Referenzknoten *Autoren* mit den Koordinaten (4,9) dargestellt.
- *ancestor*: Die Vorfahren eines Elements haben einen niedrigeren Preorder- und einen höheren Postorder-Rang und finden sich somit im linken oberen Quadranten.
- *preceding*: Die Vorgänger haben einen niedrigeren Preorder- und einen niedrigeren Postorder-Rang und liegen demzufolge im linken unteren Quadranten.
- *following*: Die Nachfolger befinden sich im rechten oberen Quadranten, da sie sowohl im Preorder- als auch im Postorder-Rang einen höheren Wert aufweisen müssen.

Die in den Preorder/Postorder-Koordinaten enthaltene Information kann man relational in der *PrePostTab*-Tabelle darstellen, die in Abbildung 20.15 für unser Beispieldokument gezeigt ist. Zusätzlich zu den Preorder- und Postorder-Rängen wird zu jedem Knoten noch der Preorder-Rang seines Vaters als *Parent*-Attribut gespeichert. Dies ist u.a. notwendig, um die *child*-Achse auswerten zu können. Wiederum ist dieses relationale Schema geeignet, beliebige XML-Dokumente jedweden

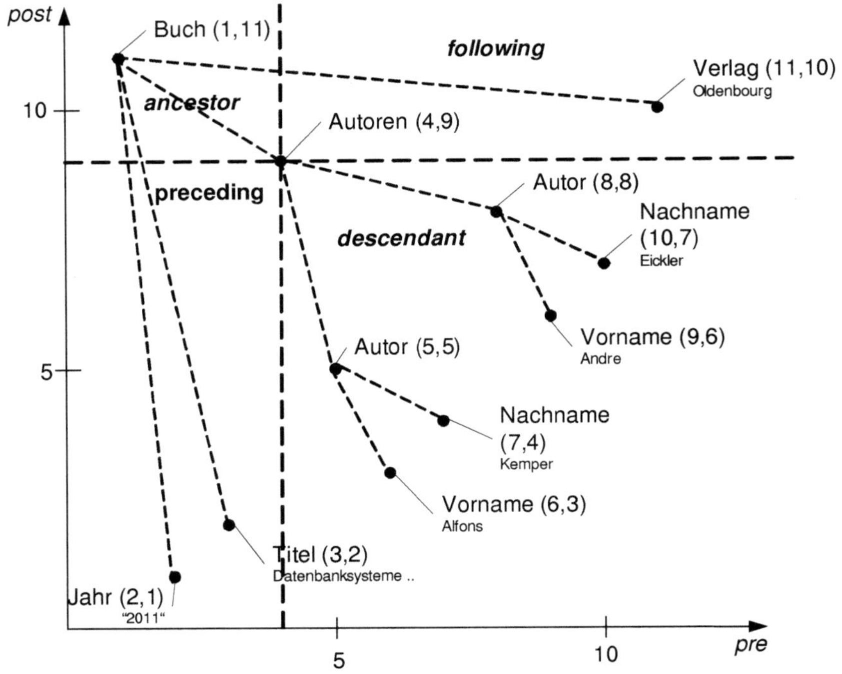

Abbildung 20.14: Preorder- und Postorder-Ränge des XML-Dokuments

Typs zu speichern, so dass wir auch eine Dokumenten-ID benötigen, um Knoten verschiedener XML-Dokumente voneinander differenzieren zu können.

Wir können diese Relation jetzt verwenden, um XPath-Ausdrücke mit Hilfe von SQL-Anfragen auszuwerten. Wir wollen dies anhand eines kleinen Beispiels demonstrieren, in dem wir die Nachnamen der Personen ausgeben, die etwas mit Büchern zu tun haben (Autoren, Editoren, Gutachter, etc.). In XPath formuliert man diese Anfrage sehr einfach wie folgt:

```
/Buch//Nachname/text()
```

Der äquivalente, automatisch generierbare SQL-Auswertungsplan auf unserer *PrePostTab* sieht wie folgt aus:

```
select n.Wert
from PrePostTab b, PrePostTab n
where b.DocID = n.DocID and
      n.Tag = 'Nachname' and b.Tag = 'Buch' and
      n.Pre > b.Pre and n.Post < b.Post
```

Die letzten beiden Bedingungen `n.Pre > b.Pre and n.Post < b.Post` schränken die betrachteten Elemente n auf diejenigen ein, die relativ zu dem Element b

PrePostTab						
DocID	Pre	Post	Parent	Tag	KnotenTyp	Wert
4711	1	11	–	Buch	Element	–
4711	2	1	1	Jahr	Attribut	2006
4711	3	2	1	Titel	Element	Datenbank...
4711	4	9	1	Autoren	Element	–
4711	5	5	4	Autor	Element	–
4711	6	3	5	Vorname	Element	Alfons
4711	7	4	5	Nachname	Element	Kemper
4711	8	8	4	Autor	Element	–
4711	9	6	8	Vorname	Element	Andre
4711	10	7	8	Nachname	Element	Eickler
4711	11	10	1	Verlag	Element	Oldenbourg
5813	1	11	–	Buch	Element	–
...	...	...	...	...	...	...

Abbildung 20.15: Preorder- und Postorder-Modellierung als Relation

im rechten unteren Quadranten liegen, also Nachfahren von b sind. Zusätzlich müssen wir diese Nachfahren noch auf diejenigen einschränken, deren Tag gleich *Nachname* ist. Außerdem müssen wir die beiden Tupelvariablen b und n dahingehend einschränken, dass sie XML-Knoten in demselben Dokument repräsentieren, also gleiche *DocID*-Werte haben.

Die Navigation entlang einer Achse (z.B. der Vater/Kind-Beziehung) erfolgt bei dieser Speichermethode durch einen Self-Join, der durch die Preorder- und Postorder-Koordinaten eingeschränkt wird. Dies wird im nachfolgenden Beispiel illustriert, in dem wir die Nachnamen von Buchautoren suchen:

```
/Buch//Autor/Nachname/text()
```

Der äquivalente Auswertungsplan auf unserer *PrePostTab* sieht wie folgt aus:

```
select n.Wert
from PrePostTab b, PrePostTab a, PrePostTab n
where b.DocID = a.DocID and a.DocID = n.DocID and
      n.Tag = 'Nachname' and a.Tag = 'Autor' and b.Tag = 'Buch' and
      a.Pre > b.Pre and a.Post < b.Post and
      n.Pre > a.Pre and n.Post < a.Post and n.Parent = a.Pre
```

In beiden Fällen, also sowohl bei der Auswahl der Elemente n als auch bei der Auswahl der Elemente a, wird verlangt, dass sie jeweils im Nachfahren-Quadranten liegen, da Kinder ja auch Nachfahren sind. Allerdings ist diese Einschränkung bei der Auswertung der *child*-Achse redundant und dient nur der Effizienzsteigerung (falls es Indices für diese Attribute gibt).

20.3.2 Der neue Datentyp xml

Mittlerweile haben auch die marktbeherrschenden Datenbank-Anbieter Unterstützung für die Speicherung und Abfrage von XML-Dokumenten in ihre relationalen Datenbanksysteme integriert. Intern werden dabei die „shredding"-Techniken, die wir im vorangegangenen Abschnitt beschrieben haben, eingesetzt, um die Anfragen effizient auswerten zu können.

Für die Verwaltung von XML-Dokumenten gibt es also in den relationalen Datenbanksystemen den Attributtyp *xml*, so dass man diesem Attribut ein XML-Dokument zuordnen kann. Wir wollen dies in der Relation *Bücher* demonstrieren, in der wir naheliegenderweise die *ISBN*-Nummer als Schlüssel verwenden.

```
create table Bücher (isbn varchar(20) primary key,
                     Beschreibung xml)
```

Hier wurde also ein Attribut *Beschreibung* vom Typ *xml* definiert. Dieses Attribut nimmt demnach ein komplettes XML-Dokument auf, wie die beiden nachfolgenden Einfügeoperationen zeigen:[4]

```
insert into Bücher values('3486273922',
'<Buch Jahr="2006">
        <Titel> Datenbanksysteme: Eine Einführung </Titel>
        <Autoren>
                <Autor>
                        <Vorname> Alfons </Vorname>
                        <Nachname> Kemper </Nachname>
                </Autor>
                <Autor>
                        <Vorname> Andre </Vorname>
                        <Nachname> Eickler </Nachname>
                </Autor>
        </Autoren>
        <Verlag> Oldenbourg Verlag</Verlag>
</Buch> ' )

insert into Bücher values('0136292399',
'<Buch Jahr="1994">
  <Titel> Object-oriented Data Management </Titel>
  <Autoren>
    <Autor>
      <Vorname> Alfons </Vorname>
      <Nachname> Kemper </Nachname>
    </Autor>
    <Autor>
      <Vorname> Guido </Vorname>
      <Nachname> Moerkotte </Nachname>
```

[4]Diese Beispiele wurden mit dem Microsoft SQL Server 2005 erstellt. Vergleichbare Funktionalität bieten aber auch DB2 und Oracle.

```
    </Autor>
  </Autoren>
  <Verlag> Prentice Hall </Verlag>
</Buch>' )
```

Man sollte sich aber nicht täuschen lassen, dass diese eingefügten XML-Dokumente als Ganzes in den Attributen der Relation *Bücher* gespeichert werden. Vielmehr werden diese Dokumente „hinter den Kulissen“ zerlegt („geshreddert“) und in Strukturen, wie wir sie im vorigen Abschnitt (siehe insbesondere auch Abbildung 20.12) besprochen haben, gespeichert. Nur durch diese feinkörnige Zerlegung der XML-Dokumente ist es möglich, die Anfragebearbeitung effizient zu gestalten, indem die ausgereifte SQL-Funktionalität der relationalen Datenbanksysteme zum Einsatz kommt.

Die relationalen Systeme erlauben die Formulierung von Anfragen auf diesen *xml*-Attributen mittels einer XQuery-artigen Syntax, die in SQL eingebettet ist. Im nachfolgenden Beispiel wollen wir die Autoren der Bücher aus dem Jahre 2006 ermitteln:

```
select Beschreibung.query('for $b in Buch[@Jahr="2006"]
                            return $b/Autoren') as xml
from Bücher
```

Als Ergebnis erhalten wir folgendes XML-Fragment:

```
<Autoren>
  <Autor>
    <Vorname> Alfons </Vorname>
    <Nachname> Kemper </Nachname>
  </Autor>
  <Autor>
    <Vorname> Andre </Vorname>
    <Nachname> Eickler </Nachname>
  </Autor>
</Autoren>
```

Nachfolgend wollen wir auch Beispielanfragen für die Relation *Unis* formulieren, in der neben dem Namen der Universität auch deren XML-Beschreibung gespeichert ist. Neben Schema-losen wohlgeformten XML-Inhalten kann man auch verlangen, dass die in einer Relation abgespeicherten XML-Dokumente gegen ein vorgegebenes XML-Schema validiert werden. Dazu gibt man in der Datendefinition einen Bezug zu dem entsprechenden Schema an. Weiterhin kann man verlangen, dass der XML-Inhalt einem wohl-geformten Dokument mit nur einem Wurzelelement entspricht (DOCUMENT) oder aus mehreren top-level Elementen (CONTENT) bestehen darf.

```
create table Unis(
        Name varchar(30) primary key,
        Beschreibung xml (document mycol)
)
```

Das XML-Schema der Universität, wie es in Abbildung 20.4 (auf S. 673) definiert wurde, muss hierfür in der Schema-Kollection *mycol* hinterlegt werden:

```
create xml schema collection mycol as
   '<xsd:schema xmlns:xsd="http://www.w3.org/2001/XMLSchema">
       <xsd:element name="Universität">
        ...
       </xsd:element>
    </xsd:schema>'
```

Die Kollektion kann mit zusätzlichen XML-Schemata erweitert werden:

```
alter xml schema collection mycol add
   '<xsd:schema> ... </xsd:schema>'
```

In den nachfolgenden Anfrage-Beispielen gehen wir davon aus, dass die in Abbildung 20.2 modellierte *Virtuelle Uni* in dieser Relation *Unis* gespeichert ist. Dann können wir die aktiven (also Vorlesungen haltenden) Professoren wie folgt ermitteln:

```
select Name, Beschreibung.query('for $d in //ProfessorIn
                                 where $d/Vorlesungen/Vorlesung
                                 return $d/Name') as xml
from Unis
where Name = 'Virtuelle Uni'
```

Als Ergebnis wird folgendes Tupel, bestehend aus dem Namen der Universität und dem XML-Fragment (genauer gesagt der Sequenz von XML-Elementen) zurückgeliefert:

```
Name            |  xml
=========================================
Virtuelle Uni   |  <Name>Augustinus</Name>
                   <Name>Sokrates</Name>
                   <Name>Russel</Name>
                   <Name>Popper</Name>
                   <Name>Kant</Name>
```

Man beachte, dass in der *where*-Klausel der obigen Anfrage lediglich die Existenz eines Unterelements *Vorlesungen* und darunter die Existenz eines Unterelements *Vorlesung* verlangt wurde. Man kann natürlich auch noch Bedingungen an dieses Unterelement *Vorlesung* stellen, beispielsweise dass sie einen Umfang von 4 *SWS* haben sollte:

```
select Name, Beschreibung.query('for $d in //ProfessorIn
                                 where $d/Vorlesungen/Vorlesung[SWS=4]
                                 return $d/Name') as xml
from Unis
where Name = 'Virtuelle Uni'
```

Jetzt werden die Professoren ausgegeben, die mindestens eine 4-stündige Vorlesung halten:

```
Name            | xml
=======================================
Virtuelle Uni   | <Name>Sokrates</Name>
                  <Name>Kant</Name>
```

Man kann auch XQuery-Anfragen in der *where*-Klausel der erweiterten SQL-Anfragesyntax verwenden. Hierbei kommt in der Regel die *exist*-Funktion zum Tragen, die ermittelt, ob die übergebene XQuery-Anfrage ein leeres (Rückgabewert 0) oder ein nicht-leeres (Rückgabewert 1) Ergebnis liefert. Wir ermitteln zunächst die ISBN-Kennungen der Bücher, die 2006 veröffentlicht wurden:

```
select  isbn from Bücher
where Beschreibung.exist('/Buch[@Jahr="2006"]') = 1
```

Da wir bisher nur die zwei Bücher aus den Jahren 1994 und 2006 eingefügt hatten, wird nur eine ISBN zurückgeliefert:

```
isbn
==========
3486273922
```

Bei den bisherigen Anfragen wurden oft Tupel mit eingebetteten XML-Fragmenten als Ergebnisse zurückgeliefert. Die eingebetteten XML-Fragmente erschweren aber die weitergehende Bearbeitung der Ergebnisse, so dass man oft eine Transformation der XML-Fragmente in „normale" Attributwerte durchführen möchte. Dies wird mit Hilfe der *value*-Funktion ermöglicht, die wir jetzt anwenden, um die Erstautoren aller Bücher zusammen mit der ISBN und dem Erscheinungsjahr auszugeben:

```
select isbn,
      Beschreibung.value('(/Buch/@Jahr)[1]','varchar(20)') as Jahr,
      Beschreibung.value('(/Buch/Autoren/Autor/Nachname)[1]',
                                         'varchar(20)') as Erstautor
from Bücher
```

Die Ausgabe dieser Anfrage entspricht jetzt einer normalen Relation mit den drei Attributen *isbn, Jahr* und *Erstautor*:

```
isbn            Jahr     Erstautor
===================================
3486273922      2006     Kemper
0136292399      1994     Kemper
```

20.3.3 Änderungen der XML-Dokumente

XQuery hat – zu dem Zeitpunkt der Erstellung dieser Auflage – noch keine standardisierte Syntax für die Modifikation von XML-Dokumenten. Das hält die Datenbank-Hersteller natürlich nicht davon ab, eine eigene proprietäre Syntax zu entwerfen und in ihre Systeme zu integrieren. Im Microsoft SQL Server 2005 kann man beispielsweise neue Unterelemente in ein relational gespeichertes XML-Dokument einfügen.

```
update Bücher
set Beschreibung.modify('insert <Vorname> Heinrich </Vorname>
                         as first into (/Buch/Autoren/Autor)[1]')
where isbn = '3486273922'
```

Hierbei wurde also dem ersten Autor (an Position 1) ein zusätzlicher Vorname „Heinrich“ an erster Position (*first*) zugeordnet. Mit folgender Anfrage können wir den Effekt dieser Update-Operation illustrieren:

```
select isbn, Beschreibung from Bücher
where isbn = '3486273922'
```

Als Ergebnis erhalten wir nun dieses XML-Dokument:

```
<Buch Jahr="2006">
  <Titel> Datenbanksysteme: Eine Einführung </Titel>
  <Autoren>
    <Autor>
      <Vorname> Heinrich </Vorname>
      <Vorname> Alfons </Vorname>
      <Nachname> Kemper </Nachname>
    </Autor>
    <Autor>
      <Vorname> Andre </Vorname>
      <Nachname> Eickler </Nachname>
    </Autor>
  </Autoren>
  <Verlag> Oldenbourg Verlag</Verlag>
</Buch>
```

Wenn wir diesen Vornamen jetzt wieder entfernen wollen, ist folgende Update-Operation zu „ehrgeizig“, da sie alle ersten Vornamen aller Autoren dieses Buchs entfernt:

```
update Bücher
set Beschreibung.modify('delete /Buch/Autoren/Autor/Vorname[1]')
where isbn = '3486273922'
```

```
<Buch Jahr="2006">
  <Titel> Datenbanksysteme: Eine Einführung </Titel>
  <Autoren>
```

```
    <Autor>
      <Vorname> Alfons </Vorname>
      <Nachname> Kemper </Nachname>
    </Autor>
    <Autor>
      <Nachname> Eickler </Nachname>
    </Autor>
  </Autoren>
  <Verlag> Oldenbourg Verlag</Verlag>
</Buch>
```

In der korrekten Formulierung muss man diese Lösch-Operation natürlich wie folgt auf den ersten Vornamen des ersten Autors einschränken:

```
update Bücher
set Beschreibung.modify('delete /Buch/Autoren/Autor[1]/Vorname[1]')
where isbn = '3486273922'
```

Man kann Werte auch ersetzen, wie in folgendem Beispiel gezeigt:

```
update Unis set Beschreibung.modify('
   replace value of (//Vorlesung[@VorlNr="V5022"]/SWS)[1] with 4')
```

Hierbei wird also die Semesterwochenstundenzahl (SWS) der betreffenden Vorlesung auf 4 gesetzt. Logisch gesehen ist die Einschränkung auf die erste Position (also [1]) nicht notwendig. Allerdings muss man das Datenbanksystem davon „überzeugen", dass sich diese Änderungsoperation auf nur ein Element bezieht, was wir mit diesem Trick erreichen. Weiterhin kann man nur Elemente ändern, deren Wert einem atomaren Typ entspricht, was aus der zugeordneten Schemadefinition ableitbar sein muss.

20.3.4 Publikation relationaler Daten als XML-Dokumente

In Abbildung 20.10 hatten wir neben der Speicherung von XML-Daten in relationalen Datenbanken auch das Publizieren relationaler Daten im XML-Format als wichtige Funktionalität identifiziert. Es gibt mehrere Anwendungsszenarien, in denen diese Funktionalität zum Tragen kommt:

- **Langzeitarchivierung**: Aus rechtlichen und anderen Gründen müssen Datenbank-Inhalte teilweise über lange Zeitintervalle archiviert werden. Dies sollte natürlich in einem Technologie-neutralen Format geschehen, damit die Daten auch in der Zukunft lesbar bleiben. Hierfür bietet sich die textuelle Darstellung der Daten im XML-Format an.

- **Datenaustausch**: XML ist das Datenaustauschformat (manchmal auch *wire format* genannt) des Internets. Deshalb kommunizieren heterogene, verteilte Anwendungen in Zukunft via Austausch von XML-Dokumenten, wie dies in den Web Service-Standards auch vorgegeben ist (siehe Kapitel 20.4).

Für einfache, generische Transformationen relationaler Daten steht im Microsoft SQL Server die *for xml ...*-Klausel zur Verfügung, die man wie folgt anwendet, um die Professoren-Tabelle unserer Uni-Datenbank zu konvertieren:

```
select *
from Professoren
for xml auto
```

Hierbei wird jedes Tupel in ein separates Element mit dem Tag *Professoren* verwandelt, wobei die Attributwerte als Attribute des XML-Elements modelliert werden.

```
<Professoren PersNr="2125" Name="Sokrates" Rang="C4" Raum="226" />
<Professoren PersNr="2126" Name="Russel" Rang="C4" Raum="232" />
<Professoren PersNr="2127" Name="Kopernikus" Rang="C3" Raum="310" />
<Professoren PersNr="2133" Name="Popper" Rang="C3" Raum="52" />
<Professoren PersNr="2134" Name="Augustinus" Rang="C3" Raum="309" />
<Professoren PersNr="2136" Name="Curie" Rang="C4" Raum="36" />
<Professoren PersNr="2137" Name="Kant" Rang="C4" Raum="7" />
```

Mit der Klausel *for xml raw* werden die Tupel in XML-Elemente namens *row* konvertiert, wie nachfolgend gezeigt ist:

```
select *
from Professoren
for xml raw
```

```
<row PersNr="2125" Name="Sokrates" Rang="C4" Raum="226" />
<row PersNr="2126" Name="Russel" Rang="C4" Raum="232" />
<row PersNr="2127" Name="Kopernikus" Rang="C3" Raum="310" />
<row PersNr="2133" Name="Popper" Rang="C3" Raum="52" />
<row PersNr="2134" Name="Augustinus" Rang="C3" Raum="309" />
<row PersNr="2136" Name="Curie" Rang="C4" Raum="36" />
<row PersNr="2137" Name="Kant" Rang="C4" Raum="7" />
```

Um geschachtelte XML-Dokumente zu erzeugen, kann man die *for xml*-Anfrageblöcke auch schachteln. Nachfolgend wollen wir den Professoren ihre Vorlesungen zuordnen (falls welche gehalten werden).

```
select Name, Rang,
       ( select Titel, SWS
         from  Vorlesungen
         where gelesenVon = PersNr
         for xml auto, type )
from Professoren
for xml auto, type
```

Das Ergebnis dieser Anfrage besteht also aus *Professoren*-Elementen, in die die gehaltenen Vorlesungen als Unterelemente geschachtelt sind:

```
<Professoren Name="Sokrates" Rang="C4">
  <Vorlesungen Titel="Logik" SWS="4" />
  <Vorlesungen Titel="Ethik" SWS="4" />
  <Vorlesungen Titel="Maeeutik" SWS="2" />
</Professoren>
<Professoren Name="Russel" Rang="C4">
  <Vorlesungen Titel="Erkenntnistheorie" SWS="3" />
  <Vorlesungen Titel="Wissenschaftstheorie" SWS="3" />
  <Vorlesungen Titel="Bioethik" SWS="2" />
</Professoren>
<Professoren Name="Kopernikus" Rang="C3" />
<Professoren Name="Popper" Rang="C3">
  <Vorlesungen Titel="Der Wiener Kreis" SWS="2" />
</Professoren>
<Professoren Name="Augustinus" Rang="C3">
  <Vorlesungen Titel="Glaube und Wissen" SWS="2" />
</Professoren>
<Professoren Name="Curie" Rang="C4" />
<Professoren Name="Kant" Rang="C4">
  <Vorlesungen Titel="Die 3 Kritiken" SWS="4" />
  <Vorlesungen Titel="Grundzuege" SWS="4" />
</Professoren>
```

Auf analoge Weise kann man auch die Aggregation der gehaltenen Vorlesungsstunden durchführen und diesen Wert als geschachteltes Element den Professoren-Elementen hinzufügen:

```
select Name, Rang,
       ( select sum(SWS) as Gesamt
         from  Vorlesungen as Lehrleistung
         where gelesenVon = PersNr
         for xml auto, type)
from Professoren
for xml auto, type
```

Professoren, die keine Vorlesungen halten, haben hierbei ein leeres Unterelement *Lehrleistung*, wie man an der nachfolgend gezeigten Ausgabe z.B. für Kopernikus und Curie erkennt.

```
<Professoren Name="Sokrates" Rang="C4">
  <Lehrleistung Gesamt="10" />
</Professoren>
<Professoren Name="Russel" Rang="C4">
  <Lehrleistung Gesamt="8" />
</Professoren>
<Professoren Name="Kopernikus" Rang="C3">
  <Lehrleistung />
</Professoren>
```

```
<Professoren Name="Popper" Rang="C3">
  <Lehrleistung Gesamt="2" />
</Professoren>
<Professoren Name="Augustinus" Rang="C3">
  <Lehrleistung Gesamt="2" />
</Professoren>
<Professoren Name="Curie" Rang="C4">
  <Lehrleistung />
</Professoren>
<Professoren Name="Kant" Rang="C4">
  <Lehrleistung Gesamt="8" />
</Professoren>
```

Die bislang verwendete Syntax ist Microsoft-proprietär. In der SQL/XML Standardisierung, die leider noch nicht von allen Herstellern realisiert wurde, verwendet man explizite XML-Element-Konstruktoren. Die Professoren mitsamt ihrer Lehrleistung – jetzt als atomares Unterelement ohne Attribut – könnte man dann wie folgt ausgeben:

```
select XMLELEMENT (
          Name "Professoren",
          XMLATTRIBUTES (p.Name, p.Rang),
          XMLELEMENT (
             Name "Lehrleistung",
             (select sum(v.SWS)
              from Vorlesungen v
              where v.gelesenVon = p.PersNr )
          )
       )
from Professoren p
```

Das Ergebnis sieht dann bekanntermaßen wie folgt aus:

```
<Professoren Name="Sokrates" Rang="C4">
     <Lehrleistung>10</Lehrleistung>
</Professoren>
<Professoren Name="Russel" Rang="C4">
     <Lehrleistung>8</Lehrleistung>
</Professoren>
<Professoren Name="Kopernikus" Rang="C3">
     <Lehrleistung></Lehrleistung>
</Professoren>
<Professoren Name="Popper" Rang="C3">
     <Lehrleistung>2</Lehrleistung>
</Professoren>
<Professoren Name="Augustinus" Rang="C3">
     <Lehrleistung>2</Lehrleistung>
</Professoren>
```

```
<Professoren Name="Curie" Rang="C4">
    <Lehrleistung></Lehrleistung>
</Professoren>
<Professoren Name="Kant" Rang="C4">
    <Lehrleistung>8</Lehrleistung>
</Professoren>
```

In der standardisierten SQL/XML-Sprache ist ein Aggregationsoperator vorgesehen, der es ermöglicht die variierenden Attributwerte innerhalb einer Gruppe als separate XML-Unterelemente des Gruppenelements zu generieren. Wenn wir also zu den Professoren jeweils die zugehörigen Vorlesungen ausgeben wollen, kann man das durch einen Join von *Professoren* mit *Vorlesungen* und anschließender Gruppierung nach *PersNr* und *Name* erzielen. Pro *ProfessorIn* wird dann der *xmlagg*-Operator die Vorlesungen gruppieren und als Unterelemente ausgeben.

```
select XMLELEMENT(Name "ProfessorIn",
                         XMLATTRIBUTES(p.Name),
                         XMLAGG(XMLELEMENT( Name "Titel", v.Titel)))
from Professoren p, Vorlesungen v
where p.PersNr = v.gelesenVon
group by p.PersNr, p.Name;
```

Das Ergebnis dieser XML-Publikation ist dann wie folgt (nur ein Exzerpt ist gezeigt):

```
<ProfessorIn Name="Sokrates">
    <Titel>Ethik</Titel> <Titel>Maeeutik</Titel><Titel>L...
<ProfessorIn Name="Russel">
    <Titel>Erkenntnistheorie</Titel><Titel>Bioethik</Tite...
<ProfessorIn Name="Popper">
    <Titel>Der Wiener Kreis</Titel></ProfessorIn>
<ProfessorIn Name="Augustinus">
    <Titel>Glaube und Wissen</Titel></ProfessorIn>
<ProfessorIn Name="Kant">
    <Titel>Grundzuege</Titel><Titel>Die 3 Kritiken</Titel><...
```

20.3.5 Fallstudie: XML-Unterstützung in IBM DB2 V9

Wir wollen in diesem Abschnitt als Fallstudie das Datenbanksystem DB2 in der Version 9 (vormals Viper genannt) vorstellen. Hierbei handelt es sich um ein relationales SQL-Datenbanksystem, das aber mittlerweile die gleichwertige „Koexistenz" von XML-Daten und XQuery ermöglicht. Diese Koexistenz der beiden unterschiedlichen Datenmodelle und Anfragesprachen ist in Abbildung 20.16 illustriert.

DB2 ermöglicht also – wie die anderen großen relationalen Datenbanksysteme – die Verwaltung von relationalen und XML-Daten in demselben System. XML-Dokumente „leben" – zumindest logisch – aber nach wie vor in relationalen Spalten; sie werden also als Wert eines Attributs vom Typ **xml** einer Relation zugeordnet. Auf der physischen Ebene werden diese XML-Dokumente gleichwohl separat gespeichert,

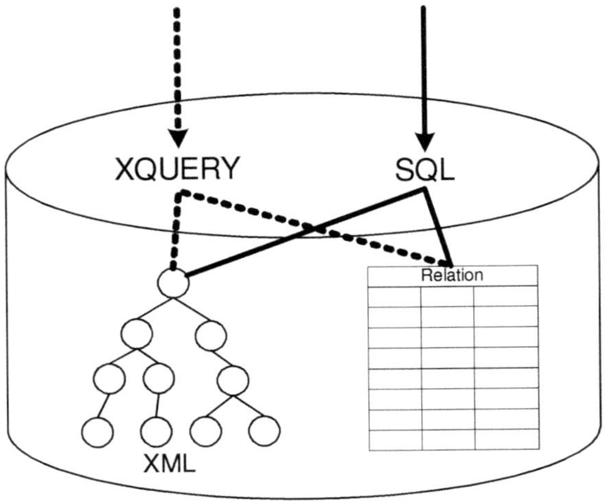

Abbildung 20.16: Koexistenz von XML und Relationen sowie von XQUERY und SQL in IBM DB2

wie dies in der Abbildung visualisiert ist. DB2 hat speziell optimierte Speicher- und Indexstrukturen für die XML-Funktionalität eingebaut. Die Besonderheit von DB2 liegt darin begründet, dass es auch eine Koexistenz der beiden Anfragesprachen SQL und XQuery ermöglicht. XQuery-affine Benutzer (also jüngere Menschen, die in ihrer Freizeit Snowboard fahren) können mittels XQuery nicht nur die XML-Daten bearbeiten sondern durch Einbettung von SQL-Fragmenten in XQuery auch die relationalen Daten einbeziehen. Gleichfalls können SQL-affine Benutzer (also ältere Menschen, die in ihrer Freizeit Ski fahren) durch Einbettung von XQuery-Fragmenten in SQL die XML-Daten in die relationale Welt holen. Es gibt allerdings noch eine leichte Priorisierung der (älteren) Skifahrer: SQL ist der Default; will man XQuery verwenden, muss man dem Anfrageübersetzer dies durch das vorangestellte Schlüsselwort **xquery** mitteilen.

Wir wollen zunächst als SQL-affiner Anwender (also traditioneller Skifahrer) die Physikprofessoren der Virtuellen Universität ausgeben:

```
select xmlquery('
   for $f in $d//Fakultäten/Fakultät
   let $v:=$f//Vorlesung
   where count($v) > 1
   return <PhysikProfessoren>
                {$f//ProfessorIn}
          </PhysikProfessoren>'
passing u.BESCHREIBUNG as "d")
from Unis u
where u.Name = 'Virtuelle Uni'
```

Die XQuery-Anfrage wird als String der eingebauten DB2-Funktion *xmlquery* übergeben. Diese übergebene XQuery wird auf das bzw. auf die XML-Dokument/e angewandt, das/die in der **passing**-Klausel übergeben wird/werden. In diesem Fall ist es das eine XML-Dokument, das in dem Attribut *BESCHREIBUNG* des Tupels mit dem *Name*-Wert 'Virtuelle Uni' der Relation *UNIS* abgespeichert ist. Dieses Dokument wird unter dem Namen *d* übergeben und wird dann in der XQuery-Anfrage als $\$d$ referenziert.

Wir wollen als nächstes von SQL aus die Existenz eines Unterelements in einem zugeordneten XML-Dokument überprüfen. Als Beispiel betrachten wir die Anfrage, die Universität(en) zu ermitteln, in der (denen) es eine(n) ProfessorIn namens Sokrates gibt:

```
select u.Name
from UNIS u
where xmlexists('$d//ProfessorIn[Name="Sokrates"]'
                passing u.BESCHREIBUNG as "d")
```

Natives XQUERY

Für die Snowboarder bietet DB2 die Möglichkeit, die Anfragen direkt in XQuery zu formulieren. Dies muss dem Anfrageprozessor durch den Präfix **xquery** angezeigt werden. Sodann könnte man sich die XML-Dokumente aller Universitäten der Relation *UNIS* ausgeben:[5]

```
xquery db2-fn:xmlcolumn('UNIS.BESCHREIBUNG')
```

Man kann natürlich von der Wurzel dieser XML-Dokumente ausgehend beliebig komplexe XQuery-Anfragen formulieren. Nehmen wir an, wir wollen die Namen aller Professoren ausgeben lassen:

```
xquery
<Professoren>
    { for $p in db2-fn:xmlcolumn('UNIS.BESCHREIBUNG')//ProfessorIn
      return $p/Name }
</Professoren>
```

Als Ergebnis erhält man unter der Wurzel *Professoren* eine Sequenz der *Namen* aller *ProfessorIn*-Elemente, die in allen *BESCHREIBUNG*en der Relation *UNIS* vorkommen.

Relationale Sichten von XML-Daten

Um den SQL-Nutzern (also den Skifahrern) das Leben zu erleichtern, kann man Sichten definieren, die die XML-Daten teilweise als relationale Daten zugreifbar machen. Wir wollen dies anhand der folgenden Sicht *UniProfsVorls* illustrieren, in der für jede Universität die ProfessorIn-en mit ihrer ersten Vorlesung – falls sie existiert – verknüpft werden:

[5]Wir weisen explizit darauf hin, dass XQuery anders als SQL zwischen Groß- und Kleinschreibung unterscheidet – also *case sensitive* ist. DB2 verwaltet das Schema generell mit Großbuchstaben, egal wie man es selber definiert hat. Deshalb ist es in XQuery essentiell, die Relation *UNIS* zu nennen und das Attribut *BESCHREIBUNG*.

```
create view UniProfsVorls (Name, ProfName, VorlTitel) as
   select u.Name, t.Name, t.Titel
   from UNIS u,
   xmltable('$d//ProfessorIn' passing u.BESCHREIBUNG as "d"
       columns Name varchar(20) path 'Name',
               Titel varchar(20) path 'Vorlesungen/Vorlesung[1]/Titel')
   as t;
```

Als Ergebnis erhält man eine Sicht folgender Art:

UniProfsVorls		
Name	ProfName	VorlTitel
Virtuelle Uni	Augustinus	Glaube und Wissen
Virtuelle Uni	Curie	
Virtuelle Uni	Kopernikus	
Virtuelle Uni	Sokrates	Ethik
Virtuelle Uni	Russel	Erkenntnistheorie
Virtuelle Uni	Popper	Der Wiener Kreis
Virtuelle Uni	Kant	Grundzüge

Wenn man Informationen über alle Vorlesungen in einer Sicht mitsamt den ProfessorIn-nen, die diese Vorlesungen halten, bereitstellen will, muss man mit einem Pfad anfangen, der bei den Vorlesungen endet, und dann entlang der *parent*-Achse (abgekürzt ..) wieder zurück zu dem ProfessorIn-Element gehen:

```
create view UniVorls (Name, ProfName, VorlTitel) as
   select u.Name, t.Name, t.Titel
   from UNIS u,
   xmltable('$d//ProfessorIn/Vorlesungen/Vorlesung'
                                 passing u.BESCHREIBUNG as "d"
      columns Name varchar(20) path './../../Name',
              Titel varchar(20) path 'Titel') as t;
```

Als Ergebnis bekommt man jetzt eine Sicht mit allen Vorlesungen, bei der aber einige ProfessorIn-en fehlen, weil sie keine Vorlesung halten. Wir überlassen es den Lesern, eine Sicht zu realisieren, die alle Vorlesungen und alle Professoren enthält.

UniVorls		
Name	ProfName	VorlTitel
Virtuelle Uni	Augustinus	Glaube und Wissen
Virtuelle Uni	Sokrates	Ethik
Virtuelle Uni	Sokrates	Mäeutik
Virtuelle Uni	Sokrates	Logik
Virtuelle Uni	Russel	Erkenntnistheorie
Virtuelle Uni	Russel	Wissenschaftstheorie
Virtuelle Uni	Russel	Bioethik
Virtuelle Uni	Popper	Der Wiener Kreis
Virtuelle Uni	Kant	Grundzüge
Virtuelle Uni	Kant	Die 3 Kritiken

Join zwischen XML und relationalen Daten

Man kann auch relationale und XML-Datenelemente mittels eines Joinprädikats verknüpfen. Wir demonstrieren dies in der folgenden Anfrage, in der die Daten der ProfessorInnen aus dem XML-Dokument ausgegeben werden, sofern diese mindestens eine Prüfung (gemäß den Relationen *prüfen* und *Professoren*) besser als 3 bewertet haben.

```
select xmlquery('for $p in $d//ProfessorIn
                 where $p/Name = $profN
                 return $p' passing u.BESCHREIBUNG as "d",
                                    prof.Name as "profN")
from UNIS u, Professoren prof, prüfen ex
where prof.PersNr = ex.PersNr  and ex.Note < 3.0;
```

Das Joinprädikat ist *$p/Name = $profN*, wobei *profN* der String-Wert ist, der aus der Relation *Professoren* stammt und über die **passing**-Klausel an die XQuery-Anfrage übergeben wurde. Gleichfalls wurde das XML-Dokument aus *BESCHREIBUNG* übergeben – wir haben hier also ein Beispiel, bei dem in der **passing**-Klausel mehrere und noch dazu unterschiedliche Objekte übergeben werden.

Index auf XML-Elemente

Für Pfadausdrücke, die häufig in Prädikaten vorkommen, sollte man einen Pfadindex anlegen. Das geht in DB2 wie folgt:

```
create index meinProfNameIndex on UNIS(BESCHREIBUNG)
        generate key using xmlpattern
           '/Universität/Fakultäten/Fakultät/ProfessorIn/Name'
        as sql varchar(20)
```

Dieser Index wird dann beispielsweise für die folgende Anfrage verwendet:

```
select u.Name
from UNIS u
where xmlexists('$d/Universität/Fakultäten/Fakultät/
                        ProfessorIn[Name="SOkrates"]'
            passing u.BESCHREIBUNG as "d")
```

Man sollte aber vorsichtig mit der äquivalent erscheinenden Nutzung der **descendant-or-self**-Achse sein, da DB2 in diesem Fall den Pfadindex nicht verwendet. Im Zweifelsfall sollte man sich den Anfrageauswertungsplan anschauen, um sicherzustellen, dass der angelegte Pfadindex auch zum Tragen kommt.

20.4 Web-Services

In den letzten Jahren hat sich das Internet immer mehr zu einer Plattform entwickelt, auf der Dienste angeboten werden. Diese Dienste realisieren sehr oft die Interaktion mit den Datenbanksystemen als anwendungsspezifische Schnittstellen, die über das Internet von anderen Anwendungen aufgerufen werden können. Bisher verwenden Dienste im Internet meist eine Kombination aus HTML-Seiten und HTML-Formularen als Schnittstelle, da sie für die Anzeige in einem Browser und die Interaktion mit einem menschlichen Benutzer konzipiert wurden – siehe Kapitel 19. Aus Gründen der Effizienzsteigerung wollen aber viele Firmen mittlerweile Dienste automatisiert nutzen, also ohne menschliche Interaktion, und eigene Dienste schnell und unkompliziert über das Internet zur Verfügung stellen. Für diesen Zweck sind Formulare ungeeignet, da für jeden Dienst eigene, spezifische Formulare entwickelt werden müssen. Dies erschwert zum einen das Bereitstellen von Diensten und zum anderen deren automatisierte Nutzung und die Ermittlung von Ergebnissen oder Fehlermeldungen aus den angezeigten HTML-Seiten. Zur Ermittlung der interessanten Informationen einer HTML-Seite müssen aufwändige, so genannte „screen scraping"-Techniken eingesetzt werden. Diese sind gegenüber Änderungen des Designs der HTML-Seiten nicht robust und müssen so immer wieder angepasst werden. Um vollautomatische Dienstnutzung und Dienstkomposition (Interoperabilität) zu ermöglichen, wird derzeit immer öfter eine neue Technologie eingesetzt: Web-Services mit XML als Datenaustauschformat.

Bisher gibt es keine einheitliche Definition des Begriffs Web-Service. Im üblichen Sprachgebrauch bezeichnet ein Web-Service allerdings einen Dienst, der Benutzern über das Web zur Verfügung gestellt wird und dabei auf XML als Datenaustauschformat zurückgreift. Web-Services unterscheiden sich dabei von klassischen Diensten im Web dadurch, dass sie nicht auf die Benutzung durch Menschen, sondern auf eine automatisierte Benutzung ausgerichtet sind. Ein weiteres Ziel von Web-Services ist die Interoperabilität, das heißt, Web-Services sollen unabhängig vom Betriebssystem, der Programmiersprache, in der die Services entwickelt worden sind, und der Web-Service Engine – so bezeichnet man eine Anwendung, die Web-Services in einem Netzwerk verfügbar macht – in einer standardisierten Weise genutzt werden können und auch miteinander interagieren können.

Bedeutende Anwendungsbereiche von Web-Services sind unter anderem Anwendungsintegration, elektronischer Datenaustausch, Electronic-Business-Anwendungen und Business-to-Business-Integration. Um die Interoperabilität von Diensten zu gewährleisten, sind Standards nötig. Mittlerweile existieren mehrere verschiedene, auf XML basierende Standards:

- SOAP (Simple Object Access Protocol von IBM, Microsoft, u.a.),
- UDDI (Universal Description, Discovery and Integration von HP, IBM, Intel, Microsoft, SAP, Software AG, Sun, u.a.),
- WSDL (Web-Services Description Language von Ariba, IBM und Microsoft),
- BPEL4WS (Business Process Execution Language for Web Services) als die Vereinheitlichung der beiden Sprachen WSFL (Web-Services Flow Language von IBM) und XLANG (von Microsoft) und

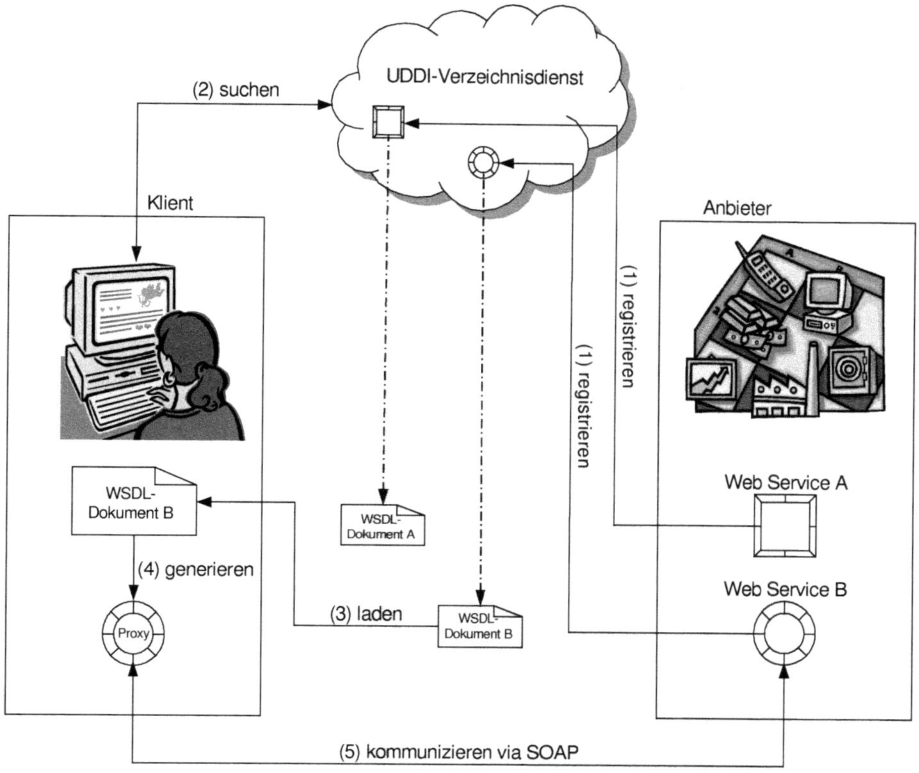

Abbildung 20.17: Übersicht über den Einsatz von Web-Services

- WS-Inspection (Web-Service Inspection Language von IBM und Microsoft).

Wir werden in diesem (kurzen) Abschnitt Web-Services exemplarisch auf der Basis von SOAP, UDDI und WSDL erläutern, da diese Standards schon sehr weit verbreitet sind und auch die meisten der oben genannten Web-Service-Lösungen darauf basieren oder diese Protokolle zumindest unterstützen. Grundlage für die Interoperabilität ist das auf XML basierende Kommunikationsprotokoll SOAP, das es ermöglicht, auf eine standardisierte (also einheitliche) Weise mit Diensten zu kommunizieren. Es ist natürlich nicht ausreichend, Dienste nur zur Verfügung zu stellen, man muss es potenziellen Nutzern auch ermöglichen, diese Dienste zu finden. Bisher wurden Informationen im Internet durch Suchmaschinen oder Web-Kataloge indexiert und damit auffindbar gemacht. In der Welt der Web-Services übernehmen diese Aufgaben beispielsweise WS-Inspection und UDDI. Hat man einen Dienst gefunden, benötigt man noch die Information, welche Eingabedaten der Dienst erwartet und wie er sein Ergebnis zur Verfügung stellt. Diese Dienstbeschreibung kann beispielsweise mit Hilfe von WSDL erfolgen.

20.4.1 Erstellen und Nutzen eines Web-Services im Überblick

Abbildung 20.17 gibt einen Überblick über alle nötigen Aktionen, um einen Web-Service zur Verfügung zu stellen und diesen zu nutzen. Details zu diesen Schritten werden später anhand eines Beispiels erläutert. Ein Dienstanbieter muss seine Dienste (im Bild Web-Service A und Web-Service B) bei einem UDDI-Verzeichnisdienst registrieren, um die Informationen verfügbar zu machen, welche Dienste er anbietet und wie man diese ansprechen kann. Wie die Kommunikation mit den Diensten aussehen muss, ist dabei in WSDL-Dokumenten beschrieben, die nicht im UDDI-Verzeichnis selbst, sondern „irgendwo" im Internet gespeichert sind. Will nun ein Klient einen Dienst nutzen, sucht er sich einen für seine Zwecke geeigneten Dienst aus dem UDDI-Verzeichnis aus. Nach der Auswahl eines Dienstes (in der Abbildung Web-Service B) wird das zugehörige WSDL-Dokument geladen und dazu verwendet, einen Proxy für den Web-Service zu generieren. Diese beiden Schritte können bereits automatisiert werden – hierzu gibt es von vielen Herstellern entsprechende Entwicklungswerkzeuge. Der generierte Proxy wird verwendet, um mit dem tatsächlichen Web-Service via SOAP-Nachrichten zu kommunizieren. Dabei werden die Eingabedaten als auch die Ausgabedaten des Dienstes als XML-Dokumente über das Internet übertragen. Die gerade aufgezählten Schritte werden nun – zum einen aus der Sicht des Dienstanbieters, zum anderen aus Klientensicht – etwas detaillierter beschrieben.

Abbildung 20.18 zeigt eine Übersicht über die Aktionen, die ein Anbieter ausführen muss, damit er einen Dienst anbieten kann.

Zuerst benutzt der Anbieter einen UDDI-Verzeichnisdienst, um zu überprüfen, ob es bereits ein so genanntes *tModel* (technical Model) gibt, das die Art des Dienstes beschreibt, den er anbieten will. Sollte dies der Fall sein, verwendet er dieses tModel inklusive des zugeordneten WSDL-Dokumentes als Grundlage für seinen Dienst. Sollte kein geeignetes *tModel* existieren, muss der Dienstanbieter ein neues *tModel* und ein dazugehörendes WSDL-Dokument erzeugen und bei dem UDDI-Verzeichnisdienst registrieren. Auf der Basis des WSDL-Dokumentes kann sich der Dienstanbieter durch ein geeignetes Werkzeug ein Gerüst des Web-Services generieren lassen, also beispielsweise eine Java-Klasse. Diese Klasse genügt dann bereits der Schnittstelle, die im WSDL-Dokument festgelegt ist. Nun muss der Dienstbetreiber das Gerüst noch vervollständigen, also die Funktionalität des Dienstes implementieren. Hierzu zählt insbesondere die Interaktion mit der Datenbank, die bei Java-codierten Diensten über JDBC (siehe Abschnitt 4.23) realisiert werden kann. Danach kann er den Web-Service betreiben. Damit der Dienst auch von anderen gefunden werden kann, muss er anschließend noch bei einem UDDI-Verzeichnisdienst registriert werden.

Der gerade skizzierte Weg beschreibt nur eine Möglichkeit, einen Dienst im Netz verfügbar zu machen. Wenn beispielsweise eine Anwendung bereits existiert und als Dienst verfügbar gemacht werden soll, kann auch ein WSDL-Dokument aus dem vorhandenen Code generiert werden. Für dieses WSDL-Dokument kann man dann ein entsprechendes *tModel* beim UDDI-Verzeichnisdienst registrieren.

Abbildung 20.19 zeigt, ähnlich einem Sequenzdiagramm, die Aktionen, die Klienten ausführen müssen, um einen Dienst nutzen zu können. Wie bereits erwähnt,

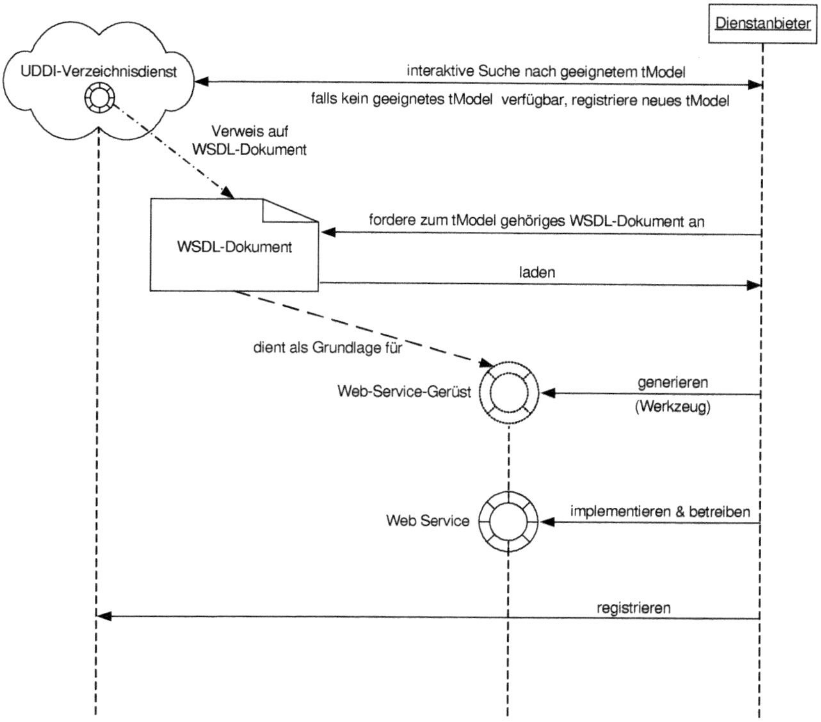

Abbildung 20.18: Aktionen zum Erstellen des Web-Services

suchen sie dafür nach einem geeigneten Dienst in einem Dienstverzeichnis. Dazu sprechen sie dieses Verzeichnis mit Hilfe der so genannten Inquiry-API an. Wurde ein Dienst gefunden, kann das zugehörige WSDL-Dokument aus dem Internet geladen werden. Wo dieses Dokument zu finden ist, ist beispielsweise im UDDI-Verzeichnis abgelegt. Das WSDL-Dokument spezifiziert, wie Nachrichten an den ausgewählten Dienst aussehen müssen. Im UDDI-Verzeichnis bzw. im WSDL-Dokument steht, unter welcher URL der Dienst im Internet erreichbar ist. Unter Verwendung eines geeigneten Werkzeugs kann man aus den Informationen des WSDL-Dokumentes einen Proxy für die Interaktion mit dem Web-Dienst generieren lassen. Dies kann zum Beispiel eine Java-Klasse mit einer Methode sein, die alle für den Aufruf des Dienstes erforderlichen Parameter übergeben bekommt. Der Proxy kümmert sich dann darum, dass diese Parameter im richtigen Format in eine SOAP-Nachricht verpackt an den Web-Service geschickt werden. Außerdem verarbeitet der Proxy das Ergebnis des Aufrufes und wandelt es beispielsweise in ein Java-Objekt um. Auf diese Weise verbirgt der Proxy, dass überhaupt ein Web-Service benutzt wird, so dass den Entwicklern kaum ein Unterschied zu einem lokalen Methodenaufruf bewusst wird. Im Folgenden werden die verschiedenen erwähnten Standards anhand eines Dienstes aus der Universitätsverwaltung exemplarisch beschrieben.

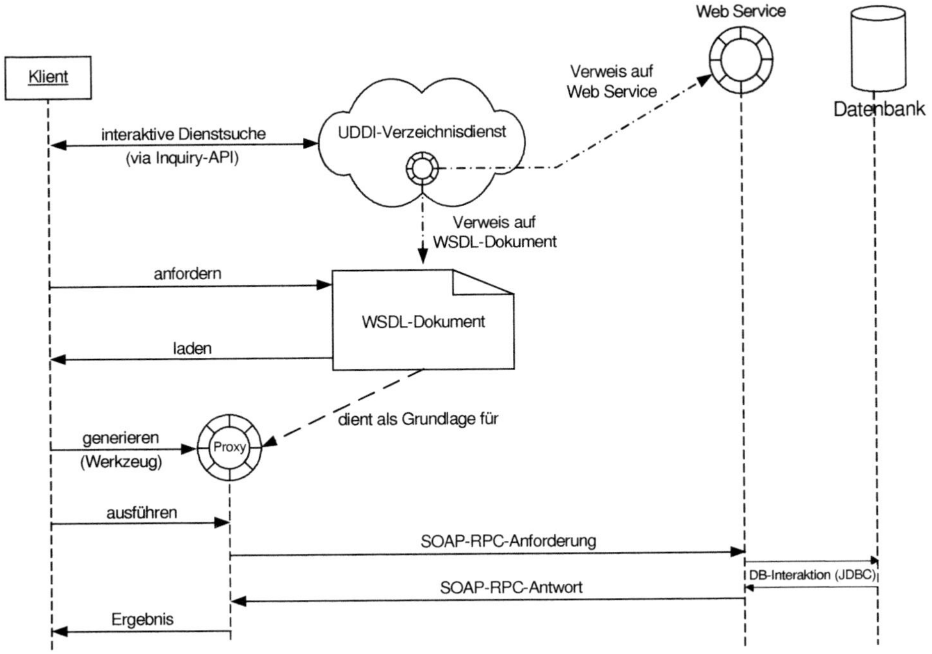

Abbildung 20.19: Zusammenspiel der Web-Service-Komponenten

20.4.2 Das Auffinden von Diensten

Um die Nutzung von Diensten zu ermöglichen, müssen Informationen über angebotene Dienste gefunden werden können. Diesen Zweck erfüllen Verzeichnisdienste für Dienstinformationen. Die UDDI-Initiative (Universal Description, Discovery and Integration) hat zum Ziel, ein globales Verzeichnis für solche Dienst-Metadaten zu etablieren. Dieser Initiative haben sich bereits mehr als 300 Firmen angeschlossen. Darunter befinden sich Branchengrößen wie HP, IBM, Microsoft, SAP und Software AG. Eine Aufgabe des UDDI-Verzeichnisdienstes ist die Speicherung von Dienst-Metadaten in einer einheitlichen Datenstruktur (UDDI-Schema) an zentralen und öffentlich zugänglichen Stellen im Internet (UDDI-Server) durch einheitliche Veröffentlichungs-Mechanismen (UDDI-Publishing-API). Eine weitere Aufgabe ist die Unterstützung der Metadatenabfrage durch eine normierte Anfragesprache (UDDI-Inquiry-API). Diese Schnittstellen sind einheitlich XML-basiert, d.h. Klienten übermitteln XML-Dokumente, die Registrierungen oder Anfragen enthalten, und erhalten als Antwort wieder ein XML-Dokument. Dienstanbieter können Metadaten ihrer Dienste auch – alternativ oder zusätzlich zu der Speicherung in einem globalen UDDI-Verzeichnis – in standardisierter Form auf ihrem Web-Server anbieten, indem sie dort entsprechende Dateien (WS-Inspection-Dokumente) ablegen. Bei Inspektion des Web-Servers, beispielsweise durch eine Suchmaschine, können diese Dateien

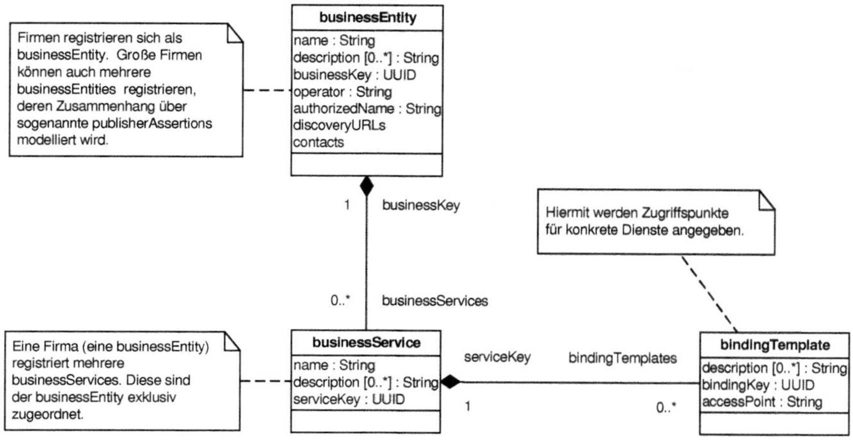

Abbildung 20.20: Zusammenhang der UDDI-Komponenten

die Verweise auf Informationen über die verfügbaren Dienste eines Anbieters enthalten, ausgewertet und einem Benutzer verfügbar gemacht werden. Während also ein UDDI-Verzeichnisdienst einen globalen „Wer-liefert-welchen-Web-Service" Katalog darstellt, bietet WS-Inspection eine strukturierte Methode, um auf Informationen über Dienste eines Anbieters zu verweisen.

Das Ziel der UDDI-Initiative ist die Festlegung eines Standards für Verzeichnisdienste von Web-Services. Aus konzeptueller Sicht definiert UDDI ein verteiltes Datenbanksystem zur Speicherung von Dienst-Metadaten basierend auf offenen Standards und Protokollen. Wesentliche Eigenschaften eines solchen Systems wie ein globales und einheitliches Datenschema, eine Anfragesprache, ein Autorisierungskonzept und eine Replikationsstrategie werden dazu in UDDI definiert. Ein Transaktionskonzept lässt UDDI jedoch vermissen. Da Änderungen von Daten nur relativ selten und von wenigen Berechtigten auf voneinander unabhängigen Datenbeständen durchgeführt werden und die breite Öffentlichkeit nur Leseberechtigung besitzt, fällt dies in der Praxis nicht ins Gewicht. Um eine globale Verfügbarkeit des Verzeichnisses zu gewährleisten, ist geplant, viele lokale Installationen von UDDI-Servern zu einem globalen Verbund zusammenzuschließen, dessen Daten weltweit periodisch abgeglichen werden. Dieser Verbund, UDDI-Wolke genannt, soll den Anwendern wie ein einzelner UDDI-Server erscheinen. Natürlich ist es auch möglich, eine lokale Installation unabhängig vom globalen Verbund zu betreiben, beispielsweise um Informationen über Dienste nur innerhalb eines Intranets zur Verfügung zu stellen.

Abbildung 20.20 zeigt das konzeptuelle UML-Schema für die wesentlichen Komponenten einer UDDI-Registrierung, die jeweils als eigenständige XML-Dokumente abgelegt sind. Firmen bzw. Organisationen registrieren sich als *businessEntity*. Große Firmen können auch mehrere *businessEntities* registrieren, deren Zusammenhang über so genannte *publisherAssertions* modelliert wird. Eine Firma (eine *businessEntity*) registriert mehrere *businessServices*. Diese sind der *businessEntity* exklusiv zugeordnet. Über die *bindingTemplates* lassen sich diese Services den konkret bereitgestellten Diensten zuordnen, indem die URL des Dienstes angegeben wird. Dem *bindingTemplate* lässt sich auch ein *tModel* zuordnen, das auf das WSDL-Dokument verweist, das den bereitgestellten Dienst funktional beschreibt.

20.4.3 Ein Beispiel-Web-Service

In diesem Abschnitt wird anhand eines einfachen Beispiels gezeigt, wie ein Web-Service, der auf ein Datenbanksystem zugreift, erzeugt und im Web bereitgestellt werden kann. Prinzipiell gibt es zwei Möglichkeiten, einen Web-Service zu erstellen. Zum einen kann eine Anwendung bereits existieren, zu der es die fehlende Web-Schnittstelle zu erzeugen gilt. Zum anderen kann auch der entgegengesetzte Weg gewählt werden: Basierend auf einer Beschreibung der Schnittstellen wird der Quellcode generiert. Für beide Richtungen existieren Softwarewerkzeuge, die die jeweilige Transformation – Quellcode nach WSDL; WSDL nach Codegerüst – (semi-) automatisiert durchführen. Im Folgenden wird die zweite Option verwendet, das heißt aus einer vorgegebenen WSDL-Deklaration wird ein entsprechender Web-Service erstellt – eine Vorgehensweise, die vor allem dann zu empfehlen ist, wenn ein Dienst vollkommen neu erstellt werden soll und auf keinen vorhandenen Quellcode zurückgegriffen werden kann. Man hält auf diese Art Entwurf und Implementierung wie beim bekannten Softwareentwurf getrennt.

Der im Folgenden betrachtete Beispiel-Web-Service setzt auf unserer relationalen Universitäts-Datenbank auf. Aufgabe soll es sein, von Professoren die jeweilige Lehrbelastung zu ermitteln. Dies entspricht der Summe der Semesterwochenstunden an gehaltenen Vorlesungen. Auf dem Datenbestand könnte die zugehörige Abfrage für eine/n Professor/in mit Namen *ProfName* wie folgt aussehen:

> **select sum**(v.SWS) **as** LehrUmfang
> **from** Vorlesungen v, Professoren p
> **where** v.gelesenVon = p.PersNr **and** p.Name = "*ProfName*"

Ziel ist es, diese Anfrage in einen Web-Service einzubinden und dem Anwender des Dienstes eine einfache, SQL-unabhängige Schnittstelle zu offerieren. Dann kann dieser Dienst von anderen Anwendungen, die möglicherweise an ganz anderen Orten realisiert werden, über das Internet aufgerufen werden. Eine Klienten-Anwendung dieses Web-Services könnte beispielsweise in der zentralen Landesbesoldungsstelle realisiert werden, in der die Bezüge der Professoren leistungsbezogen anhand des Lehrumfangs ermittelt werden.

20.4.4 Definition der Web-Service-Schnittstellen

Das zugehörige WSDL-Dokument (siehe Abbildung 20.21), welches die Schnittstellen des Dienstes definiert, setzt sich aus folgenden Abschnitten zusammen:

- einem abstrakten Schnittstellen-Teil bestehend aus *message* und *portType* und
- einem konkreten Implementierungs-Teil, der die Elemente *binding*, *port* und *service* enthält.

```
<?xml version="1.0" ?>
<definitions name="UniVerwaltung"
       targetNamespace="http://www-db.in.tum.de/UniVerwaltung.wsdl"
       xmlns:tns="http://www-db.in.tum.de/UniVerwaltung.wsdl"
       xmlns:xsd="http://www.w3.org/2001/XMLSchema"
       xmlns:soap="http://schemas.xmlsoap.org/wsdl/soap/"
       xmlns="http://schemas.xmlsoap.org/wsdl/">

  <message name="GetLehrUmfangVonProfessorRequest">
    <part name="ProfName" type="xsd:string"/>
  </message>
  <message name="GetLehrUmfangVonProfessorResponse">
    <part name="LehrUmfang" type="xsd:int"/>
  </message>

  <portType name="UniVerwaltungPortType">
    <operation name="getLehrUmfangVonProfessor">
      <input message="tns:GetLehrUmfangVonProfessorRequest"/>
      <output message="tns:GetLehrUmfangVonProfessorResponse"/>
    </operation>
  </portType>

  <binding name="UniVerwaltungSOAPBinding" type="tns:UniVerwaltungPortType">
    <soap:binding style="rpc"
                  transport="http://schemas.xmlsoap.org/soap/http"/>

    <operation name="getLehrUmfangVonProfessor">
      <soap:operation soapAction=""/>
      <input>
        <soap:body use="encoded"  namespace="UniVerwaltung"
            encodingStyle="http://schemas.xmlsoap.org/soap/encoding/"/>
      </input>
      <output>
        <soap:body use="encoded"  namespace="UniVerwaltung"
            encodingStyle="http://schemas.xmlsoap.org/soap/encoding/"/>
      </output>
    </operation>
  </binding>

  <service name="UniVerwaltungService">
    <port name="UniVerwaltung" binding="tns:UniVerwaltungSOAPBinding">
      <soap:address location=
        "http://www-db.in.tum.de/axis/services/UniVerwaltung"/>
    </port>
  </service>

</definitions>
```

Abbildung 20.21: WSDL-Beschreibung unseres UniVerwaltung-Dienstes

Um den Lehrumfang zu ermitteln, wird beim Service-Aufruf der Name der Professorin bzw. des Professors als Zeichenkette übergeben; das zurückgelieferte Resultat besteht aus einer ganzen Zahl. WSDL fasst einen Dienst als eine Menge von (abstrakten) Endpunkten auf, die durch den Austausch von Nachrichten (*messages*) kommunizieren. Eine Nachricht stellt wiederum eine abstrakte Beschreibung der ausgetauschten Daten dar. So hat die Nachricht *GetLehrUmfangVonProfessorRequest* ein *part*-Element *ProfName* vom Typ *xsd:string* und *GetLehrUmfangVonProfessorResponse* ein *part*-Element *LehrUmfang* vom Typ *xsd:int.* Die Nachrichtendefinitionen verwenden somit primitive Datentypen der XML Schemadefinition. Häufig ist es aber erforderlich, komplexere Daten, die sich nicht durch die Basistypen abdecken lassen, als Parameter zu verwenden. Zu diesem Zweck können in einem WSDL-Dokument zusätzlich anwendungsspezifische Typen in einem *types*-Abschnitt mittels XML-Schema definiert werden. Vergleicht man Nachrichten mit Funktionen, so entsprechen die Bestandteile einer Nachricht den Funktionsparametern. Die Typbeschreibung einer Nachricht gibt deren Inhalt nur abstrakt wieder. Erst durch eine Bindung (siehe unten) wird das tatsächliche Datenübertragungsformat der Nachricht festgelegt.

portTypes spezifizieren die unterstützten Operationen sowie deren Ein- und Ausgabenachrichtenformate. Diese können von Client-Anwendungen verwendet werden, um Methoden aufzurufen. Im *portType*-Abschnitt des Beispiels wird die eine Operation *getLehrUmfangVonProfessor* definiert, die sich aus *GetLehrUmfangVonProfessorRequest* als Eingabenachricht und *GetLehrUmfangVonProfessorResponse* als Antwort zusammensetzt. Es handelt sich somit um eine *Request-Response* Operation, da zuerst eine Nachricht erwartet wird, ehe eine Antwort zurückgesendet wird. Darüber hinaus können auch Operationen definiert werden, die den entgegengesetzten Ablauf erfordern, d.h. der Endpunkt sendet zuerst eine Nachricht und empfängt dann eine Antwort (*Solicit-Response*). Auch können Operationen beschrieben werden, die nur eine Kommunikationsrichtung aufweisen (*One-Way*, falls der Endpunkt eine Nachricht empfängt; *Notification*, falls er eine sendet). Prinzipiell können beliebig viele Operationen von einem *portType* zusammengefasst werden. Die bisher vorgestellten Elemente des WSDL-Dokuments sind unabhängig von bestimmten Kommunikationsprotokollen, Nachrichtenformaten und Netzwerkadressen, weshalb sie als abstrakt bezeichnet werden. Erst eine Bindung (*binding*) legt für einen Port-Typ ein konkretes Netzwerkprotokoll und Datenformat fest. Das für den *UniVerwaltung*-Port-Typ festgelegte Protokoll ist HTTP. Der Nachrichtenaustausch könnte allerdings auch mit Hilfe eines Mailprotokolls (SMTP) oder eines Dateiübertragungsprotokolls (FTP) erfolgen. Durch einen Port (*port*) wird der Bindung eine feste Netzwerkadresse zugewiesen. Ein Dienst (*service*) selbst setzt sich schließlich aus einer Menge von Ports zusammen. Zusammenfassend lässt sich also sagen, dass der hier vorgestellte Web-Service *UniVerwaltung* nur einen Port besitzt. Unter diesem Port wird wiederum nur eine Operation (*getLehrUmfangVonProfessor*) bereitgestellt. Die Interaktion mit dieser Operation setzt sich aus zwei Nachrichten zusammen, und zwar aus einem Aufruf, dessen Argument (bzw. *part*) der Name der Professorin bzw. des Professors ist, und der Antwortnachricht, die den Lehrumfang als ganze Zahl enthält.

In Abbildung 20.22 ist die Struktur einer WSDL-Beschreibung nochmals grafisch zusammengefasst.

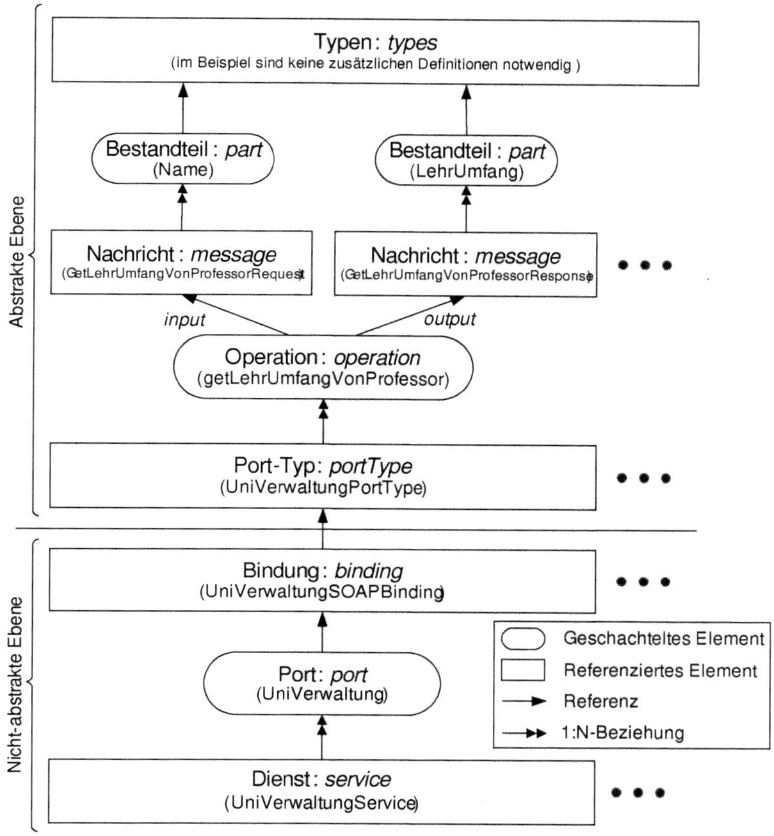

Abbildung 20.22: Struktureller Aufbau des WSDL-Dokuments

Nachfolgend wollen wir die ausgetauschten Nachrichten sowie die Realisierung des Web-Services und eines Klienten dieses Web-Services etwas detaillierter untersuchen. Wir beschränken uns bei der exemplarischen Realisierung auf Java-basierte Implementierungen; genauso gut kann man die Services und Klienten aber auch in anderen und durchaus auch unterschiedlichen Programmiersprachen realisieren. Die XML-basierten Web-Service-Schnittstellen dienen ja gerade dazu, die Heterogenität zwischen Service und Klient zu verbergen.

20.4.5 Nachrichtenformat für die Interaktion mit Web-Services

Wenn man Entwicklungswerkzeuge für die Realisierung eines Web-Services bzw. eines Web-Service-Klienten benutzt, werden die Routinen für die Kommunikation automatisch aus der WSDL-Beschreibung generiert. Trotzdem wollen wir uns hier die – hinter den Kulissen stattfindende – SOAP-basierte Datenkommunikation etwas genauer anschauen. Der Aufbau einer SOAP-Nachricht sieht folgendermaßen aus:

```
<soap:Envelope soap:encodingStyle=
                    "http://schemas.xmlsoap.org/soap/encoding/">
   <soap:Header>
        <!--Der Header ist optional -->
   </soap:Header>

   <soap:Body>
        <!-- Serialisierte Objektdaten -->
   </soap:Body>
</soap:Envelope>
```

Das Envelope-Element ist das Wurzelelement der Nachricht und kann neben einem Body-Element ein optionales Header-Element enthalten. Durch das *encodingStyle*-Attribut kann angegeben werden, wie Objekte zu XML serialisiert wurden, bevor sie in dieser Nachricht verschickt werden. Dieses Attribut kann auch innerhalb anderer Elemente verwendet werden und gilt dann nur für den entsprechenden Teil der Nachricht. Der im Beispiel angegebene *encodingStyle* entspricht der Standard-Serialisierung von SOAP (also der Serialisierung, die in der Spezifikation angegeben ist), er muss aber trotzdem angegeben werden. Außerdem wird in dem Envelope-Element noch das Kürzel *soap* für den SOAP-Namensraum definiert. Der Header einer SOAP-Nachricht bietet einen generischen Mechanismus, um SOAP dezentral erweitern zu können, ohne diese Erweiterungen vorher mit anderen Kommunikationspartnern abstimmen zu müssen. SOAP definiert einige Attribute, die es erlauben, anzugeben, wie der Empfänger mit Header-Erweiterungen umgehen soll und ob diese Erweiterungen verpflichtend verstanden werden müssen. Beispiele für derartige Erweiterungen sind z.B. Authentifizierung, Abrechnung oder Transaktionsmanagement. Ein weiteres Beispiel ist die Web-Service Security Language, die SOAP-Nachrichten mit sicherheitsrelevanten Informationen anreichert. Die Möglichkeiten des Header-Elementes gehen allerdings über den Rahmen dieser SOAP-Einführung hinaus.

Die SOAP-Nachrichten in unserem Beispiel beinhalten der Einfachheit halber kein Header-Element. Das Body-Element einer SOAP-Nachricht bietet eine einfache Möglichkeit, Daten zwischen dem Sender und dem Empfänger auszutauschen. Typische Verwendungszwecke des Body-Elementes sind die Aufnahme von serialisierten Daten für Dienst-Aufrufe oder von Fehlerbenachrichtigungen. SOAP selbst definiert nur ein Element, das innerhalb des Body-Elementes vorkommen kann: das Fault-Element. Dieses Element wird zur Übermittlung von Fehlerzuständen genutzt und beinhaltet weitere Unterelemente, deren Beschreibung über den Rahmen dieser Einführung hinausgeht. Die Standard-Serialisierung von Daten basiert auf einem einfachen Typsystem, das eine Generalisierung der gebräuchlichen Typsysteme von Programmiersprachen, Datenbanken und semistrukturierten Datenmodellen darstellt. Ein Typ ist dabei entweder ein einfacher (skalarer) Typ, z.B. String oder Integer, oder ein zusammengesetzter Typ, z.B. Adresse. SOAP legt unter anderem fest, wie Arrays und Referenzen abgebildet werden und wie komplette Graphen von Datenobjekten in XML abgebildet werden und umgekehrt. Die Abbildung vom Typsystem einer Programmiersprache in das Typsystem, das der Standard-Serialisierung zugrunde liegt, ist nicht spezifiziert und muss für Typen, die über die Typen der Standard-Serialisierung hinausgehen, festgelegt werden.

Für unseren Beispiel-Service sieht die SOAP-Anfrage dann wie folgt aus:

```
<soap:Envelope
    xmlns:soap="http://schemas.xmlsoap.org/soap/envelope/"
    xmlns:xsd="http://www.w3.org/2001/XMLSchema"
    xmlns:xsi="http://www.w3.org/2001/XMLSchema-instance"
    soap:encodingStyle= "http://schemas.xmlsoap.org/soap/encoding/">

    <soap:Body>
        <ns1:getLehrUmfangVonProfessor
            xmlns:ns1="http::/www-db.in.tum.de/UniVerwaltung.wsdl">
              <ProfName xsi:type="xsd:string">Sokrates</ProfName>
        </ns1:getLehrUmfangVonProfessor>
    </soap:Body>
</soap:Envelope>
```

Das Ergebnis, das der Web-Service zurückliefert, hat beispielsweise folgendes Format:

```
<soap:Envelope
    xmlns:soap="http://schemas.xmlsoap.org/soap/envelope/"
    xmlns:xsd="http://www.w3.org/2001/XMLSchema"
    xmlns:xsi="http://www.w3.org/2001/XMLSchema-instance"
    soap:encodingStyle= "http://schemas.xmlsoap.org/soap/encoding/">

    <soap:Body>
        <ns1:getLehrUmfangVonProfessorResponse
            xmlns:ns1="http::/www-db.in.tum.de/UniVerwaltung.wsdl">
              <LehrUmfang xsi:type="xsd:int">10</LehrUmfang>
        </ns1:getLehrUmfangVonProfessorResponse>
    </soap:Body>
</soap:Envelope>
```

Für diesen sehr einfachen Web-Service erscheint das SOAP-Nachrichtenformat natürlich äußerst verbos, um gerade mal einen (kleinen) String – hier „Sokrates“ – zum Web-Service zu schicken und eine Zahl – hier 10 – als Ergebnis zu empfangen. Im Allgemeinen werden aber komplexere und größere Nachrichten zwischen Service und Klient ausgetauscht – man denke etwa an eine Bestellung und eine Empfangsbestätigung mit Lieferterminen.

20.4.6 Implementierung des Web-Services

Das WSDL-Dokument aus Abbildung 20.21 definiert die Schnittstellen des Web-Services, die von den SOAP-Nachrichten einzuhalten sind. Die Aufgabe des Dienstanbieters ist es, basierend auf der Service-Beschreibung den Web-Service bereitzustellen, d.h. eine Implementierung zu liefern. Die dazu notwendigen Schritte sind im

Sequenzdiagramm 20.18 (auf S. 719) schematisch dargestellt. Da die Kommunikation mit Web-Services über SOAP erfolgt, ist die Umsetzung nicht auf eine bestimmte Programmiersprache beschränkt.

Ist die WSDL-Beschreibung gegeben, so existieren Softwarewerkzeuge, die eine automatische Generierung eines Programmgerüsts ermöglichen.[6] Es lassen sich auf diese Art beispielsweise Java-Interfaces und -Klassen für die *service*-, *binding*- und *port*-Elemente der WSDL-Definition erzeugen. Die Aufgabe der Programmierer besteht dann nur noch in der Realisierung der eigentlichen Kernfunktionalität, oft einer einzigen bereits als Gerüst vordefinierten Methode. Um den Lehrumfang einer Professorin bzw. eines Professors zu bestimmen, muss im einfachsten Fall eine JDBC-Verbindung zur Datenbank hergestellt, die SQL-Anfrage ausgeführt und die ermittelte Summe an Semesterwochenstunden zurückgegeben werden. Der Kern einer solchen Implementierung – insbesondere der nicht automatisch generierbare Teil – ist in Abbildung 20.23 dargestellt. Dieser Service ist mit dem Entwicklungswerkzeug *axis* von *Apache* realisiert worden. Anschließend muss das Programm als Web-Service auf einem Webserver installiert – neudeutsch „deployed“ – werden. Damit ist der Dienst bereits ausführbar und für einen Klienten, der selbst wiederum ein Web-Service sein könnte, verfügbar. Der Dienst ist jedoch noch nicht bei einem UDDI-Dienst registriert, was nicht zwingend notwendig ist, den Bekanntheitsgrad des Services jedoch in der Regel erhöht. Für das WSDL-Dokument kann dann noch ein entsprechendes *tModel* generiert werden und beim UDDI-Verzeichnisdienst eingetragen werden, wobei ein *tModel* (Abkürzung für „technical model“) zur Kategorienbildung und Referenzierung von technischen Informationen dient.

20.4.7 Aufruf des Web-Services

Nachdem der Dienstanbieter den Service bei einem UDDI-Verzeichnis registriert hat, können Anwender den Verzeichnisdienst mit Hilfe einer so genannten Inquiry-API ansprechen und den Aufenthaltsort des zugehörigen WSDL-Dokuments abfragen. Dieses gibt an, unter welcher URL der Web-Service erreichbar ist und wie der Nachrichtenaustausch aussieht.

Implementierung des Klienten des Web-Services

Ähnlich, wie es zum Erstellen des Dienstes passende Softwareunterstützung gibt, lässt sich mit dem passenden Softwarewerkzeug aus der WSDL-Beschreibung ein Proxy für die Interaktion mit dem Service generieren. Beispielsweise lässt sich so eine Java-Klasse erzeugen, die eine passende Methode aufweist, der als String der Name der Professorin bzw. des Professors übergeben wird und die als Resultat den Lehrumfang zurückliefert. Auf diese Weise wird verborgen, dass es sich überhaupt um einen Web-Service-Aufruf handelt, denn der Proxy übernimmt die Transformation der Anfrage in SOAP-Nachrichten sowie die Extraktion des Ergebnisses aus der SOAP-Antwortnachricht. Im Sequenzdiagramm 20.19 (auf S. 720) war dieser Ablauf schematisch dargestellt. Eingetragen ist auch die Interaktion des Web-Services mit

[6]Programmierumgebungen für die Erstellung von Web-Services sind beispielsweise das von uns benutzte Java-basierte Apache Axis (http://ws.apache.org/axis) oder das .Net-Framework von Microsoft.

```
public class UniVerwaltungSOAPBindingImpl
   implements UniVerwaltung.UniVerwaltungPortType {
   public int getLehrUmfangVonProfessor(java.lang.String profName)
      throws java.rmi.RemoteException {
         return InquireDB.getLehrUmfangVonProfessor(profName); } }

import java.sql.*;
class InquireDB {
   public static int getLehrUmfangVonProfessor(String profName) {
      int LehrUmfang = 0;
      try {          // connect to database:
         Class.forName("oracle.jdbc.driver.OracleDriver");
         Connection conn =   DriverManager.getConnection(
           "jdbc:oracle:thin:@devilray:1522:lsintern","WSUSER","Passwort");
         Statement stmt = conn.createStatement();
         // Überprüfe profName: SQL-Injection ausschließen!
         ResultSet rset = stmt.executeQuery(
           "select sum(v.SWS) as LehrUmfang "
         + "from Vorlesungen v, Professoren p "
         + "where v.gelesenVon = p.PersNr and p.Name = '" + profName +"'");
         rset.next();
         LehrUmfang=java.lang.Integer.parseInt(rset.getString("LehrUmfang"));
         // disconnect
         rset.close(); stmt.close(); conn.close();
      } catch (Exception e) {}
      return LehrUmfang; } }
```

Abbildung 20.23: Implementierung des Web-Services

der Datenbank, an die, wie bereits beschrieben, die SQL-Anfrage zum Ermitteln des Lehrumfangs per JDBC gestellt wird.

Der Sourcecode eines Klienten unseres Web-Services könnte dann in Java wie folgt aussehen:

```
package UniVerwaltung;
import java.net.URL;

public class Klient {
  public static void main(String[] args) throws Exception {
    UniVerwaltungService uvws = new UniVerwaltungServiceLocator();
    UniVerwaltungPortType uv = uvws.getUniVerwaltung(new URL
      ("http://www-db.in.tum.de/axis/services/UniVerwaltung"));
    System.out.println("Lehrumfang von Professor/in " +
      "Sokrates" +": " +
      uv.getLehrUmfangVonProfessor("Sokrates")); //Dienstinvokation
  }
}
```

Dieser Klient ist wiederum mit dem Entwicklungswerkzeug *axis* von *Apache* realisiert worden. Die gesamte Kommunikation mit dem Web-Service (SOAP-Nachrichten erstellen/auspacken, Verschicken/Empfangen der Nachrichten via HTTP) ist in dem Package *UniVerwaltung* enthalten und wurde von *axis* aus dem WSDL-Dokument automatisch generiert.

Die „leidensfähigen“ Leser können sich aber anhand des Java-Codes aus Abbildung 20.24 klar machen, wie die – normalerweise hinter den Kulissen realisierte – Kommunikation implementiert werden kann. In diesem Programm wird die Kommunikation nämlich „von Hand gestrickt“, d.h. zunächst das SOAP-Dokument als *String* namens *request* aufgebaut. Dieses SOAP-Dokument wird dann über eine HTTP-Verbindung an die URL-Adresse des Web-Services übertragen. Das Antwort-Dokument des Web-Services wird empfangen und ausgegeben. Es entspricht genau dem SOAP-Dokument, das wir in Abschnitt 20.4.5 gezeigt haben. Der in dieser Abbildung gezeigte Java-Klient sollte auf jedem Java-System (mit Internet-Anbindung) ausführbar sein. (Probieren Sie es aus – und sei es nur, um die Entwicklungswerkzeuge, die diese mühsamen Kommunikations-Dokumente automatisch generieren, schätzen zu lernen.)

20.5 Übungen

20.1 Vervollständigen Sie das XML-Dokument zur Beschreibung der Universität. D.h. fügen Sie die Information zur Philosophischen Fakultät hinzu.

20.2 Erstellen Sie das XML Schema für eine Bibliothek, in der unterschiedliche Dokumente wie Bücher, Journale, Tagungsbände, etc. verwaltet werden.

20.3 Erstellen Sie das XML Schema für unser Beispiel des Personen-Stammbaums.

20.4 Geben Sie für das XML-Dokument zur Beschreibung der Universität die DTD (anstatt des XML Schemas) an.

20.5 Eine XML-DTD ermöglicht es, Beziehungen zwischen XML-Daten mittels ID und IDREF(S) zu modellieren. XML Schema stellt mit **key** und **keyref** einen weitaus flexibleren Mechanismus bereit, der den Ausdruck von Beziehungen zulässt, ohne dass dafür extra künstliche Schlüssel (IDs) eingeführt werden müssen.

Erstellen Sie für das in Aufgabe 3.3 modellierte Wahlinformationssystem ein XML-Schema. Drücken Sie Beziehungen mittels **key** und **keyref**-Definitionen aus.

Erstellen Sie zudem das XML-Dokument für eine fiktive Ausprägung und validieren Sie Ihr Dokument bezüglich des zuvor erstellten Schemas.

20.6 In Abbildung 20.9 sind die Ergebnisse der XPath-Achsen relativ zu dem mit *self* markierten Knoten eingezeichnet. Erstellen Sie für diese Baumstruktur ein entsprechendes XML-Dokument, um die Achsenauswertungen daran nachzuvollziehen. Verwenden Sie einen XPath- oder XQuery-Prozessor dafür. (Es gibt im Internet einige frei verfügbare.)

```
import java.io.*; import java.net.*;

public class ClientUniVerwaltung {
   private static final int BUFF_SIZE = 100;

   public static void main(String[] argv) throws Exception {
      String request =
      "<?xml version='1.0' encoding='UTF-8'?>"+
         "<soap:Envelope " +
           "xmlns:soap='http://schemas.xmlsoap.org/soap/envelope/' " +
           "xmlns:xsd='http://www.w3.org/2001/XMLSchema' " +
           "xmlns:xsi='http://www.w3.org/2001/XMLSchema-instance' " +
           "soap:encodingStyle= " +
                  "'http://schemas.xmlsoap.org/soap/encoding/'> " +
          "<soap:Body> "+
            "<ns1:getLehrUmfangVonProfessor " +
               "xmlns:ns1='http::/www-db.in.tum.de/" +
                     "UniVerwaltung.wsdl'> " +
                 "<ProfName xsi:type='xsd:string'>Sokrates</ProfName>" +
                 "</ns1:getLehrUmfangVonProfessor>" +
           "</soap:Body>"+
         "</soap:Envelope>";

      URL url = new URL(
          "http://www-db.in.tum.de/axis/services/UniVerwaltung");
      HttpURLConnection conn = (HttpURLConnection) url.openConnection();

      conn.setDoOutput(true); conn.setUseCaches(false);
      conn.setRequestProperty("Accept", "text/xml");
      conn.setRequestProperty("Connection", "keep-alive");
      conn.setRequestProperty("Content-Type", "text/xml");
      conn.setRequestProperty(
         "Content-length",
         Integer.toString(request.length()));
      conn.setRequestProperty("SOAPAction", "\" \"");

      OutputStream out = conn.getOutputStream();
      out.write(request.getBytes()); out.flush();

      StringBuffer response = new StringBuffer(BUFF_SIZE);
      InputStreamReader in =
         new InputStreamReader(conn.getInputStream(), "UTF-8");
      char buff[] = new char[BUFF_SIZE];   int n;
      while ((n = in.read(buff, 0, BUFF_SIZE - 1)) > 0) {
         response.append(buff, 0, n);
      }
      out.close(); in.close();
      System.out.println( response.toString() );
   } }
```

Abbildung 20.24: Ein „hand-gestrickter“ Klient der UniVerwaltung

20.7 Man beachte, dass die in Abbildung 20.11 eingeführte hierarchische Nummerierung von Knoten eines XML-Dokuments nicht robust gegen Änderungen des XML-Dokuments ist. Wenn man beispielsweise einen weiteren Autor „zwischen“ Kemper und Eickler einfügen würde, wäre die Nummerierung von Eickler abzuändern. In dieser Übungsaufgabe mögen die Leser dieses Nummerierungsschema so abändern, dass man auch nach Einfügeoperationen die bereits existierenden Kennungen beibehalten kann. **Hinweis:** Untersuchen Sie die zwei Methoden: (1) Zwischen zwei Geschwisterknoten wird ein Freiraum von, sagen wir, 10 Zahlen gelassen und (2) es werden zunächst nur ungerade Nummern vergeben und gerade Zahlen werden verwendet, um anzudeuten, dass dazwischen ein oder mehrere Geschwisterknoten eingefügt wurden. Diskutieren Sie die Vor- und Nachteile und codieren Sie die für die Anfrageauswertung notwendige *Vater()*-Funktion.

20.8 Grust (2002) und Grust, van Keulen und Teubner (2003) haben erkannt, dass man die vier wichtigsten Achsen descendant, ancestor, preceding und following sehr schön über die Preorder- und Postorder-Reihenfolge der Elemente charakterisieren kann. Dazu bestimmt man für jedes Elemnt des XML-Dokuments seine Preorder- und seine Postorder-Reihenfolge und trägt dieses Element in einem zwei-dimensionalen Koordinatensystem ein. Dann lassen sich die vier Achsen für jedes Referenzelement in der Form der vier Rechtecke (links oben, links unten, rechts oben und rechts unten) charakterisieren. Zeigen Sie dies am Beispiel des XML-Baums aus Abbildung 20.9.

20.9 Formulieren Sie die Anfragen, die in Kapitel 4 in SQL formuliert wurden, in XQuery. Vervollständigen Sie dazu die XML-Dokumente zur Universität (u.a. zusätzliches XML-Dokument für Studenten mit deren Prüfungen und Vorlesungsbelegungen).

20.10 Vervollständigen Sie den *UniVerwaltung*-Web-Service, so dass

- Studenten sich für Vorlesungen einschreiben können,
- ihre (aber auch nur ihre eigenen) Noten abfragen können,
- eine Vorlesungsliste der mit Namen angegebenen Professoren erhalten und
- ihre Studiengebühren per Kreditkarte bezahlen können.

Diskutieren Sie in diesem Zusammenhang insbesondere auch die Sicherheitsproblematik (Authentifizierung, Autorisierung und Datenschutz).

20.11 Bestimmen Sie, basierend auf der Beispielausprägung der Universitätsverwaltung, die Fakultäten, an denen mindestens x Vorlesungen angeboten werden. Formulieren Sie die Anfrage einmal nur unter Verwendung von XPath und einmal mittels XQuery. Formulieren Sie in XPath auch die Abfrage, die diejenigen Fakultäten bestimmt, an denen *genau* x Vorlesungen angeboten werden. Für x kann eine beliebige Zahl eingesetzt werden, also z.B. $x = 5$ zum Bestimmen der Fakultäten mit mindestens (bzw. genau) fünf angebotenen Vorlesungen.

20.6 Literatur

XML „gehört“ dem World Wide Web Consortium (W3C) und wurde von Bray et al. (2000) definiert. Die XML Schema-Sprache wurde ebenfalls vom W3C standardisiert und von Fallside (2001) ausgearbeitet. Abiteboul, Buneman und Suciu (1999) behandeln die Datenmodelle für so genannte semi-strukturierte Daten, worunter auch das XML-Modell fällt. Maneth et al. (2005) haben die Typüberprüfung von XML-Dokumenten untersucht. Klettke und Meyer (2002) und Schöning (2002) haben umfassende Bücher über XML-Datenbanken geschrieben. Conrad, Scheffner und Freytag (2000) setzen UML für den konzeptuellen Entwurf von XML-Daten ein. Zeller, Herbst und Kemper (2003) haben die Archivierung von betriebswirtschaftlichen Daten im XML-Format für SAP-Anwendungen untersucht. Süß, Zukowski und Freitag (2001) nutzen XML für die Erstellung von virtuellem Unterrichtsmaterial.

Deutsch et al. (1999) untersuchen deklarative Anfragesprachen für XML-Daten. Die in diesem Buch verwendete XQuery-Sprache wurde von Boag et al. (2003) entworfen. Die Sprache XQuery ist ein direkter Nachfolger der Sprache Quilt, die von Chamberlin, Robie und Florescu (2000) definiert wurde. Wie der Name schon andeutet, wurden in dieser Anfragesprache Quilt Konzepte aus mehreren anderen Vorschlägen vereint. Chamberlin et al. (2003) haben eine Sammlung von XQuery-Beispielen (engl. *use cases*) erstellt. XQuery verwendet die Pfadausdruck-Syntax der Sprache XPath, die von Clark und DeRose (1999) definiert wurde. Lehner und Schöning (2004) behandeln die XQuery/XPath-Anfragesprache sehr detailliert.

Die effiziente Auswertung von XPath-Pfadausdrücken wurde von Gottlob, Koch und Pichler (2003) und Gottlob, Koch und Pichler (2005) untersucht. Weiterhin haben Gottlob et al. (2005) allgemein die Komplexität der Auswertung von XPath-Ausdrücken untersucht. XPath wird auch benutzt, um Transformationen in XML Style Sheets zu definieren. Diese werden u.a. dafür verwendet, XML-Dokumente zu formatieren. XSL wurde von Adler et al. (2000) ebenfalls für das World Wide Web Consortium erstellt. Moerkotte (2002) beschreibt, wie man XSL-Verarbeitungsschritte schon während der XML-Datengenerierung unterstützen kann.

Kanne und Moerkotte (2000) und Fiebig et al. (2002) haben einen Datenspeicher (Natix) für XML-Daten entwickelt, bei dem die Dokumente adaptiv (d.h. gemäß dem Zugriffs- und Updateverhalten der Anwendungen) „zerstückelt“ werden. Es ist offensichtlich, dass bei einer stark fragmentierten Speicherung (wie in relationalen Datenbanken üblich) der Zusammenbau eines XML-Dokuments sehr lange dauert, wohingegen die Anfragebearbeitung sowie die inkrementelle Änderung von XML-Daten dadurch optimiert werden. Brantner et al. (2005) und Kanne, Brantner und Moerkotte (2005) beschreiben die XPath-Anfrageauswertung auf Natix. Kanne und Moerkotte (2006) optimieren die Speicherabbildung großer XML-Dokumente. Die Firma Software AG hat ein XML-Datenbanksystem namens Tamino entwickelt, das von Schöning (2001) vorgestellt wurde.

Florescu, Kossmann und Manolescu (2000) und Manolescu, Florescu und Kossmann (2001) haben die integrierte Anfrageauswertung auf XML- und relationalen Daten behandelt. Marron und Lausen (2001) beschreiben die XML-Anfragebearbeitung für Directoryverzeichnisse. Bauer, Ramsak und Bayer (2003) haben eine Indexierung von XML-Daten – basierend auf mehr-dimensionalen Indexstrukturen – entwickelt. Auch Fiebig und Moerkotte (2000) haben eine Indexstruktur für XML entwickelt.

Wir haben unsere XQuery-Beispiele in diesem Buch mit dem am Fraunhofer IPSI-Institut von Fankhauser, Groh und Overhage (2002) entwickelten XQuery-Anfrageprozessor getestet.

Ein derzeit besonders aktives Forschungsgebiet beschäftigt sich mit der Auswertung von Anfragen auf XML-Datenströmen. Florescu et al. (2004) und Florescu et al. (2003) haben einen Pipeline-basierten Anfrageprozessor für XQuery entwickelt. Koch et al. (2004) haben eine schema-basierte Optimierung für Datenstrom-Anfragen konzipiert. Das StreamGlobe-Projekt von Kuntschke et al. (2005) und Stegmaier und Kuntschke (2004) realisiert eine verteilte Bearbeitung von Subskriptionsanfragen gegen XML-Datenströme, indem abonnierte Datenströme für andere, ähnliche Subskriptionen wiederverwendet werden. Koch und Scherzinger (2003) haben eine attributierte Grammatik für die Anfragebearbeitung auf XML-Datenströmen realisiert. Diese Grammatiken basieren im weitesten Sinn auf den Transducer-Arbeiten von Ludäscher, Mukhopadhyay und Papakonstantinou (2002).

Das Zusammenspiel relationaler Datenbanken mit XML ist ein spannendes Thema, das insbesondere den Herstellern relationaler Produkte am Herzen liegt. Florescu und Kossmann (1999) untersuchten und bewerteten verschiedene Abbildungen von XML-Dokumenten auf relationale Datenbanken. Lehner und Irmert (2003) beschreiben eine optimierte Zerlegung von XML-Dokumenten für die Speicherung. Die in diesem Kapitel vorgestellte relationale Speicherung von XML-Dokumenten basiert auf Konzepten des XRel-Forschungsprojekts von Yoshikawa et al. (2001) und Amagasa, Yoshikawa und Uemura (2003). Diese Ideen wurden weitgehend von den „großen" Herstellern relationaler Datenbankprodukte (Microsoft, IBM und Oracle) übernommen. Grust (2002) und Grust, van Keulen und Teubner (2003) haben erkannt, dass man die vier wichtigsten XPath-Achsen descendant, ancestor, preceding und following sehr schön über die Preorder- und Postorder-Reihenfolge der Elemente charakterisieren kann. Das Pathfinder-Projekt von Boncz et al. (2005) baut darauf auf, um ein vollständiges XML/XQuery-Datenbanksystem auf relationaler Technologie zu realisieren. Grust, Rittinger und Teubner (2007) untersuchen die Effizient konventioneller relationaler Datenbanksysteme für die XQuery-Bearbeitung.

Die Shanmugasundaram et al. (2000) und Rys (2001) haben das Problem der Generierung von XML-Daten aus einer relationalen Datenbank untersucht.

XML-Daten werden häufig in komprimierter Form abgespeichert. Ein bekanntes Verfahren dafür ist das XMill-System von Liefke und Suciu (2000). Koch, Buneman und Grohe (2003) haben eine Methode entwickelt, Pfade direkt auf komprimierten XML-Daten auszuwerten.

Böttcher und Steinmetz (2005) beschreiben ein Konzept für die Zugriffskontrolle auf XML-Dokumente.

Das ObjectGlobe-System von Braumandl et al. (2001) stellt eine verteilte, erweiterbare, XML-basierte Infrastruktur für die Anfragebearbeitung im Internet bereit. Braumandl, Kemper und Kossmann (2003) haben in diesem Zusammenhang die Dienstgüte (Quality of Service, QoS) untersucht.

Kossmann und Leymann (2004) geben einen Überblick über Web Service-Technologien. Das von Rahm und Vossen (2003) herausgegebene Buch befasst sich mit Datenbankanbindungen an das Web. Ein Kapitel – verfasst von Keidl et al. (2002) – behandelt Web-Services im Detail. Leymann (2003) gibt einen Überblick über die

Web-Service-Standards. Viele große Softwarefirmen haben mittlerweile entsprechende Produkte im Angebot oder entwickeln gerade ihre eigene Web-Service-Lösung. Als die bekanntesten Vertreter sind hier sicherlich BEA WebLogic, HP Web Services Platform, IBM WebSphere, Microsoft .NET, mySAP.com und Netweaver von SAP und SUN One zu nennen. Ein umfassendes Buch über Web-Services wurde von Zimmermann, Tomlinson und Peuser (2003) verfasst. Ein weiteres Buch über Web-Service-Architekturen wurde von Alonso et al. (2004) geschrieben. Bussler, Fensel und Maedche (2002) wenden Techniken des Semantic Web für das Auffinden von Web-Services an. Seltzsam et al. (2005) verwenden semantisches Caching, das aus dem Datenbankbereich bekannt ist, um Web Service-Anfragen auf der SOAP-Protokollebene zu optimieren. Die von Florescu, Grünhagen und Kossmann (2002) entwickelte Sprache XL erlaubt es, Web-Services in einer XQuery-Erweiterung zu realisieren, so dass die via SOAP ausgetauschten XML-Daten gar nicht in Objekte der jeweiligen Programmiersprache transformiert werden müssen.

Keidl et al. (2002) haben das ServiceGlobe-System entwickelt, das eine Plattform für mobile Web-Services bietet. In diesem Projekt wurde von Keidl, Seltzsam und Kemper (2003) insbesondere auch die Lastbalancierung behandelt. Im AutoGlobe-Projekt wurden von Gmach et al. (2005) und Seltzsam et al. (2006) weitergehende automatische Administrationskonzepte für service-orientierte Datenbankanwendungen entwickelt und mittlerweile auch in das SAP Netweaver-Projekt portiert. Automatische Ressourcenallokation wurde auch von Ardaiz et al. (2002) untersucht. Keidl et al. (2003) haben für die ServiceGlobe-Plattform eine Sprache für die Personalisierung von Web-Services entwickelt und in Keidl und Kemper (2004) eine Referenzarchitektur dafür entwickelt.

Die XML-Funktionalität des IBM DB2-Datenbanksystems ist in dem „Redbook“ von Saracca, Chamberlin und Ahuja (2006) gut beschrieben.

21. Big Data

Unter dem Begriff „Big Data“ versteht man die Herausforderungen, die daraus resultieren, dass immer mehr Daten generiert und sinnvoll ausgewertet werden sollen. Die besonderen Herausforderungen resultieren aus folgenden Eigenschaften dieser Daten:

- **Big Volume**: Durch die zunehmende Nutzung von Sensoren werden immer größere Datenvolumina generiert, die man verwalten und analysieren will.
- **Big Velocity**: Die Daten werden immer schneller generiert, so dass die Auswertung mit der Geschwindigkeit dieser „hereinströmenden“ Daten Schritt halten muss.
- **Big Variety**: Die Daten resultieren aus den unterschiedlichsten Quellen und haben sehr heterogene Formate, die es zu integrieren gilt.

In diesem Kapitel werden einige neuere Techniken und Entwicklungen aus dem Umfeld der sogennaten Big Data-Auswertung aufgegriffen. Es handelt sich hierbei zum einen um Ansätze zur erweiterten Nutzung von Datenbanktechnologien im semantischen Web, im Information Retrieval zur Realisierung von Suchmaschinen, oder für die Auswertung von Datenströmen. Zum anderen werden Systementwicklungen zur Skalierbarkeitsverbesserung vorgestellt. Dazu zählen die massiv parallele Datenverarbeitung basierend auf dem MapReduce-Datenverarbeitungsmodell, die Peer-to-Peer- und die NoSQL-Datenbanksysteme sowie die Multi-Tenancy-Optimierungen für Cloud-Datenbankanwendungen.

21.1 Datenbanken für das Semantic Web

Die Anzahl der Web-basierten Daten und Ressourcen hat sich in den letzten Jahren explosionsartig (oder zumindest exponentiell) vergrößert. Um in dieser Informationsflut noch gezielt sinnvolle und relevante Ressourcen zu finden, benötigt man automatisierte Techniken. Hier sind zum einen die Suchmaschinen zu nennen, die automatisch Webseiten analysieren und mit den Techniken des *Information Retrieval* katalogisieren. Um semantisch reichhaltigere Beschreibungen der Web-Ressourcen zu ermöglichen, wurde das RDF-Modell als eine der Grundlagen des sogenannten *Semantic Web* entwickelt.

21.1.1 RDF: Resource Description Framework

Das *Resource Description Framework* (RDF) ist eine sehr einfache XML-basierte Sprache zur Beschreibung von Informationen. Ursprünglich war es gedacht, Ressourcen im Internet zu annotieren, um sie leichter auffindbar zu machen – folglich wird RDF auch als Metadatenmodell bezeichnet. Deshalb werden die zu beschreibenden

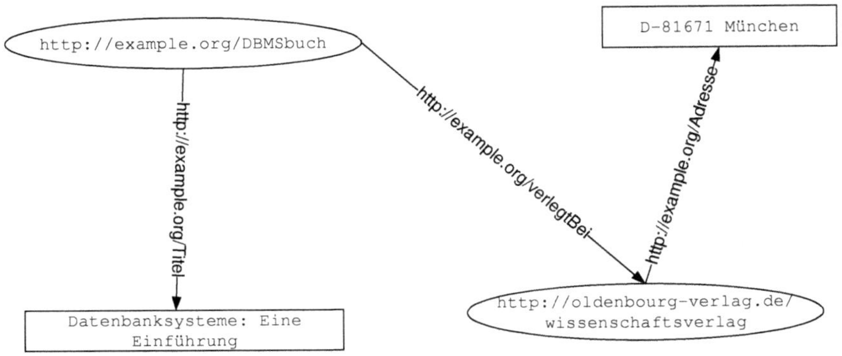

Abbildung 21.1: Eine RDF Graph-Datenbank

Entities mittels *Uniform Resource Identifiers* (URIs) identifiziert, die wiederum eine Verallgemeinerung der URLs sind. Anders als URLs muss sich „hinter" einer URI nicht notwendigerweise eine Web-Seite befinden – sie dient einzig der eindeutigen Identifizierung eines Entitys. Eine RDF-Datenbasis besteht dann aus Tripeln der Form

$$(\text{Subjekt}, \text{Prädikat}, \text{Objekt})$$

bei denen die drei Komponenten URIs entsprechen – einzig das Objekt könnte auch ein Literal (z.B. ein String oder eine Zahl) sein. Das ist alles – trotzdem lassen sich auf diese Art sehr komplexe Datenbanken bilden, die man am besten als Graphstruktur visualisiert. Dabei werden Subjekt und Objekt als Knoten repräsentiert und das Prädikat als beschriftete Kante vom Subjekt zum Objekt. Ein Beispiel-Graph ist in Abbildung 21.1 gezeigt.

Dieser Graph repräsentiert insgesamt drei Tripel (jede Kante wird in ein Tripel konvertiert), die man wie folgt interpretieren kann:

- Das Buch mit der Kennung ⟨`http://example.org/DBMSbuch`⟩ wird ⟨`http://example.org/verlegtBei`⟩ dem Verlag ⟨`http://oldenbourg-verlag.de/wissenschaftsverlag`⟩.

- Der ⟨`http://oldenbourg-verlag.de/wissenschaftsverlag`⟩ hat als ⟨`http://example.org/Adresse`⟩ das Literal "`D-81671 München`".

- Das ⟨`http://example.org/DBMSbuch`⟩ hat als ⟨`http://example.org/Titel`⟩ das Literal "`Datenbanksysteme: Eine Einführung`".

Somit wird klar, dass das erste Element des Tripels das Subjekt einer Aussage, das zweite das Prädikat und das dritte Element das Objekt darstellt.

Es gibt mehrere leicht unterschiedliche, textuelle RDF-Tripeldarstellungen, die man unter den Namen *N3*, *N-Triples* oder *Turtle* findet. In unserem Fall sieht die Beispieldatenbank in der *Turtle*-Notation wie folgt aus:

```
<http://example.org/DBMSbuch> <http://example.org/verlegtBei>
                      <http://oldenbourg-verlag.de/wissenschaftsverlag>.
```

```
<http://oldenbourg-verlag.de/wissenschaftsverlag>
                    <http://example.org/Adresse> "D-81671 München".
<http://example.org/DBMSbuch> <http://example.org/Titel>
                    "Datenbanksysteme: Eine Einführung".
```

Man sieht, dass jedes Tripel durch einen Punkt abgeschlossen wird, die URI durch spitze Klammern gekennzeichnet werden und die Literale durch Anführungszeichen.

Man kann die Namensräume durch Präfixdeklarationen herausfaktorisieren, so dass die textuelle Darstellung kompakter wird:

```
@prefix ex: <http://example.org>.
@prefix ol: <http://oldenbourg-verlag.de>.

ex:DBMSbuch ex:verlegtBei ol:wissenschaftsverlag.
ol:wissenschaftsverlag ex:Adresse "D-81671 München".
ex:DBMSbuch ex:Titel "Datenbanksysteme: Eine Einführung".
```

Man kann die Darstellung nochmals kompaktifizieren, indem man Tripel mit gleichem Subjekt zu einem Cluster zusammenfasst:

```
ex:DBMSbuch ex:verlegtBei ol:wissenschaftsverlag;
            ex:Titel "Datenbanksysteme: Eine Einführung".
ol:wissenschaftsverlag ex:Adresse "D-81671 München".
```

Man beachte, dass man jetzt ein Semikolon verwendet, um anzugeben, dass das vorherige Subjekt übernommen wird. Man kann mengenwertige Beziehungen auch noch weiter kompaktifizieren, wenn man Cluster gleicher Subjekte und Prädikate bildet. Beispielsweise:

```
ex:DBMSbuch ex:AutorNachName "Kemper" ,
                             "Eickler".
```

Bei diesen Clustern verwendet man Kommata als Abgrenzung der unterschiedlichen Objekte, die zu demselben Subjekt und Prädikat gehören.

Man kann in RDF auch namenlose Knoten einfügen, um Objekte zu „bündeln". Bei der Angabe von Vorname und Nachname der Autoren ist dies beispielsweise nötig, um die Vornamen eindeutig den Nachnamen zuordnen zu können:

```
@prefix ex: <http://example.org>.
@prefix xsd: <http://www.w3.org/2001/XMLSchema#>.

ex:DBMSbuch ex:Autor _:k.
_:k ex:NachName "Kemper"^^xsd:string.
_:k ex:VorName "Alfons"^^xsd:string.

ex:DBMSbuch ex:Autor _:e.
_:e ex:NachName "Eickler"^^xsd:string.
_:e ex:VorName "Andre"^^xsd:string.
```

Die namenlosen Knoten werden durch einen Underscore gefolgt von einem temporären Identifikator des Knoten gekennzeichnet. In diesem Beispiel haben wir auch gleich noch die Literale als `xsd:string` typisiert. Weitere vordefinierte Datentypen sind bspw. `xsd:integer`, `xsd:dateTime` und `xsd:boolean`. Die Graph-Darstellung ist in Abbildung 21.2 gezeigt.

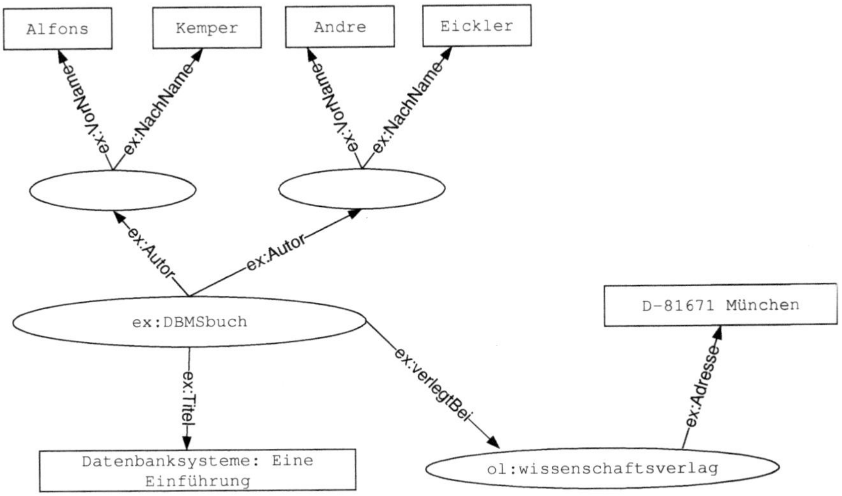

Abbildung 21.2: Die RDF Graph-Datenbank mit unbenannten Knoten

21.1.2 SPARQL: Die RDF Anfragesprache

SPARQL steht für SPARQL Protocol and RDF Query Language. Die Anfragesprache ist stark an Query-by-Example, und damit an das relationale Domänenkalkül, angelehnt. Die allgemeine Form einer SPARQL-Anfrage sieht wie folgt aus:

```
SELECT ?Variable1 ?Variable2 ... ?VariableN
WHERE { Muster1. Muster2. ... MusterM. }
```

Die *Muster* entsprechen selbst wiederum Tripeln, in denen Literale, URIs oder Variablen vorkommen können. Wir werden die nachfolgenden Beispielanfragen auf der Basis des kleinen RDF-Graphen aus Abbildung 21.2 erstellen:

In der ersten Anfrage wollen wir die Nachnamen der Autoren des Oldenbourg-Verlags ermitteln:

```
PREFIX ex: <http://www.example.org>

SELECT ?AutorenDesOldenbourgVerlags WHERE
{  ?buch ex:Autor ?a.
   ?a ex:NachName ?AutorenDesOldenbourgVerlags.
   ?buch ex:verlegtBei <http://oldenbourg-verlag.de/wissenschaftsverlag>.
}
```

Diese Anfrage besteht aus drei Mustern, die jeweils wieder durch Punkte abgetrennt werden. Die ersten beiden Muster sind über die gleich benannte Variable ?a miteinander verknüpft. Für diese Variable darf jeweils nur derselbe Wert eingesetzt (substituiert) werden – einmal als Objekt und einmal als Subjekt. Über diese gleichbenannten Variablen wird also – genau wie im Domänenkalkül oder in Query-by-Example – implizit ein Join formuliert. Mögliche Werte sind die beiden namenlosen Knoten des RDF-Graphs. Gleichfalls dient die Variable *?buch* dazu, einen impliziten Join zwischen dem ersten und dem dritten Muster der Anfrage zu formulieren. Die SPARQL-Semantik verlangt – genau wie SQL –, dass man Duplikate erhält. Wenn ein Autor mehrere Bücher im Oldenbourg-Verlag veröffentlicht hat, muss sein Nachname entsprechend oft im Ergebnis vorkommen. Mit der Klausel **distinct** kann man Duplikate gänzlich eliminieren oder mit der Klausel **reduced** es dem Auswertungssystem zwecks Optimierung überlassen, Duplikate teilweise oder ganz zu ignorieren.

In der nächsten Anfrage wird ein konstantes Literal verwendet, um die Titel der Bücher auszugeben, die von "Kemper" geschrieben wurden.

```
PREFIX ex: <http://www.example.org>

SELECT ?KempersBuecherTitel WHERE
{   ?KempersBuecher ex:Autor ?k.
    ?k ex:NachName "Kemper".
    ?KempersBuecher ex:Titel ?KempersBuecherTitel.
}
```

Mit der **union**-Klausel kann man eine Disjunktion formulieren, so dass alle Buchtitel ausgegeben werden, die von "Kemper" oder "Eickler" geschrieben wurden.

```
PREFIX ex: <http://www.example.org>

SELECT ?KempersOderEicklersBuecherTitel WHERE
{ {   ?KempersBuecher ex:Autor ?k.
      ?k ex:NachName "Kemper".
      ?KempersBuecher ex:Titel ?KempersOderEicklersBuecherTitel.
  } UNION
  {   ?EicklersBuecher ex:Autor ?k.
      ?k ex:NachName "Eickler".
      ?EicklersBuecher ex:Titel ?KempersOderEicklersBuecherTitel.
} }
```

Mit der **optional**-Klausel lässt sich „so etwas wie ein" Outer-Join in SPARQL formulieren. In dieser Anfrage werden die Titel der Bücher des Autors "Kemper" ausgegeben und, falls bekannt, wird zu jedem Titel auch noch die ISBN ausgegeben (muss aber nicht). Ohne die **optional**-Klausel würden nur Titel von Büchern ausgegeben, bei denen die ISBN auch bekannt ist.

```
PREFIX ex: <http://www.example.org>

SELECT ?KempersBuecherTitel ?KempersBuecherISBN WHERE
{   ?KempersBuecher ex:Autor ?k.
    ?k ex:NachName "Kemper".
    ?KempersBuecher ex:Titel ?KempersBuecherTitel.
    OPTIONAL {  ?KempersBuecher ex:hatISBN ?KempersBuecherISBN  }
}
```

Mit der **filter**-Klausel kann man die Selektion der Relationenalgebra „nachbauen“. In der Anfrage werden nur die Bücher von “Kemper” aufgeführt, die schon mehr als sieben Auflagen erzielt haben.

```
PREFIX ex: <http://www.example.org>

SELECT ?KempersBuecherTitel ?auflagenNr WHERE
{   ?KempersBuecher ex:Autor ?k.
    ?k ex:NachName "Kemper".
    ?KempersBuecher ex:Titel ?KempersBuecherTitel.
    ?KempersBuecher ex:Auflage ?auflagenNr.
    FILTER ( ?auflagenNr > 7 )
}
```

Die **count**-Aggregation lässt sich in SPARQL dadurch formulieren, dass man zählt wie oft ein bestimmtes Muster erfolgreich gebunden werden kann. Nachfolgende Anfrage gibt die Anzahl der Bücher pro Verlag aus.

```
PREFIX ex: <http://www.example.org>

SELECT COUNT ?verlag WHERE
{
     ?buch ex:verlegtBei ?verlag.
}
```

Für SQL-affine Leser ist diese Anfrage etwas gewöhnungsbedürftig, da man ja in der Tat die Bücher zählen will. Die SPARQL-Formulierung zielt aber darauf ab, die Anzahl der Vorkommnisse des Musters `?buch ex:verlegtBei ?verlag` für jeden `?verlag` zu zählen.

21.1.3 Implementierung einer RDF-Datenbank

Es dürfte klar sein, dass es im Internet Milliarden von Ressourcen gibt, die man (theoretisch) mit RDF beschreiben will. Deshalb benötigt man extrem skalierbare („Internet-scale“) Realisierungen von RDF/SPARQL, die man durch einfache Nutzung eines relationalen Datenbanksystems nicht erzielen kann. Neumann und Weikum (2008) haben das derzeit effizienteste RDF-Datenbanksystem *RDF-3X* (RDF triple express) realisiert. Es basiert zum einen auf einer Kompression der Einträge durch ein Dictionary, wie es nachfolgend für unseren Beispielgraphen aus Abbildung 21.2 gezeigt ist:

Dictionary	
Literal/URI	Code
<http://www.example.org/DBMSbuch>	0
Datenbanksysteme: Eine Einführung	1
<http://www.example.org/Titel>	2
<http://www.example.org/verlegtBei>	3
<http://oldenbourg-verlag.de/wissenschaftsverlag>	4
<http://www.example.org/Adresse>	5
D-81671 München	6
<http://www.example.org/Autor>	7
<dummy1>	8
<dummy2>	9
<http://www.example.org/VorName>	10
<http://www.example.org/NachName>	11
Alfons	12
Kemper	13
Andre	14
Eickler	15

Basierend auf dieser Codierung werden die RDF-Tripel als drei-stellige Integer-Tupel repräsentiert. Für die extrem effiziente Auswertung der SPARQL-Anfragen werden sehr viele (de facto **alle**) Indexkombinationen als B^+-Baum angelegt. Dies ist in Abbildung 21.3 gezeigt: Jedes Tripel (s, p, o) wird also genau 6 mal repliziert abgelegt – allerdings in permutierter Subjekt/Prädikat/Objekt-Reihenfolge, nämlich (p, s, o), (s, p, o), (p, o, s), (o, s, p), (s, o, p) und (o, p, s). Zusätzlich gibt es noch die sogenannten aggregierten Indexe, die die Anzahl der Vorkommen des jeweiligen Musters repräsentieren. Zum Beispiel bedeutet der Eintrag $(s, o, 7)$, dass das Subjekt s siebenmal mit dem Objekt o in einer Beziehung steht – mit beliebigem Prädikat. Das Speichervolumen wird dadurch (dramatisch) reduziert, dass man in den Blättern der Bäume eine Präfix-Komprimierung durchführt. Z.B. wird in dem zweiten Eintrag des SPO-Baums das Subjekt 0 weggelassen, da es identisch zum ersten Eintrag ist. In dem vierten Eintrag kann sogar die Subjekt- und die Prädikat-Kennung weggelassen werden, da beide identisch zum dritten Eintrag sind. Es werden aber nicht nur gleiche Präfixe weggelassen; zusätzlich wird auch anstatt des jeweiligen (i.d.R. sehr langen) *Codes* nur die Differenz zum Code des Vorgänger-Tripels gespeichert. Der letzte Eintrag im SPO-Baum würde demnach als $(-, 1, 1)$ gespeichert, da er in der ersten Komponente identisch zum Vorgänger-Tripel ist, in der zweiten und dritten Komponente ist die Differenz zum Vorgänger-Tripel jeweils 1. Diese Kompression ist sehr effektiv, da die Tripel in den Blattknoten ja fortlaufend sortiert sind und sich deshalb immer nur geringfügig vom Vorgänger-Tripel unterscheiden. Als Anker für diese Differenz-Kompression wird auf jeder Blatt-Seite immer nur ein vollständiges Tripel, nämlich das Erste, gespeichert. Durch diese Kombination von Dictionary-, Präfix- und Differenz-Kompression ist das Speichervolumen in RDF-3X in aller Regel sogar kleiner als das Speichervolumen einer textuellen Turtle-Notation (trotz der für die Anfrageauswertung so wertvollen Redundanz).

Die Anfrageauswertung auf dieser Speicherstruktur ist sehr „Join-lastig“, wie wir an dem einfachen Beispiel der Ermittlung der Autoren-Nachnamen des Oldenbourg-Verlags demonstrieren wollen.

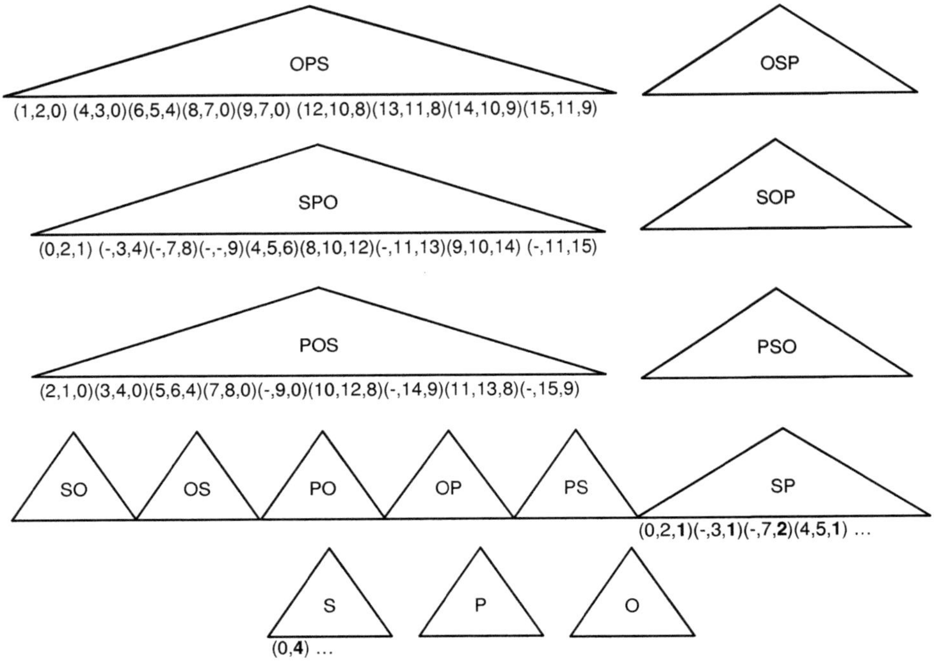

Abbildung 21.3: Die Speicherstruktur des RDF-3X-Systems: Alle Indexkombinationen als B+-Baum

```
PREFIX ex: <http://www.example.org>

SELECT REDUCED ?AutorenDesOldenbourgVerlags WHERE
{ ?buch ex:Autor ?a.
  ?a ex:NachName ?AutorenDesOldenbourgVerlags.
  ?buch ex:verlegtBei <http://oldenbourg-verlag.de/wissenschaftsverlag>.
}
```

Zunächst werden alle konstanten Literale der Anfrage im Dictionary nachgeschlagen und durch deren Code ersetzt. Die resultierende Anfrage sieht dann wie folgt aus:

```
SELECT REDUCED ?AutorenDesOldenbourgVerlags WHERE
{   ?buch 7 ?a.
    ?a 11 ?AutorenDesOldenbourgVerlags.
    ?buch 3 4.
}
```

Je nach geschätzter Selektivität der einzelnen Indexzugriffe, würde man dann mit einem (der vielen möglichen) Index-Scan beginnen. In unserem Fall würde man z.B. den Index OPS verwenden, um die beim Oldenbourg Verlag verlegten Bücher

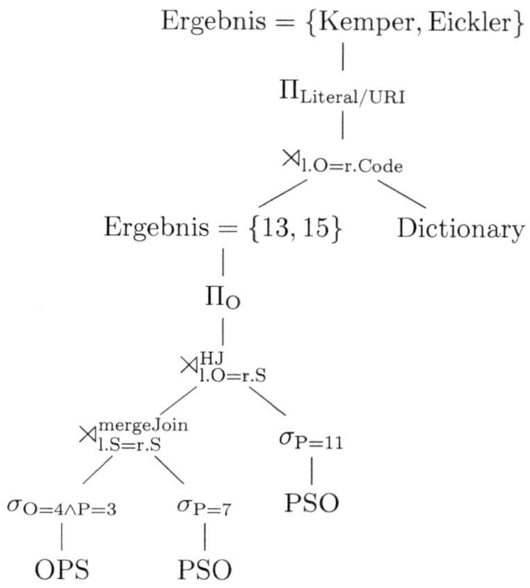

Abbildung 21.4: Operatorbaum für die SPARQL Anfrage zur Ermittlung der Autorennamen des Oldenbourg-Verlags

zu finden – dieser Scan korrespondiert mit dem dritten Anfragemuster mit den meisten Konstanten. In dem kleinen Beispiel ermittelt man somit das eine Buch 0. Von diesen *?buch*-Ergebnissen – wohlgemerkt, deren Dictionary-Codes – würde man über einen Semi-Join mit dem Index PSO die ?a (also deren Autoren) ermitteln. Der Clusterindex-Scan filtert über „$P = 7$" (Code 7 ist im Dictionary für das *Autor*-Prädikat vergeben) die Subjekte, die Autoren sind. Die Ergebnisse von $\sigma_{\text{P=7}}$(PSO) werden in S-Sortierung geliefert, so dass ein Merge-Join ausgeführt werden kann, der in unserem Beispiel die Codes 8 und 9 liefert. Von diesen Autoren kann man dann wiederum über den Clusterindex PSO die *NachNamen*-Subjekte (Code 11) ermitteln. Dieser Join wird als Hash-Join (HJ) realisiert, da die Sortierungen für einen Merge-Join nicht übereinstimmen. Dies resultiert schließlich in der Menge {13, 15}. Im abschließenden Schritt würde man im Dictionary die Codes dieser Menge nachschlagen, um deren Werte – hier Kemper und Eickler – zu ermitteln. Man darf in dieser Anfrage Semi-Joins verwenden, da in der Anfrage das Schlüsselwort REDUCED angibt, dass man Duplikate nicht unbedingt „mitschleppen" muss. Ohne diese Erleichterung müsste man reguläre Joins verwenden und die resultierenden Ergebnis-Duplikate, die z.B. durch mehrere Bücher desselben Autors entstehen, präzise berechnen. Der oben skizzierte Anfrageplan ist als Operatorbaum in Abbildung 21.4 gezeigt.

21.2 Datenströme

Bislang haben wir uns in diesem Datenbank-Buch mit der dauerhaften Speicherung von Daten befasst. Mittlerweile werden immer mehr Sensoren unterschiedlichster Art installiert, die kontinuierlich riesige Datenmengen emittieren. Beispiele für derartige Sensoren sind:

- RFID-Leser, die in der Nähe befindliche („vorbeikommende") RFID-Tags (Radio Frequency IDentifiers) lesen. Diese Sensoren emittieren Tripel der Art (ReaderID, EPC-Code, TimeStamp), wobei der EPC-Code (electronic product code) eine eindeutige Warenkennzeichnung darstellt.
- Umweltsensoren, um Klimadaten zu ermitteln.
- Börsenticker emittieren die jüngsten Aktienkurse basierend auf den letzten Handelstransaktionen.
- Kameras und andere Sensoren liefern kontinuierliche Informationen über bewegliche Objekte wie z.B. Autos, Menschen, etc.
- Fast alle Menschen liefern über ihr Handy kontinuierlich Daten über ihr Bewegungsmuster. Manche Personen machen es den interessierten Unternehmen noch einfacher, ein präzises Bewegungsmuster via GPS-Daten zu erstellen.

Es dürfte klar (und bezogen auf die persönlichen Daten auch zu hoffen) sein, dass diese Flut von Sensordaten nicht dauerhaft in Datenbanken gespeichert werden kann bzw. sollte. Vielmehr werden diese Sensordaten als volatile Datenströme von sogenannten *Event-Daten* generiert und ausgewertet. Unter dem Begriff Complex Event Processing (CEP) versteht man die Echtzeitverarbeitung von Event-Strömen. Jeder Event-Strom stellt eine Sequenz applikationsspezifischer, temporaler Daten bereit, die man je nach Applikationskontext geeignet filtert, korreliert und aggregiert. Das Ziel dieser Event-Verarbeitung besteht darin, wichtige Kennzahlen für die unterschiedlichsten Steuerungsmechanismen (Management von Unternehmen, Verkehrsleitstellen, Katastrophenmanagement, etc.) stets aktuell bereitzustellen.

Aus der Volatilität der Datenstromelemente ergibt sich ein anderes Anfragemodell als es für permanente Datenbanken üblich ist. Bei den Datenströmen sind sozusagen die Daten im Fluss und die Anfragen permanent. Man spricht in diesem Zusammenhang auch von *continuous queries.* Dies ist in Abbildung 21.5 gezeigt. Das Ergebnis einer klassischen Datenbank-Anfrage (wie links im Bild gezeigt) ist *ein* Ergebnis. Demgegenüber werden Datenstrom-Anfragen (wie rechts im Bild gezeigt) permanent installiert, sozusagen in einer „Anfrage-Bank", und kontinuierlich ausgewertet. Das Ergebnis einer solchen Anfrage ist dann selbst wieder ein Datenstrom.

Die nachfolgenden Beispiele basieren auf einem gemischten Datenbank/Datenstrom-Schema, das ein on-line Auktionssystem (wie ebay) modelliert und die folgenden sechs Relationen beinhaltet:

- Die drei durch Großbuchstaben als dauerhafte Datenbankrelationen gekennzeichneten *ITEM*, *CATEGORY* und *PERSON* repräsentieren die Produkte,

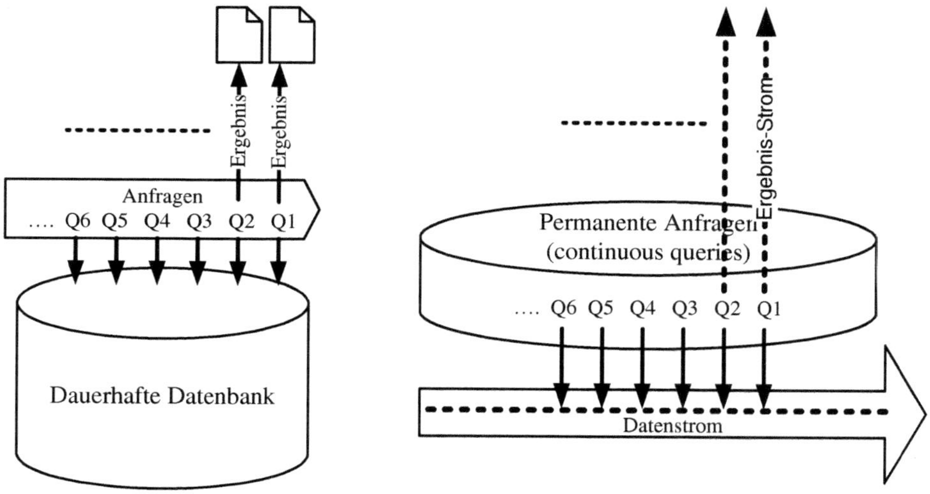

Abbildung 21.5: (links) Klassische Anfragebearbeitung auf dauerhaften Daten; (rechts) kontinuierlich auszuwertende Anfragen auf einem Datenstrom

deren Kategorien sowie die angemeldeten Benutzer (sowohl Käufer als auch Anbieter).

- Die volatilen Datenströme werden auch relational modelliert und enthalten Tupel der folgenden drei Relationen: *OpenAuction*, *Bid* und *ClosedAuction*.

Dieses Schema ist in Abbildung 21.6 graphisch dargestellt. Ein extern generierter Datenstrom könnte dann vom Datenstrom-System wie folgt *abonniert* werden:

create stream OpenAuction(itemID int, sellerID int,
startPrice real, time timestamp)
source establishConnection('port4711' , 'converter')
ordered by time;

Bei der Entwicklung von CEP-Anwendungen gibt es regel- sowie SQL-basierte Ansätze. Aus universitären Forschungsprojekten resultierte ein SQL-Dialekt namens CQL. Im Kern geht es darum, ein um zeitliche Konstrukte erweitertes SQL zur Verfügung zu stellen, das als Continuous Query Language (CQL) bezeichnet wird. Gegenüber regelbasierten Systemen bieten SQL-Anwendungen neben einer standardisierten Benutzerschnittstelle Vorteile bei der Performance, die sich aus der Adaption von bewährten DBMS-Techniken wie der logischen und physischen Anfrageoptimierung ergeben.

Betrachten wir nun eine einfache Projektions-Anfrage, bei der die Datenstrom-Elemente transformiert werden:

select itemID, DollarToEuro(bidPrice), bidderID
from Bid

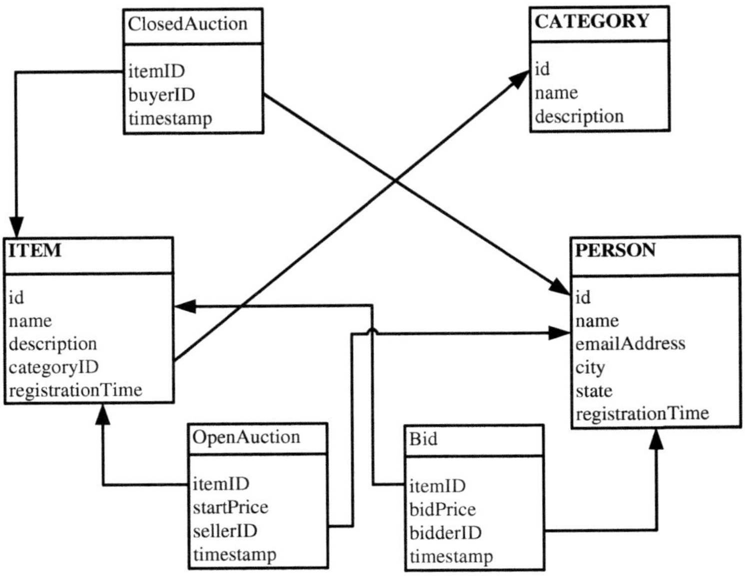

Abbildung 21.6: Das kombinierte Datenbank- und Datenstrom-Schema des Auktionssystems

Hierbei wird also der *bidPrice* von US-Dollar in Euro mittels einer Benutzer-definierten Funktion *DollarToEuro* transformiert.

Einfache Selektionen entsprechen so genannten Subskriptionsanfragen, die bestimmte Elemente des Datenstroms extrahieren. Im nachfolgenden Beispiel werden die *Bids* zu bestimmten *Items* selektiert, die von besonderem Interesse sind:

Q1: **select** *
from Bid
where itemID = 4711 **or** itemID = 007 **or** itemID = 2011 **or** ...

In der Praxis haben Datenstrom-Verwaltungssysteme viele (möglicherweise Hunderttausende) solche Subskriptionsanfragen zu evaluieren. Zur Optimierung kann man in einem Datenstrom-System solche permanenten *Anfragen* indexieren – im Gegensatz zur Indexierung von *Daten* in einem Datenbanksystem. Genauer gesagt indexiert man das Selektions-Prädikat der **where**-Klausel. In unserem Beispiel könnte dies über eine Hashtabelle oder einen B-Baum geschehen, worin die relevanten *itemIDs* gehalten werden:

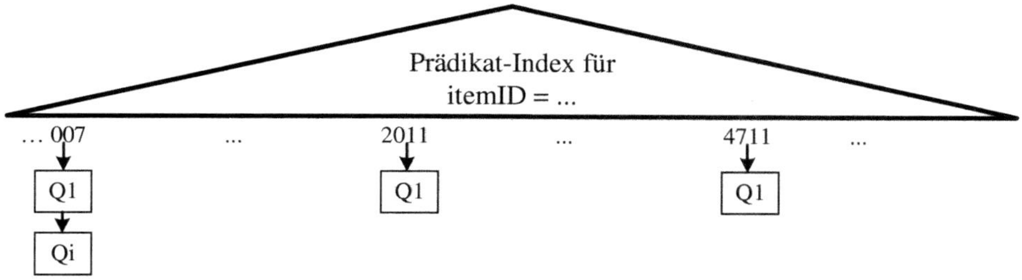

Wenn jetzt ein neuer Datensatz im Datenstrom eintrifft werden mit seiner *itemID* in diesem Index die Queries gefunden, für die die **where**-Klausel der Anfrage möglicherweise zu *true* evaluiert. Wenn in der **where**-Klausel eine Bereichsanfrage vorkommt, muss man eine andere Indexstruktur – z.B. einen R-Baum – einsetzen, um die Anfrageprädikate sinnvoll abbilden zu können, wie das nachfolgende Beispiel zeigt:

Q2: **select** *
from Bid
where itemID **between** 2011 **and** 2211 **and**
bidPrice **between** 111 **and** 222

Derartige konjunktiv verknüpfte Bereichsintervall-Prädikate kann man sehr gut in einer mehrdimensionalen Indexstruktur, wie z.B. einem R-Baum verwalten. Der Datenraum für unsere Beispiel-Anfrage *Q2* sowie zweier weiterer Anfragen *Qj* und *Qk* ist nachfolgend gezeigt:

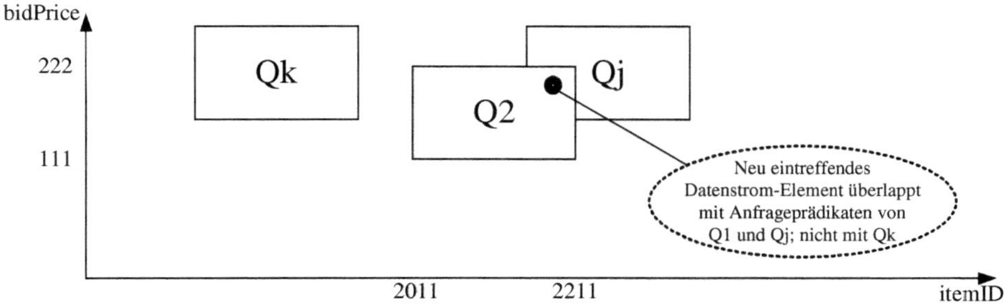

Wesentlich komplizierter ist die nächste Anfrage, denn es kommt eine Verknüpfung (Join) zwischen den Datenströmen OpenAuction und ClosedAuction ins Spiel. Ein Join zwischen potenziell unendlichen Datenströmen ist prinzipiell nicht möglich, da ja "immer noch" neue Join-Partner eintreffen können. Es lässt sich jedoch der Umstand ausnutzen, dass die Benutzer sich nur für das Ergebnis interessieren, bei dem die beiden Events (also die beiden Join-Partner) in den beteiligten Datenströmen zeitlich nah beieinander liegen. Diese Eigenschaft kann der Entwickler durch ein sogenanntes gleitendes Zeitfenster spezifizieren (umgesetzt mit dem **window**-Konstrukt), das in der nachfolgenden Beispiel-Anfrage in der **from**-Klausel an den Datenstrom **OpenAuction** angehängt wird. Die Anfrage lautet jetzt: Kurze Auktionen sind solche, die innerhalb von 5 Stunden abgeschlossen werden. Dazu

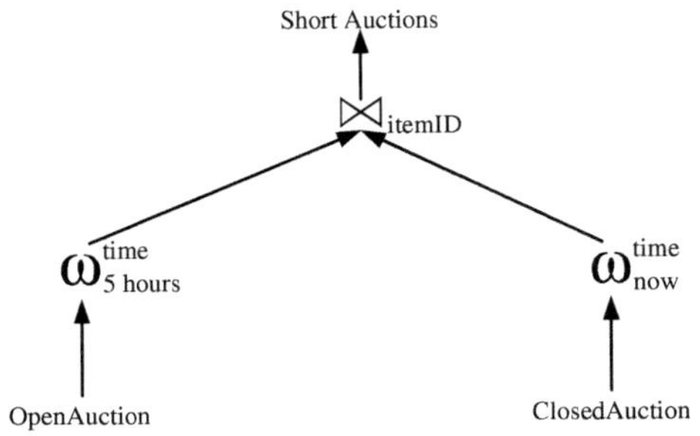

Abbildung 21.7: Der Auswertungsplan für die „*kurze Auktionen*“-Anfrage

werden die *OpenAuction*-Datensätze fünf Stunden gepuffert (mittels der **window**-Klausel) und mittels eines Joins der beiden Datenstöme nach passenden *ClosedAuction*-Datensätzen gesucht:

select o.*
from OpenAuction o **window**(**range** 5 **hours**),
    ClosedAuction c
where o.itemID = c.itemID

Die Auswertung in der (erweiterten) relationalen Algebra ist in Abbildung 21.7 gezeigt. Der neue Algebra-Operator ω ist für die Zeitfenster (window)-Verwaltung eingeführt worden. In diesem Fall werden *ClosedAuction*-Objekte sofort verarbeitet (und wieder eliminiert); wohingegen *OpenAuction*-Objekte 5 Stunden im **window**-Puffer verbleiben und erst danach eliminiert werden können.

Es sei den Lesern überlassen, eine ähnliche Anfrage zu formulieren, die potentielle Ladenhüter erkennt. Das seien solche Auktionsobjekte, für die innerhalb von fünf Stunden nach Auktionseröffnung noch kein Gebot (Bid) abgegeben wurde.

Bei der nächsten Anfrage handelt es sich um eine Aggregatanfrage, die – ähnlich wie beim Join – das Aggregat über ein gleitendes Fenster von 15 Minuten berechnet und jede Minute ein Ergebnis ausgeben soll. Die Anfrage formuliert man wie in SQL, reichert sie jedoch mit dem SLIDE-Konstrukt an, damit das Resultat tatsächlich nur einmal alle drei Minuten ausgegeben wird. Ohne diese Einschränkung würde bei jeder Änderung des Aggregats (also beim Eintreffen eines neuen Events) ein neues Ergebnis entstehen, was zu einer riesigen Menge von Ergebnissen führen kann und zudem wesentlich aufwendiger zu berechnen ist. In CQL sieht die Anfrage so aus:

select itemID, **count**(*)
from Bid **window**(**range** 15 **minutes slide** 3 **minutes**)
group by itemID

In der nachfolgenden Graphik ist die Auswertung (nur für die eine *itemID* 111) dieser gleitenden Zeitfenster-basierten Anfrage gezeigt. Es wird pro *itemID* alle 3 Minuten ein neuer Wert erzeugt, der die Anzahl der Vorkommnisse dieser *itemID* in den letzten 15 Minuten ausgibt. Als Optimierung kann das Datenstrom-Management das 15-Minuten-Fenster in 3-Minuten-Fenster zerlegen, und jeweils die letzten 5 davon aggregieren – wie dies nachfolgend gezeigt ist:

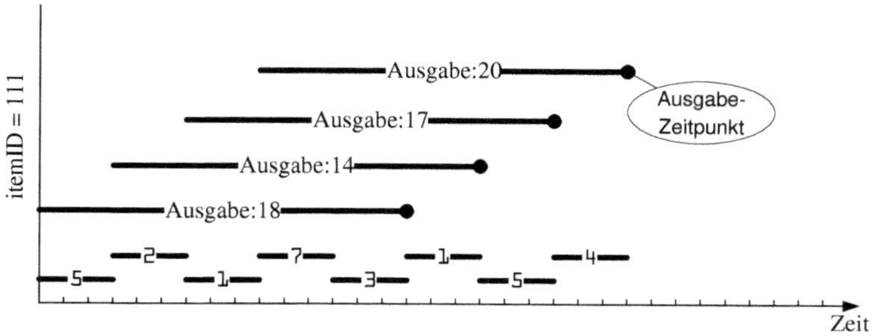

Allgemein muss man Teilaggregate für den größten gemeinsamen Teiler des Fensterbereichs (**window range**) und des Gleitintervalls (**slide**) vorhalten. Das heißt, das gezeigte Auswertungsschema wäre auch bei einer **window**(**range** 9 **minutes slide** 3 **minutes**) in modifizierter Form anwendbar; nicht aber wenn man alle 2 Minuten das Fenster vorrückt (**window**(**range** 15 **minutes slide** 2 **minutes**)).

Die wertvollsten Auktionsobjekte kann man dadurch identifizieren, dass sie innerhalb der letzten 10 Minuten die höchsten Gebote erhalten haben. Diese Anfrage kann wie folgt mit einer **window**-Klausel formuliert werden:

```
select itemID, bidPrice
from Bid b1 window(range 10 minutes)
whereb1.bidPrice = (select max(b2.bidPrice)
                    from Bid b2 window(range 10 minutes))
```

Besonders interessante Auktionsware zeichnet sich dadurch aus, dass sehr viele Gebote innerhalb eines Zeitintervalls, sagen wir innerhalb von 10 Minuten, abgegeben werden. Die folgende Anfrage ermittelt solche Auktions-*Items*, die die meisten Gebote erhalten haben (es können durchaus mehrere sein).

```
select itemID
from (select b1.itemID as itemID, count(*) as anzahl
      from Bid b1 window(range 10 minutes)
      group by b1.itemID)
where anzahl >= all (select count(*)
                     from Bid b2 window(range 10 minutes)
                     group by b2.itemID)
```

Ein optimierter Auswertungsplan ist in Abbildung 21.8 gezeigt. Bei diesem Auswertungsplan macht man sich zunutze, dass das Anfragefenster in der Unteranfrage mit dem der übergeordneten Teilanfrage übereinstimmt und deshalb wiederverwendet werden kann. Die grauen Teile des Anfrageplans können deshalb eliminiert werden. Als „oberster“ Operator wurde der Anti-Semijoin $\triangleright$ eingesetzt, um die unbeliebten Objekte zu eliminieren.

21.3 Information Retrieval und Suchmaschinen

Wir haben schon RDF als Grundlage des *semantic Web* kennengelernt, womit man Ressourcen (also z.B. Web-Seiten) semantisch beschreiben kann. Das gesamte Web

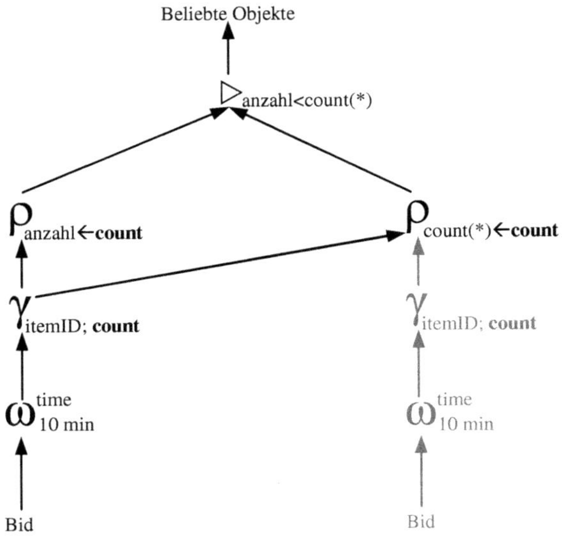

Abbildung 21.8: Der Auswertungsplan für die „*hot Items*“-Anfrage

besteht aber aus so vielen (zig Milliarden) Seiten bzw. Dokumenten, dass es hoffnungslos ist, die alle entsprechend formal zu beschreiben oder auch nur zu annotieren. Deshalb werden voll-automatische Techniken benötigt, um Web-Dokumente via Suchmaschinen auffindbar zu machen. Hierbei kommen insbesondere Techniken des *Information Retrieval* zum Tragen. Primäres Ziel ist es, zu einer gegebenen Suchanfrage die Dokumente zu ermitteln, die am relevantesten sind – nicht ganz leicht bei der Unzahl möglicher Web-Dokumente.

21.3.1 TF-IDF: Dokument-Ranking basierend auf Begriffs-Häufigkeit

Eine wesentliche Grundlage des Information Retrieval ist die voll-automatische Analyse der Dokumente, die darin besteht die vorkommenden wichtigen Begriffe und ihre Häufigkeit zu ermitteln. Man sollte natürlich nicht alle Wörter und alle Wortformen berücksichtigen. Vielmehr wird man einen kontollierten Wortschatz – V (vocabulary) genannt – verwenden und alle vorkommenden Worte auf ihre Grundform transformieren.

Die normalisierte Begriffshäufigkeit wird mit folgender sogenannter *Term Frequency* (TF)-Formel ermittelt:

$$TF_{ij} = f_{ij} / \sum_{i=1...|V|} f_{ij}$$

Hierbei ist die Begriffshäufigkeit TF pro Term i und Dokument j definiert, wobei TF_{ij} die normalisierte Häufigkeit des Begriffs i im Dokument D_j angibt. Der Divisor zur Normalisierung entspricht hierbei der Gesamtanzahl von Vorkommnissen der $|V|$ „interessanten“ Begriffe in dem Dokument. Diese Normalisierung sorgt dafür, dass ein Begriff in einem kurzen Dokument höher gewichtet wird als in einem langen Dokument. Alternativ kann auch die maximale Frequenz der „interessanten" Begriffe aus V in diesem Dokument zur Normalisierung verwandt werden: $TF_{ij} = f_{ij}/\max_{i=1...|V|} f_{ij}$.

Mit IDF_i (Engl. *inverse document frequency*) wird pro Begriff eine Gewichtung definiert, die vorsieht dass selten vorkommende Begriffe höher gewichtet werden als „Allerweltsworte". Die relative „Seltenheit" ergibt sich aus der Gesamtanzahl N der Dokumente relativ zur Anzahl n_i der Dokumente, in denen i mindestens einmal vorkommt. Selten vorkommende Worte haben also einen höheren Wert. Allerweltsworte haben einen Wert nahe 1 und werden in der Regel nicht berücksichtigt. Aus dem Wert N/n_i wird noch der Logarithmus gebildet, so dass man bei den Worten, die in jedem Dokument vorkommen, den Wert 0 erhalten würde.

$$IDF_i = log(N/n_i)$$

Für das Relevanz-Ranking der Dokumente bezüglich einer Anfrage Q bestehend aus mehreren Suchbegriffen kann man dann folgende Formel verwenden:

$$rel(D_j, Q) = \sum_{i \in Q} TF_{ij} * IDF_i$$

Für die Beispieldokumente

D_1	D_2	D_3
Nach dem Spiel ist vor dem Spiel.	Was wir ersinnen ist des Zufalls Spiel.	Der Ball ist rund und ein Spiel dauert neunzig Minuten.

errechnen wir für das (interessierende) Vokabular folgende TF_{ij} und IDF_i-Werte:

TF_{ij}

Wort i	D_1	D_2	D_3
1: Ball	0	0	1/3
2: Minute	0	0	1/3
3: Spiel	2/2	1/2	1/3
4: Zufall	0	1/2	0

IDF_i

Wort i	N	n_i	N/n_i	$log(N/n_i)$
1: Ball	3	1	3	0,477121255
2: Minute	3	1	3	0,477121255
3: Spiel	3	3	1	0
4: Zufall	3	1	3	0,477121255

Für die Anfrage $Q \equiv$ Ball$\wedge$Spiel ermittelt man für das Dokument D_3 die Relevanz als:

$$rel(D_3, Q) = 1/3 * 0,477121255 + 1/3 * 0 = 0,1590404182$$

.

Für alle anderen Dokumente ist die Relevanz bezüglich dieser Anfrage Null.

Für die Anfrage $Q' \equiv$ Ball $\wedge$ Spiel $\wedge$ Zufall hat D_2 den höchsten Relevanzwert, nämlich

$$rel(D_2, Q') = 0 * 0,477121255 + 1/2 * 0 + 1/2 * 0,477121255 = 0,2385606274$$

21.3.2 Invertierte Indexierung

Um relevante Seiten zu ermitteln, die einen bestimmten Suchbegriff enthalten, werden sogenannte *invertierte Listen* als Index verwendet. In Essenz wird für jeden Suchbegriff eine Liste der Seiten abgespeichert, die diesen Begriff enthalten. Man kann auch noch die Häufigkeit des Vorkommens in der jeweiligen Seite und die Position mit abspeichern. Dies ist für das Ranking der Seiten sinnvoll, da einige Suchmaschinen die Relevanz einer Seite höher einstufen, wenn der Suchbegriff häufig und/oder weit oben vorkommt.

Begriff	→	**Dokumente**		
Ball	→	$(D_3, 1)$		
Minute	→	$(D_3, 1)$		
Spiel	→	$(D_1, 2)$	$(D_2, 1)$	$(D_3, 1)$
Zufall	→	$(D_2, 1)$		

21.3.3 Page Rank

Das PageRank-Verfahren wurde von Larry Page, einem der Gründer von Google, an der Stanford Universität erfunden. Es wurde von der Stanford Universität patentiert und exklusiv an Google lizenziert. Im Gegenzug erhielt die Universität Aktien im Wert von ca. 300 Mio Euro (nicht schlecht für eine Erfindung, die sich auf eine recht intuitive Schlüsselidee gründet). Beim PageRank-Algorithmus wird die Relevanz einer Web-Seite proportional zur Anzahl der eingehenden Hyper-Links und zur Relevanz (hier wird es rekursiv) der diese Hyper-Links enthaltenden Web-Seiten und umgekehrt proportional zur Anzahl der Hyper-Links dieser Seiten ermittelt. Dies geschieht für die Seite A, die von den Seiten $B_1, \ldots, B_n$ referenziert wird, nach folgender Formel ($|B_i|$ bezeichnet die Gesamtanzahl der Hyper-Links auf der Seite B_i):

$$r(A) = \frac{\alpha}{N} + (1-\alpha)\left(\frac{r(B_1)}{|B_1|} + \cdots + \frac{r(B_n)}{|B_n|}\right)$$

Das (gesamte) Web wird hierbei als gerichteter Graph aufgefasst, wobei die Web-Seiten den Knoten entsprechen und die Hyper-Links den gerichteten Kanten. In der obigen Formel wird $d := (1-\alpha)$ oft als Dämpfungsfaktor bezeichnet, der den nicht „perfekten“ Webgraphen bereinigen soll. Ohne diesen Dämpfungsfaktor würden Webseiten, die gar keine Hyperlinks enthalten, zu Problemen bei der Berechnung führen. Wir wollen aber zunächst die idealisierte Formel mit $\alpha = 0$ anhand des Beispielgraphen in Abbildung 21.9 beleuchten. Hier gelten folgende Gleichungen:

$$\begin{aligned} r(A) &= r(C)/1 \\ r(B) &= r(A)/2 \\ r(C) &= r(A)/2 + r(B)/1 \end{aligned}$$

Wenn man jetzt als Gesamtgewicht aller Seiten 1 annimmt, kann man leicht sehen, dass die in der Abbildung gezeigte Gewichtung von $A = 0{,}4,\ B = 0{,}2$ und

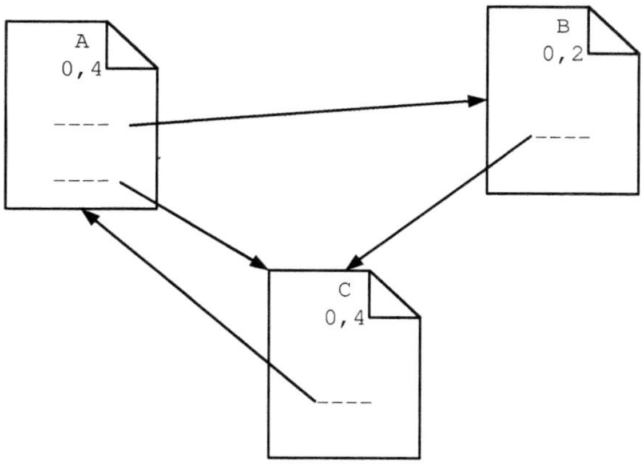

Abbildung 21.9: Die Schlüsselidee des PageRank-Algorithmus

$C = 0,4$ die Lösung darstellt. Man kann diese Gewichtung als Wahrscheinlichkeitsverteilung interpretieren, die angibt mit welcher Wahrscheinlichkeit ein Surfer im Internet, der eine lange zufällige Zeit surft und die Hyperlinks zufällig traversiert („anklickt"), sich auf der jeweiligen Seite befinden wird. Den Lesern sei überlassen für den in der Praxis realistischen Dämpfungswert $d = 1 - 0,1$ (also $\alpha = 1/10$) sowie für den unrealistischen Dämpfungswert $d = 1 - 0,5$ (also $\alpha = 1/2$) die drei Seitengewichtungen zu errechnen.

Das Internet besteht aus Milliarden vernetzter Seiten, so dass man eine effiziente Berechnung dieser Gewichte (PageRanks) erzielen muss. Dazu wird formal ein Matrixmodell aufgestellt, das aus einem initialen N-dimensionalen Vektor p_0 für den Beginn des Zufalls-Surfers und einer $N \times N$-Matrix M_{ij} für die Übergangswahrscheinlichkeit von Seite j nach Seite i, besteht. N sei hierbei die Anzahl der indexierten Web-Seiten, deren URLs mittels einer Dictionary-Codierung auf Integer-Kennungen abgebildet werden (für unser Beispiel sei Seite A mit 1, Seite B mit 2 und Seite C mit 3 codiert). Die Matrix M wird wie folgt aufgebaut:

$$M_{ij} = \begin{cases} 1/|P_j| & \texttt{falls } P_j \texttt{ auf } P_i \texttt{ verweist} \\ 0 & \texttt{sonst} \end{cases}$$

Es sei den Lesern überlassen, sich den Zusammenhang zwischen dieser Matrix M und der Adjazenzmatrix A des zugehörigen Graphen klar zu machen. Den Vektor p_0 kann man auf $1/N$ initialisieren.

Für unser Beispiel erhält man somit

$$M = \begin{pmatrix} 0 & 0 & 1 \\ 1/2 & 0 & 0 \\ 1/2 & 1 & 0 \end{pmatrix} \quad p_0 = \begin{pmatrix} 1/3 \\ 1/3 \\ 1/3 \end{pmatrix}$$

Man berechnet dann iterativ die Vektoren

$$p_1 = M * p_0,\ p_2 = M * p_1 = M * (M * p_0) = M^2 * p_0, \ldots, p_i = M^i * p_0$$

Für p_1 erhalten wir für unser kleines Beispiel-Web:

$$p_1 = Mp_0 = \begin{pmatrix} 0 & 0 & 1 \\ 1/2 & 0 & 0 \\ 1/2 & 1 & 0 \end{pmatrix} * \begin{pmatrix} 1/3 \\ 1/3 \\ 1/3 \end{pmatrix} = \begin{pmatrix} 1/3 \\ 1/6 \\ 1/2 \end{pmatrix}$$

Intuitiv kann man sich das so klar machen, dass man bei der Multiplikation einer Zeile i der Matrix M ermitteln will, mit welcher Wahrscheinlichkeit sich der Surfer von einer der N den Spalten zugeordneten Seiten nach i bewegt. Die dritte Zeile besagt bspw., dass er mit 50% Wahrscheinlichkeit nach 3 springt, wenn er sich in 1 befindet. Wenn er sich in 2 befindet wird er mit 100% Wahrscheinlichkeit nach 3 navigieren. Von Seite 3 kann er gar nicht nach Seite 3 navigieren (da es in dieser Seite keinen rekursiven HyperLink gibt). Der Surfer befindet sich aber gemäß des Vektors p_0, der den derzeitigen „Standort" repräsentiert, jeweils nur mit 33,3% Wahrscheinlichkeit in den Seiten 1 oder 2, so dass er akkumuliert mit 50% Wahrscheinlichkeit in Seite 3 landet.

$$p_2 = M * Mp_0 = M * p_1 = \begin{pmatrix} 1/2 \\ 1/6 \\ 1/3 \end{pmatrix}$$

Nach sieben Iterationen erhält man eine ganz gute Näherung der in der Abbildung 21.9 gezeigten präzisen Werte:

$$p_7 = M^7 * p_0 = \begin{pmatrix} 20/48 \\ 9/48 \\ 19/48 \end{pmatrix}$$

Der PageRank-Vektor für alle Web-Seiten ergibt sich dann nach Konvergenz dieses iterativen Berechnungsverfahren, bei dem der *Eigenvektor* der Matrix M berechnet wird:

$$p_\infty = \lim_{n \to \infty} M^n p_0$$

Es sei den Lesern überlassen, die weiteren Berechnungen für unser Beispiel durchzuführen. Weiterhin mögen die Leser den Dämpfungsfaktor in die Berechnung mit einbeziehen, wonach der initiale Verteilungsvektor p_0 als auch die Matrix M entsprechend gedämpft würden. In diesem Fall würde man in jeder Iteration die Matrix mit $1 - \alpha)$ korrigierend multiplizieren und den iterativ bestimmten Vektor p_i nach jeder Runde erneut mit dem Vektor mit den Werten α/N addieren, also:

$$p_i = (((1 - \alpha) * M) * p_{i-1}) + \begin{pmatrix} \frac{\alpha}{N} \\ \vdots \\ \frac{\alpha}{N} \end{pmatrix}$$

Durch die Addition des Vektors, dessen Werte man sich durch die Dämpfung der Matrix sozusagen „erschleicht", wird modelliert, dass der Zufalls-Surfer im nächsten Schritt keinen der verfügbaren Hyperlinks auswählt, sondern zufällig auf irgendeine der N Seiten springt. Für einen Wert von $\alpha = 0,15$ ist in Abbildung 21.10 der

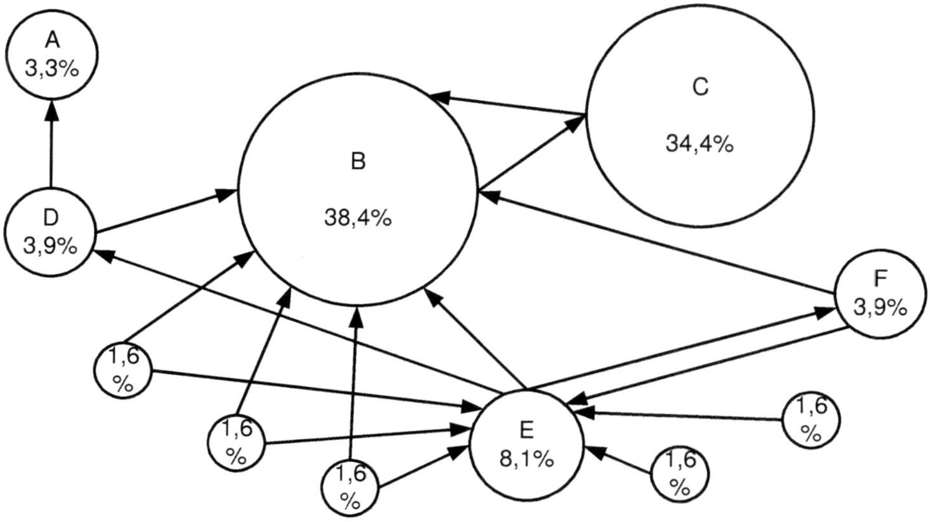

Abbildung 21.10: Die PageRank-Werte für einen Beispiel-Graphen mit Dämpfung von 85% (In Anlehnung an Wikipedia-PageRank (2010))

PageRank der einzelnen Seiten als Prozentwert angegeben, mit dem sich der Zufalls-Surfer auf der jeweiligen Seite befinden wird. Der Dämpfungsfaktor $d = 1 - \alpha = 0,85$ sorgt dafür, dass sich der Zufalls-Surfer auch auf einer anderen als den Seiten A, B oder C befinden kann. Mit einer Wahrscheinlichkeit von α (also mit 15 % Wahrscheinlichkeit) folgt er keinem der in der gerade besuchten Seite angegebenen HyperLinks, sondern springt zufällig zu irgendeiner Seite. Ohne diese Dämpfung käme man von der Seite A, sobald man sie einmal erreicht hätte, ja gar nicht mehr weg. Ohne die Dämpfung würden sich die PageRank-Gewichte ausschließlich auf die Seiten A, B, C verteilen.

Das kleine akademische Beispiel sollte nicht darüber hinwegtäuschen, dass man es in der Praxis mit Matrizen zu tun hat, die Milliarden von Webseiten repräsentieren. Allerdings ist die Adjazenzmatrix des Webs nur sehr dünn besetzt, so dass man die PageRank-Berechnung sehr gut partitionieren und parallelisieren kann. Genau darauf beruht die massive Parallelisierung in den Google-Rechenzentren, in denen Hunderttausende von „Allerweltsrechnern" vernetzt derartige Aufgaben erledigen. Google hat dafür das Programmierparadigma *MapReduce* entwickelt, das wir später noch behandeln werden.

21.3.4 Der HITS Algorithmus

Das Konzept der *Hubs* und *Authorities* liefert ähnlich wie der PageRank-Algorithmus ein Konzept zur automatischen Relevanz-Beurteilung von Webseiten anhand ihrer Vernetzung, mit dem sich ein Ranking-Verfahren für Suchanfragen ableiten lässt. Es wurde von Kleinberg (1999) vorgeschlagen und ist unter dem Namen *hypertext-*

induced topic selection (HITS) bekannt und gilt als Vorläufer des von Google verwendeten PageRank-Verfahrens.

In diesem HITS-Ansatz unterscheidet man konzeptuell zwischen *Hubs* (Knotenpunkten) und *Autoritäten* (Webseiten mit Inhalt). Der Algorithmus betrachtet aber alle Web-Seiten in beiden Rollen – also sowohl als Hub als auch als Autorität. Ein Hub ist umso wertvoller einzustufen, auf je mehr höherwertige Autoritäten er verweist. Rekursiv definiert ist eine Autorität umso wertvoller, je mehr hochwertige Hubs auf sie verweisen. Genau wie beim PageRank-Algorithmus wird das Web als Graph aufgefasst – wie in dem Beispiel in Abbildung 21.12 gezeigt. Die HyperLink-Struktur wird in einer Adjazenz-Matrix A modelliert, die in diesem Ansatz aber jeweils nur auf 0 (kein HyperLink von i nach j) oder 1 (es existiert mindestens ein HyperLink von i nach j) gesetzt ist. Der Algorithmus berechnet zwei Vektoren h und a: h_i repräsentiert den Hub-Wert und a_i den Autoritäts-Wert der Web-Seite i. Diese Vektoren könnte man bspw. wieder mit $1/N$ initialisieren.

Dann wird der Hub-Wert einer Seite i wie folgt definiert:

$$h_i = \delta \sum_{j=1\ldots N} A_{ij} a_j$$

Der Hub-Wert von i entspricht also der Summe der Autoritätswerte der Seiten, auf die i verweist.

Analog wird die Gewichtung der Autorität einer Seite i wie folgt errechnet:

$$a_i = \lambda \sum_{k=1\ldots N} A^T_{ik} h_k$$

Hierbei ist A^T die transponierte Adjazenzmatrix (also $A^T_{ij} = A_{ji}$), so dass der Autoritätswert einer Seite als die Summe der Hub-Werte der Seiten berechnet wird, die auf i verweisen. Die Faktoren δ und λ dienen der Normalisierung der iterativ errechneten Werte, um diese z.B. zwischen 0 und 1 zu beschränken. Man kann dazu bspw. $\delta = 1/\max(h_i)$ und $\lambda = 1/\max(a_i)$ verwenden.

Man kann die Hub- und Autoritätsvektoren gemäß der folgenden Formeln durch iterierte Matrixmulitiplikationen berechnen, bei denen man wiederum – wie beim PageRank-Verfahren – die Eigenvektoren der Matrizen AA^T bzw. A^TA bestimmt:

$$\begin{aligned} h &= \delta\lambda AA^T h \\ a &= \delta\lambda A^T A a \end{aligned}$$

Wiederum sind die Matrizen sehr dünn besetzt, so dass es sich u.U. anbietet, die vergleichsweise wenigen existierenden Kanten – anstatt in einer viele Nullen enthaltenden Matrix – in einer Relation A abzuspeichern. Diese Matrix ist für unseren Beispiel-Graph in Abbildung 21.11 auf der linken Seite gezeigt.

Die *Aut*-Initialisierung stamme bspw. aus einer zurückliegenden Berechnung der Autoritätswerte (bevor sich die Vernetzungsstruktur geändert hat). Die Berechnung der Autoritätswerte erfolgt dann gemäß dem HITS-Algorithmus in 3 Schritten:

1. Berechne die Hub-Werte jeder Seite q indem man die Summe der Autoritätswerte aller Seiten r ermittelt, auf die q verweist.

A

von	nach
x1	y1
x1	y2
x2	y3
x2	y4
x1	y
x2	y
...	...

Aut

Seite	Wert
x1	...
x2	...
y1	1/2
y2	1/4
y3	1/4
y4	1/2
y	1/4
...	...

Aut2 (nach insert)

Seite	Wert
x1	...
x2	...
y1	1
y2	1
y3	1
y4	1
y	2
...	...

Aut2 (nach update)

Seite	Wert
x1	...
x2	...
y1	1/2
y2	1/2
y3	1/2
y4	1/2
y	1
...	...

Abbildung 21.11: Relationale Berechnung der Autoritätswerte

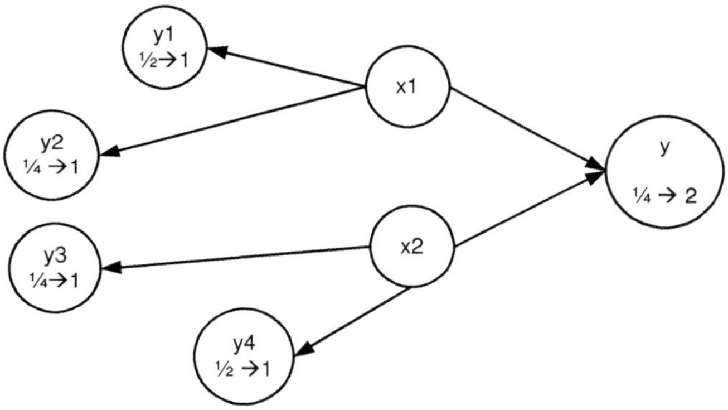

Abbildung 21.12: Die Autoritätsberechnung veranschaulicht

2. Berechne die Autorität der Seite p durch Summierung der Hub-Werte der Seiten q, die auf p verweisen
3. Normalisiere die so erhaltenen Autoritätswerte indem man sie mit $\lambda = 1/max$ multipliziert, wobei max den Maximalwert aller gerade neu berechneten Autoritätswerte darstellt. Diese Normalisierung ist nötig, um die Werte nicht ins Unermessliche steigen zu lassen.

Die beiden ersten Schritte lassen sich in SQL in nur einer Anfrage zusammenfassen (wie Afrati und Ullman (2010) argumentieren):

```
insert into Aut2 (
   select a1.nach, sum(Aut.Wert)
   from Aut, A a1, A a2
   where Aut.Seite = a2.nach and a1.von = a2.von
   group by a1.nach )
```

Die erste Anfrage summiert für jede Seite die Autoritätswerte der Seiten, die von denselben Hubs referenziert werden. Da in unserem Beispiel (siehe Abbildung 21.12)

y von zwei Hubs x_1 und x_2 referenziert wird, wächst y´s Autorität schneller (in dieser Iteration auf 2) als die Autorität (jeweils auf 1 summiert) der anderen Seiten y_i, die jeweils nur von einem Hub referenziert werden. Bei dieser SQL-Anfrage hat man also die explizite Berechnung der Hub-Werte ausgelassen. Man kann sie aber nach Konvergenz wieder aus den berechneten Autoritätswerten bestimmen.

Die nachfolgende Normalisierung geschieht in einer update-Anfrage auf der Relation Aut2:

update Aut2
    set Wert = Wert / (**select max**(Wert) **from** Aut2)

Diese Query-Sequenz wird iterativ immer wieder ausgeführt – natürlich müssen die Rollen von *Aut* und *Aut2* vertauscht werden. Da es sich um Milliarden von Webseiten handelt, die in der Relation *Aut* repräsentiert werden und nochmals viel mehr HyperLinks, die alle in der Relation A enthalten sind, dürfte klar sein, dass ein zentrales Datenbanksystem mit dieser Auswertung überfordert ist. Wir werden nachfolgend darstellen, wie das MapReduce-Parallelisierungsmodell diese Art von "Internet-scale"-Anwendung unterstützen kann.

21.4 Graph-Exploration (Graph Mining)

Wir haben in diesem Kapitel schon zwei Graph-Datenbank-Themen behandelt: RDF ist ein spezielles Graph-Datenmodell für gerichtete Graphen, dessen Knoten die Rollen Subjekt bzw. Objekt annehmen und dessen (gerichtete) Kanten Prädikate darstellen. Weiterhin wurden die PageRank- und HITS-Algorithmen zur Bewertung von Webseiten als Graphen-Algorithmen vorgestellt. In diesem Abschnitt wollen wir weitere Verfahren zur Exploration von allgemeinen Graphen besprechen. Die Bedeutung von Graphstrukturen ist offenkundig: sie kommen in sozialen Netzwerken (z.B. wenn man an die „befreundet-mit"-Beziehung denkt) als auch in der Form von (physischen) Netzwerkverbindungen, wie den Routern im Internet, oder als Straßennetze vor. Diese Graphen können sowohl ungerichtet als auch gerichtet sein. Bei der Analyse dieser Graphstrukturen zielt man häufig darauf ab, möglichst wichtige Knoten (also z.B. besonders einflussreiche Aktoren in den sozialen Medien) oder Teilgraphen zu bestimmen. Bei physischen Ressourcen, also besipielsweise dem Routernetzwerk des Internets, könnte die Graphanalyse dazu dienen, besonders belastete oder besonders sensible Teilstrukturen zu identifizieren.

21.4.1 Darstellung von Graphen

Wir wollen uns zunächst damit befassen, wie Graphen in Graph-Datenbanken repräsentiert werden. Dazu betrachten wir als Beispiel den gerichteten Graphen in Abbildung 21.13, dessen (gerichtete) Kanten annotiert sind (hier allgemein mit den Labeln A, B, C, $\ldots$).

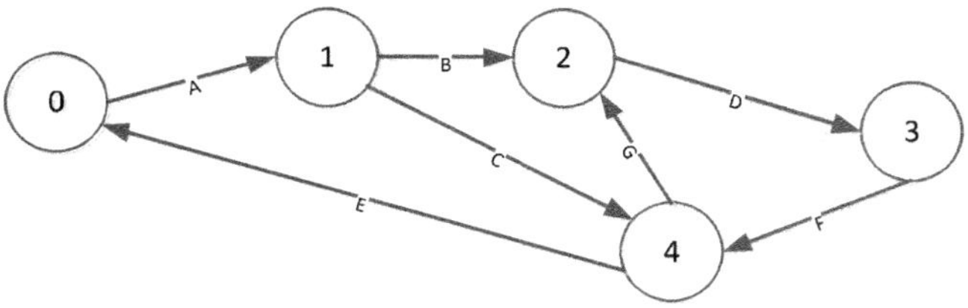

Abbildung 21.13: Ein gerichteter Graph mit Kanten-Label

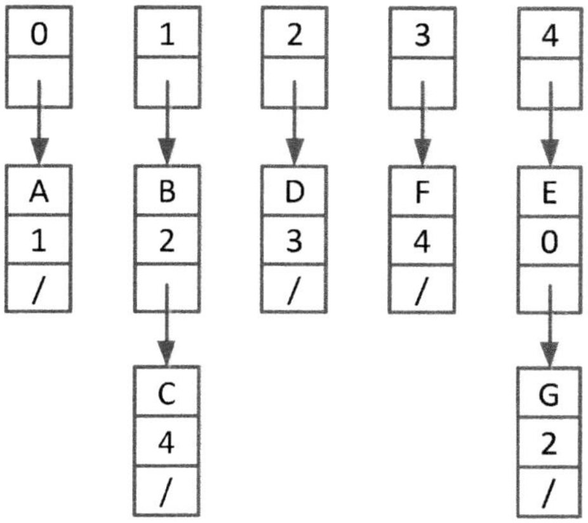

Abbildung 21.14: Die Darstellung des Graphen als Adjazenzliste

Die zu diesem Graphen gehörende Adjazenzmatrix A sieht wie folgt aus:

$$A = \begin{pmatrix} 0 & A & 0 & 0 & 0 \\ 0 & 0 & B & 0 & C \\ 0 & 0 & 0 & D & 0 \\ 0 & 0 & 0 & 0 & F \\ E & 0 & G & 0 & 0 \end{pmatrix}$$

Solche Adjazenzmatrizen stellen eine sinnvolle Repräsentation dar, wenn man es mit sehr dichten Graphen (also Graphen mit sehr vielen Kanten) zu tun hat, da man dann für die Graphexploration die effiziente Matrixalgebra nutzen kann. Man kann sich aber leicht vorstellen, dass diese Matrix ins „Uferlose“ wächst, genauer gesagt, dass die Speicherkosten quadratisch in der Anzahl der Knoten sind. Bei sehr großen Graphen, man denke etwa an das soziale Netzwerk Facebook, hätte man mehrere Milliarden Knoten, aber vergleichsweise wenige Kanten, da die meisten Menschen sich nicht direkt kennen.

Eine Möglichkeit, die Speicherkosten auf die Anzahl der tatsächlich vorhandenen Kanten zu beschränken, besteht in der Adjazenzlisten-Darstellung, die in Abbildung 21.14 gezeigt ist.

Hier ist der Speicherverbrauch proportional zur Anzahl der Knoten (obere Reihe

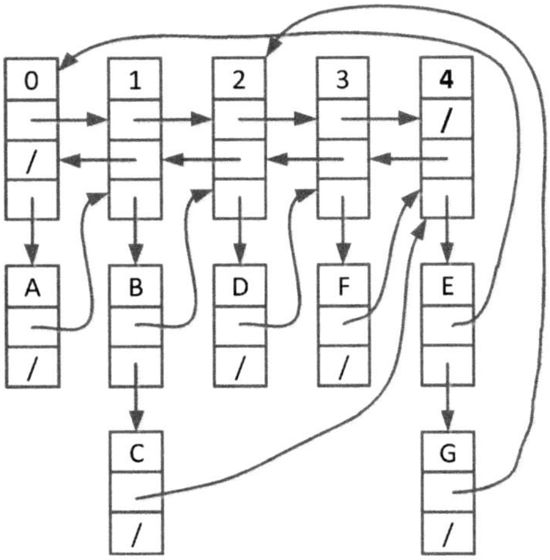

Abbildung 21.15: Die vollständig verzeigerte Adjazenzlisten-Struktur

der Objekte in der Abbildung) plus der Anzahl der tatsächlich vorhandenen Kanten (untere Objekte in der Abbildung).

Für die effiziente Navigation im Hauptspeicher innerhalb der Adjazenzlisten-Struktur bietet sich eine vollständige Verzeigerung der Adjazenlisten-Objekte an, wie sie in Abbildung 21.15 gezeigt ist.

Anstatt der Adjazenzlisten-Darstellung, bei der die Kanten im Mittelpunkt stehen, kann man aber auch die Adjazenzmatrix direkt komprimieren, um die Speicherkosten einzudämmen. In der Praxis sind nämlich die meisten Einträge der Adjazenzmatrix Null, so dass sie sich gut komprimieren lässt. In vielen analytischen Graph-Datenbanken wird deshalb ein aus der Numerik bekanntes Kompressionsverfahren für derartige dünn besetzte Matrizen verwendet, das sich *Compressed Sparse Rows (CSR)* oder auch *Compressed Row Storage (CRS)* nennt.

Die in der Adjazenzmatrix vorhandenen, nicht-Null-Werte werden Zeile für Zeile in einem Werte-Vektor abgespeichert:

$$Werte = \begin{pmatrix} A & B & C & D & F & E & G \\ (0,1) & (1,2) & (1,4) & (2,3) & (3,4) & (4,0) & (4,2) \end{pmatrix}$$

Wir haben unten zu jedem Wert auch noch deren Indexposition (i,j) in der Adjazenzmatrix A notiert; diese sind allerdings nicht abgespeichert. Stattdessen gibt es zwei zusätzliche Vektoren: *SpaltenIndex* und *ZeilenPtr*. Der Vektor *SpaltenIndex* enthält für jeden Wert dessen Spalten-Index. Für unser Beispiel hat er also folgende Form:

$$SpaltenIndex = \begin{pmatrix} 1 & 2 & 4 & 3 & 4 & 0 & 2 \\ (0) & (1 &) & (2) & (3) & (4 &) \end{pmatrix}$$

Unterhalb der gespeicherten Werte haben wir noch die Zeilenindexe annotiert, innerhalb derer diese Spaltenindexe liegen. Wiederum sind diese Zeilenindexe nicht gespeichert sondern werden in dem separaten *ZeilenPtr*-Vektor repräsentiert. Dieser Vektor stellt eine sogenannte Präfixsumme dar. Das heißt, der i-te Wert gibt an, wieviele Werte es in den Zeilen 0 bis $i-1$ insgesamt gibt. Für unser Beispiel ergibt sich dann folgender Vektor:

$$\mathit{ZeilenPtr} = \begin{pmatrix} 0 & 1 & 3 & 4 & 5 & 7 \\ (<0) & (0..0) & (0..1) & (0..2) & (0..3) & (0..4) \end{pmatrix}$$

Dieser Vektor enthält also eine Präfixsumme mehr als es Zeilen in der ursprünglichen Adjazenzmatrix A gibt. Der letzte Wert in *ZeilenPtr* entspricht also der Anzahl der im *Werte*-Vektor abgespeicherten Werte. Der Anfangswert von *ZeilenPtr* ist immer 0.

Die Rekonstruktion der ursprünglichen Adjazenzmatrix aus den drei Vektoren *Werte*, *SpaltenIndex* und *ZeilenPtr* des CSR macht sich folgende Äquivalenz zu Nutze:

$$A_{ij} = \mathit{Wert}[k] \quad \Longleftrightarrow \quad \mathit{SpaltenIndex}[k] = j \quad \wedge \quad \mathit{ZeilenPtr}[i] \leq k < \mathit{ZeilenPtr}[i{+}1]$$

Die Rekonstruktion – beispielsweise der Zeile 1 der Matrix A – geschieht dann wie folgt: Die Einträge 1 bzw. 3 an den Positionen 1 und 2 des Vektors *ZeilenPtr* zeigen an, dass die Zeile 1 insgesamt $3 - 1 = 2$ nicht-Null-Einträge hat. Diese Adjazenzmatrizen-Werte findet man also an den Positionen 1 und 2 des *Werte*-Vektors, also B und C. Anhand des *SpaltenIndex*-Vektors ermittelt man dann noch, dass sie zu den Spalten 2 und 4 gehören, also ergibt sich $A_{12} = B$ und $A_{14} = C$. Für die automatische Rekonstruktion baut man sich natürlich einen entsprechenden Iterator, der die nicht-Null-Einträge der Adjazenzmatrix mitsamt ihren Zeile/Spalte-Indexpositionen der Reihe nach zurückgibt. Dies sei den Lesern als Übung empfohlen.

Der gravierende Nachteil der komprimierten CSR-Darstellung besteht in der fehlenden inkrementellen Update-Fähigkeit dieser Struktur, so dass (kleinste) Änderungen der Graphstruktur sehr hohe Änderungskosten (i.d.R. die Neuberechnung) der CSR-Struktur nach sich ziehen. Dies ist der Preis den man für die durch die Komprimierung erzielte dichte Speicherstruktur der CSR-Repräsentation „zahlen“ muss.

21.4.2 Zentralitätsmaße

Als ein besonders wichtiges Konzept für die Exploration großer Netzwerke hat sich die sogenannte Zentralität einzelner Knoten oder Teilstrukturen herausgestellt. Diese Technik wurde ursprünglich in den Sozialwissenschaften entwickelt; kann aber auch auf physische Ressourcen-Netzstrukturen angewendet werden. Es gibt mehrere unterschiedliche Zentralitäts-Indizes, von denen wir einige wenige nachfolgend beschreiben werden. Alle Indizes lassen sich sowohl auf ungerichtete als auch auf gerichtete Graphen anwenden.

21.4.3 Verbindungs-Zentralität (Degree Centrality)

Bei diesem Zentralitätsmaß werden die Knoten entsprechend der Anzahl ihrer Verbindungen (dem Grad) mit anderen Knoten bewertet. Je mehr Verbindungen ein

Knoten (Aktor) mit anderen Knoten hat, desto einflussreicher gilt er. Für einen Graphen $G = (V, E)$ mit $|V|$ Knoten und $|E|$ Kanten ergibt sich also pro Knoten diese Maßzahl:

$$C_D(V) = degree(v)$$

Bei gerichteten Kanten ist sowohl die Anzahl der ausgehenden (out-degree centrality) also auch der eingehenden (in-degree centrality) Kanten interessant. In sozialen Netzwerken messen diese beispielsweise die „Beliebtheit" (in-degree) bzw. die „Kontaktfreudigkeit" (out-degree) einer Person. Wenn der Graph in der Form einer Adjazenzmatrix repräsentiert ist, kann man die Berechnung aller Knotenwerte $C_D(v)$ in einem Durchlauf, also mit quadratischer Komplexität $O(|V|^2)$ durchführen. Die Konzeption dieses Algorithmus sei den Lesern als Übungsaufgabe empfohlen.

Das Zentralitätsmaß lässt sich auch auf einen gesamten Graphen anwenden, um somit z.B. Teilgraphen eines sozialen Netzwerks hinsichtlich ihrer Zentralität bewerten zu können. Hierzu wird die Verbindungs-Zentralität als Maßzahl zwischen 0 und 1 berechnet. Als zentralster Graph mit n Knoten, der demzufolge die Maßzahl 1 zugewiesen bekommt, gilt der sternförmige Graph mit einem „mittleren" Knoten und $n-1$ „äußeren" Knoten, die nur mit dem mittleren Knoten verbunden sind. Der „un-zentralste" Graph ist die sogenannte Clique (vollständiger Graph), bei der alle Knoten mit allen anderen Knoten verbunden sind.

Die Verbindungszentralität eines Graphen $G = (V, E)$ wird demzufolge als die Summe des Grad-Unterschieds des zentralsten Knotens, genannt v^*, zu allen anderen Knoten berechnet:

$$C_D(G) = \sum_{i=1}^{|V|}[C_D(v^*) - C_D(v_i)]$$

Dieser Wert ist natürlich (für sehr große unregelmäßige Graphen) unbeschränkt in der Größe; er lässt sich aber leicht auf einen Wert zwischen 0 und 1 normieren, indem man ihn durch den Zentralitätswert des sternförmigen Graphen mit $|V|$ Knoten teilt. Der sternförmige Graph G^* hat nämlich einen zentralen Knoten, der sich hinsichtlich seines Grads um den Wert $|V| - 2$ von allen anderen $|V| - 1$ Knoten unterscheidet. Also ergibt sich für die Summe der Unterschiede

$$C_D(G^*) = \sum_{i=1}^{|V|}[C_D(v*) - C_D(v_i)] = (|V| - 2)(|V| - 1)$$

Also ergibt sich als normierter Wert für einen allgemeinen Graphen G

$$C'_D(G) = C_D(G)/[(|V| - 2)(|V| - 1)]$$

.

Die Leser mögen sich vergewissern, dass der normierte Zentralitätswert des sternförmigen Graphen tatsächlich 1 ist – und der normierte Wert der Clique sich zu 0 berechnet.

21.4.4 Nähe-Zentralität (Closeness Centrality)

Hiermit wird pro Knoten ein Maß berechnet, das die Nähe (oder umgekehrt die Entfernung) des Knotens zu allen anderen Knoten des Graphen darstellt:

$$C(v) = \frac{1}{\sum_{y \in V} d(y, v)}$$

Hierbei ist $d(y, v)$ der Abstand zwischen y und v, also die Länge des kürzesten Weges zwischen den beiden Knoten.

Wenn der Graph aus mehreren Zusammenhangskomponenten besteht, gibt es Knoten, die unendlich weit voneinander entfernt sind. Insofern ist die nachfolgende Formel besser geeignet:

$$H(v) = \sum_{v \neq y \in V} 1/d(y, v)$$

Hierbei definiert man $1/\infty$ als 0.

Einige Forscher haben vorgeschlagen die relative Nähe zweier Knoten stärker (in Richtung Nähe) zu gewichten als weiter entfernte Knoten. Dafür dient folgende Formel:

$$D(v) = \sum_{v \neq y \in V} \frac{1}{2^{d(y,v)}}$$

21.4.5 Pfad-Zentralität (Betweenness Centrality)

Bei diesem Zentralitätsmaß werden Knoten priorisiert, die eine hohe Bedeutung für die Verbindung von (anderen) Knotenpaaren besitzen. Das heißt, wenn viele kürzeste Wege von Knotenpaaren über diesen Knoten führen, hat er eine hohe Pfad-Zentralität (oder *betweenness*-Zentralität).

Für einen Knoten v im Graph $G = (V, E)$ wird also dieser Wert wie folgt bestimmt:

1. Für jedes Knotenpaar (s, t) berechne deren kürzeste Pfade im Graphen.
2. Bestimme die Anzahl der kürzesten Pfade von s nach t als σ_{st}.
3. Für jedes Knotenpaar (s, t) bestimme die Anzahl der kürzesten Pfade, die durch den betrachteten Knoten v verlaufen. Dieser Wert sei als $\sigma_{st}(v)$ bezeichnet.

Als kompakte Formel wird also die Pfad-Zentralität $C_B(v)$ wie folgt bestimmt:

$$C_B(v) = \sum_{s \neq v \neq t \in V} (\sigma_{st}(v)/\sigma_{st})$$

Den höchsten Wert für die Pfad-Zentralität erreicht der „mittlere“ Knoten in einem Stern-Graphen, da alle kürzesten Wege durch diesen Knoten führen. Bei n Knoten nimmt dieser Knoten also den $C_B(v)$ Wert von

$$[(n-1)(n-2)]/2$$

im ungerichteten Graph an (sofern man ungerichtete Pfade nicht doppelt zählt). Auf der Basis dieser Betrachtung kann man den Zentralitätswert so normieren, dass

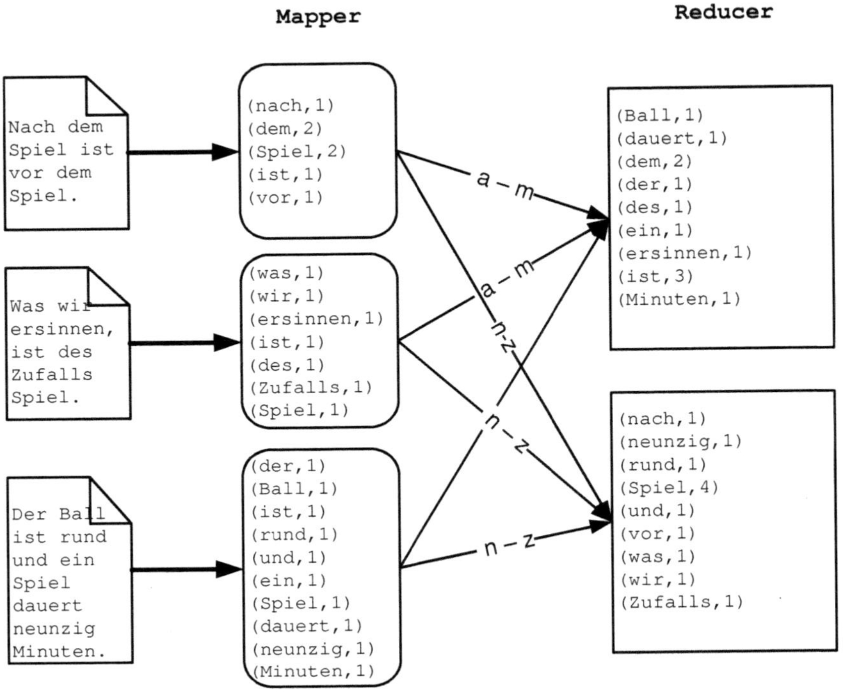

Abbildung 21.16: Das klassische MapReduce-Beispiel: Word Count

er immer Werte zwischen 0 und 1 annimmt. Der normierte Wert $C_B^*(v)$ wird also relativ zum zentralen Knoten in einem Stern-Graphen mit gleich vielen Knoten so berechnet:

$$C_B^*(v) = C_B(v)/[((n-1)(n-2))/2] = \frac{\Sigma_{s \neq v \neq t \in V}(\sigma_{st}(v)/\sigma_{st})}{[(n-1)(n-2)]/2}$$

21.5 MapReduce: Massiv parallele Datenverarbeitung

MapReduce wurde von den Google-Mitarbeitern Dean und Ghemawat (2004) als Programmiermodell für massiv parallele Datenverarbeitung auf sehr großen Computer-Clustern mit Tausenden von Rechnern vorgestellt. Konzeptuell ist dieses Modell nicht neu, sondern orientiert sich an den aus der funktionalen Programmierung bekannten *map* und *reduce* Funktionen. Der Nutzen dieses Modells resultiert aus der dafür gebauten Infrastruktur, die die physischen Ressourcen (Rechner und Speicher) effektiv verwaltet und zuordnet, um die Programmierer von diesen Aufgaben zu befreien. Die Grundstruktur eines MapReduce-Programms soll an dem klassischen *word count*-Beispiel gezeigt werden (siehe Abbildung 21.16). Dabei werden Dokumente zunächst in die *Mapper* geladen, dort in Token (Begriffe) zerlegt und für jeden erkannten Begriff wird ein sogenanntes (*Key*, *Value*)-Paar gebildet. Der *Key* besteht hierbei aus den Begriffen, der *Value* aus der Anzahl des Vorkommen dieses Begriffs auf diesem Mapper. Die (*Key*, *Value*)-Paare werden von den Mappern gemäß einer Hash-Funktion in Partitionen geschrieben. Dies ist analog zur Partitionierungsphase beim Hash-Join. Aus Darstellungsgründen wurde hier eine Bereichspartitionierung gewählt; in der Praxis würde aber eine hash-basierte, nicht ordnungserhaltende Partitionierung eingesetzt. Dadurch würden auch Schieflagen der Wort-Verteilungen weitestgehend kompensiert. Die so erhaltenen Partitionen werden den *Reducern* zugeordnet. Anders als in der Abbildung gezeigt, schreiben die Mapper die Partition zunächst auf Dateien (in der Regel in einem verteilten Dateisystem, wie es von Google's BigTable oder Yahoo's Hadoop File System (HDFS) realisiert wird). Dies geschieht aus Gründen der Fehlertoleranz, damit der Absturz eines Knotens durch Nachholen nur dieser einen Berechnung kompensiert werden kann. In unserem Beispiel sind die Reducer dafür zuständig, die globale Anzahl des Vorkommens der Wörter ihrer Partition zu bestimmen. In einer zweiten Phase könnte man dann noch die Auswahl der top-k Wörter, die am häufigsten vorkommen, vornehmen. Es sei den Lesern überlassen, dies als separate, nachfolgende MapReduce-Phase zu konzipieren.

Wir wollen uns jetzt anschauen, wie ein klassischer Join mittels des MapReduce-Frameworks realisiert werden kann. Dazu betrachten wir den Join

$$R \bowtie S \bowtie T$$

mit folgendem Schema (und kleiner Beispiel-Extension):

R

A	B
5	4
...	...

S

B	C
4	7
...	...

T

C	D
7	8
...	...

$R \bowtie S \bowtie T$

A	B	C	D
5	4	7	8
...	...	...	...

Der Join würde klassischerweise (wenn man bei MapReduce schon von klassisch reden kann) in einen zwei-phasigen MapReduce/MapReduce-Workflow übersetzt, wie er in Abbildung 21.17 gezeigt ist. Zunächst würden R und S im Map-Vorgang partitioniert und die Reducer führen den Join $R \bowtie_B S$ durch. Das Ergebnis des ersten Joins, genannt *RS*, dient als Input der nächsten Map-Phase, ebenso die Relation T. In der letzten Reduce-Phase wird der Join von *RS* mit T berechnet und gespeichert. Die zwischendurch erfolgende und abschließende Speicherung ist hier nicht gezeigt. Anders als bei klassischen Anfrageprozessoren steht beim MapReduce-Modell nicht das Pipelining im Vordergrund sondern die Fehlertoleranz, die durch Zwischenspeicherung erzielt wird. Trotzdem ließe sich dieser Join in einer einzigen MapReduce -Phase auswerten, wenn die beiden Joins über dasselbe Attribut ausgewertet würden. Man spricht hierbei von einem Stern-Join:

$$R : \{[A, B]\} \bowtie_B S : \{[B, C]\} \bowtie_B T : \{[D, B]\}$$

In diesem Fall kann man in der Map-Phase alle drei Relationen gemäß $h(R.B)$, $h(S.B)$ bzw. $h(T.B)$ partitionieren und den Reducern zuordnen, die dann in der Reduce-Phase gleich den Drei-Wegejoin auf ihren drei Partitionen berechnen können.

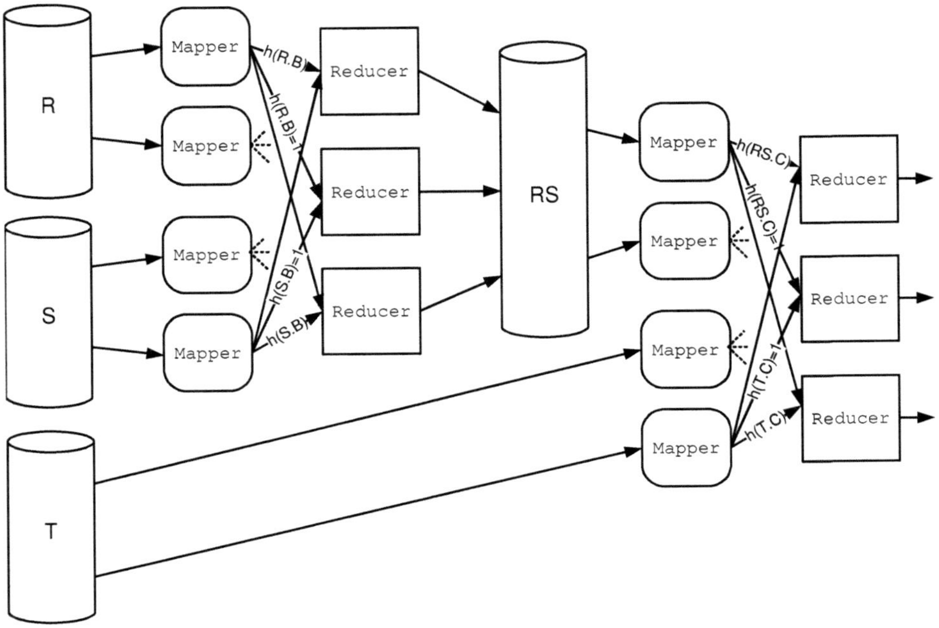

Abbildung 21.17: Der zweistufige MapReduce-Drei-Wege-Join

Es gibt eine clevere Idee von Afrati und Ullman (2010), die die einstufige Berechnung auch bei einem Kettenjoin ermöglicht. Betrachten wir wieder den Join $R \bowtie_B S \bowtie_C T$, wie er im originären Join-Beispiel gegeben war. Dazu werden die Reducer *virtuell* in einem $n \times n$-Koordinatensystem angeordnet. Die Partitionierung ist in Abbildung 21.18 gezeigt. Die Partitionierungsfunktion $h(R.B)$ bildet die Datensätze auf die Zeilen $0 \ldots (n-1)$ dieser Reducer-Matrix ab. Wir gehen von einer Hashfunktion $h(x) = x \bmod 4$ aus. Das heißt jeder R-Datensatz wird n-mal repliziert. Der Mapper für T bildet die Datensätze via $h(T.C)$ auf die Spalten $0 \ldots (n-1)$ ab. Also werden diese T-Datensätze auch jeweils n-mal repliziert. Nur die Datensätze von S werden „punktgenau" mittels $h(S.B)$ und $h(S.C)$ auf einen einzigen Reducer (also ohne Replikation auf den Reducer an den Koordinaten $[h(S.B), h(S.C)]$) abgebildet. Wenn R und T relativ klein im Vergleich zu S sind, ist dieses Verfahren sicherlich interessant, da es den zusätzlichen MapReduce-Schritt einspart. Man kann dieses Verfahren leicht auf eine $n \times m$-Reducer-Matrix verallgemeinern, indem man zwei unterschiedliche Hashfunktion verwendet: h für die Abbildung der B-Werte auf die n Zeilen und g für die Abbildung der C-Werte auf die m Spalten.

MapReduce Skriptsprache: Pig Latin

Es gibt mittlerweile mehrere Skriptsprachen, mit denen man komplexere (d.h., mehrstufige) MapReduce-Workflows spezifizieren kann. Diese Skripte werden dann au-

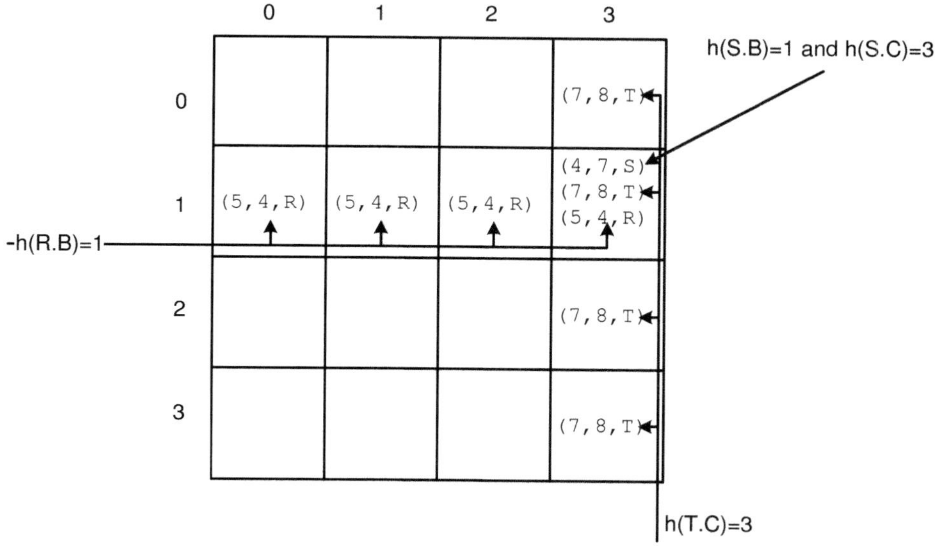

Abbildung 21.18: Der Drei-Wege-Join mit teilweiser Replikation

tomatisch in einzelne MapReduce-Phasen compiliert und teilweise auch optimiert. Eine derartige Sprache ist Pig Latin, die als Teil des von Yahoo initiierten Hadoop-Projekts von der Apache Software Foundation (http://pig.apache.org/) entwickelt wird. Unser obiges SQL-Beispiel der Berechnung der Autoritätswerte der Webseiten gemäß des HITS-Algorithmus lässt sich in Pig Latin wie folgt realisieren:

```
a1 = LOAD 'A' AS (a1von, a1nach);
a2 = LOAD 'A' AS (a2von, a2nach);
aut = LOAD 'Aut' AS (seite, wert);
j1 = JOIN a2 BY a2nach, aut BY seite;
j2 = JOIN a1 BY a1von, j1 BY a2von;
g1 = GROUP j2 BY a1nach;
aut2 = FOREACH g1 GENERATE group AS seite, SUM(j2.wert) AS wert;
g2 = GROUP aut2 ALL;
max = FOREACH g2 GENERATE MAX(aut2.wert) AS max;
c = CROSS aut2, max;
aut2Up = FOREACH c GENERATE seite, wert / max;
STORE aut2Up INTO 'Aut2';
```

In diesem Beispiel-Skript werden zunächst mit dem LOAD-Befehl die relevanten Daten geladen und die Attribute entsprechend benannt. Bei genauer Betrachtung sieht man, dass in diesem Skript die Datensätze *a1* früher als nötig geladen werden. Außerdem ist die im Skript angegebene Join-Reihenfolge von Hand optimiert worden, da nicht die beiden größten Argumente *a1* und *a2* zuerst verknüpft werden, sondern zuerst *a2* mit *aut* – es gibt deutlich mehr HyperLinks, die in A repräsentiert werden als Web-Seiten, die in Aut repräsentiert werden. Die Übersetzung von Pig Latin in ausführbare Pläne, genannt Pig, sollte eigentlich diese Art von Optimierungen automatisch durchführen (es sei den Lesern überlassen, dies auszuprobieren). Man kann davon ausgehen, dass die beiden Joins des Drei-Wege-Joins separat ausgewertet werden, also in eine ähnliche MapReduce-Sequenz übersetzt werden, wie sie in Abbildung 21.17 gezeigt ist. Die Gruppierung des Zwischenergebnisses *j2* des Drei-Wege-Joins erfolgt nach dem Attribut *a1nach*. Pro Gruppe wird der *j2.wert* aufsummiert. Dieser Teil des Skripts birgt große Ähnlichkeit zum klassischen *word count*-Beispiel und wird wohl genauso als eine MapReduce-Sequenz ausgewertet. Für die Berechnung des maximalen Autoritätswerts wird eine Pseudo-Gruppierung durchgeführt. Die Normalisierung des Autoritätswerts auf $1/max$ wird über ein Kreuzprodukt mit nachfolgender Division erzielt – zugegebenerweise ein bisschen umständlich. Selektionen kommen in diesem Beispiel-Skript nicht vor – wäre aber in Pig Latin als `FILTER` möglich.

Derzeit gibt es viele Forschungsprojekte, die sich damit beschäftigen, derartige komplexe MapReduce-Anfragepläne effektiv zu optimieren. Eine auf möglichst wenige derartige MapReduce-Phasen abzielende Evaluation des obigen Skripts ist in Abbildung 21.19 skizziert. Hierbei wird der Drei-Wege-Join in einer Phase mittels der oben eingeführten Idee der partiell redundanten Partitionierung durchgeführt. Die Join-Reducer führen dann auch schon die Teilaggregation für ihre Daten aus (Stichwort: early aggregation). Die vollständige Summierung der Autoritätswerte erfolgt in nachgeschalteten Reducern, die selbst wiederum für ihren Datenbereich das lokale Maximum bestimmen und an einen Reducer weiterleiten, der das globale Maximum bestimmt. Dies wird (anders als in der Abbildung gezeigt werden konnte, da der Informationsfluss immer von links nach rechts gehen sollte) an dieselben Reducer zurückgeliefert, die dann auch die Division durchführen können. Aber es ist derzeit wohl noch ein langer (Forschungs-)Weg bis derartige Optimierungen automatisch aus dem gegebenen Skript generiert werden können. Für die Berechnung eines HITS-basierten Suchindexes über Milliarden Webseiten würde sich ja auch die manuelle Optimierung des Auswertungsplans schnell amortisieren.

Das obige Programm wird dann iterativ ausgeführt bis die ermittelten Werte konvergieren. Bei der Betrachtung der aufwendigen Maschinerie (viele nacheinander geschaltete MapReduce-Phasen) sollte man im Hinterkopf behalten, dass hierbei viele Milliarden Datensätze auf vielen (tausenden) Rechnern bearbeitet werden. Es steht also nicht so sehr die schnelle Beantwortung einer Anfrage sondern die skalierbare Auswertung auf riesigen Datenvolumina im Vordergrund.

21.6 Peer-to-Peer-Informationssysteme

Die Vielzahl von vernetzten Rechnern, die größtenteils ungenutzt (engl. *idle*) „herumstehen“ hat die Entwicklung so genannter Peer-to-Peer-Systeme (abgekürzt P2P-Systeme) motiviert. In ersten Anwendungen, wie z.B. Seti@Home, ging es darum, die ansonsten ungenutzten Rechenressourcen der angeschlossenen Rechner zu nutzen. Im speziellen Fall von Seti@Home kooperierten diese Rechner, um Funksignale außerirdischer Lebewesen zu entdecken – bislang ohne Erfolg. Insgesamt haben sich

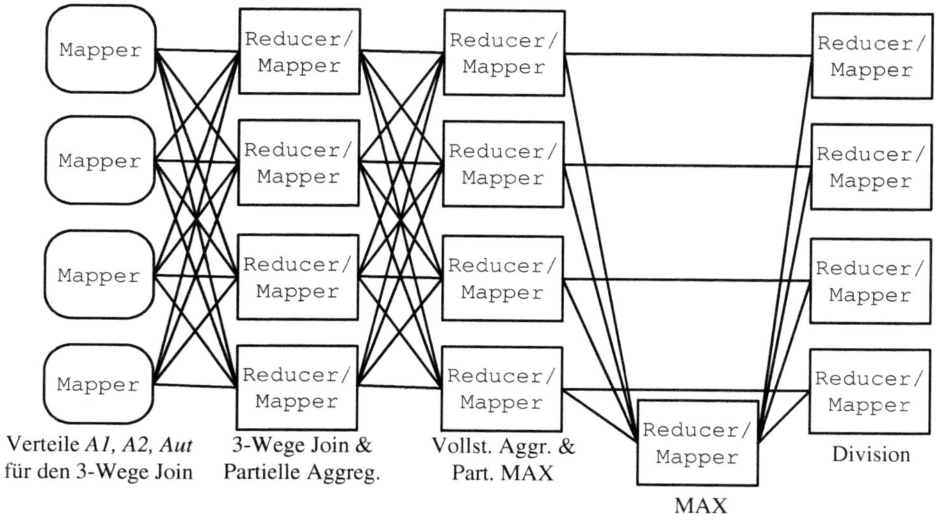

Abbildung 21.19: Die optimierte MapReduce-Ausführung der HITS-Berechnung

viele Millionen Benutzer (bzw. deren Rechner) an dieser Aufgabe beteiligt, wobei durchschnittlich ca. 250000 Rechner gleichzeitig aktiv waren. Diesen Rechnern wurden von einem Server Radiodatensätze zugewiesen, die es zu analysieren galt. Insofern handelt es sich hierbei eigentlich noch um ein Client/Server-Architekturmodell.

21.6.1 P2P-Systeme für den Datenaustausch (File-Sharing)

Durch die explosionsartige Zunahme digitalisierter Multimedia-Daten im Internet, war es dann nahe liegend, ungenutzte Rechnerressourcen auch für die Datenverwaltung zu nutzen. Eines der ersten Peer-to-Peer-Systeme für den Datenaustausch (engl. *file sharing*) war Napster, das die dezentrale Verwaltung und den Austausch von MP3-Dateien zwischen den beteiligten Rechnern (Peers) ermöglichte. Die angeschlossenen Rechner (Peers) registrieren ihre verfügbaren Daten an einem zentralen Verzeichnis-Server, der diese Meta-Daten in einem Index verwaltet. Alle Suchanfragen gehen an diesen zentralen Verzeichnis-Server, der dem anfragenden Klienten (Peer) mitteilt, welcher Peer die gesuchte Datei besitzt. Letztendlich tauschen diese beiden Peers dann die Daten untereinander aus, ohne dass diese Kommunikation noch über den Verzeichnis-Server läuft. Diese Vorgehensweise ist in Abbildung 21.20 schematisch dargestellt. Hierbei wird die Datei mit der Kennung K57 gesucht, die dem anfragenden Klienten durch Peer P6 übermittelt werden kann. Diese Information erhält der anfragende Klient vom Verzeichnis-Server, der dies an Hand seines Indexes, der einer *invertierten Liste* entspricht, ermitteln kann. Es ist durchaus möglich, dass dieselben Daten von mehreren Peers verwaltet werden, wie dies z.B. bei der Datei mit der Kennung K61 der Fall ist, die von den Peers P4 und P6 gespeichert wird.

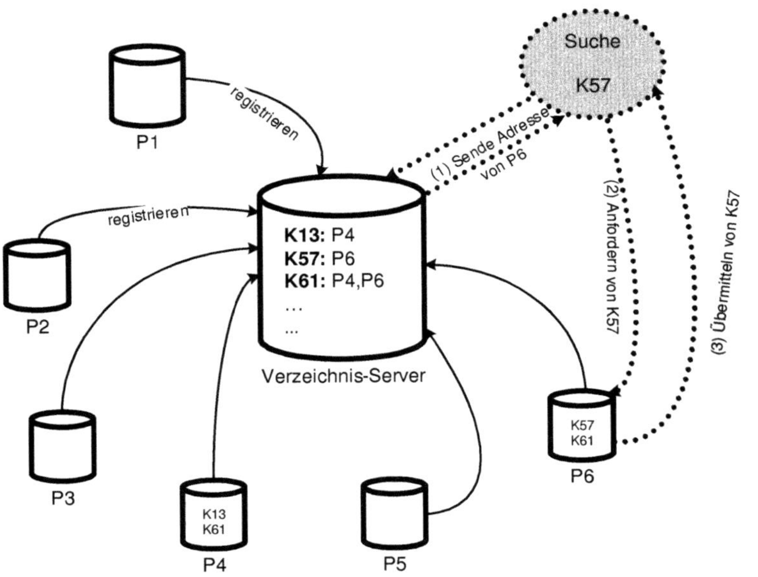

Abbildung 21.20: Napster-Architektur mit zentralem Verzeichnis-Server

Ein offensichtliches Problem dieser Architektur stellt der zentrale Verzeichnis-Server dar: Er kann leicht zum Flaschenhals des Systems werden, da alle Registrierungen und Suchanfragen von ihm bearbeitet werden müssen. Außerdem ist er für so genannte „Denial of Service"-Angriffe prädestiniert. Weiterhin war die juristisch erzwungene Abschaltung von Napster durch die Elimination des Verzeichnis-Servers einfach zu vollziehen.

Eine wahre Peer-to-Peer-Architektur, in der alle angeschlossenen Rechner dieselbe Funktionalität aufweisen, findet man beispielsweise in Gnutella. Diese Rechner bilden ein völlig dezentrales Netzwerk, in dem es keinerlei zentrale Kontrollkomponente mehr gibt. Dadurch wird das Netzwerk robust gegen den Ausfall (oder das erzwungene Abschalten) einzelner Komponenten, da die verbleibenden Peers weiterarbeiten können. Das Fehlen eines „allwissenden" Verzeichnis-Servers wurde in Gnutella durch das „ziellose Weiterreichen" von Anfragen, die ein Peer nicht selbst beantworten kann, kompensiert. Wenn also ein Peer eine Anfrage, entweder direkt von Benutzern oder von anderen Peers, empfängt, prüft er zunächst, ob er die angeforderte Information (z.B. eine Datei) selber besitzt. In diesem Fall schickt er dem Initiator der Anfrage dieses Informationsobjekt. Anderenfalls leitet er die Anfrage an alle anderen Peers, die er kennt, weiter. Hierbei sind natürlich entsprechende Kontrollmechanismen, die beispielsweise ganz einfach auf einem Time-out (Time to Live) basieren, zu realisieren, um das zyklische Weiterreichen einer Anfrage zu verhindern. Das ziellose Weiterleiten von Anfragen nennt man auch „Query-Flooding", da das Netzwerk sozusagen geflutet wird. Dies hat zum einen eine hohe Antwortzeit einer einzelnen Anfrage und zum anderen ein sehr hohes Nachrichtenaufkommen zur

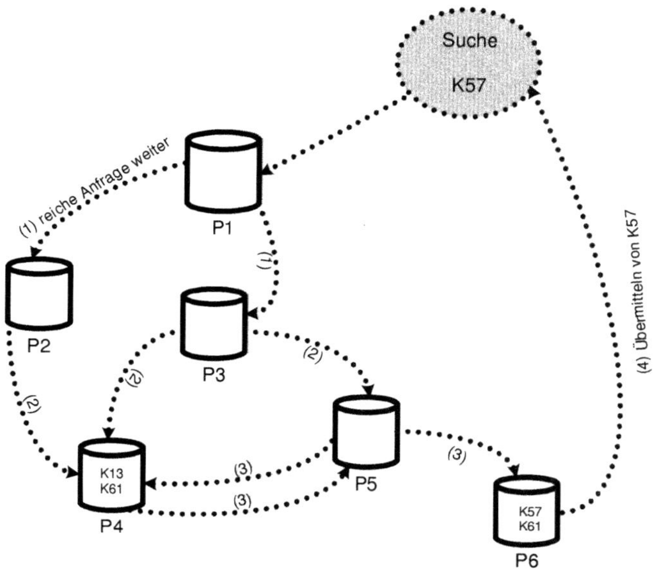

Abbildung 21.21: Gnutella-Architektur mit "Query-Flooding"

Folge, das leicht zu einer Überlastung des gesamten P2P-Netzes führt. Die Architektur der Anfragebearbeitung in einem Gnutella-Netzwerk ist in Abbildung 21.21 schematisch dargestellt.Wiederum wird die Datei mit der Kennung K57 gesucht. Der angefragte Peer P1 leitet die Anfrage an alle ihm bekannten Peers weiter, in diesem Fall an P2 und P3, da er selbst die Datei nicht besitzt. Diese leiten die Anfrage im Schritt (2) ihrerseits jeweils an die ihnen bekannten Peers weiter – wiederum ohne Erfolg. Schließlich leitet Peer P5 in der Flutwelle (3) die Anfrage an Peer P6, der die Datei besitzt und sie dem anfragenden Klienten übermittelt.

Um die Überlastung des Netzwerks durch Query-Flooding zu reduzieren, wurden hierarchisch aufgebaute P2P-Netzwerke entwickelt, in denen man zwischen einfachen Peers, den sogenannten Blattknoten, und Super-Peers oder Hub-Peers unterscheidet. Die Hubs zeichnen sich dadurch aus, dass sie deutlich mehr Peers und auch auch andere Hubs „kennen" und zudem auch (zumindest näherungsweise) wissen, welche Informationen diese anderen Peers besitzen. Dadurch können Anfragen (also Queries) effizienter zu den relevanten Peers geroutet werden.

21.6.2 Verteilte Hashtabellen (Distributed Hash Tables DHTs)

Bei den bisher beschriebenen P2P-Netzwerken kann man zwei extreme Entwurfsalternativen erkennen:

1. **Zentrale Kontrolle:** Ein Verzeichnis-Server weiß anhand seines Indexes an welchen Peer er eine Suchanfrage zu übergeben hat. Allerdings stellt der Ver-

zeichnis-Server eine zentrale Kontrollkomponente dar, die zum Flaschenhals des P2P-Systems werden kann.

2. **Dezentrale Kontrolle:** Ein völlig dezentrales P2P-System mit gleich mächtigen Peers benötigt eine aufwendige Anfragebearbeitung, die darauf basiert, dass das Netzwerk mit der Anfrage „geflutet“ wird.

Die Verteilten Hashtabellen – im Englischen *Distributed Hash Tables* oder DHTs genannt – vereinigen die Vorteile dieser beiden Systeme: Sie sind dezentral organisiert, alle Peers haben die gleiche Funktionalität **und** Anfragen werden zielgerichtet zu dem Peer geroutet, der das notwendige Datenobjekt besitzt. Wir werden zunächst das wohl bekannteste DHT-basierte P2P-System namens Chord betrachten. Hierbei werden Peers (also teilnehmende Rechner) und Datenobjekte mittels einer Hashfunktion auf einen Zahlenring, also auf ein Intervall[1] $[0..2^n)$, platziert. Die Peers werden in der Regel anhand ihrer IP-Nummer auf diesen Zahlenring abgebildet und nehmen dort die entsprechende Position ein. Auch die Datenobjekte werden anhand eines ihnen zugeordneten Suchschlüssels (engl. *key*) mit der Hashfunktion auf diesen Zahlenring abgebildet. Als Hashfunktion verwenden wir in unserem Beispiel

$$h(X) = X \bmod 2^n$$

Hierbei repräsentiert X entweder eine als Integer interpretierte IP-Nummer oder einen (zahlenwertigen) Suchschlüssel. Die in einem DHT-System verwalteten Daten entsprechen somit so genannten $(Key, Value)$-Paaren, wobei der *Value* beliebig groß sein kann – z.B. eine MP3-Musikdatei. Der *Key* könnte wiederum durch eine Hashfunktion (wie z.B. die für die Generierung eines digitalen Fingerabdrucks gebräuchlichen Hashfunktionen MD5 oder SHA1) aus dem *Value* berechnet worden sein.

Die Vorgehensweise der Rechner- und Daten-Abbildung ist für einen Zahlenring der Größe $[0..64)$ in Abbildung 21.22 schematisch dargestellt.

Das P2P-System besteht in dem abgebildeten Zustand aus 8 Rechnern, so dass der Zahlenring relativ „dünn besetzt“ ist. Dies ist aber auch in der Praxis sinnvoll, da man das dynamische Wachsen und Schrumpfen der Anzahl der teilnehmenden Peers ermöglichen muss. Deshalb sollte der Zahlenring, genauer der Exponent n des Intervalls $[0..2^n)$ so gewählt sein, dass immer deutlich weniger Peers als der maximalen Anzahl von 2^n teilnehmen. Dadurch werden auch Kollisionen bei der Abbildung der Peers anhand ihrer IP-Nummer auf den Ring deutlich unwahrscheinlicher – dennoch muss man Kontrollmechanismen hierfür realisieren. Jeder Peer ist verantwortlich für die Datenobjekte, also die $(Key, Value)$-Paare, deren Key mittels der Hashfunktion auf den Bereich zwischen seinem Vorgänger-Peer und ihm selbst abgebildet werden. In unserem Schaubild verwaltet der Peer P26 also die Suchschlüssel, die in den Bereich von 15 bis 26 (also in das Interval $[15..26]$) abgebildet werden. Dazu zählen insbesondere K23 und K26, aber auch K90, da 90 mod 64 die Zahl 26 ergibt.

Chord realisiert das so genannte konsistente Hashing (engl. *consistent hashing*). Bei einer konsistent verteilten Hashtabellen-Verwaltung wird verlangt, dass beim

[1]Wir verwenden die Notation $[a..e)$ um das rechtsoffene Intervall der Zahlen größer oder gleich a und (echt) kleiner e zu spezifizieren.

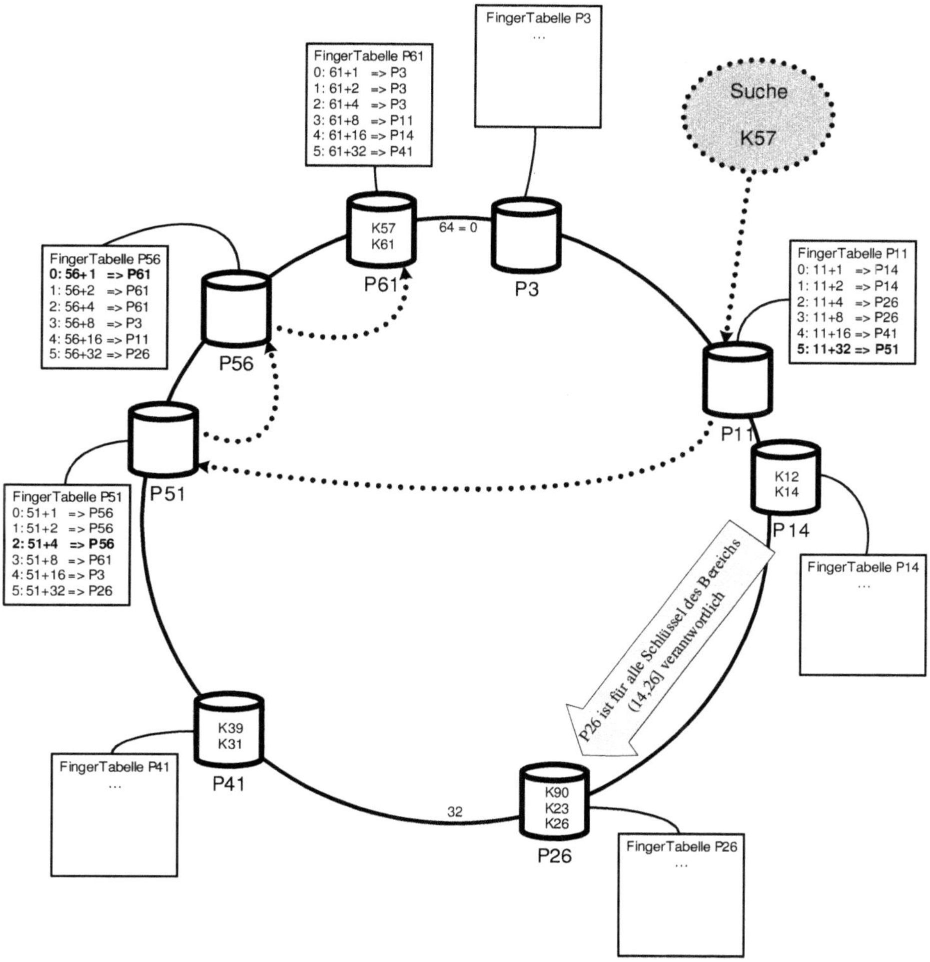

Abbildung 21.22: Chord-Architektur

Ausfall (oder beim kontrollierten Abmelden) einer Station nur eine beschränkte Anzahl der Datenelemente reorganisiert werden muss. Genauer gesagt, bei $|P|$ Peers und $|D|$ Datenelementen sollte die Anzahl der zu reorganisierenden Datenelemente auf durchschnittlich $|D|/|P|$ beschränkt sein. Dies ist im Chord-Netzwerk offensichtlich der Fall, da die Datenelemente eines ausfallenden Peers dem direkt nachfolgenden Peer im Ring zugeordnet werden. Alle anderen Datenelemente bleiben an ihrem Platz (also an ihren Peers).

Man bezeichnet P2P-Systeme auch als *Overlay-Netzwerke*, da sie zwar die Kommunikationswege des Internet-Protokolls nutzen – dies aber nur indirekt. Daten und Anfragen werden in einem Overlay-Netzwerk über eigene Routing-Protokolle zwischen den teilnehmenden Peers geroutet. Die Kommunikation zwischen diesen Peers erfolgt über das IP-Protokoll des Internets. Die gestrichelten Linien in Abbildung 21.22 deuten die Overlay-Charakteristik an: Eine direkte Kommunikation zwischen zwei Peers, die sich kennen, geht gleichwohl über mehrere/viele Stationen des Internets, die nicht (notwendigerweise) an diesem P2P-System teilnehmen.

In der einfachsten Form würde es in einem Chord-Ring ausreichen, wenn jeder Peer seinen direkten Nachfolger auf dem Ring kennen würde, also dessen IP-Adresse abspeichert. Dann könnte man ein neu zu speicherndes Datenobjekt oder eine Anfrage entlang dieser Ringstruktur routen, bis es/sie an dem verantwortlichen Peer angekommen ist. Dies würde aber im Durchschnitt $|P|/2$ Kommunikationsschritte verursachen – insgesamt also eigentlich $|P|/2 * H$ wenn H die durchschnittliche Anzahl von Zwischenstationen (Hops) im Internet-Routing darstellt.[2] Dieser Aufwand ist in einem großen Netz mit Tausenden von Peers natürlich nicht tolerierbar. Deshalb verwaltet jeder Peer eine sogenannte *FingerTabelle*, in der er die IP-Nummern von insgesamt $\log|P|$ anderen Peers speichert. Genauer gesagt, speichert jeder Peer die IP-Adressen der Peers, die eine Halbe, eine Viertel, eine Achtel, eine Sechzehntel, usw. Umdrehung (auf dem Zahlenring von ihm entfernt sind) bis hin zu seinem direkten Nachbarn. Die Anordnung der Fingertabelle sieht dann also so aus, dass die Adresse des betreffenden Peers auf dem Zahlenring um die Werte $1 = 2^0$, $2 = 2^1$, $4 = 2^2$, $8 = 2^3$, ..., $2^n/2 = 2^{n-1}$ erhöht werden. In der FingerTabelle wird die IP-Nummer des für den jeweiligen Wert verantwortlichen Peers abgelegt – derselbe Peer kann bei entsprechend dünner Besiedlung durchaus für mehrere Einträge in der FingerTabelle verantwortlich sein, wie wir in der FingerTabelle des Peers P11 erkennen, in der bspw. P14 und P26 jeweils für zwei Einträge verantwortlich sind.

Das Routing einer Anfrage geschieht dann mittels dieser FingerTabellen. Wir demonstrieren dies für die Suche nach dem Datenobjekt mit dem *Key* K57, die an Peer P11 gerichtet wird. P11 schaut in seiner Fingertabelle nach dem Eintrag, der gerade noch kleiner oder genau gleich zu dem Suchschlüssel ist. An Peer Pi sucht man also das *größte* k für das gilt:

$$h(i + 2^k) \text{ liegt auf dem Ring gerade noch vor oder ist gleich } h(Key)$$

An den an der Position k der FingerTabelle von Pi eingetragenen Peer wird die Suche weiter delegiert. In unserem Fall ist es der fett gedruckte Eintrag an Position 5, der den Peer mit der Verantwortung für den Schlüsselwert $11 + 32 = 43$ enthält. An diesen Peer P51 wird die Suche delegiert, was durch den gepunkteten Pfeil angedeutet wird. Dieser sieht wiederum in seiner FingerTabelle nach und ermittelt, dass der Eintrag an Position 2 mit dem Suchschlüssel $51+4 = 55$ der bestmöglichen Routingadresse entspricht – man darf auf keinen Fall an einen Peer delegieren, der jenseits des Suchschlüssels angesiedelt ist (Warum?). Also delegiert P51 die Suche weiter an P56, der den nächsten Hop in seiner Fingertabelle an Position 0 mit dem Wert $56+1 = 57$ findet. Peer P61 ist der Zielrechner dieser Suchanfrage und kann das Datenobjekt mit dem Key K57 übermitteln. Durch diese FingerTabellen kann die Suche in $O(\log|P|)$ Hops geroutet werden – siehe Übungsaufgabe 21.7.

Wenn ein neuer Peer P in Chord aufgenommen werden soll, meldet er sich an irgendeinem (ihm bekannten) Peer an. Dieser Peer kann die Position des neuen Peers

[2]Die benachbarten Peers im Chord-Netz sind ja nicht physisch benachbart.

im Ring ermitteln, indem er die Hashfunktion h auf P's IP-Nummer anwendet. Nehmen wir an, dass sich dadurch die Position k ergibt, so dass der Peer die Kennung Pk erhält. Die dann durchzuführende Platzierung des neuen Peers Pk in dem Ring erfolgt unter Mithilfe des Peers Pj, für den gilt, dass Pj der nächstgelegene Vorgänger von Pk im Ring ist. Der Peer Pj kann insbesondere seine FingerTabelle für den neuen Peer zur Verfügung stellen, da einige der Einträge von dem neuen Peer auch verwendet werden können. Welche? – denken Sie an Mehrfacheinträge desselben Ziel-Peers (siehe Übung 21.9). Von Pj's Nachfolger erhält der neue Peer Pk dann die Datenobjekte zugewiesen, die zwischen $j+1$ und k in den Ring fallen und bisher diesem Nachfolger von Pj zugewiesen waren. Weiterhin muss Pk's FingerTabelle initialisiert werden und FingerTabellen anderer Peers, die bislang Pj referenziert haben, müssen jetzt möglicherweise auf Pk geändert werden. Diese Vorgehensweise mögen die Leser in Aufgabe 21.9 algorithmisch skizzieren.

21.6.3 Mehrdimensionaler P2P-Datenraum

CAN (Content Adressable Network) ist eine P2P-Netzwerkstruktur, in der die Peers mehrdimensionale „Hyper-Rechtecke" verwalten. Das sind im dreidimensionalen Fall Quader und im zweidimensionalen Fall, den wir hier in Abbildung 21.23 illustrieren, handelt es sich um (echte) Rechtecke in einem kartesischen Koordinatensystem. Schlüssel werden in CAN auf dieses n-dimensionale Koordinatensystem abgebildet, so dass sie einem Punkt im Koordinatensystem entsprechen. Bei eindimensionalen Schlüsseln wird eine entsprechende Segmentierung angewendet. In unserem Beispielszenario fallen alle Schüssel in jeder der beiden Dimensionen in den Bereich von 0 bis 8. Jeder Peer ist für ein Rechteck verantwortlich – es sei denn sein benachbarter Peer fällt (temporär) aus und er muss dessen Rechteck mit übernehmen. Die Rechtecke werden in unserem Beispiel durch zwei Begrenzungspunkte (links unten und rechts oben) eindeutig spezifiziert. Der Peer P[(0,0),(4,4)] links unten ist u.a. für das Datenobjekt mit dem Schlüssel K(1,1) zuständig, da dieser Schlüssel in sein Rechteck fällt. Wenn ein neuer Peer hinzukommt, wird er zunächst auf eines der existierenden Rechtecke abgebildet. Das kann z.B. zufällig erfolgen indem der neue Peer einen zufälligen Punkt im Koordinatensystem „würfelt". Dadurch werden automatisch großen Regionen (nicht unbedingt dicht besiedelten Regionen) bevorzugt zusätzliche Peers zugewiesen. Der neue Peer beauftragt dann irgendeinen ihm bekannten Peer den Peer zu finden, der für die gewürfelte Region verantwortlich ist. Dies wird wie eine normale Suchanfrage mit dem gewürfelten Datenpunkt als Argument bewerkstelligt (s.u.). Man kann die Zuweisung eines neuen Peers aber auch last-basiert durchführen, so dass die stärker belasteten Peers (solche mit dichter besiedelten Rechtecken) bevorzugt einen zusätzlichen neuen Peer bekommen – dazu bedarf es aber einer zusätzlichen (zentralen) Kontrollkomponente. In jedem Fall halbieren der alte und der neue Peer das Rechteck, verteilen die Datenelemente neu und sind ab dann jeweils für eine Hälfte des Rechtecks verantwortlich.

Für das Routing verwaltet jeder Peer seine direkten Nachbarn – das sind die Peers die sich mit ihm eine Kante (im n-dimensionalen Fall eine $n-1$-dimensionale Hyperebene) teilen. Das Routing einer Anfrage erfolgt dadurch, dass ein Peer die Anfrage an einen seiner Nachbarn weiterleitet, der (im Koordinatensystem) näher am gesuchten Rechteck liegt. Dadurch wird eine Gerade zwischen dem Ausgangs-

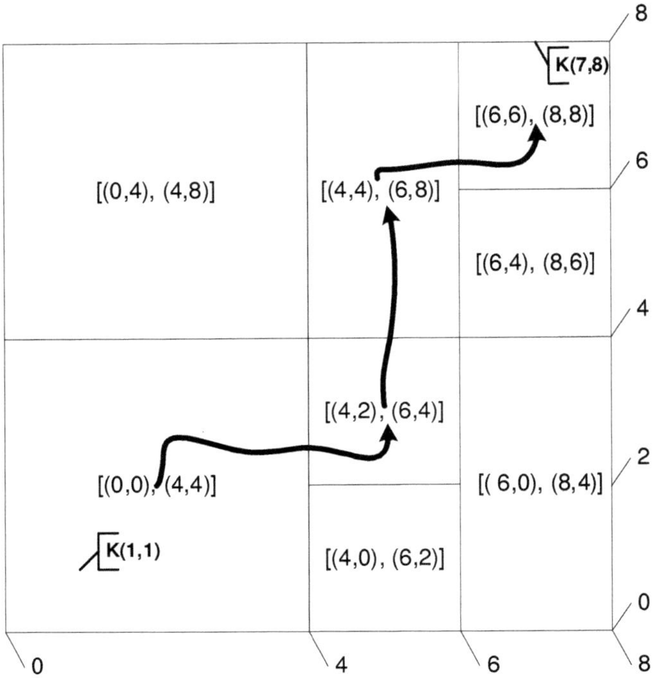

Abbildung 21.23: CAN-Architektur

und dem Ziel-Knoten approximiert, wie dies für den Routing-Vorgang vom Peer P[(0,0),(4,4)] links unten, der für alle Daten im Bereich 0 bis 4 auf beiden Achsen zuständig ist, zu dem Peer P[(6,6),(8,8)] rechts oben, dessen Zuständigkeit die Datenpunkte von 6 bis 8 auf beiden Achsen sind, gezeigt ist. Dieser Routingvorgang wurde bspw. durch die Anfrage nach dem Schlüssel K(7,8) initiiert. Wir überlassen es den Lesern, die durchschnittliche Anzahl von Nachbarn pro Peer und die Anzahl von Routing-Hops abzuschätzen (siehe Aufgabe 21.10).

21.7 No-SQL- und Key/Value-Datenbanksysteme

Die zunehmende Informationsflut des Webs hat neuartige Informationssysteme motiviert, die funktional weniger mächtig als relationale Datenbanksysteme sind, dafür aber eine bessere Skalierbarkeit versprechen. Nicht überraschend wurden deshalb viele dieser Entwicklungen von den (mittlerweile) großen Internet-Firmen wie Google (BigTable, MegaStore), Yahoo (Hadoop File System, HBase, PNUTS), Amazon (Dynamo, S3, SimpleDb) und Facebook (Cassandra) initiiert. Ein weiteres in Web-Anwendungen verwendetes hoch-skalierendes Dokumenten-Speichersystem ist MongoDB. Diese Informationssysteme müssen in verschiedenen Dimensionen skalieren:

- Datenvolumen: Das Datenvolumen, das von diesen Firmen verwaltet wird, ist „astronomisch"'. Man denke etwa an alle Benutzerprofile von Facebook, das mittlerweile fast eine Milliarde Benutzer hat, oder die akkumulierten Daten (Emails, Dokumente, gepufferte Webseiten, Suchanfragen), die Google für bzw. über seine Nutzer verwaltet (und analysiert).

- Zuverlässigkeit (Availability): Dienste von derart hoher Bedeutung für viele Nutzer müssen ein sehr hohes Maß an Zuverlässigkeit und Verfügbarkeit garantieren. Dafür ist die kontrollierte Redundanz durch Replikation notwendig.
- Geographische Verteilung: Die Nutzer sind mittlerweile weltweit verteilt, so dass die Informationssysteme global verteilt installiert werden müssen. Nur so ist eine geringe Latenzzeit beim Zugriff auf die persönlichen Daten möglich.

Im Bereich der verteilten Systeme wurde erstmals von Brewer (2000) folgende informelle „Weisheit" – mittlerweile aber CAP-Theorem genannt – im Rahmen eines eingeladenen Vortrags vorgestellt. In einem verteilten Informationssystem kann man **nur** zwei der drei Ziele erreichen:

- Konsistenz (Consistency): Alle Knoten sehen zur selben Zeit dieselben Daten.
- Zuverlässigkeit/Verfügbarkeit (Availability): Knotenausfälle hindern die verfügbaren Knoten – mit Replikaten der Daten – nicht daran, weiterzuarbeiten.
- Partitionierungs-Toleranz (Partition Tolerance): Auch wenn Nachrichten auf Grund von Netzwerkpartitionierung verloren gehen, kann das verteilte System weiterarbeiten.

Man beachte, dass die in diesem Kapitel bisher behandelten verteilten relationalen Datenbanksysteme sehr stark auf Konsistenz „getrimmt" sind. Dazu dient gerade die verteilte Transaktionsverwaltung mit dem Zweiphasen-Commit-Protokoll und die konsistente Replikatverwaltung (z.B. mit dem Quorum-Consensus-Verfahren). Diese Verfahren sind inhärent teuer in Bezug auf den *synchronen* Nachrichtenaustausch, der für die Synchronisation der verteilten Knoten notwendig ist.

Die neu aufgekommenen sogenannten No-SQL-Informationssysteme basieren zumeist auf dem Key/Value-Speichermodell, das wir als Grundlage der in Peer-to-Peer-Netzen verwendeten verteilten Hashtabellen (DHTs) kennen. Speicherobjekten V wird ein eindeutiger Suchschlüssel K zugeordnet, über den das Objekt (Wert/Value) wieder zugreifbar wird. Die Anfrageschnittstelle dieser Systeme wird dadurch sehr einfach:

- insert(k, v): Speichert das neue Objekt v unter dem Schlüssel k
- lookup(k): Liest den zugehörigen Datenwert des Schlüssels k
- delete(k): Löscht das entsprechende Objekt mit dem Schlüssel k

Es handelt sich hierbei also um sogenannte Punkt-Zugriffe, da gezielt nach einem Treffer gesucht wird. Alle weiteren Zugriffsmöglichkeiten lassen sich auf diese elementaren und extrem effizienten Operationen herunterbrechen. Es bleibt abzuwarten, ob sich demnächst standardisierte Schnittstellen für diese Systeme (ähnlich zur

Standardisierung von SQL für relationale Systeme) etablieren werden. In der Regel unterstützen die No-SQL-Systeme bewusst keine funktional mächtige Anfragesprache wie SQL. Daher rührt ja gerade der Name No-SQL, der aber manchmal auch als *Not Only SQL* interpretiert wird. Für komplexere Datenanalysen sollen die Daten aus dem No-SQL-Informationssystems exportiert werden. Solche aufwendigen Datenanalysen kann man dann beispielsweise in einer MapReduce-Infrastruktur wie Hadoop hochgradig parallel ausführen. Dadurch ist dann auch die komplexere Datenverarbeitung wieder skalierbar, also „*web scale*" – siehe Kapitel 21.5.

Die Skalierbarkeit dieser Systeme ergibt sich zum einen aus der spartanischen Schnittstelle, die ja keine komplexen Anfragen zulässt, und zum anderen aus der Partitionierungsmöglichkeit. Das $(Key/Value)$-Speichermodell erlaubt den Einsatz der in Bezug auf Knotenzahl skalierbaren verteilten Hashtabellen. Es werden also nicht einzelne Datenbankserver hoch-skaliert (scale up) sondern bei Bedarf neue Knoten hinzugenommen (scale out). Dadurch kann ein derartiges Informationssystem auf tausende oder sogar hunderttausende Knoten skaliert werden. Die Ausfallsicherheit wird durch die Replikation jedes $(Key/Value)$-Paars auf einige (wenige) Rechner gewährleistet. Diese Replikate werden aber in der Regel nicht über das Zwei-Phasen-Commit-Protokoll konsistent gehalten, sondern über asynchrone und damit weniger aufwendige Nachrichtenübermittlung auf den neuesten Stand gebracht. Das bedeutet, dass eine nachfolgende Leseoperation möglicherweise ein veraltetes Replikat zurückliefert, was gemäß den strengen ACID-Bedingungen nicht erlaubt wäre. Als Konsistenzgarantie geben diese Systeme deshalb (nur) die sogenannte „*eventual consistency*" aus, wonach irgendwann alle Replikate denselben Zustand annehmen – falls man keine neuen Änderungen mehr zulässt. Diese sogenannte *schwache* Konsistenzbedingung (im Gegensatz zur strengen, aber aufwendigen ACID-Konsistenzgarantie der relationalen Datenbanken) war zuvor eher aus dem Bereich der verteilten Systeme als aus dem Datenbankbereich bekannt. Es gibt einige Variationen dieses Konsistenzmodells: Die Konsistenzgarantie *read-your-writes* verlangt, dass ein Prozess seine eigenen Datenänderungen zu sehen bekommt – auch wenn andere Prozesse möglicherweise noch auf veraltete Replikate zugreifen könnten. Die *monotonic reads*-Garantie legt fest, dass ein Prozess dasselbe schon einmal gelesene Datum später nicht nochmals in einem älteren Zustand zu sehen bekommt.

21.8 Multi-Tenancy, Cloud Computing und Software as a Service

Unter Cloud Computing versteht man die Bereitstellung von Rechen- und Daten-Diensten über das Internet. Man unterscheidet im Cloud Computing-Bereich zwischen

- **Infrastructure as a Service (IaaS)**: Hierbei werden den Kunden de facto virtuelle Maschinen zur Verfügung gestellt, auf denen dann beliebige Software installiert werden könnte. Kunden könnten also auch existierende Anwendungen auf eine derartige virtuelle Maschine portieren. Insbesondere kann man natürlich „normale" Datenbanksysteme installieren. Amazon Web Services ist ein typisches Beispiel einer IaaS, die aber zusätzlich auch nicht-relationale (also No-SQL) Datenbankfunktionalität durch die Systeme SimpleDB und S3 anbietet.

- **Platform as a Service (PaaS)**: Hierzu zählen die Systeme Google AppEngine und Microsoft Azure, die reichhaltige Schnittstellen für die Neuentwicklung von Web-Applikationen bereitstellen. Hierzu dienen insbesondere die Datenspeicher, also Google's App Engine Datastore oder Microsoft's Azure Table Storage.
- **Software as a Service (SaaS)**: Diese Systeme stellen komplexe, anwendungsspezifische Funktionalität zur Verfügung. Bekannteste Beispiele im betrieblichen Umfeld sind das Customer-Relationship-Management-System von SalesForce oder das umfassende betriebliche Anwendungssystem Business-By-Design von SAP. Diese Software wird nicht mehr bei den Nutzern installiert sondern von den Betreibern als „Hosting-Modell" angeboten und von den Nutzern via Web-Schnittstellen zugegriffen.

Was spricht für die Nutzung von Cloud Computing? Es ist in erster Linie ein Kostenargument. Bei der Kostenanalyse spielt sicherlich die sogenannte *economy of scale* eine wichtige Rolle, wonach die vielen Nutzer eines Cloud-Rechenzentrums effizienter zu bedienen sind als einzelne Nutzer in einem dedizierten Rechenzentrum. Bei einem selbst betriebenen (in house) Rechenzentrum muss man die Kapazitäten nämlich für die Spitzenlast auslegen. Demgegenüber zahlt man beim Cloud Computing nur die wirklich angefallene Nutzung der Ressourcen (CPU, Speicher und Kommunikationsvolumen). In Spitzenzeiten zahlt man (nur kurzzeitig) mehr als während des normalen Betriebs. Außerdem hat man die Gewissheit, dass die Ressourcen sehr schnell an wachsende und auch wieder schrumpfende Bedürfnisse angepasst werden können. Diese essentielle Eigenschaft des Cloud Computing bezeichnet man als *Elastizität*, die quasi auch die Garantie für unlimitierte Skalierbarkeit des einzelnen Nutzers beinhaltet.

Im Zusammenhang mit Software-as-a-Service erzielt man die Kostenreduktion dadurch, dass man viele Benutzer auf dieselbe Plattform konsolidiert. Aus Datenbanksicht unterscheidet man die drei in Abbildung 21.24 skizzierten Varianten:

(a) Bei einer gemeinsam benutzten Maschine wird diese heutzutage in verschiedene virtuelle Maschinen aufgeteilt, um den einzelnen Benutzern ihre Servicegarantien (sogenannte Service Level Agreements) zu ermöglichen.

(b) Bei einem gemeinsam benutzten Datenbanksystem kann man Synergien dergestalt ausnutzen, dass bestimmte Fixkosten in Bezug auf die Prozess- und Pufferverwaltung sowie die Administration nur einmal anfallen. Allerdings sind die Daten der einzelnen Nutzer (Tenants) immer noch strikt getrennt, so dass sehr viel Aufwand in Bezug auf Metadaten und Indexstrukturen gezahlt werden muss.

(c) Die beste Konsolidierung mit heutigen Datenbanksystemen, die nicht per se für den Multi-Tenancy-Einsatz konzipiert wurden, erreicht man durch den *shared tables*-Ansatz, bei dem die Daten unterschiedlicher Nutzer in demselben Schema „leben".

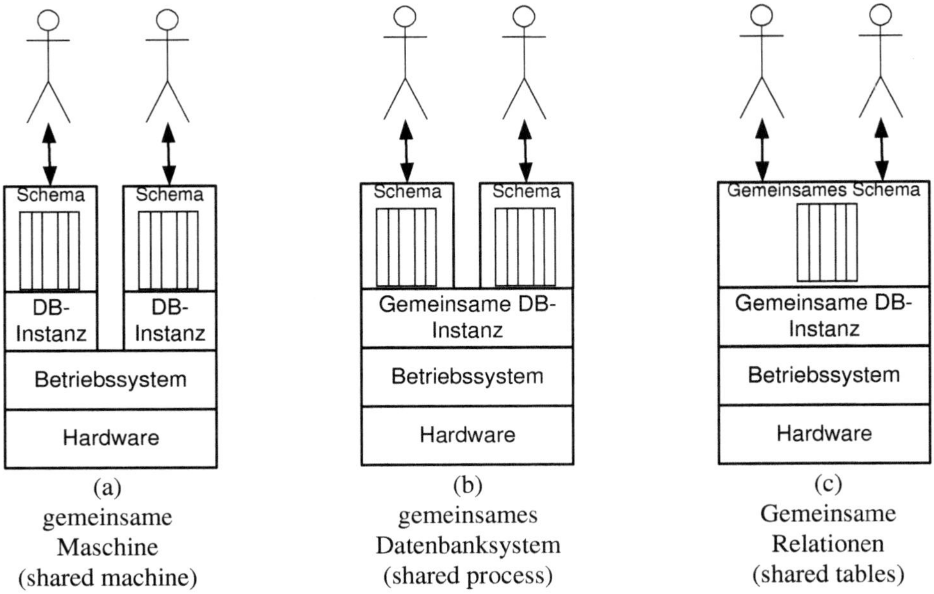

Abbildung 21.24: Unterschiedliche Multi-Tenancy-Datenbankarchitekturen

Shared Tables

Diese Architektur erlaubt die beste Konsolidierung der unterschiedlichen Benutzer indem man in jeder Relation ein zusätzliches *Tenant*-Attribut dem Primärschlüssel hinzufügt. Das ist nachfolgend für eine Relation *Account*, in der Kundendaten für unterschiedliche Tenants gemeinsam verwaltet werden, gezeigt. Acme und Gump sind in diesem Beispiel also Kunden des Tenants 17. Der Primärschlüssel ist fett gedruckt und besteht aus den Attributen *Aid* **und** *Tenant*.

Account			
Tenant	**Aid**	Name	...
17	1	Acme	...
17	2	Gump	...
35	1	Ball	...
42	1	Big	...

Die Applikationssoftware muss dann sicherstellen, dass jede Anfrage entsprechend umgeformt wird, je nachdem von welchem Nutzer sie empfangen wurde:

Tenant 35 ⟶ **select** * **from** Account **where** Name **like** 'B%' ⟶ **select** * **from** Account **where** Name **like** 'B%' **and** Tenant = 35

Diese Anfrage wurde also von der Applikation von dem Tenant 35 empfangen und gibt auf Grund der Umformung (durch einen Präprozessor) nur qualifizierende Daten dieses Tenants aus – in diesem Fall also das Tuple [35, 1, Ball, ...]. Die Datenschutzproblematik sollte natürlich beachtet werden, damit keine Daten ausgespäht werden können. Insbesondere muss sichergestellt werden, dass SQL-Injection Attacken zum Ausspähen der Daten anderer Tenants ausgeschlossen sind.

Beim *Shared Table*-Ansatz schließt man die Erweiterbarkeit gänzlich aus. Wir wollen nachfolgend beleuchten, wie man trotz (der aus Kostengründen notwendigen) Konsolidierung vieler Nutzer auf dasselbe Datenbanksystem eine flexible Schemaerweiterbarkeit ermöglichen kann.

Private Relationen (Private Tables)

Hierbei kann man allen Nutzern ihr eigenes, angepasstes Schema zur Verfügung stellen und erreicht beste Erweiterbarkeit, wie die nachfolgenden Relationen für unterschiedliche Nutzer zeigen. Tenant 35 sei ein „08-15“-Unternehmen, das mit dem generischen *Account*-Schema auskommt. Tenant 17 sei ein Krankenhaus-Betreiber, so dass pro Krankenhaus zusätzlich die Anzahl Betten (*Beds*) modelliert werden und Tenant 42 verwaltet Großhändler aus der Automobilbranche, die selbst wieder variabel viele Einzelhändler (*Dealers*) haben.

Account17			
Aid	Name	Hospital	Beds
1	Acme	St. Mary	135
2	Gump	State	1042

Account35	
Aid	Name
1	Ball

Account42		
Aid	Name	Dealers
1	Big	65

Der Nachteil dieser Vorgehensweise besteht im Metadaten-Volumen, da für alle (auch die kleinsten) Tenants separate Schemata, Indexe, Autorisierungen, etc. verwaltet werden müssen.

Erweiterungs-Relationen (Extension Tables)

Bei diesem Ansatz faktorisiert man die generischen Schemata und speichert Erweiterungen, um spezialisierte Bedürfnisse zu realisieren, in Erweiterungs-Relationen.

Account_Ext			
Tenant	*Row*	**Aid**	Name
17	0	1	*Acme*
17	1	2	*Gump*
35	0	1	*Ball*
42	0	1	*Big*

Healthcare_Account			
Tenant	**Row**	Hospital	Beds
17	0	*St. Mary*	135
17	1	*State*	1042

Automotive_Account		
Tenant	**Row**	Dealers
42	0	65

Es ist dann die Aufgabe des Anwendungssystems, die Schemata dieser Tenant-spezifischen Erweiterungs-Relationen zu verwalten und die Anfragen so zu übersetzen, dass den Nutzern diese Erweiterungs-Relationen verborgen bleiben. Die Nutzer haben die Sicht einer privaten Relation mitsamt ihren Erweiterungen.

In einem relationalen System kann man dazu das Sichtenkonzept nutzen. In objekt-relationalen Datenbanksystemen kann man die Erweiterbarkeit natürlich auch über Vererbungshierarchien unterstützen.

Vereinigungs-Schema (Universal Table)

Man kann Schema-Varianz auch mit einer simplen („brute force") Schema-Vereinigung unterstützen, indem man alle Attribute aller erweiterten Varianten in einer sogenannten *Universal Relation* integriert. Der Nachteil besteht darin, dass man sehr viele NULL-Werte verwaltet, die zum einen Platz kosten und zum anderen die Anfragen deutlich komplexer gestalten. Man spart sich allerdings den bei Erweiterungs-Relationen nötigen Join.

Universal							
Tenant	Table	Col1	Col2	Col3	Col4	Col5	eCol6
17	0	*1*	*Acme*	*St. Mary*	*135*	-	-
17	0	*2*	*Gump*	*State*	*1042*	-	-
35	1	*1*	*Ball*	-	-	-	-
42	2	*1*	*Big*	*65*	-	-	-

Hierbei wird die Tenant-ID und die Relationen-Kennung (Table) Teil des Schlüssels, der darüber hinaus den Relationen-spezifischen Schlüssel mit beinhaltet. Bei den nicht-generischen Teilen des Schemas muss man auch noch die Typ-Varianz in den Griff bekommen – hier bspw. die unterschiedlich typisierten Werte in Spalte 3 (Col3).

Zerlegung: Pivot-Relationen

Um NULL-Werte zu vermeiden, könnte man auch die strenge Typisierung des relationalen Modells „hintergehen" und de-facto einen Key/Value-Store im relationalen System simulieren. Der Wert (Value), der in den Tabellen der rechten Spalte entspricht, ist dann ein einzelner Attributwert und der Schlüssel setzt sich zusammen aus der Tenant- und dessen Relationen-Kennung und dem Surrogatschlüssel innerhalb dieser Tenant-spezifischen virtuellen Relation (Zeilen- und Spalten-Nummer).

Pivot_int				
Tenant	**Table**	**Col**	**Row**	Int
17	0	0	0	1
17	0	3	0	135
17	0	0	1	2
17	0	3	1	1042
35	1	0	0	1
42	2	0	0	1
42	2	2	0	65

Pivot_str				
Tenant	**Table**	**Col**	**Row**	Str
17	0	1	0	*Acme*
17	0	2	0	*St. Mary*
17	0	1	1	*Gump*
17	0	2	1	*State*
35	1	1	0	*Ball*
42	2	1	0	*Big*

Wenn man nicht alle Werte auf einen Datentyp, z.B. string, codieren will, benötigt man pro unterstütztem SQL-Datentyp eine separate Relation – wie oben für *Integer* und *String* gezeigt.

Ballung logisch verwandter Werte: Chunk Tables

Bei den Pivot-Relationen zerlegt man die virtuellen Tenant-spezifischen Relationen in kleinste Werte, so dass beim Wiederherstellen entsprechend viele Joins nötig sind. Diesen Nachteil kann man durch eine gröbere Zerlegung in sogenannte *Chunks* reduzieren. Dabei sollte man die Attribute ballen, die häufig zusammen zugegriffen werden. Eine Beispiel-Zerlegung ist nachfolgend gezeigt:

Account_Row			
Tenant	Row	Aid	Name
17	0	1	*Acme*
17	1	2	*Gump*
35	0	1	*Ball*
42	0	1	*Big*

Chunk_Row					
Tenant	Table	Chunk	Row	Int1	Str1
17	0	0	0	135	*St. Mary*
17	0	0	1	1042	*State*
42	2	0	0	65	-

Key/Value-Store

Die Pivot-Tabellen simulieren einen Key/Value-Store im relationalen Modell. Im Cloud Computing sind aber die No-SQL bzw. Key/Value-Speicher recht populär und könnten wie folgt für die flexible Speicherung der Daten genutzt werden:

HBase Key/Value-Store		
Row Key	Account	Contact
17Act1	[name:*Acme*, hospital:*St. Mary*, beds:*135*]	
17Act2	[name:*Gump*, hospital:*State*, beds:*1042*]	
17Ctc1		[...]
17Ctc2		[...]
35Act1	[name:*Ball*]	
35Ctc1		[...]
42Act1	[name:*Big*, dealers:*65*]	

Dieses Beispiel basiert auf der Funktionalität des HBase-Systems, das von Yahoo initiiert wurde und mittlerweile unter der Ägide der Apache Software Foundation weiter entwickelt wird. Neben den Account-Daten wurden auch noch Kontaktdaten gespeichert, um die Ballung verwandter Daten (hier also Daten desselben Tenant) zu demonstrieren.

XML-basiertes Schema

Für relationale Datenbanksysteme mit XML-Unterstützung bietet sich eine flexibel nutzbare (also nicht oder gering typisierte) XML-Erweiterungsspalte an:

Account			
Tenant	**Aid**	Name	Ext_XML

17	1	*Acme*	`<ext>`
			`<hospital>St. Mary</hospital>`
			`<beds>135</beds>`
			`</ext>`

17	2	*Gump*	`<ext>`
			`<hospital>State</hospital>`
			`<beds>1042</beds>`
			`</ext>`

35	1	*Ball*	

42	1	*Big*	`<ext>`
			`<dealers>65</dealers>`
			`</ext>`

Die Schema-Verwaltung und die Anfrage-Vorübersetzung der oben vorgestellten Architekturen zur Konsolidierung vieler Kunden (Tenants) auf ein gemeinsam genutztes Datenbanksystem müssen derzeit noch im Anwendungssystem realisiert werden. Eine bessere Unterstützung ließe sich durch eine tiefere Verankerung dieser Multi-Tenancy-Funktionalität im Kern des Datenbanksystems erreichen – woran viele Hersteller derzeit arbeiten. Neben der Schema-Erweiterbarkeit und -Evolution stehen sicherlich auch der Datenschutz und die Skalierbarkeit im Fokus dieser Entwicklungen.

21.9 Übungen

21.1 Installieren Sie ein SPARQL-Datenbanksystem (beispielsweise RDF-3X) auf Ihrem Rechner und laden eine RDF-Datenbank, beispielsweise die aus Wikipedia extrahierte Wissensbank YAGO (http://www.mpi-inf.mpg.de/yago-naga/yago/). Stellen Sie SPARQL-Anfragen gegen diese Wissensbank, beispielsweise:

- Wessen Ehepartner (Prädikat: isMarriedTo) ist am 16. August 1977 gestorben (Prädikat: diedOnDate)?
- Welche Ehepartnerin eines Chemie-Professors regiert welches Land?
- Wer hat den „Turing-Award“ für Forschungsarbeiten über Datenbanken erhalten?
- Welche Wissenschaftler, die in Hamburg geboren wurden, haben einen Nobelpreis erhalten?
- Mit wem ist Steven Spielberg verheiratet?
- In welchen Filmen hat Adam Sandler mitgespielt?
- Welche Firmen im Silicon Valley wurden im Jahr 2004 gegründet?

21.2 Betrachten Sie folgende Tripel:

```
id1 hasTitle "Sweeney Todd"
id1 producedInYear 2007
id1 directedBy "Tim Burton"
id1 hasCasting id2
id2 RoleName "Sweeney Todd"
id2 Actor id11
id1 hasCasting id3
id3 RoleName "Mrs. Lovett"
id3 Actor id12
id11 hasName "Johnny Depp"
id12 hasName "Helena Bonham Carter"
```

Diese Tripel werden in der angegebenen Reihenfolge in RDF-3X eingegeben. Zeigen Sie das resultierende Dictionary und die komprimierten Blätter des SPO-Index.

Betrachten Sie folgende SPARQL-Anfrage:

```
select ?n where {
     ?p <hasName> ?n . ?s <Actor> ?p.
     ?s <RoleName> "Sweeney Todd"
```

1. Was berechnet diese Anfrage?
2. Zeigen Sie den Anfrageauswertungsplan des RDF-3X-Systems für diese Anfrage. Vergleichen Sie den von Ihnen als plausibel ermittelten Plan mit dem tatsächlich vom System erstellten Plan.

21.3 Installieren Sie Hadoop (http://hadoop.apache.org) auf Ihrem Rechner (bzw. auf Ihrem Rechnercluster, falls verfügbar). Entwerfen und implementieren Sie ein massiv paralleles Sortierverfahren mit MapReduce. (Tipp: Verwenden Sie die Radix-Partitionierung um die Daten initial auf die Reducer zu verteilen).

21.4 Implementieren Sie für Hadoop *wordcount* in Java. Damit wird die Häufigkeit der einzelnen Worte ermittelt. Für das Dokument „disk is tape, tape is dead" ergibt sich:

```
disk 1
is 2
tape 2
dead 1
```

Führen Sie *wordcount* mit einem Parallelitätsgrad größer 1 aus und vergleichen Sie die Performanz mit der einer rein sequenziellen Ausführung. Beschreiben Sie Ihre Beobachtungen.

21.5 Implementieren Sie den Join $R \bowtie_{R.K=S.FK} S$ zweier Relation R und S in Hadoop MapReduce mit Java. Zusätzlich zu den Join-Attributen haben die beiden Tabellen noch jeweils ein *Payload*-Attribut. Alle Attribute seien 64-Bit-Integer. Führen Sie das Programm mit einem Parallelitätsgrad größer als 1 aus und vergleichen die Performanz mit einer rein sequenziellen Ausführung.

21.6 Vervollständigen Sie die FingerTabellen der Peers im Chord-Netzwerk aus Abbildung 21.22.

21.7 Zeigen Sie, dass die Suche in einem Chord-Overlaynetzwerk durch die Nutzung der FingerTabellen in maximal logarithmisch vielen Schritten zur Größe des Zahlenrings (bzw. der Anzahl der Stationen) durchgeführt werden kann.

21.8 In der Praxis wird die Suche im Durchschnitt nur die Hälfte der in Aufgabe 21.7 abgeschätzten Hops benötigen. Warum?

21.9 Skizzieren Sie die Vorgehensweise beim Hinzufügen eines neuen Peers in das Chord-Netzwerk. Als Beispiel nehmen Sie die Hinzunahme eines Peers P33 in das Beispiel-Netzwerk aus Abbildung 21.22.

21.10 Ermitteln Sie die durchschnittliche Anzahl von Nachbarn pro Peer und die Anzahl von Routing-Hops für ein n-dimensionales CAN-Netzwerk.

21.11 Vergleichen Sie den HITS-Algorithmus mit dem PageRank-Verfahren. Wann weichen die Bewertungskriterien voneinander ab?

21.12 Implementieren Sie das PageRank-Verfahren – am besten maasiv parallel als MapReduce-Programm.

21.13 Berechnen Sie für nachfolgendes Netzwerk von Web-Seiten den PageRank sowie die HITS-Werte:

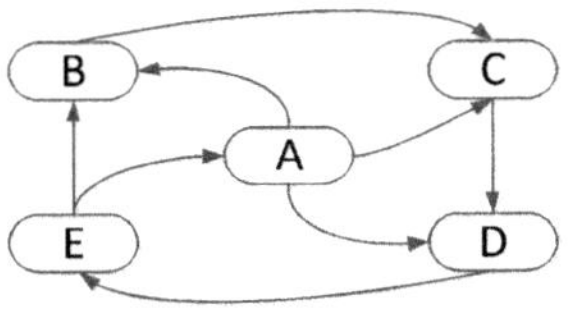

21.14 Berechnen Sie für folgende drei Dokumente die TF-IDF-Werte:

1. „Beim Fußball dauert ein Spiel neunzig Minuten – und am Ende gewinnen die Deutschen“
2. „Beim Fußball muss das Runde (der Ball) in das Eckige (das Tor)“
3. „Nie war ein Tor so wertvoll wie jetzt“

Welches Ranking ergibt sich gemäß der Relevanzwerte für die Anfrage: „Fußball“ $\wedge$ „Tor“?

21.10 Literatur

Das Buch von Hitzler et al. (2008) ist eine gute Einführung in die Grundlagen des semantischen Webs und behandelt insbesondere RDF und SPARQL. Das skalierbarste und effizienteste RDF/SPARQL-Datenbanksystem wurde von Neumann und Weikum (2008) entwickelt. Es basiert darauf, alle Tripel-Kombinationen (SPO, SOP, OPS, OSP, etc.) als separate B-Baum-Indexe zu materialisieren, so dass man bei der Anfragebearbeitung im Wesentlichen Clusterindex-Scans und Merge-Joins auszuwerten hat. Das Speichervolumen wird durch eine Präfix-Komprimierung so dramatisch reduziert, dass die Datenbasis trotz der großen Redundanz in der Regel weniger Platz verbraucht als die Originaldaten (in textueller Form). Neumann und Moerkotte (2011) haben Techniken für die Selektivitätsabschätzung der SPARQL-Anfragen entwickelt, um effiziente Pläne generieren zu können. Schätzle et al. (2011) zeigen, wie man SPARQL mittels eines Cross-Compilers auf Pig Latin abbilden kann, um dann die hoch-gradig parallele MapReduce-Infrastruktur von Hadoop auszunutzen.

Das von Brandes und Erlebach (2005) herausgegebene Buch behandelt die unterschiedlichen Explorationsverfahren für Graphen. Brandes (2008) hat effiziente Algorithmen für die Berechnenung der „Betweenness"-Zentralität entwickelt. Then et al. (2014) haben die Berechnungsverfahren für die Graphexploration für Mehrkernrechner optimiert indem sie die Breitensuche parallelisiert haben. Günnemann et al. (2014) adaptierten Clusteringmethoden für die Graphexploration. MapReduce und relationale Datenbanken wurden von Stonebraker et al. (2010) kritisch gegenübergestellt – natürlich haben die Datenbanken gewonnen. Abouzeid et al. (2009) haben HadoopDB als Hybrid zwischen MapReduce und relationalen Datenbanken gebaut, um das beste beider Welten in einem System zu vereinen. Markl (2015) stellt das an der TU Berlin entwickelte System Apache Flink (vormals Stratosphere) vor, das Datenbanktechniken mit den Konzepten der parallelen MapReduce-ähnlichen Auswertung vereint. Einen ähnlichen Ansatz verfolgt das an der UC Berkeley von Zaharia et al. (2010) entwickelte Spark-System. Die im Text ausgeführte Optimierung der HITS-Auswertung in MapReduce wurde von Afrati und Ullman (2010) vorgeschlagen. Dittrich et al. (2010) arbeiten daran, die Hadoop-Auswertungspläne mit Datenbanktechniken zu optimieren. Das gleiche Ziel verfolgt die Berlin/Potsdamer Datenbankgruppe im Stratosphere-Projekt, dessen erste Konzepte von Battré et al. (2010) beschrieben wurden. Gufler et al. (2012) haben Verfahren entwickelt, mit denen man die Lastbalancierung der verteilten MapReduce-Auswertung erzielen kann. Kolb, Thor und Rahm (2012) haben die lastbalancierte Duplikaterkennung in MapReduce untersucht.

Eines der renommiertesten Datenstrom-Verwaltungssysteme ist PIPES, dessen Semantik von Krämer und Seeger (2009) sehr ausführlich ausgearbeitet wurde. Das PIPES-System ist mittlerweile unter dem Namen RTM als Tochterunternehmen der Software AG und Spin-off der Univ. Marburg kommerzialisiert worden – siehe die Beschreibung von Seeger (2010). Konzepte zur Indexierung von Anfragen in Publish/Subscribe oder Datenstrom-Systemen wurden von Diao et al. (2003) entwickelt. Auch AGILE von Dittrich, Fischer und Kossmann (2005) indexiert Anfrageprädikate, um neu eintreffende Datenelemente den korrespondierenden Anfragen zuzuordnen. Teubner, Müller und Alonso (2010) haben gezeigt, wie man die Datenstrom-Anfragen sehr effizient durch FPGA-Hardware unterstützen kann.

Franke und Gertz (2009) beschreiben Techniken für das Data-Mining in Sensor-Netzwerken.

Schenkel und Theobald (2009) und Weikum und Theobald (2010) befassen sich mit der automatischen Wissensextraktion aus dem Web. Dabei kommen interdisziplinäre Techniken aus dem Datenbank- und dem Information Retrieval-Bereich zum Tragen. Suchanek und Weikum (2013) haben die RDF-Wissensbank YAGO aus Internet-Datenquellen (insbesondere aus Wikipedia) extrahiert – einen Prozess, den man im Englischen *knowledge harvesting* nennt.

Stoica et al. (2001) haben Chord konzipiert, das wohl bekannteste DHT-basierte Peer-to-Peer-System. Chord hat den Nachteil, dass das Routing i.A. über physisch weit entfernte Stationen geht. Rowstron und Druschel (2001) haben diese ringförmige P2P-Architektur dahingehend erweitert, dass jeder Peer in einer Nachbarschaftstabelle die IP-Adressen für eine Menge von physisch benachbarten Peers verwaltet, die in den ersten Routing-Schritten konsultiert werden. Dadurch lässt sich das Routing in dem Pastry genannten Netzwerk optimieren, da die Wege von einem Peer zum benachbarten Peer über das Internet deutlich kürzer werden. Allerdings bleibt die Anzahl der Hops von Peer zu Peer gleich – also logarithmisch zur Größe des P2P-Netzes. Die mehrdimensionale CAN-Struktur für P2P-Overlay-Netzwerke wurde von Ratnasamy et al. (2001) erfunden. Balakrishnan et al. (2003) geben einen schönen Überblick über die P2P-Informationssysteme. DAs Buch von Rahm, Saake und Sattler (2015) behandelt neben klassischen verteilten Datenbanken auch verteilte Plattformen wie Map-Reduce und NoSQL-Datenbanken für Big Data-Anwendungen.

Die P2P-Netzwerke wurden ursprünglich in der Netzwerk-Community entwickelt und fanden dann ihren Weg in die Datenbankentwicklung. Es war für Datenbankforscher nahe liegend, auch baumstrukturierte P2P-Netze zu untersuchen. Das von Jagadish, Ooi und Vu (2005) konzipierte Informationssystem für wissenschaftliche Communities – insbesondere Baton gilt als Pionierarbeit hierfür. Eine weitere selbstorganisierende P2P-Netzwerkstruktur namens P-Grid wurde von Aberer et al. (2003) entwickelt. Bender et al. (2005) nutzen P2P-Netzwerke für die Realisierung des verteilten Web-Suchdienstes Minerva. Nejdl et al. (2003) untersuchen die Peer-to-Peer (P2P) Datenverwaltung im Internet – als skalierbare Alternative zur bislang vorherrschenden Client/Server-Architektur. Buchmann und Böhm (2004) behandeln das Problem des *free riding* (Schnorrens) in P2P-Netzen. Balke et al. (2005) haben Techniken für die Top-k-Suche in P2P-Informationssystemen entwickelt. Scholl et al. (2009) entwickeln HiSbase, ein DHT-basiertes Peer-to-Peer-System als Infrastruktur für ein hochgradig verteiltes Informationssystem für wissenschaftliche Communities – insbesondere aus dem Bereich der AstroPhysik. Karnstedt et al. (2007) haben ein so genanntes Cloud-Datenbanksystem entwickelt, in dem relationale Daten in *key,value*-Paare zerlegt werden und dann auf ein P2P-System verteilt werden. Diese Abbildung ist universell für beliebige relationale Schemata anwendbar.

Das *eventual consistency*-Konzept wurde von Vogels (2009), der bei Amazon die Entwicklung der Cloud Computing Plattform leitet, in den Datenbankbereich „hineingetragen“. Brantner et al. (2008) haben ein Transaktionsmodell für den Key/Value-Store S3 von Amazon entwickelt, um ihn für transaktionale Anwendungen nutzbar zu machen. Kraska et al. (2009) haben eine Strategie entwickelt, die adaptiv zwischen schwacher und strenger Konsistenz umschaltet, je nachdem wie kritisch die Einhaltung der Konsistenz für eine Anwendung ist.

Die im Text vorgestellten Multi-Tenancy-Architekturen wurden von Aulbach et al. (2008) und Aulbach et al. (2009) entwickelt. In neueren Arbeiten haben Aulbach et al. (2011) die Schema- und Datenevolution für Multi-Tenancy-DBMS konzipiert. Seibold, Kemper und Jacobs (2011) haben ein Verfahren für die Einhaltung von Servicelevel-Garantien für Multi-Tenancy-Datenbanken vorgestellt.

Viele der hier vorgestellten Themen finden sich auch in dem dedizierten Buch „Web Data Management“ von Abiteboul et al. (2011).

22. Leistungsbewertung

22.1 Überblick über Datenbanksystem-Benchmarks

Es gibt eine Reihe von (mehr oder weniger) standardisierten Datenbanksystem-Benchmarks, mit denen man die Leistungsfähigkeit unterschiedlicher Datenbankprodukte einschließlich der eingesetzten Hardware und Betriebssystemsoftware bewerten kann. Wir werden hier die beiden wichtigsten Benchmarks für relationale Systeme – TPC-C und TPC-H/R – und den bekanntesten Benchmark für objektorientierte Datenbanksysteme namens OO7 vorstellen. Zum Abschluss des Kapitels wird der neue TPC-W Benchmark für E-Commerce-Anwendungen vorgestellt.

22.2 Der TPC-C Benchmark

Der TPC-C-Benchmark modelliert die Auftragsbearbeitung in einem Handelsunternehmen. Diesen Anwendungsbereich eines Datenbanksystems bezeichnet man als *online transaction processing* (OLTP). OLTP-Anwendungen zeichnen sich durch relativ kurze Transaktionen aus, die i.A. nur auf ein eng begrenztes Datenvolumen zugreifen.

Das dem Benchmark zugrunde liegende Datenbankschema ist in Abbildung 22.1 als Entity-Relationship-Diagramm dargestellt. Das Relationenschema besteht aus den folgenden neun Relationen:

- *Warehouse*: Es werden $W \geq 1$ Warenhäuser durch je ein Tupel modelliert.
- *District*: Pro Warenhaus gibt es 10 Distrikte, deren Kunden vornehmlich (wenn die bestellten Waren vorhanden sind) von dem zugehörigen Warenhaus beliefert werden.
- *Customer*: In jedem Distrikt gibt es 3000 (3k) Kunden.
- *Order*: In der Anfangskonfiguration hat jeder Kunde bereits eine Bestellung aufgegeben. Es kommen dann im Laufe der Benchmark-Durchführung neue Bestellungen hinzu und ausstehende (engl. *pending*) Bestellungen werden kontinuierlich abgearbeitet.
- *New-Order*: Eine neu aufgenommene Bestellung wird bis zur Belieferung in dieser Relation eingetragen. Genauer gesagt, die Tupel dieser Relation stellen Verweise auf noch nicht abgearbeitete Einträge in *Order* dar.
- *Order-Line*: Jede Bestellung besteht aus durchschnittlich zehn (variierend zwischen fünf bis fünfzehn) Auftragspositionen.

- *Stock*: Diese Relation modelliert die Verfügbarkeit von Produkten in den einzelnen Warenhäusern. Stock enthält pro (Warenhaus, Produkt)-Paar einen Eintrag – also $W * 100k$ Tupel. Eine Auftragsposition wird aus dem Warenbestand (Stock) eines Warenhauses abgedeckt, was durch die Beziehung *available* modelliert wird.

- *Item*: Diese Relation enthält ein Tupel für jedes der 100000 Produkte (Item), die das Handelsunternehmen anbietet. Die Relation *Item* nimmt bei der Skalierung der Datenbasis eine Sonderstellung ein; sie wird in der Größe nicht verändert, auch wenn die Anzahl der Warenhäuser (W) erhöht wird.

- *History*: Diese Relation enthält Daten zur Bestellhistorie der einzelnen Kunden.

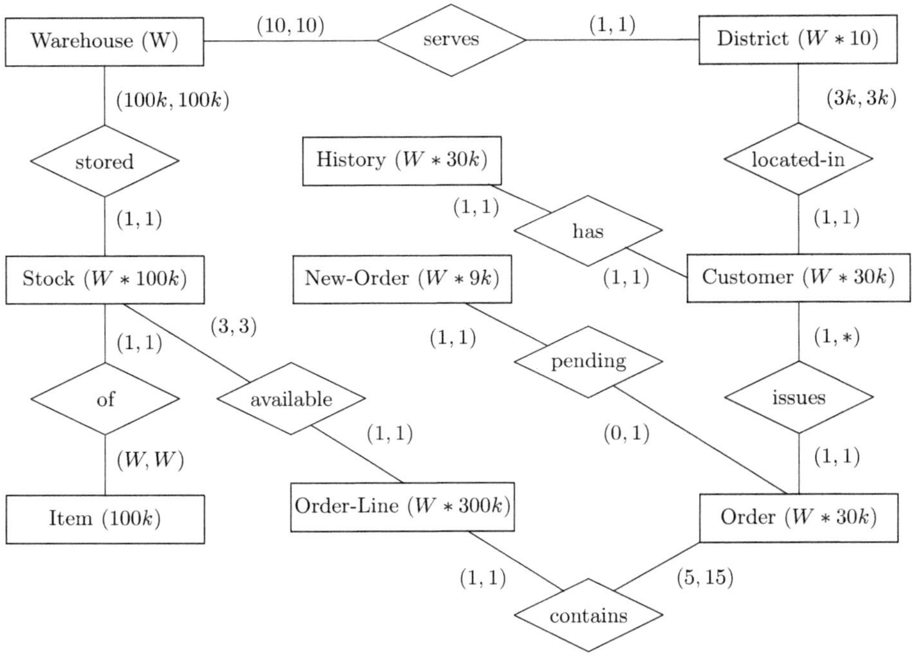

Abbildung 22.1: Entity-Relationship-Diagramm der TPC-C Datenbasis

Der TPC-C-Benchmark besteht aus fünf Transaktionen (präziser Transaktionstypen), von denen natürlich viele parallel auf der Datenbank ausgeführt werden:

1. *New-Order*: In dieser Transaktion wird eine komplette Neubestellung von fünf bis fünfzehn Auftragspositionen in die Datenbasis eingegeben. Für jede dieser Auftragspositionen wird die Verfügbarkeit des jeweiligen Produkts in der *Stock*-Relation überprüft.

2. *Payment*: Die Zahlung eines Kunden wird verbucht. Dazu werden zusätzlich Verkaufsstatistiken in den Relationen *District* und *Warehouse* fortgeschrieben.

3. *Order-Status*: Dies ist eine reine Lesetransaktion, in der der Status der letzten Bestellung eines bestimmten Kunden überprüft wird.

4. *Delivery*: In dieser Transaktion werden zehn Bestellungen aus der *New-Order* Relation im Batch-Modus (also ohne Benutzerinteraktion) bearbeitet. Die bearbeiteten Bestellungen werden aus der *New-Order* Relation entfernt.

5. *Stock-Level*: Dies ist eine Lesetransaktion, die den Warenbestand der in letzter Zeit bestellten Produkte kontrolliert. Der TPC-C-Benchmark erlaubt die Aufspaltung dieser eine große Anzahl von Tupeln lesenden Transaktion in kleinere Datenbank-Transaktionen, um dadurch den Overhead der Mehrbenutzersynchronisation zu reduzieren.

Diese Transaktionen werden über (emulierte) Terminalschnittstellen generiert. Dabei ist vorgeschrieben, dass es pro Warenhaus genau 10 Terminals gibt. Will man also auf einer entsprechend hochdimensionierten Hardware/Software-Konfiguration eine hohe Leistungsfähigkeit demonstrieren, muss man die Anzahl der Warenhäuser erhöhen, wodurch dann automatisch (siehe die Kardinalitätsangaben im ER-Schema von Abbildung 22.1) auch die Größe der anderen Relationen hochskaliert wird – mit Ausnahme der Relation *Item*, die konstant bei 100.000 Tupeln bleibt.

Die Transaktion *New-Order* stellt das „Rückgrat" des TPC-C Benchmarks dar. Die Leistungsfähigkeit des Systems wird in der Anzahl der pro Minute abgearbeiteten *New-Order*-Transaktionen angegeben, wobei natürlich pro *New-Order* auch eine bestimmte Anzahl der anderen vier Transaktionen gleichzeitig ausgeführt werden muss. Weiterhin verlangt der Benchmark, dass 90% der vier erstgenannten Transaktionen eine Antwortzeit von unter fünf Sekunden haben müssen. Die *Stock-Level*-Transaktion muss in 90% der Fälle innerhalb von 20 Sekunden abgearbeitet sein.

Der TPC-C-Benchmark hat zwei Leistungskriterien:

- *tpmC*: Der Durchsatz von *New-Order*-Transaktionen pro Minute.

- *Preis/Leistungsverhältnis*: Hierzu wird der Gesamtsystempreis, der sich aus Hardware, Software und Softwarewartung für fünf Jahre berechnet, im Verhältnis zum Durchsatz (tpmC) angegeben. Das Leistungsmaß ist dann x Dollar pro Transaktion.

Bei heutigen Hardware und Softwarekonfigurationen sind folgende Kennzahlen möglich:

- 300.000 Transaktionen pro Minute bei einem Systempreis von nur ca 113.000 US Dollar (also etwa 0,4 Dollar pro Transaktion im Preis/Leistungsverhältnis)

- 30.000.000 Transaktionen pro Minute bei einem Systempreis von ca 30 Mio. US Dollar (also etwa ein Dollar pro Transaktion im Preis/Leistungsverhältnis)

Man beachte, dass bei beiden Konfigurationen die Hardwarekosten den Systempreis dominieren; die Datenbanksoftware macht i.A. nur einen geringen Prozentsatz des Systempreises aus (meist weniger als 10 %).

Diese zwei DBMS-Konfigurationen stellen die beiden Extreme dar: (1) günstiges Preis/Leistungsverhältnis für eine kleine Konfiguration und (2) hohe Leistungsfähigkeit zu einem entsprechend hohen Preis. Man kann viele weitere Benchmarkergebnisse, in denen auch „Ross und Reiter" genannt sind, über die Webseiten der TPC-Organisation beziehen – siehe Literatur.

22.3 Die TPC-H und TPC-R (früher TPC-D) Benchmarks

Genauso wie der TPC-C-Benchmark orientieren sich die TPC-H und TPC-R-Benchmarks an einem (hypothetischen) Handelsunternehmen. Diese beiden Benchmarks waren früher unter dem einen Namen TPC-D-Benchmark bekannt. Die TPC H/R-Benchmarks basieren auf demselben Schema, ja sogar auf denselben Anfragen. Sie basieren auf Verkaufsdaten eines Unternehmens und modellieren sogenannte *Decision-Support-Anfragen*. Diese Anfragen zeichnen sich dadurch aus, dass für die Ergebnisermittlung oft sehr große Datenmengen verarbeitet werden müssen. Die Anfragen in Decision-Support-Anwendungen sind deshalb i.A. recht komplex zu formulieren – und natürlich auch zu optimieren und auszuwerten.

Es hat sich aber gezeigt, dass es bei diesem Benchmark sehr unterschiedliche Anwendungsszenarien gibt, so dass man für den Benchmark zwei unterschiedliche Datenbank-Konfigurationen betrachtet:

- Im TPC-H-Benchmark geht man von sogenannten ad-hoc Anfragen aus, so dass dem Datenbank-Designer die Anfragen à priori nicht bekannt sind.

- Im TPC-R-Benchmark geht man von vorher bekannten Anfragen aus; nicht aber deren tatsächliche Parameterisierung (Einschränkung der Verkaufsperiode, Auswahl bestimmter Produktgruppen oder Verkaufsregionen, etc.). Da man die Kenntnis der auszuführenden Anfragen voraussetzt, können anfragespezifische Optimierungstechniken zum Tragen kommen. Dazu zählt z.B. die Sichtenmaterialisierung.

Das relationale Schema der TPC-H/R-Datenbasis ist in Abbildung 22.2 dargestellt.

Es besteht aus insgesamt 8 Relationen. Die Fremdschlüsselbeziehungen zwischen diesen Relationen sind durch Pfeile markiert. Die Primärschlüssel der Relationen sind fett gedruckt. Die Attribute einer Relation haben immer den aus dem Relationsnamen abgeleiteten Präfix: Z.B. hat die Relation *PARTSUPP* die Attribute *PS_PARTKEY*, *PS_SUPPKEY*, ... Dadurch ist sichergestellt, dass alle Attribute datenbankweit eindeutig benannt sind. Das Schema sollte im wesentlichen selbsterklärend sein. Zu einer Bestellung (*ORDER*) gibt es im Durchschnitt vier Bestellpositionen (*LINEITEM*). Für jede Bestellposition ist festgelegt, um welches Produkt es sich handelt und von welchem Zulieferer dieses Produkt stammt.

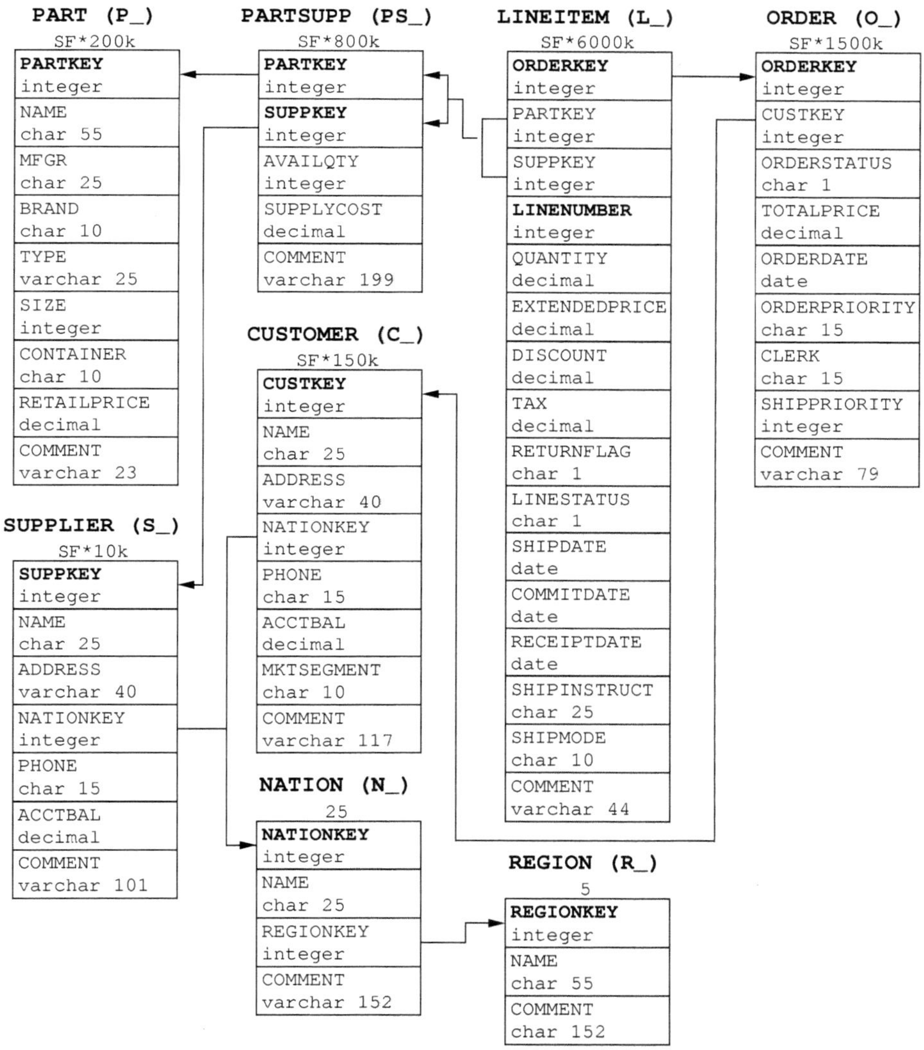

Abbildung 22.2: Schema und Fremdschlüsselbeziehungen der TPC-H/R-Relationen

Die Relation *PARTSUPP* modelliert die Lieferbedingungen (Preis und verfügbare Menge) pro Produkt und Zulieferer – dasselbe Produkt kann also durchaus von unterschiedlichen Zulieferern (zu unterschiedlichen Konditionen) bezogen werden. Der *EXTENDED_PRICE* in *LINEITEM* berechnet sich aus *L_QUANTITY* $*$ *P_RETAILPRICE*. Der *RETURNFLAG* nimmt die Werte *A* (accepted), *R* (returned) oder *N* (new) an. Das Feld *LINESTATUS* nimmt die beiden Werte *F* (finished) oder *O* (open) an. Der *ORDERSTATUS* von *ORDER* kann noch einen dritten Wert annehmen: *P* (in progress) falls erst ein Teil der Bestellpositionen abgearbeitet ist. Der *SHIPDATE* ist das Datum, an dem die Lieferung verschickt wurde; das *RECEIPTDATE* das Datum, an dem der Kunde die Lieferung erhalten hat. Das Feld *COMMITDATE* speichert das Soll-Lieferdatum, das also bei zu später Lieferung vom *RECEIPTDATE* überschritten wird.

Die Anzahl der Tupel in den einzelnen Relationen ist – bis auf *NATION* und *REGION* – abhängig von der Skalierung der TPC-H/R-Datenbank. Die Skalierung ist in dem Diagramm als Parameter *SF* angegeben. Die Relation Order enthält beispielsweise $SF * 1500k$ Tupel. Für den TPC-H/R-Benchmark sind die folgenden Skalierungen erlaubt: 1, 10, 30, 100, 300, 1.000. Die Datenbank mit der Skalierung SF=1 enthält etwa 1 Gigabyte „Nutzdaten“ – also Anwendungsdaten ohne Indices und Overhead, der durch das DBMS verursacht wird. Das Nutzdatenvolumen nimmt linear mit der Skalierung zu, so dass die größte Datenbank mit SF=1000 in der Größenordnung von 1000 GB (= 1 Terabyte) Nutzdaten enthalten würde.

Auf der Basis dieser Datenbank werden 22 Anfragen[1] und 2 Änderungsoperationen ausgeführt und gemessen. Im folgenden führen wir die betriebswirtschaftliche „Spezifikation“ der 22 Anfragen auf. Wir empfehlen den Lesern, diese Anfragen selber in SQL zu formulieren; das ist eine gute Übung, um SQL-Kenntnisse anhand komplexer Anfragen zu vertiefen. Zu diesem Zweck sollte man sich eine Datenbank gemäß dem TPC-H/R-Schema erzeugen. Man kann von der TPC-Organisation ein Programm namens DBGEN beziehen, mit dem man die Daten in der gewünschten Skalierung generieren kann. Zu Testzwecken kann man eine Datenbank mit der Skalierung 0,1 generieren, die demnach „nur“ 100 MB Daten enthält.

In der nachfolgenden Formulierung werden bestimmte Konstanten „fest“ eingesetzt – wie z.B. die 90 Tage in Anfrage 1. Für die reguläre Benchmark-Durchführung würden diese Konstanten nach einem Zufallsverfahren generiert.

Q1 Man erstelle einen aufsummierten Preisbericht über alle Auftragspositionen, die spätestens 90 Tage vor dem 1. Dezember 1998 versandt wurden. Die Ausgabe soll nach *RETURNFLAG* und *LINESTATUS* gruppiert und in aufsteigender Reihenfolge nach diesen Attributen sortiert werden. Für jede Gruppe soll die gesamte Menge, der Gesamtpreis, der ermäßigte Gesamtpreis, der ermäßigte Gesamtpreis inklusive Steuern, die durchschnittliche Anzahl, der durchschnittliche Gesamtpreis und der durchschnittliche Nachlass und die Anzahl der Auftragspositionen aufgelistet werden.

Q2 Für jedes Teil aus Messing (engl. *brass*) mit Größe 15 soll festgestellt werden, welcher Zulieferer in Europa beim nächsten Auftrag ausgewählt werden sollte. Das Kriterium für die Wahl eines Lieferanten sind dabei minimale Lieferkosten. Die

[1] Beim TPC-D-Benchmark waren es nur 17 Anfragen. Es sind bei der Aufspaltung des Benchmarks in TPC-H und TPC-R die Anfragen 18–22 neu hinzugekommen.

Anfrage soll für jeden qualifizierenden Lieferanten den Kontostand, Namen, Land, Teilenummer, Hersteller des Teils, sowie Adresse und Telefonnummer des Lieferanten auflisten.

Q3 Man berechne den möglichen Umsatz aus den Aufträgen aus dem Marktsegment „Gebäude“ (engl. *building*), die am 15. März 1995 noch nicht (vollständig) versandt waren. Die 10 Aufträge, die durch Auslieferung der ausstehenden Auftragspositionen den höchsten Umsatz ergeben und deren Lieferpriorität sollen ausgegeben werden.

Q4 Mit Hilfe dieser Anfrage soll überprüft werden, wie gut das Auftragsprioritätensystem funktioniert. Zusätzlich liefert sie eine Einschätzung über die Zufriedenstellung der Kunden. Dazu zählt die Anfrage die Aufträge im dritten Quartal 1993, bei denen wenigstens eine Auftragsposition nach dem zugesagten Liefertermin zugestellt wurde. Die Ausgabeliste soll die Anzahl dieser Aufträge je Priorität sortiert in aufsteigender Reihenfolge enthalten.

Q5 Für jedes Land in Asien sollen die Einnahmen aufgelistet werden, die aus Auftragspositionen resultieren, bei denen die Kunden und die dazugehörigen Lieferanten beide aus dem gleichen Land stammen. Anhand dieser Ergebnisse kann festgestellt werden, ob es sich lohnt, in einem bestimmten Gebiet lokale Verteilungszentren einzurichten. Dabei werden nur Aufträge aus dem Jahr 1994 berücksichtigt.

Q6 Es soll berechnet werden, um wieviel sich die Einnahmen erhöht hätten, wenn ein gewährter Nachlass von 5 bis 7 % für Mengen von weniger als 24 Teilen für im Jahr 1994 verschickte Aufträge gestrichen worden wäre.

Q7 Zur Unterstützung bei der Verhandlung über neue Lieferverträge soll der Wert der zwischen Frankreich und Deutschland transportierten Güter festgestellt werden. Dazu werden *jeweils* die rabattierten Einnahmen in den Jahren 1995 und 1996 berechnet, die aus Auftragspositionen resultieren, bei denen der Lieferant aus dem einen, und der Kunde aus dem anderen Land stammt (also vier Ergebnistupel).

Q8 Es soll der Marktanteil Brasiliens innerhalb der Region Amerika für den Teiletyp „STANDARD POLISHED TIN“ in den Jahren 1995 und 1996 (ausschlaggebend ist das Bestelldatum) berechnet werden. Der Marktanteil Brasiliens ist definiert als der Anteil am Gesamtumsatz, welcher durch Produkte dieses speziellen Typs, geliefert von einem brasilianischen Lieferanten, in Amerika erzielt wurde.

Q9 Man ermittle den durch eine bestimmte Produktlinie erzielten *Gewinn*, aufgeschlüsselt nach Zuliefererland und Jahr der Bestellung. Die zu untersuchende Produktlinie besteht aus allen Teilen, die den Teilstring „green“ in ihrem Namen enthalten.

Q10 Es werden die 20 Kunden gesucht, die durch Rücksendungen (Reklamationen, *RETURNFLAG*=‘*R*’) den größten Umsatzverlust im vierten Quartal 1993 verursacht haben. Es werden dabei nur Produkte berücksichtigt, die auch in diesem Quartal bestellt wurden. Man liste jeweils Nummer und Namen des Kunden, Umsatz durch diesen Kunden, Kontostand, Land, sowie Adresse und Telefonnummer des Kunden auf.

Q11 Man finde durch Überprüfung der Lagerbestände der Lieferanten in Deutschland diejenigen Teile heraus, die einen signifikanten Anteil (mindestens 0,1%) am Gesamtwert aller verfügbaren Teile in Deutschland darstellen. Man liste Teilenummer und Wert des Lagerbestandes auf, sortiert nach absteigendem Wert.

Q12 Diese Anfrage soll feststellen, ob die Verwendung von billigeren Lieferarten kritische Aufträge negativ beeinflusst, und zwar in der Form, dass den Kunden mehrere Produkte erst nach dem zugesagten Datum zugeschickt werden. Zu diesem Zweck zählt die Anfrage für die beiden Lieferarten „MAIL“ und „SHIP“ und getrennt nach den Prioritätskategorien „hoch“ (HIGH, URGENT) und „niedrig“ (alle übrigen) all die Auftragspositionen, welche die Kunden im Laufe des Jahres 1994 tatsächlich erhielten, und die zu einem Auftrag gehören, bei dem das RECEIPTDATE das COMMITDATE überschreitet, obwohl die Auftragsposition spätestens einen Tag vor dem angesetzen Liefertermin losgeschickt wurde.

Q13 Man ermittle aufgeschlüsselt nach Jahren die Umsatzverluste, die der Sachbearbeiter (engl. *CLERK*) Nr. 88 durch zurückgeschickte Aufträge (*RETURNFLAG='R'*) verursacht hat.

Q14 Die Resonanz des Marktes auf eine Marketingaktion, wie z.B. Fernsehwerbung, soll für den September 1995 bestimmt werden. Dazu muss der Prozentsatz der durch beworbene Produkte (Teilstring „PROMO“ im Typ) erzielten Monatseinnahmen am Gesamtumsatz berechnet werden. Es werden nur tatsächlich verschickte Teile betrachtet.

Q15 Der beste Lieferant im ersten Quartal 1996 soll ermittelt werden. Das ist der Lieferant, der in diesem Quartal den größten Anteil zum Gesamtumsatz beigetragen hat. Nummer, Name, Adresse, Telefonnummer des Lieferanten sowie der Umsatz durch diesen Lieferanten sollen ausgegeben werden.

Q16 Man finde heraus, wieviele Lieferanten Teile in den Größen 49, 14, 23, 45, 19, 3, 36 oder 9 liefern können, die *nicht* von der Sorte 45 und *nicht* vom Typ „MEDIUM POLISHED“ sind. Außerdem dürfen für diese Lieferanten keine Beschwerden vermerkt sein, was durch einen Kommentar ausgedrückt wird, der die Teilstrings „Better Business Bureau“ und „Complaints“ enthält. Man zähle die Lieferanten je Größe, Sorte und Typ und sortiere die Ausgabe nach aufsteigender Sorte und absteigendem Zähler (**count**).

Q17 Man berechne den durchschnittlichen jährlichen Einnahmenverlust, der sich ergeben würde, falls Aufträge mit kleineren Mengen (unter 20% der Durchschnittsmenge für dieses Teil) für die Sorte (brand) 23 im Container „LG BOX“ nicht mehr angenommen würden.

Q18 Man ermittle die Auftraggeber (Kunden) der Top 100-Bestellungen (gemäß dem Gesamtpreis (totalprice)) unter denen, die eine Bestellposition im Umfang von mindestens 312 Einheiten enthalten.

Q19 Es soll der Gesamtumsatz (unter Berücksichtigung von Rabatten) ermittelt werden, der für drei bestimmte Sorten (brand) von Produkten erzielt wurde. Weiterhin sollen nur die Bestellpositionen berücksichtigt werden, die per Luftfracht (shipmode) und persönlich (shipinstruct) ausgeliefert wurden und eine bestimmte Anzahl (quantity) des Produkts umfasste.

Bei dieser Anfrage handelt es sich um eine typische Anfrage, wie sie von Data Mining-Systemen generiert werden.

Q20 In dieser Anfrage sollen Sonderangebots-Kandidaten ermittelt werden: Man finde die Hersteller, die von bestimmten Teilen (gekennzeichnet durch die Farbe "forest") mehr als die Hälfte des kanadischen Jahresabsatzes (von 1994) auf Lager haben.

Q21 In dieser Anfrage sollen säumige Lieferanten aus Saudi Arabien ermittelt werden. Es sollen die Lieferanten dieses Landes ermittelt werden, die in einer mehrere Lieferanten betreffenden, verspätet ausgelieferten Bestellung als einzige den Status (linestatus) 'f' haben.

Q22 Finde potentiell reaktivierbare Kunden. Für bestimmte Länderregionen (identifiziert durch die ersten beiden Ziffern der Kunden-Telefonnummer) finde die Anzahl der Kunden, die in den letzten 7 Jahren keine Bestellung mehr aufgegeben haben, aber dennoch ein überdurchschnittliches Bestellkonto (acctbal) aufweisen.

Der Umsatz durch einen *LINEITEM* berechnet sich aus $L\_EXTENDEDPRICE * (1 - L\_DISCOUNT)$. Der Gewinn durch einen *LINEITEM* berechnet sich aus Umsatz minus dem Einkaufspreis: $L\_EXTENDEDPRICE * (1 - L\_DISCOUNT) - L\_QUANTITY * PS\_SUPPLYCOST$.

Zusätzlich zu den Anfragen gibt es auch noch zwei Änderungsoperationen:

UF1 Mit Hilfe dieser Updatefunktion werden neue Verkaufsinformationen in die Datenbank eingefügt. Dazu lädt sie zusätzliche Datensätze in die Tabellen *ORDER* und *LINEITEM*, welche zuvor mit dem Programm DBGEN erzeugt wurden. Insgesamt müssen $SF * 1500$ neue Tupel in die Relation *ORDER* und pro neuer Bestellung eine zufällig im Bereich 1 bis 7 gewählte Anzahl von zugeordneten *LINEITEM*-Tupeln eingefügt werden.

UF2 Diese Funktion entfernt überholte bzw. überflüssige Informationen aus der Datenbank, indem sie die entsprechenden Datensätze in den Tabellen *ORDER* und *LINEITEM* löscht. Insgesamt werden $SF * 1500$ Tupel aus *ORDER* gelöscht und alle zu diesen gelöschten Bestellungen gehörenden Einträge aus *LINEITEM*.

Leistungsgrößen Für die Bewertung der Leistungsfähigkeit einer Datenbankkonfiguration werden folgende Größen bestimmt:

- Der Systempreis – wiederum bestehend aus Hardware, Software und Softwarewartung für fünf Jahre.
- Die TPC-H/R Powermetrik QppH/R@Size, die in Anzahl von sequentiell ausgeführten Anfragen und Änderungen pro Stunde angegeben wird. Der Parameter *Size* gibt die Datenbankgröße an. Der Powerwert wird auf der Basis des inversen geometrischen Mittels der Anfrage- und Update-Laufzeiten ermittelt, damit die weniger aufwendigen Anfragen nicht von den sehr komplexen Anfragen des Benchmarks dominiert werden. Dieser Durchschnittswert wird mit dem Skalierungsfaktor der Datenbasis gewichtet (d.h. multipliziert), um den unterschiedlichen Datenbankgrößen Rechnung zu tragen.

- Der Durchsatz QthH/R@Size, der sich aus der Anzahl bearbeiteter Anfragen pro Stunde ergibt, wenn die Anfragen in parallelen Strömen bearbeitet werden. Wiederum ist dieser Wert gewichtet mit dem Skalierungsfaktor.
- Die kombinierte Leistungsmetrik QphH/R@Size wird berechnet aus dem geometrischen Mittel aus QppH/R@Size und QthD@Size.
- Das Preis/Leistungsverhältnis, das in Dollar pro Anfrage pro Stunde angegeben wird.

Die besten veröffentlichten Zahlen für die ad-hoc Anfragen des TPC-H-Benchmarks für eine 10 TB große Datenbank liegen für die Anzahl der Anfragen pro Stunde etwa bei Werten von QphH@10000GB = 10.000.000 bei einem Systempreis von ca. 1,7 Mio. $. Das ergibt folglich ein Preis/Leistungsverhältnis von ca 0,17 $. Diese (unglaubliche) Leistung erzielt das in Deutschland hergestellte Datenbanksystem Exasol.

Für 100 Terabyte sind im TPC-H-Benchmark sogar Werte von 11 Millionen Anfragen pro Stunde bei einem Systempreis von ca. 4.220.000 $ mit dem Exasol Datenbanksystem möglich. Man beachte, dass die Zahlen nicht aussagen, dass man 11 Millionen oder 10 Millionen Anfragen pro Stunde bearbeiten kann, da die Werte mit dem Skalierungsfaktor (hier 100.000 bzw. 10.000) gewichtet (multipliziert) sind, um Performanzzahlen unterschiedlicher Datenbankgrößen miteinander vergleichen zu können.

Wenn man „nur“ 300 GB Daten zu verwalten hat, reicht auch ein einzelner Mehrkern-Datenbankserver mit dem Vectorwise-Datenbanksystem für 100.000 $. Die Leistung QphH@300GB liegt dann bei ca. 400.000 – umgerechnet also gut 1000 Anfragen pro Stunde, da ja der QphH-Wert mit der Datenbankgröße gewichtet wird.

Für den (mittlerweile als obsolet erklärten) TPC-R-Benchmark lagen die Zahlen noch günstiger. Hier erreichte man für eine Terabyte-Datenbank Werte von über 4000 Anfragen pro Stunde (QphR@1000) bei einem Systempreis von nur 150.000 $. Dieses (damals) günstige Preis/Leistungsverhältnis von 35 $ kam dadurch zustande, dass man die Speicher- und Indexstrukturen speziell an die vorher bekannten Anfragen anpassen konnte. Dies ist beim TPC-H-Benchmark nicht erlaubt.

22.4 Der OO7 Benchmark für oo-Datenbanken

Der OO7-Benchmark modelliert Objekthierarchien, wie sie in ingenieurwissenschaftlichen Anwendungen (z.B. CAD, CAM) vorkommen. Ein zusammengesetztes Objekt (composite part) besteht aus einem Textdokument und einem Objektnetz von 20 (in der größeren Datenbankkonfiguration 200) Grundbauteilen (atomic parts). Dieses Objektnetz ist in Abbildung 22.3 durch das Gitter angedeutet. Jede Baugruppe hat eine bidirektionale Beziehung zu drei zusammengesetzten Teilen, die ihrerseits aber Bestandteil mehrerer Baugruppen sein können (shared subobjects). Baugruppen sind nochmals in einer Hierarchie zu komplexen Bauteilen verknüpft. Den Einstiegspunkt zu dieser Hierarchie bildet ein Modul. Bislang wurden in dem Benchmark nur Datenbanken mit einem Modul generiert. Hier bieten sich Skalierungsmöglichkeiten für künftige Erweiterungen – insbesondere, um Mehrbenutzersynchronisation mit in die Untersuchung einzubeziehen.

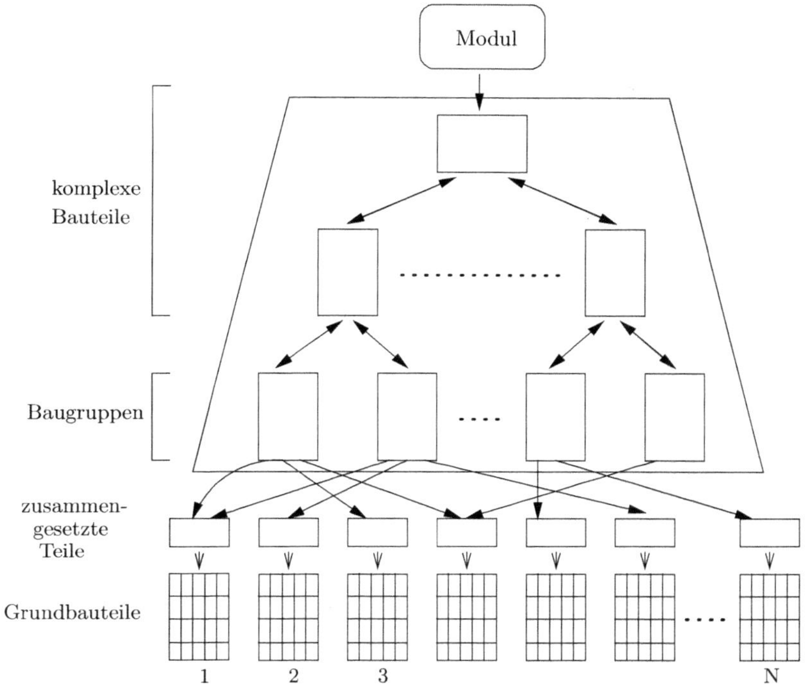

Abbildung 22.3: Struktur der 007-Datenbank

Auf dieser in Abbildung 22.3 skizzierten Datenbankstruktur wurden eine Reihe von Traversierungs- und Änderungsoperationen definiert, anhand derer die Leistungsfähigkeit eines objekt-orientierten Datenbanksystems analysiert werden kann. Die Vorstellung dieser Operationen würde hier zu weit führen – wir verweisen auf die Literatur zum OO7-Benchmark, wo auch für einige kommerzielle Systeme Leistungszahlen veröffentlicht sind.

22.5 Hybrider OLTP&OLAP-Benchmark: CH-BenCHmark

Die derzeit praktizierte Zweiteilung der betrieblichen Informationssysteme in ein OLTP-System und ein Data-Warehouse-System ist aus mehreren Gründen problematisch:

- **Kosten (Total Cost of Ownership):** Der Unterhalt zweier Systeme, deren Datenbestand sehr stark überlappt, ist kostenintensiv hinsichtlich Investition, Wartung und Energieverbrauch.
- **Fehleranfälligkeit:** Gerade der Extract-Transform-Load-Prozess (ETL) ist extrem komplex und deshalb sehr fehleranfällig.

- **Veraltete Daten:** Da der ETL-Prozess nur periodisch (z.B. in der Nacht) ausgeführt werden kann, sind die Daten des Data-Warehouses notwendigerweise veraltet. Deshalb werden geschäftskritische Entscheidungen auf der Basis nicht mehr aktueller Daten getroffen.

In letzter Zeit wurden die Anforderung für sogenannte *Real-Time Business Intelligence*-Systeme formuliert. Eine wesentliche Anforderung dieser Funktionalität besteht darin, dass BI-Anfragen auf aktuellen transaktions-konsistenten Daten auszuwerten sind. Weiterhin wurden Effizienz-Anforderungen unter dem Slogan „Information at your fingertips" postuliert, wonach auch komplexe OLAP-Anfragen innerhalb der „Geduldsspanne" (von wenigen Sekunden) der Entscheidungsträger auszuwerten sind.

Diese Anforderungen sollen durch die neuartigen hybriden OLTP&OLAP-Datenbanksystem, die zumeist auf Hauptspeicher-Datenbanksystemen beruhen, abgedeckt werden. Um die Systeme vergleichend bewerten zu können, wurde durch die Verschmelzung der beiden TPC-Benchmarks TPC-C und TPC-H zu einem sogenannten CH-BenCHmark-Benchmark ein Leistungsvergleich ermöglicht. Dabei bildet das TPC-C-Schema den Kern des Datenmodells, das um die geographischen Informationen und die Lieferanten-Modellierung (Supplier) des TPC-H Benchmarks angereichert wurde. Dieses Schema ist in Abbildung 22.4 als Entity-Relationship-Diagramm gezeigt. Zusätzlich sind die Kardinalitäten der einzelnen Relationen aufgeführt. Die Datenbasis kann man, genau wie im TPC-C-Benchmark, durch die Vergrößerung der Anzahl der Warenhäuser hochskalieren.

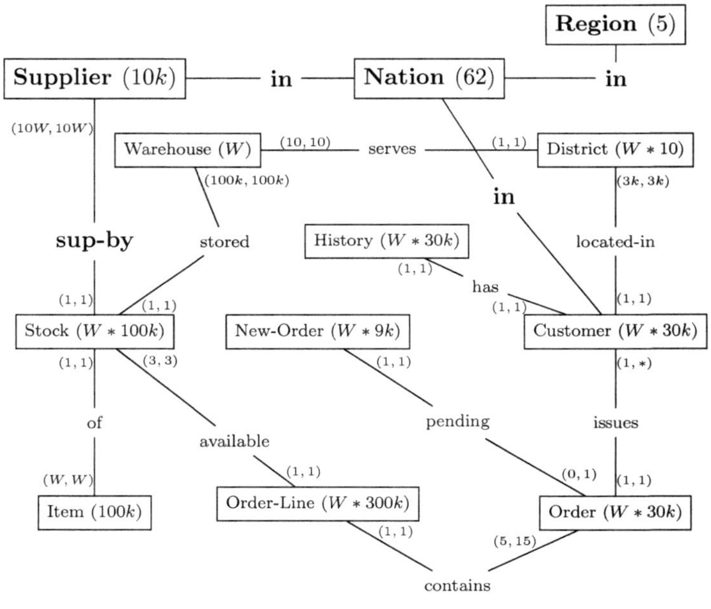

Abbildung 22.4: Entity-Relationship-Diagramm der CH-BenCHmark Datenbasis

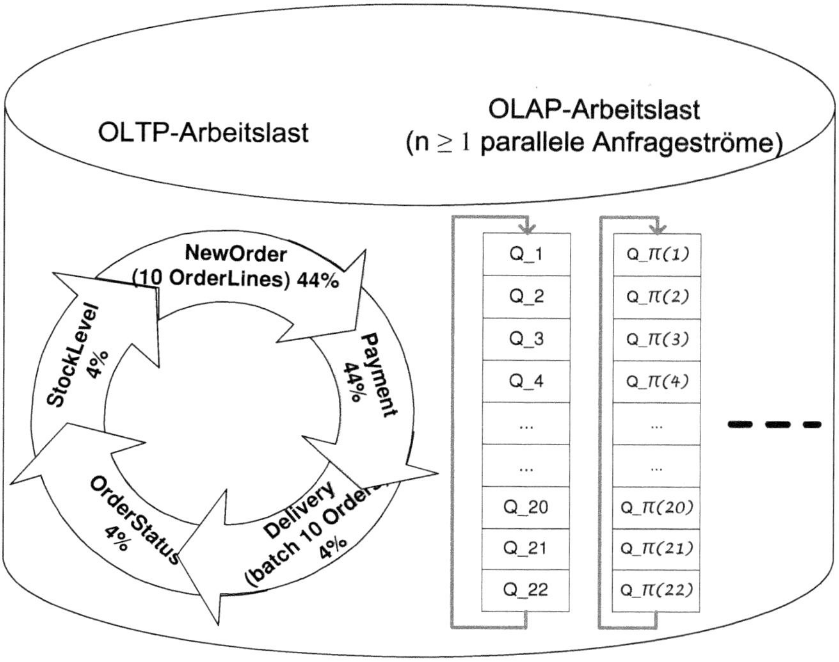

Abbildung 22.5: Die hybriden OLTP- und OLAP-Arbeitslasten des CH-BenCHmarks im Überblick

Für die Leistungsbewertung wurde eine hybride Arbeitslast konzipiert, die aus dem TPC-C-Benchmark und den adaptierten 22 Anfragen des TPC-H Benchmarks besteht. Dies ist in Abbildung 22.5 schematisch aufgezeigt. Die fünf Transaktionstypen des TPC-C-Benchmarks werden gemäß der Spezifikation generiert, so dass ca. 44% der Transaktionen neuen Bestellungen (NewOrder) mit durchschnittlich 10 Bestellpositionen (OrderLine) entsprechen. Für jede Bestellung wird irgendwann eine Bezahlung (Payment)-Transaktion generiert. Die Auslieferung der Bestellungen erfolgt in der *Delivery*-Transaktion, die nur ca. 4% der OLTP-Arbeitslast ausmacht, da in dieser Transaktion 10 Bestellungen auf einmal verarbeitet werden. Die beiden anderen Transaktion (Order-Status und Stock-Level) sind reine Lesetransaktionen.

Da der TPC-C-Teil vollständig intakt gelassen wurde, kann man den CH-BenCHmark quasi in eine existierende TPC-C-Realisierung integrieren, indem man die zusätzlichen Relationen definiert, befüllt und die 22 angepassten Queries über separate Klienten (zum Beispiel über eine JDBC-Schnittstelle) an das Datenbanksystem übermittelt.

Heutige hybride Hauptspeicher-Datenbanksysteme (siehe Kapitel 18) erreichen bei einer Skalierung auf 12 Warehouses einen Transaktionsdurchsatz von mehr als 100000 Transaktionen pro Sekunde und OLAP-Antwortzeiten von Sub-Sekunden. Durch den Einsatz der virtuellen Speicher-Snapshots aus Abschnitt 18.8 lassen sich diese beiden Werte sogar bei paralleler Ausführung erzielen, da die OLAP-Anfragen

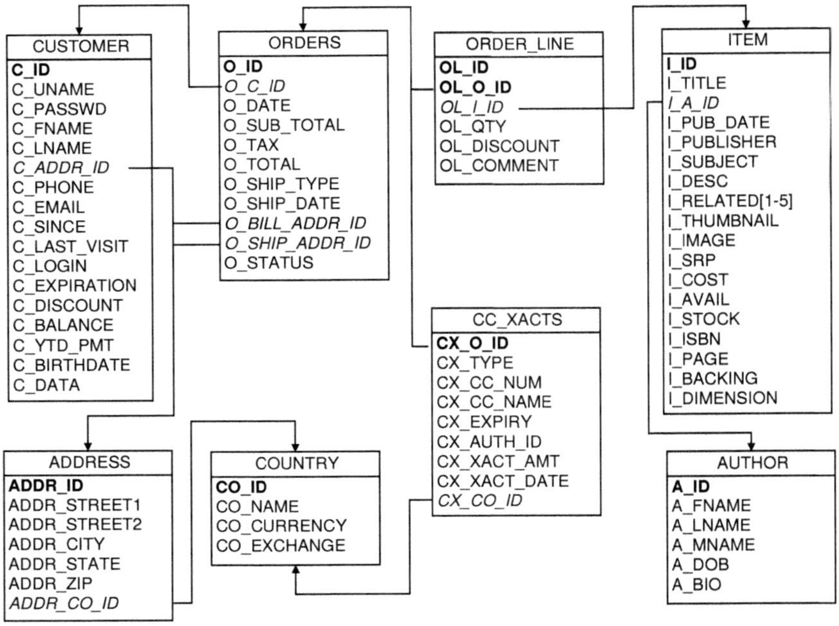

Abbildung 22.6: Das Schema des TPC-W-Benchmarks

vollständig entkoppelt von den OLTP-Transaktionen ausgeführt werden können – obwohl sie denselben Datenbestand sehen.

22.6 Der TPC-W Benchmark

Der TPC-W-Benchmark simuliert ein E-Commerce Unternehmen. Konkret ist er einem online-Buchhändler nachempfunden. Die Datenbank enthält die Informationen über Kunden (Customer) mitsamt ihrer Adressinformation, Bestellungen dieser Kunden, Produktinformationen (also Bücher, *Items* genannt) und die Transaktionen (hierunter versteht man Geschäftstransaktionen, die im Zuge der elektronischen Bezahlung anfallen). Das zugrundeliegende Datenbank-Schema ist in Abbildung 22.6 gezeigt.

Die Datenbank kann auf unterschiedliche Größen skaliert werden, wobei statisch die Anzahl der Produkte variiert wird. Gültige Größen sind Datenbanken mit 1000, 10000, 100000, und 1000000 Produkten. Die Anzahl der Kunden, Bestellungen und Transaktionen ergibt sich dynamisch, je nach der Anzahl der abgearbeiteten Aufträge, die von simulierten Browsern initiiert werden.

In diesem Benchmark wird nicht nur die Leistungsfähigkeit des „nackten" Datenbanksystems mitsamt der notwendigen Hardware, sondern das Zusammenspiel zwischen Web-Server, Anwendungs-Server und Datenbanksystem evaluiert. Aus ersten Erfahrungsberichten wird deutlich, dass das Datenbanksystem (zumindest beim heutigen Entwicklungsstand) nicht den Leistungsengpass darstellt.

Die Testumgebung des TPC-W-Benchmarks ist in Abbildung 22.7 dargestellt. Die Last wird dabei durch sogenannte emulierte Web-Browser generiert. Dabei wird das menschliche Verhalten beim virtuellen Besuch eines online-Buchladens simuliert. Interaktionen werden zufällig aus einer Menge von insgesamt 14 sogenannten Web-Interaktionstypen generiert. Jedem Benutzer wird zunächst dieselbe statische Einstiegsseite mit HyperLinks auf Seiten mit Neuerscheinungen und Bestseller für die unterschiedlichen Produktkategorien (Attribut $I\_SUBJECT$) präsentiert. Die Anforderung dieser Einstiegsseite wird als Home-Web-Interaktion bezeichnet. Beim Zugriff auf die Bestseller- bzw. die Neuerscheinungen-Seiten muss die Information natürlich dynamisch aus der Datenbank generiert werden. Dabei könnte beispielsweise eine Datenbankanbindung via Servlets oder Java Server Pages, wie wir sie in Kapitel 19 vorgestellt haben, zum Einsatz kommen. Benutzer können gezielt nach Büchern suchen, wobei zwischen der Spezifikation (Search Request Web Interaktion) und dem Präsentieren der Ergebnisse (Search Result Web Interaktion) unterschieden wird. Bei der ersten Produktauswahl wird den Benutzern ein virtueller Einkaufswagen (shopping cart) zugeordnet, in dem die ausgewählten Artikel gespeichert werden. Der eigentliche Einkauf besteht auch aus zwei Web-Interaktionen: Einmal der Anforderung (Request) und dann der Zustimmung (Confirm). Die Abwicklung einer Bestellung verlangt zusätzlich die Kommunikation des E-Commerce-Systems mit einem externen, simulierten elektronischen Zahlungssystems (Kreditkarten-Firma). Bei diesem externen Zahlungssystem muss die Autorisierung für die betreffende Transaktion eingeholt werden. Die übermittelte Autorisierungsinformation wird in der Transaktionen-Relation (CC_XACTS) gespeichert. Zusätzlich zu den simulierten Benutzern gibt es parallel auszuführende Administrationsaufgaben, die darin bestehen, Produktinformationen zu ändern.

Die Spezifikation des Benchmarks verlangt, dass sicherheitskritische Web-Interaktionen (wie z.B. die Abwicklung einer Bezahlung oder die Registrierung eines neuen Kunden) über sichere Kommunikationskanäle erfolgen muss. Dazu wird die Nutzung von SSL (Secure Socket Layer) Kommunikation vorgeschrieben.

Um realitätsnah zu sein, werden die unterschiedlichen Web-Interaktionen natürlich unterschiedlich häufig und in einem bestimmten zeitlichen Abstand (Bedenkzeit) für einen simulierten Benutzer generiert. Am häufigsten wird der Zugriff auf die Homepage generiert; sehr selten wird ein Bestellvorgang ausgeführt. Noch seltener kommen Nachfragen über den Status einer ausstehenden Bestellung oder Administrationsaufgaben (Änderungen von Produktbeschreibungen) vor.

Die Leistungsfähigkeit des Gesamtsystems (System under Test, SUT) wird mittels mehrerer Parameter bestimmt:

- Aus Benutzersicht ist sicherlich die Antwortzeit eine entscheidende Größe – wie viele Leser aus eigener leidvoller Erfahrung im „World Wide Wait" einschätzen können. Die Antwortzeit für Benutzeraufträge errechnet sich als die Zeitspanne zwischen der Übertragung der Anforderung und dem Erhalt der Bestätigung.

- Aus System-Administratorsicht ist der Durchsatz, also die Anzahl der Web-Interaktionen pro Zeiteinheit ein wichtiger Leistungsparameter.

- Wie bei den anderen TPC-Benchmarks wird auch der Systempreis ermittelt.

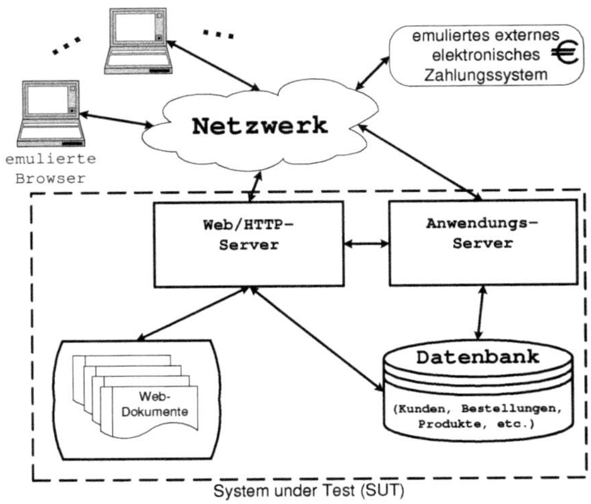

Abbildung 22.7: Die Testumgebung des TPC-W-Benchmarks

Daraus abgeleitet ergibt sich das Kosten/Leistungs-Verhältnis.

Der TPC-W-Benchmark gilt mittlerweile auch als obsolet, so dass es nur bis zum Jahr 2002 Bechmark-Ergebnisse gibt. Bei einer Datenbankskalierung auf 10000 Produkte waren damals Leistungszahlen von ca. 21.000 Web-Interaktionen pro Sekunde bei einem Systempreis von ca. 700.000 US-$ möglich. Bei größer skalierten Datenbanken auf 100.000 Produkte benötigte man schon ein System im Wert von ca. 1,2 Millionen US-$, um 10.000 Web-Interaktionen pro Sekunde zu erzielen.

22.7 Neue TPC-Benchmarks

Die Organisation TPC ist kontinuierlich bemüht, ihre Benchmarks an die neuesten Technologien und insbesondere an die sich ändernden Anwendungscharakteristika anzupassen. Deshalb werden die alten, etablierten Benchmarks Schritt für Schritt durch neue Benchmarks ersetzt. In diesem Abschnitt geben wir einen Überblick über diese neuesten Benchmarks, für die aber erst wenige oder noch gar keine Leistungszahlen vorliegen.

22.7.1 TPC-E: Der neue OLTP-Benchmark

Der TPC-E-Benchmark modelliert einen Finanzbroker, der Aufträge am Aktienmarkt ausführt. Diese Aufträge werden initiiert

1. direkt von den Kunden, die Kauf- oder Verkaufsaufträge explizit abgeben bzw. „triggern“ oder

2. indirekt vom Markt, wodurch Verkaufs- oder Kauftransaktionen generiert werden.

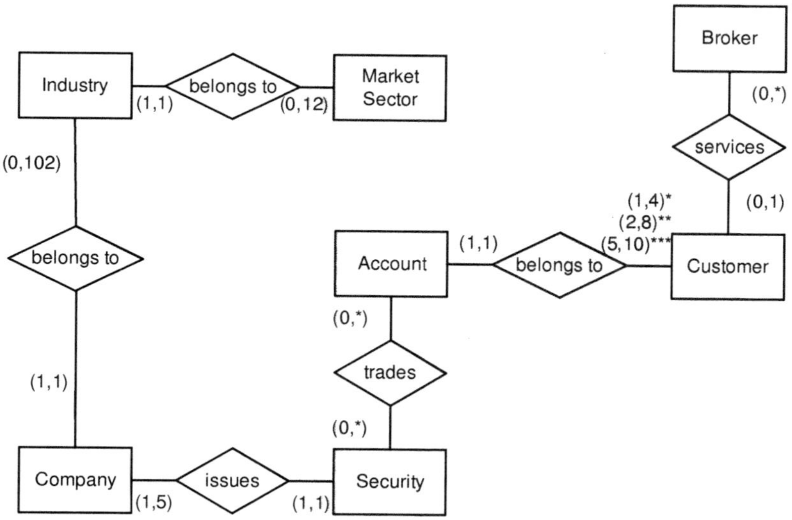

Abbildung 22.8: Das Schema des TPC-E-Benchmarks

Das Schema des TPC-E-Datenbanksystems ist in Abbildung 22.8 grob beschrieben. Im Mittelpunkt stehen also die Wertpapiere (engl. *securities*) die von Firmen ausgegeben werden und von Kunden im Depot (Account) über den Broker verwaltet werden. Mit der (min,max)-Notation sind die Beziehungen näher charakterisiert. Es gibt drei Klassen von Kunden, je nachdem wie viele Depots sie verwalten lassen. Im Vergleich zu den 9 Relationen des TPC-C-Benchmarks wird das TPC-E-Schema auf 33 Relaionen abgebildet. Davon entfallen 9 auf die Modellierung der Kunden, 9 auf den Broker, 11 auf den Markt und zusätzlich gibt es noch 4 allgemeine Dimensionstabellen (wie Postleitzahlen (zip codes) und Steuersätze), die gemeinsam genutzt werden.

Der vom System auszuführende „Mix" von Handels-Transaktionen (trade requests) ist nachfolgend illustriert:

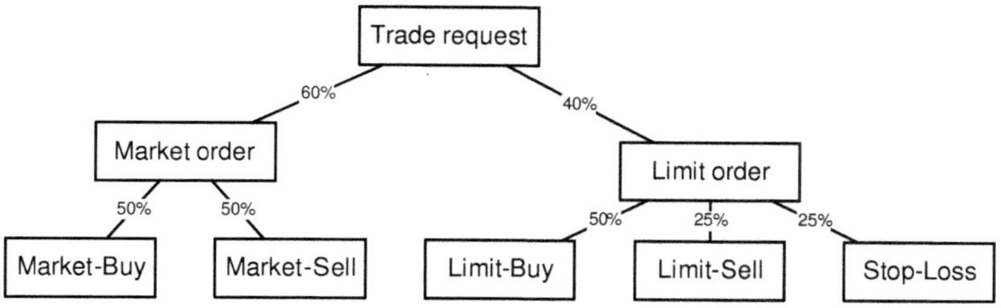

Diese Transaktionen bilden das Rückgrat des Benchmarks; daneben gibt es dann noch eine Vielzahl von Statusanfragen, die eingestreut werden. Die TPC-E-Spezifikation enthält Antwortzeitgarantien von 2 – 3 Sekunden pro Transaktion, die in 90% aller Aufrufe erfüllt werden müssen.

Das Testsystem wird als eine mehrstufige Architektur (multi tiers) realisiert, die aus dem Datenbanksystem, den Anwendungsservern und dem Lastgenerator (Driver) besteht. Dies ist in Abbildung 22.9 visualisiert.

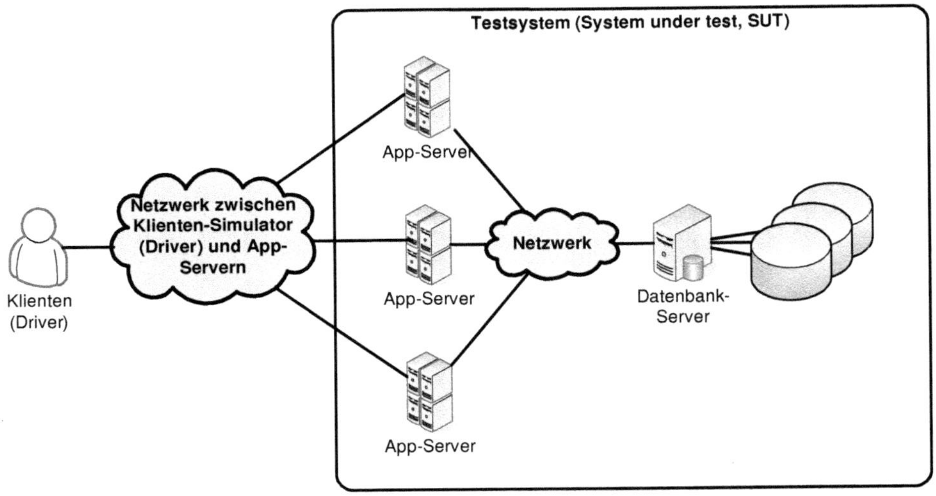

Abbildung 22.9: Die Testumgebung des TPC-E-Benchmarks

22.7.2 TPC-App: der neue Webservice-Benchmark

Der TPC-App-Benchmark evaluiert eine Anwendungsserver-Infrastruktur, in der Web-Service-Interaktionen mit simulierten Klienten bearbeitet werden. Der Benchmark simuliert transaktionale Anwendungen in einem Business-to-Business (B2B) ecommerce Szenario, so dass eine durchgehende Systemauslastung gegeben ist, die man abgekürzt auch als 24X7 bezeichnet (24 Stunden pro Tag, 7 Tage pro Woche). Der Benchmark soll dabei kommerziell verfügbare Datenbanksysteme im Zusammenspiel mit marktgängigen Anwendungsservern testen. Die standardisierten Anwendungen können entweder in der Java-Technologie oder auf Microsofts .NET-Plattform realisiert werden. Das zugrunde liegende Datenbankschema basiert auf dem konzeptuellen Datenmodell des schon eingeführten TPC-W-Benchmarks.

Die Charkteristika des Benchmarks sind wie folgt zusammengefasst:

- Mehrere parallele Anwendungs-Sessions, die jeweils mehrere transaktionale Services für einen Klienten bündeln
- Kommerziell verfügbare Anwendungsplattform (also „off the shelf“ und keine Eigenentwicklung)
- Nutzung von XML-Dokumenten und SOAP für den Nachrichtenaustausch
- Nutzung eines relationalen Datenbanksystems als Backend (also trotz SOAP-Kommunikation kein XML-Datenbanksystem)
- Business-to-Business Anwendungslogik
- Transaktionale Integrität gemäß ACID-Paradigma
- Zuverlässige und dauerhafte Nachrichtenverwaltung (messaging)

- Dynamische Webservice-Interaktionen, bei denen die Antworten (responses) dynamisch generiert werden

- Gleichzeitige Ausführung vieler Transaktionstypen, die die gesamte Bandbreite eines B2B-ecommerce abdecken (Browsing im Katalog, Bestellungen aufgeben, Statusabfragen, etc.)

- Datenbankschema mit mehreren Relationen unterschiedlicher Größe und Anzahl von Attributen

Ähnlich den anderen Benchmarks wird die Leistungsfähigkeit im Vergleich zu den Kosten angegeben. Dazu werden die Web Service Interactions per second (SIPS) pro Anwendungsserver gemessen. Diese werden zu den Gesamt-SIPS aggregiert (aufaddiert), woraus das Kosten/Leistungs-Verhältnis, also $USD/SIPS, berechnet wird.

22.7.3 TPC-DS: der neue Decision Support Benchmark

Der TPC-DS-Benchmark soll den etablierten TPC-H-Benchmark ergänzen. Das Schema des TPC-DS-Benchmarks basiert genau wie jenes des TPC-H-Benchmarks auf einem Handelsunternehmen. Es wurde aber deutlich erweitert, indem drei Vertriebskanäle separat modelliert werden:

1. Der normale Absatzkanal über Filialen

2. Verkäufe über das Internet

3. Bestellungen aus einem Katalog

Für alle Absatzkanäle werden die Bestellungen (sales) und die zurückgegebenen Bestellpositionen (returns) separat gespeichert – diese Relationen stellen Faktentabellen dar. Das Schema des Vertriebskanals *store* ist in Abbildung 22.10 illustriert. Anders als beim TPC-H-Benchmark wurde im TPC-DS-Benchmark eine Schieflage (engl. *skew*) der Daten modelliert. Zum Beispiel werden

- 58 % der Verkäufe in den beiden Vorweihnachtsmonaten November und Dezember getätigt, weitere 28% in den Monaten August, September und Oktober und in der restlichen Zeit insgesamt nur 14%; und

- es gibt drei Farbgruppen für die Produkte, die sehr unterschiedlich beliebt sind (8%, 24% und 68%)

Der TPC-DS-Benchmark hat 99 unterschiedliche Anfragen pro (simuliertem) Klienten gegenüber den 22 Anfragetypen des TPC-H-Benchmarks. Weiterhin werden im TPC-DS-Benchmark auch die Zeiten für das Laden und inkrementelle Auffrischen (refresh) der Datenbank gemessen.

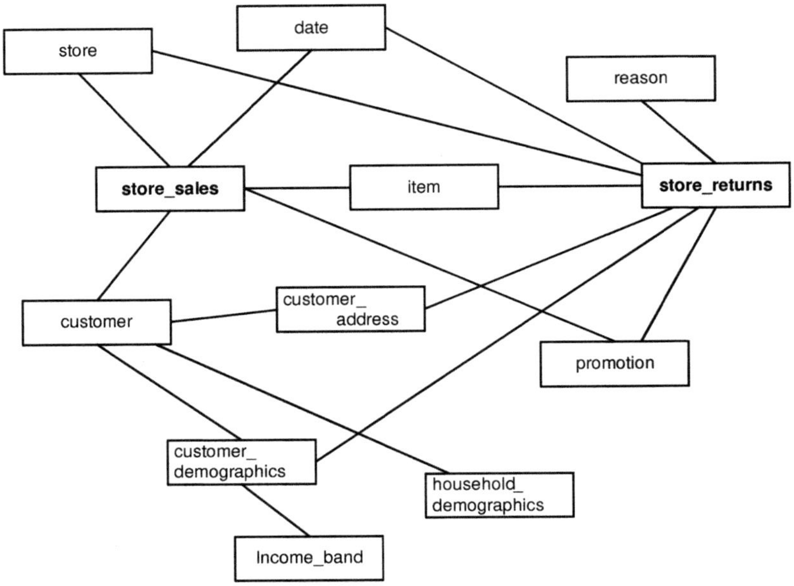

Abbildung 22.10: Ausschnitt des Schemas des TPC-DS-Benchmarks

22.8 Übungen

22.1 Projektarbeit: Implementieren Sie die Web-Anwendung (eine online-Buchhandlung), die durch den TPC-W-Benchmark spezifiziert wird. Die Daten für die Produkt-Datenbank (ITEM, AUTHOR, etc) können Sie mittels eines Generators, den Sie sich bei der TPC-Organisation (`www.tpc.org`) besorgen können, generieren. Bei der Realisierung sollten Sie Java Server Pages verwenden, um das Seitenlayout von der Anwendungslogik zu separieren.

Benutzen Sie dazu einen Anwendungsserver (z.B. Tomcat), Java-Servlets und Java Server Pages (oder, alternativ, Active Server Pages).

22.2 SQL-Übung: Realisieren Sie alle 22 Anfragen des TPC-H/R-Benchmarks. Bei der TPC-Organisation können Sie kostenfrei einen Datengenerator bekommen, mit dem Sie eine künstliche Datenbasis für das TPC-H/R-Schema in verschiedenen Skalierungen generieren können. „Tunen“ Sie Ihr Datenbanksystem (Indices anlegen, Clustering, SQL-Hints angeben, etc.), um die 22 Anfragen zu beschleunigen.

Führen Sie aber auch die Update-Operationen durch, damit Sie die Nachteile der vielen Indices sehen.

22.9 Literatur

Benchmarks für Datenbanksysteme sind in dem Buch von Gray (1993) beschrieben. Insbesondere ist darin auch die vollständige Beschreibung des TPC-C-Benchmarks enthalten. Eine sehr gute Quelle für die TPC-Benchmarks ist der Webserver der Transaction Processing Council (`http://www.tpc.org`), der sowohl Beschreibungen des TPC-C-Benchmarks [TPC (1992)], des TPC-H-Benchmarks [TPC (1995)] als auch der neuesten Benchmarks (TPC-W-, TPC-E- und TPC-DS-Benchmark) enthält. Dort findet man die vollständigen Spezifikationen der TPC-C, TPC-H, und TPC-W-Benchmarks und auch Messergebnisse für eine Vielzahl von Hardware/Datenbanksystem-Konfigurationen. Diese Ergebnisse mögen durchaus als Orientierung bei der Wahl einer DBMS-Konfiguration dienen – auch wenn künstliche Benchmarks i.A. nicht den eigentlichen Anwendungen entsprechen. Der neue so-genannte CH-BenCHmark für hybride OLTP&OLAP-Datenbanksysteme wurde von Funke, Kemper und Neumann (2011) entwickelt und exemplarisch auf einigen Datenbanksystemen ausgewertet. Als besonders leistungsfähig erwies sich in diesem Vergleich die neuartige Architektur der virtuellen Speicher-Snapshots, die in dem HyPer Datenbanksystem von Kemper und Neumann (2011) realisiert wurde. Doppelhammer et al. (1997) haben die Leistungsfähigkeit des Datenbankanwendungssystems SAP R/3 (siehe unten) für Decision-Support-Anfragen auf der Basis des TPC-H/R-Benchmarks untersucht. Auch die Firma SAP hat eigene Benchmarks konzipiert; der bekannteste ist der SD (Sales and Distribution)-Benchmark. Ergebnisse dazu findet man auf dem SAP-Webserver (`http://www.sap.de`).

Der OO7-Benchmark wurde von Carey, DeWitt und Naughton (1993) entworfen. Er basiert auf einem einfacheren, von Cattell und Skeen (1992) entworfenen, sogenannten OO1-Benchmark. Eine vergleichende Untersuchung von drei objektorientierten Datenbanken wurde von Hohenstein, Pleßer und Heller (1997) durchgeführt. Von Carey et al. (1997) gibt es mittlerweile auch einen sogenannten *BUCKY*-Benchmark für objekt-relationale Systeme.

Literaturverzeichnis

Abadi, D. J., S. Madden und W. Lindner (2005). *REED: Robust, Efficient Filtering and Event Detection in Sensor Networks.* In: *Proc. of the Conf. on Very Large Data Bases (VLDB)*, S. 769–780.

Aberer, K., P. Cudré-Mauroux, A. Datta, Z. Despotovic, M. Hauswirth, M. Punceva und R. Schmidt (2003). *P-Grid: a self-organizing structured P2P system.* SIGMOD Record, 32(3):29–33.

Aberer, K., P. Cudré-Mauroux und M. Hauswirth (2003). *The chatty web: emergent semantics through gossiping.* In: *Proceedings of the International World Wide Web Conference (WWW)*, Budapest, Ungarn, S. 197–206.

Abiteboul, S., P. Buneman und D. Suciu (1999). *Data On The Web, From Relations to Semistructured Data and XML.* Morgan Kaufmann Publishers, San Mateo, CA, USA.

Abiteboul, S. und R. Hull (1987). *IFO: A Formal Semantic Database Model.* ACM Trans. on Database Systems, 12(4):525–565.

Abiteboul, S., R. Hull und V. Vianu (1995). *Foundations of Databases.* Addison-Wesley, Reading, MA, USA.

Abiteboul, S., I. Manolescu, P. Rigaux, M.-C. Rousset und P. Senellart (2011). *Web Data Management.* Cambridge University Press.

Abouzeid, A., K. Bajda-Pawlikowski, D. J. Abadi, A. Rasin und A. Silberschatz (2009). *HadoopDB: An Architectural Hybrid of MapReduce and DBMS Technologies for Analytical Workloads.* Proc. of the Conf. on Very Large Data Bases (VLDB), 2(1):922–933.

Adler, S. et al. (2000). *Extensible Stylesheet Language (XSL).* W3C Candidate Recommendation. 21. November 2000. `http://www.w3.org/TR/xsl`.

Afrati, F. N. und J. D. Ullman (2010). *Optimizing joins in a map-reduce environment.* In: *International Conference on Extending Database Technology (EDBT)*, S. 99–110.

Agrawal, R., T. Imielinski und A. Swami (1993). *Mining Association Rules between Sets of Items in Large Databases.* In: *Proc. of the ACM SIGMOD Conf. on Management of Data*, S. 207–216, Washington, DC, USA.

Ahn, I. (1993). *Filtered Hashing.* In: *Proc. of the Intl. Conf. on Foundations of Data Organization and Algorithms (FODO)*, Bd. 730 d. Reihe *Lecture Notes in Computer Science (LNCS)*, S. 85–100, Chicago, IL. Springer-Verlag.

Albutiu, M.-C., A. Kemper und T. Neumann (2012). *Massively Parallel Sort-Merge Joins in Main Memory Multi-Core Database Systems.* PVLDB, 5(10):1064–1075.

Alonso, G., F. Casati, H. Kuno und V. Machiraju (2004). *Web Services: Concepts, Architectures and Applications*. Springer Verlag, Berlin.

Alonso, G., C. Hagen, H.-J. Schek und M. Tresch (1997). *Distributed Processing over Stand-alone Systems and Applications*. In: *Proc. of the Conf. on Very Large Data Bases (VLDB)*, S. 575–579, Athens, Greece.

Alonso, G., D. Kossmann und T. Roscoe (2011). *SwissBox: An Architecture for Data Processing Appliances*. In: *Conference on Innovative Data Systems Research (CIDR)*.

Alonso, G., R. Vingralek, D. Agrawal, Y. Breitbart, A. E. Abbadi, H. J. Schek und G. Weikum (1994). *A Unified Approach to Concurrency Control and Transaction Recovery*. In: *Proc. of the Intl. Conf. on Extending Database Technology (EDBT)*, Bd. 779 d. Reihe *Lecture Notes in Computer Science (LNCS)*, S. 123–130, Cambridge, United Kingdom. Springer-Verlag.

Amagasa, T., M. Yoshikawa und S. Uemura (2003). *QRS: A Robust Numbering Scheme for XML Documents*. In: *Proc. IEEE Conf. on Data Engineering*, S. 705–707.

ANSI (1986). *Database Language SQL*. Document ANSI X3.135. Also available as: International Standards Organization Document ISO/TC 97/SC 21/WG 3 N 117.

ANSI (1992). *Database Language SQL*. Document ANSI X3.135-1992. Also available as: International Standards Organization Document ISO/IEC 9075:1992.

Antova, L., C. Koch und D. Olteanu (2007). *From complete to incomplete information and back*. In: *Proc. of the ACM SIGMOD Conf. on Management of Data*, S. 713–724.

Appelrath, H.-J. und J. Ritter (1999). *R/3-Einführung. Methoden und Werkzeuge (SAP Kompetent)*. Springer-Verlag, New York, Berlin, etc.

Ardaiz, O., F. Freitag, L. Navarro, T. Eymann und M. Reinicke (2002). *CatNet: Catallactic Mechanisms for Service Control and Resource Allocation in Large-Scale Application-Layer Networks*. In: *2nd IEEE International Symposium on Cluster Computing and the Grid (CCGrid 2002), 22-24 May 2002, Berlin*, S. 442–443.

Armstrong, W. W. (1974). *Dependency Structures of Data Base Relationships*. In: *Proc. IFIP Congress*, S. 580–583, Amsterdam. North-Holland Publishing Company.

Artale, A. und E. Franconi (1999). Temporal ER Modeling with Description Logics. In *Proc. Intl. Conf. on Conceptual Modeling - ER '99*, Paris, France, November, S. 81-95.

Assent, I., R. Krieger, F. Afschari und T. Seidl (2008). *The TS-tree: efficient time series search and retrieval*. In: *International Conference on Extending Database Technology*, S. 252–263.

Association for Computing Machinery (1991). *Special Issue on OODBMS*. Communications of ACM, Vol 34, No 10.

Astrahan, M. M., M. W. Blasgen, D. D. Chamberlin, K. P. Eswaran, J. Gray, P. P. Griffiths, W. F. King, R. A. Lorie, P. R. McJones, J. W. Mehl, G. R. Putzolu, I. L. Traiger, B. W. Wade und V. Watson (1976). *System R: A Relational Approach to Data.* ACM Trans. on Database Systems, 1(2):97–137.

Atkinson, M., F. Bancilhon, D. J. DeWitt, K. R. Dittrich, D. Maier und S. Zdonik (1989). *The Object-Oriented Database System Manifesto.* In: *Proc. of the Conf. on Deductive and Object-Oriented Databases (DOOD)*, S. 40–57, Kyoto, Japan.

Augsten, N., D. Barbosa, M. H. Böhlen und T. Palpanas (2010). *TASM: Top-k Approximate Subtree Matching.* In: *Proceedings of the International Conference on Data Engineering (ICDE)*, S. 353–364.

Augsten, N., M. H. Böhlen und J. Gamper (2006). *An Incrementally Maintainable Index for Approximate Lookups in Hierarchical Data.* In: *Proc. of the Conf. on Very Large Data Bases (VLDB)*, S. 247–258.

Augsten, N., A. Miraglia, T. Neumann und A. Kemper (2014). *On-the-fly token similarity joins in relational databases.* In: *Proc. of the ACM SIGMOD Conf. on Management of Data*, S. 1495–1506.

Aulbach, S., T. Grust, D. Jacobs, A. Kemper und J. Rittinger (2008). *Multi-tenant databases for software as a service: schema-mapping techniques.* In: *Proc. of the ACM SIGMOD Conf. on Management of Data*, S. 1195–1206.

Aulbach, S., D. Jacobs, A. Kemper und M. Seibold (2009). *A comparison of flexible schemas for software as a service.* In: *Proc. of the ACM SIGMOD Conf. on Management of Data.*

Aulbach, S., M. Seibold, D. Jacobs und A. Kemper (2011). *Extesibility and Data Sharing in Evolving Multi-Tenancy Dtabases.* In: *Proceedings of the International Conference on Data Engineering (ICDE).*

Balakrishnan, H., M. F. Kaashoek, D. R. Karger, R. Morris und I. Stoica (2003). *Looking up data in P2P systems.* Commun. ACM, 46(2):43–48.

Balke, W.-T., W. Nejdl, W. Siberski und U. Thaden (2005). *Progressive Distributed Top k Retrieval in Peer-to-Peer Networks.* In: *Proc. IEEE Conf. on Data Engineering*, S. 174–185.

Balkesen, C., J. Teubner, G. Alonso und M. T. Özsu (2013). *Main-Memory Hash Joins on Multi-Core CPUs: Tuning to the Underlying Hardware.* In: *Proceedings of the International Conference on Data Engineering (ICDE).*

Bancilhon, F., C. Delobel und P. Kanellakis (1992). *Building an Object-Oriented Database System – The Story of O_2.* Morgan-Kaufmann Publishers, San Mateo, CA, USA.

Bancilhon, F., D. Maier, Y. Sagiv und J. D. Ullman (1986). *Magic sets and other strange ways to implement logic programs.* In: *Proc. ACM SIGMOD/SIGACT Conf. on Princ. of Database Syst. (PODS)*, S. 1–15.

Bancilhon, F. und R. Ramakrishnan (1986). *An amateur's introduction to recursive query-processing strategies*. In: *Proc. of the ACM SIGMOD Conf. on Management of Data*, S. 16–52, Washington, USA.

Barber, R., S. Lightstone, G. Lohman, I. Pandis, V. Raman, B. Schiefer und R. Sidle (2013). *DB2 BLU: So Much More than Just a Column Store*. In: *Proc. Conf. on Very Large Databases (VLDB)*.

Batini, C., S. Ceri und S. B. Navathe (1992). *Conceptual Database Design: An Entity-Relationship Approach*. Benjamin/Cummings, Redwood City, CA, USA.

Batory, D. S. und A. P. Buchmann (1984). *Molecular Objects, Abstract Data Types, and Data Models: A Framework*. In: *Proc. of the Conf. on Very Large Data Bases (VLDB)*, S. 172–184, Singapore, Singapore.

Battré, D., S. Ewen, F. Hueske, O. Kao, V. Markl und D. Warneke (2010). *Nephele/PACTs: a programming model and execution framework for web-scale analytical processing*. In: *ACM Symposium on Cloud Computing*, S. 119–130.

Bauer, M. G., F. Ramsak und R. Bayer (2003). *Multidimensional Mapping and Indexing of XML*. In: *Tagungsband der Tagung Datenbanksysteme für Business, Technologie und Web (BTW)*, Leipzig, S. 305–323.

Baumgarten, U., C. Eckert und H. Görl (2000). *Trust and confidence in open systems: does security harmonize with mobility?*. In: *Proceedings of the ACM SIGOPS European Workshop, Kolding, Denmark, September 17-20, 2000*, S. 133–138.

Bayer, R. (1985). *Query evaluation and recursion in deductive database systems*. Unpublished Memorandum, Technische Universität München.

Bayer, R. (1994). *Plädoyer für eine Nationale Informations-Infrastruktur*. Informatik-Spektrum der GI, 17(5):302–308.

Bayer, R., K. Elhardt, W. Kießling und D. Killar (1984). *Verteilte Datenbanksysteme: Eine Übersicht über den heutigen Entwicklungsstand*. Informatik-Spektrum der GI, 7(1):1–19.

Bayer, R., U. Güntzer und W. Kießling (1987). *On the Evaluation of Recursion in (Deductive) Database Systems by Efficient Differential Fixpoint Iteration*. In: *Proc. IEEE Conf. on Data Engineering*, S. 120–129, Los Angeles, CA, USA.

Bayer, R., U. Güntzer, W. Kießling, W. Strauß und J. K. Obermaier (1987). *Deduktions- und Datenbankunterstützung für Expertensysteme*. In: *Proc. GI-Fachtagung, Datenbanksysteme in Büro, Technik und Wissenschaft (BTW)*, Informatik Fachberichte Nr. 136, S. 1–16, Darmstadt. Springer-Verlag.

Bayer, R., T. Härder und P. C. Lockemann, Hrsg. (1992). *Objektbanken für Experten*. Reihe *Informatik aktuell*. Springer-Verlag, New York, Berlin, etc.

Bayer, R., H. Heller und A. Reiser (1980). *Parallelism and Recovery in Database Systems*. ACM Trans. Database Syst., 5(2):139–156.

Bayer, R. und E. M. McCreight (1972). *Organization and Maintenance of Large Ordered Indices*. Acta Informatica, 1(3):173–189.

Bayer, R. und M. Schkolnick (1977). *Concurrency of Operations on B-trees.* Acta Informatica, 9(1):1–21.

Beck, M., S. Radde und B. Freitag (2007). *Ranking von Produktempfehlungen mit präferenz-annotiertem SQL.* In: *Datenbanksysteme in Business, Technologie und Web, Fachtagung des GI-Fachbereichs Datenbanken und Informationssysteme*, S. 82–95.

Becker, L. und R. H. Güting (1992). *Rule-Based Optimization and Query Processing in an Extensible Geometric Database System.* ACM Trans. on Database Systems, 17(2):247–303.

Becker, L., K. Hinrichs und U. Finke (1993). *A New Algorithm for Computing Joins with Grid Files.* In: *Proc. IEEE Conf. on Data Engineering*, S. 190–197, Vienna, Austria.

Beckmann, N., H.-P. Kriegel, R. Schneider und B. Seeger (1990). *The R*-Tree: An Efficient and Robust Access Method for Points and Rectangles.* In: *Proc. of the ACM SIGMOD Conf. on Management of Data*, S. 322–331, Atlantic City, USA.

Behrend, A., R. Manthey und B. Pieper (2001). *An Amateur's Introduction to Constraints and Integrity Checking in SQL3.* In: *Proc. GI Konferenz Datenbanken für Büro, Technik und Wissenschaft (BTW)*, Informatik Aktuell, S. 405–423, Oldenburg. Springer.

Bell, D. und J. Grimson (1992). *Distributed Database Systems.* Addison-Wesley, Reading, MA, USA.

Bellman, B. (1975). *Dynamic Programming.* Princeton University Press, 1957.

Bender, M., S. Michel, G. Weikum und C. Zimmer (2005). *The MINERVA Project: Database Selection in the Context of P2P Search.* In: *Tagungsband der Tagung Datenbanksysteme für Business, Technologie und Web (BTW)*,, S. 125–144.

Benn, W. und I. Gringer (1998). *Zugriff auf Datenbanken über das World Wide Web.* Informatik Spektrum, 21:1–8.

Berchtold, S., C. Böhm, B. Braunmüller, D. A. Keim und H.-P. Kriegel (1997). *Fast Parallel Similarity Search in Multimedia Databases.* In: *Proc. of the ACM SIGMOD Conf. on Management of Data*, S. 1–12, Tucson, AZ, USA.

Berchtold, S., D. Keim, H.-P. Kriegel und T. Seidl (2000). *Indexing the Solution Space: A New Technique for Nearest Neighbor Search in High-Dimensional Space.* IEEE Trans. Knowledge and Data Engineering, 12(1).

Bercken, J. v. d., B. Blohsfeld, J.-P. Dittrich, J. Krämer, T. Schäfer, M. Schneider und B. Seeger (2001). *XXL - A Library Approach to Supporting Efficient Implementations of Advanced Database Queries.* In: *Proc. of the Conf. on Very Large Data Bases (VLDB)*, Rome, Italy.

Bercken, J. v. d., M. Schneider und B. Seeger (2000). *Plug&Join: An easy-to-use Generic Algorithm for Efficiently Processing Equi and Non-Equi Joins.* In: *Proc. of the Intl. Conf. on Extending Database Technology (EDBT)*, S. 495–509, Konstanz. Springer.

Bercken, J. v. d. und B. Seeger (2001). *An Evaluation of Generic Bulk Loading Techniques*. In: *Proc. of the Conf. on Very Large Data Bases (VLDB)*, Rome, Italy.

Bercken, J. v. d., B. Seeger und P. Widmayer (1997). *A Generic Approach to Bulk Loading Multidimensional Index Structures*. In: *Proc. of the Conf. on Very Large Data Bases (VLDB)*, S. 406–415, Athens, Greece.

Berenson, H., P. A. Bernstein, J. Gray, J. Melton, E. O'Neil und P. O'Neil (1995). *A Critique of ANSI SQL Isolation Levels*. In: *Proc. of the ACM SIGMOD Conf. on Management of Data*, S. 1–10, San Jose, CA, USA.

Bernstein, P. A. und N. Goodman (1981). *Concurrency Control in Distributed Database Systems*. ACM Computing Surveys, 13(2):185–221.

Bernstein, P. A., V. Hadzilacos und N. Goodman (1987). *Concurrency Control and Recovery in Database Systems*. Addison-Wesley, Reading, MA, USA.

Bernstein, P. A. und E. Newcomer (1997). *Principles of Transaction Processing*. Morgan-Kaufmann Publishers, San Mateo, CA, USA.

Bertino, E. (1993). *A Survey of Indexing Techniques for Object-Oriented Database Management Systems*. In: Freytag, J. C., D. Maier und G. Vossen, Hrsg.: *Query Processing for Advanced Database Systems*, S. 383–418. Morgan-Kaufmann Publishers, San Mateo, CA, USA.

Beuter, T. und P. Dadam (1996). *Prinzipien der Replikationskontrolle in verteilten Datenbanksystemen*. Informatik: Forschung und Entwicklung, 11(4):203–212.

Bichler, M. und J. Kalagnanam (2006). *Software Frameworks for Advanced Procurement Auction Markets*. Communications of the ACM (CACM), 49(12):104-108.

Bichler, M., A. Segev und J. L. Zhao (1998). *Component-based E-Commerce: Assessment of Current Practices and Future Directions*. SIGMOD Record, 27(4):7–14.

Binnig, C., S. Hildenbrand und F. Faerber (2009). *Dictionary-based order-preserving string compression for main memory column stores*. In: *Proc. of the ACM SIGMOD Conf. on Management of Data*, S. 283–296.

Biskup, J. (1995). *Grundlagen von Informationssystemen*. Vieweg, Braunschweig/Wiesbaden.

Biskup, J. und H. H. Brüggemann (1991). *Das datenschutzorientierte Informationssystem DORIS: Stand der Entwicklung und Ausblick*. In: *Proc. 2. GI Fachtagung Verläßliche Informationssysteme*, IFB 271. Springer-Verlag.

Biskup, J. und B. Convent (1986). *A formal view integration method*. In: *Proc. of the ACM SIGMOD Conf. on Management of Data*, S. 398–407, Washington, USA.

Biskup, J., U. Dayal und P. A. Bernstein (1979). *Synthesizing Independent Database Schemas*. In: *Proc. of the ACM SIGMOD Conf. on Management of Data*, S. 143 – 152, Boston, USA.

Blanas, S., Y. Li und J. M. Patel (2011). *Design and evaluation of main memory hash join algorithms for multi-core CPUs*. In: *Proc. of the ACM SIGMOD Conf. on Management of Data*, S. 37–48.

Bloom, B. (1975). *Space/Time Trade-Offs in Hash Coding.* Commun. ACM, 13(7):422–426.

Boag, S., D. D. Chamberlin, M. Fernandez, D. Florescu, J. Robieund J. Simeon (2003). *XQuery 1.0: An XML Query Language.* WWW Consortium (W3C). `http://www.w3.org/TR/xquery`.

Bobrowski, S. (1992). *ORACLE7 Server – Concepts Manual.* Oracle Corporation, Redwood Shores, CA, USA.

Bocca, J. (1986). *EDUCE: A Marriage of Convenience: Prolog and a Relational Database.* In: *Proc. of the Symp. on Logic Programming*, S. 36–45, New York. IEEE.

Böhlen, M. H., J. Gamper, C. S. Jensen und R. T. Snodgrass (2009). *SQL-Based Temporal Query Languages.* In: *Encyclopedia of Database Systems*, S. 2762–2768. Springer US.

Böhm, C., B. Braunmüller, F. Krebs und H.-P. Kriegel (2001). *Epsilon Grid Order: An Algorithm for the Similarity Join on Massive High-Dimensional Data.* In: *Proc. of the ACM SIGMOD Conf. on Management of Data*, S. 379–388, Santa Barbara, CA, USA.

Böhm, C., K. Kailing, P. Kröger und A. Zimek (2004). *Computing Clusters of Correlation Connected Objects.* In: *Proc. of the ACM SIGMOD Conf. on Management of Data*, S. 455–466.

Böhm, C. und C. Plant (2008). *HISSCLU: a hierarchical density-based method for semi-supervised clustering.* In: *International Conference on Extending Database Technology*, S. 440–451.

Boncz, P. A. (2012). *Letter from the Special Issue Editor on Column Stores.* IEEE Data Eng. Bull., 35(1):2.

Boncz, P. A., M. L. Kersten und S. Manegold (2008). *Breaking the memory wall in MonetDB.* Commun. ACM, 51(12):77–85.

Boncz, P. A., S. Manegold und M. L. Kersten (2009). *Database Architecture Evolution: Mammals Flourished long before Dinosaurs became Extinct.* PVLDB, 2(2).

Börzsönyi, S., D. Kossmann und K. Stocker (2001). *The Skyline Operator.* In: *Proc. IEEE Conf. on Data Engineering*, S. 421–432, Heidelberg.

Böttcher, S. und R. Steinmetz (2005). *Adaptive XML Access Control Based on Query Nesting, Modification and Simplification.* In: *Proc. GI Konferenz Datenbanken für Business, Technologie und Web (BTW)*, S. 295–304.

Boll, S., A. Grüner, A. Haaf und W. Klas (1999). *EMP - A Database-Driven Electronic Market Place for Business-to-Business Commerce on the Internet.* Distributed and Parallel Databases, 7(2):149–177.

Bon, M., N. Ritter und H.-P. Steiert (2003). *Modellierung und Abwicklung von Datenflüssen in unternehmensübergreifenden Prozessen.* In: *Proc. GI Konferenz Datenbanken für Business, Technologie und Web (BTW)*, S. 433–442.

Boncz, P., T. Grust., M. van Keulen, S. Manegold, J. Rittinger und J. Teubner (2005). *Pathfinder: XQuery the Relational Way*. In *Proceedings of the Conference on Very Large Databases (VLDB)*, Trondheim, Norway.

Booch, G. (1991). *Object-Oriented Design with Applications*. Benjamin/Cummings, Redwood City, CA, USA.

Booch, G., J. Rumbaugh und I. Jacobson (1998). *The Unified Modeling Language User Guide*. Addison Wesley, Reading, MA.

Booch, G. (1994). *Object-Oriented Analysis and Design*. Benjamin/Cummings, Redwood City, CA, USA.

Borghoff, U. M., M. Koch, M. S. Lacher, J. H. Schlichter und K. Weisser (2001). *Informationsmanagement und Communities – Überblick und Darstellung zweier Projekte der IMC-Gruppe München*. Informatik Forschung und Entwicklung, 16(2):103–109.

Bosworth, B. (1982). *Codes, Ciphers and Computers*. Hayden Book Company, Inc., Rochelle Park, NJ, USA.

Brandes, Ulrik (2008). *On variants of shortest-path betweenness centrality and their generic computation*. Social Networks, 30(2):136–145.

Brandes, Ulrik und T. Erlebach, Hrsg. (2005). *Network Analysis: Methodological Foundations [outcome of a Dagstuhl seminar, 13-16 April 2004]*, Bd. 3418 d. Reihe *Lecture Notes in Computer Science*. Springer.

Brantner, M., D. Florescu, D. A. Graf, D. Kossmann und T. Kraska (2008). *Building a database on S3*. In: *Proc. of the ACM SIGMOD Conf. on Management of Data*, S. 251–264.

Brantner, M., S. Helmer, C.-C. Kanne und G. Moerkotte (2005). *Full-fledged Algebraic XPath Processing in Natix*. In: *Proc. IEEE Conf. on Data Engineering*, S. 705–716.

Brass, S. (1995). *Magic Sets vs. SLD-Resolution*. In: Eder, J. und L. A. Kalinichenko, Hrsg.: *Advances in Databases and Information Systems (ADBIS'95)*, S. 185–203. Springer.

Brass, S. (1996). *SLDMagic — An Improved Magic Set Technique*. In: Novikov, B. und J. W. Schmidt, Hrsg.: *Advances in Databases and Information Systems — ADBIS'96*, S. 75–83, Moscow. MEPhI Publishing. Also published in: Springer Workshops in Computing (1997).

Brass, S. und U. Lipeck (1992). *Generalized Bottom-Up Query Evaluation*. In: *Proc. of the Intl. Conf. on Extending Database Technology (EDBT)*, Bd. 580 d. Reihe *Lecture Notes in Computer Science (LNCS)*, S. 88–103, Vienna, Austria. Springer-Verlag.

Braumandl, R., J. Claussen, A. Kemper und D. Kossmann (2000). *Functional Join Processing*. The VLDB Journal, 8(3-4):156–177. (Special Issue "Best Papers of VLDB 98").

Braumandl, R., M. Keidl, A. Kemper, D. Kossmann, A. Kreutz, S. Seltzsam und K. Stocker (2001). *ObjectGlobe: Ubiquitous Query Processing on the Internet.* The VLDB Journal, 10(3):48–71. (Special Issue on "E-Services").

Braumandl, R., A. Kemper und D. Kossmann (2003). *Quality of Service in an Information Economy.* ACM Transactions on Internet Technology (TOIT), 3(4), S. 291 - 333, November 2003.

Braunreuther, G., V. Linnemann und H.-G. Lipinski (1997). *Unterstützung von Computersimulationen durch objektorientierte Datenbanksysteme am Beispiel einer Anwendung aus der Medizin.* In: *Proc. GI Konferenz Datenbanken für Büro, Technik und Wissenschaft (BTW)*, S. 202–220, Ulm.

Bray, T., J. Paoli, C. M. Sperberg-McQueen und E. Maler (2000). *Extensible Markup Language (XML) 1.0 (Second Edition).* W3C Recommendation, 6 October 2000. `http://www.w3.org/TR/2000/REC-xml-20001006`.

Breunig, M. M., H.-P. Kriegel, P. Kröger und J. Sander (2001). *Data Bubbles: Quality Preserving Performance Boosting for Hierarchical Clustering.* In: *Proc. of the ACM SIGMOD Conf. on Management of Data*, S. 79–90, Santa Barbara, CA, USA.

Brewer, E. A. (2000). *Towards robust distributed systems (abstract).* In: *ACM Symposium on Principles of Distributed Computing (PODC)*, S. 7.

Brewka, G. und J. Dix (1997). *Knowledge Representation with Logic Programs.* In *Proc. Logic Programming and Knowledge Representation, Third International Workshop, LPKR '97, Port Jefferson, New York, USA, October 17, 1997.* LNCS Nr. 1471, S. 1 – 51, Springer, Heidelberg.

Brodie, M. L. und M. Stonebraker (1995). *Migrating Legacy Systems: The Incremental Strategy – Gateways, Interfaces, and the Incremental Approach.* Morgan-Kaufmann Publishers, San Mateo, CA, USA.

Broy, M. (2003). *Service-Oriented Systems Engineering: Modeling Services and Layered Architectures.* In: *Formal Techniques for Networked and Distributed Systems - FORTE 2003, 23rd IFIP WG 6.1 International Conference, Berlin*, S. 48–61.

Broy, M. und J. Siedersleben (2002). *Objektorientierte Programmierung und Softwareentwicklung - Eine kritische Einschätzung.* Informatik Spektrum, 25(1):3–11.

Brügge, B. und A. H. Dutoit (2004). *Objekt-orientierte Softwaretechnik mit UML, Entwurfsmustern und Java.* Pearson Verlag.

Brunel, R., J. Finis, G. Franz, N. May, A. Kemper, T. Neumann und F. Färber (2015). *Supporting hierarchical data in SAP HANA.* In: *31st IEEE International Conference on Data Engineering, ICDE 2015, Seoul, South Korea, April 13-17, 2015*, S. 1280–1291. IEEE.

Bry, F. (1990). *Query evaluation in recursive databases: Bottom-up and top-down reconciled.* Data & Knowledge Engineering, 5:289–312.

Bry, F., H. Decker und R. Manthey (1988). *A Uniform Approach to Constraint Satisfaction and Constraint Satisfiability in Deductive Databases.* In: *Proc. of the Intl. Conf. on Extending Database Technology (EDBT)*, Bd. 303 d. Reihe *Lecture Notes in Computer Science (LNCS)*, New York, Berlin, etc. Springer-Verlag.

Bry, F. und D. Seipel (1996). *Deduktive Datenbanken - das aktuelle Schlagwort.* Informatik Spektrum, 19(4):214–215.

Buchmann, E. und K. Böhm (2004). *FairNet - How to Counter Free Riding in Peer-to-Peer Data Structures.* In: *On the Move to Meaningful Internet Systems 2004: CoopIS, DOA, and ODBASE, OTM Confederated International Conferences, Agia Napa, Cyprus, October 25-29, 2004, Proceedings, Part I*, Bd. 3290 d. Reihe *Lecture Notes in Computer Science.* Springer, S. 337–354.

Buchmann, A. P., J. Zimmermann, J. A. Blakeley und D. L. Wells (1995). *Building an Integrated Active OODBMS: Requirements, Architecture, and Design Decisions.* In: *Proc. IEEE Conf. on Data Engineering*, Taipeh, Taiwan.

Buck-Emden, R. und J. Galimow (1996). *Die Client/Server-Technologie des SAP-Systems R/3.* Addison-Wesley, Reading, MA, USA, 3. Auflage

Bussler, Ch., D. Fensel und A. Maedche (2002). *A Conceptual Architecture for Semantic Web Enabled Web Services.* SIGMOD Record, 31(4):24–29.

Calvanese, D. (2003). Data Integration in Data Warehousing (Keynote Address). CAiSE Workshops 2003 - Decision Systems Engineering, Klagenfurt, S. 281.

Cammert, M., J. Krämer, B. Seeger und S. Vaupel (2008). *A Cost-Based Approach to Adaptive Resource Management in Data Stream Systems.* IEEE Trans. Knowl. Data Eng., 20(2):230–245.

Carey, M. J., D. J. DeWitt und J. F. Naughton (1993). *The OO7 Benchmark.* In: *Proc. of the ACM SIGMOD Conf. on Management of Data*, S. 12–21, Washington, DC, USA.

Carey, M. J., D. J. DeWitt, J. F. Naughton, M. Asgarian, J. Gehrke und D. Shah (1997). *The BUCKY Object-Relational Benchmark.* In: *Proc. of the ACM SIGMOD Conf. on Management of Data*, S. 135–146, Tucson, AZ, USA.

Carey, M. J. und D. Kossmann (1997). *On Saying "Enough Already!" in SQL.* In: *Proc. of the ACM SIGMOD Conf. on Management of Data*, S. 219–230, Tucson, AZ, USA.

Casanova, M. A. und L. Tucherman (1988). *Enforcing Inclusion Dependencies and Referential Integrity.* In: *Proc. of the Conf. on Very Large Data Bases (VLDB)*, S. 38–49, Los Angeles, USA.

Castano, S., M. G. Fugini, G. Martella und P. Samarati (1995). *Database Security.* ACM Press. Addison-Wesley, Reading, MA, USA.

Cattell, R., D. Barry, D. Bartels, M. Berler, J. Eastman, S. Gamerman, D. Jordan, A. Springer, H. Strickland und D. Wade (1997). *The Object Database Standard: ODMG 2.0.* The Morgan Kaufmann Series in Data Management System. Morgan-Kaufmann Publishers, San Mateo, CA, USA.

Cattell, R. und J. Skeen (1992). *Object Operations Benchmark.* ACM Trans. on Database Systems, 17:1–31.

Celko, J. (1995). *SQL for Smarties: Advanced SQL Programming.* Morgan-Kaufmann Publishers, San Mateo, CA, USA.

Ceri, S. und G. Gottlob (1985). *Translating SQL into relational algebra: Optimization, semantics, and equivalence of SQL queries.* IEEE Trans. Software Eng., 11:324–345.

Ceri, S., G. Gottlob und L. Tanca (1989). *What you always wanted to know about Datalog (and never dared to ask).* IEEE Trans. Knowledge and Data Engineering, 1:146–166.

Ceri, S., G. Gottlob und L. Tanca (1990). *Logic Programming and Databases.* Springer-Verlag, New York, Berlin, etc.

Ceri, S., S. B. Navathe und G. Wiederhold (1983). *Distribution Design of Logical Database Schemas.* IEEE Trans. Software Eng., 9(4):487–504.

Ceri, S. und G. Pelagatti (1984). *Distributed Databases – Principles and Systems.* McGraw-Hill, Inc., New York, San Francisco, Washington, D.C.

Cha, S. K. und C. Song (2004). *P*TIME: Highly Scalable OLTP DBMS for Managing Update-Intensive Stream Workload.* In: *Proc. of the Conf. on Very Large Data Bases (VLDB).*

Chamberlin, D. D. (1998). *A Complete Guide to DB2 Universal Database.* Morgan-Kaufmann Publishers, San Mateo, CA, USA.

Chamberlin, D. D. und R. F. Boyce (1974). *Sequel: A Structured English Query Language.* In: *Proc. ACM SIGMOD Workshop on Data Description, Access and Control*, Ann Arbor, Mich.

Chamberlin, D., P. Fankhauser, D. Florescu, M. Marchiori und J. Robie (2003). *XML Query Use Cases.* W3C Working Draft. `http://www.w3.org/TR/xquery-use-cases/`.

Chamberlin, D. D., J. Robie und D. Florescu (2000). *Quilt: An XML Query Language for Heterogeneous Data Sources.* In: *The World Wide Web and Databases, Third International Workshop WebDB 2000, Dallas, Texas, USA, May 18-19, 2000, Selected Papers*, S. 1–25. Springer.

Chandra, A. K. und D. Harel (1982). *Structure and complexity of relational queries.* Journal Computer and System Sciences, 25(1):99–128.

Chang, S. K. und W. H. Cheng (1980). *A Methodology for Structured Database Decomposition.* IEEE Trans. Software Eng., 6(2):205–218.

Chaudhuri, S. und U. Dayal (1997). *An Overview of Data Warehousing and OLAP Technology.* ACM SIGMOD Record, 26(1):65–74.

Chen, P. M., E. K. Lee, G. A. Gibson, R. H. Katz und D. A. Patterson (1994). *RAID: High-Performance, Reliable Secondary Storage.* ACM Computing Surveys, 26(2):145–185.

Chen, P. P. S. (1976). *The Entity Relationship model: Toward a unified view of data.* ACM Trans. on Database Systems, 1(1):9–36.

Christodoulakis, S. (1983). *Estimating Record Selectivities.* Information Systems, 8(2):105–115.

Clark, J. und S. DeRose (1999). *XML Path Language (XPath).* W3C Recommendation, 16. November 1999. `http://www.w3.org/TR/xpath.`

Claussen, J., A. Kemper, G. Moerkotte und K. Peithner (1997). *Optimizing Queries with Universal Quantification in Object-Oriented and Object-Relational Databases.* In: *Proc. of the Conf. on Very Large Data Bases (VLDB)*, S. 286–295, Athens, Greece.

Claussen, J., A. Kemper, D. Kossmann und C. Wiesner (2000). *Exploiting Early Sorting and Early Partitioning for Decision Support Query Processing.* The VLDB Journal, 9(3):190–213. (Special Issue "Best Papers of VLDB 99").

Claussen, J., A. Kemper, G. Moerkotte, K. Peithner und M. Steinbrunn (2000). *Optimization and Evaluation of Disjunctive Queries.* IEEE Trans. Knowledge and Data Engineering, 12(2):238–260.

Clocksin, W. F. und C. S. Mellish (1994). *Programming in Prolog.* Springer-Verlag, New York, Berlin, etc., 4. Auflage

Cluet, S. und G. Moerkotte (1995). *On the Complexity of Generating Optimal Left-Deep Processing Trees with Cross Products.* In: *Proc. of the Intl. Conf. on Database Theory (ICDT)*, S. 54–67.

Codd, E. F. (1970). *A relational model for large shared data banks.* Communications of the ACM, 13(6):377–387.

Codd, E. F. (1972a). *Further Normalization of the Data Base Relational Model.* In Rustin, R., Hrsg.: *Database Systems*, S. 33–64. Prentice Hall, Englewood Cliffs, NJ, USA.

Codd, E. F. (1972b). *Relational Completeness of Data Base Sublanguages.* In: Rustin, R., Hrsg.: *Database Systems*, S. 65–98. Prentice Hall, Englewood Cliffs, NJ, USA.

Colliat, G. (1996). *OLAP, Relational, and Multidimensional Database Systems.* ACM SIGMOD Record, 25(3):64–69.

Comer, D. (1979). *The ubiquitous B-tree.* ACM Computing Surveys, 11(2):121–137.

Conrad, R., D. Scheffner und J. C. Freytag (2000). *XML Conceptual Modeling Using UML.* In: *International Conference on Conceptual Modeling, Salt Lake City, Utah, USA*, S. 558–571.

Copeland, G. und D. Maier (1984). *Making Smalltalk a Database System.* In: *Proc. of the ACM SIGMOD Conf. on Management of Data*, S. 316–325, Boston, USA.

Cox, B. J. (1986). *Object Oriented Programming: An Evolutionary Approach.* Addison-Wesley, Reading, MA, USA.

Cremers, A. B., U. Griefahn und R. Hinze (1994). *Deduktive Datenbanken – Eine Einführung aus der Sicht der logischen Programmierung.* Verlag Vieweg, Braunschweig/Wiesbaden.

Dadam, P. (1996). *Verteilte Datenbanken und Client/Server-Systeme.* Springer-Verlag, New York, Berlin, etc.

Dadam, P., K. Küspert, F. Andersen, H. Blanken, R. Erbe, J. Günauer, V. Lum, P. Pistor und G. Walch (1986). *A DBMS Prototype to Support Extended* NF^2 *relations: An integrated View on Flat Tables and Hierarchies.* In: *Proc. of the ACM SIGMOD Conf. on Management of Data*, S. 376–387, Washington, DC.

Dadam, P. und G. Schlageter (1980). *Recovery in Distributed Databases Based on Non-Synchronized Local Checkpoints.* In: *Information Processing 80*, Amsterdam. North-Holland Publishing Company.

Dahl, O. J., B. Myrhaug und K. Nygaard (1970). *Simula 67: Common Base Language.* Publication NS 22, Norsk Regnesentral (Norwegian Computing Center), Oslo, Norway.

Date, C. J. (1981). *Referential Integrity.* In: *Proc. of the Conf. on Very Large Data Bases (VLDB)*, S. 2–12, Cannes, France.

Date, C. J. (1997). *A Guide to the SQL Standard.* Addison-Wesley, Reading, MA, USA, 4. Auflage

Date, C. J. (2003). *An Introduction to Database Systems.* Addison-Wesley, Reading, MA, USA, 8. Auflage

Dean, J. und S. Ghemawat (2004). *MapReduce: Simplified Data Processing on Large Clusters.* In: *6th Symposium on Operating System Design and Implementation (OSDI)*, S. 137–150.

Deßloch, S., T. Härder, N. Mattos, B. Mitschang und J. Thomas (1998). *Advanced Data Processing in KRISYS: Modeling Concepts, Implementation Techniques, and Client/Server Issues.* The VLDB Journal, 7(2):79–95.

Deutsch, A., M. Fernandez, D. Florescu, A. Levy, D. Maier und D. Suciu (1999). *Querying XML Data.* IEEE Data Engeneering Bulletin, 22(3):10–18.

Diao, Y., M. Altinel, M. J. Franklin, H. Zhang und P. M. Fischer (2003). *Path sharing and predicate evaluation for high-performance XML filtering.* ACM Trans. Database Syst., 28(4):467–516.

Dittrich, J.-P., P. M. Fischer und D. Kossmann (2005). *AGILE: Adaptive Indexing for Context-Aware Information Filters.* In: *Proc. of the ACM SIGMOD Conf. on Management of Data*, S. 215–226.

Dittrich, J.-P., D. Kossmann und A. Kreutz (2005a). *Bridging the Gap between OLAP and SQL.* In: *Proc. of the Conf. on Very Large Data Bases (VLDB)*, S. 1031–1042, Trondheim, Norwegen.

Dittrich, J.-P., J.-A. Quiané-Ruiz, A. Jindal, Y. Kargin, V. Setty und J. Schad (2010). *Hadoop++: Making a Yellow Elephant Run Like a Cheetah (Without It Even Noticing)*. PVLDB, 3(1):518–529.

Dittrich, J.-P., B. Seeger, D. S. Taylor und P. Widmayer (2002). *Progressive Merge Join: A Generic and Non-blocking Sort-based Join Algorithm*. In: *Proc. of the Conf. on Very Large Data Bases (VLDB)*, S. 299–310.

Dittrich, K. R., H. Fritschi, S. Gatziu, A. Geppert und A. Vaduva (2003). *SAMOS in hindsight: experiences in building an active object-oriented DBMS*. Information Systems, 28(5):369–392.

Dittrich, K. R. und A. Geppert (2001). *Component Database Systems*. dPunkt.Verlag und Morgan Kaufmann Publishers, Heidelberg und San Mateo, CA, USA.

Dittrich, K. R., W. Gotthard und P. C. Lockemann (1987). *DAMOKLES: A Database System for Software Engineering Applications*. In: *Lecture Notes in Computer Science No. 244*, S. 353–371. Springer-Verlag.

Doppelhammer, J., T. Höppler, A. Kemper und D. Kossmann (1997). *Database Performance in the Real World: TPC-D and SAP R/3*. In: *Proc. of the ACM SIGMOD Conf. on Management of Data*, S. 123–134, Tucson, AZ, USA.

Dürr, M. und K. Radermacher (1990). *Einsatz von Datenbanksystemen*. Informationstechnik und Datenverarbeitung. Springer-Verlag, New York, Berlin, etc.

Eberhart, A. und S. Fischer (2000). *Java-Bausteine für E-Commerce Anwendungen. Verteilte Anwendungen mit Servlets, CORBA und XML*. Carl Hanser Verlag.

Eckert, C. (2013). *IT-Sicherheit: Konzepte – Verfahren – Protokolle*. Oldenbourg Verlag.

Eder, J., G. Kappel, A. M. Tjoa und R. Wagner (1987). *BIER - The Behaviour Integrated Entity Realtionship Approach*. In: *Proceedings of the Fifth International Conference on Entity-Relationship Approach*, S. 147–166, Dijon, France.

Effelsberg, W. und T. Härder (1984). *Principles of Database Buffer Management* ACM Trans. on Database Systems, 9(4):560–595.

Eickler, A., C. A. Gerlhof und D. Kossmann (1995). *A Performance Evaluation of OID Mapping Techniques*. In: *Proc. of the Conf. on Very Large Data Bases (VLDB)*, S. 18–29, Zürich, Switzerland.

Eickler, A., A. Kemper und D. Kossmann (1997). *Finding Data in the Neighborhood*. In: *Proc. of the Conf. on Very Large Data Bases (VLDB)*, S. 336–345, Athens, Greece.

Elhardt, K. und R. Bayer (1984). *A Database Cache for High Performance and Fast Restart in Database Systems*. ACM Trans. on Database Systems, 9(4):503–525.

Elmagarmid, A. K., Hrsg. (1992). *Database Transaction Models For Advanced Applications*. The Morgan Kaufmann Series in Data Management Systems. Morgan-Kaufmann Publishers, San Mateo, CA, USA.

Elmasri, E. und S. B. Navathe (2010). *Fundamentals of Database Systems*. Benjamin/Cummings, Redwood City, CA, USA, 6. Auflage

Ester, M., H. Kriegel, J. Sander und X. Xu (1996). *A Density-Based Algorithm for Discovering Clusters in Large Spatial Databases with Noise*. In: *Proceedings of the Second International Conference on Knowledge Discovery and Data Mining (KDD-96), Portland, Oregon, USA*, S. 226–231.

Ester, M. und J. Sander (2000). *Knowledge Discovery in Databases: Techniken und Anwendungen*. Springer Verlag.

Eswaran, K. P., J. Gray, R. A. Lorie und I. L. Traiger (1976). *On the Notion of Consistency and Predicate Locks in a Relational Database System*. Communications of the ACM, 19(11):624–633.

Faensen, D., L. C. Faulstich, H. Schweppe, A. Hinze und A. Steidinger (2001). *Hermes – A Notification Service for Digital Libraries*. In: *ACM/IEEE Joint Conference on Digital Libraries*, Roanoke, Virginia, USA.

Färber, F., S. K. Cha, J. Primsch, C. Bornhövd, S. Sigg und W. Lehner (2011). *SAP HANA database: data management for modern business applications*. SIGMOD Record, 40(4):45–51.

Fagin, R. (1977). *Multivalued Dependencies and a New Normal Form for Relational Databases*. ACM Trans. on Database Systems, 2(3):262–278.

Fagin, R., A. Lotem und M. Naor (2003). *Optimal aggregation algorithms for middleware*. J. Comput. Syst. Sci., 66(4):614–656.

Fagin, R., J. Nievergelt, J. Pippenger und H. Strong (1979). *Extendible Hashing—A Fast Access Method for Dynamic Files*. ACM Trans. on Database Systems, 4(3):315–344.

Fallside, D. C. (2001). *XML Schema Part 0: Primer*. W3C Recommendation, 2 May 2001. `http://www.w3.org/TR/xmlschema-0/`.

Fankhauser, P., T. Groh und S. Overhage (2002). *XQuery by the Book: The IPSI XQuery Demonstrator*. In: *Proc. of the International Conference on Extending Database Technology (EDBT)*, S. 742–744.

Faulstich, L. C. und M. Spiliopoulou (2000). *Building HyperView Wrappers for Publisher Web-Sites*. International Journal on Digital Libraries, 3(1):3–18.

Fayyad, U. M. und R. Uthurusamy (1996). *Data Mining and Knowledge Discovery in Databases (Introduction to the Special Section)*. Communications of the ACM, 39(11):24–26.

Fernandez, E. B., E. Gudes und H. Song (1994). *A Model for Evaluation and Administration of Security in Object-Oriented Databases*. IEEE Trans. Knowledge and Data Engineering, 6(2):275–292.

Ferraiolo, D. F., R. S. Sandhu, S. I. Gavrila, D. R. Kuhn und R. Chandramouli (2001). *Proposed NIST standard for role-based access control*. ACM Trans. Inf. Syst. Secur., 4(3):224–274.

Fiebig, T. und G. Moerkotte (2000). *Evaluating Queries on Structure with eXtended Access Support Relations*. In: *The World Wide Web and Databases, Third International Workshop WebDB 2000, Dallas, Texas, USA, May 18-19, 2000, Selected Papers*, S. 125–136. Springer.

Fiebig, Th., S. Helmer, C.-C. Kanne, G. Moerkotte, J. Neumann, R. Schiele und T. Westmann (2002). *Anatomy of a native XML base management system*. VLDB Journal, 11(4):292–314.

Finis, J., R. Brunel, A. Kemper, T. Neumann, N. May und F. Färber (2015). *Indexing Highly Dynamic Hierarchical Data*. PVLDB, 8(10):986–997.

Finis, J., R. Brunel, A. Kemper, T. Neumann, F. Färber und N. May (2013). *DeltaNI: an efficient labeling scheme for versioned hierarchical data*. In: *Proc. ACM SIGMOD Conference on Management of Data*, S. 905–916.

Foley, J. D. und A. van Dam (1983). *Fundamentals of Interactive Computer Graphics*. Addison-Wesley, Reading, MA, USA.

Florescu, D., A. Grünhagen und D. Kossmann (2002). *XL: An XML Programming Language for Web Service Specification and Composition*. In: *Proceedings of the International World Wide Web Conference (WWW)*, S. 65–76, Honolulu, HI, USA.

Florescu, D., C. Hillery, D. Kossmann, P. Lucas, F. Riccardi, T. Westmann, M. J. Carey und A. Sundararajan (2004). *The BEA streaming XQuery processor*. VLDB Journal, 13(3):294–315.

Florescu, D. und D. Kossmann (1999). *Storing and Querying XML Data Using an RDBMS*. IEEE Data Engeneering Bulletin, 22(3):27–34.

Florescu, D., C. Hillary, D. Kossmann, P. Lucas, F. Riccardi, T. Westmann, M. J. Carey, A. Sundararajan und G. Agrawal (2003). *A Complete and High-performance XQuery Engine for Streaming Data*. In: *Proc. of the Conf. on Very Large Data Bases (VLDB)*, Berlin, S. 997–1008.

Florescu, D., D. Kossmann und I. Manolescu (2000). *Integrating Keyword Search Into XML Query Processing*. In: *Int. World Wide Web Conf.*, S. 119–135, Amsterdam Netherlands.

Franke, C. und M. Gertz (2009). *ORDEN: outlier region detection and exploration in sensor networks*. In: *Proc. of the ACM SIGMOD Conf. on Management of Data*, S. 1075–1078.

Franklin, M. J., B. Jonsson und D. Kossmann (1996). *Performance Tradeoffs for Client-Server Query Processing*. In: *Proc. of the ACM SIGMOD Conf. on Management of Data*, S. 149–160, Montreal, Canada.

Franklin, M. J., M. J. Zwilling, C. K. Tan, M. J. Carey und D. J. DeWitt (1992). *Crash Recovery in Client-Server EXODUS*. In: *Proc. of the ACM SIGMOD Conf. on Management of Data*, S. 165–174, San Diego, USA.

Freitag, B., H. Schütz und G. Specht (1991). *LOLA: A logic language for deductive databases and its implementation*. In: *Proc. of the Second Intl. Symp. for Advanced Applications, (DASFAA)*, Tokyo.

Freytag, J. C. (1987). *A rule-based view of query optimization.* In: *Proc. of the ACM SIGMOD Conf. on Management of Data*, S. 173–180, San Francisco, USA.

Freytag, J. C., D. Maier und G. Vossen, Hrsg. (1994). *Query Processing for Advanced Database Systems.* Morgan-Kaufmann Publishers, San Mateo, CA, USA.

Funke, F., A. Kemper und T. Neumann (2011). *Benchmarking Hybrid OLTP&OLAP Database Systems.* In: *Datenbanksysteme in Business, Technologie und Web (BTW), Fachtagung des GI-Fachbereichs Datenbanken und Informationssysteme.*

Funke, F., A. Kemper und T. Neumann (2012). *Compacting Transactional Data in Hybrid OLTP & OLAP Databases.* PVLDB, 5(11):1424–1435.

Gaede, V. und O. Günther (1998). *Multidimensional Access Methods.* ACM Computing Surveys, 30(2):170–231.

Gärtner, A., A. Kemper, D. Kossmann und B. Zeller (2001). *Efficient Bulk Deletes in Relational Databases.* In: *Proc. IEEE Conf. on Data Engineering*, S. 183–194, Heidelberg.

Gallaire, H. und J. Minker, Hrsg. (1978). *Logic and Databases.* Plenum Publishing Co., New York, NY.

Gallaire, H., J. Minker und J.-M. Nicolas, Hrsg. (1981). *Advances in Database Theory*, Bd. I. Plenum Publishing Co., New York, NY.

Gan, J. und Y. Tao (2015). *DBSCAN Revisited: Mis-Claim, Un-Fixability, and Approximation.* In: *Proc. of the ACM SIGMOD Conf. on Management of Data*, S. 519–530.

Gatziu, S., A. Geppert und K. R. Dittrich (1991). *Integrating Active Concepts into an Object-Oriented Database System.* In: *Proc. of the 3. Intl. Workshop on Database Programming Languages*, Nafplion, Greece.

Geppert, A. (1997). *Objektorientierte Datenbanksysteme: Ein Praktikum.* dpunkt Verlag, Heidelberg.

Gerlhof, C. A., A. Kemper, C. Kilger und G. Moerkotte (1993). *Partition-Based Clustering in Object Bases: From Theory to Practice.* In: *Proc. of the Intl. Conf. on Foundations of Data Organization and Algorithms (FODO)*, Bd. 730 d. Reihe *Lecture Notes in Computer Science (LNCS)*, S. 301–316, Chicago, IL. Springer-Verlag.

Gertz, M. und U. Lipeck (1996). *Deriving Optimized Integrity Monitoring Triggers from Dynamic Integrity Constraints.* Data & Knowledge Engineering, 20(2):163–193.

Gmach, D., S. Krompass, A. Scholz, M. Wimmer und A. Kemper (2008). *Adaptive quality of service management for enterprise services.* ACM Trans. on the WEB, 2(1), Artikel 8.

Gmach, D., S. Seltzsam, M. Wimmer und A. Kemper (2005). *AutoGlobe: Automatische Administration von dienstbasierten Datenbankanwendungen.* In: *Proc. GI Konferenz Datenbanken für Business, Technologie und Web (BTW)*, S. 205–224.

Goldberg, A. und D. Robson (1983). *Smalltalk-80: The Language and its Implementation.* Addison-Wesley, Reading, MA, USA.

Goldman, K. J. und N. Lynch (1994). *Quorum Consensus in Nested Transaction Systems.* ACM Trans. on Database Systems, 19(4):537–585.

Gottlob, G., E. Grädel und H. Veith (2002). *Datalog LITE: a deductive query language with linear time model checking.* ACM Transactions on Computational Logic (TOCL), 3(1):42–79.

Gottlob, G., G. Kappel und M. Schrefl (1990). *Semantics of Object-Oriented Data Models – The Evolving Algebra Approach.* In: Schmidt, J. W. und A. A. Stogny, Hrsg.: *First International East/West Database Workshop*, Nr. 504 in *Lecture Notes in Computer Science (LNCS)*, S. 144–160, Kiev, Ukraine. Springer-Verlag.

Gottlob, G., C. Koch und R. Pichler (2005). *Efficient algorithms for processing XPath queries.* ACM Trans. Database Syst., 30(2):444–491.

Gottlob, G., C. Koch, R. Pichler und L. Segoufin (2005). *The complexity of XPath query evaluation and XML typing.* J. ACM, 52(2):284–335.

Gottlob, G., C. Koch und R. Pichler (2003). *XPath Processing in a Nutshell.* SIGMOD Record, 32(1):11–19.

Gottlob, G., P. Paolini und R. Zicari (1988). *Properties and Update Semantics of Consistent Views.* ACM Trans. on Database Systems, 13(4):486–524.

Graefe, G. (1993). *Query Evaluation Techniques for Large Databases.* ACM Computing Surveys, 25(2):73–170.

Graefe, G. (2011). *A generalized join algorithm.* In: *Datenbanksysteme in Business, Technologie und Web (BTW), Fachtagung des GI-Fachbereichs Datenbanken und Informationssysteme.*

Graefe, G., R. Bunker und S. Cooper (1998). *Hash Joins and Hash Teams in Microsoft SQL Server.* In: *Proc. of the Conf. on Very Large Data Bases (VLDB)*, S. 86–97, New York, USA.

Graefe, G. und D. J. DeWitt (1987). *The EXODUS Optimizer Generator.* In: *Proc. of the ACM SIGMOD Conf. on Management of Data*, S. 160–172, San Francisco, USA.

Graefe, G. und W. J. McKenna (1993). *The Volcano Optimizer Generator: Extensibility and Efficient Search.* In: *Proc. IEEE Conf. on Data Engineering*, S. 209–218, Vienna, Austria.

Graefe, G. und P. O'Neil (1995). *Multi-Table Joins Through Bitmapped Join Indices.* ACM SIGMOD Record, 24(3):8–11.

Gray, J. (1978). *Notes on Database Operating Systems*, Bd. 60 d. Reihe *Lecture Notes in Computer Science*, Kap. 3.F, S. 393–481. Springer.

Gray, J. (1981). *The Transaction Concept: Virtues and Limitations.* In: *Proc. of the Conf. on Very Large Data Bases (VLDB)*, S. 144–154, Cannes, France.

Gray, J. (1993). *The Benchmark Handbook for Database and Transaction Processing Systems.* Morgan-Kaufmann Publishers, San Mateo, CA, USA, 2. Auflage

Gray, J., A. Bosworth, A. Layman und H. Pirahesh (1996). *Data Cube: A Relational Aggregation Operator Generalizing Group-By, Cross-Tab, and Sub-Total.* In: *Proc. IEEE Conf. on Data Engineering*, S. 152–159, New Orleans, LA, USA.

Gray, J. und G. Graefe (1997). *The Five-Minute Rule Ten Years Later, and Other Computer Storage Rules of Thumb.* SIGMOD Record, 26(4):63–68.

Gray, J., R. A. Lorie und G. R. Putzolu (1975). *Granularity of Locks in a Large Shared Database.* In: *Proc. of the Conf. on Very Large Data Bases (VLDB)*, S. 428–451, Framingham, MA, USA.

Gray, J., P. R. McJones, M. W. Blasgen, B. Lindsay, R. A. Lorie, T. G. Price, G. R. Putzolu und I. L. Traiger (1981). *The Recovery Manager of the System R Database Manager.* ACM Computing Surveys, 13(2):223–242.

Gray, J. und A. Reuter (1993). *Transaction Processing: Concepts and Techniques.* Morgan-Kaufmann Publishers, San Mateo, CA, USA.

Grund, M., J. Krüger, H. Plattner, A. Zeier, P. CudreMauroux und S. Madden (2010). *HYRISE: A Main Memory Hybrid Storage Engine.* Proc. of the Conf. on Very Large Data Bases (VLDB), 4(2).

Grund, M., P. Cudré-Mauroux, J. Krüger, S. Madden und H. Plattner (2012). *An Overview of HYRISE - a Main Memory Hybrid Storage Engine.* IEEE Data Eng. Bull., 35(1):52–57.

Grust, T. (2002). *Accelerating XPath location steps.* In: *Proc. of the ACM SIGMOD Conf. on Management of Data*, S. 109–120, Madison, Wisconsin, USA.

Grust, T., J. Rittinger und J. Teubner (2007). *Why off-the-shelf RDBMSs are better at XPath than you might expect.* In: *Proc. of the ACM SIGMOD Conf. on Management of Data*, S. 949–958.

Grust, T., M. van Keulen und J. Teubner (2003). *Staircase Join: Teach a Relational DBMS to Watch its (Axis) Steps.* In: *Proc. of the Conf. on Very Large Data Bases (VLDB)*, Berlin, S. 524–535.

Grust, T., J. Kröger, D. Gluche, A. Heuer und M. H. Scholl (1997). *Query Evaluation in CROQUE – Calculus and Algebra Coincide.* In: *In Proc. British National Conference on Databases (BNCOD)*, London, UK.

Grust, T. und M. H. Scholl (1999). *How to Comprehend Queries Functionally.* Journal of intelligent Information Systems (JIIS), 12(2):191–218.

Günnemann, S., I. Färber, B. Boden und T. Seidl (2014). *GAMer: a synthesis of subspace clustering and dense subgraph mining.* Knowl. Inf. Syst., 40(2):243–278.

Günther, O. und H.-J. Schek, Hrsg. (1991). *Advances in Spatial Databases.* Nr. 525 in *Lecture Notes in Computer Science (LNCS).* Springer-Verlag, New York, Berlin, etc.

Güntzer, U., W. T. Balke und W. Kießling (2000). *Optimizing Multi-Feature Queries for Image Databases*. In: *Proc. of the Conf. on Very Large Data Bases (VLDB)*, S. 419–428, Cairo, Egypt.

R. H. Güting, M. Böhlen, M. Erwig, C. Jensen, N. Lorentzos, M. Schneider und M. Vazirgianni (2000): *A foundation for representing and quering moving objects*. ACM Trans. Database Systems (TODS), 25(1):1-42.

Güting, R. H. und S. Dieker (2003). *Datenstrukturen und Algorithmen*. Leitfäden und Monographien der Informatik. Teubner, Stuttgart.

Gufler, B., N. Augsten, A. Reiser und A. Kemper (2012). *Load Balancing in MapReduce Based on Scalable Cardinality Estimates*. In: *Proceedings of the International Conference on Data Engineering (ICDE)*, S. 522–533.

Guttman, A. (1984). *A Dynamic Index Structure for Spatial Searching*. In: *Proc. of the ACM SIGMOD Conf. on Management of Data*, S. 47–57, Boston, USA.

Haas, L. M., W. Chang, G. M. Lohman, J. McPherson, P. F. Wilms, G. Lapis, B. Lindsay, H. Pirahesh, M. J. Carey und E. J. Shekita (1990). *Starburst Mid-Flight: As the Dust Clears*. IEEE Transactions on Knowledge and Data Engineering, 2(1):143–160.

Haas, L. M., D. Kossmann, E. L. Wimmers und J. Yang (1997). *Optimizing Queries Across Diverse Data Sources*. In: *Proc. of the Conf. on Very Large Data Bases (VLDB)*, S. 276–285, Athens, Greece.

Hamilton, G., R. Cattell und M. Fisher (1997). *JDBC Database Access with Java. A Tutorial and Annotated Reference*. Addison Wesley, Reading, MA, USA.

Hammer, M. und D. McLeod (1981). *Database Description with SDM: A Semantic Database Model*. ACM Trans. on Database Systems, 6(3):351–386.

Härder, T. (1978). *Implementing a Generalized Access Path Structure for a Relational Database System*. ACM Trans. on Database Systems, 3(3):285–298.

Härder, T. (1984). *Observations on Optimistic Concurrency Control Schemes*. Information Systems, 9:111–120.

Härder, T. und E. Rahm (2001). *Datenbanksysteme: Konzepte und Techniken der Implementierung*. 2. Auflage. Springer-Verlag, New York, Berlin, etc.

Härder, T. und A. Reuter (1983). *Principles of Transaction-Oriented Database Recovery*. ACM Computing Surveys, 15(4):287–317.

Härder, T. und K. Rothermel (1987). *Concepts for Transaction Recovery in nested transactions*. In: *Proc. of the ACM SIGMOD Conf. on Management of Data*, S. 239–248, San Francisco, USA.

Harinarayan, V., A. Rajaraman und J. D. Ullman (1996). *Implementing Data Cubes Efficiently*. In: *Proc. of the ACM SIGMOD Conf. on Management of Data*, S. 205–216, Montreal, Canada.

Harizopoulos, Stavros, D. J. Abadi, S. Madden und M. Stonebraker (2008). *OLTP through the looking glass, and what we found there.* In: *Proc. of the ACM SIGMOD Conf. on Management of Data.*

Hartel, P., G. Denker, M. Kowsari, M. Krone und H.-D. Ehrich (1997). *Information systems modelling with TROLL formal methods at work.* Information Systems, 22(2):79 – 99.

Hartmann, T., R. Jungclaus, G. Saake und H.-D. Ehrich (1992). *Spezifikation von Objektsystemen.* In: Bayer, Härder und Lockemann (1992), S. 220–242.

Helman, P. (1994). *The Science of Database Management.* R. D. Irwin, Inc.

Helmer, S. und G. Moerkotte (1997). *Evaluation of Main Memory Join Algorithms for Joins with Subset Join Predicates.* In: *Proc. of the Conf. on Very Large Data Bases (VLDB)*, S. 386–395, Athens, Greece.

Helmer, S., T. Neumann und G. Moerkotte (2003). *A Robust Scheme for Multilevel Extendible Hashing.* In: *Computer and Information Sciences - ISCIS 2003*, S. 220–227.

Helmer, S., T. Westmann und G. Moerkotte (1998). *Diag-Join: An Opportunistic Join Algorithm for (1:N)-Relationships.* In: *Proc. of the Conf. on Very Large Data Bases (VLDB)*, S. 98–109, New York, USA.

Héman, S., M. Zukowski, N. J. Nes, L. Sidirourgos und P. A. Boncz (2010). *Positional update handling in column stores.* In: *Proc. of the ACM SIGMOD Conf. on Management of Data*, S. 543–554.

Henrich, A., H.-W. Six und P. Widmayer (1989). *The LSD' Tree: Spatial Access to Multidimensional Point and Non-Point Objects.* In: *Proc. of the Conf. on Very Large Data Bases (VLDB)*, S. 45–53, Amsterdam, Netherlands.

Herlihy, M. P. (1986). *A Quorum-Consensus Replication Method for Abstract Data Types.* ACM Trans. Comp. Syst., 4(1).

Heuer, A. (1997). *Objektorientierte Datenbanken.* 2. Auflage. Addison-Wesley Verlag.

Hinrichs, K. (1985). *The Grid File System: Implementation and Case Studies of Application.* Doktorarbeit, ETH Zürich, Switzerland. Nr. 7734.

Hitzler, P., M. Krötzsch, S. Rudolph und Y. Sure (2008). *Semantic Web.* Springer Verlag.

Hohenstein, U. und G. Engels (1992). *QL/EER - Syntax and Semantics of an Entity-Relationship-based Query Language.* Information Systems, 17(3):209–242.

Hohenstein, U., R. Lauffer, K.-D. Schmatz und P. Weikert (1996). *Objektorientierte Datenbanksysteme: ODMG-Standard, Produkte, Systembewertung, Benchmarks, Tuning.* Vieweg, Braunschweig/Wiesbaden.

Hohenstein, U., V. Pleßer und R. Heller (1997). *Eine Evaluierung der Performanz objektorientierter Datenbanksysteme für eine konkrete Applikation.* In: *Proc. GI*

Konferenz Datenbanken für Büro, Technik und Wissenschaft (BTW), Informatik aktuell, S. 221–240, New York, Berlin, etc. Springer-Verlag.

Hrle, N. und O. Draese (2011). *Technical Introduction to the IBM Smart Analytics Optimizer for DB2 for System z.* In: *Datenbanksysteme in Business, Technologie und Web (BTW), Fachtagung des GI-Fachbereichs Datenbanken und Informationssysteme.*

Hull, R. und R. King (1987). *Semantic Database Modeling: Survey, Applications, and Research Issues.* ACM Computing Surveys, 19(3):201–260.

Hunter, J. und W. Crawford (1998). *Java Servlet Programming.* O'Reilly & Associates, Sebastopol, CA, USA.

Ibaraki, T. und T. Kameda (1984). *Optimal nesting for computing N-relational joins.* ACM Trans. on Database Systems, 9(3):482–502.

Ilyas, H. F., G. Beskales und M. A. Soliman (2008). *A Survey of Top-k Query Processing Techniques in Relational Database Systems.* ACM Computing Surveys, 40(4):11.

Ioannidis, Y. E. und E. Wong (1987). *Query Optimization by Simulated Annealing.* In: *Proc. of the ACM SIGMOD Conf. on Management of Data*, S. 9–22, San Francisco, USA.

Jablonski, S. (1997). *Architektur von Workflow-Management-Systemen.* Informatik Forsch. Entw., 12(2):72–81.

Jablonski, S., T. Ruf und H. Wedekind (1990). *Implementation of a Distributed Data Management System for Technical Applications—A Feasibility Study.* Information Systems, 15(2):247–256.

Jaecksch, B., W. Lehner und F. Faerber (2010). *A plan for OLAP.* In: *International Conference on Extending Database Technology (EDBT)*, S. 681–686.

Jaedicke, M. und B. Mitschang (1998). *On Parallel Processing of Aggregate and Scalar Functions in Object-Relational DBMS.* In: *Proc. of the ACM SIGMOD Conf. on Management of Data*, S. 379–389, Seattle, WA, USA.

Jaedicke, M. und B. Mitschang (1999). *User-Defined Table Operators: Enhancing Extensibility for ORDBMS.* In: *Proc. of the Conf. on Very Large Data Bases (VLDB)*, S. 494–505, Edinburgh, GB.

Jagadish, H. V., B. C. Ooi und Q. H. Vu (2005). *BATON: A Balanced Tree Structure for Peer-to-Peer Networks.* In: *Proc. of the Conf. on Very Large Data Bases (VLDB)*, S. 661–672.

Jarke, M., J. Clifford und Y. Vassiliou (1986). *An optimizing Prolog front end to a relational query system.* In: *Proc. of the ACM SIGMOD Conf. on Management of Data*, S. 296–306, Washington, USA.

Jarke, M., R. Gallersdörfer, M. A. Jeusfeld und M. Staudt (1995). *ConceptBase – A Deductive Object Base for Meta Data Management.* Journal of Intelligent Information Systems (JIIS), 4(2):167–192.

Jarke, M. und J. Koch (1984). *Query optimization in database systems.* ACM Computing Surveys, 16(2):111–152.

Jarke, M., T. List und J. Köller (2000). *The Challenge of Process Data Warehousing.* In: *Proc. of the Conf. on Very Large Data Bases (VLDB)*, S. 473–483, Cairo, Egypt.

Jermaine, C. M., S. Arumugam, A. Pol und A. Dobra (2007). *Scalable approximate query processing with the DBO engine.* In: *Proc. of the ACM SIGMOD Conf. on Management of Data*, S. 725–736.

Johnson, T. und D. Shasha (1994). *2Q: A Low Overhead High Performance Buffer Management Replacement Algorithm.* In: *Proc. of the Conf. on Very Large Data Bases (VLDB)*, S. 439–450, Santiago, Chile.

Kailing, K., H.-P. Kriegel, M. Pfeifle und S. Schönauer (2006). *Extending metric index structures for efficient range query processing.* Knowl. Inf. Syst., 10(2):211–227.

Kallman, R., H. Kimura, J. Natkins, A. Pavlo, A. Rasin, S. B. Zdonik, E. P. C. Jones, S. Madden, M. Stonebraker, Y. Zhang, J. Hugg und D. J. Abadi (2008). *H-store: a high-performance, distributed main memory transaction processing system.* PVLDB, 1(2):1496–1499.

Kandzia, P. und H.-J. Klein (1993). *Theoretische Grundlagen relationaler Datenbanksysteme.* BI-Wissenschaftsverlag, Mannheim.

Kanne, C.-C., M. Brantner und G. Moerkotte (2005). *Cost-Sensitive Reordering of Navigational Primitives.* In: *Proc. of the ACM SIGMOD Conf. on Management of Data*, S. 742–753.

Kanne, C. C. und G. Moerkotte (2000). *Efficient Storage of XML Data.* In: *Proc. IEEE Conf. on Data Engineering*, S. 198, Seattle, WA, USA.

Kanne, C. C. und G. Moerkotte (2006). *A Linear Time Algorithm for Optimal Tree Sibling Partitioning and Approximation Algorithms in Natix.* In: *Proc. of the Conf. on Very Large Data Bases (VLDB)*, S. 91–102.

Kappel, G. und M. Schrefl (1988). *A Behavior-Integrated Entity-Relationship Approach for the Design of Object-Oriented Databases.* In: *Proc. of the Intl. Conf. on Entity-Relationship Approach*, Rome, Italy.

Karayannidis, N., A. Tsois, T. K. Sellis, R. Pieringer, V. Markl, F. Ramsak, R. Fenk, K. Elhardt und R. Bayer (2002). *Processing Star Queries on Hierarchically-Clustered Fact Tables.* In: *Proc. of the Conf. on Very Large Data Bases (VLDB)*, Hong Kong, China, S. 730–741.

Karl, S. und P. C. Lockemann (1988). *Design of Engineering Databases: A Case for More Varied Semantic Modelling Concepts.* Information Systems, 13(4):335–357.

Karnstedt, M., K.-U. Sattler, M. Richtarsky, J. Müller, M. Hauswirth, R. Schmidt und R. John (2007). *UniStore: Querying a DHT-based Universal Storage.* In: *Proceedings of the International Conference on Data Engineering (ICDE)*, S. 1503–1504.

Kaufmann, M., A. A. Manjili, P. Vagenas, P. M. Fischer, D. Kossmann, F. Färber und N. May (2013). *Timeline index: a unified data structure for processing queries on temporal data in SAP HANA*. In: *Proc. ACM SIGMOD Conference on Management of Data*, S. 1173–1184.

Keidl, M. und A. Kemper (2004). *Towards context-aware adaptable web services*. In: *Proc. World Wide Web Conference – Alternate Track*, S. 55–65.

Keidl, M., A. Kemper, S. Seltzsam und K. Stocker (2002). *Web Services (Kapitel 10)*. In Rahm und Vossen (2003).

Keidl, M., A. Kreutz, A. Kemper und D. Kossmann (2001). *Verteilte Metadatenverwaltung für die Anfragebearbeitung auf Internet-Datenquellen*. In: *Proc. GI Konferenz Datenbanken für Büro, Technik und Wissenschaft (BTW)*, Informatik aktuell, New York, Berlin, etc. Springer-Verlag.

Keidl, M., S. Seltzsam, C. König und A. Kemper (2003). *Kontext-basierte Personalisierung von Web Services*. In: *Tagungsband der Tagung Datenbanksysteme für Business, Technologie und Web (BTW)*, Leipzig, S. 344–363.

Keidl, M., S. Seltzsam und A. Kemper (2003). Reliable Web Service Execution and Deployment in Dynamic Environments. In *Proceedings of the 4th VLDB Workshop on Technologies for E-Services (TES'03)*, S. 104-118, Berlin, Sep. 2003. Springer Verlag, LNCS 2819.

Keidl, M., S. Seltzsam, A. Kemper und N. Krivokapić (1999). *Sicherheit in einem Java-basierten verteilten System autonomer Objekte*. In: *Proc. GI Konferenz Datenbanken für Büro, Technik und Wissenschaft (BTW)*, Informatik aktuell, New York, Berlin, etc. Springer-Verlag.

Keidl, M., S. Seltzsam, K. Stocker und A. Kemper (2003). ServiceGlobe: Distributing E-Services across the Internet. In *Proceedings of the International Conference on Very Large Data Bases (VLDB)*, S. 1047-1050, Hong Kong, China, August 2002.

Keim, D. A. und H.-P. Kriegel (1996). *Visualization Techniques for Mining Large Databases: A Comparison*. IEEE Trans. Knowledge and Data Engineering, 8(6):923–938.

Kemper, A., C. Kilger und G. Moerkotte (1994). *Function Materialization in Object Bases: Design, Implementation and Assessment*. IEEE Trans. Knowledge and Data Engineering, 6(4):587–608.

Kemper, A. und D. Kossmann (1994). *Dual-Buffering Strategies in Object Bases*. In: *Proc. of the Conf. on Very Large Data Bases (VLDB)*, S. 427–438, Santiago, Chile.

Kemper, A., D. Kossmann und C. Wiesner (1999). *Generalized Hash Teams for Join and Group-by*. In: *Proc. of the Conf. on Very Large Data Bases (VLDB)*, S. 30–41, Edinburgh, GB.

Kemper, A., P. C. Lockemann, G. Moerkotte und H. D. Walter (1994). *Autonomous Objects: A Natural Model for Complex Applications*. Journal of Intelligent Information Systems (JIIS), 3(2):133–150.

Kemper, A. und G. Moerkotte (1992). *Access Support Relations: An Indexing Method for Object Bases.* Information Systems, 17(2):117–146.

Kemper, A. und G. Moerkotte (1993). *Basiskonzepte objektorientierter Datenbanken.* Informatik Spektrum, 16(2):69–80.

Kemper, A. und G. Moerkotte (1994). *Object-Oriented Database Management: Applications in Engineering and Computer Science.* Prentice Hall.

Kemper, A. und G. Moerkotte (1995). *Physical Object Management.* In: Kim, W., Hrsg.: *Modern Database Systems: The Object Model, Interoperability, and Beyond*, S. 175–202. Addison-Wesley, Reading, MA, USA.

Kemper, A., G. Moerkotte und K. Peithner (1993). *A Blackboard Architecture for Query Optimization in Object Bases.* In: *Proc. of the Conf. on Very Large Data Bases (VLDB)*, S. 543–554, Dublin, Ireland.

Kemper, A., G. Moerkotte, K. Peithner und M. Steinbrunn (1994). *Optimizing Disjunctive Queries with Expensive Predicates.* In: *Proc. of the ACM SIGMOD Conf. on Management of Data*, S. 336–347, Minneapolis, MI, USA.

Kemper, A. und T. Neumann (2011). *HyPer: A Hybrid OLTP&OLAP Main Memory Database System Based on Virtual Memory Snapshots.* In: *Proceedings of the International Conference on Data Engineering (ICDE).*

Kemper, A. und M. Wallrath (1987). *An Analysis of Geometric Modeling in Database Systems.* ACM Computing Surveys, 19(1):47–91.

Kemper, A. und C. Wiesner (2001). *HyperQueries: Dynamic Distributed Query Processing on the Internet.* In: *Proc. of the Conf. on Very Large Data Bases (VLDB)*, S. 551–560, Rome, Italy.

Kemper, A. und C. Wiesner (2005). *Building Scalable Electronic Market Places Using HyperQuery-Based Distributed Query Processing.* World Wide Web, Kluwer Verlag, 8(1):27–60.

Kemper, A. und M. Wimmer (2012). *Übungsbuch Datenbanksysteme.* 3. Auflage. Oldenbourg Verlag.

Kent, W. (1983). *A Simple Guide to Five Normal Forms in Relational Database Theory.* Communications of the ACM, 26(2):120–125.

Kersten, M. L., A. P. J. M. Siebes, M. Holsheimer und F. Kwakkel (1997). *Research and Business Challenges in Data Mining Technology.* In: Dittrich, K. R. und *Proc. GI Konferenz Datenbanken für Büro, Technik und Wissenschaft (BTW)*, Informatik aktuell, S. 1–16, New York, Berlin, etc. Springer-Verlag.

Kießling, W. (2002). *Foundations of Preferences in Database Systems.* In: *Proc. of the Conf. on Very Large Data Bases (VLDB)*, Hong Kong, China, S. 311–322.

Kießling, W., H. Schmidt, W. Strauß und G. Dünzinger (1994). *DECLARE and SDS: Early Efforts to Commercialize Deductive Database Technology.* The VLDB Journal, 3(2):211–244.

Kifer, M., G. Lausen und J. Wu (1995). *Logic foundations of object-oriented and frame-based languages*. Journal of the ACM, 42(4):741–843.

Kilger, C. und G. Moerkotte (1994). *Indexing Multiple Sets*. In: *Proc. of the Conf. on Very Large Data Bases (VLDB)*, S. 180–191, Santiago, Chile.

Kim, C., J. Chhugani, N. Satish, E. Sedlar, A. D. Nguyen, T. Kaldewey, V. W. Lee, S. A. Brandt und P. Dubey (2010). *FAST: fast architecture sensitive tree search on modern CPUs and GPUs*. In: *Proc. of the ACM SIGMOD Conf. on Management of Data*, S. 339–350.

Kim, C., E. Sedlar, J. Chhugani, T. Kaldewey, A. D. Nguyen, A. D. Blas, V. W. Lee, N. Satish und P. Dubey (2009). *Sort vs. Hash Revisited: Fast Join Implementation on Modern Multi-Core CPUs*. PVLDB, 2(2):1378–1389.

Kimball, R. (1996). *Data Warehouse Toolkit*. John Wiley & Sons, Chichester, UK.

Kimball, R. und K. Strehlo (1995). *Why Decision Support Fails and How To Fix It*. ACM SIGMOD Record, 24(3):92–97.

Klahold, P., G. Schlageter, R. Unland und W. Wilkes (1985). *A Transaction Model Supporting Complex Applications in Integrated Information Systems*. In: *Proc. of the ACM SIGMOD Conf. on Management of Data*, S. 388–401.

Klein, A., R. Gemulla, P. Rösch und W. Lehner (2006). *Derby/S: a DBMS for sample-based query answering*. In: *Proc. of the ACM SIGMOD Conf. on Management of Data*, 757–759.

Kleinberg, J. M. (1999). *Authoritative Sources in a Hyperlinked Environment*. J. ACM, 46(5):604–632.

Kleiner, C. und U. Lipeck (2001). *Web-Enabling Geographic Data with Object-Relational Databases*. In: *Proc. GI Konferenz Datenbanken für Büro, Technik und Wissenschaft (BTW)*, Informatik Aktuell, S. 127–143, Oldenburg. Springer.

Kleinschmidt, P. und C. Rank (2002). *Relationale Datenbanksysteme: Eine praktische Einführung*. 2. Auflage. Springer-Verlag, New York, Berlin, etc.

Klettke, M. und H. Meyer (2002). *XML & Datenbanken. Konzepte, Sprachen und Systeme*. Dpunkt Verlag.

Knapp, E. (1987). *Deadlock Detection in Distributed Databases*. ACM Computing Surveys, 19(4):303–328.

Knuth, D. E. (1973). *The Art of Computer Programming – Sorting and Searching*. Bd. 3. Addison-Wesley, Reading, MA, USA.

Knuth, D. E. (1981). *The Art of Computer Programming/Seminumerical Algorithms*, Bd. 2. Addison-Wesley, Reading, MA, USA, 2. Auflage

Koch, C., P. Buneman und M. Grohe (2003). *Path Queries on Compressed XML*. In: *Proc. of the Conf. on Very Large Data Bases (VLDB)*, Berlin, S. 141–152.

Koch, C. und S. Scherzinger (2003). *Attribute Grammars for Scalable Query Processing on XML Streams.* In: *Proceedings of the International Conference on Database Programming Languages (DBPL)*, S. 135–146, Potsdam.

Koch, C., S. Scherzinger, N. Schweikardt und B. Stegmaier (2004). *Schema-based Scheduling of Event Processors and Buffer Minimization for Queries on Structured Data Streams.* In: *Proc. of the Conf. on Very Large Data Bases (VLDB)*, S. 228–239.

König-Ries, B. (2000). *An Approach to the Semi-Automatic Generation of Mediator Specifications.* In: *Proc. International Conference on Extending Database Technology (EDBT), Konstanz*, Bd. 1777 d. Reihe *Lecture Notes in Computer Science*, S. 101–117. Springer.

Kolb, L., A. Thor und E. Rahm (2012). *Load Balancing for MapReduce-based Entity Resolution.* In: *Proceedings of the International Conference on Data Engineering (ICDE)*, S. 618–629.

Korth, H. F. (1983). *Locking Primitives in a database system.* Journal of the ACM, 30(1):55–79.

Kosch, H. und M. Döller (2005). *MPEG: Überblick und Integration in Multimedia-Datenbanken.* Datenbank-Spektrum, 15(14):26–35.

Kossmann, D. (2001). *The State of the Art in Distributed Query Processing.* ACM Computing Surveys 32(4):422–469.

Kossmann, D., M. Franklin und G. Drasch (2000). *Cache Investment: Integrating Query Optimization and Dynamic Data Placement.* ACM Trans. on Database Systems, 25(4):517–558.

Kossmann, D. und F. Leymann (2004). *Web Services.* Informatik Spektrum, 27(2):117–128.

Kossmann, D., F. Ramsak und S. Rost (2002). *Shooting Stars in the Sky: An Online Algorithm for Skyline Queries.* In: *Proc. of the Conf. on Very Large Data Bases (VLDB)*, Hong Kong, China, S. 275–286.

Kossmann, D. und K. Stocker (2000). *Iterative Dynamic Programming: A New Class of Query Optimization Algorithms.* ACM Trans. on Database Systems, 25(1):43–82.

Kounev, S. und A. P. Buchmann (2002). *Improving Data Access of J2EE Applications by Exploiting Asynchronous Messaging and Caching Services.* In: *Proc. of the Conf. on Very Large Data Bases (VLDB)*, Hong Kong, China, S. 574–585.

Krämer, J. und B. Seeger (2009). *Semantics and implementation of continuous sliding window queries over data streams.* ACM Trans. Database Syst., 34(1).

Kraft, T., H. Schwarz, R. Rantzau und B. Mitschang (2003). *Coarse-Grained Optimization: Techniques for Rewriting SQL Statement Sequences.* In: *Proc. of the Conf. on Very Large Data Bases (VLDB)*, Berlin, S. 488–499.

Kraska, T., M. Hentschel, G. Alonso und D. Kossmann (2009). *Consistency Rationing in the Cloud: Pay only when it matters.* PVLDB, 2(1):253–264.

Krcmar, H. (2002). *Informationsmanagement.* Springer, Berlin.

Krishnamurthy, R., H. Boral und C. Zaniolo (1986). *Optimization of Nonrecursive Queries.* In: *Proc. of the Conf. on Very Large Data Bases (VLDB)*, S. 128–137, Kyoto, Japan.

Krivokapić, N., A. Kemper und E. Gudes (1999). *Deadlock Detection in Distributed Database Systems: A New Algorithm and a Comparative Performance Analysis.* VLDB Journal 8(2): 79-100.

Krompass, S., U. Dayal, H. A. Kuno und A. Kemper (2007). *Dynamic Workload Management for Very Large Data Warehouses: Juggling Feathers and Bowling Balls.* In: *Proc. of the Conf. on Very Large Data Bases (VLDB)*, S. 1105–1115.

Krompass, S., H. A. Kuno, J. L. Wiener, K. Wilkinson, U. Dayal und A. Kemper (2009). *A Testbed for Managing Dynamic Mixed Workloads.* PVLDB, 2(2).

Krüger, J., M. Grund, C. Tinnefeld, H. Plattner, A. Zeier und F. Faerber (2010). *Optimizing Write Performance for Read Optimized Databases.* In: *Proc. Database Systems for Advanced Applications (DASFAA) Conf.*.

Kulkarni, K. G. (1994). *Object-Oriented Extensions in SQL3: A Status Report.* In: *Proc. of the ACM SIGMOD Conf. on Management of Data*, S. 478, Minneapolis, MI, USA.

Kulkarni, K. G. und J.-E. Michels (2012). *Temporal features in SQL: 2011.* SIGMOD Record, 41(3):34–43.

Kung, H. T. und P. L. Lehman (1980). *Concurrent Manipulation of Binary Search Trees.* ACM Trans. on Database Systems, 5(3):354–382.

Kuntschke, R., B. Stegmaier, A. Kemper und A. Reiser (2005). *StreamGlobe: Processing and Sharing Data Streams in Grid-Based P2P Infrastructures.* In: *Proc. of the Conf. on Very Large Data Bases (VLDB)*, S. 1259–1262.

Küspert, K., P. Dadam und J. Günauer (1987). *Cooperative Buffer Management in the Advanced Information Management Prototype.* In: *Proc. of the Conf. on Very Large Data Bases (VLDB)*, S. 483–492, Brighton, UK.

Lamersdorf, W. (1994). *Datenbanken in verteilten Systemen.* Vieweg Verlag, Braunschweig/Wiesbaden.

Lampson, B. und H. Sturgis (1976). *Crash Recovery in a Distributed Data Storage System.* Technischer Bericht, Computer Science Laboratory, Xerox, Palo Alto Research Center, Palo Alto, CA, USA.

Lang, H., V. Leis, M.-C. Albutiu, T. Neumann und A. Kemper (2013). *Massively Parallel NUMA-aware Hash Joins.* In: *Proc. VLDB International Workshop on In-Memory Data Management and Analytics (IMDM).*

Lang, S. M. und P. C. Lockemann (1995). *Datenbankeinsatz.* Springer-Verlag, New York, Berlin, etc.

Larson, P.-Å. (1988). *Dynamic Hash Tables.* Communications of the ACM, 31(4):446–457.

Larson, P.-A. (2013). *Letter from the Special Issue Editor on Main-Memory Databases.* IEEE Data Eng. Bull., 36(2):5.

Larson, P. A., S. Blanas, C. Diaconu, C. Freedman, J. M. Patel und M. Zwilling (2011). *High-Performance Concurrency Control Mechanisms for Main-Memory Databases.* PVLDB, 5(4):298–309.

Larson, P.-A., C. Clinciu, C. Fraser, E. N. Hanson, M. Mokhtar, M. Nowakiewicz, V. Papadimos, S. L. Price, S. Rangarajan, R. Rusanu und M. Saubhasik (2013). *Enhancements to SQL server column stores.* In: *Proc. of the ACM SIGMOD Conference on Management of Data.*

Larson, P.-A., E. N. Hanson und S. L. Price (2012). *Columnar Storage in SQL Server 2012.* IEEE Data Eng. Bull., 35(1):15–20.

Lausen, G. (1983). *Formal Aspects of Optimistic Concurrency Control in a Multiversion Database System.* Information Systems, 8(4):291–300.

Lausen, G. (2005). *Datenbanken: Grundlagen und XML-Technologien.* Spektrum Akademischer Verlag.

Lausen, G. und G. Vossen (1996). *Objekt-orientierte Datenbanken: Modelle und Sprachen.* R. Oldenbourg Verlag, München.

Legler, T., W. Lehner und A. Ross (2006). *Data Mining with the SAP Netweaver BI Accelerator.* In: *Proc. of the Conf. on Very Large Data Bases (VLDB)*, S. 1059–1068.

Lehel, V., F. Matthes und S. Riedel (2004). *Linkage Flooding: Ein Algorithmus zur dateninhaltsorientierten Fusion in vernetzten Informationsbeständen.* In: *INFORMATIK 2004 - Informatik verbindet, Band 1, Beiträge der 34. Jahrestagung der Gesellschaft für Informatik e.V. (GI), Ulm, 20.-24. September 2004*, S. 346–350.

Lehman, P. L. und S. B. Yao (1981). *Efficient locking for concurrent operations on B-trees.* ACM Trans. on Database Systems, 6(4):650–670.

Lehner, W. und F. Irmert (2003). *XPath-Aware Chunking of XML-Documents.* In: *Tagungsband der Tagung Datenbanksysteme für Business, Technologie und Web (BTW)*, Leipzig, S. 108–126.

Lehnert, K. (1988). *Regelbasierte Beschreibung von Optimierungsverfahren für relationale Datenbankanfragesprachen.* Doktorarbeit, Technische Universität München, 8000 München, Germany.

Lehner, W. und H. Schöning (2004). *XQuery.* dPunkt Verlag.

Leis, V., A. Kemper und T. Neumann (2013). *The Adaptive Radix Tree: ARTful Indexing for Main-Memory Databases.* In: *Proceedings of the International Conference on Data Engineering (ICDE).*

Leis, V.ktor, P. A. Boncz, A. Kemper und T. Neumann (2014). *Morsel-driven parallelism: a NUMA-aware query evaluation framework for the many-core age.* In: *Proc. of the ACM SIGMOD Conf. on Management of Data*, S. 743–754.

Leis, V., A. Kemper und T. Neumann (2014). *Exploiting hardware transactional memory in main-memory databases.* In: *IEEE 30th International Conference on Data Engineering, Chicago, ICDE 2014, IL, USA, March 31 - April 4, 2014*, S. 580–591. IEEE.

Leis, V., K. Kundhikanjana, A. Kemper und T. Neumann (2015). *Efficient Processing of Window Functions in Analytical SQL Queries.* PVLDB, 8(10):1058–1069.

Levandoski, J., P.-A. Larson und R. Stoica (2013). *Identifying Hot and Cold Data in Main-Memory Databases.* In: *Proceedings of the International Conference on Data Engineering (ICDE).*

Leymann, F. (2003). *Web Services: Distributed Applications Without Limits.* In: *Tagungsband der Tagung Datenbanksysteme für Business, Technologie und Web (BTW)*, Leipzig, S. 2–23.

Liddle, S. W., D. W. Embley und S. N. Woodfield (1993). *Cardinality constraints in semantic data models.* Data & Knowledge Engineering, 11:235–270.

Liefke, H. und D. Suciu (2000). *XMILL: An Efficient Compressor for XML Data.* In: *Proc. of the ACM SIGMOD Conf. on Management of Data*, S. 153–164, Dallas, Texas, USA.

Linnemann, V., K. Küspert, P. Dadam, P. Pistor, R. Erbe, A. Kemper, N. Südkamp, G. Walch und M. Wallrath (1988). *Design and Implementation of an Extensible Data Base Management System Supporting User Defined Data Types and Functions.* In: *Proc. of the Conf. on Very Large Data Bases (VLDB)*, S. 294–305, Long Beach, Ca.

Lipeck, U. und G. Saake (1987). *Monitoring Dynamic Integrity Constraints Based on Temporal Logic.* Information Systems, 12:255–269.

Lipton, R. J., J. F. Naughton und D. A. Schneider (1990). *Practical Selectivity Estimation through Adaptive Sampling.* In: *Proc. of the ACM SIGMOD Conf. on Management of Data*, S. 1–11, Atlantic City, USA.

Lloyd, J. W. (1984). *Foundations of Logic Programming.* Springer-Verlag, New York, Berlin, etc.

Lockemann, P. C und K. R. Dittrich (2002). *Architektur von Datenbanksystemen.* DPunkt Verlag, Heidelberg.

Lockemann, P. C., G. Krüger und H. Krumm (1993). *Telekommunikation und Datenhaltung.* Hanser-Verlag, München, Wien.

Lockemann, P. C., G. Moerkotte, A. Neufeld, K. Radermacher und N. Runge (1992). *Datenbankentwurf mit frei definierbaren Modellierungskonzepten.* In: Bayer, Härder und Lockemann (1992), S. 155–178.

Lockemann, P. C. und J. W. Schmidt, Hrsg. (1987). *Datenbank-Handbuch.* Springer-Verlag, New York, Berlin, etc.

Logic-Works (1997). *ERwin product overview.* `http://www.logicworks.com/`. Logic Works Inc., 1060 Route 206, Princeton, New Jersey 08540, USA.

Lohman, G. M. (1988). *Grammar-like functional rules for representing query optimization alternatives.* In: *Proc. of the ACM SIGMOD Conf. on Management of Data*, S. 18–27, Chicago, IL, USA.

Lomet, D. und G. Weikum (1998). *Efficient Transparent Application Recovery in Client-Server Information Systems.* In: *Proc. of the ACM SIGMOD Conf. on Management of Data*, S. 460–471, Seattle, Wa, USA.

Lorie, R. A. (1977). *Physical Integrity in a Large Segmented Database.* ACM Trans. Database Systems, 2(1).

Ludäscher, B., P. Mukhopadhyay und Y. Papakonstantinou (2002). *A Transducer-Based XML Query Processor.* In: *Proc. of the Conf. on Very Large Data Bases (VLDB)*, Hong Kong, China, S. 227–238.

Lynch, C. A. (1988). *Selectivity Estimation and Query Optimization in Large Databases with Highly Skewed Distributions of Column Values.* In: *Proc. of the Conf. on Very Large Data Bases (VLDB)*, S. 240–251, Los Angeles, USA.

Märtens, H. und E. Rahm (2001). *On Parallel Join Processing in Object-Relational Database Systems.* In: *Proc. GI Konferenz Datenbanken für Büro, Technik und Wissenschaft (BTW)*, Informatik Aktuell, S. 274–283, Oldenburg. Springer.

Maier, D. (1983). *The Theory of Relational Databases.* Computer Science Press, Rockville, MD, USA.

Maier, D. und D. S. Warren (1988). *Computing with Logic – Logic Programming with Prolog.* Benjamin/Cummings, Redwood City, CA, USA.

Manegold, S., P. A. Boncz und M. L. Kersten (2000). *What Happens During a Join? Dissecting CPU and Memory Optimization Effects.* In: *Proc. of the Conf. on Very Large Data Bases (VLDB)*, S. 339–350.

Maneth, S, T. Perst, A. Berlea und H. Seidl (2005). *XML Type Checking with Macro Tree Transducers.* In: *Proc. of the Conf. on Principles of Database Systems (PODS).*

Manolescu, I., D. Florescu und D. Kossmann (2001). *Answering XML Queries on Heterogeneous Data Sources.* In: *Proc. of the Conf. on Very Large Data Bases (VLDB)*, Rome, Italy.

Mansmann, S., F. Mansmann, M. H. Scholl und D. A. Keim (2007). *Hierarchy-driven Visual Exploration of Multidimensional Data Cubes.* In: *Datenbanksysteme in Business, Technologie und Web, Fachtagung des GI-Fachbereichs Datenbanken und Informationssysteme*, S. 96–111.

Markl, V. (2015). *Gesprengte Ketten - Smart Data, deklarative Datenanalyse, Apache Flink.* Informatik Spektrum, 38(1):10–15.

Markl, V., M. Zirkel und R. Bayer (1999). *Processing Operations with Restrictions in RDBMS without External Sorting: The Tetris Algorithm.* In: *Proceedings of the 15th International Conference on Data Engineering, 23-26 March 1999, Sydney, Austrialia*, S. 562–571.

Marron, J. P. und G. Lausen (2001). *On Processing XML in LDAP*. In: *Proc. of the Conf. on Very Large Data Bases (VLDB)*, Rome, Italy.

Matthes, F. (1993). *Persistente Objektsysteme*. Springer-Verlag, New York, Berlin, etc.

Mattison, R. (1996). *Data Warehousing—Strategies, Technologies, and Techniques*. IEEE Computer Society Press, Los Alamitos, CA, USA.

Mattos, N. und L. G. DeMichiel (1994). *Recent Design Trade-Offs in SQL3*. ACM SIGMOD Record, 23(4):84–89.

Matzke, B. (1996). *ABAP/4 - Die Programmiersprache des SAP-Systems R/3*. Addison-Wesley, Reading, MA, USA.

Maurus, S. und C. Plant (2014). *Ternary Matrix Factorization*. In *Proc. 2014 IEEE International Conference on Data Mining, ICDM 2014, Shenzhen, China, December 14-17*, S. 400-409.

Maxeiner, M. K., K. Küspert und F. Leymann (2001). *Data Mining von Workflow-Protokollen zur teilautomatisierten Konstruktion von Prozeßmodellen*. In: *Proc. GI Konferenz Datenbanken für Büro, Technik und Wissenschaft (BTW)*, Informatik Aktuell, S. 75–84, Oldenburg. Springer.

May, W. und B. Ludäscher (2002). *Understanding the global semantics of referential actions using logic rules*. ACM Trans. on Database Systems, 27(4):343–397.

Mayr, H. C., K. R. Dittrich und P. C. Lockemann (1987). *Datenbankentwurf*. In: Lockemann und Schmidt (1987), S. 486–557.

McJones, P. R. (1995). *The 1995 SQL Reunion: People, Projects, and Politics*. `http://www.mcjones.org/System_R/SQL_Reunion_95/sqlr95.html`.

Melnik, S., E. Rahm und P. Bernstein (2003). *Developing Metadata-Intensive Applications with Rondo*. Journal on Web Semantics, 1(1): 47-74.

Melton, J. (1994). *Framework for SQL*. ANSI X3H2-94-079/SOU-003 (ISO Working Draft).

Melton, J. und A. Eisenberg (2000). *Understanding SQL and Java Together*. Morgan Kaufmann Publishers, San Mateo, CA, USA.

Melton, J. und A. R. Simon (1993). *Understanding the new SQL: a complete guide* Morgan-Kaufmann Publishers, San Mateo, CA, USA.

Melton, J. und A. R. Simon (2001). *SQL:1999 - Understanding Relational Language Components*. Morgan Kaufmann Publishers, San Mateo, CA, USA.

Meyer, B. (1988). *Object-Oriented Software Construction*. International Series in Computer Science. Prentice Hall, Englewood Cliffs, NJ, USA.

Meyer, H., M. Klettke und A. Heuer (2000). *Datenbanken im WWW: Von CGI bis JDBC und XML*. HMD: Praxis der Wirtschaftsinformatik, 214.

Meyer-Wegener, K. (1988). *Transaktionssysteme*. B.G. Teubner Verlag, Stuttgart, Leipzig.

Milchevski, E., A. Anand und S. Michel (2015). *The Sweet Spot between Inverted Indices and Metric-Space Indexing for Top-K-List Similarity Search*. In: *Proceedings of the 18th International Conference on Extending Database Technology, EDBT 2015, Brussels, Belgium, March 23-27, 2015.*, S. 253–264. OpenProceedings.org.

Minker, J. (1988). *Foundations of Deductive Databases and Logic Programming*. Morgan-Kaufmann Publishers, San Mateo, CA, USA.

Mishra, P. und M. H. Eich (1992). *Join Processing in Relational Databases*. ACM Computing Surveys, 24(1):63–113.

Mitschang, B. (1995). *Anfrageverarbeitung in Datenbanksystemen*. Vieweg Verlag, Braunschweig/Wiesbaden.

Moerkotte, G. (1997). *Small Materialized Aggregates: A Light Weight Index Structure for Data Warehousing*. In: *Proc. of the Conf. on Very Large Data Bases (VLDB)*, S. 476–487, Athens, Greece.

Moerkotte, G. (2002). *Incorporating XSL Processing into Database Engines*. In: *Proc. of the Conf. on Very Large Data Bases (VLDB)*, Hong Kong, China, S. 107–118.

Moerkotte, G. und P. C. Lockemann (1991). *Reactive consistency control in deductive databases*. ACM Trans. on Database Systems, 16(4):670–702.

Moerkotte, G. und T. Neumann (2008). *Dynamic programming strikes back*. In: *Proc. of the ACM SIGMOD Conf. on Management of Data*, S. 539–552.

Moerkotte, G., T. Neumann und G. Steidl (2009). *Preventing Bad Plans by Bounding the Impact of Cardinality Estimation Errors*. PVLDB, 2(1):982–993.

Mohan, C., D. Haderle, B. Lindsay, H. Pirahesh und P. M. Schwarz (1992). *ARIES: A Transaction Recovery Method Supporting Fine-Granularity Locking and Partial Rollbacks Using Write-Ahead Logging*. ACM Trans. on Database Systems, 17(1):94–162.

Mohan, C. und I. Narang (1994). *ARIES/CSA: A Method for Database Recovery in Client-Server Architectures*. In: *Proc. of the ACM SIGMOD Conf. on Management of Data*, S. 55–66, Minneapolis, MI, USA.

Moos, A. und G. Daues (1997). *Datenbank-Engineering*. Vieweg-Verlag, Braunschweig/Wiesbaden.

Morris, J., J. D. Ullman und A. V. Gelder (1986). *Design overview of the NAIL! system*. In: *Proc. Third Intl. Conf. on Logic Programming*, S. 554–568, London.

Moss, J. E. B. (1985). *Nested Transactions: An Approach to Reliable Distributed Computing*. MIT Press, Cambridge, MA, USA.

Mühe, H., A. Kemper und T. Neumann (2011). *How to efficiently snapshot transactional data: hardware or software controlled?*. In: *Proceedings of the International Workshop on Data Management on New Hardware, DaMoN*, S. 17–26.

Mühe, H., A. Kemper und T. Neumann (2012). *The mainframe strikes back: elastic multi-tenancy using main memory database systems on a many-core server*. In: *Proc. International Conference on Extending Database Technolog (EDBT)*, S. 578–581.

Mühe, H., A. Kemper und T. Neumann (2013). *Executing Long-Running Transactions in Synchronization-Free Main Memory Database Systems*. In: *Proc. of the Conference on Innovative Data Systems Research (CIDR)*.

Mühlbauer, T., W. Rödiger, A. Reiser, A. Kemper und T. Neumann (2013). *ScyPer: Elastic OLAP Throughput on Transactional Data*. In: *Proc. of the ACM SIGMOD Workshop on Data Analytics in the Cloud 2013 (DanaC 2013)*.

Muller, R. J. (1999). *Database Design for Smarties: Using UML for Data Modeling*. Morgan Kaufmann Publishers, San Mateo, CA, USA.

Muralikrishna, M. und D. J. DeWitt (1988). *Equi-Depth Histograms For Estimating Selectivity Factors for Multi-Dimensional Queries*. In: *Proc. of the ACM SIGMOD Conf. on Management of Data*, S. 28–36, Chicago, IL, USA.

National Institute of Standards and Technology (1997). *SQL Test Suite*. `http://www.itl.nist.gov/div897/ctg/sql_form.htm`.

Nejdl, W., M. Wolpers, W. Siberski, C. Schmitz, M. Schlosser, I. Brunkhorst und A. Löser (2003). *Super-peer-based routing and clustering strategies for RDF-based peer-to-peer networks*. In: *Proceedings of the International World Wide Web Conference (WWW)*, Budapest, Ungarn, S. 536–543.

Neubert, R., O. Görlitz und W. Benn (2001). *Towards Content-Related Indexing in Databases*. In: *Proc. GI Konferenz Datenbanken für Büro, Technik und Wissenschaft (BTW)*, Informatik Aktuell, S. 305–321, Oldenburg. Springer.

Neuhold, E. J. und M. Schrefl (1988). *Dynamic Derivation of Personalized Views*. In: *Proc. of the Conf. on Very Large Data Bases (VLDB)*, S. 183–194, Los Angeles, USA.

Neumann, K. (1996). *Datenbanktechnik für Anwender*. Hanser Verlag, München.

Neumann, T. (2009). *Query simplification: graceful degradation for join-order optimization*. In: *Proc. of the ACM SIGMOD Conf. on Management of Data*, S. 403–414.

Neumann, T. (2011). *Efficiently Compiling Efficient Query Plans for Modern Hardware*. PVLDB, 4(9):539–550.

Neumann, T. und A. Kemper (2015). *Unnesting Arbitrary Queries*. In: *Datenbanksysteme für Business, Technologie und Web (BTW), 4.-6.3.2015 in Hamburg, Germany. Proceedings*, S. 383–402.

Neumann, T. und G. Moerkotte (2011). *Characteristic Sets: Accurate Cardinality Estimation for RDF Queries with Multiple Joins*. In: *Proceedings of the International Conference on Data Engineering (ICDE)*.

Neumann, T., T. Mühlbauer und A. Kemper (2015). *Fast Serializable Multi-Version Concurrency Control for Main-Memory Database Systems*. In: *Proc. of the ACM SIGMOD Conf. on Management of Data*, S. 677–689.

Neumann, T. und G. Weikum (2008). *RDF-3X: a RISC-style engine for RDF*. PVLDB, 1(1):647–659.

Nievergelt, J., H. Hinterberger und K. C. Sevcik (1984). *The Grid File: An Adaptable, Symmetric Multikey File Structure*. ACM Trans. on Database Systems, 9(1):38–71.

Obermarck, R. (1982). *Distributed Deadlock Detection Algorithm*. ACM Trans. on Database Systems, 7(2):187–208.

Oberweis, A. und P. Sander (1996). *Information System Behavior Specification by High-Level Petri Nets*. ACM Transactions on Offcice Information Systems, 14(4):380–420.

Oestereich, B. und S. Bremer (2009). *Analyse und Design mit UML 2.3: Objektorientierte Softwareentwicklung*. Oldenbourg Verlag, München.

O'Neil, E., P. O'Neil und G. Weikum (1993). *The LRU-K Page Replacement Algorithm For Database Disk Buffering*. In: *Proc. of the ACM SIGMOD Conf. on Management of Data*, S. 297–306, Washington, DC, USA.

Oppel, A. und K. Meyer-Wegener (2001). *Entwurf von Client/Server und Replikationssystemen*. In: *Proc. GI Konferenz Datenbanken für Büro, Technik und Wissenschaft (BTW)*, Informatik Aktuell, S. 287–304, Oldenburg. Springer.

Oracle (2007). *Change Data Capture*. http://download.oracle.com/docs/cd/B28359_01/server.111/b28313/cdc.htm.

Ottmann, T. und P. Widmayer (2002). *Algorithmen und Datenstrukturen*. Spektrum Akademischer Verlag, Mannheim, 4. Auflage

Özsu, M. T. und P. Valduriez (1999). *Principles of Distributed Database Systems*. Prentice Hall, Englewood Cliffs, NJ, USA.

Page, L. (2001). *Method for Node Ranking in a Linked Database*. US Patent 6285999 B1.

Papadias, D., Y. Tao, G. Fu und B. Seeger (2003). *An Optimal and Progressive Algorithm for Skyline Queries*. In: *Proc. of the ACM SIGMOD Conf. on Management of Data*, S. 467–478, San Diego, CA, USA.

Papadimitriou, C. H. (1986). *The Theory of Database Concurrency Control*. Computer Science Press, Rockville, MD, USA.

Peinl, P. und A. Reuter (1983). *Empirical Comparison of Database Concurrency Control Schemes*. In: *Proc. of the Conf. on Very Large Data Bases (VLDB)*, S. 97–108, Florence, Italy.

Pernul, G. (1994). *Database Security*. Advances in Computers, 38:1–72.

Peterson, L., B. Davie und D. Clark (2000). *Computer Networks*. Morgan Kaufmann Publishers, San Mateo, CA, USA.

Petkovic, D. (2013). *Was lange währt, wird endlich gut: Temporale Daten im SQL-Standard*. Datenbank-Spektrum, 13(2):131–138.

Pirk, H., F. Funke, M. Grund, T. Neumann, U. Leser, S. Manegold, A. Kemper und M. Kersten (2013). *Identifying Hot and Cold Data in Main-Memory Databases*. In: *Proceedings of the International Conference on Data Engineering (ICDE)*.

Pirotte, A. (1978). *High Level Data Base Query Languages*. In: Gallaire und Minker (1978), S. 409–436.

Pistor, P. (1993). *Objektorientierung in SQL3*. Informatik Spektrum der GI, 16(2):89–94.

Plattner, H. (2009). *A common database approach for OLTP and OLAP using an in-memory column database*. In: *Proc. of the ACM SIGMOD Conf. on Management of Data*.

Plattner, H. (2011). *SanssouciDB: An In-Memory Database for Processing Enterprise Workloads*. In: *Datenbanksysteme in Business, Technologie und Web (BTW), Fachtagung des GI-Fachbereichs Datenbanken und Informationssysteme*.

Plattner, H. (2013). *A Course in In-Memory Data Management: The Inner Mechanics of In-Memory Databases*. Springer Verlag.

Plattner, H. und A. Zeier (2012). *In-Memory Data Management: Technology and Applications*. Springer Verlag, 2 Auflage

Poet Software (1997). *POET – die Objektdatenbank für Ihre C++, Java und OLE-Automation-Objekte*. `http://www.poet.de/`.

Poosala, V., Y. E. Ioannidis, P. J. Haas und E. J. Shekita (1996). *Improved Histograms for Selectivity Estimation of Range Predicates*. In: *Proc. of the ACM SIGMOD Conf. on Management of Data*, S. 294–305, Montreal, Canada.

Powersoft (1997). *PowerDesigner product overview*. `http://www.powersoft.com/`.

Prädel, U., G. Schlageter und R. Unland (1986). *Redesign of Optimistic Methods: Improving Performance and Applicability*. In: *Proc. IEEE Conf. on Data Engineering*, S. 466–473, New York, USA.

Preuner, G., S. Conrad und M. Schrefl (2001). *View integration of behavior in object-oriented databases*. Data & Knowledge Engineering, 36(2):153–183.

Rabitti, F., D. Woelk und W. Kim (1988). *A Model of Authorization for Object-Oriented and Semantic Databases*. In: *Proc. of the Intl. Conf. on Extending Database Technology (EDBT)*, Bd. 303 d. Reihe *Lecture Notes in Computer Science (LNCS)*. Springer-Verlag, New York, Berlin, etc.

Raducanu, B., P. Boncz und M. Zukowski (2013). *Micro adaptivity in Vectorwise*. In: *Proc. of the ACM SIGMOD Conference on Management of Data*.

Rahm, E. (1994). *Mehrrechner-Datenbanksysteme.* Addison-Wesley, Reading, MA, USA.

Rahm, E., G. Saake und K.-U. Sattler (2015). *Verteiltes und Paralleles Datenmanagement.* Springer Verlag.

Rahm, E. und G. Vossen, Hrsg. (2003). *Web & Datenbanken. Konzepte, Architekturen, Anwendungen.* Dpunkt Verlag.

Ramamohanarao, K. (1994). *An Introduction to Deductive Database Languages and Systems.* The VLDB Journal, 3(2):107–122.

Raman, V., G. Swart, L. Qiao, F. Reiss, V. Dialani, D. Kossmann, I. Narang und R. Sidle (2008). *Constant-Time Query Processing.* In: *Proceedings of the International Conference on Data Engineering (ICDE).*

Ramsak, F., V. Markl, R. Fenk, M. Zirkel, K. Elhardt und R. Bayer (2000). *Integrating the UB-Tree into a Database System Kernel.* In: *Proc. of the Conf. on Very Large Data Bases (VLDB)*, S. 263–272, Cairo, Egypt.

Rational Software Corporation (1997). *Rational Rose product overview.* `http://www.rational.com/`. 2800 San Tomas Expressway, Santa Clara, CA, USA.

Ratnasamy, S., P. Francis, M. Handley, R. M. Karp und S. Shenker (2001). *A scalable content-addressable network.* In: *Proceedings of the ACM SIGCOMM 2001 Conference on Applications, Technologies, Architectures, and Protocols for Computer Communication*, S. 161–172.

Red Brick Inc. (1996). *The Data Warehouse: Enabling Better Decisions Faster.* White Paper. `http://www.redbrick.com/`.

Reed, D. (1983). *Implementing Atomic Actions on Decentralized Data.* ACM Trans. Comp. Syst., 1(1):3–23.

Reuter, A. (1980). *A Fast Transaction-Oriented Logging Scheme for UNDO Recovery.* IEEE Trans. Software Eng., 6:348–356.

Reuter, A. (1984). *Performance Analysis of Recovery.* ACM Trans. on Database Systems, 9(4):526–559.

Richters, M. und M. Gogolla (2000). *Validating UML Models and OCL Constraints.* In: *3rd Int. Conf. Unified Modeling Language (UML'2000).* Springer.

Rivest, R. L., A. Shamir und L. M. Adleman (1978). *A Method for Obtaining Digital Signatures and Public-Key Cryptosystems.* Communications of the ACM, 21(2):120–126.

Robinson, J. T. (1981). *The K-D-B-Tree: A Search Structure for Large Multidimensional Dynamic Indexes.* In: *Proc. of the ACM SIGMOD Conf. on Management of Data*, S. 10–18, New York.

Röhm, U., K. Böhm und H.-J. Schek (2001). *Cache-Aware Query Routing in a Cluster of Databases.* In: *Proc. IEEE Conf. on Data Engineering*, S. 641–650, Heidelberg.

Röhm, U., K. Böhm, H.-J. Schek und H. Schuldt (2002). *FAS - A Freshness-Sensitive Coordination Middleware for a Cluster of OLAP Components*. In: *Proc. of the Conf. on Very Large Data Bases (VLDB)*, Hong Kong, China, S. 754–765.

Rowstron, A. I. T. und P. Druschel (2001). *Pastry: Scalable, Decentralized Object Location, and Routing for Large-Scale Peer-to-Peer Systems*. In: *Middleware 2001, IFIP/ACM International Conference on Distributed Systems Platforms*, Heidelberg, S. 329–350.

Rozen, S. und D. Shasha (1991). *A Framework for Automating Physical Database Design*. In: *Proc. of the Conf. on Very Large Data Bases (VLDB)*, S. 401–411.

Rückert, U., L. Richter und S. Kramer (2004). *Quantitative Association Rules Based on Half-Spaces: An Optimization Approach*. In: *Proceedings of the 4th IEEE International Conference on Data Mining (ICDM 2004), 1-4 November 2004, Brighton, UK*, S. 507–510.

Rumbaugh, J., M. Blaha, W. Premerlani, F. Eddy und W. Lorensen (1991). *Object-Oriented Modeling and Design*. Prentice Hall, Englewood Cliffs, NJ, USA.

Rys, M. (2001). *Bringing the Internet to Your Database: Using SQLServer 2000 and XML to Build Loosely-Coupled Systems*. In: *Proc. IEEE Conf. on Data Engineering*, S. 465–472, Heidelberg.

G. Saake, K. U. Sattler und A. Heuer (2013). *Datenbanken - Konzepte und Sprachen*. 5. Auflage. International Thomson Publishing Company, Bonn, Albany.

Saake, G. und K.-U. Sattler (2000). *Java und Datenbanken*. dpunkt.verlag, Heidelberg.

Saake, G., I. Schmitt und C. Türker (1997). *Objektdatenbanken - Konzepte, Sprachen, Architekturen*. International Thomson Publishing, Bonn.

Salles, M., J.-P. Dittrich, S. K. Karakashian, O. R. Girard und L. Blunschi (2007). *iTrails: Pay-as-you-go Information Integration in Dataspaces*. In: *Proc. of the Conf. on Very Large Data Bases (VLDB)*, S. 663–674.

SAP AG (1997). *R/3 System Overview*. `http://www.sap.com/r3/r3\_over.htm`.

Saracca, C. M., D. Chamberlin und R. Ahuja (2006). *DB2 9: pure XML – Overview and Fast Start*. IBM, ibm.com/redbooks.

Schätzle, A., M. Przyjaciel-Zablocki, T. Hornung und G. Lausen (2011). *PigSPARQL: Übersetzung von SPARQL nach Pig Latin*. In: *Datenbanksysteme in Business, Technologie und Web (BTW), Fachtagung des GI-Fachbereichs Datenbanken und Informationssysteme*.

Scharnofske, A., U. Lipeck und M. Gertz (1997). *SubQuery-By-Example: Eine orthogonale Erweiterung von QBE*. In: Dittrich, K. R. und *Proc. GI Konferenz Datenbanken für Büro, Technik und Wissenschaft (BTW)*, Informatik aktuell, S. 133–151, New York, Berlin, etc. Springer-Verlag.

Schek, H.-J., H.-B. Paul, M. H. Scholl und G. Weikum (1990). *The DASDBS Project: Objectives, Experiences, and Future Prospects.* IEEE Transactions on Knowledge and Data Engineering, 2(1):25–43.

Schek, H.-J. und M. H. Scholl (1986). *The Relational Model with Relation-Valued Attributes.* Information Systems, 11(2):137–147.

Schenkel, R. und M. Theobald (2009). *Integrated DB&IR Semi-Structured Text Retrieval.* In: *Encyclopedia of Database Systems*, S. 1543–1546.

Scheuermann, P., G. Weikum und P. Zabback (1998). *Data Partitioning and Load Balancing in Parallel Disk Systems.* The VLDB Journal, 7(1):48–66.

Scheufele, W. und G. Moerkotte (1997). *On the Complexity of Generating Optimal Plans with Cross Products.* In: *Proc. ACM SIGMOD/SIGACT Conf. on Princ. of Database Syst. (PODS)*, S. 238–248, Tucson, AZ, USA.

Schlageter, G. (1978). *Process Synchronization in Database Systems.* ACM Trans. on Database Systems, 3(3):248–271.

Schlageter, G. (1981). *Optimistic methods for concurrency control in distributed database systems.* In: *Proc. of the Conf. on Very Large Data Bases (VLDB)*, S. 125–130, Cannes, France.

Schlageter, G. und W. Stucky (1983). *Datenbanksysteme: Konzepte und Modelle.* Teubner Studienbuch Informatik.

Schmidt, J. W. (1977). *Some High Level Language Constructs for Data of Type Relation.* ACM Trans. Database Systems, 2(3):248–261.

Schöning, H. (2001). *Tamino - A DBMS designed for XML.* In: *Proc. IEEE Conf. on Data Engineering*, S. 149–154, Heidelberg.

Schöning, H. (2002). *XML und Datenbanken. Konzepte und Systeme.* Carl Hanser Verlag.

Scholl, T., B. Bauer, J. Müller, B. Gufler, A. Reiser und A. Kemper (2009). *Workload-Aware Data Partitioning in Community-Driven Data Grids.* In: *International Conference on Extending Database Technology*, St. Petersburg.

Scholl, M. H., C. Laasch und M. Tresch (1991). *Updatable Views in Object-Oriented Databases.* In: *Proc. of the Conf. on Deductive and Object-Oriented Databases (DOOD)*, S. 189–207. Springer-Verlag.

Scholl, M. H. und H.-J. Schek (1992). *Survey of the COCOON Project.* In: Bayer, Härder und Lockemann (1992), S. 243–254.

Schuldt, H., G. Alonso, C. Beeri und H.-J. Schek (2002). *Atomicity and isolation for transactional processes.* ACM Trans. on Database Systems, 27(1):63–116.

Schwarz, P. M. und A. Z. Spector (1984). *Synchronizing Shared Abstract Types.* ACM Trans. Computer Systems, 2(3):223–250.

Seeger, B. (1996). *An Analysis of Schedules for Performing Multi-Page Requests.* Information Systems, 21(5):387–407.

Seeger, B. (2010). *Complex Event Processing: Auswertung von Datenströmen.* iX. http://www.heise.de/ix/artikel/Kontinuierliche-Kontrolle-905334.html.

Seeger, B. und H. P. Kriegel (1990). *The Buddy Tree: An Efficient and Robust Access Method for Spatial Data Base Systems.* In: *Proc. of the Conf. on Very Large Data Bases (VLDB)*, S. 590–601, Brisbane, Australia.

Seeger, B. und P.-Å. Larson (1991). *Multi-Disk B-trees.* In: *Proc. of the ACM SIGMOD Conf. on Management of Data*, S. 436–446, Denver, USA.

Seibold, M., A. Kemper und D. Jacobs (2011). *Strict SLAs for Operational Business Intelligence.* In: *IEEE International Conference on Cloud Computing, IEEE CLOUD*, S. 25–32.

Selinger, P. G., M. M. Astrahan, D. D. Chamberlin, R. A. Lorie und T. G. Price (1979). *Access Path Selection in a Relational Database Management System.* In: *Proc. of the ACM SIGMOD Conf. on Management of Data*, S. 23–34, Boston, USA.

Seltzsam, S., D. Gmach, S. Krompass, und A. Kemper (2006). *AutoGlobe: An Automatic Administration Concept for Service-Oriented Database Applications.* In: *Proc. IEEE Conf. on Data Engineering*, Atlanta, USA.

Seltzsam, S., R. Holzhauser, und A. Kemper (2005). *Semantic Caching for Web Services.* In: *Service-Oriented Computing - ICSOC 2005: Third International Conference, Amsterdam, NL, Dezember, 2005. Lecture Notes in Computer Science, Volume 3826 / 2005, Springer-Verlag.*

Shanmugasundaram, J., E. J. Shekita, R. Barr, M. J. Carey, B. G. Lindsay, H. Pirahesh und B. Reinwald (2000). *Efficiently Publishing Relational Data as XML Documents.* In: *Proc. of the Conf. on Very Large Data Bases (VLDB)*, S. 65–76.

Shapiro, L. D. (1986). *Join Processing in Database Systems with Large Main Memories.* ACM Trans. on Database Systems, 11(9):239–264.

Shasha, D. und P. Bonnet (2002). *Database Tuning: Principles, Experiments, and Troubleshooting Techniques.* Morgan Kaufmann, USA.

Silberschatz, A., H. F. Korth und S. Sudarshan (2010). *Database System Concepts.* McGraw-Hill, Inc., New York, San Francisco, Washington, D.C., 6 Auflage

Skeen, D. (1981). *Non-blocking Commit Protocols.* In: *Proc. of the ACM SIGMOD Conf. on Management of Data*, S. 133–142, Ann Arbor, USA.

Smith, J. M. und D. C. P. Smith (1977). *Database Abstractions: Aggregation and Generalization.* ACM Trans. on Database Systems, 2(2):105–133.

Spalka, A. und A. B. Cremers (2000). *Structured Name-Spaces in Secure Databases.* Journal of Computer Security, 8(1).

Stegmaier, B. und R. Kuntschke (2004). *StreamGlobe: Adaptive Anfragebearbeitung und Optimierung auf Datenströmen.* In: *INFORMATIK 2004 - Informatik verbindet, Band 1, Beiträge der 34. Jahrestagung der Gesellschaft für Informatik e.V. (GI), Ulm, 20.-24. September 2004*, S. 367–372.

Steinbrunn, M., G. Moerkotte und A. Kemper (1997). *Heuristic and Randomized Optimization for the Join Ordering Problem.* VLDB Journal 6(3): 191–208.

Steinbrunn, M., K. Peithner, G. Moerkotte und A. Kemper (1995). *Bypassing Joins in Disjunctive Queries.* In: *Proc. of the Conf. on Very Large Data Bases (VLDB)*, S. 228–238, Zürich, Switzerland.

Stocker, K., D. Kossmann, R. Braumandl und A. Kemper (2001). *Integrating Semi-join Reducers into State-of-the-Art Query Processors.* In: *Proc. IEEE Conf. on Data Engineering*, S. 575–584, Heidelberg.

Stöhr, T., H. Märtens und E. Rahm (2000). *Multi-Dimensional Database Allocation for Parallel Data Warehouses.* In: *Proc. of the Conf. on Very Large Data Bases (VLDB)*, S. 273–284.

Stohner, J. und J. Kalinski (1998). *Anmerkungen zum verfeinerten Join-Algorithmus.* Persönliche Mitteilung, Arbeitspapier, Univ. Bonn.

Stoica, I., R. Morris, D. R. Karger, M. F. Kaashoek und H. Balakrishnan (2001). *Chord: A scalable peer-to-peer lookup service for internet applications.* In: *Proceedings of the ACM SIGCOMM 2001 Conference on Applications, Technologies, Architectures, and Protocols for Computer Communication*, S. 149–160.

Stoica, R. und A. Ailamaki (2013). *Enabling Efficient OS Paging for Main-Memory OLTP Databases.* In: *Proceedings of the Ninth International Workshop on Data Management on New Hardware, DaMoN.*

Stonebraker, M., Hrsg. (1985). *The INGRES Papers: Anatomy of a Relational Database System.* Addison-Wesley, Reading, MA, USA.

Stonebraker, M. (1996). *Object-Relational DBMSs: The Next Great Wave.* Morgan-Kaufmann Publishers, San Mateo, CA, USA.

Stonebraker, M., D. J. Abadi, A. Batkin, X. Chen, M. Cherniack, M. Ferreira, E. Lau, A. Lin, S. Madden, E. J. O'Neil, P. E. O'Neil, A. Rasin, N. Tran und S. B. Zdonik (2005). *C-Store: A Column-oriented DBMS.* In: *Proc. of the Conf. on Very Large Data Bases (VLDB)*, S. 553–564.

Stonebraker, M., D. J. Abadi, D. J. DeWitt, S. Madden, E. Paulson, A. Pavlo und A. Rasin (2010). *MapReduce and parallel DBMSs: friends or foes?.* Commun. ACM, 53(1):64–71.

Stonebraker, M., L. A. Rowe und M. Hirohama (1990). *The Implementation of POSTGRES.* IEEE Trans. on Knowledge and Data Engineering, 2(1):125–142.

Stonebraker, M., E. Wong, P. Kreps und G. Held (1976). *The Design and Implementation of INGRES.* ACM Trans. on Database Systems, 1(3):189–222.

Stroustrup, B. (2000). *The C++ Programming Language.* Addison-Wesley, 3. Aufl.

Stumptner, M. und M. Schrefl (2000). *Behavior Consistent Inheritance in UML.* In: *ER 2000, 19th International Conference on Conceptual Modeling*, S. 527–542, Salt Lake City, Utah, USA. Springer.

Suchanek, F. M. und G. Weikum (2013). *Knowledge harvesting in the big-data era.* In: *Proc. of the ACM SIGMOD Conf. on Management of Data*, S. 933–938.

Süß, C., U. Zukowski und B. Freitag (2001). *Data Modeling and Relational Storage of XML-based Teachware.* In: *Tagungsband der GI Jahrestagung*, S. 378–387, Wien.

Sun Microsystems (1997). *The Sun RSM Array 2000 Architecture: Technical White Paper.* Mountain View, CA 94043-1100, USA. `http://www.sun.com/`.

Sure, Y., S. Staab und R. Studer (2002). *Methodology for Development and Employment of Ontology Based Knowledge Management Applications.* SIGMOD Record, 31(4):18–23.

Swami, A. (1989). *Optimization of Large Join Queries: Combining Heuristics and Combinational Techniques.* In: *Proc. of the ACM SIGMOD Conf. on Management of Data*, S. 367–376, Portland, OR, USA.

Swami, A. und B. Iyer (1993). *A Polynomial Time Algorithm for Optimizing Join Queries.* In: *Proc. IEEE Conf. on Data Engineering*, S. 345–354, Vienna, Austria.

Teorey, T. J. (1994). *Database Modeling and Design: The Fundamental Principles.* Data Management Systems. Morgan-Kaufmann Publishers, San Mateo, CA, USA. 2. Auflage.

Teorey, T. J., D. Yang und J. P. Fry (1986). *A Logical Design Methodology for Relational Databases Using the Extended Entity-Relationship Model.* ACM Computing Surveys, 18(2):197–222.

Teubner, J., R. Müller und G. Alonso (2010). *FPGA acceleration for the frequent item problem.* In: *Proceedings of the International Conference on Data Engineering (ICDE)*, S. 669–680.

Thalhammer, T. und M. Schrefl (2002). *Realizing Active Data Warehouses With Off-the-shelf Database Technology.* Software - Practice and Experience, 32(12):1193–1222.

Thalheim, B. (1991). *Dependencies in Relational Databases.* B.G. Teubner Verlagsgesellschaft, Stuttgart, Leipzig. Band 126.

Thalheim, B. (2000). *Entity-Relationship Modeling.* Springer-Verlag, Heidelberg.

Thalheim, B. (2013). *Persönliche Kommunikation über die Relationen-Normalisierung.*

Then, M., M. Kaufmann, F. Chirigati, T. Hoang-Vu, K. Pham, A. Kemper, T. Neumann und H. T. Vo (2014). *The More the Merrier: Efficient Multi-Source Graph Traversal.* PVLDB, 8(4):449–460.

Theobald, M., H. Bast, D. Majumdar, R. Schenkel und G. Weikum (2008). *TopX: efficient and versatile top-X query processing for semistructured data.* VLDB J., 17(1):81–115.

Thomas, R. H. (1979). *A Majority Consensus Approach to Concurrency Control for Multiple Copy Data Bases.* ACM Trans. on Database Systems, 4(2):180–209.

Tjoa, A. M. und L. Berger (1993). *Transformation of Requirements Specifications Expressed in Natural Language into an EER Model*. In: *Proc. of the Intl. Conf. on Entity-Relationship Approach*, Arlington, TX, USA.

TPC, Transaction Processing Performance Council (1992). *TPC Benchmark C*. Standard Specification, Transaction Processing Performance Council (TPC). `http://www.tpc.org/`.

TPC, Transaction Processing Performance Council (1995). *TPC Benchmark D (Decision Support)*. Standard Specification 1.0, Transaction Processing Performance Council (TPC). `http://www.tpc.org/`.

Tresch, M. (1996). *Middleware: Schlüsseltechnologie zur Entwicklung verteilter Informationssysteme*. Informatik Spektrum, 19(5):249–256.

Tsur, S. und C. Zaniolo (1986). *LDL: A Logic-Based Data Language*. In: *Proc. of the Conf. on Very Large Data Bases (VLDB)*, S. 33–41, Kyoto, Japan.

Türker, C. und M. Gertz (2001). *Semantic integrity support in SQL: 1999 and commercial (object-)relational database management systems*. VDLB Journal, 10(4):241–269.

Turau, V. (2000). *Java Server Pages: Dynamische Generierung von Web-Dokumenten*. dpunkt.verlag, Heidelberg.

Ullman, J. D. (1985). *Implementation of logical query languages for databases*. ACM Trans. on Database Systems, 10(3):289–321.

Ullman, J. D. (1988). *Principles of Data and Knowledge-Base Systems*, Bd. I. Computer Science Press, Woodland Hills, CA.

Ullman, J. D. (1989). *Principles of Data and Knowledge Bases*, Bd. II. Computer Science Press, Woodland Hills, CA.

Unland, R. (1995). *Objektorientierte Datenbanken: Konzepte und Modelle*. Internat. Thomson Publ., Bonn.

Unterbrunner, P., G. Giannikis, G. Alonso, D. Fauser und D. Kossmann (2009). *Predictable Performance for Unpredictable Workloads*. PVLDB, 2(1).

Valduriez, P. (1987). *Join Indices*. ACM Trans. on Database Systems, 12(2):218–246.

Vogels, W. (2009). *Eventually consistent*. Commun. ACM, 52(1):40–44.

Vossen, G. (2008). *Datenmodelle, Datenbanksprachen und Datenbank-Management-Systeme*. Oldenbourg Verlag, München, 5. Auflage.

Waas, F., P. Ciaccia und I. Bartolini (2001). *FeedbackBypass: A new approach to interactive similarity query processing*. In: *Proc. of the Conf. on Very Large Data Bases (VLDB)*, Rome, Italy.

Wächter, H. (1997). *Fehlertolerantes Workflow Management*. Kovac-Verlag, Hamburg.

Walter, B. (1984). *Nested Transactions with Multiple Commit Points: An Approach to the Structuring of Advanced Database Applications*. In: *Proc. of the Conf. on Very Large Data Bases (VLDB)*, S. 161–171, Singapore, Singapore.

Weihl, W. E. und B. Liskov (1985). *Implementation of Resilient, Atomic Data Types*. ACM Trans. Programming Languages and Systems, 7(2):244–269.

Weikum, G. (1988). *Transaktionen in Datenbanksystemen*. Addison-Wesley, Reading, MA, USA.

Weikum, G. (1991). *Principles and realization strategies of multilevel transaction management*. ACM Trans. on Database Systems, 16:132–180.

Weikum, G., C. Hasse, A. Mönkeberg und P. Zabback (1994). *The COMFORT Automatic Tuning Project*. Information Systems, 19(5):381–432.

Weikum, G. und M. Theobald (2010). *From information to knowledge: harvesting entities and relationships from web sources*. In: *Symposium on Principles of Database Systems (PODS)*, S. 65–76.

Weikum, G. und G. Vossen (2001). *Fundamentals of Transaction Information Systems: Theory, Algorithms, and Practice of Concurrency Control and Recovery*. Morgan Kaufmann Publishers, San Mateo, CA, USA.

Weikum, G. und P. Zabback (1993a). *I/O-Parallelität und Fehlertoleranz in Disk-Arrays, Teil 1: I/O-Parallelität.*. Informatik-Spektrum der GI, 16(3):133–142.

Weikum, G. und P. Zabback (1993b). *I/O-Parallelität und Fehlertoleranz in Disk-Arrays, Teil 2: Fehlertoleranz.*. Informatik-Spektrum der GI, 16(4):206–214.

Wenzel, P. (1995). *Betriebswirtschaftliche Anwendungen des integrierten Systems SAP R/3*. vieweg Verlag, Braunschweig/Wiesbaden.

Westermann, U. und W. Klas (2006). *PTDOM: a schema-aware XML database system for MPEG-7 media descriptions*. Softw., Pract. Exper., 36(8):785–834.

Wichert, C.-A. und B. Freitag (1997). *Capturing Database Dynamics by Deferred Updates*. In: *Proc. Intl. Conference on Logic Programming*, Leuven, Belgien.

Wikipedia-PageRank (2010). *PageRank*. http://en.wikipedia.org/wiki/PageRank.

Wilde, E. (1999). *World Wide Web: Technische Grundlagen*. Springer-Verlag.

Will, L., C. Hienger, F. Straßenburg und R. Himmer (1996). *R/3-Administration*. Addison-Wesley, Reading, MA, USA.

Wilson, M. (2003). *The Difference Between God and Larry Ellison: God Doesn't Think He's Larry Ellison. Inside Oracle Corporation*. Collins Verlag.

Wimmer, M., D. Eberhardt, P. Ehrnlechner und A. Kemper (2004). *Reliable and Adaptable Security Engineering for Database-Web Services*. In: *Web Engineering - 4th International Conference, ICWE 2004*, S. 502–515.

Wimmer, M., P. Ehrnlechner, A. Fischer und A. Kemper (2005). *Flexible Autorisierung in Datenbank-basierten Web Service-Föderationen – Unterstützung von stark und schwach gekoppelten Kollaborationsnetzwerken auf Web Service-Technologie*. Informatik – Forschung und Entwicklung, 20(3):167–181.

Wong, E. und K. Youssefi (1976). *Decomposition—A Strategy for Query Processing*. ACM Trans. on Database Systems, 1(3):223–241.

Wu, M.-C. und A. P. Buchmann (1997). *Research Issues in Data Warehousing*. In: Dittrich, K. R. und *Proc. GI Konferenz Datenbanken für Büro, Technik und Wissenschaft (BTW)*, Informatik aktuell, S. 61–82, Springer-Verlag.

Wu, M.-C. und A. Buchmann (1998). *Encoded Bitmap Indexing for Data Warehouses*. In: *Proc. IEEE Conf. on Data Engineering*, S. 220–230, Orlando, FL, USA.

Yoshikawa, M., T. Amagasa, T. Shimura und S. Uemura (2001). *XRel: a path-based approach to storage and retrieval of XML documents using relational databases*. ACM Trans. Internet Techn., 1(1):110–141.

Zaharia, M., M. Chowdhury, M. J. Franklin, S. Shenker und I. Stoica (2010). *Spark: Cluster Computing with Working Sets*. In: Nahum, Erich M. und D. Xu, Hrsg.: *2nd USENIX Workshop on Hot Topics in Cloud Computing, HotCloud'10, Boston, MA, USA, June 22, 2010*. USENIX Association.

Zaniolo, C. (1986). *Safety and compilation of nonrecursive Horn clauses*. In: *Proc. First Intl. Conf. on Expert Database Systems*, S. 167–178. Benjamin/Cummings.

Zeller, B., A. Herbst und A. Kemper (2003). *XML-Archivierung betriebswirtschaftlicher Datenbank-Objekte*. In: *Tagungsband der Tagung Datenbanksysteme für Business, Technologie und Web (BTW)*, Leipzig, S. 127–146.

Zhou, J., P.-Å. Larson, J. C. Freytag und W. Lehner (2007). *Efficient exploitation of similar subexpressions for query processing*. In: *Proc. of the ACM SIGMOD Conf. on Management of Data*, S. 533–544.

Zhuge, Y., H. Garcia-Molina, J. Hammer und J. Widom (1995). *View Maintenance in a Warehousing Environment*. In: *Proc. of the ACM SIGMOD Conf. on Management of Data*, S. 316–327, San Jose, CA, USA.

Zimmermann, O., M. Tomlinson und S. Peuser (2003). *Perspectives on Web Services. Applying SOAP, WSDL, and UDDI to Real-World Projects*. Springer, Berlin.

Zloof, M. M. (1975). *Query-By-Example*. In: *Proc. of the National Computer Conference*, S. 431–437, Arlington, VA. AFIPS Press.

Zukowsky, U. und B. Freitag (1996). *Adding Flexibility to Query Evaluation for Modularly Stratified Databases*. In: *Proc. of the Joint International Conference and Symposium on Logic Programming*, S. 304–318, Bonn.

Index

Professoren			
PersNr	Name	Rang	Raum
2125	Sokrates	C4	226
2126	Russel	C4	232
2127	Kopernikus	C3	310
2133	Popper	C3	52
2134	Augustinus	C3	309
2136	Curie	C4	36
2137	Kant	C4	7

Studenten		
MatrNr	Name	Semester
24002	Xenokrates	18
25403	Jonas	12
26120	Fichte	10
26830	Aristoxenos	8
27550	Schopenhauer	6
28106	Carnap	3
29120	Theophrastos	2
29555	Feuerbach	2

Vorlesungen			
VorlNr	Titel	SWS	gelesenVon
5001	Grundzüge	4	2137
5041	Ethik	4	2125
5043	Erkenntnistheorie	3	2126
5049	Mäeutik	2	2125
4052	Logik	4	2125
5052	Wissenschaftstheorie	3	2126
5216	Bioethik	2	2126
5259	Der Wiener Kreis	2	2133
5022	Glaube und Wissen	2	2134
4630	Die 3 Kritiken	4	2137

voraussetzen	
Vorgänger	Nachfolger
5001	5041
5001	5043
5001	5049
5041	5216
5043	5052
5041	5052
5052	5259

hören	
MatrNr	VorlNr
26120	5001
27550	5001
27550	4052
28106	5041
28106	5052
28106	5216
28106	5259
29120	5001
29120	5041
29120	5049
29555	5022
25403	5022
29555	5001

Assistenten			
PersNr	Name	Fachgebiet	Boss
3002	Platon	Ideenlehre	2125
3003	Aristoteles	Syllogistik	2125
3004	Wittgenstein	Sprachtheorie	2126
3005	Rhetikus	Planetenbewegung	2127
3006	Newton	Keplersche Gesetze	2127
3007	Spinoza	Gott und Natur	2134

prüfen			
MatrNr	VorlNr	PersNr	Note
28106	5001	2126	1
25403	5041	2125	2
27550	4630	2137	2

Beispielausprägung der Universitäts-Datenbank

Kurzbiographien

Alfons Kemper

Alfons Kemper hat von 1977 bis 1980 an der Universität Dortmund Informatik studiert. Danach wechselte er an die University of Southern California, Los Angeles, wo er die Abschlüsse Master of Science (1981) und Ph. D. (1984) erlangte. Von 1984 bis 1991 war er als Hochschulassistent an der Universität Karlsruhe tätig, wo er sich 1991 mit einer Arbeit über objektorientierte Datenbanken habilitierte. Danach war er zwei Jahre lang Professor an der RWTH Aachen. 1993 wurde er auf einen Lehrstuhl für Informatik an der Universität Passau berufen. Seit April 2004 leitet er den Lehrstuhl für Informatik III mit dem Schwerpunkt Datenbanksysteme an der Technischen Universität München. Von 2006 bis 2010 war er Dekan der Fakultät für Informatik der TUM. Seine Forschungsarbeit beschäftigt sich mit der Realisierung und Optimierung von Datenbanksystemen und verteilten Informationssystemen. Schwerpunkte der Arbeit liegen in der Realisierung skalierbarer, verteilter Datenbanken, der Anfrageoptimierung und den Hauptspeicher-Datenbanksystemen. Zusammen mit Prof. Dr. T. Neumann leitet er das HyPer-Projekt (www.hyper-db.de), in dem ein innovatives Hauptspeicher-Datenbanksystem realisiert wird. Er hat zahlreiche internationale Veröffentlichungen und (zusammen mit Prof. Dr. G. Moerkotte) ein weiteres englischsprachiges Lehrbuch über objektorientierte Datenbanken verfasst.

André Eickler

André Eickler studierte von 1988 bis 1993 Informatik an der RWTH Aachen. Von 1993 bis 1998 war er an der Universität Passau als wissenschaftlicher Mitarbeiter am Lehrstuhl von Prof. Kemper tätig. Er promovierte 1998 mit einer Arbeit über Optimierungskonzepte in verteilten, objektorientierten Datenbanksystemen an der Universität Passau.